本书编辑指导委员会

主　任　　闪淳昌
副主任　　马怀德　　薛　澜　　汪　明
　　　　　张　翌　　冀晓东　　陈少云

本书编写组

主　编　　杨思全　　陈永强
副主编　　张震国　　孙雨歧　　焦建彬
　　　　　李素菊　　姚启超
成　员　　王　磊　　孙成明　　陈小军
　　　　　姚立杰　　王兆霞　　付淑英
　　　　　寻壮志

"全国安全生产月"
参考用书

中华人民共和国应急救援法规文件手册

应急管理部国家自然灾害防治研究院 编

中国法治出版社
CHINA LEGAL PUBLISHING HOUSE

前　　言

应急救援法律文件是各有关方面组织开展突发事件应急救援的法定依据和基本遵循，对于规范和加强应急救援工作，有力有序有效科学救援，减少突发事件及其造成损失，发挥着重要法治保障作用。

为方便学习掌握我国应急救援法律法规，我们组织编辑了《中华人民共和国应急救援法规文件手册》，全书以多维度反映应急救援法治建设成果，收录现行有效的有关法律法规规章、应急预案及规范性文件，截止时间为2024年9月。全书分三部分：第一部分为综合性有关规定；第二部分为自然灾害救援有关规定；第三部分为行业领域有关规定。

欢迎广大读者对本书编辑工作提出宝贵意见。

编　者

2024年9月23日

目　　录

第一部分　综合性有关规定

1. 法律法规

中华人民共和国突发事件应对法 ·· 3
　　（2024 年 6 月 28 日）①
中华人民共和国刑法（摘录） ·· 12
　　（2023 年 12 月 29 日）
中华人民共和国民法典（摘录） ·· 18
　　（2020 年 5 月 28 日）
军队参加抢险救灾条例 ··· 20
　　（2005 年 6 月 7 日）
志愿服务条例 ·· 21
　　（2017 年 8 月 22 日）

2. 中共中央、国务院文件

中共中央办公厅 国务院办公厅关于进一步提升基层应急管理能力的意见 ······················· 24
　　（2024 年 9 月 21 日）
中共中央办公厅 国务院办公厅关于推进城市安全发展的意见 ·· 27
　　（2018 年 1 月 7 日）
国务院关于全面加强应急管理工作的意见 ·· 30
　　（2006 年 6 月 15 日）
国务院办公厅关于加强基层应急队伍建设的意见 ··· 34
　　（2009 年 10 月 18 日）
国务院办公厅关于加强基层应急管理工作的意见 ··· 36
　　（2007 年 7 月 31 日）
国务院办公厅转发安全监管总局等部门关于加强企业应急管理工作意见的通知 ············· 39
　　（2007 年 2 月 28 日）
"十四五"国家应急体系规划 ·· 41
　　（2021 年 12 月 30 日）

3. 规章及部门规范性文件

国务院安委会办公室关于进一步加强国家安全生产应急救援队伍建设的指导意见 ··········· 55
　　（2022 年 12 月 19 日）

---

　① 标注的时间为法律法规文件的颁布、公布、发布、印发时间或最新修订、修正的时间。

中央应急抢险救灾物资储备管理暂行办法 ·· 58
　　（2023 年 2 月 13 日）
中国科协 中央宣传部 科技部 国家卫生健康委 应急管理部关于进一步加强突发事件应急科普宣教
　　工作的意见 ··· 61
　　（2020 年 9 月 18 日）
广电总局 应急部关于进一步发挥应急广播在应急管理中作用的意见 ································ 63
　　（2020 年 11 月 19 日）
"十四五"危险化学品安全生产规划方案 ·· 65
　　（2022 年 3 月 10 日）
"十四五"应急物资保障规划 ·· 75
　　（2022 年 10 月 11 日）
"十四五"应急救援力量建设规划 ·· 81
　　（2022 年 6 月 22 日）
"十四五"应急管理标准化发展计划 ··· 86
　　（2022 年 4 月 26 日）

4. 应急预案

国家突发公共事件总体应急预案 ·· 91
　　（2006 年 1 月 8 日）
突发事件应急预案管理办法 ·· 94
　　（2024 年 1 月 31 日）
国务院有关部门和单位制定和修订突发公共事件应急预案框架指南 ··································· 98
　　（2004 年 4 月 6 日）
乡镇（街道）突发事件应急预案编制参考 ·· 102
　　（2023 年 8 月 17 日）
村（社区）突发事件应急预案编制参考 ·· 107
　　（2023 年 8 月 17 日）

第二部分　自然灾害救援有关规定

1. 法律法规

中华人民共和国防震减灾法 ··· 113
　　（2008 年 12 月 27 日）
破坏性地震应急条例 ·· 120
　　（2011 年 1 月 8 日）
自然灾害救助条例 ··· 123
　　（2019 年 3 月 2 日）
中华人民共和国抗旱条例 ·· 126
　　（2009 年 2 月 26 日）
中华人民共和国防汛条例 ·· 129
　　（2011 年 1 月 8 日）
气象灾害防御条例 ··· 133
　　（2017 年 10 月 7 日）

地质灾害防治条例 ………………………………………………………………… 137
　　（2003 年 11 月 24 日）
森林防火条例 ……………………………………………………………………… 141
　　（2008 年 12 月 1 日）
草原防火条例 ……………………………………………………………………… 145
　　（2008 年 11 月 29 日）
社会救助暂行办法 ………………………………………………………………… 149
　　（2019 年 3 月 2 日）

2. 应急预案
国家自然灾害救助应急预案 ……………………………………………………… 154
　　（2024 年 1 月 20 日）
国家地震应急预案 ………………………………………………………………… 163
　　（2012 年 8 月 28 日）
国家防汛抗旱应急预案 …………………………………………………………… 169
　　（2022 年 5 月 30 日）
国家气象灾害应急预案 …………………………………………………………… 184
　　（2009 年 12 月 11 日）
国家突发地质灾害应急预案 ……………………………………………………… 192
　　（2006 年 1 月 10 日）
海洋灾害应急预案 ………………………………………………………………… 196
　　（2022 年 8 月 30 日）
国家森林草原火灾应急预案 ……………………………………………………… 200
　　（2020 年 10 月 26 日）
全国自然灾害卫生应急预案（试行）……………………………………………… 206
　　（2009 年 4 月 27 日）

第三部分　行业领域有关规定

一、综　合

1. 法律法规
中华人民共和国安全生产法 ……………………………………………………… 215
　　（2021 年 6 月 10 日）
生产安全事故应急条例 …………………………………………………………… 226
　　（2019 年 2 月 17 日）
生产安全事故报告和调查处理条例 ……………………………………………… 229
　　（2007 年 4 月 9 日）

2. 中共中央、国务院文件
中共中央 国务院关于推进安全生产领域改革发展的意见 ……………………… 233
　　（2016 年 12 月 9 日）
国务院关于特大安全事故行政责任追究的规定 ………………………………… 238
　　（2001 年 4 月 21 日）

3. 部门规范性文件
应急管理部关于进一步加强安全生产举报工作的指导意见 ·················· 240
　　（2023 年 10 月 18 日）
4. 应急预案
生产安全事故应急预案管理办法 ·· 243
　　（2019 年 7 月 11 日）
国家安全生产事故灾难应急预案 ·· 247
　　（2006 年 1 月 22 日）

二、矿山安全

1. 法律法规
中华人民共和国矿山安全法 ··· 252
　　（2009 年 8 月 27 日）
中华人民共和国矿山安全法实施条例 ·· 255
　　（1996 年 10 月 30 日）
煤矿安全生产条例 ··· 260
　　（2024 年 1 月 24 日）
2. 中共中央、国务院文件
中共中央办公厅 国务院办公厅关于进一步加强矿山安全生产工作的意见 ·· 268
　　（2023 年 9 月 6 日）
国务院办公厅关于进一步加强煤矿安全生产工作的意见 ······················· 270
　　（2013 年 10 月 2 日）
国务院办公厅转发发展改革委、安全监管总局关于进一步加强煤矿瓦斯防治工作若干意见的通知 ··· 273
　　（2011 年 5 月 23 日）
3. 规章及部门规范性文件
矿山救援规程 ··· 275
　　（2024 年 4 月 28 日）
煤矿安全规程 ··· 292
　　（2022 年 1 月 6 日）
矿山救护队标准化定级管理办法 ·· 374
　　（2022 年 12 月 13 日）
煤矿重大事故隐患判定标准 ··· 376
　　（2020 年 11 月 20 日）

三、危化品安全

1. 法律法规
危险化学品安全管理条例 ·· 380
　　（2013 年 12 月 7 日）
中华人民共和国监控化学品管理条例 ·· 392
　　（2011 年 1 月 8 日）
民用爆炸物品安全管理条例 ··· 394
　　（2014 年 7 月 29 日）

易制毒化学品管理条例 ··· 399
　　（2018 年 9 月 18 日）
烟花爆竹安全管理条例 ··· 405
　　（2016 年 2 月 6 日）
中华人民共和国石油天然气管道保护法 ··· 409
　　（2010 年 6 月 25 日）
2. 中共中央、国务院文件
中共中央办公厅、国务院办公厅关于全面加强危险化学品安全生产工作的意见 ················ 414
　　（2020 年 2 月 26 日）
3. 部门规范性文件
化工园区安全风险排查治理导则 ·· 417
　　（2023 年 11 月 14 日）
危险化学品企业重大危险源安全包保责任制办法（试行） ································· 420
　　（2021 年 2 月 4 日）
国家安全监管总局关于加强化工企业泄漏管理的指导意见 ······························· 423
　　（2014 年 8 月 29 日）
国家安全监管总局关于加强化工过程安全管理的指导意见 ······························· 425
　　（2013 年 7 月 29 日）

四、消防救援

1. 法律法规
中华人民共和国消防法 ··· 430
　　（2021 年 4 月 29 日）
2. 规章及部门规范性文件
高层民用建筑消防安全管理规定 ·· 437
　　（2021 年 6 月 21 日）
社会消防技术服务管理规定 ·· 442
　　（2021 年 9 月 13 日）
高等学校消防安全管理规定 ·· 445
　　（2009 年 10 月 19 日）
社会消防安全教育培训规定 ·· 450
　　（2009 年 4 月 13 日）
机关、团体、企业、事业单位消防安全管理规定 ·· 454
　　（2001 年 11 月 14 日）
公共娱乐场所消防安全管理规定 ·· 458
　　（1999 年 5 月 25 日）
仓库防火安全管理规则 ··· 460
　　（1990 年 4 月 10 日）
租赁厂房和仓库消防安全管理办法（试行） ·· 462
　　（2023 年 7 月 14 日）

五、交通安全

（一）综　合

规　章

交通运输突发事件应急管理规定 ··· 466
　　（2011年11月14日）

（二）道路交通安全

1. 法律法规

中华人民共和国道路交通安全法 ·· 469
　　（2021年4月29日）
中华人民共和国道路交通安全法实施条例 ·· 479
　　（2017年10月7日）

2. 规　章

高速公路交通应急管理程序规定 ·· 489
　　（2008年12月3日）
道路运输车辆动态监督管理办法 ·· 492
　　（2022年2月14日）

（三）铁路、轨道交通安全

1. 法　规

铁路安全管理条例 ··· 495
　　（2013年8月17日）
铁路交通事故应急救援和调查处理条例 ·· 503
　　（2012年11月9日）

2. 国务院文件

国务院办公厅关于保障城市轨道交通安全运行的意见 ··· 506
　　（2018年3月7日）

3. 规章及部门规范性文件

铁路交通事故应急救援规则 ··· 509
　　（2007年8月29日）
城市轨道交通运营突发事件应急演练管理办法 ·· 512
　　（2024年7月31日）

4. 应急预案

国家城市轨道交通运营突发事件应急预案 ··· 515
　　（2015年4月30日）

（四）水上交通安全

1. 法律法规

中华人民共和国海上交通安全法 ·· 520
　　（2021年4月29日）
中华人民共和国海上交通事故调查处理条例 ·· 531
　　（1990年3月3日）

中华人民共和国内河交通安全管理条例 ………………………………………………………… 534
　　（2019 年 3 月 2 日）
中华人民共和国渔港水域交通安全管理条例 ……………………………………………………… 541
　　（2019 年 3 月 2 日）

2. 国务院文件

国务院办公厅关于加强水上搜救工作的通知 ……………………………………………………… 542
　　（2019 年 10 月 31 日）

3. 部门规范性文件

交通运输部等二十三个部门和单位关于进一步加强海上搜救应急能力建设的意见 …………… 544
　　（2022 年 9 月 16 日）

（五）航空安全

法律法规

中华人民共和国民用航空法 ………………………………………………………………………… 547
　　（2021 年 4 月 29 日）
中华人民共和国搜寻援救民用航空器规定 ………………………………………………………… 562
　　（1992 年 12 月 28 日）

六、生态环境安全

1. 法　规

核电厂核事故应急管理条例 ………………………………………………………………………… 565
　　（2011 年 1 月 8 日）

2. 规章及部门规范性文件

突发环境事件应急管理办法 ………………………………………………………………………… 568
　　（2015 年 4 月 16 日）
中华人民共和国船舶污染海洋环境应急防备和应急处置管理规定 ……………………………… 571
　　（2019 年 11 月 28 日）
重特大突发环境事件空气应急监测工作规程 ……………………………………………………… 575
　　（2022 年 6 月 9 日）

3. 应急预案

国家突发环境事件应急预案 ………………………………………………………………………… 577
　　（2014 年 12 月 29 日）
国家核应急预案 ……………………………………………………………………………………… 583
　　（2013 年 6 月 30 日）
国家重大海上溢油应急处置预案 …………………………………………………………………… 588
　　（2018 年 3 月 8 日）

七、公共卫生安全

1. 法　规

突发公共卫生事件应急条例 ………………………………………………………………………… 595
　　（2011 年 1 月 8 日）
重大动物疫情应急条例 ……………………………………………………………………………… 599
　　（2017 年 10 月 7 日）

2. 国务院文件

国务院办公厅关于建立疾病应急救助制度的指导意见 ·············· 603
　　（2013 年 2 月 22 日）

3. 部门规范性文件

突发事件医疗应急工作管理办法（试行） ·············· 604
　　（2023 年 12 月 8 日）

关于进一步完善院前医疗急救服务的指导意见 ·············· 607
　　（2020 年 9 月 17 日）

国家卫生应急队伍管理办法 ·············· 610
　　（2024 年 3 月 19 日）

4. 应急预案

国家突发公共卫生事件应急预案 ·············· 613
　　（2006 年 2 月 26 日）

国家突发公共事件医疗卫生救援应急预案 ·············· 619
　　（2006 年 2 月 26 日）

国家食品安全事故应急预案 ·············· 624
　　（2011 年 10 月 5 日）

国家突发重大动物疫情应急预案 ·············· 628
　　（2006 年 2 月 27 日）

国家鼠疫控制应急预案 ·············· 633
　　（2007 年 6 月 26 日）

群体性不明原因疾病应急处置方案（试行） ·············· 639
　　（2007 年 1 月 16 日）

八、特种设备安全

1. 法律法规

中华人民共和国特种设备安全法 ·············· 648
　　（2013 年 6 月 29 日）

特种设备安全监察条例 ·············· 656
　　（2009 年 1 月 24 日）

2. 应急预案

市场监管总局特种设备突发事件应急预案 ·············· 667
　　（2024 年 4 月 11 日）

九、工贸企业安全

规章及部门规范性文件

工贸企业粉尘防爆安全规定 ·············· 672
　　（2021 年 7 月 25 日）

工贸企业有限空间作业安全规定 ·············· 675
　　（2023 年 11 月 29 日）

工贸企业重大事故隐患判定标准 ·············· 677
　　（2023 年 4 月 14 日）

工贸企业有限空间重点监管目录 ·· 680
（2023 年 12 月 15 日）

十、农业机械安全

1. 法　规
农业机械安全监督管理条例 ·· 681
（2019 年 3 月 2 日）
2. 规章及部门规范性文件
农业机械事故处理办法 ·· 686
（2022 年 1 月 7 日）
农业农村部办公厅关于推进常态化农机应急作业服务队建设的指导意见 ·················· 690
（2022 年 8 月 18 日）

十一、电力安全

1. 法　规
电力安全事故应急处置和调查处理条例 ··· 693
（2011 年 7 月 7 日）
2. 部门规范性文件
水电站大坝运行安全应急管理方法 ··· 699
（2022 年 11 月 23 日）
3. 应急预案
国家大面积停电事件应急预案 ··· 702
（2015 年 11 月 13 日）

十二、文化旅游安全

规章及部门规范性文件
旅游安全管理办法 ·· 708
（2016 年 9 月 27 日）
文化和旅游部办公厅关于进一步加强旅游景区暑期安全管理工作的通知 ·················· 711
（2022 年 8 月 2 日）
关于推动露营旅游休闲健康有序发展的指导意见 ··· 712
（2022 年 11 月 13 日）
文化和旅游部 公安部 住房和城乡建设部 应急管理部 市场监管总局关于加强剧本娱乐经营场所管
理的通知 ·· 714
（2022 年 6 月 25 日）
交通运输部办公厅 公安部办公厅 商务部办公厅 文化和旅游部办公厅 应急管理部办公厅 市场监管
总局办公厅关于进一步加强和改进旅游客运安全管理工作的指导意见 ·················· 716
（2021 年 1 月 13 日）

第一部分
综合性有关规定

1. 法律法规

中华人民共和国突发事件应对法

（2007年8月30日第十届全国人民代表大会常务委员会第二十九次会议通过 2024年6月28日第十四届全国人民代表大会常务委员会第十次会议修订 2024年6月28日中华人民共和国主席令第25号公布 自2024年11月1日起施行）

第一章 总 则

第一条 为了预防和减少突发事件的发生，控制、减轻和消除突发事件引起的严重社会危害，提高突发事件预防和应对能力，规范突发事件应对活动，保护人民生命财产安全，维护国家安全、公共安全、生态环境安全和社会秩序，根据宪法，制定本法。

第二条 本法所称突发事件，是指突然发生，造成或者可能造成严重社会危害，需要采取应急处置措施予以应对的自然灾害、事故灾难、公共卫生事件和社会安全事件。

突发事件的预防与应急准备、监测与预警、应急处置与救援、事后恢复与重建等应对活动，适用本法。

《中华人民共和国传染病防治法》等有关法律对突发公共卫生事件应对作出规定的，适用其规定。有关法律没有规定的，适用本法。

第三条 按照社会危害程度、影响范围等因素，突发自然灾害、事故灾难、公共卫生事件分为特别重大、重大、较大和一般四级。法律、行政法规或者国务院另有规定的，从其规定。

突发事件的分级标准由国务院或者国务院确定的部门制定。

第四条 突发事件应对工作坚持中国共产党的领导，坚持以马克思列宁主义、毛泽东思想、邓小平理论、"三个代表"重要思想、科学发展观、习近平新时代中国特色社会主义思想为指导，建立健全集中统一、高效权威的中国特色突发事件应对工作领导体制，完善党委领导、政府负责、部门联动、军地联合、社会协同、公众参与、科技支撑、法治保障的治理体系。

第五条 突发事件应对工作应当坚持总体国家安全观，统筹发展与安全；坚持人民至上、生命至上；坚持依法科学应对，尊重和保障人权；坚持预防为主、预防与应急相结合。

第六条 国家建立有效的社会动员机制，组织动员企业事业单位、社会组织、志愿者等各方力量依法有序参与突发事件应对工作，增强全民的公共安全和防范风险的意识，提高全社会的避险救助能力。

第七条 国家建立健全突发事件信息发布制度。有关人民政府和部门应当及时向社会公布突发事件相关信息和有关突发事件应对的决定、命令、措施等信息。

任何单位和个人不得编造、故意传播有关突发事件的虚假信息。有关人民政府和部门发现影响或者可能影响社会稳定、扰乱社会和经济管理秩序的虚假或者不完整信息的，应当及时发布准确的信息予以澄清。

第八条 国家建立健全突发事件新闻采访报道制度。有关人民政府和部门应当做好新闻媒体服务引导工作，支持新闻媒体开展采访报道和舆论监督。

新闻媒体采访报道突发事件应当及时、准确、客观、公正。

新闻媒体应当开展突发事件应对法律法规、预防与应急、自救与互救知识等的公益宣传。

第九条 国家建立突发事件应对工作投诉、举报制度，公布统一的投诉、举报方式。

对于不履行或者不正确履行突发事件应对工作职责的行为，任何单位和个人有权向有关人民政府和部门投诉、举报。

接到投诉、举报的人民政府和部门应当依照规定立即组织调查处理，并将调查处理结果以适当方式告知投诉人、举报人；投诉、举报事项不属于其职责的，应当及时移送有关机关处理。

有关人民政府和部门对投诉人、举报人的相关信息应当予以保密，保护投诉人、举报人的合法权益。

第十条 突发事件应对措施应当与突发事件可能造成的社会危害的性质、程度和范围相适应；有多种措施可供选择的，应当选择有利于最大程度地保护公民、法人和其他组织权益，且对他人权益损害和生态环境影响较小的措施，并根据情况变化及时调整，做到科学、精准、有效。

第十一条 国家在突发事件应对工作中，应当对未成年人、老年人、残疾人、孕产期和哺乳期的妇女、需要及时就医的伤病人员等群体给予特殊、优先保护。

第十二条 县级以上人民政府及其部门为应对突发事件的紧急需要，可以征用单位和个人的设备、设施、场地、交通工具等财产。被征用的财产在使用完毕或者突发事件应急处置工作结束后，应当及时返还。财产被征用或者征用后毁损、灭失的，应当给予公平、合理的补偿。

第十三条 因依法采取突发事件应对措施，致使诉讼、监察调查、行政复议、仲裁、国家赔偿等活动不能正常进行的，适用有关时效中止和程序中止的规定，法律另有规定的除外。

第十四条 中华人民共和国政府在突发事件的预防与应急准备、监测与预警、应急处置与救援、事后恢复与重建等方面，同外国政府和有关国际组织开展合作与交流。

第十五条 对在突发事件应对工作中做出突出贡献的单位和个人，按照国家有关规定给予表彰、奖励。

第二章 管理与指挥体制

第十六条 国家建立统一指挥、专常兼备、反应灵敏、上下联动的应急管理体制和综合协调、分类管理、分级负责、属地管理为主的工作体系。

第十七条 县级人民政府对本行政区域内突发事件的应对管理工作负责。突发事件发生后，发生地县级人民政府应当立即采取措施控制事态发展，组织开展应急救援和处置工作，并立即向上一级人民政府报告，必要时可以越级上报，具备条件的，应当进行网络直报或者自动速报。

突发事件发生地县级人民政府不能消除或者不能有效控制突发事件引起的严重社会危害的，应当及时向上级人民政府报告。上级人民政府应当及时采取措施，统一领导应急处置工作。

法律、行政法规规定由国务院有关部门对突发事件应对管理工作负责的，从其规定；地方人民政府应当积极配合并提供必要的支持。

第十八条 突发事件涉及两个以上行政区域的，其应对管理工作由有关行政区域共同的上一级人民政府负责，或者由各有关行政区域的上一级人民政府共同负责。共同负责的人民政府应当按照国家有关规定，建立信息共享和协调配合机制。根据共同应对突发事件的需要，地方人民政府之间可以建立协同应对机制。

第十九条 县级以上人民政府是突发事件应对管理工作的行政领导机关。

国务院在总理领导下研究、决定和部署特别重大突发事件的应对工作；根据实际需要，设立国家突发事件应急指挥机构，负责突发事件应对工作；必要时，国务院可以派出工作组指导有关工作。

县级以上地方人民政府设立由本级人民政府主要负责人、相关部门负责人、国家综合性消防救援队伍和驻当地中国人民解放军、中国人民武装警察部队有关负责人等组成的突发事件应急指挥机构，统一领导、协调本级人民政府各有关部门和下级人民政府开展突发事件应对工作；根据实际需要，设立相关类别突发事件应急指挥机构，组织、协调、指挥突发事件应对工作。

第二十条 突发事件应急指挥机构在突发事件应对过程中可以依法发布有关突发事件应对的决定、命令、措施。突发事件应急指挥机构发布的决定、命令、措施与设立它的人民政府发布的决定、命令、措施具有同等效力，法律责任由设立它的人民政府承担。

第二十一条 县级以上人民政府应急管理部门和卫生健康、公安等有关部门应当在各自职责范围内做好有关突发事件应对管理工作，并指导、协助下级人民政府及其相应部门做好有关突发事件的应对管理工作。

第二十二条 乡级人民政府、街道办事处应当明确专门工作力量，负责突发事件应对有关工作。

居民委员会、村民委员会依法协助人民政府和有关部门做好突发事件应对工作。

第二十三条 公民、法人和其他组织有义务参与突发事件应对工作。

第二十四条 中国人民解放军、中国人民武装警察部队和民兵组织依照本法和其他有关法律、行政法规、军事法规的规定以及国务院、中央军事委员会的命令，参加突发事件的应急救援和处置工作。

第二十五条 县级以上人民政府及其设立的突发事件应急指挥机构发布的有关突发事件应对的决定、命令、措施，应当及时报本级人民代表大会常务委员会备案；突发事件应急处置工作结束后，应当向本级人民代表大会常务委员会作出专项工作报告。

第三章　预防与应急准备

第二十六条　国家建立健全突发事件应急预案体系。

国务院制定国家突发事件总体应急预案，组织制定国家突发事件专项应急预案；国务院有关部门根据各自的职责和国务院相关应急预案，制定国家突发事件部门应急预案并报国务院备案。

地方各级人民政府和县级以上地方人民政府有关部门根据有关法律、法规、规章、上级人民政府及其有关部门的应急预案以及本地区、本部门的实际情况，制定相应的突发事件应急预案并按国务院有关规定备案。

第二十七条　县级以上人民政府应急管理部门指导突发事件应急预案体系建设，综合协调应急预案衔接工作，增强有关应急预案的衔接性和实效性。

第二十八条　应急预案应当根据本法和其他有关法律、法规的规定，针对突发事件的性质、特点和可能造成的社会危害，具体规定突发事件应对管理工作的组织指挥体系与职责和突发事件的预防与预警机制、处置程序、应急保障措施以及事后恢复与重建措施等内容。

应急预案制定机关应当广泛听取有关部门、单位、专家和社会各方面意见，增强应急预案的针对性和可操作性，并根据实际需要、情势变化、应急演练中发现的问题等及时对应急预案作出修订。

应急预案的制定、修订、备案等工作程序和管理办法由国务院规定。

第二十九条　县级以上人民政府应当将突发事件应对工作纳入国民经济和社会发展规划。县级以上人民政府有关部门应当制定突发事件应急体系建设规划。

第三十条　国土空间规划等规划应当符合预防、处置突发事件的需要，统筹安排突发事件应对工作所必需的设备和基础设施建设，合理确定应急避难、封闭隔离、紧急医疗救治等场所，实现日常使用和应急使用的相互转换。

第三十一条　国务院应急管理部门会同卫生健康、自然资源、住房城乡建设等部门统筹、指导全国应急避难场所的建设和管理工作，建立健全应急避难场所标准体系。县级以上地方人民政府负责本行政区域内应急避难场所的规划、建设和管理工作。

第三十二条　国家建立健全突发事件风险评估体系，对可能发生的突发事件进行综合性评估，有针对性地采取有效防范措施，减少突发事件的发生，最大限度减轻突发事件的影响。

第三十三条　县级人民政府应当对本行政区域内容易引发自然灾害、事故灾难和公共卫生事件的危险源、危险区域进行调查、登记、风险评估，定期进行检查、监控，并责令有关单位采取安全防范措施。

省级和设区的市级人民政府应当对本行政区域内容易引发特别重大、重大突发事件的危险源、危险区域进行调查、登记、风险评估，组织进行检查、监控，并责令有关单位采取安全防范措施。

县级以上地方人民政府应当根据情况变化，及时调整危险源、危险区域的登记。登记的危险源、危险区域及其基础信息，应当按照国家有关规定接入突发事件信息系统，并及时向社会公布。

第三十四条　县级人民政府及其有关部门、乡级人民政府、街道办事处、居民委员会、村民委员会应当及时调解处理可能引发社会安全事件的矛盾纠纷。

第三十五条　所有单位应当建立健全安全管理制度，定期开展危险源辨识评估，制定安全防范措施；定期检查本单位各项安全防范措施的落实情况，及时消除事故隐患；掌握并及时处理本单位存在的可能引发社会安全事件的问题，防止矛盾激化和事态扩大；对本单位可能发生的突发事件和采取安全防范措施的情况，应当按照规定及时向所在地人民政府或者有关部门报告。

第三十六条　矿山、金属冶炼、建筑施工单位和易燃易爆物品、危险化学品、放射性物品等危险物品的生产、经营、运输、储存、使用单位，应当制定具体应急预案，配备必要的应急救援器材、设备和物资，并对生产经营场所、有危险物品的建筑物、构筑物及周边环境开展隐患排查，及时采取措施管控风险和消除隐患，防止发生突发事件。

第三十七条　公共交通工具、公共场所和其他人员密集场所的经营单位或者管理单位应当制定具体应急预案，为交通工具和有关场所配备报警装置和必要的应急救援设备、设施，注明其使用方法，并显著标明安全撤离的通道、路线，保证安全通道、出口的畅通。

有关单位应当定期检测、维护其报警装置和应急救援设备、设施，使其处于良好状态，确保正常使用。

第三十八条　县级以上人民政府应当建立健

突发事件应对管理培训制度，对人民政府及其有关部门负有突发事件应对管理职责的工作人员以及居民委员会、村民委员会有关人员定期进行培训。

第三十九条　国家综合性消防救援队伍是应急救援的综合性常备骨干力量，按照国家有关规定执行综合应急救援任务。县级以上人民政府有关部门可以根据实际需要设立专业应急救援队伍。

县级以上人民政府及其有关部门可以建立由成年志愿者组成的应急救援队伍。乡级人民政府、街道办事处和有条件的居民委员会、村民委员会可以建立基层应急救援队伍，及时、就近开展应急救援。单位应当建立由本单位职工组成的专职或者兼职应急救援队伍。

国家鼓励和支持社会力量建立提供社会化应急救援服务的应急救援队伍。社会力量建立的应急救援队伍参与突发事件应对工作应当服从履行统一领导职责或者组织处置突发事件的人民政府、突发事件应急指挥机构的统一指挥。

县级以上人民政府应当推动专业应急救援队伍与非专业应急救援队伍联合培训、联合演练，提高合成应急、协同应急的能力。

第四十条　地方各级人民政府、县级以上人民政府有关部门、有关单位应当为其组建的应急救援队伍购买人身意外伤害保险，配备必要的防护装备和器材，防范和减少应急救援人员的人身伤害风险。

专业应急救援人员应当具备相应的身体条件、专业技能和心理素质，取得国家规定的应急救援职业资格，具体办法由国务院应急管理部门会同国务院有关部门制定。

第四十一条　中国人民解放军、中国人民武装警察部队和民兵组织应当有计划地组织开展应急救援的专门训练。

第四十二条　县级人民政府及其有关部门、乡级人民政府、街道办事处应当组织开展面向社会公众的应急知识宣传普及活动和必要的应急演练。

居民委员会、村民委员会、企业事业单位、社会组织应当根据所在地人民政府的要求，结合各自的实际情况，开展面向居民、村民、职工等的应急知识宣传普及活动和必要的应急演练。

第四十三条　各级各类学校应当把应急教育纳入教育教学计划，对学生及教职工开展应急知识教育和应急演练，培养安全意识，提高自救与互救能力。

教育主管部门应当对学校开展应急教育进行指导和监督，应急管理等部门应当给予支持。

第四十四条　各级人民政府应当将突发事件应对工作所需经费纳入本级预算，并加强资金管理，提高资金使用绩效。

第四十五条　国家按照集中管理、统一调拨、平时服务、灾时应急、采储结合、节约高效的原则，建立健全应急物资储备保障制度，动态更新应急物资储备品种目录，完善重要应急物资的监管、生产、采购、储备、调拨和紧急配送体系，促进安全应急产业发展，优化产业布局。

国家储备物资品种目录、总体发展规划，由国务院发展改革部门会同国务院有关部门拟订。国务院应急管理等部门依据职责制定应急物资储备规划、品种目录，并组织实施。应急物资储备规划应当纳入国家储备总体发展规划。

第四十六条　设区的市级以上人民政府和突发事件易发、多发地区的县级人民政府应当建立应急救援物资、生活必需品和应急处置装备的储备保障制度。

县级以上地方人民政府应当根据本地区的实际情况和突发事件应对工作的需要，依法与有条件的企业签订协议，保障应急救援物资、生活必需品和应急处置装备的生产、供给。有关企业应当根据协议，按照县级以上地方人民政府要求，进行应急救援物资、生活必需品和应急处置装备的生产、供给，并确保符合国家有关产品质量的标准和要求。

国家鼓励公民、法人和其他组织储备基本的应急自救物资和生活必需品。有关部门可以向社会公布相关物资、物品的储备指南和建议清单。

第四十七条　国家建立健全应急运输保障体系，统筹铁路、公路、水运、民航、邮政、快递等运输和服务方式，制定应急运输保障方案，保障应急物资、装备和人员及时运输。

县级以上地方人民政府和有关主管部门应当根据国家应急运输保障方案，结合本地区实际做好应急调度和运力保障，确保运输通道和客货运枢纽畅通。

国家发挥社会力量在应急运输保障中的积极作用。社会力量参与突发事件应急运输保障，应当服从突发事件应急指挥机构的统一指挥。

第四十八条　国家建立健全能源应急保障体系，提高能源安全保障能力，确保受突发事件影响地区的能源供应。

第四十九条　国家建立健全应急通信、应急广播保障体系，加强应急通信系统、应急广播系统建设，确保突发事件应对工作的通信、广播安全畅通。

第五十条　国家建立健全突发事件卫生应急体

系，组织开展突发事件中的医疗救治、卫生学调查处置和心理援助等卫生应急工作，有效控制和消除危害。

第五十一条　县级以上人民政府应当加强急救医疗服务网络的建设，配备相应的医疗救治物资、设施设备和人员，提高医疗卫生机构应对各类突发事件的救治能力。

第五十二条　国家鼓励公民、法人和其他组织为突发事件应对工作提供物资、资金、技术支持和捐赠。

接受捐赠的单位应当及时公开接受捐赠的情况和受赠财产的使用、管理情况，接受社会监督。

第五十三条　红十字会在突发事件中，应当对伤病人员和其他受害者提供紧急救援和人道救助，并协助人民政府开展与其职责相关的其他人道主义服务活动。有关人民政府应当给予红十字会支持和资助，保障其依法参与应对突发事件。

慈善组织在发生重大突发事件时开展募捐和救助活动，应当在有关人民政府的统筹协调、有序引导下依法进行。有关人民政府应当通过提供必要的需求信息、政府购买服务等方式，对慈善组织参与应对突发事件、开展应急慈善活动予以支持。

第五十四条　有关单位应当加强应急救援资金、物资的管理，提高使用效率。

任何单位和个人不得截留、挪用、私分或者变相私分应急救援资金、物资。

第五十五条　国家发展保险事业，建立政府支持、社会力量参与、市场化运作的巨灾风险保险体系，并鼓励单位和个人参加保险。

第五十六条　国家加强应急管理基础科学、重点行业领域关键核心技术的研究，加强互联网、云计算、大数据、人工智能等现代技术手段在突发事件应对工作中的应用，鼓励、扶持有条件的教学科研机构、企业培养应急管理人才和科技人才，研发、推广新技术、新材料、新设备和新工具，提高突发事件应对能力。

第五十七条　县级以上人民政府及其有关部门应当建立健全突发事件专家咨询论证制度，发挥专业人员在突发事件应对工作中的作用。

第四章　监测与预警

第五十八条　国家建立健全突发事件监测制度。

县级以上人民政府及其有关部门应当根据自然灾害、事故灾难和公共卫生事件的种类和特点，建立健全基础信息数据库，完善监测网络，划分监测区域，确定监测点，明确监测项目，提供必要的设备、设施，配备专职或者兼职人员，对可能发生的突发事件进行监测。

第五十九条　国务院建立全国统一的突发事件信息系统。

县级以上地方人民政府应当建立或者确定本地区统一的突发事件信息系统，汇集、储存、分析、传输有关突发事件的信息，并与上级人民政府及其有关部门、下级人民政府及其有关部门、专业机构、监测网点和重点企业的突发事件信息系统实现互联互通，加强跨部门、跨地区的信息共享与情报合作。

第六十条　县级以上人民政府及其有关部门、专业机构应当通过多种途径收集突发事件信息。

县级人民政府应当在居民委员会、村民委员会和有关单位建立专职或者兼职信息报告员制度。

公民、法人或者其他组织发现发生突发事件，或者发现可能发生突发事件的异常情况，应当立即向所在地人民政府、有关主管部门或者指定的专业机构报告。接到报告的单位应当按照规定立即核实处理，对于不属于其职责的，应当立即移送相关单位核实处理。

第六十一条　地方各级人民政府应当按照国家有关规定向上级人民政府报送突发事件信息。县级以上人民政府有关主管部门应当向本级人民政府相关部门通报突发事件信息，并报告上级人民政府主管部门。专业机构、监测网点和信息报告员应当及时向所在地人民政府及其有关主管部门报告突发事件信息。

有关单位和人员报送、报告突发事件信息，应当做到及时、客观、真实，不得迟报、谎报、瞒报、漏报，不得授意他人迟报、谎报、瞒报，不得阻碍他人报告。

第六十二条　县级以上地方人民政府应当及时汇总分析突发事件隐患和监测信息，必要时组织相关部门、专业技术人员、专家学者进行会商，对发生突发事件的可能性及其可能造成的影响进行评估；认为可能发生重大或者特别重大突发事件的，应当立即向上级人民政府报告，并向上级人民政府有关部门、当地驻军和可能受到危害的毗邻或者相关地区的人民政府通报，及时采取预防措施。

第六十三条　国家建立健全突发事件预警制度。

可以预警的自然灾害、事故灾难和公共卫生事件的预警级别，按照突发事件发生的紧急程度、发展势态和可能造成的危害程度分为一级、二级、三级和四级，分别用红色、橙色、黄色和蓝色标示，一级为最高级别。

预警级别的划分标准由国务院或者国务院确定的部门制定。

第六十四条 可以预警的自然灾害、事故灾难或者公共卫生事件即将发生或者发生的可能性增大时，县级以上地方人民政府应当根据有关法律、行政法规和国务院规定的权限和程序，发布相应级别的警报，决定并宣布有关地区进入预警期，同时向上一级人民政府报告，必要时可以越级上报；具备条件的，应当进行网络直报或者自动速报；同时向当地驻军和可能受到危害的毗邻或者相关地区的人民政府通报。

发布警报应当明确预警类别、级别、起始时间、可能影响的范围、警示事项、应当采取的措施、发布单位和发布时间等。

第六十五条 国家建立健全突发事件预警发布平台，按照有关规定及时、准确向社会发布突发事件预警信息。

广播、电视、报刊以及网络服务提供者、电信运营商应当按照国家有关规定，建立突发事件预警信息快速发布通道，及时、准确、无偿播发或者刊载突发事件预警信息。

公共场所和其他人员密集场所，应当指定专门人员负责突发事件预警信息接收和传播工作，做好相关设备、设施维护，确保突发事件预警信息及时、准确接收和传播。

第六十六条 发布三级、四级警报，宣布进入预警期后，县级以上地方人民政府应当根据即将发生的突发事件的特点和可能造成的危害，采取下列措施：

（一）启动应急预案；

（二）责令有关部门、专业机构、监测网点和负有特定职责的人员及时收集、报告有关信息，向社会公布反映突发事件信息的渠道，加强对突发事件发生、发展情况的监测、预报和预警工作；

（三）组织有关部门和机构、专业技术人员、有关专家学者，随时对突发事件信息进行分析评估，预测发生突发事件可能性的大小、影响范围和强度以及可能发生的突发事件的级别；

（四）定时向社会发布与公众有关的突发事件预测信息和分析评估结果，并对相关信息的报道工作进行管理；

（五）及时按照有关规定向社会发布可能受到突发事件危害的警告，宣传避免、减轻危害的常识，公布咨询或者求助电话等联络方式和渠道。

第六十七条 发布一级、二级警报，宣布进入预警期后，县级以上地方人民政府除采取本法第六十六条规定的措施外，还应当针对即将发生的突发事件的特点和可能造成的危害，采取下列一项或者多项措施：

（一）责令应急救援队伍、负有特定职责的人员进入待命状态，并动员后备人员做好参加应急救援和处置工作的准备；

（二）调集应急救援所需物资、设备、工具，准备应急设施和应急避难、封闭隔离、紧急医疗救治等场所，并确保其处于良好状态、随时可以投入正常使用；

（三）加强对重点单位、重要部位和重要基础设施的安全保卫，维护社会治安秩序；

（四）采取必要措施，确保交通、通信、供水、排水、供电、供气、供热、医疗卫生、广播电视、气象等公共设施的安全和正常运行；

（五）及时向社会发布有关采取特定措施避免或者减轻危害的建议、劝告；

（六）转移、疏散或者撤离易受突发事件危害的人员并予以妥善安置，转移重要财产；

（七）关闭或者限制使用易受突发事件危害的场所，控制或者限制容易导致危害扩大的公共场所的活动；

（八）法律、法规、规章规定的其他必要的防范性、保护性措施。

第六十八条 发布警报，宣布进入预警期后，县级以上人民政府应当对重要商品和服务市场情况加强监测，根据实际需要及时保障供应、稳定市场。必要时，国务院和省、自治区、直辖市人民政府可以按照《中华人民共和国价格法》等有关法律规定采取相应措施。

第六十九条 对即将发生或者已经发生的社会安全事件，县级以上地方人民政府及其有关主管部门应当按照规定向上一级人民政府及其有关主管部门报告，必要时可以越级上报，具备条件的，应当进行网络直报或者自动速报。

第七十条 发布突发事件警报的人民政府应当根据事态的发展，按照有关规定适时调整预警级别并重新发布。

有事实证明不可能发生突发事件或者危险已经解除的，发布警报的人民政府应当立即宣布解除警报，终止预警期，并解除已经采取的有关措施。

第五章 应急处置与救援

第七十一条 国家建立健全突发事件应急响应

制度。

突发事件的应急响应级别，按照突发事件的性质、特点、可能造成的危害程度和影响范围等因素分为一级、二级、三级和四级，一级为最高级别。

突发事件应急响应级别划分标准由国务院或者国务院确定的部门制定。县级以上人民政府及其有关部门应当在突发事件应急预案中确定应急响应级别。

第七十二条 突发事件发生后，履行统一领导职责或者组织处置突发事件的人民政府应当针对其性质、特点、危害程度和影响范围等，立即启动应急响应，组织有关部门，调动应急救援队伍和社会力量，依照法律、法规、规章和应急预案的规定，采取应急处置措施，并向上级人民政府报告；必要时，可以设立现场指挥部，负责现场应急处置与救援，统一指挥进入突发事件现场的单位和个人。

启动应急响应，应当明确响应事项、级别、预计期限、应急处置措施等。

履行统一领导职责或者组织处置突发事件的人民政府，应当建立协调机制，提供需求信息，引导志愿服务组织和志愿者等社会力量及时有序参与应急处置与救援工作。

第七十三条 自然灾害、事故灾难或者公共卫生事件发生后，履行统一领导职责的人民政府应当采取下列一项或者多项应急处置措施：

（一）组织营救和救治受害人员，转移、疏散、撤离并妥善安置受到威胁的人员以及采取其他救助措施；

（二）迅速控制危险源，标明危险区域，封锁危险场所，划定警戒区，实行交通管制，限制人员流动、封闭管理以及其他控制措施；

（三）立即抢修被损坏的交通、通信、供水、排水、供电、供气、供热、医疗卫生、广播电视、气象等公共设施，向受到危害的人员提供避难场所和生活必需品，实施医疗救护和卫生防疫以及其他保障措施；

（四）禁止或者限制使用有关设备、设施，关闭或者限制使用有关场所，中止人员密集的活动或者可能导致危害扩大的生产经营活动以及采取其他保护措施；

（五）启用本级人民政府设置的财政预备费和储备的应急救援物资，必要时调用其他急需物资、设备、设施、工具；

（六）组织公民、法人和其他组织参加应急救援和处置工作，要求具有特定专长的人员提供服务；

（七）保障食品、饮用水、药品、燃料等基本生活必需品的供应；

（八）依法从严惩处囤积居奇、哄抬价格、牟取暴利、制假售假等扰乱市场秩序的行为，维护市场秩序；

（九）依法从严惩处哄抢财物、干扰破坏应急处置工作等扰乱社会秩序的行为，维护社会治安；

（十）开展生态环境应急监测，保护集中式饮用水水源地等环境敏感目标，控制和处置污染物；

（十一）采取防止发生次生、衍生事件的必要措施。

第七十四条 社会安全事件发生后，组织处置工作的人民政府应当立即启动应急响应，组织有关部门针对事件的性质和特点，依照有关法律、行政法规和国家其他有关规定，采取下列一项或者多项应急处置措施：

（一）强制隔离使用器械相互对抗或者以暴力行为参与冲突的当事人，妥善解决现场纠纷和争端，控制事态发展；

（二）对特定区域内的建筑物、交通工具、设备、设施以及燃料、燃气、电力、水的供应进行控制；

（三）封锁有关场所、道路，查验现场人员的身份证件，限制有关公共场所内的活动；

（四）加强对易受冲击的核心机关和单位的警卫，在国家机关、军事机关、国家通讯社、广播电台、电视台、外国驻华使领馆等单位附近设置临时警戒线；

（五）法律、行政法规和国务院规定的其他必要措施。

第七十五条 发生突发事件，严重影响国民经济正常运行时，国务院或者国务院授权的有关主管部门可以采取保障、控制等必要的应急措施，保障人民群众的基本生活需要，最大限度地减轻突发事件的影响。

第七十六条 履行统一领导职责或者组织处置突发事件的人民政府及其有关部门，必要时可以向单位和个人征用应急救援所需设备、设施、场地、交通工具和其他物资，请求其他地方人民政府及其有关部门提供人力、物力、财力或者技术支援，要求生产、供应生活必需品和应急救援物资的企业组织生产、保证供给，要求提供医疗、交通等公共服务的组织提供相应的服务。

履行统一领导职责或者组织处置突发事件的人民政府和有关主管部门，应当组织协调运输经营单位，优先运送处置突发事件所需物资、设备、工具、应急救援人员和受到突发事件危害的人员。

履行统一领导职责或者组织处置突发事件的人民政府及其有关部门，应当为受突发事件影响无人照料的无民事行为能力人、限制民事行为能力人提供及时有效帮助；建立健全联系帮扶应急救援人员家庭制度，帮助解决实际困难。

第七十七条　突发事件发生地的居民委员会、村民委员会和其他组织应当按照当地人民政府的决定、命令，进行宣传动员，组织群众开展自救与互救，协助维护社会秩序；情况紧急的，应当立即组织群众开展自救与互救等先期处置工作。

第七十八条　受到自然灾害危害或者发生事故灾难、公共卫生事件的单位，应当立即组织本单位应急救援队伍和工作人员营救受害人员，疏散、撤离、安置受到威胁的人员，控制危险源，标明危险区域，封锁危险场所，并采取其他防止危害扩大的必要措施，同时向所在地县级人民政府报告；对因本单位的问题引发的或者主体是本单位人员的社会安全事件，有关单位应当按照规定上报情况，并迅速派出负责人赶赴现场开展劝解、疏导工作。

突发事件发生地的其他单位应当服从人民政府发布的决定、命令，配合人民政府采取的应急处置措施，做好本单位的应急救援工作，并积极组织人员参加所在地的应急救援和处置工作。

第七十九条　突发事件发生地的个人应当依法服从人民政府、居民委员会、村民委员会或者所属单位的指挥和安排，配合人民政府采取的应急处置措施，积极参加应急救援工作，协助维护社会秩序。

第八十条　国家支持城乡社区组织健全应急工作机制，强化城乡社区综合服务设施和信息平台应急功能，加强与突发事件信息系统数据共享，增强突发事件应急处置中保障群众基本生活和服务群众能力。

第八十一条　国家采取措施，加强心理健康服务体系和人才队伍建设，支持引导心理健康服务人员和社会工作者对受突发事件影响的各类人群开展心理健康教育、心理评估、心理疏导、心理危机干预、心理行为问题诊治等心理援助工作。

第八十二条　对于突发事件遇难人员的遗体，应当按照法律和国家有关规定，科学规范处置，加强卫生防疫，维护逝者尊严。对于逝者的遗物应当妥善保管。

第八十三条　县级以上人民政府及其有关部门根据突发事件应对工作需要，在履行法定职责所必需的范围和限度内，可以要求公民、法人和其他组织提供应急处置与救援需要的信息。公民、法人和其他组织应当予以提供，法律另有规定的除外。县级以上人民政府及其有关部门对获取的相关信息，应当严格保密，并依法保护公民的通信自由和通信秘密。

第八十四条　在突发事件应急处置中，有关单位和个人因依照本法规定配合突发事件应对工作或者履行相关义务，需要获取他人个人信息的，应当依照法律规定的程序和方式取得并确保信息安全，不得非法收集、使用、加工、传输他人个人信息，不得非法买卖、提供或者公开他人个人信息。

第八十五条　因依法履行突发事件应对工作职责或者义务获取的个人信息，只能用于突发事件应对，并在突发事件应对工作结束后予以销毁。确因依法作为证据使用或者调查评估需要留存或者延期销毁的，应当按照规定进行合法性、必要性、安全性评估，并采取相应保护和处理措施，严格依法使用。

第六章　事后恢复与重建

第八十六条　突发事件的威胁和危害得到控制或者消除后，履行统一领导职责或者组织处置突发事件的人民政府应当宣布解除应急响应，停止执行依照本法规定采取的应急处置措施，同时采取或者继续实施必要措施，防止发生自然灾害、事故灾难、公共卫生事件的次生、衍生事件或者重新引发社会安全事件，组织受影响地区尽快恢复社会秩序。

第八十七条　突发事件应急处置工作结束后，履行统一领导职责的人民政府应当立即组织对突发事件造成的影响和损失进行调查评估，制定恢复重建计划，并向上一级人民政府报告。

受突发事件影响地区的人民政府应当及时组织和协调应急管理、卫生健康、公安、交通、铁路、民航、邮政、电信、建设、生态环境、水利、能源、广播电视等有关部门恢复社会秩序，尽快修复被损坏的交通、通信、供水、排水、供电、供气、供热、医疗卫生、水利、广播电视等公共设施。

第八十八条　受突发事件影响地区的人民政府开展恢复重建工作需要上一级人民政府支持的，可以向上一级人民政府提出请求。上一级人民政府应当根据受影响地区遭受的损失和实际情况，提供资金、物资支持和技术指导，组织协调其他地区和有关方面提供资金、物资和人力支援。

第八十九条　国务院根据受突发事件影响地区

遭受损失的情况，制定扶持该地区有关行业发展的优惠政策。

受突发事件影响地区的人民政府应当根据本地区遭受的损失和采取应急处置措施的情况，制定救助、补偿、抚慰、抚恤、安置等善后工作计划并组织实施，妥善解决因处置突发事件引发的矛盾纠纷。

第九十条　公民参加应急救援工作或者协助维护社会秩序期间，其所在单位应当保证其工资待遇和福利不变，并可以按照规定给予相应补助。

第九十一条　县级以上人民政府对在应急救援工作中伤亡的人员依法落实工伤待遇、抚恤或者其他保障政策，并组织做好应急救援工作中致病人员的医疗救治工作。

第九十二条　履行统一领导职责的人民政府在突发事件应对工作结束后，应当及时查明突发事件的发生经过和原因，总结突发事件应急处置工作的经验教训，制定改进措施，并向上一级人民政府提出报告。

第九十三条　突发事件应对工作中有关资金、物资的筹集、管理、分配、拨付和使用等情况，应当依法接受审计机关的审计监督。

第九十四条　国家档案主管部门应当建立健全突发事件应对工作相关档案收集、整理、保护、利用工作机制。突发事件应对工作中形成的材料，应当按照国家规定归档，并向相关档案馆移交。

第七章　法律责任

第九十五条　地方各级人民政府和县级以上人民政府有关部门违反本法规定，不履行或者不正确履行法定职责的，由其上级行政机关责令改正；有下列情形之一，由有关机关综合考虑突发事件发生的原因、后果、应对处置情况、行为人过错等因素，对负有责任的领导人员和直接责任人员依法给予处分：

（一）未按照规定采取预防措施，导致发生突发事件，或者未采取必要的防范措施，导致发生次生、衍生事件的；

（二）迟报、谎报、瞒报、漏报或者授意他人迟报、谎报、瞒报以及阻碍他人报告有关突发事件的信息，或者通报、报送、公布虚假信息，造成后果的；

（三）未按照规定及时发布突发事件警报、采取预警期的措施，导致损害发生的；

（四）未按照规定及时采取措施处置突发事件或者处置不当，造成后果的；

（五）违反法律规定采取应对措施，侵犯公民生命健康权益的；

（六）不服从上级人民政府对突发事件应急处置工作的统一领导、指挥和协调的；

（七）未及时组织开展生产自救、恢复重建等善后工作的；

（八）截留、挪用、私分或者变相私分应急救援资金、物资的；

（九）不及时归还征用的单位和个人的财产，或者对被征用财产的单位和个人不按照规定给予补偿的。

第九十六条　有关单位有下列情形之一，由所在地履行统一领导职责的人民政府有关部门责令停产停业，暂扣或者吊销许可证件，并处五万元以上二十万元以下的罚款；情节特别严重的，并处二十万元以上一百万元以下的罚款：

（一）未按照规定采取预防措施，导致发生较大以上突发事件的；

（二）未及时消除已发现的可能引发突发事件的隐患，导致发生较大以上突发事件的；

（三）未做好应急物资储备和应急设备、设施日常维护、检测工作，导致发生较大以上突发事件或者突发事件危害扩大的；

（四）突发事件发生后，不及时组织开展应急救援工作，造成严重后果的。

其他法律对前款行为规定了处罚的，依照较重的规定处罚。

第九十七条　违反本法规定，编造并传播有关突发事件的虚假信息，或者明知是有关突发事件的虚假信息而进行传播的，责令改正，给予警告；造成严重后果的，依法暂停其业务活动或者吊销其许可证件；负有直接责任的人员是公职人员的，还应当依法给予处分。

第九十八条　单位或者个人违反本法规定，不服从所在地人民政府及其有关部门依法发布的决定、命令或者不配合其依法采取的措施的，责令改正；造成严重后果的，依法给予行政处罚；负有直接责任的人员是公职人员的，还应当依法给予处分。

第九十九条　单位或者个人违反本法第八十四条、第八十五条关于个人信息保护规定的，由主管部门依照有关法律规定给予处罚。

第一百条　单位或者个人违反本法规定，导致突发事件发生或者危害扩大，造成人身、财产或者其他损害的，应当依法承担民事责任。

第一百零一条　为了使本人或他人的人身、

财产免受正在发生的危险而采取避险措施的，依照《中华人民共和国民法典》、《中华人民共和国刑法》等法律关于紧急避险的规定处理。

第一百零二条 违反本法规定，构成违反治安管理行为的，依法给予治安管理处罚；构成犯罪的，依法追究刑事责任。

第八章 附 则

第一百零三条 发生特别重大突发事件，对人民生命财产安全、国家安全、公共安全、生态环境安全或者社会秩序构成重大威胁，采取本法和其他有关法律、法规、规章规定的应急处置措施不能消除或者有效控制、减轻其严重社会危害，需要进入紧急状态的，由全国人民代表大会常务委员会或者国务院依照宪法和其他有关法律规定的权限和程序决定。

紧急状态期间采取的非常措施，依照有关法律规定执行或者由全国人民代表大会常务委员会另行规定。

第一百零四条 中华人民共和国领域外发生突发事件，造成或者可能造成中华人民共和国公民、法人和其他组织人身伤亡、财产损失的，由国务院外交部门会同国务院其他有关部门、有关地方人民政府，按照国家有关规定做好应对工作。

第一百零五条 在中华人民共和国境内的外国人、无国籍人应当遵守本法，服从所在地人民政府及其有关部门依法发布的决定、命令，并配合其依法采取的措施。

第一百零六条 本法自2024年11月1日起施行。

中华人民共和国刑法（摘录）

（1979年7月1日第五届全国人民代表大会第二次会议通过 1997年3月14日第八届全国人民代表大会第五次会议修订 根据1998年12月29日第九届全国人民代表大会常务委员会第六次会议通过的《全国人民代表大会常务委员会关于惩治骗购外汇、逃汇和非法买卖外汇犯罪的决定》、1999年12月25日第九届全国人民代表大会常务委员会第十三次会议通过的《中华人民共和国刑法修正案》、2001年8月31日第九届全国人民代表大会常务委员会第二十三次会议通过的《中华人民共和国刑法修正案（二）》、2001年12月29日第九届全国人民代表大会常务委员会第二十五次会议通过的《中华人民共和国刑法修正案（三）》、2002年12月28日第九届全国人民代表大会常务委员会第三十一次会议通过的《中华人民共和国刑法修正案（四）》、2005年2月28日第十届全国人民代表大会常务委员会第十四次会议通过的《中华人民共和国刑法修正案（五）》、2006年6月29日第十届全国人民代表大会常务委员会第二十二次会议通过的《中华人民共和国刑法修正案（六）》、2009年2月28日第十一届全国人民代表大会常务委员会第七次会议通过的《中华人民共和国刑法修正案（七）》、2009年8月27日第十一届全国人民代表大会常务委员会第十次会议通过的《全国人民代表大会常务委员会关于修改部分法律的决定》、2011年2月25日第十一届全国人民代表大会常务委员会第十九次会议通过的《中华人民共和国刑法修正案（八）》、2015年8月29日第十二届全国人民代表大会常务委员会第十六次会议通过的《中华人民共和国刑法修正案（九）》、2017年11月4日第十二届全国人民代表大会常务委员会第三十次会议通过的《中华人民共和国刑法修正案（十）》、2020年12月26日第十三届全国人民代表大会常务委员会第二十四次会议通过的《中华人民共和国刑法修正案（十一）》和2023年12月29日第十四届全国人民代表大会常务委员会第七次会议通过的《中华人民共和国刑法修正案（十二）》修正)[1]

……

第一百一十四条 【放火罪】【决水罪】【爆炸罪】【投放危险物质罪】【以危险方法危害公共安全罪】放火、决水、爆炸以及投放毒害性、放射性、传染病病原体等物质或者以其他危险方法危害公共安全，尚未造成严重后果的，处三年以上十年以下有期徒刑。

第一百一十五条 【放火罪】【决水罪】【爆炸罪】【投放危险物质罪】【以危险方法危害公共安全罪】放火、决水、爆炸以及投放毒害性、放射性、传染病病原体等物质或者以其他危险方法致人重伤、

---

[1] 刑法、历次刑法修正案、涉及修改刑法的决定的施行日期，分别依据各法律所规定的施行日期确定。

另，总则部分条文主旨为编者所加，分则其他条文主旨是根据司法解释确定罪名所加。

死亡或者使公私财产遭受重大损失的，处十年以上有期徒刑、无期徒刑或者死刑。

【失火罪】【过失决水罪】【过失爆炸罪】【过失投放危险物质罪】【过失以危险方法危害公共安全罪】过失犯前款罪的，处三年以上七年以下有期徒刑；情节较轻的，处三年以下有期徒刑或者拘役。

第一百一十六条 【破坏交通工具罪】破坏火车、汽车、电车、船只、航空器，足以使火车、汽车、电车、船只、航空器发生倾覆、毁坏危险，尚未造成严重后果的，处三年以上十年以下有期徒刑。

第一百一十七条 【破坏交通设施罪】破坏轨道、桥梁、隧道、公路、机场、航道、灯塔、标志或者进行其他破坏活动，足以使火车、汽车、电车、船只、航空器发生倾覆、毁坏危险，尚未造成严重后果的，处三年以上十年以下有期徒刑。

第一百一十八条 【破坏电力设备罪】【破坏易燃易爆设备罪】破坏电力、燃气或者其他易燃易爆设备，危害公共安全，尚未造成严重后果的，处三年以上十年以下有期徒刑。

第一百一十九条 【破坏交通工具罪】【破坏交通设施罪】【破坏电力设备罪】【破坏易燃易爆设备罪】破坏交通工具、交通设施、电力设备、燃气设备、易燃易爆设备，造成严重后果的，处十年以上有期徒刑、无期徒刑或者死刑。

【过失损坏交通工具罪】【过失损坏交通设施罪】【过失损坏电力设备罪】【过失损坏易燃易爆设备罪】过失犯前款罪的，处三年以上七年以下有期徒刑；情节较轻的，处三年以下有期徒刑或者拘役。

第一百二十条 【组织、领导、参加恐怖组织罪】组织、领导恐怖活动组织的，处十年以上有期徒刑或者无期徒刑，并处没收财产；积极参加的，处三年以上十年以下有期徒刑，并处罚金；其他参加的，处三年以下有期徒刑、拘役、管制或者剥夺政治权利，可以并处罚金。

犯前款罪并实施杀人、爆炸、绑架等犯罪的，依照数罪并罚的规定处罚。

第一百二十条之一 【帮助恐怖活动罪】资助恐怖活动组织、实施恐怖活动的个人的，或者资助恐怖活动培训的，处五年以下有期徒刑、拘役、管制或者剥夺政治权利，并处罚金；情节严重的，处五年以上有期徒刑，并处罚金或者没收财产。

为恐怖活动组织、实施恐怖活动或者恐怖活动培训招募、运送人员的，依照前款的规定处罚。

单位犯前两款罪的，对单位判处罚金，并对其直接负责的主管人员和其他直接责任人员，依照第一款的规定处罚。

第一百二十条之二 【准备实施恐怖活动罪】有下列情形之一的，处五年以下有期徒刑、拘役、管制或者剥夺政治权利，并处罚金；情节严重的，处五年以上有期徒刑，并处罚金或者没收财产：

（一）为实施恐怖活动准备凶器、危险物品或者其他工具的；

（二）组织恐怖活动培训或者积极参加恐怖活动培训的；

（三）为实施恐怖活动与境外恐怖活动组织或者人员联络的；

（四）为实施恐怖活动进行策划或者其他准备的。

有前款行为，同时构成其他犯罪的，依照处罚较重的规定定罪处罚。

第一百二十条之三 【宣扬恐怖主义、极端主义、煽动实施恐怖活动罪】以制作、散发宣扬恐怖主义、极端主义的图书、音频视频资料或者其他物品，或者通过讲授、发布信息等方式宣扬恐怖主义、极端主义的，或者煽动实施恐怖活动的，处五年以下有期徒刑、拘役、管制或者剥夺政治权利，并处罚金；情节严重的，处五年以上有期徒刑，并处罚金或者没收财产。

第一百二十条之四 【利用极端主义破坏法律实施罪】利用极端主义煽动、胁迫群众破坏国家法律确立的婚姻、司法、教育、社会管理等制度实施的，处三年以下有期徒刑、拘役或者管制，并处罚金；情节严重的，处三年以上七年以下有期徒刑，并处罚金；情节特别严重的，处七年以上有期徒刑，并处罚金或者没收财产。

第一百二十条之五 【强制穿戴宣扬恐怖主义、极端主义服饰、标志罪】以暴力、胁迫等方式强制他人在公共场所穿着、佩戴宣扬恐怖主义、极端主义服饰、标志的，处三年以下有期徒刑、拘役或者管制，并处罚金。

第一百二十条之六 【非法持有宣扬恐怖主义、极端主义物品罪】明知是宣扬恐怖主义、极端主义的图书、音频视频资料或者其他物品而非法持有，情节严重的，处三年以下有期徒刑、拘役或者管制，并处或者单处罚金。

第一百二十一条 【劫持航空器罪】以暴力、胁迫或者其他方法劫持航空器的，处十年以上有期徒刑或者无期徒刑；致人重伤、死亡或者使航空器遭受严重破坏的，处死刑。

第一百二十二条 【劫持船只、汽车罪】以暴力、胁迫或者其他方法劫持船只、汽车的，处五年以上十年以下有期徒刑；造成严重后果的，处十年以上有期徒刑或者无期徒刑。

第一百二十三条 【暴力危及飞行安全罪】对飞行中的航空器上的人员使用暴力，危及飞行安全，尚未造成严重后果的，处五年以下有期徒刑或者拘役；造成严重后果的，处五年以上有期徒刑。

第一百二十四条 【破坏广播电视设施、公用电信设施罪】破坏广播电视设施、公用电信设施，危害公共安全的，处三年以上七年以下有期徒刑；造成严重后果的，处七年以上有期徒刑。

【过失损坏广播电视设施、公用电信设施罪】过失犯前款罪的，处三年以上七年以下有期徒刑；情节较轻的，处三年以下有期徒刑或者拘役。

第一百二十五条 【非法制造、买卖、运输、邮寄、储存枪支、弹药、爆炸物罪】非法制造、买卖、运输、邮寄、储存枪支、弹药、爆炸物的，处三年以上十年以下有期徒刑；情节严重的，处十年以上有期徒刑、无期徒刑或者死刑。

【非法制造、买卖、运输、储存危险物质罪】非法制造、买卖、运输、储存毒害性、放射性、传染病病原体等物质，危害公共安全的，依照前款的规定处罚。

单位犯前两款罪的，对单位判处罚金，并对其直接负责的主管人员和其他直接责任人员，依照第一款的规定处罚。

第一百二十六条 【违规制造、销售枪支罪】依法被指定、确定的枪支制造企业、销售企业，违反枪支管理规定，有下列行为之一的，对单位判处罚金，并对其直接负责的主管人员和其他直接责任人员，处五年以下有期徒刑；情节严重的，处五年以上十年以下有期徒刑；情节特别严重的，处十年以上有期徒刑或者无期徒刑：

（一）以非法销售为目的，超过限额或者不按照规定的品种制造、配售枪支的；

（二）以非法销售为目的，制造无号、重号、假号的枪支的；

（三）非法销售枪支或者在境内销售为出口制造的枪支的。

第一百二十七条 【盗窃、抢夺枪支、弹药、爆炸物、危险物质罪】盗窃、抢夺枪支、弹药、爆炸物的，或者盗窃、抢夺毒害性、放射性、传染病病原体等物质，危害公共安全的，处三年以上十年以下有期徒刑；情节严重的，处十年以上有期徒刑、无期徒刑或者死刑。

【抢劫枪支、弹药、爆炸物、危险物质罪】【盗窃、抢夺枪支、弹药、爆炸物、危险物质罪】抢劫枪支、弹药、爆炸物的，或者抢劫毒害性、放射性、传染病病原体等物质，危害公共安全的，或者盗窃、抢夺国家机关、军警人员、民兵的枪支、弹药、爆炸物的，处十年以上有期徒刑、无期徒刑或者死刑。

第一百二十八条 【非法持有、私藏枪支、弹药罪】违反枪支管理规定，非法持有、私藏枪支、弹药的，处三年以下有期徒刑、拘役或者管制；情节严重的，处三年以上七年以下有期徒刑。

【非法出租、出借枪支罪】依法配备公务用枪的人员，非法出租、出借枪支的，依照前款的规定处罚。

【非法出租、出借枪支罪】依法配置枪支的人员，非法出租、出借枪支，造成严重后果的，依照第一款的规定处罚。

单位犯第二款、第三款罪的，对单位判处罚金，并对其直接负责的主管人员和其他直接责任人员，依照第一款的规定处罚。

……

第一百三十一条 【重大飞行事故罪】航空人员违反规章制度，致使发生重大飞行事故，造成严重后果的，处三年以下有期徒刑或者拘役；造成飞机坠毁或者人员死亡的，处三年以上七年以下有期徒刑。

第一百三十二条 【铁路运营安全事故罪】铁路职工违反规章制度，致使发生铁路运营安全事故，造成严重后果的，处三年以下有期徒刑或者拘役；造成特别严重后果的，处三年以上七年以下有期徒刑。

第一百三十三条 【交通肇事罪】违反交通运输管理法规，因而发生重大事故，致人重伤、死亡或者使公私财产遭受重大损失的，处三年以下有期徒刑或者拘役；交通运输肇事后逃逸或者有其他特别恶劣情节的，处三年以上七年以下有期徒刑；因逃逸致人死亡的，处七年以上有期徒刑。

第一百三十三条之一 【危险驾驶罪】在道路上驾驶机动车，有下列情形之一的，处拘役，并处罚金：

（一）追逐竞驶，情节恶劣的；

（二）醉酒驾驶机动车的；

（三）从事校车业务或者旅客运输，严重超过额定乘员载客，或者严重超过规定时速行驶的；

（四）违反危险化学品安全管理规定运输危险化学品，危及公共安全的。

机动车所有人、管理人对前款第三项、第四项行为负有直接责任的，依照前款的规定处罚。

有前两款行为，同时构成其他犯罪的，依照处罚较重的规定定罪处罚。

第一百三十三条之二 【妨害安全驾驶罪】对行驶中的公共交通工具的驾驶人员使用暴力或者抢控驾驶操纵装置，干扰公共交通工具正常行驶，危及公共安全的，处一年以下有期徒刑、拘役或者管制，并处或者单处罚金。

前款规定的驾驶人员在行驶的公共交通工具上擅离职守，与他人互殴或者殴打他人，危及公共安全的，依照前款的规定处罚。

有前两款行为，同时构成其他犯罪的，依照处罚较重的规定定罪处罚。

第一百三十四条 【重大责任事故罪】在生产、作业中违反有关安全管理的规定，因而发生重大伤亡事故或者造成其他严重后果的，处三年以下有期徒刑或者拘役；情节特别恶劣的，处三年以上七年以下有期徒刑。

【强令、组织他人违章冒险作业罪】强令他人违章冒险作业，或者明知存在重大事故隐患而不排除，仍冒险组织作业，因而发生重大伤亡事故或者造成其他严重后果的，处五年以下有期徒刑或者拘役；情节特别恶劣的，处五年以上有期徒刑。

第一百三十四条之一 【危险作业罪】在生产、作业中违反有关安全管理的规定，有下列情形之一，具有发生重大伤亡事故或者其他严重后果的现实危险的，处一年以下有期徒刑、拘役或者管制：

（一）关闭、破坏直接关系生产安全的监控、报警、防护、救生设备、设施，或者篡改、隐瞒、销毁其相关数据、信息的；

（二）因存在重大事故隐患被依法责令停产停业、停止施工、停止使用有关设备、设施、场所或者立即采取排除危险的整改措施，而拒不执行的；

（三）涉及安全生产的事项未经依法批准或者许可，擅自从事矿山开采、金属冶炼、建筑施工，以及危险物品生产、经营、储存等高度危险的生产作业活动的。

第一百三十五条 【重大劳动安全事故罪】安全生产设施或者安全生产条件不符合国家规定，因而发生重大伤亡事故或者造成其他严重后果的，对直接负责的主管人员和其他直接责任人员，处三年以下有期徒刑或者拘役；情节特别恶劣的，处三年以上七年以下有期徒刑。

第一百三十五条之一 【大型群众性活动重大安全事故罪】举办大型群众性活动违反安全管理规定，因而发生重大伤亡事故或者造成其他严重后果的，对直接负责的主管人员和其他直接责任人员，处三年以下有期徒刑或者拘役；情节特别恶劣的，处三年以上七年以下有期徒刑。

第一百三十六条 【危险物品肇事罪】违反爆炸性、易燃性、放射性、毒害性、腐蚀性物品的管理规定，在生产、储存、运输、使用中发生重大事故，造成严重后果的，处三年以下有期徒刑或者拘役；后果特别严重的，处三年以上七年以下有期徒刑。

第一百三十七条 【工程重大安全事故罪】建设单位、设计单位、施工单位、工程监理单位违反国家规定，降低工程质量标准，造成重大安全事故的，对直接责任人员，处五年以下有期徒刑或者拘役，并处罚金；后果特别严重的，处五年以上十年以下有期徒刑，并处罚金。

第一百三十八条 【教育设施重大安全事故罪】明知校舍或者教育教学设施有危险，而不采取措施或者不及时报告，致使发生重大伤亡事故的，对直接责任人员，处三年以下有期徒刑或者拘役；后果特别严重的，处三年以上七年以下有期徒刑。

第一百三十九条 【消防责任事故罪】违反消防管理法规，经消防监督机构通知采取改正措施而拒绝执行，造成严重后果的，对直接责任人员，处三年以下有期徒刑或者拘役；后果特别严重的，处三年以上七年以下有期徒刑。

第一百三十九条之一 【不报、谎报安全事故罪】在安全事故发生后，负有报告职责的人员不报或者谎报事故情况，贻误事故抢救，情节严重的，处三年以下有期徒刑或者拘役；情节特别严重的，处三年以上七年以下有期徒刑。

第三章 破坏社会主义市场经济秩序罪

第一节 生产、销售伪劣商品罪

第一百四十条 【生产、销售伪劣产品罪】生产者、销售者在产品中掺杂、掺假，以假充真，以次充好或者以不合格产品冒充合格产品，销售金额五万元以上不满二十万元的，处二年以下有期徒刑或者拘役，并处或者单处销售金额百分之五十以上二倍以下罚金；销售金额二十万元以上不满五十万元的，处二年以上七年以下有期徒刑，并处销售金额百分之五十以上二倍以下罚金；销售金额五十万元以上不满二百万元的，处七年以上有期徒刑，并

15

处销售金额百分之五十以上二倍以下罚金；销售金额二百万元以上的，处十五年有期徒刑或者无期徒刑，并处销售金额百分之五十以上二倍以下罚金或者没收财产。

第一百四十一条　【生产、销售、提供假药罪】生产、销售假药的，处三年以下有期徒刑或者拘役，并处罚金；对人体健康造成严重危害或者有其他严重情节的，处三年以上十年以下有期徒刑，并处罚金；致人死亡或者有其他特别严重情节的，处十年以上有期徒刑、无期徒刑或者死刑，并处罚金或者没收财产。

药品使用单位的人员明知是假药而提供给他人使用的，依照前款的规定处罚。

……

第一百四十五条　【生产、销售不符合标准的医用器材罪】生产不符合保障人体健康的国家标准、行业标准的医疗器械、医用卫生材料，或者销售明知是不符合保障人体健康的国家标准、行业标准的医疗器械、医用卫生材料，足以严重危害人体健康的，处三年以下有期徒刑或者拘役，并处销售金额百分之五十以上二倍以下罚金；对人体健康造成严重危害的，处三年以上十年以下有期徒刑，并处销售金额百分之五十以上二倍以下罚金；后果特别严重的，处十年以上有期徒刑或者无期徒刑，并处销售金额百分之五十以上二倍以下罚金或者没收财产。

……

第一百四十九条　【对生产销售伪劣商品行为的法条适用】生产、销售本节第一百四十一条至第一百四十八条所列产品，不构成各该条规定的犯罪，但是销售金额在五万元以上的，依照本节第一百四十条的规定定罪处罚。

生产、销售本节第一百四十一条至第一百四十八条所列产品，构成各该条规定的犯罪，同时又构成本节第一百四十条规定之罪的，依照处罚较重的规定定罪处罚。

第一百五十条　【单位犯本节规定之罪的处理】单位犯本节第一百四十条至第一百四十八条规定之罪的，对单位判处罚金，并对其直接负责的主管人员和其他直接责任人员，依照各该条的规定处罚。

……

第二百七十七条　【妨害公务罪】以暴力、威胁方法阻碍国家机关工作人员依法执行职务的，处三年以下有期徒刑、拘役、管制或者罚金。

以暴力、威胁方法阻碍全国人民代表大会和地方各级人民代表大会代表依法执行代表职务的，依照前款的规定处罚。

在自然灾害和突发事件中，以暴力、威胁方法阻碍红十字会工作人员依法履行职责的，依照第一款的规定处罚。

故意阻碍国家安全机关、公安机关依法执行国家安全工作任务，未使用暴力、威胁方法，造成严重后果的，依照第一款的规定处罚。

【袭警罪】暴力袭击正在依法执行职务的人民警察的，处三年以下有期徒刑、拘役或者管制；使用枪支、管制刀具，或者以驾驶机动车撞击等手段，严重危及其人身安全的，处三年以上七年以下有期徒刑。

……

第二百九十条　【聚众扰乱社会秩序罪】聚众扰乱社会秩序，情节严重，致使工作、生产、营业和教学、科研、医疗无法进行，造成严重损失的，对首要分子，处三年以上七年以下有期徒刑；对其他积极参加的，处三年以下有期徒刑、拘役、管制或者剥夺政治权利。

【聚众冲击国家机关罪】聚众冲击国家机关，致使国家机关工作无法进行，造成严重损失的，对首要分子，处五年以上十年以下有期徒刑；对其他积极参加的，处五年以下有期徒刑、拘役、管制或者剥夺政治权利。

【扰乱国家机关工作秩序罪】多次扰乱国家机关工作秩序，经行政处罚后仍不改正，造成严重后果的，处三年以下有期徒刑、拘役或者管制。

【组织、资助非法聚集罪】多次组织、资助他人非法聚集，扰乱社会秩序，情节严重的，依照前款的规定处罚。

……

第三百三十条　【妨害传染病防治罪】违反传染病防治法的规定，有下列情形之一，引起甲类传染病以及依法确定采取甲类传染病预防、控制措施的传染病传播或者有传播严重危险的，处三年以下有期徒刑或者拘役；后果特别严重的，处三年以上七年以下有期徒刑：

（一）供水单位供应的饮用水不符合国家规定的卫生标准的；

（二）拒绝按照疾病预防控制机构提出的卫生要求，对传染病病原体污染的污水、污物、场所和物品进行消毒处理的；

（三）准许或者纵容传染病病人、病原携带者和疑似传染病病人从事国务院卫生行政部门规定禁止从事的易使该传染病扩散的工作的；

（四）出售、运输疫区中被传染病病原体污染或者可能被传染病病原体污染的物品，未进行消毒处理的；

（五）拒绝执行县级以上人民政府、疾病预防控制机构依照传染病防治法提出的预防、控制措施的。

单位犯前款罪的，对单位判处罚金，并对其直接负责的主管人员和其他直接责任人员，依照前款的规定处罚。

甲类传染病的范围，依照《中华人民共和国传染病防治法》和国务院有关规定确定。

第三百三十一条 【传染病菌种、毒种扩散罪】从事实验、保藏、携带、运输传染病菌种、毒种的人员，违反国务院卫生行政部门的有关规定，造成传染病菌种、毒种扩散，后果严重的，处三年以下有期徒刑或者拘役；后果特别严重的，处三年以上七年以下有期徒刑。

第三百三十二条 【妨害国境卫生检疫罪】违反国境卫生检疫规定，引起检疫传染病传播或者有传播严重危险的，处三年以下有期徒刑或者拘役，并处或者单处罚金。

单位犯前款罪的，对单位判处罚金，并对其直接负责的主管人员和其他直接责任人员，依照前款的规定处罚。

第三百三十三条 【非法组织卖血罪】【强迫卖血罪】非法组织他人出卖血液的，处五年以下有期徒刑，并处罚金；以暴力、威胁方法强迫他人出卖血液的，处五年以上十年以下有期徒刑，并处罚金。

有前款行为，对他人造成伤害的，依照本法第二百三十四条的规定定罪处罚。

第三百三十四条 【非法采集、供应血液、制作、供应血液制品罪】非法采集、供应血液或者制作、供应血液制品，不符合国家规定的标准，足以危害人体健康的，处五年以下有期徒刑或者拘役，并处罚金；对人体健康造成严重危害的，处五年以上十年以下有期徒刑，并处罚金；造成特别严重后果的，处十年以上有期徒刑或者无期徒刑，并处罚金或者没收财产。

【采集、供应血液、制作、供应血液制品事故罪】经国家主管部门批准采集、供应血液或者制作、供应血液制品的部门，不依照规定进行检测或者违背其他操作规定，造成危害他人身体健康后果的，对单位判处罚金，并对其直接负责的主管人员和其他直接责任人员，处五年以下有期徒刑或者拘役。

第三百三十四条之一 【非法采集人类遗传资源、走私人类遗传资源材料罪】违反国家有关规定，非法采集我国人类遗传资源或者非法运送、邮寄、携带我国人类遗传资源材料出境，危害公众健康或者社会公共利益，情节严重的，处三年以下有期徒刑、拘役或者管制，并处或者单处罚金；情节特别严重的，处三年以上七年以下有期徒刑，并处罚金。

第三百三十五条 【医疗事故罪】医务人员由于严重不负责任，造成就诊人死亡或者严重损害就诊人身体健康的，处三年以下有期徒刑或者拘役。

第三百三十六条 【非法行医罪】未取得医生执业资格的人非法行医，情节严重的，处三年以下有期徒刑、拘役或者管制，并处或者单处罚金；严重损害就诊人身体健康的，处三年以上十年以下有期徒刑，并处罚金；造成就诊人死亡的，处十年以上有期徒刑，并处罚金。

【非法进行节育手术罪】未取得医生执业资格的人擅自为他人进行节育复通手术、假节育手术、终止妊娠手术或者摘取宫内节育器，情节严重的，处三年以下有期徒刑、拘役或者管制，并处或者单处罚金；严重损害就诊人身体健康的，处三年以上十年以下有期徒刑，并处罚金；造成就诊人死亡的，处十年以上有期徒刑，并处罚金。

……

第三百三十八条 【污染环境罪】违反国家规定，排放、倾倒或者处置有放射性的废物、含传染病病原体的废物、有毒物质或者其他有害物质，严重污染环境的，处三年以下有期徒刑或者拘役，并处或者单处罚金；情节严重的，处三年以上七年以下有期徒刑，并处罚金；有下列情形之一的，处七年以上有期徒刑，并处罚金：

（一）在饮用水水源保护区、自然保护地核心保护区等依法确定的重点保护区域排放、倾倒、处置有放射性的废物、含传染病病原体的废物、有毒物质，情节特别严重的；

（二）向国家确定的重要江河、湖泊水域排放、倾倒、处置有放射性的废物、含传染病病原体的废物、有毒物质，情节特别严重的；

（三）致使大量永久基本农田基本功能丧失或者遭受永久性破坏的；

（四）致使多人重伤、严重疾病，或者致人严重残疾、死亡的。

有前款行为，同时构成其他犯罪的，依照处罚较重的规定定罪处罚。

第三百三十九条 【非法处置进口的固体废物罪】违反国家规定，将境外的固体废物进境倾倒、堆放、处置的，处五年以下有期徒刑或者拘役，并处罚金；造成重大环境污染事故，致使公私财产遭受重大损失或者严重危害人体健康的，处五年以上十年以下有期徒刑，并处罚金；后果特别严重的，处十年以上有期徒刑，并处罚金。

【擅自进口固体废物罪】未经国务院有关主管部门许可，擅自进口固体废物用作原料，造成重大环境污染事故，致使公私财产遭受重大损失或者严重危害人体健康的，处五年以下有期徒刑或者拘役，并处罚金；后果特别严重的，处五年以上十年以下有期徒刑，并处罚金。

以原料利用为名，进口不能用作原料的固体废物、液态废物和气态废物的，依照本法第一百五十二条第二款、第三款的规定定罪处罚。

……

第三百五十五条 【非法提供麻醉药品、精神药品罪】依法从事生产、运输、管理、使用国家管制的麻醉药品、精神药品的人员，违反国家规定，向吸食、注射毒品的人提供国家规定管制的能够使人形成瘾癖的麻醉药品、精神药品的，处三年以下有期徒刑或者拘役，并处罚金；情节严重的，处三年以上七年以下有期徒刑，并处罚金。向走私、贩卖毒品的犯罪分子或者以牟利为目的，向吸食、注射毒品的人提供国家规定管制的能够使人形成瘾癖的麻醉药品、精神药品的，依照本法第三百四十七条的规定定罪处罚。

单位犯前款罪的，对单位判处罚金，并对其直接负责的主管人员和其他直接责任人员，依照前款的规定处罚。

……

第三百九十七条 【滥用职权罪】【玩忽职守罪】国家机关工作人员滥用职权或者玩忽职守，致使公共财产、国家和人民利益遭受重大损失的，处三年以下有期徒刑或者拘役；情节特别严重的，处三年以上七年以下有期徒刑。本法另有规定的，依照规定。

国家机关工作人员徇私舞弊，犯前款罪的，处五年以下有期徒刑或者拘役；情节特别严重的，处五年以上十年以下有期徒刑。本法另有规定的，依照规定。

……

第四百零八条 【环境监管失职罪】负有环境保护监督管理职责的国家机关工作人员严重不负责任，导致发生重大环境污染事故，致使公私财产遭受重大损失或者造成人身伤亡的严重后果的，处三年以下有期徒刑或者拘役。

第四百零八条之一 【食品、药品监管渎职罪】负有食品药品安全监督管理职责的国家机关工作人员，滥用职权或者玩忽职守，有下列情形之一，造成严重后果或者有其他严重情节的，处五年以下有期徒刑或者拘役；造成特别严重后果或者有其他特别严重情节的，处五年以上十年以下有期徒刑：

（一）瞒报、谎报食品安全事故、药品安全事件的；

（二）对发现的严重食品药品安全违法行为未按规定查处的；

（三）在药品和特殊食品审批审评过程中，对不符合条件的申请准予许可的；

（四）依法应当移交司法机关追究刑事责任不移交的；

（五）有其他滥用职权或者玩忽职守行为的。

徇私舞弊犯前款罪的，从重处罚。

第四百零九条 【传染病防治失职罪】从事传染病防治的政府卫生行政部门的工作人员严重不负责任，导致传染病传播或者流行，情节严重的，处三年以下有期徒刑或者拘役。

……

中华人民共和国民法典（摘录）

（2020年5月28日第十三届全国人民代表大会第三次会议通过 2020年5月28日中华人民共和国主席令第45号公布 自2021年1月1日起施行）

第一编 总 则

……

第一百一十七条 为了公共利益的需要，依照法律规定的权限和程序征收、征用不动产或者动产的，应当给予公平、合理的补偿。

……

第一百二十一条 没有法定的或者约定的义务，为避免他人利益受损失而进行管理的人，有权请求受益人偿还由此支出的必要费用。

……

第一百八十二条 因紧急避险造成损害的，由引起险情发生的人承担民事责任。

危险由自然原因引起的，紧急避险人不承担民事责任，可以给予适当补偿。

紧急避险采取措施不当或者超过必要的限度，造成不应有的损害的，紧急避险人应当承担适当的民事责任。

第一百八十三条 因保护他人民事权益使自己受到损害的，由侵权人承担民事责任，受益人可以给予适当补偿。没有侵权人、侵权人逃逸或者无力承担民事责任，受害人请求补偿的，受益人应当给予适当补偿。

第一百八十四条 因自愿实施紧急救助行为造成受助人损害的，救助人不承担民事责任。

第一百八十五条 侵害英雄烈士等的姓名、肖像、名誉、荣誉，损害社会公共利益的，应当承担民事责任。

……

第二编 物 权

……

第二百四十五条 因抢险救灾、疫情防控等紧急需要，依照法律规定的权限和程序可以征用组织、个人的不动产或者动产。被征用的不动产或者动产使用后，应当返还被征用人。组织、个人的不动产或者动产被征用或者征用后毁损、灭失的，应当给予补偿。

第二百八十五条 物业服务企业或者其他管理人根据业主的委托，依照本法第三编有关物业服务合同的规定管理建筑区划内的建筑物及其附属设施，接受业主的监督，并及时答复业主对物业服务情况提出的询问。

物业服务企业或者其他管理人应当执行政府依法实施的应急处置措施和其他管理措施，积极配合开展相关工作。

第二百八十六条 业主应当遵守法律、法规以及管理规约，相关行为应当符合节约资源、保护生态环境的要求。对于物业服务企业或者其他管理人执行政府依法实施的应急处置措施和其他管理措施，业主应当依法予以配合。

业主大会或者业主委员会，对任意弃置垃圾、排放污染物或者噪声、违反规定饲养动物、违章搭建、侵占通道、拒付物业费等损害他人合法权益的行为，有权依照法律、法规以及管理规约，请求行为人停止侵害、排除妨碍、消除危险、恢复原状、赔偿损失。

业主或者其他行为人拒不履行相关义务的，有关当事人可以向有关行政主管部门报告或者投诉，有关行政主管部门应当依法处理。

……

第三百二十七条 因不动产或者动产被征收、征用致使用益物权消灭或者影响用益物权行使的，用益物权人有权依据本法第二百四十三条、第二百四十五条的规定获得相应补偿。

……

第三编 合 同

……

第四百九十四条 国家根据抢险救灾、疫情防控或者其他需要下达国家订货任务、指令性任务的，有关民事主体之间应当依照有关法律、行政法规规定的权利和义务订立合同。

依照法律、行政法规的规定负有发出要约义务的当事人，应当及时发出合理的要约。

依照法律、行政法规的规定负有作出承诺义务的当事人，不得拒绝对方合理的订立合同要求。

……

第六百五十八条 赠与人在赠与财产的权利转移之前可以撤销赠与。

经过公证的赠与合同或者依法不得撤销的具有救灾、扶贫、助残等公益、道德义务性质的赠与合同，不适用前款规定。

……

第六百六十条 经过公证的赠与合同或者依法不得撤销的具有救灾、扶贫、助残等公益、道德义务性质的赠与合同，赠与人不交付赠与财产的，受赠人可以请求交付。

依据前款规定应当交付的赠与财产因赠与人故意或者重大过失致使毁损、灭失的，赠与人应当承担赔偿责任。

……

第九百七十九条 管理人没有法定的或者约定的义务，为避免他人利益受损失而管理他人事务的，可以请求受益人偿还因管理事务而支出的必要费用；管理人因管理事务受到损失的，可以请求受益人给予适当补偿。

管理事务不符合受益人真实意思的，管理人不享有前款规定的权利；但是，受益人的真实意思违反法律或者违背公序良俗的除外。

第九百八十条 管理人管理事务不属于前条规定的情形，但是受益人享有管理利益的，受益人应当在其获得的利益范围内向管理人承担前条第一款规定的义务。

第九百八十一条 管理人管理他人事务，应当采取有利于受益人的方法。中断管理对受益人不利的，无正当理由不得中断。

第九百八十二条　管理人管理他人事务，能够通知受益人的，应当及时通知受益人。管理的事务不需要紧急处理的，应当等待受益人的指示。

第九百八十三条　管理结束后，管理人应当向受益人报告管理事务的情况。管理人管理事务取得的财产，应当及时转交给受益人。

第九百八十四条　管理人管理事务经受益人事后追认的，从管理事务开始时起，适用委托合同的有关规定，但是管理人另有意思表示的除外。

……

第四编　人　格　权

……

第九百九十九条　为公共利益实施新闻报道、舆论监督等行为的，可以合理使用民事主体的姓名、名称、肖像、个人信息等；使用不合理侵害民事主体人格权的，应当依法承担民事责任。

……

第一千零五条　自然人的生命权、身体权、健康权受到侵害或者处于其他危难情形的，负有法定救助义务的组织或者个人应当及时施救。

……

第一千零二十五条　行为人为公共利益实施新闻报道、舆论监督等行为，影响他人名誉的，不承担民事责任，但是有下列情形之一的除外：

（一）捏造、歪曲事实；

（二）对他人提供的严重失实内容未尽到合理核实义务；

（三）使用侮辱性言辞等贬损他人名誉。

第一千零三十一条　民事主体享有荣誉权。任何组织或者个人不得非法剥夺他人的荣誉称号，不得诋毁、贬损他人的荣誉。

获得的荣誉称号应当记载而没有记载的，民事主体可以请求记载；获得的荣誉称号记载错误的，民事主体可以请求更正。

……

第一千零三十六条　处理个人信息，有下列情形之一的，行为人不承担民事责任：

（一）在该自然人或者其监护人同意的范围内合理实施的行为；

（二）合理处理该自然人自行公开的或者其他已经合法公开的信息，但是该自然人明确拒绝或者处理该信息侵害其重大利益的除外；

（三）为维护公共利益或者该自然人合法权益，合理实施的其他行为。

……

第七编　侵　权　责　任

……

第一千二百二十条　因抢救生命垂危的患者等紧急情况，不能取得患者或者其近亲属意见的，经医疗机构负责人或者授权的负责人批准，可以立即实施相应的医疗措施。

……

第一千二百二十四条　患者在诊疗活动中受到损害，有下列情形之一的，医疗机构不承担赔偿责任：

（一）患者或者其近亲属不配合医疗机构进行符合诊疗规范的诊疗；

（二）医务人员在抢救生命垂危的患者等紧急情况下已经尽到合理诊疗义务；

（三）限于当时的医疗水平难以诊疗。

前款第一项情形中，医疗机构或者其医务人员也有过错的，应当承担相应的赔偿责任。

……

军队参加抢险救灾条例

（2005年6月7日中华人民共和国国务院、中华人民共和国中央军事委员会令第436号公布　自2005年7月1日起施行）

第一条　为了发挥中国人民解放军（以下称军队）在抢险救灾中的作用，保护人民生命和财产安全，根据国防法的规定，制定本条例。

第二条　军队是抢险救灾的突击力量，执行国家赋予的抢险救灾任务是军队的重要使命。

各级人民政府和军事机关应当按照本条例的规定，做好军队参加抢险救灾的组织、指挥、协调、保障等工作。

第三条　军队参加抢险救灾主要担负下列任务：

（一）解救、转移或者疏散受困人员；

（二）保护重要目标安全；

（三）抢救、运送重要物资；

（四）参加道路（桥梁、隧道）抢修、海上搜救、核生化救援、疫情控制、医疗救护等专业抢险；

（五）排除或者控制其他危重险情、灾情。

必要时，军队可以协助地方人民政府开展灾后重建等工作。

第四条 国务院组织的抢险救灾需要军队参加的，由国务院有关主管部门向中国人民解放军总参谋部提出，中国人民解放军总参谋部按照国务院、中央军事委员会的有关规定办理。

县级以上地方人民政府组织的抢险救灾需要军队参加的，由县级以上地方人民政府通过当地同级军事机关提出，当地同级军事机关按照国务院、中央军事委员会的有关规定办理。

在险情、灾情紧急的情况下，地方人民政府可以直接向驻军部队提出救助请求，驻军部队应当按照规定立即实施救助，并向上级报告；驻军部队发现紧急险情、灾情也应当按照规定立即实施救助，并向上级报告。

抢险救灾需要动用军用飞机（直升机）、舰艇的，按照有关规定办理。

第五条 国务院有关主管部门、县级以上地方人民政府提出需要军队参加抢险救灾的，应当说明险情或者灾情发生的种类、时间、地域、危害程度、已经采取的措施，以及需要使用的兵力、装备等情况。

第六条 县级以上地方人民政府组建的抢险救灾指挥机构，应当有当地同级军事机关的负责人参加；当地有驻军部队的，还应当有驻军部队的负责人参加。

第七条 军队参加抢险救灾应当在人民政府的统一领导下进行，具体任务由抢险救灾指挥机构赋予，部队的抢险救灾行动由军队负责指挥。

第八条 县级以上地方人民政府应当向当地军事机关及时通报有关险情、灾情的信息。

在经常发生险情、灾情的地方，县级以上地方人民政府应当组织军地双方进行实地勘察和抢险救灾演习、训练。

第九条 省军区（卫戍区、警备区）、军分区（警备区）、县（市、市辖区）人民武装部应当及时掌握当地有关险情、灾情信息，办理当地人民政府提出的军队参加抢险救灾事宜，做好人民政府与执行抢险救灾任务的部队之间的协调工作。有关军事机关应当制定参加抢险救灾预案，组织部队开展必要的抢险救灾训练。

第十条 军队参加抢险救灾时，当地人民政府应当提供必要的装备、物资、器材等保障，派出专业技术人员指导部队的抢险救灾行动；铁路、交通、民航、公安、电信、邮政、金融等部门和机构，应当为执行抢险救灾任务的部队提供优先、便捷的服务。

军队执行抢险救灾任务所需要的燃油，由执行抢险救灾任务的部队和当地人民政府共同组织保障。

第十一条 军队参加抢险救灾需要动用作战储备物资和装备器材的，必须按照规定报经批准。对消耗的部队携行装备器材和作战储备物资、装备器材，应当及时补充。

第十二条 灾害发生地人民政府应当协助执行抢险救灾任务的部队做好饮食、住宿、供水、供电、供暖、医疗和卫生防病等必需的保障工作。

地方人民政府与执行抢险救灾任务的部队应当互相通报疫情，共同做好卫生防疫工作。

第十三条 军队参加国务院组织的抢险救灾所耗费用由中央财政负担。军队参加地方人民政府组织的抢险救灾所耗费用由地方财政负担。

前款所指的费用包括：购置专用物资和器材费用，指挥通信、装备维修、燃油、交通运输等费用，补充消耗的携行装备器材和作战储备物资费用，以及人员生活、医疗的补助费用。

抢险救灾任务完成后，军队有关部门应当及时统计军队执行抢险救灾任务所耗费用，报抢险救灾指挥机构审核。

第十四条 国务院有关主管部门和县级以上地方人民政府应当在险情、灾情频繁发生或者列为灾害重点监视防御的地区储备抢险救灾专用装备、物资和器材，保障抢险救灾需要。

第十五条 军队参加重大抢险救灾行动的宣传报道，由国家和军队有关主管部门统一组织实施。新闻单位采访、报道军队参加抢险救灾行动，应当遵守国家和军队的有关规定。

第十六条 对在执行抢险救灾任务中有突出贡献的军队单位和个人，按照国家和军队的有关规定给予奖励；对死亡或者致残的人员，按照国家有关规定给予抚恤优待。

第十七条 中国人民武装警察部队参加抢险救灾，参照本条例执行。

第十八条 本条例自2005年7月1日起施行。

志愿服务条例

(2017年6月7日国务院第175次常务会议通过 2017年8月22日中华人民共和国国务院令第685号公布 自2017年12月1日起施行)

第一章 总 则

第一条 为了保障志愿者、志愿服务组织、志愿服务对象的合法权益，鼓励和规范志愿服务，发展志愿服务事业，培育和践行社会主义核心价值观，促进社会文明进步，制定本条例。

第二条 本条例适用于在中华人民共和国境内开展的志愿服务以及与志愿服务有关的活动。

本条例所称志愿服务，是指志愿者、志愿服务组织和其他组织自愿、无偿向社会或者他人提供的公益服务。

第三条 开展志愿服务，应当遵循自愿、无偿、平等、诚信、合法的原则，不得违背社会公德、损害社会公共利益和他人合法权益，不得危害国家安全。

第四条 县级以上人民政府应当将志愿服务事业纳入国民经济和社会发展规划，合理安排志愿服务所需资金，促进广覆盖、多层次、宽领域开展志愿服务。

第五条 国家和地方精神文明建设指导机构建立志愿服务工作协调机制，加强对志愿服务工作的统筹规划、协调指导、督促检查和经验推广。

国务院民政部门负责全国志愿服务行政管理工作；县级以上地方人民政府民政部门负责本行政区域内志愿服务行政管理工作。

县级以上人民政府有关部门按照各自职责，负责与志愿服务有关的工作。

工会、共产主义青年团、妇女联合会等有关人民团体和群众团体应当在各自的工作范围内做好相应的志愿服务工作。

第二章 志愿者和志愿服务组织

第六条 本条例所称志愿者，是指以自己的时间、知识、技能、体力等从事志愿服务的自然人。

本条例所称志愿服务组织，是指依法成立，以开展志愿服务为宗旨的非营利性组织。

第七条 志愿者可以将其身份信息、服务技能、服务时间、联系方式等个人基本信息，通过国务院民政部门指定的志愿服务信息系统自行注册，也可以通过志愿服务组织进行注册。

志愿者提供的个人基本信息应当真实、准确、完整。

第八条 志愿服务组织可以采取社会团体、社会服务机构、基金会等组织形式。志愿服务组织的登记管理按照有关法律、行政法规的规定执行。

第九条 志愿服务组织可以依法成立行业组织，反映行业诉求，推动行业交流，促进志愿服务事业发展。

第十条 在志愿服务组织中，根据中国共产党章程的规定，设立中国共产党的组织，开展党的活动。志愿服务组织应当为党组织的活动提供必要条件。

第三章 志愿服务活动

第十一条 志愿者可以参与志愿服务组织开展的志愿服务活动，也可以自行依法开展志愿服务活动。

第十二条 志愿服务组织可以招募志愿者开展志愿服务活动；招募时，应当说明与志愿服务有关的真实、准确、完整的信息以及在志愿服务过程中可能发生的风险。

第十三条 需要志愿服务的组织或者个人可以向志愿服务组织提出申请，并提供与志愿服务有关的真实、准确、完整的信息，说明在志愿服务过程中可能发生的风险。志愿服务组织应当对有关信息进行核实，并及时予以答复。

第十四条 志愿者、志愿服务组织、志愿服务对象可以根据需要签订协议，明确当事人的权利和义务，约定志愿服务的内容、方式、时间、地点、工作条件和安全保障措施等。

第十五条 志愿服务组织安排志愿者参与志愿服务活动，应当与志愿者的年龄、知识、技能和身体状况相适应，不得要求志愿者提供超出其能力的志愿服务。

第十六条 志愿服务组织安排志愿者参与的志愿服务活动需要专门知识、技能的，应当对志愿者开展相关培训。

开展专业志愿服务活动，应当执行国家或者行业组织制定的标准和规程。法律、行政法规对开展志愿服务活动有职业资格要求的，志愿者应当依法取得相应的资格。

第十七条 志愿服务组织应当为志愿者参与志愿服务活动提供必要条件，解决志愿者在志愿服务过程中遇到的困难，维护志愿者的合法权益。

志愿服务组织安排志愿者参与可能发生人身危险的志愿服务活动前，应当为志愿者购买相应的人身意外伤害保险。

第十八条 志愿服务组织开展志愿服务活动，可以使用志愿服务标志。

第十九条 志愿服务组织安排志愿者参与志愿服务活动，应当如实记录志愿者个人基本信息、志愿服务情况、培训情况、表彰奖励情况、评价情况等信息，按照统一的信息数据标准录入国务院民政部门指定的志愿服务信息系统，实现数据互联互通。

志愿者需要志愿服务记录证明的，志愿服务组织应当依据志愿服务记录无偿、如实出具。

记录志愿服务信息和出具志愿服务记录证明的办法，由国务院民政部门会同有关单位制定。

第二十条　志愿服务组织、志愿服务对象应当尊重志愿者的人格尊严；未经志愿者本人同意，不得公开或者泄露其有关信息。

第二十一条　志愿服务组织、志愿者应当尊重志愿服务对象人格尊严，不得侵害志愿服务对象个人隐私，不得向志愿服务对象收取或者变相收取报酬。

第二十二条　志愿者接受志愿服务组织安排参与志愿服务活动的，应当服从管理，接受必要的培训。

志愿者应当按照约定提供志愿服务。志愿者因故不能按照约定提供志愿服务的，应当及时告知志愿服务组织或者志愿服务对象。

第二十三条　国家鼓励和支持国家机关、企业事业单位、人民团体、社会组织等成立志愿服务队伍开展专业志愿服务活动，鼓励和支持具备专业知识、技能的志愿者提供专业志愿服务。

国家鼓励和支持公共服务机构招募志愿者提供志愿服务。

第二十四条　发生重大自然灾害、事故灾难和公共卫生事件等突发事件，需要迅速开展救助的，有关人民政府应当建立协调机制，提供需求信息，引导志愿服务组织和志愿者及时有序开展志愿服务活动。

志愿服务组织、志愿者开展应对突发事件的志愿服务活动，应当接受有关人民政府设立的应急指挥机构的统一指挥、协调。

第二十五条　任何组织和个人不得强行指派志愿者、志愿服务组织提供服务，不得以志愿服务名义进行营利性活动。

第二十六条　任何组织和个人发现志愿服务组织有违法行为，可以向民政部门、其他有关部门或者志愿服务行业组织投诉、举报。民政部门、其他有关部门或者志愿服务行业组织接到投诉、举报，应当及时调查处理；对无权处理的，应当告知投诉人、举报人向有权处理的部门或者行业组织投诉、举报。

第四章　促进措施

第二十七条　县级以上人民政府应当根据经济社会发展情况，制定促进志愿服务事业发展的政策和措施。

县级以上人民政府及其有关部门应当在各自职责范围内，为志愿服务提供指导和帮助。

第二十八条　国家鼓励企业事业单位、基层群众性自治组织和其他组织为开展志愿服务提供场所和其他便利条件。

第二十九条　学校、家庭和社会应当培养青少年的志愿服务意识和能力。

高等学校、中等职业学校可以将学生参与志愿服务活动纳入实践学分管理。

第三十条　各级人民政府及其有关部门可以依法通过购买服务等方式，支持志愿服务运营管理，并依照国家有关规定向社会公开购买服务的项目目录、服务标准、资金预算等相关情况。

第三十一条　自然人、法人和其他组织捐赠财产用于志愿服务的，依法享受税收优惠。

第三十二条　对在志愿服务事业发展中做出突出贡献的志愿者、志愿服务组织，由县级以上人民政府或者有关部门按照法律、法规和国家有关规定予以表彰、奖励。

国家鼓励企业和其他组织在同等条件下优先招用有良好志愿服务记录的志愿者。公务员考录、事业单位招聘可以将志愿服务情况纳入考察内容。

第三十三条　县级以上地方人民政府可以根据实际情况采取措施，鼓励公共服务机构等对有良好志愿服务记录的志愿者给予优待。

第三十四条　县级以上人民政府应当建立健全志愿服务统计和发布制度。

第三十五条　广播、电视、报刊、网络等媒体应当积极开展志愿服务宣传活动，传播志愿服务文化，弘扬志愿服务精神。

第五章　法律责任

第三十六条　志愿服务组织泄露志愿者有关信息、侵害志愿服务对象个人隐私的，由民政部门予以警告，责令限期改正；逾期不改正的，责令限期停止活动并进行整改；情节严重的，吊销登记证书并予以公告。

第三十七条　志愿服务组织、志愿者向志愿服务对象收取或者变相收取报酬的，由民政部门予以警告，责令退还收取的报酬；情节严重的，对有关组织或者个人并处所收取报酬一倍以上五倍以下的罚款。

第三十八条　志愿服务组织不依法记录志愿服务信息或者出具志愿服务记录证明的，由民政部门予以警告，责令限期改正；逾期不改正的，责令限期停止活动，并可以向社会和有关单位通报。

第三十九条 对以志愿服务名义进行营利性活动的组织和个人，由民政、工商等部门依法查处。

第四十条 县级以上人民政府民政部门和其他有关部门及其工作人员有下列情形之一的，由上级机关或者监察机关责令改正；依法应当给予处分的，由任免机关或者监察机关对直接负责的主管人员和其他直接责任人员给予处分：

（一）强行指派志愿者、志愿服务组织提供服务；

（二）未依法履行监督管理职责；

（三）其他滥用职权、玩忽职守、徇私舞弊的行为。

第六章 附　则

第四十一条 基层群众性自治组织、公益活动举办单位和公共服务机构开展公益活动，需要志愿者提供志愿服务的，可以与志愿服务组织合作，由志愿服务组织招募志愿者，也可以自行招募志愿者。自行招募志愿者提供志愿服务的，参照本条例关于志愿服务组织开展志愿服务活动的规定执行。

第四十二条 志愿服务组织以外的其他组织可以开展力所能及的志愿服务活动。

城乡社区、单位内部经基层群众性自治组织或者本单位同意成立的团体，可以在本社区、本单位内部开展志愿服务活动。

第四十三条 境外志愿服务组织和志愿者在境内开展志愿服务，应当遵守本条例和中华人民共和国有关法律、行政法规以及国家有关规定。

组织境内志愿者到境外开展志愿服务，在境内的有关事宜，适用本条例和中华人民共和国有关法律、行政法规以及国家有关规定；在境外开展志愿服务，应当遵守所在国家或者地区的法律。

第四十四条 本条例自 2017 年 12 月 1 日起施行。

2. 中共中央、国务院文件

中共中央办公厅 国务院办公厅关于进一步提升基层应急管理能力的意见

（2024 年 9 月 21 日）

加强基层应急管理能力建设是防范化解重大安全风险、及时应对处置各类灾害事故的固本之策，是推进应急管理体系和能力现代化的重要内容。为深入贯彻党的二十大和二十届二中、三中全会精神，认真落实习近平总书记关于应急管理和基层治理的重要论述，强化基层应急基础和力量，进一步提升基层应急管理能力，筑牢安全底板、守牢安全底线，经党中央、国务院同意，现提出如下意见。

一、提升基层应急管理组织指挥能力

（一）加强党的全面领导。在党中央集中统一领导下，完善基层应急管理组织体系，把党的领导贯彻到基层应急管理工作全过程各方面。在县级党委和政府组织领导下，乡镇（街道）（含开发区、工业园区等各类功能区，下同）和村（社区）依法依规开展巡查巡护、隐患排查、信息传递、先期处置、组织群众疏散撤离以及应急知识宣传普及等应急管理工作，做到预防在先、发现在早、处置在小。充分发挥基层党组织战斗堡垒作用和党员先锋模范作用，调动广大党员参与应急管理的积极性，平时组团服务，应急时就地入列。

（二）理顺应急管理体制。坚持资源统筹、县乡一体、上下联动、条块结合，县级党委和政府根据本地实际整合安全生产监管、消防、防灾减灾救灾、应急救援有关职责，统一归口应急管理部门综合管理。发挥应急管理部门综合优势以及相关部门和有关方面专业优势，衔接好"防"和"救"的责任链条，推动形成隐患排查、风险识别、监测预警、及时处置闭环管理。在人才、科技、装备、专业培训、业务指导等方面给予乡镇（街道）支持。乡镇（街道）明确专门工作力量，统筹强化应急管理及消防工作并纳入基层网格化管理服务内容。

（三）建立应急指挥机制。完善县（市、区、旗）、乡镇（街道）大安全大应急框架下应急指挥机制，统一组织、指挥、协调突发事件应急处置工作。明确党政领导班子成员和相关单位职责，完善调度指挥、会商研判、业务保障等设施设备和系统，确保上下贯通、一体应对。

（四）健全责任落实机制。坚持党政同责、一岗双责、齐抓共管、失职追责。落实分级负责、属地管理为主的原则，县级党委和政府负责本地应急管理体系和能力建设，指挥协调灾害事故抢险救援工作。党政主要负责同志是本地应急管理工作的第一责任人，定期组织研究应急管理工作；党政领导班子其他成员对分管范围内的应急管理工作承担领导责任，与业务工作同部署、同推进、同检查。县级应急管理和消防救援部门负责牵头协调有关部门，组织开展应急管理及消防工作，合理布局应急资源和人员力量。根据有关规定，按照责权一致、责能一致原则，在乡镇（街道）履行职责事项清单中，明确应急管理及消防相关基本履职事项和以上级应急管理等部门为主负责、乡镇（街道）为辅配合的履职事项，并相应下沉工作力量和资源，建立健全相关工作制度。对不属于乡镇（街道）职责范围或乡镇（街道）不能有效承接的事项，不得由乡镇（街道）承担。完善安全生产风险排查整治和责任倒查机制。

二、提高基层安全风险防范能力

（五）强化智能监测预警。推动公共安全治理模式向事前预防转型，促进专业监测和群测群防深度融合，进一步完善监测手段，提高预警精准度，实现从人防、技防向智防提升。健全自然灾害综合风险普查和数据成果动态更新制度，强化结果分析应用。加强洪涝、泥石流等自然灾害和安全生产、消防安全风险监测网络建设，建立专职或兼职信息报告员制度，推动系统应用向基层延伸，强化数据汇聚共享和风险综合研判。定期开展危险源辨识评估，积极运用物联网、大数据等先进技术，对老化燃气管道、桥涵隧道、病险水库等高风险领域加强风险实时监测，制定安全防范措施。乡镇（街道）和村（社区）在相关部门指导下建立风险隐患"一张图"，畅通预警信息发布和传播渠道，落实直达网格责任人的预警"叫应"机制，综合运用应急广播、短信微信、智能外呼、鸣锣吹哨、敲门入户等手段，及时传达到户到人。

（六）做实隐患排查治理。市县两级加强对基层隐患排查治理的业务和技术指导，推广应用简便易用的风险隐患信息报送系统。乡镇（街道）和村（社区）配合相关部门定期开展重点检查，做好日常巡查，推动落实生产经营单位主动自查等制度，突出防御重点，盯紧基层末梢，着重开展"九小场所"、农家乐、经营性自建房、在建工地、燃气、低洼易涝点及城市地下空间、江河堤防、山塘水库、尾矿库、山洪和地质灾害危险区、森林草原火险区等风险隐患排查，提升排查专业性。企业依法配备专职或兼职安全生产管理人员。鼓励群众发现报告风险隐患并按照规定给予奖励。推行"街乡吹哨、部门报到"做法，完善发现问题、流转交办、督查督办等制度。分区域、分灾种、分行业领域建立隐患排查治理台账，采取工程治理、避险搬迁、除险加固等方式，及时消除重大隐患。

（七）依法开展监督检查。综合运用派驻执法、联合执法、协作执法和"四不两直"等方式，提升乡镇（街道）执法效能。加强执法装备配备，强化"互联网+执法"，推动执法全过程上线入网。发挥应急管理综合行政执法技术检查员和社会监督员作用，加强专家指导服务。

（八）广泛开展科普宣传。开展全国防灾减灾日、安全生产月、消防宣传月等活动。加强科普读物、动漫游戏、短视频等公众教育产品开发推送，采取案例警示、模拟仿真、体验互动、文艺作品等形式，深入推进安全宣传进企业、进农村、进社区、进学校、进家庭，普及应急管理法律法规和防灾减灾救灾知识，培育安全文化。有条件的地方依托公共场所、各类场馆等因地制宜建设防灾减灾体验场所，常态化开展科普宣传和技能培训，强化对基层干部教育培训，提升社会公众风险防范意识和自救互救能力。

三、增强基层应急救援队伍实战能力

（九）完善救援力量体系。市县两级根据本地人口数量、经济规模、灾害事故特点、安全风险程度等因素，依规配齐配强应急救援力量，优化队伍布局，构建"综合+专业+社会"基层应急救援力量体系，推动力量下沉、保障下倾，在党委和政府领导下，由应急管理部门统一指挥、调度使用。发挥属地企业专职救援力量、微型消防站以及民兵、预备役人员、物业管理人员、保安员、医务人员等作用，加强专兼职基层应急救援力量建设。水旱灾害、地震地质灾害、森林草原火灾等风险突出，或矿山（含尾矿库）、危险化学品等高危行业生产经营单位集中的县（市、区、旗），要加强相关专业救援力量建设。

（十）鼓励支持社会应急力量发展。发挥有关部门、群团组织以及志愿服务组织等作用，推动社会应急力量建设。加强对社会应急力量的政治引领、政策指导和规范管理。开展政治理论、业务知识和救援技能培训，举办技能竞赛，组织实施分级分类测评。将社会应急力量纳入资源统计、管理训练和

25

对接调动的范畴，积极搭建任务对接、技能提升、激励等平台，可在训练等方面给予适当支持。完善应急管理领域政府购买服务指导性目录。

（十一）加强一体管理与实战训练。国家综合性消防救援队伍要充分发挥主力军作用，建立健全与基层应急救援力量联训联演联战机制。优化力量编成，对基层应急救援力量进行体系化编组，统一管理指挥，强化救援协作。坚持实战导向编制训练计划，采取理论培训、案例教学、岗位练兵、比武竞赛、联合演练等方式，提高抢险救援能力。

（十二）加强队伍规范化建设。市县两级在充分利用现有资源的基础上，科学规划建设功能齐全、配套完善、经济实用的应急救援训练场地，推动与国防动员相关场所设施共建共享。规范救援装备配备，购置破拆、清障、防护、通信等先进适用应急装备，强化共享共用。加强队伍正规化管理，建立人员选配、值班备勤、应急响应、指挥调度、训练演练等制度。

四、提升基层应急处置能力

（十三）加强预案编制和演练。相关部门要结合当地灾害事故风险特点，指导编制并动态修订上下衔接的乡镇（街道）综合应急预案、专项应急预案和简明实用的村（社区）应急预案，制定重点岗位应急处置卡，明确各环节责任人和应对措施。常态化开展预案演练，乡镇（街道）和村（社区）每年至少组织1次以先期处置、转移避险、自救互救为重点内容的综合演练，高风险地区要加强防汛、防台风、避震自救、山洪和地质灾害避险、火灾逃生等专项演练。

（十四）加强值班值守和信息报告发布。落实领导带班和值班值守制度。明确信息报告的主体、范围、内容、时限、流程和工作纪律，落实企业、学校、医院、村（社区）等基层单位及时报告信息的主体责任，加强多渠道多部门信息报告，强化信息互通共享，不得迟报、谎报、瞒报、漏报。按照有关规定及时、准确发布信息，积极回应社会关切。

（十五）开展先期处置。依法赋予乡镇（街道）应急处置权。强化预警和应急响应联动，提高响应速度。灾害事故发生后，迅速启动应急预案，按照有关规定成立现场指挥部，及时组织人员转移，救早救小救初期。就近启用应急设施和避难场所，组织群众自救互救。根据需要申请上级增援并配合做好救援工作。推动应急避难场所和文化、教育、体育、旅游等基础设施融合共建、综合利用。

（十六）统筹做好灾后救助。地方党委和政府要加强灾情统计和灾害救助，及时下拨救灾资金和物资，组织协调承保机构开展保险理赔，保障受灾群众基本生活。乡镇（街道）和村（社区）协助做好救灾资金和物资发放、卫生防疫、抚恤补偿、心理抚慰以及恢复重建等工作。组织群众开展生产自救，重建家园。

五、强化基层应急管理支撑保障能力

（十七）强化人才支持。通过公务员考录、实施基层应急管理特设岗位计划、公开招聘、退出消防员安置等方式，配备专业人员，充实基层应急专业力量。支持有条件的高校、职业学校开设应急管理相关学科专业，加强对基层应急管理人员的专业培训。鼓励基层应急管理人员考取注册安全工程师、注册消防工程师、应急救援员等职业资格，参加紧急救援救护、应急医疗急救等专业技能培训。维护退出消防员合法权益，合理保障基层应急管理人员待遇，按规定落实人身意外伤害保险、抚恤优待等政策。

（十八）保障资金投入。按照事权与支出责任相适应原则，将基层应急管理工作经费纳入地方政府财政预算，完善多元经费保障。将救援队伍和应急场所建设、应急装备物资配备、应急信息化项目等纳入地方经济社会发展规划和相关专项规划，完善基层防灾减灾、公共消防等基础设施。

（十九）强化物资保障。市县两级要坚持节约高效原则，综合考虑本地灾害事故特点、人口分布、地理位置等因素，合理规划应急物资储备点布局，在重点区域和高风险乡镇（街道）、村（社区）配备卫星通信终端、险情监控、救生防护等必要物资装备。对市场保有量充足、保质期短、养护成本高的物资，逐步提高协议储备占比。鼓励引导企事业单位、社会组织和家庭储备必要应急物资。充分发挥各级交通物流保通保畅工作机制作用，健全直达基层的现代应急物流调配体系。按照规定完善社会资源应急征用补偿机制。加强基层应急救援用车保障，为应急救援人员和车辆提供通行便利。

（二十）加强科技赋能。推动"智慧应急"和基层治理有机融合，按照部省统筹管理、市县推广创新、基层落地应用的要求，推广应用符合基层实际需求的科技手段和信息化系统。强化系统集成，加强数据融合与分析应用，为乡镇（街道）和村（社区）提供隐患辅助识别、预警预报自动提醒等智能服务。加强"断路、断网、断电"等极端状态下的应急通信保障能力建设。在基层推广配备"小、快、轻、智"新型技术装备。

（二十一）推进标准化建设。鼓励地方采取以奖代补等方式支持村（社区）综合减灾等工作。加快基层应急力量配置、场所设施、物资装备、应急标识等标准化建设，做到力量充足、设施完备、装备齐全、标识一致、管理规范。

六、强化组织实施

按照省负总责、市县抓落实的工作要求，地方各级党委和政府要把基层应急管理能力建设与重点工作统筹谋划推进，结合实际抓好本意见贯彻落实。各省（自治区、直辖市）按照分类指导、符合实际、明确职责的原则，可制定配套文件。明确细化落实应急管理工作相关部门职责，充分发挥群团组织作用，完善相关政策，形成工作合力。将应急管理工作岗位作为培养锻炼和考察识别干部的重要平台，在干部考察考核等工作中，注意了解有关领导干部履行灾害事故预防、应急准备、救援处置等职责情况。对在防范灾害事故、应急抢险救灾等急难险重任务中作出突出贡献的单位和个人，按规定给予表彰奖励；对玩忽职守造成损失或重大社会影响的，依规依纪依法严肃追究有关单位和人员责任。总结推广经验做法，加大宣传力度，营造良好氛围。

中共中央办公厅 国务院办公厅关于推进城市安全发展的意见

（2018年1月7日）

随着我国城市化进程明显加快，城市人口、功能和规模不断扩大，发展方式、产业结构和区域布局发生了深刻变化，新材料、新能源、新工艺广泛应用，新产业、新业态、新领域大量涌现，城市运行系统日益复杂，安全风险不断增大。一些城市安全基础薄弱，安全管理水平与现代化城市发展要求不适应、不协调的问题比较突出。近年来，一些城市甚至大型城市相继发生重特大生产安全事故，给人民群众生命财产安全造成重大损失，暴露出城市安全管理存在不少漏洞和短板。为强化城市运行安全保障，有效防范事故发生，现就推进城市安全发展提出如下意见。

一、总体要求

（一）指导思想。全面贯彻党的十九大精神，以习近平新时代中国特色社会主义思想为指导，紧紧围绕统筹推进"五位一体"总体布局和协调推进"四个全面"战略布局，牢固树立安全发展理念，弘扬生命至上、安全第一的思想，强化安全红线意识，推进安全生产领域改革发展，切实把安全发展作为城市现代文明的重要标志，落实完善城市运行管理及相关方面的安全生产责任制，健全公共安全体系，打造共建共治共享的城市安全社会治理格局，促进建立以安全生产为基础的综合性、全方位、系统化的城市安全发展体系，全面提高城市安全保障水平，有效防范和坚决遏制重特大安全事故发生，为人民群众营造安居乐业、幸福安康的生产生活环境。

（二）基本原则

——坚持生命至上、安全第一。牢固树立以人民为中心的发展思想，始终坚守发展决不能以牺牲安全为代价这条不可逾越的红线，严格落实地方各级党委和政府的领导责任、部门监管责任、企业主体责任，加强社会监督，强化城市安全生产防范措施落实，为人民群众提供更有保障、更可持续的安全感。

——坚持立足长效、依法治理。加强安全生产、职业健康法律法规和标准体系建设，增强安全生产法治意识，健全安全监管机制，规范执法行为，严格执法措施，全面提升城市安全生产法治化水平，加快建立城市安全治理长效机制。

——坚持系统建设、过程管控。健全公共安全体系，加强城市规划、设计、建设、运行等各个环节的安全管理，充分运用科技和信息化手段，加快推进安全风险管控、隐患排查治理体系和机制建设，强化系统性安全防范制度措施落实，严密防范各类事故发生。

——坚持统筹推动、综合施策。充分调动社会各方面的积极性，优化配置城市管理资源，加强安全生产综合治理，切实将城市安全发展建立在人民群众安全意识不断增强、从业人员安全技能素质显著提高、生产经营单位和区域安全保障水平持续改进的基础上，有效解决影响城市安全的突出矛盾和问题。

（三）总体目标。到2020年，城市安全发展取得明显进展，建成一批与全面建成小康社会目标相适应的安全发展示范城市；在深入推进示范创建的基础上，到2035年，城市安全发展体系更加完善，安全文明程度显著提升，建成与基本实现社会主义现代化相适应的安全发展城市。持续推进形成系统性、现代化的城市安全保障体系，加快建成以中心城区为基础，带动周边、辐射县乡、惠及民生的安全发展型城市，为把我国建成富强民主文明和谐美丽的社会主义现代化强国提供坚实稳固的安全保障。

二、加强城市安全源头治理

（四）科学制定规划。坚持安全发展理念，严密细致制定城市经济社会发展总体规划及城市规划、城市综合防灾减灾规划等专项规划，居民生活区、商业区、经济技术开发区、工业园区、港区以及其他功能区的空间布局要以安全为前提。加强建设项目实施前的评估论证工作，将安全生产的基本要求和保障措施落实到城市发展的各个领域、各个环节。

（五）完善安全法规和标准。加强体现安全生产区域特点的地方性法规建设，形成完善的城市安全法治体系。完善城市高层建筑、大型综合体、综合交通枢纽、隧道桥梁、管线管廊、道路交通、轨道交通、燃气工程、排水防涝、垃圾填埋场、渣土受纳场、电力设施及电梯、大型游乐设施等的技术标准，提高安全和应急设施的标准要求，增强抵御事故风险、保障安全运行的能力。

（六）加强基础设施安全管理。城市基础设施建设要坚持把安全放在第一位，严格把关。有序推进城市地下管网依据规划采取综合管廊模式进行建设。加强城市交通、供水、排水防涝、供热、供气和污水、污泥、垃圾处理等基础设施建设、运营过程中的安全监督管理，严格落实安全防范措施。强化与市政设施配套的安全设施建设，及时进行更换和升级改造。加强消防站点、水源等消防安全设施建设和维护，因地制宜规划建设特勤消防站、普通消防站、小型和微型消防站，缩短灭火救援响应时间。加快推进城区铁路平交道口立交化改造，加快消除人员密集区域铁路平交道口。加强城市交通基础设施建设，优化城市路网和交通组织，科学规范设置道路交通安全设施，完善行人过街安全设施。加强城市棚户区、城中村和危房改造过程中的安全监督管理，严格治理城市建成区违法建设。

（七）加快重点产业安全改造升级。完善高危行业企业退城入园、搬迁改造和退出转产扶持奖励政策。制定中心城区安全生产禁止和限制类产业目录，推动城市产业结构调整，治理整顿安全生产条件落后的生产经营单位，经整改仍不具备安全生产条件的，要依法实施关闭。加强矿产资源型城市塌（沉）陷区治理。加快推进城镇人口密集区不符合安全和卫生防护距离要求的危险化学品生产、储存企业就地改造达标、搬迁进入规范化工园区或依法关闭退出。引导企业集聚发展安全产业，改造提升传统行业工艺技术和安全装备水平。结合企业管理创新，大力推进企业安全生产标准化建设，不断提升安全生产管理水平。

三、健全城市安全防控机制

（八）强化安全风险管控。对城市安全风险进行全面辨识评估，建立城市安全风险信息管理平台，绘制"红、橙、黄、蓝"四色等级安全风险空间分布图。编制城市安全风险白皮书，及时更新发布。研究制定重大安全风险"一票否决"的具体情形和管理办法。明确风险管控的责任部门和单位，完善重大安全风险联防联控机制。对重点人员密集场所、安全风险较高的大型群众性活动开展安全风险评估，建立大客流监测预警和应急管控处置机制。

（九）深化隐患排查治理。制定城市安全隐患排查治理规范，健全隐患排查治理体系。进一步完善城市重大危险源辨识、申报、登记、监管制度，建立动态管理数据库，加快提升在线安全监控能力。强化对各类生产经营单位和场所落实隐患排查治理制度情况的监督检查，严格实施重大事故隐患挂牌督办。督促企业建立隐患自查自改评价制度，定期分析、评估隐患治理效果，不断完善隐患治理工作机制。加强施工前作业风险评估，强化检维修作业、临时用电作业、盲板抽堵作业、高空作业、吊装作业、断路作业、动土作业、立体交叉作业、有限空间作业、焊接与热切割作业以及塔吊、脚手架在使用和拆装过程中的安全管理，严禁违章违规行为，防范事故发生。加强广告牌、灯箱和楼房外墙附着物管理，严防倒塌和坠落事故。加强老旧城区火灾隐患排查，督促整改私拉乱接、超负荷用电、线路短路、线路老化和影响消防车通行的障碍物等问题。加强城市隧道、桥梁、易积水路段等道路交通安全隐患点段排查治理，保障道路安全通行条件。加强安全社区建设。推行高层建筑消防安全经理人或楼长制度，建立自我管理机制。明确电梯使用单位安全责任，督促使用、维保单位加强检测维护，保障电梯安全运行。加强对油、气、煤等易燃易爆场所雷电灾害隐患排查。加强地震风险普查及防控，强化城市活动断层探测。

（十）提升应急管理和救援能力。坚持快速、科学、有效救援，健全城市安全生产应急救援管理体系，加快推进建立城市应急救援信息共享机制，健全多部门协同预警发布和响应处置机制，提升防灾减灾救灾能力，提高城市生产安全事故处置水平。完善事故应急救援预案，实现政府预案与部门预案、企业预案、社区预案有效衔接，定期开展应急演练。加强各类专业化应急救援基地和队伍建设，重点加强危险化学品相对集中区域的应急救援能力建设，鼓励和支持有条件的社会救援力量参与应急救援。建立完善日常应急救援技术服务制度，不具备单独建立专业应急救援队伍的中小型企业要与相邻有关专业救援队伍签订救援服务协议，或者联合建立专业应急救援队伍。完善应急救援联动机制，强化应急状态下交通管制、警戒、疏散等防范措施。健全应急物资储备调用机制。开发适用高层建筑等条件下的应急救援装备设施，加强安全使用培训。强化有限空间作业和现场应急处置技能。根据城市人口分布和规模，充分利用公园、广场、校园等宽阔地带，建立完善应急避难场所。

四、提升城市安全监管效能

（十一）落实安全生产责任。完善党政同责、一岗双责、齐抓共管、失职追责的安全生产责任体系。全面落实城市各级党委和政府对本地区安全生产工作的领导责任、党政主要负责人第一责任人的责任，及时研究推进城市安全发展重点工作。按照管行业必须管安全、管业务必须管安全、管生产经营必须管安全和谁主管谁负责的原则，落实各相关部门安全生产和职业健康工作职责，做到责任落实无空档、监督管理无盲区。严格落实各类生产经营单位安全生产与职业健康主体责任，加强全员全过程全方位安全管理。

（十二）完善安全监管体制。加强负有安全生产监督管理职责部门之间的工作衔接，推动安全生产领域内综合执法，提高城市安全监管执法实效。合理调整执法队伍种类和结构，加强安全生产基层执法力量。科学划分经济技术开发区、工业园区、港区、风景名胜区等各类功能区的类型和规模，明确健全相应的安全生产监督管理机构。完善民航、铁路、电力等监管体制，界定行业监管和属地监管职责。理顺城市无人机、新型燃料、餐饮场所、未纳入施工许可管理的建筑施工等行业领域安全监管职责，落实安全监督检查责任。推进实施联合执法，解决影响人民群众生产生活安全的"城市病"。完善放管服工作机制，提高安全监管实效。

（十三）增强监管执法能力。加强安全生产监管执法机构规范化、标准化、信息化建设，充分运用移动执法终端、电子案卷等手段提高执法效能，改善现场执法、调查取证、应急处置等监管执法装备，实施执法全过程记录。实行派驻执法、跨区域执法或委托执法等方式，加强街道（乡镇）和各类功能区安全生产执法工作。加强安全监管执法教育培训，强化法治思维和法治手段，通过组织开展公开裁定、现场模拟执法、编制运用行政处罚和行政强制指导性案例等方式，提高安全监管执法人员业务素质能力。建立完善安全生产行政执法和刑事司法衔接制度。定期开展执法效果评估，强化执法措施落实。

（十四）严格规范监管执法。完善执法人员岗位责任制和考核机制，严格执法程序，加强现场精准执法，对违法行为及时作出处罚决定。依法明确停产停业、停止施工、停止使用相关设施或设备，停止供电、停止供应民用爆炸物品，查封、扣押、取缔和上限处罚等执法决定的适用情形、时限要求、执行责任，对推诿或消极执行、拒绝执行停止供电、停止供应民用爆炸物品的有关职能部门和单位，下达执法决定的部门可将有关情况提交行业主管部门或监察机关作出处理。严格执法信息公开制度，加强执法监督和巡查考核，对负有安全生产监督管理职责的部门未依法采取相应执法措施或降低执法标准的责任人实施问责。严肃事故调查处理，依法依规追究责任单位和责任人的责任。

五、强化城市安全保障能力

（十五）健全社会化服务体系。制定完善政府购买安全生产服务指导目录，强化城市安全专业技术服务力量。大力实施安全生产责任保险，突出事故预防功能。加快推进安全信用体系建设，强化失信惩戒和守信激励，明确和落实对有关单位及人员的惩戒和激励措施。将生产经营过程中极易导致生产安全事故的违法行为纳入安全生产领域严重失信联合惩戒"黑名单"管理。完善城市社区安全网格化工作体系，强化末梢管理。

（十六）强化安全科技创新和应用。加大城市安全运行设施资金投入，积极推广先进生产工艺和安全技术，提高安全自动监测和防控能力。加强城市安全监管信息化建设，建立完善安全生产监管与市场监管、应急保障、环境保护、治安防控、消防安全、道路交通、信用管理等部门公共数据资源开放共享机制，加快实现城市安全管理的系统化、智能化。深入推进城市生命线工程建设，积极研发和推广应用先进的风险防控、灾害防治、预测预警、监测监控、个体防护、应急处置、工程抗震等安全技术和产品。建立城市安全智库、知识库、案例库，健全辅助决策机制。升级城市放射性废物库安全保卫设施。

（十七）提升市民安全素质和技能。建立完善安全生产和职业健康相关法律法规、标准的查询、解读、公众互动交流信息平台。坚持谁执法谁普法的原则，加大普法力度，切实提升人民群众的安全法治意识。推进安全生产和职业健康宣传教育进企业、进机关、进学校、进社区、进农村、进家庭、进公共场所，推广普及安全常识和职业病危害防治知识，增强社会公众对应急预案的认知、协同能力及自救互救技能。积极开展安全文化创建活动，鼓励创作和传播安全生产主题公益广告、影视剧、微视频等作品。鼓励建设具有城市特色的安全文化教育体验基地、场馆，积极推进把安全文化元素融入公园、街道、社区，营造关爱生命、关注安全的浓厚社会氛围。

六、加强统筹推动

（十八）强化组织领导。城市安全发展工作由国务院安全生产委员会统一组织，国务院安全生产委员会办公室负责实施，中央和国家机关有关部门在职责范围内负责具体工作。各省（自治区、直辖市）党委和政府要切实加强领导，完善保障措施，扎实推进本地区城市安全发展工作，不断提高城市安全发展水平。

（十九）强化协同联动。把城市安全发展纳入安全生产工作巡查和考核的重要内容，充分发挥有关部门和单位的职能作用，加强规律性研究，形成工作合力。鼓励引导社会化服务机构、公益组织和志愿者参与推进城市安全发展，完善信息公开、举报奖励等制度，维护人民群众对城市安全发展的知情权、参与权、监督权。

（二十）强化示范引领。国务院安全生产委员会负责制定安全发展示范城市评价与管理办法，国务院安全生产委员会办公室负责制定评价细则，组织第三方评价，并组织各有关部门开展复核、公示，拟定命名或撤销命名"国家安全发展示范城市"名单，报国务院安全生产委员会审议通过后，以国务院安全生产委员会名义授牌或摘牌。各省（自治区、直辖市）党委和政府负责本地区安全发展示范城市建设工作。

国务院关于全面加强应急管理工作的意见

（2006年6月15日 国发〔2006〕24号）

各省、自治区、直辖市人民政府，国务院各部委、各直属机构：

加强应急管理，是关系国家经济社会发展全局和人民群众生命财产安全的大事，是全面落实科学发展观、构建社会主义和谐社会的重要内容，是各级政府坚持以人为本、执政为民、全面履行政府职能的重要体现。当前，我国现代化建设进入新的阶段，改革和发展处于关键时期，影响公共安全的因素增多，各类突发公共事件时有发生。但是，我国应急管理工作基础仍然比较薄弱，体制、机制、法制尚不完善，预防和处置突发公共事件的能力有待提高。为深入贯彻实施《国家突发公共事件总体应急预案》（以下简称《国家总体应急预案》），全面加强应急管理工作，提出以下意见：

一、明确指导思想和工作目标

（一）指导思想。以邓小平理论和"三个代表"重要思想为指导，全面落实科学发展观，坚持以人为本、预防为主，充分依靠法制、科技和人民群众，以保障公众生命财产安全为根本，以落实和完善应急预案为基础，以提高预防和处置突发公共事件能力为重点，全面加强应急管理工作，最大程度地减少突发公共事件及其造成的人员伤亡和危害，维护国家安全和社会稳定，促进经济社会全面、协调、可持续发展。

（二）工作目标。在"十一五"期间，建成覆盖各地区、各行业、各单位的应急预案体系；健全分类管理、分级负责、条块结合、属地为主的应急管理体制，落实党委领导下的行政领导责任制，加强应急管理机构和应急救援队伍建设；构建统一指挥、反应灵敏、协调有序、运转高效的应急管理机制；完善应急管理法律法规，建设突发公共事件预警预报信息系统和专业化、社会化相结合的应急管理保障体系，形成政府主导、部门协调、军地结合、全社会共同参与的应急管理工作格局。

二、加强应急管理规划和制度建设

（三）编制并实施突发公共事件应急体系建设规划。依据《国民经济和社会发展第十一个五年规划纲要》（以下简称"十一五"规划），编制并尽快组织实施《"十一五"期间国家突发公共事件应急体系建设规划》，优化、整合各类资源，统一规划突发公共事件预防预警、应急处置、恢复重建等方面的项目和基础设施，科学指导各项应急体系建设。各地区、各部门要在《"十一五"期间国家突发公共事件应急体系建设规划》指导下，编制本地区和本行业突发公共事件应急体系建设规划并纳入国民经济和社会发展规划。城乡建设等有关专项规划的编制要与应急体系建设规划相衔接，合理布局重点建设项目，统筹规划应对突发公共事件所必需的基础设施建设。

（四）健全应急管理法律法规。要加强应急管理的法制建设，逐步形成规范各类突发公共事件预防和处置工作的法律体系。抓紧做好突发事件应对法的立法准备工作和公布后的贯彻实施工作，研究制定配套法规和政策措施。国务院各有关部门要根据预防和处置自然灾害、事故灾难、公共卫生事件、社会安全事件等各类突发公共事件的需要，抓紧做好有关法律法规草案和修订草案的起草工作，以及有关规章、标准的修订工作。各地区要依据有关法律、行政法规，结合实际制定并完善应急管理的地方性法规和规章。

（五）加强应急预案体系建设和管理。各地区、各部门要根据《国家总体应急预案》，抓紧编制修订本地区、本行业和领域的各类预案，并加强对预案编制工作的领导和督促检查。各基层单位要根据实际情况制订和完善本单位预案，明确各类突发公共事件的防范措施和处置程序。尽快构建覆盖各地区、各行业、各单位的预案体系，并做好各级、各类相关预案的衔接工作。要加强对预案的动态管理，不断增强预案的针对性和实效性。狠抓预案落实工作，经常性地开展预案演练，特别是涉及多个地区和部门的预案，要通过开展联合演练等方式，促进各单位的协调配合和职责落实。

（六）加强应急管理体制和机制建设。国务院是全国应急管理工作的最高行政领导机关，国务院各有关部门依据有关法律、行政法规和各自职责，负责相关类别突发公共事件的应急管理工作。地方各级人民政府是本行政区域应急管理工作的行政领导机关，要根据《国家总体应急预案》的要求和应对各类突发公共事件的需要，结合实际明确应急管理的指挥机构、办事机构及其职责。各专项应急指挥机构要进一步强化职责，充分发挥在相关领域应对突发公共事件的作用。加强各地区、各部门以及各级各类应急管理机构的协调联动，积极推进资源整合和信息共享。加快突发公共事件预测预警、信息报告、应急响应、恢复重建及调查评估等机制建设。研究建立保险、社会捐赠等方面参与、支持应急管理工作的机制，充分发挥其在突发公共事件预防与处置等方面的作用。

三、做好各类突发公共事件的防范工作

（七）开展对各类突发公共事件风险隐患的普查和监控。各地区、各有关部门要组织力量认真开展风险隐患普查工作，全面掌握本行政区域、本行业和领域各类风险隐患情况，建立分级、分类管理制度，落实综合防范和处置措施，实行动态管理和监控，加强地区、部门之间的协调配合。对可能引发突发公共事件的风险隐患，要组织力量限期治理，特别是对位于城市和人口密集地区的高危企业，不符合安全布局要求、达不到安全防护距离的，要依法采取停产、停业、搬迁等措施，尽快消除隐患。要加强对影响社会稳定因素的排查调处，认真做好预警报告和快速处置工作。社区、乡村、企业、学校等基层单位要经常开展风险隐患的排查，及时解决存在的问题。

（八）促进各行业和领域安全防范措施的落实。地方各级人民政府及有关部门要进一步加强对本行政区域各单位、各重点部位安全管理的监督检查，严密防范各类安全事故；要加强监管监察队伍建设，充实必要的人员，完善监管手段。各有关部门要按照有关法律法规和职责分工，加强对本系统、本行业和领域的安全监管监察，严格执行安全许可制度，经常性开展监督检查，依法加大处罚力度；要提高监管效率，对事故多发的行业和领域进一步明确监管职责，实施联合执法。上级主管部门和有关监察机构要把督促风险隐患整改情况作为衡量监管机构履行职责是否到位的重要内容，加大监督检查和考核力度。各企业、事业单位要切实落实安全管理的主体责任，建立健全安全管理的规章制度，加大安全投入，全面落实安全防范措施。

（九）加强突发公共事件的信息报告和预警工作。特别重大、重大突发公共事件发生后，事发地省级人民政府、国务院有关部门要按规定及时、准确地向国务院报告，并向有关地方、部门和应急管理机构通报。要进一步建立健全信息报告工作制度，明确信息报告的责任主体，对迟报、漏报甚至瞒报、谎报行为要依法追究责任。在加强地方各级人民政府和有关部门信息报告工作的同时，通过建立社会公众报告、举报奖励制度，设立基层信息员等多种方式，不断拓宽信息报告渠道。建设各级人民政府组织协调、有关部门分工负责的各类突发公共事件预警系统，建立预警信息通报与发布制度，充分利用广播、电视、互联网、手机短信息、电话、宣传车等各种媒体和手段，及时发布预警信息。

（十）积极开展应急管理培训。各地区、各有关部门要制订应急管理的培训规划和培训大纲，明确培训内容、标准和方式，充分运用多种方法和手段，做好应急管理培训工作，并加强培训资质管理。积极开展对地方和部门各级领导干部应急指挥和处置能力的培训，并纳入各级党校和行政学院培训内容。加强各单位从业人员安全知识和操作规程培训，负有安全监管职责的部门要强化培训考核，对未按要求开展安全培训的单位要责令其限期整改，达不到考核要求的管理人员和职工一律不准上岗。各级应急管理机构要加强对应急管理培训工作的组织和指导。

四、加强应对突发公共事件的能力建设

（十一）推进国家应急平台体系建设。要统筹规划建设具备监测监控、预测预警、信息报告、辅助决策、调度指挥和总结评估等功能的国家应急平台。加快国务院应急平台建设，完善有关专业应急平台功能，推进地方人民政府综合应急平台建设，形成连接各地区和各专业应急指挥机构、统一高效的应急平台体系。应急平台建设要结合实际，依托政府系统办公业务资源网络，规范技术标准，充分整合利用现有专业系统资源，实现互联互通和信息共享，避免重复建设。积极推进紧急信息接报平台整合，建立统一接报、分类分级处置的工作机制。

（十二）提高基层应急管理能力。要以社区、乡村、学校、企业等基层单位为重点，全面加强应急管理工作。充分发挥基层组织在应急管理中的作用，进一步明确行政负责人、法定代表人、社区或村级组织负责人在应急管理中的职责，确定专（兼）职的工作人员或机构，加强基层应急投入，结合实际制订各类应急预案，增强第一时间预防和处置各类突发公共事件的能力。社区要针对群众生活中可能遇到的突发公共事件，制订操作性强的应急预案，经常性地开展应急知识宣传，做到家喻户晓；乡村要结合社会主义新农村建设，因地制宜加强应急基础设施建设，努力提高群众自救、互救能力，并充分发挥城镇应急救援力量的辐射作用；学校要在加强校园安全工作的同时，积极开展公共安全知识和应急防护知识的教育和普及，增强师生公共安全意识；企业特别是高危行业企业要切实落实法定代表人负责制和安全生产主体责任，做到有预案、有救援队伍、有联动机制、有善后措施。地方各级人民政府和有关部门要加强对基层应急管理工作的指导和检查，及时协调解决人力、物力、财力等方面的问题，促进基层应急管理能力的全面提高。

（十三）加强应急救援队伍建设。落实"十一五"规划有关安全生产应急救援、国家灾害应急救援体系建设的重点工程。建立充分发挥公安消防、特警以及武警、解放军、预备役民兵的骨干作用，各专业应急救援队伍各负其责、互为补充，企业专兼职救援队伍和社会志愿者共同参与的应急救援体系。加强各类应急抢险救援队伍建设，改善技术装备，强化培训演练，提高应急救援能力。建立应急救援专家队伍，充分发挥专家学者的专业特长和技术优势。逐步建立社会化的应急救援机制，大中型企业特别是高危行业企业要建立专职或者兼职应急救援队伍，并积极参与社会应急救援；研究制订动员和鼓励志愿者参与应急救援工作的办法，加强对志愿者队伍的招募、组织和培训。

（十四）加强各类应急资源的管理。建立国家、地方和基层单位应急资源储备制度，在对现有各类应急资源普查和有效整合的基础上，统筹规划应急处置所需物料、装备、通信器材、生活用品等物资和紧急避难场所，以及运输能力、通信能力、生产能力和有关技术、信息的储备。加强对储备物资的动态管理，保证及时补充和更新。要建立国家和地方重要物资监测网络及应急物资生产、储备、调拨和紧急配送体系，保障应急处置和恢复重建工作的需要。合理规划建设国家重要应急物资储备库，按照分级负责的原则，加强地方应急物资储备库建设。充分发挥社会各方面在应急物资的生产和储备方面的作用，实现社会储备与专业储备的有机结合。加强应急管理基础数据库建设和对有关技术资料、历史资料等的收集管理，实现资源共享，为妥善应对各类突发公共事件提供可靠的基础数据。

（十五）全力做好应急处置和善后工作。突发公共事件发生后，事发单位及直接受其影响的单位要根据预案立即采取有效措施，迅速开展先期处置工作，并按规定及时报告。地方各级人民政府和国务院有关部门要依照预案规定及时采取相关应急响应措施。按照属地管理为主的原则，事发地人民政府负有统一组织领导应急处置工作的职责，要积极调动有关救援队伍和力量开展救援工作，采取必要措施，防止发生次生、衍生灾害事件，并做好受影响群众的基本生活保障和事故现场环境评估工作。应急处置结束后，要及时组织受影响地区恢复正常的生产、生活和社会秩序。灾后恢复重建要与防灾减灾相结合，坚持统一领导、科学规划、加快实施。健全社会捐助和对口支援等社会动员机制，动员社会力量参与重大灾害应急救助和灾后恢复重建。各级人民政府及有关部门要依照有关法律法规及时开展事故调查处理工作，查明原因，依法依纪处理责任人员，总结事故教训，制订整改措施并督促落实。

（十六）加强评估和统计分析工作。建立健全突发公共事件的评估制度，研究制订客观、科学的评估方法。各级人民政府及有关部门在对各类突发公共事件调查处理的同时，要对事件的处置及相关防范工作做出评估，并对年度应急管理工作情况进行全面评估。各地区、各有关部门要加强应急管理统计分析工作，完善分类分级标准，明确责任部门和人员，及时、全面、准确地统计各类突发公共事件发生起数、伤亡人数、造成的经济损失等相关情况，并纳入经济和社会发展统计指标体系。突发公共事件的统计信息实行月度、季度和年度报告制度。要研究建立突发公共事件发生后统计系统快速应急机制，及时调查掌握突发公共事件对国民经济发展和城乡居民生活的影响并预测发展趋势。

五、制定和完善全面加强应急管理的政策措施

（十七）加大对应急管理的资金投入力度。根据《国家总体应急预案》的规定，各级财政部门要按照现行事权、财权划分原则，分级负担公共安全工作以及预防与处置突发公共事件中需由政府负担的经费，并纳入本级财政年度预算，健全应急资金拨付制度。对规划布局内的重大建设项目给予重点支持。支持地方应急管理工作，建立完善财政专项转移支付制度。建立健全国家、地方、企业、社会相结合的应急保障资金投入机制，适应应急队伍、装备、交通、通信、物资储备等方面建设与更新维护资金的要求。建立企业安全生产的长效投入机制，增强高危行业企业安全保障和应急救援能力。研究建立应对突发公共事件社会资源依法征用与补偿办法。

（十八）大力发展公共安全技术和产品。在推进产业结构调整中，要将具有较高技术含量的公共安全工艺、技术和产品列入《国家产业结构调整指导目录》的鼓励类发展项目，在政策上积极予以支持。对公共安全、应急处置重大项目和技术开发、产业化示范项目，政府给予直接投资或资金补助、贷款贴息等支持。采取政府采购等办法，推动国家公共安全应急成套设备及防护用品的研发和生产。加强对公共安全产品的质量监督管理，实行严格的市场准入制度，确保产品质量安全可靠。

（十九）建立公共安全科技支撑体系。按照《国家中长期科学和技术发展规划纲要》的要求，高度重视利用科技手段提高应对突发公共事件的能力，通过国家科技计划和科学基金等，对突发公共事件应急管理的基础理论、应用和关键技术研究给予支持，并在大专院校、科研院所加强公共安全与应急管理学科、专业建设，大力培养公共安全科技人才。坚持自主创新和引进消化吸收相结合，形成公共安全科技创新机制和应急管理技术支撑体系。扶持一批在公共安全领域拥有自主知识产权和核心技术的重点企业，实现成套核心技术与重大装备的突破，增强安全技术保障能力。

六、加强领导和协调配合，努力形成全民参与的合力

（二十）进一步加强对应急管理工作的领导。地方各级人民政府要在党委领导下，建立和完善突发公共事件应急处置工作责任制，并将落实情况纳入干部政绩考核的内容，特别要抓好市（地）、县（区）两级领导干部责任的落实。各地区、各部门要加强沟通协调，理顺关系，明确职责，搞好条块之间的衔接和配合。建立和完善应对突发公共事件部际联席会议制度，加强部门之间的协调配合，定期研究解决有关问题。各级领导干部要不断增强处置突发公共事件的能力，深入一线，加强组织指挥。要建立并落实责任追究制度，对有失职、渎职、玩忽职守等行为的，要依照法律法规追究责任。

（二十一）构建全社会共同参与的应急管理工作格局。全面加强应急管理工作，需要紧紧依靠群众，军地结合，动员社会各方面力量积极参与。要切实发挥工会、共青团、妇联等人民团体在动员群众、宣传教育、社会监督等方面的作用，重视培育和发展社会应急管理中介组织。鼓励公民、法人和其他社会组织为应对突发公共事件提供资金、物资捐赠和技术支持。积极开展基层公共安全创建活动，树立一批应急管理工作先进典型，表彰奖励取得显著成绩的单位和个人，形成全社会共同参与、齐心协力做好应急管理工作的局面。

（二十二）大力宣传普及公共安全和应急防护知识。加强应急管理科普宣教工作，提高社会公众维护公共安全意识和应对突发公共事件能力。深入宣传各类应急预案，全面普及预防、避险、自救、互救、减灾等知识和技能，逐步推广应急识别系统。尽快把公共安全和应急防护知识纳入学校教学内容，编制中小学公共安全教育指导纲要和适应全日制各级各类教育需要的公共安全教育读本，安排相应的课程或课时。要在各种招考和资格认证考试中逐步增加公共安全内容。充分运用各种现代传播手段，扩大应急管理科普宣教工作覆盖面。新闻媒体应无偿开展突发公共事件预防与处置、自救与互救知识的公益宣传，并支持社会各界发挥应急管理科普宣传作用。

（二十三）做好信息发布和舆论引导工作。要高度重视突发公共事件的信息发布、舆论引导和舆情分析工作，加强对相关信息的核实、审查和管理，为积极稳妥地处置突发公共事件营造良好的舆论环境。坚持及时准确、主动引导的原则和正面宣传为主的方针，完善政府信息发布制度和新闻发言人制度，建立健全重大突发公共事件新闻报道快速反应机制、舆情收集和分析机制，把握正确的舆论导向。加强对信息发布、新闻报道工作的组织协调和归口管理，周密安排、精心组织信息发布工作，充分发挥中央和省级主要新闻媒体的舆论引导作用。新闻单位要严格遵守国家有关法律法规和新闻宣传纪律，不断提高新闻报道水平，自觉维护改革发展稳定的大局。

（二十四）开展国际交流与合作。加强与有关国家、地区及国际组织在应急管理领域的沟通与合作，参与有关国际组织并积极发挥作用，共同应对各类跨国或世界性突发公共事件。大力宣传我国在应对突发公共事件、加强应急管理方面的政策措施和成功做法，积极参与国际应急救援活动，向国际社会展示我国的良好形象。密切跟踪研究国际应急管理发展的动态和趋势，参与公共安全领域重大国际项目研究与合作，学习、借鉴有关国家在灾害预防、紧急处置和应急体系建设等方面的有益经验，促进我国应急管理工作水平的提高。

国务院办公厅关于加强基层应急队伍建设的意见

（2009年10月18日　国办发〔2009〕59号）

各省、自治区、直辖市人民政府，国务院各部委、各直属机构：

基层应急队伍是我国应急体系的重要组成部分，是防范和应对突发事件的重要力量。多年来，我国基层应急队伍不断发展，在应急工作中发挥着越来越重要的作用。但是，各地基层应急队伍建设中还存在着组织管理不规范、任务不明确、进展不平衡等问题。为贯彻落实突发事件应对法，进一步加强基层应急队伍建设，经国务院同意，提出如下意见：

一、基本原则和建设目标

（一）基本原则。坚持专业化与社会化相结合，着力提高基层应急队伍的应急能力和社会参与程度；坚持立足实际、按需发展，兼顾县乡级政府财力和人力，充分依托现有资源，避免重复建设；坚持统筹规划、突出重点，逐步加强和完善基层应急队伍建设，形成规模适度、管理规范的基层应急队伍体系。

（二）建设目标。通过三年左右的努力，县级综合性应急救援队伍基本建成，重点领域专业应急救援队伍得到全面加强；乡镇、街道、企业等基层组织和单位应急救援队伍普遍建立，应急志愿服务进一步规范，基本形成统一领导、协调有序、专兼并存、优势互补、保障有力的基层应急队伍体系，应急救援能力基本满足本区域和重点领域突发事件应对工作需要，为最大程度地减少突发事件及其造成的人员财产损失、维护国家安全和社会稳定提供有力保障。

二、加强基层综合性应急救援队伍建设

（一）全面建设县级综合性应急救援队伍。各县级人民政府要以公安消防队伍及其他优势专业应急救援队伍为依托，建立或确定"一专多能"的县级综合性应急救援队伍，在相关突发事件发生后，立即开展救援处置工作。综合性应急救援队伍除承担消防工作以外，同时承担综合性应急救援任务，包括地震等自然灾害，建筑施工事故、道路交通事故、空难等生产安全事故，恐怖袭击、群众遇险等社会安全事件的抢险救援任务，同时协助有关专业队伍做好水旱灾害、气象灾害、地质灾害、森林草原火灾、生物灾害、矿山事故、危险化学品事故、水上事故、环境污染、核与辐射事故和突发公共卫生事件等突发事件的抢险救援工作。各地要根据本行政区域特点和需要，制订综合性应急救援队伍建设方案，细化队伍职责，配备必要的物资装备，加强与专业队伍互动演练，提高队伍综合应急能力。

（二）深入推进街道、乡镇综合性应急救援队伍建设。街道、乡镇要充分发挥民兵、预备役人员、保安员、基层警务人员、医务人员等有相关救援专业知识和经验人员的作用，在防范和应对气象灾害、水旱灾害、地震灾害、地质灾害、森林草原火灾、生产安全事故、环境突发事件、群体性事件等方面发挥就近优势，在相关应急指挥机构组织下开展先期处置，组织群众自救互救，参与抢险救灾、人员转移安置，维护社会秩序，配合专业应急救援队伍做好各项保障，协助有关方面做好善后处置、物资发放等工作。同时发挥信息员作用，发现突发事件苗头及时报告，协助做好预警信息传递、灾情收集上报、灾情评估等工作，参与有关单位组织的隐患排查整改。街道办事处、乡镇政府要加强队伍的建设和管理，严明组织纪律，经常性地开展应急培训，提高队伍的综合素质和应急保障能力。

三、完善基层专业应急救援队伍体系

各地要在全面加强各专业应急救援队伍建设同时，组织动员社会各方面力量重点加强以下几个方面工作：

（一）加强基层防汛抗旱队伍组建工作。水旱灾害常发地区和重点流域的县、乡级人民政府，要组织民兵、预备役人员、农技人员、村民和相关单位人员参加，组建县、乡级防汛抗旱队伍。防汛抗旱重点区域和重要地段的村委会，要组织本村村民和属地相关单位人员参加，组建村防汛抗旱队伍。基层防汛抗旱队伍要在当地防汛抗旱指挥机构的统一组织下，开展有关培训和演练工作，做好汛期巡堤查险和险情处置，做到有旱抗旱，有汛防汛。充分发挥社会各方面作用，合理储备防汛抗旱物资，建立高效便捷的物资、装备调用机制。

（二）深入推进森林草原消防队伍建设。县乡级人民政府、村委会、国有林（农）场、森工企业、自然保护区和森林草原风景区等，要组织本单位职工、社会相关人员建立森林草原消防队伍。各有关方面要加强森林草原扑火装备配套，开展防扑火技能培训和实战演练。要建立基层森林草原消防队伍与公安消防、当地驻军、预备役部队、武警部队和森林消防力量的联动机制，满足防扑火工作需要。地方政府要对基层森林草原消防队伍装备建设给予补助。

（三）加强气象灾害、地质灾害应急队伍建设。县级气象部门要组织村干部和有经验的相关人员组建气象灾害应急队伍，主要任务是接收和传达预警信息，收集并向相关方面报告灾害性天气实况和灾情，做好台风、强降雨、大风、沙尘暴、冰雹、雷电等极端天气防范的科普知识宣传工作，参与本社区、村镇气象灾害防御方案的制订以及应急处置和调查评估等工作。地质灾害应急队伍的主要任务是参与各类地质灾害的群防群控，开展防范知识宣传，隐患和灾情等信息报告，组织遇险人员转移，参与地质灾害抢险救灾和应急处置等工作。容易受气象、地质灾害影响的乡村、企业、学校等基层组织单位，要在气象、地质部门的组织下，明确参与应急队伍的人员及其职责，定期开展相关知识培训。气象灾害和地质灾害基层应急队伍工作经费，由地方政府给予保障。

（四）加强矿山、危险化学品应急救援队伍建设。煤矿和非煤矿山、危险化学品单位应当依法建立由专职或兼职人员组成的应急救援队伍。不具备单独建立专业应急救援队伍的小型企业，除建立兼职应急救援队伍外，还应当与邻近建有专业救援队伍的企业签订救援协议，或者联合建立专业应急救援队伍。应急救援队伍在发生事故时要及时组织开展抢险救援，平时开展或协助开展风险隐患排查。加强应急救援队伍的资质认定管理。矿山、危险化学品单位属地县、乡级人民政府要组织建立队伍调运机制，组织队伍参加社会化应急救援。应急救援队伍建设及演练工作经费在企业安全生产费用中列支，在矿山、危险化学品工业集中的地方，当地政府可给予适当经费补助。

（五）推进公用事业保障应急队伍建设。县级以下电力、供水、排水、燃气、供热、交通、市容环境等主管部门和基础设施运营单位，要组织本区域有关企事业单位懂技术和有救援经验的职工，分别组建公用事业保障应急队伍，承担相关领域突发事件应急抢险救援任务。重要基础设施运营单位要组建本单位运营保障应急队伍。要充分发挥设计、施工和运行维护人员在应急抢险中的作用，配备应急抢修的必要机具、运输车辆和抢险救灾物资，加强人员培训，提高安全防护、应急抢修和交通运输保障能力。

（六）强化卫生应急队伍建设。县级卫生行政部门要根据突发事件类型和特点，依托现有医疗卫生机构，组建卫生应急队伍，配备必要的医疗救治和现场处置设备，承担传染病、食物中毒和急性职业中毒、群体性不明原因疾病等突发公共卫生事件应急处置和其他突发事件受伤人员医疗救治及卫生学处理，以及相应的培训、演练任务。城市医疗卫生机构要与县级或乡镇医疗卫生机构建立长期对口协作关系，把帮助组建基层应急队伍作为对口支援重要内容。卫生应急队伍的装备配备、培训、演练和卫生应急处置等工作费用由地方政府给予支持。

（七）加强重大动物疫情应急队伍建设。县级人民政府建立由当地兽医、卫生、公安、工商、质检和林业行政管理人员，动物防疫和野生动物保护工作人员，有关专家等组成的动物疫情应急队伍，具体承担家禽和野生动物疫情的监测、控制和扑灭任务。要保持队伍的相对稳定，定期进行技术培训和应急演练，同时加强应急监测和应急处置所需的设施设备建设及疫苗、药品、试剂和防护用品等物资储备，提高队伍应急能力。

四、完善基层应急队伍管理体制机制和保障制度

（一）进一步明确组织领导责任。地方各级人民政府是推进基层应急队伍建设工作的责任主体。县级人民政府要对县级综合性应急救援队伍和专业应急救援队伍建设进行规划，确定各街道、乡镇综合性应急救援队伍和专业应急救援队伍的数量和规模。各有关部门要强化支持政策的研究并加强指导，加强对基层应急队伍建设的督促检查。公安、国土资源、交通、水利、林业、气象、安全监管、环境、电力、通信、建设、卫生、农业等有关部门要明确推进本行业基层应急队伍建设的具体措施，各有关部门要按照各自职责指导推进基层应急队伍组建工作。

（二）完善基层应急队伍运行机制。各基层应急队伍组成人员平时在各自单位工作，发生突发事件后，立即集结到位，在当地政府或应急现场指挥部的统一领导下，按基层应急管理机构安排开展应急处置工作。县乡级人民政府及其有关部门要切实加强基层综合队伍、专业队伍和志愿者队伍之间的协调配合，建立健全相关应急预案，完善工作制度，实现信息共享和应急联动。同时，建立健全基层应急队伍与其他各类应急队伍及装备统一调度、快速运送、合理调配、密切协作的工作机制，经常性地组织各类队伍开展联合培训和演练，形成有效处置突发事件的合力。

（三）积极动员社会力量参与应急工作。通过多种渠道，努力提高基层应急队伍的社会化程度。充分发挥街道、乡镇等基层组织和企事业单位的作用，建立群防群治队伍体系，加强知识培训。鼓励现有各类志愿者组织在工作范围内充实和加强应急志愿服务内容，为社会各界力量参与应急志愿服务提供渠道。有关专业应急管理部门要发挥各自优势，把具有相关专业知识和技能的志愿者纳入应急救援队伍。发挥共青团和红十字会作用，建立青年志愿者和红十字志愿者应急救援队伍，开展科普宣教和辅助救援工作。应急志愿者组建单位要建立志愿者信息库，并加强对志愿者的培训和管理。地方政府根据情况对志愿者队伍建设给予适当支持。

（四）加大基层应急队伍经费保障力度。县、乡两级综合性应急救援队伍和有关专业应急救援队伍建设与工作经费要纳入同级财政预算。按照政府补助、组建单位自筹、社会捐赠相结合等方式，建立基层应急救援队伍经费渠道。

（五）完善基层应急队伍建设相关政策。认真研究解决基层应急队伍工作中的实际困难，落实基层应急救援队员医疗、工伤、抚恤，以及应急车辆执行应急救援任务时的免交过路费等政策措施。鼓励社团组织和个人参加基层应急队伍，研究完善民间应急救援组织登记管理制度，鼓励民间力量参与应急救援。研究制订基层应急救援队伍装备标准并配备必要装备。对在应急管理、应急队伍建设工作中做出突出贡献的集体和个人，按照国家有关规定给予表彰奖励。开展基层应急队伍建设示范工作，推动基层应急管理水平不断提高。

国务院办公厅关于加强基层应急管理工作的意见

（2007年7月31日　国办发〔2007〕52号）

各省、自治区、直辖市人民政府，国务院各部委、各直属机构：

加强基层应急管理，深入推进全国应急管理工作，是坚持以人为本、执政为民、全面履行政府职能的重要体现，对于构建社会主义和谐社会、维护社会稳定和人民群众根本利益具有重要意义。为切实加强基层应急管理工作，提高基层预防和应对突发公共事件能力，经国务院同意，现提出如下意见：

一、全面加强基层应急管理工作的目标

加强基层应急管理工作，要以邓小平理论和"三个代表"重要思想为指导，深入贯彻落实科学发展观，以构建社会主义和谐社会为目标，按照党中央、国务院的有关决策部署，依靠群众、立足基层、夯实基础、扎实推进。力争通过两到三年的努力，基本建立起"横向到边、纵向到底"的应急预案体系，建立健全基层应急管理组织体系，初步形成"政府统筹协调、社会广泛参与、防范严密到位、处置快捷高效"的基层应急管理工作机制，相关法规政策进一步健全，基层应急保障能力全面加强，广大群众公共安全意识和自救互救能力普遍提升，基层应对各类突发公共事件的能力显著提高。

二、基层组织和单位应急管理工作的重点任务

（一）做好隐患排查整改。基层组织和单位是隐患排查监控工作的责任主体，要结合实际，对各类危险源、危险区域和因素以及社会矛盾纠纷等进行全面排查。对排查出的隐患，要认真进行整改，并做到边查边改。对短期内可以完成整改的，要立即采取有效措施消除隐患；对情况复杂、短期内难以完成整改的，要制订切实可行的应急预案并限期整改，同时做好监控和应急准备工作；对自身难以完成整改的，应当及时向县级人民政府或有关部门报告。要建立有关隐患排查信息数据库，并根据有关应急预案规定的分级标准，实行分类分级管理和动态监控。

（二）加强信息报告和预警。基层单位是突发公共事件信息报告的责任主体。突发公共事件发生后，

基层单位要及时向有关单位和救援机构报告；县级人民政府及其有关部门要按照要求向上级人民政府和主管部门报告，紧急情况可同时越级上报。要畅通信息报送渠道，街道办事处和乡镇人民政府要建立和完善24小时值班制度，居（村）委会及社区物业管理企业要加强值班工作。要建立基层信息报告网络，重点区域、行业、部位及群体要设立安全员，并明确其信息报告任务，同时鼓励群众及时报告相关信息。要建立完善预警信息通报与发布制度，充分利用广播、电视、手机短信息、电话、宣传车等各种媒体和手段，及时发布预警信息；各地区应急平台中的预警功能，要通过公用通信网络向街道和社区等基层组织延伸；要着力解决边远山区预警信息发布问题，努力构建覆盖全面的预警信息网络。

（三）加强先期处置和协助处置。突发公共事件发生后，基层组织和单位要立即组织应急队伍，以营救遇险人员为重点，开展先期处置工作；要采取必要措施，防止发生次生、衍生事故，避免造成更大的人员伤亡、财产损失和环境污染；要及时组织受威胁群众疏散、转移，做好安置工作。基层群众要积极自救、互救，服从统一指挥。当上级政府、部门和单位负责现场指挥救援工作时，基层组织和单位要积极配合，做好现场取证、道路引领、后勤保障、秩序维护等协助处置工作。

（四）协助做好恢复重建。基层组织和单位要在当地政府的统一领导下，协助有关方面做好善后处置、物资发放、抚恤补偿、医疗康复、心理引导、环境整治、保险理赔、事件调查评估和制订实施重建规划等各项工作。同时要加强政治思想工作，组织群众自力更生、重建家园。要特别注意帮助解决五保户、特困户和城市低保对象等群众的困难，确保灾后生产生活秩序尽快恢复正常。

（五）加强宣传教育和培训。社区和乡村要充分利用活动室、文化站、文化广场以及宣传栏等场所，通过多种形式广泛开展应急知识普及教育，提高群众公共安全意识和自救互救能力。生产经营企业要依法开展员工应急培训，使生产岗位上的员工能够严格执行安全生产规章制度和安全操作规程，熟练掌握有关防范和应对措施；高危行业企业要重点加强对外来务工人员的安全宣传和培训。有关部门要进一步采取有效措施，认真贯彻落实《中小学公共安全教育指导纲要》，推进应急知识进学校、进教材、进课堂，把公共安全教育贯穿于学校教育的各个环节。

三、全面推进基层应急管理工作的主要措施

（一）建立健全基层应急管理组织体系。县级人民政府按照属地管理原则，全面负责本行政区域内各类突发公共事件的预防和应对工作；要明确领导机构，确定人员开展应急管理工作。街道办事处、乡级人民政府负责本行政区域内各类突发公共事件的预防和应对工作，可根据实际情况，明确领导机构，确定相关责任人员。居委会、村委会等基层群众自治组织，要将应急管理作为自治管理的重要内容，落实应急管理工作责任人，做好群众的组织、动员工作。基层机关、社会团体和企事业单位是本单位应急管理工作的责任主体，要根据实际情况建立健全应急管理组织体系，在属地政府的领导下开展应急管理工作。积极探索跨行政区域的单元化应急管理模式，完善相应的组织体系，明确相关责任。

（二）完善基层应急预案体系。要进一步扩大应急预案覆盖面，力争到2008年底，所有街道、乡镇、社区、村庄和各类企事业单位完成应急预案编制工作。基层应急预案要符合实际，职责清晰，简明扼要，可操作性强，并根据需要不断修订完善。地方各级人民政府、各有关部门要加强对基层应急预案编制工作的指导，制订编制指南，明确预案编制的组织要求、内容要求和审批程序；县级人民政府及其有关部门要加强基层应急预案编制、衔接、备案、修订等管理工作。街道办事处、乡镇人民政府、基层组织和单位要针对本区域、本单位常发突发公共事件，组织开展群众参与度高、应急联动性强、形式多样、节约高效的应急预案演练。

（三）加强基层综合应急队伍建设。街道办事处、乡镇人民政府要组织基层警务人员、医务人员、民兵、预备役人员、物业保安、企事业单位应急队伍和志愿者等，建立基层应急队伍；居（村）委会和各类企事业单位可根据有关要求和实际情况，做好应急队伍组建工作。要充分发挥卫生、城建、国土、农业、林业、海事、渔业等基层管理工作人员，以及有相关救援经验人员的作用。基层应急队伍平时加强防范，险时要立即集结到位，开展先期处置。要加强应急队伍的建设和管理，配备必要装备，开展教育培训工作，严明组织纪律，强化协调联动，提高综合应对和自我保护能力。

（四）加快基层应急保障能力建设。各地区、各有关部门要根据《"十一五"期间国家突发公共事件应急体系建设规划》（国办发〔2006〕106号）有关要求，加强基层安全基础设施建设。乡镇要结合社会主义新农村建设，搞好村镇规划，合理避让隐患

区域；加强抗御本地区常发突发公共事件的基础设备、设施及避难场所建设，提高乡村自身防灾抗灾能力；加强公用卫生设备设施建设，防止农村疫病的发生和传播。城市社区要严格功能分区，特别是城中村、人口密集场所和工业区等高风险地区，要加强消防、避难场所、医疗卫生等公共安全基础设施建设，按要求配备应急器材；电信、天然气、自来水、电力、市政等主管部门或单位要加强公共设施抗灾和快速恢复能力建设，做好日常管理和巡查；推进社区服务信息平台建设，利用现有的计算机终端与区县的应急指挥平台联网，有条件的社区，可布局一批电子监控设备，随时掌控辖区的安全状况，实现信息、图像的快速采集和处理。学校要结合隐患排查整改，重点做好教室、宿舍、集体活动场所等建筑、设施的安全加固工作，有针对性地储备应急物资装备；按照有关卫生标准要求，加强学生食堂、宿舍、厕所等卫生设备设施建设；加强校内交通安全标志和设施建设，不断完善校园安全监控系统。各类生产经营企业要加强安全生产装备及设施建设，有关单位应当定期检测、维护其报警设备和应急救援设备、设施。

（五）尽快制定和完善相关法规政策。各地区、各有关部门要认真做好突发公共事件应对法出台后的贯彻落实工作，研究制定配套办法，并加强对基层组织和单位的宣传培训工作，逐步将应急管理工作纳入法制化轨道。有关部门要尽快完善应急管理财政扶持政策；建立完善应急资源征收、征用补偿制度，研究制定保险、抚恤等政策措施，解决基层群众和综合应急队伍的实际困难和后顾之忧；不断探索利用保险等各种市场手段防范、控制和分散风险；研究制定促进应急产业发展的扶持政策，鼓励研发适合基层、家庭使用的应急产品，提高应急产品科技含量；研究制定推进志愿者参与应急管理工作的指导意见，鼓励和规范社会各界从事应急志愿服务；研究建立应急管理公益性基金，鼓励自然人、法人和其他组织开展捐赠，形成团结互助、和衷共济的社会风尚。

四、加强领导，保障基层应急管理工作顺利推进

（一）加强组织领导。地方各级人民政府特别是县、乡级人民政府及其有关部门要将加强基层应急管理工作作为全面履行政府职能的一项重要任务，把应急管理融入到防灾减灾、安全保卫、卫生防疫、医疗救援、宣传教育、群众思想工作以及日常生产、生活等各项管理工作中，并将有关费用纳入公共财政预算支出范围；平时组织开展预防工作，发生突发公共事件时要及时启动应急响应机制，主要领导负责应急救援指挥工作。要不断总结典型经验，创新工作思路，积极探索有利于推动基层应急管理工作的有效途径。基层组织和单位的负责人要加强对本单位应急管理工作的领导，充分发挥基层党组织的战斗堡垒作用，明确职责分工，加强制度建设，积极创造条件，提供必要的人力、物力和财力，确保应急管理工作顺利开展。

（二）建立健全应急联动机制。县、乡级人民政府要充分整合本行政区域内的各种应急资源，组织建立政府及其有关部门、基层组织、基层企事业单位以及上级救援机构之间的应急联动机制，明确应急管理各环节主管部门、协作部门、参与单位及其职责，实现预案联动、信息联动、队伍联动、物资联动。同时，要充分发挥工会、共青团、妇联、红十字会、社区业主委员会等组织及志愿者在基层应急管理中的重要作用，形成基层应急管理的合力。

（三）建立严格的责任制度。地方各级人民政府要切实抓好应急管理行政领导责任制的落实工作；各基层组织和单位要建立主要领导全面负责的应急管理责任制，并逐级落实责任。要制定客观、科学的评价指标和评估体系，将基层应急管理工作开展情况作为县、乡级人民政府和基层单位领导班子综合考核评价的内容。建立完善突发公共事件预防和处置奖惩制度，对不履行职责引起事态扩大、造成严重后果的责任人依法追究责任，对预防和处置工作开展好的单位和个人予以奖励。

（四）发挥新闻舆论的作用。县、乡级人民政府及其有关部门、单位要提高正确引导舆论的工作水平。突发公共事件发生后，应急处置指挥机构要尽快安排有关部门在第一时间发布准确、权威信息，正确引导新闻舆论，稳定公众情绪，防止歪曲事实、恶意炒作，克服或及时消除可能引发的不良影响。应急救援工作结束后，要认真总结经验教训，对舆论反映的客观问题要深查原因，切实整改。要组织新闻媒体积极宣传报道典型人物和先进事迹，形成全社会关心、理解、支持、参与应急管理工作的良好舆论氛围。

国务院办公厅转发安全监管总局等部门关于加强企业应急管理工作意见的通知

(2007年2月28日 国办发〔2007〕13号)

各省、自治区、直辖市人民政府,国务院各部委、各直属机构:

安全监管总局、国资委、财政部、公安部、民政部、卫生部、环保总局《关于加强企业应急管理工作的意见》已经国务院同意,现转发给你们,请认真贯彻执行。

关于加强企业应急管理工作的意见

安全监管总局 国资委 财政部 公安部
民政部 卫生部 环保总局

企业应急管理是指对企业生产经营中的各种安全生产事故和可能给企业带来人员伤亡、财产损失的各种外部突发公共事件,以及企业可能给社会带来损害的各类突发公共事件的预防、处置和恢复重建等工作,是企业管理的重要组成部分。加强企业应急管理,是企业自身发展的内在要求和必须履行的社会责任。近年来,我国企业应急管理工作取得较大进展,但总体上看仍存在诸多薄弱环节,安全生产事故频发,自然灾害、公共卫生事件、社会安全事件等也给企业安全造成多方面影响。为深入贯彻落实《国家突发公共事件总体应急预案》和《国务院关于全面加强应急管理工作的意见》(国发〔2006〕24号),进一步加强企业应急管理工作,现提出如下意见:

一、明确企业应急管理的工作目标

(一)各级各类生产经营企业在2007年底前全面完成应急预案编制工作;建立健全企业应急管理组织体系,把应急管理纳入企业管理的各个环节;形成上下贯通、多方联动、协调有序、运转高效的企业应急管理机制;建立起训练有素、反应快速、装备齐全、保障有力的企业应急队伍;加强企业危险源监控,实现企业突发公共事件预防与处置的有机结合;政府有关部门完善相关法规和政策措施;企业应对事故灾难、自然灾害、公共卫生事件和社会安全事件的能力得到全面提高。

二、健全组织体系和工作机制

(二)建立健全企业应急管理组织体系。大型企业要设置或明确应急管理领导机构和办事机构,配备专职或兼职人员开展应急管理工作,形成企业主要领导全面负责、分管领导具体负责、有关部门分工负责、群团组织协助配合、相关人员全部参与的应急管理组织体系;矿山、建筑施工企业和易燃易爆物品、危险化学品、放射性物品等危险物品的生产、经营、储运企业(以下简称高危行业企业)要设置或指定应急管理办事机构,配备应急管理人员。其他各类企业也要在企业负责人的领导下组织开展自身应急管理工作。

(三)完善企业应急联动机制。县级人民政府要全面掌握本行政区域内的高危行业企业分布、企业重点危险源、应急队伍、救援基地、应急物资、道路交通等基本情况,加强与企业联系,组织建立政府与企业、企业与企业、企业与关联单位之间的应急联动机制,形成统一指挥、相互支持、密切配合、协同应对各类突发公共事件的合力,协调有序地开展应急管理工作。中央企业要加强与其所在地县级人民政府有关部门的沟通衔接,主动接受安全生产监管,发生突发公共事件后要及时报告有关情况,发布预警信息。

三、推进预案体系建设和管理

(四)编制完善企业预案。应急预案是企业应急管理工作的主线。各企业要针对本企业的风险隐患特点,以编制事故灾难应急预案为重点,并根据实际需要编制其他方面的应急预案。预案内容要简明、管用、注重实效,有针对性和可操作性。生产企业要在预案中明确可能发生事故的具体应对措施。地方政府和有关部门要重点加强对非公有制企业、中小企业、高危行业企业、安全生产状况较差企业、产生或经营危险废弃物的企业和改革重组改制企业的指导,明确预案编制要求,制订编制指南或预案范本,提高预案质量。

(五)加强企业预案管理。建立企业预案的评估管理、动态管理和备案管理制度。各企业要根据有关法律、法规、标准的变动情况,应急预案演练情况,以及企业作业条件、设备状况、产品品种、人员、技术、外部环境等不断变化的实际情况,及时评估和补充修订完善预案。企业应急预案按照"分类管理、分级负责"的原则报当地政府主管部门和上级单位备案,并告知相关单位。备案管理单位要加强对预案内容的审查,实现预案之间的有机衔接。

（六）开展多种形式的预案演练。各企业要从实际出发，有计划地组织开展预案演练工作。高危行业企业要针对生产事故易发环节，每年至少组织开展一次预案演练。要加强对演练情况的总结分析，及时发现问题，不断改进应急管理工作。有关部门要加强对企业预案演练的指导，并组织高危行业企业开展联合演练，促进各单位的协调配合和职责落实。

四、加强企业应急队伍和基地建设

（七）加强企业专兼职队伍和职工队伍建设。按照专业救援和职工参与相结合、险时救援和平时防范相结合的原则，建设专业队伍为骨干、兼职队伍为辅助、职工队伍为基础的企业应急队伍体系。大中型高危行业企业要根据有关法律法规建立专业的应急救援队伍；小型高危行业企业要建立兼职的应急救援队伍，并与有关专业应急队伍建立合作、联动机制；其他企业应根据需要指定专职或兼职应急救援人员。对已经建有专兼职消防队的企业，其应急救援队伍应当依托已有的专兼职消防队组建。涉及高危行业的中央企业都要建立起现代化、专业化、高技术水准的救援队伍。各企业要切实抓好应急队伍的训练和管理，加强对职工应急知识、技能的培训。特别是安全生产关键责任岗位的职工，不仅要熟练掌握生产操作技术，更要掌握安全操作规范和安全生产事件的处置方法，增强自救互救和第一时间处置突发事件的能力。签订救援协议的专业应急救援队伍要定期协助协议企业排查事故隐患，熟悉救援环境，开展技术咨询和服务，协议企业应予以积极配合和支持。充分发挥专家对企业应急预案编制、应急演练、应急处置等工作的指导作用，提高企业应急管理水平。

（八）加强企业应急救援基地建设。大型矿山、石化、民航、铁路、水上运输、核工业企业要充分发挥组织优势、技术优势、人才优势，建设专业特色突出、布局配置合理的应急救援基地，并在做好本企业应急救援工作的同时，参与社会应急救援工作。具备条件的中央企业要率先建立一批管理规范、装备先进适用、信息畅通、处置能力强的区域应急救援基地，承担起一定区域内的重大抢险救灾任务。有关部门要加强与相关地方的沟通，做好救援基地规划布局和组织建设工作，建立有效的全国救援基地信息沟通渠道。地方政府要加强对应急救援基地建设的支持，充分发挥救援基地在区域救援方面的重要作用。

五、做好隐患排查监管和应急处置工作

（九）开展企业隐患排查监管。各企业要组织力量，重点针对企业生产场所、危险建（构）筑物以及企业周边环境等认真开展隐患排查，全面分析可能造成的灾害及衍生灾害。对查出的隐患及时治理整改，制订切实可行的整改方案，并采取可靠的安全保障措施。对隐患较大的要采取停产、停业整顿或停止使用等措施，防止发生突发事件。对重大危险源应当登记建档，进行定期检测、评估，实时监控，并告知从业人员和相关人员在紧急情况下应当采取的应急措施。改革重组改制企业要特别重视矛盾纠纷和其他影响社会安全的隐患的排查化解工作，防范发生群体性事件。有关部门要加强隐患标准的制订、完善工作，加强督促检查。

（十）做好突发公共事件的处置工作。突发公共事件发生后，企业应立即启动相关应急预案，组织开展先期处置，并按照分级标准迅速向地方政府及有关部门报告。对溢流、井喷、危险化学品泄漏、放射源失控等可能对周边群众和环境产生危害的突发公共事件，企业要在第一时间向地方政府报告有关情况，并及时向可能受到影响的单位、职工、群众发出预警信息。要控制事故发展态势，标明危险区域，组织、协助应急救援队伍和工作人员救助受害人员，疏散、撤离、安置受到威胁的人员，并采取必要措施防止发生次生、衍生事件。地方政府要按照相关预案要求，加强对应急处置的指挥领导，组织开展救援和群众疏散工作。有关单位要按照地方政府的统一要求，做好各项救援措施的衔接和配合。应急处置工作结束后，各企业应尽快组织恢复生产、生活秩序，消除环境污染，并加强事后评估，完善各项措施。

六、强化企业应急管理职责分工和相关政策措施

（十一）明确和落实企业应急管理责任。企业对自身应急管理工作负责，按照条块结合、属地为主的原则，在政府的领导下和有关部门的监督指导下开展应急管理工作。安全生产是企业应急管理工作的重点，安全生产监管部门和其他负有安全生产监管职责的部门按照现有职责分工，进一步加强监管工作。其他有关部门各司其职，监督指导有关企业预防和应对其他各类突发公共事件。国有资产监督管理机构按照出资人职责，负责督促监管企业落实应急管理方针政策，把监管企业安全生产工作纳入考核内容，对监管企业应急预案的制订和落实情况开展检查。各级政府应急管理办事机构负责综合指导、协调企业应急管理工作。各有关部门要按照职责分工，针对不同行业的企业、大型企业与中小型企业、国有企业与民营企业、内资企业与外资企业

等不同类型企业在应急管理工作中的不同特点，加强对企业应急管理的分类指导。建立激励约束机制，对应急管理工作中表现突出的企业和个人给予表彰或奖励，对不履行职责引起事态扩大、造成严重后果的责任人要依法追究责任。

（十二）企业要加大投入力度。企业应急能力建设是企业安全生产和企业长远发展的保障。各企业要加大对应急能力建设的投入力度，着力解决制约企业应急管理的关键问题，使人力、物力、财力等生产要素适应应急管理工作的要求，做到应急管理与企业发展同步规划、同步实施、同步推进。要切实加大对应急物资的投入，制订应急物资保障方案，重点加强防护用品、救援装备、救援器材的物资储备，做到数量充足、品种齐全、质量可靠。加快新技术、新工艺和新设备的应用，改善企业安全生产条件，提高防灾减灾能力。针对企业应急管理的重点和难点问题，加强与有关科研院所的联合攻关。有条件的企业要加强应急管理的信息化建设，配备必要的设备，逐步实现与有关部门数据信息的互联互通。高危行业企业要安排应急专项资金，用于隐患排查整改、危险源监控、应急队伍建设、物资设备购置、应急预案演练、应急知识培训和宣传教育等工作。

（十三）制定完善相关政策。建立和完善政府应急准备金制度，对处置企业突发公共事件等给予必要支持。进一步落实企业强制性提取安全费用、交纳安全生产风险抵押金、提高事故伤亡赔偿标准的政策措施。研究制定征用补偿政策，完善对企业物资合理征用的补偿办法。研究制定相关政策措施，加强先进适用技术、装备的研发和应用，加快形成具有自主知识产权的应急技术和产品，扶持应急产业发展。建立完善企业应急队伍有偿服务机制，对企业应急救援队伍参与社会救援的经费支出予以相应补偿，鼓励和支持企业参与社会救援。充分发挥保险在突发公共事件预防、处置和恢复重建等方面的作用，大力推进高危行业企业的意外伤害保险和责任保险制度建设，完善对专职和兼职救护队员的工伤保险制度。

"十四五"国家应急体系规划

（2021年12月30日　国发〔2021〕36号）

为全面贯彻落实习近平总书记关于应急管理工作的一系列重要指示和党中央、国务院决策部署，扎实做好安全生产、防灾减灾救灾等工作，积极推进应急管理体系和能力现代化，根据《中华人民共和国国民经济和社会发展第十四个五年规划和2035年远景目标纲要》，制定本规划。

一、规划背景

（一）"十三五"时期取得的工作进展。

"十三五"时期，各地区、各有关部门以习近平新时代中国特色社会主义思想为指导，认真贯彻落实党中央、国务院决策部署，推动应急管理事业改革发展取得重大进展，防范化解重大安全风险能力明显提升，各项目标任务如期实现。

应急管理体系不断健全。改革完善应急管理体制，组建应急管理部，强化了应急工作的综合管理、全过程管理和力量资源的优化管理，增强了应急管理工作的系统性、整体性、协同性，初步形成统一指挥、专常兼备、反应灵敏、上下联动的中国特色应急管理体制。深化应急管理综合行政执法改革，组建国家矿山安全监察局，加强危险化学品安全监管力量。建立完善风险联合会商研判机制、防范救援救灾一体化机制、救援队伍预置机制、扁平化指挥机制等，推动制修订一批应急管理法律法规和应急预案，全灾种、大应急工作格局基本形成。

应急救援效能显著提升。稳步推进公安消防部队、武警森林部队转制，组建国家综合性消防救援队伍，支持各类救援队伍发展，加快构建以国家综合性消防救援队伍为主力、专业救援队伍为协同、军队应急力量为突击、社会力量为辅助的中国特色应急救援力量体系。对标全灾种、大应急任务需要，加大先进、特种、专用救援装备配备力度，基本建成中央、省、市、县、乡五级救灾物资储备体系，完善全国统一报灾系统，加强监测预警、应急通信、紧急运输等保障能力建设，灾害事故综合应急能力大幅提高，成功应对了多次重特大事故灾害，经受住了一系列严峻考验。

安全生产水平稳步提高。不断强化党政同责、一岗双责、齐抓共管、失职追责的安全生产责任制，严格省级人民政府安全生产和消防工作考核，开展国务院安全生产委员会成员单位年度安全生产工作考核，完善激励约束机制。持续开展以危险化学品、矿山、消防、交通运输、城市建设、工业园区、危险废物等为重点的安全生产专项整治。逐步建立安全风险分级管控和隐患排查治理双重预防工作机制，科技强安专项行动初见成效。按可比口径计算，2020年全国各类事故、较大事故和重特大事故起数比2015年分别下降43.3%、36.1%和57.9%，死亡人数分别下降38.8%、37.3%和65.9%。

防灾减灾能力明显增强。建立自然灾害防治工作部际联席会议制度，实施自然灾害防治九项重点工程，启动第一次全国自然灾害综合风险普查，推进大江大河和中小河流治理，实施全国地质灾害防治、山洪灾害防治、重点火险区综合治理、平安公路建设、农村危房改造、地震易发区房屋加固等一批重点工程，城乡灾害设防水平和综合防灾减灾能力明显提升。与"十二五"时期相比，"十三五"期间全国自然灾害因灾死亡失踪人数、倒塌房屋数量和直接经济损失占国内生产总值比重分别下降37.6%、70.8%和38.9%。

（二）面临的形势。

"十四五"时期，我国发展仍然处于重要战略机遇期。以习近平同志为核心的党中央着眼党和国家事业发展全局，坚持以人民为中心的发展思想，统筹发展和安全两件大事，把安全摆到了前所未有的高度，对全面提高公共安全保障能力、提高安全生产水平、完善国家应急管理体系等作出全面部署，为解决长期以来应急管理工作存在的突出问题、推进应急管理体系和能力现代化提供了重大机遇。但同时也要看到，我国是世界上自然灾害最为严重的国家之一，灾害种类多、分布地域广、发生频率高、造成损失重，安全生产仍处于爬坡过坎期，各类安全风险隐患交织叠加，生产安全事故仍然易发多发。

风险隐患仍然突出。我国安全生产基础薄弱的现状短期内难以根本改变，危险化学品、矿山、交通运输、建筑施工等传统高危行业和消防领域安全风险隐患仍然突出，各种公共服务设施、超大规模城市综合体、人员密集场所、高层建筑、地下空间、地下管网等大量建设，导致城市内涝、火灾、燃气泄漏爆炸、拥挤踩踏等安全风险隐患日益凸显，重特大事故在地区和行业间呈现波动反弹态势。随着全球气候变暖，我国自然灾害风险进一步加剧，极端天气趋强趋重趋频，台风登陆更加频繁、强度更大，降水分布不均衡、气温异常变化等因素导致发生洪涝、干旱、高温热浪、低温雨雪冰冻、森林草原火灾的可能性增大，重特大地震灾害风险形势严峻复杂，灾害的突发性和异常性愈发明显。

防控难度不断加大。随着工业化、城镇化持续推进，我国中心城市、城市群迅猛发展，人口、生产要素更加集聚，产业链、供应链、价值链日趋复杂，生产生活空间高度关联，各类承灾体暴露性、集中度、脆弱性大幅增加。新能源、新工艺、新材料广泛应用，新产业、新业态、新模式大量涌现，引发新问题，形成新隐患，一些"想不到、管得少"的领域风险逐渐凸显。同时，灾害事故发生的隐蔽性、复杂性、耦合性进一步增加，重特大灾害事故往往引发一系列次生、衍生灾害事故和生态环境破坏，形成复杂多样的灾害链、事故链，进一步增加风险防控和应急处置的复杂性及难度。全球化、信息化、网络化的快速发展，也使灾害事故影响的广度和深度持续增加。

应急管理基础薄弱。应急管理体制改革还处于深化过程中，一些地方改革还处于磨合期，亟待构建优化协同高效的格局。防汛抗旱、抗震救灾、森林草原防灭火、综合减灾等工作机制还需进一步完善，安全生产综合监管和行业监管职责需要进一步理顺。应急救援力量不足特别是国家综合性消防救援队伍力量短缺问题突出，应急管理专业人才培养滞后，专业队伍、社会力量建设有待加强。科技信息化水平总体较低，风险隐患早期感知、早期识别、早期预警、早期发布能力欠缺，应急物资、应急通信、指挥平台、装备配备、紧急运输、远程投送等保障尚不完善。基层应急能力薄弱，公众风险防范意识、自救互救能力不足等问题比较突出，应急管理体系和能力与国家治理体系和治理能力现代化的要求存在很大差距。

二、总体要求

（一）指导思想。

以习近平新时代中国特色社会主义思想为指导，全面贯彻落实党的十九大和十九届历次全会精神，增强"四个意识"、坚定"四个自信"、做到"两个维护"，坚持系统观念，统筹推进"五位一体"总体布局，协调推进"四个全面"战略布局，坚定不移贯彻新发展理念，坚持稳中求进工作总基调，坚持人民至上、生命至上，坚持总体国家安全观，更好统筹发展和安全，以推动高质量发展为主题，以防范化解重大安全风险为主线，深入推进应急管理体系和能力现代化，坚决遏制重特大事故，最大限度降低灾害事故损失，全力保护人民群众生命财产安全和维护社会稳定，为建设更高水平的平安中国和全面建设社会主义现代化强国提供坚实安全保障。

（二）基本原则。

坚持党的领导。加强党对应急管理工作的集中统一领导，全面贯彻党的基本理论、基本路线、基本方略，把党的政治优势、组织优势、密切联系群众优势和社会主义集中力量办大事的制度优势转化为应急管理事业发展的强大动力和坚强保障。

坚持以人为本。坚持以人民为中心的发展思想，始终做到发展为了人民、发展依靠人民、发展成果由人民共享，始终把保护人民群众生命财产安全和身体健康放在第一位，全面提升国民安全素质和应急意识，促进人与自然和谐共生。

坚持预防为主。健全风险防范化解机制，做到关口前移、重心下移，加强源头管控，夯实安全基础，强化灾害事故风险评估、隐患排查、监测预警，综合运用人防物防技防等手段，真正把问题解决在萌芽之时、成灾之前。

坚持依法治理。运用法治思维和法治方式，加快构建适应应急管理体制的法律法规和标准体系，坚持权责法定、依法应急，增强全社会法治意识，实现应急管理的制度化、法治化、规范化。

坚持精准治理。科学认识和系统把握灾害事故致灾规律，统筹事前、事中、事后各环节，差异化管理、精细化施策，做到预警发布精准、抢险救援精准、恢复重建精准、监管执法精准。

坚持社会共治。把群众观点和群众路线贯穿工作始终，加强和创新社会治理，发挥市场机制作用，强化联防联控、群防群治，普及安全知识，培育安全文化，不断提高全社会安全意识，筑牢防灾减灾救灾的人民防线。

（三）主要目标。

总体目标：到2025年，应急管理体系和能力现代化建设取得重大进展，形成统一指挥、专常兼备、反应灵敏、上下联动的中国特色应急管理体制，建成统一领导、权责一致、权威高效的国家应急能力体系，防范化解重大安全风险体制机制不断健全，应急救援力量建设全面加强，应急管理法治水平、科技信息化水平和综合保障能力大幅提升，安全生产、综合防灾减灾形势趋稳向好，自然灾害防御水平明显提升，全社会防范和应对处置灾害事故能力显著增强。到2035年，建立与基本实现现代化相适应的中国特色大国应急体系，全面实现依法应急、科学应急、智慧应急，形成共建共治共享的应急管理新格局。

专栏1 "十四五"时期主要指标			
序号	指标	预期值	属性
1	生产安全事故死亡人数	下降15%	约束性
2	重特大生产安全事故起数	下降20%	约束性
3	单位国内生产总值生产安全事故死亡率	下降33%	约束性
4	工矿商贸就业人员十万人生产安全事故死亡率	下降20%	约束性

续表

序号	指标	预期值	属性
5	年均每百万人口因自然灾害死亡率	<1	预期性
6	年均每十万人受灾人次	<15000	预期性
7	年均因自然灾害直接经济损失占国内生产总值比例	<1%	预期性

应急管理体制机制更加完善。领导体制、指挥体制、职能配置、机构设置、协同机制更趋合理，应急管理队伍建设、能力建设、作风建设取得重大进展，应急管理机构基础设施、装备条件大幅改善，工作效率、履职能力全面提升。县级以上应急管理部门行政执法装备配备达标率达到80%。

灾害事故风险防控更加高效。安全风险分级管控与隐患排查治理机制进一步完善，多灾种和灾害链综合监测、风险早期感知识别和预报预警能力显著增强，城乡基础设施防灾能力、重点行业领域安全生产水平大幅提升，危险化学品、矿山、交通运输、建筑施工、火灾等重特大安全事故得到有效遏制，严防生产安全事故应急处置引发次生环境事件。灾害事故信息上报及时准确，灾害预警信息发布公众覆盖率达到90%。

大灾巨灾应对准备更加充分。综合救援、专业救援、航空救援力量布局更加合理，应急救援效能显著提升，应急预案、应急通信、应急装备、应急物资、应急广播、紧急运输等保障能力全面加强。航空应急力量基本实现2小时内到达灾害事故易发多发地域，灾害事故发生后受灾人员基本生活得到有效救助时间缩短至10小时以内。

应急要素资源配置更加优化。科技资源、人才资源、信息资源、产业资源配置更趋合理高效，应急管理基础理论研究、关键技术研究、重大装备研发取得重大突破，规模合理、素质优良的创新型人才队伍初步形成，应急管理科技信息化水平明显提高，"一带一路"自然灾害防治和应急管理国际合作机制逐步完善。县级以上应急管理部门专业人才占比达到60%。

共建共治共享体系更加健全。全社会安全文明程度明显提升，社会公众应急意识和自救互救能力显著提高，社会治理的精准化水平持续提升，规范有序、充满活力的社会应急力量发展环境进一步优化，共建共治共享的应急管理格局基本形成。重点行业规模以上企业新增从业人员安全技能培训率达到100%。

三、深化体制机制改革，构建优化协同高效的治理模式

（一）健全领导指挥体制。

按照常态应急与非常态应急相结合，建立国家应急指挥总部指挥机制，省、市、县建设本级应急指挥部，形成上下联动的应急指挥部体系。按照综合协调、分类管理、分级负责、属地为主的原则，健全中央与地方分级响应机制，明确各级各类灾害事故响应程序，进一步理顺防汛抗旱、抗震救灾、森林草原防灭火等指挥机制。将消防救援队伍和森林消防队伍整合为一支正规化、专业化、职业化的国家综合性消防救援队伍，实行严肃的纪律、严密的组织，按照准现役、准军事化标准建设管理，完善统一领导、分级指挥的领导体制，组建统一的领导指挥机关，建立中央地方分级指挥和队伍专业指挥相结合的指挥机制，加快建设现代化指挥体系，建立与经济社会发展相适应的队伍编制员额同步优化机制。完善应急管理部门管理体制，全面实行准军事化管理。

（二）完善监管监察体制。

推进应急管理综合行政执法改革，整合监管执法职责，组建综合行政执法队伍，健全监管执法体系。推动执法力量向基层和一线倾斜，重点加强动态巡查、办案等一线执法工作力量。制定应急管理综合行政执法事项指导目录，建立完善消防执法跨部门协作机制，构建消防安全新型监管模式。制定实施安全生产监管监察能力建设规划，负有安全生产监管监察职责的部门要加强力量建设，确保切实有效履行职责。加强各级矿山安全监察机构力量建设，完善国家监察、地方监管、企业负责的矿山安全监管监察体制。推进地方矿山安全监管机构能力建设，通过政府购买服务方式为监管工作提供技术支撑。

（三）优化应急协同机制。

强化部门协同。充分发挥相关议事协调机构的统筹作用，发挥好应急管理部门的综合优势和各相关部门的专业优势，明确各部门在事故预防、灾害防治、信息发布、抢险救援、环境监测、物资保障、恢复重建、维护稳定等方面的工作职责。健全重大安全风险防范化解协同机制和灾害事故应对处置现场指挥协调机制。

强化区域协同。健全自然灾害高风险地区，以及京津冀、长三角、粤港澳大湾区、成渝城市群及长江、黄河流域等区域协调联动机制，统一应急管理工作流程和业务标准，加强重大风险联防联控，联合开展跨区域、跨流域风险隐患普查，编制联合应急预案，建立健全联合指挥、灾情通报、资源共享、跨域救援等机制。组织综合应急演练，强化互助调配衔接。

（四）压实应急管理责任。

强化地方属地责任。建立党政同责、一岗双责、齐抓共管、失职追责的应急管理责任制。将应急管理体系和能力建设纳入地方各级党政领导干部综合考核评价内容。推动落实地方党政领导干部安全生产责任制，制定安全生产职责清单和年度工作清单，将安全生产纳入高质量发展评价体系。健全地方政府预防与应急准备、灾害事故风险隐患调查及监测预警、应急处置与救援救灾等工作责任制，推动地方应急体系和能力建设。

明确部门监管责任。严格落实管行业必须管安全、管业务必须管安全、管生产经营必须管安全要求，依法依规进一步夯实有关部门在危险化学品、新型燃料、人员密集场所等相关行业领域的安全监管职责，加强对机关、团体、企业、事业单位的安全管理，健全责任链条，加强工作衔接，形成监管合力，严格把关重大风险隐患，着力防范重点行业领域系统性安全风险，坚决遏制重特大事故。

落实生产经营单位主体责任。健全生产经营单位负责、职工参与、政府监管、行业自律、社会监督的安全生产治理机制。将生产经营单位的主要负责人列为本单位安全生产第一责任人。以完善现代企业法人治理体系为基础，建立企业全员安全生产责任制度。健全生产经营单位重大事故隐患排查治理情况向负有安全生产监督管理职责的部门和职工大会（职代会）"双报告"制度。推动重点行业领域规模以上企业组建安全生产管理和技术团队，提高企业履行主体责任的专业能力。实施工伤预防行动计划，按规定合理确定工伤保险基金中工伤预防费的比例。

严格责任追究。健全灾害事故直报制度，严厉追究瞒报、谎报、漏报、迟报责任。建立完善重大灾害调查评估和事故调查机制，坚持事故查处"四不放过"原则，推动事故调查重点延伸到政策制定、法规修订、制度管理、标准技术等方面。加强对未遂事故和人员受伤事故的调查分析，严防小隐患酿成大事故。完善应急管理责任考评指标体系和奖惩机制，定期开展重特大事故调查处理情况"回头看"。综合运用巡查、督查等手段，强化对安全生产责任落实情况的监督考核。

四、夯实应急法治基础，培育良法善治的全新生态

（一）推进完善法律法规架构。

加快完善安全生产法配套法规规章，推进制修订应急管理、自然灾害防治、应急救援组织、国家消防救援人员、矿山安全、危险化学品安全等方面法律法规，推动构建具有中国特色的应急管理法律法规体系。支持各地因地制宜开展应急管理地方性法规规章制修订工作。持续推进精细化立法，健全应急管理立法立项、起草、论证、协调、审议机制和立法后实施情况评估机制。完善应急管理规章、规范性文件制定制度和监督管理制度，定期开展规范性文件集中清理和专项审查。完善公众参与政府立法机制，畅通公众参与渠道。开展丰富多样的普法活动，加大典型案例普法宣传。

（二）严格安全生产执法。

加大危险化学品、矿山、工贸、交通运输、建筑施工等重点行业领域安全生产执法力度，持续推进"互联网+执法"。综合运用"四不两直"、异地交叉执法、"双随机、一公开"等方式，加大重点抽查、突击检查力度，建立健全安全生产典型执法案例报告制度，严厉打击非法生产经营行为。全面推行行政执法公示、执法全过程记录、重大执法决定法制审核三项制度，以及公众聚集场所投入使用、营业前消防安全检查告知承诺制。健全安全生产行政处罚自由裁量标准，细化行政处罚等级。严格事故前严重违法行为责任追究，严格执行移送标准和程序，规范实施行政执法与刑事司法衔接机制。加强执法监督，完善内外部监督机制。

（三）推动依法行政决策。

将应急管理行政决策全过程纳入法治化轨道，对一般和重大行政决策实行分类管理。完善公众参与、专家论证、风险评估、合法性审查、集体讨论决定等法定程序和配套制度，健全并实施应急管理重大行政决策责任倒查和追究机制。定期制定和更新决策事项目录和标准，依法向社会公布。建立依法应急决策制度，规范启动条件、实施方式、尽职免予问责等内容。深化应急管理"放管服"改革，加强事前事中事后监管和地方承接能力建设，积极营造公平有序竞争的市场环境。

（四）推进应急标准建设。

实施应急管理标准提升行动计划，建立结构完整、层次清晰、分类科学的应急管理标准体系。构建完善应急管理、矿山安全等相关专业标准化技术组织。针对灾害事故暴露出的标准短板，加快制修订一批支撑法律有效实施的国家标准和行业标准，研究制定应急管理领域大数据、物联网、人工智能等新技术应用标准，鼓励社会团体制定应急产品及服务类团体标准。加快安全生产、消防救援领域强制性标准制修订，尽快制定港区消防能力建设标准，开展应急管理相关国家标准实施效果评估。推动企业标准化与企业安全生产治理体系深度融合，开展国家级应急管理标准试点示范。鼓励先进企业创建应急管理相关国际标准，推动标准和规则互认。加大应急管理标准外文版供给。

五、防范化解重大风险，织密灾害事故的防控网络

（一）注重风险源头防范管控。

加强风险评估。以第一次全国自然灾害综合风险普查为基准，编制自然灾害风险和防治区划图。加强地震构造环境精细探测和重点地区与城市活动断层探察。推进城镇周边火灾风险调查。健全安全风险评估管理制度，推动重点行业领域企业建立安全风险管理体系，全面开展城市安全风险评估，定期开展重点区域、重大工程和大型油气储存设施等安全风险评估，制定落实风险管控措施。开展全国工业园区应急资源和能力全面调查，指导推动各地建设工业园区应急资源数据库。

科学规划布局。探索建立自然灾害红线约束机制。强化自然灾害风险区划与各级各类规划融合，完善规划安全风险评估会商机制。加强超大特大城市治理中的风险防控，统筹县域城镇和村庄规划建设，严格控制区域风险等级及风险容量，推进实施地质灾害避险搬迁工程，加快形成有效防控重大安全风险的空间格局和生产生活方式布局。将城市防灾减灾救灾基础设施用地需求纳入当地土地利用年度计划并予以优先保障。完善应急避难场所规划布局，健全避难场所建设标准和后评价机制，严禁随意变更应急避难场所和应急基础设施的使用性质。

（二）强化风险监测预警预报。

充分利用物联网、工业互联网、遥感、视频识别、第五代移动通信（5G）等技术提高灾害事故监测感知能力，优化自然灾害监测站网布局，完善应急卫星观测星座，构建空、天、地、海一体化全域覆盖的灾害事故监测预警网络。广泛部署智能化、网络化、集成化、微型化感知终端，高危行业安全监测监控实行全国联网或省（自治区、直辖市）范围内区域联网。完善综合风险预警制度，增强风险早期识别能力，发展精细化气象灾害预警预报体系，

优化地震长中短临和震后趋势预测业务，提高安全风险预警公共服务水平。建立突发事件预警信息发布标准体系，优化发布方式，拓展发布渠道和发布语种，提升发布覆盖率、精准度和时效性，强化针对特定区域、特定人群、特定时间的精准发布能力。建立重大活动风险提示告知制度和重大灾害性天气停工停课停业制度，明确风险等级和安全措施要求。推进跨部门、跨地域的灾害事故预警信息共享。

（三）深化安全生产治本攻坚。

严格安全准入。加强工业园区等重点区域安全管理，制定危险化学品、烟花爆竹、矿山、工贸等"禁限控"目录，完善危险化学品登记管理数据库和动态统计分析功能，推动建立高危行业领域建设项目安全联合审批制度，强化特别管控危险化学品全生命周期管理。建立更加严格规范的安全准入体系，加强矿用、消防等设备材料安全管理，优化交通运输和渔业船舶等安全技术和安全配置。严格建设项目安全设施同时设计、同时施工、同时投入生产和使用制度，健全重大项目决策安全风险评估与论证机制。推动实施全球化学品统一分类和标签制度。

加强隐患治理。完善安全生产隐患分级分类排查治理标准，制定隐患排查治理清单，实现隐患自查自改自报闭环管理。建立危险化学品废弃报告制度。实行重大事故隐患治理逐级挂牌督办、及时整改销号和整改效果评价。推动将企业安全生产信息纳入政府监管部门信息平台，构建政府与企业多级多方联动的风险隐患动态数据库，综合分析研判各类风险、跟踪隐患整改清零。研究将安全风险分级管控和隐患排查治理列入企业安全生产费用支出范围。

深化专项整治。深入推进危险化学品、矿山、消防、交通运输、建筑施工、民爆、特种设备、大型商业综合体等重点行业领域安全整治，解决影响制约安全生产的薄弱环节和突出问题，督促企业严格安全管理、加大安全投入、落实风险管控措施。结合深化供给侧结构性改革，推动安全基础薄弱、安全保障能力低下且整改后仍不达标的企业退出市场。统筹考虑危险化学品企业搬迁和项目建设审批，优先保障符合条件企业的搬迁用地。持续推进企业安全生产标准化建设，实现安全管理、操作行为、设施设备和作业环境规范化。推动淘汰落后技术、工艺、材料和设备，加大重点设施设备、仪器仪表检验检测力度。推动各类金融机构出台优惠贷款等金融类产品，大力推广新技术、新工艺、新材料和新装备，实施智能化矿山、智能化工厂、数字化车间改造，开展智能化作业和危险岗位机器人替代示范。强化危险废物全过程监管，动态修订《国家危险废物名录》，修订危险废物鉴别、贮存以及水泥窑协同处置污染控制等标准，制定完善危险废物重点监管单位清单。建立废弃危险化学品等危险废物监管协作和联合执法工作机制，加强危险废物监管能力与应急处置技术支持能力建设。

专栏 2　安全生产治本攻坚重点

1. **危险化学品**。化工园区本质安全整治提升、企业分类治理整顿、非法违法"小化工"整治、重大危险源管控、硝酸铵等高危化学品和精细化工等高危工艺安全风险管控、自动化控制、特殊作业安全管理、城区内化学品输送管线、油气站等易燃易爆剧毒设施；化学品运输、使用和废弃处置等环节。

2. **烟花爆竹**。生产、储存、运输等设施；生产、经营、进出口、运输、燃放、销毁、处置等环节。

3. **矿山**。煤与瓦斯突出、冲击地压、水文地质类型复杂或极复杂等灾害严重煤矿，30万吨/年以下煤矿，开采深度超过1200米的大中型以上煤矿；入井人数超过30人、井深超过800米的金属非金属地下矿山，边坡高度超过200米的金属非金属露天矿山，尾矿库"头顶库"、无生产经营主体尾矿库、长期停用尾矿库。

4. **工贸**。冶金企业高温熔融金属、煤气工艺环节，涉粉作业人数30人以上的金属粉尘、木粉尘企业，铝加工（深井铸造）企业、农贸市场重大事故隐患整治。

5. **消防**。超高层建筑、大型商业综合体、城市地下轨道交通、石油化工企业等高风险场所；人员密集场所、"三合一"场所、群租房、生产加工作坊等火灾易发场所；博物馆、文物古建筑、古城古村寨等文物、文化遗产保护场所和易地扶贫搬迁安置场所；电动汽车、电动自行车、电化学储能设施和冷链仓库、冰雪运动娱乐等新产业新业态；船舶、船闸、水上加油站等水上设施。

6. **道路运输**。急弯陡坡、临水临崖、长下坡、危桥、危隧、穿村过镇路口、农村马路市场等路段及部位；非法违规营运客车、校车、"大吨小标"、超限超载、非法改装货车等运输车辆；变型拖拉机；常压液体危险货物罐车。

7. **其他交通运输**（民航、铁路、邮政、水上和城市轨道交通）**和渔业船舶**。民航运输：可控飞行撞地、空中相撞、危险品运输，跑道安全、机场净空安全、鸟击、通用航空安全；铁路运输：沿线环境安全、危险货物运输、公铁水并行交汇地段、路外伤害安全；邮政快递：末端车辆安全、作业场所安全；水上运输：商渔船碰撞、内河船舶非法从事海上运输、港口客运和危险货物运输；城市轨道交通：运营保护区巡查、违规施工作业、私搭乱建、堆放易燃易爆危险品等；渔业船舶：船舶脱检脱管、不适航、配员不足、脱编作业、超员超载、超风级超航区冒险航行作业，船员不适任、疏忽瞭望值守。

续表

8. 城市建设。利用原有建筑物改建改用为酒店、饭店、学校、体育馆等人员聚集场所;高层建筑工程、地下工程、改造加固工程、拆除工程、桥梁隧道工程;违法违规转包分包;城镇燃气及燃气设施安全管理。
9. 工业园区等功能区。化工园区安全风险评估分级;仓储物流园区安全管理;港口码头等功能区安全管理。
10. 危险废物。危险废物贮存、利用、处置环节;违规堆存、随意倾倒、私自填埋危险废物。

（四）加强自然灾害综合治理。

改善城乡防灾基础条件。开展城市重要建筑、基础设施系统及社区抗震韧性评价和加固改造,提升学校、医院等公共服务设施和居民住宅容灾备灾水平。加强城市防洪排涝与调蓄设施建设,优化和拓展城市调蓄空间。增强公共设施应对风暴和地质灾害的能力,完善公共设施和建筑应急避难功能。统筹规划建设公共消防设施,加密消防救援站点。实施农村危房改造和地震高烈度设防地区农房抗震改造,逐步建立农村低收入人口住房安全保障长效机制。完善农村道路安全设施。推进自然灾害高风险地区居民搬迁避让,有序引导灾害风险等级高、基础设施条件较差、防灾减灾能力较弱的乡村人口适度向灾害风险较低的地区迁移。

提高重大设施设防水平。提升地震灾害、地质灾害、气象灾害、水旱灾害、海洋灾害、森林和草原火灾等自然灾害防御工程标准和重点基础设施设防标准。加强城市内涝治理,实施管网和泵站建设与改造、排涝通道建设、雨水源头减排工程。科学布局防火应急道路和火灾阻隔网络。完善网络型基础设施空间布局,积极推进智能化防控技术应用,增强可替代性,提升极端条件下抗损毁和快速恢复能力。加快推进城市群、重要口岸、主要产业及能源基地、自然灾害多发地区的多通道、多方式、多路径交通建设,提升交通网络系统韧性。推进重大地质灾害隐患工程治理,开展已建治理工程维护加固。开展重点岸段风暴潮漫滩漫堤联合预警,推进沿海地区海堤达标和避风锚地建设,构建沿海防潮防台减灾体系。加强国家供水应急救援基地建设。防范海上溢油、危险化学品泄漏等重大环境风险,提升应对海洋自然灾害和突发环境事件能力。加快京津冀平原沉降综合防治和地质灾害安全管理。

六、加强应急力量建设,提高急难险重任务的处置能力

（一）建强应急救援主力军国家队。

坚持党对国家综合性消防救援队伍的绝对领导,践行"对党忠诚、纪律严明、赴汤蹈火、竭诚为民"重要训词精神,对标应急救援主力军和国家队定位,严格教育、严格训练、严格管理、严格要求,全面提升队伍的正规化、专业化、职业化水平。积极适应"全灾种、大应急"综合救援需要,优化力量布局和队伍编成,填补救援力量空白,加快补齐国家综合性消防救援队伍能力建设短板,加大中西部地区国家综合性消防救援队伍建设支持力度。加强高层建筑、大型商业综合体、城市地下轨道交通、石油化工企业火灾扑救和地震、水域、山岳、核生化等专业救援力量建设,建设一批机动和拳头力量。发挥机动力量优势,明确调动权限和程序、与属地关系及保障渠道。加大先进适用装备配备力度,强化多灾种专业化训练,提高队伍极端条件下综合救援能力,增强防范重大事故应急救援中次生突发环境事件的能力。发展政府专职消防员和志愿消防员,加强城市消防站和乡镇消防队建设。加强跨国（境）救援队伍能力建设,积极参与国际重大灾害应急救援、紧急人道主义援助。适应准现役、准军事化标准建设需要和职业风险高、牺牲奉献大的特点,完善国家综合性消防救援队伍专门保障机制,提高职业荣誉感和社会尊崇度。

（二）提升行业救援力量专业水平。

强化有关部门、地方政府和企业所属各行业领域专业救援力量建设,组建一定规模的专业应急救援队伍、大型工程抢险队伍和跨区域机动救援队伍。完善救援力量规模、布局、装备配备和基础设施等建设标准,健全指挥管理、战备训练、遂行任务等制度,加强指挥人员、技术人员、救援人员实操实训,提高队伍正规化管理和战技术水平。加强各类救援力量的资源共享、信息互通和共训共练。健全政府购买应急服务机制,建立政府、行业企业和社会各方多元化资金投入机制,加快建立应急救援队伍多渠道保障模式。加强重点国际铁路、跨国能源通道、深海油气开发等重大工程安全应急保障能力建设。

（三）加快建设航空应急救援力量。

用好现有资源,统筹长远发展,加快构建应急反应灵敏、功能结构合理、力量规模适度、各方积极参与的航空应急救援力量体系。引导和鼓励大型民航企业、航空货运企业建设一定规模的专业航空应急队伍,购置大型、重型航空飞行器,提高快速运输、综合救援、高原救援等航空应急能力。采取直接投资、购买服务等多种方式,完善航空应急场站布局,加强常态化航空力量部署,增加森林航空消防飞机（直升机）机源和数量，实现森林草原防灭火重点区域基本覆盖。完善航空应急救援空域保障机制和航空器跨区域救援协调机制。支持航空应急救援配套专业建设，加强航空应急救援专业人才培养。

（四）引导社会应急力量有序发展。

制定出台加强社会应急力量建设的意见，对队伍建设、登记管理、参与方式、保障手段、激励机制、征用补偿等作出制度性安排，对社会应急力量参与应急救援行动进行规范引导。开展社会应急力量应急理论和救援技能培训，加强与国家综合性消防救援队伍等联合演练，定期举办全国性和区域性社会应急力量技能竞赛，组织实施分级分类测评。鼓励社会应急力量深入基层社区排查风险隐患、普及应急知识、就近就便参与应急处置等。推动将社会应急力量参与防灾减灾救灾、应急处置等纳入政府购买服务和保险范围，在道路通行、后勤保障等方面提供必要支持。

七、强化灾害应对准备，凝聚同舟共济的保障合力

（一）强化应急预案准备。

完善预案管理机制。修订突发事件应急预案管理办法，完善突发事件分类与分级标准，规范预警等级和应急响应分级。加强应急预案的统一规划、衔接协调和分级分类管理，完善应急预案定期评估和动态修订机制。强化预案的刚性约束，根据突发事件类别和级别明确各方职责任务，强化上下级、同级别、军队与地方、政府与企业、相邻地区等相关预案之间的有效衔接。建设应急预案数字化管理平台，加强预案配套支撑性文件的编制和管理。

加快预案制修订。制定突发事件应急预案编制指南，加强预案制修订过程中的风险评估、情景构建和应急资源调查。修订国家突发事件总体应急预案，组织指导专项、部门、地方应急预案修订，做好重要目标、重大危险源、重大活动、重大基础设施安全保障应急预案编制工作。有针对性地编制巨灾应对预案，开展应急能力评估。

加强预案演练评估。制定突发事件应急预案评估管理办法和应急演练管理办法，完善应急预案及演练的评估程序和标准。对照预案加强队伍力量、装备物资、保障措施等检查评估，确保应急响应启动后预案规定任务措施能够迅速执行到位。加强应急预案宣传培训，制定落实应急演练计划，组织开展实战化的应急演练，鼓励形式多样、节约高效的常态化应急演练，重点加强针对重大灾害事故的应急演练，根据演练情况及时修订完善应急预案。

（二）强化应急物资准备。

优化应急物资管理。按照中央层面满足应对特别重大灾害事故的应急物资保障峰值需求、地方层面满足启动本行政区域Ⅱ级应急响应的应急物资保障需求，健全完善应急物资保障体系，建立中央和地方、政府和社会、实物和产能相结合的应急物资储备模式，加强应急物资资产管理，建立健全使用和管理情况的报告制度。建立跨部门应急物资保障联动机制，健全跨区域应急物资协同保障机制。依法完善应急处置期间政府紧急采购制度，优化流程、简化手续。完善各类应急物资政府采购需求标准，细化技术规格和参数，加强应急物资分类编码及信息化管理。完善应急物资分类、生产、储备、装卸、运输、回收、报废、补充等相关管理规范。完善应急捐赠物资管理分配机制，规范进口捐赠物资审批流程。

加强物资实物储备。完善中央、省、市、县、乡五级物资储备布局，建立健全包括重要民生商品在内的应急物资储备目录清单，合理确定储备品类、规模和结构并动态调整。建立完善应急物资更新轮换机制。扩大人口密集区域、灾害事故高风险区域和交通不便区域的应急物资储备规模，丰富储备物资品种、完善储备仓库布局，重点满足流域大洪水、超强台风以及特别重大山洪灾害应急的物资需要。支持政企共建或委托企业代建应急物资储备库。

提升物资产能保障。制定应急物资产能储备目录清单，加强生产能力动态监控，掌握重要物资企业供应链分布。实施应急产品生产能力储备工程，建设区域性应急物资生产保障基地。选择符合条件的企业纳入产能储备企业范围，建立动态更新调整机制。完善鼓励、引导重点应急物资产能储备企业扩能政策，持续完善应急物资产业链。加强对重大灾害事故物资需求的预判研判，完善应急物资储备和集中生产调度机制。

专栏3　应急物资储备布局建设重点

1. 中央生活类救灾物资：改扩建现有20个中央生活类救灾物资储备库和35个综合仓库，在交通枢纽城市、人口密集区域、易发生重特大自然灾害区域建设7个综合性国家储备基地。

2. 综合性消防救援应急物资：在北京、沈阳等地建设8个中央级库，依托消防救援总队训练与战勤保障支队建设31个省级库，在三类以上消防救援支队所在地市建设227个地市级库。

3. 森林消防应急物资：在成都、海拉尔等地建设7个

续表
中央级库，依托森林消防总队建设5个省级库，在森林消防支队所在地建设36个地市级库。 4. 地方应急物资：改扩建现有应急物资储备库，推进县级应急物资储备库建设，重点支持中西部和经济欠发达高风险地区储备库建设。

（三）强化紧急运输准备。

加强区域统筹调配，建立健全多部门联动、多方式协同、多主体参与的综合交通应急运输管理协调机制。制定运输资源调运、征用、灾后补偿等配套政策，完善调运经费结算方式。深化应急交通联动机制，落实铁路、公路、航空应急交通保障措施。依托大型骨干物流企业，统筹建立涵盖铁路、公路、水运、民航等各种运输方式的紧急运输储备力量，发挥高铁优势构建力量快速输送系统，保障重特大灾害事故应急资源快速高效投送。健全社会紧急运输力量动员机制。加快建立储备充足、反应迅速、抗冲击能力强的应急物流体系。优化紧急运输设施空间布局，加快专业设施改造与功能嵌入，健全应急物流基地和配送中心建设标准。发挥不同运输方式规模、速度、覆盖优势，构建快速通达、衔接有力、功能适配、安全可靠的综合交通应急运输网络。加强交通应急抢通能力建设，进一步提高紧急运输能力。加强紧急运输绿色通道建设，完善应急物资及人员运输车辆优先通行机制。建设政企联通的紧急运输调度指挥平台，提高供需匹配效率，减少物资转运环节，提高救灾物资运输、配送、分发和使用的调度管控水平。推广运用智能机器人、无人机等高技术配送装备，推动应急物资储运设备集装单元化发展，提升应急运输调度效率。

（四）强化救助恢复准备。

健全灾害救助机制。完善自然灾害救助标准动态调整机制。加强灾后救助与其他专项救助相衔接，完善救灾资源动员机制，推广政府与社会组织、企业合作模式，支持红十字会、慈善组织等依法参与灾害救援救助工作。健全受灾群众过渡安置和救助机制，加强临时住所、水、电、道路、通信、广播电视等基础设施建设，保障受灾群众基本生活。针对儿童特点采取优先救助和康复措施，加强对孕产妇等重点群体的关爱保护。对受灾害影响造成监护缺失的未成年人实施救助保护。引导心理援助与社会工作服务参与灾害应对处置和善后工作，对受灾群众予以心理援助。

规范灾后恢复重建。健全中央统筹指导、地方作为主体、灾区群众广泛参与的重特大自然灾害灾后恢复重建机制。科学开展灾害损失评估、次生衍生灾害隐患排查及危险性评估、住房及建筑物受损鉴定和资源环境承载能力评价，完善评估标准和评估流程，科学制定灾后恢复重建规划。优先重建供电、通信、给排水、道路、桥梁、水库等基础设施，以及学校、医院、广播电视等公益性服务设施。完善灾后恢复重建的财税、金融、保险、土地、社会保障、产业扶持、蓄滞洪区补助政策，强化恢复重建政策实施监督评估。加强灾后恢复重建资金管理，引导国内外贷款、对口支援资金、社会捐赠资金等参与灾后恢复重建，积极推广以工代赈方式。

八、优化要素资源配置，增进创新驱动的发展动能

（一）破解重大瓶颈难题。

深化应用基础研究。聚焦灾害事故防控基础问题，强化多学科交叉理论研究。开展重大自然灾害科学考察与调查。整合利用中央和地方政府、企业以及其他优势科技资源，加强自主创新和"卡脖子"技术攻关。实施重大灾害事故防治、重大基础设施防灾风险评估等国家科技计划项目，制定国家重大应急关键技术攻关指南，加快主动预防型安全技术研究。

研制先进适用装备。加快研制适用于高海拔、特殊地形、原始林区等极端恶劣环境的智能化、实用化、轻量化专用救援装备。鼓励和支持先进安全技术装备在应急各专业领域的推广应用，完善《推广先进与淘汰落后安全技术装备目录》动态调整机制。着力推动一批关键技术装备的统型统配、认证认可、成果转化和示范应用。加快航天、航空、船舶、兵器等军工技术装备向应急领域转移转化。

搭建科技创新平台。以国家级实验室建设为引领，加快健全主动保障型安全技术支撑体系，完善应急管理科技配套支撑链条。整合优化应急领域相关共性技术平台，推动科技创新资源开放共享，统筹布局应急科技支撑平台，新增具备中试以上条件的灾害事故科技支撑基地10个以上。完善应急管理领域科技成果使用、处置收益制度，健全知识、技术、管理、数据等创新要素参与利益分配的激励机制，推行科技成果处置收益和股权期权激励制度。

增进国际交流合作。加强与联合国减少灾害风险办公室等国际组织的合作，推动构建国际区域减轻灾害风险网络。有序推动"一带一路"自然灾害防治和应急管理国际合作机制建设，创办国际合作部长论坛。推进中国—东盟应急管理合作。积极参与国际大科学装置、科研基地（中心）建设。

专栏4　关键技术与装备研发重点
1. 基础理论：重大复合灾害事故动力学演化与防控；重大自然灾害及灾害链成因、预报预测与风险防控；极地气象灾害形成机理和演化规划；重要地震带孕震机理；高强度火灾及其衍生灾害演化；安全生产风险监测预警与事故防控；矿山深部开采与复杂耦合重大灾害防治；火灾防治与消防基础理论研究。 2. 应急准备：重大灾害事故过程数值模拟技术；多灾种耦合模拟仿真、预测分析与评估研判技术；重大灾害事故风险智能感知与超前识别技术；重大灾害事故定量风险评估技术；重大基础设施危险源识别共性技术；城市基础设施灾害事件链分析技术；智能无人化安全作业技术。 3. 监测预警：大地震孕育发生过程监测与预测预报关键技术与装备；突发性特大海啸监测预警关键技术与装备；重大气象灾害及极端天气气候事件智能化精细化监测预警技术与装备；雷击火监测预警技术；城市消防安全风险监测与预测预警技术；浓雾、路面低温结冰等其他高影响天气实时监测报警和临近预警技术；矿山瓦斯、冲击地压、水害、火灾、冒顶、片帮、边坡坍塌、尾矿库溃坝等重大灾害事故智能感知与预警预报技术与装备；油气开采平台重特大事故监测和早期溢流智能预警技术；海上溢油漂移预测技术；海上溢油量评估技术。 4. 处置救援：复杂环境下应急通信保障、紧急运输等技术与装备；复杂环境下破拆、智能搜救和无人救援技术与装备；极端或特殊环境下人体防护、机能增强装备；重大灾害事故现场应急医学救援关键技术与装备；易燃易爆品储运设施设备阻隔防爆新技术与装备；重大复链生灾害应急抢险及处置救援技术与装备；火爆毒多灾耦合事故应急洗消与火灾扑救先进技术与装备；高效灭火装备与特种消防车辆；森林草原灭火专用装备、隔离带开设装备、火场个人防护装备；溃堤、溃坝、堰塞湖等重大险情应急处置技术与装备；巡坝查险、堵口抢险装备；水上大规模人命救助、大深度扫测搜寻打捞、大吨位沉船打捞、饱和潜水、浅滩打捞、大规模溢油回收清除技术与装备；危险化学品事故快速处置技术与装备；油气长输管道救援技术与装备；隧道事故快速救援技术与装备；海上油气事故救援技术与装备；矿山重大事故应急救援技术与装备；严重核事故应急救援技术与装备；应急交通运输先进技术与装备。 5. 评估恢复：灾害事故精准调查评估技术；灾后快速评估与恢复重建技术；强台风及龙卷风灾损评估与恢复技术；火爆毒、垮塌及交通等事故追溯、快速评估与恢复技术；深远海井喷失控事故快速评估、处置及生产恢复技术。

（二）构建人才集聚高地。

加强专业人才培养。建立应急管理专业人才目录清单，拓展急需紧缺人才培育供给渠道，完善人才评价体系。实施应急管理科技领军人才和技术带头人培养工程。加强应急管理智库建设，探索建立应急管理专家咨询委员会和重特大突发事件首席专家制度。将应急管理纳入各类职业培训内容，强化现场实操实训。加强注册安全工程师、注册消防工程师等职业资格管理，探索工程教育专业认证与国家职业资格证书衔接机制。依托应急管理系统所属院校，按程序和标准筹建应急管理类大学，建强中国消防救援学院。鼓励各地依托现有资源建设一批应急管理专业院校和应急管理职业学院。加强应急管理学科专业体系建设，鼓励高校开设应急管理相关专业。加强综合型、复合型、创新型、应用型、技能型应急管理人才培养。实施高危行业领域从业人员安全技能提升行动，严格执行安全技能培训合格后上岗、特种作业人员持证上岗制度，积极培养企业安全生产复合型人才和岗位能手。提升应急救援人员的多言多语能力，依托高校、科研院所、医疗机构、志愿服务组织等力量建设专业化应急语言服务队伍。

加强干部队伍建设。坚持党管干部原则，坚持好干部标准，贯彻落实新时代党的组织路线，建立健全具有应急管理职业特点的"选、育、管、用"干部管理制度，树立讲担当重担当、重实干重实绩的用人导向，选优配强各级应急管理领导班子。将应急管理纳入地方党政领导干部必修内容，开发面向各级领导干部的应急管理能力培训课程。完善应急管理干部素质培养体系，建立定期培训和继续教育制度，提升应急管理系统干部政治素养和业务能力。加大专业人才招录和培养力度，提高应急管理干部队伍专业人才比例。推进应急管理系统、国家综合性消防救援队伍干部交流，加强优秀年轻干部发现培养和选拔使用。建立健全符合应急管理职业特点的待遇保障机制，完善职业荣誉激励、表彰奖励和疗休养制度。

（三）壮大安全应急产业。

优化产业结构。以市场为导向、企业为主体，深化应急管理科教产教双融合，推动安全应急产业向中高端发展。采用推荐目录、鼓励清单等形式，引导社会资源投向先进、适用、可靠的安全应急产品和服务。加快发展安全应急服务业，发展智能预警、应急救援救护等社区惠民服务，鼓励企业提供安全应急一体化综合解决方案和服务产品。

推动产业集聚。鼓励有条件的地区发展各具特色的安全应急产业集聚区,加强国家安全应急产业示范基地建设,形成区域性创新中心和成果转化中心。充分发挥国家安全应急产业示范基地作用,提升重大突发事件处置的综合保障能力,形成区域性安全应急产业链,引领国家安全应急技术装备研发、安全应急产品生产制造和安全应急服务发展。

支持企业发展。引导企业加大应急能力建设投入,支持安全应急领域有实力的企业做强做优,培育一批在国际、国内市场具有较强竞争力的安全应急产业大型企业集团,鼓励特色明显、创新能力强的中小微企业利用现有资金渠道加速发展。

> **专栏5　安全应急产品和服务发展重点**
>
> 1. 高精度监测预警产品:灾害事故动态风险评估与监测预警产品、危险化学品侦检产品等。
> 2. 高可靠风险防控与安全防护产品:救援人员防护产品、重要设施防护系统、工程与建筑施工安全防护设备、防护材料等。
> 3. 新型应急指挥通信和信息感知产品:应急管理与指挥调度平台、应急通信产品、应急广播系统、灾害现场信息获取产品等。
> 4. 特种交通应急保障产品:全地形救援车辆、大跨度舟桥、大型隧道抢通产品、除冰雪产品、海上救援产品、铁路事故应急处置产品等。
> 5. 重大消防救援产品:轨道交通消防产品、机场消防产品、高层建筑消防产品、地下工程消防产品、化工灭火产品、森林草原防灭火产品、消防侦检产品、消防员职业健康产品、消防员训练产品、高性能绿色阻燃材料、环境友好灭火剂等。
> 6. 灾害事故抢险救援关键装备:人员搜索与物体定位产品、溢油和危险化学品事故救援产品、矿难事故救援产品、矿山安全避险及防护产品、特种设备应急产品、电力应急保障产品、高机动全地形应急救援装备、大流量排涝排水装备、多功能应急电源产品、便携机动救援装备、密闭空间排烟装备、生命探测装备、事故灾难医学救护关键装备等。
> 7. 智能无人应急救援装备:长航时大载荷无人机、大型固定翼航空器、无人船艇、单兵助力机器人、危险气体巡检机器人、矿井救援机器人、井下抢险作业机器人、灾后搜救水陆两栖机器人等。
> 8. 应急管理支撑服务:风险评估服务、隐患排查服务、检验检测认证服务等。
> 9. 应急专业技术服务:自然灾害防治技术服务、消防技术服务、安全生产技术服务、应急测绘技术服务、安保技术服务、应急医学服务等。
> 10. 社会化应急救援服务:航空救援服务、应急物流服务、道路救援服务、海上溢油应急处置服务、海上财产救助服务、安全教育培训服务、应急演练服务、巨灾保险等。

(四)强化信息支撑保障。

广泛吸引各方力量共同参与应急管理信息化建设,集约建设信息基础设施和信息系统。推动跨部门、跨层级、跨区域的互联互通、信息共享和业务协同。强化数字技术在灾害事故应对中的运用,全面提升监测预警和应急处置能力。加强空、天、地、海一体化应急通信网络建设,提高极端条件下应急通信保障能力。建设绿色节能型高密度数据中心,推进应急管理云计算平台建设,完善多数据中心统一调度和重要业务应急保障功能。系统推进"智慧应急"建设,建立符合大数据发展规律的应急数据治理体系,完善监督管理、监测预警、指挥救援、灾情管理、统计分析、信息发布、灾后评估和社会动员等功能。升级气象核心业务支撑高性能计算机资源池,搭建气象数据平台和大数据智能应用处理系统。推进自主可控核心技术在关键软硬件和技术装备中的规模应用,对信息系统安全防护和数据实施分级分类管理,建设新一代智能运维体系和具备纵深防御能力的信息网络安全体系。

九、推动共建共治共享,筑牢防灾减灾救灾的人民防线

(一)提升基层治理能力。

以网格化管理为切入点,完善基层应急管理组织体系,加强人员力量配备,厘清基层应急管理权责事项,落实基层政府及相关部门责任。加强和规范基层综合性应急救援队伍、微型消防站建设,推动设立社区、村应急服务站,培养发展基层应急管理信息员和安全生产社会监督员,建立完善"第一响应人"制度。指导基层组织和单位修订完善应急预案。引导乡镇(街道)、村(社区)防灾减灾基础设施建设有序发展,增强城乡社区综合服务设施应急功能。统筹防灾减灾救灾和巩固拓展脱贫攻坚成果,防止因灾致贫返贫。推动国家安全发展示范城市、全国综合减灾示范县(市、区、旗)和全国综合减灾示范社区创建工作,新增全国综合减灾示范社区3000个以上,充分发挥示范引领作用。指导生产经营单位加强应急管理组织建设,推动监管和服务向小微企业延伸。

(二)加强安全文化建设。

深化理论研究,系统阐述新时代应急管理的丰富内涵、核心理念和重大任务,编发应急管理理论释义读本。选树、宣传英雄模范,发挥精神引领、典型示范作用。推动将安全素质教育纳入国民教育体系,把普及应急常识和自救逃生演练作为重要内容。繁荣发展安全文化事业和安全文化产业,扩大优质产品供

给，拓展社会资源参与安全文化建设的渠道。推动建立公众安全科普宣教媒体绿色通道，加强基于互联网的科普宣教培训，增强科普宣教的知识性、趣味性、交互性。推动安全宣传进企业、进农村、进社区、进学校、进家庭，推进消防救援站向社会公众开放，结合防灾减灾日、安全生产月、全国消防日等节点，开展形式多样的科普宣教活动。建设面向公众的应急救护培训体系，加强"红十字博爱家园"建设，推动建立完善村（社区）、居民家庭的自救互救和邻里相助机制。推动学校、商场、地铁、火车站等人员密集场所配备急救箱和体外除颤仪。做好应急状态下的新闻宣传和舆论引导，主动回应社会关切。

（三）健全社会服务体系。

实行企业安全生产信用风险分类管理制度，建立企业安全生产信用修复机制，依法依规公布安全生产领域严重失信主体名单并实施失信联合惩戒。支持行业协会制定行约行规、自律规范和职业道德准则，建立健全职业规范和奖惩机制。鼓励行业协会、专业技术服务机构和保险机构参与风险评估、隐患排查、管理咨询、检验检测、预案编制、应急演练、教育培训等活动。推进检验检测认证机构市场化改革，支持第三方检测认证服务发展，培育新型服务市场。强化保险等市场机制在风险防范、损失补偿、恢复重建等方面的积极作用，探索建立多渠道多层次的风险分担机制，大力发展巨灾保险。鼓励企业投保安全生产责任保险，丰富应急救援人员人身安全保险品种。

十、实施重大工程项目，夯实高质量发展的安全基础

（一）管理创新能力提升工程。

1. 应急救援指挥中心建设。

建成国家应急指挥总部，完善调度指挥、会商研判、模拟推演、业务保障等设施设备及系统。按照就近调配、快速行动、有序救援的原则推进区域应急救援中心工程建设，健全完善指挥场所、综合救援、物资储备、培训演练、装备储备、航空保障场所及配套设施。建设综合应急实训演练基地，完善室内理论教学、室外实操实训、仿真模拟救援等设施设备。完善国家应急医学研究中心工作条件。推进国家、省、市、县四级综合指挥调度平台和地方应急指挥平台示范建设，实现各级政府与行业部门、重点救援队伍互联互通、协调联动。建设重点城市群、都市圈应急救援协同调度平台。

2. 安全监管监察能力建设。

制定执法装备配备标准，配齐配强各级各行业领域安全监管监察执法队伍装备，持续改善执法工作保障条件。提升安全监管监察执法大数据应用水平。建成危险化学品、矿山、城市安全、金属冶炼、油气等重大事故防控技术支撑基地。升级优化危险化学品登记管理系统。建成矿用新装备新材料安全准入分析验证实验室和火灾事故调查分析实验室，完善设备全生命周期认证溯源管理系统。充分利用现有设施，完善监管监察执法装备测试、验证、维护、校验平台和智能化矿山安全监管监察辅助决策支撑平台，加强省级安全生产技术支撑中心实验室和分区域安全生产综合技术支撑中心实验室建设。

（二）风险防控能力提升工程。

3. 灾害事故风险区划图编制。

开展全国地震活动断层探察，编制第六代全国地震区划图。开展全国地质灾害风险普查，编制全国地质灾害风险区划图和防治区划图。开展台风、暴雨、暴雪等气象灾害和风暴潮、海啸等海洋灾害风险调查，编制不同尺度的危险性分布和风险评估分布图。开展安全生产重点行业领域专项调查。研发区域综合风险评估、自然灾害与事故灾难耦合风险评估等关键技术，编制城市公共安全风险评估、重大风险评估和情景构建等相关技术标准。建设灾害事故风险调查、典型风险与隐患排查数据库，建设全国灾害评估与区划系统。

4. 风险监测预警网络建设。

实施自然灾害监测预警信息化工程，建设国家风险监测感知与预警平台，完善地震、地质、气象、森林草原火灾、海洋、农业等自然灾害监测站网，增加重点区域自然灾害监测核心基础站点和常规观测站点密度，完善灾害风险隐患信息报送系统。建设沙尘灾害应急处置信息管理平台，在主要沙尘源区试点布设沙尘暴自动监测站。升级覆盖危险化学品、矿山、烟花爆竹、尾矿库、工贸及油气管道等重点企业的监测预警网络。推进城市电力、燃气、供水、排水管网和桥梁等城市生命线及地质灾害隐患点、重大危险源的城乡安全监测预警网络建设。加快完善城乡安全风险监测预警公共信息平台，整合安全生产、自然灾害、公共卫生等行业领域监测系统，汇聚物联网感知数据、业务数据以及视频监控数据，实现城乡安全风险监测预警"一网统管"。建设基于云架构的新一代国家突发事件预警信息发布系统。稳步推进卫星遥感网建设，开发应急减灾卫星综合应用系统和自主运行管理平台，推动空基卫星遥感网在防灾减灾救灾、应急救援管理中的应用。

5. 城乡防灾基础设施建设。

实施地震易发地区学校、医院、体育馆、图书馆、养老院、儿童福利机构、未成年人救助保护机构、精神卫生福利机构、救助管理机构等公共设施和农村房屋抗震加固。推动基于城市信息模型的防洪排涝智能化管理平台建设。在重点城市群、都市圈和自然灾害多发地市及重点县区，依托现有设施建设集应急指挥、应急演练、物资储备、人员安置等功能于一体的综合性应急避难场所。加强城乡公共消防设施和城镇周边森林草原防火设施建设，开展政府专职消防队伍、地方森林草原消防队伍、企业专职消防队伍达标创建。加强农田、渔港基础设施建设和农村公路、隧道、乡镇渡口渡船隐患整治。实施公路安全生命防护工程、高速公路护栏提质改造和农村公路危桥改造。深入推进农村公路平交路口"一灯一带"示范工程。开展行业单位消防安全示范建设，实施高层建筑、大型商业综合体、城市地下轨道交通、石油化工企业、老旧居民小区等重点场所和易地扶贫搬迁安置场所消防系统改造，打通消防车通道、楼内疏散通道等"生命通道"。

6. 安全生产预防工程建设。

实施化工园区安全提质和危险化学品企业安全改造工程，以危险工艺本质安全提升与自动化改造、安全防护距离达标改造、危险源监测预警系统建设为重点，推进化工园区示范创建，建设化工园区风险评估与分级管控平台。推进城镇人口密集区危险化学品生产企业搬迁改造。开展煤矿瓦斯综合治理和水害、火灾、冲击地压等重大灾害治理。基本完成尾矿库"头顶库"安全治理及无生产经营主体尾矿库、长期停用尾矿库闭库治理。实施"工业互联网+安全生产"融合应用工程，建设行业分中心和数据支撑平台，建立安全生产数据目录。

（三）巨灾应对能力提升工程。

7. 国家综合性消防救援队伍建设。

依托国家综合性消防救援队伍，建设一批国家级特种灾害救援队、区域性机动救援队、搜救犬专业救援队，在重点化工园区、危险化学品储存量大的港区所在地建设石油化工、煤化工等专业应急救援队。实施综合性消防救援装备现代化工程，补齐常规救援装备，升级单兵防护装备，加强适用于极端条件和特种类型灾害事故的单兵实时监测、远程供水、举高喷射、破拆排烟、清障挖掘等先进专业装备配备。支持区域中心城市、中西部地区和东北三省消防救援战勤装备物资建设，支持"三区三州"消防救援站配备高原抢险救援车等专用车辆装备。

建设国家级综合消防救援训练基地，以及地震救援、水域救援、化工救援、森林草原防灭火、航空灭火救援、抗洪抢险等国家级专业训练基地和一批区域性驻训备勤保障基地。

8. 国家级专业应急救援队伍建设。

依托应急管理部自然灾害工程抢险机构，以及水利水电建设、建筑施工领域大型企业，在洪涝、地质灾害发生频率高的地区建设区域性应急救援工程抢险队伍。依托森工企业、地方政府森林消防骨干队伍，加强黑龙江大兴安岭、内蒙古大兴安岭、吉林长白山、云南昆明、四川西昌等重点林区区域性机械化森林消防力量建设。大力提升四川、云南、西藏、新疆等地震易发高发区区域地质地震灾害救援能力。依托中央企业、地方国有骨干企业，加强矿山排水、重点地区危险化学品、重大油气储备基地及储备库、长江中上游水上、重点铁路隧道、海上油气开采应急救援队伍建设。补充更新国家级安全生产应急救援队伍关键救援装备。加强灾害事故应急救援现场技术支撑保障力量建设。完善中国救援队和中国国际救援队基础训练、航空救援、水上搜寻、应急医学救援等训练设施，配备专业救援车辆及装备。

9. 地方综合性应急救援队伍建设。

结合区域性应急救援力量建设，依托现有安全生产、防灾减灾应急救援队伍和政府专职消防队伍，重点调整优化省级和地市级综合性应急救援力量，完善应急救援装备储运设施和体能、专业技战术、装备实操、特殊灾害环境适应性等训练设施，补充配备通用应急救援、应急通信、应急勘测、个体防护等装备，拓展地震搜救、抗洪抢险、火灾扑救等救援功能。

10. 航空应急救援队伍建设。

提升航空综合救援能力，建设具备高原救援、重载吊装、远程侦察等能力的航空应急救援和航油航材应急保障力量。完善应急救援航空调度信息系统。建设航空应急科研基地。完善一批运输、通用机场，配备航空消防、气象保障、航油储备、夜间助航、检修维修等保障设施设备。新建应急救援飞行器维修维护基地，以及集航空应急救援训练、培训、演练、保障、服务等功能于一体的综合航空应急服务基地。完善森林航空护林场站布局，改造现有航空护林场站，新建一批全功能航站和护林机场；在森林火灾重点区域，合理布设野外停机坪和直升机临时起降场、灭火取水点和野外加油站。

11. 应急物资装备保障建设。

充分利用仓储资源，依托现有中央和地方物资

53

储备库，建设综合应急物资储备库。在交通枢纽城市、人口密集区域、易发生重特大自然灾害区域建设一批综合性国家储备基地。建设完善国家综合性消防救援队伍应急物资储备库及战勤保障站。在关键物流枢纽建设应急物资调运平台和区域配送中心，依托大型快递物流企业建设一批综合应急物资物流基地。完善国家应急资源管理平台和应急物资保障数据库，汇聚应急物资信息。

（四）综合支撑能力提升工程。

12. 科技创新驱动工程建设。

建设重大自然灾害风险综合防范、重特大生产安全事故防控、复合链生灾害事故防治、城市安全与应急、矿山重大灾害治理、防汛抗旱应急技术、应急医学救援等国家级实验室和部级实验室。建设地震科学实验场和地震动力学国家重点实验室。实施大灾巨灾情景构建工程。建设火灾防治、消防救援装备、防汛抗旱和气象灾害防治、应急救援机器人检测、无人机实战验证、应急通信和应急装备物联网、大型石油储罐火灾抢险救援、城市跨类灾害事故防控、煤矿深部开采与冲击地压防治、高瓦斯及突出煤矿灾害防治等研究基地。依托现有机构完善危险化学品安全研究支撑平台。优化自然灾害领域国家野外科学观测研究站布局。建设应急管理领域国家科技资源共享服务平台和重点灾害地区综合防灾减灾技术支撑平台。完善区域地球表层、巨灾孕育发生机理等模拟系统和国际灾害信息管理平台。

13. 应急通信和应急管理信息化建设。

构建基于天通、北斗、卫星互联网等技术的卫星通信管理系统，实现应急通信卫星资源的统一调度和综合应用。提高公众通信网整体可靠性，增强应急短波网覆盖和组网能力。实施智慧应急大数据工程，建设北京主数据中心和贵阳备份数据中心，升级应急管理云计算平台，强化应急管理应用系统开发和智能化改造，构建"智慧应急大脑"。采用5G和短波广域分集等技术，完善应急管理指挥宽带无线专用通信网。推动应急管理专用网、电子政务外网和外部互联网融合试点。建设高通量卫星应急管理专用系统，扩容扩建卫星应急管理专用综合服务系统。开展北斗系统应急管理能力示范创建。

14. 应急管理教育实训工程建设。

完善应急管理大学（筹）、中国消防救援学院和应急管理干部培训学院等院校的教学、培训、科研等设施。升级改造国家安全监管监察执法综合实训华北基地，补充油气输送管道、城市地下燃气管道、地下空间等专业领域及工贸、建筑施工等行业安全生产监管实训设施设备。改善安全监管执法人员资格考试场地条件。建设国家综合性消防救援队伍康复休整基地，完善训练伤防治、康复医疗、心理疏导、轮训休整等设备及设施。

15. 安全应急装备推广应用示范。

实施安全应急装备应用试点示范和高风险行业事故预防装备推广工程，引导高危行业重点领域企业提升安全装备水平。在危险化学品、矿山、油气输送管道、烟花爆竹、工贸等重点行业领域开展危险岗位机器人替代示范工程建设，建成一批无人少人智能化示范矿井。通过先进装备和信息化融合应用，实施智慧矿山风险防控、智慧化工园区风险防控、智慧消防、地震安全风险监测等示范工程。针对地震、滑坡、泥石流、堰塞湖、溃堤溃坝、森林火灾等重大险情，加强太阳能长航时和高原型大载荷无人机、机器人以及轻量化、智能化、高机动性装备研发及使用，加大5G、高通量卫星、船载和机载通信、无人机通信等先进技术应急通信装备的配备和应用力度。

（五）社会应急能力提升工程。

16. 基层应急管理能力建设。

实施基层应急能力提升计划，开展基层应急管理能力标准化建设，为基层应急管理工作人员配备常用应急救援装备和个体防护装备，选取条件较好的区域建设基层移动指挥中心、基层综合应急救援服务站。编制完善应急管理培训大纲、考核标准和相关教材，开展各级应急管理工作人员专业知识培训。推进应急广播系统建设，开展农村应急广播使用人员培训和信息发布演练。在交通不便或灾害事故风险等级高的乡镇开展应急物资储备点（库）建设。

17. 应急科普宣教工程建设。

实施应急科普精品工程，利用传统媒体、网站和新媒体平台等载体，面向不同社会群体开发推广应急科普教材、读物、动漫、游戏、影视剧、短视频等系列产品。建设数字防灾减灾教育资源公共服务平台、标准化应急知识科普库、公众科普宣教平台和应急虚拟体验馆。利用废弃矿山、搬迁化工企业旧址和遗留设施等，建设安全生产主题公园、体验基地；依托科技馆、城市森林公园、灾害遗址公园等设施，建设一批集灾害事故科普教育、法规政策宣传、应急体验、自救互救模拟等功能于一体的安全文化教育基地；分级建设一批应急消防科普教育基地。

十一、组织实施

（一）加强组织领导。

各地区、各有关部门要根据职责分工，结合实际制定规划涉及本地区、本部门的主要目标任务实施方案，细化措施，落实责任，加强规划实施与年度计划的衔接，明确规划各项任务的推进计划、时间节点和阶段目标。健全跨地区、跨部门规划实施协同配合机制，密切工作联系、强化统筹协调，确保规划实施有序推进，确保重大举措有效落地，确保各项目标如期实现。

（二）加强投入保障。

充分发挥重点工程项目的引导带动作用，按照事权与支出责任相适应的原则，加强资源统筹，在充分利用现有资源的基础上，完善财政和金融政策。各级财政结合财政收支情况，对规划实施予以合理保障。统筹资金使用，整合优化资源，形成政策合力。发挥政策导向作用，努力消除地区和城乡差异，引导多元化资金投入。

（三）加强监督评估。

加强规划实施监测评估，将规划任务落实情况作为对地方和有关部门工作督查考核评价的重要内容。地方政府要加强对本地区规划实施情况的监督检查。应急管理部要组织开展规划实施年度监测、中期评估和总结评估，跟踪进展情况，分析存在的问题，提出改进建议，加强督促落实，重要情况及时向国务院报告。

3. 规章及部门规范性文件

国务院安委会办公室关于进一步加强国家安全生产应急救援队伍建设的指导意见

（2022年12月19日 安委办〔2022〕12号）

各省、自治区、直辖市及新疆生产建设兵团安委会，国务院安委会成员单位，各有关单位：

国家安全生产应急救援队伍是由应急管理部牵头规划，在重点行业领域依托国有企业和有关单位建立的专业应急救援队伍，是国家常备应急骨干力量，是矿山、隧道施工、危险化学品、油气开采和管道输送、城市轨道交通运营、建筑施工等重点行业领域事故灾害救援不可或缺的中坚力量。为适应新时代我国应急管理体系和能力现代化建设需要，更好地发挥国家安全生产应急救援队伍在国家应急救援力量体系中的作用，切实维护人民群众生命财产安全，现就进一步加强国家安全生产应急救援队伍建设提出如下意见。

一、总体要求

（一）指导思想。坚持以习近平新时代中国特色社会主义思想为指引，认真贯彻落实党的二十大精神和习近平总书记重要训词精神，紧紧围绕建立大安全大应急框架和建设"专常兼备、反应灵敏、作风过硬、本领高强"国家应急救援队伍的总要求，着力抓好政治建队、改革建队、科技建队、人才建队和依规建队，适应改革发展需要，全面提升国家安全生产应急救援队伍整体救援能力水平，在防范化解重大安全风险和保护人民群众生命安全中发挥更大作用，为坚决维护国家安全和社会稳定提供有力保障。

（二）建设原则。

坚持党的领导。加强党对国家安全生产应急救援队伍建设的集中统一领导，全面贯彻落实党中央、国务院决策部署，充分发挥各级党组织作用，确保国家安全生产应急救援队伍的正确发展方向。

坚持"两个至上"。树牢人民至上、生命至上理念，始终把保护人民群众生命安全放在首位，围绕快救人、多救人、减少财产损失的目标要求，大力提升队伍快速响应和高效处置能力。

实行共建共管。坚持政府主导、企业负责，明确国家、地方、企业各方责任和义务，协同推进国家安全生产应急救援队伍建设，鼓励社会力量参与支持队伍建设。

发挥专业优势。强化生产安全事故专业救援能力建设，打造适应国家应急救援能力现代化需要的专业救援尖刀和拳头力量，在立足本职的基础上适度拓展应急救援服务领域。

坚持战斗力标准。坚持少而精的原则优化国家安全生产应急救援队伍布局，着力提升队伍战斗力，抓紧补短板、强弱项，强化实战化训练演练，依靠科技装备提高应急救援科学化、专业化、智能化、精细化水平。

（三）目标任务。

到 2026 年，国家安全生产应急救援队伍现代化建设取得重大进展，在现有队伍规模基础上适度新建一批队伍，队伍总数达到 130 支左右、人数 2.8 万人左右，队伍结构更加完善、布局更加合理、反应更加灵敏、行动更加快捷，跨区域救援实现 8 小时内到达事故现场，先进适用装备的应用水平显著提升，生产安全事故应对处置能力显著增强，先进救援技战术水平、规范化管理水平、信息化智能化装备水平和综合保障能力大幅提升。

到 2035 年，建立与国家应急救援能力现代化相适应的国家安全生产应急救援队伍体系，队伍布局更加科学合理、救援更加精准高效，跨区域救援实现 5 小时内到达事故现场，行业领域内专业救援能力满足经济社会发展要求，形成依法应急、科学应急、智慧应急新格局。

二、主要任务

（一）强化队伍职责使命。树牢安全发展理念，始终把人民群众生命安全放在首位，时刻听从党和国家召唤，积极履行国家常备应急骨干力量的职责使命。发挥主导作用，聚焦主责主业，坚决扛起矿山、隧道施工、危险化学品、油气开采和管道输送、城市轨道交通运营、建筑施工等行业领域重特大事故救援重要任务。发挥协同作用，适度拓展专业救援能力，在地震搜救、地质灾害救援、抗洪抢险、火灾扑救等抢险救援中贡献力量。发挥预防作用，积极为依托企业开展预防性安全检查和安全应急技术服务，助力企业防范化解安全风险。发挥服务作用，拓展社会化市场化救援技术服务，积极为驻地周边企业、城市、乡村提供有限空间作业、雨季防洪排涝、防雷电等应急救援服务。发挥科普宣传作用，参加安全常识、应急救援知识技能科普培训服务，提高社会公众安全防范、紧急避险、医疗急救和应急处置能力水平。

（二）加强队伍政治建设。坚持党对国家安全生产应急救援队伍的领导，落实对党忠诚是第一位的政治要求。总结推广国家安全生产应急救援队伍所在单位上级党组织负责同志兼任队伍党组织领导或行政领导的有效做法，强化队伍政治建设，坚持把支部建在救援中队，完善党建工作制度机制，开展经常性思想政治教育，营造风清气正政治环境。总结推广建立救援一线临时党组织工作经验，发挥党员干部在急难险重抢险救援任务中的模范带头作用。

强化队伍理论武装，坚持不懈用习近平新时代中国特色社会主义思想武装头脑，切实把习近平总书记重要训词精神作为队伍建设的"魂"和"纲"。加强理想信念、光荣传统和职责使命教育，选树先进典型，弘扬正能量，增强国家安全生产应急救援队伍职业荣誉感和社会认知度。

严明队伍纪律要求，用铁的纪律打造铁的队伍。突出队伍使命教育，增强指战员遵章守纪意识。强化队伍正规化建设，建立正规的备勤、训练、工作、生活秩序，规范队容、风纪，规范着装和标志标识，提高队伍正规化建设水平。

加强队伍作风建设，弘扬赴汤蹈火的战斗精神和优良作风，树立敢打必胜信念。注重在艰苦环境和急难险重任务中锻炼队伍，培育践行科学救援、安全救援、高效救援的自觉性。

（三）加强队伍共建共管机制建设。国家安全生产应急救援队伍由应急管理部与队伍属地人民政府、依托单位三方采取联合的方式进行建设和管理。

应急管理部负责国家安全生产应急救援力量建设的指导协调工作，综合考虑事故风险分布特点、经济社会发展趋势和应急救援力量建设现状等因素，统筹优化队伍规模、结构、布局，制定队伍建设标准，建立队伍管理、训练和应急救援等制度规范，指导队伍应急准备、防范风险、训练演练和事故救援等工作；建设集救援专家技术指挥、技术人才培养、科技装备研发、救援人员实训实练和科普宣传等功能于一身的国家安全生产应急救援科研实训演练中心、救援工程师队伍等，为生产安全事故应急工作提供决策人才、技术和装备支撑。

国家安全生产应急救援中心承担国家安全生产应急救援队伍的检查、调研、评估和验收等具体工作。各省级应急管理部门和国家矿山安全监察局各省级局要发挥职能部门指导协调作用，大力推进国家安全生产应急救援队伍的建设和管理，协调地方政府和依托单位针对区域内事故灾害的特点、难点，强化救援装备、物资的资金投入；将国家安全生产应急救援队伍的日常管理纳入安全监管的重要内容进行检查，协助开展国家安全生产应急救援队伍的检查、调研、评估和验收工作，及时通报本地区安全生产应急救援工作动态。

鼓励、支持依托单位做好国家安全生产应急救援队伍建设保障工作，切实担负起生产安全事故应急工作责任；完善队伍组织机构，配齐、配足各类救援人员；保障队伍人员薪酬待遇，维持队伍稳定；强化基础设施建设，保障办公、执勤、装备物资储备、训练演练的场地需求。依托单位要设立专项资金，保障救援装备的持续投入和正常运行维护，保障充足的应急救援物资储备；在国家安全生产应急救援队伍开展事故灾害救援时，根据需求提供必要的技术支撑和后勤保障。

各级安委会成员单位要大力支持国家安全生产应急救援队伍建设，对在分管行业、领域开展安全技术服务和应急救援工作的队伍提供指导和保障。

（四）加强队伍调动指挥机制建设。应急管理部负责国家安全生产应急救援队伍的统一调动指挥，指导国家安全生产应急救援中心组织实施国家安全生产应急救援队伍的跨省区调动管理，各省级应急管理部门和国家矿山安全监察局各省级局、依托单位组织实施国家安全生产应急救援队伍本省区调动管理，调动情况应当及时报告应急管理部。坚持"谁调动、谁负责"的原则，将国家安全生产应急救援队伍纳入相应的事故灾害救援指挥体系，协调公安、交通运输等部门确保救援力量快速投运，实行一体化指挥和战勤保障。国家安全生产应急救援中心根据应急管理部关于跨省区应急救援力量协调调动管理有关规定，进一步完善国家安全生产应急救援队伍调动程序，规范队伍事故救援信息报送，加强队伍出动、应急救援、归建全过程管理。国家安全生产应急救援队伍接受省级调动和依托单位调动时，应当向国家安全生产应急救援中心报告。国家矿山应急救援队伍接受省级调动和依托单位调动时，应当同时向国家矿山安全监察局报告。

国家安全生产应急救援队伍参加事故灾害救援时，应当服从各级人民政府现场指挥部的统一指挥，健全完善队伍现场救援指挥机制。要吸收国家安全生产应急救援队伍负责人作为应急救援现场指挥部成员，参与救援指挥决策。

（五）加强队伍规范化建设。统一国家安全生产应急救援队伍建设标准和考核标准，对队伍实行动态管理。根据国家相关产业发展和布局、国家安全生产应急救援队伍的建设标准和管理要求，以及依托单位的保障能力，建立队伍准入退出标准规范。建立国家安全生产应急救援队伍能力评估制度，对规定时间内不达标的国家安全生产应急救援队伍要启动退出机制。

建立以安全生产标准化为抓手，提升国家安全生产应急救援队伍日常管理水平的工作机制。分类分专业建立国家安全生产应急救援队伍建设标准，制定分级考核验收办法。应急管理部统一组织各省级应急管理部门和国家矿山安全监察局各省级局，定期开展国家安全生产应急救援队伍达标考核。鼓励和支持依托单位将国家安全生产应急救援队伍标准化建设，纳入本单位安全生产标准化体系进行考核。

（六）加强队伍应急救援能力建设。

提高快速出动能力。建立队伍应急响应快速启动机制，加强对各类事故灾害处置技术、战术研究和训练，定期开展力量集结、战斗编成、通信联络、组织指挥等应急救援业务训练和模拟实战演练，强化队伍快速反应能力。配齐配强快速吊装运输装备，健全大型救援装备快速投送机制。

提高生命搜救能力。强化救援理论和业务培训，熟悉各类事故灾害发生机理，提高分析研判遇险人员生存条件的能力。综合运用生命搜救技术装备对遇险人员实施精准定位，普及推广矿山（隧道）救援联络信号运用。开展快速构筑生命通道技术研究和实操演练。强化医疗急救培训，规范人员抢救流程，降低事故伤残率。

提高现场实战能力。优化事故救援力量编成，科学组建救援单元，打造精干、过硬的战斗小组。严格落实现场救援安全技术制度规范，充分发挥救援装备安全保障作用。建立现场救援安全员制度，实时分析研判现场安全风险，及时发出警示警报，切实保障救援人员生命安全。建立救援案例复盘制度，常态化开展应急演练。

提高救援协同能力。积极参加队伍驻地地方政府和消防救援队伍组织的事故灾害应急演练，开展跨区域、多灾种联动联训联练，提高与国家综合性消防救援队伍、其他专业应急救援力量、社会应急力量间的协同能力。加强国内国际交流合作，定期组织开展技术比武竞赛活动，交流救援技战术经验，推广先进适用技术装备。

提高战勤保障能力。加强队伍食宿、通信、发电、用水等战勤保障车辆装备配备，提高队伍长时间、远距离救援自我保障能力。发挥依托单位支撑作用，为队伍救援提供技术支持和后勤保障。调动队伍单位负责协调队伍通行保障、救援物资耗材保障、现场后勤保障。队伍根据救援命令参加生产安全事故应急救援所耗费用，原则上由事故责任单位承担；事故责任单位无力承担的，由有关人民政府协调解决。

（七）加强队伍科技装备建设。坚持实战导向、问题导向，鼓励队伍结合救援实际提出需求，组织协调产学研用单位联合攻关、揭榜攻关，推动新技术新装备研发、列装、应用。建立先进技术装备首台（套）制度和优先推广应用机制。鼓励依托单位为国家安全生产应急救援队伍提供专项科研经费，开展小发明、小创造、小革新、小设计和小建议等"五小"实用性科技装备创新。

加强队伍先进适用装备配备。注重救援装备与队伍承担的救援任务相匹配，强化救援装备实操性训练演练。健全救援装备、物资储备和调用机制，对国家安全生产应急救援队伍配备的定向钻机等大型救援装备采取托管方式进行专业化管理，提高库存装备物资和国家安全生产应急救援队伍现有救援装备利用率。建立社会救援装备物资征用机制，确保应急状态下特殊装备快速有效征用。

加快队伍信息化、智能化建设。大力提升国家安全生产应急救援队伍的信息化能力，为事故救援远程分析研判、专家会商、指挥决策、队伍和装备调动，以及日常线上培训、演练观摩等提供平台，并实现与应急管理部相关系统对接。配备事故现场信息采集、单兵通信终端和音视频通讯装备，畅通应急救援前后方通信联络。推动智能化技术在救援中的应用，加强自动排水机器人、应急处置机器人、无人化生命救援、弱通信条件及受限空间无人自动探测搜寻等智能化装备配备。

（八）加强队伍人才建设。

加强指挥人才培养。制定各级救援指挥员的资格条件。建立以政治素质、业务素质、指挥能力、管理能力为主要内容的救援指挥员考核评价标准，定期组织开展履职评价。坚持思想和业务相结合、能力和阅历相结合、技术和技能相结合，注重从一线工程技术人员和班组长中培养选拔救援指挥员。鼓励各级救援指挥员进入院校学习深造，提升学历层次和专业理论水平。强化指挥员线上线下分级培训，持续推进救援指挥员能力提升。

加强技术人才培养。根据国家安全生产应急救援队伍担负的职责使命和不断拓展的救援领域，招录不同专业的技术人才，尤其是安全生产实践经验丰富的成熟技术人才。注重在一线培养和锻炼技术人才，增强其在先进装备配备使用、业务培训、科研攻关、救援方案优化和事故案例复盘总结等方面的本领和能力。

加强技能人才培养。加强以班组长为重点的技能人才培养，造就应急救援领域行家里手。常态化开展业务学习和案例教育、体能训练、装备仪器实操技能训练、一般性技术操作训练和特种作业训练，提高单兵素质。针对一些特殊事故灾害特点，招录特体队员。注重班组成员体能、技能搭配，提升班组战斗力。建立与薪酬挂钩的职级晋升通道，激励队员不断提升技能。协调开展救援人员资格认证、职业技能鉴定，不断拓展应急救援职业发展空间。

（九）加强队伍职业保障政策建设。依法依规使用企业安全生产费用支持国家安全生产应急救援队伍建设，保障队伍应急救援技术装备、设施配置费用支出。研究健全完善国家安全生产应急救援队伍职业保障政策。组织救援人员参加岗前、在岗、离岗和应急救援结束后职业健康检查。关注救援人员心理健康，开展心理健康咨询和疏导服务。推动应急救援人员积极开展技能人员职业资格认定，规范国家安全生产应急救援队伍用工方式和招录条件，鼓励接收吸纳退役军人和退出国家综合性消防救援队伍的人员。鼓励地方政府出台提升应急救援队伍待遇的相关激励保障政策。

三、保障措施

（一）加强组织领导。有关安委会成员单位、有关中央企业总部、各省级应急管理部门要提高站位，深刻认识加强国家安全生产应急救援队伍建设的重要性和紧迫性，研究部署具体落实措施，加强沟通协调和督促检查，高标准推进各项建设任务落实。

（二）强化责任落实。要按照工作分工，制定落实工作方案，明确时间表、任务图和责任人。牵头单位要加强工作统筹，定期调度工作进展，协调解决问题，强化政策措施配套实用。

（三）加强舆论宣传。要做好政策宣讲解读，及时总结工作经验，加大宣传推广力度。同时，要加强国家安全生产应急救援队伍抢险救援宣传报道，讲好应急救援故事，为推进国家安全生产应急救援队伍建设营造良好氛围。

各地区、各单位贯彻落实中遇到的重大问题和有关意见建议要及时向国务院安委会办公室报告。

中央应急抢险救灾物资储备管理暂行办法

（2023年2月13日　国粮应急规〔2023〕24号）

第一章　总　　则

第一条　为提高自然灾害抢险救灾应急保障能力，规范中央应急抢险救灾物资储备管理，提高物资使用效益，依据《中华人民共和国突发事件应对法》《中华人民共和国预算法》《中华人民共和国防洪法》《中华人民共和国防汛条例》《中华人民共和国抗旱条例》《自然灾害救助条例》等有关法律法规，制定本办法。

第二条 本办法所称中央应急抢险救灾储备物资（以下简称"中央储备物资"）是由中央财政安排资金购置，专项用于支持遭受重特大自然灾害地区开展抢险救灾和受灾群众生活救助的应急储备物资，包括防汛抗旱类物资和生活救助类物资等。

第三条 国家防汛抗旱总指挥部办公室（以下简称"国家防总办公室"）或者应急管理部按照各自职责提出中央应急抢险救灾储备需求和动用决策；商财政部、国家粮食和物资储备局等部门编制保障规划，确定储备规模、品种目录和标准、布局等；根据需要下达动用指令。

第四条 财政部负责安排中央储备物资购置和更新、保管等相关经费，组织指导有关单位开展全过程预算绩效管理，开展中央储备物资资产报告制度落实情况的监督检查。

第五条 国家粮食和物资储备局负责中央储备物资的收储、轮换和日常管理等工作，确保库存中央储备物资数量真实、质量合格、账实相符；根据国家防总办公室或者应急管理部的动用指令按程序组织调出，对相关经费组织实施全过程绩效管理。

第二章 储备购置

第六条 每年国家防总办公室或者应急管理部会同财政部根据储备保障规划确定的储备规模、当年储备物资调拨使用、报废消耗及应急抢险救灾新技术装备物资需求等情况，研究确定下一年度中央储备物资购置计划，包括物资品种、数量、布局等。国家防总办公室或者应急管理部向国家粮食和物资储备局提供采购物资技术要求。

第七条 发生重特大自然灾害需应急追加物资的，由国家防总办公室或者应急管理部会同财政部制定紧急购置计划，并联合下达国家粮食和物资储备局。

第八条 国家粮食和物资储备局根据国家防总办公室、应急管理部、财政部联合下达的年度购置计划或者紧急购置计划，向财政部申请储备购置经费预算。财政部按程序审批。

第九条 国家粮食和物资储备局按照年度购置计划或者紧急购置计划，以及财政部批复的购置经费预算，按照政府采购规定组织采购，并及时将采购情况通报国家防总办公室、应急管理部、财政部。

第十条 中央储备物资的入库验收，按照国家有关规定、相关标准以及采购合同约定的履约验收方案执行。采购物资数量和质量验收合格入库后，国家粮食和物资储备局核算应支付采购资金及检测等必要费用，报财政部审核后按照国库集中支付有关规定支付。

第十一条 财政部负责核定中央储备物资库存成本。

第三章 储备保管

第十二条 国家粮食和物资储备局根据确定的储备布局，商国家防总办公室、应急管理部、财政部确定储备库，实行中央应急抢险救灾物资储备库挂牌管理。具体管理办法由国家粮食和物资储备局会同国家防总办公室、应急管理部制定。

国家粮食和物资储备局根据国家有关中央储备库布局需求和资质条件等相关标准，采取公开、公平、公正的方式选择具备条件的储备库承储中央储备物资。

储备库实行动态管理，调整须报国家防总办公室、财政部、应急管理部审核。

第十三条 国家粮食和物资储备局负责中央储备物资保管工作，制定中央储备物资保管等各项规章制度，督促指导承储单位制定应急调运预案，落实专仓存储、专人保管、专账记载、挂牌明示等管理要求、掌握物资设备维护保养和操作技能，运用信息化手段加强储备管理，实现中央储备物资信息部门间共用共享。

承储单位按照承储要求负责中央储备物资具体日常管理，严格执行中央储备物资管理的有关标准和规定，落实中央储备物资验收入库、日常保管、紧急调用等有关工作，对中央储备物资数量、质量和储存安全负责。

国家防总办公室、应急管理部、财政部根据应急抢险救灾工作需要，适时对中央储备物资管理等情况进行检查。

第十四条 国家粮食和物资储备局商国家防总办公室、应急管理部制定中央储备物资统计制度，在每月前10个工作日内，将上月末库存中央储备物资品种数量及其价值、各仓库储备明细，以及上月储备物资出入库、报废处置等情况报国家防总办公室、应急管理部、财政部。

物资调运后，储备仓库应当及时在信息管理平台更新报送数据。

第十五条 国家粮食和物资储备局应当加强中央储备物资资产管理，认真填报资产信息卡，按照国有资产年报、月报有关规定，及时向财政部报告中央储备物资资产管理情况，并及时通报国家防总办公室、应急管理部。

第十六条 国家粮食和物资储备局会同国家防

总办公室、应急管理部、财政部确定中央储备物资的建议储存年限。因储存年限到期后经技术鉴定，质量和性能不能满足应急抢险救灾工作要求的中央储备物资可按规定报废。相关处置收入在扣除相关税金、技术鉴定费等费用后，按照政府非税收入和国库集中收缴管理有关规定及时上缴中央国库。储存年限到期后质量和性能能够满足应急抢险救灾工作要求的，由国家粮食和物资储备局负责定期组织质检，优先安排调用。

国家粮食和物资储备局审核同意后，由垂管局向储备仓库所在地财政部监管局提出辖区内需报废物资审核申请，财政部监管局审核后提出意见，反馈垂管局，同时抄送财政部。国家粮食和物资储备局将申请报废物资情况和财政部监管局审核意见一并报送财政部审批。财政部审核批准后，相关物资作报废处理。国家粮食和物资储备局负责将报废物资按规定处理，并将物资报废情况报财政部、国家防总办公室或者应急管理部。

第十七条 财政部对中央储备物资给予保管费补贴，采取当年补上年的方式。对国家粮食和物资储备局委托相关单位代储的物资保管费补贴，防汛抗旱类物资按照年度平均月末库存成本的6%核算，生活救助类物资按照年度平均月末库存成本的4.5%核算；国家粮食和物资储备局在财政部核算的补贴总额内，可统筹考虑储备仓库实际管理情况，确定各承储仓库的具体补贴标准，报财政部批准后实施。国家粮食和物资储备局垂管仓库补贴标准按有关规定执行。

第十八条 国家粮食和物资储备局负责按政府采购有关规定对中央储备物资投保财产险，中央财政负担保险费。

第十九条 因管理不善或者人为因素导致毁损的中央储备物资由国家粮食和物资储备局组织储备仓库按相同数量、质量补充更新，并追究责任人责任。情节严重的要按照有关法律法规追责。

第四章 物资调用

第二十条 中央储备物资用于应对国家启动应急响应的重大自然灾害。对未达到启动应急响应条件，但局部地区灾情、险情特别严重的，由国家防总办公室或者应急管理部商财政部同意后动用中央储备物资。

党中央、国务院领导同志有相关重要指示批示的，按照指示批示精神落实。

第二十一条 应对国家启动应急响应的重大自然灾害时，各省（自治区、直辖市）应先动用本辖区储备物资。确需调用中央储备物资的，由省级防汛抗旱指挥机构、应急管理部门向国家防总办公室或者应急管理部提出书面申请。申请内容包括地方已调拨物资情况、省级物资储备情况、申请物资用途、品名、规格、数量、运往地点、时间要求、交接联系人与联系方式等。

流域管理机构直管工程出险需中央储备物资支持的，由流域防汛抗旱指挥机构向国家防总办公室提出书面申请。

中央企业所属防洪工程发生险情需调用中央储备物资的，由工程所在地的省级防汛抗旱指挥机构向国家防总办公室提出申请。

紧急情况下，可以先电话报批，后补办手续。

第二十二条 国家防总办公室或者应急管理部审批后，向国家粮食和物资储备局下达调用指令，明确调运物资品种、数量及接收单位，并抄送财政部和物资申请单位。

第二十三条 国家粮食和物资储备局根据国家防总办公室或者应急管理部动用指令，立即向储备仓库下达调运通知，抄送国家防总办公室、应急管理部、财政部。

第二十四条 中央储备物资调用坚持"就近调用"和"先进先出"原则，避免或者减少物资报废。

第二十五条 储备仓库接到国家粮食和物资储备局调运通知后，应当立即组织调运物资，并派仓储管理人员及时押运至指定地点，与申请单位办理交接手续。国家粮食和物资储备局应当及时将调运情况通报国家防总办公室或者应急管理部。

第二十六条 按照"谁使用、谁承担"的原则，调用中央储备物资所发生的调运费用（包括运输、搬运装卸、过路费、押运人员补助和通讯、运输保险等费用）由申请调用单位负担。调运费用可由调出物资的储备仓库先行垫付，抢险救援救助任务结束后三个月内，由物资调用申请单位负责与调出物资的储备仓库结算，其中用于流域管理机构直管工程应急抢险物资调运费用，由流域管理机构按部门预算管理程序报财政部审核后，流域管理机构负责支付；用于中央企业所属防洪工程应急抢险的，由物资调用申请单位组织物资使用单位与调出物资的仓库结算。

第二十七条 中央储备物资出库后，国家粮食和物资储备局核减中央储备库存。调用的中央储备物资由受灾省份或者流域管理机构立即安排用于应急抢险救灾工作。抢险救灾结束后，有使用价值的调用物资纳入地方或者流域管理机构储备物资统筹管理。财政部将根据调用物资情况，统筹考虑中央自然灾害救灾资金补助事宜。中央企业所属防洪工程发生险情调用的中央储备物资，由中央企业负责在抢险救灾工作结束后3个月内购置同品类、同规格物资归还入库。

第二十八条　除上述国内重大自然灾害应急抢险救灾以外，其他需要动用中央储备物资的，由中央和省级有关部门向国家防总办公室、应急管理部、财政部提出申请。国家防总办公室、应急管理部、财政部及时按程序完成审核。除特殊核准事项外，动用物资需按期归还。

第五章　责任追究

第二十九条　储备仓库违反本规定，有下列行为之一的，依国家有关法律法规和制度规定等进行处理，触犯法律的依法追究相关法律责任：

（一）拒不执行中央储备物资入库、出库指令和有关管理规定的；

（二）未经批准，擅自动用中央储备物资或者变更储存地点的；

（三）虚报、瞒报中央储备物资数量的；

（四）因管理不善造成中央储备物资缺失、质量明显下降的；

（五）拒绝、阻挠、干涉监督检查人员依法履行职责，造成严重后果的；

（六）其他违反相关管理制度和法规造成物资损失的。

第三十条　中央储备物资管理工作要自觉接受审计和有关部门的监督检查。任何单位和个人在中央储备物资管理和监督活动中，骗取、截留、挤占、挪用国家财政资金的，根据《财政违法行为处罚处分条例》等规定查处。

第三十一条　有关行政管理部门工作人员在中央储备物资管理和监督活动中，玩忽职守、滥用职权、徇私舞弊的，依法给予行政处分；涉嫌犯罪的，依法移送司法机关处理。

第六章　附　　则

第三十二条　本办法由国家粮食和物资储备局、应急管理部、财政部共同负责解释。

第三十三条　本办法自发布之日起施行。《中央防汛抗旱物资储备管理办法》（财农〔2011〕329号）、《中央救灾物资储备管理办法》（民发〔2014〕221号）同时废止。

中国科协 中央宣传部 科技部 国家卫生健康委 应急管理部 关于进一步加强突发事件应急科普宣教工作的意见

（2020年9月18日　科协发普字〔2020〕22号）

各省、自治区、直辖市科协、党委宣传部、科技厅（局）、卫生健康委、应急管理厅（局），新疆生产建设兵团科协、党委宣传部、科技局、卫生健康委、应急管理局，各有关机构：

为深入学习贯彻习近平新时代中国特色社会主义思想和党的十九大精神，落实《中华人民共和国突发事件应对法》《中华人民共和国科学技术普及法》有关要求，推进实施《"健康中国2030"规划纲要》《全民科学素质行动计划纲要》，不断增强社会公众关于公共卫生、自然灾害、事故灾难等突发事件的应急意识和应对能力，最大程度地预防和减少突发事件造成的损害，更好地服务和保障经济社会发展，现就进一步加强突发事件应急科普宣教工作提出如下意见。

一、背景意义

党和国家历来高度重视应急科普宣教工作。2005年，国务院办公厅印发《应急管理科普宣教工作总体实施方案》（国办函〔2005〕90号），有力指导各地各部门将应急防护知识普及到公众、落实到基层。《中华人民共和国突发事件应对法》《"健康中国2030"规划纲要》等政策规定制度相继明确，县级以下人民政府应当组织开展应急知识的宣传普及活动和必要的应急演练，要完善突发事件卫生应急体系。

自新冠肺炎疫情发生以来，在以习近平同志为核心的党中央坚强领导下，经过全国上下艰苦努力，湖北保卫战、武汉保卫战取得决定性成果，防控工作已从应急状态转为常态化。各地各有关部门积极开展应急科普宣教工作，引导公众科学应对疫情、缓解心理压力，在助力打赢疫情防控整体战等方面发挥了重要作用。但也应看到，应急科普宣教工作依然存在不足，跨部门间制度化联动机制有待完善，网络信息冗余且权威发声不足，资源有效整合和精准传播不够，社会力量和市场机制作用尚未得到充分发挥。

当前，我国正处在全面建成小康社会、实现"两个百年目标"的关键时期，进一步加强突发事件应急科普宣教工作，提升全民科学素质以及公众应对突发事件的处置能力、心理素质和应急素养，对于抓紧抓实抓细常态化疫情防控，实现主动防灾、科学避灾、有效减灾具有重要意义。

二、总体要求

（一）指导思想

以习近平新时代中国特色社会主义思想为指导，全面贯彻党的十九大和十九届二中、三中、四中全会精神，认真落实党中央、国务院有关决策部署，坚持以人民为中心的发展思想，以提升公众科学素质为主线，倡导健康文明科学的生活方式，深入开展公共卫生、自然灾害、事故灾难等突发事件应急科普宣教工作，积极回应公众关切，正确引导社会舆论，努力形成全民动员、平战结合、以防为主、防治抗救相促进的生动局面，为实现"两个一百年"奋斗目标和中华民族伟大复兴的中国梦提供坚实基础。

（二）基本原则

政府主导、社会参与。 坚持各级政府的工作主导地位，地方政府就近指挥，发挥主体作用、承担主体责任，根据实际情况及时处理并统筹开展应急科普宣教工作。充分发挥人民团体、专业机构、新闻媒体的重要作用，加强政府与社会力量、市场机制的协同配合，形成工作合力。

平战结合、协同联动。 坚持日常科普与应急宣传相统一、经常性宣传教育与集中式宣传教育相统一。在常态化条件下建立部门定期会商制度，加强科普议题设置；在突发事件状态下密切跨部门协作，及时开展应急科普宣教工作，做好政策解读、知识普及和舆情引导等工作。

预防为主、共建共享。 坚持早宣传、早发现、早干预，将预防贯穿突发事件管理全过程，推动应急服务供给侧结构性改革。共建共享应急科普内容资源，协同打造资源平台和发声平台，加大基层和偏远地区扶持力度，通过立体化传播和精准化服务，让成果惠及最广大群众。

三、主要任务

（一）建立健全应急科普联动协调机制。
按照突发事件不同类型，协调推进部门间应急科普宣教工作。一旦发生突发事件，根据不同响应等级，政府相关主管部门通过官方主渠道首先发声，其他机构和媒体平台协同跟进，做好政策解读和知识普及，形成统一发声、联合行动、快速反应的动态机制。宣传部门负责指导协调宣传工作、新闻单位工作；科技部门负责突发事件科研攻关的权威发布；卫生健康部门负责公共卫生应急科普的牵头协调、联动实施和权威发布；应急管理部门及相关议事机构负责自然灾害、事故灾难等应急科普的牵头协调、联动实施和权威发布；科协组织负责联系专家生产精细化科普内容，利用自身平台、组织体系做好资源汇聚和协同传播。

（二）共建国家级应急科普宣教平台。
结合健康中国战略、国家应急总体预案和规划，各部门分工负责，集聚资源和渠道推动建设国家级应急科普宣教平台，做好权威发布、专家咨询、线上传播、线下服务、专题宣传等相关工作。科技部和中国科协将建立突发事件科研攻关科普专家库和资源库。国家卫生健康委和中国科协将建立健康科普专家库和资源库，为健康中国平台提供科普内容。应急管理部和中国科协将建立完善应急科普专家库和资源库，协同打造应急管理部官网科普频道和中国应急信息网科普馆。

（三）加强应急科普内容资源建设。
贴近实际、贴近生活、贴近群众，大力推进应急科普信息化建设，支持科普中国和科学辟谣等平台升级，针对不同人群开发储备科普内容资源。开展突发事件应急预案和应急机制、体制和法制的科学解读。编制印发社区和家庭应急科普手册，组织开展应急科普作品比赛和推介等活动。完善应急科普产品市场化机制，推动社会力量参与开发与制作，在全国范围内形成一批专业化生产机构。

（四）开展应急科普主题宣教活动。
在日常科普中融入应急理念和知识，利用全国防灾减灾日、全国科普日、科技活动周、文化科技卫生"三下乡"、全国安全生产月、119消防宣传月等时间节点，积极开展知识宣讲、技能培训、案例解读、应急演练等多种形式的应急科普宣教活动。重点关注偏远落后和灾害多发地区，提高应对突发事件能力，防止因灾返贫。完善应急科普基础设施，推动建设应急科普宣教场馆，推动科技场馆、教育基地、灾害事故遗址等阵地设施设立应急科普宣教专区。全面推进应急科普知识进企业、进农村、进社区、进学校、进家庭。

（五）强化媒体沟通协调。
宣传部门统筹协调各类传统媒体和新媒体，特别是主流新闻媒体和主流网络媒体，会同相关部门共同推动建立应急科普宣教媒体绿色通道。无偿开展突发事件预防与应急、自救互救等方面的公益宣传，充分解读应急预案的主要内容和处置规程。加强舆情跟踪和研究，积极回应和解读热点问题，加强应急科普内容科学性把关，针对谣言快速发声，采用科普方式将相关信息开诚布公，赢得群众信任和理解，营造有利舆论氛围。

四、保障措施

（一）加强组织领导。强化政治引领，积极争取党委政府的领导和支持，正确认识突发事件应急科普宣教工作的极端重要性。各级科协要会同宣传、科技、卫生健康、应急管理等部门，结合本地区实际，牵头制定相应的工作计划和应急科普响应机制，纳入各级突发事件应急工作整体规划和协调机制。

（二）完善制度保障。认真贯彻实施《突发事件应对法》《传染病防治法》《科学技术普及法》等法律法规，切实加大执法力度，加强应急科普宣教的配套制度建设，加大应急科普项目支持力度。探索建立工作目标管理和效果评价机制，对在工作中涌现的优秀组织和个人予以激励表扬。全面弘扬科学家精神和志愿精神，引导科技工作者开展应急科普研究和传播，推动建立发声容错机制，让科技工作者愿说、敢说、乐说。

（三）强化队伍建设。推动应急科普纳入全民素质教育体系，推进应急管理相关学科建设和人才培养。建立国家级应急科普专家委员会，推动形成各级各类专家队伍。提升各级领导干部处置决策能力，提高专职人员和相关媒体人员的业务素质，加强高危行业从业人员的应急科普培训。依托社区管理力量、志愿者等，强化基层救援力量、基层卫生员、灾害信息员、科普中国信息员等队伍建设。

广电总局 应急部关于进一步发挥应急广播在应急管理中作用的意见

（2020年11月19日 广电发〔2020〕80号）

党中央、国务院高度重视应急管理和应急广播工作，习近平总书记多次就推进我国应急管理体系和能力现代化、做好防灾减灾救灾和发展智慧广电网络等工作发表重要讲话，作出重要指示。应急广播体系是国家社会治理的重要基础设施，是打通应急信息发布"最后一公里"、实现精准动员的重要渠道。近年来，各地应急广播体系建设取得重要进展，社区、乡村覆盖面不断扩大，在基层社会治理、文化传播、疫情防控等方面发挥了重要作用。为进一步发挥应急广播在应急管理中的作用，建好管好用好应急广播，提升应急管理能力，提出如下意见。

一、总体要求

（一）指导思想

以习近平新时代中国特色社会主义思想为指导，全面贯彻落实党的十九大和十九届二中、三中、四中、五中全会精神，按照习近平总书记关于推进应急管理体系和能力现代化、发展智慧广电网络的重要决策部署，以保障人民生命财产安全为根本，依托广播电视传输覆盖网络加快推进应急广播体系建设，推动应急广播系统在应急管理领域应用，建立健全应急信息发布工作机制，不断提升应急信息精准传播能力和水平，最大程度减轻灾害事故造成的损失，为推动应急管理体系和能力现代化提供支撑。

（二）基本原则

坚持统筹发展、分级负责。按照中央统筹、省负总责、市县落实的管理体制，各级广电、应急管理部门分工负责、协调配合，推动应急管理与应急广播全面协调发展。

坚持平战结合、模式创新。按照平时服务、战时应急的要求，统筹整合城乡公共设施资源开展应急广播服务。鼓励各地结合应急管理工作特点、信息发布需求、地理人文环境等，创新运行模式，促进信息共享和要素流通，积极培育新应用场景。

坚持重心下移、注重实效。聚焦基层应急广播主动发布终端建设，做强应急广播"最后一公里"，推动实现应急信息"一竿子插到底"，直接传入企业、传入农村、传入社区、传入家庭。

坚持精准高效、安全可靠。依靠新科技成果及自主可控核心技术，加强信息系统安全防护和分级分类管理，提升应急信息发布科学性、有效性、精准性、安全性。

（三）工作目标

力争到2025年完成全国各级应急广播系统与应急管理信息系统对接工作，上下贯通、综合覆盖、平战结合、安全可靠的"中央-省-市-县-乡（街道）-村（社区）"六级应急广播体系初步形成，工作机制基本确立，应急广播在城市、农村社会综合治理工作中得到普遍应用，基层应急广播建设水平显著提高，全国省市县应急广播平台全部建成，应急广播主动发布终端人口覆盖率达到90%以上。其中，灾害事故多发易发频发地区应急广播平台应于2022年底前全部建成，应急广播主动发布终端人口覆盖率95%以上，有效打通预警信息发布"最后一公里"，更好服务国家工作大局，广大人民群众的获得感、幸福感、安全感得到进一步提升。

二、充分发挥应急广播在应急管理体系中的作用

（四）畅通播发渠道。探索利用现有专业系统资源和广播电视传输覆盖网、新媒体平台及机动应急广播车辆等传输通道，加强应用对接和信息共享，逐步实现关键应急信息的自动制作、传输、播发，第一时间覆盖指定地区、家庭、用户，为人民群众架起"应急广播安全网"。

（五）加强预警预报。通过应急广播发布常态化、季节性、区域性风险预警预报信息，提示群众及时做好灾害防范应对准备。定期发布应急科普信息，大力宣传防灾避险知识，不断增强社会公众防灾减灾意识和自救互救能力。

（六）强化覆盖到达。综合考虑城乡各类应用场景，统筹优化人员聚集区域及风险重点防控区广播站布置，加强应急广播与"智慧广电"、新媒体平台等有机融合，推动各类信息接收终端广泛接入。充分发挥应急广播紧急情况下可强制开启的特点，鼓励各地在确保安全前提下探索开展大喇叭、收音机、电视等终端的自动唤醒和主动播发工作。

（七）完善呈现效果。注重实际播发效果，不断优化应急广播终端的声音、文字和图像呈现方式，按照统一标识、统一提示音、统一屏幕和字幕样式、统一播报方式的要求，提升应急广播权威性、有效性。

（八）开展试点应用。广电总局和应急管理部共同选择具备条件的若干地区开展应急广播应用试点，探索应急广播在城市应急管理的应用，探索建立适应紧急信息播发需要的应急广播快速传送通道，完善快速传送流程和信息管理机制，缩短紧急情况下应急信息播发传送时间。

三、完善应急管理协同工作机制

（九）建立工作协同。各级广电、应急管理部门要加强对接，建立广电部门建设运维、应急管理部门应用的应急广播协作分工机制，会同本地自然资源、水利、气象、地震等部门，按照突发事件类别、影响范围、应对措施、发布内容和渠道等，制定本行政区域应急信息发布制度，明确发布职责、权限、渠道、程序和工作机制，实现分类型、分级别、分区域、分群体的有效精准传播。

（十）完善制度法规。推动将应急广播纳入应急管理和广播电视法律体系框架，在法律法规层面明确应急广播在国家应急管理和广播电视体系中的职能和作用。

（十一）健全安全机制。应急广播相关信息系统严格落实网络安全等级保护要求，采取有效措施，完善安全规范，强化安全管理，确保应急广播系统安全、网络安全和信息安全。

四、加快推动应急广播建设

（十二）推进系统建设。按照国家基本公共文化服务指导标准关于为全民提供应急广播服务的要求，加快各级应急广播平台建设，推动应急广播平台、网络、终端建设纳入各级"十四五"发展规划以及各地惠民工程实施范围。在重点做好深度贫困县应急广播建设工作的同时，大力争取中央财政对老少边穷地区和自然灾害多发易发频发地区基层应急广播系统建设的资金支持。地方应统筹安排自身财力，保障本地区应急广播建设和运行维护，着力提升基层应急广播建设整体水平，提高基层应急广播覆盖面和适用性，确保应急广播信息服务到村、到户、到人。

（十三）提升基础能力。以广播电视传输覆盖网为基础，完善应急广播主动发布系统，建立应急信号主备传输链路，部署应急广播主动发布终端系统，加强对云计算、大数据、人工智能等新技术的运用，充分运用广播电视基础设施资源，深化拓展应急广播服务效能。在各级应急管理、应急广播平台的指挥调度下，达到传输备份、覆盖资源最优的目的。

（十四）加强运行管理。建立健全应急广播运行维护体系，推动应急广播运行维护经费纳入各级财政基本公共服务保障范围。推进应急广播运行维护标准化建设，鼓励通过政府购买服务的方式提供应急广播平台维护、网络运行、设备维修等服务。

五、加强政策保障和组织实施

（十五）加强组织领导。各级广电、应急管理部门要联合成立应急广播建设领导小组，积极推进应急广播建设，尽快推动应急广播纳入到应急管理体系，建立定期会商机制，统筹做好应急广播的各项工作，切实把应急广播各项建设任务落到实处。

（十六）加强政策指导。发挥好政策扶持激励和引导调控作用，建立应急广播机构、人员和资金保障机制，明确"十四五"时期应急广播发展目标和建设任务，统筹部署，合力推进应急广播建设和运行。积极创新投资运营模式，出台相关产业优惠措施引导社会资金参与应急广播建设，探索解决完善应急广播建设运行长效机制。

（十七）加强绩效管理。完善应急广播建设效果评估机制，明确考核内容标准、考核方式和奖惩措施，全面推进应急广播绩效考核工作，组织先进典型单位和个人进行表彰，调动积极性和主动性，提高应急广播服务质量和效率。

（十八）加强队伍建设。建立应急广播专家库，发挥广电、应急管理部门的教育培训资源优势，组织相关科研单位、行业专家及基层优秀典型，开展应急广播统一培训和专题培训。建立完善应急广播终端系统管理队伍，明确职责任务，积极开展操作技能演练，提高基层工作人员的应急广播使用能力。

"十四五"危险化学品安全生产规划方案

（2022年3月10日 应急〔2022〕22号）

为贯彻落实党的十九大、十九届历次全会精神和党中央、国务院关于加强安全生产工作的决策部署，指导做好"十四五"期间危险化学品、油气和烟花爆竹安全生产工作，强化重大安全风险防控，有效遏制防范重特大事故，全面提高安全生产水平，根据"十四五"国家应急体系规划和安全生产规划，制定本规划方案。

一、规划背景

"十三五"时期，各地区、各有关部门和单位深入学习贯彻习近平总书记关于安全生产重要论述，认真落实中共中央办公厅、国务院办公厅《关于全面加强危险化学品安全生产工作的意见》，开展危险化学品安全综合治理，全面启动危险化学品安全专项整治三年行动，安全风险防控取得新进展，较好完成了"十三五"规划目标任务。法规标准体系和监管体制进一步健全，危险化学品安全法立法深入推进，公布实施危险化学品企业安全风险隐患排查治理导则、化工园区安全风险排查治理导则、特别管控危险化学品目录、危险化学品生产装置和储存设施外部安全防护距离确定方法、危险货物道路运输安全管理办法等50余项规章标准规定；调整加强了国家危险化学品安全监管机构与力量。专项整治进一步深化，持续开展硝酸铵等危险化学品安全排查治理、烟花爆竹"一证多厂"等10余个专项整治，完成以危险化学品安全为重点的江苏"开小灶"督导，完成四轮对53个国家级危险化学品重点县专家指导服务，带动各省份对261个省级重点县开展专家指导服务。重点领域安全风险管控进一步强化，构建重大危险源消防救援机构和应急管理部门"消地协作"督导检查机制，强化"两重点一重大"（重点监管的危险化学品、危险化工工艺、危险化学品重大危险源）监管，建成全国危险化学品安全风险监测预警系统，危险化学品生产企业结构调整加快、数量减少5400余家，2.9万余处油气管道隐患整改攻坚任务提前完成；烟花爆竹生产工厂化建设、机械化生产取得明显进展，21个省份退出生产。安全生产形势进一步好转，2020年全国化工事故起数和死亡人数较2016年分别下降36%、24%，化工较大以上事故起数下降17%；烟花爆竹生产经营事故起数、死亡人数连续五年"双下降"，2020年较2016年分别下降76%、85%，烟花爆竹重特大事故得到有效遏制。

当前，危险化学品安全生产存在的主要问题：一是安全发展理念落实不到位。一些地方、化工园区重发展、轻安全，统筹发展和安全的意识不强，党政领导责任、部门监管责任、企业主体责任不落实，不具备条件盲目发展化工产业，化工园区"遍地开花"，产业转移安全风险管控不到位导致事故多发。二是本质安全水平不高。不少企业特别是中小企业设计水平低，安全投入不足，自动化控制系统不完善，从业人员素质技能不高，油气管道施工质量管控不严格，烟花爆竹部分工序仍以手工作业为主。三是安全管理能力不强。企业安全风险分级管控与隐患排查治理水平不高，政府监管重"事后调查处理"、轻"事前风险防控"，法规标准体系不健全、落实力度不够，全国危险化学品安全监管人员具有化工、安全等专业学历的人数占比不足三分之一，对重大危险源、化工园区等监管缺乏系统化、精准化、智能化手段。四是全链条安全管理不平衡。危险化学品生产、经营、储存、运输、使用、废弃处置等环节衔接不顺畅，一些环节重特大事故比较集中，累积形成系统性安全风险。2017至2019年连续发生7起重特大事故，"十三五"期间年均发生1.4起重特大事故。

"十四五"时期我国危险化学品安全生产仍处于爬坡过坎、攻坚克难的关键期，既具有安全生产形势持续稳定好转的有利条件，也面临新旧风险叠加的严峻挑战。党的十九届五中全会把安全生产提升到全新高度，强调把安全发展贯穿国家发展的全过程和各领域，立足新发展阶段、贯彻新发展理念、构建新发展格局，为做好危险化学品安全生产工作提供了新的动力。"十四五"时期，布局园区化、装置大型化、生产智能化成为新趋势，新发展理念引领我国化工产业结构升级步伐加快，为危险化学品安全生产提供了保障；随着中共中央办公厅、国务院办公厅《关于全面加强危险化学品安全生产工作的意见》以及危险化学品安全专项整治三年行动的深入落实，危险化学品安全成为防范化解重大风险的重中之重，集中攻坚的合力正在形成。与此同时，化工行业高风险性质没有改变，长期快速发展积累的深层次问题尚未根本解决，生产、储存、运输、废弃处置等环节传统风险处于高位，产业转移、老旧装置和新能源、海洋石油、氢能等新兴领域风险突显，风险隐患叠加并进入集中暴露期，防范化解重大安全风险任务艰巨复杂。

二、总体要求

（一）指导思想。

以习近平新时代中国特色社会主义思想为指导，深入学习贯彻习近平总书记关于安全生产重要论述，始终把危险化学品安全风险防控摆在防范化解重大风险的突出位置，深入落实中共中央办公厅、国务院办公厅《关于全面加强危险化学品安全生产工作的意见》部署，坚持统筹发展和安全，坚持人民至上、生命至上，以有效遏制重大事故为首要目标，以滚动实施危险化学品安全专项整治三年行动为抓手，着力抓重点、强基础、堵漏洞、补短板，更加注重构建安全治理体系，更加注重提升本质安全，更加注重管理手段数字化转型，加强源头治理、标本兼治、系统推进，提高安全管理系统化、精准化、智能化水平，从根本上消除隐患、从根本上解决问题，全面推动化工行业转型升级，为贯彻新发展理念、构建新发展格局、推进高质量发展、全面建设社会主义现代化国家提供有力保障。

（二）基本原则。

——理念引领，标本兼治。坚持安全发展理念，把安全发展贯穿化工产业发展全过程和各领域，立足我国实际，借鉴国际经验，发挥独特优势，强化专项整治，严格源头准入，持续夯实基础，构筑长效机制，坚决遏制防范重特大事故，推动危险化学品安全生产形势稳定好转，以高水平安全服务高质量发展。

——构建体系，系统治理。坚持系统观念，把防范危险化学品系统性安全风险作为主攻方向，突出企业主体责任，强化政府监管责任，规范化工园区建设和安全管理，统筹加强安全责任、隐患排查、预防控制、本质安全、人员培训、基础支撑等体系建设，构建与化学品制造大国相适应的危险化学品安全治理体系。

——加大投入，本质安全。坚持安全第一，把本质安全提升作为核心任务，突出化工园区安全提质、大型油气储存基地安全防控、企业安全改造、从业人员培训、"工业互联网+危化安全生产"等重点方向，实施一批本质安全提升工程。

——创新突破，注重协同。坚持目标导向、问题导向、效果导向，把创新实践作为破解危险化学品安全难题的关键抓手，推动安全管理数字化转型智能化升级，强化危险化学品全生命周期、油气开采储运、烟花爆竹等领域各环节安全风险管控，聚焦重大危险源、重点行业和重点区域，加强上下联动、部门协作，形成企业主体、市县落实、省负总责、国家指导的工作机制，在关键环节上守住安全底线。

（三）主要目标。

到2025年，防范化解危险化学品重大安全风险体制机制法制不断健全，安全生产责任体系更加严密，化工园区安全监管责任进一步压实，危险化学品重特大事故得到有效遏制，全国化工、油气和烟花爆竹事故总量以及化工较大事故总量明显下降，建立危险化学品隐患排查治理和预防控制体系。

——事故起数和死亡人数持续下降。化工事故起数和死亡人数、较大及以上事故起数和死亡人数比"十三五"时期下降15%以上，油气事故起数和死亡人数比"十三五"时期下降15%以上，烟花爆竹生产经营事故起数和死亡人数比"十三五"时期下降20%以上。

——安全治理体系建设明显提速。地方党政领导责任、部门监管责任、企业主体责任得到有效落实，重大危险源管控机制稳定运行，企业安全风险分级管控和隐患排查治理机制（以下简称双重预防机制）数字化建设全面突破；化工园区、危险化学品企业安全整治成效明显；法规标准体系更加完善，从业人员素质、科技创新能力、社会服务水平、应急救援能力显著提升，基础支撑保障更加有力。

——本质安全水平明显提升。化工园区安全提质工程全面实施，90%左右的化工园区达到D级（较低安全风险水平）；企业安全改造投入大幅增加，安全距离、设备工艺、平面布局、自动化等方面改造成效显著，高危岗位现场作业人员数量大幅减少；线上线下融合式培训网络建设基本覆盖；安全管理数字化、智能化转型进展顺利，安全风险监测预警能力不断提升，化工园区、重大危险源企业、大型油气储存基地安全管控智能化平台持续升级，"工业互联网+危化安全生产"试点取得明显成效。

——重点领域安全管理明显加强。危险化学品全生命周期各环节协同管理在重点地区、重点品种率先突破，油气行业基本形成与发展适应的安全管理体制机制；全国烟花爆竹转型升级集中区建设成效显著，产业集中度和机械化自动化水平大幅提升，基本形成现代产业格局。

到2035年，危险化学品安全生产责任体系健全明确并得到全面落实，重大安全风险得到有效防控，安全生产进入相对平稳阶段，10万从业人员死亡率达到或接近发达国家水平，基本实现安全生产治理体系和治理能力现代化。

三、构建危险化学品安全治理体系

适应我国由"化工大国"到"化工强国"的新发展阶段要求，立足有效防范化解重大安全风险，突出重点区域、重点行业、重大危险源企业，优先解决安全责任、隐患排查、预防控制、本质安全、员工培训、基础支撑保障等突出问题，强化安全风险治理，全面提升重大安全风险防控能力，构建具有中国特色、系统科学、政企协同的危险化学品安全治理体系。

（一）安全生产责任体系。

贯彻落实"管行业必须管安全、管业务必须管安全、管生产经营必须管安全"和"谁审批谁负责"、"谁主管谁负责"规定要求，夯实地方党政领导责任、部门监管责任、企业主体责任，强化化工园区安全监管责任，着力解决基层监管和企业"最后一公里"难题，完善制度安排，强化措施落实，健全企业负责、职工参与、政府监管、行业自律、社会监督的安全监管机制。

压实企业主体责任。推动企业建立健全企业内部从主要负责人（法定代表人、实际控制人）到一线岗位员工的全员安全生产责任制，形成自我约束、持续改进的安全生产内生机制。依托危险化学品安全风险监测预警系统，制定健全并严格落实主要负责人安全风险研判承诺公告、重大危险源包保责任、开车前安全风险自查评估制度。建立"两重点一重大"企业安全总监和安全管理技术团队配备制度，按要求配备注册安全工程师。强化责任追究和教训吸取，做好行刑衔接，突出对主要负责人的追责问责。推进危险化学品企业信用风险分类监管，严格安全生产严重违法失信名单管理。研究跨地区集团公司总部对子（分）公司加强安全审计的措施。健全完善油气领域企业总部安全生产负总责制度。强化中央企业主体责任落实，发挥示范带头作用，自觉接受属地监管。

强化政府监管执法。推动将危险化学品安全重点工作纳入地方政府和部门年度安全生产考核，并作为领导干部工作职责和年度任务"两个清单"内容。推行"互联网+监管"、"互联网+执法"、"执法+专家"模式，建立线上监测预警与线上线下监管执法相衔接的机制，实施分类分级执法。建立健全应急管理部门与其他有关部门监管协作和联合执法工作机制，密切协调配合，共同打击违法行为，推动各地区制定各相关部门危险化学品安全监管责任清单，形成齐抓共管的监管合力。严格落实较大以上事故调查处理、挂牌督办和整改措施落实评估等制度。

加强监管能力建设。推动各地利用现有政策，明确监管人员准入条件，打通公务员特殊职位招录、区域集中专项招录、专业人才引进等通道，建立专业人才补充长效机制。推动化工园区和危险化学品重点县、重点区域加强专业监管与执法力量，支持基层政府、化工园区通过聘用技术检查员、第三方专业机构等措施，配齐配强危险化学品监管专业力量。加强政策引导，鼓励危险化学品重点县、化工园区和重大危险源企业通过购买安全服务的方式，建立完善专家咨询、指导服务长效机制。

> **专栏1　安全生产责任体系建设重点措施**
>
> 健全企业主要负责人培训考核制度。建立考核题库定期完善机制，严格考核合格标准，考核年度覆盖率100%。
>
> 推动建立地方党政领导责任落实制度。全面落实《地方党政领导干部安全生产责任制规定》，省、市、县级将危险化学品重大安全风险防控任务明确到责任人，制定工作职责清单和年度任务清单。
>
> 加强化工园区安全监管能力建设。明确承担化工园区安全生产职责的机构，充分考虑园区规模、企业数量、产业特点、整体安全风险状况等因素，推动配齐配强专业监管人员，争取2022年底前实现园区全覆盖。
>
> 推行企业动火作业、进入受限空间作业、承包商入厂作业前网上报告制度。落实企业安全风险研判承诺公告制度要求，完善属地监管部门依据报告信息实施重点抽查机制，实行全过程智能化安全管控，重大危险源企业率先全面落实。
>
> 鼓励推行购买安全服务制度。建立第三方专家服务机构白名单制度，由国家、省级层面定期公布，鼓励国家和省级重点县、化工园区及重大危险源企业购买安全服务。

（二）隐患排查治理体系。

坚持问题导向，建立发现问题、解决问题工作推进机制，健全企业隐患排查治理体系，提高专项排查整治的有效性，推动企业由被动接受安全监管向主动开展安全管理转变，由政府为主的行政执法检查向企业为主的日常化隐患排查转变。

完善企业隐患排查治理制度。落实危险化学品企业安全风险隐患排查治理导则规定，细化制定重点细分行业隐患排查指南。建立企业负责人组织全员参与、以安全风险分级管控为基础的隐患排查治理制度，定期组织排查，实行自查自改自报闭环管理。推动有条件的企业建立线上线下融合的隐患排查治理支撑平台。

开展专项排查整治。深入推进以重大危险源、重点行业为主要对象的常规性专项检查，及时组织以事故教训吸取、重大活动期间隐患排查整治为内容的非常规专项排查整治。从18种危险化工工艺目录中选择重点工艺（以下简称高危工艺），从74种危险化学品名录和20种特别管控危险化学品目录中选择重点化学品（以下简称高危化学品）等实施专项整治行动，有效防范重点部位、关键环节安全风险。建立完善重点专项整治督导通报制度，健全重大隐患整改交办、督办制度，压实隐患整改责任。健全完善地方"消地协作"督导检查机制。落实隐患举报奖励制度，加强社会监督。

强化专家指导服务。深入开展国家、省级危险化学品重点县专家指导服务，推动每个重点县培育一支本地化的专家队伍、建设一个服务区域的实训基地、每个规模以上企业打造一个线上线下相融合的员工培训空间。以高危工艺、高危化学品储存设施等为重点，精准开展专家指导服务。推进专家指导服务向油气管道高后果区、井控高风险区、海上高风险油气生产设施等领域拓展。加强细分行业领域的专家库建设，聚集一批高水平行业领域专家。

专栏2　隐患排查治理体系建设重点措施

建立企业隐患排查治理体系。建立以安全风险分级管控为基础的隐患排查治理制度。制定出台高危化学品和高危工艺细分领域隐患排查治理标准。推进隐患排查治理数字化转型，强化视频智能分析等信息技术在隐患智能识别等方面应用，重大危险源企业运用数字化信息化手段实现隐患自查自改自报闭环率100%。

深化专项排查整治。持续开展重大危险源常规性检查，推动"消地协作"督导检查模式创新发展，规范工作指南，优化评价体系，实现年度2次集中检查全覆盖。组织对10种以上高危工艺和高危化学品开展专家指导服务式专项排查整治。

建立隐患整改督办制度。按照省级负总责、市县抓落实的原则分类确定督办层级，制定配套的通报、约谈、执法规则，重大隐患整改督办率100%。

建立常态化隐患排查专家指导服务机制。采取自主培养、购买服务、对口帮扶等多种形式，建立常态化隐患排查专家指导服务机制，实现危险化学品重点县和化工园区隐患排查专家指导服务全覆盖。

（三）安全预防控制体系。

坚持关口前移、源头防范，完善落实基础制度，突出重大安全风险管控，全面提升化学品风险辨识、重大危险源精准监管、高风险分级管控和企业安全管理水平，构建制度完备、执行有力、平台支撑、精准有效的安全预防控制体系。

完善化学品登记与鉴定管理。健全化学品登记与鉴定制度，实施化工、医药企业登记，建设高标准数据库。推进企业端、移动端和"一企一品一码"管理等功能建设应用，实现"一书一签"自动生成、便捷查询、高效传递。

严格安全许可管理。严格依法实施涉及高危工艺的化工建设项目安全许可，倒逼新建化工项目达到设计、设备、人员等方面的许可要求。持续开展"红、橙"风险等级企业安全许可条件"回头看"。

突出重大危险源安全风险管控。修订危险化学品重大危险源监督管理暂行规定。拓展深化重大危险源在线监测预警系统功能开发和应用，推进系统迭代升级、动态优化，区分特别管控（红色）、重点关注（黄色）和一般监管（绿色），建立完善重大危险源企业安全风险分级管控和动态监测预警常态化机制。实施企业重大危险源三级责任人管控，明确每一处重大危险源的主要负责人、技术负责人、操作负责人，严格落实安全包保责任。推动建立完善大型油气储存企业安全风险评估机制。

强化高危化学品和高危工艺安全风险管控。深化精细化工企业反应安全风险评估，建立涉及硝化、氯化、氟化、重氮化、过氧化工艺的精细化工生产工艺全流程安全风险评估机制，不断提升人防、物防、技防要求。研究制定高危化学品和高危工艺细分领域安全风险管控标准规定。构建深化以专家指导服务、"一企一策"整治、健全长效机制、实施"回头看"为重点的组合治理措施，形成高危细分领域安全风险防控工作机制。

提升企业安全管理水平。坚持分类施策、试点先行，推进企业双重预防机制数字化建设。推进以化工过程安全要素管理为基础的安全生产标准化建设，提升安全管理的科学化、系统化水平。鼓励有条件的企业学习借鉴国际先进水平的安全管理体系。指导推动中小企业不断加强安全管理。

专栏3　安全预防控制体系建设重点措施

实施化学品登记系统升级改造。围绕服务网路、系统功能、便民措施等方面，全面升级改造登记系统，拓展"一书一签"标准化编制、每个企业每种危险化学品唯

续表

—安全信息码管理、多条件统计分析等功能，有效服务各级应急管理部门和危险化学品生产进口、化工医药企业。以登记系统为基础，推进信息共享，建设"一企一档"。

推进企业双重预防机制数字化建设。培育试点企业，总结推广试点做法，制定完善建设指南等规范，逐步实现重大危险源企业双重预防机制的数字化应用全覆盖。

建立重大危险源安全包保机制。出台重大危险源安全包保责任制办法，推进每一处重大危险源从总体管理、技术管理和操作管理三个层面明确落实安全包保责任，实现与危险化学品安全风险监测预警系统联动。

升级重大危险源安全风险监测预警系统。依托危险化学品安全风险监测预警能力提升工程，对系统功能和基础设施进行升级，实现部、省、市、县、园区与企业上下贯通、联网管控。拓展监测预警系统应用功能，做优监测预警、巡查检查、安全承诺、值班值守等核心功能，制定系统应用与监管执法衔接措施，推进系统不断迭代升级。

严格实施安全生产许可证现场核查管理。对新取证企业、一二级重大危险源企业、高危工艺企业的安全生产许可证颁发，一律由省级组织现场核查，严把准入关口。

（四）本质安全发展体系。

坚持统筹发展和安全，顺应产业发展大势，强化产业转移、老旧装置安全风险防控，深入开展化工园区提质升级、企业分类整治、非法违法"小化工"治理等专项整治，构建准入严格、布局规范、技术先进的本质安全发展格局。

加强规划引导。推动涉及化工行业的省、市和重点化工园区结合实际，明确产业定位，建立多部门参与的规划编制协调沟通机制，制定完善化工产业发展规划。推动设区的市制定完善危险化学品"禁限控"目录，严格控制涉及光气、氯气、氨气等有毒气体和爆炸物的建设项目，严禁已淘汰的落后产能异地落户和进园入区。严格落实化工园区所在地国土空间规划，严格控制化工园区周边土地开发利用。

规范化工园区安全风险管控。出台化工园区认定办法，推动化工园区制定出台新建化工项目安全准入条件。以安全风险评估为牵引，开展化工园区专家指导服务，实施重大安全风险防控项目，深入落实化工园区安全风险排查治理导则，全面推进"一园一策"整治提升，实现化工园区集中布局、集群发展、降低安全风险等级。开展试点示范，建设一批本质安全水平高的智慧化工园区。

严格设计管理。依法严格落实涉及"两重点一重大"的大型化工建设项目设计单位资质要求，完善建设项目安全审查制度。出台化工建设项目安全设计导则，严格设计过程管理。严格落实设计单位责任，积极采用先进安全技术和安全风险管理方法以及最严格标准，提高本质安全设计水平，消除潜在隐患。

保障安全距离。完成城镇人口密集区危险化学品生产企业搬迁改造。全面排查危险化学品企业内部安全距离，对不符合要求的平面布局实施改造。实施化工园区封闭化管理，开展园区内部劳动密集型企业、人员密集场所搬迁行动，防止安全风险外溢。

淘汰落后工艺设备。按照危险化学品企业安全分类整治目录、淘汰落后危险化学品安全生产工艺技术设备目录，推动地方结合实际制定措施，全面开展企业安全条件精准化排查评估，严格"一企一策"治理，实现规范达标一批、改造提升一批、依法退出一批。开展危险化学品老旧装置安全风险排查专项整治，建立防控长效机制。深化非法违法"小化工"专项整治，坚持打疏结合，利用多种手段，建立健全常态化联动监管机制，有效防止死灰复燃。

加快技术升级改造。深入开展"机械化换人、自动化减人"专项行动，推动高危工艺企业实施全流程自动化改造，最大限度降低高危岗位现场作业人员数量。加快新材料应用和新技术、新装备研发，研究生产过程危险化学品在线量减量技术路线和储存量减量方案，减少重大危险源数量；开发以低毒性、低反应活性的化学品替代高危险性化学品的工艺技术路线，持续开展缓和反应温度、反应压力等弱化反应条件的技术改造，鼓励采用全密闭连续自动生产装置替代开放或半封闭式间歇生产装置。推动气体泄漏微量快速检测、微通道反应器等先进技术方法应用。提升设备设施完好性，加强泄漏管理。推动企业更新改造老旧消防设施器材，确保完好有效。

专栏4　本质安全发展体系建设重点措施

加强化工园区"十有"发展引导。实施化工园区"一园一策"整治提升，2022年实现有园区总体规划和产业规划、有安全管理机构和人员、有"四至"范围、有周边土地规划安全控制线，2024年实现有公用工程和配套公用设施、有封闭化管理、有专用停车场、有信息化平台、有实训基地、有消防设施。

推动化工园区安全提质升级。实施重大安全风险防控

续表

项目，建设化工园区安全风险智能化管控平台，提升园区内企业重点场所、重大危险源安全风险防控水平，2022年A级、B级化工园区"清零"，2025年90%左右的化工园区达到D级。

推动危险化学品企业安全分类整治。建立省级统筹、市县落实的工作机制，组织第三方机构对照危险化学品企业安全分类整治目录对企业进行评估分类，制定实施"一企一策"整治方案，实现评估整治多轮全覆盖。

严厉打击整治非法违法"小化工"。建立健全对重点地区、重点领域非法违法突出问题的常态化联动打击机制，定期排查、高压打击、常治长效，实现非法违法"小化工"动态清零。

实施精细化工安全整治"清零"行动。对没有按要求开展反应安全风险评估、没有按时完成自动化改造、从业人员达不到规定学历资质水平、控制室等人员密集场所设置不符合要求等问题，开展安全整治"清零"行动，涉及重点监管的危险化工工艺的精细化工企业率先清零。

推进危险化学品企业全流程自动化改造。以本质安全为中心，以高危工艺、高危化学品、人员密集岗位等为重点，推动企业升级改造，建设智能车间、"无人"车间。

（五）从业人员培训体系。

按照统筹推进、分类指导的原则，以培养高素质高技能实用性人才为目标，以严格人员资格条件为抓手，倒逼企业落实主体责任，加快构建标准规范统一、培训载体丰富、线上线下融合、有效供给多样的教育培训供给体系，持续实施全覆盖高质量的安全教育培训，夯实安全发展的人才保障和素质根基。

强化企业安全管理技术专业团队建设。制定安全管理技术专业团队强制配备和专业、学历标准条件，率先在涉及重大危险源的企业、重点监管的危险化工工艺的精细化工企业全面实施。开展化工安全技术技能人才学历提升行动，鼓励安全管理人员在职提高化工安全等专业学历层次。完善系统性、模块化、阶梯式的安全管理人员培训大纲、课程和考试题库，倒逼提升专业能力。

提升重点岗位操作人员安全技能。调整扩充危险化学品特种作业人员范围，严格依法实施资格条件和培训考试、持证上岗制度。建立健全实际操作训练基地建设标准、设备配备标准和以实际工作情景为导向的训练指导手册，突出加强重点岗位人员实操训练。强化校企合作人才培养，探索中国特色学徒制，从根本上解决产业工人来源问题。与人力资源社会保障等部门合作，按规定利用职业技能提升行动和工伤预防政策，扎实推进化工行业安全技能提升行动和工伤预防能力提升培训工程。

普及线上线下融合的安全培训空间。按照员工线上自学、线下培训的实体空间与支撑企业培训管理、政府培训监督的虚拟空间相结合原则，制定安全培训空间建设与应用指南。开展规模以上企业安全培训空间建设应用专项行动，实现企企有空间、人人用空间。研究制定企业安全培训空间运行激励约束政策措施。

加强监管人员培训。强化危险化学品安全监管队伍建设，实现具有化工安全相关专业学历或实践经验的执法人员数量达到在职人员的75%以上。制定地区监管人员培训计划，高标准确定新入职人员、在职人员培训大纲和课程设置，遴选培养一批既有实践又有理论、既能执法又能讲课的教官队伍。加强培训载体建设，利用本科高校、职业院校、大型企业、培训机构等优质资源，布局建设一批监管人员培训基地。

专栏5　从业人员培训体系建设重点措施

严格从业人员安全资格条件。落实重点岗位人员配备和资格条件标准要求，研究将涉及重大危险源、重点监管危险化工工艺的生产装置和储存设施操作人员纳入特种作业人员范围，依法严格实施资格条件和培训考核发证，严厉打击资格培训造假行为。

实施人员资格条件对标行动。制定从业人员安全资格条件达标计划，逐岗开展对标评估，制定实施达标措施，实现危险化学品企业2021年~2023年三年全面达标，精细化工企业、重大危险源企业率先达标。

实施工伤预防能力提升培训工程。采取统一方案、省级统筹、市级组织、园区和县级应急管理部门落实、线上线下结合的方式，按规定纳入工伤预防支持范围，轮训危险化学品重点企业安全生产分管负责人、专职安全管理人员和班组长，率先对企业重大危险源主要负责人、技术负责人和操作负责人三个包保责任人进行全覆盖培训。

实施安全培训空间覆盖行动。制定培训空间建设应用指南，按规模以上企业自建、其他企业共建或接受服务方式，率先推动危险化学品重点县规模以上企业全覆盖。研究建立激励约束机制，明确标准规范，鼓励有能力的企业制定个性化培训方案、课程和题库。

开展安全培训试点示范。尊重基层和企业首创精神，在国家和省级层面选择有代表性的地区、化工园区、企业，开展安全培训试点示范，以点带面推动工作。

（六）基础支撑保障体系。

坚持补短板、强弱项、固根基，强化法制建设、智能管理、科技强安、社会共治、应急能力建设，构建满足要求、体现特色、先进适用、有力有效的基础支撑保障体系。

完善法律法规标准体系。推动出台危险化学品安全法，按照急用先行、分批分步原则，推进配套法规、规章、标准制修订工作，加快形成系统完备、科学规范、运行高效的法规标准体系，进一步提高依法治安水平。

推进安全管理数字化转型。把握新一轮科技革命和产业变革机遇，重点推动工业互联网与危险化学品安全生产深度融合，形成企业管理平台、政府监管平台、网络生态系统协同创新发展格局。推动国家、省、市级危险化学品安全监管信息共享平台建设。升级危险化学品安全风险监测预警系统，重点推进功能迭代和应用拓展，实现部、省、市、县、园区与企业上下贯通、联网管控。推进化工园区、企业安全风险智能化管控平台建设，加快推进安全管理、工艺装备等信息系统整合，提升安全管理数字化智能化水平。

增强创新支撑能力。整合资源力量，建设国家危险化学品安全研究平台，打造世界一流的危险化学品安全科技支撑机构。聚焦重点领域，统筹中央企业、大型骨干企业、高等院校、科研院所等各方力量，建设一批重点实验室、协同创新中心、试验基地等创新平台。组织实施一批重大技术攻关项目，在重大安全风险评估、智能化监管、微通道反应器、沿海大型油气储罐和管道裂纹、腐蚀监测管控、氢能安全等技术方面实现突破，加强安全生产和事故预防理论、应急处置基础和技术研究。研究出台相关政策，进一步畅通成果转化推广机制渠道，加快应用一批成熟可靠有效的安全科技成果。

强化社会服务支撑。分行业领域建立安全生产社会服务组织联盟，制定建设标准和服务规范，鼓励出台团体标准，形成综合性服务机构为骨干、专业性服务机构为支撑的发展格局。建立技术服务专家库，实施龙头服务企业培育和服务品牌创建工程，带动提升服务质量。完善有利于第三方服务机构健康发展的政策措施，建立服务评价体系与评价机制，引导政府、企业按照购买服务清单择优选择服务机构，对弄虚作假的严厉惩处。

提升应急救援能力。强化危险化学品应急救援人员、装备、设施的政策支持，加大应急救援能力建设资金投入，统筹危险化学品应急救援队伍建设，建立健全应急资源信息系统。合理布局重点区域危险化学品应急处置能力建设，打造有效应对重大安全风险的专业应急救援"尖刀"队。加强危险化学品应急救援基地实战能力建设，规范指挥调度和训练考核，完善应急预案，强化实训演练，确保科学处置、安全处置。推动危险化学品企业依法建立完善企业专（兼）职消防队，根据需要建立事故工艺处置队或工艺应急处置机制，加强贴近实战的技能训练和综合演练，优化事故工艺处置措施。积极探索化工园区应急资源共享和应急联动机制，推动消防资源的共建共享和应急装备能力提升。省级以上化工园区建设化工事故处置专业队，与国家综合性消防救援队伍建立联勤联训联战机制，具备处置较大化工事故的能力。

加强国际交流与合作。结合危险化学品安全生产实际，强化有关行业领域的国际交流合作，对内引进优质资源，提升安全生产水平，对外促进开放合作，展示中国实践和贡献中国智慧。

专栏6　基础支撑保障体系建设重点措施

制修订一批急需的规章标准。加快制修订危险化学品重大危险源监督管理办法、危险化学品建设项目安全监督管理办法、化工园区安全管理办法、危险化学品生产企业安全生产许可证实施办法、危险化学品经营许可证管理办法、危险化学品从业人员安全教育培训规范、危险化学品重大隐患判定以及危险化学品生产建设项目安全风险防控、硝酸铵安全管理、化工过程安全、精细化工反应安全风险评估、特殊作业规范、危险化学品企业安全风险分类分级等规章标准。

构建国家危险化学品安全研究支撑体系。推进国家危险化学品安全科技支撑机构建设，发挥中央企业、高等院校、研究机构科研优势，统筹建设一批危险化学品安全工程研究机构，提供高水平的保障支撑。

建设企业和化工园区安全风险智能化管控平台。制定企业和化工园区安全风险智能化管控平台建设指南，全面建成集重大危险源管理、双重预防机制、特殊作业管理、智能巡检、人员定位等功能为一体的企业平台，以及集安全基础管理、重大危险源管理、双重预防机制、特殊作业管理、封闭化管理、敏捷应急等功能为一体的化工园区平台。

实施龙头服务企业培育和服务品牌创建工程。倾斜政策资金项目，鼓励引导研究机构、行业协会、工程技术服务企业做大做强，推动形成一批集规划设计、咨询论证、工程建设与评价评估诊断等服务于一体的龙头企业和第三方服务品牌，更好助力安全生产工作。

四、实施危险化学品本质安全提升工程

（一）化工园区安全提质工程。

在化工园区安全评估、分类提升的基础上，重点抓好"一园一策"整改提升措施落地，推动化工

园区全部达到一般或较低安全风险等级。重点推进园区封闭化、专用停车场、公共管廊安全保障、应急保障能力、安全技能实训基地、智能化管控平台等建设，打造一批本质安全型化工园区。选择业态先进、规模较大、示范带动性强的化工园区，实施重大安全风险防控项目。

（二）大型油气储存基地安全防控工程。

推动对已投运的大型原油、成品油、LNG等油气储存基地实施设备设施、控制系统升级改造，实现气体检测、视频监控、紧急切断、雷电预警"四个系统"装备率和有效投用率达到100%，外部安全防护距离不足企业清零。推动大型油气储存基地安全管理数字化智能化转型，围绕气云成像、主动安防、智能巡检等前沿技术试点示范和推广应用。

（三）危险化学品企业安全改造工程。

协同有关部门有序推进城镇人口密集区危险化学品生产企业搬迁改造，全面完成搬迁改造任务。推动化工园区内安全距离不足的劳动密集型企业和居民实施搬迁。对企业内部不满足安全要求的平面布局实施改造，加快整改不符合安全布局要求的控制室、交接班室、办公室、休息室、外操室、巡检室等人员聚集场所，确保重要设施的平面布置、朝向、安全距离合规。持续实施安全仪表系统、自动化控制、工艺优化和技术更新改造，开展安全风险监测预警、罐区仓库智能化信息化管理能力提升改造，推进高危工艺装置现场无人化示范项目。

（四）危险化学品安全培训网络建设工程。

利用各方力量，在重点地区和化工园区布局建设高水平、服务周边的区域性安全实训基地，强化专业化管理运营和产、训、考一体化融合。推动企业建设和应用线上线下融合的安全培训空间，形成理论知识线上更新、操作技能线下实训的模式。覆盖石油化工、精细化工、基础化工、医药、油气、烟花爆竹等行业类别，按不同培训方向建设或培育一批网络培训品牌。开发企业必须掌握的危险化学品安全生产通用教材和数字资源库。

（五）"工业互联网+危化安全生产"工程。

制定"工业互联网+危化安全生产"试点建设方案，高水平编制生产企业、集团公司、化工园区等试点单位建设方案，重点推进应用场景建设和推广应用，建设"工业互联网+危化安全生产"公共服务平台，开展标识解析和标准规范建设，打造若干企业级、行业级、区域级平台，建设一批应用示范工程。

专栏7　危险化学品本质安全提升工程

化工园区安全提质工程。推动实施园区封闭化改造、专用停车场、实训基地、消防设施、智能化管控平台建设，支持有条件的园区在公共管廊、物流仓储、物料互供等方面加强基础设施投入，实现园区安全风险管控能力大幅提升。

大型油气储存基地安全防控工程。对单罐库容不小于10万立方米、总库容不小于100万立方米的原油储备基地，单罐库容不小于5千立方米、总库容不小于5万立方米的成品油储备库，单罐库容不小于1万立方米、总库容不小于10万立方米的LNG接收站开展安全风险评估，实现油气储存设施气体检测、视频监控、紧急切断、雷电预警"四个系统"装备率和有效投用率达到100%，外部安全防护距离不足企业清零。实施大型油气储存基地安全管理数字化转型，基本实现罐区的实时监测、在线诊断、自动化控制、智能化研判，推动气云成像、主动安防、智能巡检等前沿技术试点示范和推广应用。

危险化学品企业安全改造工程。完成城镇人口密集区的生产企业搬迁改造，有序推进化工园区内劳动密集型企业和居民实施搬迁。推动实施重点危险工艺装置和重点易燃易爆化学品生产全流程自动化改造，减少高危场所作业人员数量，提高本质安全水平。推进重大危险源企业防泄漏监测技术提升改造、新工艺新材料新装备推广应用，加快淘汰落后技术。

危险化学品安全培训网络建设工程。支持建设200个以上服务区域的高水平实训基地，分类培育20个以上网络培训品牌。规模以上企业普遍建成个性化培训空间。建成覆盖各行业类别的应知应会教材体系和全国性、区域性数字资源库及事故案例库。

"工业互联网+危化安全生产"工程。推进危险化学品安全风险监测预警系统、安全生产监管信息平台迭代升级。全面建成重大危险源企业和化工园区安全风险智能化管控平台。推进试点单位建设一批应用场景、工业APP和工业机理模型，打造若干个区域级、行业级的系统平台以及企业级示范平台。推进双重预防机制数字化建设，基本实现重大危险源企业安全管理数字化转型。

五、强化相关重点关键领域安全风险防控

（一）化工和医药行业及危险化学品相关环节安全风险防控。

建立分类分级安全风险防控体系，突出"两重点一重大"风险管控，重点解决经营、运输、使用、废弃处置等环节高风险和难点堵点问题，推动化品登记系统企业端普及应用，构建登记系统基础支撑、覆盖高风险领域企业、联通全生命周期的安全防控体系。

化工行业。加强取得危险化学品安全生产许可证的化工企业安全监管，严格落实各项安全风险管

控措施。对危险化学品生产企业以外的化工企业，凡涉及重大危险源、重点监管的危险化工工艺的企业，全部纳入危险化学品安全风险监测预警系统重点管控范围。对其他使用危险化学品的化工企业，推动强化安全风险辨识和评估，提高安全风险管控能力。

医药行业。对于化学合成类药品生产企业，按照精细化工企业监管要求严格监管。凡涉及重大危险源、重点监管的危险化工工艺的医药企业，全部纳入危险化学品安全风险监测预警系统重点管控范围。对其他使用危险化学品的医药企业，推动强化安全风险辨识和评估，提高安全风险管控能力。

危险化学品经营环节。对构成重大危险源的危险化学品储存企业，严格落实安全管控措施。建立并逐步完善全国危险化学品经营安全监管系统，对经营企业购销的危险化学品品种、库存、流向等进行实时监管。开展化品储罐区安全风险评估并分类整治，运用多种信息和技术手段，持续严厉打击违法违规储存危险化学品行为。加快防火、防爆、防泄漏等先进技术、设备、材料的推广应用，规范醇基燃料和生物柴油等新型车用燃料经营。开展智能加油站建设试点，研究制定加氢站安全规范。

危险化学品废弃处置环节。深入推动危险废物安全专项整治，建立覆盖危险废物产生、收集、贮存、转移、运输、利用、处置等全过程的监管体系，保障危险化学品废弃处置环节安全。协调推动企业强化重点环保设施和环保改造项目安全风险评估论证，完善落实管控措施。

危险化学品运输环节。深入开展危险化学品运输安全集中整治，突出特别管控危险化学品运输监管，持续打击挂靠经营、超范围运输、无证上岗、非法改装和罐体质量不达标等行为。加强充装过程安全管控，督促企业严格落实装载、充装前查验规定和查验记录制度。加快推动地方规划建设危险化学品停车场。大力推行危险化学品运输电子运单系统，强化道路运输动态监控，推动建设全国"一张网"监管体系，强化信息共享、部门协作、动态监管、联合惩戒。研究优化危险化学品最优安全运输体系建设，科学设置运输通行管控措施，完善隧道、闸坝通行安全管理制度，畅通长距离、大宗危险化学品运输通道。

危险化学品使用环节。突出重大危险源和重点监管的危险化学品安全风险管控，健全责任体系，加大投入保障，严格落实危险化学品"一书一签"制度，推动使用危险化学品从事生产的企业及医院、学校、科研机构等单位的危险化学品使用安全管理规范化，研究危险化学品最小豁免量监管措施。

（二）油气行业安全风险防控。

深入落实"四个革命、一个合作"能源安全新战略，建立企业总部全面负责、政府部门监督检查的安全监管新机制，推进安全隐患排查和预防控制体系建设，完善落实油气开采、储运重大安全风险管控措施，持续提升油气增储扩能安全保障能力，有效服务国家能源安全战略大局。

陆上油气开采。完善企业总部全面负责、地方政府精准监管的安全监管机制，重点加强新进入企业系统性安全风险和重点地区井控风险管控。对新疆南缘、四川盆地等井控高风险区域，以及"三高"油气井、区域第一口探井、超深井等高风险井，深入开展安全风险隐患排查和井控安全专项治理，全面实施隐患整改提升和井控装备升级计划，落实防井喷和防硫化氢泄漏措施。加强大型油气集输场站、废弃油气井等安全风险管控。

海洋油气开采。顺应海洋石油开发规律和发展需要，推动构建与高质量发展相适应的海洋石油安全监管体制。建立企业全面负责、第三方独立监督、政府精准监管的工作机制，完善海洋石油安全监管工作规则，强化分部和区域监督处监管责任。建立中介机构年度工作报告制度，加强海洋石油安全中介机构监管。对有人值守海上油气平台（设施）进行全覆盖排查整治，对老龄化海上固定式生产设施主结构开展安全评估和分类整治，推动人员密集油气生产作业设施自动化数字化转型和"减人"改造，严格落实台风等极端天气防范措施。推动建成海洋石油安全风险监测预警系统，实现远程监测、智能预警、分类管控。加强深水开采安全技术研究和井控应急能力建设。

油气长输管道。完善企业负主要责任、地方政府支持协调的政企联动安全管理机制。全面落实完整性管理要求和法定检验制度，持续推进安全隐患集中管段更新改造和管道本体缺陷排查治理。探索建立人员密集场所高后果区、地质灾害易发区企地安全联防联控机制，强化企业和地方政府管控责任。开展"工业互联网+安全生产"试点，推广空天地一体化监测预警等先进适用技术，强化高风险区域监测监控预警能力建设。

油气储存设施。全面开展油气储存企业安全风险评估，形成"一企一策"提升方案。重点做好大型油气储存基地安全风险管控，研究出台LNG接收站安全风险防控指南，依法严格建设项目安全准入，推进LNG长输管道配套工程建设。加强储罐边缘密封、二次密封及其附属设施、重点装卸、充装场所和设施的安全风险排查及隐患治理，推进动火、有限空间等特殊作业数字化管理，严格落实火灾防控措施。

专栏8　油气行业安全风险防控重点措施
完善企业总部全面负责的制度措施。研究制定强化企业总部安全生产职责的措施，建立企业总部安全生产检查年度重点事项清单制度、政府企业定期研判会商制度和重点工作综合检查评估制度。
完善规章制度和标准体系。制修订油气安全生产监督管理办法、油气储存企业安全管理规范、LNG接收站安全风险防控指南、海洋石油开采防台风管理指南、陆上油气开采建设项目安全设施设计编写提纲、油气建设项目安全设施目录等规章制度；制定出台陆上油气开采安全规程、海洋石油天然气开采安全规程、油气开采重大隐患标准、油气开采风险识别和隐患排查治理导则、油气长输管道风险识别和隐患排查治理导则等安全生产系列标准，加快研究填补页岩气开发等新领域安全标准缺失。
防控油气开采和油气管道重点区域安全风险。开展海洋石油有人值守平台（设施）、陆上石油开采高风险井场和站场安全风险评估，深化油气输送管道安全隐患排查治理"回头看"，强化整改提升、监测预警和联防联控等措施落实，推动构建重点区域安全风险防控长效机制。
实施油气开采本质安全提升工程。推进油气开采安全生产关键技术装备攻关，推动人员密集油气生产作业设施自动化数字化转型和"减人"改造，重点解决深水防喷器技术和装备等问题。推动智慧油田建设，鼓励建设"无人场站"和"无人平台"。
实施油气长输管道本质安全提升工程。深化完整性管理，严格落实法定检验制度，推进安全隐患集中管段更新改造；集中攻关管道裂纹、应力检测难题，完善高强钢管道焊接与检测技术措施，系统性治理管道本体缺陷。
建设安全生产风险监测预警系统。推进"工业互联网+安全生产"，试点建设以高风险生产设施、高风险区域为重点的智能监测监控预警系统和安全隐患排查治理系统。

（三）烟花爆竹行业安全风险防控。

坚持集中区建设和安全专项整治"两手抓"，聚焦"两减两提"（减厂减人、提升产业集中度、提升机械化自动化水平），建设全国烟花爆竹转型升级集中区，深入排查治理问题隐患，构建生产集约、经营规范、安全可控的现代化烟花爆竹产业体系。

进一步优化企业结构。依法严格烟花爆竹生产企业安全准入许可，全面推动企业对标改造提升，坚决淘汰不具备安全生产条件的企业，引导非主产区生产企业关闭退出，依法关闭不具备安全生产条件的企业，生产企业数量比"十三五"末减少30%左右。实施生产企业安全提升示范工程，分类建设对标改造提升示范企业、机械化自动化示范线，大力培育龙头品牌企业。创新经营机制模式，完善升级流向管理信息系统，探索建立流通交易信息平台，全面推行批发企业设立零售店（点）连锁直销。

建设转型升级集中区。在湘赣两省四个主产县市（湖南浏阳、醴陵和江西上栗、万载）实施产业结构优化、本质安全提升、安全管理信息化和区域协同监管四大专项行动，通过建立推进机制、强化政策支持、注重试点示范引领、开展观摩评估、营造浓厚氛围等措施，建设烟花爆竹高标准安全整治区、高质量产业升级区、一体化协同监管区。

提升安全科技水平。建设烟花爆竹安全科技创新基地，培育产学研一体化安全科技研发联盟。鼓励支持钝感安全型烟火药和本质安全型机械设备研发应用，实施烟火药和涉药机械设备目录管理制度，定期公布淘汰落后工艺、设备、药物目录。严格规范烟火药安全管理，健全烟火药及主要原材料安全检验制度。涉高危生产工序基本实现人药隔离作业、远距离操作和生产设备联锁控制、异常报警、智能监测。

完善基础保障支撑。推动修订烟花爆竹安全管理条例，修订相关部门规章和安全生产标准，不断完善安全管理法规标准体系。推进安全风险分级管控和隐患排查治理，建设应用安全风险监测预警系统，实现线上线下融合高效监管。建设烟花爆竹安全监管综合信息系统，推进信息数据共享。指导建设安全培训中心和实训基地，实施产业工人培养计划，提升安全技能水平。

专栏9　烟花爆竹行业安全风险防控重点措施
完善法规和标准体系。推动修订烟花爆竹安全管理条例，修订烟花爆竹生产企业安全生产许可证实施办法、烟花爆竹经营许可实施办法，完善烟花爆竹生产新技术应用安全管理制度，建立淘汰高感度药物和落后工艺与设备目录，完善烟花爆竹安全相关标准体系。
建设转型升级集中区。推动湘赣两省四市四个主产县市（浏阳、醴陵、上栗、万载）省市县三级实施烟花爆竹转型升级集中区建设方案，出台支持政策，组织观摩评估，重点建设烟花爆竹机械化自动化生产线，"十四五"末形成以优质产能为主导的发展格局。
推进安全管理数字化转型。建设应用烟花爆竹生产经营企业安全风险监测预警系统，实现线上线下监管相融

合。依托"工业互联网+安全生产"建设，构建烟花爆竹安全管理工业互联网平台，推动有条件的企业加快安全管理数字化转型。

实施生产机械化自动化改造。积极运用自动化控制、安全联锁、视频监控、智能预警、机器人等先进技术，推动涉裸药工序实现人机隔离操作、重点危险工序远距离控制，改进升级现有生产机械设备，基本实现生产机械化自动化。

开展示范引领和品牌企业培育行动。鼓励地方出台支持政策，实施覆盖各烟花爆竹主要类别产品的生产企业本质安全示范工程，引导生产专业化、规模化、集团化，打造一批安全生产基础好、安全管理能力强、具有一定产能规模的优势企业。

推动经营平台建设和经营模式创新。强化产品流向信息化管理，构建购销交易信息化管理平台，实现烟花爆竹全生命周期安全监管；推进生产和批发企业联合协作，批发企业设立零售店（点）连锁直销，严格零售店（点）安全条件。

六、规划实施保障措施

（一）建立健全实施机制。

加强对规划实施的组织领导，各省级应急管理部门结合实际制定实施方案，明确重点，厘清责任，确定时序，建立重点地区、行业领域、企业单位等多方共同推进机制，确保如期实现目标。

（二）认真落实重点措施。

各地区、各企业单位要按年度细化分解目标任务，制定时间表、路线图，找准载体抓手，清单化管理、项目化推进，并与年度计划和长期规划有效衔接，将各项任务落到实处。

（三）强化多元投入机制。

加强政策支持引导，积极拓宽渠道，推动地方、化工园区、企业单位加大投入，实施一批危险化学品安全基础设施和企业安全改造重大工程项目，形成以企业为主体、地方多种形式支持、社会力量积极参与的多元投入机制。

（四）积极开展试点示范。

注重试点引路，组织先行先试，鼓励探索创新，发挥示范引领作用，及时总结提炼可借鉴、可复制、可推广的典型经验并宣传推广，有力支撑推动规划落地见效。

（五）严格实施规划评估。

建立规划实施评估机制，组织对实施情况开展动态监测评估，全面掌握进展与效果，总结推广做法，及时发现问题，适时调整优化。

"十四五"应急物资保障规划

（2022年10月11日）

应急物资保障是国家应急管理体系和能力建设的重要内容。为加强应急物资保障体系建设，提高应对灾害事故的能力和水平，切实保障人民群众生命财产安全，依据《中华人民共和国突发事件应对法》《中华人民共和国国民经济和社会发展第十四个五年规划和2035年远景目标纲要》《"十四五"国家应急体系规划》等法律法规和政策文件，制定本规划。

本规划所称应急物资，是指为有效应对自然灾害和事故灾难等突发事件，所必需的抢险救援保障物资、应急救援力量保障物资和受灾人员基本生活保障物资。其中，抢险救援保障物资包括森林草原防灭火物资、防汛抗旱物资、大震应急救灾物资、安全生产应急救援物资、综合性消防救援应急物资；应急救援力量保障物资是指国家综合性消防救援队伍和专业救援队伍参与抢险救援所需的应急保障物资；受灾人员基本生活保障物资是指用于受灾群众救助安置的生活类救灾物资。

一、现状与形势

（一）应急物资保障现状。

党中央、国务院历来高度重视应急物资保障体系建设。应急物资保障工作的发展是一个渐进过程，与国民经济和社会发展历程密切相关。改革开放后，根据我国灾害事故特征和应急工作需要，设立了中央及地方各级应急物资储备库，建立了应急物资采购和储备制度，有力应对了1998年长江、松花江和嫩江流域特大洪涝，2008年南方部分地区特大低温雨雪冰冻灾害，2008年汶川地震、2010年玉树地震、2013年芦山地震、2014年鲁甸地震等地震灾害，2014年"威马逊"超强台风，2018年金沙江雅鲁藏布江山体滑坡堰塞湖，2019年内蒙古汗马、山西沁源重大森林火灾，2019年"利奇马"超强台风，2019年江苏响水"3·21"特别重大爆炸事故，2020年长江淮河流域特大暴雨洪涝灾害、2021年河南郑州"7·20"特大暴雨灾害等一系列重特大灾害事故。2018年，应急管理部成立后，积极统筹推进应急物资保障体系建设并在救灾时统一调度，有力有序有效开展灾害事故抢险救援救灾，应急物资保障能力和水平不断提升。

1. 应急物资保障体制机制法制初步建立。初步建立了分类别、分部门的应急物资保障管理体制，出台了《中华人民共和国突发事件应对法》《中华人民共和国防汛条例》《中华人民共和国抗旱条例》《森林防火条例》《草原防火条例》《自然灾害救助条例》《中央救灾物资储备管理办法》《中央防汛抗旱物资储备管理办法》等相关法律法规、政策文件，形成了以《国家突发公共事件总体应急预案》和《国家自然灾害救助应急预案》等专项预案为支撑的预案体系，初步构建了应急物资定期采购储备、重特大灾害后紧急调用和应急补充采购、部门协同配合、军地应急联动、省际间应急援助等工作机制。

2. 应急物资储备网络基本形成。建立了辐射全国的中央应急物资储备库，推进了地方应急物资储备库建设。目前，中央层面有国家森林草原防灭火物资储备库、中央防汛抗旱物资储备库、大震应急救灾物资储备库、区域性安全生产应急救援物资储备库；国家综合性消防救援队伍应急物资储备库包括消防救援队伍应急物资储备库、森林消防队伍应急物资储备库；中央生活类救灾物资储备库。省、市、县三级政府不断推进应急物资储备库建设，基本形成了"中央—省—市—县—乡"五级应急物资储备网络。

3. 应急物资储备基础不断夯实。我国应急物资储备规模大幅增加，物资储备品种不断丰富，并根据需要及时调整和补充。目前，中央层面储备有国家森林草原防灭火物资、中央防汛抗旱物资、大震应急救灾物资、安全生产应急救援物资、国家综合性消防救援队伍应急物资、中央生活类救灾物资等应急物资。地方各级政府根据当地经济社会发展水平、灾害事故特点及应对能力，储备有大量地方应急物资。

4. 应急物资储备模式日趋完善。各类应急物资实行分级负责、分级储备，中央和地方按照事权划分承担储备职责，中央主要以实物形式储备应对需由国家层面启动应急响应的重特大灾害事故的应急物资。地方根据当地经济社会发展水平，结合区域灾害事故特点和应急需求，在实物储备的基础上，开展企业协议代储、产能储备等多种方式的应急物资储备。目前，基本形成了以实物储备为基础、协议储备和产能储备相结合，以政府储备为主、社会储备为辅的应急物资储备模式。

5. 应急物资调运能力逐步提升。加强对重特大灾害事故应急物资的调运管理，推动建立了多部门协同、军地联动保障和企业、社会组织、志愿者等社会力量参与机制，探索提升应急物资储备网络化、信息化、智能化管理水平。各代储单位和储备库严格执行24小时应急值守制度，应急救灾期间开通运输绿色通道，提高了应急物资保障效能。

（二）"十四五"时期面临的形势。

"十四五"时期，是我国全面建成小康社会、实现第一个百年奋斗目标后，乘势而上开启全面建设社会主义现代化国家新征程、向第二个百年奋斗目标进军的第一个五年，也是推进应急管理体系和能力现代化的关键时期，应急物资保障工作面临诸多新形势、新任务与新挑战。

1. 党中央对应急物资保障工作提出新的要求。十九届五中全会提出了"十四五"时期经济社会发展的主要目标之一是突发公共事件应急能力显著增强，自然灾害防御水平明显提升。新冠肺炎疫情应对中，党中央明确要求健全统一的应急物资保障体系，优化重要应急物资产能保障和区域布局，建立集中生产调度机制，健全国家储备体系，建立国家统一的应急物资采购供应体系，推动应急物资供应保障网更加高效安全可控。

2. 防范化解重大安全风险的压力越来越大。随着我国现代化建设的进程不断加快，工业化和城市化的发展不断加速，受全球气候变化的影响，各类事故隐患和灾害风险交织叠加，影响公共安全的因素日益增多，防灾减灾救灾工作难度加大，维护人民群众生命财产安全的任务更加艰巨。

3. 人民日益增长的美好生活需要对应急物资保障提出更高要求。我国社会主要矛盾为人民日益增长的美好生活需要与不平衡不充分的发展之间的矛盾，人民美好生活需要日益广泛，对应急物资保障时效和水平以及应急救灾物资的品种、质量、款式等提出了更高的要求。

4. 应急物资保障存在短板和不足。一是应急物资管理体制机制不完善。应急物资保障尚未建立集中统一、运转高效的管理体制，工作机制不完善，专项法律法规和应急预案支撑不足，缺乏统一的应急物资保障管理平台。二是应急物资储备结构布局还需优化，地方储备能力相对不足。应急物资保障市场和社会作用发挥不够，社会协同参与保障水平较低。三是应急物资产能保障不足。部分重要应急物资产能储备水平不高，缺乏战略性、前瞻性能力储备，现实产能和技术水平相对不足，缺乏应急状态下集中生产调度和紧急采购供应机制。四是应急物资调运能力不足。应对重特大灾害事故的应急物资干线运输和末端投送手段单一、运力不足、效率不高,灾害抢险救援救灾的应急物资调运保障短板较为突出。五是应急物资保障科技化水平不高。全流程精细化管理水平不足,管理信息化手段运用程度不高,管理标准化程度不高。

二、指导思想、基本原则和建设目标

（一）指导思想。

以习近平新时代中国特色社会主义思想为指导,全面贯彻落实党的十九大、十九届历次全会精神和即将召开的党的二十大精神,坚持和加强党的全面领导,坚持以人民为中心,坚持人民至上、生命至上,坚持底线思维和忧患意识,坚持总体国家安全观,以保障人民群众生命财产安全为首要目标,以补齐能力短板为重点突破方向,着力健全统一的应急物资保障体系,不断提高重特大灾害事故的应急物资保障能力和水平。

（二）基本原则。

1. 党委领导,政府负责。坚持党委在应急物资保障工作中的领导地位,坚持各级政府的主导地位,加强政府与企业、社会组织等社会力量和公民个人的协同配合,形成党委统一领导、政府依法履责、社会广泛参与的发展局面。

2. 分级负责,属地为主。应急物资保障以地方为主,实行属地化管理,地方承担主体责任,负责组织协调本行政区域内的应急物资保障工作。中央发挥统筹指导和支持作用,协助地方应对重特大灾害事故。

3. 集中管理,统一调拨。发挥中国特色社会主义制度优越性,建立政府集中管理的应急物资保障制度,打破部门、区域、政企壁垒,实行统一指挥、统一调拨、统一配送,确保应急物资调运快捷高效。

4. 平时服务,灾时应急。在保障应急需求的前提下,充分发挥市场机制作用,合理扩大应急物资使用范围,提高应急物资的平时轮换和服务效率。应急期间,启动重大灾害事故应急物资保障相关工作机制,确保应急物资保障有序有力。

5. 采储结合,节约高效。立足需求、服务应急,把储备和采购等环节统一起来,完善应急物资采购机制,开展常态化统筹管理和动态监控,综合运用实物储备、协议储备、产能储备等多种储备方式,提高应急物资使用效率,提升应急物资储备效能。

（三）建设目标。

到2025年,建成统一领导、分级管理、规模适度、种类齐全、布局合理、多元协同、反应迅速、智能高效的全过程多层次应急物资保障体系。优化中央政府储备结构布局,整合中央应对重大自然灾害、事故灾难的各类应急物资储备,统一规划管理。中央层面能够满足特别重大灾害事故应急物资保障峰值需求,地方能够满足本行政区域启动Ⅱ级应急响应的应急物资保障需求,并留有安全冗余,重特大灾害事故应急物资保障能力总体提高。

1. 体制机制法制更加健全。建成统一权威、权责清晰、运转高效的应急物资保障体制机制和科学规范的应急物资保障法制体系,形成统一领导、综合协调和各方齐抓共管、协同配合的应急物资保障格局。

2. 储备网络体系更加完善。完善"中央—省—市—县—乡"五级应急物资储备网络,储备品种、规模和布局更加科学合理,应急物资社会化协同保障更加有序,形成中央储备和地方储备补充联动、政府储备和社会储备相互结合、实物储备和产能储备相互衔接的应急物资储备体系。

3. 产能保障能力显著提升。应急物资企业生产能力不断提升,产能区域布局更加优化合理,应急物资协议储备和集中生产调度等机制不断完善,应急期间供应渠道有效拓宽,做到应急物资在关键时刻拿得出、调得快、用得上。

4. 调配运送更加高效有序。健全政府、企业、社会组织等共同参与,统一指挥、资源共享、调度灵活、配送快捷的应急物资快速调配体系,应急物资送达救援救灾一线更加迅速,"最后一公里"物资分发时效性和精准性显著提高。

5. 科技支撑水平显著提高。建成统一可靠、留有接口的应急物资保障信息平台,大数据、云计算、人工智能、区块链、北斗、天地一体等新一代信息技术深入应用,机械化、信息化、智能化水平显著提升,应急物资全程监管、统一调拨、动态追溯、信息共享、决策支持能力全面提高。

专栏	"十四五"时期中央应急物资保障发展主要指标
1	国家森林草原防灭火物资可同时应对2起特别重大森林火灾。
2	中央防汛抗旱物资可同时应对2个流域发生大洪水、超强台风以及特别重大山洪灾害。
3	大震应急救灾物资可同时应对2起重特大地震灾害。
4	新建或改扩建中央应急物资储备库。
5	第一批中央应急物资24小时内运抵灾区（国家森林草原防灭火物资省内24小时运抵灾区,省外48小时运抵灾区）。
注：中央应急物资储备库包括国家综合性消防救援队伍应急物资储备库、大震应急救灾物资储备库。	

三、主要任务

（一）完善应急物资保障体制机制法制。

1. 完善应急物资保障体制。在中央层面，完善跨部门的应急物资保障领导协调体制，统一协调国家应急物资保障工作。健全中央和地方应急物资投入保障机制，发挥地方各级应急物资保障部门和应急物资管理单位的作用，保证地方与中央应急物资保障和管理工作机制相衔接。

2. 优化应急物资保障中央和地方分级响应机制。坚持分级负责、属地为主的原则，健全应急物资保障中央与地方分级响应机制，落实应急物资分级储备责任。推动建立重特大灾害事故应急物资跨区域协同保障机制，理顺应急物资互助和结算流程，在京津冀、黄河流域、长江经济带、粤港澳大湾区等重点区域和川滇等灾害多发易发区开展试点探索。

3. 健全应急物资保障跨部门合作机制。健全由发展改革部门牵头，应急管理、财政、粮食和储备、工业和信息化、交通运输、铁路、民航等部门共同参与的应急物资保障机制，进一步明确各部门工作职责，建立健全应急物资协同保障和应急联动机制。健全完善应急物资需求计划制定、储备管理、保养维护、协调调度、运输保障、补充更新、回收报废等机制。

4. 健全应急物资保障法律法规、预案和标准体系。加快推动应急物资保障法律法规的制修订，推进应急物资保障领域的专项立法，推动在修改《中华人民共和国突发事件应对法》时完善应急物资保障相关内容，制修订《中央应急抢险救灾物资管理暂行办法（暂定名）》等政策文件。建立完善各级各类应急物资保障预案和紧急调运预案，编制重特大灾害事故应急物资保障专项预案，优化工作流程，建立预案演练和考评机制。研究制定应急物资资产管理制度，明确规范和加强对应急物资资产管理相关要求。建立应急物资保障标准体系，制定完善物资保障相关标准，完善应急物资分类、生产、采购、储备、装卸、运输、回收、报废和补充等相关管理规范。

（二）提升应急物资实物储备能力。

1. 科学确定应急物资储备规模和品种。以有效应对重特大灾害事故为目标，分灾种、分层级、分区域开展各类应急物资的规模需求研究，科学确定并合理调整各级、各类应急物资的储备规模。完善应急物资更新轮换机制。制定适合实物储备的应急物资品种目录，研究出台中央、省、市、县、乡五级储备指导品种目录，并根据社会经济发展现状，进行更新完善，适时引进新技术装备、新材料物资的储备。加强交通不便或灾害事故风险等级高的乡镇应急物资储备。修改完善各类应急物资采购技术规格和参数。强化应急通用物资共用共享共管，补齐高技术、特种专用应急物资的储备短板。各级应急管理部门商财政部门，根据库存物资调用情况明确应急物资年度采购计划，并将所需资金列入财政预算。

2. 优化应急物资储备库布局。充分利用现有国家储备仓储资源，优化中央生活类救灾物资、中央防汛抗旱物资储备库的空间布局。统筹建设国家综合性消防救援、大震应急救灾等应急物资储备库，重点保障人口密集区域、灾害事故高风险区域和交通不便区域，适当向中西部和经济欠发达地区倾斜，建设区域应急救援平台和区域保障中心，提高应急物资生产、储备和调配能力。推动地方各级政府结合本地区灾害事故特点，优化所属行政区域内的应急物资储备库空间布局，重点推进县级应急物资储备库建设。在有条件的地区，依托相关专业应急物资储备库，建设中央和地方综合应急物资储备库。

3. 加强应急物资储备社会协同。积极调动社会力量共同参与物资储备，完善应急物资储备模式。建立社会化应急物资协同储备政策，制定社区、企事业单位、社会组织、家庭等主体的应急物资储备建议清单，引导各类社会主体储备必要的应急物资。针对市场保有量充足、保质期短、养护成本高的应急物资，提高协议储备比例，优化协议储备结构。大力倡导家庭应急物资储备，并将企事业单位、社会组织等储备信息纳入国家应急资源管理平台。

4. 提升应急物资多渠道筹措能力。建立健全应急物资采购、捐赠、征用等管理制度和工作机制。制定应急物资紧急采购管理办法，健全应急采购机制。完善救灾捐赠物资管理制度，建立健全应急物资社会捐赠动员导向和对口捐赠、援助机制，引导捐赠物资点对点供需匹配，建立健全国际援助提供和接收工作机制。研究完善社会应急物资征用补偿标准。

（三）提高应急物资产能保障能力。

1. 提升企业产能储备能力。制定适合产能储备的应急物资品种目录，完善应急物资生产能力调查制度，加强应急物资生产能力的动态监测，建立产能储备企业评价体系。加强应急动员能力建设，选择条件较好的企业纳入产能储备企业范围，建立动态更新调整机制。健全应急物资集中生产调度机制，在重特大灾害事故发生时，引导和鼓励产能储备企业应急生产和扩能转产。

2. 优化应急物资产能布局。开展应急物资产能分布情况调查，分类掌握重要应急物资上下游企业供应链分布。结合区域灾害事故风险以及重要应急物资生产、交通运输能力分布，实施应急产品生产能力储备工程，建设区域性应急物资生产保障基地，优化应急物资生产能力空间布局。培育和优化应急物资产业链，引导应急物资产能向中西部地区转移。

3. 加大应急物资科技研发力度。加强国家级项目资金支持，鼓励建设应急物资科技创新平台，支持应急产业科技发展。发挥重点企业、高校、科研单位等产学研优势，加强核心技术攻关，研发一批质量优良、简易快捷、方便使用、适应需求的高科技新产品，推动应急物资标准化、系列化、成套化。

（四）强化应急物资调配能力。

1. 完善应急物资调配模式。加强区域应急物资统筹调配，强化应急响应期间的统一指挥，深入落实防灾减灾救灾体制机制改革意见，建立健全政府、企业、社会组织共同参与的应急物资调配联动机制，完善调运经费结算方式。运用"区块链+大数据"优化应急物资调拨方案，打通从应急物资生产、储备到接收、使用之间的快速传递通道，减少应急物资转运环节，有效发挥各类运输力量效能，提高应急物资调配精准性。建成政府主导、社会共建、多元互补、调度灵活、配送快捷的应急物资快速调配体系，应急物资送达救援救灾一线更加迅速。

2. 提升应急物资运送能力。探索建立大型物流和仓储企业参与机制，促进政府和社会物流，以及铁路、公路、水路和航空等运输方式的有效衔接。加强应急物资运输绿色通道建设，完善应急物资保障跨区域通行和优先保障机制，建立铁路、公路、水路和航空紧急运输联动机制，确保应急物资快速运输。大力推动应急物资储备和运输的集装单元化发展，充分发挥综合性国家储备基地作用，提升物资集中储存、高效调运、快速集散能力。推广使用智能机器人、无人机等高技术配送方式。提高和加强运用国家综合性消防救援队伍的应急物资投送能力。

3. 优化应急物资发放方式。制定和完善应急物资发放管理制度和工作流程，完善应急物资发放的社会动员机制。优化应急物资分发监管模式。鼓励物流企业、社会组织和志愿者参与应急物资"最后一公里"发放，应急物资分发时效性和精准性得到提高。

（五）加强应急物资保障信息化建设。

1. 推进应急物资保障数据整合。按照防灾减灾救灾体制机制改革意见，加强政府、企业、社会组织等各类主体的应急物资信息共享，明确数据共享内容和规则。开展应急物资保障数据资源建设，统一应急物资需求、调拨、运输和发放等信息的表达形式，促进多主体、多层级、全流程的信息互联互通，并对医疗卫生等其他类型应急物资信息，预留信息扩充空间和接口。

2. 强化应急物资保障决策支撑能力。利用物联网、大数据和云计算等技术手段，实现应急物资管理的全程留痕、监督追溯和动态掌控。使用人工智能、大数据分析等手段，提升应急物资需求分析精确性，优化应急物资供应路径，提高供需匹配度，为应急物资保障决策提供快速、科学、精确和可视化技术服务。

3. 提升应急物资保障信息化水平。推进应急物资储备库、配送中心等仓储物流设施的机械化、自动化、网络化、信息化建设，提升应急物资存储管理效率和智能化监控水平。着眼智慧化物联网建设，为储备应急物资配备信息化标签，为车辆等运输工具配备定位装置，为分发站点配备应急物资识别设备。

四、重点建设工程项目

（一）应急物资储备项目。

到2025年，建立中央储备和地方储备相互补充、政府储备和社会储备相互结合的应急物资储备体系。

项目1：中央应急物资储备。到2025年，国家森林草原防灭火物资、中央防汛抗旱物资储备、大震应急救灾物资、国家综合性消防救援队伍应急物资、中央生活类救灾物资等中央应急物资保持既有储备规模和价值，适当优化结构布局。

项目2：地方应急物资储备。推进省-市-县-乡人民政府参照中央应急物资品种要求，结合本地区灾害事故特点，储备能够满足本行政区域启动Ⅱ级应急响应需求的应急物资，并留有安全冗余。重点加强中西部和经济欠发达高风险地区地市和县级应急物资储备。推动交通不便或灾害事故风险等级高的乡镇应急物资储备。

项目3：家庭应急物资储备示范。根据灾害事故风险程度和经济社会发展水平，每年在灾害事故高风险地区选择2-3个省份开展家庭应急物资储备示范，形成可复制的家庭应急物资储备建设经验。

（二）应急物资储备库建设工程。

根据灾害事故风险分布特点和应急物资储备库布局短板，优化应急物资储备库地点分布，在改扩建现有应急物资储备库并推动整合的基础上，新建一批应急物资储备库。

项目1：中央生活类救灾物资储备库建设。推进中央生活类救灾物资储备库新建和改扩建工作。对没有中央救灾物资储备库的省（区、市），充分利用国家现有储备仓储资源，重点在交通枢纽城市、人口密集区域、易发生重特大自然灾害区域增设中央生活类救灾物资储备库。

项目2：中央防汛抗旱物资储备库建设。统筹利用国家储备仓储资源，科学合理增加中央防汛抗旱物资存储仓容，不断推进储备设施设备和管理现代化。

项目3：大震应急救灾物资储备库建设。

大震应急救灾物资储备库：依托各省级地震部门和承担应急任务的直属单位以及国家地震紧急救援训练基地建设，保障每个省份不少于1个。

项目4：国家综合性消防救援队伍应急物资储备库建设。

消防救援队伍应急物资储备库建设：8个中央级库，分别位于北京、沈阳等地；省级库依托各省级消防救援总队训练与战勤保障支队建设；地市级库位于三类以上消防救援支队所在地市。

森林消防队伍应急物资储备库建设：中央级库，位于海拉尔、成都等地；省级库，位于森林消防总队所在省份；地市级库设在各支队所在地市。

项目5：推进地方应急物资储备库建设。充分利用现有设施和资源，新建和改扩建应急物资储备库，推动在安全生产重点地区和自然灾害多发易发地区，建设一批省级和地市级综合应急物资储备库。重点加强中西部和灾害事故多发区等薄弱地方应急物资储备设施建设。推进县级应急物资储备库建设，到2025年，95%的县级行政单位（不含市辖区）建立应急物资储备库。

（三）应急物资保障标准项目。

开展应急物资保障标准研制、推广和应用示范，推动应急物资保障标准化建设，进一步健全应急物资保障标准体系。修订应急物资分级分类和编码标准。研制和完善储备库建设标准、仓储管理标准、物资技术标准、救援物资配备标准、重要应急物资生产制造标准、信息化建设标准等。

（四）应急物资生产能力提升工程。

探索政府与市场有效合作与协调机制，分门别类梳理应急物资生产企业名录并定期更新，形成包括企业信息、产品规格及产能等供给清单。依托国家应急资源管理平台，搭建重要应急物资生产企业数据库。开展区域布局产能调查等工作，鼓励各地区依托安全应急产业示范基地等，优化配置应急物资生产能力，重点加强西部地区、边疆省区应急物资生产能力建设。对实物储备和常态产能难以完全保障的关键品种应急物资，支持企业加强技术研发，填补关键技术空白，强化应急物资领域先进技术储备。

（五）应急物资调配运送现代化工程。

按照规模适度、布局合理、保障有力、合理利用的原则，充分发挥多主体多模式优势，建立健全应急物资调配运送体系，统一调配应急物资，提高应急物流快速反应能力。依托应急管理部门中央级、区域级、省级骨干库建立应急物资调运平台和区域配送中心。加强应急救援队伍运输力量建设，配备运输车辆装备，优化仓储运输衔接，提升应急物资前沿投送能力。健全应急物流调度机制，提高应急物资装卸、流转效率。增强应急调运水平，与市场化程度高、集散能力强的物流企业建立战略合作，探索推进应急物资集装单元化储运能力建设。

（六）应急物资管理信息化建设工程。

完善应急资源管理平台，为应急抢险救援救灾提供应急物资指挥调度和决策支持服务。加强应急物资保障数据共用共享，整合政府、企业、社会组织等各类主体的数据资源，汇聚中央、省、市、县和社会应急物资保障信息。利用大数据、区块链和物联网等技术手段，开展应急物资生产、采购、储备、调拨、运输、发放和回收全生命周期信息化管理，实现全程留痕、监督追溯和动态掌控。构建应急物资需求预测、供需匹配、智能调拨和物流优化等关键模型算法并实现业务化应用，提升应急物资管理决策支撑能力。

五、保障措施

（一）强化组织领导。

加强规划实施的组织领导和统筹协调。牵头单位要切实履行组织协调职责，参与单位积极配合，细化落实工作责任和建设任务。各地区要将主要任务和建设项目纳入本地区相关规划以及应急体系建设规划，细化落实规划实施工作责任和建设任务。重点建设项目牵头单位要抓紧开展项目可行性研究和项目申报工作，加强项目建设管理，确保项目顺利实施。

（二）多渠道经费保障。

建立健全政府、企业和社会组织相结合的资金投入保障机制，对于政府投入，要按照应急救援领域中央与地方财政事权和支出责任划分改革方案，列入本级预算，支持应急物资体系建设、运行维护和轮换更新等工作。

（三）人才队伍保障。

推进学科建设，支持有条件的高等院校、职业学校开设相关专业，抓紧培养专业技术人才和管理人才。建立健全应急物资保障领域专家库，完善专家技术咨询制度，充分发挥专家决策咨询作用。加强职业培训，提高仓储管理、运输配送等队伍专业化水平和应急物资、设备系统的使用操作能力。建立供应、仓储、运输等重要环节的应急联络人机制。

（四）监督管理和绩效评估。

完善目标评价与过程监测相结合的规划实施评估机制，将规划目标指标和任务落实情况纳入各地区、各有关部门相关领域综合评价和绩效考核范畴，对规划进展情况实施常态化监督管理。组织开展规划实施情况中期评估，及时发现问题并提出改进措施，保障规划顺利执行。

（本文有删减）

"十四五"应急救援力量建设规划

（2022年6月22日　应急〔2022〕61号）

为深入贯彻落实习近平总书记关于应急管理工作重要指示批示精神，提升重大安全风险防范和应急处置能力，进一步明确"十四五"期间应急救援力量建设思路、发展目标、主要任务、重点工程和保障措施，根据《中华人民共和国突发事件应对法》《"十四五"国家应急体系规划》，制定本规划。

本规划中的应急救援力量是指参与生产安全事故、自然灾害应急救援的专业应急救援力量、社会应急力量和基层应急救援力量。专业应急救援力量主要包括抗洪抢险、地方森林（草原）灭火、地震和地质灾害救援、生产安全事故救援、航空应急救援等力量。社会应急力量是指从事防灾减灾救灾工作的社会组织和应急志愿者，以及相关群团组织和企事业单位指导管理的、从事防灾减灾救灾等活动的组织。基层应急救援力量是指乡镇街道、村居社区等组建的，从事本区域灾害事故防范和应急处置的应急救援队伍。

国家综合性消防救援队伍及地方专职消防队伍依照有关规划进行建设。

一、规划背景

（一）取得的成效。

党的十八大以来，在以习近平同志为核心的党中央坚强领导下，我国应急管理事业改革发展取得历史性成就，统一指挥、专常兼备、反应灵敏、上下联动的应急管理体制初步形成，应急救援能力现代化迈出坚实步伐，专业应急救援力量、社会应急力量、基层应急救援力量建设不断加强，对国家综合性消防救援队伍的支撑协同作用进一步突显。

专业应急救援力量体系基本形成。组建了应急管理部自然灾害工程应急救援中心和救援基地，完善国家级危险化学品、隧道施工应急救援队伍布局，建成地震、矿山、危险化学品、隧道施工、工程抢险、航空救援等国家级应急救援队伍90余支计2万余人，各地建成抗洪抢险、森林（草原）灭火、地震和地质灾害救援和生产安全事故救援等专业应急救援队伍约3.4万支计130余万人，形成了灾害事故抢险救援重要力量。

社会应急力量建设积极稳步发展。在民政等部门注册登记的社会应急力量约1700余支计4万余人，发挥其志愿公益、贴近群众、响应迅速、各有专长的优势，参与山地、水上、航空、潜水、医疗辅助等抢险救援和应急处置工作，在生命救援、灾民救助等方面发挥了重要作用。据不完全统计，2018—2020年，全国社会应急力量累计参与救灾救援约30万人次，参与应急志愿服务约180万人次，已逐步成为应急救援力量体系的重要组成部分。

基层应急救援力量持续加强巩固。全国乡镇街道建有基层综合应急救援队伍3.6万余支、105.1万余人，基层应急能力标准化建设稳步推进，社会参与程度不断提高，探索出行之有效的基层应急救援力量建设"济宁模式"，逐步构建起基层应急救援网格体系，较好发挥了响应快速、救早救小作用，成为日常风险防范和第一时间先期处置的重要力量。

政策标准规范建设成效初显。《应急救援航空体系建设方案》印发实施，国家级自然灾害工程应急救援队伍建设、社会应急力量建设等制度规范和技术标准制定工作稳步推进；四川、陕西、湖南、浙江等省应急管理部门相继出台应急救援队伍建设管理、救援补偿等制度，应急救援力量建设标准化、响应规范化、救援专业化进程加快。

（二）面临的形势。

"十四五"时期，我国发展仍然处于重要战略机遇期。以习近平同志为核心的党中央坚持以人民为中心的发展思想，统筹发展和安全两件大事，对防范化解重大风险挑战、推进应急管理体制改革、提高应急救援能力等作出全面部署，为加强应急救援力量建设提供了根本遵循；各部门、各地区认真贯彻党中央、国务院决策部署，全面加强应急救援力量建设，积极推进应急管理体系和能力现代化；全社会广泛参与、支持应急救援力量建设，形成了应急救援力量建设发展的良好社会环境；新一轮科技革命和产业变革创新发展，新技术、新装备的不断涌现为应急救援力量建设形成坚实支撑。

同时也要看到，我国自然灾害多发频发，安全生产仍处于爬坡过坎期，积累和新增的安全隐患风险大量存在，极端天气灾害进入多发期，防灾减灾基础薄弱，应急救援力量建设处于打基础、攻难关、上水平的关键阶段，发展不平衡不充分问题仍然突出。

应急救援能力不足。现有抗洪抢险、地方森林（草原）灭火、地震和地质灾害救援等专业救援能力还不能满足复杂灾害救援需要，社会应急力量和基层应急救援力量还处在起步阶段，航空救援、工程抢险、勘测保障等新型救援力量数量不足，全社会参与应急救援的局面还没有完全形成。

力量布局不够均衡。在中西部自然灾害易发多发、经济欠发达地区，特别是四川、云南、青海、西藏等灾害严重省份，专业应急救援力量、社会应急力量和基层应急救援力量亟待加强。

人才科创能力不强。现代化的指挥人才和实战经验丰富的专家不足，装备智能化、轻型化、模块化水平不高，灭火大飞机等关键技术装备亟待突破。

保障机制有待完善。指导支持应急救援力量建设的政策法规标准体系尚未形成，保障应急救援力量持续健康发展的政府投入、考核评估、救援补偿、奖惩激励等方面制度有待健全。

二、总体要求

（一）指导思想。

坚持以习近平新时代中国特色社会主义思想为指导，深入贯彻党的十九大和十九届历次全会精神，坚持人民至上、生命至上，坚定不移贯彻新发展理念，更好统筹发展和安全，以有效应对重特大灾害事故为主线，以提高应急救援能力为牵引，整合利用各类优质资源，建强关键应急救援力量，补齐短板弱项，全面推进应急救援力量现代化建设，形成对国家综合性消防救援队伍的有力支撑、有效协同，为人民群众生命财产安全和社会稳定提供坚实保障。

（二）基本原则。

坚持党的领导。坚持党对应急救援力量建设的领导，充分发挥集中力量办大事的政治优势，汇聚各方资源，形成共建共治共享合力；突出党建引领，充分发挥专业应急救援力量、社会应急力量、基层应急救援力量中的基层党组织战斗堡垒作用和党员干部模范带头作用，提升凝聚力和战斗力，为应急救援力量建设发展提供根本保证。

统筹谋划布局。充分考虑灾害事故风险分布特点、经济社会发展趋势和应急救援力量建设现状等因素，调整优化专业应急救援力量规模、结构、布局，因地制宜加强社会应急力量和基层应急救援力量建设，补齐短板弱项，构建灾害事故应急救援需求与综合应急救援能力动态平衡的应急救援力量体系。

突出专业特色。重点围绕抗洪抢险、森林（草原）灭火、地震和地质灾害救援、生产安全事故救援、航空应急救援等各自专业方向，创新理念、战术、战法，强化实战实训和装备配备，持续提升专业抢险救援能力，锻造应急抢险救援专业骨干力量。

强化运行保障。加大政策标准供给力度，健全应急救援力量建设发展、培训考核、指挥调派、任务保障、救援费用、奖励激励等制度机制和标准规范，推动应急救援力量科学建设、高效救援、规范运行。

（三）主要目标。

总体目标：到2025年，规模适度、布局科学、结构合理、专长突出的应急救援力量体系基本建成，实现专业应急救援力量各有所长，社会应急力量有效辅助，基层应急救援力量有效覆盖，为人民群众生命财产安全提供坚强保障。

力量构成逐步优化。国家和省级专业应急救援力量、社会应急力量和基层应急救援力量体系逐步完善，实现与国家综合性消防救援队伍有效协同、有力支撑。

力量布局更趋合理。国家级专业应急救援力量任务范围基本覆盖近20年重大灾害事故发生区域和新生高风险区域，安全生产应急救援力量与高危行业、新兴产业分布和发展需要基本匹配，航空应急救援力量布局基本实现灾害易发地区有效覆盖。

专业能力有效提升。特殊区域、复杂条件、极端环境下专业指挥和救援能力持续巩固提高，应急救援装备智能化、轻型化、模块化、标准化水平持续增强，人装协同水平显著提升。

保障水平稳步提高。应急救援力量建设发展、运行管理、培训考核、科技支撑、任务保障、职业保障、荣誉激励等政策制度、标准规范进一步健全，协调联动机制进一步完善，救援资源共建共用、联战联训水平进一步提升。

"十四五"时期主要指标		
序号	指标	预期值
1	地震和地质、洪涝灾害高风险地区国家级专业应急救援队伍覆盖率	≥90%
2	森林（草原）火灾高风险地区国家级专业应急救援队伍覆盖率	≥90%
3	安全生产高风险行业、区域国家级专业应急救援队伍覆盖率	≥90%
4	国家级专业应急救援队伍装备配备达标率	≥90%
5	县级以上专业应急救援队伍培训演练率	100%
6	国家级专业应急救援队伍接到指令后到达救援现场时间	≤8小时
7	省级灾害事故专业应急救援队伍布局完成率	100%
8	重点地区社会应急力量现场协调机制覆盖率	≥95%
9	基层应急救援力量到达灾害事故现场时间	≤20分钟

注：队伍覆盖率＝救援队伍以500km为半径形成的圆形区域与灾害事故重点区域的交叉面积/灾害事故重点区域面积

三、主要任务

（一）强化关键专业应急救援力量建设。

建强国家级自然灾害工程应急救援力量，强化工程抢险专业能力建设；支持各地区结合实际建设洪涝灾害应急救援力量。在高危地区和重点林区有序推进区域性森林（草原）火灾机械化扑救专业力量建设，提高力量投送速度和扑救成效；支持地方因地制宜建设基层森林（草原）火灾专业扑救队伍。遴选一批地震和地质灾害救援队伍，建设成为国家级专业救援队伍，加强地震易发高发及地质灾害高风险地区应急救援队伍建设，提升第一时间救援救助能力。

调整优化现有国家级安全生产应急救援队伍规模、结构、布局。针对空白领域新建一批国家级安全生产应急救援队伍。加快推进关键装备转型升级，推进国家级安全生产应急救援队伍正规化建设、专业化救援、科学化管理水平。支持各地区加强化工园区、产业园区、重大项目实施等安全生产应急救援力量建设，完善综合救援基地，推动政府和企业联合建立专职应急救援队伍，指导高危行业企业依法加强专职安全生产应急救援队伍建设。

加快构建大型固定翼灭火飞机、灭火直升机与无人机高低搭配、布局合理、功能互补的应急救援航空器体系。推动航空应急救援力量常态化部署，完善重型直升机、中小型直升机布局。引导和鼓励民航企业和航空货运企业建设具备一定规模的专业航空应急救援力量，增强快速运输、综合救援、高原救援能力。协同推动航空应急救援基础设施建设，加快构建覆盖灾害事故多发地区的航空救援网络，加强直升机起降场地和临时起降点建设。立足运输机场现有供水、供油网络，建立联接运输机场、航空护林站、通用机场及起降点的航空救援水源、油料保障体系。推动组建航空应急救援指挥调度中心，建设航空应急救援信息平台，健全完善灾情动态通报、联合勘测、需求提报、协同保障机制，强化军地协同搜寻救援。支持航空应急救援配套专业建设，加强航空应急救援专业人才培养。

（二）积极引导社会应急力量有序发展。

制定出台加强社会应急力量建设的意见，对登记注册、应急响应、服务保障、奖惩评价、救援补偿等作出制度性安排，对社会应急力量参与应急救援行动进行规范引导。开展社会应急力量应急理论和救援技能培训，加强与国家综合性消防救援队伍等联合演练，定期举办全国性和区域性社会应急力量技能竞赛，组织实施分级分类测评。鼓励社会应急力量深入基层社区排查风险隐患、普及应急知识、就近就便参与应急处置等。完善社会应急力量现场协调机制，深入推进社会应急力量参与重特大灾害抢险救援行动现场协调机制建设，完善统筹指导、任务调派和服务保障等措施，支持地方应急管理部门与本地社会应急力量建立协调联动机制。

（三）持续推进基层应急救援力量建设。

坚持专业化与社会化相结合，推动乡镇街道、村居社区加快组建基层应急救援队伍，建设微型应急救援站（点），持续提升基层隐患排查和救早救小的防范处置能力。指导乡镇街道、村居社区结合本地灾害事故特点，组建应急救援队伍，承担灾害事故先期处置和自救互救任务。各地根据本行政区域特点和需要，制定基层应急力量建设方案，细化队伍职责，配备必要的物资装备，加强与专业队伍互动演练，提高应急救援能力。

（四）加强重大项目应急救援力量建设。

强化重点铁路建设运行应急处置能力，合理布局隧道和建设施工应急救援力量，提升项目建设运行灾害事故风险防范和应急处置能力。加强长江经济带水上救援力量建设，加强打桩护岸、吊运装卸、抛石堵缺、切滩导流、落水人员搜救、遇险人员救助、船舶灭火和航运工程施工事故救援等能力建设。

（五）加快培育应急救援科技支撑能力。

加快应急装备现代化建设。健全专业应急救援力量装备配备标准，推动应急救援装备智能化、轻型化、模块化建设。突破关键核心技术，推广应用洪涝灾害、森林（草原）火灾、高层火灾、地震和地质灾害等救援先进技术装备。

提升救援现场技术保障能力。建设自然灾害和生产安全事故应急救援勘测队伍、救援技术支撑队伍，强化重大灾害事故现场数据获取、灾中实时监测、灾后评估分析等专业能力，承担重特大灾害事故的灾情险情动态监测、现场应急勘测、救援技术支撑等任务，增强救援现场技术支撑能力。

培育现代化指挥救援人才。推动有关部门、地方政府、高校、企业建设应急安全高技能人才培养基地和实战实训基地，开展应急管理特色学科和重点实验室建设，培育现代化应急指挥和救援人才。完善国家、区域、省级自然灾害和安全生产应急救援基地（中心）实训演练功能，提高应急救援力量实战化水平。定期组织专业应急救援力量、社会应急力量、基层应急救援力量与国家综合性消防救援队伍联战联训，推进技术交流、能力融合与战法协同。

四、重点工程项目

（一）应急救援中心建设工程。

1. 国家和区域应急救援中心建设项目。建设完成国家应急指挥总部和华北、东北、华中、东南、西南、西北等6个国家区域应急救援中心，在实战救援中发挥"尖刀拳头"作用，引领地方应急救援力量体系和能力建设发展。

2. 省级综合性应急救援基地建设项目。支持中西部地区、灾害事故多发地区依托、整合现有自然灾害、生产安全事故应急救援队伍等资源，建设完善省级综合性应急救援基地。建设综合指挥调度平台，配备先进适用专业装备，完善训练设施，开展专业技战术、装备实操、特殊灾害环境等训练，提升灾害事故快速响应、高效救援能力。

（二）自然灾害应急救援力量建设工程。

1. 抗洪抢险工程救援力量建设项目。依托应急管理部自然灾害工程救援基地，以及水利水电、建筑施工、港航领域大型企业，在洪涝灾害高风险区域，建设国家和区域性自然灾害工程应急救援队伍，进一步强化动力舟桥、挖装支护、排水救援、清淤清障、路桥抢通等特种救援装备配备，形成重大洪涝灾害工程救援攻坚能力。地方应急管理部门依托辖区内防汛机动抢险队伍、抗旱排涝服务队伍、工程施工企业等应急资源，配备抗洪抢险常规装备物资，确保遇有险情第一时间实施救援。

2. 森林（草原）灭火力量建设项目。依托大型国有森工企业、地方政府专职森林（草原）灭火骨干队伍，建设区域性机械化森林（草原）灭火专业队伍，配备全地形运兵车、隔离带开设等机械化灭火装备，提升森林（草原）火灾扑救机械化、智能化水平。各地指导支持森林（草原）火灾高危地区和重点地区森林（草原）火灾专业扑救队伍建设，配备林火侦查、常规灭火机具、战勤保障等装备，形成森林（草原）火灾的预防预警和早期扑救能力。

3. 地震和地质灾害救援力量建设项目。在地震易发高发和地质灾害高风险地区，建设国家级地震和地质灾害应急救援队伍，配备高精度智能生命搜救、高通量卫星通信、高智能救援机器人、高集成战勤保障等关键装备，形成重特大地震和地质灾害救援能力。各地依托地方应急救援力量，建设完善地震和地质灾害救援队伍，配备生命侦测、工程机械、卫星通信等装备，确保在地震和地质灾害发生后第一时间开展救援。

4. 应急医疗救援力量建设项目。整合应急总医院等医疗资源，建设全国应急救援医疗平台、国家应急医学研究中心和移动方舱医院。地方建设应急医疗力量和医疗救援基地，完善应急医疗实战训练、救援人员康复治疗、野战移动医院和医疗救援装备储备等功能。

（三）安全生产应急救援力量建设工程。

1. 国家级安全生产应急救援队伍建设项目。强化矿山排水、矿山（隧道）救生通道构建、大流量远程灭火系统等特种救援装备配备，增配地震和地质灾害救援、抗洪抢险等自然灾害应急救援装备，加快推进队伍转型升级。建设国家海上和陆上油气开采应急救援队伍，配备消防冷却、侦测监控、井控抢险等救援装备，提升我国深海和陆上油气勘探、开发、储运应急处置能力。建设完善国家矿山应急救援队，满足专业排水以及高寒高海拔恶劣环境下矿山救援需要；建设完善国家危险化学品应急救援队，提升大型储罐、水上危险化学品、煤化工、危险化学品物流等救援保障水平；建设完善国家隧道应急救援队，加强雄安新区、西部地区交通基础设施建设和运行安全保障能力。建设国家安全生产综合实训演练基地和矿山、危险化学品（大型油罐灭火）、隧道、油气管道、油气井控等实训演练基地，提升指挥协调和实战能力。

2. 地方专业安全生产应急救援队伍建设项目。各地区加强安全生产应急救援队伍建设，配备专业应急救援装备，提高生产安全事故快速响应和应急处置能力；指导中型以上高危行业企业，建设企业专兼职应急救援队伍，配备应急救援装备，满足企业安全风险防范和事故抢险救援需要。

（四）航空应急救援体系建设工程。

1. 航空应急救援大飞机建设项目。加快实施应急救援航空体系建设方案，完成进口大型固定翼灭火飞机引进、国产固定翼大飞机改装，大型无人机配备等重点项目，完善运行管理条件和机制，加快实现灭火大飞机破题。地方应急管理部门采取直接投资、购买服务、部门资源共享等多种方式，配置各型直升机、固定翼飞机，形成快速反应、高效救援能力。

2. 航空应急救援基础设施建设项目。实施《全国森林防火规划（2016—2025年）》，加快建设航空护林站（机场）。在综合利用现有军民用机场设施基础上，加强直升机起降场地建设，在森林（草原）火灾重点区域，合理布设野外停机坪。利用国家综合性消防救援队伍、专业救援队伍驻地、应急避难场所、体育场馆、公园、广场、医院、学校等，增加一批直升机临时起降点。充分利用自然水源地，按照30—50公里的标准，完善森林（草原）火灾高危区、高风险区森林（草原）飞机灭火取水点、供油点，加强气象保障、训练基地、化学灭火等基础设施配备建设。

3. 航空应急救援实战保障建设项目。建设联通国家应急指挥总部、国家区域应急救援中心和省级综合性应急救援基地的航空调度信息平台，统筹航空应急救援力量指挥调度。依托相关科研院所、高等院校和航空企业，建设航空应急救援重点实验室、研发中心和创新平台，提升航空救援技术装备创新能力。建设航空应急救援飞行实验基地，培养航空救援指挥人才、飞行人员和技术支撑力量。

（五）社会应急力量和基层应急救援力量建设工程。

1. 社会应急力量建设项目。建立社会应急力量参与重特大灾害抢险救援行动现场协调机制，拓展社会应急力量救援协调系统，完善现场信息汇聚、救援报备登记、组织调度协调、数据统计汇总等功能，实现救援需求、救援力量、救灾物资精准对接和抢险救灾资源合理配置。结合国家和地方应急救援中心建设工程、专业应急救援队伍建设项目，储备一批救援装备物资，完善一批实训演练共享共用基地，为社会应急力量开展救援和实战训练提供保障。

2. 基层应急救援力量建设项目。按照"五分钟响应，十五分钟到达，二十分钟内开展施救"的标准，推动在乡镇街道重点区域按照标准建设微型应急救援站（点）和训练设施场地，指导村居社区整合相关干部、物业人员、医护人员、志愿居民等成立应急救援队伍，根据本地灾害事故特点和救援需要，配备应急救援器材装备，满足本区域内日常风险隐患排查和一般灾害事故应急救援需要，增强基层风险防范、先期处置和自救互救能力。

（六）重大国家战略安全保障工程。

1. 重点铁路工程隧道应急救援力量建设项目。在重点铁路沿线高风险区域，突出隧道和地质灾害救援，加强应急救援队伍建设，重点配备监测预警、应急通信、搜救侦查、破拆支护、运输吊装等高原救援装备，就近实施专业救援。结合施工进展和运行实际情况，建设直升机起降场，增加航空器部署，提高航空救援能力，保障重点铁路建设重大风险防范、应对处置和运行安全。

2. 长江经济带水上应急救援力量建设项目。完成长江流域工程救援船、打桩船等装备配备，组建水上工程救援队伍，形成国家抗洪抢险救援关键力量。依托大型港航企业、施工企业等，建设长江经济带沿线水上应急救援队伍，重点配备多功能抢险救援船、橡皮艇、救援艇、水下测绘艇等专业装备，提高长江流域抗洪抢险、航运事故救援、水上施工事故救援等应急处置能力。

（七）科技创新工程。

1. 应急装备现代化建设项目。开展决口封堵、森林（草原）灭火两栖飞机、隔离带快速开设、智能无人搜救、矿山（隧道）快速构建救生通道、井下应急通信、水下抢险机器人等技术与装备研究开发，推广应用危险化学品储罐灭火装备、矿山大型钻探救援装备、矿山快速排水、超压超深高含硫油气田事故救援技术装备，培育复杂环境下的救援利器。

2. 救援现场技术支撑力量建设项目。依托相关科研院所、高校等企事业单位，建设现场应急勘测专业力量，配备现场测绘、侦察勘测、动态模拟等装备，为危险化学品等领域重特大生产安全事故和山体滑坡、泥石流、堰塞湖等复杂自然灾害工程抢险救援，提供辅助决策和现场技术支撑。

3. 高素质专业人才培育项目。依托应急管理专业高等院校以及有关部门、地方政府、企业等所属职业院校，开展应急指挥和救援专业建设，建立国家、区域、省级灾害事故实战实训基地，培育现代化应急指挥和救援人才。

五、保障措施

（一）加强组织领导。

各级应急管理部门要加强组织领导，落实工作责任，明确主要任务、重点工程的推进计划、时间节点和阶段目标，高效推进各项工作落实。建立跨部门规划实施协同配合机制，强化统筹协调，确保规划实施有序推进、重大工程有效落地、各项目标如期实现。

（二）加强资源统筹。

统筹利用现有力量和各方资源，健全完善政府、市场和社会等多元化资金投入机制，强化救援力量多渠道保障模式，加大队伍建设运行、大型装备配备和运维、教育培训演练、装备储备和救援消耗补偿等方面投入。

（三）加强政策支持。

充分发挥本规划的指引作用，鼓励各地各有关部门和单位创新思路和形式，出台激励约束等政策文件，探索多种务实有效的实施方式，积极推动规划重大举措、重点任务和重点工程落实落地，着力形成一批可复制、可推广的经验做法和实效性成果。

（四）加强考核评估。

建立健全本规划实施考核评估制度，适时开展中期评估和总结评估，分析实施进展情况及存在问题，制定改进和加强措施，必要时动态调整规划内容。地方应急管理部门要加强对本地区规划实施情况的监督检查，分年度对规划实施情况进行监测、评估及责任跟踪。

"十四五"应急管理标准化发展计划

（2022年4月26日　应急〔2022〕34号）

应急管理标准化是新时期应急管理战略性、引领性、基础性工作，是推进应急管理体系和能力现代化的重要战略举措。为深入贯彻落实《国家标准化发展纲要》和《"十四五"国家应急体系规划》，进一步加强"十四五"应急管理标准化体系建设，持续提升应急管理标准化水平，制定本计划。

一、总体要求

（一）指导思想。以习近平新时代中国特色社会主义思想为指导，全面贯彻落实党的十九大和十九届历次全会精神，认真贯彻落实习近平总书记关于应急管理的重要指示批示精神和关于标准化战略重要论述精神，坚持人民至上、生命至上，坚持统筹发展和安全，紧紧围绕应急管理中心任务，不断推动实施标准化战略，加快标准化与应急管理的全面融合，努力构建适应"全灾种、大应急"要求的应急管理标准化体系，为全面提升国家应急管理能力、推进完善国家应急管理体系，提供更加坚实的标准化技术支撑。

（二）基本原则。

——改革引领、统筹发展。深化落实机构改革战略部署和国家标准化改革要求，加强应急管理标准化顶层设计和统筹规划，完善标准化体制和机制；加强标准与法律法规、政策措施的衔接配套，发挥标准化对法律法规的技术支撑和重要保障作用；构建适应高质量发展的应急管理标准化体系，守住保障人民生命财产安全的底线。

——需求导向、急用先行。立足从根本上消除事故隐患、从根本上解决问题，聚焦发挥标准化在安全生产、消防救援、减灾救灾与综合性应急管理中的基础保障作用，推动实用型科技创新成果转化为标准化成果，加快急需短缺标准立项报批，提升标准供给效率。

——分类实施、重点突破。发挥专业技术委员会技术把关、业务主管司局和单位分工负责、标准化归口司局统筹协调机制作用，紧盯应急管理的关键领域、薄弱环节，分类稳妥推进安全生产、消防救援、减灾救灾与综合性应急管理领域重点标准制修订，进一步细化规范标准制修订职责，强化设备、设施、场所、人员及过程安全管理，筑牢应急管理标准"护城河"工程。

——整合资源、系统推进。贯彻落实应急管理相关法律法规要求，在国务院标准化协调推进部际联席会议机制下，深化与国家标准化管理委员会的战略合作，及时研究解决应急管理标准化重大问题。加强与国务院有关部门的协调联动，统筹提出相关领域强制性国家标准的立项计划。充分发挥标准化技术组织的专业作用，加强标准化基础研究、试点示范、人才培养、国际交流等工作。

（三）发展目标。到 2025 年，应急管理标准供给更加充分，标准化管理机制更加完善，安全生产、消防救援、减灾救灾与综合性应急管理领域的强制性标准覆盖范围进一步得到扩展。标准制修订从数量规模型向质量效益型转变，标准的科学性、先进性和适用性明显提升，标准宣贯实施和监督执法水平得到进一步加强，标准化基础研究和国际交流成果显著，标准化对安全发展、国家应急管理体系的支撑保障效益凸显。

二、主要任务

（一）健全优化应急管理标准体系。以建立完善"结构完整、层次清晰、分类科学、强标为主、强推互补"的应急管理标准体系为目标，统筹扩大强制性标准规模。坚持"不立不破"、"先立后破"，强化标准的评估复审、精简整合。按照"急用先行"原则，依法依规研制发布强制性标准。强化推荐性标准的协调配套，支持科学成熟、适用性强的地方标准、团体标准向国家标准、行业标准转化，健全优化安全生产、消防救援、减灾救灾与综合性应急管理标准体系。

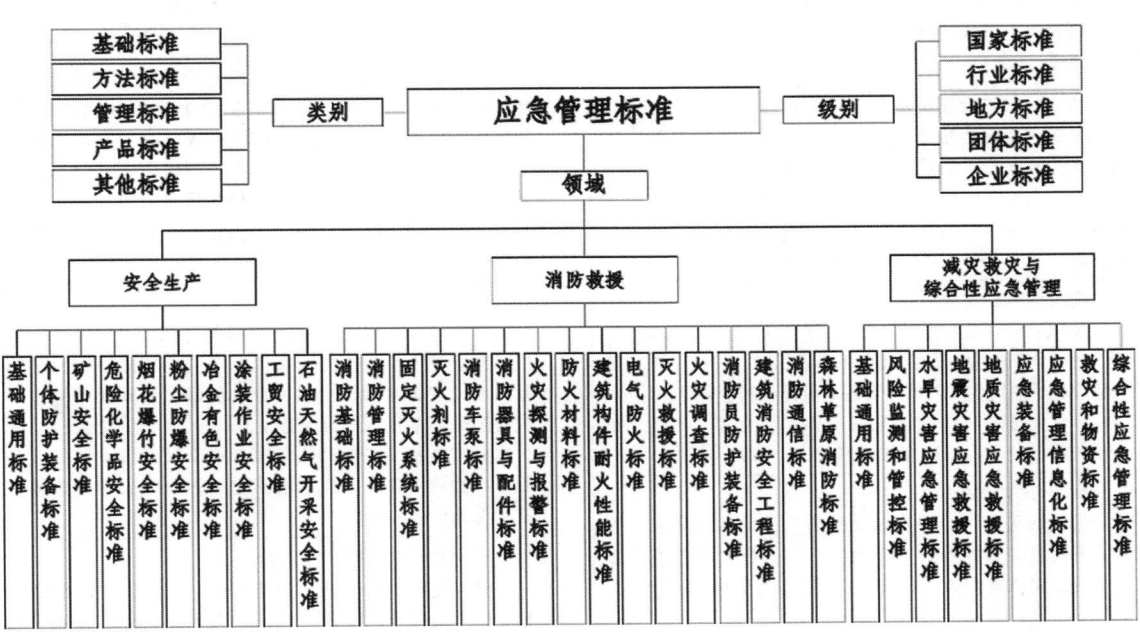

应急管理标准体系框架图

（二）加快推进急需短缺和重要标准制修订。循序渐进务求实效，按照"先急后缓"原则加强统筹，集中力量加快修订与人民生命安全关系最直接的标准，争取早日出台、确保有效管用。密切跟踪研究事故灾害暴露的标准化短板问题，对标落实法律法规和应急管理标准体系建设要求，加快重点行业和关键领域标准立改废。在安全生产方面，加强基础通用标准，个体防护装备标准，事故调查统计相关标准，矿山安全、危险化学品安全、烟花爆竹安全生产、石油天然气开采安全标准，以及粉尘防爆、涂装作业、冶金有色、工贸安全等领域重要标准制修订；在消防救援方面，加快制修订消防救援队伍队站建设、装备建设、作战训练、消防通信指挥信息化、消防物联网建设、消防监督检查、消防产品监督管理、社会消防治理、社会消防技术服务管理、火灾调查等相关标准；在减灾救灾与综合性应急管理方面，加快制修订应急管理术语、符号、标记和分类等基础通用标准，风险监测和管控标准，水旱灾害应急管理标准，地震灾害应急救援相关标准，地质灾害应急救援相关标准，应急装备标准，应急管理信息化标准，救灾和物资保障标准，应急预案制定和演练、救援现场指挥、专业应急救援力量建设标准，应急救援事故灾害调查和综合性应急管理评估统计规范标准，应急救援教育培训标准，以及其他防灾减灾救灾和综合性应急管理有关标准。

重点领域标准制修订

专栏1 安全生产领域

基础通用

加强安全生产基础通用标准制修订，制修订安全评价检测检验机构管理、安全生产责任保险事故预防技术服务、安全生产培训管理等方面相关标准。聚焦"工业互联网+安全生产"新技术、新模式、新业态，加快制修订相关国家标准和行业标准。

个体防护装备

加强个体防护装备配备标准制定，及时修订呼吸防护、足部防护、坠落防护等相关标准。推进有关防护危害性颗粒物口罩的选用指南等国际标准制定。

矿山安全

结合国家矿山安全监管监察体制改革，优化整合煤矿和非煤矿山安全生产标准。以矿山重大灾害防治、矿山智能化开采、矿山集约高效绿色发展、矿山安全监管监察为重点，开展煤矿和非煤矿山安全生产标准制修订。以《金属非金属矿山安全规程》《尾矿库安全规程》为基础，进一步完善非煤矿山安全生产标准。

危险化学品安全

加快制修订危险化学品安全生产标准化、化工过程安全、精细化工反应、安全风险评估等标准，完善化工和涉及危险化学品的生产、储存装置的设计、制造和维护标准。进一步优化危险化学品安全标准体系，修订、废止、整合相关标准，着力解决相关标准缺失、滞后等问题。

烟花爆竹安全

适应烟花爆竹行业机械化、信息化发展的要求，修订完善内容滞后的安全生产相关标准，补充完善烟花爆竹企业隐患排查治理、工器具安全要求等方面的标准。

粉尘防爆安全

适应安全生产专项整治和监管执法需要，突出高风险粉尘防爆安全要求，重点制修订铝镁等金属粉尘防爆、木制品加工企业粉尘防爆、纺织企业粉尘防爆、煤粉制备防爆、除尘系统安全等方面的标准。

涂装作业安全

加强涂料产品生产及使用安全、涂装工艺安全、危险有害因素分类、涂装设备安全性能检测等标准的制修订。

冶金有色安全

适应冶金行业新工艺、新技术、新装备发展要求，加快制修订烧结球团、铝电解、铜及铜合金熔铸、铝及铝合金熔铸、镁及镁合金熔铸等安全生产相关标准。

工贸安全

根据安全生产执法结果、事故原因分析和新工艺、新技术、新装备应用等情况，重点开展企业安全生产标准化、企业隐患排查治理、企业安全风险预警、有限空间作业等方面的标准制修订。

石油天然气开采安全

加快制修订海洋石油天然气开采安全、陆上石油天然气开采安全、高风险井井控安全等方面的安全标准。

事故调查和统计

加强事故报告、统计和调查等方面的标准制修订，加快制修订伤亡事故分类、伤亡事故经济损失统计、事故伤害损失工作日标准等，补充完善生产安全事故的认定标准、事故调查基本要素标准等。

专栏2 消防救援领域

社会消防治理

制定新能源汽车、电化学储能设施、分布式光伏发电设施、氢能源设施、锂电池生产企业等新能源场所、设施设备的火灾早期预警、防爆抑爆等高效自动灭火装置的产品以及消防安全管理标准。制定完善社会单位消防安全标识化管理、社会消防技术服务管理，消防车通道设置与管理，电动自行车停放充电场所等场所消防安全管理标准。

灭火和应急救援作战训练

制修订灭火和应急救援训练设施设备、训练方法标准，建立健全各类人员专业技术培训及技能评估标准体系。制定完善水域、山岳、建筑倒塌、深井救援等特种灾害事故处置规程标准，建立健全灭火和应急救援处置技术标准体系。完善消防救援专业队站建设、器材装备配备、物资保障等方面标准，建立健全灭火和应急救援战勤保障标准体系。

灭火和应急救援装备

修订完善消防车辆、消防枪炮、消防供水器具系列标准，推动提升消防救援队伍装备的通用化、智能化和信息化建设水平。制修订危险化学品、道路交通、建筑倒塌等灾害事故救援所需的侦检类、破拆工具类、堵漏工具类、生命探测类、救生器具类、撑顶工具类、输转类、洗消类等应急救援器材装备及附配件标准。

消防员防护装备

制修订满足水域、冰域、危险化学品等不同类别灾害事故处置任务需求的消防员防护装备系列标准，推动提升消防员防护装备集成化、一体化和信息化水平。根据消防救援队伍对消防员防护装备的选型、使用、维护保养等方面的管理需求，制定消防装备现场检查判定规则、消防员防护服舒适性评价、消防员防疫洗消规程、消防员防护装备维护保养等标准。

消防设施设备

制定氢氟烃替代灭火系统、多剂联用灭火系统等新型灭火系统标准；制定气体灭火剂、水基型灭火剂中涉及国际公约限制类物质替代物/技术筛选、评估及确认标准，洁净气体灭火剂臭氧消耗潜能（ODP）、全球变暖潜

续表

能（GWP）值测试与计算方法标准，建立灭火剂环境污染物测试方法及标准体系。制修订灭火系统用系列火灾试验模型和固定灭火系统可靠性评价方法等标准。制定完善大型油品及危化品储罐区、码头、油料中转站等场所灭火剂储存管理标准。研究电气火灾特征分析、识别技术，制定多特征参数电气火灾防控技术及产品标准。	
消防信息化 　　制定消防救援常用应急通信系统与设备系列标准，提高应急通信系统的稳定性、可靠性、环境适应性和互联互通水平。制修订消防物联网远程监控系统系列标准，改进、完善消防物联网远程监控系统平台架构、应用和管理平台功能、通信接口要求，为推进消防物联网建设、提升消防设施设备的智能化和信息化水平提供标准支撑。配套消防救援智能接处警系统、智能指挥系统，消防监督管理系统等消防信息化重点建设项目，制定数据元、数据项、信息代码、数据元限定词标准，为实现高效的数据共享交换和集成应用提供数据标准支撑。	
建筑构件耐火性能和防火阻燃材料 　　适应超高层建筑、综合性交通枢纽、室内高大空间场所防火分隔需求，制修订防火分区内建筑耐火构件、构件保护产品及系统、具有多种启闭形式的防火门窗等耐火构件产品标准，优化现有防火分隔、通风、排烟系统的耐火性能试验方法及标准体系。制定防火阻燃材料全生命周期阻燃性能有效性试验和评价方法标准。制定石化设施、交通隧道、轨道交通等特殊场所耐火构件及阻燃防护产品标准。改进和完善电缆及光缆及其组件的阻燃、耐火性能试验方法标准。根据新能源设施的火灾防控需求，制定光伏组件、储能组件等新能源设施组件燃烧性能及耐火性能试验和评价系列标准。	
建筑消防安全工程 　　制修订建筑结构抗火性能评估方法、火灾中人员可用安全疏散时间评估方法、人员密度调查与统计分析方法标准。完善消防系统性能现场测试方法标准，制定场景化火灾燃烧特性测试方法、基于火灾风险评估的既有建筑消防安全性能提升技术系列标准。	
火灾调查 　　制定火灾调查装备模块化配备标准和火灾调查人员培训考核标准。制定火调数据元标准和火灾案件证据采集、提取、固定、录入、研判等电子物证标准。进一步完善火灾物证实验室处理方法和火灾现场视频影像处理方法系列标准，制定基于X光影像的火灾物证鉴定方法标准。	
森林草原消防 　　针对森林草原火灾扑救特点，深入研究森林草原消防日常管理、火灾监测预警、装备机具、火灾救援及灭火安全等方面标准化需求，提高常用装备技术性能要求，建立全新的森林草原消防员防护装备标准体系和高效的灭火技能战术标准体系。	

专栏3　减灾救灾与综合性应急管理领域

基础通用 　　加快制修订应急管理术语、符号、标记和分类等基础通用标准，以及其他与防灾减灾和综合性应急管理相关的基础通用标准。
风险监测与管控 　　研制自然灾害综合风险预警响应等级、监测预警系统设计、风险隐患信息报送相关标准；研制自然灾害综合风险普查对象和内容、调查指标体系、重点隐患综合分析、综合风险评估、综合防治区划等相关标准，探索建立自然灾害综合风险监测预警、自然灾害综合风险普查标准体系。
防汛抗旱应急管理 　　构建防汛抗旱应急台风应急管理技术规范和标准体系，编制和修订完善洪涝干旱灾害防范应对、调查评估，以及防汛抗旱应急演练等相关标准。
地震灾害应急救援 　　修订完善地震应急救援标准体系，重点制修订地震应急准备、抗震救灾指挥、地震救援现场管理、城市搜救与救援队伍装备建设、城镇救援队能力建设、地震救援培训等相关标准；制修订应急避难场所的术语、标志、分级分类等基础标准，应急避难所评估认定、管理运维等相关标准。
地质灾害应急救援 　　梳理地质灾害应急救援标准体系，重点制定地质灾害应急救援术语、险情灾情速报、灾害紧急避险、救援现场规范、应急救援队伍建设等相关标准。
应急装备 　　顺应应急装备智能化、轻型化、标准化的发展方向，研究提出统一规范的应急装备标准体系。强化装备分类编码、术语定义、标志标识等基础性、通用性、衔接性标准，数字化战场、应急通信、无人机、机器人等实战需求迫切的专业性标准，以及测试、检测、认证等辅助性标准的编制供给。优化应急装备研、产、用标准体系的衔接，提升常用装备性能，促进人工智能等先进技术装备的实战应用。
应急管理信息化 　　制定应急管理数据治理和大数据应用平台技术规范，构建与应急管理信息化相适应的基础设施及应用领域标准体系，重点加强网络、云平台、应用、安全等领域标准体系建设，推动应急遥感产品标准体系和应急遥感评估技术规范标准制定，以信息化推进应急管理现代化。
综合性应急管理 　　为规范救援协调和预案管理工作，制定应急救援现场指挥、应急预案编制、应急演练、专业应急救援队伍和社会应急救援力量建设、航空应急救援等相关标准。推动应急救援事故灾害调查和综合性应急管理评估统计规范，应急救援教育培训要求等相关标准制修订。

（三）强化标准宣贯实施和监督管理。按照"谁提出立项、谁组织宣贯和实施"的原则，落实标准常态化宣贯和实施监督的责任。加大宣传培训，充分发挥专业标准化技术组织和专家标准宣贯作用，对标准出台背景、主要技术指标、贯彻措施等内容进行专题解读，对有关行业领域具有重大影响的关键基础标准开展集中宣贯。在安全生产月、全国消防日、防灾减灾日、世界标准日等节点期间，组织标准宣贯，广泛听取各方面意见，发挥社会公众对标准实施情况的监督作用，营造"学标、知标、用标、达标"的社会氛围。组织对强制性标准实施情况进行监督检查和跟踪评估。规范标准解释权限管理和标准技术咨询活动，及时回应社会关切。

（四）加强标准化基础保障工作。加强全国安全生产、个体防护装备、消防、应急管理与减灾救灾等标准化技术委员会建设，突出专家把关，落实专家责任制，提升标准制修订的科学性和专业性。制定《应急管理专业标准化技术委员会管理办法》，指导规范标准化技术委员会高效运行。加强应急管理标准化相关基础研究，为标准化工作提供理论指导和科技支撑，优先安排对应急管理行业领域标准化具有全局性、战略性影响的重大研究项目，以及应急管理信息化、智能化相关标准研究项目。加快应急管理标准化信息平台建设，协调推动与国家标准信息管理平台互联互通，实现标准化全过程信息化管理。借鉴国务院有关部门标准化经费保障做法，制定出台《应急管理标准化经费管理办法》，规范标准制修订、技术审查、评估复审、宣贯实施、基础研究等经费支出。

（五）加强地方、团体和企业标准化工作。指导推进地方应急管理标准化工作，落实各级应急管理部门标准实施监管责任，将强制性标准纳入监管监察执法检查，加强煤矿、化工、冶金等高危行业领域强制性标准的监督落实，并及时发现问题完善标准。鼓励地方探索应急管理标准化试点示范引领，推进区域标准化协作机制建设，开展国家级应急管理标准化基地试点示范。规范应急管理团体标准管理，引导社会团体聚焦应急管理新技术、新产业、新业态和新模式，制定应急产品及服务类团体标准，鼓励构建与应急管理国家标准、行业标准、地方标准协调配套的团体标准体系。引导企业加强安全生产企业标准制修订，助力企业安全生产水平进一步提升。

（六）加强应急管理标准化国际合作与交流。立足我国应急管理需求，组织开展安全生产、消防救援、减灾救灾与综合性应急管理领域标准国际国内对比研究，加大采用国际先进标准的力度。加强应急管理领域重要标准外文版翻译，鼓励先进企事业单位、有关组织积极参与应急管理国际标准制修订，推动应急管理标准互认互联互通。加强应急管理标准化国际合作与交流，推进"一带一路"自然灾害防治和应急管理国际合作机制建设。

三、保障措施

（一）加强组织领导。强化与市场监管总局（标准委）和国务院有关部门的标准化工作协同配合，加强对地方、有关单位和标准化技术组织的指导，明确职责任务，确保标准化各项工作落地见效。

（二）加强经费保障。完善标准化工作经费保障机制，依法将标准化经费纳入年度预算。积极申请国家标准制修订经费补助，鼓励引导企事业单位、社会组织加大投入，建立健全"政府投入为主、社会投入为补充"的多元化经费保障制度。

（三）加强队伍建设。支持各标准化技术组织开展标准化业务培训，提升标准化技术组织的专业性、权威性。建立健全标准化人才激励制度，鼓励有关企事业单位专业人员参与应急管理国家标准、行业标准制修订，稳定和扩大标准化人才队伍。

（四）加强实施督促。加强对计划实施情况的跟踪分析，定期召开标准化工作推进会，研究推进下一阶段工作。应急管理部各有关业务司局和单位、部管各专业标准化技术委员会每年底按程序报告标准化工作开展情况。

4. 应急预案

国家突发公共事件总体应急预案

(2006年1月8日)

1 总则

1.1 编制目的

提高政府保障公共安全和处置突发公共事件的能力，最大程度地预防和减少突发公共事件及其造成的损害，保障公众的生命财产安全，维护国家安全和社会稳定，促进经济社会全面、协调、可持续发展。

1.2 编制依据

依据宪法及有关法律、行政法规，制定本预案。

1.3 分类分级

本预案所称突发公共事件是指突然发生，造成或者可能造成重大人员伤亡、财产损失、生态环境破坏和严重社会危害，危及公共安全的紧急事件。

根据突发公共事件的发生过程、性质和机理，突发公共事件主要分为以下四类：

（1）自然灾害。主要包括水旱灾害，气象灾害，地震灾害，地质灾害，海洋灾害，生物灾害和森林草原火灾等。

（2）事故灾难。主要包括工矿商贸等企业的各类安全事故，交通运输事故，公共设施和设备事故，环境污染和生态破坏事件等。

（3）公共卫生事件。主要包括传染病疫情，群体性不明原因疾病，食品安全和职业危害，动物疫情，以及其他严重影响公众健康和生命安全的事件。

（4）社会安全事件。主要包括恐怖袭击事件，经济安全事件和涉外突发事件等。

各类突发公共事件按照其性质、严重程度、可控性和影响范围等因素，一般分为四级：Ⅰ级（特别重大）、Ⅱ级（重大）、Ⅲ级（较大）和Ⅳ级（一般）。

1.4 适用范围

本预案适用于涉及跨省级行政区划的，或超出事发地省级人民政府处置能力的特别重大突发公共事件应对工作。

本预案指导全国的突发公共事件应对工作。

1.5 工作原则

（1）以人为本，减少危害。切实履行政府的社会管理和公共服务职能，把保障公众健康和生命财产安全作为首要任务，最大程度地减少突发公共事件及其造成的人员伤亡和危害。

（2）居安思危，预防为主。高度重视公共安全工作，常抓不懈，防患于未然。增强忧患意识，坚持预防与应急相结合，常态与非常态相结合，做好应对突发公共事件的各项准备工作。

（3）统一领导，分级负责。在党中央、国务院的统一领导下，建立健全分类管理、分级负责，条块结合、属地管理为主的应急管理体制，在各级党委领导下，实行行政领导责任制，充分发挥专业应急指挥机构的作用。

（4）依法规范，加强管理。依据有关法律和行政法规，加强应急管理，维护公众的合法权益，使应对突发公共事件的工作规范化、制度化、法制化。

（5）快速反应，协同应对。加强以属地管理为主的应急处置队伍建设，建立联动协调制度，充分动员和发挥乡镇、社区、企事业单位、社会团体和志愿者队伍的作用，依靠公众力量，形成统一指挥、反应灵敏、功能齐全、协调有序、运转高效的应急管理机制。

（6）依靠科技，提高素质。加强公共安全科学研究和技术开发，采用先进的监测、预测、预警、预防和应急处置技术及设施，充分发挥专家队伍和专业人员的作用，提高应对突发公共事件的科技水平和指挥能力，避免发生次生、衍生事件；加强宣传和培训教育工作，提高公众自救、互救和应对各类突发公共事件的综合素质。

1.6 应急预案体系

全国突发公共事件应急预案体系包括：

（1）突发公共事件总体应急预案。总体应急预案是全国应急预案体系的总纲，是国务院应对特别重大突发公共事件的规范性文件。

（2）突发公共事件专项应急预案。专项应急预案主要是国务院及其有关部门为应对某一类型或某几种类型突发公共事件而制定的应急预案。

（3）突发公共事件部门应急预案。部门应急预案是国务院有关部门根据总体应急预案、专项应急预案和部门职责为应对突发公共事件制定的预案。

（4）突发公共事件地方应急预案。具体包括：省级人民政府的突发公共事件总体应急预案、专项应急预案和部门应急预案；各市（地）、县（市）人民政府及其基层政权组织的突发公共事件应急预案。上述预案在省级人民政府的领导下，按照分类管理、分级负责的原则，由地方人民政府及其有关部门分别制定。

（5）企事业单位根据有关法律法规制定的应急预案。

（6）举办大型会展和文化体育等重大活动，主办单位应当制定应急预案。

各类预案将根据实际情况变化不断补充、完善。

2 组织体系

2.1 领导机构

国务院是突发公共事件应急管理工作的最高行政领导机构。在国务院总理领导下，由国务院常务会议和国家相关突发公共事件应急指挥机构（以下简称相关应急指挥机构）负责突发公共事件的应急管理工作；必要时，派出国务院工作组指导有关工作。

2.2 办事机构

国务院办公厅设国务院应急管理办公室，履行值守应急、信息汇总和综合协调职责，发挥运转枢纽作用。

2.3 工作机构

国务院有关部门依据有关法律、行政法规和各自的职责，负责相关类别突发公共事件的应急管理工作。具体负责相关类别突发公共事件专项和部门应急预案的起草与实施，贯彻落实国务院有关决定事项。

2.4 地方机构

地方各级人民政府是本行政区域突发公共事件应急管理工作的行政领导机构，负责本行政区域各类突发公共事件的应对工作。

2.5 专家组

国务院和各应急管理机构建立各类专业人才库，可以根据实际需要聘请有关专家组成专家组，为应急管理提供决策建议，必要时参加突发公共事件的应急处置工作。

3 运行机制

3.1 预测与预警

各地区、各部门要针对各种可能发生的突发公共事件，完善预测预警机制，建立预测预警系统，开展风险分析，做到早发现、早报告、早处置。

3.1.1 预警级别和发布

根据预测分析结果，对可能发生和可以预警的突发公共事件进行预警。预警级别依据突发公共事件可能造成的危害程度、紧急程度和发展态势，一般划分为四级：Ⅰ级（特别严重）、Ⅱ级（严重）、Ⅲ级（较重）和Ⅳ级（一般），依次用红色、橙色、黄色和蓝色表示。

预警信息包括突发公共事件的类别、预警级别、起始时间、可能影响范围、警示事项、应采取的措施和发布机关等。

预警信息的发布、调整和解除可通过广播、电视、报刊、通信、信息网络、警报器、宣传车或组织人员逐户通知等方式进行，对老、幼、病、残、孕等特殊人群以及学校等特殊场所和警报盲区应当采取有针对性的公告方式。

3.2 应急处置

3.2.1 信息报告

特别重大或者重大突发公共事件发生后，各地区、各部门要立即报告，最迟不得超过4小时，同时通报有关地区和部门。应急处置过程中，要及时续报有关情况。

3.2.2 先期处置

突发公共事件发生后，事发地的省级人民政府或者国务院有关部门在报告特别重大、重大突发公共事件信息的同时，要根据职责和规定的权限启动相关应急预案，及时、有效地进行处置，控制事态。

在境外发生涉及中国公民和机构的突发事件，我驻外使领馆、国务院有关部门和有关地方人民政府要采取措施控制事态发展，组织开展应急救援工作。

3.2.3 应急响应

对于先期处置未能有效控制事态的特别重大突发公共事件，要及时启动相关预案，由国务院相关应急指挥机构或国务院工作组统一指挥或指导有关地区、部门开展处置工作。

现场应急指挥机构负责现场的应急处置工作。

需要多个国务院相关部门共同参与处置的突发公共事件，由该类突发公共事件的业务主管部门牵头，其他部门予以协助。

3.2.4 应急结束

特别重大突发公共事件应急处置工作结束，或者相关危险因素消除后，现场应急指挥机构予以撤销。

3.3 恢复与重建

3.3.1 善后处置

要积极稳妥、深入细致地做好善后处置工作。对突发公共事件中的伤亡人员、应急处置工作人员，以及紧急调集、征用有关单位及个人的物资，要按照规定给予抚恤、补助或补偿，并提供心理及司法援助。有关部门要做好疫病防治和环境污染消除工作。保险监管机构督促有关保险机构及时做好有关单位和个人损失的理赔工作。

3.3.2 调查与评估

要对特别重大突发公共事件的起因、性质、影响、责任、经验教训和恢复重建等问题进行调查评估。

3.3.3 恢复重建

根据受灾地区恢复重建计划组织实施恢复重建工作。

3.4 信息发布

突发公共事件的信息发布应当及时、准确、客观、全面。事件发生的第一时间要向社会发布简要信息，随后发布初步核实情况、政府应对措施和公众防范措施等，并根据事件处置情况做好后续发布工作。

信息发布形式主要包括授权发布、散发新闻稿、组织报道、接受记者采访、举行新闻发布会等。

4 应急保障

各有关部门要按照职责分工和相关预案做好突发公共事件的应对工作，同时根据总体预案切实做好应对突发公共事件的人力、物力、财力、交通运输、医疗卫生及通信保障等工作，保证应急救援工作的需要和灾区群众的基本生活，以及恢复重建工作的顺利进行。

4.1 人力资源

公安（消防）、医疗卫生、地震救援、海上搜救、矿山救护、森林消防、防洪抢险、核与辐射、环境监控、危险化学品事故救援、铁路事故、民航事故、基础信息网络和重要信息系统事故处置，以及水、电、油、气等工程抢险救援队伍是应急救援的专业队伍和骨干力量。地方各级人民政府和有关部门、单位要加强应急救援队伍的业务培训和应急演练，建立联动协调机制，提高装备水平；动员社会团体、企事业单位以及志愿者等各种社会力量参与应急救援工作；增进国际间的交流与合作。要加强以乡镇和社区为单位的公众应急能力建设，发挥其在应对突发公共事件中的重要作用。

中国人民解放军和中国人民武装警察部队是处置突发公共事件的骨干和突击力量，按照有关规定参加应急处置工作。

4.2 财力保障

要保证所需突发公共事件应急准备和救援工作资金。对受突发公共事件影响较大的行业、企事业单位和个人要及时研究提出相应的补偿或救助政策。要对突发公共事件财政应急保障资金的使用和效果进行监管和评估。

鼓励自然人、法人或者其他组织（包括国际组织）按照《中华人民共和国公益事业捐赠法》等有关法律、法规的规定进行捐赠和援助。

4.3 物资保障

要建立健全应急物资监测网络、预警体系和应急物资生产、储备、调拨及紧急配送体系，完善应急工作程序，确保应急所需物资和生活用品的及时供应，并加强对物资储备的监督管理，及时予以补充和更新。

地方各级人民政府应根据有关法律、法规和应急预案的规定，做好物资储备工作。

4.4 基本生活保障

要做好受灾群众的基本生活保障工作，确保灾区群众有饭吃、有水喝、有衣穿、有住处、有病能得到及时医治。

4.5 医疗卫生保障

卫生部门负责组建医疗卫生应急专业技术队伍，根据需要及时赴现场开展医疗救治、疾病预防控制等卫生应急工作。及时为受灾地区提供药品、器械等卫生和医疗设备。必要时，组织动员红十字会等社会卫生力量参与医疗卫生救助工作。

4.6 交通运输保障

要保证紧急情况下应急交通工具的优先安排、优先调度、优先放行，确保运输安全畅通；要依法建立紧急情况社会交通运输工具的征用程序，确保抢险救灾物资和人员能够及时、安全送达。

根据应急处置需要，对现场及相关通道实行交通管制，开设应急救援"绿色通道"，保证应急救援工作的顺利开展。

4.7 治安维护

要加强对重点地区、重点场所、重点人群、重要物资和设备的安全保护，依法严厉打击违法犯罪活动。必要时，依法采取有效管制措施，控制事态，维护社会秩序。

4.8 人员防护

要指定或建立与人口密度、城市规模相适应的应急避险场所，完善紧急疏散管理办法和程序，明确各级责任人，确保在紧急情况下公众安全、有序的转移或疏散。

要采取必要的防护措施，严格按照程序开展应急救援工作，确保人员安全。

4.9 通信保障

建立健全应急通信、应急广播电视保障工作体系，完善公用通信网，建立有线和无线相结合、基础电信网络与机动通信系统相配套的应急通信系统，确保通信畅通。

4.10 公共设施

有关部门要按照职责分工，分别负责煤、电、油、气、水的供给，以及废水、废气、固体废弃物等有害物质的监测和处理。

4.11 科技支撑

要积极开展公共安全领域的科学研究；加大公共安全监测、预测、预警、预防和应急处置技术研发的投入，不断改进技术装备，建立健全公共安全应急技术平台，提高我国公共安全科技水平；注意发挥企业在公共安全领域的研发作用。

5 监督管理

5.1 预案演练

各地区、各部门要结合实际，有计划、有重点地组织有关部门对相关预案进行演练。

5.2 宣传和培训

宣传、教育、文化、广电、新闻出版等有关部门要通过图书、报刊、音像制品和电子出版物、广播、电视、网络等，广泛宣传应急法律法规和预防、避险、自救、互救、减灾等常识，增强公众的忧患意识、社会责任意识和自救、互救能力。各有关方面要有计划地对应急救援和管理人员进行培训，提高其专业技能。

5.3 责任与奖惩

突发公共事件应急处置工作实行责任追究制。

对突发公共事件应急管理工作中做出突出贡献的先进集体和个人要给予表彰和奖励。

对迟报、谎报、瞒报和漏报突发公共事件重要情况或者应急管理工作中有其他失职、渎职行为的，依法对有关责任人给予行政处分；构成犯罪的，依法追究刑事责任。

6 附则

6.1 预案管理

根据实际情况的变化，及时修订本预案。

本预案自发布之日起实施。

突发事件应急预案管理办法

（2024年1月31日　国办发〔2024〕5号）

第一章　总　　则

第一条　为加强突发事件应急预案（以下简称应急预案）体系建设，规范应急预案管理，增强应急预案的针对性、实用性和可操作性，依据《中华人民共和国突发事件应对法》等法律、行政法规，制定本办法。

第二条　本办法所称应急预案，是指各级人民政府及其部门、基层组织、企事业单位和社会组织等为依法、迅速、科学、有序应对突发事件，最大程度减少突发事件及其造成的损害而预先制定的方案。

第三条　应急预案的规划、编制、审批、发布、备案、培训、宣传、演练、评估、修订等工作，适用本办法。

第四条　应急预案管理遵循统一规划、综合协调、分类指导、分级负责、动态管理的原则。

第五条　国务院统一领导全国应急预案体系建设和管理工作，县级以上地方人民政府负责领导本行政区域内应急预案体系建设和管理工作。

突发事件应对有关部门在各自职责范围内，负责本部门（行业、领域）应急预案管理工作；县级以上人民政府应急管理部门负责指导应急预案管理工作，综合协调应急预案衔接工作。

第六条　国务院应急管理部门统筹协调各地区各部门应急预案数据库管理，推动实现应急预案数据共享共用。各地区各部门负责本行政区域、本部门（行业、领域）应急预案数据管理。

县级以上人民政府及其有关部门要注重运用信息化数字化智能化技术，推进应急预案管理理念、模式、手段、方法等创新，充分发挥应急预案牵引应急准备、指导处置救援的作用。

第二章　分类与内容

第七条　按照制定主体划分，应急预案分为政府及其部门应急预案、单位和基层组织应急预案两大类。

政府及其部门应急预案包括总体应急预案、专项应急预案、部门应急预案等。

单位和基层组织应急预案包括企事业单位、村民委员会、居民委员会、社会组织等编制的应急预案。

第八条 总体应急预案是人民政府组织应对突发事件的总体制度安排。

总体应急预案围绕突发事件事前、事中、事后全过程，主要明确应对工作的总体要求、事件分类分级、预案体系构成、组织指挥体系与职责，以及风险防控、监测预警、处置救援、应急保障、恢复重建、预案管理等内容。

第九条 专项应急预案是人民政府为应对某一类型或某几种类型突发事件，或者针对重要目标保护、重大活动保障、应急保障等重要专项工作而预先制定的涉及多个部门职责的方案。

部门应急预案是人民政府有关部门根据总体应急预案、专项应急预案和部门职责，为应对本部门（行业、领域）突发事件，或者针对重要目标保护、重大活动保障、应急保障等涉及部门工作而预先制定的方案。

第十条 针对突发事件应对的专项和部门应急预案，主要规定县级以上人民政府或有关部门相关突发事件应对工作的组织指挥体系和专项工作安排，不同层级预案内容各有侧重，涉及相邻或相关地方人民政府、部门、单位任务的应当沟通一致后明确。

国家层面专项和部门应急预案侧重明确突发事件的应对原则、组织指挥机制、预警分级和事件分级标准、响应分级、信息报告要求、应急保障措施等，重点规范国家层面应对行动，同时体现政策性和指导性。

省级专项和部门应急预案侧重明确突发事件的组织指挥机制、监测预警、分级响应及响应行动、队伍物资保障及市县级人民政府职责等，重点规范省级层面应对行动，同时体现指导性和实用性。

市县级专项和部门应急预案侧重明确突发事件的组织指挥机制、风险管控、监测预警、信息报告、组织自救互救、应急处置措施、现场管控、队伍物资保障等内容，重点规范市（地）级和县级层面应对行动，落实相关任务，细化工作流程，体现应急处置的主体职责和针对性、可操作性。

第十一条 为突发事件应对工作提供通信、交通运输、医学救援、物资装备、能源、资金以及新闻宣传、秩序维护、慈善捐赠、灾害救助等保障功能的专项和部门应急预案侧重明确组织指挥机制、主要任务、资源布局、资源调用或应急响应程序、具体措施等内容。

针对重要基础设施、生命线工程等重要目标保护的专项和部门应急预案，侧重明确关键功能和部位、风险隐患及防范措施、监测预警、信息报告、应急处置和紧急恢复、应急联动等内容。

第十二条 重大活动主办或承办机构应当结合实际情况组织编制重大活动保障应急预案，侧重明确组织指挥体系、主要任务、安全风险及防范措施、应急联动、监测预警、信息报告、应急处置、人员疏散撤离组织和路线等内容。

第十三条 相邻或相关地方人民政府及其有关部门可以联合制定应对区域性、流域性突发事件的联合应急预案，侧重明确地方人民政府及其部门间信息通报、组织指挥体系对接、处置措施衔接、应急资源保障等内容。

第十四条 国家有关部门和超大特大城市人民政府可以结合行业（地区）风险评估实际，制定巨灾应急预案，统筹本部门（行业、领域）、本地区巨灾应对工作。

第十五条 乡镇（街道）应急预案重点规范乡镇（街道）层面应对行动，侧重明确突发事件的预警信息传播、任务分工、处置措施、信息收集报告、现场管理、人员疏散与安置等内容。

村（社区）应急预案侧重明确风险点位、应急响应责任人、预警信息传播与响应、人员转移避险、应急处置措施、应急资源调用等内容。

乡镇（街道）、村（社区）应急预案的形式、要素和内容等，可结合实际灵活确定，力求简明实用，突出人员转移避险，体现先期处置特点。

第十六条 单位应急预案侧重明确应急响应责任人、风险隐患监测、主要任务、信息报告、预警和应急响应、应急处置措施、人员疏散转移、应急资源调用等内容。

大型企业集团可根据相关标准规范和实际工作需要，建立本集团应急预案体系。

安全风险单一、危险性小的生产经营单位，可结合实际简化应急预案要素和内容。

第十七条 应急预案涉及的有关部门、单位等可以结合实际编制应急工作手册，内容一般包括应急响应措施、处置工作程序、应急救援队伍、物资装备、联络人员和电话等。

应急救援队伍、保障力量等应当结合实际情况，针对需要参与突发事件应对的具体任务编制行动方案，侧重明确应急响应、指挥协同、力量编成、行动设想、综合保障、其他有关措施等具体内容。

第三章 规划与编制

第十八条 国务院应急管理部门会同有关部门

编制应急预案制修订工作计划，报国务院批准后实施。县级以上地方人民政府应急管理部门应当会同有关部门，针对本行政区域多发易发突发事件、主要风险等，编制本行政区域应急预案制修订工作计划，报本级人民政府批准后实施，并抄送上一级人民政府应急管理部门。

县级以上人民政府有关部门可以结合实际制定本部门（行业、领域）应急预案编制计划，并抄送同级应急管理部门。县级以上地方人民政府有关部门应急预案编制计划同时抄送上一级相应部门。

应急预案编制计划应当根据国民经济和社会发展规划、突发事件应对工作实际，适时予以调整。

第十九条 县级以上人民政府总体应急预案由本级人民政府应急管理部门组织编制，专项应急预案由本级人民政府相关类别突发事件应对牵头部门组织编制。县级以上人民政府部门应急预案，乡级人民政府、单位和基层组织等应急预案由有关制定单位组织编制。

第二十条 应急预案编制部门和单位根据需要组成应急预案编制工作小组，吸收有关部门和单位人员、有关专家及有应急处置工作经验的人员参加。编制工作小组组长由应急预案编制部门或单位有关负责人担任。

第二十一条 编制应急预案应当依据有关法律、法规、规章和标准，紧密结合实际，在开展风险评估、资源调查、案例分析的基础上进行。

风险评估主要是识别突发事件风险及其可能产生的后果和次生（衍生）灾害事件，评估可能造成的危害程度和影响范围等。

资源调查主要是全面调查本地区、本单位应对突发事件可用的应急救援队伍、物资装备、场所和通过改造可以利用的应急资源状况，合作区域内可以请求援助的应急资源状况，重要基础设施容灾保障及备用状况，以及可以通过潜力转换提供应急资源的状况，为制定应急响应措施提供依据。必要时，也可根据突发事件应对需要，对本地区相关单位和居民所掌握的应急资源情况进行调查。

案例分析主要是对典型突发事件的发生演化规律、造成的后果和处置救援等情况进行复盘研究，必要时构建突发事件情景，总结经验教训，明确应对流程、职责任务和应对措施，为制定应急预案提供参考借鉴。

第二十二条 政府及其有关部门在应急预案编制过程中，应当广泛听取意见，组织专家论证，做好与相关应急预案及国防动员实施预案的衔接。涉及其他单位职责的，应当书面征求意见。必要时，向社会公开征求意见。

单位和基层组织在应急预案编制过程中，应根据法律法规要求或实际需要，征求相关公民、法人或其他组织的意见。

第四章　审批、发布、备案

第二十三条 应急预案编制工作小组或牵头单位应当将应急预案送审稿、征求意见情况、编制说明等有关材料报送应急预案审批单位。因保密等原因需要发布应急预案简本的，应当将应急预案简本一并报送审批。

第二十四条 应急预案审核内容主要包括：

（一）预案是否符合有关法律、法规、规章和标准等规定；

（二）预案是否符合上位预案要求并与有关预案有效衔接；

（三）框架结构是否清晰合理，主体内容是否完备；

（四）组织指挥体系与责任分工是否合理明确，应急响应级别设计是否合理，应对措施是否具体简明、管用可行；

（五）各方面意见是否一致；

（六）其他需要审核的内容。

第二十五条 国家总体应急预案按程序报党中央、国务院审批，以党中央、国务院名义印发。专项应急预案由预案编制牵头部门送应急管理部衔接协调后，报国务院审批，以国务院办公厅或者有关应急指挥机构名义印发。部门应急预案由部门会议审议决定、以部门名义印发，涉及其他部门职责的可与有关部门联合印发；必要时，可以由国务院办公厅转发。

地方各级人民政府总体应急预案按程序报本级党委和政府审批，以本级党委和政府名义印发。专项应急预案按程序送本级应急管理部门衔接协调，报本级人民政府审批，以本级人民政府办公厅（室）或者有关应急指挥机构名义印发。部门应急预案审批印发程序按照本级人民政府和上级有关部门的应急预案管理规定执行。

重大活动保障应急预案、巨灾应急预案由本级人民政府或其部门审批，跨行政区域联合应急预案审批由相关人民政府或其授权的部门协商确定，并参照专项应急预案或部门应急预案管理。

单位和基层组织应急预案须经本单位或基层组织主要负责人签发，以本单位或基层组织名义印发，审批方式根据所在地人民政府及有关行业管理部门规定和实际情况确定。

第二十六条 应急预案审批单位应当在应急预案印发后的20个工作日内，将应急预案正式印发文本（含电子文本）及编制说明，依照下列规定向有关单位备案并抄送有关部门：

（一）县级以上地方人民政府总体应急预案报上一级人民政府备案，径送上一级人民政府应急管理部门，同时抄送上一级人民政府有关部门；

（二）县级以上地方人民政府专项应急预案报上一级人民政府相应牵头部门备案，同时抄送上一级人民政府应急管理部门和有关部门；

（三）部门应急预案报本级人民政府备案，径送本级应急管理部门，同时抄送本级有关部门；

（四）联合应急预案按所涉及区域，依据专项应急预案或部门应急预案有关规定备案，同时抄送本地区上一级或共同上一级人民政府应急管理部门和有关部门；

（五）涉及需要与所在地人民政府联合应急处置的中央单位应急预案，应当报所在地县级人民政府备案，同时抄送本级应急管理部门和突发事件应对牵头部门；

（六）乡镇（街道）应急预案报上一级人民政府备案，径送上一级人民政府应急管理部门，同时抄送上一级人民政府有关部门。村（社区）应急预案报乡镇（街道）备案；

（七）中央企业集团总体应急预案报应急管理部备案，抄送企业主管机构、行业主管部门、监管部门；有关专项应急预案向国家突发事件应对牵头部门备案，抄送应急管理部、企业主管机构、行业主管部门、监管部门等有关单位。中央企业集团所属单位、权属企业的总体应急预案按管理权限报所在地人民政府应急管理部门备案，抄送企业主管机构、行业主管部门、监管部门；专项应急预案按管理权限报所在地行业监管部门备案，抄送应急管理部门和有关企业主管机构、行业主管部门。

第二十七条 国务院履行应急预案备案管理职责的部门和省级人民政府应当建立应急预案备案管理制度。县级以上地方人民政府有关部门落实有关规定，指导、督促有关单位做好应急预案备案工作。

第二十八条 政府及其部门应急预案应当在正式印发后20个工作日内向社会公开。单位和基层组织应急预案应当在正式印发后20个工作日内向本单位以及可能受影响的其他单位和地区公开。

第五章 培训、宣传、演练

第二十九条 应急预案发布后，其编制单位应做好组织实施和解读工作，并跟踪应急预案落实情况，了解有关方面和社会公众的意见建议。

第三十条 应急预案编制单位应当通过编发培训材料、举办培训班、开展工作研讨等方式，对与应急预案实施密切相关的管理人员、专业救援人员等进行培训。

各级人民政府及其有关部门应将应急预案培训作为有关业务培训的重要内容，纳入领导干部、公务员等日常培训内容。

第三十一条 对需要公众广泛参与的非涉密的应急预案，编制单位应当充分利用互联网、广播、电视、报刊等多种媒体广泛宣传，制作通俗易懂、好记管用的宣传普及材料，向公众免费发放。

第三十二条 应急预案编制单位应当建立应急预案演练制度，通过采取形式多样的方式方法，对应急预案所涉及的单位、人员、装备、设施等组织演练。通过演练发现问题、解决问题，进一步修改完善应急预案。

专项应急预案、部门应急预案每3年至少进行一次演练。

地震、台风、风暴潮、洪涝、山洪、滑坡、泥石流、森林草原火灾等自然灾害易发区域所在地人民政府，重要基础设施和城市供水、供电、供气、供油、供热等生命线工程经营管理单位，矿山、金属冶炼、建筑施工单位和易燃易爆物品、化学品、放射性物品等危险物品生产、经营、使用、储存、运输、废弃处置单位，公共交通工具、公共场所和医院、学校等人员密集场所的经营单位或者管理单位等，应当有针对性地组织开展应急预案演练。

第三十三条 应急预案演练组织单位应当加强演练评估，主要内容包括：演练的执行情况，应急预案的实用性和可操作性，指挥协调和应急联动机制运行情况，应急人员的处置情况，演练所用设备装备的适用性，对完善应急预案、应急准备、应急机制、应急措施等方面的意见和建议等。

各地区各有关部门加强对本行政区域、本部门（行业、领域）应急预案演练的评估指导。根据需要，应急管理部门会同有关部门组织对下级人民政府及其有关部门组织的应急预案演练情况进行评估指导。

鼓励委托第三方专业机构进行应急预案演练评估。

第六章 评估与修订

第三十四条 应急预案编制单位应当建立应急预案定期评估制度，分析应急预案内容的针对性、实用性和可操作性等，实现应急预案的动态优化和科学规范管理。

县级以上地方人民政府及其有关部门应急预案原则上每3年评估一次。应急预案的评估工作，可以委托第三方专业机构组织实施。

第三十五条 有下列情形之一的，应当及时修订应急预案：

（一）有关法律、法规、规章、标准、上位预案中的有关规定发生重大变化的；

（二）应急指挥机构及其职责发生重大调整的；

（三）面临的风险发生重大变化的；

（四）重要应急资源发生重大变化的；

（五）在突发事件实际应对和应急演练中发现问题需要作出重大调整的；

（六）应急预案制定单位认为应当修订的其他情况。

第三十六条 应急预案修订涉及组织指挥体系与职责、应急处置程序、主要处置措施、突发事件分级标准等重要内容的，修订工作应参照本办法规定的应急预案编制、审批、备案、发布程序组织进行。仅涉及其他内容的，修订程序可根据情况适当简化。

第三十七条 各级人民政府及其部门、企事业单位、社会组织、公民等，可以向有关应急预案编制单位提出修订建议。

第七章 保障措施

第三十八条 各级人民政府及其有关部门、各有关单位要指定专门机构和人员负责相关具体工作，将应急预案规划、编制、审批、发布、备案、培训、宣传、演练、评估、修订等所需经费纳入预算统筹安排。

第三十九条 国务院有关部门应加强对本部门（行业、领域）应急预案管理工作的指导和监督，并根据需要编写应急预案编制指南。县级以上地方人民政府及其有关部门应对本行政区域、本部门（行业、领域）应急预案管理工作加强指导和监督。

第八章 附 则

第四十条 国务院有关部门、地方各级人民政府及其有关部门、大型企业集团等可根据实际情况，制定相关应急预案管理实施办法。

第四十一条 法律、法规、规章另有规定的从其规定，确需保密的应急预案按有关规定执行。

第四十二条 本办法由国务院应急管理部门负责解释。

第四十三条 本办法自印发之日起施行。

国务院有关部门和单位制定和修订突发公共事件应急预案框架指南

（2004年4月6日 国办函〔2004〕33号）

1. 总 则

1.1 目的

1.2 工作原则

要求明确具体。如统一领导、分级管理，条块结合、以块为主，职责明确、规范有序，结构完整、功能全面，反应灵敏、运转高效，整合资源、信息共享，平战结合、军民结合和公众参与等原则。

1.3 编制依据

1.4 适用范围

级别限定要明确、针对性要强，可以预见的突发公共事件均应制定预案。

2. 组织指挥体系及职责

2.1 应急组织机构与职责

明确各组织机构的职责、权力和义务。

2.2 组织体系框架描述

以突发公共事件应急响应全过程为主线，明确突发公共事件发生、报警、响应、结束、善后处置等环节的主管部门与协作部门；以应急准备及保障机构为支线，明确各参与部门的职责。要体现应急联动机制要求，最好附图表说明。

3. 预警和预防机制

3.1 信息监测与报告

确定信息监测方法与程序，建立信息来源与分析、常规数据监测、风险分析与分级等制度。按照早发现、早报告、早处置的原则，明确影响范围、信息渠道、时限要求、审批程序、监督管理、责任制等。应包括发生在境外、有可能对我国造成重大影响的事件的信息收集与传报。

3.2 预警预防行动
明确预警预防方式方法、渠道以及监督检查措施，信息交流与通报，新闻和公众信息发布程序。

3.3 预警支持系统
预警服务系统要建立相关技术支持平台，做到信息传递及反馈高效、快捷，应急指挥信息系统要保证资源共享、运转正常、指挥有力。

3.4 预警级别及发布
明确预警级别的确定原则、信息的确认与发布程序等。按照突发公共事件严重性和紧急程度，建议分为一般（Ⅳ级）、较重（Ⅲ级）、严重（Ⅱ级）和特别严重（Ⅰ级）四级预警，颜色依次为蓝色、黄色、橙色和红色。

4. 应急响应

4.1 分级响应程序
制定科学的事件等级标准，明确预案启动级别和条件，以及相应级别指挥机构的工作职责和权限。按突发公共事件可控性、严重程度和影响范围，原则上按一般<Ⅳ级>、较大<Ⅲ级>、重大<Ⅱ级>、特别重大<Ⅰ级>四级启动相应预案。突发公共事件的实际级别与预警级别密切相关，但可能有所不同，应根据实际情况确定。阐明突发公共事件发生后通报的组织、顺序、时间要求、主要联络人及备用联络人、应急响应及处置过程等。对于跨国（境）、跨区域、跨部门的重大或特别重大突发公共事件，可针对实际情况列举不同措施。要避免突发公共事件可能造成的次生、衍生和耦合事件。

4.2 信息共享和处理
建立突发公共事件快速应急信息系统。明确常规信息、现场信息采集的范围、内容、方式、传输渠道和要求，以及信息分析和共享的方式、方法、报送及反馈程序。要求符合有关政府信息公开的规定。如果突发公共事件中的伤亡、失踪、被困人员有港澳台人员或外国人，或者突发公共事件可能影响到境外，需要向香港、澳门、台湾地区有关机构或有关国家进行通报时，明确通报的程序和部门。突发公共事件如果需要国际社会的援助时，需要说明援助形式、内容、时机等，明确向国际社会发出呼吁的程序和部门。

4.3 通讯
明确参与应急活动所有部门的通讯方式，分级联系方式，及备用方案。提供确保应急期间党政军领导机关及事件现场指挥的通讯畅通的方案。

4.4 指挥和协调
现场指挥遵循属地化为主的原则，建立政府统一领导下的以突发事件主管部门为主、各部门参与的应急救援协调机制。要明确指挥机构的职能和任务，建立决策机制，报告、请示制度，信息分析、专家咨询、损失评估等程序。

4.5 紧急处置
制定详细、科学的应对突发公共事件处置技术方案。明确各级指挥机构调派处置队伍的权限和数量，处置措施，队伍集中、部署的方式，专用设备、器械、物资、药品的调用程序，不同处置队伍间的分工协作程序。如果是国际行动，必须符合国际机构行动要求。

4.6 应急人员的安全防护
提供不同类型突发公共事件救援人员的装备及发放与使用要求。说明进入和离开事件现场的程序，包括人员安全、预防措施以及医学监测、人员和设备去污程序等。

4.7 群众的安全防护
根据突发公共事件特点，明确保护群众安全的必要防护措施和基本生活保障措施，应急情况下的群众医疗救助、疾病控制、生活救助，以及疏散撤离方式、程序、组织、指挥，疏散撤离的范围、路线、紧急避难场所。

4.8 社会力量动员与参与
明确动员的范围、组织程序、决策程序等。

4.9 突发公共事件的调查分析、检测与后果评估
明确机构、职责与程序等。

4.10 新闻报道
明确新闻发布原则、内容、规范性格式和机构，以及审查、发布等程序。

4.11 应急结束
明确应急状态解除的程序、机构或人员，并注意区别于现场抢救活动的结束。明确应急结束信息发布机构。

5. 后期处置

5.1 善后处置
明确人员安置、补偿，物资和劳务的征用补偿，灾后重建、污染物收集、清理与处理程序等。

5.2 社会救助
明确社会、个人或国外机构的组织协调、捐赠资金和物资的管理与监督等事项。

5.3 保险
明确保险机构的工作程序和内容，包括应急救援人员保险和受灾人员保险。

5.4 突发公共事件调查报告和经验教训总结及改进建议

明确主办机构，审议机构和程序。

6. 保障措施

6.1 通信与信息保障

建立通信系统维护以及信息采集等制度，确保应急期间信息通畅。明确参与应急活动的所有部门通讯方式，分级联系方式，并提供备用方案和通讯录。要求有确保应急期间党政军领导机关及现场指挥的通信畅通方案。

6.2 应急支援与装备保障

（1）现场救援和工程抢险保障。包括突发公共事件现场可供应急响应单位使用的应急设备类型、数量、性能和存放位置，备用措施，相应的制度等内容。

（2）应急队伍保障。要求列出各类应急响应的人力资源，包括政府、军队、武警、机关团体、企事业单位、公益团体和志愿者队伍等。先期处置队伍、第二处置队伍、增援队伍的组织与保障方案，以及应急能力保持方案等。

（3）交通运输保障。包括各类交通运输工具数量、分布、功能、使用状态等信息，驾驶员的应急准备措施，征用单位的启用方案，交通管制方案和线路规划。

（4）医疗卫生保障。包括医疗救治资源分布，救治能力与专长，卫生疾控机构能力与分布，及其各单位的应急准备保障措施，被调用方案等。

（5）治安保障。包括应急状态下治安秩序的各项准备方案，包括警力培训、布局、调度和工作方案等。

（6）物资保障。包括物资调拨和组织生产方案。根据具体情况和需要，明确具体的物资储备、生产及加工能力储备、生产流程的技术方案储备。

（7）经费保障。明确应急经费来源、使用范围、数量和管理监督措施，提供应急状态时政府经费的保障措施。

（8）社会动员保障。明确社会动员条件、范围、程序和必要的保障制度。

（9）紧急避难场所保障。规划和建立基本满足特别重大突发公共事件的人员避难场所。可以与公园、广场等空旷场所的建设或改造相结合。

6.3 技术储备与保障

成立相应的专家组，提供多种联系方式，并依托相应的科研机构，建立相应的技术信息系统。组织有关机构和单位开展突发公共事件预警、预测、预防和应急处置技术研究，加强技术储备。

6.4 宣传、培训和演习

（1）公众信息交流。最大限度公布突发公共事件应急预案信息，接警电话和部门，宣传应急法律法规和预防、避险、避灾、自救、互救的常识等。

（2）培训。包括各级领导、应急管理和救援人员的上岗前培训、常规性培训。可以将有关突发事件应急管理的课程列为行政干部培训内容。

（3）演习。包括演习的场所、频次、范围、内容要求、组织等。

6.5 监督检查

明确监督主体和罚则，对预案实施的全过程进行监督检查，保障应急措施到位。

7. 附　则

7.1 名词术语、缩写语和编码的定义与说明

突发公共事件类别、等级以及对应的指标定义，统一信息技术、行动方案和相关术语等编码标准。

7.2 预案管理与更新

明确定期评审与更新制度、备案制度、评审与更新方式方法和主办机构等。

7.3 国际沟通与协作

国际机构的联系方式、协作内容与协议，参加国际活动的程序等。

7.4 奖励与责任

应参照相关规定，提出明确规定，如追认烈士，表彰奖励及依法追究有关责任人责任等。

7.5 制定与解释部门

注明联系人和电话。

7.6 预案实施或生效时间

8. 附　录

8.1 与本部门突发公共事件相关的应急预案

包括可能导致本类突发公共事件发生的次生、衍生和耦合突发公共事件预案。

8.2 预案总体目录、分预案目录

8.3 各种规范化格式文本

新闻发布、预案启动、应急结束及各种通报的格式等。

8.4 相关机构和人员通讯录

要求及时更新并通报相关机构、人员。

附件：

关于《国务院有关部门和单位制定和修订突发公共事件应急预案框架指南》的说明

为贯彻落实党的十六届三中全会关于"建立健全各种预警和应急机制，提高政府应对突发事件和风险的能力"的要求，全面履行政府职能，加强社会管理，做好应对风险和突发公共事件的思想准备、预案准备、机制准备和工作准备，防患于未然，国务院将制定、修订突发公共事件（包括自然灾害、事故灾难、公共卫生事件、社会安全事件等各类涉及公共安全的事件，下同）应急预案作为今年政府工作的一项重要任务。国务院有关部门、单位一定要居安思危、有备无患，把制定、修订突发公共事件应急预案作为加强应急机制建设的重要组成部分和基础性工作，抓紧做好，切实提高政府应对公共危机的能力。

本框架指南供有关部门、单位制定、修订相关预案时参照。各部门、单位根据突发公共事件的性质、类型和自己的实际情况，可以适当增减或修改相应内容，调整结构。

一、指导思想

以邓小平理论和"三个代表"重要思想为指导，紧紧围绕全面建设小康社会的总目标，坚持以人为本，树立全面、协调、可持续的科学发展观，遵循预防为主、常备不懈的方针，按照统一领导、分级管理，条块结合、以块为主，职责明确、规范有序，结构完整、功能全面、反应灵敏、运转高效的思路，制定和完善突发公共事件的应急预案，建立健全各种预警和应急机制，提高政府社会管理水平和应对突发公共事件的能力，保障人民群众的生命财产安全、社会政治稳定和国民经济的持续快速协调健康发展。

二、工作原则

（一）以人为本，健全机制。要把保障人民群众的生命安全和身体健康作为应急工作的出发点和落脚点，最大限度地减少突发公共事件造成的人员伤亡和危害。要不断改进和完善应急救援的装备、设施和手段，切实加强应急救援人员的安全防护和科学指挥。要充分发挥人的主观能动性，充分依靠各级领导、专家和群众，充分认识社会力量的基础性作用，建立健全组织和动员人民群众参与应对突发公共事件的有效机制。

（二）依靠科学，依法规范。制定、修订应急预案要充分发挥社会各方面，尤其是专家的作用，实行科学民主决策，采用先进的预测、预警、预防和应急处置技术，提高预防和应对突发公共事件的科技水平，提高预案的科技含量。预案要符合有关法律、法规、规章，与相关政策相衔接，与完善政府社会管理和公共服务职能、深化行政管理体制改革相结合，确保应急预案的全局性、规范性、科学性和可操作性。

（三）统一领导，分级管理。在国务院统一领导下，组织有关部门、单位制定和修订本部门的突发公共事件应急预案。要按照分级管理、分级响应和条块结合、以块为主的原则，落实各级应急响应的岗位责任制，明确责任人及其指挥权限。

（四）加强协调配合，确保快速反应。应急预案的制定和修订是一项系统工程，要明确不同类型突发公共事件应急处置的牵头部门或单位，其他有关部门和单位要主动配合、密切协同、形成合力；要明确各有关部门和单位的职责和权限；涉及关系全局、跨部门、跨地区或多领域的，预案制定、修订部门要主动协调有关各方；要确保突发公共事件信息及时准确传递，应急处置工作反应灵敏、快速有效；充分依靠和发挥人民解放军和武警部队在处置突发公共事件中的骨干作用和突击队作用；充分发挥民兵在处置突发公共事件中的重要作用。

（五）坚持平战结合，充分整合现有资源。要经常性地做好应对突发公共事件的思想准备、预案准备、机制准备和工作准备，加强培训演练，做到常备不懈。按照条块结合，资源整合，降低行政成本的要求，充分利用现有资源，避免重复建设，充分发挥我国社会主义制度集中力量办大事的优越性。

（六）借鉴国外经验，符合我国实际。认真借鉴国外处置突发公共事件的有益经验，深入研究我国实际情况，切实加强我国应急能力和机制的建设，提高社会管理水平，要充分发挥我们的政治优势、组织优势，在各级党委和政府的领导下，发挥基层组织的作用，建立健全社会治安综合治理、城乡社区管理等社会管理机制。

三、内容和范围

本应急预案所称突发公共事件是指突然发生，造成或者可能造成重大人员伤亡、重大财产损失、重大生态环境破坏和对全国或者一个地区的经济社会稳定、政治安定构成重大威胁或损害，有重大社会影响的涉及公共安全的紧急事件。根据突发公事件的发生性质、过程和机理，突发公共事件主要分类如下：

（一）自然灾害。主要包括水旱灾害，台风、冰雹、雪、沙尘暴等气象灾害，火山、地震灾害，山体崩塌、滑坡、泥石流等地质灾害，风暴潮、海啸等海洋灾害，森林草原火灾和重大生物灾害等。

（二）事故灾难。主要包括民航、铁路、公路、水运等重大交通运输事故，工矿企业、建设工程、公共场所及机关、企事业单位发生的各类重大安全事故，造成重大影响和损失的供水、供电、供油和供气等城市生命线事故以及通讯、信息网络、特种设备等安全事故，核与辐射事故，重大环境污染和生态破坏事故等。

（三）突发公共卫生事件。主要包括突然发生，造成或可能造成社会公众健康严重损害的重大传染病疫情（如鼠疫、霍乱、肺炭疽、O157、传染性非典型肺炎等）、群体性不明原因疾病、重大食物和职业中毒，重大动物疫情，以及其他严重影响公众健康的事件。

（四）突发社会安全事件。主要包括重大刑事案件、涉外突发事件、恐怖袭击事件、经济安全事件以及规模较大的群体性事件等。

随着形势的发展变化，今后还会出现一些新情况，突发公共事件的类别和内容将适当调整。

各部门、单位应通过总结分析近年来国内外发生的各类突发公共事件，及其处置过程中的经验、教训，按照全面履行政府职能，加强社会管理的要求，在现有工作基础上，结合本部门实际，制定、修订相应的应急预案。

四、需要注意的几个问题

（一）紧紧围绕应急工作体制、工作运行机制和法制建设等方面制定、修订应急预案。体制方面主要是明确应急体系框架、组织机构和职责，强调协作，特别要落实各级岗位责任制和行政首长负责制。运行机制方面主要包括：预测预警机制、应急信息报告程序、应急决策协调机制、应急公众沟通机制、应急响应级别确定机制、应急处置程序、应急社会动员机制、应急资源征用机制和责任追究机制等内容。同时，应急预案工作要与加强法制建设相结合，要依法行政，努力使突发公共事件的应急处置逐步走向规范化、制度化和法制化轨道。并注意通过对实践的总结，促进法律、法规和规章的不断完善。

（二）协作配合部门或单位制定的配套预案，可作为主管部门预案的附件，建立跨部门的信息与技术资源共享机制。

（三）按照分级管理、分级响应的原则，结合突发公共事件的严重性、可控性，所需动用的各类资源，影响区域范围等因素，分级设定启动预案的级别。

（四）突发公共事件的新闻报道，要按照及时主动、准确把握、正确引导、讲究方式、注重效果、遵守纪律、严格把关的原则进行。具体要求详见《中共中央办公厅国务院办公厅关于进一步改进和加强国内突发事件新闻报道工作的通知》（中办发〔2003〕22号）和《关于改进和加强国内突发事件新闻发布工作的实施意见》（国务院办公厅2004年2月27日印发）。

（五）在预案制定和修订过程中要按照决策民主化、科学化的原则，广泛征求社会各界和专家的意见。

（六）正确处理日常安全防范、安全生产工作和应急处置突发公共事件工作的关系；正确处理内部规章制度（如防火、保密、安全等）和突发公共事件应急预案的关系。

（七）应急预案要及时修订，不断充实、完善和提高。每一次重大突发公共事件发生后，都要进行预案的重新评估和修订。

（八）应急预案正文前应有总目录，并就预案的整体情况作简要说明。按国务院办公厅统一行文规定的要求打印，并按有关规定标注密级。

乡镇（街道）突发事件应急预案编制参考

（2023年8月17日　应急厅函〔2023〕231号）

1　总　　则

1.1　目的依据

为指导乡镇（街道）突发事件应急预案（以下简称应急预案）编制工作，推动提升应急预案质量，依据《中华人民共和国突发事件应对法》《中共中央 国务院关于加强基层治理体系和治理能力现代化建设的意见》和《突发事件应急预案管理办法》等制定本编制参考，供乡镇（街道）编制应急预案借鉴。

1.2　适用范围

本编制参考适用于指导乡镇（街道）应急预案编制工作，主要内容包括乡镇（街道）应急预案体系结构、编制程序、框架要素和编制要求等。

乡镇（街道）应急预案体系可包括综合（总体）

应急预案、专项应急预案和所辖村（社区）应急预案、有关单位应急预案，以及相关应急预案支撑性文件等。可结合实际简化应急预案体系构成，将综合应急预案、专项应急预案合并编制。

2 编制原则

依法规范。编制程序、框架要素和主要内容符合有关法律、法规、规章、标准及其他有关规定，符合上级政府应急管理相关制度规范。

简明实用。立足乡镇（街道）组织体系、应急资源、队伍和能力、灾害事故等实际情况，借鉴典型案例和成功经验，灵活设定应急预案体系、框架要素、编制程序，响应程序和处置措施，体现先期处置特点，力求简洁明了、切实可行。

上下衔接。符合上位应急预案要求，承接上级等有关应急预案赋予的职责任务，指导本地区村（社区）、有关单位应急预案的编制，衔接相关应急预案，体现系统性。

3 编制程序

应急预案编制程序一般可包括成立应急预案编制工作组、资料收集、案例分析、风险识别、应急资源调查、应急预案编写、征求意见和审议发布等步骤。

3.1 成立编制工作组

乡镇（街道）可结合实际，明确由主要负责人或有关负责人牵头，组织所属机构、有关单位、上级有关部门派出机构等人员成立相关应急预案编制工作小组，制定工作计划，组织开展应急预案编制工作。工作小组可邀请有现场处置或应急预案管理经验的人员参加或指导。

3.2 前期工作

（1）收集必要资料。根据需要收集有关应急管理法律法规、技术标准、突发事件典型案例以及应急预案管理等有关材料。

（2）识别主要风险。在上级有关部门的指导下，识别本地区主要突发事件风险及可能造成的危害程度和影响范围等，明确主要风险，提出针对性风险管控和应急处置建议。乡镇（街道）可结合实际组织所属村（社区）集中力量一并开展安全风险评估和应急资源调查。

（3）调查应急资源。依据风险分析结果和应急工作需要，对本地区应急资源状况进行调查，摸清应急资源底数。必要时，可以开展应急能力评估，并了解毗邻地区相关应急资源。

（4）分析典型案例。整理乡镇（街道）参加突发事件处置的相关案例，分析相关领域的典型案例。必要时可构建突发事件情景，梳理应对流程、职责任务和措施。

以下应急预案编制相关资料供参考：①本地区面临的主要突发事件风险及水电气热通信等重要基础设施、重点人群等信息；②所在地区与突发事件应对相关的地理环境及气象、交通等资料；③乡镇（街道）应急管理职责任务与上级要求；④可用的应急救援队伍、专家、物资装备、医疗资源、交通运输、避难场所和通过改造可以利用的应急资源状况；⑤梳理上级政府应急预案及有关法律法规、政策文件规定中关于乡镇（街道）的预警响应、指挥处置、相关保障等相关事项。

3.3 编写应急预案

根据本地区各主要风险和应急工作实际，统筹考虑相关领域、相邻地区可能发生的突发事件类型及后果影响，结合乡镇（街道）实际情况确定应急预案体系，并根据所编制应急预案的种类和功能定位，研究编写应急预案，明确相应的基本格式、基本框架和基本结构。

综合（总体）应急预案主要明确本地区应对突发事件的总体性工作安排和各类突发事件应对工作的通用性规定。

针对本地区高发频发的突发事件及情况复杂短期内难以控制消除的重大突发事件风险隐患或重要通用任务，可以单独编制专项应急预案或工作方案，也可合并编制综合（总体）应急预案；单独编制的，应急预案框架可参考综合（总体）应急预案和上级政府及其部门相关应急预案，并结合实际简化有关编制要素，充实专项行动安排、具体处置措施和附件材料。

3.4 征求意见

形成应急预案初稿后，应做好与相关应急预案的协调衔接，结合实际需要征求上级相关部门、单位，有关专家或有应急处置经验人员，以及本地区有关企事业单位、村（居）民代表、物业公司等的意见建议，并进行修改完善。

可根据需要采取桌面演练等形式对应急预案进行推演检验并修改完善，邀请参加人员可包括应急预案中涉及的有关单位、基层组织和应急队伍相关人员。

3.5 审议发布

应急预案文本按程序审议发布。

应急预案审议内容主要包括合规性、完整性、适用性、操作性和衔接性等方面，可从以下七个方面进行：

（1）应急预案是否符合有关法律、法规、规章和标准等规定；

（2）是否与有关应急预案有效衔接并符合上位应急预案要求；

（3）框架结构是否清晰合理，主体内容是否完备；

（4）是否覆盖或适用于本地区主要突发事件风险和应急处置相关保障；

（5）组织指挥体系与责任分工是否合理明确，信息报告、应急处置联动等工作机制是否符合实际，应对措施是否具体简明、实用可行、科学安全；

（6）有关方面意见是否一致；

（7）其他有关内容。

4　综合（总体）应急预案

综合（总体）应急预案是乡镇（街道）为应对本地区各类突发事件而制定的综合性工作安排，重点规范本地区应对突发事件的应急准备和响应处置行动，侧重明确突发事件的预警信息传播、组织先期处置和自救互救、信息收集报告、处置力量、现场管控、人员疏散与安置等内容，体现先期处置特点。具体章节设置可以参考以下内容，也可结合实际合并简化相关内容或者调整章节设置。

4.1　总则

总则部分主要明确目的依据、适用范围、工作原则等内容。

4.1.1　目的依据

明确编制和实施应急预案要达到的具体目的和主要依据。

4.1.2　适用范围

明确应急预案适用的范围、对象以及应对的突发事件的类型等。

4.1.3　工作原则

明确乡镇（街道）应急工作的原则，内容简明扼要、明确具体，体现出本地区的应急管理工作特点。

4.2　应急组织体系

4.2.1　组织机构

明确乡镇（街道）应急管理领导机构，确定应急管理相关责任人员，负责组织实施本地区突发事件应对工作。具体职责一般包括：贯彻落实上级党委政府关于应急管理工作的决策部署；建立完善乡镇（街道）应急管理机制；组织编写、修订乡镇（街道）应急预案；组织开展风险排查并督促落实防控措施；组织开展预警行动、先期处置，协助有关部门开展应急处置和救援；组织做好应急设备设施维护以及应急物资管理、使用和发放；开展应急培训、应急演练工作。

明确承担本乡镇（街道）应急管理工作的机构，确定应急预案管理专兼职工作人员。职责一般包括：负责收集汇总本地区发生的突发事件信息，并按规定上报；审核本乡镇（街道）应急预案并指导所辖村（社区）编制应急预案；组织开展应急预案演练及宣教培训工作；承担乡镇（街道）交办的其他事项。

4.2.2　成员单位

明确应急管理领导机构成员单位组成及其风险防控和应急处置职责。成员单位可以包括：本地区内承担应急管理或救援职责的单位（企业）和上级应急管理、消防救援、公安、卫生健康等部门派驻乡镇（街道）的机构、有关应急救援队伍等。

4.2.3　应急工作组

明确应急管理领导机构相关工作组设置。可根据突发事件类型和现场应急处置工作需要设置上下衔接、灵活高效的应急工作组，明确职责分工和负责人，以及承担的综合协调、应急处置、治安交通、卫生防疫、后勤保障、善后处置等职能任务和上级指挥机构交办的其他工作任务。

4.3　报告与预警

4.3.1　风险分析与监测

简述本地区面临的主要风险。

明确乡镇（街道）职责范围内的风险监测职责和信息上报任务，明确各类风险的管控、消除措施和责任人，并建立风险隐患排查机制。

明确承担主要风险监测任务的队伍和人员及其职责。工作职责可以包括风险隐患巡查、信息报告、先期处置、配合上级开展灾情统计等工作，风险监测信息通常来源于自然灾害综合风险普查信息，以及网格员、灾害信息员、气象信息员、基层公安派出所、乡镇（街道）所属站（点）工作人员等发现的动态情况和信息化监控系统捕捉到的信息。

4.3.2　预警

（1）明确预警信息报告、预警叫应机制，明确预警信息来源和传播手段渠道、信息载体，以及针对村（居）民、承担特定职责任务的人员、弱势人群、特殊场所等的传递措施和工作要求。

（2）明确预警响应机制，以及需要采取的预警响应措施和应急准备工作。以下预警响应措施可供参考：①乡镇（街道）有关负责人、应急工作组人员、应急救援队伍等在岗备班，进入待命状态；②检查乡镇（街道）现有物资、装备的有效性，有需要的要做到定向前置；③依法关闭或者限制使用易受突发事件危害的场所，控制或限制容易导致危害扩大的公共场所的活动；④明确转移路线、转移地点、转移方式、转移工作负责人和联络人，及时组织人员转移、疏散、撤离，并予以妥善安置；⑤加强对预判受影响区域内的加油（气）站、学校、幼儿园、医院、养老院、地下空间等重点场所、重要部位和重要基础设施的安全巡查；当确认突发事件发生后，迅速启动应急响应。

（3）明确预警解除有关要求，根据上级部门发布的预警解除信息，及时通知受影响的相关区域和人员，解除已经采取的有关措施。

4.3.3 信息报告

明确乡镇（街道）应急信息报告渠道、流程和手段。明确乡镇（街道）值班制度，确定应急值守电话。明确建立基层信息报告网络，以及网格员、灾害信息员、气象信息员、护林员、协管员等承担特定应急职责任务人员的信息报告任务，鼓励群众及时报告相关信息。

明确村（社区）及有关人员第一时间向乡镇（街道）报送突发事件信息及苗头性信息的工作要求，情况紧急时直接拨打119、110、120等报警和急救电话。明确协助有关部门对外发布相关信息的要求。

明确向上级党委和政府、相关应急指挥机构，以及应急管理、消防救援、公安、卫生健康等主管部门（单位）报告信息的流程、内容、时限和责任人，以及上级部门及有关单位联络方式、报警电话。明确口头和书面报告的形式，以及必要的模板格式和内容要素。必要时，通报可能受影响的有关地区和单位。有条件的乡镇（街道）可进一步明确信息报告的初报、续报时限和内容要求。突发事件信息通常包含：发生时间、地点、人员伤亡情况、财产损失情况、影响范围、处置措施、请示支援事项等。

4.4 应急处置

4.4.1 应急响应

明确应急响应的程序、启动主体、启动形式与条件等要求。对预案应急响应是否分级、如何分级、如何界定分级响应措施等，由乡镇（街道）根据本地区实际情况确定。对于明确分级响应的，可综合考虑突发事件造成的损失大小、处置难度、影响范围、调用资源力量、舆情等情况。

明确赶赴现场组织处置的乡镇（街道）负责人及所属有关机构、应急救援队伍、事发地村（社区）相关人员职责任务。明确社会单位参与处置时的组织程序。

4.4.2 应急处置措施

明确现场处置责任人及主要处置措施，包括先期处置、现场指挥、秩序维护、抢险救援、转移安置、救灾救助等内容。

警戒疏散。明确警戒范围、疏散区域以及疏散负责人、组织者和有关资源，确定紧急集合点、疏散路线和疏散方式。

抢险救援。明确可调用的基层应急救援队伍组成和必要分组，开展排除险情、防止次生衍生事件等先期处置任务。

转移安置。涉及转移安置任务的，可明确组织实施人员转移安置的责任主体和负责人、被转移安置人员、转移安置方式及场所、转移条件及路线等关键要素，必要时可进一步明确避难场所负责人、所需车辆及驾驶员和被转移安置人员的基本生活需求及医疗需求，还可明确被转移安置人员信息统计和人员安抚的工作要求。

4.4.3 联动支援与保障

明确乡镇（街道）与相邻乡镇（街道）、有关应急救援队伍、企事业单位以及上级应急指挥机构或部门之间的应急联动机制。明确上级部门及专业应急救援队伍到场后的协同处置和保障措施。根据需要，可明确上级应急指挥机构到达现场后，乡镇（街道）现场负责人及时汇报现场情况，移交现场指挥权，协助做好相应保障工作。

4.4.4 应急结束

明确应急结束或响应终止的条件和程序，包括逐步停止有关应急处置措施，有序撤离应急队伍和工作人员等内容。

4.5 后期处置

4.5.1 善后处置

明确现场应急处置工作结束后需要开展的善后处置工作。以下内容供参考：①配合上级主管部门制定针对受灾村（居）民的救助、补偿、抚慰、抚恤、安置等善后工作方案；②对参与应急处置人员按规定落实补助措施，对在应急处置中受伤或牺牲的人员积极协调落实有关优抚待遇；③开展疫病防治、环境污染消除等相关工作；④按照上级要求明确恢复重建的工作要求，配合上级部门尽快恢复生产生活秩序。

4.5.2 评估总结

明确配合上级部门开展突发事件调查评估的工作内容，组织参与应急处置工作的所属机构、有关部门（单位）及派出机构等人员，总结评估应急处置工作，提出改进意见，完善应急预案。

4.6 应急保障

4.6.1 通信保障

明确可为乡镇（街道）提供应急通信保障的相关单位及人员通信联系方式和方法。有条件的可充分利用相关信息通信系统和技术通信设备。

4.6.2 队伍保障

明确本地区基层应急救援队伍。可以包括本地区基层警务人员、医务人员、乡镇消防队员、民兵、预备役人员、物业保安、企事业单位应急队伍和志愿者等。一般可列出基层应急救援队伍的人数、负责人、联系人及联系方式、救援类型与专长、应急救援物资与装备等。

明确可协调支援的消防救援队伍、专业应急救援队伍、社会应急力量等，可列出联系人、联系方式、救援类型与专长等。

明确可支持或参加应急响应的专家或有特定技术专长的人员，可列出姓名、专业特长、联系方式等。

4.6.3 物资保障

明确乡镇（街道）的应急物资和装备的类型、数量、性能、存放位置、运输及使用条件、管理责任人及其联系方式等内容。

4.6.4 场所保障

明确搭建现场指挥部和开设临时避难场所的保障措施，明确场所业主单位的职责。

根据实际需要，可以简化本章节设置，将应急处置过程中的保障措施等内容调整至"应急处置"等章节中，将应急队伍、物资装备、避难场所等具体内容可以清单或列表方式并入附件中。

4.7 应急预案管理

4.7.1 发布实施

明确应急预案发布和解释主体、施行日期。

4.7.2 宣教培训

明确组织应急预案宣传教育和培训工作，对象可包括应急管理有关人员和相关应急救援队伍、承担特定职责任务的人员等。

4.7.3 应急预案演练

明确开展应急演练的形式、频次、评估等工作要求。鼓励开展群众参与度高、应急联动性强、形式多样、节约高效的应急演练。通过应急演练检验完善应急预案。

4.7.4 应急预案衔接

明确乡镇（街道）突发事件应急预案体系构成及配套支撑性文件。

明确对本地区内村（社区）、企事业单位应急预案工作的指导要求。明确应急预案定期评估、修订等要求。

4.8 附件

结合乡镇（街道）应急工作的实际需求，可采取文本、表格、流程图等形式，编制或列出应急预案附件，可以包括乡镇（街道）行政区划图、防汛防台风形势图、风险点分布及应急疏散示意图、人员转移表（图）、风险清单、任务清单、应急物资装备列表、应急队伍列表、重点防护部位清单、应急处置流程图、指挥机构联系方式、重点岗位应急处置卡及其他必要附件。

对于与有关专项应急预案合并编制的综合（总体）应急预案，可以增设专门章节，明确本地区高发频发的若干分灾种突发事件的应急处置工作责任主体、响应程序和处置措施等，也可以在附件中单独编列若干个分灾种突发事件专项应急处置工作方案。

5 专项应急预案

乡镇（街道）依据有关规定或根据实际需要，可以针对本地区高发频发的突发事件，或情况复杂、短期内难以完成整改的重大灾害风险隐患，或所承担的重大活动保障任务等，单独制定专项应急预案。

专项应急预案的形式、要素和内容等，可结合实际灵活确定，也可聚焦现场应急处置，简化编制为应急处置工作方案或现场处置方案、应急预案操作手册等。力求简明实用、操作性强，突出先期处置特点，重点规范乡镇（街道）层面应对行动，侧重明确突发事件的预警信息传播、任务分工、处置措施、信息收集报告、现场管理、人员疏散与安置等内容。

6 其他应急预案及支撑性文件

乡镇（街道）应急预案涉及的有关单位、机构、村（社区）、基层应急救援队伍等可以根据应急预案有关规定，结合自身具体情况编制本单位、机构、村（社区）、队伍使用的应急预案或工作手册，侧重明确对自身承担职责任务进一步分解细化的工作安排，包括应急响应措施、处置工作程序、队伍和装备物资清单，以及相关单位联络人、专家名单和电话等，可采取表格、流程图等多种呈现方式。应急手册可以单独编制，也可以与有关应急预案合并编制。

乡镇（街道）应急管理领导机构及其工作小组等有关负责人员、应急救援队伍负责人等重要岗位人员，以及网格员、灾害信息员、护林员、协管员等承担特定应急职责任务的人员可以配套制定岗位应急处置卡。

村（社区）突发事件应急预案编制参考

（2023年8月17日　应急厅函〔2023〕231号）

为指导村（社区）开展突发事件应急预案（以下简称应急预案）编制工作，推动提升应急预案质量，依据《中华人民共和国突发事件应对法》《中共中央 国务院关于加强基层治理体系和治理能力现代化建设的意见》和《突发事件应急预案管理办法》等制定本编制参考，供村（社区）编制应急预案借鉴。

1　编制原则

村（社区）应急预案编制坚持"灵活、简明、实用"原则，明确功能定位，突出自救互救和疏散转移，做到措施明确、任务到人。

2　编制程序

村（社区）应急预案编制程序包括成立编制工作组、风险识别与应急资源调查、编制预案、征求意见、审议发布等步骤。

2.1　成立编制工作组

根据工作需要，可成立由村（社区）主要负责人担任组长的应急预案编制工作组，明确工作职责和任务分工，制定工作计划，组织开展应急预案编制工作。编制工作组可邀请具有现场处置或应急预案管理经验的人员参加或指导。

2.2　前期工作

开展应急预案编制前期工作，掌握本区域主要风险隐患，以及具有应急救援能力的队伍、志愿者、单位和物资装备、交通运输工具、避难场所等应急资源，综合分析相关典型案例，找准应急预案功能定位。

2.3　编写应急预案

紧密结合本区域实际情况和具体职责任务等编制应急预案，侧重明确主要风险、人员分工分组、信息报告、预警响应、自救互救、疏散转移、可用应急资源等内容，突出快速、灵活、具体等特点。

2.4　征求意见

应急预案编制过程中，根据实际需要，征求乡镇（街道）有关机构、村（居）民代表和区域内相关单位、物业公司、有关救援队伍等的意见建议。

2.5　审议发布

应急预案编制工作组将应急预案文稿、征求意见情况、编制工作说明等有关材料，报村（社区）"两委"审议。

应急预案可通过广播、宣传栏、微信、入户等方式，向本村（社区）居民公布。

3　基本框架与主要内容

应急预案基本框架通常包括适用范围、应急组织机构、信息接报与预警、应急处置、分灾种处置要点、应急保障、预案管理、附件等内容。

3.1　适用范围

结合实际简述应急预案适用范围。

3.2　应急组织机构

村（社区）"两委"在应急状态下，明确有关人员职责任务，统筹调配本区域各类资源和力量，组织开展应急工作。结合实际自主决定是否成立应急领导小组，统筹突发事件应对工作。

成立应急领导小组的，可根据需要由村（社区）主要负责人担任组长，成员可以由村（社区）"两委"班子成员以及其他有关人员组成。主要职责包括：组织制定村（社区）应急预案；防范化解本区域主要风险隐患；组织开展预警响应、先期处置，协助上级开展应急救援、现场秩序维护、善后处置，管理发放应急物资等工作；组织开展应急演练和宣教培训工作。应急领导小组可结合实际设置若干工作小组，明确各工作小组负责人、成员、职责和联系方式等。以下工作小组设置示例供参考：

（1）综合小组。负责值班值守、信息报告、综合协调、指令传达、宣传引导、通讯联络等工作，并协助做好善后处置相关工作。

（2）应急救援与转移安置小组。负责突发事件先期处置、组织开展自救互救、转移安置、协助专业救援队伍开展人员搜救、做好转移安置群众的心理疏导等相关工作。

（3）秩序维护小组。负责突发事件现场警戒、秩序维护和道路引导等工作。

（4）后勤保障小组。协助做好抢险救灾所需相关应急物资等的运送、补给以及应急处置人员和受灾群众的生活保障、物品分发等工作。

3.3　报告与预警

3.3.1　风险防范

明确本区域主要风险隐患和危险源，明确风险监测与报告的职责任务与责任人，对于可能导致突发事件发生的风险和苗头信息、预警和险情信息应当及时报告。

3.3.2 信息报送

明确村（社区）突发事件信息报告的主体、对象、程序和要求等。首报要快，主要报告突发事件发生的时间、地点、造成损失等基本情况，同时，对于人员伤亡或被困等其他重要情况主动核实续报，根据需要向上级有关部门或救援机构紧急呼救或请求支援。信息报告对象一般包括所在乡镇（街道）、县级有关部门或110、119、120等报警和急救电话，并及时通知本区域受威胁的相关单位和群众。

3.3.3 预警行动

明确村（社区）值班制度，有关责任人员要保持通信联络畅通，及时接收上级有关部门发布的预警和警报信息，密切关注广播、电视、互联网媒体播发的预警信息。

明确接到预警信息后的传递措施、负责人和工作任务，以及针对老、弱、病、残、孕等脆弱人群和学校、养老院等特殊场所的传递措施。可通过广播、显示屏、宣传栏、微信、电话、"大喇叭"、警报器、锣鼓或组织人员逐户通知等方式，最大限度扩大预警信息传递范围、落实叫应机制。

3.4 应急处置

3.4.1 响应程序

明确获悉突发事件信息后，应当采取的响应行动。

村（社区）"两委"立即核实情况并协调组织村（社区）应急救援力量开展转移安置人员、控制危险源、管控现场等先期处置，并根据现场情况及时向乡镇（街道）、有关上级部门报告，请求支援。

3.4.2 先期处置

明确现场处置措施，村（社区）根据自身能力和事态发展，在保证自身安全的情况下可采取现场处置措施。

以下处置措施示例供参考：

（1）秩序维护。根据现场需要，组织村（社区）民兵、物业保安等人员协助有关部门划定警戒区域，维持现场秩序，做好安保工作。

（2）疏散转移。对于受到灾害威胁的群众，及时组织转移和疏散至安全地或紧急避难场所，对老、弱、病、残、孕等脆弱人群进行优先安置，应确定专人负责叫应叫醒和转移安置。

（3）抢险救援。在确保安全的条件下开展先期处置，组织群众开展自救互救，协助到场消防救援队伍或专业救援队伍开展人员搜救、灾情应急处置。

（4）人员救治。对转移到安全地带的伤员进行初步检查、监护及救治，并向医疗急救机构告知伤者基本情况，争取救治时间，适时开展心理安抚和疏导工作。

（5）物资保障。筹集或申请上级帮助解决食品、饮用水、衣被、医疗、住宿等基本生活物资，确保转移和受灾人员得到妥善安置。

（6）宣传引导。做好现场舆情收集、灾情统计、宣传引导及安抚工作。

3.4.3 分灾种处置要点

根据本区域的实际情况，针对本区域面临的主要风险，在开展上述应急响应工作基础上，可进一步明确若干突出种类突发事件应急处置的责任主体、响应程序和措施等处置要点，对于危害严重、影响范围大的灾种事件，也可单独编制应急预案或处置工作方案。

以下类别突发事件应急处置要点示例供参考：

（1）地震地质灾害应急处置要点。明确灾害发生后有关责任主体的响应程序和采取的应急处置措施，主要包括：组织疏散转移与安置、向上级报告灾情、动员村（居）民开展自救互救、配合维护现场治安、配合上级部门发放救灾物资、做好群众安抚工作等。

（2）防汛应急处置要点。明确洪涝、台风等灾害有关责任主体的响应程序和采取的应急处置措施，主要包括：开展风险巡查、组织避险转移、清除窨井盖上的堵塞物、对受灾村（居）民进行安置、配合抢险救灾工作、配合维护现场治安等。

（3）火灾应急处置要点。明确火灾发生后有关责任主体的响应程序和采取的应急处置措施。主要包括：第一时间拨打119报警电话、疏散群众撤离火灾现场、拉警戒线、保障自身安全前提下组织初期灭火行动、引导消防救援队伍抵达预定位置、疏导周边道路交通、帮助引导消防水源等。

（4）水电气热事故应急处置要点。明确水电气热事故发生后有关责任主体的响应程序和采取的应急处置措施。主要包括：通知有关行业部门或运营管理单位、疏散转移相关人员、将事故通报受影响的本区域居民、配合相关部门或企业实施抢修工作、配合上级政府和部门发放救灾物资、做好群众安抚工作等。

（5）传染病疫情应急处置要点。明确突发传染病疫情发生后有关责任主体的响应程序和采取的应急处置措施。主要包括：配合上级政府和有关部门进行隔离封控、做好安抚工作、做好公共场所消毒、做好本区域的摸排登记工作、为村（居）民协助提供必要的基本生活保障等。

3.4.4 应急支援

明确有关责任人员负责协调联系上级有关专业应急救援队伍、社会救援力量参加应急救援处置工作。所在地乡镇（街道）或上级部门到达现场后，及时汇报现场情况，服从统一指挥和管理，协助开展现场处置，做好相应保障工作。

3.4.5 响应结束

现场应急处置工作结束并确认危害因素排除，有关应急指挥机构或者人民政府宣布响应终止后，村（社区）及时终止有关应急措施。

协助乡镇（街道）做好善后处置工作，救济救助受灾群众，接受并分配救灾物资，恢复社会秩序。按照上级要求，协助开展灾情核定，做好遇难人员、伤员的善后处理及家属抚恤工作。

3.5 应急保障

明确应急救援队伍、物资、场所等保障职责和要求，也可以图表、清单等方式在附件中体现。

3.5.1 队伍保障

依托村（社区）"两委"班子成员、民兵、网格员、灾害信息员、护林员、企业、单位、志愿者等组建专（兼）职基层应急救援队伍，负责传递预警信息、开展自救互救、转移安置人员、道路引导、协助做好秩序维护、物资发放等工作。

3.5.2 物资保障

明确依托本区域或周边应急服务（救援）站、医疗救护站、微型消防站、党群活动中心等场所，配置应急物资装备，包括通信设备、车辆、救援工具等，明确物资储备地点、种类、数量和动态管理机制等。

3.5.3 场所保障

根据本地条件，选择安全空旷的公共场地或学校、文体场馆等场所等作为紧急避难场所，明确负责人员、联系方式、容纳人数、地点和必要的设施等。

村（社区）可结合实际明确医疗、电力等其它保障措施。

3.6 应急预案管理

明确应急预案发布主体、施行日期。

明确对应急预案涉及的相关人员进行宣传教育和培训，提高群众公共安全意识和自救互救能力。

明确村（社区）开展应急预案演练的形式、频次等工作要求。

明确应急预案定期评估、及时修订。

3.7 附件

附件可以包括村（社区）基本情况、通讯录、应急救援队伍、应急物资装备、重点区域和人员，以及有关处置方案、操作手册、流程图、处置卡（明白卡）等。以下附件形式内容示例供选择和参考：

村（社区）基本情况，明确地理位置、山域水域、住户、物业、学校、医院、养老机构、可提供生活必需品的超市、应急避难场所等。

应急通讯录，明确村（社区）"两委"和有关应急工作组相关人员、本区域物业、企业和上级单位有关人员的联系方式。

风险辨识清单，列出本村（社区）的主要风险。

应急救援队伍，可以清单形式明确村（社区）基层应急救援队伍、应急突击队的人员名单和联系方式；有条件的也可以队伍行动方案形式体现，明确人员组成、行动预想与处置措施、通信联络与保障等内容。

应急救援装备清单，列出主要应急救援装备清单，包括通信设备、车辆、救援工具等，明确装备储备地点、种类和数量。

应急物资清单，列出主要应急物资，包括灭火器材、抢修器材、防疫物资、急救器材等，明确物资储备地点、种类和数量。

重点保护部位和人员清单，主要列明学校、养老院、医院、主要交通干线等需重点保护的部位，以及老、弱、病、残、孕等自我保护能力低的人员名单。

应急处置流程图，直观展示本村（社区）应急处置的流程。

应急疏散示意图，标明应急避难场所位置和疏散路线、疏散分组、组织主体等。

防汛防台形势图或农村避险转移安置图，对风险区、转移路线及避灾安置点进行标注，并要求在村（社区）内人员集中区域进行公示张贴。

第二部分
自然灾害救援有关规定

1. 法律法规

中华人民共和国防震减灾法

（1997年12月29日第八届全国人民代表大会常务委员会第二十九次会议通过　2008年12月27日第十一届全国人民代表大会常务委员会第六次会议修订　2008年12月27日中华人民共和国主席令第7号公布　自2009年5月1日起施行）

第一章　总　　则

第一条　为了防御和减轻地震灾害，保护人民生命和财产安全，促进经济社会的可持续发展，制定本法。

第二条　在中华人民共和国领域和中华人民共和国管辖的其他海域从事地震监测预报、地震灾害预防、地震应急救援、地震灾后过渡性安置和恢复重建等防震减灾活动，适用本法。

第三条　防震减灾工作，实行预防为主、防御与救助相结合的方针。

第四条　县级以上人民政府应当加强对防震减灾工作的领导，将防震减灾工作纳入本级国民经济和社会发展规划，所需经费列入财政预算。

第五条　在国务院的领导下，国务院地震工作主管部门和国务院经济综合宏观调控、建设、民政、卫生、公安以及其他有关部门，按照职责分工，各负其责，密切配合，共同做好防震减灾工作。

县级以上地方人民政府负责管理地震工作的部门或者机构和其他有关部门在本级人民政府领导下，按照职责分工，各负其责，密切配合，共同做好本行政区域的防震减灾工作。

第六条　国务院抗震救灾指挥机构负责统一领导、指挥和协调全国抗震救灾工作。县级以上地方人民政府抗震救灾指挥机构负责统一领导、指挥和协调本行政区域的抗震救灾工作。

国务院地震工作主管部门和县级以上地方人民政府负责管理地震工作的部门或者机构，承担本级人民政府抗震救灾指挥机构的日常工作。

第七条　各级人民政府应当组织开展防震减灾知识的宣传教育，增强公民的防震减灾意识，提高全社会的防震减灾能力。

第八条　任何单位和个人都有依法参加防震减灾活动的义务。

国家鼓励、引导社会组织和个人开展地震群测群防活动，对地震进行监测和预防。

国家鼓励、引导志愿者参加防震减灾活动。

第九条　中国人民解放军、中国人民武装警察部队和民兵组织，依照本法以及其他有关法律、行政法规、军事法规的规定和国务院、中央军事委员会的命令，执行抗震救灾任务，保护人民生命和财产安全。

第十条　从事防震减灾活动，应当遵守国家有关防震减灾标准。

第十一条　国家鼓励、支持防震减灾的科学技术研究，逐步提高防震减灾科学技术研究经费投入，推广先进的科学研究成果，加强国际合作与交流，提高防震减灾工作水平。

对在防震减灾工作中做出突出贡献的单位和个人，按照国家有关规定给予表彰和奖励。

第二章　防震减灾规划

第十二条　国务院地震工作主管部门会同国务院有关部门组织编制国家防震减灾规划，报国务院批准后组织实施。

县级以上地方人民政府负责管理地震工作的部门或者机构会同同级有关部门，根据上一级防震减灾规划和本行政区域的实际情况，组织编制本行政区域的防震减灾规划，报本级人民政府批准后组织实施，并报上一级人民政府负责管理地震工作的部门或者机构备案。

第十三条　编制防震减灾规划，应当遵循统筹安排、突出重点、合理布局、全面预防的原则，以震情和震害预测结果为依据，并充分考虑人民生命和财产安全及经济社会发展、资源环境保护等需要。

县级以上地方人民政府有关部门应当根据编制防震减灾规划的需要，及时提供有关资料。

第十四条　防震减灾规划的内容应当包括：震情形势和防震减灾总体目标，地震监测台网建设布局，地震灾害预防措施，地震应急救援措施，以及防震减灾技术、信息、资金、物资等保障措施。

编制防震减灾规划，应当对地震重点监视防御区的地震监测台网建设、震情跟踪、地震灾害预防措施、地震应急准备、防震减灾知识宣传教育等作出具体安排。

第十五条　防震减灾规划报送审批前，组织编制机关应当征求有关部门、单位、专家和公众的意见。

防震减灾规划报送审批文件中应当附具意见采纳情况及理由。

第十六条　防震减灾规划一经批准公布，应当严格执行；因震情形势变化和经济社会发展的需要确需修改的，应当按照原审批程序报送审批。

第三章　地震监测预报

第十七条　国家加强地震监测预报工作，建立多学科地震监测系统，逐步提高地震监测预报水平。

第十八条　国家对地震监测台网实行统一规划、分级、分类管理。

国务院地震工作主管部门和县级以上地方人民政府负责管理地震工作的部门或者机构，按照国务院有关规定，制定地震监测台网规划。

全国地震监测台网由国家级地震监测台网、省级地震监测台网和市、县级地震监测台网组成，其建设资金和运行经费列入财政预算。

第十九条　水库、油田、核电站等重大建设工程的建设单位，应当按照国务院有关规定，建设专用地震监测台网或者强震动监测设施，其建设资金和运行经费由建设单位承担。

第二十条　地震监测台网的建设，应当遵守法律、法规和国家有关标准，保证建设质量。

第二十一条　地震监测台网不得擅自中止或者终止运行。

检测、传递、分析、处理、存贮、报送地震监测信息的单位，应当保证地震监测信息的质量和安全。

县级以上地方人民政府应当组织相关单位为地震监测台网的运行提供通信、交通、电力等保障条件。

第二十二条　沿海县级以上地方人民政府负责管理地震工作的部门或者机构，应当加强海域地震活动监测预测工作。海域地震发生后，县级以上地方人民政府负责管理地震工作的部门或者机构，应当及时向海洋主管部门和当地海事管理机构等通报情况。

火山所在地的县级以上地方人民政府负责管理地震工作的部门或者机构，应当利用地震监测设施和技术手段，加强火山活动监测预测工作。

第二十三条　国家依法保护地震监测设施和地震观测环境。

任何单位和个人不得侵占、毁损、拆除或者擅自移动地震监测设施。地震监测设施遭到破坏的，县级以上地方人民政府负责管理地震工作的部门或者机构应当采取紧急措施组织修复，确保地震监测设施正常运行。

任何单位和个人不得危害地震观测环境。国务院地震工作主管部门和县级以上地方人民政府负责管理地震工作的部门或者机构会同同级有关部门，按照国务院有关规定划定地震观测环境保护范围，并纳入土地利用总体规划和城乡规划。

第二十四条　新建、扩建、改建建设工程，应当避免对地震监测设施和地震观测环境造成危害。建设国家重点工程，确实无法避免对地震监测设施和地震观测环境造成危害的，建设单位应当按照县级以上地方人民政府负责管理地震工作的部门或者机构的要求，增建抗干扰设施；不能增建抗干扰设施的，应当新建地震监测设施。

对地震观测环境保护范围内的建设工程项目，城乡规划主管部门在依法核发选址意见书时，应当征求负责管理地震工作的部门或者机构的意见；不需要核发选址意见书的，城乡规划主管部门在依法核发建设用地规划许可证或者乡村建设规划许可证时，应当征求负责管理地震工作的部门或者机构的意见。

第二十五条　国务院地震工作主管部门建立健全地震监测信息共享平台，为社会提供服务。

县级以上地方人民政府负责管理地震工作的部门或者机构，应当将地震监测信息及时报送上一级人民政府负责管理地震工作的部门或者机构。

专用地震监测台网和强震动监测设施的管理单位，应当将地震监测信息及时报送所在地省、自治区、直辖市人民政府负责管理地震工作的部门或者机构。

第二十六条　国务院地震工作主管部门和县级以上地方人民政府负责管理地震工作的部门或者机构，根据地震监测信息研究结果，对可能发生地震的地点、时间和震级作出预测。

其他单位和个人通过研究提出的地震预测意见，应当向所在地或者所预测地的县级以上地方人民政府负责管理地震工作的部门或者机构书面报告，或者直接向国务院地震工作主管部门书面报告。收到书面报告的部门或者机构应当进行登记并出具接收凭证。

第二十七条 观测到可能与地震有关的异常现象的单位和个人，可以向所在地县级以上地方人民政府负责管理地震工作的部门或者机构报告，也可以直接向国务院地震工作主管部门报告。

国务院地震工作主管部门和县级以上地方人民政府负责管理地震工作的部门或者机构接到报告后，应当进行登记并及时组织调查核实。

第二十八条 国务院地震工作主管部门和省、自治区、直辖市人民政府负责管理地震工作的部门或者机构，应当组织召开震情会商会，必要时邀请有关部门、专家和其他有关人员参加，对地震预测意见和可能与地震有关的异常现象进行综合分析研究，形成震情会商意见，报本级人民政府；经震情会商形成地震预报意见的，在报本级人民政府前，应当进行评审，作出评审结果，并提出对策建议。

第二十九条 国家对地震预报意见实行统一发布制度。

全国范围内的地震长期和中期预报意见，由国务院发布。省、自治区、直辖市行政区域内的地震预报意见，由省、自治区、直辖市人民政府按照国务院规定的程序发布。

除发表本人或者本单位对长期、中期地震活动趋势的研究成果及进行相关学术交流外，任何单位和个人不得向社会散布地震预测意见。任何单位和个人不得向社会散布地震预报意见及其评审结果。

第三十条 国务院地震工作主管部门根据地震活动趋势和震害预测结果，提出确定地震重点监视防御区的意见，报国务院批准。

国务院地震工作主管部门应当加强地震重点监视防御区的震情跟踪，对地震活动趋势进行分析评估，提出年度防震减灾工作意见，报国务院批准后实施。

地震重点监视防御区的县级以上地方人民政府应当根据年度防震减灾工作意见和当地的地震活动趋势，组织有关部门加强防震减灾工作。

地震重点监视防御区的县级以上地方人民政府负责管理地震工作的部门或者机构，应当增加地震监测台网密度，组织做好震情跟踪、流动观测和可能与地震有关的异常现象观测以及群测群防工作，并及时将有关情况报上一级人民政府负责管理地震工作的部门或者机构。

第三十一条 国家支持全国地震烈度速报系统的建设。

地震灾害发生后，国务院地震工作主管部门应当通过全国地震烈度速报系统快速判断致灾程度，为指挥抗震救灾工作提供依据。

第三十二条 国务院地震工作主管部门和县级以上地方人民政府负责管理地震工作的部门或者机构，应当对发生地震灾害的区域加强地震监测，在地震现场设立流动观测点，根据震情的发展变化，及时对地震活动趋势作出分析、判定，为余震防范工作提供依据。

国务院地震工作主管部门和县级以上地方人民政府负责管理地震工作的部门或者机构、地震监测台网的管理单位，应当及时收集、保存有关地震的资料和信息，并建立完整的档案。

第三十三条 外国的组织或者个人在中华人民共和国领域和中华人民共和国管辖的其他海域从事地震监测活动，必须经国务院地震工作主管部门会同有关部门批准，并采取与中华人民共和国有关部门或者单位合作的形式进行。

第四章　地震灾害预防

第三十四条 国务院地震工作主管部门负责制定全国地震烈度区划图或者地震动参数区划图。

国务院地震工作主管部门和省、自治区、直辖市人民政府负责管理地震工作的部门或者机构，负责审定建设工程的地震安全性评价报告，确定抗震设防要求。

第三十五条 新建、扩建、改建建设工程，应当达到抗震设防要求。

重大建设工程和可能发生严重次生灾害的建设工程，应当按照国务院有关规定进行地震安全性评价，并按照经审定的地震安全性评价报告所确定的抗震设防要求进行抗震设防。建设工程的地震安全性评价单位应当按照国家有关标准进行地震安全性评价，并对地震安全性评价报告的质量负责。

前款规定以外的建设工程，应当按照地震烈度区划图或者地震动参数区划图所确定的抗震设防要求进行抗震设防；对学校、医院等人员密集场所的建设工程，应当按照高于当地房屋建筑的抗震设防要求进行设计和施工，采取有效措施，增强抗震设防能力。

第三十六条 有关建设工程的强制性标准，应当与抗震设防要求相衔接。

第三十七条 国家鼓励城市人民政府组织制定

地震小区划图。地震小区划图由国务院地震工作主管部门负责审定。

第三十八条 建设单位对建设工程的抗震设计、施工的全过程负责。

设计单位应当按照抗震设防要求和工程建设强制性标准进行抗震设计,并对抗震设计的质量以及出具的施工图设计文件的准确性负责。

施工单位应当按照施工图设计文件和工程建设强制性标准进行施工,并对施工质量负责。

建设单位、施工单位应当选用符合施工图设计文件和国家有关标准规定的材料、构配件和设备。

工程监理单位应当按照施工图设计文件和工程建设强制性标准实施监理,并对施工质量承担监理责任。

第三十九条 已经建成的下列建设工程,未采取抗震设防措施或者抗震设防措施未达到抗震设防要求的,应当按照国家有关规定进行抗震性能鉴定,并采取必要的抗震加固措施:

(一)重大建设工程;
(二)可能发生严重次生灾害的建设工程;
(三)具有重大历史、科学、艺术价值或者重要纪念意义的建设工程;
(四)学校、医院等人员密集场所的建设工程;
(五)地震重点监视防御区内的建设工程。

第四十条 县级以上地方人民政府应当加强对农村村民住宅和乡村公共设施抗震设防的管理,组织开展农村实用抗震技术的研究和开发,推广达到抗震设防要求、经济适用、具有当地特色的建筑设计和施工技术,培训相关技术人员,建设示范工程,逐步提高农村村民住宅和乡村公共设施的抗震设防水平。

国家对需要抗震设防的农村村民住宅和乡村公共设施给予必要支持。

第四十一条 城乡规划应当根据地震应急避难的需要,合理确定应急疏散通道和应急避难场所,统筹安排地震应急避难所必需的交通、供水、供电、排污等基础设施建设。

第四十二条 地震重点监视防御区的县级以上地方人民政府应当根据实际需要,在本级财政预算和物资储备中安排抗震救灾资金、物资。

第四十三条 国家鼓励、支持研究开发和推广使用符合抗震设防要求、经济实用的新技术、新工艺、新材料。

第四十四条 县级人民政府及其有关部门和乡、镇人民政府、城市街道办事处等基层组织,应当组织开展地震应急知识的宣传普及活动和必要的地震应急救援演练,提高公民在地震灾害中自救互救的能力。

机关、团体、企业、事业等单位,应当按照所在地人民政府的要求,结合各自实际情况,加强对本单位人员的地震应急知识宣传教育,开展地震应急救援演练。

学校应当进行地震应急知识教育,组织开展必要的地震应急救援演练,培养学生的安全意识和自救互救能力。

新闻媒体应当开展地震灾害预防和应急、自救互救知识的公益宣传。

国务院地震工作主管部门和县级以上地方人民政府负责管理地震工作的部门或者机构,应当指导、协助、督促有关单位做好防震减灾知识的宣传教育和地震应急救援演练等工作。

第四十五条 国家发展有财政支持的地震灾害保险事业,鼓励单位和个人参加地震灾害保险。

第五章 地震应急救援

第四十六条 国务院地震工作主管部门会同国务院有关部门制定国家地震应急预案,报国务院批准。国务院有关部门根据国家地震应急预案,制定本部门的地震应急预案,报国务院地震工作主管部门备案。

县级以上地方人民政府及其有关部门和乡、镇人民政府,应当根据有关法律、法规、规章、上级人民政府及其有关部门的地震应急预案和本行政区域的实际情况,制定本行政区域的地震应急预案和本部门的地震应急预案。省、自治区、直辖市和较大的市的地震应急预案,应当报国务院地震工作主管部门备案。

交通、铁路、水利、电力、通信等基础设施和学校、医院等人员密集场所的经营管理单位,以及可能发生次生灾害的核电、矿山、危险物品等生产经营单位,应当制定地震应急预案,并报所在地的县级人民政府负责管理地震工作的部门或者机构备案。

第四十七条 地震应急预案的内容应当包括:组织指挥体系及其职责,预防和预警机制,处置程序,应急响应和应急保障措施等。

地震应急预案应当根据实际情况适时修订。

第四十八条 地震预报意见发布后,有关省、自治区、直辖市人民政府根据预报的震情可以宣布有关区域进入临震应急期;有关地方人民政府应当按照地震应急预案，组织有关部门做好应急防范和抗震救灾准备工作。

第四十九条 按照社会危害程度、影响范围等因素，地震灾害分为一般、较大、重大和特别重大四级。具体分级标准按照国务院规定执行。

一般或者较大地震灾害发生后，地震发生地的市、县人民政府负责组织有关部门启动地震应急预案；重大地震灾害发生后，地震发生地的省、自治区、直辖市人民政府负责组织有关部门启动地震应急预案；特别重大地震灾害发生后，国务院负责组织有关部门启动地震应急预案。

第五十条 地震灾害发生后，抗震救灾指挥机构应当立即组织有关部门和单位迅速查清受灾情况，提出地震应急救援力量的配置方案，并采取以下紧急措施：

（一）迅速组织抢救被压埋人员，并组织有关单位和人员开展自救互救；

（二）迅速组织实施紧急医疗救护，协调伤员转移和接收与救治；

（三）迅速组织抢修毁损的交通、铁路、水利、电力、通信等基础设施；

（四）启用应急避难场所或者设置临时避难场所，设置救灾物资供应点，提供救济物品、简易住所和临时住所，及时转移和安置受灾群众，确保饮用水消毒和水质安全，积极开展卫生防疫，妥善安排受灾群众生活；

（五）迅速控制危险源，封锁危险场所，做好次生灾害的排查与监测预警工作，防范地震可能引发的火灾、水灾、爆炸、山体滑坡和崩塌、泥石流、地面塌陷，或者剧毒、强腐蚀性、放射性物质大量泄漏等次生灾害以及传染病疫情的发生；

（六）依法采取维持社会秩序、维护社会治安的必要措施。

第五十一条 特别重大地震灾害发生后，国务院抗震救灾指挥机构在地震灾区成立现场指挥机构，并根据需要设立相应的工作组，统一组织领导、指挥和协调抗震救灾工作。

各级人民政府及有关部门和单位、中国人民解放军、中国人民武装警察部队和民兵组织，应当按照统一部署，分工负责，密切配合，共同做好地震应急救援工作。

第五十二条 地震灾区的县级以上地方人民政府应当及时将地震震情和灾情等信息向上一级人民政府报告，必要时可以越级上报，不得迟报、谎报、瞒报。

地震震情、灾情和抗震救灾等信息按照国务院有关规定实行归口管理，统一、准确、及时发布。

第五十三条 国家鼓励、扶持地震应急救援新技术和装备的研究开发，调运和储备必要的应急救援设施、装备，提高应急救援水平。

第五十四条 国务院建立国家地震灾害紧急救援队伍。

省、自治区、直辖市人民政府和地震重点监视防御区的市、县人民政府可以根据实际需要，充分利用消防等现有队伍，按照一队多用、专职与兼职相结合的原则，建立地震灾害紧急救援队伍。

地震灾害紧急救援队伍应当配备相应的装备、器材，开展培训和演练，提高地震灾害紧急救援能力。

地震灾害紧急救援队伍在实施救援时，应当首先对倒塌建筑物、构筑物压埋人员进行紧急救援。

第五十五条 县级以上人民政府有关部门应当按照职责分工，协调配合，采取有效措施，保障地震灾害紧急救援队伍和医疗救治队伍快速、高效地开展地震灾害紧急救援活动。

第五十六条 县级以上地方人民政府及其有关部门可以建立地震灾害救援志愿者队伍，并组织开展地震应急救援知识培训和演练，使志愿者掌握必要的地震应急救援技能，增强地震灾害应急救援能力。

第五十七条 国务院地震工作主管部门会同有关部门和单位，组织协调外国救援队和医疗队在中华人民共和国开展地震灾害紧急救援活动。

国务院抗震救灾指挥机构负责外国救援队和医疗队的统筹调度，并根据其专业特长，科学、合理地安排紧急救援任务。

地震灾区的地方各级人民政府，应当对外国救援队和医疗队开展紧急救援活动予以支持和配合。

第六章 地震灾后过渡性安置和恢复重建

第五十八条 国务院或者地震灾区的省、自治区、直辖市人民政府应当及时组织对地震灾害损失进行调查评估，为地震应急救援、灾后过渡性安置和恢复重建提供依据。

地震灾害损失调查评估的具体工作，由国务院地震工作主管部门或者地震灾区的省、自治区、直辖市人民政府负责管理地震工作的部门或者机构和财政、建设、民政等有关部门按照国务院的规定承担。

第五十九条 地震灾区受灾群众需要过渡性安置的,应当根据地震灾区的实际情况,在确保安全的前提下,采取灵活多样的方式进行安置。

第六十条 过渡性安置点应当设置在交通条件便利、方便受灾群众恢复生产和生活的区域,并避开地震活动断层和可能发生严重次生灾害的区域。

过渡性安置点的规模应当适度,并采取相应的防灾、防疫措施,配套建设必要的基础设施和公共服务设施,确保受灾群众的安全和基本生活需要。

第六十一条 实施过渡性安置应当尽量保护农用地,并避免对自然保护区、饮用水水源保护区以及生态脆弱区域造成破坏。

过渡性安置用地按照临时用地安排,可以先行使用,事后依法办理有关用地手续;到期未转为永久性用地的,应当复垦后交还原土地使用者。

第六十二条 过渡性安置点所在地的县级人民政府,应当组织有关部门加强对次生灾害、饮用水水质、食品卫生、疫情等的监测,开展流行病学调查,整治环境卫生,避免对土壤、水环境等造成污染。

过渡性安置点所在地的公安机关,应当加强治安管理,依法打击各种违法犯罪行为,维护正常的社会秩序。

第六十三条 地震灾区的县级以上地方人民政府及其有关部门和乡、镇人民政府,应当及时组织修复毁损的农业生产设施,提供农业生产技术指导,尽快恢复农业生产;优先恢复供电、供水、供气等企业的生产,并对大型骨干企业恢复生产提供支持,为全面恢复农业、工业、服务业生产经营提供条件。

第六十四条 各级人民政府应当加强对地震灾后恢复重建工作的领导、组织和协调。

县级以上人民政府有关部门应当在本级人民政府领导下,按照职责分工,密切配合,采取有效措施,共同做好地震灾后恢复重建工作。

第六十五条 国务院有关部门应当组织有关专家开展地震活动对相关建设工程破坏机理的调查评估,为修订完善有关建设工程的强制性标准、采取抗震设防措施提供科学依据。

第六十六条 特别重大地震灾害发生后,国务院经济综合宏观调控部门会同国务院有关部门与地震灾区的省、自治区、直辖市人民政府共同组织编制地震灾后恢复重建规划,报国务院批准后组织实施;重大、较大、一般地震灾害发生后,由地震灾区的省、自治区、直辖市人民政府根据实际需要组织编制地震灾后恢复重建规划。

地震灾害损失调查评估获得的地质、勘察、测绘、土地、气象、水文、环境等基础资料和经国务院地震工作主管部门复核的地震动参数区划图,应当作为编制地震灾后恢复重建规划的依据。

编制地震灾后恢复重建规划,应当征求有关部门、单位、专家和公众特别是地震灾区受灾群众的意见;重大事项应当组织有关专家进行专题论证。

第六十七条 地震灾后恢复重建规划应当根据地质条件和地震活动断层分布以及资源环境承载能力,重点对城镇和乡村的布局、基础设施和公共服务设施的建设、防灾减灾和生态环境以及自然资源和历史文化遗产保护等作出安排。

地震灾区内需要异地新建的城镇和乡村的选址以及地震灾后重建工程的选址,应当符合地震灾后恢复重建规划和抗震设防、防灾减灾要求,避开地震活动断层或者生态脆弱和可能发生洪水、山体滑坡和崩塌、泥石流、地面塌陷等灾害的区域以及传染病自然疫源地。

第六十八条 地震灾区的地方各级人民政府应当根据地震灾后恢复重建规划和当地经济社会发展水平,有计划、分步骤地组织实施地震灾后恢复重建。

第六十九条 地震灾区的县级以上地方人民政府应当组织有关部门和专家,根据地震灾害损失调查评估结果,制定清理保护方案,明确典型地震遗址、遗迹和文物保护单位以及具有历史价值与民族特色的建筑物、构筑物的保护范围和措施。

对地震灾害现场的清理,按照清理保护方案分区、分类进行,并依照法律、行政法规和国家有关规定,妥善清理、转运和处置有关放射性物质、危险废物和有毒化学品,开展防疫工作,防止传染病和重大动物疫情的发生。

第七十条 地震灾后恢复重建,应当统筹安排交通、铁路、水利、电力、通信、供水、供电等基础设施和市政公用设施,学校、医院、文化、商贸服务、防灾减灾、环境保护等公共服务设施,以及住房和无障碍设施的建设,合理确定建设规模和时序。

乡村的地震灾后恢复重建,应当尊重村民意愿,发挥村民自治组织的作用,以群众自建为主,政府补助、社会帮扶、对口支援,因地制宜,节约和集约利用土地,保护耕地。

少数民族聚居的地方的地震灾后恢复重建,应当尊重当地群众的意愿。

第七十一条 地震灾区的县级以上地方人民政

府应当组织有关部门和单位，抢救、保护与收集整理有关档案、资料，对因地震灾害遗失、毁损的档案、资料，及时补充和恢复。

第七十二条 地震灾后恢复重建应当坚持政府主导、社会参与和市场运作相结合的原则。

地震灾区的地方各级人民政府应当组织受灾群众和企业开展生产自救、自力更生、艰苦奋斗、勤俭节约，尽快恢复生产。

国家对地震灾后恢复重建给予财政支持、税收优惠和金融扶持，并提供物资、技术和人力等支持。

第七十三条 地震灾区的地方各级人民政府应当组织做好救助、救治、康复、补偿、抚慰、抚恤、安置、心理援助、法律服务、公共文化服务等工作。

各级人民政府及有关部门应当做好受灾群众的就业工作，鼓励企业、事业单位优先吸纳符合条件的受灾群众就业。

第七十四条 对地震灾后恢复重建中需要办理行政审批手续的事项，有审批权的人民政府及有关部门应当按照方便群众、简化手续、提高效率的原则，依法及时予以办理。

第七章 监督管理

第七十五条 县级以上人民政府依法加强对防震减灾规划和地震应急预案的编制与实施、地震应急避难场所的设置与管理、地震灾害紧急救援队伍的培训、防震减灾知识宣传教育和地震应急救援演练等工作的监督检查。

县级以上人民政府有关部门应当加强对地震应急救援、地震灾后过渡性安置和恢复重建的物资的质量安全的监督检查。

第七十六条 县级以上人民政府建设、交通、铁路、水利、电力、地震等有关部门应当按照职责分工，加强对工程建设强制性标准、抗震设防要求执行情况和地震安全性评价工作的监督检查。

第七十七条 禁止侵占、截留、挪用地震应急救援、地震灾后过渡性安置和恢复重建的资金、物资。

县级以上人民政府有关部门对地震应急救援、地震灾后过渡性安置和恢复重建的资金、物资以及社会捐赠款物的使用情况，依法加强管理和监督，予以公布，并对资金、物资的筹集、分配、拨付、使用情况登记造册，建立健全档案。

第七十八条 地震灾区的地方人民政府应当定期公布地震应急救援、地震灾后过渡性安置和恢复重建的资金、物资以及社会捐赠款物的来源、数量、发放和使用情况，接受社会监督。

第七十九条 审计机关应当加强对地震应急救援、地震灾后过渡性安置和恢复重建的资金、物资的筹集、分配、拨付、使用的审计，并及时公布审计结果。

第八十条 监察机关应当加强对参与防震减灾工作的国家行政机关和法律、法规授权的具有管理公共事务职能的组织及其工作人员的监察。

第八十一条 任何单位和个人对防震减灾活动中的违法行为，有权进行举报。

接到举报的人民政府或者有关部门应当进行调查，依法处理，并为举报人保密。

第八章 法律责任

第八十二条 国务院地震工作主管部门、县级以上地方人民政府负责管理地震工作的部门或者机构，以及其他依照本法规定行使监督管理权的部门，不依法作出行政许可或者办理批准文件的，发现违法行为或者接到对违法行为的举报后不予查处的，或者有其他未依照本法规定履行职责的行为的，对直接负责的主管人员和其他直接责任人员，依法给予处分。

第八十三条 未按照法律、法规和国家有关标准进行地震监测台网建设的，由国务院地震工作主管部门或者县级以上地方人民政府负责管理地震工作的部门或者机构责令改正，采取相应的补救措施；对直接负责的主管人员和其他直接责任人员，依法给予处分。

第八十四条 违反本法规定，有下列行为之一的，由国务院地震工作主管部门或者县级以上地方人民政府负责管理地震工作的部门或者机构责令停止违法行为，恢复原状或者采取其他补救措施；造成损失的，依法承担赔偿责任：

（一）侵占、毁损、拆除或者擅自移动地震监测设施的；

（二）危害地震观测环境的；

（三）破坏典型地震遗址、遗迹的。

单位有前款所列违法行为，情节严重的，处二万元以上二十万元以下的罚款；个人有前款所列违法行为，情节严重的，处二千元以下的罚款。构成违反治安管理行为的，由公安机关依法给予处罚。

第八十五条 违反本法规定，未按照要求增建抗干扰设施或者新建地震监测设施的，由国务院地震工作主管部门或者县级以上地方人民政府负责管理地震工作的部门或者机构责令限期改正；逾期不改正的，处二万元以上二十万元以下的罚款；造成损失的，依法承担赔偿责任。

第八十六条 违反本法规定，外国的组织或者个人未经批准，在中华人民共和国领域和中华人民共和国管辖的其他海域从事地震监测活动的，由国务院地震工作主管部门责令停止违法行为，没收监测成果和监测设施，并处一万元以上十万元以下的罚款；情节严重的，并处十万元以上五十万元以下的罚款。

外国人有前款规定行为的，除依照前款规定处罚外，还应当依照外国人入境出境管理法律的规定缩短其在中华人民共和国停留的期限或者取消其在中华人民共和国居留的资格；情节严重的，限期出境或者驱逐出境。

第八十七条 未依法进行地震安全性评价，或者未按照地震安全性评价报告所确定的抗震设防要求进行抗震设防的，由国务院地震工作主管部门或者县级以上地方人民政府负责管理地震工作的部门或者机构责令限期改正；逾期不改正的，处三万元以上三十万元以下的罚款。

第八十八条 违反本法规定，向社会散布地震预测意见、地震预报意见及其评审结果，或者在地震灾后过渡性安置、地震灾后恢复重建中扰乱社会秩序，构成违反治安管理行为的，由公安机关依法给予处罚。

第八十九条 地震灾区的县级以上地方人民政府迟报、谎报、瞒报地震震情、灾情等信息的，由上级人民政府责令改正；对直接负责的主管人员和其他直接责任人员，依法给予处分。

第九十条 侵占、截留、挪用地震应急救援、地震灾后过渡性安置或者地震灾后恢复重建的资金、物资的，由财政部门、审计机关在各自职责范围内，责令改正，追回被侵占、截留、挪用的资金、物资；有违法所得的，没收违法所得；对单位给予警告或者通报批评；对直接负责的主管人员和其他直接责任人员，依法给予处分。

第九十一条 违反本法规定，构成犯罪的，依法追究刑事责任。

第九章　附　　则

第九十二条 本法下列用语的含义：

（一）地震监测设施，是指用于地震信息检测、传输和处理的设备、仪器和装置以及配套的监测场地。

（二）地震观测环境，是指按照国家有关标准划定的保障地震监测设施不受干扰、能够正常发挥工作效能的空间范围。

（三）重大建设工程，是指对社会有重大价值或者有重大影响的工程。

（四）可能发生严重次生灾害的建设工程，是指受地震破坏后可能引发水灾、火灾、爆炸，或者剧毒、强腐蚀性、放射性物质大量泄漏，以及其他严重次生灾害的建设工程，包括水库大坝和贮油、贮气设施，贮存易燃易爆或者剧毒、强腐蚀性、放射性物质的设施，以及其他可能发生严重次生灾害的建设工程。

（五）地震烈度区划图，是指以地震烈度（以等级表示的地震影响强弱程度）为指标，将全国划分为不同抗震设防要求区域的图件。

（六）地震动参数区划图，是指以地震动参数（以加速度表示地震作用强弱程度）为指标，将全国划分为不同抗震设防要求区域的图件。

（七）地震小区划图，是指根据某一区域的具体场地条件，对该区域的抗震设防要求进行详细划分的图件。

第九十三条 本法自 2009 年 5 月 1 日起施行。

破坏性地震应急条例

(1995 年 2 月 11 日中华人民共和国国务院令第 172 号发布　根据 2011 年 1 月 8 日《国务院关于废止和修改部分行政法规的决定》修订)

第一章　总　　则

第一条 为了加强对破坏性地震应急活动的管理，减轻地震灾害损失，保障国家财产和公民人身、财产安全，维护社会秩序，制定本条例。

第二条 在中华人民共和国境内从事破坏性地震应急活动，必须遵守本条例。

第三条 地震应急工作实行政府领导、统一管理和分级、分部门负责的原则。

第四条 各级人民政府应当加强地震应急的宣传、教育工作，提高社会防震减灾意识。

第五条 任何组织和个人都有参加地震应急活动的义务。

中国人民解放军和中国人民武装警察部队是地震应急工作的重要力量。

第二章　应急机构

第六条 国务院防震减灾工作主管部门指导和

监督全国地震应急工作。国务院有关部门按照各自的职责，具体负责本部门的地震应急工作。

第七条 造成特大损失的严重破坏性地震发生后，国务院设立抗震救灾指挥部，国务院防震减灾工作主管部门为其办事机构；国务院有关部门设立本部门的地震应急机构。

第八条 县级以上地方人民政府防震减灾工作主管部门指导和监督本行政区域内的地震应急工作。

破坏性地震发生后，有关县级以上地方人民政府应当设立抗震救灾指挥部，对本行政区域内的地震应急工作实行集中领导，其办事机构设在本级人民政府防震减灾工作主管部门或者本级人民政府指定的其他部门；国务院另有规定的，从其规定。

第三章　应急预案

第九条 国家的破坏性地震应急预案，由国务院防震减灾工作主管部门会同国务院有关部门制定，报国务院批准。

第十条 国务院有关部门应当根据国家的破坏性地震应急预案，制定本部门的破坏性地震应急预案，并报国务院防震减灾工作主管部门备案。

第十一条 根据地震灾害预测，可能发生破坏性地震地区的县级以上地方人民政府防震减灾工作主管部门应当会同同级有关部门以及有关单位，参照国家的破坏性地震应急预案，制定本行政区域内的破坏性地震应急预案，报本级人民政府批准；省、自治区和人口在100万以上的城市的破坏性地震应急预案，还应当报国务院防震减灾工作主管部门备案。

第十二条 部门和地方制定破坏性地震应急预案，应当从本部门或者本地区的实际情况出发，做到切实可行。

第十三条 破坏性地震应急预案应当包括下列主要内容：

（一）应急机构的组成和职责；

（二）应急通信保障；

（三）抢险救援的人员、资金、物资准备；

（四）灾害评估准备；

（五）应急行动方案。

第十四条 制定破坏性地震应急预案的部门和地方，应当根据震情的变化以及实施中发现的问题，及时对其制定的破坏性地震应急预案进行修订、补充；涉及重大事项调整的，应当报原批准机关同意。

第四章　临震应急

第十五条 地震临震预报，由省、自治区、直辖市人民政府依照国务院有关发布地震预报的规定统一发布，其他任何组织或者个人不得发布地震预报。

任何组织或者个人都不得传播有关地震的谣言。发生地震谣传时，防震减灾工作主管部门应当协助人民政府迅速予以平息和澄清。

第十六条 破坏性地震临震预报发布后，有关省、自治区、直辖市人民政府可以宣布预报区进入临震应急期，并指明临震应急期的起止时间。

临震应急期一般为10日；必要时，可以延长10日。

第十七条 在临震应急期，有关地方人民政府应当根据震情，统一部署破坏性地震应急预案的实施工作，并对临震应急活动中发生的争议采取紧急处理措施。

第十八条 在临震应急期，各级防震减灾工作主管部门应当协助本级人民政府对实施破坏性地震应急预案工作进行检查。

第十九条 在临震应急期，有关地方人民政府应当根据实际情况，向预报区的居民以及其他人员提出避震撤离的劝告；情况紧急时，应当有组织地进行避震疏散。

第二十条 在临震应急期，有关地方人民政府有权在本行政区域内紧急调用物资、设备、人员和占用场地，任何组织或者个人都不得阻拦；调用物资、设备或者占用场地的，事后应当及时归还或者给予补偿。

第二十一条 在临震应急期，有关部门应当对生命线工程和次生灾害源采取紧急防护措施。

第五章　震后应急

第二十二条 破坏性地震发生后，有关的省、自治区、直辖市人民政府应当宣布灾区进入震后应急期，并指明震后应急期的起止时间。

震后应急期一般为10日；必要时，可以延长20日。

第二十三条 破坏性地震发生后，抗震救灾指挥部应当及时组织实施破坏性地震应急预案，及时将震情、灾情及其发展趋势等信息报告上一级人民政府。

第二十四条 防震减灾工作主管部门应当加强现场地震监测预报工作，并及时会同有关部门评估地震灾害损失；灾情调查结果，应当及时报告本级人民政府抗震救灾指挥部和上一级防震减灾工作主管部门。

第二十五条 交通、铁路、民航等部门应当尽快恢复被损毁的道路、铁路、水港、空港和有关设施，并优先保证抢险救援人员、物资的运输和灾民的疏散。其他部门有交通运输工具的，应当无条件服从抗震救灾指挥部的征用或者调用。

第二十六条 通信部门应当尽快恢复被破坏的通信设施，保证抗震救灾通信畅通。其他部门有通信设施的，应当优先为破坏性地震应急工作服务。

第二十七条 供水、供电部门应当尽快恢复被破坏的供水、供电设施，保证灾区用水、用电。

第二十八条 卫生部门应当立即组织急救队伍，利用各种医疗设施或者建立临时治疗点，抢救伤员，及时检查、监测灾区的饮用水源、食品等，采取有效措施防止和控制传染病的暴发流行，并向受灾人员提供精神、心理卫生方面的帮助。医药部门应当及时提供救灾所需药品。其他部门应当配合卫生、医药部门，做好卫生防疫以及伤亡人员的抢救、处理工作。

第二十九条 民政部门应当迅速设置避难场所和救济物资供应点，提供救济物品等，保障灾民的基本生活，做好灾民的转移和安置工作。其他部门应当支持、配合民政部门妥善安置灾民。

第三十条 公安部门应当加强灾区的治安管理和安全保卫工作，预防和制止各种破坏活动，维护社会治安，保证抢险救灾工作顺利进行，尽快恢复社会秩序。

第三十一条 石油、化工、水利、电力、建设等部门和单位以及危险品生产、储运等单位，应当按照各自的职责，对可能发生或者已经发生次生灾害的地点和设施采取紧急处置措施，并加强监视、控制，防止灾害扩展。

公安消防机构应当严密监视灾区火灾的发生；出现火灾时，应当组织力量抢救人员和物资，并采取有效防范措施，防止火势扩大、蔓延。

第三十二条 广播电台、电视台等新闻单位应当根据抗震救灾指挥部提供的情况，按照规定及时向公众发布震情、灾情等有关信息，并做好宣传、报道工作。

第三十三条 抗震救灾指挥部可以请求非灾区的人民政府接受并妥善安置灾民和提供其他救援。

第三十四条 破坏性地震发生后，国内非灾区提供的紧急救援，由抗震救灾指挥部负责接受和安排；国际社会提供的紧急救援，由国务院民政部门负责接受和安排；国外红十字会和国际社会通过中国红十字会提供的紧急救援，由中国红十字会负责接受和安排。

第三十五条 因严重破坏性地震应急的需要，可以在灾区实行特别管制措施。省、自治区、直辖市行政区域内的特别管制措施，由省、自治区、直辖市人民政府决定；跨省、自治区、直辖市的特别管制措施，由有关省、自治区、直辖市人民政府共同决定或者由国务院决定；中断干线交通或者封锁国境的特别管制措施，由国务院决定。

特别管制措施的解除，由原决定机关宣布。

第六章 奖励和处罚

第三十六条 在破坏性地震应急活动中有下列事迹之一的，由其所在单位、上级机关或者防震减灾工作主管部门给予表彰或者奖励：

（一）出色完成破坏性地震应急任务的；

（二）保护国家、集体和公民的财产或者抢救人员有功的；

（三）及时排除险情，防止灾害扩大，成绩显著的；

（四）对地震应急工作提出重大建议，实施效果显著的；

（五）因震情、灾情测报准确和信息传递及时而减轻灾害损失的；

（六）及时供应用于应急救灾的物资和工具或者节约经费开支，成绩显著的；

（七）有其他特殊贡献的。

第三十七条 有下列行为之一的，对负有直接责任的主管人员和其他直接责任人员依法给予行政处分；属于违反治安管理行为的，依照治安管理处罚法的规定给予处罚；构成犯罪的，依法追究刑事责任：

（一）不按照本条例规定制定破坏性地震应急预案的；

（二）不按照破坏性地震应急预案的规定和抗震救灾指挥部的要求实施破坏性地震应急预案的；

（三）违抗抗震救灾指挥部命令，拒不承担地震应急任务的；

（四）阻挠抗震救灾指挥部紧急调用物资、人员或者占用场地的；

（五）贪污、挪用、盗窃地震应急工作经费或者物资的；

（六）有特定责任的国家工作人员在临震应急期或者震后应急期不坚守岗位，不及时掌握震情、灾情，临阵脱逃或者玩忽职守的；

（七）在临震应急期或者震后应急期哄抢国家、

（八）阻碍抗震救灾人员执行职务或者进行破坏活动的；

（九）不按照规定和实际情况报告灾情的；

（十）散布谣言，扰乱社会秩序，影响破坏性地震应急工作的；

（十一）有对破坏性地震应急工作造成危害的其他行为的。

第七章 附 则

第三十八条 本条例下列用语的含义：

（一）"地震应急"，是指为了减轻地震灾害而采取的不同于正常工作程序的紧急防灾和抢险行动；

（二）"破坏性地震"，是指造成一定数量的人员伤亡和经济损失的地震事件；

（三）"严重破坏性地震"，是指造成严重的人员伤亡和经济损失，使灾区丧失或者部分丧失自我恢复能力，需要国家采取对抗行动的地震事件；

（四）"生命线工程"，是指对社会生活、生产有重大影响的交通、通信、供水、排水、供电、供气、输油等工程系统；

（五）"次生灾害源"，是指因地震而可能引发水灾、火灾、爆炸等灾害的易燃易爆物品、有毒物质贮存设施、水坝、堤岸等。

第三十九条 本条例自1995年4月1日起施行。

自然灾害救助条例

（2010年7月8日中华人民共和国国务院令第577号公布 根据2019年3月2日《国务院关于修改部分行政法规的决定》修订）

第一章 总 则

第一条 为了规范自然灾害救助工作，保障受灾人员基本生活，制定本条例。

第二条 自然灾害救助工作遵循以人为本、政府主导、分级管理、社会互助、灾民自救的原则。

第三条 自然灾害救助工作实行各级人民政府行政领导负责制。

国家减灾委员会负责组织、领导全国的自然灾害救助工作，协调开展重大自然灾害救助活动。国务院应急管理部门负责全国的自然灾害救助工作，承担国家减灾委员会的具体工作。国务院有关部门按照各自职责做好全国的自然灾害救助相关工作。

县级以上地方人民政府或者人民政府的自然灾害救助应急综合协调机构，组织、协调本行政区域的自然灾害救助工作。县级以上地方人民政府应急管理部门负责本行政区域的自然灾害救助工作。县级以上地方人民政府有关部门按照各自职责做好本行政区域的自然灾害救助相关工作。

第四条 县级以上人民政府应当将自然灾害救助工作纳入国民经济和社会发展规划，建立健全与自然灾害救助需求相适应的资金、物资保障机制，将人民政府安排的自然灾害救助资金和自然灾害救助工作经费纳入财政预算。

第五条 村民委员会、居民委员会以及红十字会、慈善会和公募基金会等社会组织，依法协助人民政府开展自然灾害救助工作。

国家鼓励和引导单位和个人参与自然灾害救助捐赠、志愿服务等活动。

第六条 各级人民政府应当加强防灾减灾宣传教育，提高公民的防灾避险意识和自救互救能力。

村民委员会、居民委员会、企业事业单位应当根据所在地人民政府的要求，结合各自的实际情况，开展防灾减灾应急知识的宣传普及活动。

第七条 对在自然灾害救助中作出突出贡献的单位和个人，按照国家有关规定给予表彰和奖励。

第二章 救助准备

第八条 县级以上地方人民政府及其有关部门应当根据有关法律、法规、规章，上级人民政府及其有关部门的应急预案以及本行政区域的自然灾害风险调查情况，制定相应的自然灾害救助应急预案。

自然灾害救助应急预案应当包括下列内容：

（一）自然灾害救助应急组织指挥体系及其职责；

（二）自然灾害救助应急队伍；

（三）自然灾害救助应急资金、物资、设备；

（四）自然灾害的预警预报和灾情信息的报告、处理；

（五）自然灾害救助应急响应的等级和相应措施；

（六）灾后应急救助和居民住房恢复重建措施。

第九条 县级以上人民政府应当建立健全自然灾害救助应急指挥技术支撑系统，并为自然灾害救助工作提供必要的交通、通信等装备。

第十条 国家建立自然灾害救助物资储备制度，由国务院应急管理部门分别会同国务院财政部门、发展改革部门、工业和信息化部门、粮食和物资储备部门制定全国自然灾害救助物资储备规划和储备库规划，并组织实施。其中，由国务院粮食和物资储备部门会同相关部门制定中央救灾物资储备库规划，并组织实施。

设区的市级以上人民政府和自然灾害多发、易发地区的县级人民政府应当根据自然灾害特点、居民人口数量和分布等情况，按照布局合理、规模适度的原则，设立自然灾害救助物资储备库。

第十一条　县级以上地方人民政府应当根据当地居民人口数量和分布等情况，利用公园、广场、体育场馆等公共设施，统筹规划设立应急避难场所，并设置明显标志。

启动自然灾害预警响应或者应急响应，需要告知居民前往应急避难场所的，县级以上地方人民政府或者人民政府的自然灾害救助应急综合协调机构应当通过广播、电视、手机短信、电子显示屏、互联网等方式，及时公告应急避难场所的具体地址和到达路径。

第十二条　县级以上地方人民政府应当加强自然灾害救助人员的队伍建设和业务培训，村民委员会、居民委员会和企业事业单位应当设立专职或者兼职的自然灾害信息员。

第三章　应急救助

第十三条　县级以上人民政府或者人民政府的自然灾害救助应急综合协调机构应当根据自然灾害预警预报启动预警响应，采取下列一项或者多项措施：

（一）向社会发布规避自然灾害风险的警告，宣传避险常识和技能，提示公众做好自救互救准备；

（二）开放应急避难场所，疏散、转移易受自然灾害危害的人员和财产，情况紧急时，实行有组织的避险转移；

（三）加强对易受自然灾害危害的乡村、社区以及公共场所的安全保障；

（四）责成应急管理等部门做好基本生活救助的准备。

第十四条　自然灾害发生并达到自然灾害救助应急预案启动条件的，县级以上人民政府或者人民政府的自然灾害救助应急综合协调机构应当及时启动自然灾害救助应急响应，采取下列一项或者多项措施：

（一）立即向社会发布政府应对措施和公众防范措施；

（二）紧急转移安置受灾人员；

（三）紧急调拨、运输自然灾害救助应急资金和物资，及时向受灾人员提供食品、饮用水、衣被、取暖、临时住所、医疗防疫等应急救助，保障受灾人员基本生活；

（四）抚慰受灾人员，处理遇难人员善后事宜；

（五）组织受灾人员开展自救互救；

（六）分析评估灾情趋势和灾区需求，采取相应的自然灾害救助措施；

（七）组织自然灾害救助捐赠活动。

对应急救助物资，各交通运输主管部门应当组织优先运输。

第十五条　在自然灾害救助应急期间，县级以上地方人民政府或者人民政府的自然灾害救助应急综合协调机构可以在本行政区域内紧急征用物资、设备、交通运输工具和场地，自然灾害救助应急工作结束后应当及时归还，并按照国家有关规定给予补偿。

第十六条　自然灾害造成人员伤亡或者较大财产损失的，受灾地区县级人民政府应急管理部门应当立即向本级人民政府和上一级人民政府应急管理部门报告。

自然灾害造成特别重大或者重大人员伤亡、财产损失的，受灾地区县级人民政府应急管理部门应当按照有关法律、行政法规和国务院应急预案规定的程序及时报告，必要时可以直接报告国务院。

第十七条　灾情稳定前，受灾地区人民政府应急管理部门应当每日逐级上报自然灾害造成的人员伤亡、财产损失和自然灾害救助工作动态等情况，并及时向社会发布。

灾情稳定后，受灾地区县级以上人民政府或者人民政府的自然灾害救助应急综合协调机构应当评估、核定并发布自然灾害损失情况。

第四章　灾后救助

第十八条　受灾地区人民政府应当在确保安全的前提下，采取就地安置与异地安置、政府安置与自行安置相结合的方式，对受灾人员进行过渡性安置。

就地安置应当选择在交通便利、便于恢复生产和生活的地点，并避开可能发生次生自然灾害的区域，尽量不占用或者少占用耕地。

受灾地区人民政府应当鼓励并组织受灾群众自救互救，恢复重建。

第十九条　自然灾害危险消除后，受灾地区人民政府应当统筹研究制订居民住房恢复重建规划和优惠政策，组织重建或者修缮因灾损毁的居民住房，对恢复重建确有困难的家庭予以重点帮扶。

居民住房恢复重建应当因地制宜、经济实用，确保房屋建设质量符合防灾减灾要求。

受灾地区人民政府应急管理等部门应当向经审核确认的居民住房恢复重建补助对象发放补助资金和物资，住房城乡建设等部门应当为受灾人员重建或者修缮因灾损毁的居民住房提供必要的技术支持。

第二十条 居民住房恢复重建补助对象由受灾人员本人申请或者由村民小组、居民小组提名。经村民委员会、居民委员会民主评议，符合救助条件的，在自然村、社区范围内公示；无异议或者经村民委员会、居民委员会民主评议异议不成立的，由村民委员会、居民委员会将评议意见和有关材料提交乡镇人民政府、街道办事处审核，报县级人民政府应急管理等部门审批。

第二十一条 自然灾害发生后的当年冬季、次年春季，受灾地区人民政府应当为生活困难的受灾人员提供基本生活救助。

受灾地区县级人民政府应急管理部门应当在每年10月底前统计、评估本行政区域受灾人员当年冬季、次年春季的基本生活困难和需求，核实救助对象，编制工作台账，制定救助工作方案，经本级人民政府批准后组织实施，并报上一级人民政府应急管理部门备案。

第五章 救助款物管理

第二十二条 县级以上人民政府财政部门、应急管理部门负责自然灾害救助资金的分配、管理并监督使用情况。

县级以上人民政府应急管理部门负责调拨、分配、管理自然灾害救助物资。

第二十三条 人民政府采购用于自然灾害救助准备和灾后恢复重建的货物、工程和服务，依照有关政府采购和招标投标的法律规定组织实施。自然灾害应急救助和灾后恢复重建中涉及紧急抢救、紧急转移安置和临时性救助的紧急采购活动，按照国家有关规定执行。

第二十四条 自然灾害救助款物专款（物）专用，无偿使用。

定向捐赠的款物，应当按照捐赠人的意愿使用。政府部门接受的捐赠人无指定意向的款物，由县级以上人民政府应急管理部门统筹安排用于自然灾害救助；社会组织接受的捐赠人无指定意向的款物，由社会组织按照有关规定用于自然灾害救助。

第二十五条 自然灾害救助款物应当用于受灾人员的紧急转移安置，基本生活救助，医疗救助，教育、医疗等公共服务设施和住房的恢复重建，自然灾害救助物资的采购、储存和运输，以及因灾遇难人员亲属的抚慰等项支出。

第二十六条 受灾地区人民政府应急管理、财政等部门和有关社会组织应当通过报刊、广播、电视、互联网，主动向社会公开所接受的自然灾害救助款物和捐赠款物的来源、数量及其使用情况。

受灾地区村民委员会、居民委员会应当公布救助对象及其接受救助款物数额和使用情况。

第二十七条 各级人民政府应当建立健全自然灾害救助款物和捐赠款物的监督检查制度，并及时受理投诉和举报。

第二十八条 县级以上人民政府监察机关、审计机关应当依法对自然灾害救助款物和捐赠款物的管理使用情况进行监督检查，应急管理、财政等部门和有关社会组织应当予以配合。

第六章 法律责任

第二十九条 行政机关工作人员违反本条例规定，有下列行为之一的，由任免机关或者监察机关依照法律法规给予处分；构成犯罪的，依法追究刑事责任：

（一）迟报、谎报、瞒报自然灾害损失情况，造成后果的；

（二）未及时组织受灾人员转移安置，或者在提供基本生活救助、组织恢复重建过程中工作不力，造成后果的；

（三）截留、挪用、私分自然灾害救助款物或者捐赠款物的；

（四）不及时归还征用的财产，或者不按照规定给予补偿的；

（五）有滥用职权、玩忽职守、徇私舞弊的其他行为的。

第三十条 采取虚报、隐瞒、伪造等手段，骗取自然灾害救助款物或者捐赠款物的，由县级以上人民政府应急管理部门责令限期退回违法所得的款物；构成犯罪的，依法追究刑事责任。

第三十一条 抢夺或者聚众哄抢自然灾害救助款物或者捐赠款物的，由县级以上人民政府应急管理部门责令停止违法行为；构成违反治安管理行为的，由公安机关依法给予治安管理处罚；构成犯罪的，依法追究刑事责任。

第三十二条 以暴力、威胁方法阻碍自然灾害救助工作人员依法执行职务，构成违反治安管理行为的，由公安机关依法给予治安管理处罚；构成犯罪的，依法追究刑事责任。

第七章 附 则

第三十三条 发生事故灾难、公共卫生事件、社会安全事件等突发事件，需要由县级以上人民政府应急管理部门开展生活救助的，参照本条例执行。

第三十四条 法律、行政法规对防灾、抗灾、救灾另有规定的，从其规定。

第三十五条 本条例自2010年9月1日起施行。

中华人民共和国抗旱条例

（2009年2月11日国务院第49次常务会议通过 2009年2月26日中华人民共和国国务院令第552号公布 自公布之日起施行）

第一章 总 则

第一条 为了预防和减轻干旱灾害及其造成的损失，保障生活用水，协调生产、生态用水，促进经济社会全面、协调、可持续发展，根据《中华人民共和国水法》，制定本条例。

第二条 在中华人民共和国境内从事预防和减轻干旱灾害的活动，应当遵守本条例。

本条例所称干旱灾害，是指由于降水减少、水工程供水不足引起的用水短缺，并对生活、生产和生态造成危害的事件。

第三条 抗旱工作坚持以人为本、预防为主、防抗结合和因地制宜、统筹兼顾、局部利益服从全局利益的原则。

第四条 县级以上人民政府应当将抗旱工作纳入本级国民经济和社会发展规划，所需经费纳入本级财政预算，保障抗旱工作的正常开展。

第五条 抗旱工作实行各级人民政府行政首长负责制，统一指挥、部门协作、分级负责。

第六条 国家防汛抗旱总指挥部负责组织、领导全国的抗旱工作。

国务院水行政主管部门负责全国抗旱的指导、监督、管理工作，承担国家防汛抗旱总指挥部的具体工作。国家防汛抗旱总指挥部的其他成员单位按照各自职责，负责有关抗旱工作。

第七条 国家确定的重要江河、湖泊的防汛抗旱指挥机构，由有关省、自治区、直辖市人民政府和该江河、湖泊的流域管理机构组成，负责协调所辖范围内的抗旱工作；流域管理机构承担流域防汛抗旱指挥机构的具体工作。

第八条 县级以上地方人民政府防汛抗旱指挥机构，在上级防汛抗旱指挥机构和本级人民政府的领导下，负责组织、指挥本行政区域内的抗旱工作。

县级以上地方人民政府水行政主管部门负责本行政区域内抗旱的指导、监督、管理工作，承担本级人民政府防汛抗旱指挥机构的具体工作。县级以上地方人民政府防汛抗旱指挥机构的其他成员单位按照各自职责，负责有关抗旱工作。

第九条 县级以上人民政府应当加强水利基础设施建设，完善抗旱工程体系，提高抗旱减灾能力。

第十条 各级人民政府、有关部门应当开展抗旱宣传教育活动，增强全社会抗旱减灾意识，鼓励和支持各种抗旱科学技术研究及其成果的推广应用。

第十一条 任何单位和个人都有保护抗旱设施和依法参加抗旱的义务。

第十二条 对在抗旱工作中做出突出贡献的单位和个人，按照国家有关规定给予表彰和奖励。

第二章 旱灾预防

第十三条 县级以上地方人民政府水行政主管部门会同同级有关部门编制本行政区域的抗旱规划，报本级人民政府批准后实施，并抄送上一级人民政府水行政主管部门。

第十四条 编制抗旱规划应当充分考虑本行政区域的国民经济和社会发展水平、水资源综合开发利用情况、干旱规律和特点、可供水资源量和抗旱能力以及城乡居民生活用水、工农业生产和生态用水的需求。

抗旱规划应当与水资源开发利用等规划相衔接。

下级抗旱规划应当与上一级的抗旱规划相协调。

第十五条 抗旱规划应当主要包括抗旱组织体系建设、抗旱应急水源建设、抗旱应急设施建设、抗旱物资储备、抗旱服务组织建设、旱情监测网络建设以及保障措施等。

第十六条 县级以上人民政府应当加强农田水利基础设施建设和农村饮水工程建设，组织做好抗旱应急工程及其配套设施建设和节水改造，提高抗旱供水能力和水资源利用效率。

县级以上人民政府水行政主管部门应当组织做好农田水利基础设施和农村饮水工程的管理和维护，确保其正常运行。

干旱缺水地区的地方人民政府及有关集体经济

组织应当因地制宜修建中小微型蓄水、引水、提水工程和雨水集蓄利用工程。

第十七条 国家鼓励和扶持研发、使用抗旱节水机械和装备，推广农田节水技术，支持旱作地区修建抗旱设施，发展旱作节水农业。

国家鼓励、引导、扶持社会组织和个人建设、经营抗旱设施，并保护其合法权益。

第十八条 县级以上地方人民政府应当做好干旱期城乡居民生活供水的应急水源贮备保障工作。

第十九条 干旱灾害频繁发生地区的县级以上地方人民政府，应当根据抗旱工作需要储备必要的抗旱物资，并加强日常管理。

第二十条 县级以上人民政府应当根据水资源和水环境的承载能力，调整、优化经济结构和产业布局，合理配置水资源。

第二十一条 各级人民政府应当开展节约用水宣传教育，推行节约用水措施，推广节约用水新技术、新工艺，建设节水型社会。

第二十二条 县级以上人民政府水行政主管部门应当做好水资源的分配、调度和保护工作，组织建设抗旱应急水源工程和集雨设施。

县级以上人民政府水行政主管部门和其他有关部门应当及时向人民政府防汛抗旱指挥机构提供水情、雨情和墒情信息。

第二十三条 各级气象主管机构应当加强气象科学技术研究，提高气象监测和预报水平，及时向人民政府防汛抗旱指挥机构提供气象干旱及其他与抗旱有关的气象信息。

第二十四条 县级以上人民政府农业主管部门应当做好农用抗旱物资的储备和管理工作，指导干旱地区农业种植结构的调整，培育和推广应用耐旱品种，及时向人民政府防汛抗旱指挥机构提供农业旱情信息。

第二十五条 供水管理部门应当组织有关单位，加强供水管网的建设和维护，提高供水能力，保障居民生活用水，及时向人民政府防汛抗旱指挥机构提供供水、用水信息。

第二十六条 县级以上人民政府应当组织有关部门，充分利用现有资源，建设完善旱情监测网络，加强对干旱灾害的监测。

县级以上人民政府防汛抗旱指挥机构应当组织完善抗旱信息系统，实现成员单位之间的信息共享，为抗旱指挥决策提供依据。

第二十七条 国家防汛抗旱总指挥部组织其成员单位编制国家防汛抗旱预案，经国务院批准后实施。

县级以上地方人民政府防汛抗旱指挥机构组织其成员单位编制抗旱预案，经上一级人民政府防汛抗旱指挥机构审查同意，报本级人民政府批准后实施。

经批准的抗旱预案，有关部门和单位必须执行。修改抗旱预案，应当按照原批准程序报原批准机关批准。

第二十八条 抗旱预案应当包括预案的执行机构以及有关部门的职责、干旱灾害预警、干旱等级划分和按不同等级采取的应急措施、旱情紧急情况下水量调度预案和保障措施等内容。

干旱灾害按照区域耕地和作物受旱的面积与程度以及因干旱导致饮水困难人口的数量，分为轻度干旱、中度干旱、严重干旱、特大干旱四级。

第二十九条 县级人民政府和乡镇人民政府根据抗旱工作的需要，加强抗旱服务组织的建设。县级以上地方各级人民政府应当加强对抗旱服务组织的扶持。

国家鼓励社会组织和个人兴办抗旱服务组织。

第三十条 各级人民政府应当对抗旱责任落实、抗旱预案编制、抗旱设施建设和维护、抗旱物资储备等情况加强监督检查，发现问题应当及时处理或者责成有关部门和单位限期处理。

第三十一条 水工程管理单位应当定期对管护范围内的抗旱设施进行检查和维护。

第三十二条 禁止非法引水、截水和侵占、破坏、污染水源。

禁止破坏、侵占、毁损抗旱设施。

第三章 抗旱减灾

第三十三条 发生干旱灾害，县级以上人民政府防汛抗旱指挥机构应当按照抗旱预案规定的权限，启动抗旱预案，组织开展抗旱减灾工作。

第三十四条 发生轻度干旱和中度干旱，县级以上地方人民政府防汛抗旱指挥机构应当按照抗旱预案的规定，采取下列措施：

（一）启用应急备用水源或者应急打井、挖泉；

（二）设置临时抽水泵站，开挖输水渠道或者临时在江河沟渠内截水；

（三）使用再生水、微咸水、海水等非常规水源，组织实施人工增雨；

（四）组织向人畜饮水困难地区送水。

采取前款规定的措施，涉及其他行政区域的，应当报共同的上一级人民政府防汛抗旱指挥机构或者流域防汛抗旱指挥机构批准；涉及其他有关部门的，应当提前通知有关部门。旱情解除后，应当及时拆除临时取水和截水设施,并及时通报有关部门。

第三十五条 发生严重干旱和特大干旱,国家防汛抗旱总指挥部应当启动国家防汛抗旱预案,总指挥部各成员单位应当按照防汛抗旱预案的分工,做好相关工作。

严重干旱和特大干旱发生地的县级以上地方人民政府在防汛抗旱指挥机构采取本条例第三十四条规定的措施外,还可以采取下列措施:

(一)压减供水指标;
(二)限制或者暂停高耗水行业用水;
(三)限制或者暂停排放工业污水;
(四)缩小农业供水范围或者减少农业供水量;
(五)限时或者限量供应城镇居民生活用水。

第三十六条 发生干旱灾害,县级以上地方人民政府应当按照统一调度、保证重点、兼顾一般的原则对水源进行调配,优先保障城乡居民生活用水,合理安排生产和生态用水。

第三十七条 发生干旱灾害,县级以上人民政府防汛抗旱指挥机构或者流域防汛抗旱指挥机构可以按照批准的抗旱预案,制订应急水量调度实施方案,统一调度辖区内的水库、水电站、闸坝、湖泊等所蓄的水量。有关地方人民政府、单位和个人必须服从统一调度和指挥,严格执行调度指令。

第三十八条 发生干旱灾害,县级以上地方人民政府防汛抗旱指挥机构应当及时组织抗旱服务组织,解决农村人畜饮水困难,提供抗旱技术咨询等方面的服务。

第三十九条 发生干旱灾害,各级气象主管机构应当做好气象干旱监测和预报工作,并适时实施人工增雨作业。

第四十条 发生干旱灾害,县级以上人民政府卫生主管部门应当做好干旱灾害发生地区疾病预防控制、医疗救护和卫生监督执法工作,监督、检测饮用水水源卫生状况,确保饮水卫生安全,防止干旱灾害导致重大传染病疫情的发生。

第四十一条 发生干旱灾害,县级以上人民政府民政部门应当做好干旱灾害的救助工作,妥善安排受灾地区群众基本生活。

第四十二条 干旱灾害发生地区的乡镇人民政府、街道办事处、村民委员会、居民委员会应当组织力量,向村民、居民宣传节水抗旱知识,协助做好抗旱措施的落实工作。

第四十三条 发生干旱灾害,供水企事业单位应当加强对供水、水源和抗旱设施的管理与维护,按要求启用应急备用水源,确保城乡供水安全。

第四十四条 干旱灾害发生地区的单位和个人应当自觉节约用水,服从当地人民政府发布的决定,配合落实人民政府采取的抗旱措施,积极参加抗旱减灾活动。

第四十五条 发生特大干旱,严重危及城乡居民生活、生产用水安全,可能影响社会稳定的,有关省、自治区、直辖市人民政府防汛抗旱指挥机构经本级人民政府批准,可以宣布本辖区内的相关行政区域进入紧急抗旱期,并及时报告国家防汛抗旱总指挥部。

特大干旱旱情缓解后,有关省、自治区、直辖市人民政府防汛抗旱指挥机构应当宣布结束紧急抗旱期,并及时报告国家防汛抗旱总指挥部。

第四十六条 在紧急抗旱期,有关地方人民政府防汛抗旱指挥机构应当组织动员本行政区域内各有关单位和个人投入抗旱工作。所有单位和个人必须服从指挥,承担人民政府防汛抗旱指挥机构分配的抗旱工作任务。

第四十七条 在紧急抗旱期,有关地方人民政府防汛抗旱指挥机构根据抗旱工作的需要,有权在其管辖范围内征用物资、设备、交通运输工具。

第四十八条 县级以上地方人民政府防汛抗旱指挥机构应当组织有关部门,按照干旱灾害统计报表的要求,及时核实和统计所管辖范围内的旱情、干旱灾害和抗旱情况等信息,报上一级人民政府防汛抗旱指挥机构和本级人民政府。

第四十九条 国家建立抗旱信息统一发布制度。旱情由县级以上人民政府防汛抗旱指挥机构统一审核、发布;旱灾由县级以上人民政府水行政主管部门会同同级民政部门审核、发布;农业灾情由县级以上人民政府农业主管部门发布;与抗旱有关的气象信息由气象主管机构发布。

报刊、广播、电视和互联网等媒体,应当及时刊播抗旱信息并标明发布机构名称和发布时间。

第五十条 各级人民政府应当建立和完善与经济社会发展水平以及抗旱减灾要求相适应的资金投入机制,在本级财政预算中安排必要的资金,保障抗旱减灾投入。

第五十一条 因抗旱发生的水事纠纷,依照《中华人民共和国水法》的有关规定处理。

第四章 灾后恢复

第五十二条 旱情缓解后,各级人民政府、有关主管部门应当帮助受灾群众恢复生产和灾后自救。

第五十三条 旱情缓解后,县级以上人民政府水行政主管部门应当对水利工程进行检查评估，并及时组织修复遭受干旱灾害损坏的水利工程；县级以上人民政府有关主管部门应当将遭受干旱灾害损坏的水利工程，优先列入年度修复建设计划。

第五十四条 旱情缓解后，有关地方人民政府防汛抗旱指挥机构应当及时归还紧急抗旱期征用的物资、设备、交通运输工具等，并按照有关法律规定给予补偿。

第五十五条 旱情缓解后，县级以上人民政府防汛抗旱指挥机构应当及时组织有关部门对干旱灾害影响、损失情况以及抗旱工作效果进行分析和评估；有关部门和单位应当予以配合，主动向本级人民政府防汛抗旱指挥机构报告相关情况，不得虚报、瞒报。

县级以上人民政府防汛抗旱指挥机构也可以委托具有灾害评估专业资质的单位进行分析和评估。

第五十六条 抗旱经费和抗旱物资必须专项使用，任何单位和个人不得截留、挤占、挪用和私分。

各级财政和审计部门应当加强对抗旱经费和物资管理的监督、检查和审计。

第五十七条 国家鼓励在易旱地区逐步建立和推行旱灾保险制度。

第五章 法律责任

第五十八条 违反本条例规定，有下列行为之一的，由所在单位或者上级主管机关、监察机关责令改正；对直接负责的主管人员和其他直接责任人员依法给予处分；构成犯罪的，依法追究刑事责任：

（一）拒不承担抗旱救灾任务的；
（二）擅自向社会发布抗旱信息的；
（三）虚报、瞒报旱情、灾情的；
（四）拒不执行抗旱预案或者旱情紧急情况下的水量调度预案以及应急水量调度实施方案的；
（五）旱情解除后，拒不拆除临时取水和截水设施的；
（六）滥用职权、徇私舞弊、玩忽职守的其他行为。

第五十九条 截留、挤占、挪用、私分抗旱经费的，依照有关财政违法行为处罚处分等法律、行政法规的规定处罚；构成犯罪的，依法追究刑事责任。

第六十条 违反本条例规定，水库、水电站、拦河闸坝等工程的管理单位以及其他经营工程设施的经营者拒不服从统一调度和指挥的，由县级以上人民政府水行政主管部门或者流域管理机构责令改正，给予警告；拒不改正的，强制执行，处1万元以上5万元以下的罚款。

第六十一条 违反本条例规定，侵占、破坏水源和抗旱设施的，由县级以上人民政府水行政主管部门或者流域管理机构责令停止违法行为，采取补救措施，处1万元以上5万元以下的罚款；造成损坏的，依法承担民事责任；构成违反治安管理行为的，依照《中华人民共和国治安管理处罚法》的规定处罚；构成犯罪的，依法追究刑事责任。

第六十二条 违反本条例规定，抢水、非法引水、截水或者哄抢抗旱物资的，由县级以上人民政府水行政主管部门或者流域管理机构责令停止违法行为，予以警告；构成违反治安管理行为的，依照《中华人民共和国治安管理处罚法》的规定处罚；构成犯罪的，依法追究刑事责任。

第六十三条 违反本条例规定，阻碍、威胁防汛抗旱指挥机构、水行政主管部门或者流域管理机构的工作人员依法执行职务的，由县级以上人民政府水行政主管部门或者流域管理机构责令改正，予以警告；构成违反治安管理行为的，依照《中华人民共和国治安管理处罚法》的规定处罚；构成犯罪的，依法追究刑事责任。

第六章 附 则

第六十四条 中国人民解放军和中国人民武装警察部队参加抗旱救灾，依照《军队参加抢险救灾条例》的有关规定执行。

第六十五条 本条例自公布之日起施行。

中华人民共和国防汛条例

（1991年7月2日中华人民共和国国务院令第86号公布 根据2005年7月15日《国务院关于修改〈中华人民共和国防汛条例〉的决定》第一次修订 根据2011年1月8日《国务院关于废止和修改部分行政法规的决定》第二次修订）

第一章 总 则

第一条 为了做好防汛抗洪工作，保障人民生命财产安全和经济建设的顺利进行，根据《中华人民共和国水法》，制定本条例。

第二条 在中华人民共和国境内进行防汛抗洪活动，适用本条例。

第三条 防汛工作实行"安全第一，常备不懈，以防为主，全力抢险"的方针，遵循团结协作和局部利益服从全局利益的原则。

第四条 防汛工作实行各级人民政府行政首长负责制，实行统一指挥，分级分部门负责。各有关部门实行防汛岗位责任制。

第五条 任何单位和个人都有参加防汛抗洪的义务。

中国人民解放军和武装警察部队是防汛抗洪的重要力量。

第二章 防汛组织

第六条 国务院设立国家防汛总指挥部，负责组织领导全国的防汛抗洪工作，其办事机构设在国务院水行政主管部门。

长江和黄河，可以设立由有关省、自治区、直辖市人民政府和该江河的流域管理机构（以下简称流域机构）负责人等组成的防汛指挥机构，负责指挥所辖范围的防汛抗洪工作，其办事机构设在流域机构。长江和黄河的重大防汛抗洪事项须经国家防汛总指挥部批准后执行。

国务院水行政主管部门所属的淮河、海河、珠江、松花江、辽河、太湖等流域机构，设立防汛办事机构，负责协调本流域的防汛日常工作。

第七条 有防汛任务的县级以上地方人民政府设立防汛指挥部，由有关部门、当地驻军、人民武装部负责人组成，由各级人民政府首长担任指挥。各级人民政府防汛指挥部在上级人民政府防汛指挥部和同级人民政府的领导下，执行上级防汛指令，制定各项防汛抗洪措施，统一指挥本地区的防汛抗洪工作。

各级人民政府防汛指挥部办事机构设在同级水行政主管部门；城市市区的防汛指挥部办事机构也可以设在城建主管部门，负责管理所辖范围的防汛日常工作。

第八条 石油、电力、邮电、铁路、公路、航运、工矿以及商业、物资等有防汛任务的部门和单位，汛期应当设立防汛机构，在有管辖权的人民政府防汛指挥部统一领导下，负责做好本行业和本单位的防汛工作。

第九条 河道管理机构、水利水电工程管理单位和江河沿岸在建工程的建设单位，必须加强对所辖水工程设施的管理维护，保证其安全正常运行，组织和参加防汛抗洪工作。

第十条 有防汛任务的地方人民政府应当组织以民兵为骨干的群众性防汛队伍，并责成有关部门将防汛队伍组成人员登记造册，明确各自的任务和责任。

河道管理机构和其他防洪工程管理单位可以结合平时的管理任务，组织本单位的防汛抢险队伍，作为紧急抢险的骨干力量。

第三章 防汛准备

第十一条 有防汛任务的县级以上人民政府，应当根据流域综合规划、防洪工程实际状况和国家规定的防洪标准，制定防御洪水方案（包括对特大洪水的处置措施）。

长江、黄河、淮河、海河的防御洪水方案，由国家防汛总指挥部制定，报国务院批准后施行；跨省、自治区、直辖市的其他江河的防御洪水方案，有关省、自治区、直辖市人民政府制定后，经有管辖权的流域机构审查同意，由省、自治区、直辖市人民政府报国务院或其授权的机构批准后施行。

有防汛抗洪任务的城市人民政府，应当根据流域综合规划和江河的防御洪水方案，制定本城市的防御洪水方案，报上级人民政府或其授权的机构批准后施行。

防御洪水方案经批准后，有关地方人民政府必须执行。

第十二条 有防汛任务的地方，应当根据经批准的防御洪水方案制定洪水调度方案。长江、黄河、淮河、海河（海河流域的永定河、大清河、漳卫南运河和北三河）、松花江、辽河、珠江和太湖流域的洪水调度方案，由有关流域机构会同有关省、自治区、直辖市人民政府制定，报国家防汛总指挥部批准。跨省、自治区、直辖市的其他江河的洪水调度方案，由有关流域机构会同有关省、自治区、直辖市人民政府制定，报流域防汛指挥机构批准；没有设立流域防汛指挥机构的，报国家防汛总指挥部批准。其他江河的洪水调度方案，由有管辖权的水行政主管部门会同有关地方人民政府制定，报有管辖权的防汛指挥机构批准。

洪水调度方案经批准后，有关地方人民政府必须执行。修改洪水调度方案，应当报经原批准机关批准。

第十三条 有防汛抗洪任务的企业应当根据所在流域或者地区经批准的防御洪水方案和洪水调度方案，规定本企业的防汛抗洪措施，在征得其所在地县级人民政府水行政主管部门同意后，由有管辖权的防汛指挥机构监督实施。

第十四条 水库、水电站、拦河闸坝等工程的管理部门，应当根据工程规划设计、经批准的防御洪水方案和洪水调度方案以及工程实际状况，在兴利服从防洪，保证安全的前提下，制定汛期调度运用计划，经上级主管部门审查批准后，报有管辖权的人民政府防汛指挥部备案，并接受其监督。

经国家防汛总指挥部认定的对防汛抗洪关系重大的水电站，其防洪库容的汛期调度运用计划经上级主管部门审查同意后，须经有管辖权的人民政府防汛指挥部批准。

汛期调度运用计划经批准后，由水库、水电站、拦河闸坝等工程的管理部门负责执行。

有防凌任务的江河，其上游水库在凌汛期间的下泄水量，必须征得有管辖权的人民政府防汛指挥部的同意，并接受其监督。

第十五条　各级防汛指挥部应当在汛前对各类防洪设施组织检查，发现影响防洪安全的问题，责成责任单位在规定的期限内处理，不得贻误防汛抗洪工作。

各有关部门和单位按照防汛指挥部的统一部署，对所管辖的防洪工程设施进行汛前检查后，必须将影响防洪安全的问题和处理措施报有管辖权的防汛指挥部和上级主管部门，并按照该防汛指挥部的要求予以处理。

第十六条　关于河道清障和对壅水、阻水严重的桥梁、引道、码头和其他跨河工程设施的改建或者拆除，按照《中华人民共和国河道管理条例》的规定执行。

第十七条　蓄滞洪区所在地的省级人民政府应当按照国务院的有关规定，组织有关部门和市、县，制定所管辖的蓄滞洪区的安全与建设规划，并予实施。

各级地方人民政府必须对所管辖的蓄滞洪区的通信、预报警报、避洪、撤退道路等安全设施，以及紧急撤离和救生的准备工作进行汛前检查，发现影响安全的问题，及时处理。

第十八条　山洪、泥石流易发地区，当地有关部门应当指定预防监测员及时监测。雨季到来之前，当地人民政府防汛指挥部应当组织有关单位进行安全检查，对险情征兆明显的地区，应当及时把群众撤离险区。

风暴潮易发地区，当地有关部门应当加强对水库、海堤、闸坝、高压电线等设施和房屋的安全检查，发现影响安全的问题，及时处理。

第十九条　地区之间在防汛抗洪方面发生的水事纠纷，由发生纠纷地区共同的上一级人民政府或其授权的主管部门处理。

前款所指人民政府或者部门在处理防汛抗洪方面的水事纠纷时，有权采取临时紧急处置措施，有关当事各方必须服从并贯彻执行。

第二十条　有防汛任务的地方人民政府应当建设和完善江河堤防、水库、蓄滞洪区等防洪设施，以及该地区的防汛通信、预报警报系统。

第二十一条　各级防汛指挥部应当储备一定数量的防汛抢险物资，由商业、供销、物资部门代储的，可以支付适当的保费。受洪水威胁的单位和群众应当储备一定的防汛抢险物料。

防汛抢险所需的主要物资，由计划主管部门在年度计划中予以安排。

第二十二条　各级人民政府防汛指挥部汛前应当向有关单位和当地驻军介绍防御洪水方案，组织交流防汛抢险经验。有关方面汛期应当及时通报水情。

第四章　防汛与抢险

第二十三条　省级人民政府防汛指挥部，可以根据当地的洪水规律，规定汛期起止日期。当江河、湖泊、水库的水情接近保证水位或者安全流量时，或者防洪工程设施发生重大险情，情况紧急时，县级以上地方人民政府可以宣布进入紧急防汛期，并报告上级人民政府防汛指挥部。

第二十四条　防汛期内，各级防汛指挥部必须有负责人主持工作。有关责任人员必须坚守岗位，及时掌握汛情，并按防御洪水方案和汛期调度运用计划进行调度。

第二十五条　在汛期，水利、电力、气象、海洋、农林等部门的水文站、雨量站，必须及时准确地向各级防汛指挥部提供实时水文信息；气象部门必须及时向各级防汛指挥部提供有关天气预报和实时气象信息；水文部门必须及时向各级防汛指挥部提供有关水文预报；海洋部门必须及时向沿海地区防汛指挥部提供风暴潮预报。

第二十六条　在汛期，河道、水库、闸坝、水运设施等水工程管理单位及其主管部门在执行汛期调度运用计划时，必须服从有管辖权的人民政府防汛指挥部的统一调度指挥或者监督。

在汛期，以发电为主的水库，其汛限水位以上的防洪库容以及洪水调度运用必须服从有管辖权的人民政府防汛指挥部的统一调度指挥。

第二十七条　在汛期，河道、水库、水电站、闸坝等水工程管理单位必须按照规定对水工程进行巡查，发现险情，必须立即采取抢护措施，并及时向防汛指挥部和上级主管部门报告。其他任何单位和个人发现水工程设施出现险情，应当立即向防汛指挥部和水工程管理单位报告。

第二十八条 在汛期，公路、铁路、航运、民航等部门应当及时运送防汛抢险人员和物资；电力部门应当保证防汛用电。

第二十九条 在汛期，电力调度通信设施必须服从防汛工作需要；邮电部门必须保证汛情和防汛指令的及时、准确传递，电视、广播、公路、铁路、航运、民航、公安、林业、石油等部门应当运用本部门的通信工具优先为防汛抗洪服务。

电视、广播、新闻单位应当根据人民政府防汛指挥部提供的汛情，及时向公众发布防汛信息。

第三十条 在紧急防汛期，地方人民政府防汛指挥部必须由人民政府负责人主持工作，组织动员本地区各有关单位和个人投入抗洪抢险。所有单位和个人必须听从指挥，承担人民政府防汛指挥部分配的抗洪抢险任务。

第三十一条 在紧急防汛期，公安部门应当按照人民政府防汛指挥部的要求，加强治安管理和安全保卫工作。必要时须由有关部门依法实行陆地和水面交通管制。

第三十二条 在紧急防汛期，为了防汛抢险需要，防汛指挥部有权在其管辖范围内，调用物资、设备、交通运输工具和人力，事后应当及时归还或者给予适当补偿。因抢险需要取土占地、砍伐林木、清除阻水障碍物的，任何单位和个人不得阻拦。

前款所指取土占地、砍伐林木的，事后应当依法向有关部门补办手续。

第三十三条 当河道水位或者流量达到规定的分洪、滞洪标准时，有管辖权的人民政府防汛指挥部有权根据经批准的分洪、滞洪方案，采取分洪、滞洪措施。采取上述措施对毗邻地区有危害的，须经有管辖权的上级防汛指挥机构批准，并事先通知有关地区。

在非常情况下，为保护国家确定的重点地区和大局安全，必须作出局部牺牲时，在报经有管辖权的上级人民政府防汛指挥部批准后，当地人民政府防汛指挥部可以采取非常紧急措施。

实施上述措施时，任何单位和个人不得阻拦，如遇到阻拦和拖延时，有管辖权的人民政府有权组织强制实施。

第三十四条 当洪水威胁群众安全时，当地人民政府应当及时组织群众撤离至安全地带，并做好生活安排。

第三十五条 按照水的天然流势或者防洪、排涝工程的设计标准，或者经批准的运行方案下泄的洪水，下游地区不得设障阻水或者缩小河道的过水能力；上游地区不得擅自增大下泄流量。

未经有管辖权的人民政府或其授权的部门批准，任何单位和个人不得改变江河河势的自然控制点。

第五章 善后工作

第三十六条 在发生洪水灾害的地区，物资、商业、供销、农业、公路、铁路、航运、民航等部门应当做好抢险救灾物资的供应和运输；民政、卫生、教育等部门应当做好灾区群众的生活供给、医疗防疫、学校复课以及恢复生产等救灾工作；水利、电力、邮电、公路等部门应当做好所管辖的水毁工程的修复工作。

第三十七条 地方各级人民政府防汛指挥部，应当按照国家统计部门批准的洪涝灾害统计报表的要求，核实和统计所管辖范围的洪涝灾情，报上级主管部门和同级统计部门，有关单位和个人不得虚报、瞒报、伪造、篡改。

第三十八条 洪水灾害发生后，各级人民政府防汛指挥部应当积极组织和帮助灾区群众恢复和发展生产。修复水毁工程所需费用，应当优先列入有关主管部门年度建设计划。

第六章 防汛经费

第三十九条 由财政部门安排的防汛经费，按照分级管理的原则，分别列入中央财政和地方财政预算。

在汛期，有防汛任务的地区的单位和个人应当承担一定的防汛抢险的劳务和费用，具体办法由省、自治区、直辖市人民政府制定。

第四十条 防御特大洪水的经费管理，按照有关规定执行。

第四十一条 对蓄滞洪区，逐步推行洪水保险制度，具体办法另行制定。

第七章 奖励与处罚

第四十二条 有下列事迹之一的单位和个人，可以由县级以上人民政府给予表彰或者奖励：

（一）在执行抗洪抢险任务时，组织严密，指挥得当，防守得力，奋力抢险，出色完成任务者；

（二）坚持巡堤查险，遇到险情及时报告，奋力抗洪抢险，成绩显著者；

（三）在危险关头，组织群众保护国家和人民财产，抢救群众有功者；

（四）为防汛调度、抗洪抢险献计献策，效益显著者；

（五）气象、雨情、水情测报和预报准确及时，情报传递迅速，克服困难，抢测洪水，因而减轻重大洪水灾害者；

（六）及时供应防汛物料和工具，爱护防汛器材，节约经费开支，完成防汛抢险任务成绩显著者；

（七）有其他特殊贡献，成绩显著者。

第四十三条 有下列行为之一者，视情节和危害后果，由其所在单位或者上级主管机关给予行政处分；应当给予治安管理处罚的，依照《中华人民共和国治安管理处罚法》的规定处罚；构成犯罪的，依法追究刑事责任：

（一）拒不执行经批准的防御洪水方案、洪水调度方案，或者拒不执行有管辖权的防汛指挥机构的防汛调度方案或者防汛抢险指令的；

（二）玩忽职守，或者在防汛抢险的紧要关头临阵逃脱的；

（三）非法扒口决堤或者开闸的；

（四）挪用、盗窃、贪污防汛或者救灾的钱款或者物资的；

（五）阻碍防汛指挥机构工作人员依法执行职务的；

（六）盗窃、毁损或者破坏堤防、护岸、闸坝等水工程建筑物和防汛工程设施以及水文监测、测量设施、气象测报设施、河岸地质监测设施、通信照明设施的；

（七）其他危害防汛抢险工作的。

第四十四条 违反河道和水库大坝的安全管理，依照《中华人民共和国河道管理条例》和《水库大坝安全管理条例》的有关规定处理。

第四十五条 虚报、瞒报洪涝灾情，或者伪造、篡改洪涝灾害统计资料的，依照《中华人民共和国统计法》及其实施细则的有关规定处理。

第四十六条 当事人对行政处罚不服的，可以在接到处罚通知之日起15日内，向作出处罚决定机关的上一级机关申请复议；对复议决定不服的，可以在接到复议决定之日起15日内，向人民法院起诉。当事人也可以在接到处罚通知之日起15日内，直接向人民法院起诉。

当事人逾期不申请复议或者不向人民法院起诉，又不履行处罚决定的，由作出处罚决定的机关申请人民法院强制执行；在汛期，也可以由作出处罚决定的机关强制执行；对治安管理处罚不服的，依照《中华人民共和国治安管理处罚法》的规定办理。

当事人在申请复议或者诉讼期间，不停止行政处罚决定的执行。

第八章 附　则

第四十七条 省、自治区、直辖市人民政府，可以根据本条例的规定，结合本地区的实际情况，制定实施细则。

第四十八条 本条例由国务院水行政主管部门负责解释。

第四十九条 本条例自发布之日起施行。

气象灾害防御条例

（2010年1月27日中华人民共和国国务院令第570号公布　根据2017年10月7日《国务院关于修改部分行政法规的决定》修订）

第一章 总　则

第一条 为了加强气象灾害的防御，避免、减轻气象灾害造成的损失，保障人民生命财产安全，根据《中华人民共和国气象法》，制定本条例。

第二条 在中华人民共和国领域和中华人民共和国管辖的其他海域内从事气象灾害防御活动的，应当遵守本条例。

本条例所称气象灾害，是指台风、暴雨（雪）、寒潮、大风（沙尘暴）、低温、高温、干旱、雷电、冰雹、霜冻和大雾等所造成的灾害。

水旱灾害、地质灾害、海洋灾害、森林草原火灾等因气象因素引发的衍生、次生灾害的防御工作，适用有关法律、行政法规的规定。

第三条 气象灾害防御工作实行以人为本、科学防御、部门联动、社会参与的原则。

第四条 县级以上人民政府应当加强对气象灾害防御工作的组织、领导与协调，将气象灾害的防御纳入本级国民经济和社会发展规划，所需经费纳入本级财政预算。

第五条 国务院气象主管机构和国务院有关部门应当按照职责分工，共同做好全国气象灾害防御工作。

地方各级气象主管机构和县级以上地方人民政府有关部门应当按照职责分工，共同做好本行政区域的气象灾害防御工作。

第六条 气象灾害防御工作涉及两个以上行政

区域的，有关地方人民政府、有关部门应当建立联防制度，加强信息沟通和监督检查。

第七条 地方各级人民政府、有关部门应当采取多种形式，向社会宣传普及气象灾害防御知识，提高公众的防灾减灾意识和能力。

学校应当把气象灾害防御知识纳入有关课程和课外教育内容，培养和提高学生的气象灾害防范意识和自救互救能力。教育、气象等部门应当对学校开展的气象灾害防御教育进行指导和监督。

第八条 国家鼓励开展气象灾害防御的科学技术研究，支持气象灾害防御先进技术的推广和应用，加强国际合作与交流，提高气象灾害防御的科技水平。

第九条 公民、法人和其他组织有义务参与气象灾害防御工作，在气象灾害发生后开展自救互救。

对在气象灾害防御工作中做出突出贡献的组织和个人，按照国家有关规定给予表彰和奖励。

第二章 预　防

第十条 县级以上地方人民政府应当组织气象等有关部门对本行政区域内发生的气象灾害的种类、次数、强度和造成的损失等情况开展气象灾害普查，建立气象灾害数据库，按照气象灾害的种类进行气象灾害风险评估，并根据气象灾害分布情况和气象灾害风险评估结果，划定气象灾害风险区域。

第十一条 国务院气象主管机构应当会同国务院有关部门，根据气象灾害风险评估结果和气象灾害风险区域，编制国家气象灾害防御规划，报国务院批准后组织实施。

县级以上地方人民政府应当组织有关部门，根据上一级人民政府的气象灾害防御规划，结合本地气象灾害特点，编制本行政区域的气象灾害防御规划。

第十二条 气象灾害防御规划应当包括气象灾害发生发展规律和现状、防御原则和目标、易发区和易发时段、防御设施建设和管理以及防御措施等内容。

第十三条 国务院有关部门和县级以上地方人民政府应当按照气象灾害防御规划，加强气象灾害防御设施建设，做好气象灾害防御工作。

第十四条 国务院有关部门制定电力、通信等基础设施的工程建设标准，应当考虑气象灾害的影响。

第十五条 国务院气象主管机构应当会同国务院有关部门，根据气象灾害防御需要，编制国家气象灾害应急预案，报国务院批准。

县级以上地方人民政府、有关部门应当根据气象灾害防御规划，结合本地气象灾害的特点和可能造成的危害，组织制定本行政区域的气象灾害应急预案，报上一级人民政府、有关部门备案。

第十六条 气象灾害应急预案应当包括应急预案启动标准、应急组织指挥体系与职责、预防与预警机制、应急处置措施和保障措施等内容。

第十七条 地方各级人民政府应当根据本地气象灾害特点，组织开展气象灾害应急演练，提高应急救援能力。居民委员会、村民委员会、企业事业单位应当协助本地人民政府做好气象灾害防御知识的宣传和气象灾害应急演练工作。

第十八条 大风（沙尘暴）、龙卷风多发区域的地方各级人民政府、有关部门应当加强防护林和紧急避难场所等建设，并定期组织开展建（构）筑物防风避险的监督检查。

台风多发区域的地方各级人民政府、有关部门应当加强海塘、堤防、避风港、防护林、避风锚地、紧急避难场所等建设，并根据台风情况做好人员转移等准备工作。

第十九条 地方各级人民政府、有关部门和单位应当根据本地降雨情况，定期组织开展各种排水设施检查，及时疏通河道和排水管网，加固病险水库，加强对地质灾害易发区和堤防等重要险段的巡查。

第二十条 地方各级人民政府、有关部门和单位应当根据本地降雪、冰冻发生情况，加强电力、通信线路的巡查，做好交通疏导、积雪（冰）清除、线路维护等准备工作。

有关单位和个人应当根据本地降雪情况，做好危旧房屋加固、粮草储备、牲畜转移等准备工作。

第二十一条 地方各级人民政府、有关部门和单位应当在高温来临前做好供电、供水和防暑医药供应的准备工作，并合理调整工作时间。

第二十二条 大雾、霾多发区域的地方各级人民政府、有关部门和单位应当加强对机场、港口、高速公路、航道、渔场等重要场所和交通要道的大雾、霾的监测设施建设，做好交通疏导、调度和防护等准备工作。

第二十三条 各类建（构）筑物、场所和设施安装雷电防护装置应当符合国家有关防雷标准的规定。新建、改建、扩建建（构）筑物、场所和设施的雷电防护装置应当与主体工程同时设计、同时施工、同时投入使用。

新建、改建、扩建建设工程雷电防护装置的设计、施工，可以由取得相应建设、公路、水路、铁路、民航、水利、电力、核电、通信等专业工程设计、施工资质的单位承担。

油库、气库、弹药库、化学品仓库和烟花爆竹、石化等易燃易爆建设工程和场所，雷电易发区内的矿区、旅游景点或者投入使用的建（构）筑物、设施等需要单独安装雷电防护装置的场所，以及雷电风险高且没有防雷标准规范、需要进行特殊论证的大型项目，其雷电防护装置的设计审核和竣工验收由县级以上地方气象主管机构负责。未经设计审核或者设计审核不合格的，不得施工；未经竣工验收或者竣工验收不合格的，不得交付使用。

房屋建筑、市政基础设施、公路、水路、铁路、民航、水利、电力、核电、通信等建设工程的主管部门，负责相应领域内建设工程的防雷管理。

第二十四条 从事雷电防护装置检测的单位应当具备下列条件，取得国务院气象主管机构或者省、自治区、直辖市气象主管机构颁发的资质证：

（一）有法人资格；

（二）有固定的办公场所和必要的设备、设施；

（三）有相应的专业技术人员；

（四）有完备的技术和质量管理制度；

（五）国务院气象主管机构规定的其他条件。

从事电力、通信雷电防护装置检测的单位的资质证由国务院气象主管机构和国务院电力或者国务院通信主管部门共同颁发。

第二十五条 地方各级人民政府、有关部门应当根据本地气象灾害发生情况，加强农村地区气象灾害预防、监测、信息传播等基础设施建设，采取综合措施，做好农村气象灾害防御工作。

第二十六条 各级气象主管机构应当在本级人民政府的领导和协调下，根据实际情况组织开展人工影响天气工作，减轻气象灾害的影响。

第二十七条 县级以上人民政府有关部门在国家重大建设工程、重大区域性经济开发项目和大型太阳能、风能等气候资源开发利用项目以及城乡规划编制中，应当统筹考虑气候可行性和气象灾害的风险性，避免、减轻气象灾害的影响。

第三章 监测、预报和预警

第二十八条 县级以上地方人民政府应当根据气象灾害防御的需要，建设应急移动气象灾害监测设施，健全应急监测队伍，完善气象灾害监测体系。

县级以上人民政府应当整合完善气象灾害监测信息网络，实现信息资源共享。

第二十九条 各级气象主管机构及其所属的气象台站应当完善灾害性天气的预报系统，提高灾害性天气预报、警报的准确率和时效性。

各级气象主管机构所属的气象台站、其他有关部门所属的气象台站和与灾害性天气监测、预报有关的单位应当根据气象灾害防御的需要，按照职责开展灾害性天气的监测工作，并及时向气象主管机构和有关灾害防御、救助部门提供雨情、水情、风情、旱情等监测信息。

各级气象主管机构应当根据气象灾害防御的需要组织开展跨地区、跨部门的气象灾害联合监测，并将人口密集区、农业主产区、地质灾害易发区域、重要江河流域、森林、草原、渔场作为气象灾害监测的重点区域。

第三十条 各级气象主管机构所属的气象台站应当按照职责向社会统一发布灾害性天气警报和气象灾害预警信号，并及时向有关灾害防御、救助部门通报；其他组织和个人不得向社会发布灾害性天气警报和气象灾害预警信号。

气象灾害预警信号的种类和级别，由国务院气象主管机构规定。

第三十一条 广播、电视、报纸、电信等媒体应当及时向社会播发或者刊登当地气象主管机构所属的气象台站提供的适时灾害性天气警报、气象灾害预警信号，并根据当地气象台站的要求及时增播、插播或者刊登。

第三十二条 县级以上地方人民政府应当建立和完善气象灾害预警信息发布系统，并根据气象灾害防御的需要，在交通枢纽、公共活动场所等人口密集区域和气象灾害易发区域建立灾害性天气警报、气象灾害预警信号接收和播发设施，并保证设施的正常运转。

乡（镇）人民政府、街道办事处应当确定人员，协助气象主管机构、民政部门开展气象灾害防御知识宣传、应急联络、信息传递、灾害报告和灾情调查等工作。

第三十三条 各级气象主管机构应当做好太阳风暴、地球空间暴等空间天气灾害的监测、预报和预警工作。

第四章 应急处置

第三十四条 各级气象主管机构所属的气象台站应当及时向本级人民政府和有关部门报告灾害性

天气预报、警报情况和气象灾害预警信息。

县级以上地方人民政府、有关部门应当根据灾害性天气警报、气象灾害预警信号和气象灾害应急预案启动标准，及时作出启动相应应急预案的决定，向社会公布，并报告上一级人民政府；必要时，可以越级上报，并向当地驻军和可能受到危害的毗邻地区的人民政府通报。

发生跨省、自治区、直辖市大范围的气象灾害，并造成较大危害时，由国务院决定启动国家气象灾害应急预案。

第三十五条 县级以上地方人民政府应当根据灾害性天气影响范围、强度，将可能造成人员伤亡或者重大财产损失的区域临时确定为气象灾害危险区，并及时予以公告。

第三十六条 县级以上地方人民政府、有关部门应当根据气象灾害发生情况，依照《中华人民共和国突发事件应对法》的规定及时采取应急处置措施；情况紧急时，及时动员、组织受到灾害威胁的人员转移、疏散，开展自救互救。

对当地人民政府、有关部门采取的气象灾害应急处置措施，任何单位和个人应当配合实施，不得妨碍气象灾害救助活动。

第三十七条 气象灾害应急预案启动后，各级气象主管机构应当组织所属的气象台站加强对气象灾害的监测和评估，启用应急移动气象灾害监测设施，开展现场气象服务，及时向本级人民政府、有关部门报告灾害性天气实况、变化趋势和评估结果，为本级人民政府组织防御气象灾害提供决策依据。

第三十八条 县级以上人民政府有关部门应当按照各自职责，做好相应的应急工作。

民政部门应当设置避难场所和救济物资供应点，开展受灾群众救助工作，并按照规定职责核查灾情、发布灾情信息。

卫生主管部门应当组织医疗救治、卫生防疫等卫生应急工作。

交通运输、铁路等部门应当优先运送救灾物资、设备、药物、食品，及时抢修被毁的道路交通设施。

住房城乡建设部门应当保障供水、供气、供热等市政公用设施的安全运行。

电力、通信主管部门应当组织做好电力、通信应急保障工作。

国土资源部门应当组织开展地质灾害监测、预防工作。

农业主管部门应当组织开展农业抗灾救灾和农业生产技术指导工作。

水利主管部门应当统筹协调主要河流、水库的水量调度，组织开展防汛抗旱工作。

公安部门应当负责灾区的社会治安和道路交通秩序维护工作，协助组织灾区群众进行紧急转移。

第三十九条 气象、水利、国土资源、农业、林业、海洋等部门应当根据气象灾害发生的情况，加强对气象因素引发的衍生、次生灾害的联合监测，并根据相应的应急预案，做好各项应急处置工作。

第四十条 广播、电视、报纸、电信等媒体应当及时、准确地向社会传播气象灾害的发生、发展和应急处置情况。

第四十一条 县级以上人民政府及其有关部门应当根据气象主管机构提供的灾害性天气发生、发展趋势信息以及灾情发展情况，按照有关规定适时调整气象灾害级别或者作出解除气象灾害应急措施的决定。

第四十二条 气象灾害应急处置工作结束后，地方各级人民政府应当组织有关部门对气象灾害造成的损失进行调查，制定恢复重建计划，并向上一级人民政府报告。

第五章 法律责任

第四十三条 违反本条例规定，地方各级人民政府、各级气象主管机构和其他有关部门及其工作人员，有下列行为之一的，由其上级机关或者监察机关责令改正；情节严重的，对直接负责的主管人员和其他直接责任人员依法给予处分；构成犯罪的，依法追究刑事责任：

（一）未按照规定编制气象灾害防御规划或者气象灾害应急预案的；

（二）未按照规定采取气象灾害预防措施的；

（三）向不符合条件的单位颁发雷电防护装置检测资质证的；

（四）隐瞒、谎报或者由于玩忽职守导致重大漏报、错报灾害性天气警报、气象灾害预警信号的；

（五）未及时采取气象灾害应急措施的；

（六）不依法履行职责的其他行为。

第四十四条 违反本条例规定，有下列行为之一的，由县级以上地方人民政府或者有关部门责令改正；构成违反治安管理行为的，由公安机关依法给予处罚；构成犯罪的，依法追究刑事责任：

（一）未按照规定采取气象灾害预防措施的；

（二）不服从所在地人民政府及其有关部门发布的气象灾害应急处置决定、命令，或者不配合实施其依法采取的气象灾害应急措施的。

第四十五条 违反本条例规定，有下列行为之一的，由县级以上气象主管机构或者其他有关部门按照权限责令停止违法行为，处5万元以上10万元以下的罚款；有违法所得的，没收违法所得；给他人造成损失的，依法承担赔偿责任：

（一）无资质或者超越资质许可范围从事雷电防护装置检测的；

（二）在雷电防护装置设计、施工、检测中弄虚作假的；

（三）违反本条例第二十三条第三款的规定，雷电防护装置未经设计审核或者设计审核不合格施工的，未经竣工验收或者竣工验收不合格交付使用的。

第四十六条 违反本条例规定，有下列行为之一的，由县级以上气象主管机构责令改正，给予警告，可以处5万元以下的罚款；构成违反治安管理行为的，由公安机关依法给予处罚：

（一）擅自向社会发布灾害性天气警报、气象灾害预警信号的；

（二）广播、电视、报纸、电信等媒体未按照要求播发、刊登灾害性天气警报和气象灾害预警信号的；

（三）传播虚假的或者通过非法渠道获取的灾害性天气信息和气象灾害灾情的。

第六章 附 则

第四十七条 中国人民解放军的气象灾害防御活动，按照中央军事委员会的规定执行。

第四十八条 本条例自2010年4月1日起施行。

地质灾害防治条例

（2003年11月19日国务院第29次常务会议通过 2003年11月24日中华人民共和国国务院令第394号公布 自2004年3月1日起施行）

第一章 总 则

第一条 为了防治地质灾害，避免和减轻地质灾害造成的损失，维护人民生命和财产安全，促进经济和社会的可持续发展，制定本条例。

第二条 本条例所称地质灾害，包括自然因素或者人为活动引发的危害人民生命和财产安全的山体崩塌、滑坡、泥石流、地面塌陷、地裂缝、地面沉降等与地质作用有关的灾害。

第三条 地质灾害防治工作，应当坚持预防为主、避让与治理相结合和全面规划、突出重点的原则。

第四条 地质灾害按照人员伤亡、经济损失的大小，分为四个等级：

（一）特大型：因灾死亡30人以上或者直接经济损失1000万元以上的；

（二）大型：因灾死亡10人以上30人以下或者直接经济损失500万元以上1000万元以下的；

（三）中型：因灾死亡3人以上10人以下或者直接经济损失100万元以上500万元以下的；

（四）小型：因灾死亡3人以下或者直接经济损失100万元以下的。

第五条 地质灾害防治工作，应当纳入国民经济和社会发展计划。

因自然因素造成的地质灾害的防治经费，在划分中央和地方事权和财权的基础上，分别列入中央和地方有关人民政府的财政预算。具体办法由国务院财政部门会同国务院国土资源主管部门制定。

因工程建设等人为活动引发的地质灾害的治理费用，按照谁引发、谁治理的原则由责任单位承担。

第六条 县级以上人民政府应当加强对地质灾害防治工作的领导，组织有关部门采取措施，做好地质灾害防治工作。

县级以上人民政府应当组织有关部门开展地质灾害防治知识的宣传教育，增强公众的地质灾害防治意识和自救、互救能力。

第七条 国务院国土资源主管部门负责全国地质灾害防治的组织、协调、指导和监督工作。国务院其他有关部门按照各自的职责负责有关的地质灾害防治工作。

县级以上地方人民政府国土资源主管部门负责本行政区域内地质灾害防治的组织、协调、指导和监督工作。县级以上地方人民政府其他有关部门按照各自的职责负责有关的地质灾害防治工作。

第八条 国家鼓励和支持地质灾害防治科学技术研究，推广先进的地质灾害防治技术，普及地质灾害防治的科学知识。

第九条 任何单位和个人对地质灾害防治工作中的违法行为都有权检举和控告。

在地质灾害防治工作中做出突出贡献的单位和个人，由人民政府给予奖励。

第二章 地质灾害防治规划

第十条 国家实行地质灾害调查制度。

国务院国土资源主管部门会同国务院建设、水利、铁路、交通等部门结合地质环境状况组织开展全国的地质灾害调查。

县级以上地方人民政府国土资源主管部门会同同级建设、水利、交通等部门结合地质环境状况组织开展本行政区域的地质灾害调查。

第十一条 国务院国土资源主管部门会同国务院建设、水利、铁路、交通等部门，依据全国地质灾害调查结果，编制全国地质灾害防治规划，经专家论证后报国务院批准公布。

县级以上地方人民政府国土资源主管部门会同同级建设、水利、交通等部门，依据本行政区域的地质灾害调查结果和上一级地质灾害防治规划，编制本行政区域的地质灾害防治规划，经专家论证后报本级人民政府批准公布，并报上一级人民政府国土资源主管部门备案。

修改地质灾害防治规划，应当报经原批准机关批准。

第十二条 地质灾害防治规划包括以下内容：

（一）地质灾害现状和发展趋势预测；
（二）地质灾害的防治原则和目标；
（三）地质灾害易发区、重点防治区；
（四）地质灾害防治项目；
（五）地质灾害防治措施等。

县级以上人民政府应当将城镇、人口集中居住区、风景名胜区、大中型工矿企业所在地和交通干线、重点水利电力工程等基础设施作为地质灾害重点防治区中的防护重点。

第十三条 编制和实施土地利用总体规划、矿产资源规划以及水利、铁路、交通、能源等重大建设工程项目规划，应当充分考虑地质灾害防治要求，避免和减轻地质灾害造成的损失。

编制城市总体规划、村庄和集镇规划，应当将地质灾害防治规划作为其组成部分。

第三章　地质灾害预防

第十四条 国家建立地质灾害监测网络和预警信息系统。

县级以上人民政府国土资源主管部门应当会同建设、水利、交通等部门加强对地质灾害险情的动态监测。

因工程建设可能引发地质灾害的，建设单位应当加强地质灾害监测。

第十五条 地质灾害易发区的县、乡、村应当加强地质灾害的群测群防工作。在地质灾害重点防范期内，乡镇人民政府、基层群众自治组织应当加强地质灾害险情的巡回检查，发现险情及时处理和报告。

国家鼓励单位和个人提供地质灾害前兆信息。

第十六条 国家保护地质灾害监测设施。任何单位和个人不得侵占、损毁、损坏地质灾害监测设施。

第十七条 国家实行地质灾害预报制度。预报内容主要包括地质灾害可能发生的时间、地点、成灾范围和影响程度等。

地质灾害预报由县级以上人民政府国土资源主管部门会同气象主管机构发布。

任何单位和个人不得擅自向社会发布地质灾害预报。

第十八条 县级以上地方人民政府国土资源主管部门会同同级建设、水利、交通等部门依据地质灾害防治规划，拟订年度地质灾害防治方案，报本级人民政府批准后公布。

年度地质灾害防治方案包括下列内容：

（一）主要灾害点的分布；
（二）地质灾害的威胁对象、范围；
（三）重点防范期；
（四）地质灾害防治措施；
（五）地质灾害的监测、预防责任人。

第十九条 对出现地质灾害前兆、可能造成人员伤亡或者重大财产损失的区域和地段，县级人民政府应当及时划定为地质灾害危险区，予以公告，并在地质灾害危险区的边界设置明显警示标志。

在地质灾害危险区内，禁止爆破、削坡、进行工程建设以及从事其他可能引发地质灾害的活动。

县级以上人民政府应当组织有关部门及时采取工程治理或者搬迁避让措施，保证地质灾害危险区内居民的生命和财产安全。

第二十条 地质灾害险情已经消除或者得到有效控制的，县级人民政府应当及时撤销原划定的地质灾害危险区，并予以公告。

第二十一条 在地质灾害易发区内进行工程建设应当在可行性研究阶段进行地质灾害危险性评估，并将评估结果作为可行性研究报告的组成部分；可行性研究报告未包含地质灾害危险性评估结果的，不得批准其可行性研究报告。

编制地质灾害易发区内的城市总体规划、村庄和集镇规划时，应当对规划区进行地质灾害危险性评估。

第二十二条 国家对从事地质灾害危险性评估的单位实行资质管理制度。地质灾害危险性评估单位应当具备下列条件，经省级以上人民政府国土资源主管部门资质审查合格，取得国土资源主管部门颁发的相应等级的资质证书后，方可在资质等级许可的范围内从事地质灾害危险性评估业务：

（一）有独立的法人资格；

（二）有一定数量的工程地质、环境地质和岩土工程等相应专业的技术人员；

（三）有相应的技术装备。

地质灾害危险性评估单位进行评估时，应当对建设工程遭受地质灾害危害的可能性和该工程建设中、建成后引发地质灾害的可能性做出评价，提出具体的预防治理措施，并对评估结果负责。

第二十三条 禁止地质灾害危险性评估单位超越其资质等级许可的范围或者以其他地质灾害危险性评估单位的名义承揽地质灾害危险性评估业务。

禁止地质灾害危险性评估单位允许其他单位以本单位的名义承揽地质灾害危险性评估业务。

禁止任何单位和个人伪造、变造、买卖地质灾害危险性评估资质证书。

第二十四条 对经评估认为可能引发地质灾害或者可能遭受地质灾害危害的建设工程，应当配套建设地质灾害治理工程。地质灾害治理工程的设计、施工和验收应当与主体工程的设计、施工、验收同时进行。

配套的地质灾害治理工程未经验收或者经验收不合格的，主体工程不得投入生产或者使用。

第四章 地质灾害应急

第二十五条 国务院国土资源主管部门会同国务院建设、水利、铁路、交通等部门拟订全国突发性地质灾害应急预案，报国务院批准后公布。

县级以上地方人民政府国土资源主管部门会同同级建设、水利、交通等部门拟订本行政区域的突发性地质灾害应急预案，报本级人民政府批准后公布。

第二十六条 突发性地质灾害应急预案包括下列内容：

（一）应急机构和有关部门的职责分工；

（二）抢险救援人员的组织和应急、救助装备、资金、物资的准备；

（三）地质灾害的等级与影响分析准备；

（四）地质灾害调查、报告和处理程序；

（五）发生地质灾害时的预警信号、应急通信保障；

（六）人员财产撤离、转移路线、医疗救治、疾病控制等应急行动方案。

第二十七条 发生特大型或者大型地质灾害时，有关省、自治区、直辖市人民政府应当成立地质灾害抢险救灾指挥机构。必要时，国务院可以成立地质灾害抢险救灾指挥机构。

发生其他地质灾害或者出现地质灾害险情时，有关市、县人民政府可以根据地质灾害抢险救灾工作的需要，成立地质灾害抢险救灾指挥机构。

地质灾害抢险救灾指挥机构由政府领导负责、有关部门组成，在本级人民政府的领导下，统一指挥和组织地质灾害的抢险救灾工作。

第二十八条 发现地质灾害险情或者灾情的单位和个人，应当立即向当地人民政府或者国土资源主管部门报告。其他部门或者基层群众自治组织接到报告的，应当立即转报当地人民政府。

当地人民政府或者县级人民政府国土资源主管部门接到报告后，应当立即派人赶赴现场，进行现场调查，采取有效措施，防止灾害发生或者灾情扩大，并按照国务院国土资源主管部门关于地质灾害灾情分级报告的规定，向上级人民政府和国土资源主管部门报告。

第二十九条 接到地质灾害险情报告的当地人民政府、基层群众自治组织应当根据实际情况，及时动员受到地质灾害威胁的居民以及其他人员转移到安全地带；情况紧急时，可以强行组织避灾疏散。

第三十条 地质灾害发生后，县级以上人民政府应当启动并组织实施相应的突发性地质灾害应急预案。有关地方人民政府应当及时将灾情及其发展趋势等信息报告上级人民政府。

禁止隐瞒、谎报或者授意他人隐瞒、谎报地质灾害灾情。

第三十一条 县级以上人民政府有关部门应当按照突发性地质灾害应急预案的分工，做好相应的应急工作。

国土资源主管部门应当会同同级建设、水利、交通等部门尽快查明地质灾害发生原因、影响范围等情况，提出应急治理措施，减轻和控制地质灾害灾情。

民政、卫生、食品药品监督管理、商务、公安部门，应当及时设置避难场所和救济物资供应点，妥善安排灾民生活，做好医疗救护、卫生防疫、药品供应、社会治安工作；气象主管机构应当做好气象服务保障工作；通信、航空、铁路、交通部门应当保证地质灾害应急的通信畅通和救灾物资、设备、药物、食品的运送。

第三十二条　根据地质灾害应急处理的需要，县级以上人民政府应当紧急调集人员、调用物资、交通工具和相关的设施、设备；必要时，可以根据需要在抢险救灾区域范围内采取交通管制等措施。

因救灾需要，临时调用单位和个人的物资、设施、设备或者占用其房屋、土地的，事后应当及时归还；无法归还或者造成损失的，应当给予相应的补偿。

第三十三条　县级以上地方人民政府应当根据地质灾害灾情和地质灾害防治需要，统筹规划、安排受灾地区的重建工作。

第五章　地质灾害治理

第三十四条　因自然因素造成的特大型地质灾害，确需治理的，由国务院国土资源主管部门会同灾害发生地的省、自治区、直辖市人民政府组织治理。

因自然因素造成的其他地质灾害，确需治理的，在县级以上地方人民政府的领导下，由本级人民政府国土资源主管部门组织治理。

因自然因素造成的跨行政区域的地质灾害，确需治理的，由所跨行政区域的地方人民政府国土资源主管部门共同组织治理。

第三十五条　因工程建设等人为活动引发的地质灾害，由责任单位承担治理责任。

责任单位由地质灾害发生地的县级以上人民政府国土资源主管部门负责组织专家对地质灾害的成因进行分析论证后认定。

对地质灾害的治理责任认定结果有异议的，可以依法申请行政复议或者提起行政诉讼。

第三十六条　地质灾害治理工程的确定，应当与地质灾害形成的原因、规模以及对人民生命和财产安全的危害程度相适应。

承担专项地质灾害治理工程勘查、设计、施工和监理的单位，应当具备下列条件，经省级以上人民政府国土资源主管部门资质审查合格，取得国土资源主管部门颁发的相应等级的资质证书后，方可在资质等级许可的范围内从事地质灾害治理工程的勘查、设计、施工和监理活动，并承担相应的责任：

（一）有独立的法人资格；

（二）有一定数量的水文地质、环境地质、工程地质等相应专业的技术人员；

（三）有相应的技术装备；

（四）有完善的工程质量管理制度。

地质灾害治理工程的勘查、设计、施工和监理应当符合国家有关标准和技术规范。

第三十七条　禁止地质灾害治理工程勘查、设计、施工和监理单位超越其资质等级许可的范围或者以其他地质灾害治理工程勘查、设计、施工和监理单位的名义承揽地质灾害治理工程勘查、设计、施工和监理业务。

禁止地质灾害治理工程勘查、设计、施工和监理单位允许其他单位以本单位的名义承揽地质灾害治理工程勘查、设计、施工和监理业务。

禁止任何单位和个人伪造、变造、买卖地质灾害治理工程勘查、设计、施工和监理资质证书。

第三十八条　政府投资的地质灾害治理工程竣工后，由县级以上人民政府国土资源主管部门组织竣工验收。其他地质灾害治理工程竣工后，由责任单位组织竣工验收；竣工验收时，应当有国土资源主管部门参加。

第三十九条　政府投资的地质灾害治理工程经竣工验收合格后，由县级以上人民政府国土资源主管部门指定的单位负责管理和维护；其他地质灾害治理工程经竣工验收合格后，由负责治理的责任单位负责管理和维护。

任何单位和个人不得侵占、损毁、损坏地质灾害治理工程设施。

第六章　法律责任

第四十条　违反本条例规定，有关县级以上地方人民政府、国土资源主管部门和其他有关部门有下列行为之一的，对直接负责的主管人员和其他直接责任人员，依法给予降级或者撤职的行政处分；造成地质灾害导致人员伤亡和重大财产损失的，依法给予开除的行政处分；构成犯罪的，依法追究刑事责任：

（一）未按照规定编制突发性地质灾害应急预案，或者未按照突发性地质灾害应急预案的要求采取有关措施、履行有关义务的；

（二）在编制地质灾害易发区内的城市总体规划、村庄和集镇规划时，未按照规定对规划区进行地质灾害危险性评估的；

（三）批准未包含地质灾害危险性评估结果的可行性研究报告的；

（四）隐瞒、谎报或者授意他人隐瞒、谎报地质灾害灾情，或者擅自发布地质灾害预报的；

（五）给不符合条件的单位颁发地质灾害危险性评估资质证书或者地质灾害治理工程勘查、设计、施工、监理资质证书的；

（六）在地质灾害防治工作中有其他渎职行为的。

第四十一条 违反本条例规定，建设单位有下列行为之一的，由县级以上地方人民政府国土资源主管部门责令限期改正；逾期不改正的，责令停止生产、施工或者使用，处10万元以上50万元以下的罚款；构成犯罪的，依法追究刑事责任：

（一）未按照规定对地质灾害易发区内的建设工程进行地质灾害危险性评估的；

（二）配套的地质灾害治理工程未经验收或者经验收不合格，主体工程即投入生产或者使用的。

第四十二条 违反本条例规定，对工程建设等人为活动引发的地质灾害不予治理的，由县级以上人民政府国土资源主管部门责令限期治理；逾期不治理或者治理不符合要求的，由责令限期治理的国土资源主管部门组织治理，所需费用由责任单位承担，处10万元以上50万元以下的罚款；给他人造成损失的，依法承担赔偿责任。

第四十三条 违反本条例规定，在地质灾害危险区内爆破、削坡、进行工程建设以及从事其他可能引发地质灾害活动的，由县级以上地方人民政府国土资源主管部门责令停止违法行为，对单位处5万元以上20万元以下的罚款，对个人处1万元以上5万元以下的罚款；构成犯罪的，依法追究刑事责任；给他人造成损失的，依法承担赔偿责任。

第四十四条 违反本条例规定，有下列行为之一的，由县级以上人民政府国土资源主管部门或者其他部门依据职责责令停止违法行为，对地质灾害危险性评估单位、地质灾害治理工程勘查、设计或者监理单位处合同约定的评估费、勘查费、设计费或者监理酬金1倍以上2倍以下的罚款，对地质灾害治理工程施工单位处工程价款2%以上4%以下的罚款，并可以责令停业整顿，降低资质等级；有违法所得的，没收违法所得；情节严重的，吊销其资质证书；构成犯罪的，依法追究刑事责任；给他人造成损失的，依法承担赔偿责任：

（一）在地质灾害危险性评估中弄虚作假或者故意隐瞒地质灾害真实情况的；

（二）在地质灾害治理工程勘查、设计、施工以及监理活动中弄虚作假、降低工程质量的；

（三）无资质证书或者超越其资质等级许可的范围承揽地质灾害危险性评估、地质灾害治理工程勘查、设计、施工及监理业务的；

（四）以其他单位的名义或者允许其他单位以本单位的名义承揽地质灾害危险性评估、地质灾害治理工程勘查、设计、施工和监理业务的。

第四十五条 违反本条例规定，伪造、变造、买卖地质灾害危险性评估资质证书、地质灾害治理工程勘查、设计、施工和监理资质证书的，由省级以上人民政府国土资源主管部门收缴或者吊销其资质证书，没收违法所得，并处5万元以上10万元以下的罚款；构成犯罪的，依法追究刑事责任。

第四十六条 违反本条例规定，侵占、损毁、损坏地质灾害监测设施或者地质灾害治理工程设施的，由县级以上地方人民政府国土资源主管部门责令停止违法行为，限期恢复原状或者采取补救措施，可以处5万元以下的罚款；构成犯罪的，依法追究刑事责任。

第七章 附 则

第四十七条 在地质灾害防治工作中形成的地质资料，应当按照《地质资料管理条例》的规定汇交。

第四十八条 地震灾害的防御和减轻依照防震减灾的法律、行政法规的规定执行。

防洪法律、行政法规对洪水引发的崩塌、滑坡、泥石流的防治有规定的，从其规定。

第四十九条 本条例自2004年3月1日起施行。

森林防火条例

（1988年1月16日国务院发布 2008年11月19日国务院第36次常务会议修订通过 2008年12月1日中华人民共和国国务院令第541号公布 自2009年1月1日起施行）

第一章 总 则

第一条 为了有效预防和扑救森林火灾，保障人民生命财产安全，保护森林资源，维护生态安全，根据《中华人民共和国森林法》，制定本条例。

第二条 本条例适用于中华人民共和国境内森林火灾的预防和扑救。但是，城市市区的除外。

第三条 森林防火工作实行预防为主、积极消灭的方针。

第四条 国家森林防火指挥机构负责组织、协调和指导全国的森林防火工作。

国务院林业主管部门负责全国森林防火的监督和管理工作，承担国家森林防火指挥机构的日常工作。

国务院其他有关部门按照职责分工，负责有关的森林防火工作。

第五条 森林防火工作实行地方各级人民政府行政首长负责制。

县级以上地方人民政府根据实际需要设立的森林防火指挥机构，负责组织、协调和指导本行政区域的森林防火工作。

县级以上地方人民政府林业主管部门负责本行政区域森林防火的监督和管理工作，承担本级人民政府森林防火指挥机构的日常工作。

县级以上地方人民政府其他有关部门按照职责分工，负责有关的森林防火工作。

第六条 森林、林木、林地的经营单位和个人，在其经营范围内承担森林防火责任。

第七条 森林防火工作涉及两个以上行政区域的，有关地方人民政府应当建立森林防火联防机制，确定联防区域，建立联防制度，实行信息共享，并加强监督检查。

第八条 县级以上人民政府应当将森林防火基础设施建设纳入国民经济和社会发展规划，将森林防火经费纳入本级财政预算。

第九条 国家支持森林防火科学研究，推广和应用先进的科学技术，提高森林防火科技水平。

第十条 各级人民政府、有关部门应当组织经常性的森林防火宣传活动，普及森林防火知识，做好森林火灾预防工作。

第十一条 国家鼓励通过保险形式转移森林火灾风险，提高林业防灾减灾能力和灾后自我救助能力。

第十二条 对在森林防火工作中作出突出成绩的单位和个人，按照国家有关规定，给予表彰和奖励。

对在扑救重大、特别重大森林火灾中表现突出的单位和个人，可以由森林防火指挥机构当场给予表彰和奖励。

第二章　森林火灾的预防

第十三条 省、自治区、直辖市人民政府林业主管部门应当按照国务院林业主管部门制定的森林火险区划等级标准，以县为单位确定本行政区域的森林火险区划等级，向社会公布，并报国务院林业主管部门备案。

第十四条 国务院林业主管部门应当根据全国森林火险区划等级和实际工作需要，编制全国森林防火规划，报国务院或者国务院授权的部门批准后组织实施。

县级以上地方人民政府林业主管部门根据全国森林防火规划，结合本地实际，编制本行政区域的森林防火规划，报本级人民政府批准后组织实施。

第十五条 国务院有关部门和县级以上地方人民政府应当按照森林防火规划，加强森林防火基础设施建设，储备必要的森林防火物资，根据实际需要整合、完善森林防火指挥信息系统。

国务院和省、自治区、直辖市人民政府根据森林防火实际需要，充分利用卫星遥感技术和现有军用、民用航空基础设施，建立相关单位参与的航空护林协作机制，完善航空护林基础设施，并保障航空护林所需经费。

第十六条 国务院林业主管部门应当按照有关规定编制国家重大、特别重大森林火灾应急预案，报国务院批准。

县级以上地方人民政府林业主管部门应当按照有关规定编制森林火灾应急预案，报本级人民政府批准，并报上一级人民政府林业主管部门备案。

县级人民政府应当组织乡（镇）人民政府根据森林火灾应急预案制定森林火灾应急处置办法；村民委员会应当按照森林火灾应急预案和森林火灾应急处置办法的规定，协助做好森林火灾应急处置工作。

县级以上人民政府及其有关部门应当组织开展必要的森林火灾应急预案的演练。

第十七条 森林火灾应急预案应当包括下列内容：

（一）森林火灾应急组织指挥机构及其职责；

（二）森林火灾的预警、监测、信息报告和处理；

（三）森林火灾的应急响应机制和措施；

（四）资金、物资和技术等保障措施；

（五）灾后处置。

第十八条 在林区依法开办工矿企业、设立旅游区或者新建开发区的，其森林防火设施应当与该建设项目同步规划、同步设计、同步施工、同步验收；在林区成片造林的，应当同时配套建设森林防火设施。

第十九条 铁路的经营单位应当负责本单位所属林地的防火工作，并配合县级以上地方人民政府做好铁路沿线森林火灾危险地段的防火工作。

电力、电信线路和石油天然气管道的森林防火责任单位，应当在森林火灾危险地段开设防火隔离带，并组织人员进行巡护。

第二十条 森林、林木、林地的经营单位和个人应当按照林业主管部门的规定，建立森林防火责任制，划定森林防火责任区，确定森林防火责任人，并配备森林防火设施和设备。

第二十一条 地方各级人民政府和国有林业企业、事业单位应当根据实际需要，成立森林火灾专业扑救队伍；县级以上地方人民政府应当指导森林经营单位和林区的居民委员会、村民委员会、企业、事业单位建立森林火灾群众扑救队伍。专业的和群众的火灾扑救队伍应当定期进行培训和演练。

第二十二条 森林、林木、林地的经营单位配备的兼职或者专职护林员负责巡护森林，管理野外用火，及时报告火情，协助有关机关调查森林火灾案件。

第二十三条 县级以上地方人民政府应当根据本行政区域内森林资源分布状况和森林火灾发生规律，划定森林防火区，规定森林防火期，并向社会公布。

森林防火期内，各级人民政府森林防火指挥机构和森林、林木、林地的经营单位和个人，应当根据森林火险预报，采取相应的预防和应急准备措施。

第二十四条 县级以上人民政府森林防火指挥机构，应当组织有关部门对森林防火区内有关单位的森林防火组织建设、森林防火责任制落实、森林防火设施建设等情况进行检查；对检查中发现的森林火灾隐患，县级以上地方人民政府林业主管部门应当及时向有关单位下达森林火灾隐患整改通知书，责令限期整改，消除隐患。

被检查单位应当积极配合，不得阻挠、妨碍检查活动。

第二十五条 森林防火期内，禁止在森林防火区野外用火。因防治病虫鼠害、冻害等特殊情况确需野外用火的，应当经县级人民政府批准，并按照要求采取防火措施，严防失火；需要进入森林防火区进行实弹演习、爆破等活动的，应当经省、自治区、直辖市人民政府林业主管部门批准，并采取必要的防火措施；中国人民解放军和中国人民武装警察部队因处置突发事件和执行其他紧急任务需要进入森林防火区的，应当经其上级主管部门批准，并采取必要的防火措施。

第二十六条 森林防火期内，森林、林木、林地的经营单位应当设置森林防火警示宣传标志，并对进入其经营范围内的人员进行森林防火安全宣传。

森林防火期内，进入森林防火区的各种机动车辆应当按照规定安装防火装置，配备灭火器材。

第二十七条 森林防火期内，经省、自治区、直辖市人民政府批准，林业主管部门、国务院确定的重点国有林区的管理机构可以设立临时性的森林防火检查站，对进入森林防火区的车辆和人员进行森林防火检查。

第二十八条 森林防火期内，预报有高温、干旱、大风等高火险天气的，县级以上地方人民政府应当划定森林高火险区，规定森林高火险期。必要时，县级以上地方人民政府可以根据需要发布命令，严禁一切野外用火；对可能引起森林火灾的居民生活用火应当严格管理。

第二十九条 森林高火险期内，进入森林高火险区的，应当经县级以上地方人民政府批准，严格按照批准的时间、地点、范围活动，并接受县级以上地方人民政府林业主管部门的监督管理。

第三十条 县级以上人民政府林业主管部门和气象主管机构应当根据森林防火需要，建设森林火险监测和预报台站，建立联合会商机制，及时制作发布森林火险预警预报信息。

气象主管机构应当无偿提供森林火险天气预报服务。广播、电视、报纸、互联网等媒体应当及时播发或者刊登森林火险天气预报。

第三章 森林火灾的扑救

第三十一条 县级以上地方人民政府应当公布森林火警电话，建立森林防火值班制度。

任何单位和个人发现森林火灾，应当立即报告。接到报告的当地人民政府或者森林防火指挥机构应当立即派人赶赴现场，调查核实，采取相应的扑救措施，并按照有关规定逐级报上级人民政府和森林防火指挥机构。

第三十二条 发生下列森林火灾，省、自治区、直辖市人民政府森林防火指挥机构应当立即报告国家森林防火指挥机构，由国家森林防火指挥机构按照规定报告国务院，并及时通报国务院有关部门：

（一）国界附近的森林火灾；

（二）重大、特别重大森林火灾；

（三）造成3人以上死亡或者10人以上重伤的森林火灾；

（四）威胁居民区或者重要设施的森林火灾；

（五）24小时尚未扑灭明火的森林火灾；

（六）未开发原始林区的森林火灾；

（七）省、自治区、直辖市交界地区危险性大的森林火灾；

（八）需要国家支援扑救的森林火灾。

本条第一款所称"以上"包括本数。

第三十三条 发生森林火灾，县级以上地方人民政府森林防火指挥机构应当按照规定立即启动森林火灾应急预案；发生重大、特别重大森林火灾，国家森林防火指挥机构应当立即启动重大、特别重大森林火灾应急预案。

森林火灾应急预案启动后，有关森林防火指挥机构应当在核实火灾准确位置、范围以及风力、风向、火势的基础上，根据火灾现场天气、地理条件，合理确定扑救方案，划分扑救地段，确定扑救责任人，并指定负责人及时到达森林火灾现场具体指挥森林火灾的扑救。

第三十四条　森林防火指挥机构应当按照森林火灾应急预案，统一组织和指挥森林火灾的扑救。

扑救森林火灾，应当坚持以人为本、科学扑救，及时疏散、撤离受火灾威胁的群众，并做好火灾扑救人员的安全防护，尽最大可能避免人员伤亡。

第三十五条　扑救森林火灾应当以专业火灾扑救队伍为主要力量；组织群众扑救队伍扑救森林火灾的，不得动员残疾人、孕妇和未成年人以及其他不适宜参加森林火灾扑救的人员参加。

第三十六条　武装警察森林部队负责执行国家赋予的森林防火任务。武装警察森林部队执行森林火灾扑救任务，应当接受火灾发生地县级以上地方人民政府森林防火指挥机构的统一指挥；执行跨省、自治区、直辖市森林火灾扑救任务的，应当接受国家森林防火指挥机构的统一指挥。

中国人民解放军执行森林火灾扑救任务的，依照《军队参加抢险救灾条例》的有关规定执行。

第三十七条　发生森林火灾，有关部门应当按照森林火灾应急预案和森林防火指挥机构的统一指挥，做好扑救森林火灾的有关工作。

气象主管机构应当及时提供火灾地区天气预报和相关信息，并根据天气条件适时开展人工增雨作业。

交通运输主管部门应当优先组织运送森林火灾扑救人员和扑救物资。

通信主管部门应当组织提供应急通信保障。

民政部门应当及时设置避难场所和救灾物资供应点，紧急转移并妥善安置灾民，开展受灾群众救助工作。

公安机关应当维护治安秩序，加强治安管理。

商务、卫生等主管部门应当做好物资供应、医疗救护和卫生防疫等工作。

第三十八条　因扑救森林火灾的需要，县级以上人民政府森林防火指挥机构可以决定采取开设防火隔离带、清除障碍物、应急取水、局部交通管制等应急措施。

因扑救森林火灾需要征用物资、设备、交通运输工具的，由县级以上人民政府决定。扑火工作结束后，应当及时返还被征用的物资、设备和交通工具，并依照有关法律规定给予补偿。

第三十九条　森林火灾扑灭后，火灾扑救队伍应当对火灾现场进行全面检查，清理余火，并留有足够人员看守火场，经当地人民政府森林防火指挥机构检查验收合格，方可撤出看守人员。

第四章　灾后处置

第四十条　按照受害森林面积和伤亡人数，森林火灾分为一般森林火灾、较大森林火灾、重大森林火灾和特别重大森林火灾：

（一）一般森林火灾：受害森林面积在1公顷以下或者其他林地起火的，或者死亡1人以上3人以下的，或者重伤1人以上10人以下的；

（二）较大森林火灾：受害森林面积在1公顷以上100公顷以下的，或者死亡3人以上10人以下的，或者重伤10人以上50人以下的；

（三）重大森林火灾：受害森林面积在100公顷以上1000公顷以下的，或者死亡10人以上30人以下的，或者重伤50人以上100人以下的；

（四）特别重大森林火灾：受害森林面积在1000公顷以上的，或者死亡30人以上的，或者重伤100人以上的。

本条第一款所称"以上"包括本数，"以下"不包括本数。

第四十一条　县级以上人民政府林业主管部门应当会同有关部门及时对森林火灾发生原因、肇事者、受害森林面积和蓄积、人员伤亡、其他经济损失等情况进行调查和评估，向当地人民政府提出调查报告；当地人民政府应当根据调查报告，确定森林火灾责任单位和责任人，并依法处理。

森林火灾损失评估标准，由国务院林业主管部门会同有关部门制定。

第四十二条　县级以上地方人民政府林业主管部门应当按照有关要求对森林火灾情况进行统计，报上级人民政府林业主管部门和本级人民政府统计机构，并及时通报本级人民政府有关部门。

森林火灾统计报告表由国务院林业主管部门制定，报国家统计局备案。

第四十三条　森林火灾信息由县级以上人民政府森林防火指挥机构或者林业主管部门向社会发布。重大、特别重大森林火灾信息由国务院林业主管部门发布。

第四十四条 对因扑救森林火灾负伤、致残或者死亡的人员，按照国家有关规定给予医疗、抚恤。

第四十五条 参加森林火灾扑救的人员的误工补贴和生活补助以及扑救森林火灾所发生的其他费用，按照省、自治区、直辖市人民政府规定的标准，由火灾肇事单位或者个人支付；起火原因不清的，由起火单位支付；火灾肇事单位、个人或者起火单位确实无力支付的部分，由当地人民政府支付。误工补贴和生活补助以及扑救森林火灾所发生的其他费用，可以由当地人民政府先行支付。

第四十六条 森林火灾发生后，森林、林木、林地的经营单位和个人应当及时采取更新造林措施，恢复火烧迹地森林植被。

第五章 法律责任

第四十七条 违反本条例规定，县级以上地方人民政府及其森林防火指挥机构、县级以上人民政府林业主管部门或者其他有关部门及其工作人员，有下列行为之一的，由其上级行政机关或者监察机关责令改正；情节严重的，对直接负责的主管人员和其他直接责任人员依法给予处分；构成犯罪的，依法追究刑事责任：

（一）未按照有关规定编制森林火灾应急预案的；

（二）发现森林火灾隐患未及时下达森林火灾隐患整改通知书的；

（三）对不符合森林防火要求的野外用火或者实弹演习、爆破等活动予以批准的；

（四）瞒报、谎报或者故意拖延报告森林火灾的；

（五）未及时采取森林火灾扑救措施的；

（六）不依法履行职责的其他行为。

第四十八条 违反本条例规定，森林、林木、林地的经营单位或者个人未履行森林防火责任的，由县级以上地方人民政府林业主管部门责令改正，对个人处500元以上5000元以下罚款，对单位处1万元以上5万元以下罚款。

第四十九条 违反本条例规定，森林防火区内的有关单位或者个人拒绝接受森林防火检查或者接到森林火灾隐患整改通知书逾期不消除火灾隐患的，由县级以上地方人民政府林业主管部门责令改正，给予警告，对个人并处200元以上2000元以下罚款，对单位并处5000元以上1万元以下罚款。

第五十条 违反本条例规定，森林防火期内未经批准擅自在森林防火区内野外用火的，由县级以上地方人民政府林业主管部门责令停止违法行为，给予警告，对个人并处200元以上3000元以下罚款，对单位并处1万元以上5万元以下罚款。

第五十一条 违反本条例规定，森林防火期内未经批准在森林防火区内进行实弹演习、爆破等活动的，由县级以上地方人民政府林业主管部门责令停止违法行为，给予警告，并处5万元以上10万元以下罚款。

第五十二条 违反本条例规定，有下列行为之一的，由县级以上地方人民政府林业主管部门责令改正，给予警告，对个人并处200元以上2000元以下罚款，对单位并处2000元以上5000元以下罚款：

（一）森林防火期内，森林、林木、林地的经营单位未设置森林防火警示宣传标志的；

（二）森林防火期内，进入森林防火区的机动车辆未安装森林防火装置的；

（三）森林高火险期内，未经批准擅自进入森林高火险区活动的。

第五十三条 违反本条例规定，造成森林火灾，构成犯罪的，依法追究刑事责任；尚不构成犯罪的，除依照本条例第四十八条、第四十九条、第五十条、第五十一条、第五十二条的规定追究法律责任外，县级以上地方人民政府林业主管部门可以责令责任人补种树木。

第六章 附 则

第五十四条 森林消防专用车辆应当按照规定喷涂标志图案，安装警报器、标志灯具。

第五十五条 在中华人民共和国边境地区发生的森林火灾，按照中华人民共和国政府与有关国家政府签订的有关协定开展扑救工作；没有协定的，由中华人民共和国政府和有关国家政府协商办理。

第五十六条 本条例自2009年1月1日起施行。

草原防火条例

（1993年10月5日中华人民共和国国务院令第130号公布 2008年11月19日国务院第36次常务会议修订通过 2008年11月29日中华人民共和国国务院令第542号公布 自2009年1月1日起施行）

第一章 总 则

第一条 为了加强草原防火工作，积极预防和扑救草原火灾，保护草原，保障人民生命和财产安全，根据《中华人民共和国草原法》，制定本条例。

第二条　本条例适用于中华人民共和国境内草原火灾的预防和扑救。但是，林区和城市市区的除外。

第三条　草原防火工作实行预防为主、防消结合的方针。

第四条　县级以上人民政府应当加强草原防火工作的组织领导，将草原防火所需经费纳入本级财政预算，保障草原火灾预防和扑救工作的开展。

草原防火工作实行地方各级人民政府行政首长负责制和部门、单位领导负责制。

第五条　国务院草原行政主管部门主管全国草原防火工作。

县级以上地方人民政府确定的草原防火主管部门主管本行政区域内的草原防火工作。

县级以上人民政府其他有关部门在各自的职责范围内做好草原防火工作。

第六条　草原的经营使用单位和个人，在其经营使用范围内承担草原防火责任。

第七条　草原防火工作涉及两个以上行政区域或者涉及森林防火、城市消防的，有关地方人民政府及有关部门应当建立联防制度，确定联防区域，制定联防措施，加强信息沟通和监督检查。

第八条　各级人民政府或者有关部门应当加强草原防火宣传教育活动，提高公民的草原防火意识。

第九条　国家鼓励和支持草原火灾预防和扑救的科学技术研究，推广先进的草原火灾预防和扑救技术。

第十条　对在草原火灾预防和扑救工作中有突出贡献或者成绩显著的单位、个人，按照国家有关规定给予表彰和奖励。

第二章　草原火灾的预防

第十一条　国务院草原行政主管部门根据草原火灾发生的危险程度和影响范围等，将全国草原划分为极高、高、中、低四个等级的草原火险区。

第十二条　国务院草原行政主管部门根据草原火险区划和草原防火工作的实际需要，编制全国草原防火规划，报国务院或者国务院授权的部门批准后组织实施。

县级以上地方人民政府草原防火主管部门根据全国草原防火规划，结合本地实际，编制本行政区域的草原防火规划，报本级人民政府批准后组织实施。

第十三条　草原防火规划应当主要包括下列内容：

（一）草原防火规划制定的依据；

（二）草原防火组织体系建设；

（三）草原防火基础设施和装备建设；

（四）草原防火物资储备；

（五）保障措施。

第十四条　县级以上人民政府应当组织有关部门和单位，按照草原防火规划，加强草原火情瞭望和监测设施、防火隔离带、防火道路、防火物资储备库（站）等基础设施建设，配备草原防火交通工具、灭火器械、观察和通信器材等装备，储存必要的防火物资，建立和完善草原防火指挥信息系统。

第十五条　国务院草原行政主管部门负责制订全国草原火灾应急预案，报国务院批准后组织实施。

县级以上地方人民政府草原防火主管部门负责制订本行政区域的草原火灾应急预案，报本级人民政府批准后组织实施。

第十六条　草原火灾应急预案应当主要包括下列内容：

（一）草原火灾应急组织机构及其职责；

（二）草原火灾预警与预防机制；

（三）草原火灾报告程序；

（四）不同等级草原火灾的应急处置措施；

（五）扑救草原火灾所需物资、资金和队伍的应急保障；

（六）人员财产撤离、医疗救治、疾病控制等应急方案。

草原火灾根据受害草原面积、伤亡人数、受灾牲畜数量以及对城乡居民点、重要设施、名胜古迹、自然保护区的威胁程度等，分为特别重大、重大、较大、一般四个等级。具体划分标准由国务院草原行政主管部门制定。

第十七条　县级以上地方人民政府应当根据草原火灾发生规律，确定本行政区域的草原防火期，并向社会公布。

第十八条　在草原防火期内，因生产活动需要在草原上野外用火的，应当经县级人民政府草原防火主管部门批准。用火单位或者个人应当采取防火措施，防止失火。

在草原防火期内，因生活需要在草原上用火的，应当选择安全地点，采取防火措施，用火后彻底熄灭余火。

除本条第一款、第二款规定的情形外，在草原防火期内，禁止在草原上野外用火。

第十九条　在草原防火期内，禁止在草原上使用枪械狩猎。

在草原防火期内,在草原上进行爆破、勘察和施工等活动的,应当经县级以上地方人民政府草原防火主管部门批准,并采取防火措施,防止失火。

在草原防火期内,部队在草原上进行实弹演习、处置突发性事件和执行其他任务,应当采取必要的防火措施。

第二十条 在草原防火期内,在草原上作业或者行驶的机动车辆,应当安装防火装置,严防漏火、喷火和闸瓦脱落引起火灾。在草原上行驶的公共交通工具上的司机和乘务人员,应当对旅客进行草原防火宣传。司机、乘务人员和旅客不得丢弃火种。

在草原防火期内,对草原上从事野外作业的机械设备,应当采取防火措施;作业人员应当遵守防火安全操作规程,防止失火。

第二十一条 在草原防火期内,经本级人民政府批准,草原防火主管部门应当对进入草原、存在火灾隐患的车辆以及可能引发草原火灾的野外作业活动进行草原防火安全检查。发现存在火灾隐患的,应当告知有关责任人员采取措施消除火灾隐患;拒不采取措施消除火灾隐患的,禁止进入草原或者在草原上从事野外作业活动。

第二十二条 在草原防火期内,出现高温、干旱、大风等高火险天气时,县级以上地方人民政府应当将极高草原火险区、高草原火险区以及一旦发生草原火灾可能造成人身重大伤亡或者财产重大损失的区域划为草原防火管制区,规定管制期限,及时向社会公布,并报上一级人民政府备案。

在草原防火管制区内,禁止一切野外用火。对可能引起草原火灾的非野外用火,县级以上地方人民政府或者草原防火主管部门应当按照管制要求,严格管理。

进入草原防火管制区的车辆,应当取得县级以上地方人民政府草原防火主管部门颁发的草原防火通行证,并服从防火管制。

第二十三条 草原上的农(牧)场、工矿企业和其他生产经营单位,以及驻军单位、自然保护区管理单位和农村集体经济组织等,应当在县级以上地方人民政府的领导和草原防火主管部门的指导下,落实草原防火责任制,加强火源管理,消除火灾隐患,做好本单位的草原防火工作。

铁路、公路、电力和电信线路以及石油天然气管道等的经营单位,应当在其草原防火责任区内,落实防火措施,防止发生草原火灾。

承包经营草原的个人对其承包经营的草原,应当加强火源管理,消除火灾隐患,履行草原防火义务。

第二十四条 省、自治区、直辖市人民政府可以根据本地的实际情况划定重点草原防火区,报国务院草原行政主管部门备案。

重点草原防火区的县级以上地方人民政府和自然保护区管理单位,应当根据需要建立专业扑火队;有关乡(镇)、村应当建立群众扑火队。扑火队应当进行专业培训,并接受县级以上地方人民政府的指挥、调动。

第二十五条 县级以上人民政府草原防火主管部门和气象主管机构,应当联合建立草原火险预报预警制度。气象主管机构应当根据草原防火的实际需要,做好草原火险气象等级预报和发布工作;新闻媒体应当及时播报草原火险气象等级预报。

第三章 草原火灾的扑救

第二十六条 从事草原火情监测以及在草原上从事生产经营活动的单位和个人,发现草原火情的,应当采取必要措施,并及时向当地人民政府或者草原防火主管部门报告。其他发现草原火情的单位和个人,也应当及时向当地人民政府或者草原防火主管部门报告。

当地人民政府或者草原防火主管部门接到报告后,应当立即组织人员赶赴现场,核实火情,采取控制和扑救措施,防止草原火灾扩大。

第二十七条 当地人民政府或者草原防火主管部门应当及时将草原火灾发生时间、地点、估测过火面积、火情发展趋势等情况报上级人民政府及其草原防火主管部门;境外草原火灾威胁到我国草原安全的,还应当报告境外草原火灾距我国边境距离、沿边境蔓延长度以及对我国草原的威胁程度等情况。

禁止瞒报、谎报或者授意他人瞒报、谎报草原火灾。

第二十八条 县级以上地方人民政府应当根据草原火灾发生情况确定火灾等级,并及时启动草原火灾应急预案。特别重大、重大草原火灾以及境外草原火灾威胁到我国草原安全的,国务院草原行政主管部门应当及时启动草原火灾应急预案。

第二十九条 草原火灾应急预案启动后,有关地方人民政府应当按照草原火灾应急预案的要求,立即组织、指挥草原火灾的扑救工作。

扑救草原火灾应当首先保障人民群众的生命安全,有关地方人民政府应当及时动员受到草原火灾威胁的居民以及其他人员转移到安全地带,并予以妥善安置;情况紧急时,可以强行组织避灾疏散。

第三十条 县级以上人民政府有关部门应当按

照草原火灾应急预案的分工，做好相应的草原火灾应急工作。

气象主管机构应当做好气象监测和预报工作，及时向当地人民政府提供气象信息，并根据天气条件适时实施人工增雨。

民政部门应当及时设置避难场所和救济物资供应点，开展受灾群众救助工作。

卫生主管部门应当做好医疗救护、卫生防疫工作。

铁路、交通、航空等部门应当优先运送救灾物资、设备、药物、食品。

通信主管部门应当组织提供应急通信保障。

公安部门应当及时查处草原火灾案件，做好社会治安维护工作。

第三十一条　扑救草原火灾应当组织和动员专业扑火队和受过专业培训的群众扑火队；接到扑救命令的单位和个人，必须迅速赶赴指定地点，投入扑救工作。

扑救草原火灾，不得动员残疾人、孕妇、未成年人和老年人参加。

需要中国人民解放军和中国人民武装警察部队参加草原火灾扑救的，依照《军队参加抢险救灾条例》的有关规定执行。

第三十二条　根据扑救草原火灾的需要，有关地方人民政府可以紧急征用物资、交通工具和相关的设施、设备；必要时，可以采取清除障碍物、建设隔离带、应急取水、局部交通管制等应急管理措施。

因救灾需要，紧急征用单位和个人的物资、交通工具、设施、设备或者占用其房屋、土地的，事后应当及时返还，并依照有关法律规定给予补偿。

第三十三条　发生特别重大、重大草原火灾的，国务院草原行政主管部门应当立即派员赶赴火灾现场，组织、协调、督导火灾扑救，并做好跨省、自治区、直辖市草原防火物资的调用工作。

发生威胁林区安全的草原火灾的，有关草原防火主管部门应当及时通知有关林业主管部门。

境外草原火灾威胁到我国草原安全的，国务院草原行政主管部门应当立即派员赶赴有关现场，组织、协调、督导火灾预防，并及时将有关情况通知外交部。

第三十四条　国家实行草原火灾信息统一发布制度。特别重大、重大草原火灾以及威胁到我国草原安全的境外草原火灾信息，由国务院草原行政主管部门发布；其他草原火灾信息，由省、自治区、直辖市人民政府草原防火主管部门发布。

第三十五条　重点草原防火区的县级以上地方人民政府可以根据草原火灾应急预案的规定，成立草原防火指挥部，行使本章规定的本级人民政府在草原火灾扑救中的职责。

第四章　灾后处置

第三十六条　草原火灾扑灭后，有关地方人民政府草原防火主管部门或者其指定的单位应当对火灾现场进行全面检查，清除余火，并留有足够的人员看守火场。经草原防火主管部门检查验收合格，看守人员方可撤出。

第三十七条　草原火灾扑灭后，有关地方人民政府应当组织有关部门及时做好灾民安置和救助工作，保障灾民的基本生活条件，做好卫生防疫工作，防止传染病的发生和传播。

第三十八条　草原火灾扑灭后，有关地方人民政府应当组织有关部门及时制定草原恢复计划，组织实施补播草籽和人工种草等技术措施，恢复草场植被，并做好畜禽检疫工作，防止动物疫病的发生。

第三十九条　草原火灾扑灭后，有关地方人民政府草原防火主管部门应当及时会同公安等有关部门，对火灾发生时间、地点、原因以及肇事人等进行调查并提出处理意见。

草原防火主管部门应当对受灾草原面积、受灾畜禽种类和数量、受灾珍稀野生动植物种类和数量、人员伤亡以及物资消耗和其他经济损失等情况进行统计，对草原火灾给城乡居民生活、工农业生产、生态环境造成的影响进行评估，并按照国务院草原行政主管部门的规定上报。

第四十条　有关地方人民政府草原防火主管部门应当严格按照草原火灾统计报表的要求，进行草原火灾统计，向上一级人民政府草原防火主管部门报告，并抄送同级公安部门、统计机构。草原火灾统计报表由国务院草原行政主管部门会同国务院公安部门制定，报国家统计部门备案。

第四十一条　对因参加草原火灾扑救受伤、致残或者死亡的人员，按照国家有关规定给予医疗、抚恤。

第五章　法律责任

第四十二条　违反本条例规定，县级以上人民政府草原防火主管部门或者其他有关部门及其工作人员，有下列行为之一的，由其上级行政机关或者监察机关责令改正；情节严重的，对直接负责的主管人员和其他直接责任人员依法给予处分；构成犯罪的，依法追究刑事责任：

（一）未按照规定制订草原火灾应急预案的；

（二）对不符合草原防火要求的野外用火或者爆破、勘察和施工等活动予以批准的；

（三）对不符合条件的车辆发放草原防火通行证的；

（四）瞒报、谎报或者授意他人瞒报、谎报草原火灾的；

（五）未及时采取草原火灾扑救措施的；

（六）不依法履行职责的其他行为。

第四十三条 截留、挪用草原防火资金或者侵占、挪用草原防火物资的，依照有关财政违法行为处罚处分的法律、法规进行处理；构成犯罪的，依法追究刑事责任。

第四十四条 违反本条例规定，有下列行为之一的，由县级以上地方人民政府草原防火主管部门责令停止违法行为，采取防火措施，并限期补办有关手续，对有关责任人员处 2000 元以上 5000 元以下罚款，对有关责任单位处 5000 元以上 2 万元以下罚款：

（一）未经批准在草原上野外用火或者进行爆破、勘察和施工等活动的；

（二）未取得草原防火通行证进入草原防火管制区的。

第四十五条 违反本条例规定，有下列行为之一的，由县级以上地方人民政府草原防火主管部门责令停止违法行为，采取防火措施，消除火灾隐患，并对有关责任人员处 200 元以上 2000 元以下罚款，对有关责任单位处 2000 元以上 2 万元以下罚款；拒不采取防火措施、消除火灾隐患的，由县级以上地方人民政府草原防火主管部门代为采取防火措施、消除火灾隐患，所需费用由违法单位或者个人承担：

（一）在草原防火期内，经批准的野外用火未采取防火措施的；

（二）在草原上作业和行驶的机动车辆未安装防火装置或者存在火灾隐患的；

（三）在草原上行驶的公共交通工具上的司机、乘务人员或者旅客丢弃火种的；

（四）在草原上从事野外作业的机械设备作业人员不遵守防火安全操作规程或者对野外作业的机械设备未采取防火措施的；

（五）在草原防火管制区内未按照规定用火的。

第四十六条 违反本条例规定，草原上的生产经营等单位未建立或者未落实草原防火责任制的，由县级以上地方人民政府草原防火主管部门责令改正，对有关责任单位处 5000 元以上 2 万元以下罚款。

第四十七条 违反本条例规定，故意或者过失引发草原火灾，构成犯罪的，依法追究刑事责任。

第六章 附 则

第四十八条 草原消防车辆应当按照规定喷涂标志图案，安装警报器、标志灯具。

第四十九条 本条例自 2009 年 1 月 1 日起施行。

社会救助暂行办法

(2014 年 2 月 21 日中华人民共和国国务院令第 649 号公布 根据 2019 年 3 月 2 日《国务院关于修改部分行政法规的决定》修订)

第一章 总 则

第一条 为了加强社会救助，保障公民的基本生活，促进社会公平，维护社会和谐稳定，根据宪法，制定本办法。

第二条 社会救助制度坚持托底线、救急难、可持续，与其他社会保障制度相衔接，社会救助水平与经济社会发展水平相适应。

社会救助工作应当遵循公开、公平、公正、及时的原则。

第三条 国务院民政部门统筹全国社会救助体系建设。国务院民政、应急管理、卫生健康、教育、住房城乡建设、人力资源社会保障、医疗保障等部门，按照各自职责负责相应的社会救助管理工作。

县级以上地方人民政府民政、应急管理、卫生健康、教育、住房城乡建设、人力资源社会保障、医疗保障等部门，按照各自职责负责本行政区域内相应的社会救助管理工作。

前两款所列行政部门统称社会救助管理部门。

第四条 乡镇人民政府、街道办事处负责有关社会救助的申请受理、调查审核，具体工作由社会救助经办机构或者经办人员承担。

村民委员会、居民委员会协助做好有关社会救助工作。

第五条 县级以上人民政府应当将社会救助纳入国民经济和社会发展规划，建立健全政府领导、民政部门牵头、有关部门配合、社会力量参与的社会救助工作协调机制，完善社会救助资金、物资保障机制，将政府安排的社会救助资金和社会救助工作经费纳入财政预算。

社会救助资金实行专项管理，分账核算，专款专用，任何单位或者个人不得挤占挪用。社会救助资金的支付，按照财政国库管理的有关规定执行。

第六条 县级以上人民政府应当按照国家统一规划建立社会救助管理信息系统，实现社会救助信息互联互通、资源共享。

第七条 国家鼓励、支持社会力量参与社会救助。

第八条 对在社会救助工作中作出显著成绩的单位、个人，按照国家有关规定给予表彰、奖励。

第二章 最低生活保障

第九条 国家对共同生活的家庭成员人均收入低于当地最低生活保障标准，且符合当地最低生活保障家庭财产状况规定的家庭，给予最低生活保障。

第十条 最低生活保障标准，由省、自治区、直辖市或者设区的市级人民政府按照当地居民生活必需的费用确定、公布，并根据当地经济社会发展水平和物价变动情况适时调整。

最低生活保障家庭收入状况、财产状况的认定办法，由省、自治区、直辖市或者设区的市级人民政府按照国家有关规定制定。

第十一条 申请最低生活保障，按照下列程序办理：

（一）由共同生活的家庭成员向户籍所在地的乡镇人民政府、街道办事处提出书面申请；家庭成员申请有困难的，可以委托村民委员会、居民委员会代为提出申请。

（二）乡镇人民政府、街道办事处应当通过入户调查、邻里访问、信函索证、群众评议、信息核查等方式，对申请人的家庭收入状况、财产状况进行调查核实，提出初审意见，在申请人所在村、社区公示后报县级人民政府民政部门审批。

（三）县级人民政府民政部门经审查，对符合条件的申请予以批准，并在申请人所在村、社区公布；对不符合条件的申请不予批准，并书面向申请人说明理由。

第十二条 对批准获得最低生活保障的家庭，县级人民政府民政部门按照共同生活的家庭成员人均收入低于当地最低生活保障标准的差额，按月发给最低生活保障金。

对获得最低生活保障后生活仍有困难的老年人、未成年人、重度残疾人和重病患者，县级以上地方人民政府应当采取必要措施给予生活保障。

第十三条 最低生活保障家庭的人口状况、收入状况、财产状况发生变化的，应当及时告知乡镇人民政府、街道办事处。

县级人民政府民政部门以及乡镇人民政府、街道办事处应当对获得最低生活保障家庭的人口状况、收入状况、财产状况定期核查。

最低生活保障家庭的人口状况、收入状况、财产状况发生变化的，县级人民政府民政部门应当及时决定增发、减发或者停发最低生活保障金；决定停发最低生活保障金的，应当书面说明理由。

第三章 特困人员供养

第十四条 国家对无劳动能力、无生活来源且无法定赡养、抚养、扶养义务人，或者其法定赡养、抚养、扶养义务人无赡养、抚养、扶养能力的老年人、残疾人以及未满16周岁的未成年人，给予特困人员供养。

第十五条 特困人员供养的内容包括：

（一）提供基本生活条件；
（二）对生活不能自理的给予照料；
（三）提供疾病治疗；
（四）办理丧葬事宜。

特困人员供养标准，由省、自治区、直辖市或者设区的市级人民政府确定、公布。

特困人员供养应当与城乡居民基本养老保险、基本医疗保障、最低生活保障、孤儿基本生活保障等制度相衔接。

第十六条 申请特困人员供养，由本人向户籍所在地的乡镇人民政府、街道办事处提出书面申请；本人申请有困难的，可以委托村民委员会、居民委员会代为提出申请。

特困人员供养的审批程序适用本办法第十一条规定。

第十七条 乡镇人民政府、街道办事处应当及时了解掌握居民的生活情况，发现符合特困供养条件的人员，应当主动为其依法办理供养。

第十八条 特困供养人员不再符合供养条件的，村民委员会、居民委员会或者供养服务机构应当告知乡镇人民政府、街道办事处，由乡镇人民政府、街道办事处审核并报县级人民政府民政部门核准后，终止供养并予以公示。

第十九条 特困供养人员可以在当地的供养服务机构集中供养，也可以在家分散供养。特困供养人员可以自行选择供养形式。

第四章　受灾人员救助

第二十条　国家建立健全自然灾害救助制度，对基本生活受到自然灾害严重影响的人员，提供生活救助。

自然灾害救助实行属地管理，分级负责。

第二十一条　设区的市级以上人民政府和自然灾害多发、易发地区的县级人民政府应当根据自然灾害特点、居民人口数量和分布等情况，设立自然灾害救助物资储备库，保障自然灾害发生后救助物资的紧急供应。

第二十二条　自然灾害发生后，县级以上人民政府或者人民政府的自然灾害救助应急综合协调机构应当根据情况紧急疏散、转移、安置受灾人员，及时为受灾人员提供必要的食品、饮用水、衣被、取暖、临时住所、医疗防疫等应急救助。

第二十三条　灾情稳定后，受灾地区县级以上人民政府应当评估、核定并发布自然灾害损失情况。

第二十四条　受灾地区人民政府应当在确保安全的前提下，对住房损毁严重的受灾人员进行过渡性安置。

第二十五条　自然灾害危险消除后，受灾地区人民政府应急管理等部门应当及时核实本行政区域内居民住房恢复重建补助对象，并给予资金、物资等救助。

第二十六条　自然灾害发生后，受灾地区人民政府应当为因当年冬寒或者次年春荒遇到生活困难的受灾人员提供基本生活救助。

第五章　医　疗　救　助

第二十七条　国家建立健全医疗救助制度，保障医疗救助对象获得基本医疗卫生服务。

第二十八条　下列人员可以申请相关医疗救助：

（一）最低生活保障家庭成员；

（二）特困供养人员；

（三）县级以上人民政府规定的其他特殊困难人员。

第二十九条　医疗救助采取下列方式：

（一）对救助对象参加城镇居民基本医疗保险或者新型农村合作医疗的个人缴费部分，给予补贴；

（二）对救助对象经基本医疗保险、大病保险和其他补充医疗保险支付后，个人及其家庭难以承担的符合规定的基本医疗自负费用，给予补助。

医疗救助标准，由县级以上人民政府按照经济社会发展水平和医疗救助资金情况确定、公布。

第三十条　申请医疗救助的，应当向乡镇人民政府、街道办事处提出，经审核、公示后，由县级人民政府医疗保障部门审批。最低生活保障家庭成员和特困供养人员的医疗救助，由县级人民政府医疗保障部门直接办理。

第三十一条　县级以上人民政府应当建立健全医疗救助与基本医疗保险、大病保险相衔接的医疗费用结算机制，为医疗救助对象提供便捷服务。

第三十二条　国家建立疾病应急救助制度，对需要急救但身份不明或者无力支付急救费用的急重危伤病患者给予救助。符合规定的急救费用由疾病应急救助基金支付。

疾病应急救助制度应当与其他医疗保障制度相衔接。

第六章　教　育　救　助

第三十三条　国家对在义务教育阶段就学的最低生活保障家庭成员、特困供养人员，给予教育救助。

对在高中教育（含中等职业教育）、普通高等教育阶段就学的最低生活保障家庭成员、特困供养人员，以及不能入学接受义务教育的残疾儿童，根据实际情况给予适当教育救助。

第三十四条　教育救助根据不同教育阶段需求，采取减免相关费用、发放助学金、给予生活补助、安排勤工助学等方式实施，保障教育救助对象基本学习、生活需求。

第三十五条　教育救助标准，由省、自治区、直辖市人民政府根据经济社会发展水平和教育救助对象的基本学习、生活需求确定、公布。

第三十六条　申请教育救助，应当按照国家有关规定向就读学校提出，按规定程序审核、确认后，由学校按照国家有关规定实施。

第七章　住　房　救　助

第三十七条　国家对符合规定标准的住房困难的最低生活保障家庭、分散供养的特困人员，给予住房救助。

第三十八条　住房救助通过配租公共租赁住房、发放住房租赁补贴、农村危房改造等方式实施。

第三十九条　住房困难标准和救助标准，由县级以上地方人民政府根据本行政区域经济社会发展水平、住房价格水平等因素确定、公布。

第四十条　城镇家庭申请住房救助的，应当经由乡镇人民政府、街道办事处或者直接向县级人民政府住房保障部门提出，经县级人民政府民政部门审核家庭收入、财产状况和县级人民政府住房保障部门审核家庭住房状况并公示后，对符合申请条件的申请人，由县级人民政府住房保障部门优先给予保障。

农村家庭申请住房救助的，按照县级以上人民政府有关规定执行。

第四十一条 各级人民政府按照国家规定通过财政投入、用地供应等措施为实施住房救助提供保障。

第八章 就业救助

第四十二条 国家对最低生活保障家庭中有劳动能力并处于失业状态的成员，通过贷款贴息、社会保险补贴、岗位补贴、培训补贴、费用减免、公益性岗位安置等办法，给予就业救助。

第四十三条 最低生活保障家庭有劳动能力的成员均处于失业状态的，县级以上地方人民政府应当采取有针对性的措施，确保该家庭至少有一人就业。

第四十四条 申请就业救助的，应当向住所地街道、社区公共就业服务机构提出，公共就业服务机构核实后予以登记，并免费提供就业岗位信息、职业介绍、职业指导等就业服务。

第四十五条 最低生活保障家庭中有劳动能力但未就业的成员，应当接受人力资源社会保障等有关部门介绍的工作；无正当理由，连续3次拒绝接受介绍的与其健康状况、劳动能力等相适应的工作的，县级人民政府民政部门应当决定减发或者停发其本人的最低生活保障金。

第四十六条 吸纳就业救助对象的用人单位，按照国家有关规定享受社会保险补贴、税收优惠、小额担保贷款等就业扶持政策。

第九章 临时救助

第四十七条 国家对因火灾、交通事故等意外事件，家庭成员突发重大疾病等原因，导致基本生活暂时出现严重困难的家庭，或者因生活必需支出突然增加超出家庭承受能力，导致基本生活暂时出现严重困难的最低生活保障家庭，以及遭遇其他特殊困难的家庭，给予临时救助。

第四十八条 申请临时救助的，应当向乡镇人民政府、街道办事处提出，经审核、公示后，由县级人民政府民政部门审批；救助金额较小的，县级人民政府民政部门可以委托乡镇人民政府、街道办事处审批。情况紧急的，可以按照规定简化审批手续。

第四十九条 临时救助的具体事项、标准，由县级以上地方人民政府确定、公布。

第五十条 国家对生活无着的流浪、乞讨人员提供临时食宿、急病救治、协助返回等救助。

第五十一条 公安机关和其他有关行政机关的工作人员在执行公务时发现流浪、乞讨人员的，应当告知其向救助管理机构求助。对其中的残疾人、未成年人、老年人和行动不便的其他人员，应当引导、护送到救助管理机构；对突发急病人员，应当立即通知急救机构进行救治。

第十章 社会力量参与

第五十二条 国家鼓励单位和个人等社会力量通过捐赠、设立帮扶项目、创办服务机构、提供志愿服务等方式，参与社会救助。

第五十三条 社会力量参与社会救助，按照国家有关规定享受财政补贴、税收优惠、费用减免等政策。

第五十四条 县级以上地方人民政府可以将社会救助中的具体服务事项通过委托、承包、采购等方式，向社会力量购买服务。

第五十五条 县级以上地方人民政府应当发挥社会工作服务机构和社会工作者作用，为社会救助对象提供社会融入、能力提升、心理疏导等专业服务。

第五十六条 社会救助管理部门及相关机构应当建立社会力量参与社会救助的机制和渠道，提供社会救助项目、需求信息，为社会力量参与社会救助创造条件、提供便利。

第十一章 监督管理

第五十七条 县级以上人民政府及其社会救助管理部门应当加强对社会救助工作的监督检查，完善相关监督管理制度。

第五十八条 申请或者已获得社会救助的家庭，应当按照规定如实申报家庭收入状况、财产状况。

县级以上人民政府民政部门根据申请或者已获得社会救助家庭的请求、委托，可以通过户籍管理、税务、社会保险、不动产登记、工商登记、住房公积金管理、车船管理等单位和银行、保险、证券等金融机构，代为查询、核对其家庭收入状况、财产状况；有关单位和金融机构应当予以配合。

县级以上人民政府民政部门应当建立申请和已

获得社会救助家庭经济状况信息核对平台，为审核认定社会救助对象提供依据。

第五十九条 县级以上人民政府社会救助管理部门和乡镇人民政府、街道办事处在履行社会救助职责过程中，可以查阅、记录、复制与社会救助事项有关的资料，询问与社会救助事项有关的单位、个人，要求其对相关情况作出说明，提供相关证明材料。有关单位、个人应当如实提供。

第六十条 申请社会救助，应当按照本办法的规定提出；申请人难以确定社会救助管理部门的，可以先向社会救助经办机构或者县级人民政府民政部门求助。社会救助经办机构或者县级人民政府民政部门接到求助后，应当及时办理或者转交其他社会救助管理部门办理。

乡镇人民政府、街道办事处应当建立统一受理社会救助申请的窗口，及时受理、转办申请事项。

第六十一条 履行社会救助职责的工作人员对在社会救助工作中知悉的公民个人信息，除按照规定应当公示的信息外，应当予以保密。

第六十二条 县级以上人民政府及其社会救助管理部门应当通过报刊、广播、电视、互联网等媒体，宣传社会救助法律、法规和政策。

县级人民政府及其社会救助管理部门应当通过公共查阅室、资料索取点、信息公告栏等便于公众知晓的途径，及时公开社会救助资金、物资的管理和使用等情况，接受社会监督。

第六十三条 履行社会救助职责的工作人员行使职权，应当接受社会监督。

任何单位、个人有权对履行社会救助职责的工作人员在社会救助工作中的违法行为进行举报、投诉。受理举报、投诉的机关应当及时核实、处理。

第六十四条 县级以上人民政府财政部门、审计机关依法对社会救助资金、物资的筹集、分配、管理和使用实施监督。

第六十五条 申请或者已获得社会救助的家庭或者人员，对社会救助管理部门作出的具体行政行为不服的，可以依法申请行政复议或者提起行政诉讼。

第十二章 法律责任

第六十六条 违反本办法规定，有下列情形之一的，由上级行政机关或者监察机关责令改正；对直接负责的主管人员和其他直接责任人员依法给予处分：

（一）对符合申请条件的救助申请不予受理的；

（二）对符合救助条件的救助申请不予批准的；

（三）对不符合救助条件的救助申请予以批准的；

（四）泄露在工作中知悉的公民个人信息，造成后果的；

（五）丢失、篡改接受社会救助款物、服务记录等数据的；

（六）不按照规定发放社会救助资金、物资或者提供相关服务的；

（七）在履行社会救助职责过程中有其他滥用职权、玩忽职守、徇私舞弊行为的。

第六十七条 违反本办法规定，截留、挤占、挪用、私分社会救助资金、物资的，由有关部门责令追回；有违法所得的，没收违法所得；对直接负责的主管人员和其他直接责任人员依法给予处分。

第六十八条 采取虚报、隐瞒、伪造等手段，骗取社会救助资金、物资或者服务的，由有关部门决定停止社会救助，责令退回非法获取的救助资金、物资，可以处非法获取的救助款额或者物资价值1倍以上3倍以下的罚款；构成违反治安管理行为的，依法给予治安管理处罚。

第六十九条 违反本办法规定，构成犯罪的，依法追究刑事责任。

第十三章 附 则

第七十条 本办法自2014年5月1日起施行。

2. 应急预案

国家自然灾害救助应急预案

（2024年1月20日 国办函〔2024〕11号）

1 总 则

1.1 编制目的

以习近平新时代中国特色社会主义思想为指导，深入贯彻落实习近平总书记关于防灾减灾救灾工作的重要指示批示精神，加强党中央对防灾减灾救灾工作的集中统一领导，按照党中央、国务院决策部署，建立健全自然灾害救助体系和运行机制，提升救灾救助工作法治化、规范化、现代化水平，提高防灾减灾救灾和灾害处置保障能力，最大程度减少人员伤亡和财产损失，保障受灾群众基本生活，维护受灾地区社会稳定。

1.2 编制依据

《中华人民共和国防洪法》、《中华人民共和国防震减灾法》、《中华人民共和国气象法》、《中华人民共和国森林法》、《中华人民共和国草原法》、《中华人民共和国防沙治沙法》、《中华人民共和国红十字会法》、《自然灾害救助条例》以及突发事件总体应急预案、突发事件应对有关法律法规等。

1.3 适用范围

本预案适用于我国境内遭受重特大自然灾害时国家层面开展的灾害救助等工作。

1.4 工作原则

坚持人民至上、生命至上，切实把确保人民生命财产安全放在第一位落到实处；坚持统一指挥、综合协调、分级负责、属地管理为主；坚持党委领导、政府负责、社会参与、群众自救，充分发挥基层群众性自治组织和公益性社会组织的作用；坚持安全第一、预防为主，推动防范救援救灾一体化，实现高效有序衔接，强化灾害防抗救全过程管理。

2 组织指挥体系

2.1 国家防灾减灾救灾委员会

国家防灾减灾救灾委员会深入学习贯彻习近平总书记关于防灾减灾救灾工作的重要指示批示精神，贯彻落实党中央、国务院有关决策部署，统筹指导、协调和监督全国防灾减灾救灾工作，研究审议国家防灾减灾救灾的重大政策、重大规划、重要制度以及防御灾害方案并负责组织实施工作，指导建立自然灾害防治体系；协调推动防灾减灾救灾法律法规体系建设，协调解决防灾减灾救灾重大问题，统筹协调开展防灾减灾救灾科普宣传教育和培训，协调开展防灾减灾救灾国际交流与合作；完成党中央、国务院交办的其他事项。

国家防灾减灾救灾委员会负责统筹指导全国的灾害救助工作，协调开展重特大自然灾害救助活动。国家防灾减灾救灾委员会成员单位按照各自职责做好灾害救助相关工作。

2.2 国家防灾减灾救灾委员会办公室

国家防灾减灾救灾委员会办公室负责与相关部门、地方的沟通联络、政策协调、信息通报等，组织开展灾情会商评估、灾害救助等工作，协调落实相关支持政策和措施。主要包括：

（1）组织开展灾情会商核定、灾情趋势研判及救灾需求评估；

（2）协调解决灾害救助重大问题，并研究提出支持措施，推动相关成员单位加强与受灾地区的工作沟通；

（3）调度灾情和救灾工作进展动态，按照有关规定统一发布灾情以及受灾地区需求，并向各成员单位通报；

（4）组织指导开展重特大自然灾害损失综合评估，督促做好倒损住房恢复重建工作；

（5）跟踪督促灾害救助重大决策部署的贯彻落实，推动重要支持措施落地见效，做好中央救灾款物监督和管理，健全完善救灾捐赠款物管理制度。

2.3 专家委员会

国家防灾减灾救灾委员会设立专家委员会，对国家防灾减灾救灾工作重大决策和重要规划提供政策咨询和建议，为国家重特大自然灾害的灾情评估、灾害救助和灾后恢复重建提出咨询意见。

3 灾害救助准备

气象、自然资源、水利、农业农村、海洋、林草、地震等部门及时向国家防灾减灾救灾委员会办公室和履行救灾职责的国家防灾减灾救灾委员会成员单位通报灾害预警预报信息，自然资源部门根据需要及时提供地理信息数据。国家防灾减灾救灾委员会办公室根据灾害预警预报信息，结合可能受影响地区的自然条件、人口和经济社会发展状况，对可能出现的灾情进行预评估，当可能威胁人民生命财产安全、影响基本生活，需要提前采取应对措施时，视情采取以下一项或多项措施：

（1）向可能受影响的省（自治区、直辖市）防灾减灾救灾委员会或应急管理部门通报预警预报信息，提出灾害救助准备工作要求；

（2）加强应急值守，密切跟踪灾害风险变化和发展趋势，对灾害可能造成的损失进行动态评估，及时调整相关措施；

（3）做好救灾物资准备，紧急情况下提前调拨。启动与交通运输、铁路、民航等部门和单位的应急联动机制，做好救灾物资调运准备；

（4）提前派出工作组，实地了解灾害风险，检查指导各项灾害救助准备工作；

（5）根据工作需要，向国家防灾减灾救灾委员会成员单位通报灾害救助准备工作情况，重要情况及时向党中央、国务院报告；

（6）向社会发布预警及相关工作开展情况。

4 灾情信息报告和发布

县级以上应急管理部门按照党中央、国务院关于突发灾害事件信息报送的要求，以及《自然灾害情况统计调查制度》和《特别重大自然灾害损失统计调查制度》等有关规定，做好灾情信息统计报送、核查评估、会商核定和部门间信息共享等工作。

4.1 灾情信息报告

4.1.1 地方各级应急管理部门应严格落实灾情信息报告责任，健全工作制度，规范工作流程，确保灾情信息报告及时、准确、全面，坚决杜绝迟报、瞒报、漏报、虚报灾情信息等情况。

4.1.2 地方各级应急管理部门在接到灾害事件报告后，应在规定时限内向本级党委和政府以及上级应急管理部门报告。县级人民政府有关涉灾部门应及时将本行业灾情通报同级应急管理部门。接到重特大自然灾害事件报告后，地方各级应急管理部门应第一时间向本级党委和政府以及上级应急管理部门报告，同时通过电话或国家应急指挥综合业务系统及时向应急管理部报告。

4.1.3 通过国家自然灾害灾情管理系统汇总上报的灾情信息，要按照《自然灾害情况统计调查制度》和《特别重大自然灾害损失统计调查制度》等规定报送，首报要快，核报要准。特殊紧急情况下（如断电、断路、断网等），可先通过卫星电话、传真等方式报告，后续及时通过系统补报。

4.1.4 地震、山洪、地质灾害等突发性灾害发生后，遇有死亡和失踪人员相关信息认定困难的情况，受灾地区应急管理部门应按照因灾死亡和失踪人员信息"先报后核"的原则，第一时间先上报信息，后续根据认定结果进行核报。

4.1.5 受灾地区应急管理部门要建立因灾死亡和失踪人员信息比对机制，主动与公安、自然资源、交通运输、水利、农业农村、卫生健康等部门沟通协调；对造成重大人员伤亡的灾害事件，及时开展信息比对和跨地区、跨部门会商。部门间数据不一致或定性存在争议的，会同相关部门联合开展调查并出具调查报告，向本级党委和政府报告，同时抄报上一级应急管理部门。

4.1.6 重特大自然灾害灾情稳定前，相关地方各级应急管理部门执行灾情 24 小时零报告制度，逐级上报上级应急管理部门。灾情稳定后，受灾地区应急管理部门要及时组织相关部门和专家开展灾情核查，客观准确核定各类灾害损失，并及时组织上报。

4.1.7 对于干旱灾害，地方各级应急管理部门应在旱情初显、群众生产生活受到一定影响时，初报灾情；在旱情发展过程中，每 10 日至少续报一次灾情，直至灾情解除；灾情解除后及时核报。

4.1.8 县级以上人民政府要建立健全灾情会商制度，由县级以上人民政府防灾减灾救灾委员会或应急管理部门针对重特大自然灾害过程、年度灾情等，及时组织相关涉灾部门开展灾情会商，通报灾情信息，全面客观评估、核定灾情，确保各部门灾情数据口径一致。灾害损失等灾情信息要及时通报本级防灾减灾救灾委员会有关成员单位。

4.2 灾情信息发布

灾情信息发布坚持实事求是、及时准确、公开透明的原则。发布形式包括授权发布、组织报道、接受记者采访、举行新闻发布会等。受灾地区人民政府要主动通过应急广播、突发事件预警信息发布系统、重点新闻网站或政府网站、微博、微信、客户端等发布信息。各级广播电视行政管理部门和相关单位应配合应急管理等部门做好预警预报、灾情等信息发布工作。

灾情稳定前，受灾地区县级以上人民政府防灾减灾救灾委员会或应急管理部门应及时向社会滚动发布灾害造成的人员伤亡、财产损失以及救助工作动态、成效、下一步安排等情况；灾情稳定后，应及时评估、核定并按有关规定发布灾害损失情况。

关于灾情核定和发布工作，法律法规另有规定的，从其规定。

5 国家应急响应

根据自然灾害的危害程度、灾害救助工作需要等因素，国家自然灾害救助应急响应分为一级、二级、三级、四级。一级响应级别最高。

5.1 一级响应

5.1.1 启动条件

（一）发生重特大自然灾害，一次灾害过程出现或经会商研判可能出现下列情况之一的，可启动一级响应：

（1）一省（自治区、直辖市）死亡和失踪200人以上（含本数，下同）可启动响应，其相邻省（自治区、直辖市）死亡和失踪160人以上200人以下的可联动启动；

（2）一省（自治区、直辖市）紧急转移安置和需紧急生活救助200万人以上；

（3）一省（自治区、直辖市）倒塌和严重损坏房屋30万间或10万户以上；

（4）干旱灾害造成缺粮或缺水等生活困难，需政府救助人数占该省（自治区、直辖市）农牧业人口30%以上或400万人以上。

（二）党中央、国务院认为需要启动一级响应的其他事项。

5.1.2 启动程序

灾害发生后，国家防灾减灾救灾委员会办公室经分析评估，认定灾情达到启动条件，向国家防灾减灾救灾委员会提出启动一级响应的建议，国家防灾减灾救灾委员会报党中央、国务院决定。必要时，党中央、国务院直接决定启动一级响应。

5.1.3 响应措施

国家防灾减灾救灾委员会主任组织协调国家层面灾害救助工作，指导支持受灾省（自治区、直辖市）灾害救助工作。国家防灾减灾救灾委员会及其成员单位采取以下措施：

（1）会商研判灾情和救灾形势，研究部署灾害救助工作，对指导支持受灾地区救灾重大事项作出决定，有关情况及时向党中央、国务院报告。

（2）派出由有关部门组成的工作组，赴受灾地区指导灾害救助工作，核查灾情，慰问受灾群众。根据灾情和救灾工作需要，应急管理部可派出先期工作组，赴受灾地区指导开展灾害救助工作。

（3）汇总统计灾情。国家防灾减灾救灾委员会办公室及时掌握灾情和救灾工作动态信息，按照有关规定统一发布灾情，及时发布受灾地区需求。国家防灾减灾救灾委员会有关成员单位做好灾情、受灾地区需求、救灾工作动态等信息共享，每日向国家防灾减灾救灾委员会办公室报告有关情况。必要时，国家防灾减灾救灾委员会专家委员会组织专家开展灾情发展趋势及受灾地区需求评估。

（4）下拨救灾款物。财政部会同应急管理部迅速启动中央救灾资金快速核拨机制，根据初步判断的灾情及时预拨中央自然灾害救灾资金。灾情稳定后，根据地方申请和应急管理部会同有关部门对灾情的核定情况进行清算，支持做好灾害救助工作。国家发展改革委及时下达灾后应急恢复重建中央预算内投资。应急管理部会同国家粮食和储备局紧急调拨中央生活类救灾物资，指导、监督基层救灾应急措施落实和救灾款物发放。交通运输、铁路、民航等部门和单位协调指导开展救灾物资、人员运输与重要通道快速修复等工作，充分发挥物流保通保畅工作机制作用，保障各类救灾物资运输畅通和人员及时转运。

（5）投入救灾力量。应急管理部迅速调派国家综合性消防救援队伍、专业救援队伍投入救灾工作，积极帮助受灾地区转移受灾群众、运送发放救灾物资等。国务院国资委督促中央企业积极参与抢险救援、基础设施抢修恢复等工作，全力支援救灾工作。中央社会工作部统筹指导有关部门和单位，协调组织志愿服务力量参与灾害救助工作。军队有关单位根据国家有关部门和地方人民政府请求，组织协调解放军、武警部队、民兵参与救灾，协助受灾地区人民政府做好灾害救助工作。

（6）安置受灾群众。应急管理部会同有关部门指导受灾地区统筹安置受灾群众，加强集中安置点管理服务，保障受灾群众基本生活。国家卫生健康委、国家疾控局及时组织医疗卫生队伍赴受灾地区协助开展医疗救治、灾后防疫和心理援助等卫生应急工作。

（7）恢复受灾地区秩序。公安部指导加强受灾地区社会治安和道路交通应急管理。国家发展改革委、农业农村部、商务部、市场监管总局、国家粮食和储备局等有关部门做好保障市场供应工作,防止价格大幅波动。应急管理部、国家发展改革委、工业和信息化部组织协调救灾物资装备、防护和消杀用品、药品和医疗器械等生产供应工作。金融监管总局指导做好受灾地区保险理赔和金融支持服务。

(8) 抢修基础设施。住房城乡建设部指导灾后房屋建筑和市政基础设施工程的安全应急评估等工作。水利部指导受灾地区水利水电工程设施修复、蓄滞洪区运用及补偿、水利行业供水和村镇应急供水工作。国家能源局指导监管范围内的水电工程修复及电力应急保障等工作。

(9) 提供技术支撑。工业和信息化部组织做好受灾地区应急通信保障工作。自然资源部及时提供受灾地区地理信息数据,组织受灾地区现场影像获取等应急测绘,开展灾情监测和空间分析,提供应急测绘保障服务。生态环境部及时监测因灾害导致的生态环境破坏、污染、变化等情况,开展受灾地区生态环境状况调查评估。

(10) 启动救灾捐赠。应急管理部会同民政部组织开展全国性救灾捐赠活动,指导具有救灾宗旨的社会组织加强捐赠款物管理、分配和使用;会同外交部、海关总署等有关部门和单位办理外国政府、国际组织等对我中央政府的国际援助事宜。中国红十字会总会依法开展相关救灾工作,开展救灾募捐等活动。

(11) 加强新闻宣传。中央宣传部统筹负责新闻宣传和舆论引导工作,指导有关部门和地方建立新闻发布与媒体采访服务管理机制,及时组织新闻发布会,协调指导各级媒体做好新闻宣传。中央网信办、广电总局等按职责组织做好新闻报道和舆论引导工作。

(12) 开展损失评估。灾情稳定后,根据党中央、国务院关于灾害评估和恢复重建工作的统一部署,应急管理部会同国务院有关部门,指导受灾省(自治区、直辖市)人民政府组织开展灾害损失综合评估工作,按有关规定统一发布灾害损失情况。

(13) 国家防灾减灾救灾委员会其他成员单位按照职责分工,做好有关工作。

(14) 国家防灾减灾救灾委员会办公室及时汇总各部门开展灾害救助等工作情况并按程序向党中央、国务院报告。

5.2 二级响应

5.2.1 启动条件

发生重特大自然灾害,一次灾害过程出现或会商研判可能出现下列情况之一的,可启动二级响应:

(1) 一省(自治区、直辖市)死亡和失踪100人以上200人以下(不含本数,下同)可启动响应,其相邻省(自治区、直辖市)死亡和失踪80人以上100人以下的可联动启动;

(2) 一省(自治区、直辖市)紧急转移安置和需紧急生活救助100万人以上200万人以下;

(3) 一省(自治区、直辖市)倒塌和严重损坏房屋20万间或7万户以上、30万间或10万户以下;

(4) 干旱灾害造成缺粮或缺水等生活困难,需政府救助人数占该省(自治区、直辖市)农牧业人口25%以上30%以下或300万人以上400万人以下。

5.2.2 启动程序

灾害发生后,国家防灾减灾救灾委员会办公室经分析评估,认定灾情达到启动条件,向国家防灾减灾救灾委员会提出启动二级响应的建议,国家防灾减灾救灾委员会副主任(应急管理部主要负责同志)报国家防灾减灾救灾委员会主任决定。

5.2.3 响应措施

国家防灾减灾救灾委员会副主任(应急管理部主要负责同志)组织协调国家层面灾害救助工作,指导支持受灾省(自治区、直辖市)灾害救助工作。国家防灾减灾救灾委员会及其成员单位采取以下措施:

(1) 会商研判灾情和救灾形势,研究落实救灾支持政策和措施,重要情况及时向党中央、国务院报告。

(2) 派出由有关部门组成的工作组,赴受灾地区指导灾害救助工作,核查灾情,慰问受灾群众。

(3) 国家防灾减灾救灾委员会办公室及时掌握灾情和救灾工作动态信息,按照有关规定统一发布灾情,及时发布受灾地区需求。国家防灾减灾救灾委员会有关成员单位做好灾情、受灾地区需求、救灾工作动态等信息共享,每日向国家防灾减灾救灾委员会办公室报告有关情况。必要时,国家防灾减灾救灾委员会专家委员会组织专家开展灾情发展趋势及受灾地区需求评估。

(4) 财政部会同应急管理部迅速启动中央救灾资金快速核拨机制,根据初步判断的灾情及时预拨中央自然灾害救灾资金。灾情稳定后,根据地方申请和应急管理部会同有关部门对灾情的核定情况进行清算,支持做好灾害救助工作。国家发展改革委及时下达灾后应急恢复重建中央预算内投资。应急管理部会同国家粮食和储备局紧急调拨中央生活类救灾物资,指导、监督基层救灾应急措施落实和救

157

灾款物发放。交通运输、铁路、民航等部门和单位协调指导开展救灾物资、人员运输与重要通道快速修复等工作，充分发挥物流保通保畅工作机制作用，保障各类救灾物资运输畅通和人员及时转运。

（5）应急管理部迅速调派国家综合性消防救援队伍、专业救援队伍投入救灾工作，积极帮助受灾地区转移受灾群众、运送发放救灾物资等。军队有关单位根据国家有关部门和地方人民政府请求，组织协调解放军、武警部队、民兵参与救灾，协助受灾地区人民政府做好灾害救助工作。

（6）国家卫生健康委、国家疾控局根据需要，及时派出医疗卫生队伍赴受灾地区协助开展医疗救治、灾后防疫和心理援助等卫生应急工作。自然资源部及时提供受灾地区地理信息数据，组织受灾地区现场影像获取等应急测绘，开展灾情监测和空间分析，提供应急测绘保障服务。国务院国资委督促中央企业积极参与抢险救援、基础设施抢修恢复等工作。金融监管总局指导做好受灾地区保险理赔和金融支持服务。

（7）应急管理部会同民政部指导受灾省（自治区、直辖市）开展救灾捐赠活动。中央社会工作部统筹指导有关部门和单位，协调组织志愿服务力量参与灾害救助工作。中国红十字会总会依法开展相关救灾工作，开展救灾募捐等活动。

（8）中央宣传部统筹负责新闻宣传和舆论引导工作，指导有关部门和地方视情及时组织新闻发布会，协调指导各级媒体做好新闻宣传。中央网信办、广电总局等按职责组织做好新闻报道和舆论引导工作。

（9）灾情稳定后，受灾省（自治区、直辖市）人民政府组织开展灾害损失综合评估工作，及时将评估结果报送国家防灾减灾救灾委员会。国家防灾减灾救灾委员会办公室组织核定并按有关规定统一发布灾害损失情况。

（10）国家防灾减灾救灾委员会其他成员单位按照职责分工，做好有关工作。

（11）国家防灾减灾救灾委员会办公室及时汇总各部门开展灾害救助等工作情况并上报。

5.3 三级响应

5.3.1 启动条件

发生重特大自然灾害，一次灾害过程出现或会商研判可能出现下列情况之一的，可启动三级响应：

（1）一省（自治区、直辖市）死亡和失踪50人以上100人以下可启动响应，其相邻省（自治区、直辖市）死亡和失踪40人以上50人以下的可联动启动；

（2）一省（自治区、直辖市）紧急转移安置和需紧急生活救助50万人以上100万人以下；

（3）一省（自治区、直辖市）倒塌和严重损坏房屋10万间或3万户以上、20万间或7万户以下；

（4）干旱灾害造成缺粮或缺水等生活困难，需政府救助人数占该省（自治区、直辖市）农牧业人口20%以上25%以下或200万人以上300万人以下。

5.3.2 启动程序

灾害发生后，国家防灾减灾救灾委员会办公室经分析评估，认定灾情达到启动条件，向国家防灾减灾救灾委员会提出启动三级响应的建议，国家防灾减灾救灾委员会副主任（应急管理部主要负责同志）决定启动三级响应，并向国家防灾减灾救灾委员会主任报告。

5.3.3 响应措施

国家防灾减灾救灾委员会副主任（应急管理部主要负责同志）或其委托的国家防灾减灾救灾委员会办公室副主任（应急管理部分管负责同志）组织协调国家层面灾害救助工作，指导支持受灾省（自治区、直辖市）灾害救助工作。国家防灾减灾救灾委员会及其成员单位采取以下措施：

（1）国家防灾减灾救灾委员会办公室组织有关成员单位及受灾省（自治区、直辖市）分析灾情形势，研究落实救灾支持政策和措施，有关情况及时上报国家防灾减灾救灾委员会主任、副主任并通报有关成员单位。

（2）派出由有关部门组成的工作组，赴受灾地区指导灾害救助工作，核查灾情，慰问受灾群众。

（3）国家防灾减灾救灾委员会办公室及时掌握并按照有关规定统一发布灾情和救灾工作动态信息。

（4）财政部会同应急管理部迅速启动中央救灾资金快速核拨机制，根据初步判断的灾情及时预拨部分中央自然灾害救灾资金。灾情稳定后，根据地方申请和应急管理部会同有关部门对灾情的核定情况进行清算，支持做好灾害救助工作。国家发展改革委及时下达灾后应急恢复重建中央预算内投资。应急管理部会同国家粮食和储备局紧急调拨中央生活类救灾物资，指导、监督基层救灾应急措施落实和救灾款物发放。交通运输、铁路、民航等部门和单位协调指导开展救灾物资、人员运输与重要通道快速修复等工作，充分发挥物流保通保畅工作机制作用，保障各类救灾物资运输畅通和人员及时转运。

（5）应急管理部迅速调派国家综合性消防救援队伍、专业救援队伍投入救灾工作，积极帮助受灾地区转移受灾群众、运送发放救灾物资等。军队有关单位根据国家有关部门和地方人民政府请求，组织协调解放军、武警部队、民兵参与救灾，协助受灾地区人民政府做好灾害救助工作。

（6）国家卫生健康委、国家疾控局指导受灾省（自治区、直辖市）做好医疗救治、灾后防疫和心理援助等卫生应急工作。金融监管总局指导做好受灾地区保险理赔和金融支持服务。

（7）中央社会工作部统筹指导有关部门和单位，协调组织志愿服务力量参与灾害救助工作。中国红十字会总会依法开展相关救灾工作。受灾省（自治区、直辖市）根据需要规范有序组织开展救灾捐赠活动。

（8）灾情稳定后，应急管理部指导受灾省（自治区、直辖市）评估、核定灾害损失情况。

（9）国家防灾减灾救灾委员会其他成员单位按照职责分工，做好有关工作。

5.4 四级响应

5.4.1 启动条件

发生重特大自然灾害，一次灾害过程出现或会商研判可能出现下列情况之一的，可启动四级响应：

（1）一省（自治区、直辖市）死亡和失踪 20 人以上 50 人以下；

（2）一省（自治区、直辖市）紧急转移安置和需紧急生活救助 10 万人以上 50 万人以下；

（3）一省（自治区、直辖市）倒塌和严重损坏房屋 1 万间或 3000 户以上、10 万间或 3 万户以下；

（4）干旱灾害造成缺粮或缺水等生活困难，需政府救助人数占该省（自治区、直辖市）农牧业人口 15% 以上 20% 以下或 100 万人以上 200 万人以下。

5.4.2 启动程序

灾害发生后，国家防灾减灾救灾委员会办公室经分析评估，认定灾情达到启动条件，国家防灾减灾救灾委员会办公室副主任（应急管理部分管负责同志）决定启动四级响应，并向国家防灾减灾救灾委员会副主任（应急管理部主要负责同志）报告。

5.4.3 响应措施

国家防灾减灾救灾委员会办公室组织协调国家层面灾害救助工作，指导支持受灾省（自治区、直辖市）灾害救助工作。国家防灾减灾救灾委员会及其成员单位采取以下措施：

（1）国家防灾减灾救灾委员会办公室组织有关部门和单位分析灾情形势，研究落实救灾支持政策和措施，有关情况及时上报国家防灾减灾救灾委员会主任、副主任并通报有关成员单位。

（2）国家防灾减灾救灾委员会办公室派出工作组，赴受灾地区协助指导地方开展灾害救助工作，核查灾情，慰问受灾群众。必要时，可由有关部门组成联合工作组。

（3）国家防灾减灾救灾委员会办公室及时掌握并按照有关规定统一发布灾情和救灾工作动态信息。

（4）财政部会同应急管理部迅速启动中央救灾资金快速核拨机制，根据初步判断的灾情及时预拨部分中央自然灾害救灾资金。灾情稳定后，根据地方申请和应急管理部会同有关部门对灾情的核定情况进行清算，支持做好灾害救助工作。国家发展改革委及时下达灾后应急恢复重建中央预算内投资。应急管理部会同国家粮食和储备局紧急调拨中央生活类救灾物资，指导、监督基层救灾应急措施落实和救灾款物发放。交通运输、铁路、民航等部门和单位协调指导开展救灾物资、人员运输与重要通道快速修复等工作，充分发挥物流保通保畅工作机制作用，保障各类救灾物资运输畅通和人员及时转运。

（5）应急管理部迅速调派国家综合性消防救援队伍、专业救援队伍投入救灾工作，积极帮助受灾地区转移受灾群众、运送发放救灾物资等。军队有关单位根据国家有关部门和地方人民政府请求，组织协调解放军、武警部队、民兵参与救灾，协助受灾地区人民政府做好灾害救助工作。

（6）国家卫生健康委、国家疾控局指导受灾省（自治区、直辖市）做好医疗救治、灾后防疫和心理援助等卫生应急工作。

（7）国家防灾减灾救灾委员会其他成员单位按照职责分工，做好有关工作。

5.5 启动条件调整

对灾害发生在敏感地区、敏感时间或救助能力薄弱的革命老区、民族地区、边疆地区、欠发达地区等特殊情况，或灾害对受灾省（自治区、直辖市）经济社会造成重大影响时，相关应急响应启动条件可酌情降低。

5.6 响应联动

对已启动国家防汛抗旱防台风、地震、地质灾害、森林草原火灾应急响应的，国家防灾减灾救灾委员会办公室要强化灾情态势会商，必要时按照本预案规定启动国家自然灾害救助应急响应。

省（自治区、直辖市）启动三级以上省级自然灾害救助应急响应的，应及时向应急管理部报告。启动国家自然灾害救助应急响应后，国家防灾减灾救灾委员会办公室、应急管理部向相关省（自治区、直辖市）通报，所涉及省（自治区、直辖市）要立即启动省级自然灾害救助应急响应，并加强会商研判，根据灾情发展变化及时作出调整。

5.7 响应终止

救灾应急工作结束后，经研判，国家防灾减灾救灾委员会办公室提出建议，按启动响应的相应权限终止响应。

6 灾后救助

6.1 过渡期生活救助

6.1.1 灾害救助应急工作结束后，受灾地区应急管理部门及时组织将因灾房屋倒塌或严重损坏需恢复重建无房可住人员、因次生灾害威胁在外安置无法返家人员、因灾损失严重缺少生活来源人员等纳入过渡期生活救助范围。

6.1.2 对启动国家自然灾害救助应急响应的灾害，国家防灾减灾救灾委员会办公室、应急管理部要指导受灾地区应急管理部门统计摸排受灾群众过渡期生活救助需求情况，明确需救助人员规模，及时建立台账，并统计生活救助物资等需求。

6.1.3 根据省级财政、应急管理部门的资金申请以及需救助人员规模，财政部会同应急管理部按相关政策规定下达过渡期生活救助资金。应急管理部指导做好过渡期生活救助的人员核定、资金发放等工作，督促做好受灾群众过渡期基本生活保障工作。

6.1.4 国家防灾减灾救灾委员会办公室、应急管理部、财政部监督检查受灾地区过渡期生活救助政策和措施的落实情况，视情通报救助工作开展情况。

6.2 倒损住房恢复重建

6.2.1 因灾倒损住房恢复重建由受灾地区县级人民政府负责组织实施，提供资金支持，制定完善因灾倒损住房恢复重建补助资金管理有关标准规范，确保补助资金规范有序发放到受灾群众手中。

6.2.2 恢复重建资金等通过政府救助、社会互助、自行筹措、政策优惠等多种途径解决，并鼓励通过邻里帮工帮料、以工代赈等方式实施恢复重建。积极发挥商业保险经济补偿作用，发展城乡居民住宅地震巨灾保险、农村住房保险、灾害民生保险等相关保险，完善市场化筹集恢复重建资金机制，帮助解决受灾群众基本住房问题。

6.2.3 恢复重建规划和房屋设计要尊重群众意愿，加强全国自然灾害综合风险普查成果转化运用，因地制宜确定方案，科学安排项目选址，合理布局，避开地震断裂带、洪涝灾害高风险区、地质灾害隐患点等，避让地质灾害极高和高风险区。无法避让地质灾害极高和高风险区的，必须采取工程防治措施，提高抗灾设防能力，确保安全。

6.2.4 对启动国家自然灾害救助应急响应的灾害，应急管理部根据省级应急管理部门倒损住房核定情况，视情组织评估组，参考其他灾害管理部门评估数据，对因灾倒损住房情况进行综合评估，明确需恢复重建救助对象规模。

6.2.5 根据省级财政、应急管理部门的资金申请以及需恢复重建救助对象规模，财政部会同应急管理部按相关政策规定下达因灾倒损住房恢复重建补助资金。

6.2.6 倒损住房恢复重建工作结束后，地方应急管理部门应采取实地调查、抽样调查等方式，对本地因灾倒损住房恢复重建补助资金管理使用工作开展绩效评价，并将评价结果报上一级应急管理部门。应急管理部收到省级应急管理部门上报的本行政区域内绩效评价情况后，通过实地抽查等方式，对全国因灾倒损住房恢复重建补助资金管理使用工作进行绩效评价。

6.2.7 住房城乡建设部门负责倒损住房恢复重建的技术服务和指导，强化质量安全管理。自然资源部门负责做好灾后重建项目地质灾害危险性评估审查，根据评估结论指导地方做好必要的综合治理；做好国土空间规划、计划安排和土地整治，同时做好建房选址，加快用地、规划审批，简化审批手续。其他有关部门按照各自职责，制定优惠政策，支持做好住房恢复重建工作。

6.3 冬春救助

6.3.1 受灾地区人民政府负责解决受灾群众在灾害发生后的当年冬季、次年春季遇到的基本生活困难。国家防灾减灾救灾委员会办公室、应急管理部、财政部根据党中央、国务院有关部署加强统筹指导，地方各级应急管理部门、财政部门抓好落实。

6.3.2 国家防灾减灾救灾委员会办公室、应急管理部每年9月下旬开展受灾群众冬春生活困难情况调查，并会同省级应急管理部门开展受灾群众生活困难状况评估，核实情况，明确全国需救助人员规模。

6.3.3 受灾地区县级应急管理部门应在每年10月底前统计、评估本行政区域受灾群众当年冬季、次年春季的基本生活救助需求，核实救助人员，编制工作台账，制定救助工作方案，经本级党委和政府批准后组织实施，并报上一级应急管理部门备案。

6.3.4 根据省级财政、应急管理部门的资金申请以及全国需救助人员规模，财政部会同应急管理部按相关政策规定下达中央冬春救助资金，专项用于帮助解决受灾群众冬春基本生活困难。

6.3.5 地方各级应急管理部门会同有关部门组织调拨发放衣被等物资，应急管理部会同财政部、国家粮食和储备局根据地方申请视情调拨中央救灾物资予以支持。

7 保障措施

7.1 资金保障

7.1.1 县级以上地方党委和政府将灾害救助工作纳入国民经济和社会发展规划，建立健全与灾害救助需求相适应的资金、物资保障机制，将自然灾害救灾资金和灾害救助工作经费纳入财政预算。

7.1.2 中央财政每年综合考虑有关部门灾情预测和此前年度实际支出等因素，合理安排中央自然灾害救灾资金预算，支持地方党委和政府履行自然灾害救灾主体责任，用于组织开展重特大自然灾害救灾和受灾群众救助等工作。

7.1.3 财政部、应急管理部建立健全中央救灾资金快速核拨机制，根据灾情和救灾工作进展，按照及时快速、充分保障的原则预拨救灾资金，满足受灾地区灾害救助工作资金急需。灾情稳定后，及时对预拨资金进行清算。国家发展改革委及时下达灾后应急恢复重建中央预算内投资。

7.1.4 中央和地方各级人民政府根据经济社会发展水平、自然灾害生活救助成本等因素，适时调整自然灾害救助政策和相关补助标准，着力解决好受灾群众急难愁盼问题。

7.2 物资保障

7.2.1 充分利用现有国家储备仓储资源，合理规划、建设中央救灾物资储备库；设区的市级及以上人民政府、灾害多发易发地区的县级人民政府、交通不便或灾害事故风险等级高地区的乡镇人民政府，应根据灾害特点、居民人口数量和分布等情况，按照布局合理、规模适度的原则，设立救灾物资储备库（点）。优化救灾物资储备库布局，完善救灾物资储备库的仓储条件、设施和功能，形成救灾物资储备网络。救灾物资储备库（点）建设应统筹考虑各行业应急处置、抢险救灾等方面需要。

7.2.2 制定救灾物资保障规划，科学合理确定储备品种和规模。省、市、县、乡级人民政府应参照中央应急物资品种要求，结合本地区灾害事故特点，储备能够满足本行政区域启动二级响应需求的救灾物资，并留有安全冗余。建立健全救灾物资采购和储备制度，每年根据应对重特大自然灾害需求，及时补充更新救灾物资。按照实物储备和能力储备相结合的原则，提升企业产能保障能力，优化救灾物资产能布局。依托国家应急资源管理平台，搭建重要救灾物资生产企业数据库。建立健全应急状态下集中生产调度和紧急采购供应机制，提升救灾物资保障的社会协同能力。

7.2.3 依托应急管理、粮食和储备等部门中央级、区域级、省级骨干库建立救灾物资调运配送中心。建立健全救灾物资紧急调拨和运输制度，配备运输车辆装备，优化仓储运输衔接，提升救灾物资前沿投送能力。充分发挥各级物流保通保畅工作机制作用，提高救灾物资装卸、流转效率。增强应急调运水平，与市场化程度高、集散能力强的物流企业建立战略合作，探索推进救灾物资集装单元化储运能力建设。

7.2.4 制定完善救灾物资品种目录和质量技术标准、储备库（点）建设和管理标准，加强救灾物资保障全过程信息化管理。建立健全救灾物资应急征用补偿机制。

7.3 通信和信息保障

7.3.1 工业和信息化部健全国家应急通信保障体系，增强通信网络容灾抗毁韧性，加强基层应急通信装备预置，提升受灾地区应急通信抢通、保通、畅通能力。

7.3.2 加强国家自然灾害灾情管理系统建设，指导地方基于应急宽带VSAT卫星网和战备应急短波网等建设、管理应急通信网络，确保中央和地方各级党委和政府、军队有关指挥机构及时准确掌握重大灾情。

7.3.3 充分利用现有资源、设备，完善灾情和数据共享平台，健全灾情共享机制，强化数据及时共享。加强灾害救助工作信息化建设。

7.4 装备和设施保障

7.4.1 国家防灾减灾救灾委员会有关成员单位应协调为基层配备灾害救助必需的设备和装备。县级以上地方党委和政府要配置完善调度指挥、会商研判、业务保障等设施设备和系统，为防灾重点区域和高风险乡镇、村组配备必要装备，提升基层自救互救能力。

7.4.2 县级以上地方党委和政府应根据发展规划、国土空间总体规划等，结合居民人口数量和分布等情况，统筹推进应急避难场所规划、建设和管理工作，明确相关技术标准，统筹利用学校、公园绿地、广场、文体场馆等公共设施和场地空间建设综合性应急避难场所，科学合理确定应急避难场所数量规模、等级类别、服务半径、设施设备物资配置指标等，并设置明显标志。灾害多发易发地区可规划建设专用应急避难场所。

7.4.3 灾情发生后，县级以上地方党委和政府要视情及时启用开放各类应急避难场所，科学设置受灾群众安置点，避开山洪、地质灾害隐患点及其他危险区域，避免次生灾害。同时，要加强安置点消防安全、卫生医疗、防疫消杀、食品安全、治安等保障，确保安置点安全有序。

7.5 人力资源保障

7.5.1 加强自然灾害各类专业救灾队伍建设、灾害管理人员队伍建设，提高灾害救助能力。支持、培育和发展相关社会组织、社会工作者和志愿者队伍，鼓励和引导其在救灾工作中发挥积极作用。

7.5.2 组织应急管理、自然资源、住房城乡建设、生态环境、交通运输、水利、农业农村、商务、卫生健康、林草、地震、消防救援、气象、电力、红十字会等方面专家，重点开展灾情会商、赴受灾地区现场评估及灾害管理的业务咨询工作。

7.5.3 落实灾害信息员培训制度，建立健全覆盖省、市、县、乡镇（街道）、村（社区）的灾害信息员队伍。村民委员会、居民委员会和企事业单位应设立专职或者兼职的灾害信息员。

7.6 社会动员保障

7.6.1 建立健全灾害救助协同联动机制，引导社会力量有序参与。

7.6.2 完善非灾区支援灾区、轻灾区支援重灾区的救助对口支援机制。

7.6.3 健全完善灾害应急救援救助平台，引导社会力量和公众通过平台开展相关活动，持续优化平台功能，不断提升平台能力。

7.6.4 科学组织、有效引导，充分发挥乡镇党委和政府、街道办事处、村民委员会、居民委员会、企事业单位、社会组织、社会工作者和志愿者在灾害救助中的作用。

7.7 科技保障

7.7.1 建立健全应急减灾卫星、气象卫星、海洋卫星、资源卫星、航空遥感等对地监测系统，发展地面应用系统和航空平台系统，建立基于遥感、地理信息系统、模拟仿真、计算机网络等技术的"天地空"一体化灾害监测预警、分析评估和应急决策支持系统。开展地方空间技术减灾应用示范和培训工作。

7.7.2 组织应急管理、自然资源、生态环境、交通运输、水利、农业农村、卫生健康、林草、地震、消防救援、气象等方面专家开展自然灾害综合风险普查，及时完善全国自然灾害风险和防治区划图，制定相关技术和管理标准。

7.7.3 支持鼓励高等院校、科研院所、企事业单位和社会组织开展灾害相关领域的科学研究，加强对全球先进应急装备的跟踪研究，加大技术装备开发、推广应用力度，建立合作机制，鼓励防灾减灾救灾政策理论研究。

7.7.4 利用空间与重大灾害国际宪章、联合国灾害管理与应急反应天基信息平台等国际合作机制，拓展灾害遥感信息资源渠道，加强国际合作。

7.7.5 开展国家应急广播相关技术、标准研究，建立健全国家应急广播体系，实现灾情预警预报和减灾救灾信息全面立体覆盖。通过国家突发事件预警信息发布系统及时向公众发布灾害预警信息，综合运用各类手段确保直达基层一线。

7.8 宣传和培训

进一步加强突发事件应急科普宣教工作，组织开展全国性防灾减灾救灾宣传活动，利用各种媒体宣传应急法律法规和灾害预防、避险、避灾、自救、互救、保险常识，组织好"全国防灾减灾日"、"国际减灾日"、"世界急救日"、"世界气象日"、"全国科普日"、"全国科技活动周"、"全国消防日"和"国际民防日"等活动，加强防灾减灾救灾科普宣传，提高公民防灾减灾救灾意识和能力。积极推进社区减灾活动，推动综合减灾示范社区建设，筑牢防灾减灾救灾人民防线。

组织开展对地方各级党委和政府分管负责人、灾害管理人员和专业救援队伍、社会工作者和志愿者的培训。

8 附 则

8.1 术语解释

本预案所称自然灾害主要包括洪涝、干旱等水旱灾害，台风、风雹、低温冷冻、高温、雪灾、沙尘暴等气象灾害，地震灾害，崩塌、滑坡、泥石流等地质灾害，风暴潮、海浪、海啸、海冰等海洋灾害，森林草原火灾和重大生物灾害等。

8.2 责任与奖惩

各地区、各部门要切实压实责任，严格落实任务要求，对在灾害救助过程中表现突出、作出突出贡献的集体和个人，按照国家有关规定给予表彰奖励；对玩忽职守造成损失的，依据国家有关法律法规追究当事人责任，构成犯罪的，依法追究其刑事

8.3 预案管理

8.3.1 本预案由应急管理部负责组织编制，报国务院批准后实施。预案实施过程中，应急管理部应结合重特大自然灾害应对处置情况，适时召集有关部门和专家开展复盘、评估，并根据灾害救助工作需要及时修订完善。

8.3.2 有关部门和单位可根据实际制定落实本预案任务的工作手册、行动方案等，确保责任落实到位。

8.3.3 地方各级党委和政府的防灾减灾救灾综合协调机构，应根据本预案修订本级自然灾害救助应急预案，省级预案报应急管理部备案。应急管理部加强对地方各级自然灾害救助应急预案的指导检查，督促地方动态完善预案。

8.3.4 国家防灾减灾救灾委员会办公室协调国家防灾减灾救灾委员会成员单位制定本预案宣传培训和演练计划，并定期组织演练。

8.3.5 本预案由国家防灾减灾救灾委员会办公室负责解释。

8.4 参照情形

发生自然灾害以外的其他类型突发事件，根据需要可参照本预案开展救助工作。

8.5 预案实施时间

本预案自印发之日起实施。

国家地震应急预案

（2012年8月28日修订）

1 总 则

1.1 编制目的

依法科学统一、有力有序有效地实施地震应急，最大程度减少人员伤亡和经济损失，维护社会正常秩序。

1.2 编制依据

《中华人民共和国突发事件应对法》、《中华人民共和国防震减灾法》等法律法规和国家突发事件总体应急预案等。

1.3 适用范围

本预案适用于我国发生地震及火山灾害和国外发生造成重大影响地震及火山灾害的应对工作。

1.4 工作原则

抗震救灾工作坚持统一领导、军地联动，分级负责、属地为主，资源共享、快速反应的工作原则。地震灾害发生后，地方人民政府和有关部门立即自动按照职责分工和相关预案开展前期处置工作。省级人民政府是应对本行政区域特别重大、重大地震灾害的主体。视省级人民政府地震应急的需求，国家地震应急给予必要的协调和支持。

2 组织体系

2.1 国家抗震救灾指挥机构

国务院抗震救灾指挥部负责统一领导、指挥和协调全国抗震救灾工作。地震局承担国务院抗震救灾指挥部日常工作。

必要时，成立国务院抗震救灾总指挥部，负责统一领导、指挥和协调全国抗震救灾工作；在地震灾区成立现场指挥机构，在国务院抗震救灾指挥机构的领导下开展工作。

2.2 地方抗震救灾指挥机构

县级以上地方人民政府抗震救灾指挥部负责统一领导、指挥和协调本行政区域的抗震救灾工作。地方有关部门和单位、当地解放军、武警部队和民兵组织等，按照职责分工，各负其责，密切配合，共同做好抗震救灾工作。

3 响应机制

3.1 地震灾害分级

地震灾害分为特别重大、重大、较大、一般四级。

（1）特别重大地震灾害是指造成300人以上死亡（含失踪），或者直接经济损失占地震发生地省（区、市）上年国内生产总值1%以上的地震灾害。

当人口较密集地区发生7.0级以上地震，人口密集地区发生6.0级以上地震，初判为特别重大地震灾害。

（2）重大地震灾害是指造成50人以上、300人以下死亡（含失踪）或者造成严重经济损失的地震灾害。

当人口较密集地区发生6.0级以上、7.0级以下地震，人口密集地区发生5.0级以上、6.0级以下地震，初判为重大地震灾害。

（3）较大地震灾害是指造成10人以上、50人以下死亡（含失踪）或者造成较重经济损失的地震灾害。

当人口较密集地区发生5.0级以上、6.0级以下地震，人口密集地区发生4.0级以上、5.0级以下地震，初判为较大地震灾害。

（4）一般地震灾害是指造成10人以下死亡（含失踪）或者造成一定经济损失的地震灾害。

当人口较密集地区发生4.0级以上、5.0级以下地震，初判为一般地震灾害。

3.2 分级响应

根据地震灾害分级情况，将地震灾害应急响应分为Ⅰ级、Ⅱ级、Ⅲ级和Ⅳ级。

应对特别重大地震灾害，启动Ⅰ级响应。由灾区所在省级抗震救灾指挥部领导灾区地震应急工作；国务院抗震救灾指挥机构负责统一领导、指挥和协调全国抗震救灾工作。

应对重大地震灾害，启动Ⅱ级响应。由灾区所在省级抗震救灾指挥部领导灾区地震应急工作；国务院抗震救灾指挥部根据情况，组织协调有关部门和单位开展国家地震应急工作。

应对较大地震灾害，启动Ⅲ级响应。在灾区所在省级抗震救灾指挥部的支持下，由灾区所在市级抗震救灾指挥部领导灾区地震应急工作。中国地震局等国家有关部门和单位根据灾区需求，协助做好抗震救灾工作。

应对一般地震灾害，启动Ⅳ级响应。在灾区所在省、市级抗震救灾指挥部的支持下，由灾区所在县级抗震救灾指挥部领导灾区地震应急工作。中国地震局等国家有关部门和单位根据灾区需求，协助做好抗震救灾工作。

地震发生在边疆地区、少数民族聚居地区和其他特殊地区，可根据需要适当提高响应级别。地震应急响应启动后，可视灾情及其发展情况对响应级别及时进行相应调整，避免响应不足或响应过度。

4 监测报告

4.1 地震监测预报

中国地震局负责收集和管理全国各类地震观测数据，提出地震重点监视防御区和年度防震减灾工作意见。各级地震工作主管部门和机构加强震情跟踪监测、预测预报和群测群防工作，及时对地震预测意见和可能与地震有关的异常现象进行综合分析研判。省级人民政府根据预报的震情决策发布临震预报，组织预报区加强应急防范措施。

4.2 震情速报

地震发生后，中国地震局快速完成地震发生时间、地点、震级、震源深度等速报参数的测定，报国务院，同时通报有关部门，并及时续报有关情况。

4.3 灾情报告

地震灾害发生后，灾区所在县级以上地方人民政府及时将震情、灾情等信息报上级人民政府，必要时可越级上报。发生特别重大、重大地震灾害，民政部、中国地震局等部门迅速组织开展现场灾情收集、分析研判工作，报国务院，并及时续报有关情况。公安、安全生产监管、交通、铁道、水利、建设、教育、卫生等有关部门及时将收集了解的情况报国务院。

5 应急响应

各有关地方和部门根据灾情和抗灾救灾需要，采取以下措施。

5.1 搜救人员

立即组织基层应急队伍和广大群众开展自救互救，同时组织协调当地解放军、武警部队、地震、消防、建筑和市政等各方面救援力量，调配大型吊车、起重机、千斤顶、生命探测仪等救援装备，抢救被掩埋人员。现场救援队伍之间加强衔接和配合，合理划分责任区边界，遇有危险时及时传递警报，做好自身安全防护。

5.2 开展医疗救治和卫生防疫

迅速组织协调应急医疗队伍赶赴现场，抢救受伤群众，必要时建立战地医院或医疗点，实施现场救治。加强救护车、医疗器械、药品和血浆的组织调度，特别是加大对重灾区及偏远地区医疗器械、药品供应，确保被救人员得到及时医治，最大程度减少伤员致死、致残。统筹周边地区的医疗资源，根据需要分流重伤员，实施异地救治。开展灾后心理援助。

加强灾区卫生防疫工作。及时对灾区水源进行监测消毒，加强食品和饮用水卫生监督；妥善处置遇难者遗体，做好死亡动物、医疗废弃物、生活垃圾、粪便等消毒和无害化处理；加强鼠疫、狂犬病的监测、防控和处理，及时接种疫苗；实行重大传染病和突发卫生事件每日报告制度。

5.3 安置受灾群众

开放应急避难场所，组织筹集和调运食品、饮用水、衣被、帐篷、移动厕所等各类救灾物资，解决受灾群众吃饭、饮水、穿衣、住处等问题；在受灾村镇、街道设置生活用品发放点，确保生活用品的有序发放；根据需要组织生产、调运、安装活动板房和简易房；在受灾群众集中安置点配备必要的消防设备器材，严防火灾发生。救灾物资优先保证学校、医院、福利院的需要；优先安置孤儿、孤老及残疾人员，确保其基本生活。鼓励采取投亲靠友等方式，广泛动员社会力量安置受灾群众。

做好遇难人员的善后工作，抚慰遇难者家属；积极创造条件，组织灾区学校复课。

5.4 抢修基础设施

抢通修复因灾损毁的机场、铁路、公路、桥梁、隧道等交通设施，协调运力，优先保证应急抢险救援人员、救灾物资和伤病人员的运输需要。抢修供电、供水、供气、通信、广播电视等基础设施，保障灾区群众基本生活需要和应急工作需要。

5.5 加强现场监测

地震局组织布设或恢复地震现场测震和前兆台站，实时跟踪地震序列活动，密切监视震情发展，对震区及全国震情形势进行研判。气象局加强气象监测，密切关注灾区重大气象变化。灾区所在地抗震救灾指挥部安排专业力量加强空气、水源、土壤污染监测，减轻或消除污染危害。

5.6 防御次生灾害

加强次生灾害监测预警，防范因强余震和降雨形成的滑坡、泥石流、滚石等造成新的人员伤亡和交通堵塞；组织专家对水库、水电站、堤坝、堰塞湖等开展险情排查、评估和除险加固，必要时组织下游危险地区人员转移。

加强危险化学品生产储存设备、输油气管道、输配电线路的受损情况排查，及时采取安全防范措施；对核电站等核工业生产科研重点设施，做好事故防范处置工作。

5.7 维护社会治安

严厉打击盗窃、抢劫、哄抢救灾物资、借机传播谣言制造社会恐慌等违法犯罪行为；在受灾群众安置点、救灾物资存放点等重点地区，增设临时警务站，加强治安巡逻，增强灾区群众的安全感；加强对党政机关、要害部门、金融单位、储备仓库、监狱等重要场所的警戒，做好涉灾矛盾纠纷化解和法律服务工作，维护社会稳定。

5.8 开展社会动员

灾区所在地抗震救灾指挥部明确专门的组织机构或人员，加强志愿服务管理；及时开通志愿服务联系电话，统一接收志愿者组织报名，做好志愿者派遣和相关服务工作；根据灾区需求、交通运输等情况，向社会公布志愿服务需求指南，引导志愿者安全有序参与。

视情开展为灾区人民捐款捐物活动，加强救灾捐赠的组织发动和款物接收、统计、分配、使用、公示反馈等各环节工作。

必要时，组织非灾区人民政府，通过提供人力、物力、财力、智力等形式，对灾区群众生活安置、伤员救治、卫生防疫、基础设施抢修和生产恢复等开展对口支援。

5.9 加强涉外事务管理

及时向相关国家和地区驻华机构通报相关情况；协调安排国外救援队入境救援行动，按规定办理外事手续，分配救援任务，做好相关保障；加强境外救援物资的接受和管理，按规定做好检验检疫、登记管理等工作；适时组织安排境外新闻媒体进行采访。

5.10 发布信息

各级抗震救灾指挥机构按照分级响应原则，分别负责相应级别地震灾害信息发布工作，回应社会关切。信息发布要统一、及时、准确、客观。

5.11 开展灾害调查与评估

地震局开展地震烈度、发震构造、地震宏观异常现象、工程结构震害特征、地震社会影响和各种地震地质灾害调查等。民政、地震、国土资源、建设、环境保护等有关部门，深入调查灾区范围、受灾人口、成灾人口、人员伤亡数量、建构筑物和基础设施破坏程度、环境影响程度等，组织专家开展灾害损失评估。

5.12 应急结束

在抢险救灾工作基本结束、紧急转移和安置工作基本完成、地震次生灾害的后果基本消除，以及交通、电力、通信和供水等基本抢修抢通、灾区生活秩序基本恢复后，由启动应急响应的原机关决定终止应急响应。

6 指挥与协调

6.1 特别重大地震灾害

6.1.1 先期保障

特别重大地震灾害发生后，根据中国地震局的信息通报，有关部门立即组织做好灾情航空侦察和机场、通信等先期保障工作。

（1）测绘地信局、民航局、总参谋部等迅速组织协调出动飞行器开展灾情航空侦察。

（2）总参谋部、民航局采取必要措施保障相关机场的有序运转，组织修复灾区机场或开辟临时机场，并实行必要的飞行管制措施，保障抗震救灾工作需要。

（3）工业和信息化部按照国家通信保障应急预案及时采取应对措施，抢修受损通信设施，协调应急通信资源，优先保障抗震救灾指挥通信联络和信息传递畅通。自有通信系统的部门尽快恢复本部门受到损坏的通信设施，协助保障应急救援指挥通信

6.1.2 地方政府应急处置

省级抗震救灾指挥部立即组织各类专业抢险救灾队伍开展人员搜救、医疗救护、受灾群众安置等，组织抢修重大关键基础设施，保护重要目标；国务院启动Ⅰ级响应后，按照国务院抗震救灾指挥机构的统一部署，领导和组织实施本行政区域抗震救灾工作。

灾区所在市（地）、县级抗震救灾指挥部立即发动基层干部群众开展自救互救，组织基层抢险救灾队伍开展人员搜救和医疗救护，开放应急避难场所，及时转移和安置受灾群众，防范次生灾害，维护社会治安，同时提出需要支援的应急措施建议；按照上级抗震救灾指挥机构的安排部署，领导和组织实施本行政区域抗震救灾工作。

6.1.3 国家应急处置

中国地震局或灾区所在省级人民政府向国务院提出实施国家地震应急Ⅰ级响应和需采取应急措施的建议，国务院决定启动Ⅰ级响应，由国务院抗震救灾指挥机构负责统一领导、指挥和协调全国抗震救灾工作。必要时，国务院直接决定启动Ⅰ级响应。

国务院抗震救灾指挥机构根据需要设立抢险救援、群众生活保障、医疗救治和卫生防疫、基础设施保障和生产恢复、地震监测和次生灾害防范处置、社会治安、救灾捐赠与涉外事务、涉港澳台事务、国外救援队伍协调事务、地震灾害调查及灾情损失评估、信息发布及宣传报道等工作组，国务院办公厅履行信息汇总和综合协调职责，发挥运转枢纽作用。国务院抗震救灾指挥机构组织有关地区和部门开展以下工作：

（1）派遣公安消防部队、地震灾害紧急救援队、矿山和危险化学品救护队、医疗卫生救援队伍等各类专业抢险救援队伍，协调解放军和武警部队派遣专业队伍，赶赴灾区抢救被压埋幸存者和被困群众。

（2）组织跨地区调运救灾帐篷、生活必需品等救灾物资和装备，支援灾区保障受灾群众的吃、穿、住等基本生活需要。

（3）支援灾区开展伤病员和受灾群众医疗救治、卫生防疫、心理援助工作，根据需要组织实施跨地区大范围转移救治伤员，恢复灾区医疗卫生服务能力和秩序。

（4）组织抢修通信、电力、交通等基础设施，保障抢险救援通信、电力以及救灾人员和物资交通运输的畅通。

（5）指导开展重大危险源、重要目标物、重大关键基础设施隐患排查与监测预警，防范次生衍生灾害。对于已经受到破坏的，组织快速抢险救援。

（6）派出地震现场监测与分析预报工作队伍，布设或恢复地震现场测震和前兆台站，密切监视震情发展，指导做好余震防范工作。

（7）协调加强重要目标警戒和治安管理，预防和打击各种违法犯罪活动，指导做好涉灾矛盾纠纷化解和法律服务工作，维护社会稳定。

（8）组织有关部门和单位、非灾区省级人民政府以及企事业单位、志愿者等社会力量对灾区进行紧急支援。

（9）视情实施限制前往或途经灾区旅游、跨省（区、市）和干线交通管制等特别管制措施。

（10）组织统一发布灾情和抗震救灾信息，指导做好抗震救灾宣传报道工作，正确引导国内外舆论。

（11）其他重要事项。

必要时，国务院抗震救灾指挥机构在地震灾区成立现场指挥机构，负责开展以下工作：

（1）了解灾区抗震救灾工作进展和灾区需求情况，督促落实国务院抗震救灾指挥机构工作部署。

（2）根据灾区省级人民政府请求，协调有关部门和地方调集应急物资、装备。

（3）协调指导国家有关专业抢险救援队伍以及各方面支援力量参与抗震救灾行动。

（4）协调公安、交通运输、铁路、民航等部门和地方提供交通运输保障。

（5）协调安排灾区伤病群众转移治疗。

（6）协调相关部门支持协助地方人民政府处置重大次生衍生灾害。

（7）国务院抗震救灾指挥机构部署的其他任务。

6.2 重大地震灾害

6.2.1 地方政府应急处置

省级抗震救灾指挥部制订抢险救援力量及救灾物资装备配置方案，协调驻地解放军、武警部队，组织各类专业抢险救灾队伍开展人员搜救、医疗救护、灾民安置、次生灾害防范和应急恢复等工作。需要国务院支持的事项，由省级人民政府向国务院提出建议。

灾区所在市（地）、县级抗震救灾指挥部迅速组织开展自救互救、抢险救灾等先期处置工作，同时提出需要支援的应急措施建议；按照上级抗震救灾指挥机构的安排部署，领导和组织实施本行政区域抗震救灾工作。

6.2.2 国家应急处置

中国地震局向国务院抗震救灾指挥部上报相关

信息，提出应对措施建议，同时通报有关部门。国务院抗震救灾指挥部根据应对工作需要，或者灾区所在省级人民政府请求或国务院有关部门建议，采取以下一项或多项应急措施：

（1）派遣公安消防部队、地震灾害紧急救援队、矿山和危险化学品救护队、医疗卫生救援队伍等专业抢险救援队伍，赶赴灾区抢救被压埋幸存者和被困群众，转移救治伤病员，开展卫生防疫等。必要时，协调解放军、武警部队派遣专业队伍参与应急救援。

（2）组织调运救灾帐篷、生活必需品等抗震救灾物资。

（3）指导、协助抢修通信、广播电视、电力、交通等基础设施。

（4）根据需要派出地震监测和次生灾害防范、群众生活、医疗救治和卫生防疫、基础设施恢复等工作组，赴灾区协助、指导开展抗震救灾工作。

（5）协调非灾区省级人民政府对灾区进行紧急支援。

（6）需要国务院抗震救灾指挥部协调解决的其他事项。

6.3 较大、一般地震灾害

市（地）、县级抗震救灾指挥部组织各类专业抢险救灾队伍开展人员搜救、医疗救护、灾民安置、次生灾害防范和应急恢复等工作。省级抗震救灾指挥部根据应对工作实际需要或下级抗震救灾指挥部请求，协调派遣专业技术力量和救援队伍，组织调运抗震救灾物资装备，指导市（地）、县开展抗震救灾各项工作；必要时，请求国家有关部门予以支持。

根据灾区需求，中国地震局等国家有关部门和单位协助地方做好地震监测、趋势判定、房屋安全性鉴定和灾害损失调查评估，以及支援物资调运、灾民安置和社会稳定等工作。必要时，派遣公安消防部队、地震灾害紧急救援队和医疗卫生救援队伍赴灾区开展紧急救援行动。

7 恢 复 重 建

7.1 恢复重建规划

特别重大地震灾害发生后，按照国务院决策部署，国务院有关部门和灾区省级人民政府组织编制灾后恢复重建规划；重大、较大、一般地震灾害发生后，灾区省级人民政府根据实际工作需要组织编制地震灾后恢复重建规划。

7.2 恢复重建实施

灾区地方各级人民政府应根据灾后恢复重建规划和当地经济社会发展水平，有计划、分步骤地组织实施本行政区域灾后恢复重建。上级人民政府有关部门对灾区恢复重建规划的实施给予支持和指导。

8 保 障 措 施

8.1 队伍保障

国务院有关部门、解放军、武警部队、县级以上地方人民政府加强地震灾害紧急救援、公安消防、陆地搜寻与救护、矿山和危险化学品救护、医疗卫生救援等专业抢险救灾队伍建设，配备必要的物资装备，经常性开展协同演练，提高共同应对地震灾害的能力。

城市供水、供电、供气等生命线工程设施产权单位、管理或者生产经营单位加强抢险抢修队伍建设。

乡（镇）人民政府、街道办事处组织动员社会各方面力量，建立基层地震抢险救灾队伍，加强日常管理和培训。各地区、各有关部门发挥共青团和红十字会作用，依托社会团体、企事业单位及社区建立地震应急救援志愿者队伍，形成广泛参与地震应急救援的社会动员机制。

各级地震工作主管部门加强地震应急专家队伍建设，为应急指挥辅助决策、地震监测和趋势判断、地震灾害紧急救援、灾害损失评估、地震烈度考察、房屋安全鉴定等提供人才保障。各有关研究机构加强地震监测、地震预测、地震区划、应急处置技术、搜索与营救、建筑物抗震技术等方面的研究，提供技术支撑。

8.2 指挥平台保障

各级地震工作主管部门综合利用自动监测、通信、计算机、遥感等技术，建立健全地震应急指挥技术系统，形成上下贯通、反应灵敏、功能完善、统一高效的地震应急指挥平台，实现震情灾情快速响应、应急指挥决策、灾害损失快速评估与动态跟踪、地震趋势判断的快速反馈，保障各级人民政府在抗震救灾中进行合理调度、科学决策和准确指挥。

8.3 物资与资金保障

国务院有关部门建立健全应急物资储备网络和生产、调拨及紧急配送体系，保障地震灾害应急工作所需生活救助物资、地震救援和工程抢险装备、医疗器械和药品等的生产供应。县级以上地方人民政府及其有关部门根据有关法律法规，做好应急物资储备工作，并通过与有关生产经营企业签订协议等方式，保障应急物资、生活必需品和应急处置装备的生产、供给。

县级以上人民政府保障抗震救灾工作所需经费。中央财政对达到国家级灾害应急响应、受地震灾害影响较大和财政困难的地区给予适当支持。

8.4 避难场所保障

县级以上地方人民政府及其有关部门，利用广场、绿地、公园、学校、体育场馆等公共设施，因地制宜设立地震应急避难场所，统筹安排所必需的交通、通信、供水、供电、排污、环保、物资储备等设备设施。

学校、医院、影剧院、商场、酒店、体育场馆等人员密集场所设置地震应急疏散通道，配备必要的救生避险设施，保证通道、出口的畅通。有关单位定期检测、维护报警装置和应急救援设施，使其处于良好状态，确保正常使用。

8.5 基础设施保障

工业和信息化部门建立健全应急通信工作体系，建立有线和无线相结合、基础通信网络与机动通信系统相配套的应急通信保障系统，确保地震应急救援工作的通信畅通。在基础通信网络等基础设施遭到严重损毁且短时间难以修复的极端情况下，立即启动应急卫星、短波等无线通信系统和终端设备，确保至少有一种以上临时通信手段有效、畅通。

广电部门完善广播电视传输覆盖网，建立完善国家应急广播体系，确保群众能及时准确地获取政府发布的权威信息。

发展改革和电力监管部门指导、协调、监督电力运营企业加强电力基础设施、电力调度系统建设，保障地震现场应急装备的临时供电需求和灾区电力供应。

公安、交通运输、铁道、民航等主管部门建立健全公路、铁路、航空、水运紧急运输保障体系，加强统一指挥调度，采取必要的交通管制措施，建立应急救援"绿色通道"机制。

8.6 宣传、培训与演练

宣传、教育、文化、广播电视、新闻出版、地震等主管部门密切配合，开展防震减灾科学、法律知识普及和宣传教育，动员社会公众积极参与防震减灾活动，提高全社会防震避险和自救互救能力。学校把防震减灾知识教育纳入教学内容，加强防震减灾专业人才培养，教育、地震等主管部门加强指导和监督。

地方各级人民政府建立健全地震应急管理培训制度，结合本地区实际，组织应急管理人员、救援人员、志愿者等进行地震应急知识和技能培训。

各级人民政府及其有关部门要制定演练计划并定期组织开展地震应急演练。机关、学校、医院、企事业单位和居委会、村委会、基层组织等，要结合实际开展地震应急演练。

9 对港澳台地震灾害应急

9.1 对港澳地震灾害应急

香港、澳门发生地震灾害后，中国地震局向国务院报告震情，向国务院港澳办等部门通报情况，并组织对地震趋势进行分析判断。国务院根据情况向香港、澳门特别行政区发出慰问电；根据特别行政区的请求，调派地震灾害紧急救援队伍、医疗卫生救援队伍协助救援，组织有关部门和地区进行支援。

9.2 对台湾地震灾害应急

台湾发生地震灾害后，国务院台办向台湾有关方面了解情况和对祖国大陆的需求。根据情况，祖国大陆对台湾地震灾区人民表示慰问。国务院根据台湾有关方面的需求，协调调派地震灾害紧急救援队伍、医疗卫生救援队伍协助救援，援助救灾款物，为有关国家和地区对台湾地震灾区的人道主义援助提供便利。

10 其他地震及火山事件应急

10.1 强有感地震事件应急

当大中城市和大型水库、核电站等重要设施场地及其附近地区发生强有感地震事件并可能产生较大社会影响，中国地震局加强震情趋势研判，提出意见报告国务院，同时通报国务院有关部门。省（区、市）人民政府督导有关地方人民政府做好新闻及信息发布与宣传工作，保持社会稳定。

10.2 海域地震事件应急

海域地震事件发生后，有关地方人民政府地震工作主管部门及时向本级人民政府和当地海上搜救机构、海洋主管部门、海事管理部门等通报情况。国家海洋局接到海域地震信息后，立即开展分析，预测海域地震对我国沿海可能造成海啸灾害的影响程度，并及时发布相关的海啸灾害预警信息。当海域地震造成或可能造成船舶遇险、原油泄漏等突发事件时，交通运输部、国家海洋局等有关部门和单位根据有关预案实施海上应急救援。当海域地震造成海底通信电缆中断时，工业和信息化部等部门根据有关预案实施抢修。当海域地震波及陆地造成灾害事件时，参照地震灾害应急响应相应级别实施应急。

10.3 火山灾害事件应急

当火山喷发或出现多种强烈临喷异常现象，中国地震局和有关省（区、市）人民政府要及时将有关情况报国务院。中国地震局派出火山现场应急工作队伍赶赴灾区，对火山喷发或临喷异常现象进行实时监测，判定火山灾害类型和影响范围，划定隔离带，视情向灾区人民政府提出转移居民的建议。必要时，国务院研究、部署火山灾害应急工作，国务院有关部门进行支援。灾区人民政府组织火山灾害预防和救援工作，必要时组织转移居民。

10.4 对国外地震及火山灾害事件应急

国外发生造成重大影响的地震及火山灾害事件，外交部、商务部、中国地震局等部门及时将了解到的受灾国的灾情等情况报国务院，按照有关规定实施国际救援和援助行动。根据情况，发布信息，引导我国出境游客避免赴相关地区旅游，组织有关部门和地区协助安置或撤离我境外人员。当毗邻国家发生地震及火山灾害事件造成我境内灾害时，按照我国相关应急预案处置。

11 附 则

11.1 奖励与责任

对在抗震救灾工作中作出突出贡献的先进集体和个人，按照国家有关规定给予表彰和奖励；对在抗震救灾工作中玩忽职守造成损失的，严重虚报、瞒报灾情的，依据国家有关法律法规追究当事人的责任，构成犯罪的，依法追究其刑事责任。

11.2 预案管理与更新

中国地震局会同有关部门制订本预案，报国务院批准后实施。预案实施后，中国地震局会同有关部门组织预案宣传、培训和演练，并根据实际情况，适时组织修订完善本预案。

地方各级人民政府制订本行政区域地震应急预案，报上级人民政府地震工作主管部门备案。各级人民政府有关部门结合本部门职能制订地震应急预案或包括抗震救灾内容的应急预案，报同级地震工作主管部门备案。交通、铁路、水利、电力、通信、广播电视等基础设施的经营管理单位和学校、医院，以及可能发生次生灾害的核电、矿山、危险物品等生产经营单位制订地震应急预案或包括抗震救灾内容的应急预案，报所在地县级地震工作主管部门备案。

11.3 以上、以下的含义

本预案所称以上包括本数，以下不包括本数。

11.4 预案解释

本预案由国务院办公厅负责解释。

11.5 预案实施时间

本预案自印发之日起实施。

国家防汛抗旱应急预案

（2022年5月30日 国办函〔2022〕48号）

1 总 则

1.1 指导思想

以习近平新时代中国特色社会主义思想为指导，深入贯彻落实习近平总书记关于防灾减灾救灾的重要论述和关于全面做好防汛抗旱工作的重要指示精神，按照党中央、国务院决策部署，立足新发展阶段，完整、准确、全面贯彻新发展理念，构建新发展格局，坚持人民至上、生命至上，统筹发展和安全，进一步完善体制机制，依法高效有序做好水旱灾害突发事件防范与处置工作，最大限度减少人员伤亡和财产损失，为经济社会持续健康发展提供坚强保证。

1.2 编制依据

《中华人民共和国防洪法》、《中华人民共和国水法》、《中华人民共和国防汛条例》、《中华人民共和国抗旱条例》、《水库大坝安全管理条例》和《国家突发公共事件总体应急预案》等。

1.3 适用范围

本预案适用于我国境内突发性水旱灾害的防范和处置。突发性水旱灾害包括：江河洪水和渍涝灾害、山洪灾害（指由降雨引发的山洪、泥石流灾害）、台风风暴潮灾害、干旱灾害、供水危机以及由洪水、风暴潮、地震等引发的水库垮坝、堤防决口、水闸倒塌、堰塞湖等次生衍生灾害。

1.4 工作原则

1.4.1 坚持统一领导、协调联动，分级负责、属地为主。防汛抗旱工作在党的领导下，实行各级人民政府行政首长负责制。各级防汛抗旱指挥机构在同级党委和政府、上级防汛抗旱指挥机构领导下，组织指挥管辖范围内防汛抗旱工作，贯彻落实同级党委和政府、上级防汛抗旱指挥机构的部署要求。

1.4.2 坚持安全第一、常备不懈，以防为主、防抗救相结合。防汛抗旱工作坚持依法防抗、科学防控，实行公众参与、专群结合、军民联防、平战结合，切实把确保人民生命安全放在第一位落到实处，保障防洪安全和城乡供水安全。

1.4.3 坚持因地制宜、城乡统筹，统一规划、局部利益服从全局利益。防汛抗旱工作要按照流域或区域统一规划，科学处理上下游左右岸之间、地区之间、部门之间、近期与长远之间等各项关系，突出重点，兼顾一般，做到服从大局、听从指挥。

1.4.4 坚持科学调度、综合治理、除害兴利、防汛抗旱统筹。在确保防洪安全的前提下，尽可能利用洪水资源。抗旱用水以水资源承载能力为基础，实行先生活、后生产，先地表、后地下，先节水、后调水，科学调度，优化配置，最大限度满足城乡生活、生态、生产用水需求。

2 组织指挥体系及职责

国务院设立国家防汛抗旱指挥机构，县级以上地方人民政府、有关流域设立防汛抗旱指挥机构，负责本区域的防汛抗旱工作。有关单位可根据需要设立防汛抗旱指挥机构，负责本单位防汛抗旱工作。

2.1 国家防汛抗旱总指挥部

国务院设立国家防汛抗旱总指挥部（以下简称国家防总），负责领导、组织全国的防汛抗旱工作，其办事机构国家防总办公室设在应急部。

2.1.1 国家防总组织机构

国家防总由国务院领导同志任总指挥，应急部、水利部主要负责同志、中央军委联合参谋部负责同志和国务院分管副秘书长任副总指挥，应急部分管副部长任秘书长，根据需要设副秘书长，中央宣传部、国家发展改革委、教育部、工业和信息化部、公安部、财政部、自然资源部、住房城乡建设部、交通运输部、水利部、农业农村部、商务部、文化和旅游部、国家卫生健康委、应急部、广电总局、中国气象局、国家粮食和储备局、国家能源局、国家铁路局、中央军委联合参谋部、中央军委国防动员部、中国红十字会总会、中国国家铁路集团有限公司、中国安能建设集团有限公司等部门和单位为国家防总成员单位。

2.1.2 国家防总职责

贯彻落实党中央、国务院关于防汛抗旱工作的决策部署，领导、组织全国防汛抗旱工作，研究拟订国家防汛抗旱政策、制度等；依法组织制定长江、黄河、淮河、海河等重要江河湖泊和重要水工程的防御洪水方案，按程序决定启用重要蓄滞洪区、弃守堤防或破堤泄洪；组织开展防汛抗旱检查，督促地方党委和政府落实主体责任，监督落实重点地区和重要工程防汛抗旱责任人，组织协调、指挥决策和指导监督重大水旱灾害应急抢险救援救灾工作，指导监督防汛抗旱重大决策部署的贯彻落实；指导地方建立健全各级防汛抗旱指挥机构，完善组织体系，建立健全与流域防汛抗旱总指挥部（以下简称流域防总）、省级防汛抗旱指挥部的应急联动、信息共享、组织协调等工作机制。

2.2 流域防汛抗旱总指挥部

长江、黄河、淮河、海河、珠江、松花江、太湖等流域设立流域防总，负责落实国家防总以及水利部防汛抗旱的有关要求，执行国家防总指令，指挥协调所管辖范围内的防汛抗旱工作。流域防总由有关省、自治区、直辖市人民政府和该流域管理机构等有关单位以及相关战区或其委托的单位负责人等组成，其办事机构（流域防总办公室）设在该流域管理机构。国家防总相关指令统一由水利部下达到各流域防总及其办事机构执行。

2.3 地方各级人民政府防汛抗旱指挥部

有防汛抗旱任务的县级以上地方人民政府设立防汛抗旱指挥部，在上级防汛抗旱指挥机构和本级人民政府的领导下，强化组织、协调、指导、督促职能，指挥本地区的防汛抗旱工作。防汛抗旱指挥部由本级人民政府和有关部门、当地解放军和武警部队等有关单位负责人组成。防汛压力大、病险水库多、抢险任务重、抗旱任务重的地方，政府主要负责同志担任防汛抗旱指挥部指挥长。

乡镇一级人民政府根据当地实际情况明确承担防汛抗旱防台风工作的机构和人员。

2.4 其他防汛抗旱指挥机构

有防汛抗旱任务的部门和单位根据需要设立防汛抗旱机构，在本级或属地人民政府防汛抗旱指挥机构统一领导下开展工作。针对重大突发事件，可以组建临时指挥机构，具体负责应急处理工作。

3 预防和预警机制

3.1 预防预警信息

3.1.1 气象水文海洋信息

（1）各级自然资源（海洋）、水利、气象部门应加强对当地灾害性天气的监测和预报预警，并将结果及时报送有关防汛抗旱指挥机构。

（2）各级自然资源（海洋）、水利、气象部门应当组织对重大灾害性天气的联合监测、会商和预报，尽可能延长预见期，对重大气象、水文灾害作出评估，按规定及时发布预警信息并报送本级人民政府和防汛抗旱指挥机构。

（3）当预报即将发生严重水旱灾害和风暴潮灾害时，当地防汛抗旱指挥机构应提早通知有关区域做好相关准备。当江河发生洪水时，水利部门应加密测验时段，及时上报测验结果，为防汛抗旱指挥机构适时指挥决策提供依据。

3.1.2 工程信息

（1）堤防工程信息。

a. 当江河出现警戒水位以上洪水或海洋出现风暴潮黄色警戒潮位以上的高潮位时，各级堤防管理单位应加强工程监测，并将堤防、涵闸、泵站等工程设施的运行情况报同级防汛抗旱指挥机构和上级主管部门。发生洪水地区的省级防汛抗旱指挥机构应在每日9时前向国家防总报告工程出险情况和防守情况，大江大河干流重要堤防、涵闸等发生重大险情应在险情发生后4小时内报到国家防总。

b. 当堤防和涵闸、泵站等穿堤建筑物出现险情或遭遇超标准洪水袭击，以及其他不可抗拒因素而可能决口时，工程管理单位必须立即采取抢护措施，并在第一时间向预计淹没区域的有关基层人民政府和基层组织发出预警，同时向同级防汛抗旱指挥机构和上级主管部门准确报告出险部位、险情种类、抢护方案以及处理险情的行政责任人、技术责任人、通信联络方式、除险情况，以利加强指导或作出进一步的抢险决策。

（2）水库工程信息。

a. 当水库水位超过汛限水位时，水库管理单位应对大坝、溢洪道、输水管等关键部位加密监测，并按照批准的洪水调度方案调度，其工程运行状况应向同级防汛抗旱指挥机构和上级主管部门报告。大型和防洪重点中型水库发生的重大险情应在险情发生后1小时内报到国家防总办公室。

b. 当水库出现险情征兆时，水库管理单位必须立即采取抢护措施，并在第一时间向预计垮坝淹没区域的有关基层人民政府和基层组织发出预警，同时向同级防汛抗旱指挥机构和上级主管部门报告出险部位、险情种类、抢护方案以及处理险情的行政责任人、技术责任人、通信联络方式、除险情况，以进一步采取相应措施。

c. 当水库遭遇超标准洪水或其他不可抗拒因素而可能垮坝时，水库管理单位应提早向预计垮坝淹没区域的有关基层人民政府和基层组织发出预警，为群众安全转移和工程抢护争取时间。

3.1.3 洪涝灾情信息

（1）洪涝灾情信息主要包括：灾害发生的时间、地点、范围、受灾人口、因灾死亡失踪人口、紧急转移安置人口、因灾伤病人口、需紧急生活救助人口等信息，以及居民房屋等财产、农林牧渔、交通运输、邮电通信、水利、水电气设施等方面的损失信息。

（2）洪涝灾情发生后，有关部门应及时向防汛抗旱指挥机构和应急管理部门报告洪涝受灾情况，防汛抗旱指挥机构和应急管理部门应及时组织研判灾情和气象趋势，收集动态灾情，全面掌握受灾情况，并及时向同级人民政府、上级防汛抗旱指挥机构和应急管理部门报告。对人员伤亡和较大财产损失的灾情，应立即上报，重大灾情在灾害发生后4小时内将初步情况报到国家防总和应急部，并对实时灾情组织核实，核实后及时上报，为抗灾救灾提供准确依据。

（3）地方各级人民政府、防汛抗旱指挥机构应按照水旱灾害信息报送有关制度规定上报洪涝灾情。

3.1.4 旱情信息

（1）旱情信息主要包括：干旱发生的时间、地点、程度、受旱范围、影响人口等信息，以及对工农业生产、城乡生活、生态环境等方面造成的影响信息。

（2）防汛抗旱指挥机构应掌握雨水情变化、当地蓄水情况、农业旱情和城乡供水等情况。水利、农业农村、气象等部门应加强旱情监测预测，并将干旱情况及时报同级防汛抗旱指挥机构。地方各级人民政府、防汛抗旱指挥机构应按照水旱灾害信息报送有关制度规定及时上报受旱情况，遇旱情急剧发展时应及时加报。

3.2 预防预警行动

3.2.1 预防准备工作

（1）思想准备。加强宣传，增强全民预防水旱灾害和自我保护的意识，做好防大汛抗大旱的思想准备。

（2）组织准备。建立健全防汛抗旱组织指挥机构，落实防汛抗旱责任人、防汛抗旱队伍和山洪易发重点区域的监测网络及预警措施，加强防汛抗旱应急抢险救援专业队伍建设。

（3）工程准备。按时完成水毁工程修复和水源工程建设任务，对存在病险的堤防、水库、涵闸、泵站等各类防洪排涝工程设施及时除险加固；对跨汛期施工的涉水工程，要落实安全度汛责任和方案措施。

（4）预案准备。修订完善江河湖库和城市防洪排涝预案、台风风暴潮防御预案、洪水预报方案、防洪排涝工程调度规程、堤防决口和水库垮坝应急方案、堰塞湖应急处置预案、蓄滞洪区安全转移预案、山丘区防御山洪灾害预案和抗旱预案、城市抗旱预案等各类应急预案和方案。研究制订防御超标准洪水的应急方案，主动应对大洪水。针对江河堤防险工险段，要制订工程抢险方案。大江大河干流重要河段堤防决口抢险方案由流域管理机构组织审批。

（5）物资准备。按照分级负责的原则，储备必需的防汛抗旱抢险救援救灾物资。在防汛重点部位应储备一定数量的抢险物资，以应急需。

（6）通信准备。充分利用公众通信网，确保防汛通信专网、蓄滞洪区的预警反馈系统完好和畅通。健全水文、气象测报站网，确保雨情、水情、工情、灾情信息和指挥调度指令及时传递。

（7）防汛抗旱检查。实行以查组织、查工程、查预案、查物资、查通信为主要内容的分级检查制度，发现薄弱环节要明确责任、限时整改。

（8）防汛日常管理工作。加强防汛日常管理工作，对在江河、湖泊、水库、滩涂、人工水道、蓄滞洪区内建设的非防洪建设项目应当编制洪水影响评价报告，并经有审批权的水利部门审批，对未经审批并严重影响防洪的项目，依法强行拆除。

3.2.2 江河洪水预警

（1）当江河即将出现洪水时，各级水利部门应做好洪水预报和预警工作，及时向同级防汛抗旱指挥机构报告水位、流量的实测情况和洪水走势。各级气象部门应做好天气监测预报工作，及时向防汛抗旱指挥机构报告降雨实况、预报等。

（2）各级水利部门应按照分级负责原则，确定洪水预警区域、级别和洪水信息发布范围，按照权限向社会发布。

（3）各级水利部门应跟踪分析江河洪水的发展趋势，及时滚动预报最新水情，为抗灾救灾提供基本依据和技术支撑。

3.2.3 渍涝灾害预警

（1）城市内涝预警。当气象预报将出现强降雨，并可能发生城市内涝灾害时，各级防汛抗旱指挥机构应按照分级分部门负责原则，组织住房城乡建设、水利、应急管理、气象等部门开展联合会商，研判形势。地方住房城乡建设、水利、应急管理、气象等有关部门按任务分工及时发布有关预警信息，当地防汛抗旱指挥机构按照预案启动相应级别的应急响应。当地人民政府视情及时组织做好人员转移、停工、停学、停业、停运和暂停户外活动等工作，对重点部位和灾害易发区提前预置抢险救援力量。

（2）乡村渍涝预警。当气象预报将出现强降雨，村庄和农田可能发生渍涝灾害时，当地防汛抗旱指挥机构应及时组织会商，有关部门按职责及时发布预警，并按预案和分工提前采取措施减轻灾害损失。

3.2.4 山洪灾害预警

（1）可能遭受山洪灾害威胁的地方，应根据山洪灾害的成因和特点，主动采取预防和避险措施。自然资源、水利、气象等部门应密切联系，相互配合，实现信息共享，提高预报水平，及时发布预警。

（2）有山洪灾害防治任务的地方，水利部门应加强日常防治和监测预警。地方各级人民政府组织自然资源、水利、应急管理、气象等部门编制山洪灾害防御预案，绘制区域内山洪灾害风险图，划分并确定区域内易发生山洪灾害的地点及范围，制订安全转移方案，明确组织机构的设置及职责，指导行政村（社区）编制山洪灾害防御预案。具体工作由基层人民政府组织实施。

（3）山洪灾害易发区应建立专业监测与群测群防相结合的监测体系，落实监测措施，汛期坚持24小时值班巡逻制度，降雨期间，加密监测、加强巡逻。每个乡镇（街道）、村（社区）、组和相关单位都要落实信号发送员，一旦发现危险征兆，立即向周边群众发出警报，实现快速转移，并报告本地防汛抗旱指挥机构，以便及时组织抗灾救灾。

3.2.5 台风风暴潮灾害预警

（1）各级气象部门应密切监视台风动向，及时发布台风（含热带低压等）监测预警信息，做好未来趋势预报，并及时将台风中心位置、强度、移动方向、速度等信息报告同级人民政府和防汛抗旱指挥机构。自然资源（海洋）部门根据台风预报做好风暴潮监测预报预警工作。

（2）可能遭遇台风袭击的地方，各级防汛抗旱指挥机构应加强值班，跟踪台风动向，并将有关信息及时向社会发布。

（3）水利部门应根据台风影响的范围，及时通知有关水库、主要湖泊和河道堤防管理单位，做好防范工作。各工程管理单位应组织人员分析水情和台风带来的影响，加强工程检查，必要时实施预泄预排措施。

（4）预报将受台风影响的沿海地区，当地防汛抗旱指挥机构应及时通知有关部门和人员做好防台风工作。

（5）有关部门要加强对城镇危房、在建工地、仓库、交通运输、电信电缆、电力电线、户外广告牌等公用设施的检查，及时采取加固措施，组织船只回港避风和沿海养殖人员撤离工作。当地人民政府视情及时做好人员转移、停工、停学、停业、停运和暂停户外活动等工作。

3.2.6 蓄滞洪区预警

（1）蓄滞洪区所在地县级防汛抗旱指挥机构应

组织蓄滞洪区管理单位等拟订群众安全转移方案，由所在地县级人民政府组织审批。

（2）蓄滞洪区工程管理单位应加强工程运行监测，发现问题及时处理，并报告本级防汛抗旱指挥机构和上级主管部门。

（3）运用蓄滞洪区，当地人民政府和防汛抗旱指挥机构应把人民群众生命安全放在第一位，迅速启动预警系统，按照群众安全转移方案实施转移。

3.2.7 干旱灾害预警

（1）各级水利部门应加强旱情监测和管理，针对干旱灾害的成因、特点，因地制宜采取预警防范措施。

（2）各级防汛抗旱指挥机构应及时掌握旱情灾情，根据干旱发展趋势，及时组织和督促有关部门做好抗旱减灾工作。

（3）各级防汛抗旱指挥机构应当鼓励和支持社会力量开展抗旱减灾工作。

3.2.8 供水危机预警

当因供水水源短缺或被破坏、供水线路中断、供水设施损毁、供水水质被侵害等原因而出现供水危机，有关部门应按相关规定及时向社会发布预警信息，及时报告同级防汛抗旱指挥机构并通报水行政主管部门，居民、企事业单位应做好储备应急用水的准备，有关部门做好应急供水的准备。

3.3 预警支持系统

3.3.1 洪涝、干旱和台风风暴潮风险图

（1）各级防汛抗旱指挥机构应组织有关部门，研究绘制本地区的城市洪涝风险图、蓄滞洪区洪水风险图、流域洪水风险图、山洪灾害风险图、水库洪水风险图、干旱风险图、台风风暴潮风险图。

（2）防汛抗旱指挥机构应以各类洪涝、干旱和台风风暴潮风险图作为抗洪抢险救灾、群众安全转移安置和抗旱救灾决策的技术依据。

3.3.2 洪涝防御方案

（1）防汛抗旱指挥机构应根据需要，组织水行政、住房城乡建设等有关部门编制和修订防御江河洪水方案、城市排涝方案，主动应对江河洪水和城市渍涝。长江、黄河、淮河、海河等重要江河湖泊和重要水工程的防御洪水方案，由水利部组织编制，按程序报国务院批准。重要江河湖泊和重要水工程的防洪抗旱调度和应急水量调度方案由水利部流域管理机构编制，报水利部审批后组织实施。调度方案和指令须抄国家防总、应急部。

（2）水行政主管部门应根据情况变化，修订和完善洪水调度方案。

3.3.3 抗旱预案

各级水利部门应编制抗旱预案，主动应对不同等级的干旱灾害。

3.4 预警响应衔接

（1）自然资源、住房城乡建设、交通运输、水利、应急管理、气象等部门按任务分工健全预警机制，规范预警发布内容、范围、程序等。有关部门应按专群有别、规范有序的原则，科学做好预警信息发布。

（2）自然资源、住房城乡建设、交通运输、水利、应急管理、气象等部门要加强监测预报和信息共享。

（3）各级防汛抗旱指挥机构要健全多部门联合会商机制，预测可能出现致灾天气过程或有关部门发布预警时，防汛抗旱指挥机构办公室要组织联合会商，分析研判灾害风险，综合考虑可能造成的危害和影响程度，及时提出启动、调整应急响应的意见和建议。

（4）各级防汛抗旱指挥机构应急响应原则上与本级有关部门的预警挂钩，把预警纳入应急响应的启动条件。省级防汛抗旱指挥机构要指导督促下级防汛抗旱指挥机构做好相关预警与应急响应的衔接工作。

（5）预警发布部门发布预警后，要滚动预报预警，及时向本级防汛抗旱指挥机构报告。

（6）有关部门要建立预报预警评估制度，每年汛后对预报预警精确性、有效性进行评估。

4 应急响应

4.1 应急响应的总体要求

4.1.1 按洪涝、干旱、台风、堰塞湖等灾害严重程度和范围，将应急响应行动分为一、二、三、四级。一级应急响应级别最高。

4.1.2 进入汛期、旱期，各级防汛抗旱指挥机构及有关成员单位应实行24小时值班制度，全程跟踪雨情、水情、风情、险情、灾情、旱情，并根据不同情况启动相关应急程序。国家防总成员单位启动防汛抗旱相关应急响应时，应及时通报国家防总。国家防总各成员单位应按照统一部署和任务分工开展工作并及时报告有关工作情况。

4.1.3 当预报发生大洪水或突发险情时，水利部组织会商，应急部等部门派员参加。涉及启用重要蓄滞洪区、弃守堤坝或破堤泄洪时，由水利部提出运用方案报国家防总，按照总指挥的决定执行。重大决定按程序报国务院批准。

4.1.4 洪涝、干旱、台风、堰塞湖等灾害发生后，由地方人民政府和防汛抗旱指挥机构负责组织实施抢险救灾和防灾减灾等方面的工作。灾害应对关键阶段，应有党政负责同志在防汛抗旱指挥机构坐镇指挥，相关负责同志根据预案和统一安排靠前指挥，确保防汛抢险救灾工作有序高效实施。

4.1.5 洪涝、干旱、台风、堰塞湖等灾害发生后，由当地防汛抗旱指挥机构向同级人民政府和上级防汛抗旱指挥机构报告情况。造成人员伤亡的突发事件，可越级上报，并同时报上级防汛抗旱指挥机构。任何个人发现堤防、水库发生险情时，应立即向有关部门报告。

4.1.6 对跨区域发生的上述灾害，或者突发事件将影响到临近行政区域的，在报告同级人民政府和上级防汛抗旱指挥机构的同时，应及时向受影响地区的防汛抗旱指挥机构通报情况。

4.1.7 因上述灾害而衍生的疾病流行、水陆交通事故等次生灾害，当地防汛抗旱指挥机构应及时向同级人民政府和上级防汛抗旱指挥机构报告，并由当地人民政府组织有关部门全力抢救和处置，采取有效措施切断灾害扩大的传播链，防止次生或衍生灾害蔓延。

4.2 一级应急响应

4.2.1 出现下列情况之一者，为一级应急响应：

（1）某个流域发生特大洪水；

（2）多个流域同时发生大洪水；

（3）多个省（自治区、直辖市）启动防汛抗旱一级应急响应；

（4）大江大河干流重要河段堤防发生决口；

（5）重点大型水库发生垮坝；

（6）多个省（自治区、直辖市）发生特大干旱；

（7）多座特大及以上城市发生特大干旱；

（8）其他需要启动一级应急响应的情况。

根据汛情、险情、灾情、旱情发展变化，当发生符合启动一级应急响应条件的事件时，国家防总办公室提出启动一级应急响应的建议，由副总指挥审核后，报总指挥批准；遇紧急情况，由总指挥决定。必要时，国务院直接决定启动一级应急响应。

4.2.2 一级应急响应行动

（1）由国家防总总指挥或党中央、国务院指定的负责同志主持会商，统一指挥调度，国家防总成员参加。视情启动经国务院批准的防御特大洪水方案，作出防汛抗旱应急工作部署，加强工作指导，并将情况上报党中央、国务院。应急响应期内，根据汛情、险情、灾情、旱情发展变化，可由副总指挥主持，有关成员单位参加，随时滚动会商，并将情况报总指挥。按照党中央、国务院安排派出工作组赴一线指导防汛抗旱工作。国家防总加强值守，密切监视汛情、险情、灾情、旱情，做好预测预报，做好重点工程调度，并在8小时内派出由国家防总领导或成员带队的工作组、专家组赴一线指导防汛抗旱工作，及时在中央主要媒体及新媒体通报有关情况，报道汛（旱）情及抗洪抢险、抗旱减灾工作。财政部为灾区及时提供资金帮助。国家粮食和储备局按照国家防总办公室要求为灾区紧急调运防汛抗旱物资；铁路、交通运输、民航部门为防汛抗旱物资提供运输保障。水利部做好汛情旱情预测预报，做好重点工程调度和防汛抢险技术支撑。应急部组织协调水旱灾害抢险和应急救援工作，转移安置受洪水威胁人员，及时救助受灾群众。国家卫生健康委根据需要，及时派出卫生应急队伍或专家赴灾区协助开展紧急医学救援、灾后卫生防疫和应急心理干预等工作。国家防总其他成员单位按照任务分工，全力做好有关工作。

（2）有关流域防汛抗旱指挥机构按照权限调度水利、防洪工程，为国家防总和水利部提供调度参谋意见。派出工作组、专家组，支援地方抗洪抢险和抗旱减灾。

（3）有关省、自治区、直辖市的防汛抗旱指挥机构启动一级应急响应，可依法宣布本地区进入紧急防汛期或紧急抗旱期，按照《中华人民共和国防洪法》和突发事件应对相关法律的规定行使权力。同时，增加值班人员，加强值班，由防汛抗旱指挥机构的主要负责同志主持会商，动员部署防汛抗旱工作；按照权限组织调度水利、防洪工程；根据预案转移危险地区群众，组织强化巡堤查险和堤防防守，及时控制险情或组织强化抗旱工作。受灾地区的各级防汛抗旱指挥机构负责人、成员单位负责人，应按照职责到分管的区域组织指挥防汛抗旱工作，或驻点具体帮助重灾区做好防汛抗旱工作。有关省、自治区、直辖市的防汛抗旱指挥机构将工作情况上报当地人民政府、国家防总及流域防汛抗旱指挥机构。有关省、自治区、直辖市的防汛抗旱指挥机构成员单位按任务分工全力配合做好防汛抗旱和抗灾救灾工作。

4.3 二级应急响应

4.3.1 出现下列情况之一者，为二级应急响应：

（1）一个流域发生大洪水；

（2）多个省（自治区、直辖市）启动防汛抗旱二级或以上应急响应；

（3）大江大河干流一般河段及主要支流堤防发生决口；

（4）多个省（自治区、直辖市）发生严重洪涝灾害；

（5）一般大中型水库发生垮坝；

（6）预报超强台风登陆或严重影响我国；

（7）正在发生大范围强降雨过程，中央气象台发布暴雨红色预警，会商研判有两个以上省（自治区、直辖市）大部地区可能发生严重洪涝灾害；

（8）同一时间发生两个以上极高风险的堰塞湖；

（9）一省（自治区、直辖市）发生特大干旱或多个省（自治区、直辖市）发生严重干旱；

（10）多个大城市发生严重干旱；

（11）其他需要启动二级应急响应的情况。

根据汛情、险情、灾情、旱情发展变化，当发生符合启动二级应急响应条件的事件时，国家防总办公室提出启动二级应急响应的建议，由国家防总秘书长审核后，报副总指挥批准；遇紧急情况，由副总指挥决定。

4.3.2　二级应急响应行动

（1）国家防总副总指挥主持会商，国家防总成员单位派员参加会商，作出相应工作部署，加强防汛抗旱工作的指导，在2小时内将情况上报国务院领导同志并通报国家防总成员单位。应急响应期内，根据汛情、险情、灾情、旱情发展变化，可由国家防总秘书长主持，随时滚动会商。国家防总加强值班力量，密切监视汛情、险情、灾情、旱情，做好预测预报，做好重点工程调度，并在12小时内派出由成员单位组成的联合工作组、专家组赴一线指导防汛抗旱工作。水利部密切监视汛情、旱情、工情发展变化，做好汛情、旱情预测预报预警，做好重点工程调度和抗洪应急抢险技术支撑。国家防总组织协调有关方面不定期在中央主要媒体及新媒体平台通报有关情况。根据灾区请求及时调派抢险救援队伍、调拨防汛抗旱物资支援地方抢险救灾。国家防总各成员单位按照任务分工做好有关工作。

（2）有关流域防汛抗旱指挥机构密切监视汛情、险情、灾情、旱情发展变化，做好洪水预测预报，派出工作组、专家组，支援地方抗洪抢险救援和抗旱救灾；按照权限调度水利、防洪工程；为国家防总和水利部提供调度参谋意见。

（3）有关省、自治区、直辖市防汛抗旱指挥机构可根据情况，依法宣布本地区进入紧急防汛期或紧急抗旱期，按照《中华人民共和国防洪法》和突发事件应对相关法律的规定行使有关权力。同时，增加值班人员，加强值班。有关省级防汛抗旱指挥机构应将工作情况上报当地人民政府主要负责同志、国家防总及流域防汛抗旱指挥机构。有关省、自治区、直辖市的防汛抗旱指挥机构成员单位按任务分工全力配合做好防汛抗旱和抗灾救灾工作。

4.4　三级应急响应

4.4.1　出现下列情况之一者，为三级应急响应：

（1）多个省（自治区、直辖市）同时发生洪涝灾害；

（2）一省（自治区、直辖市）发生较大洪水；

（3）多个省（自治区、直辖市）启动防汛抗旱三级或以上应急响应；

（4）大江大河干流堤防出现重大险情；

（5）大中型水库出现严重险情或小型水库发生垮坝；

（6）预报强台风登陆或严重影响我国；

（7）正在发生大范围强降雨过程，中央气象台发布暴雨橙色预警，会商研判有两个以上省（自治区、直辖市）大部地区可能发生较重洪涝灾害；

（8）发生极高风险的堰塞湖；

（9）多个省（自治区、直辖市）同时发生中度干旱；

（10）多座中等以上城市同时发生中度干旱或一座大城市发生严重干旱；

（11）其他需要启动三级应急响应的情况。

根据汛情、险情、灾情、旱情发展变化，当发生符合启动三级应急响应条件的事件时，国家防总办公室提出启动三级应急响应的建议，报国家防总秘书长批准；遇紧急情况，由国家防总秘书长决定。

4.4.2　三级应急响应行动

（1）国家防总秘书长主持会商，中国气象局、水利部、自然资源部等国家防总有关成员单位参加，作出相应工作安排，加强防汛抗旱工作的指导，有关情况及时上报国务院并通报国家防总成员单位。水利部密切监视汛情、旱情发展变化。国家防总办公室在18小时内派出由司局级领导带队的工作组、专家组赴一线指导防汛抗旱工作。

（2）有关流域防汛抗旱指挥机构加强汛（旱）情监视，加强洪水预测预报，做好相关工程调度，派出工作组、专家组到一线协助防汛抗旱。

（3）有关省、自治区、直辖市的防汛抗旱指挥机构，由防汛抗旱指挥机构负责同志主持会商，具体安排防汛抗旱工作；按照权限调度水利、防洪工程；根据预案组织防汛抢险或组织抗旱，派出工作组、专家组，并将防汛抗旱的工作情况上报当地人民政府分管负责同志、国家防总及流域防总。省级防汛抗旱指挥机构在省级主要媒体及新媒体平台发布防汛抗旱有关情况。省级防汛抗旱指挥机构各成员单位按照任务分工做好有关工作。

4.5 四级应急响应

4.5.1 出现下列情况之一者，为四级应急响应：

（1）多个省（自治区、直辖市）启动防汛抗旱四级或以上应急响应；

（2）多个省（自治区、直辖市）同时发生一般洪水；

（3）大江大河干流堤防出现险情；

（4）大中型水库出现险情；

（5）预报热带风暴、强热带风暴、台风登陆或影响我国；

（6）预测或正在发生大范围强降雨过程，中央气象台发布暴雨黄色预警，会商研判有两个以上省（自治区、直辖市）可能发生洪涝灾害；

（7）发生高风险的堰塞湖；

（8）多个省（自治区、直辖市）同时发生轻度干旱；

（9）多座中等以上城市同时因旱影响正常供水；

（10）其他需要启动四级应急响应的情况。

根据汛情、险情、灾情、旱情发展变化，当发生符合启动四级应急响应条件的事件时，国家防总办公室主任决定并宣布启动四级应急响应。

4.5.2 四级应急响应行动

（1）国家防总办公室负责同志主持会商，中国气象局、水利部、自然资源部等国家防总有关成员单位参加，分析防汛抗旱形势，作出相应工作安排，加强对汛（旱）情的监视，在24小时内派出由司局级领导带队的工作组、专家组赴一线指导防汛抗旱工作，将情况上报国务院并通报国家防总成员单位。

（2）有关流域防总加强汛情、旱情监视，做好洪水预测预报，并将情况及时报国家防总办公室。

（3）有关省、自治区、直辖市的防汛抗旱指挥机构由防汛抗旱指挥机构负责同志主持会商，具体安排防汛抗旱工作；按照权限调度水利、防洪工程；按照预案采取相应防守措施或组织抗旱；派出工作组、专家组赴一线指导防汛抗旱工作；将防汛抗旱的工作情况上报当地人民政府和国家防总办公室。

4.6 不同灾害的应急响应措施

4.6.1 江河洪水

（1）当江河水位超过警戒水位时，当地防汛抗旱指挥机构应按照经批准的防洪预案和防汛责任制的要求，组织专业和群众防汛队伍巡堤查险，严密布防，必要时动用解放军和武警部队、民兵参加重要堤段、重点工程的防守或突击抢险。

（2）当江河水位继续上涨，危及重点保护对象时，各级防汛抗旱指挥机构和承担防汛任务的部门、单位，应根据江河水情和洪水预报，按照规定的权限和防御洪水方案、洪水调度方案，适时调度运用防洪工程，调ToBe水库拦洪错峰，开启节制闸泄洪，启动泵站抢排，启用分洪河道、蓄滞洪区行蓄洪水，清除河道阻水障碍物、临时抢护加高堤防增加河道泄洪能力等。

（3）在实施蓄滞洪区调度运用时，根据洪水预报和经批准的洪水调度方案，由防汛抗旱指挥机构决定做好蓄滞洪区启用的准备工作，主要包括：组织蓄滞洪区内人员转移、安置，分洪设施的启用和无闸分洪口门爆破准备。当江河水情达到洪水调度方案规定的条件时，按照启用程序和管理权限由相应的防汛抗旱指挥机构批准下达命令实施分洪。

（4）在紧急情况下，按照《中华人民共和国防洪法》有关规定，有关县级以上人民政府防汛抗旱指挥机构可以宣布进入紧急防汛期，并行使相关权力、采取特殊措施，保障抗洪抢险的顺利实施。

4.6.2 渍涝灾害

渍涝灾害应急处置工作由当地防汛抗旱指挥机构组织实施。各级防汛抗旱指挥机构要加强组织协调，督促指导有关部门做好排涝工作。

（1）城市内涝。住房城乡建设、交通运输、水利等有关部门以及铁路等有关单位按任务分工全面排查城市易涝风险点，要突出抓好轨道交通、市政道路隧道、立交桥、地下空间、下沉式建筑、在建工程基坑等易涝积水点（区）隐患排查，并逐项整治消险。对主要易涝点要按照"一点一案"制定应急处置方案，明确责任人、队伍和物资，落实应急措施。

当出现城市内涝灾害时，当地防汛抗旱指挥机构应根据应急预案，及时组织有关部门和力量转移安置危险区域人员；对低洼积水等危险区域、路段，有关部门要及时采取警戒、管控等措施，避免人员伤亡。要及时通过广播、电视、新媒体等对灾害信息进行滚动预警；情况危急时，停止有关生产和社会活动。

住房城乡建设、水利等部门应加强协调和配合，科学调度防洪排涝工程、正确处理外洪内涝关系，确保防洪防涝安全。交通运输、电力、通信、燃气、供水等有关部门和单位应保障城市生命线工程和其他重要基础设施安全，保证城市正常运行。

（2）当村庄和农田发生渍涝灾害时，有关部门要及时组织专业人员和设备抢排涝水，尽快恢复生产和生活，减少灾害损失。

4.6.3 山洪灾害

（1）山洪灾害日常防治和监测预警工作由水利部门负责，应急处置和抢险救灾工作由应急管理部门负责，具体工作由基层人民政府组织实施。各级防汛抗旱指挥机构要加强组织协调，指导自然资源、生态环境、住房城乡建设、水利、应急管理、消防、气象等各有关部门按任务分工做好相关工作。

（2）当山洪灾害易发区观测到降雨量达到预警阈值时，水利等有关部门应及时发出预警，基层人民政府及时按预案组织受威胁人员安全撤离。

（3）转移受威胁地区的群众，应本着就近、迅速、安全、有序的原则进行，先人员后财产，先老幼病残后其他人员，先转移危险区人员和警戒区人员，防止出现道路堵塞和发生意外事件。

（4）当发生山洪灾害时，当地防汛抗旱指挥机构应组织自然资源、水利、应急管理、气象等有关部门的专家和技术人员，及时赶赴现场，加强观测，采取应急措施，防止造成更大损失。

（5）发生山洪灾害后，若导致人员伤亡，应立即组织国家综合性消防救援队伍、民兵、抢险突击队紧急抢救，必要时向当地解放军和武警部队及上级人民政府请求救援。

（6）如山洪、泥石流、滑坡体堵塞河道，当地防汛抗旱指挥机构应召集有关部门、专家研究处理方案，尽快采取应急措施，避免发生更大的灾害。

4.6.4 台风风暴潮灾害

（1）台风风暴潮（含热带低压）灾害应急处理由当地人民政府防汛抗旱指挥机构负责。

（2）发布台风蓝色、黄色预警阶段。

a. 气象部门对台风发展趋势提出具体的分析和预报意见，并立即报告同级人民政府及防汛抗旱指挥机构。

b. 自然资源（海洋）部门根据台风动向，分析、预报风暴潮，并及时报告同级人民政府及防汛抗旱指挥机构。

c. 沿海地区各级防汛抗旱指挥机构负责同志及水利工程防汛负责人应根据台风预警上岗到位值班，并部署防御台风的各项准备工作。

d. 防汛抗旱指挥机构督促有关地区和部门组织力量加强巡查，督促对病险堤防、水库、涵闸进行抢护或采取必要的紧急处置措施。台风可能明显影响的地区，超汛限水位的水库应将水位降到汛限水位，平原河网水位高的应适当预排。水利部门做好洪水测报的各项准备。做好受台风威胁地区群众的安全转移准备工作。

e. 海上作业单位通知出海渔船回港避风，提醒商船落实避风措施。自然资源（海洋）、渔业、海运、海上安全等部门检查归港船只锚固情况，敦促沿海地区做好建设工地、滩涂养殖、网箱加固及渔排上人员安全转移、港口大型机械加固、人员避险、货物避水等工作。

f. 新闻媒体及时播发台风预警信息和防汛抗旱指挥机构的防御部署情况。

（3）发布台风橙色、红色预警阶段。

a. 台风可能影响地区的各级防汛抗旱指挥机构负责同志及水利工程防汛负责人应立即上岗到位值班，根据当地防御洪水（台风）方案进一步检查各项防御措施落实情况。对台风可能登陆地区和可能严重影响的地区，当地县级以上人民政府应发布防台风动员令，组织防台风工作，派出工作组深入第一线，做好宣传发动工作，落实防台风措施和群众安全转移措施，指挥防台风和抢险工作。

b. 气象部门应作出台风可能登陆地点、时间以及台风暴雨量级和雨区的预报。自然资源（海洋）部门应作出风暴潮预报。水利部门应根据气象部门的降雨预报，提早作出江河洪水的预报。

c. 海上作业单位应检查船只进港情况，尚未回港的应采取应急措施。对停港避风的船只应落实防撞等保安措施。

d. 水利工程管理单位应做好工程的保安工作，并根据降雨量、洪水预报，控制运用水库、水闸及江河洪水调度运行，落实蓄滞洪区分洪的各项准备。抢险人员加强对工程的巡查。

e. 洪水预报将要受淹的地区，做好人员、物资的转移。山洪灾害易发地区提高警惕，落实应急措施。

f. 台风将登陆影响和台风中心可能经过的地区，居住在危房的人员应及时转移；成熟的农作物、食盐、渔业产品应组织抢收抢护；高空作业设施做好防护工作；建设工地做好大型临时设施固结和工程结构防护等工作；电力、通信部门应做好抢修准备，保障供电和通信畅通；住房城乡建设（园林绿化）部门应按职责做好市区树木的保护工作；卫生健康部门做好抢救伤员的应急处置方案。

g. 新闻媒体应增加对台风预报和防台风措施的播放和刊载。

h. 国家综合性消防救援队伍、驻地解放军和武警部队、民兵根据抢险救灾预案做好各项准备，一旦有任务即迅速赶往现场。卫生健康部门根据实际需要，组织卫生应急队伍集结待命。公安机关做好社会治安工作。

i. 各级防汛抗旱指挥机构应及时向上一级防汛抗旱指挥机构汇报防台风行动情况。

4.6.5 堤防决口、水闸垮塌、水库（水电站）垮坝

（1）当出现堤防决口、水闸垮塌、水库（水电站）垮坝征兆时，防汛责任单位要迅速调集人力、物力全力组织抢险，尽可能控制险情，第一时间向预计淹没区域的有关基层人民政府和基层组织发出警报，并及时向当地防汛抗旱指挥机构和上级主管部门报告。大江大河干流堤防决口、水闸垮塌和大型水库（水电站）垮坝等事件应立即报告国家防总办公室。

（2）堤防决口、水闸垮塌、水库（水电站）垮坝的应急处理，由当地防汛抗旱指挥机构负责，水利部门提供技术支撑。首先应迅速组织受影响群众转移，并视情况抢筑二道防线，控制洪水影响范围，尽可能减少灾害损失。必要时，向上级防汛抗旱指挥机构提出援助请求。

（3）当地防汛抗旱指挥机构视情况在适当时机组织实施堤防堵口，按照权限调度有关水利工程，为实施堤防堵口创造条件，并应明确堵口、抢护的行政、技术责任人，启动堵口、抢护应急预案，及时调集人力、物力迅速实施堵口、抢护。上级防汛抗旱指挥机构负责同志应立即带领专家赶赴现场指导。

4.6.6 干旱灾害

县级以上防汛抗旱指挥机构根据本地区实际情况，按特大、严重、中度、轻度4个干旱等级，制定相应的应急抗旱措施，并负责组织抗旱工作。

（1）特大干旱。

a. 强化地方行政首长抗旱责任制，确保城乡居民生活和重点企业用水安全，维护灾区社会稳定。

b. 防汛抗旱指挥机构强化抗旱工作的统一指挥和组织协调，加强会商。水利部门强化抗旱水源的科学调度和用水管理。各有关部门按照防汛抗旱指挥机构的统一指挥部署，协调联动，全面做好抗旱工作。

c. 启动相关抗旱预案，并报上级指挥机构备案。必要时经省级人民政府批准，省级防汛抗旱指挥机构可依法宣布进入紧急抗旱期，启动各项特殊应急抗旱措施，如应急开源、应急限水、应急调水、应急送水，条件许可时及时开展人工增雨等。

d. 水利、农业农村等有关部门要及时向防汛抗旱指挥机构和应急管理部门报告旱情、灾情及抗旱工作；防汛抗旱指挥机构要加强会商，密切跟踪旱情灾情发展变化趋势及抗旱工作情况，及时分析旱情灾情对经济社会发展的影响，适时向社会通报旱灾信息。

e. 及时动员社会各方面力量支援抗旱救灾工作。

f. 加强旱情灾情及抗旱工作的宣传。

（2）严重干旱。

a. 有关部门加强旱情监测和分析预报工作，及时向防汛抗旱指挥机构报告旱情灾情及其发展变化趋势，及时通报旱情信息和抗旱情况。

b. 防汛抗旱指挥机构及时组织抗旱会商，研究部署抗旱工作。

c. 适时启动相关抗旱预案，并报上级防汛抗旱指挥机构备案。

d. 督促防汛抗旱指挥机构各成员单位落实抗旱职责，做好抗旱水源的统一管理和调度，落实应急抗旱资金和抗旱物资。

e. 做好抗旱工作的宣传。

（3）中度干旱。

a. 有关部门要加强旱情监测，密切注视旱情的发展情况，及时向防汛抗旱指挥机构报告旱情信息和抗旱情况。

b. 防汛抗旱指挥机构要加强会商，分析研判旱情发展变化趋势，及时分析预测水量供求变化形势。

c. 及时上报、通报旱情信息和抗旱情况。

d. 关注水量供求变化，组织做好抗旱调度。

e. 根据旱情发展趋势，动员部署抗旱工作。

（4）轻度干旱。

a. 有关部门及时做好旱情监测、预报工作。

b. 及时掌握旱情变化情况，分析了解社会各方面的用水需求。

c. 协调有关部门做好抗旱水源的管理调度工作。

4.6.7 供水危机

（1）当发生供水危机时，有关防汛抗旱指挥机构应指导和督促有关部门采取有效措施，做好应急供水工作，最大程度保证城乡居民生活和重点单位用水安全。

（2）针对供水危机出现的原因，组织有关部门采取措施尽快恢复供水水源，保障供水量和水质正常。

4.7 信息报送和处理

4.7.1 汛情、险情、灾情、旱情等防汛抗旱信

息按任务分工实行分级上报，归口处理，同级共享。

4.7.2 防汛抗旱信息的报送和处理，应快速、准确、详实，重要信息应立即上报，因客观原因一时难以准确掌握的信息，应及时报告基本情况，同时抓紧跟踪了解，尽快补报详情。

4.7.3 属一般性汛情、险情、灾情、旱情，按分管权限，分别报送本级防汛抗旱指挥机构和水利、应急管理部门。凡因险情、灾情较重，按分管权限上报一时难以处理，需上级帮助、指导处理的，经本级防汛抗旱指挥机构负责同志审批后，可向上一级防汛抗旱指挥机构和水利、应急管理部门报告。

4.7.4 凡经本级或上级防汛抗旱指挥机构采用和发布的水旱灾害、工程抢险等信息，水利、应急管理等有关部门应立即核查，对存在的问题，及时采取措施，切实加以解决。

4.7.5 洪涝灾害人员伤亡、重大险情及影响范围、处置措施等关键信息，必须严格按照国家防总相关规定和灾害统计报告制度报送，不得虚报、瞒报、漏报、迟报。

4.7.6 国家防总办公室接到特别重大、重大的汛情、险情、灾情、旱情报告后应立即报告国务院，并及时续报。

4.8 指挥和调度

4.8.1 出现水旱灾害后，事发地防汛抗旱指挥机构应立即启动应急预案，并根据需要成立现场指挥部。在采取紧急措施的同时，向上一级防汛抗旱指挥机构报告。根据现场情况，及时收集、掌握相关信息，判明事件性质和危害程度，并及时上报事态发展变化情况。

4.8.2 事发地防汛抗旱指挥机构负责人应迅速上岗到位，分析事件的性质，预测事态发展趋势和可能造成的危害程度，并按规定的处置程序，组织指挥有关部门和单位按照任务分工，迅速采取处置措施，控制事态发展。

4.8.3 发生重大水旱灾害后，上一级防汛抗旱指挥机构应派出有关负责同志带队的工作组赶赴现场，加强指导，必要时成立前线指挥部。

4.9 抢险救灾

4.9.1 出现水旱灾害或防洪工程发生重大险情后，事发地防汛抗旱指挥机构应根据事件的性质，迅速对事件进行监控、追踪，按照预案立即提出紧急处置措施，统一指挥各部门和单位按照任务分工，各司其职，团结协作，快速反应，高效处置，最大程度减少损失。

4.9.2 在汛期，河道、水库、水电站、闸坝等水工程管理单位必须按照规定对水工程进行巡查，发现险情，必须立即采取抢护措施，第一时间向预计淹没区域的有关基层人民政府和基层组织发出预警，并及时向防汛抗旱指挥机构和上级主管部门报告相关信息。

电力、交通、通信、石油、化工等工程设施因暴雨、洪水、内涝和台风发生险情时，工程管理单位应当立即采取抢护措施，并及时向其行业主管等有关部门报告；行业主管部门应当立即组织抢险，并将险情及抢险行动情况报告同级防汛抗旱指挥机构。

当江河湖泊达到警戒水位并继续上涨时，应急管理部门应组织指导有关地方提前落实抢险队伍、抢险物资，视情开展巡查值守，做好应急抢险和人员转移准备。

洪水灾害发生后，水利部门按照防汛抗旱指挥机构部署，派出水利技术专家组，协助应急管理部门开展险情处置，提供技术支持。

4.9.3 大江大河干流堤防决口的堵复、水库（水电站）重大险情的抢险应按照事先制定的抢险预案进行，并由防汛专业抢险队伍或抗洪抢险专业部队等实施。

4.9.4 必要时协调解放军和武警部队增援，提请上级防汛抗旱指挥机构提供帮助。

4.10 安全防护和医疗救护

4.10.1 各级人民政府和防汛抗旱指挥机构应高度重视应急救援人员的安全，调集和储备必要的防护器材、消毒药品、备用电源和抢救伤员必备的器械等，以备随时应用。

4.10.2 抢险人员进入和撤出现场由防汛抗旱指挥机构视情况作出决定。抢险人员进入受威胁的现场前，应采取防护措施以保证自身安全。参加一线抗洪抢险的人员，必须穿救生衣，携带必要的安全防护器具。当现场受到污染时，应按要求为抢险人员配备防护设施，撤离时应进行消毒、去污处理。

4.10.3 出现水旱灾害后，事发地防汛抗旱指挥机构应及时做好群众的救援、转移和疏散工作。

4.10.4 事发地防汛抗旱指挥机构应按照当地人民政府和上级领导机构的指令，及时发布通告，防止人、畜进入危险区域或饮用被污染的水源。

4.10.5 当地人民政府负责妥善安置受灾群众，提供紧急避难场所，保证基本生活。要加强管理，防止转移群众擅自返回。

4.10.6 出现水旱灾害后，事发地人民政府和防汛抗旱指挥机构应组织卫生健康部门加强受影响地区的传染病和突发公共卫生事件监测、报告工作，落实各项防控措施，必要时派出卫生应急小分队，设立现场医疗点，开展紧急医学救援、灾后卫生防疫和应急心理干预等工作。

4.11 社会力量动员与参与

4.11.1 出现水旱灾害后，事发地防汛抗旱指挥机构可根据事件的性质和危害程度，报经当地人民政府批准，对重点地区和重点部位实施紧急控制，防止事态及其危害进一步扩大。

4.11.2 必要时可通过当地人民政府广泛调动社会力量积极参与应急突发事件处置，紧急情况下可依法征用、调用交通工具、物资、人员等，全力投入抗洪抢险和抗灾救灾。

4.12 信息发布

4.12.1 防汛抗旱的信息发布应当及时、准确、客观、全面。对雨情、汛情、旱情、灾情描述要科学严谨，未经论证不得使用"千年一遇"、"万年一遇"等用语，在防汛救灾中不得使用"战时状态"等表述。

4.12.2 汛情、旱情由水利部门发布，灾情及防汛抗旱工作情况由各级防汛抗旱指挥机构统一审核和发布。

4.12.3 信息发布形式主要包括授权发布、编发新闻稿、组织报道、接受记者采访、举行新闻发布会等。

4.13 应急终止

4.13.1 当洪水灾害、极度缺水得到有效控制时，事发地防汛抗旱指挥机构可视汛情旱情，宣布终止紧急防汛期或紧急抗旱期。

4.13.2 依照有关紧急防汛期、抗旱期规定征用调用的物资、设备、交通运输工具等，在汛期、旱期结束后应当及时归还；造成损坏或者无法归还的，按照国务院有关规定给予适当补偿或者作其他处理。取土占地、砍伐林木的，在汛期结束后依法向有关部门补办手续；有关地方人民政府对取土后的土地组织复垦，对砍伐的林木组织补种。

4.13.3 紧急处置工作结束后，事发地防汛抗旱指挥机构应协助当地人民政府进一步恢复正常生产生活秩序，指导有关部门修复水毁基础设施，尽可能减少突发事件带来的损失和影响。

5 应急保障

5.1 通信与信息保障

5.1.1 任何通信运营单位都有依法保障防汛抗旱信息畅通的责任。

5.1.2 防汛抗旱指挥机构应按照以公用通信网为主的原则，合理利用专用通信网络，防汛抗旱工程管理单位必须配备通讯设施，确保信息畅通。

5.1.3 防汛抗旱指挥机构应协调通信主管部门，按照防汛抗旱实际需要，将有关要求纳入通信保障应急预案。出现突发事件后，通信主管部门应根据通信保障应急预案，调度应急通信队伍、装备，为防汛抗旱通信和现场指挥提供通信保障，迅速调集力量抢修损坏的通信设施，努力保证防汛抗旱通信畅通。

5.1.4 在紧急情况下，应充分利用广播、电视和新媒体以及手机短信等手段及时发布防汛抗旱防台风预警预报信息，通知群众快速撤离，确保人民生命安全。公共广播、电视、有关政府网站等媒体以及基础电信企业应按主管部门要求发布防汛抗旱防台风预警预报等信息。

5.2 应急支援与装备保障

5.2.1 现场救援和工程抢险保障

（1）对重点险工段或易出险的水利工程设施，水利部门应提前编制工程应急抢险预案，以备紧急情况下因险施策；当出现新的险情后，水利部门应派工程技术人员赶赴现场，研究优化除险方案，并由防汛抗旱行政首长负责组织实施。

（2）防汛抗旱指挥机构和防洪工程管理单位以及受洪水威胁的其他单位储备的常规抢险机械、抗旱设备、物资和救生器材，应能满足抢险急需。

5.2.2 应急队伍保障

（1）防汛队伍。

a. 任何单位和个人都有依法参加防汛抗洪的义务。

b. 防汛抢险队伍分为专业抢险队伍和非专业抢险队伍。国家综合性消防救援队伍、解放军和武警部队抗洪抢险应急专业力量和年度重点准备任务部队、民兵应急专业救援队伍、部门和地方以及中央企业组建的专业抢险队伍作为常备力量或突击力量，主要完成急、难、险、重的抢险任务；非专业抢险队伍主要为抢险提供劳动力，完成对抢险技术设备要求不高的抢险任务。

c. 调动防汛抢险队伍程序：一是本级防汛抗旱指挥机构管理的防汛抢险队伍，由本级防汛抗旱指挥机构负责调动。二是上级防汛抗旱指挥机构管理的防汛抢险队伍，由本级防汛抗旱指挥机构向上级防汛抗旱指挥机构提出调动申请，由上级防汛抗旱指挥机构批准。三是同级其他区域防汛抗旱指挥机构管理的防汛抢险队伍，由本级防汛抗旱指挥机构向上级防汛抗旱指挥机构提出调动申请，上级防汛抗旱指挥机构协商调动。国家综合性消防救援队伍调动按应急部有关规定执行。

（2）抗旱队伍。

a. 在抗旱期间，地方各级人民政府和防汛抗旱指挥机构应组织动员社会公众力量投入抗旱救灾工作。

b. 抗旱服务组织是农业社会化服务体系的重要组成部分，在干旱时期应直接为受旱地区农民提供流动灌溉、生活用水，维修保养抗旱机具，租赁、销售抗旱物资，提供抗旱信息和技术咨询等方面的服务。

c. 必要时，可申请动用国家综合性消防救援队伍等力量进行抗旱救灾。

5.2.3 供电保障

电力管理部门主要负责抗洪抢险、抢排渍涝、抗旱救灾、生命线工程运行等方面的供电保障和应急救援现场的临时供电。

5.2.4 交通运输保障

交通运输部门主要负责优先保证防汛抢险人员、防汛抗旱救灾物资运输；蓄滞洪区分洪时，负责群众安全转移所需车辆、船舶的调配；负责分泄大洪水时河道航行安全；负责大洪水时用于抢险、救灾车辆、船舶的及时调配；负责防御台风海上搜救有关工作。

5.2.5 医学救援保障

卫生健康部门主要负责水旱灾区疾病防治的业务技术指导；组织卫生应急队伍或专家赴灾区，开展伤病人员救治，指导灾区开展卫生防疫和应急心理干预等工作。

5.2.6 治安保障

公安机关依法做好水旱灾区治安管理、交通秩序维护工作，依法查处扰乱抗灾救灾秩序、危害工程设施安全等违法犯罪行为；组织实施防汛抢险、分洪爆破时的警戒守护、交通管制以及受灾群众集中安置点等重点部位的安全保卫工作。

5.2.7 物资保障

财政、应急管理、粮食和储备部门应按国家有关规定依照各自职责，加强衔接配合，做好防汛抗旱物资规划计划、资金保障、储备管理、调拨使用等工作，优化收储轮换及日常管理，提高物资使用效率。

（1）物资储备。

a. 国家粮食和储备局负责中央防汛抗旱物资的收储、轮换和日常管理，根据国家防总办公室的动用指令承担调出和运送任务。重点防洪工程管理单位以及受洪水威胁的其他单位应按规范储备防汛抢险物资。各级防汛抗旱指挥机构要做好应急抢险物资储备和保障有关工作，了解掌握新材料、新设备、新技术、新工艺的更新换代情况，及时调整储备物资品种，提高科技含量。

b. 中央防汛抗旱物资主要用于解决遭受特大洪水和特大干旱灾害地区防汛抢险和抗旱应急物资不足，保障大江大河（湖）及其重要支流、重要防洪设施抗洪抢险、防汛救灾以及严重干旱地区抗旱减灾需要。

c. 洪涝灾害频繁地区可通过政府购买服务方式解决空中、水上应急抢险救援大型设备（装备）需求，承接主体应当具有国家相关专业资质。

d. 地方各级防汛抗旱指挥机构根据规范储备的防汛抢险物资品种和数量，由各级防汛抗旱指挥机构结合本地抗洪抢险具体情况确定。

e. 抗旱物资储备。干旱频繁发生地区县级以上地方人民政府应当储备一定数量的抗旱物资，由本级防汛抗旱指挥机构负责调用。

f. 抗旱水源储备。严重缺水城市应当建立应急供水机制，建设应急供水备用水源。

（2）物资调拨。

a. 中央防汛抗旱物资调拨在坚持就近调拨和保证抢险需求的同时，应优先调用周边仓库接近储备年限的物资，尽量避免或减少物资报废。当有多处申请调用中央防汛抗旱物资时，应优先保证重点地区的防汛抗旱抢险应急物资需求。

b. 中央防汛抗旱物资调拨程序：中央防汛抗旱物资的调用，由流域防总或省级防汛抗旱指挥机构向国家防总提出申请，经批准后，由国家防总办公室向国家粮食和储备局下达调令。

c. 当储备物资消耗过多，不能满足抗洪抢险和抗旱需要时，应及时启动防汛抗旱物资生产流程和生产能力储备，紧急调运、生产所需物资，必要时可向社会公开征集。

5.2.8 资金保障

中央财政安排资金补助地方政府、新疆生产建设兵团以及流域管理机构防汛抗旱工作。省、自治区、直辖市人民政府应当在本级财政预算中安排资金，用于本行政区域内的防汛抗旱工作。

5.2.9 社会动员保障

（1）防汛抗旱是社会公益性事业，任何单位和个人都有保护防汛抗旱工程设施和防汛抗旱的责任。

（2）汛期或旱期，各级防汛抗旱指挥机构应根据水旱灾害的发展，做好动员工作，组织社会力量投入防汛抗旱。

（3）各级防汛抗旱指挥机构的成员单位，在严重水旱灾害期间，应按照分工，特事特办，急事急办，解决防汛抗旱实际问题，同时充分调动本系统力量，全力支持抗灾救灾和灾后重建工作。

（4）各级人民政府应加强对防汛抗旱工作的统一领导，组织有关部门和单位，动员全社会力量，做好防汛抗旱工作。在防汛抗旱关键时刻，各级防汛抗旱行政首长应靠前指挥，组织广大干部群众奋力抗灾减灾。

（5）国家制定政策措施，鼓励社会专业队伍参与抗洪抢险救援和抗旱救灾工作。

5.3 技术保障

5.3.1 信息技术支撑

（1）加强防汛抗旱信息化建设。国家防总办公室在充分利用各成员单位既有成果的基础上，组织加强信息化建设，促进互联互通，建立信息共享机制。

（2）完善协同配合和衔接机制。应急部会同自然资源部、住房城乡建设部、水利部、中国气象局等有关部门建立统一的应急管理信息平台。自然资源部、住房城乡建设部、水利部、应急部、中国气象局等部门建立定期会商和信息共享机制，共同分析研判汛情旱情和险情灾情，实时共享相关监测预报预警和重要调度信息。

5.3.2 专家支撑

各级防汛抗旱指挥机构应建立专家库，当发生水旱灾害时，由防汛抗旱指挥机构统一调度，派出专家组指导防汛抗旱工作。水利部门承担防汛抗旱抢险技术支撑工作。

5.4 宣传

（1）各级防汛抗旱指挥机构要重视宣传舆论引导工作。防汛抗旱指挥机构办公室要把防汛抗旱宣传工作纳入议事日程，建立宣传工作机制，指定专人负责，加强与有关宣传机构的协作配合。

（2）各级防汛抗旱指挥机构要及时准确向社会通报防汛抗旱工作情况及水旱灾害信息。汛情、旱情形势严峻时期要加强防汛抗旱宣传工作力度，建立舆情监测机制，加强舆情引导和正面宣传，及时澄清虚假信息，为防汛抗旱工作营造良好氛围。

（3）发生重特大水旱（台风）灾害时，防汛抗旱指挥机构要按有关规定及时向社会和媒体通报情况，并根据事态发展及时召开新闻发布会，发布有关情况；对防汛形势、抢险救援、人员伤亡、经济损失、灾区秩序、群众生活等社会普遍关注的热点问题，要主动回应社会关切。对防汛救灾专业知识，要组织专家科学解读，有针对性解疑释惑。

5.5 培训和演练

5.5.1 培训

（1）按照分级负责的原则，各级防汛抗旱指挥机构组织实施防汛抗旱知识与技能培训。省级防汛抗旱指挥机构负责市、县级防汛抗旱指挥机构负责人及其办公室工作人员、防汛抢险专业队伍负责人和防汛抢险技术骨干的培训；市、县级防汛抗旱指挥机构负责乡镇（街道）、村（社区）防汛抗旱负责人、防汛抢险技术人员的培训。

（2）培训工作应做到合理规范课程、严格考核、分类指导，保证培训工作质量。

（3）培训工作应结合实际，采取多种组织形式，定期与不定期相结合，每年汛前至少组织一次培训。

5.5.2 演练

（1）各级防汛抗旱指挥机构应定期举行不同类型的应急演练，以检验、改善和强化应急准备和应急响应能力。

（2）专业抢险队伍必须针对当地易发生的各类险情有针对性地每年进行抗洪抢险演练。

（3）多个部门联合进行的专业演练，一般2~3年举行一次，由省级防汛抗旱指挥机构负责组织。

6 善后工作

发生水旱灾害地区的地方人民政府应组织有关部门做好灾区生活供给、卫生防疫、救灾物资供应、治安管理、学校复课、水毁修复、恢复生产和重建家园等善后工作。

6.1 救灾

6.1.1 发生重大灾情时，灾区人民政府负责灾害救助的组织、协调和指挥工作。

6.1.2 应急管理部门负责受灾群众基本生活救助，会同有关部门及时调拨救灾款物，组织安置受灾群众，保障受灾群众基本生活，做好因灾倒损民房的恢复重建，组织开展救灾捐赠，保证受灾群众有饭吃、有衣穿、有干净水喝、有临时安全住处、有医疗服务。

6.1.3 卫生健康部门负责调配卫生应急力量，开展灾区伤病人员医疗救治，指导对污染源进行消毒处理，指导落实灾后各项卫生防疫措施，严防灾区传染病疫情发生。

6.1.4 当地人民政府应组织对可能造成环境污染的污染物进行清除。

6.2 防汛抗旱物资补充

针对当年防汛抢险及抗旱物资消耗情况，按照分级管理的原则，及时补充到位。

6.3 水毁工程修复

6.3.1 对影响当年防洪安全和城乡供水安全的水毁工程，应尽快修复。防洪工程应力争在下次洪水到来之前，做到恢复主体功能；抗旱水源工程应尽快恢复功能。

6.3.2 遭到毁坏的交通、电力、通信、水文以及防汛专用通信设施，应尽快组织修复，恢复功能。

6.4 蓄滞洪区运用补偿

国家蓄滞洪区分洪运用后，按照《蓄滞洪区运用补偿暂行办法》进行补偿。其他蓄滞洪区由地方人民政府参照《蓄滞洪区运用补偿暂行办法》补偿。

6.5 灾后重建

各有关部门应尽快组织灾后重建工作。灾后重建原则上按原标准恢复，在条件允许情况下，可提高标准重建。

6.6 工作评价与灾害评估

每年各级防汛抗旱指挥机构应针对防汛抗旱工作各方面和环节组织应急管理等有关部门进行定性和定量总结、分析，总结经验，查找问题，改进工作。总结情况要及时报上一级防汛抗旱指挥机构。

应急部按照有关规定组织开展重特大水旱灾害调查评估工作。

7 附 则

7.1 名词术语定义

7.1.1 洪水风险图：是融合地理、社会经济、洪水特征信息，通过资料调查、洪水计算和成果整理，以地图形式直观反映某一地区发生洪水后可能淹没的范围和水深，用以分析和预评估不同量级洪水可能造成的风险和危害的工具。

7.1.2 干旱风险图：是融合地理、社会经济、水资源特征信息，通过资料调查、水资源计算和成果整理，以地图形式直观反映某一地区发生干旱后可能影响的范围，用以分析和预评估不同干旱等级造成的风险和危害的工具。

7.1.3 台风风暴潮风险图：是融合地理、社会经济、台风风暴潮特征信息，通过资料调查、台风风暴潮计算和成果整理，以地图形式直观反映某一地区发生台风风暴潮后可能影响的范围，用以分析和预评估不同级别台风风暴潮造成的风险和危害的工具。

7.1.4 防御洪水方案：是对有防汛抗洪任务的县级以上地方人民政府根据流域综合规划、防洪工程实际状况和国家规定的防洪标准，制定的防御江河洪水（包括特大洪水）、山洪灾害（指由降雨引发的山洪、泥石流灾害）、台风风暴潮灾害等方案的统称。长江、黄河、淮河、海河等重要江河湖泊和重要水工程的防御洪水方案，由水利部组织编制，按程序报国务院批准；跨省、自治区、直辖市的其他江河的防御洪水方案，由有关流域管理机构会同有关省、自治区、直辖市人民政府制定，报国务院或者国务院授权的有关部门批准。防御洪水方案经批准后，有关地方人民政府必须执行。各级防汛抗旱指挥机构和承担防汛抗旱任务的部门和单位，必须根据防御洪水方案做好防汛抗洪准备工作。

7.1.5 抗旱预案：是在现有工程设施条件和抗旱能力下，针对不同等级、程度的干旱，而预先制定的对策和措施，是各级防汛抗旱指挥机构实施指挥决策的依据。

7.1.6 抗旱服务组织：是由水利部门组建的事业性服务实体，以抗旱减灾为宗旨，围绕群众饮水安全、粮食用水安全、经济发展用水安全和生态环境用水安全开展抗旱服务工作。其业务工作受同级水利部门领导和上一级抗旱服务组织的指导。国家支持和鼓励社会力量兴办各种形式的抗旱社会化服务组织。

7.1.7 生命线工程：根据《破坏性地震应急条例》，生命线工程是指对社会生活、生产有重大影响的交通、通信、供水、排水、供电、供气、输油等工程系统。

7.1.8 洪水等级

根据《水文情报预报规范》（GB/T 22482—2008）：

小洪水：洪水要素重现期小于5年的洪水。

中洪水：洪水要素重现期为5年~20年的洪水。

大洪水：洪水要素重现期为20年~50年的洪水。

特大洪水：洪水要素重现期大于50年的洪水。

7.1.9 热带气旋等级

根据《热带气旋等级》（GB/T 19201—2006）：

热带低压：热带气旋底层中心附近最大平均风速达到10.8m/s~17.1m/s（风力6~7级）。

热带风暴：热带气旋底层中心附近最大平均风速达到17.2m/s~24.4m/s（风力8~9级）。

强热带风暴：热带气旋底层中心附近最大平均风速达到24.5m/s~32.6m/s（风力10~11级）。

台风：热带气旋底层中心附近最大平均风速达到32.7m/s~41.4m/s（风力12~13级）。

强台风：热带气旋底层中心附近最大平均风速

达到 41.5m/s~50.9m/s（风力 14~15 级）。

超强台风：热带气旋底层中心附近最大平均风速达到或大于 51.0m/s（风力 16 级或以上）。

7.1.10　堰塞湖风险等级

堰塞体危险性判别、堰塞湖淹没和溃决损失严重性、堰塞湖风险等级划分参照《堰塞湖风险等级划分与应急处置技术规范》（SL/T 450—2021）。

7.1.11　干旱等级

区域农业旱情等级、区域牧业旱情等级、农牧业旱情等级、区域因旱饮水困难等级、城市旱情等级划分参照《区域旱情等级》（GB/T 32135—2015）。

7.1.12

关于城市规模的规定参照《国务院关于调整城市规模划分标准的通知》（国发〔2014〕51号）。

7.1.13

紧急防汛期：根据《中华人民共和国防洪法》规定，当江河、湖泊的水情接近保证水位或者安全流量，水库水位接近设计洪水位，或者防洪工程设施发生重大险情时，有关县级以上人民政府防汛指挥机构可以宣布进入紧急防汛期。在紧急防汛期，国家防汛指挥机构或者其授权的流域、省、自治区、直辖市防汛指挥机构有权对壅水、阻水严重的桥梁、引道、码头和其他跨河工程设施作出紧急处置。防汛指挥机构根据防汛抗洪的需要，有权在其管辖范围内调用物资、设备、交通运输工具和人力，决定采取取土占地、砍伐林木、清除阻水障碍物和其他必要的紧急措施；必要时，公安、交通等有关部门按照防汛指挥机构的决定，依法实施陆地和水面交通管制。

本预案有关数量的表述中，除有特殊说明外，"以上"含本数，"以下"不含本数。

7.2　预案管理与更新

本预案按照国务院办公厅印发的《突发事件应急预案管理办法》相关规定进行管理与更新。

7.3　国际沟通与协作

按照国家外事纪律的有关规定，积极开展防汛抗旱减灾国际交流，借鉴发达国家防汛抗旱减灾工作的经验，进一步做好我国水旱灾害突发事件防范与处置工作。

7.4　奖励与责任追究

对防汛抢险和抗旱工作作出突出贡献的劳动模范、先进集体和个人，由人力资源社会保障部、国家防总联合表彰；对防汛抢险和抗旱工作中英勇献身的人员，按有关规定追认为烈士；对防汛抗旱工作中玩忽职守造成损失的，依据《中华人民共和国防洪法》、《中华人民共和国公务员法》、《中华人民共和国防汛条例》追究当事人的责任，并予以处罚，构成犯罪的，依法追究其刑事责任。

7.5　预案解释部门

本预案由国家防总办公室负责解释。

7.6　预案实施时间

本预案自印发之日起实施。

国家气象灾害应急预案

(2009 年 12 月 11 日　国办函〔2009〕120 号)

1　总　　则

1.1　编制目的

建立健全气象灾害应急响应机制，提高气象灾害防范、处置能力，最大限度地减轻或者避免气象灾害造成人员伤亡、财产损失，为经济和社会发展提供保障。

1.2　编制依据

依据《中华人民共和国突发事件应对法》、《中华人民共和国气象法》、《中华人民共和国防沙治沙法》、《中华人民共和国防洪法》、《人工影响天气管理条例》、《中华人民共和国防汛条例》、《中华人民共和国抗旱条例》、《森林防火条例》、《草原防火条例》、《国家突发公共事件总体应急预案》等法律法规和规范性文件，制定本预案。

1.3　适用范围

本预案适用于我国范围内台风、暴雨（雪）、寒潮、大风（沙尘暴）、低温、高温、干旱、雷电、冰雹、霜冻、冰冻、大雾、霾等气象灾害事件的防范和应对。

因气象因素引发水旱灾害、地质灾害、海洋灾害、森林草原火灾等其他灾害的处置，适用有关应急预案的规定。

1.4　工作原则

以人为本、减少危害。把保障人民群众的生命财产安全作为首要任务和应急处置工作的出发点，全面加强应对气象灾害的体系建设，最大程度减少灾害损失。

预防为主、科学高效。实行工程性和非工程性措施相结合，提高气象灾害监测预警能力和防御标准。充分利用现代科技手段，做好各项应急准备，提高应急处置能力。

依法规范、协调有序。依照法律法规和相关职责，做好气象灾害的防范应对工作。加强各地区、各部门的信息沟通，做到资源共享，并建立协调配合机制，使气象灾害应对工作更加规范有序、运转协调。

分级管理、属地为主。根据灾害造成或可能造成的危害和影响，对气象灾害实施分级管理。灾害发生地人民政府负责本地区气象灾害的应急处置工作。

2 组织体系

2.1 国家应急指挥机制

发生跨省级行政区域大范围的气象灾害，并造成较大危害时，由国务院决定启动相应的国家应急指挥机制，统一领导和指挥气象灾害及其次生、衍生灾害的应急处置工作：

——台风、暴雨、干旱引发江河洪水、山洪灾害、渍涝灾害、台风暴潮、干旱灾害等水旱灾害，由国家防汛抗旱总指挥部负责指挥应对工作。

——暴雪、冰冻、低温、寒潮，严重影响交通、电力、能源等正常运行，由国家发展改革委启动煤电油气运保障工作部际协调机制；严重影响通信、重要工业品保障、农牧业生产、城市运行等方面，由相关职能部门负责协调处置工作。

——海上大风灾害的防范和救助工作由交通运输部、农业部和国家海洋局按照职能分工负责。

——气象灾害受灾群众生活救助工作，由国家减灾委组织实施。

2.2 地方应急指挥机制

对上述各种灾害，地方各级人民政府要先期启动相应的应急指挥机制或建立应急指挥机制，启动相应级别的应急响应，组织做好应对工作。国务院有关部门进行指导。

高温、沙尘暴、雷电、大风、霜冻、大雾、霾等灾害由地方人民政府启动相应的应急指挥机制或建立应急指挥机制负责处置工作，国务院有关部门进行指导。

3 监测预警

3.1 监测预报

3.1.1 监测预报体系建设

各有关部门要按照职责分工加快新一代天气雷达系统、气象卫星工程、水文监测预报等建设，优化加密观测网站，完善国家与地方监测网络，提高对气象灾害及其次生、衍生灾害的综合监测能力。建立和完善气象灾害预测预报体系，加强对灾害性天气事件的会商分析，做好灾害性、关键性、转折性重大天气预报和趋势预测。

3.1.2 信息共享

气象部门及时发布气象灾害监测预报信息，并与公安、民政、环保、国土资源、交通运输、铁道、水利、农业、卫生、安全监管、林业、电力监管、海洋等相关部门建立相应的气象及气象次生、衍生灾害监测预报预警联动机制，实现相关灾情、险情等信息的实时共享。

3.1.3 灾害普查

气象部门建立以社区、村镇为基础的气象灾害调查收集网络，组织气象灾害普查、风险评估和风险区划工作，编制气象灾害防御规划。

3.2 预警信息发布

3.2.1 发布制度

气象灾害预警信息发布遵循"归口管理、统一发布、快速传播"原则。气象灾害预警信息由气象部门负责制作并按预警级别分级发布，其他任何组织、个人不得制作和向社会发布气象灾害预警信息。

3.2.2 发布内容

气象部门根据对各类气象灾害的发展态势，综合预评估分析确定预警级别。预警级别分为Ⅰ级（特别重大）、Ⅱ级（重大）、Ⅲ级（较大）、Ⅳ级（一般），分别用红、橙、黄、蓝四种颜色标示，Ⅰ级为最高级别，具体分级标准见附则。

气象灾害预警信息内容包括气象灾害的类别、预警级别、起始时间、可能影响范围、警示事项、应采取的措施和发布机关等。

3.2.3 发布途径

建立和完善公共媒体、国家应急广播系统、卫星专用广播系统、无线电数据系统、专用海洋气象广播短波电台、移动通信群发系统、无线电数据系统、中国气象频道等多种手段互补的气象灾害预警信息发布系统，发布气象灾害预警信息。同时，通过国家应急广播和广播、电视、报刊、互联网、手机短信、电子显示屏、有线广播等相关媒体以及一切可能的传播手段及时向社会公众发布气象灾害预警信息。涉及可能引发次生、衍生灾害的预警信息通过有关信息共享平台向相关部门发布。

地方各级人民政府要在学校、机场、港口、车站、旅游景点等人员密集公共场所，高速公路、国道、省道等重要道路和易受气象灾害影响的桥梁、涵洞、弯道、坡路等重点路段，以及农牧区、山区等建立起畅通、有效的预警信息发布与传播渠道，扩大预警信息覆盖面。对老、幼、病、残、孕等特殊人群以及学校等特殊场所和警报盲区应当采取有针对性的公告方式。

气象部门组织实施人工影响天气作业前，要及时通知相关地方和部门，并根据具体情况提前公告。

3.3 预警准备

各地区、各部门要认真研究气象灾害预报预警信息，密切关注天气变化及灾害发展趋势，有关责任人员应立即上岗到位，组织力量深入分析、评估可能造成的影响和危害，尤其是对本地区、本部门风险隐患的影响情况，有针对性地提出预防和控制措施，落实抢险队伍和物资，做好启动应急响应的各项准备工作。

3.4 预警知识宣传教育

地方各级人民政府和相关部门应做好预警信息的宣传教育工作，普及防灾减灾知识，增强社会公众的防灾减灾意识，提高自救、互救能力。

4 应急处置

4.1 信息报告

有关部门按职责收集和提供气象灾害发生、发展、损失以及防御等情况，及时向当地人民政府或相应的应急指挥机构报告。各地区、各部门要按照有关规定逐级向上报告，特别重大、重大突发事件信息，要向国务院报告。

4.2 响应启动

按气象灾害程度和范围，及其引发的次生、衍生灾害类别，有关部门按照其职责和预案启动响应。

当同时发生两种以上气象灾害且分别发布不同预警级别时，按照最高预警级别灾种启动应急响应。当同时发生两种以上气象灾害且均没有达到预警标准，但可能或已经造成损失和影响时，根据不同程度的损失和影响在综合评估基础上启动相应级别应急响应。

4.3 分部门响应

当气象灾害造成群体性人员伤亡或可能导致突发公共卫生事件时，卫生部门启动《国家突发公共事件医疗卫生救援应急预案》和《全国自然灾害卫生应急预案》。当气象灾害造成地质灾害时，国土资源部门启动《国家突发地质灾害应急预案》。当气象灾害造成重大环境事件时，环境保护部门启动《国家突发环境事件应急预案》。当气象灾害造成海上船舶险情及船舶溢油污染时，交通运输部门启动《国家海上搜救应急预案》和"中国海上船舶溢油应急计划"。当气象灾害引发水旱灾害时，防汛抗旱部门启动《国家防汛抗旱应急预案》。当气象灾害引发城市洪涝时，水利、住房城乡建设部门启动相关应急预案。当气象灾害造成涉及农业生产事件时，农业部门启动《农业重大自然灾害突发事件应急预案》或《渔业船舶水上安全突发事件应急预案》。当气象灾害引发森林草原火灾时，林业、农业部门启动《国家处置重、特大森林火灾应急预案》和《草原火灾应急预案》。当发生沙尘暴灾害时，林业部门启动《重大沙尘暴灾害应急预案》。当气象灾害引发海洋灾害时，海洋部门启动《风暴潮、海浪、海啸和海冰灾害应急预案》。当气象灾害引发生产安全事故时，安全监管部门启动相关生产安全事故应急预案。当气象灾害造成煤电油气运保障工作出现重大突发问题时，国家发展改革委启动煤电油气运保障工作部际协调机制。当气象灾害造成重要工业品保障出现重大突发问题时，工业和信息化部启动相关应急预案。当气象灾害造成严重损失，需进行紧急生活救助时，民政部门启动《国家自然灾害救助应急预案》。

发展改革、公安、民政、工业和信息化、财政、交通运输、铁道、水利、商务、电力监管等有关部门按照相关预案，做好气象灾害应急防御和保障工作。新闻宣传、外交、教育、科技、住房城乡建设、广电、旅游、法制、保险监管等部门做好相关行业领域协调、配合工作。解放军、武警部队、公安消防部队以及民兵预备役、地方群众抢险队伍等，要协助地方人民政府做好抢险救援工作。

气象部门进入应急响应状态，加强天气监测、组织专题会商，根据灾害性天气发生发展情况随时更新预报预警并及时通报相关部门和单位，依据各地区、各部门的需求，提供专门气象应急保障服务。

国务院应急办要认真履行职责，切实做好值守应急、信息汇总、分析研判、综合协调等各项工作，发挥运转枢纽作用。

4.4 分灾种响应

当启动应急响应后，各有关部门和单位要加强值班，密切监视灾情，针对不同气象灾害种类及其影响程度，采取应急响应措施和行动。新闻媒体按要求随时播报气象灾害预警信息及应急处置相关措施。

4.4.1 台风、大风

气象部门加强监测预报，及时发布台风、大风预警信号及相关防御指引，适时加大预报时段密度。

海洋部门密切关注管辖海域风暴潮和海浪发生发展动态，及时发布预警信息。

防汛部门根据风灾风险评估结果和预报的风力

情况，与地方人民政府共同做好危险地带和防风能力不足的危房内居民的转移，安排其到安全避风场所避风。

民政部门负责受灾群众的紧急转移安置并提供基本生活救助。

住房城乡建设部门采取措施，巡查、加固城市公共服务设施，督促有关单位加固门窗、围板、棚架、临时建筑物等，必要时可强行拆除存在安全隐患的露天广告牌等设施。

交通运输、农业部门督促指导港口、码头加固有关设施，督促所有船舶到安全场所避风，防止船只走锚造成碰撞和搁浅；督促运营单位暂停运营、妥善安置滞留旅客。

教育部门根据防御指引、提示，通知幼儿园、托儿所、中小学和中等职业学校做好停课准备；避免在突发大风时段上学放学。

住房城乡建设、交通运输等部门通知高空、水上等户外作业单位做好防风准备，必要时采取停止作业措施，安排人员到安全避风场所避风。

民航部门做好航空器转场、重要设施设备防护、加固，做好运行计划调整和旅客安抚安置工作。

电力部门加强电力设施检查和电网运营监控，及时排除危险、排查故障。

农业部门根据不同风力情况发出预警通知，指导农业生产单位、农户和畜牧水产养殖户采取防风措施，减轻灾害损失；农业、林业部门密切关注大风等高火险天气形势，会同气象部门做好森林草原火险预报预警，指导开展火灾扑救工作。

各单位加强本责任区内检查，尽量避免或停止露天集体活动；居民委员会、村镇、小区、物业等部门及时通知居民妥善安置易受大风影响的室外物品。

相关应急处置部门和抢险单位随时准备启动抢险应急方案。

灾害发生后，民政、防汛、气象等部门按照有关规定进行灾情调查、收集、分析和评估工作。

4.4.2 暴雨

气象部门加强监测预报，及时发布暴雨预警信号及相关防御指引，适时加大预报时段密度。

防汛部门进入相应应急响应状态，组织开展洪水调度、堤防水库工程巡护查险、防汛抢险及灾害救助工作；会同地方人民政府组织转移危险地带以及居住在危房内的居民到安全场所避险。

民政部门负责受灾群众的紧急转移安置并提供基本生活救助。

教育部门根据防御指引、提示，通知幼儿园、托儿所、中小学和中等职业学校做好停课准备。

电力部门加强电力设施检查和电网运营监控，及时排除危险、排查故障。

公安、交通运输部门对积水地区实行交通引导或管制。

民航部门做好重要设施设备防洪防渍工作。

农业部门针对农业生产做好监测预警、落实防御措施，组织抗灾救灾和灾后恢复生产。

施工单位必要时暂停在空旷地方的户外作业。

相关应急处置部门和抢险单位随时准备启动抢险应急方案。

灾害发生后，民政、防汛、气象等部门按照有关规定进行灾情调查、收集、分析和评估工作。

4.4.3 暴雪、低温、冰冻

气象部门加强监测预报，及时发布低温、雪灾、道路结冰等预警信号及相关防御指引，适时加大预报时段密度。

海洋部门密切关注渤海、黄海的海冰发生发展动态，及时发布海冰灾害预警信息。

公安部门加强交通秩序维护，注意指挥、疏导行驶车辆；必要时，关闭易发生交通事故的结冰路段。

电力部门注意电力调配及相关措施落实，加强电力设备巡查、养护，及时排查电力故障；做好电力设施设备覆冰应急处置工作。

交通运输部门提醒做好车辆防冻措施，提醒高速公路、高架道路车辆减速；会同有关部门根据积雪情况，及时组织力量或采取措施做好道路清扫和积雪融化工作。

民航部门做好机场除冰扫雪，航空器除冰，保障运行安全，做好运行计划调整和旅客安抚、安置工作，必要时关闭机场。

住房城乡建设、水利等部门做好供水系统等防冻措施。

卫生部门采取措施保障医疗卫生服务正常开展，并组织做好伤员医疗救治和卫生防病工作。

住房城乡建设部门加强危房检查，会同有关部门及时动员或组织撤离可能因雪压倒塌的房屋内的人员。

民政部门负责受灾群众的紧急转移安置，并为受灾群众和公路、铁路等滞留人员提供基本生活救助。

农业部门组织对农作物、畜牧业、水产养殖采取必要的防护措施。

相关应急处置部门和抢险单位随时准备启动抢

187

险应急方案。

灾害发生后，民政、气象等部门按照有关规定进行灾情调查、收集、分析和评估工作。

4.4.4 寒潮

气象部门加强监测预报，及时发布寒潮预警信号及相关防御指引，适时加大预报时段密度；了解寒潮影响，进行综合分析和评估工作。

海洋部门密切关注管辖海域风暴潮、海浪和海冰发生发展动态，及时发布预警信息。

民政部门采取防寒救助措施，开放避寒场所；实施应急防寒保障，特别对贫困户、流浪人员等应采取紧急防寒防冻应对措施。

住房城乡建设、林业等部门对树木、花卉等采取防寒措施。

农业、林业部门指导果农、菜农和畜牧水产养殖户采取一定的防寒和防风措施，做好牲畜、家禽和水生动物的防寒保暖工作。

卫生部门采取措施，加强低温寒潮相关疾病防御知识宣传教育，并组织做好医疗救治工作。

交通运输部门采取措施，提醒海上作业的船舶和人员做好防御工作，加强海上船舶航行安全监管。

相关应急处置部门和抢险单位随时准备启动抢险应急方案。

4.4.5 沙尘暴

气象部门加强监测预报，及时发布沙尘暴预警信号及相关防御指引，适时加大预报时段密度；了解沙尘影响，进行综合分析和评估工作。

农业部门指导农牧业生产自救，采取应急措施帮助受沙尘影响的灾区恢复农牧业生产。

环境保护部门加强对沙尘暴发生时大气环境质量状况监测，为灾害应急提供服务。

交通运输、民航、铁道部门采取应急措施，保证沙尘暴天气状况下的运输安全。

民政部门采取应急措施，做好救灾人员和物资准备。

相关应急处置部门和抢险单位随时准备启动抢险应急方案。

4.4.6 高温

气象部门加强监测预报，及时发布高温预警信号及相关防御指引，适时加大预报时段密度；了解高温影响，进行综合分析和评估工作。

电力部门注意高温期间的电力调配及相关措施落实，保证居民和重要电力用户用电，根据高温期间电力安全生产情况和电力供需情况，制订拉闸限电方案，必要时依据方案执行拉闸限电措施；加强电力设备巡查、养护，及时排查电力故障。

住房城乡建设、水利等部门做好用水安排，协调上游水源，保证群众生活生产用水。

建筑、户外施工单位做好户外和高温作业人员的防暑工作，必要时调整作息时间，或采取停止作业措施。

公安部门做好交通安全管理，提醒车辆减速，防止因高温产生爆胎等事故。

卫生部门采取积极应对措施，应对可能出现的高温中暑事件。

农业、林业部门指导紧急预防高温对农、林、畜牧、水产养殖业的影响。

相关应急处置部门和抢险单位随时准备启动抢险应急方案。

4.4.7 干旱

气象部门加强监测预报，及时发布干旱预警信号及相关防御指引，适时加大预报时段密度；了解干旱影响，进行综合分析；适时组织人工影响天气作业，减轻干旱影响。

农业、林业部门指导农牧户、林业生产单位采取管理和技术措施，减轻干旱影响；加强监控，做好森林草原火灾预防和扑救准备工作。

水利部门加强旱情、墒情监测分析，合理调度水源，组织实施抗旱减灾等方面的工作。

卫生部门采取措施，防范和应对旱灾导致的食品和饮用水卫生安全问题所引发的突发公共卫生事件。

民政部门采取应急措施，做好救灾人员和物资准备，并负责因旱缺水缺粮群众的基本生活救助。

相关应急处置部门和抢险单位随时准备启动抢险应急方案。

4.4.8 雷电、冰雹

气象部门加强监测预报，及时发布雷雨大风、冰雹预警信号及相关防御指引，适时加大预报时段密度；灾害发生后，有关防雷技术人员及时赶赴现场，做好雷击灾情的应急处置、分析评估工作，并为其他部门处置雷电灾害提供技术指导。

住房城乡建设部门提醒、督促施工单位必要时暂停户外作业。

电力部门加强电力设施检查和电网运营监控，及时排除危险、排查故障。

民航部门做好雷电防护，保障运行安全，做好运行计划调整和旅客安抚安置工作。

农业部门针对农业生产做好监测预警、落实防御措施，组织抗灾救灾和灾后恢复生产。

各单位加强本责任范围内检查，停止集体露天活动；居民委员会、村镇、小区、物业等部门提醒居民尽量减少户外活动和采取适当防护措施，减少使用电器。

相关应急处置部门和抢险单位随时准备启动抢险应急方案。

4.4.9 大雾、霾

气象部门加强监测预报，及时发布大雾和霾预警信号及相关防御指引，适时加大预报时段密度；了解大雾、霾的影响，进行综合分析和评估工作。

电力部门加强电网运营监控，采取措施尽量避免发生设备污闪故障，及时消除和减轻因设备污闪造成的影响。

公安部门加强对车辆的指挥和疏导，维持道路交通秩序。

交通运输部门及时发布雾航安全通知，加强海上船舶航行安全监管。

民航部门做好运行安全保障、运行计划调整和旅客安抚安置工作。

相关应急处置部门和抢险单位随时准备启动抢险应急方案。

4.5 现场处置

气象灾害现场应急处置由灾害发生地人民政府或相应应急指挥机构统一组织，各部门依职责参与应急处置工作。包括组织营救、伤员救治、疏散撤离和妥善安置受到威胁的人员，及时上报灾情和人员伤亡情况，分配救援任务，协调各级各类救援队伍的行动，查明并及时组织力量消除次生、衍生灾害，组织公共设施的抢修和援助物资的接收与分配。

4.6 社会力量动员与参与

气象灾害事发地的各级人民政府或应急指挥机构可根据气象灾害事件的性质、危害程度和范围，广泛调动社会力量积极参与气象灾害突发事件的处置，紧急情况下可依法征用、调用车辆、物资、人员等。

气象灾害事件发生后，灾区的各级人民政府或相应应急指挥机构组织各方面力量抢救人员，组织基层单位和人员开展自救和互救；邻近的省（区、市）、市（地、州、盟）人民政府根据灾情组织和动员社会力量，对灾区提供救助。

鼓励自然人、法人或者其他组织（包括国际组织）按照《中华人民共和国公益事业捐赠法》等有关法律法规的规定进行捐赠和援助。审计监察部门对捐赠资金与物资的使用情况进行审计和监督。

4.7 信息公布

气象灾害的信息公布应当及时、准确、客观、全面，灾情公布由有关部门按规定办理。

信息公布形式主要包括权威发布、提供新闻稿、组织报道、接受记者采访、举行新闻发布会等。

信息公布内容主要包括气象灾害种类及其次生、衍生灾害的监测和预警，因灾伤亡人员、经济损失、救援情况等。

4.8 应急终止或解除

气象灾害得到有效处置后，经评估，短期内灾害影响不再扩大或已减轻，气象部门发布灾害预警降低或解除信息，启动应急响应的机构或部门降低应急响应级别或终止响应。国家应急指挥机制终止响应须经国务院同意。

5 恢复与重建

5.1 制订规划和组织实施

受灾地区县级以上人民政府组织有关部门制订恢复重建计划，尽快组织修复被破坏的学校、医院等公益设施及交通运输、水利、电力、通信、供排水、供气、输油、广播电视等基础设施，使受灾地区早日恢复正常的生产生活秩序。

发生特别重大灾害，超出事发地人民政府恢复重建能力的，为支持和帮助受灾地区积极开展生产自救、重建家园，国家制订恢复重建规划，出台相关扶持优惠政策，中央财政给予支持；同时，依据支援方经济能力和受援方灾害程度，建立地区之间对口支援机制，为受灾地区提供人力、物力、财力、智力等各种形式的支援。积极鼓励和引导社会各方面力量参与灾后恢复重建工作。

5.2 调查评估

灾害发生地人民政府或应急指挥机构应当组织有关部门对气象灾害造成的损失及气象灾害的起因、性质、影响等问题进行调查、评估与总结，分析气象灾害应对处置工作经验教训，提出改进措施。灾情核定由各级民政部门会同有关部门开展。灾害结束后，灾害发生地人民政府或应急指挥机构应将调查评估结果与应急工作情况报送上级人民政府。特别重大灾害的调查评估结果与应急工作情况应逐级报至国务院。

5.3 征用补偿

气象灾害应急工作结束后，县级以上人民政府应及时归还因救灾需要临时征用的房屋、运输工具、通信设备等；造成损坏或无法归还的，应按有关规定采取适当方式给予补偿或做其他处理。

5.4 灾害保险

鼓励公民积极参加气象灾害事故保险。保险机构应当根据灾情，主动办理受灾人员和财产的保险理赔事项。保险监管机构依法做好灾区有关保险理赔和给付的监管。

6 应急保障

以公用通信网为主体，建立跨部门、跨地区气象灾害应急通信保障系统。灾区通信管理部门应及时采取措施恢复遭破坏的通信线路和设施，确保灾区通信畅通。

交通运输、铁路、民航部门应当完善抢险救灾、灾区群众安全转移所需车辆、火车、船舶、飞机的调配方案，确保抢险救灾物资的运输畅通。

工业和信息化部门应会同相关部门做好抢险救灾需要的救援装备、医药和防护用品等重要工业品保障方案。

民政部门加强生活类救灾物资储备，完善应急采购、调运机制。

公安部门保障道路交通安全畅通，做好灾区治安管理和救助、服务群众等工作。

农业部门做好救灾备荒种子储备、调运工作，会同相关部门做好农业救灾物资、生产资料的储备、调剂和调运工作。地方各级人民政府及其防灾减灾部门应按规范储备重大气象灾害抢险物资，并做好生产流程和生产能力储备的有关工作。

中央财政对达到《国家自然灾害救助应急预案》规定的应急响应等级的灾害，根据灾情及中央自然灾害救助标准，给予相应支持。

7 预案管理

本预案由国务院办公厅制定与解释。

预案实施后，随着应急救援相关法律法规的制定、修改和完善，部门职责或应急工作发生变化，或者应急过程中发现存在问题和出现新情况，国务院应急办应适时组织有关部门和专家进行评估，及时修订完善本预案。

县级以上地方人民政府及其有关部门要根据本预案，制订本地区、本部门气象灾害应急预案。

本预案自印发之日起实施。

8 附 则

8.1 气象灾害预警标准

8.1.1 Ⅰ级预警

（1）台风：预计未来48小时将有强台风、超强台风登陆或影响我国沿海。

（2）暴雨：过去48小时2个及以上省（区、市）大部地区出现特大暴雨天气，预计未来24小时上述地区仍将出现大暴雨天气。

（3）暴雪：过去24小时2个及以上省（区、市）大部地区出现暴雪天气，预计未来24小时上述地区仍将出现暴雪天气。

（4）干旱：5个以上省（区、市）大部地区达到气象干旱重旱等级，且至少2个省（区、市）部分地区或两个大城市出现气象干旱特旱等级，预计干旱天气或干旱范围进一步发展。

（5）各种灾害性天气已对群众生产生活造成特别重大损失和影响，超出本省（区、市）处置能力，需要由国务院组织处置的，以及上述灾害已经启动Ⅱ级响应但仍可能持续发展或影响其他地区的。

8.1.2 Ⅱ级预警

（1）台风：预计未来48小时将有台风登陆或影响我国沿海。

（2）暴雨：过去48小时2个及以上省（区、市）大部地区出现大暴雨天气，预计未来24小时上述地区仍将出现暴雨天气；或者预计未来24小时2个及以上省（区、市）大部地区将出现特大暴雨天气。

（3）暴雪：过去24小时2个及以上省（区、市）大部地区出现暴雪天气，预计未来24小时上述地区仍将出现大雪天气；或者预计未来24小时2个及以上省（区、市）大部地区将出现15毫米以上暴雪天气。

（4）干旱：3~5个省（区、市）大部地区达到气象干旱重旱等级，且至少1个省（区、市）部分地区或1个大城市出现气象干旱特旱等级，预计干旱天气或干旱范围进一步发展。

（5）冰冻：过去48小时3个及以上省（区、市）大部地区出现冰冻天气，预计未来24小时上述地区仍将出现冰冻天气。

（6）寒潮：预计未来48小时2个及以上省（区、市）气温大幅下降并伴有6级及以上大风，最低气温降至2摄氏度以下。

（7）海上大风：预计未来48小时我国海区将出现平均风力达11级及以上大风天气。

（8）高温：过去48小时2个及以上省（区、市）出现最高气温达37摄氏度，且有成片40摄氏度及以上高温天气，预计未来48小时上述地区仍将出现37摄氏度及以上高温天气。

（9）灾害性天气已对群众生产生活造成重大损失和影响，以及上述灾害已经启动Ⅲ级响应但仍可能持续发展或影响其他地区的。

8.1.3 Ⅲ级预警

（1）台风：预计未来48小时将有强热带风暴登陆或影响我国沿海。

（2）暴雨：过去24小时2个及以上省（区、市）大部地区出现暴雨天气，预计未来24小时上述地区仍将出现暴雨天气；或者预计未来24小时2个及以上省（区、市）大部地区将出现大暴雨天气，且南方有成片或北方有分散的特大暴雨。

（3）暴雪：过去24小时2个及以上省（区、市）大部地区出现大雪天气，预计未来24小时上述地区仍将出现大雪天气；或者预计未来24小时2个及以上省（区、市）大部地区将出现暴雪天气。

（4）干旱：2个省（区、市）大部地区达到气象干旱重旱等级，预计干旱天气或干旱范围进一步发展。

（5）寒潮：预计未来48小时2个及以上省（区、市）气温明显下降并伴有5级及以上大风，最低气温降至4摄氏度以下。

（6）海上大风：预计未来48小时我国海区将出现平均风力达9~10级大风天气。

（7）冰冻：预计未来48小时3个及以上省（区、市）大部地区将出现冰冻天气。

（8）低温：过去72小时2个及以上省（区、市）出现较常年同期异常偏低的持续低温天气，预计未来48小时上述地区气温持续偏低。

（9）高温：过去48小时2个及以上省（区、市）最高气温达37摄氏度，预计未来48小时上述地区仍将出现37摄氏度及以上高温天气。

（10）沙尘暴：预计未来24小时2个及以上省（区、市）将出现强沙尘暴天气。

（11）大雾：预计未来24小时3个及以上省（区、市）大部地区将出现浓雾天气。

（12）各种灾害性天气已对群众生产生活造成较大损失和影响，以及上述灾害已经启动Ⅳ级响应但仍可能持续发展或影响其他地区的。

8.1.4 Ⅳ级预警

（1）台风：预计未来48小时将有热带风暴登陆或影响我国沿海。

（2）暴雨：预计未来24小时2个及以上省（区、市）大部地区将出现暴雨天气，且南方有成片或北方有分散的大暴雨。

（3）暴雪：预计未来24小时2个及以上省（区、市）大部地区将出现大雪天气，且有成片暴雪。

（4）寒潮：预计未来48小时2个及以上省（区、市）将出现较明显大风降温天气。

（5）低温：过去24小时2个及以上省（区、市）出现较常年同期异常偏低的持续低温天气，预计未来48小时上述地区气温持续偏低。

（6）高温：预计未来48小时4个及以上省（区、市）将出现35摄氏度及以上，且有成片37摄氏度及以上高温天气。

（7）沙尘暴：预计未来24小时2个及以上省（区、市）将出现沙尘暴天气。

（8）大雾：预计未来24小时3个及以上省（区、市）大部地区将出现大雾天气。

（9）霾：预计未来24小时3个及以上省（区、市）大部地区将出现霾天气。

（10）霜冻：预计未来24小时2个及以上省（区、市）将出现霜冻天气。

（11）各种灾害性天气已对群众生产生活造成一定损失和影响。

各类气象灾害预警分级统计表

灾种\分级	台风	暴雨	暴雪	寒潮	海上大风	沙尘暴	低温	高温	干旱	霜冻	冰冻	大雾	霾
Ⅰ级	√	√	√						√				
Ⅱ级	√	√	√	√	√		√				√		
Ⅲ级	√	√	√	√	√	√	√	√	√		√	√	
Ⅳ	√	√	√	√		√	√	√		√		√	√

由于我国地域辽阔，各种灾害在不同地区和不同行业造成影响程度差异较大，各地区、各有关部门要根据实际情况，结合以上标准在充分评估基础上，适时启动相应级别的灾害预警。

8.1.5 多种灾害预警

当同时发生两种以上气象灾害且分别达到不同预警级别时，按照各自预警级别分别预警。当同时发生两种以上气象灾害，且均没有达到预警标准，但可能或已经造成一定影响时，视情进行预警。

8.2 名词术语

台风是指生成于西北太平洋和南海海域的热带气旋系统，其带来的大风、暴雨等灾害性天气常引发洪涝、风暴潮、滑坡、泥石流等灾害。

暴雨一般指24小时内累积降水量达50毫米或以上，或12小时内累积降水量达30毫米或以上的降水，会引发洪涝、滑坡、泥石流等灾害。

暴雪一般指24小时内累积降水量达10毫米或以上，或12小时内累积降水量达6毫米或以上的固态降水，会对农牧业、交通、电力、通信设施等造成危害。

寒潮是指强冷空气的突发性侵袭活动，其带来的大风、降温等天气现象，会对农牧业、交通、人体健康、能源供应等造成危害。

大风是指平均风力大于6级、阵风风力大于7级的风，会对农业、交通、水上作业、建筑设施、施工作业等造成危害。

沙尘暴是指地面尘沙吹起造成水平能见度显著降低的天气现象，会对农牧业、交通、环境、人体健康等造成危害。

低温是指气温较常年异常偏低的天气现象，会对农牧业、能源供应、人体健康等造成危害。

高温是指日最高气温在35摄氏度以上的天气现象，会对农牧业、电力、人体健康等造成危害。

干旱是指长期无雨或少雨导致土壤和空气干燥的天气现象，会对农牧业、林业、水利以及人畜饮水等造成危害。

雷电是指发展旺盛的积雨云中伴有闪电和雷鸣的放电现象，会对人身安全、建筑、电力和通信设施等造成危害。

冰雹是指由冰晶组成的固态降水，会对农业、人身安全、室外设施等造成危害。

霜冻是指地面温度降到零摄氏度以下导致植物损伤的灾害。

冰冻是指雨、雪、雾在物体上冻结成冰的天气现象，会对农牧业、林业、交通和电力、通信设施等造成危害。

大雾是指空气中悬浮的微小水滴或冰晶使能见度显著降低的天气现象，会对交通、电力、人体健康等造成危害。

霾是指空气中悬浮的微小尘粒、烟粒或盐粒使能见度显著降低的天气现象，会对交通、环境、人体健康等造成危害。

国家突发地质灾害应急预案

（2006年1月10日）

1 总 则

1.1 编制目的

高效有序地做好突发地质灾害应急防治工作，避免或最大程度地减轻灾害造成的损失，维护人民生命、财产安全和社会稳定。

1.2 编制依据

依据《地质灾害防治条例》、《国家突发公共事件总体应急预案》、《国务院办公厅转发国土资源部建设部关于加强地质灾害防治工作意见的通知》，制定本预案。

1.3 适用范围

本预案适用于处置自然因素或者人为活动引发的危害人民生命和财产安全的山体崩塌、滑坡、泥石流、地面塌陷等与地质作用有关的地质灾害。

1.4 工作原则

预防为主，以人为本。建立健全群测群防机制，最大程度地减少突发地质灾害造成的损失，把保障人民群众的生命财产安全作为应急工作的出发点和落脚点。

统一领导、分工负责。在各级党委、政府统一领导下，有关部门各司其职，密切配合，共同做好突发地质灾害应急防治工作。

分级管理，属地为主。建立健全按灾害级别分级管理、条块结合、以地方人民政府为主的管理体制。

2 组织体系和职责

国务院国土资源行政主管部门负责全国地质灾害应急防治工作的组织、协调、指导和监督。

出现超出事发地省级人民政府处置能力，需要由国务院负责处置的特大型地质灾害时，根据国务院国土资源行政主管部门的建议，国务院可以成立临时性的地质灾害应急防治总指挥部，负责特大型地质灾害应急防治工作的指挥和部署。

省级人民政府可以参照国务院地质灾害应急防治总指挥部的组成和职责，结合本地实际情况成立相应的地质灾害应急防治指挥部。

发生地质灾害或者出现地质灾害险情时，相关市、县人民政府可以根据地质灾害抢险救灾的需要，成立地质灾害抢险救灾指挥机构。

3 预防和预警机制

3.1 预防预报预警信息

3.1.1 监测预报预警体系建设

各级人民政府要加快建立以预防为主的地质灾害监测、预报、预警体系建设，开展地质灾害调查，编制地质灾害防治规划，建设地质灾害群测群防网络和专业监测网络，形成覆盖全国的地质灾害监测网络。国务院国土资源、水利、气象、地震部门要密切合作，逐步建成与全国防汛监测网络、气象监测网络、地震监测网络互联，连接国务院有关部门、省（区、市）、市（地、州）、县（市）的地质灾害信息系统，及时传送地质灾害险情灾情、汛情和气象信息。

3.1.2 信息收集与分析

负责地质灾害监测的单位，要广泛收集整理与突发地质灾害预防预警有关的数据资料和相关信息，进行地质灾害中、短期趋势预测，建立地质灾害监测、预报、预警等资料数据库，实现各部门间的共享。

3.2 预防预警行动

3.2.1 编制年度地质灾害防治方案

县级以上地方人民政府国土资源主管部门会同本级地质灾害应急防治指挥部成员单位，依据地质灾害防治规划，每年年初拟订本年度的地质灾害防治方案。年度地质灾害防治方案要标明辖区内主要灾害点的分布，说明主要灾害点的威胁对象和范围，明确重点防范期，制订具体有效的地质灾害防治措施，确定地质灾害的监测、预防责任人。

3.2.2 地质灾害险情巡查

地方各级人民政府国土资源主管部门要充分发挥地质灾害群测群防和专业监测网络的作用，进行定期和不定期的检查，加强对地质灾害重点地区的监测和防范，发现险情时，要及时向当地人民政府和上一级国土资源主管部门报告。当地县级人民政府要及时划定灾害危险区，设置危险区警示标志，确定预警信号和撤离路线。根据险情变化及时提出应急对策，组织群众转移避让或采取排险防治措施，情况危急时，应强制组织避灾疏散。

3.2.3 "防灾明白卡"发放

为提高群众的防灾意识和能力，地方各级人民政府要根据当地已查出的地质灾害危险点、隐患点，将群测群防工作落实到具体单位，落实到乡（镇）长和村委会主任以及受灾害隐患点威胁的村民，要将涉及地质灾害防治内容的"明白卡"发到村民手中。

3.2.4 建立地质灾害预报预警制度

地方各级人民政府国土资源主管部门和气象主管机构要加强合作，联合开展地质灾害气象预报预警工作，并将预报预警结果及时报告本级人民政府，同时通过媒体向社会发布。当发出某个区域有可能发生地质灾害的预警预报后，当地人民政府要依照群测群防责任制的规定，立即将有关信息通知到地质灾害危险点的防灾责任人、监测人和该区域内的群众；各单位和当地群众要对照"防灾明白卡"的要求，做好防灾的各项准备工作。

3.3 地质灾害速报制度

3.3.1 速报时限要求

县级人民政府国土资源主管部门接到当地出现特大型、大型地质灾害报告后，应在 4 小时内速报县级人民政府和市级人民政府国土资源主管部门，同时可直接速报省级人民政府国土资源主管部门和国务院国土资源主管部门。国土资源部接到特大型、大型地质灾害险情和灾情报告后，应立即向国务院报告。

县级人民政府国土资源主管部门接到当地出现中、小型地质灾害报告后，应在 12 小时内速报县级人民政府和市级人民政府国土资源主管部门，同时可直接速报省级人民政府国土资源主管部门。

3.3.2 速报的内容

灾害速报的内容主要包括地质灾害险情或灾情出现的地点和时间、地质灾害类型、灾害体的规模、可能的引发因素和发展趋势等。对已发生的地质灾害，速报内容还要包括伤亡和失踪的人数以及造成的直接经济损失。

4 地质灾害险情和灾情分级

地质灾害按危害程度和规模大小分为特大型、大型、中型、小型地质灾害险情和地质灾害灾情四级：

（1）特大型地质灾害险情和灾情（Ⅰ级）。

受灾害威胁，需搬迁转移人数在 1000 人以上或潜在可能造成的经济损失 1 亿元以上的地质灾害险情为特大型地质灾害险情。

因灾死亡 30 人以上或因灾造成直接经济损失 1000 万元以上的地质灾害灾情为特大型地质灾害灾情。

（2）大型地质灾害险情和灾情（Ⅱ级）。

受灾害威胁，需搬迁转移人数在 500 人以上、1000 人以下，或潜在经济损失 5000 万元以上、1 亿元以下的地质灾害险情为大型地质灾害险情。

因灾死亡10人以上、30人以下，或因灾造成直接经济损失500万元以上、1000万元以下的地质灾害灾情为大型地质灾害灾情。

(3) 中型地质灾害险情和灾情（Ⅲ级）。

受灾害威胁，需搬迁转移人数在100人以上、500人以下，或潜在经济损失500万元以上、5000万元以下的地质灾害险情为中型地质灾害险情。

因灾死亡3人以上、10人以下，或因灾造成直接经济损失100万元以上、500万元以下的地质灾害灾情为中型地质灾害灾情。

(4) 小型地质灾害险情和灾情（Ⅳ级）。

受灾害威胁，需搬迁转移人数在100人以下，或潜在经济损失500万元以下的地质灾害险情为小型地质灾害险情。

因灾死亡3人以下，或因灾造成直接经济损失100万元以下的地质灾害灾情为小型地质灾害灾情。

5 应急响应

地质灾害应急工作遵循分级响应程序，根据地质灾害的等级确定相应级别的应急机构。

5.1 特大型地质灾害险情和灾情应急响应（Ⅰ级）

出现特大型地质灾害险情和特大型地质灾害灾情的县（市）、市（地、州）、省（区、市）人民政府立即启动相关的应急防治预案和应急指挥系统，部署本行政区域内的地质灾害应急防治与救灾工作。

地质灾害发生地的县级人民政府应当依照群测群防责任制的规定，立即将有关信息通知到地质灾害危险点的防灾责任人、监测人和该区域内的群众，对是否转移群众和采取的应急措施做出决策；及时划定地质灾害危险区，设立明显的危险区警示标志，确定预警信号和撤离路线，组织群众转移避让或采取排险防治措施，根据险情和灾情具体情况提出应急对策，情况危急时应强制组织受威胁群众避灾疏散。特大型地质灾害险情和灾情的应急防治工作，在本省（区、市）人民政府的领导下，由本省（区、市）地质灾害应急防治指挥部具体指挥、协调、组织财政、建设、交通、水利、民政、气象等有关部门的专家和人员，及时赶赴现场，加强监测，采取应急措施，防止灾害进一步扩大，避免抢险救灾可能造成的二次人员伤亡。

国土资源部组织协调有关部门赴灾区现场指导应急防治工作，派出专家组调查地质灾害成因，分析其发展趋势，指导地方制订应急防治措施。

5.2 大型地质灾害险情和灾情应急响应（Ⅱ级）

出现大型地质灾害险情和大型地质灾害灾情的县（市）、市（地、州）、省（区、市）人民政府立即启动相关的应急预案和应急指挥系统。

地质灾害发生地的县级人民政府应当依照群测群防责任制的规定，立即将有关信息通知到地质灾害危险点的防灾责任人、监测人和该区域内的群众，对是否转移群众和采取的应急措施做出决策；及时划定地质灾害危险区，设立明显的危险区警示标志，确定预警信号和撤离路线，组织群众转移避让或采取排险防治措施，根据险情和灾情具体情况提出应急对策，情况危急时应强制组织受威胁群众避灾疏散。

大型地质灾害险情和大型地质灾害灾情的应急工作，在本省（区、市）人民政府的领导下，由本省（区、市）地质灾害应急防治指挥部具体指挥、协调、组织财政、建设、交通、水利、民政、气象等有关部门的专家和人员，及时赶赴现场，加强监测，采取应急措施，防止灾害进一步扩大，避免抢险救灾可能造成的二次人员伤亡。

必要时，国土资源部派出工作组协助地方政府做好地质灾害的应急防治工作。

5.3 中型地质灾害险情和灾情应急响应（Ⅲ级）

出现中型地质灾害险情和中型地质灾害灾情的县（市）、市（地、州）人民政府立即启动相关的应急预案和应急指挥系统。

地质灾害发生地的县级人民政府应当依照群测群防责任制的规定，立即将有关信息通知到地质灾害危险点的防灾责任人、监测人和该区域内的群众，对是否转移群众和采取的应急措施做出决策；及时划定地质灾害危险区，设立明显的危险区警示标志，确定预警信号和撤离路线，组织群众转移避让或采取排险防治措施，根据险情和灾情具体情况提出应急对策，情况危急时应强制组织受威胁群众避灾疏散。

中型地质灾害险情和中型地质灾害灾情的应急工作，在本市（地、州）人民政府的领导下，由本市（地、州）地质灾害应急防治指挥部具体指挥、协调、组织建设、交通、水利、民政、气象等有关部门的专家和人员，及时赶赴现场，加强监测，采取应急措施，防止灾害进一步扩大，避免抢险救灾可能造成的二次人员伤亡。

必要时，灾害出现地的省（区、市）人民政府派出工作组赶赴灾害现场，协助市（地、州）人民政府做好地质灾害应急工作。

5.4 小型地质灾害险情和灾情应急响应（Ⅳ级）

出现小型地质灾害险情和小型地质灾害灾情的县（市）人民政府立即启动相关的应急预案和应急指挥系统，依照群测群防责任制的规定，立即将有关信息通知到地质灾害危险点的防灾责任人、监测人和该区域内的群众，对是否转移群众和采取的应急措施作出决策；及时划定地质灾害危险区，设立明显的危险区警示标志，确定预警信号和撤离路线，组织群众转移避让或采取排险防治措施，根据险情和灾情具体情况提出应急对策，情况危急时应强制组织受威胁群众避灾疏散。

小型地质灾害险情和小型地质灾害灾情的应急工作，在本县（市）人民政府的领导下，由本县（市）地质灾害应急指挥部具体指挥、协调、组织建设、交通、水利、民政、气象等有关部门的专家和人员，及时赶赴现场，加强监测，采取应急措施，防止灾害进一步扩大，避免抢险救灾可能造成的二次人员伤亡。

必要时，灾害出现地的市（地、州）人民政府派出工作组赶赴灾害现场，协助县（市）人民政府做好地质灾害应急工作。

5.5 应急响应结束

经专家组鉴定地质灾害险情或灾情已消除，或者得到有效控制后，当地县级人民政府撤消划定的地质灾害危险区，应急响应结束。

6 应 急 保 障

6.1 应急队伍、资金、物资、装备保障

加强地质灾害专业应急防治与救灾队伍建设，确保灾害发生后应急防治与救灾力量及时到位。专业应急防治与救灾队伍、武警部队、乡镇（村庄、社区）应急救援志愿者组织等，平时要有针对性地开展应急防治与救灾演练，提高应急防治与救灾能力。

地质灾害应急防治与救灾费用按《财政应急保障预案》规定执行。

地方各级人民政府要储备用于灾民安置、医疗卫生、生活必需等必要的抢险救灾专用物资。保证抢险救灾物资的供应。

6.2 通信与信息传递

加强地质灾害监测、预报、预警信息系统建设，充分利用现代通信手段，把有线电话、卫星电话、移动手机、无线电台及互联网等有机结合起来，建立覆盖全国的地质灾害应急防治信息网，并实现各部门间的信息共享。

6.3 应急技术保障

6.3.1 地质灾害应急防治专家组

国土资源部和省（区、市）国土资源行政主管部门分别成立地质灾害应急防治专家组，为地质灾害应急防治和应急工作提供技术咨询服务。

6.3.2 地质灾害应急防治科学研究

国土资源部及有关单位要开展地质灾害应急防治与救灾方法、技术的研究，开展应急调查、应急评估、地质灾害趋势预测、地质灾害气象预报预警技术的研究和开发，各级政府要加大对地质灾害预报预警科学研究技术开发的工作力度和投资，同时开展有针对性的应急防治与救灾演习和培训工作。

6.4 宣传与培训

加强公众防灾、减灾知识的宣传和培训，对广大干部和群众进行多层次多方位的地质灾害防治知识教育，增强公众的防灾意识和自救互救能力。

6.5 信息发布

地质灾害灾情和险情的发布按《国家突发公共事件新闻发布应急预案》执行。

6.6 监督检查

国土资源部会同有关部门对上述各项地质灾害应急防治保障工作进行有效的督导和检查，及时总结地质灾害应急防治实践的经验和教训。

地方各级人民政府应组织各部门、各单位负责落实相关责任。

7 预案管理与更新

7.1 预案管理

可能发生地质灾害地区的县级以上地方人民政府负责管理地质灾害防治工作的部门或者机构，应当会同有关部门参照国家突发地质灾害应急预案，制定本行政区域内的突发地质灾害应急预案，报本级人民政府批准后实施。各省（区、市）的应急预案应当报国务院国土资源主管部门备案。

7.2 预案更新

本预案由国土资源部负责每年评审一次，并根据评审结果进行修订或更新后报国务院批准。

突发地质灾害应急预案的更新期限最长为5年。

8 责任与奖惩

8.1 奖励

对在地质灾害应急工作中贡献突出需表彰奖励的单位和个人，按照《地质灾害防治条例》相关规定执行。

8.2 责任追究

对引发地质灾害的单位和个人的责任追究，按照《地质灾害防治条例》相关规定处理；对地质灾害应急防治中失职、渎职的有关人员按国家有关法律、法规追究责任。

9 附 则

9.1 名词术语的定义与说明

地质灾害易发区：指具备地质灾害发生的地质构造、地形地貌和气候条件，容易发生地质灾害的区域。

地质灾害危险区：指已经出现地质灾害迹象，明显可能发生地质灾害且将可能造成人员伤亡和经济损失的区域或者地段。

次生灾害：指由地质灾害造成的工程结构、设施和自然环境破坏而引发的灾害，如水灾、爆炸及剧毒和强腐蚀性物质泄漏等。

生命线设施：指供水、供电、粮油、排水、燃料、热力系统及通信、交通等城市公用设施。

直接经济损失：指地质灾害及次生灾害造成的物质破坏，包括建筑物和其他工程结构、设施、设备、物品、财物等破坏而引起的经济损失，以重新修复所需费用计算。不包括非实物财产，如货币、有价证券等损失。

本预案有关数量的表述中，"以上"含本数，"以下"不含本数。

9.2 预案的实施

本预案自印发之日起实施。

海洋灾害应急预案

（2022年8月30日　自然资办函〔2022〕1825号）

一、总　　则

（一）编制目的与依据

为切实履行海洋灾害防御职责，最大限度减轻海洋灾害造成的人员伤亡和财产损失，依据《中华人民共和国突发事件应对法》《海洋观测预报管理条例》《国家突发公共事件总体应急预案》《突发事件应急预案管理办法》和《国家防汛抗旱应急预案》，制定本预案。

（二）适用范围

本预案适用于自然资源部组织开展的我国管辖海域范围内风暴潮、海浪、海冰和海啸灾害的观测、预警和灾害调查评估等工作。

二、组织机构及职责

（一）自然资源部海洋预警监测司（以下简称预警司）

负责组织协调部系统海洋灾害观测、预警、灾害调查评估和值班信息及约稿编制报送等工作，修订完善《海洋灾害应急预案》。

（二）自然资源部办公厅（以下简称办公厅）

负责及时传达和督促落实党中央国务院领导同志及部领导有关指示批示；及时高效运转涉及海洋灾害观测、预警信息的约稿通知等；保证24小时联络畅通，及时协助预警司按程序上报值班信息，切实强化值班信息时效性，重要情况督促续报；协调信息公开和新闻宣传工作。

（三）自然资源部海区局（以下简称海区局）

负责组织协调本海区应急期间的海洋灾害观测、预警，发布本海区海洋灾害警报，组织开展本海区海洋灾害调查评估，汇总形成本海区海洋灾害应对工作总结。协助地方开展海洋防灾减灾工作。

（四）国家海洋技术中心（以下简称海洋技术中心）

负责开展应急期间海洋观测仪器设备运行状态监控，并提供技术支撑，汇总形成应急期间观测设备运行情况报告。

（五）国家海洋环境预报中心（以下简称预报中心）

负责组织开展海洋灾害应急预警报会商，发布全国海洋灾害警报，提供服务咨询，参与海洋灾害调查评估，汇总形成海洋灾害预警报工作总结。

（六）国家海洋信息中心（以下简称海洋信息中心）

负责全国海洋观测数据传输和网络状态监控，提供应急期间数据传输和网络维护技术支撑，开展数据共享服务保障，汇总形成应急期间数据传输与共享服务保障情况报告。

（七）自然资源部海洋减灾中心（以下简称减灾中心）

负责研究绘制国家尺度台风风暴潮风险图，组织开展海洋灾情统计，成立应急专家组，监督指导海洋灾害调查与评估工作，提供服务咨询，汇总形成海洋灾害调查评估报告。

（八）国家卫星海洋应用中心（以下简称海洋卫星中心）

负责开展应急期间的卫星遥感资料解译与专题

产品制作分发与共享服务，为海洋预报和减灾机构提供遥感信息支撑。

三、应急响应启动标准

按照影响严重程度、影响范围和影响时长，海洋灾害应急响应分为Ⅰ级（特别重大）、Ⅱ级（重大）、Ⅲ级（较大）、Ⅳ级（一般）四个级别，分别对应最高至最低响应级别。海洋灾害警报分为红、橙、黄、蓝四色，分别对应最高至最低预警级别。

海洋灾害应急响应级别可根据海洋灾害影响预判情况适当调整。

（一）当出现以下情况之一时，启动Ⅰ级海洋灾害应急响应

1. 预报中心发布2个及以上地级市风暴潮红色警报，且发布北海区近岸海域①海浪橙色或红色警报。
2. 预报中心发布2个及以上地级市风暴潮红色警报，且发布东海、南海区近岸海域②海浪红色警报。
3. 预报中心连续5天发布海冰红色警报。
4. 预报中心发布海啸橙色或红色警报。

（二）当出现以下情况之一时，启动Ⅱ级海洋灾害应急响应

1. 预报中心发布2个及以上地级市风暴潮橙色警报或1个及以上地级市风暴潮红色警报。
2. 预报中心发布近岸海域海浪红色警报。
3. 预报中心连续2天发布海冰橙色或红色警报。
4. 预报中心发布海啸黄色警报。

（三）当出现以下情况之一时，启动Ⅲ级海洋灾害应急响应

1. 预报中心发布2个及以上地级市风暴潮黄色警报或1个地级市风暴潮橙色警报。
2. 预报中心发布近岸海域海浪橙色警报或近岸海域海浪红色警报。
3. 预报中心连续2天发布海冰蓝色或黄色警报。

（四）当出现以下情况之一时，启动Ⅳ级海洋灾害应急响应

1. 预报中心发布2个及以上地级市风暴潮蓝色警报或1个地级市风暴潮黄色警报。
2. 预报中心发布近岸海域海浪黄色警报或近岸海域海浪橙色警报。

四、响 应 程 序

（一）海洋灾害预判预警

预计将发布风暴潮、海浪和海冰灾害警报时，预报中心应组织各级海洋预报机构开展预判会商，及时发布海洋灾害预警报信息，并将会商意见报送预警司。

（二）应急响应

1. Ⅰ级海洋灾害应急响应

（1）签发应急响应命令

根据Ⅰ级海洋灾害应急响应启动标准，由分管部领导签发启动或调整为Ⅰ级应急响应的命令，发送部属有关单位，抄送受灾害影响省（自治区、直辖市）的自然资源（海洋）主管部门。

（2）加强组织管理

预计将启动Ⅰ级海洋灾害应急响应时，预警司组织部属有关单位和受灾害影响省（自治区、直辖市）自然资源（海洋）主管部门，召开海洋灾害应急视频部署会，分管部领导出席，部署开展海洋灾害应急准备工作。

预警司和有关单位落实应急值班制度，确定带班领导和应急值班人员，保持24小时通讯畅通。预警司领导和有关单位厅局级领导、值班人员每日参加海洋灾害应急视频会商，密切关注海洋灾害发生发展动态，研究决策应急响应工作。

海洋减灾中心会同预报中心、相关海区局成立并派出海洋灾害应急专家组，开展灾害调查评估、监督指导海洋灾害应急处置、提供决策咨询和技术支持。

（3）加密观测

风暴潮和海浪灾害应急响应启动期间，有关海区局组织开展海浪加密观测。其中具备条件的自动观测点每半小时加密观测1次，人工观测点在确保人员安全且具备观测条件的前提下每小时加密观测1次，并将数据实时传输至预报中心。

海冰灾害影响期间，有关海区局每天组织开展1次重点岸段现场巡视与观测，必要时应组织开展无人机航空观测，并在当天将数据发送至预报中心、海洋减灾中心、海洋卫星中心和相关省（自治区、直辖市）海洋预报机构。

海洋卫星中心统筹国内外卫星资源，加密获取

---

① 北海区近岸海域是指辽宁、河北、天津、山东的近岸海域
② 东海区近岸海域是指江苏、上海、浙江、福建的近岸海域，南海区近岸海域是指广东、广西、海南的近岸海域

卫星数据，及时将卫星数据和专题产品发送至预报中心、海洋减灾中心、相关海区局和省（自治区、直辖市）海洋预报减灾机构。

(4) 应急会商与警报发布

预报中心组织各级海洋预报机构开展应急会商，其中风暴潮、海浪灾害视频会商每日不低于2次，风暴潮警报每日8时、16时、22时发布1期，海浪警报每日8时、16时分别发布1期，若发布近岸海域海浪红色警报，夜间加发1期；海冰灾害视频会商每日不低于1次，海冰警报每日16时发布1期。如遇灾害趋势发生重大变化时应加密会商并发布警报。海洋灾害警报要及时报应急管理部和国家防汛抗旱总指挥部。

预计发生海啸灾害时，预报中心不必组织各级海洋预报机构开展会商，直接发布海啸警报并随时滚动更新。如预计海啸灾害将影响港澳台地区，预报中心第一时间直接向港澳地区有关部门发布海啸预警信息，同时报外交部、港澳办、台办。

(5) 值班信息报送

海洋技术中心、预报中心、海洋信息中心、海洋减灾中心、海洋卫星中心、各海区局每日向预警司报送值班信息，报告本单位领导带班和海洋灾害应急工作情况，观测、实况、预报和灾情等关键信息要在上午9时前报送，其它情况下午15时前报送；如遇突发情况要随时报送。预警司编报《自然资源部值班信息》。

2. Ⅱ级海洋灾害应急响应

(1) 签发应急响应命令

根据Ⅱ级海洋灾害应急响应启动标准，由预警司司领导签发启动或调整为Ⅱ级应急响应的命令，发送部属有关单位，抄送受灾害影响省（自治区、直辖市）的自然资源（海洋）主管部门。

(2) 加强组织管理

预警司和有关单位落实应急值班制度，确定带班领导和应急值班人员，保持全天24小时通讯畅通，值班人员每日参加应急视频会商，密切关注海洋灾害发生发展动态，协调指挥应急响应工作。

海洋减灾中心会同预报中心、相关海区局成立并派出海洋灾害应急专家组，开展灾害调查评估、监督指导海洋灾害应急处置、提供决策咨询和技术支持。

(3) 加密观测

海浪灾害应急响应启动期间，有关海区局组织开展海浪加密观测。其中具备条件的自动观测点每半小时加密观测1次，人工观测点在确保人员安全且具备观测条件的前提下每小时加密观测1次，并

将数据实时传输至预报中心。

海冰灾害影响期间，有关海区局每周组织开展至少2次重点岸段现场巡视与观测，必要时应组织开展无人机航空观测，并在当天将数据发送至预报中心、海洋减灾中心和相关省（自治区、直辖市）海洋预报机构。

海洋卫星中心统筹国内外卫星资源，加密获取卫星数据，及时将卫星数据和专题产品发送至预报中心、海洋减灾中心、相关海区局和省（自治区、直辖市）海洋预报减灾机构。

(4) 应急会商与警报发布

预报中心组织各级海洋预报机构开展应急会商，其中风暴潮、海浪灾害视频会商每日不低于2次，风暴潮警报每日8时、16时分别发布1期，若发布风暴潮红色警报，夜间加发1期，海浪警报每日8时、16时分别发布1期，若发布近岸海域海浪红色警报，夜间加发1期；海冰灾害视频会商每日不低于1次，海冰警报每日16时发布1期。如遇灾害趋势发生重大变化时，应加密会商并发布警报。海洋灾害警报要及时报应急管理部和国家防汛抗旱总指挥部。

预计发生海啸灾害时，预报中心不必组织各级海洋预报机构开展会商，直接发布海啸警报并随时滚动更新。如预计海啸灾害将影响港澳台地区，预报中心第一时间直接向港澳地区有关部门发布海啸预警信息，同时报外交部、港澳办、台办。

(5) 值班信息报送

海洋技术中心、预报中心、海洋信息中心、海洋减灾中心、海洋卫星中心、各海区局每日向预警司报送值班信息，报告本单位领导带班和海洋灾害应急工作情况，观测、实况、预报和灾情等关键信息要在上午9时前报送，其它情况下午15时前报送；如遇突发情况要随时报送。预警司编报《自然资源部值班信息》。

3. Ⅲ级海洋灾害应急响应

(1) 签发应急响应命令

根据Ⅲ级海洋灾害应急响应启动标准，由预警司司领导签发启动或调整为Ⅲ级应急响应的命令，发送部属有关单位，抄送受灾害影响省（自治区、直辖市）的自然资源（海洋）主管部门。

(2) 加强组织管理

预警司和有关单位落实应急值班制度，确定带班领导和应急值班人员，保持全天24小时通讯畅通，密切关注海洋灾害发生发展动态，协调指挥应急响应工作。

如预判可能发生重大灾情，海洋减灾中心会同预报中心、相关海区局成立或派出海洋灾害应急专家组，开展灾害调查评估、监督指导海洋灾害应急处置、提供决策咨询和技术支持。

（3）加密观测

海浪灾害应急响应启动期间，有关海区局视情况组织开展海浪加密观测。

海冰灾害影响期间，有关海区局每周组织开展1次重点岸段现场巡视与观测，并在当天将数据发送至预报中心、海洋减灾中心和相关省（自治区、直辖市）海洋预报机构。

海洋卫星中心及时制定探测计划，加密获取自主海洋卫星数据。及时将卫星数据和专题产品发送至预报中心、海洋减灾中心、相关海区局和省（自治区、直辖市）海洋预报减灾机构。

（4）应急会商与警报发布

预报中心组织各级海洋预报机构开展应急会商，其中风暴潮、海浪灾害视频会商每日不低于1次，风暴潮、海浪警报每日8时、16时分别发布1期；海冰灾害视频会商每日不低于1次，海冰警报每日16时分别发布1期。如遇灾害趋势发生重大变化时，应加密会商并发布警报。海洋灾害警报要及时报应急管理部和国家防汛抗旱总指挥部。

（5）值班信息报送

海洋技术中心、预报中心、海洋信息中心、海洋减灾中心、海洋卫星中心、各海区局视情况向预警司报送值班信息，报告本单位领导带班和海洋灾害应急工作情况。观测、实况、预报和灾情等关键信息要在每日上午9时前报送。如预判可能发生重大灾情，预警司编报《自然资源部值班信息》。

4. Ⅳ级海洋灾害应急响应

（1）签发应急响应命令

根据Ⅳ级海洋灾害应急响应启动标准，由预警司司领导签发启动或调整为Ⅳ级应急响应的命令，发送给部属有关单位，抄送受灾害影响省（自治区、直辖市）的自然资源（海洋）主管部门。

（2）加强组织管理

预警司和有关单位落实应急值班制度，确定带班领导和应急值班人员，保持全天24小时通讯畅通，密切关注海洋灾害发生发展动态，协调指挥应急响应工作。

如预判可能发生重大灾情，海洋减灾中心会同预报中心、相关海区局成立并派出海洋灾害应急专家组，开展灾害调查评估、监督指导海洋灾害应急处置、提供决策咨询和技术支持。

（3）加密观测

海浪灾害应急响应启动期间，有关海区局视情况组织开展海浪加密观测。

海洋卫星中心及时制定探测计划，加密获取自主海洋卫星数据，及时将卫星数据和专题产品发送至预报中心、海洋减灾中心、相关海区局和省（自治区、直辖市）海洋预报减灾机构。

（4）应急会商与警报发布

预报中心组织各级海洋预报机构开展应急会商，其中风暴潮、海浪灾害视频会商每日不低于1次，风暴潮、海浪警报每日8时、16时分别发布1期。如遇灾害趋势发生重大变化时，应加密会商并发布警报。海洋灾害警报要及时报应急管理部和国家防汛抗旱总指挥部。

（5）值班信息报送

海洋技术中心、预报中心、海洋信息中心、海洋减灾中心、海洋卫星中心、各海区局视情况向预警司报送值班信息，报告本单位领导带班和海洋灾害应急工作情况。观测、实况、预报和灾情等关键信息要在每日上午9时前报送。如预判可能发生重大灾情，预警司编报《自然资源部值班信息》。

（三）应急响应终止

海洋灾害警报解除后，由预警司领导签发应急响应终止的通知，发送部属有关单位，抄送受灾害影响省（自治区、直辖市）的海洋灾害应急主管部门。

（四）信息公开

办公厅协调，预警司负责组织相关单位采取发布新闻通稿、接受记者采访、组织现场报道和直播连线等方式，通过电视、广播、报纸、新媒体等多种途径，主动、及时、准确、客观地向社会发布海洋灾害预警和应对工作信息，回应社会关切，澄清不实信息，引导社会舆论。信息公开内容主要包括海洋灾害种类、强度、影响范围、发展趋势及应急响应和服务工作等。

（五）工作总结与评估

1. 灾害应对工作总结

Ⅰ级和Ⅱ级海洋灾害应急响应终止后，参与本次应急响应的有关单位应及时做好总结，并在响应终止后5个工作日内，将工作总结报送预警司。

2. 灾害调查评估

海洋灾害应急响应终止后，各相关单位按照《海洋灾害调查评估和报送规定》开展海洋灾害调查评估，海洋减灾中心负责汇总海洋灾害调查评估报告并上报至预警司，并及时反馈给相关省份。

五、保障措施

各海区局、海洋技术中心和海洋信息中心应加强海洋观测预报仪器设备和数据传输系统的运行状况监控工作，保障海洋观测数据及时传输共享。当仪器设备或传输系统出现故障时，各单位应及时逐级上报并设法修复。短期内海洋观测仪器设备确实无法修复的，在确保人员安全且具备观测条件的前提下，应每小时开展 1 次人工补测，并将数据实时传输至有关单位。数据传输系统故障期间，有关单位每日 8 时至 20 时应每 3 小时 1 次通过其它通讯方式及时报送海洋观测整点数据，并在数据传输恢复后，立即完成数据补传。

六、应急预案管理

本预案由自然资源部制定并负责解释，并适时组织评估和修订。

海洋技术中心、预报中心、海洋信息中心、海洋减灾中心、海洋卫星中心、自然资源部各海区局根据本预案，制定本单位执行预案，并向自然资源部备案。

沿海各省（自治区、直辖市）自然资源（海洋）主管部门参照本预案，结合本地需求和实际，组织制定本省（自治区、直辖市）的海洋灾害应急预案，并向自然资源部和本省（自治区、直辖市）应急管理主管部门备案。

本预案自发布之日起实施。

附件：1. 海洋灾害应急响应程序流程图（略）
2. 海洋灾害应急响应启动标准简表（略）
3. 海洋灾害相关术语（略）
4. 海洋灾害警报发布标准（略）

国家森林草原火灾应急预案

（2020 年 10 月 26 日　国办函〔2020〕99 号）

1　总　则

1.1　指导思想

以习近平新时代中国特色社会主义思想为指导，深入贯彻落实习近平总书记关于防灾减灾救灾的重要论述和关于全面做好森林草原防灭火工作的重要指示精神，按照党中央、国务院决策部署，坚持人民至上、生命至上，进一步完善体制机制，依法有力有序有效处置森林草原火灾，最大程度减少人员伤亡和财产损失，保护森林草原资源，维护生态安全。

1.2　编制依据

《中华人民共和国森林法》、《中华人民共和国草原法》、《中华人民共和国突发事件应对法》、《森林防火条例》、《草原防火条例》和《国家突发公共事件总体应急预案》等。

1.3　适用范围

本预案适用于我国境内发生的森林草原火灾应对工作。

1.4　工作原则

森林草原火灾应对工作坚持统一领导、协调联动，分级负责、属地为主，以人为本、科学扑救，快速反应、安全高效的原则。实行地方各级人民政府行政首长负责制，森林草原火灾发生后，地方各级人民政府及其有关部门立即按照任务分工和相关预案开展处置工作。省级人民政府是应对本行政区域重大、特别重大森林草原火灾的主体，国家根据森林草原火灾应对工作需要，及时启动应急响应、组织应急救援。

1.5　灾害分级

按照受害森林草原面积、伤亡人数和直接经济损失，森林草原火灾分为一般森林草原火灾、较大森林草原火灾、重大森林草原火灾和特别重大森林草原火灾四个等级，具体分级标准按照有关法律法规执行。

2　主要任务

2.1　组织灭火行动

科学运用各种手段扑打明火、开挖（设置）防火隔离带、清理火线、看守火场，严防次生灾害发生。

2.2　解救疏散人员

组织解救、转移、疏散受威胁群众并及时妥善安置和开展必要的医疗救治。

2.3　保护重要目标

保护民生和重要军事目标并确保重大危险源安全。

2.4　转移重要物资

组织抢救、运送、转移重要物资。

2.5　维护社会稳定

加强火灾发生地区及周边社会治安和公共安全工作，严密防范各类违法犯罪行为，加强重点目标守卫和治安巡逻，维护火灾发生地区及周边社会秩序稳定。

3 组织指挥体系

3.1 森林草原防灭火指挥机构

国家森林草原防灭火指挥部负责组织、协调和指导全国森林草原防灭火工作。国家森林草原防灭火指挥部总指挥由国务院领导同志担任，副总指挥由国务院副秘书长和公安部、应急部、国家林草局、中央军委联合参谋部负责同志担任。指挥部办公室设在应急部，由应急部、公安部、国家林草局共同派员组成，承担指挥部的日常工作。必要时，国家林草局可以按程序提请以国家森林草原防灭火指挥部名义部署相关防火工作。

县级以上地方人民政府按照"上下基本对应"的要求，设立森林（草原）防（灭）火指挥机构，负责组织、协调和指导本行政区域（辖区）森林草原防灭火工作。

3.2 指挥单位任务分工

公安部负责依法指导公安机关开展火案侦破工作，协同有关部门开展违规用火处罚工作，组织对森林草原火灾可能造成的重大社会治安和稳定问题进行预判，并指导公安机关协同有关部门做好防范处置工作；森林公安任务分工"一条不增、一条不减"，原职能保持不变，业务上接受林草部门指导。应急部协助党中央、国务院组织特别重大森林草原火灾应急处置工作；按照分级负责原则，负责综合指导各地区和相关部门的森林草原火灾防控工作，开展森林草原火灾综合监测预警工作、组织指导协调森林草原火灾的扑救及应急救援工作。国家林草局履行森林草原防火工作行业管理责任，具体负责森林草原火灾预防相关工作，指导开展防火巡护、火源管理、日常检查、宣传教育、防火设施建设等，同时负责森林草原火情早期处理相关工作。中央军委联合参谋部负责保障军委联合作战指挥中心对解放军和武警部队参加森林草原火灾抢险行动实施统一指挥，牵头组织指导相关部队抓好遂行森林草原火灾抢险任务准备，协调办理兵力调动及使用军用航空器相关事宜，协调做好应急救援航空器飞行管制和使用军用机场时的地面勤务保障工作。国家森林草原防灭火指挥部办公室发挥牵头抓总作用，强化部门联动，做到高效协同，增强工作合力。国家森林草原防灭火指挥部其他成员单位承担的具体防灭火任务按《深化党和国家机构改革方案》、"三定"规定和《国家森林草原防灭火指挥部工作规则》执行。

3.3 扑救指挥

森林草原火灾扑救工作由当地森林（草原）防（灭）火指挥机构负责指挥。同时发生3起以上或者同一火场跨两个行政区域的森林草原火灾，由上一级森林（草原）防（灭）火指挥机构指挥。跨省（自治区、直辖市）界且预判为一般森林草原火灾，由当地县级森林（草原）防（灭）火指挥机构分别指挥；跨省（自治区、直辖市）界且预判为较大森林草原火灾，由当地设区的市级森林（草原）防（灭）火指挥机构分别指挥；跨省（自治区、直辖市）界且预判为重大、特别重大森林草原火灾，由省级森林（草原）防（灭）火指挥机构分别指挥，国家森林草原防灭火指挥部负责协调、指导。特殊情况，由国家森林草原防灭火指挥部统一指挥。

地方森林（草原）防（灭）火指挥机构根据需要，在森林草原火灾现场成立火场前线指挥部，规范现场指挥机制，由地方行政首长担任总指挥，合理配置工作组，重视发挥专家作用；有国家综合性消防救援队伍参与灭火的，最高指挥员进入火场前线指挥部，参与决策和现场组织指挥，发挥专业作用；根据任务变化和救援力量规模，相应提高指挥等级。参加前方扑火的单位和个人要服从火场前线指挥部的统一指挥。

地方专业防扑火队伍、国家综合性消防救援队伍执行森林草原火灾扑救任务，接受火灾发生地县级以上地方人民政府森林（草原）防（灭）火指挥机构的指挥；执行跨省（自治区、直辖市）界森林草原火灾扑救任务的，由火场前线指挥部统一指挥；或者根据国家森林草原防灭火指挥部明确的指挥关系执行。国家综合性消防救援队伍内部实施垂直指挥。

解放军和武警部队遂行森林草原火灾扑救任务，对应接受国家和地方各级森林（草原）防（灭）火指挥机构统一领导，部队行动按照军队指挥关系和指挥权限组织实施。

3.4 专家组

各级森林（草原）防（灭）火指挥机构根据工作需要会同有关部门和单位建立本级专家组，对森林草原火灾预防、科学灭火组织指挥、力量调动使用、灭火措施、火灾调查评估规划等提出咨询意见。

4 处置力量

4.1 力量编成

扑救森林草原火灾以地方专业防扑火队伍、应急航空救援队伍、国家综合性消防救援队伍等受过专业培训的扑火力量为主，解放军和武警部队支援力量为辅，社会救援力量为补充。必要时可动员当地林区职工、机关干部及当地群众等力量协助做好扑救工作。

4.2 力量调动

根据森林草原火灾应对需要，应首先调动属地扑火力量，邻近力量作为增援力量。

跨省（自治区、直辖市）调动地方专业防扑火队伍增援扑火时，由国家森林草原防灭火指挥部统筹协调，由调出省（自治区、直辖市）森林（草原）防（灭）火指挥机构组织实施，调入省（自治区、直辖市）负责对接及相关保障。

跨省（自治区、直辖市）调动国家综合性消防救援队伍增援扑火时，由火灾发生地省级人民政府或者应急管理部门向应急部提出申请，按有关规定和权限逐级报批。

需要解放军和武警部队参与扑火时，由国家森林草原防灭火指挥部向中央军委联合参谋部提出用兵需求，或者由省级森林（草原）防（灭）火指挥机构向所在战区提出用兵需求。

5 预警和信息报告

5.1 预警

5.1.1 预警分级

根据森林草原火险指标、火行为特征和可能造成的危害程度，将森林草原火险预警级别划分为四个等级，由高到低依次用红色、橙色、黄色和蓝色表示，具体分级标准按照有关规定执行。

5.1.2 预警发布

由应急管理部门组织，各级林草、公安和气象主管部门加强会商，联合制作森林草原火险预警信息，并通过预警信息发布平台和广播、电视、报刊、网络、微信公众号以及应急广播等方式向涉险区域相关部门和社会公众发布。国家森林草原防灭火指挥部办公室适时向省级森林（草原）防（灭）火指挥机构发送预警信息，提出工作要求。

5.1.3 预警响应

当发布蓝色、黄色预警信息后，预警地区县级以上地方人民政府及其有关部门密切关注天气情况和森林草原火险预警变化，加强森林草原防火巡护、卫星林火监测和瞭望监测，做好预警信息发布和森林草原防火宣传工作，加强火源管理，落实防火装备、物资等各项扑火准备，当地各级各类森林消防队伍进入待命状态。

当发布橙色、红色预警信息后，预警地区县级以上地方人民政府及其有关部门在蓝色、黄色预警响应措施的基础上，进一步加强野外火源管理，开展森林草原防火检查，加大预警信息播报频次，做好物资调拨准备，地方专业防扑火队伍、国家综合性消防救援队伍视情对力量部署进行调整，靠前驻防。

各级森林（草原）防（灭）火指挥机构视情对预警地区森林草原防灭火工作进行督促和指导。

5.2 信息报告

地方各级森林（草原）防（灭）火指挥机构按照"有火必报"原则，及时、准确、逐级、规范报告森林草原火灾信息。以下森林草原火灾信息由国家森林草原防灭火指挥部办公室向国务院报告：

（1）重大、特别重大森林草原火灾；

（2）造成3人以上死亡或者10人以上重伤的森林草原火灾；

（3）威胁居民区或者重要设施的森林草原火灾；

（4）火场距国界或者实际控制线5公里以内，并对我国或者邻国森林草原资源构成威胁的森林草原火灾；

（5）经研判需要报告的其他重要森林草原火灾。

6 应急响应

6.1 分级响应

根据森林草原火灾初判级别、应急处置能力和预期影响后果，综合研判确定本级响应级别。按照分级响应的原则，及时调整本级扑火组织指挥机构和力量。火情发生后，按任务分工组织进行早期处置；预判可能发生一般、较大森林草原火灾，由县级森林（草原）防（灭）火指挥机构为主组织处置；预判可能发生重大、特别重大森林草原火灾，分别由设区的市级、省级森林（草原）防（灭）火指挥机构为主组织处置；必要时，应及时提高响应级别。

6.2 响应措施

火灾发生后，要先研判气象、地形、环境等情况及是否威胁人员密集居住地和重要危险设施，科学组织施救。

6.2.1 扑救火灾

立即就地就近组织地方专业防扑火队伍、应急航空救援队伍、国家综合性消防救援队伍等力量参与扑救，力争将火灾扑灭在初起阶段。必要时，组织协调当地解放军和武警部队等救援力量参与扑救。

各扑火力量在火场前线指挥部的统一调度指挥下，明确任务分工，落实扑救责任，科学组织扑救，在确保扑火人员安全情况下，迅速有序开展扑救工作，严防各类次生灾害发生。现场指挥员要认真分析地理环境、气象条件和火场态势，在扑火队伍行进、宿营地选择和扑火作业时，加强火场管理，时刻注意观察天气和火势变化，提前预设紧急避险措施，确保各类扑火人员安全。不得动员残疾人、孕妇和未成年人以及其他不适宜参加森林草原火灾扑救的人员参加扑救工作。

6.2.2 转移安置人员

当居民点、农牧点等人员密集区受到森林草原火灾威胁时，及时采取有效阻火措施，按照紧急疏散方案，有组织、有秩序地及时疏散居民和受威胁人员，确保人民群众生命安全。妥善做好转移群众安置工作，确保群众有住处、有饭吃、有水喝、有衣穿、有必要的医疗救治条件。

6.2.3 救治伤员

组织医护人员和救护车辆在扑救现场待命，如有伤病员迅速送医院治疗，必要时对重伤员实施异地救治。视情派出卫生应急队伍赶赴火灾发生地，成立临时医院或者医疗点，实施现场救治。

6.2.4 保护重要目标

当军事设施、核设施、危险化学品生产储存设施设备、油气管道、铁路线路等重要目标物和公共卫生、社会安全等重大危险源受到火灾威胁时，迅速调集专业队伍，在专业人员指导并确保救援人员安全的前提下全力消除威胁，组织抢救、运送、转移重要物资，确保目标安全。

6.2.5 维护社会治安

加强火灾受影响区域社会治安、道路交通等管理，严厉打击盗窃、抢劫、哄抢救灾物资、传播谣言、堵塞交通等违法犯罪行为。在金融单位、储备仓库等重要场所加强治安巡逻，维护社会稳定。

6.2.6 发布信息

通过授权发布、发新闻稿、接受记者采访、举行新闻发布会和通过专业网站、官方微博、微信公众号等多种方式、途径，及时、准确、客观、全面向社会发布森林草原火灾和应对工作信息，回应社会关切。加强舆论引导和自媒体管理，防止传播谣言和不实信息，及时辟谣澄清，以正视听。发布内容包括起火原因、起火时间、火灾地点、过火面积、损失情况、扑救过程和火案查处、责任追究情况等。

6.2.7 火场清理看守

森林草原火灾明火扑灭后，继续组织扑火人员做好防止复燃和余火清理工作，划分责任区域，并留足人员看守火场。经检查验收，达到无火、无烟、无汽后，扑火人员方可撤离。原则上，参与扑救的国家综合性消防救援力量、跨省（自治区、直辖市）增援的地方专业防扑火力量不担负后续清理和看守火场任务。

6.2.8 应急结束

在森林草原火灾全部扑灭、火场清理验收合格、次生灾害后果基本消除后，由启动应急响应的机构决定终止应急响应。

6.2.9 善后处置

做好遇难人员的善后工作，抚慰遇难者家属。对因扑救森林草原火灾负伤、致残或者死亡的人员，当地政府或者有关部门按照国家有关规定给予医疗、抚恤、褒扬。

6.3 国家层面应对工作

森林草原火灾发生后，根据火灾严重程度、火场发展态势和当地扑救情况，国家层面应对工作设定Ⅳ级、Ⅲ级、Ⅱ级、Ⅰ级四个响应等级，并通知相关省（自治区、直辖市）根据响应等级落实相应措施。

6.3.1 Ⅳ级响应

6.3.1.1 启动条件

（1）过火面积超过500公顷的森林火灾或者过火面积超过5000公顷的草原火灾；

（2）造成1人以上3人以下死亡或者1人以上10人以下重伤的森林草原火灾；

（3）舆情高度关注，中共中央办公厅、国务院办公厅要求核查的森林草原火灾；

（4）发生在敏感时段、敏感地区，24小时尚未得到有效控制、发展态势持续蔓延扩大的森林草原火灾；

（5）发生距国界或者实际控制线5公里以内且对我国森林草原资源构成一定威胁的境外森林火灾；

（6）发生距国界或者实际控制线5公里以外10公里以内且对我国森林草原资源构成一定威胁的境外草原火灾；

（7）同时发生3起以上危险性较大的森林草原火灾。

符合上述条件之一时，经国家森林草原防灭火指挥部办公室分析评估，认定灾情达到启动标准，由国家森林草原防灭火指挥部办公室常务副主任决定启动Ⅳ级响应。

6.3.1.2 响应措施

（1）国家森林草原防灭火指挥部办公室进入应急状态，加强卫星监测，及时连线调度火灾信息；

（2）加强对火灾扑救工作的指导，根据需要预告相邻省（自治区、直辖市）地方专业防扑火队伍、国家综合性消防救援队伍做好增援准备；

（3）根据需要提出就近调派应急航空救援飞机的建议；

（4）视情发布高森林草原火险预警信息；
（5）根据火场周边环境，提出保护重要目标物及重大危险源安全的建议；
（6）协调指导中央媒体做好报道。

6.3.2　Ⅲ级响应

6.3.2.1　启动条件

（1）过火面积超过1000公顷的森林火灾或者过火面积超过8000公顷的草原火灾；
（2）造成3人以上10人以下死亡或者10人以上50人以下重伤的森林草原火灾；
（3）发生在敏感时段、敏感地区，48小时尚未扑灭明火的森林草原火灾；
（4）境外森林火灾蔓延至我国境内；
（5）发生距国界或实际控制线5公里以内或者蔓延至我国境内的境外草原火灾。

符合上述条件之一时，经国家森林草原防灭火指挥部办公室分析评估，认定灾情达到启动标准，由国家森林草原防灭火指挥部办公室主任决定启动Ⅲ级响应。

6.3.2.2　响应措施

（1）国家森林草原防灭火指挥部办公室及时调度了解森林草原火灾最新情况，组织火场连线、视频会商调度和分析研判；根据需要派出工作组赶赴火场，协调、指导火灾扑救工作；
（2）根据需要调动相关地方专业防扑火队伍、国家综合性消防救援队伍实施跨省（自治区、直辖市）增援；
（3）根据需要调派应急航空救援飞机跨省（自治区、直辖市）增援；
（4）气象部门提供天气预报和天气实况服务，做好人工影响天气作业准备；
（5）指导做好重要目标物和重大危险源的保护；
（6）视情及时组织新闻发布会，协调指导中央媒体做好报道。

6.3.3　Ⅱ级响应

6.3.3.1　启动条件

（1）过火面积超过10000公顷的森林火灾或过火面积超过15000公顷的草原火灾；
（2）造成10人以上30人以下死亡或者50人以上100人以下重伤的森林草原火灾；
（3）发生在敏感时段、敏感地区，72小时未得到有效控制的森林草原火灾；
（4）境外森林草原火灾蔓延至我国境内，72小时未得到有效控制。

符合上述条件之一时，经国家森林草原防灭火指挥部办公室分析评估，认定灾情达到启动标准并提出建议，由担任应急部主要负责同志的国家森林草原防灭火指挥部副总指挥决定启动Ⅱ级响应。

6.3.3.2　响应措施

在Ⅲ级响应的基础上，加强以下应急措施：
（1）国家森林草原防灭火指挥部组织有关成员单位召开会议联合会商，分析火险形势，研究扑救措施及保障工作；会同有关部门和专家组成工作组赶赴火场，协调、指导火灾扑救工作；
（2）根据需要增派地方专业防扑火队伍、国家综合性消防救援队伍跨省（自治区、直辖市）支援，增派应急航空救援飞机跨省（自治区、直辖市）参加扑火；
（3）协调调派解放军和武警部队跨区域参加火灾扑救工作；
（4）根据火场气象条件，指导、督促当地开展人工影响天气作业；
（5）加强重要目标物和重大危险源的保护；
（6）根据需要协调做好扑火物资调拨运输、卫生应急队伍增援等工作；
（7）视情及时组织新闻发布会，协调指导中央媒体做好报道。

6.3.4　Ⅰ级响应

6.3.4.1　启动条件

（1）过火面积超过100000公顷的森林火灾或者过火面积超过150000公顷的草原火灾（含入境火），火势持续蔓延；
（2）造成30人以上死亡或者100人以上重伤的森林草原火灾；
（3）国土安全和社会稳定受到严重威胁，有关行业遭受重创，经济损失特别巨大；
（4）火灾发生地省级人民政府已经没有能力和条件有效控制火场蔓延。

符合上述条件之一时，经国家森林草原防灭火指挥部办公室分析评估，认定灾情达到启动标准并提出建议，由国家森林草原防灭火指挥部总指挥决定启动Ⅰ级响应。必要时，国务院直接决定启动Ⅰ级响应。

6.3.4.2　响应措施

国家森林草原防灭火指挥部组织各成员单位依托应急部指挥中心全要素运行，由总指挥或者党中央、国务院指定的负责同志统一指挥调度；火场设国家森林草原防灭火指挥部火场前线指挥部，下设综合协调、抢险救援、医疗救治、火灾监测、通信保障、交通保障、社会治安、宣传报道等工作组；

总指挥根据需要率工作组赴一线组织指挥火灾扑救工作，主要随行部门为副总指挥单位，其他随行部门根据火灾扑救需求确定。采取以下措施：

（1）组织火灾发生地省（自治区、直辖市）党委和政府开展抢险救援救灾工作；

（2）增调地方专业防扑火队伍、国家综合性消防救援队伍，解放军和武警部队等跨区域参加火灾扑救工作；增调应急航空救援飞机等扑火装备及物资支援火灾扑救工作；

（3）根据省级人民政府或者省级森林（草原）防（灭）火指挥机构的请求，安排生活救助物资，增派卫生应急队伍加强伤员救治，协调实施跨省（自治区、直辖市）转移受威胁群众；

（4）指导协助抢修通信、电力、交通等基础设施，保障应急通信、电力及救援人员和物资交通运输畅通；

（5）进一步加强重要目标物和重大危险源的保护，防范次生灾害；

（6）进一步加强气象服务，紧抓天气条件组织实施人工影响天气作业；

（7）建立新闻发布和媒体采访服务管理机制，及时、定时组织新闻发布会，协调指导中央媒体做好报道，加强舆论引导工作；

（8）决定森林草原火灾扑救其他重大事项。

6.3.5 启动条件调整

根据森林草原火灾发生的地区、时间敏感程度、受害森林草原资源损失程度，经济、社会影响程度，启动国家森林草原火灾应急响应的标准可酌情调整。

6.3.6 响应终止

森林草原火灾扑救工作结束后，由国家森林草原防灭火指挥部办公室提出建议，按启动响应的相应权限终止响应，并通知相关省（自治区、直辖市）。

7 综合保障

7.1 输送保障

增援扑火力量及携行装备的机动输送，近距离以摩托化方式为主，远程以高铁、航空方式投送，由铁路、民航部门下达输送任务，由所在地森林（草原）防（灭）火指挥机构、国家综合性消防救援队伍联系所在地铁路、民航部门实施。

7.2 物资保障

应急部、国家林草局会同国家发展改革委、财政部研究建立集中管理、统一调拨，平时服务、战时应急，采储结合、节约高效的应急物资保障体系。加强重点地区森林草原防灭火物资储备库建设，优化重要物资产能保障和区域布局，针对极端情况下可能出现的阶段性物资供应短缺，建立集中生产调度机制。科学调整中央储备规模结构，合理确定灭火、防护、侦通、野外生存和大型机械等常规储备规模，适当增加高技术灭火装备、特种装备器材储备。地方森林（草原）防（灭）火指挥机构根据本地森林草原防灭火工作需要，建立本级森林草原防灭火物资储备库，储备所需的扑火机具、装备和物资。

7.3 资金保障

县级以上地方人民政府应当将森林草原防灭火基础设施建设纳入本级国民经济和社会发展规划，将防灭火经费纳入本级财政预算，保障森林草原防灭火所需支出。

8 后期处置

8.1 火灾评估

县级以上地方人民政府组织有关部门对森林草原火灾发生原因、肇事者及受害森林草原面积和蓄积、人员伤亡、其他经济损失等情况进行调查和评估。必要时，上一级森林（草原）防（灭）火指挥机构可发督办函督促落实或者提级开展调查和评估。

8.2 火因火案查处

地方各级人民政府组织有关部门对森林草原火灾发生原因及时取证、深入调查，依法查处涉火案件，打击涉火违法犯罪行为，严惩火灾肇事者。

8.3 约谈整改

对森林草原防灭火工作不力导致人为火灾多发频发的地区，省级人民政府及其有关部门应及时约谈县级以上地方人民政府及其有关部门主要负责人，要求其采取措施及时整改。必要时，国家森林草原防灭火指挥部及其成员单位按任务分工直接组织约谈。

8.4 责任追究

为严明工作纪律，切实压实压紧各级各方面责任，对森林草原火灾预防和扑救工作中责任不落实、发现隐患不作为、发生事故隐瞒不报、处置不得力等失职渎职行为，依据有关法律法规追究属地责任、部门监管责任、经营主体责任、火源管理责任和组织扑救责任。有关责任追究按照《中华人民共和国监察法》等法律法规规定的权限、程序实施。

8.5 工作总结

各级森林（草原）防（灭）火指挥机构及时总结、分析火灾发生的原因和应吸取的经验教训，提出改进措施。党中央、国务院领导同志有重要指示批示的森林草原火灾和特别重大森林草原火灾，以及引起社会广泛关注和产生严重影响的重大森林草原火灾，扑救工作结束后，国家森林草原防灭火指挥部向国务院报送火灾扑救工作总结。

8.6 表彰奖励

根据有关规定，对在扑火工作中贡献突出的单位、个人给予表彰奖励；对扑火工作中牺牲人员符合评定烈士条件的，按有关规定办理。

9 附则

9.1 涉外森林草原火灾

当发生境外火烧入或者境内火烧出情况时，已签订双边协定的按照协定执行；未签订双边协定的由国家森林草原防灭火指挥部、外交部共同研究，与相关国家联系采取相应处置措施进行扑救。

9.2 预案演练

国家森林草原防灭火指挥部办公室会同成员单位制定应急演练计划并定期组织演练。

9.3 预案管理与更新

预案实施后，国家森林草原防灭火指挥部会同有关部门组织预案学习、宣传和培训，并根据实际情况适时组织进行评估和修订。县级以上地方人民政府应急管理部门结合当地实际编制森林草原火灾应急预案，报本级人民政府批准，并报上一级人民政府应急管理部门备案，形成上下衔接、横向协同的预案体系。

9.4 以上、以下、以内、以外的含义

本预案所称以上、以内包括本数，以下、以外不包括本数。

9.5 预案解释

本预案由国家森林草原防灭火指挥部办公室负责解释。

9.6 预案实施时间

本预案自印发之日起实施。

附件：国家森林草原防灭火指挥部火场前线指挥部组成及任务分工（略）

全国自然灾害卫生应急预案（试行）

（2009年4月27日　卫应急发〔2009〕40号）

1 总则

1.1 编制目的

为及时、有序、规范、高效地开展自然灾害卫生应急工作，不断提高自然灾害卫生应急能力，有效保障灾区公众的生命安全和身心健康，维护社会稳定，制定本预案。

1.2 编制依据

《中华人民共和国突发事件应对法》、《中华人民共和国传染病防治法》、《中华人民共和国食品安全法》、《突发公共卫生事件应急条例》等法律法规，《国家突发公共事件总体应急预案》、《国家突发公共卫生事件应急预案》、《国家突发公共事件医疗卫生救援应急预案》、《国家自然灾害救助应急预案》、《国家防汛抗旱应急预案》、《国家地震应急预案》、《国家突发地质灾害应急预案》等预案。

1.3 适用范围

全国范围内发生自然灾害的卫生应急工作适用于本预案。自然灾害包括水旱灾害、气象灾害、火山与地震灾害、地质灾害、海洋灾害、生物灾害和森林草原火灾等。

自然灾害及其衍生灾害所引发的各类突发公共卫生事件的应急处置工作，按照《国家突发公共卫生事件应急预案》执行。

自然灾害及其衍生灾害所引发的有毒有害化学物品泄漏事件、核和辐射突发事件、交通事故等的卫生应急处置工作，按照相关预案执行。

1.4 工作原则

以人为本，预防为主；统一领导，分级负责；条块结合，属地为主；部门协作，明确职责；依法规范，快速反应；社会动员，依靠群众。

2 组织机构及职责

2.1 指挥机构

自然灾害发生后，各级卫生行政部门在同级人民政府的统一领导下，成立自然灾害卫生应急领导小组。

卫生部自然灾害卫生应急领导小组负责全国自然灾害卫生应急指挥、协调工作。领导小组组长由卫生部主管卫生应急工作的部领导担任，小组成员由卫生部卫生应急办公室、办公厅、规划财务司、疾病预防控制局、农村卫生管理司、妇幼保健与社区卫生司、医政司、医疗服务监管司、食品安全综合协调与卫生监督局、国际司，中国疾病预防控制中心、卫生部卫生监督中心、健康报社，国家食品药品监管局、国家中医药管理局等部门负责人组成。

地方各级人民政府卫生行政部门在本级人民政府统一领导下，成立自然灾害卫生应急领导小组，负责指挥、协调本行政区域内自然灾害卫生应急工作。

对于灾情比较严重的地区，根据卫生应急工作需要，领导小组可以决定采取以下措施：

（1）整合灾区卫生应急指挥组织，在灾区成立自然灾害卫生应急工作前方指挥部，统一指挥、组织前方卫生应急工作。

（2）派出联络组或联络员，深入灾区及时了解灾情、伤病情、疫情和突发公共卫生事件发生情况以及各项卫生应急措施落实情况，指导灾区卫生应急工作，并向派出部门报告和提出工作建议。

2.2 日常管理机构

常态情况下，各级卫生行政部门的卫生应急办公室（或承担卫生应急管理职责的其他内设机构）负责自然灾害卫生应急准备和日常管理工作。自然灾害发生后，卫生应急办公室（或承担卫生应急管理职责的其他内设机构）作为领导小组办公室开展各项工作。

2.3 专家咨询组

各级卫生行政部门负责组建自然灾害卫生应急专家咨询组。专家咨询组负责自然灾害卫生应急准备和现场处置的技术咨询和指导，对应急响应启动和终止提出建议等。

2.4 应急处理专业技术机构

医疗机构、疾病预防控制机构、卫生监督机构和采供血机构等卫生机构是自然灾害卫生应急处理的专业技术机构。自然灾害发生后，按照同级卫生行政部门的统一指挥和部署，开展各项卫生应急处理工作。

2.4.1 医疗机构

各级各类医疗机构负责灾区和群众临时安置点的紧急医疗救援、基本医疗服务、妇幼保健服务、心理援助等工作，并负责伤病员伤情、病情、疫情和突发公共卫生事件信息报告工作。

2.4.2 疾病预防控制机构

疾病预防控制机构负责灾区和群众临时安置点传染病疫情和突发公共卫生事件的监测、收集、报告、调查与处理工作、重点人群预防接种、环境卫生学评价、指导开展污染源无害化处理、消杀灭工作和健康教育等工作。

2.4.3 卫生监督机构

卫生监督机构负责对灾区饮用水卫生、食品卫生、公共场所卫生和传染病防治、突发公共卫生事件防控等依法进行卫生监管。

2.4.4 采供血机构

采供血机构负责血液及血液制品紧急采集、储备、调配、供应和相关信息报告等工作。

3 应急准备

3.1 预案制定

卫生部负责制定《全国自然灾害卫生应急预案》，并针对不同自然灾害类别，制订相应的卫生应急工作方案和技术规范。

地方各级卫生行政部门结合本地区实际情况，参照本预案，组织制定本地区自然灾害卫生应急预案和工作方案。

各级医疗卫生机构制定本单位的自然灾害卫生应急预案和工作方案，建立相关应急工作制度。

应急预案、工作方案、技术规范和工作制度应适时修订。

3.2 风险评估

卫生行政部门应及时组织对本行政区域内可能出现的自然灾害所引发的伤病风险和传染病疫情等健康危害进行评估，检查卫生应急工作准备情况，要求有关单位落实卫生应急防范措施。医疗卫生机构要评估本单位抵御自然灾害的能力，提高防灾减灾水平，并对可能出现的因自然灾害导致水、电、气等能源供应中断而严重影响医疗卫生服务的情况提前采取防范措施。

3.3 卫生应急队伍管理

各级卫生行政部门要按照"平急结合、因地制宜，分类管理、分级负责，统一管理、协调运转"的原则建立自然灾害卫生应急专业队伍，加强管理、培训和演练，提高自然灾害卫生应急能力。

根据专业特点和自然灾害卫生应急的需要，为各类卫生应急队伍配备相应技术和物资装备（包括医疗设备、快速检测设备和试剂，药品及疫苗、消杀灭药品和工具，个人防护装备、卫生应急服装和标识，交通工具，通讯、办公、后勤和生活物资等）。各级卫生行政部门或有关单位应当为卫生应急专业救援人员购买人身意外伤害保险，必要时接种相关疫苗，降低应急救援人员发生人身伤害带来的损失，并预防相关疾病的感染。

3.4 培训与演练

建立健全自然灾害卫生应急培训和演练制度，对各级卫生部门承担自然灾害卫生应急处置职责的队伍和工作人员定期举办培训和演练，不断提高卫生应急处置能力。

3.5 经费保障

各级卫生行政部门协调有关部门，安排自然灾害卫生应急工作所需经费，按照国家有关规定，负责经费的使用和管理。

3.6 物资保障

各级卫生行政部门协调有关部门，建立健全自然灾害卫生应急物资（药品和疫苗、医疗器械和设备、快速检测设备和试剂、消杀灭药品和器械、个人防护用品等）储备机制，在区域性中心城市和自然灾害多发地建立储备基地或供应点（储备物资的品种和数量要满足需要），保障卫生应急物资的运输和配送。

各级医疗卫生机构做好本单位的应急物资储备计划和管理工作，根据本地区易发和常发的自然灾害情况，储备适量的卫生应急物资，定期检测、维护卫生应急救援设备和设施，使其处于良好备用状态，确保正常使用。

3.7 基础设施保障

新建、改建、扩建医疗卫生机构建设项目时，责任单位和部门在项目设计和设施配套方面，要满足医疗卫生机构开展自然灾害卫生应急工作的需要。

3.8 交通运输保障

各级卫生行政部门和医疗卫生机构配备的自然灾害卫生应急工作交通工具，要与承担的卫生保障任务相适应。自然灾害事件发生后，卫生行政部门要主动协调铁道、交通、民航、公安、军队、武警等有关部门，尽量优先安排、优先调度、优先放行、优先运输卫生应急人员、物资和伤病员。在特殊情况时，协调开设应急救援"绿色通道"，保证卫生应急工作顺利开展。

3.9 通信与信息保障

各级卫生行政部门要结合国家应急体系建设，充分利用国家通讯基础设施和资源，建立健全国家、省、市（地）、县、乡五级自然灾害卫生应急信息网络体系，保障通信和信息通畅，确保及时掌握和报告自然灾害卫生应急工作信息。

3.10 建立协调机制

卫生行政部门在当地政府的统一领导下，建立健全与民政、气象、地震、水利、农业、林业、质检、环保、建设、交通、铁道、电力、公安、发展改革和财政等相关部门，以及军队和武警部队卫生部门的信息通报、工作会商、措施联动等协调机制。

3.11 健康教育

各级卫生部门要根据本地区自然灾害特点和工作实际，利用各种媒体向社会广泛宣传自然灾害卫生应急常识，提高社会公众的卫生防病意识和自救互救能力。协调媒体向社会宣传自然灾害卫生应急的科学知识。

3.12 科研和国际交流

有计划地开展应对自然灾害卫生应急相关科学技术研究。按照国家相关规定，开展自然灾害卫生应急工作的国际交流与合作，总结和借鉴经验，引进适宜技术和装备，不断提高自然灾害卫生应急的整体水平。

4 应急响应

发生自然灾害事件后，灾害发生地卫生行政部门接到当地政府或民政等部门的灾情通报后，应迅速组织医疗卫生救援人员赶赴事发地，开展先期处置工作，对当地灾情和医疗卫生服务需求及能力作出评估。

各级卫生行政部门按照本级人民政府的统一部署，根据灾情、伤情、病情、疫情进行分级响应，并根据实际情况及事件发展趋势，及时调整响应级别。

根据自然灾害的危害程度等因素，卫生应急响应分为特别重大（Ⅰ级响应）、重大（Ⅱ级响应）、较大（Ⅲ级响应）、一般（Ⅳ级响应）四级。Ⅰ级应急响应由卫生部组织实施。Ⅱ级、Ⅲ级、Ⅳ级响应分别由省、市（地）、县级卫生行政部门组织实施。

超出本级应急处置能力时，应及时向上一级卫生行政部门申请支援。上级卫生行政部门根据灾区应急工作需要，可以对响应级别作出调整。对卫生应急能力薄弱的地区可适当调高响应级别。

4.1 响应条件

4.1.1 Ⅰ级响应

符合下列条件之一的，卫生部启动Ⅰ级响应。

（1）依据《国家自然灾害救助应急预案》，启动Ⅰ级响应的自然灾害事件；

（2）国务院认定需要开展卫生应急工作的自然灾害事件；

（3）卫生部认定需要开展卫生应急工作的自然灾害事件。

响应启动后，卫生部负责组织协调开展自然灾害卫生应急工作，及时向国务院报告，并向有关部门通报。根据灾区医疗卫生救援工作需要，调动国家级自然灾害卫生应急队伍和全国医疗卫生力量，协助灾区开展卫生应急工作。必要时，可制定对口支援方案，组织支援地区与受灾地区协同开展工作。

4.1.2 Ⅱ级响应

符合下列条件之一的，省级卫生行政部门启动Ⅱ级响应。

（1）依据《国家自然灾害救助应急预案》，启动Ⅱ级响应的自然灾害事件；

（2）省级人民政府认定需要开展卫生应急工作

的自然灾害事件；

（3）省级卫生行政部门认定需要开展卫生应急工作的自然灾害事件。

响应启动后，省级卫生行政部门负责组织协调开展灾害卫生应急工作，并及时向卫生部和同级人民政府报告。卫生部加强工作指导，提供必要的支持。

4.1.3 Ⅲ级响应

符合下列条件之一的，市（地）级卫生行政部门启动Ⅲ级响应。

（1）依据《国家自然灾害救助应急预案》，启动Ⅲ级响应的自然灾害事件；

（2）市（地）级人民政府认定需要开展卫生应急工作的自然灾害事件；

（3）市（地）级卫生行政部门认定需要开展卫生应急工作的自然灾害事件。

响应启动后，市（地）级卫生行政部门负责组织协调开展灾害卫生应急工作，并及时向上一级卫生行政部门和同级人民政府报告。省级卫生行政部门加强工作指导，提供必要的支持。

4.1.4 Ⅳ级响应

符合下列条件之一的，县级卫生行政部门启动Ⅳ级响应。

（1）依据《国家自然灾害救助应急预案》，启动Ⅳ级响应的自然灾害事件；

（2）县级人民政府认定需要开展卫生应急工作的自然灾害事件；

（3）县级卫生行政部门认定需要开展卫生应急工作的自然灾害事件。

响应启动后，县级卫生行政部门负责组织协调开展灾害卫生应急工作，并及时向上一级卫生行政部门和同级人民政府报告。市级卫生行政部门加强工作指导，提供必要的支持。

4.2 响应措施

4.2.1 信息收集、报告、通报和评估

灾区卫生行政部门根据《国家救灾防病信息报告管理规范（试行）》，实行自然灾害卫生应急信息日报告制度，将本行政区域内的灾情、伤情、病情、疫情、灾害相关突发公共卫生事件、卫生应急工作开展情况和卫生系统因灾损失情况等信息，在规定的时间内，报告上级卫生行政部门和当地人民政府。要加强与有关部门和有关方面的信息沟通，及时通报相关信息。

所有救灾防病信息均应通过"国家救灾防病报告管理信息系统"进行网络报告，不具备条件的地方要使用传真、电话等方式及时报告。

灾害发生后，卫生行政部门负责组织专家对灾害对人的健康的危害程度、伤亡损失情况及发展趋势等进行卫生学评估，研究提出应重点开展的救援措施以及医疗卫生人力、物资、外援等需求意见。各级疾病预防控制机构应定期编写灾区传染病疫情与突发公共卫生事件监测报告，对灾区疫情和突发公共卫生事件发生情况进行分析并预测发展趋势，报送同级卫生行政部门和有关部门参考。

4.2.2 医疗救援

参与医疗救援的医疗机构和人员要以最快速度赶赴灾区，开展现场医疗急救、检伤分类、伤病员转运和院内救治等工作，在群众临时安置点、交通站点、抢险工地等人群聚集的地点设立临时医疗点，组织医疗队开展巡回医疗服务，确保伤病员和抢险工作人员得到及时、有效救治。

如因灾伤病人员的数量较多，超过本地医疗机构救治工作负荷，为及时、有效对伤病员进行救治，可根据情况，在上级卫生行政部门统一协调和交通运输、财政等相关部门支持下，将伤病员集中运送至外地（省）治疗。如因灾造成大量危重伤员，为提高救治成功率，可按照"集中伤员，集中专家，集中资源，集中救治"的原则，将危重伤员集中在医疗条件好、救治质量高的医院救治。

4.2.3 传染病疫情、突发公共卫生事件监测与报告

灾区医疗卫生机构要加强灾区传染病疫情、突发公共卫生事件监测工作，实行灾害相关传染病疫情和突发公共卫生事件日报告和零报告制度。因停电等原因不能通过网络直报系统报告信息的医疗卫生机构，可临时改用电话或人工报送的方式报告。

4.2.4 传染病疫情和突发公共卫生事件防控

根据受灾地区可能发生的传染病疫情和突发公共卫生事件风险，及时开展健康教育、预防性服药和应急接种等工作。一旦发生传染病疫情和突发公共卫生事件，卫生行政部门要组织疾病预防控制和卫生监督机构开展核实诊断、现场流行病学调查、标本采集与检测、疫情和突发公共卫生事件控制等工作。

4.2.5 食品、饮用水和公共场所卫生监督监测

加强灾区食品卫生、饮用水卫生和公共场所卫生监督监测工作，依法对饮用水供水单位供水活动和公共场所卫生实施监管。综合协调各有关部门加强食品安全监督检查，指导群众临时安置点集中配餐的食品卫生和饮用水卫生工作，防止食物中毒、

介水传染病等发生。

4.2.6 环境卫生处理

指导灾区及时清除和处理垃圾、粪便，指导做好人畜尸体的无害化处理工作，对住房、公共场所和安置点及时采取消毒、杀虫和灭鼠等卫生措施。根据工作需要，在灾区组织开展爱国卫生运动。

4.2.7 卫生知识宣传和风险沟通

充分利用各种宣传手段和传播媒介，与宣传部门密切配合，有针对性地开展自救、互救及卫生防病科普知识宣传。向媒体和公众做好自然灾害风险沟通工作。

4.2.8 心理援助

灾区卫生行政部门根据实际需要，组织专业人员开展心理疏导和心理危机干预工作，消除民众心理焦虑、恐慌等负面情绪。在同级人民政府领导下，协调教育、民政、工会、共青团、妇联等部门和团体，协同开展心理援助工作。

4.2.9 重点人群、安置点和流动人口的医疗卫生服务

加强对重点人群、群众临时安置点和流动人口的医疗卫生服务工作，采取有效措施及时向因灾滞留在车站、码头、机场和公路的人员和抢险救灾工作人员提供医疗卫生服务，做好孕产妇、老人、婴幼儿、残疾人等特殊人群的医疗卫生保障工作，重点做好饮用水和食品卫生监督监测、非职业性一氧化碳中毒防控等工作，指导设置和修建临时厕所，开展环境卫生监测、消杀灭处理、卫生宣教和必要的预防接种等工作。

4.2.10 自救与防护

受灾的医疗卫生机构迅速开展自救工作，尽快恢复医疗卫生服务功能。对因电、水、油、热、气（汽）等能源供应中断造成医疗卫生服务无法正常开展的医疗卫生机构，灾区卫生行政部门要及时协调有关部门，调拨发电机、净水器等仪器设备和有关能源，尽快恢复能源供应。救灾人员要注意做好个体防护，保障自身安全。

4.3 响应终止

灾情稳定，经启动响应的卫生行政部门组织评估，确定应急阶段的医疗救治和卫生防疫工作结束，已经进入恢复重建和灾后防疫阶段，可以做出终止应急响应的决定。

5 恢复重建与总结评估

5.1 恢复重建

要科学制定医疗卫生机构灾后恢复重建工作方案，将灾区医疗卫生机构的恢复重建项目纳入当地政府灾后恢复重建整体规划，争取优先进行安排，确保灾区医疗卫生机构尽快恢复医疗卫生服务能力，保障灾区尽快恢复正常的医疗卫生服务秩序。

在灾后恢复重建阶段，要继续做好灾后防病、心理和肢体康复工作，开展灾民回迁前的卫生学评价，广泛开展爱国卫生运动，加强饮用水和公共场所卫生监督监测和技术指导。

5.2 善后处置

各级卫生行政部门要积极协调财政、民政、劳动保障等部门，做好善后处置工作。对参与自然灾害卫生应急工作的伤亡人员、应急处置工作人员，以及紧急调集、征用的有关单位及个人的物资等，要按照规定向有关部门申请给予抚恤、补助或补偿。

5.3 总结与评估

在自然灾害卫生应急工作过程中，灾区卫生行政部门要及时组织对卫生应急准备和处置工作进行总结，评估工作效果，不断改进和完善工作措施。

在卫生应急响应终止后，各级卫生行政部门要组织开展总结评估，认真分析工作中好的做法、困难和经验教训，并向上一级卫生行政部门报告总结评估情况。

6 责任与奖励

6.1 责任

对自然灾害卫生应急工作中有玩忽职守、失职、渎职等行为的，依据相关法律法规和规定追究其责任。

6.2 奖励

对参加自然灾害卫生应急处理工作做出突出贡献的先进集体和个人，依据相关法律法规和相关规定给予表彰和奖励。

7 附则

7.1 名词术语解释

自然灾害：指危害人类生存或损害人类生活环境的自然现象，包括洪涝与干旱灾害，台风、严寒、低温雨雪冰冻、高温、雷电、灰霾、冰雹、大雾、大风与沙尘暴等气象灾害，火山与地震灾害，山体崩塌、滑坡与泥石流等地质灾害，风暴潮、海啸与赤潮等海洋灾害，生物灾害和森林草原火灾等。

灾情：指自然灾害造成的损失情况，包括人员伤亡和财产损失等。

7.2 预案管理

本预案由卫生部制定和解释，并根据预案实施过程中发现的问题及时修订。本预案生效之后，《全国救灾防病预案》、《全国抗旱救灾防病预案》、《全国破坏性地震医疗救护卫生防疫防病应急预案（试行）》废止。

7.3 预案生效时间

本预案自印发之日起实施。

第三部分
行业领域有关规定

一、综　合

1. 法律法规

中华人民共和国安全生产法

（2002年6月29日第九届全国人民代表大会常务委员会第二十八次会议通过　根据2009年8月27日第十一届全国人民代表大会常务委员会第十次会议《关于修改部分法律的决定》第一次修正　根据2014年8月31日第十二届全国人民代表大会常务委员会第十次会议《关于修改〈中华人民共和国安全生产法〉的决定》第二次修正　根据2021年6月10日第十三届全国人民代表大会常务委员会第二十九次会议《关于修改〈中华人民共和国安全生产法〉的决定》第三次修正）

第一章　总　则

第一条　为了加强安全生产工作，防止和减少生产安全事故，保障人民群众生命和财产安全，促进经济社会持续健康发展，制定本法。

第二条　在中华人民共和国领域内从事生产经营活动的单位（以下统称生产经营单位）的安全生产，适用本法；有关法律、行政法规对消防安全和道路交通安全、铁路交通安全、水上交通安全、民用航空安全以及核与辐射安全、特种设备安全另有规定的，适用其规定。

第三条　安全生产工作坚持中国共产党的领导。

安全生产工作应当以人为本，坚持人民至上、生命至上，把保护人民生命安全摆在首位，树牢安全发展理念，坚持安全第一、预防为主、综合治理的方针，从源头上防范化解重大安全风险。

安全生产工作实行管行业必须管安全、管业务必须管安全、管生产经营必须管安全，强化和落实生产经营单位主体责任与政府监管责任，建立生产经营单位负责、职工参与、政府监管、行业自律和社会监督的机制。

第四条　生产经营单位必须遵守本法和其他有关安全生产的法律、法规，加强安全生产管理，建立健全全员安全生产责任制和安全生产规章制度，加大对安全生产资金、物资、技术、人员的投入保障力度，改善安全生产条件，加强安全生产标准化、信息化建设，构建安全风险分级管控和隐患排查治理双重预防机制，健全风险防范化解机制，提高安全生产水平，确保安全生产。

平台经济等新兴行业、领域的生产经营单位应当根据本行业、领域的特点，建立健全并落实全员安全生产责任制，加强从业人员安全生产教育和培训，履行本法和其他法律、法规规定的有关安全生产义务。

第五条　生产经营单位的主要负责人是本单位安全生产第一责任人，对本单位的安全生产工作全面负责。其他负责人对职责范围内的安全生产工作负责。

第六条　生产经营单位的从业人员有依法获得安全生产保障的权利，并应当依法履行安全生产方面的义务。

第七条　工会依法对安全生产工作进行监督。

生产经营单位的工会依法组织职工参加本单位安全生产工作的民主管理和民主监督，维护职工在安全生产方面的合法权益。生产经营单位制定或者修改有关安全生产的规章制度，应当听取工会的意见。

第八条　国务院和县级以上地方各级人民政府应当根据国民经济和社会发展规划制定安全生产规划，并组织实施。安全生产规划应当与国土空间规划等相关规划相衔接。

各级人民政府应当加强安全生产基础设施建设和安全生产监管能力建设，所需经费列入本级预算。

县级以上地方各级人民政府应当组织有关部门建立完善安全风险评估与论证机制，按照安全风险管控要求，进行产业规划和空间布局，并对位置相邻、行业相近、业态相似的生产经营单位实施重大安全风险联防联控。

第九条　国务院和县级以上地方各级人民政府应当加强对安全生产工作的领导，建立健全安全生产工作协调机制，支持、督促各有关部门依法履行安全生产监督管理职责，及时协调、解决安全生产监督管理中存在的重大问题。

乡镇人民政府和街道办事处，以及开发区、工业园区、港区、风景区等应当明确负责安全生产监督管理的有关工作机构及其职责，加强安全生产监管力量建设，按照职责对本行政区域或者管理区域内生产经营单位安全生产状况进行监督检查，协助人民政府有关部门或者按照授权依法履行安全生产监督管理职责。

第十条 国务院应急管理部门依照本法，对全国安全生产工作实施综合监督管理；县级以上地方各级人民政府应急管理部门依照本法，对本行政区域内安全生产工作实施综合监督管理。

国务院交通运输、住房和城乡建设、水利、民航等有关部门依照本法和其他有关法律、行政法规的规定，在各自的职责范围内对有关行业、领域的安全生产工作实施监督管理；县级以上地方各级人民政府有关部门依照本法和其他有关法律、法规的规定，在各自的职责范围内对有关行业、领域的安全生产工作实施监督管理。对新兴行业、领域的安全生产监督管理职责不明确的，由县级以上地方各级人民政府按照业务相近的原则确定监督管理部门。

应急管理部门和对有关行业、领域的安全生产工作实施监督管理的部门，统称负有安全生产监督管理职责的部门。负有安全生产监督管理职责的部门应当相互配合、齐抓共管、信息共享、资源共用，依法加强安全生产监督管理工作。

第十一条 国务院有关部门应当按照保障安全生产的要求，依法及时制定有关的国家标准或者行业标准，并根据科技进步和经济发展适时修订。

生产经营单位必须执行依法制定的保障安全生产的国家标准或者行业标准。

第十二条 国务院有关部门按照职责分工负责安全生产强制性国家标准的项目提出、组织起草、征求意见、技术审查。国务院应急管理部门统筹提出安全生产强制性国家标准的立项计划。国务院标准化行政主管部门负责安全生产强制性国家标准的立项、编号、对外通报和授权批准发布工作。国务院标准化行政主管部门、有关部门依据法定职责对安全生产强制性国家标准的实施进行监督检查。

第十三条 各级人民政府及其有关部门应当采取多种形式，加强对有关安全生产的法律、法规和安全生产知识的宣传，增强全社会的安全生产意识。

第十四条 有关协会组织依照法律、行政法规和章程，为生产经营单位提供安全生产方面的信息、培训等服务，发挥自律作用，促进生产经营单位加强安全生产管理。

第十五条 依法设立的为安全生产提供技术、管理服务的机构，依照法律、行政法规和执业准则，接受生产经营单位的委托为其安全生产工作提供技术、管理服务。

生产经营单位委托前款规定的机构提供安全生产技术、管理服务的，保证安全生产的责任仍由本单位负责。

第十六条 国家实行生产安全事故责任追究制度，依照本法和有关法律、法规的规定，追究生产安全事故责任单位和责任人员的法律责任。

第十七条 县级以上各级人民政府应当组织负有安全生产监督管理职责的部门依法编制安全生产权力和责任清单，公开并接受社会监督。

第十八条 国家鼓励和支持安全生产科学技术研究和安全生产先进技术的推广应用，提高安全生产水平。

第十九条 国家对在改善安全生产条件、防止生产安全事故、参加抢险救护等方面取得显著成绩的单位和个人，给予奖励。

第二章　生产经营单位的安全生产保障

第二十条 生产经营单位应当具备本法和有关法律、行政法规和国家标准或者行业标准规定的安全生产条件；不具备安全生产条件的，不得从事生产经营活动。

第二十一条 生产经营单位的主要负责人对本单位安全生产工作负有下列职责：

（一）建立健全并落实本单位全员安全生产责任制，加强安全生产标准化建设；

（二）组织制定并实施本单位安全生产规章制度和操作规程；

（三）组织制定并实施本单位安全生产教育和培训计划；

（四）保证本单位安全生产投入的有效实施；

（五）组织建立并落实安全风险分级管控和隐患排查治理双重预防工作机制，督促、检查本单位的安全生产工作，及时消除生产安全事故隐患；

（六）组织制定并实施本单位的生产安全事故应急救援预案；

（七）及时、如实报告生产安全事故。

第二十二条 生产经营单位的全员安全生产责任制应当明确各岗位的责任人员、责任范围和考核标准等内容。

生产经营单位应当建立相应的机制，加强对全员安全生产责任制落实情况的监督考核，保证全员安全生产责任制的落实。

第二十三条 生产经营单位应当具备的安全生产条件所必需的资金投入，由生产经营单位的决策机构、主要负责人或者个人经营的投资人予以保证，并对由于安全生产所必需的资金投入不足导致的后果承担责任。

有关生产经营单位应当按照规定提取和使用安全生产费用，专门用于改善安全生产条件。安全生产费用在成本中据实列支。安全生产费用提取、使用和监督管理的具体办法由国务院财政部门会同国务院应急管理部门征求国务院有关部门意见后制定。

第二十四条 矿山、金属冶炼、建筑施工、运输单位和危险物品的生产、经营、储存、装卸单位，应当设置安全生产管理机构或者配备专职安全生产管理人员。

前款规定以外的其他生产经营单位，从业人员超过一百人的，应当设置安全生产管理机构或者配备专职安全生产管理人员；从业人员在一百人以下的，应当配备专职或者兼职的安全生产管理人员。

第二十五条 生产经营单位的安全生产管理机构以及安全生产管理人员履行下列职责：

（一）组织或者参与拟订本单位安全生产规章制度、操作规程和生产安全事故应急救援预案；

（二）组织或者参与本单位安全生产教育和培训，如实记录安全生产教育和培训情况；

（三）组织开展危险源辨识和评估，督促落实本单位重大危险源的安全管理措施；

（四）组织或者参与本单位应急救援演练；

（五）检查本单位的安全生产状况，及时排查生产安全事故隐患，提出改进安全生产管理的建议；

（六）制止和纠正违章指挥、强令冒险作业、违反操作规程的行为；

（七）督促落实本单位安全生产整改措施。

生产经营单位可以设置专职安全生产分管负责人，协助本单位主要负责人履行安全生产管理职责。

第二十六条 生产经营单位的安全生产管理机构以及安全生产管理人员应当恪尽职守，依法履行职责。

生产经营单位作出涉及安全生产的经营决策，应当听取安全生产管理机构以及安全生产管理人员的意见。

生产经营单位不得因安全生产管理人员依法履行职责而降低其工资、福利等待遇或者解除与其订立的劳动合同。

危险物品的生产、储存单位以及矿山、金属冶炼单位的安全生产管理人员的任免，应当告知主管的负有安全生产监督管理职责的部门。

第二十七条 生产经营单位的主要负责人和安全生产管理人员必须具备与本单位所从事的生产经营活动相应的安全生产知识和管理能力。

危险物品的生产、经营、储存、装卸单位以及矿山、金属冶炼、建筑施工、运输单位的主要负责人和安全生产管理人员，应当由主管的负有安全生产监督管理职责的部门对其安全生产知识和管理能力考核合格。考核不得收费。

危险物品的生产、储存、装卸单位以及矿山、金属冶炼单位应当有注册安全工程师从事安全生产管理工作。鼓励其他生产经营单位聘用注册安全工程师从事安全生产管理工作。注册安全工程师按专业分类管理，具体办法由国务院人力资源和社会保障部门、国务院应急管理部门会同国务院有关部门制定。

第二十八条 生产经营单位应当对从业人员进行安全生产教育和培训，保证从业人员具备必要的安全生产知识，熟悉有关的安全生产规章制度和安全操作规程，掌握本岗位的安全操作技能，了解事故应急处理措施，知悉自身在安全生产方面的权利和义务。未经安全生产教育和培训合格的从业人员，不得上岗作业。

生产经营单位使用被派遣劳动者的，应当将被派遣劳动者纳入本单位从业人员统一管理，对被派遣劳动者进行岗位安全操作规程和安全操作技能的教育和培训。劳务派遣单位应当对被派遣劳动者进行必要的安全生产教育和培训。

生产经营单位接收中等职业学校、高等学校学生实习的，应当对实习学生进行相应的安全生产教育和培训，提供必要的劳动防护用品。学校应当协助生产经营单位对实习学生进行安全生产教育和培训。

生产经营单位应当建立安全生产教育和培训档案，如实记录安全生产教育和培训的时间、内容、参加人员以及考核结果等情况。

第二十九条 生产经营单位采用新工艺、新技术、新材料或者使用新设备，必须了解、掌握其安全技术特性，采取有效的安全防护措施，并对从业人员进行专门的安全生产教育和培训。

第三十条 生产经营单位的特种作业人员必须按照国家有关规定经专门的安全作业培训，取得相应资格，方可上岗作业。

特种作业人员的范围由国务院应急管理部门会同国务院有关部门确定。

第三十一条 生产经营单位新建、改建、扩建工程项目（以下统称建设项目）的安全设施，必须与主体工程同时设计、同时施工、同时投入生产和使用。安全设施投资应当纳入建设项目概算。

第三十二条 矿山、金属冶炼建设项目和用于生产、储存、装卸危险物品的建设项目，应当按照国家有关规定进行安全评价。

第三十三条 建设项目安全设施的设计人、设计单位应当对安全设施设计负责。

矿山、金属冶炼建设项目和用于生产、储存、装卸危险物品的建设项目的安全设施设计应当按照国家有关规定报经有关部门审查，审查部门及其负责审查的人员对审查结果负责。

第三十四条 矿山、金属冶炼建设项目和用于生产、储存、装卸危险物品的建设项目的施工单位必须按照批准的安全设施设计施工，并对安全设施的工程质量负责。

矿山、金属冶炼建设项目和用于生产、储存、装卸危险物品的建设项目竣工投入生产或者使用前，应当由建设单位负责组织对安全设施进行验收；验收合格后，方可投入生产和使用。负有安全生产监督管理职责的部门应当加强对建设单位验收活动和验收结果的监督核查。

第三十五条 生产经营单位应当在有较大危险因素的生产经营场所和有关设施、设备上，设置明显的安全警示标志。

第三十六条 安全设备的设计、制造、安装、使用、检测、维修、改造和报废，应当符合国家标准或者行业标准。

生产经营单位必须对安全设备进行经常性维护、保养，并定期检测，保证正常运转。维护、保养、检测应当作好记录，并由有关人员签字。

生产经营单位不得关闭、破坏直接关系生产安全的监控、报警、防护、救生设备、设施，或者篡改、隐瞒、销毁其相关数据、信息。

餐饮等行业的生产经营单位使用燃气的，应当安装可燃气体报警装置，并保障其正常使用。

第三十七条 生产经营单位使用的危险物品的容器、运输工具，以及涉及人身安全、危险性较大的海洋石油开采特种设备和矿山井下特种设备，必须按照国家有关规定，由专业生产单位生产，并经具有专业资质的检测、检验机构检测、检验合格，取得安全使用证或者安全标志，方可投入使用。检测、检验机构对检测、检验结果负责。

第三十八条 国家对严重危及生产安全的工艺、设备实行淘汰制度，具体目录由国务院应急管理部门会同国务院有关部门制定并公布。法律、行政法规对目录的制定另有规定的，适用其规定。

省、自治区、直辖市人民政府可以根据本地区实际情况制定并公布具体目录，对前款规定以外的危及生产安全的工艺、设备予以淘汰。

生产经营单位不得使用应当淘汰的危及生产安全的工艺、设备。

第三十九条 生产、经营、运输、储存、使用危险物品或者处置废弃危险物品的，由有关主管部门依照有关法律、法规的规定和国家标准或者行业标准审批并实施监督管理。

生产经营单位生产、经营、运输、储存、使用危险物品或者处置废弃危险物品，必须执行有关法律、法规和国家标准或者行业标准，建立专门的安全管理制度，采取可靠的安全措施，接受有关主管部门依法实施的监督管理。

第四十条 生产经营单位对重大危险源应当登记建档，进行定期检测、评估、监控，并制定应急预案，告知从业人员和相关人员在紧急情况下应当采取的应急措施。

生产经营单位应当按照国家有关规定将本单位重大危险源及有关安全措施、应急措施报有关地方人民政府应急管理部门和有关部门备案。有关地方人民政府应急管理部门和有关部门应当通过相关信息系统实现信息共享。

第四十一条 生产经营单位应当建立安全风险分级管控制度，按照安全风险分级采取相应的管控措施。

生产经营单位应当建立健全并落实生产安全事故隐患排查治理制度，采取技术、管理措施，及时发现并消除事故隐患。事故隐患排查治理情况应当如实记录，并通过职工大会或者职工代表大会、信息公示栏等方式向从业人员通报。其中，重大事故隐患排查治理情况应当及时向负有安全生产监督管理职责的部门和职工大会或者职工代表大会报告。

县级以上地方各级人民政府负有安全生产监督管理职责的部门应当将重大事故隐患纳入相关信息系统，建立健全重大事故隐患治理督办制度，督促生产经营单位消除重大事故隐患。

第四十二条 生产、经营、储存、使用危险物品的车间、商店、仓库不得与员工宿舍在同一座建筑物内，并应当与员工宿舍保持安全距离。

生产经营场所和员工宿舍应当设有符合紧急疏散要求、标志明显、保持畅通的出口、疏散通道。禁止占用、锁闭、封堵生产经营场所或者员工宿舍的出口、疏散通道。

第四十三条 生产经营单位进行爆破、吊装、动火、临时用电以及国务院应急管理部门会同国务院有关部门规定的其他危险作业，应当安排专门人员进行现场安全管理，确保操作规程的遵守和安全措施的落实。

第四十四条 生产经营单位应当教育和督促从业人员严格执行本单位的安全生产规章制度和安全操作规程；并向从业人员如实告知作业场所和工作岗位存在的危险因素、防范措施以及事故应急措施。

生产经营单位应当关注从业人员的身体、心理状况和行为习惯，加强对从业人员的心理疏导、精神慰藉，严格落实岗位安全生产责任，防范从业人员行为异常导致事故发生。

第四十五条 生产经营单位必须为从业人员提供符合国家标准或者行业标准的劳动防护用品，并监督、教育从业人员按照使用规则佩戴、使用。

第四十六条 生产经营单位的安全生产管理人员应当根据本单位的生产经营特点，对安全生产状况进行经常性检查；对检查中发现的安全问题，应当立即处理；不能处理的，应当及时报告本单位有关负责人，有关负责人应当及时处理。检查及处理情况应当如实记录在案。

生产经营单位的安全生产管理人员在检查中发现重大事故隐患，依照前款规定向本单位有关负责人报告，有关负责人不及时处理的，安全生产管理人员可以向主管的负有安全生产监督管理职责的部门报告，接到报告的部门应当依法及时处理。

第四十七条 生产经营单位应当安排用于配备劳动防护用品、进行安全生产培训的经费。

第四十八条 两个以上生产经营单位在同一作业区域内进行生产经营活动，可能危及对方生产安全的，应当签订安全生产管理协议，明确各自的安全生产管理职责和应当采取的安全措施，并指定专职安全生产管理人员进行安全检查与协调。

第四十九条 生产经营单位不得将生产经营项目、场所、设备发包或者出租给不具备安全生产条件或者相应资质的单位或者个人。

生产经营项目、场所发包或者出租给其他单位的，生产经营单位应当与承包单位、承租单位签订专门的安全生产管理协议，或者在承包合同、租赁合同中约定各自的安全生产管理职责；生产经营单位对承包单位、承租单位的安全生产工作统一协调、管理，定期进行安全检查，发现安全问题的，应当及时督促整改。

矿山、金属冶炼建设项目和用于生产、储存、装卸危险物品的建设项目的施工单位应当加强对施工项目的安全管理，不得倒卖、出租、出借、挂靠或者以其他形式非法转让施工资质，不得将其承包的全部建设工程转包给第三人或者将其承包的全部建设工程支解以后以分包的名义分别转包给第三人，不得将工程分包给不具备相应资质条件的单位。

第五十条 生产经营单位发生生产安全事故时，单位的主要负责人应当立即组织抢救，并不得在事故调查处理期间擅离职守。

第五十一条 生产经营单位必须依法参加工伤保险，为从业人员缴纳保险费。

国家鼓励生产经营单位投保安全生产责任保险；属于国家规定的高危行业、领域的生产经营单位，应当投保安全生产责任保险。具体范围和实施办法由国务院应急管理部门会同国务院财政部门、国务院保险监督管理机构和相关行业主管部门制定。

第三章　从业人员的安全生产权利义务

第五十二条 生产经营单位与从业人员订立的劳动合同，应当载明有关保障从业人员劳动安全、防止职业危害的事项，以及依法为从业人员办理工伤保险的事项。

生产经营单位不得以任何形式与从业人员订立协议，免除或者减轻其对从业人员因生产安全事故伤亡依法应承担的责任。

第五十三条 生产经营单位的从业人员有权了解其作业场所和工作岗位存在的危险因素、防范措施及事故应急措施，有权对本单位的安全生产工作提出建议。

第五十四条 从业人员有权对本单位安全生产工作中存在的问题提出批评、检举、控告；有权拒绝违章指挥和强令冒险作业。

生产经营单位不得因从业人员对本单位安全生产工作提出批评、检举、控告或者拒绝违章指挥、强令冒险作业而降低其工资、福利等待遇或者解除与其订立的劳动合同。

第五十五条 从业人员发现直接危及人身安全的紧急情况时，有权停止作业或者在采取可能的应急措施后撤离作业场所。

生产经营单位不得因从业人员在前款紧急情况下停止作业或者采取紧急撤离措施而降低其工资、

福利等待遇或者解除与其订立的劳动合同。

第五十六条 生产经营单位发生生产安全事故后，应当及时采取措施救治有关人员。

因生产安全事故受到损害的从业人员，除依法享有工伤保险外，依照有关民事法律尚有获得赔偿的权利的，有权提出赔偿要求。

第五十七条 从业人员在作业过程中，应当严格落实岗位安全责任，遵守本单位的安全生产规章制度和操作规程，服从管理，正确佩戴和使用劳动防护用品。

第五十八条 从业人员应当接受安全生产教育和培训，掌握本职工作所需的安全生产知识，提高安全生产技能，增强事故预防和应急处理能力。

第五十九条 从业人员发现事故隐患或者其他不安全因素，应当立即向现场安全生产管理人员或者本单位负责人报告；接到报告的人员应当及时予以处理。

第六十条 工会有权对建设项目的安全设施与主体工程同时设计、同时施工、同时投入生产和使用进行监督，提出意见。

工会对生产经营单位违反安全生产法律、法规，侵犯从业人员合法权益的行为，有权要求纠正；发现生产经营单位违章指挥、强令冒险作业或者发现事故隐患时，有权提出解决的建议，生产经营单位应当及时研究答复；发现危及从业人员生命安全的情况时，有权向生产经营单位建议组织从业人员撤离危险场所，生产经营单位必须立即作出处理。

工会有权依法参加事故调查，向有关部门提出处理意见，并要求追究有关人员的责任。

第六十一条 生产经营单位使用被派遣劳动者的，被派遣劳动者享有本法规定的从业人员的权利，并应当履行本法规定的从业人员的义务。

第四章 安全生产的监督管理

第六十二条 县级以上地方各级人民政府应当根据本行政区域内的安全生产状况，组织有关部门按照职责分工，对本行政区域内容易发生重大生产安全事故的生产经营单位进行严格检查。

应急管理部门应当按照分类分级监督管理的要求，制定安全生产年度监督检查计划，并按照年度监督检查计划进行监督检查，发现事故隐患，应当及时处理。

第六十三条 负有安全生产监督管理职责的部门依照有关法律、法规的规定，对涉及安全生产的事项需要审查批准（包括批准、核准、许可、注册、认证、颁发证照等，下同）或者验收的，必须严格依照有关法律、法规和国家标准或者行业标准规定的安全生产条件和程序进行审查；不符合有关法律、法规和国家标准或者行业标准规定的安全生产条件的，不得批准或者验收通过。对未依法取得批准或者验收合格的单位擅自从事有关活动的，负责行政审批的部门发现或者接到举报后应当立即予以取缔，并依法予以处理。对已经依法取得批准的单位，负责行政审批的部门发现其不再具备安全生产条件的，应当撤销原批准。

第六十四条 负有安全生产监督管理职责的部门对涉及安全生产的事项进行审查、验收，不得收取费用；不得要求接受审查、验收的单位购买其指定品牌或者指定生产、销售单位的安全设备、器材或者其他产品。

第六十五条 应急管理部门和其他负有安全生产监督管理职责的部门依法开展安全生产行政执法工作，对生产经营单位执行有关安全生产的法律、法规和国家标准或者行业标准的情况进行监督检查，行使以下职权：

（一）进入生产经营单位进行检查，调阅有关资料，向有关单位和人员了解情况；

（二）对检查中发现的安全生产违法行为，当场予以纠正或者要求限期改正；对依法应当给予行政处罚的行为，依照本法和其他有关法律、行政法规的规定作出行政处罚决定；

（三）对检查中发现的事故隐患，应当责令立即排除；重大事故隐患排除前或者排除过程中无法保证安全的，应当责令从危险区域内撤出作业人员，责令暂时停产停业或者停止使用相关设施、设备；重大事故隐患排除后，经审查同意，方可恢复生产经营和使用；

（四）对有根据认为不符合保障安全生产的国家标准或者行业标准的设施、设备、器材以及违法生产、储存、使用、经营、运输的危险物品予以查封或者扣押，对违法生产、储存、使用、经营危险物品的作业场所予以查封，并依法作出处理决定。

监督检查不得影响被检查单位的正常生产经营活动。

第六十六条 生产经营单位对负有安全生产监督管理职责的部门的监督检查人员（以下统称安全生产监督检查人员）依法履行监督检查职责，应当予以配合，不得拒绝、阻挠。

第六十七条 安全生产监督检查人员应当忠于职守，坚持原则，秉公执法。

安全生产监督检查人员执行监督检查任务时，必须出示有效的行政执法证件；对涉及被检查单位的技术秘密和业务秘密，应当为其保密。

第六十八条　安全生产监督检查人员应当将检查的时间、地点、内容、发现的问题及其处理情况，作出书面记录，并由检查人员和被检查单位的负责人签字；被检查单位的负责人拒绝签字的，检查人员应当将情况记录在案，并向负有安全生产监督管理职责的部门报告。

第六十九条　负有安全生产监督管理职责的部门在监督检查中，应当互相配合，实行联合检查；确需分别进行检查的，应当互通情况，发现存在的安全问题应当由其他有关部门进行处理的，应当及时移送其他有关部门并形成记录备查，接受移送的部门应当及时进行处理。

第七十条　负有安全生产监督管理职责的部门依法对存在重大事故隐患的生产经营单位作出停产停业、停止施工、停止使用相关设施或者设备的决定，生产经营单位应当依法执行，及时消除事故隐患。生产经营单位拒不执行，有发生生产安全事故的现实危险的，在保证安全的前提下，经本部门主要负责人批准，负有安全生产监督管理职责的部门可以采取通知有关单位停止供电、停止供应民用爆炸物品等措施，强制生产经营单位履行决定。通知应当采用书面形式，有关单位应当予以配合。

负有安全生产监督管理职责的部门依照前款规定采取停止供电措施，除有危及生产安全的紧急情形外，应当提前二十四小时通知生产经营单位。生产经营单位依法履行行政决定、采取相应措施消除事故隐患的，负有安全生产监督管理职责的部门应当及时解除前款规定的措施。

第七十一条　监察机关依照监察法的规定，对负有安全生产监督管理职责的部门及其工作人员履行安全生产监督管理职责实施监察。

第七十二条　承担安全评价、认证、检测、检验职责的机构应当具备国家规定的资质条件，并对其作出的安全评价、认证、检测、检验结果的合法性、真实性负责。资质条件由国务院应急管理部门会同国务院有关部门制定。

承担安全评价、认证、检测、检验职责的机构应当建立并实施服务公开和报告公开制度，不得租借资质、挂靠、出具虚假报告。

第七十三条　负有安全生产监督管理职责的部门应当建立举报制度，公开举报电话、信箱或者电子邮件地址等网络举报平台，受理有关安全生产的举报；受理的举报事项经调查核实后，应当形成书面材料；需要落实整改措施的，报经有关负责人签字并督促落实。对不属于本部门职责，需要由其他有关部门进行调查处理的，转交其他有关部门处理。

涉及人员死亡的举报事项，应当由县级以上人民政府组织核查处理。

第七十四条　任何单位或者个人对事故隐患或者安全生产违法行为，均有权向负有安全生产监督管理职责的部门报告或者举报。

因安全生产违法行为造成重大事故隐患或者导致重大事故，致使国家利益或者社会公共利益受到侵害的，人民检察院可以根据民事诉讼法、行政诉讼法的相关规定提起公益诉讼。

第七十五条　居民委员会、村民委员会发现其所在区域内的生产经营单位存在事故隐患或者安全生产违法行为时，应当向当地人民政府或者有关部门报告。

第七十六条　县级以上各级人民政府及其有关部门对报告重大事故隐患或者举报安全生产违法行为的有功人员，给予奖励。具体奖励办法由国务院应急管理部门会同国务院财政部门制定。

第七十七条　新闻、出版、广播、电影、电视等单位有进行安全生产公益宣传教育的义务，有对违反安全生产法律、法规的行为进行舆论监督的权利。

第七十八条　负有安全生产监督管理职责的部门应当建立安全生产违法行为信息库，如实记录生产经营单位及其有关从业人员的安全生产违法行为信息；对违法行为情节严重的生产经营单位及其有关从业人员，应当及时向社会公告，并通报行业主管部门、投资主管部门、自然资源主管部门、生态环境主管部门、证券监督管理机构以及有关金融机构。有关部门和机构应当对存在失信行为的生产经营单位及其有关从业人员采取加大执法检查频次、暂停项目审批、上调有关保险费率、行业或者职业禁入等联合惩戒措施，并向社会公示。

负有安全生产监督管理职责的部门应当加强对生产经营单位行政处罚信息的及时归集、共享、应用和公开，对生产经营单位作出处罚决定后七个工作日内在监督管理部门公示系统予以公开曝光，强化对违法失信生产经营单位及其有关从业人员的社会监督，提高全社会安全生产诚信水平。

第五章　生产安全事故的应急救援与调查处理

第七十九条　国家加强生产安全事故应急能力

建设,在重点行业、领域建立应急救援基地和应急救援队伍,并由国家安全生产应急救援机构统一协调指挥;鼓励生产经营单位和其他社会力量建立应急救援队伍,配备相应的应急救援装备和物资,提高应急救援的专业化水平。

国务院应急管理部门牵头建立全国统一的生产安全事故应急救援信息系统,国务院交通运输、住房和城乡建设、水利、民航等有关部门和县级以上地方人民政府建立健全相关行业、领域、地区的生产安全事故应急救援信息系统,实现互联互通、信息共享,通过推行网上安全信息采集、安全监管和监测预警,提升监管的精准化、智能化水平。

第八十条　县级以上地方各级人民政府应当组织有关部门制定本行政区域内生产安全事故应急救援预案,建立应急救援体系。

乡镇人民政府和街道办事处,以及开发区、工业园区、港区、风景区等应当制定相应的生产安全事故应急救援预案,协助人民政府有关部门或者按照授权依法履行生产安全事故应急救援工作职责。

第八十一条　生产经营单位应当制定本单位生产安全事故应急救援预案,与所在地县级以上地方人民政府组织制定的生产安全事故应急救援预案相衔接,并定期组织演练。

第八十二条　危险物品的生产、经营、储存单位以及矿山、金属冶炼、城市轨道交通运营、建筑施工单位应当建立应急救援组织;生产经营规模较小的,可以不建立应急救援组织,但应当指定兼职的应急救援人员。

危险物品的生产、经营、储存、运输单位以及矿山、金属冶炼、城市轨道交通运营、建筑施工单位应当配备必要的应急救援器材、设备和物资,并进行经常性维护、保养,保证正常运转。

第八十三条　生产经营单位发生生产安全事故后,事故现场有关人员应当立即报告本单位负责人。

单位负责人接到事故报告后,应当迅速采取有效措施,组织抢救,防止事故扩大,减少人员伤亡和财产损失,并按照国家有关规定立即如实报告当地负有安全生产监督管理职责的部门,不得隐瞒不报、谎报或者迟报,不得故意破坏事故现场、毁灭有关证据。

第八十四条　负有安全生产监督管理职责的部门接到事故报告后,应当立即按照国家有关规定上报事故情况。负有安全生产监督管理职责的部门和有关地方人民政府对事故情况不得隐瞒不报、谎报或者迟报。

第八十五条　有关地方人民政府和负有安全生产监督管理职责的部门的负责人接到生产安全事故报告后,应当按照生产安全事故应急救援预案的要求立即赶到事故现场,组织事故抢救。

参与事故抢救的部门和单位应当服从统一指挥,加强协同联动,采取有效的应急救援措施,并根据事故救援的需要采取警戒、疏散等措施,防止事故扩大和次生灾害的发生,减少人员伤亡和财产损失。

事故抢救过程中应当采取必要措施,避免或者减少对环境造成的危害。

任何单位和个人都应当支持、配合事故抢救,并提供一切便利条件。

第八十六条　事故调查处理应当按照科学严谨、依法依规、实事求是、注重实效的原则,及时、准确地查清事故原因,查明事故性质和责任,评估应急处置工作,总结事故教训,提出整改措施,并对事故责任单位和人员提出处理建议。事故调查报告应当依法及时向社会公布。事故调查和处理的具体办法由国务院制定。

事故发生单位应当及时全面落实整改措施,负有安全生产监督管理职责的部门应当加强监督检查。

负责事故调查处理的国务院有关部门和地方人民政府应当在批复事故调查报告后一年内,组织有关部门对事故整改和防范措施落实情况进行评估,并及时向社会公开评估结果;对不履行职责导致事故整改和防范措施没有落实的有关单位和人员,应当按照有关规定追究责任。

第八十七条　生产经营单位发生生产安全事故,经调查确定为责任事故的,除了应当查明事故单位的责任并依法予以追究外,还应当查明对安全生产的有关事项负有审查批准和监督职责的行政部门的责任,对有失职、渎职行为的,依照本法第九十条的规定追究法律责任。

第八十八条　任何单位和个人不得阻挠和干涉对事故的依法调查处理。

第八十九条　县级以上地方各级人民政府应急管理部门应当定期统计分析本行政区域内发生生产安全事故的情况,并定期向社会公布。

第六章　法律责任

第九十条　负有安全生产监督管理职责的部门的工作人员,有下列行为之一的,给予降级或者撤职的处分;构成犯罪的,依照刑法有关规定追究刑事责任:

(一)对不符合法定安全生产条件的涉及安全生

产的事项予以批准或者验收通过的；

（二）发现未依法取得批准、验收的单位擅自从事有关活动或者接到举报后不予取缔或者不依法予以处理的；

（三）对已经依法取得批准的单位不履行监督管理职责，发现其不再具备安全生产条件而不撤销原批准或者发现安全生产违法行为不予查处的；

（四）在监督检查中发现重大事故隐患，不依法及时处理的。

负有安全生产监督管理职责的部门的工作人员有前款规定以外的滥用职权、玩忽职守、徇私舞弊行为的，依法给予处分；构成犯罪的，依照刑法有关规定追究刑事责任。

第九十一条　负有安全生产监督管理职责的部门，要求被审查、验收的单位购买其指定的安全设备、器材或者其他产品的，在对安全生产事项的审查、验收中收取费用的，由其上级机关或者监察机关责令改正，责令退还收取的费用；情节严重的，对直接负责的主管人员和其他直接责任人员依法给予处分。

第九十二条　承担安全评价、认证、检测、检验职责的机构出具失实报告的，责令停业整顿，并处三万元以上十万元以下的罚款；给他人造成损害的，依法承担赔偿责任。

承担安全评价、认证、检测、检验职责的机构租借资质、挂靠、出具虚假报告的，没收违法所得；违法所得在十万元以上的，并处违法所得二倍以上五倍以下的罚款，没有违法所得或者违法所得不足十万元的，单处或者并处十万元以上二十万元以下的罚款；对其直接负责的主管人员和其他直接责任人员处五万元以上十万元以下的罚款；给他人造成损害的，与生产经营单位承担连带赔偿责任；构成犯罪的，依照刑法有关规定追究刑事责任。

对有前款违法行为的机构及其直接责任人员，吊销其相应资质和资格，五年内不得从事安全评价、认证、检测、检验等工作；情节严重的，实行终身行业和职业禁入。

第九十三条　生产经营单位的决策机构、主要负责人或者个人经营的投资人不依照本法规定保证安全生产所必需的资金投入，致使生产经营单位不具备安全生产条件的，责令限期改正，提供必需的资金；逾期未改正的，责令生产经营单位停产停业整顿。

有前款违法行为，导致发生生产安全事故的，对生产经营单位的主要负责人给予撤职处分，对个人经营的投资人处二万元以上二十万元以下的罚款；构成犯罪的，依照刑法有关规定追究刑事责任。

第九十四条　生产经营单位的主要负责人未履行本法规定的安全生产管理职责的，责令限期改正，处二万元以上五万元以下的罚款；逾期未改正的，处五万元以上十万元以下的罚款，责令生产经营单位停产停业整顿。

生产经营单位的主要负责人有前款违法行为，导致发生生产安全事故的，给予撤职处分；构成犯罪的，依照刑法有关规定追究刑事责任。

生产经营单位的主要负责人依照前款规定受刑事处罚或者撤职处分的，自刑罚执行完毕或者受处分之日起，五年内不得担任任何生产经营单位的主要负责人；对重大、特别重大生产安全事故负有责任的，终身不得担任本行业生产经营单位的主要负责人。

第九十五条　生产经营单位的主要负责人未履行本法规定的安全生产管理职责，导致发生生产安全事故的，由应急管理部门依照下列规定处以罚款：

（一）发生一般事故的，处上一年年收入百分之四十的罚款；

（二）发生较大事故的，处上一年年收入百分之六十的罚款；

（三）发生重大事故的，处上一年年收入百分之八十的罚款；

（四）发生特别重大事故的，处上一年年收入百分之一百的罚款。

第九十六条　生产经营单位的其他负责人和安全生产管理人员未履行本法规定的安全生产管理职责的，责令限期改正，处一万元以上三万元以下的罚款；导致发生生产安全事故的，暂停或者吊销其与安全生产有关的资格，并处上一年年收入百分之二十以上百分之五十以下的罚款；构成犯罪的，依照刑法有关规定追究刑事责任。

第九十七条　生产经营单位有下列行为之一的，责令限期改正，处十万元以下的罚款；逾期未改正的，责令停产停业整顿，并处十万元以上二十万元以下的罚款，对其直接负责的主管人员和其他直接责任人员处二万元以上五万元以下的罚款：

（一）未按照规定设置安全生产管理机构或者配备安全生产管理人员、注册安全工程师的；

（二）危险物品的生产、经营、储存、装卸单位以及矿山、金属冶炼、建筑施工、运输单位的主要负责人和安全生产管理人员未按照规定经考核合格的；

（三）未按照规定对从业人员、被派遣劳动者、实习学生进行安全生产教育和培训，或者未按照规定如实告知有关的安全生产事项的；

（四）未如实记录安全生产教育和培训情况的；

（五）未将事故隐患排查治理情况如实记录或者未向从业人员通报的；

（六）未按照规定制定生产安全事故应急救援预案或者未定期组织演练的；

（七）特种作业人员未按照规定经专门的安全作业培训并取得相应资格，上岗作业的。

第九十八条 生产经营单位有下列行为之一的，责令停止建设或者停产停业整顿，限期改正，并处十万元以上五十万元以下的罚款，对其直接负责的主管人员和其他直接责任人员处二万元以上五万元以下的罚款；逾期未改正的，处五十万元以上一百万元以下的罚款，对其直接负责的主管人员和其他直接责任人员处五万元以上十万元以下的罚款；构成犯罪的，依照刑法有关规定追究刑事责任：

（一）未按照规定对矿山、金属冶炼建设项目或者用于生产、储存、装卸危险物品的建设项目进行安全评价的；

（二）矿山、金属冶炼建设项目或者用于生产、储存、装卸危险物品的建设项目没有安全设施设计或者安全设施设计未按照规定报经有关部门审查同意的；

（三）矿山、金属冶炼建设项目或者用于生产、储存、装卸危险物品的建设项目的施工单位未按照批准的安全设施设计施工的；

（四）矿山、金属冶炼建设项目或者用于生产、储存、装卸危险物品的建设项目竣工投入生产或者使用前，安全设施未经验收合格的。

第九十九条 生产经营单位有下列行为之一的，责令限期改正，处五万元以下的罚款；逾期未改正的，处五万元以上二十万元以下的罚款，对其直接负责的主管人员和其他直接责任人员处一万元以上二万元以下的罚款；情节严重的，责令停产停业整顿；构成犯罪的，依照刑法有关规定追究刑事责任：

（一）未在有较大危险因素的生产经营场所和有关设施、设备上设置明显的安全警示标志的；

（二）安全设备的安装、使用、检测、改造和报废不符合国家标准或者行业标准的；

（三）未对安全设备进行经常性维护、保养和定期检测的；

（四）关闭、破坏直接关系生产安全的监控、报警、防护、救生设备、设施，或者篡改、隐瞒、销毁其相关数据、信息的；

（五）未为从业人员提供符合国家标准或者行业标准的劳动防护用品的；

（六）危险物品的容器、运输工具，以及涉及人身安全、危险性较大的海洋石油开采特种设备和矿山井下特种设备未经具有专业资质的机构检测、检验合格，取得安全使用证或者安全标志，投入使用的；

（七）使用应当淘汰的危及生产安全的工艺、设备的；

（八）餐饮等行业的生产经营单位使用燃气未安装可燃气体报警装置的。

第一百条 未经依法批准，擅自生产、经营、运输、储存、使用危险物品或者处置废弃危险物品的，依照有关危险物品安全管理的法律、行政法规的规定予以处罚；构成犯罪的，依照刑法有关规定追究刑事责任。

第一百零一条 生产经营单位有下列行为之一的，责令限期改正，处十万元以下的罚款；逾期未改正的，责令停产停业整顿，并处十万元以上二十万元以下的罚款，对其直接负责的主管人员和其他直接责任人员处二万元以上五万元以下的罚款；构成犯罪的，依照刑法有关规定追究刑事责任：

（一）生产、经营、运输、储存、使用危险物品或者处置废弃危险物品，未建立专门安全管理制度、未采取可靠的安全措施的；

（二）对重大危险源未登记建档，未进行定期检测、评估、监控，未制定应急预案，或者未告知应急措施的；

（三）进行爆破、吊装、动火、临时用电以及国务院应急管理部门会同国务院有关部门规定的其他危险作业，未安排专门人员进行现场安全管理的；

（四）未建立安全风险分级管控制度或者未按照安全风险分级采取相应管控措施的；

（五）未建立事故隐患排查治理制度，或者重大事故隐患排查治理情况未按照规定报告的。

第一百零二条 生产经营单位未采取措施消除事故隐患的，责令立即消除或者限期消除，处五万元以下的罚款；生产经营单位拒不执行的，责令停产停业整顿，对其直接负责的主管人员和其他直接责任人员处五万元以上十万元以下的罚款；构成犯罪的，依照刑法有关规定追究刑事责任。

第一百零三条 生产经营单位将生产经营项目、场所、设备发包或者出租给不具备安全生产条件或者相应资质的单位或者个人的，责令限期改正，没收违法所得；违法所得十万元以上的，并处违法所得二倍以上五倍以下的罚款；没有违法所得或者违法所得不足十万元的，单处或者并处十万元以上二十万元以下的罚款；对其直接负责的主管人员和其他直接责任人员处一万元以上二万元以下的罚款；导致发生生产安全事故给他人造成损害的，与承包方、承租方承担连带赔偿责任。

生产经营单位未与承包单位、承租单位签订专门的安全生产管理协议或者未在承包合同、租赁合同中明确各自的安全生产管理职责，或者未对承包单位、承租单位的安全生产统一协调、管理的，责令限期改正，处五万元以下的罚款，对其直接负责的主管人员和其他直接责任人员处一万元以下的罚款；逾期未改正的，责令停产停业整顿。

矿山、金属冶炼建设项目和用于生产、储存、装卸危险物品的建设项目的施工单位未按照规定对施工项目进行安全管理的，责令限期改正，处十万元以下的罚款，对其直接负责的主管人员和其他直接责任人员处二万元以下的罚款；逾期未改正的，责令停产停业整顿。以上施工单位倒卖、出租、出借、挂靠或者以其他形式非法转让施工资质的，责令停产停业整顿，吊销资质证书，没收违法所得；违法所得十万元以上的，并处违法所得二倍以上五倍以下的罚款，没有违法所得或者违法所得不足十万元的，单处或者并处十万元以上二十万元以下的罚款；对其直接负责的主管人员和其他直接责任人员处五万元以上十万元以下的罚款；构成犯罪的，依照刑法有关规定追究刑事责任。

第一百零四条 两个以上生产经营单位在同一作业区域内进行可能危及对方安全生产的生产经营活动，未签订安全生产管理协议或者未指定专职安全生产管理人员进行安全检查与协调的，责令限期改正，处五万元以下的罚款，对其直接负责的主管人员和其他直接责任人员处一万元以下的罚款；逾期未改正的，责令停产停业。

第一百零五条 生产经营单位有下列行为之一的，责令限期改正，处五万元以下的罚款，对其直接负责的主管人员和其他直接责任人员处一万元以下的罚款；逾期未改正的，责令停产停业整顿；构成犯罪的，依照刑法有关规定追究刑事责任：

（一）生产、经营、储存、使用危险物品的车间、商店、仓库与员工宿舍在同一座建筑内，或者与员工宿舍的距离不符合安全要求的；

（二）生产经营场所和员工宿舍未设有符合紧急疏散需要、标志明显、保持畅通的出口、疏散通道，或者占用、锁闭、封堵生产经营场所或者员工宿舍出口、疏散通道的。

第一百零六条 生产经营单位与从业人员订立协议，免除或者减轻其对从业人员因生产安全事故伤亡依法应承担的责任的，该协议无效；对生产经营单位的主要负责人、个人经营的投资人处二万元以上十万元以下的罚款。

第一百零七条 生产经营单位的从业人员不落实岗位安全责任，不服从管理，违反安全生产规章制度或者操作规程的，由生产经营单位给予批评教育，依照有关规章制度给予处分；构成犯罪的，依照刑法有关规定追究刑事责任。

第一百零八条 违反本法规定，生产经营单位拒绝、阻碍负有安全生产监督管理职责的部门依法实施监督检查的，责令改正；拒不改正的，处二万元以上二十万元以下的罚款；对其直接负责的主管人员和其他直接责任人员处一万元以上二万元以下的罚款；构成犯罪的，依照刑法有关规定追究刑事责任。

第一百零九条 高危行业、领域的生产经营单位未按照国家规定投保安全生产责任保险的，责令限期改正，处五万元以上十万元以下的罚款；逾期未改正的，处十万元以上二十万元以下的罚款。

第一百一十条 生产经营单位的主要负责人在本单位发生生产安全事故时，不立即组织抢救或者在事故调查处理期间擅离职守或者逃匿的，给予降级、撤职的处分，并由应急管理部门处上一年年收入百分之六十至百分之一百的罚款；对逃匿的处十五日以下拘留；构成犯罪的，依照刑法有关规定追究刑事责任。

生产经营单位的主要负责人对生产安全事故隐瞒不报、谎报或者迟报的，依照前款规定处罚。

第一百一十一条 有关地方人民政府、负有安全生产监督管理职责的部门，对生产安全事故隐瞒不报、谎报或者迟报的，对直接负责的主管人员和其他直接责任人员依法给予处分；构成犯罪的，依照刑法有关规定追究刑事责任。

第一百一十二条 生产经营单位违反本法规定，被责令改正且受到罚款处罚，拒不改正的，负有安全生产监督管理职责的部门可以自作出责令改正之日的次日起，按照原处罚数额按日连续处罚。

第一百一十三条 生产经营单位存在下列情形之一的，负有安全生产监督管理职责的部门应当提请地方人民政府予以关闭，有关部门应当依法吊销其有关证照。生产经营单位主要负责人五年内不得担任任何生产经营单位的主要负责人；情节严重的，终身不得担任本行业生产经营单位的主要负责人：

（一）存在重大事故隐患，一百八十日内三次或者一年内四次受到本法规定的行政处罚的；

（二）经停产停业整顿，仍不具备法律、行政法规和国家标准或者行业标准规定的安全生产条件的；

（三）不具备法律、行政法规和国家标准或者行业标准规定的安全生产条件，导致发生重大、特别重大生产安全事故的；

（四）拒不执行负有安全生产监督管理职责的部门作出的停产停业整顿决定的。

第一百一十四条 发生生产安全事故，对负有责任的生产经营单位除要求其依法承担相应的赔偿等责任外，由应急管理部门依照下列规定处以罚款：

（一）发生一般事故的，处三十万元以上一百万元以下的罚款；

（二）发生较大事故的，处一百万元以上二百万元以下的罚款；

（三）发生重大事故的，处二百万元以上一千万元以下的罚款；

（四）发生特别重大事故的，处一千万元以上二千万元以下的罚款。

发生生产安全事故，情节特别严重、影响特别恶劣的，应急管理部门可以按照前款罚款数额的二倍以上五倍以下对负有责任的生产经营单位处以罚款。

第一百一十五条 本法规定的行政处罚，由应急管理部门和其他负有安全生产监督管理职责的部门按照职责分工决定；其中，根据本法第九十五条、第一百一十条、第一百一十四条的规定应当给予民航、铁路、电力行业的生产经营单位及其主要负责人行政处罚的，也可以由主管的负有安全生产监督管理职责的部门进行处罚。予以关闭的行政处罚，由负有安全生产监督管理职责的部门报请县级以上人民政府按照国务院规定的权限决定；给予拘留的行政处罚，由公安机关依照治安管理处罚的规定决定。

第一百一十六条 生产经营单位发生生产安全事故造成人员伤亡、他人财产损失的，应当依法承担赔偿责任；拒不承担或者其负责人逃匿的，由人民法院依法强制执行。

生产安全事故的责任人未依法承担赔偿责任，经人民法院依法采取执行措施后，仍不能对受害人给予足额赔偿的，应当继续履行赔偿义务；受害人发现责任人有其他财产的，可以随时请求人民法院执行。

第七章 附 则

第一百一十七条 本法下列用语的含义：

危险物品，是指易燃易爆物品、危险化学品、放射性物品等能够危及人身安全和财产安全的物品。

重大危险源，是指长期地或者临时地生产、搬运、使用或者储存危险物品，且危险物品的数量等于或者超过临界量的单元（包括场所和设施）。

第一百一十八条 本法规定的生产安全一般事故、较大事故、重大事故、特别重大事故的划分标准由国务院规定。

国务院应急管理部门和其他负有安全生产监督管理职责的部门应当根据各自的职责分工，制定相关行业、领域重大危险源的辨识标准和重大事故隐患的判定标准。

第一百一十九条 本法自 2002 年 11 月 1 日起施行。

生产安全事故应急条例

（2018 年 12 月 5 日国务院第 33 次常务会议通过 2019 年 2 月 17 日中华人民共和国国务院令第 708 号公布 自 2019 年 4 月 1 日起施行）

第一章 总 则

第一条 为了规范生产安全事故应急工作，保障人民群众生命和财产安全，根据《中华人民共和国安全生产法》和《中华人民共和国突发事件应对法》，制定本条例。

第二条 本条例适用于生产安全事故应急工作；法律、行政法规另有规定的，适用其规定。

第三条 国务院统一领导全国的生产安全事故应急工作，县级以上地方人民政府统一领导本行政区域内的生产安全事故应急工作。生产安全事故应急工作涉及两个以上行政区域的，由有关行政区域共同的上一级人民政府负责，或者由各有关行政区域的上一级人民政府共同负责。

县级以上人民政府应急管理部门和其他对有关行业、领域的安全生产工作实施监督管理的部门（以下统称负有安全生产监督管理职责的部门）在各自职责范围内，做好有关行业、领域的生产安全事故应急工作。

县级以上人民政府应急管理部门指导、协调本级人民政府其他负有安全生产监督管理职责的部门和下级人民政府的生产安全事故应急工作。

乡、镇人民政府以及街道办事处等地方人民政府派出机关应当协助上级人民政府有关部门依法履行生产安全事故应急工作职责。

第四条 生产经营单位应当加强生产安全事故应急工作，建立、健全生产安全事故应急工作责任制，其主要负责人对本单位的生产安全事故应急工作全面负责。

第二章 应急准备

第五条 县级以上人民政府及其负有安全生产监督管理职责的部门和乡、镇人民政府以及街道办事处等地方人民政府派出机关，应当针对可能发生的生产安全事故的特点和危害，进行风险辨识和评估，制定相应的生产安全事故应急救援预案，并依法向社会公布。

生产经营单位应当针对本单位可能发生的生产安全事故的特点和危害，进行风险辨识和评估，制定相应的生产安全事故应急救援预案，并向本单位从业人员公布。

第六条 生产安全事故应急救援预案应当符合有关法律、法规、规章和标准的规定，具有科学性、针对性和可操作性，明确规定应急组织体系、职责分工以及应急救援程序和措施。

有下列情形之一的，生产安全事故应急救援预案制定单位应当及时修订相关预案：

（一）制定预案所依据的法律、法规、规章、标准发生重大变化；

（二）应急指挥机构及其职责发生调整；

（三）安全生产面临的风险发生重大变化；

（四）重要应急资源发生重大变化；

（五）在预案演练或者应急救援中发现需要修订预案的重大问题；

（六）其他应当修订的情形。

第七条 县级以上人民政府负有安全生产监督管理职责的部门应当将其制定的生产安全事故应急救援预案报送本级人民政府备案；易燃易爆物品、危险化学品等危险物品的生产、经营、储存、运输单位，矿山、金属冶炼、城市轨道交通运营、建筑施工单位，以及宾馆、商场、娱乐场所、旅游景区等人员密集场所经营单位，应当将其制定的生产安全事故应急救援预案按照国家有关规定报送县级以上人民政府负有安全生产监督管理职责的部门备案，并依法向社会公布。

第八条 县级以上地方人民政府以及县级以上人民政府负有安全生产监督管理职责的部门，乡、镇人民政府以及街道办事处等地方人民政府派出机关，应当至少每2年组织1次生产安全事故应急救援预案演练。

易燃易爆物品、危险化学品等危险物品的生产、经营、储存、运输单位，矿山、金属冶炼、城市轨道交通运营、建筑施工单位，以及宾馆、商场、娱乐场所、旅游景区等人员密集场所经营单位，应当至少每半年组织1次生产安全事故应急救援预案演练，并将演练情况报送所在地县级以上地方人民政府负有安全生产监督管理职责的部门。

县级以上地方人民政府负有安全生产监督管理职责的部门应当对本行政区域内前款规定的重点生产经营单位的生产安全事故应急救援预案演练进行抽查；发现演练不符合要求的，应当责令限期改正。

第九条 县级以上人民政府应当加强对生产安全事故应急救援队伍建设的统一规划、组织和指导。

县级以上人民政府负有安全生产监督管理职责的部门根据生产安全事故应急工作的实际需要，在重点行业、领域单独建立或者依托有条件的生产经营单位、社会组织共同建立应急救援队伍。

国家鼓励和支持生产经营单位和其他社会力量建立提供社会化应急救援服务的应急救援队伍。

第十条 易燃易爆物品、危险化学品等危险物品的生产、经营、储存、运输单位，矿山、金属冶炼、城市轨道交通运营、建筑施工单位，以及宾馆、商场、娱乐场所、旅游景区等人员密集场所经营单位，应当建立应急救援队伍；其中，小型企业或者微型企业等规模较小的生产经营单位，可以不建立应急救援队伍，但应当指定兼职的应急救援人员，并且可以与邻近的应急救援队伍签订应急救援协议。

工业园区、开发区等产业聚集区域内的生产经营单位，可以联合建立应急救援队伍。

第十一条 应急救援队伍的应急救援人员应当具备必要的专业知识、技能、身体素质和心理素质。

应急救援队伍建立单位或者兼职应急救援人员所在单位应当按照国家有关规定对应急救援人员进行培训；应急救援人员经培训合格后，方可参加应急救援工作。

应急救援队伍应当配备必要的应急救援装备和物资，并定期组织训练。

第十二条 生产经营单位应当及时将本单位应急救援队伍建立情况按照国家有关规定报送县级以

上人民政府负有安全生产监督管理职责的部门，并依法向社会公布。

县级以上人民政府负有安全生产监督管理职责的部门应当定期将本行业、本领域的应急救援队伍建立情况报送本级人民政府，并依法向社会公布。

第十三条 县级以上地方人民政府应当根据本行政区域内可能发生的生产安全事故的特点和危害，储备必要的应急救援装备和物资，并及时更新和补充。

易燃易爆物品、危险化学品等危险物品的生产、经营、储存、运输单位，矿山、金属冶炼、城市轨道交通运营、建筑施工单位，以及宾馆、商场、娱乐场所、旅游景区等人员密集场所经营单位，应当根据本单位可能发生的生产安全事故的特点和危害，配备必要的灭火、排水、通风以及危险物品稀释、掩埋、收集等应急救援器材、设备和物资，并进行经常性维护、保养，保证正常运转。

第十四条 下列单位应当建立应急值班制度，配备应急值班人员：

（一）县级以上人民政府及其负有安全生产监督管理职责的部门；

（二）危险物品的生产、经营、储存、运输单位以及矿山、金属冶炼、城市轨道交通运营、建筑施工单位；

（三）应急救援队伍。

规模较大、危险性较高的易燃易爆物品、危险化学品等危险物品的生产、经营、储存、运输单位应当成立应急处置技术组，实行24小时应急值班。

第十五条 生产经营单位应当对从业人员进行应急教育和培训，保证从业人员具备必要的应急知识，掌握风险防范技能和事故应急措施。

第十六条 国务院负有安全生产监督管理职责的部门应当按照国家有关规定建立生产安全事故应急救援信息系统，并采取有效措施，实现数据互联互通、信息共享。

生产经营单位可以通过生产安全事故应急救援信息系统办理生产安全事故应急救援预案备案手续，报送应急救援预案演练情况和应急救援队伍建设情况；但依法需要保密的除外。

第三章 应急救援

第十七条 发生生产安全事故后，生产经营单位应当立即启动生产安全事故应急救援预案，采取下列一项或者多项应急救援措施，并按照国家有关规定报告事故情况：

（一）迅速控制危险源，组织抢救遇险人员；

（二）根据事故危害程度，组织现场人员撤离或者采取可能的应急措施后撤离；

（三）及时通知可能受到事故影响的单位和人员；

（四）采取必要措施，防止事故危害扩大和次生、衍生灾害发生；

（五）根据需要请求邻近的应急救援队伍参加救援，并向参加救援的应急救援队伍提供相关技术资料、信息和处置方法；

（六）维护事故现场秩序，保护事故现场和相关证据；

（七）法律、法规规定的其他应急救援措施。

第十八条 有关地方人民政府及其部门接到生产安全事故报告后，应当按照国家有关规定上报事故情况，启动相应的生产安全事故应急救援预案，并按照应急救援预案的规定采取下列一项或者多项应急救援措施：

（一）组织抢救遇险人员，救治受伤人员，研判事故发展趋势以及可能造成的危害；

（二）通知可能受到事故影响的单位和人员，隔离事故现场，划定警戒区域，疏散受到威胁的人员，实施交通管制；

（三）采取必要措施，防止事故危害扩大和次生、衍生灾害发生，避免或者减少事故对环境造成的危害；

（四）依法发布调用和征用应急资源的决定；

（五）依法向应急救援队伍下达救援命令；

（六）维护事故现场秩序，组织安抚遇险人员和遇险遇难人员亲属；

（七）依法发布有关事故情况和应急救援工作的信息；

（八）法律、法规规定的其他应急救援措施。

有关地方人民政府不能有效控制生产安全事故的，应当及时向上级人民政府报告。上级人民政府应当及时采取措施，统一指挥应急救援。

第十九条 应急救援队伍接到有关人民政府及其部门的救援命令或者签有应急救援协议的生产经营单位的救援请求后，应当立即参加生产安全事故应急救援。

应急救援队伍根据救援命令参加生产安全事故应急救援所耗费用，由事故责任单位承担；事故责任单位无力承担的，由有关人民政府协调解决。

第二十条 发生生产安全事故后，有关人民政府认为有必要的，可以设立由本级人民政府及其有关部门负责人、应急救援专家、应急救援队伍负责人、事故发生单位负责人等人员组成的应急救援现场指挥部，并指定现场指挥部总指挥。

第二十一条 现场指挥部实行总指挥负责制，按照本级人民政府的授权组织制定并实施生产安全事故现场应急救援方案，协调、指挥有关单位和个人参加现场应急救援。

参加生产安全事故现场应急救援的单位和个人应当服从现场指挥部的统一指挥。

第二十二条 在生产安全事故应急救援过程中，发现可能直接危及应急救援人员生命安全的紧急情况时，现场指挥部或者统一指挥应急救援的人民政府应当立即采取相应措施消除隐患，降低或者化解风险，必要时可以暂时撤离应急救援人员。

第二十三条 生产安全事故发生地人民政府应当为应急救援人员提供必需的后勤保障，并组织通信、交通运输、医疗卫生、气象、水文、地质、电力、供水等单位协助应急救援。

第二十四条 现场指挥部或者统一指挥生产安全事故应急救援的人民政府及其有关部门应当完整、准确地记录应急救援的重要事项，妥善保存相关原始资料和证据。

第二十五条 生产安全事故的威胁和危害得到控制或者消除后，有关人民政府应当决定停止执行依照本条例和有关法律、法规采取的全部或者部分应急救援措施。

第二十六条 有关人民政府及其部门根据生产安全事故应急救援需要依法调用和征用的财产，在使用完毕或者应急救援结束后，应当及时归还。财产被调用、征用或者调用、征用后毁损、灭失的，有关人民政府及其部门应当按照国家有关规定给予补偿。

第二十七条 按照国家有关规定成立的生产安全事故调查组应当对应急救援工作进行评估，并在事故调查报告中作出评估结论。

第二十八条 县级以上地方人民政府应当按照国家有关规定，对在生产安全事故应急救援中伤亡的人员及时给予救治和抚恤；符合烈士评定条件的，按照国家有关规定评定为烈士。

第四章 法律责任

第二十九条 地方各级人民政府和街道办事处等地方人民政府派出机关以及县级以上人民政府有关部门违反本条例规定的，由其上级行政机关责令改正；情节严重的，对直接负责的主管人员和其他直接责任人员依法给予处分。

第三十条 生产经营单位未制定生产安全事故应急救援预案、未定期组织应急救援预案演练、未对从业人员进行应急教育和培训，生产经营单位的主要负责人在本单位发生生产安全事故时不立即组织抢救的，由县级以上人民政府负有安全生产监督管理职责的部门依照《中华人民共和国安全生产法》有关规定追究法律责任。

第三十一条 生产经营单位未对应急救援器材、设备和物资进行经常性维护、保养，导致发生严重生产安全事故或者生产安全事故危害扩大，或者在本单位发生生产安全事故后未立即采取相应的应急救援措施，造成严重后果的，由县级以上人民政府负有安全生产监督管理职责的部门依照《中华人民共和国突发事件应对法》有关规定追究法律责任。

第三十二条 生产经营单位未将生产安全事故应急救援预案报送备案、未建立应急值班制度或者配备应急值班人员的，由县级以上人民政府负有安全生产监督管理职责的部门责令限期改正；逾期未改正的，处3万元以上5万元以下的罚款，对直接负责的主管人员和其他直接责任人员处1万元以上2万元以下的罚款。

第三十三条 违反本条例规定，构成违反治安管理行为的，由公安机关依法给予处罚；构成犯罪的，依法追究刑事责任。

第五章 附 则

第三十四条 储存、使用易燃易爆物品、危险化学品等危险物品的科研机构、学校、医院等单位的安全事故应急工作，参照本条例有关规定执行。

第三十五条 本条例自2019年4月1日起施行。

生产安全事故报告和调查处理条例

（2007年3月28日国务院第172次常务会议通过 2007年4月9日中华人民共和国国务院令第493号公布 自2007年6月1日起施行）

第一章 总 则

第一条 为了规范生产安全事故的报告和调查处理，落实生产安全事故责任追究制度，防止和减少生产安全事故，根据《中华人民共和国安全生产法》和有关法律，制定本条例。

第二条 生产经营活动中发生的造成人身伤亡或者直接经济损失的生产安全事故的报告和调查处理，适用本条例；环境污染事故、核设施事故、国防科研生产事故的报告和调查处理不适用本条例。

第三条 根据生产安全事故（以下简称事故）造成的人员伤亡或者直接经济损失，事故一般分为以下等级：

（一）特别重大事故，是指造成30人以上死亡，或者100人以上重伤（包括急性工业中毒，下同），或者1亿元以上直接经济损失的事故；

（二）重大事故，是指造成10人以上30人以下死亡，或者50人以上100人以下重伤，或者5000万元以上1亿元以下直接经济损失的事故；

（三）较大事故，是指造成3人以上10人以下死亡，或者10人以上50人以下重伤，或者1000万元以上5000万元以下直接经济损失的事故；

（四）一般事故，是指造成3人以下死亡，或者10人以下重伤，或者1000万元以下直接经济损失的事故。

国务院安全生产监督管理部门可以会同国务院有关部门，制定事故等级划分的补充性规定。

本条第一款所称的"以上"包括本数，所称的"以下"不包括本数。

第四条 事故报告应当及时、准确、完整，任何单位和个人对事故不得迟报、漏报、谎报或者瞒报。

事故调查处理应当坚持实事求是、尊重科学的原则，及时、准确地查清事故经过、事故原因和事故损失，查明事故性质，认定事故责任，总结事故教训，提出整改措施，并对事故责任者依法追究责任。

第五条 县级以上人民政府应当依照本条例的规定，严格履行职责，及时、准确地完成事故调查处理工作。

事故发生地有关地方人民政府应当支持、配合上级人民政府或者有关部门的事故调查处理工作，并提供必要的便利条件。

参加事故调查处理的部门和单位应当互相配合，提高事故调查处理工作的效率。

第六条 工会依法参加事故调查处理，有权向有关部门提出处理意见。

第七条 任何单位和个人不得阻挠和干涉对事故的报告和依法调查处理。

第八条 对事故报告和调查处理中的违法行为，任何单位和个人有权向安全生产监督管理部门、监察机关或者其他有关部门举报，接到举报的部门应当依法及时处理。

第二章 事故报告

第九条 事故发生后，事故现场有关人员应当立即向本单位负责人报告；单位负责人接到报告后，应当于1小时内向事故发生地县级以上人民政府安全生产监督管理部门和负有安全生产监督管理职责的有关部门报告。

情况紧急时，事故现场有关人员可以直接向事故发生地县级以上人民政府安全生产监督管理部门和负有安全生产监督管理职责的有关部门报告。

第十条 安全生产监督管理部门和负有安全生产监督管理职责的有关部门接到事故报告后，应当依照下列规定上报事故情况，并通知公安机关、劳动保障行政部门、工会和人民检察院：

（一）特别重大事故、重大事故逐级上报至国务院安全生产监督管理部门和负有安全生产监督管理职责的有关部门；

（二）较大事故逐级上报至省、自治区、直辖市人民政府安全生产监督管理部门和负有安全生产监督管理职责的有关部门；

（三）一般事故上报至设区的市级人民政府安全生产监督管理部门和负有安全生产监督管理职责的有关部门。

安全生产监督管理部门和负有安全生产监督管理职责的有关部门依照前款规定上报事故情况，应当同时报告本级人民政府。国务院安全生产监督管理部门和负有安全生产监督管理职责的有关部门以及省级人民政府接到发生特别重大事故、重大事故的报告后，应当立即报告国务院。

必要时，安全生产监督管理部门和负有安全生产监督管理职责的有关部门可以越级上报事故情况。

第十一条 安全生产监督管理部门和负有安全生产监督管理职责的有关部门逐级上报事故情况，每级上报的时间不得超过2小时。

第十二条 报告事故应当包括下列内容：

（一）事故发生单位概况；

（二）事故发生的时间、地点以及事故现场情况；

（三）事故的简要经过；

（四）事故已经造成或者可能造成的伤亡人数（包括下落不明的人数）和初步估计的直接经济损失；

（五）已经采取的措施；

（六）其他应当报告的情况。

第十三条 事故报告后出现新情况的，应当及时补报。

自事故发生之日起30日内，事故造成的伤亡人数发生变化的，应当及时补报。道路交通事故、火灾事故自发生之日起7日内，事故造成的伤亡人数发生变化的，应当及时补报。

第十四条 事故发生单位负责人接到事故报告后，应当立即启动事故相应应急预案，或者采取有效措施，组织抢救，防止事故扩大，减少人员伤亡和财产损失。

第十五条 事故发生地有关地方人民政府、安全生产监督管理部门和负有安全生产监督管理职责的有关部门接到事故报告后，其负责人应当立即赶赴事故现场，组织事故救援。

第十六条 事故发生后，有关单位和人员应当妥善保护事故现场以及相关证据，任何单位和个人不得破坏事故现场、毁灭相关证据。

因抢救人员、防止事故扩大以及疏通交通等原因，需要移动事故现场物件的，应当做出标志，绘制现场简图并做出书面记录，妥善保存现场重要痕迹、物证。

第十七条 事故发生地公安机关根据事故的情况，对涉嫌犯罪的，应当依法立案侦查，采取强制措施和侦查措施。犯罪嫌疑人逃匿的，公安机关应当迅速追捕归案。

第十八条 安全生产监督管理部门和负有安全生产监督管理职责的有关部门应当建立值班制度，并向社会公布值班电话，受理事故报告和举报。

第三章 事 故 调 查

第十九条 特别重大事故由国务院或者国务院授权有关部门组织事故调查组进行调查。

重大事故、较大事故、一般事故分别由事故发生地省级人民政府、设区的市级人民政府、县级人民政府负责调查。省级人民政府、设区的市级人民政府、县级人民政府可以直接组织事故调查组进行调查，也可以授权或者委托有关部门组织事故调查组进行调查。

未造成人员伤亡的一般事故，县级人民政府也可以委托事故发生单位组织事故调查组进行调查。

第二十条 上级人民政府认为必要时，可以调查由下级人民政府负责调查的事故。

自事故发生之日起30日内（道路交通事故、火灾事故自发生之日起7日内），因事故伤亡人数变化导致事故等级发生变化，依照本条例规定应当由上级人民政府负责调查的，上级人民政府可以另行组织事故调查组进行调查。

第二十一条 特别重大事故以下等级事故，事故发生地与事故发生单位不在同一个县级以上行政区域的，由事故发生地人民政府负责调查，事故发生单位所在地人民政府应当派人参加。

第二十二条 事故调查组的组成应当遵循精简、效能的原则。

根据事故的具体情况，事故调查组由有关人民政府、安全生产监督管理部门、负有安全生产监督管理职责的有关部门、监察机关、公安机关以及工会派人组成，并应当邀请人民检察院派人参加。

事故调查组可以聘请有关专家参与调查。

第二十三条 事故调查组成员应当具有事故调查所需要的知识和专长，并与所调查的事故没有直接利害关系。

第二十四条 事故调查组组长由负责事故调查的人民政府指定。事故调查组组长主持事故调查组的工作。

第二十五条 事故调查组履行下列职责：

（一）查明事故发生的经过、原因、人员伤亡情况及直接经济损失；

（二）认定事故的性质和事故责任；

（三）提出对事故责任者的处理建议；

（四）总结事故教训，提出防范和整改措施；

（五）提交事故调查报告。

第二十六条 事故调查组有权向有关单位和个人了解与事故有关的情况，并要求其提供相关文件、资料，有关单位和个人不得拒绝。

事故发生单位的负责人和有关人员在事故调查期间不得擅离职守，并应当随时接受事故调查组的询问，如实提供有关情况。

事故调查中发现涉嫌犯罪的，事故调查组应当及时将有关材料或者其复印件移交司法机关处理。

第二十七条 事故调查中需要进行技术鉴定的，事故调查组应当委托具有国家规定资质的单位进行技术鉴定。必要时，事故调查组可以直接组织专家进行技术鉴定。技术鉴定所需时间不计入事故调查期限。

第二十八条 事故调查组成员在事故调查工作中应当诚信公正、恪尽职守，遵守事故调查组的纪律，保守事故调查的秘密。

未经事故调查组组长允许，事故调查组成员不得擅自发布有关事故的信息。

第二十九条 事故调查组应当自事故发生之日起60日内提交事故调查报告；特殊情况下，经负

231

事故调查的人民政府批准，提交事故调查报告的期限可以适当延长，但延长的期限最长不超过60日。

第三十条 事故调查报告应当包括下列内容：

（一）事故发生单位概况；

（二）事故发生经过和事故救援情况；

（三）事故造成的人员伤亡和直接经济损失；

（四）事故发生的原因和事故性质；

（五）事故责任的认定以及对事故责任者的处理建议；

（六）事故防范和整改措施。

事故调查报告应当附具有关证据材料。事故调查组成员应当在事故调查报告上签名。

第三十一条 事故调查报告报送负责事故调查的人民政府后，事故调查工作即告结束。事故调查的有关资料应当归档保存。

第四章 事故处理

第三十二条 重大事故、较大事故、一般事故，负责事故调查的人民政府应当自收到事故调查报告之日起15日内做出批复；特别重大事故，30日内做出批复，特殊情况下，批复时间可以适当延长，但延长的时间最长不超过30日。

有关机关应当按照人民政府的批复，依照法律、行政法规规定的权限和程序，对事故发生单位和有关人员进行行政处罚，对负有事故责任的国家工作人员进行处分。

事故发生单位应当按照负责事故调查的人民政府的批复，对本单位负有事故责任的人员进行处理。

负有事故责任的人员涉嫌犯罪的，依法追究刑事责任。

第三十三条 事故发生单位应当认真吸取事故教训，落实防范和整改措施，防止事故再次发生。防范和整改措施的落实情况应当接受工会和职工的监督。

安全生产监督管理部门和负有安全生产监督管理职责的有关部门应当对事故发生单位落实防范和整改措施的情况进行监督检查。

第三十四条 事故处理的情况由负责事故调查的人民政府或者其授权的有关部门、机构向社会公布，依法应当保密的除外。

第五章 法律责任

第三十五条 事故发生单位主要负责人有下列行为之一的，处上一年年收入40%至80%的罚款；属于国家工作人员的，并依法给予处分；构成犯罪的，依法追究刑事责任：

（一）不立即组织事故抢救的；

（二）迟报或者漏报事故的；

（三）在事故调查处理期间擅离职守的。

第三十六条 事故发生单位及其有关人员有下列行为之一的，对事故发生单位处100万元以上500万元以下的罚款；对主要负责人、直接负责的主管人员和其他直接责任人员处上一年年收入60%至100%的罚款；属于国家工作人员的，并依法给予处分；构成违反治安管理行为的，由公安机关依法给予治安管理处罚；构成犯罪的，依法追究刑事责任：

（一）谎报或者瞒报事故的；

（二）伪造或者故意破坏事故现场的；

（三）转移、隐匿资金、财产，或者销毁有关证据、资料的；

（四）拒绝接受调查或者拒绝提供有关情况和资料的；

（五）在事故调查中作伪证或者指使他人作伪证的；

（六）事故发生后逃匿的。

第三十七条 事故发生单位对事故发生负有责任的，依照下列规定处以罚款：

（一）发生一般事故的，处10万元以上20万元以下的罚款；

（二）发生较大事故的，处20万元以上50万元以下的罚款；

（三）发生重大事故的，处50万元以上200万元以下的罚款；

（四）发生特别重大事故的，处200万元以上500万元以下的罚款。

第三十八条 事故发生单位主要负责人未依法履行安全生产管理职责，导致事故发生的，依照下列规定处以罚款；属于国家工作人员的，并依法给予处分；构成犯罪的，依法追究刑事责任：

（一）发生一般事故的，处上一年年收入30%的罚款；

（二）发生较大事故的，处上一年年收入40%的罚款；

（三）发生重大事故的，处上一年年收入60%的罚款；

（四）发生特别重大事故的，处上一年年收入80%的罚款。

第三十九条 有关地方人民政府、安全生产监督管理部门和负有安全生产监督管理职责的有关部门有下列行为之一的，对直接负责的主管人员和其

他直接责任人员依法给予处分;构成犯罪的,依法追究刑事责任:

(一)不立即组织事故抢救的;
(二)迟报、漏报、谎报或者瞒报事故的;
(三)阻碍、干涉事故调查工作的;
(四)在事故调查中作伪证或者指使他人作伪证的。

第四十条 事故发生单位对事故发生负有责任的,由有关部门依法暂扣或者吊销其有关证照;对事故发生单位负有事故责任的有关人员,依法暂停或者撤销其与安全生产有关的执业资格、岗位证书;事故发生单位主要负责人受到刑事处罚或者撤职处分的,自刑罚执行完毕或者受处分之日起,5年内不得担任任何生产经营单位的主要负责人。

为发生事故的单位提供虚假证明的中介机构,由有关部门依法暂扣或者吊销其有关证照及其相关人员的执业资格;构成犯罪的,依法追究刑事责任。

第四十一条 参与事故调查的人员在事故调查中有下列行为之一的,依法给予处分;构成犯罪的,依法追究刑事责任:

(一)对事故调查工作不负责任,致使事故调查工作有重大疏漏的;
(二)包庇、袒护负有事故责任的人员或者借机打击报复的。

第四十二条 违反本条例规定,有关地方人民政府或者有关部门故意拖延或者拒绝落实经批复的对事故责任人的处理意见的,由监察机关对有关责任人员依法给予处分。

第四十三条 本条例规定的罚款的行政处罚,由安全生产监督管理部门决定。

法律、行政法规对行政处罚的种类、幅度和决定机关另有规定的,依照其规定。

第六章 附 则

第四十四条 没有造成人员伤亡,但是社会影响恶劣的事故,国务院或者有关地方人民政府认为需要调查处理的,依照本条例的有关规定执行。

国家机关、事业单位、人民团体发生的事故的报告和调查处理,参照本条例的规定执行。

第四十五条 特别重大事故以下等级事故的报告和调查处理,有关法律、行政法规或者国务院另有规定的,依照其规定。

第四十六条 本条例自2007年6月1日起施行。国务院1989年3月29日公布的《特别重大事故调查程序暂行规定》和1991年2月22日公布的《企业职工伤亡事故报告和处理规定》同时废止。

2. 中共中央、国务院文件

中共中央 国务院关于推进安全生产领域改革发展的意见

(2016年12月9日)

安全生产是关系人民群众生命财产安全的大事,是经济社会协调健康发展的标志,是党和政府对人民利益高度负责的要求。党中央、国务院历来高度重视安全生产工作,党的十八大以来作出一系列重大决策部署,推动全国安全生产工作取得积极进展。同时也要看到,当前我国正处在工业化、城镇化持续推进过程中,生产经营规模不断扩大,传统和新型生产经营方式并存,各类事故隐患和安全风险交织叠加,安全生产基础薄弱、监管体制机制和法律制度不完善、企业主体责任落实不力等问题依然突出,生产安全事故易发多发,尤其是重特大安全事故频发势头尚未得到有效遏制,一些事故发生呈现由高危行业领域向其他行业领域蔓延趋势,直接危及生产安全和公共安全。为进一步加强安全生产工作,现就推进安全生产领域改革发展提出如下意见。

一、总体要求

(一)指导思想。全面贯彻党的十八大和十八届三中、四中、五中、六中全会精神,以邓小平理论、"三个代表"重要思想、科学发展观为指导,深入贯彻习近平总书记系列重要讲话精神和治国理政新理念新思想新战略,进一步增强"四个意识",紧紧围绕统筹推进"五位一体"总体布局和协调推进"四个全面"战略布局,牢固树立新发展理念,坚持安全发展,坚守发展决不能以牺牲安全为代价这条不可逾越的红线,以防范遏制重特大生产安全事故为重点,坚持安全第一、预防为主、综合治理的方针,加强领导、改革创新、协调联动、齐抓共管,着力强化企业安全生产主体责任，着力堵塞监督管理漏洞，着力解决不遵守法律法规的问题，依靠严密的责任体系、严格的法治措施、有效的体制机制、有力的基础保障和完善的系统治理，切实增强安全防范治理能力，大力提升我国安全生产整体水平，确保人民群众安康幸福、共享改革发展和社会文明进步成果。

（二）基本原则

——坚持安全发展。贯彻以人民为中心的发展思想，始终把人的生命安全放在首位，正确处理安全与发展的关系，大力实施安全发展战略，为经济社会发展提供强有力的安全保障。

——坚持改革创新。不断推进安全生产理论创新、制度创新、体制机制创新、科技创新和文化创新，增强企业内生动力，激发全社会创新活力，破解安全生产难题，推动安全生产与经济社会协调发展。

——坚持依法监管。大力弘扬社会主义法治精神，运用法治思维和法治方式，深化安全生产监管执法体制改革，完善安全生产法律法规和标准体系，严格规范公正文明执法，增强监管执法效能，提高安全生产法治化水平。

——坚持源头防范。严格安全生产市场准入，经济社会发展要以安全为前提，把安全生产贯穿城乡规划布局、设计、建设、管理和企业生产经营活动全过程。构建风险分级管控和隐患排查治理双重预防工作机制，严防风险演变、隐患升级导致生产安全事故发生。

——坚持系统治理。严密层级治理和行业治理、政府治理、社会治理相结合的安全生产治理体系，组织动员各方面力量实施社会共治。综合运用法律、行政、经济、市场等手段，落实人防、技防、物防措施，提升全社会安全生产治理能力。

（三）目标任务。到 2020 年，安全生产监管体制机制基本成熟，法律制度基本完善，全国生产安全事故总量明显减少，职业病危害防治取得积极进展，重特大生产安全事故频发势头得到有效遏制，安全生产整体水平与全面建成小康社会目标相适应。到 2030 年，实现安全生产治理体系和治理能力现代化，全民安全文明素质全面提升，安全生产保障能力显著增强，为实现中华民族伟大复兴的中国梦奠定稳固可靠的安全生产基础。

二、健全落实安全生产责任制

（四）明确地方党委和政府领导责任。坚持党政同责、一岗双责、齐抓共管、失职追责，完善安全生产责任体系。地方各级党委和政府要始终把安全生产摆在重要位置，加强组织领导。党政主要负责人是本地区安全生产第一责任人，班子其他成员对分管范围内的安全生产工作负领导责任。地方各级安全生产委员会主任由政府主要负责人担任，成员由同级党委和政府及相关部门负责人组成。

地方各级党委要认真贯彻执行党的安全生产方针，在统揽本地区经济社会发展全局中同步推进安全生产工作，定期研究决定安全生产重大问题。加强安全生产监管机构领导班子、干部队伍建设。严格安全生产履职绩效考核和失职责任追究。强化安全生产宣传教育和舆论引导。发挥人大对安全生产工作的监督促进作用、政协对安全生产工作的民主监督作用。推动组织、宣传、政法、机构编制等单位支持保障安全生产工作。动员社会各界积极参与、支持、监督安全生产工作。

地方各级政府要把安全生产纳入经济社会发展总体规划，制定实施安全生产专项规划，健全安全投入保障制度。及时研究部署安全生产工作，严格落实属地监管责任。充分发挥安全生产委员会作用，实施安全生产责任目标管理。建立安全生产巡查制度，督促各部门和下级政府履职尽责。加强安全生产监管执法能力建设，推进安全科技创新，提升信息化管理水平。严格安全准入标准，指导管控安全风险，督促整治重大隐患，强化源头治理。加强应急管理，完善安全生产应急救援体系。依法依规开展事故调查处理，督促落实问题整改。

（五）明确部门监管责任。按照管行业必须管安全、管业务必须管安全、管生产经营必须管安全和谁主管谁负责的原则，厘清安全生产综合监管与行业监管的关系，明确各有关部门安全生产和职业健康工作职责，并落实到部门工作职责规定中。安全生产监督管理部门负责安全生产法规标准和政策规划制定修订、执法监督、事故调查处理、应急救援管理、统计分析、宣传教育培训等综合性工作，承担职责范围内行业领域安全生产和职业健康监管执法职责。负有安全生产监督管理职责的有关部门依法依规履行相关行业领域安全生产和职业健康监管职责，强化监管执法，严厉查处违法违规行为。其他行业领域主管部门负有安全生产管理责任，要将安全生产工作作为行业领域管理的重要内容，从行业规划、产业政策、法规标准、行政许可等方面加强行业安全生产工作，指导督促企事业单位加强安全管理。党委和政府其他有关部门要在职责范围内为安全生产工作提供支持保障，共同推进安全发展。

（六）严格落实企业主体责任。企业对本单位安全生产和职业健康工作负全面责任，要严格履行安全生产法定责任，建立健全自我约束、持续改进的内生机制。企业实行全员安全生产责任制度，法定代表人和实际控制人同为安全生产第一责任人，主要技术负责人负有安全生产技术决策和指挥权，强化部门安全生产职责，落实一岗双责。完善落实混合所有制企业以及跨地区、多层级和境外中资企业投资主体的安全生产责任。建立企业全过程安全生产和职业健康管理制度，做到安全责任、管理、投入、培训和应急救援"五到位"。国有企业要发挥安全生产工作示范带头作用，自觉接受属地监管。

（七）健全责任考核机制。建立与全面建成小康社会相适应和体现安全发展水平的考核评价体系。完善考核制度，统筹整合、科学设定安全生产考核指标，加大安全生产在社会治安综合治理、精神文明建设等考核中的权重。各级政府要对同级安全生产委员会成员单位和下级政府实施严格的安全生产工作责任考核，实行过程考核与结果考核相结合。各地区各单位要建立安全生产绩效与履职评定、职务晋升、奖励惩处挂钩制度，严格落实安全生产"一票否决"制度。

（八）严格责任追究制度。实行党政领导干部任期安全生产责任制，日常工作依责尽职、发生事故依责追究。依法依规制定各有关部门安全生产权力和责任清单，尽职照单免责、失职照单问责。建立企业生产经营全过程安全责任追溯制度。严肃查处安全生产领域项目审批、行政许可、监管执法中的失职渎职和权钱交易等腐败行为。严格事故直报制度，对瞒报、谎报、漏报、迟报事故的单位和个人依法依规追责。对被追究刑事责任的生产经营者依法实施相应的职业禁入，对事故发生负有重大责任的社会服务机构和人员依法严肃追究法律责任，并依法实施相应的行业禁入。

三、改革安全监管监察体制

（九）完善监督管理体制。加强各级安全生产委员会组织领导，充分发挥其统筹协调作用，切实解决突出矛盾和问题。各级安全生产监督管理部门承担本级安全生产委员会日常工作，负责指导协调、监督检查、巡查考核本级政府有关部门和下级政府安全生产工作，履行综合监管职责。负有安全生产监督管理职责的部门，依照有关法律法规和部门职责，健全安全生产监管体制，严格落实监管职责。相关部门按照各自职责建立完善安全生产工作机制，形成齐抓共管格局。坚持管安全生产必须管职业健康，建立安全生产和职业健康一体化监管执法体制。

（十）改革重点行业领域安全监管监察体制。依托国家煤矿安全监察体制，加强非煤矿山安全生产监管监察，优化安全监察机构布局，将国家煤矿安全监察机构负责的安全生产行政许可事项移交给地方政府承担。着重加强危险化学品安全监管体制改革和力量建设，明确和落实危险化学品建设项目立项、规划、设计、施工及生产、储存、使用、销售、运输、废弃处置等环节的法定安全监管责任，建立有力的协调联动机制，消除监管空白。完善海洋石油安全生产监督管理体制机制，实行政企分开。理顺民航、铁路、电力等行业跨区域监管体制，明确行业监管、区域监管与地方监管职责。

（十一）进一步完善地方监管执法体制。地方各级党委和政府要将安全生产监督管理部门作为政府工作部门和行政执法机构，加强安全生产执法队伍建设，强化行政执法职能。统筹加强安全监管力量，重点充实市、县两级安全生产监管执法人员，强化乡镇（街道）安全生产监管力量建设。完善各类开发区、工业园区、港区、风景区等功能区安全生产监管体制，明确负责安全生产监督管理的机构，以及港区安全生产地方监管和部门监管责任。

（十二）健全应急救援管理体制。按照政事分开原则，推进安全生产应急救援管理体制改革，强化行政管理职能，提高组织协调能力和现场救援时效。健全省、市、县三级安全生产应急救援管理工作机制，建设联动互通的应急救援指挥平台。依托公安消防、大型企业、工业园区等应急救援力量，加强矿山和危险化学品等应急救援基地和队伍建设，实行区域化应急救援资源共享。

四、大力推进依法治理

（十三）健全法律法规体系。建立健全安全生产法律法规立改废释工作协调机制。加强涉及安全生产相关法规一致性审查，增强安全生产法制建设的系统性、可操作性。制定安全生产中长期立法规划，加快制定修订安全生产法配套法规。加强安全生产和职业健康法律法规衔接融合。研究修改刑法有关条款，将生产经营过程中易导致重大生产安全事故的违法行为列入刑法调整范围。制定完善高危行业领域安全规程。设区的市根据立法法的立法精神，加强安全生产地方性法规建设，解决区域性安全生产突出问题。

（十四）完善标准体系。加快安全生产标准制定修订和整合，建立以强制性国家标准为主体的安全生产标准体系。鼓励依法成立的社会团体和企业制定更加严格规范的安全生产标准，结合国情积极借鉴实施国际先进标准。国务院安全生产监督管理部门负责生产经营单位职业危害预防治理国家标准制定发布工作；统筹提出安全生产强制性国家标准立项计划，有关部门按照职责分工组织起草、审查、实施和监督执行，国务院标准化行政主管部门负责及时立项、编号、对外通报、批准并发布。

（十五）严格安全准入制度。严格高危行业领域安全准入条件。按照强化监管与便民服务相结合原则，科学设置安全生产行政许可事项和办理程序，优化工作流程，简化办事环节，实施网上公开办理，接受社会监督。对与人民群众生命财产安全直接相关的行政许可事项，依法严格管理。对取消、下放、移交的行政许可事项，要加强事中事后安全监管。

（十六）规范监管执法行为。完善安全生产监管执法制度，明确每个生产经营单位安全生产监督和管理主体，制定实施执法计划，完善执法程序规定，依法严格查处各类违法违规行为。建立行政执法和刑事司法衔接制度，负有安全生产监督管理职责的部门要加强与公安、检察院、法院等协调配合，完善安全生产违法线索通报、案件移送与协查机制。对违法行为当事人拒不执行安全生产行政执法决定的，负有安全生产监督管理职责的部门应依法申请司法机关强制执行。完善司法机关参与事故调查机制，严肃查处违法犯罪行为。研究建立安全生产民事和行政公益诉讼制度。

（十七）完善执法监督机制。各级人大常委会要定期检查安全生产法律法规实施情况，开展专题询问。各级政协要围绕安全生产突出问题开展民主监督和协商调研。建立执法行为审议制度和重大行政执法决策机制，评估执法效果，防止滥用职权。健全领导干部非法干预安全生产监管执法的记录、通报和责任追究制度。完善安全生产执法纠错和执法信息公开制度，加强社会监督和舆论监督，保证执法严明、有错必纠。

（十八）健全监管执法保障体系。制定安全生产监管监察能力建设规划，明确监管执法装备及现场执法和应急救援用车配备标准，加强监管执法技术支撑体系建设，保障监管执法需要。建立完善负有安全生产监督管理职责的部门监管执法经费保障机制，将监管执法经费纳入同级财政全额保障范围。加强监管执法制度化、标准化、信息化建设，确保规范高效监管执法。建立安全生产监管执法人员依法履行法定职责制度，激励保证监管执法人员忠于职守、履职尽责。严格监管执法人员资格管理，制定安全生产监管执法人员录用标准，提高专业监管执法人员比例。建立健全安全生产监管执法人员凡进必考、入职培训、持证上岗和定期轮训制度。统一安全生产执法标志标识和制式服装。

（十九）完善事故调查处理机制。坚持问责与整改并重，充分发挥事故查处对加强和改进安全生产工作的促进作用。完善生产安全事故调查组组长负责制。健全典型事故提级调查、跨地区协同调查和工作督导机制。建立事故调查分析技术支撑体系，所有事故调查报告要设立技术和管理问题专篇，详细分析原因并全文发布，做好解读，回应公众关切。对事故调查发现有漏洞、缺陷的有关法律法规和标准制度，及时启动制定修订工作。建立事故暴露问题整改督办制度，事故结案后一年内，负责事故调查的地方政府和国务院有关部门要组织开展评估，及时向社会公开，对履职不力、整改措施不落实的，依法依规严肃追究有关单位和人员责任。

五、建立安全预防控制体系

（二十）加强安全风险管控。地方各级政府要建立完善安全风险评估与论证机制，科学合理确定企业选址和基础设施建设、居民生活区空间布局。高危项目审批必须把安全生产作为前置条件，城乡规划布局、设计、建设、管理等各项工作必须以安全为前提，实行重大安全风险"一票否决"。加强新材料、新工艺、新业态安全风险评估和管控。紧密结合供给侧结构性改革，推动高危产业转型升级。位置相邻、行业相近、业态相似的地区和行业要建立完善重大安全风险联防联控机制。构建国家、省、市、县四级重大危险源信息管理体系，对重点行业、重点区域、重点企业实行风险预警控制，有效防范重特大生产安全事故。

（二十一）强化企业预防措施。企业要定期开展风险评估和危害辨识。针对高危工艺、设备、物品、场所和岗位，建立分级管控制度，制定落实安全操作规程。树立隐患就是事故的观念，建立健全隐患排查治理制度、重大隐患治理情况向负有安全生产监督管理职责的部门和企业职代会"双报告"制度，实行自查自改自报闭环管理。严格执行安全生产和职业健康"三同时"制度。大力推进企业安全生产标准化建设，实现安全管理、操作行为、设备设施和作业环境的标准化。开展经常性的应急演练和人员避险自救培训，着力提升现场应急处置能力。

（二十二）建立隐患治理监督机制。制定生产安全事故隐患分级和排查治理标准。负有安全生产监督管理职责的部门要建立与企业隐患排查治理系统联网的信息平台，完善线上线下配套监管制度。强化隐患排查治理监督执法，对重大隐患整改不到位的企业依法采取停产停业、停止施工、停止供电和查封扣押等强制措施，按规定给予上限经济处罚，对构成犯罪的要移交司法机关依法追究刑事责任。严格重大隐患挂牌督办制度，对整改和督办不力的纳入政府核查问责范围，实行约谈告诫、公开曝光，情节严重的依法依规追究相关人员责任。

（二十三）强化城市运行安全保障。定期排查区域内安全风险点、危险源，落实管控措施，构建系统性、现代化的城市安全保障体系，推进安全发展示范城市建设。提高基础设施安全配置标准，重点加强对城市高层建筑、大型综合体、隧道桥梁、管线管廊、轨道交通、燃气、电力设施及电梯、游乐设施等的检测维护。完善大型群众性活动安全管理制度，加强人员密集场所安全监管。加强公安、民政、国土资源、住房城乡建设、交通运输、水利、农业、安全监管、气象、地震等相关部门的协调联动，严防自然灾害引发事故。

（二十四）加强重点领域工程治理。深入推进对煤矿瓦斯、水害等重大灾害以及矿山采空区、尾矿库的工程治理。加快实施人口密集区域的危险化学品和化工企业生产、仓储场所安全搬迁工程。深化油气开采、输送、炼化、码头接卸等领域安全整治。实施高速公路、乡村公路和急弯陡坡、临水临崖危险路段公路安全生命防护工程建设。加强高速铁路、跨海大桥、海底隧道、铁路浮桥、航运枢纽、港口等防灾监测、安全检测及防护系统建设。完善长途客运车辆、旅游客车、危险物品运输车辆和船舶生产制造标准，提高安全性能，强制安装智能视频监控报警、防碰撞和整车整船安全运行监管技术装备，对已运行的要加快安全技术装备改造升级。

（二十五）建立完善职业病防治体系。将职业病防治纳入各级政府民生工程及安全生产工作考核体系，制定职业病防治中长期规划，实施职业健康促进计划。加快职业病危害严重企业技术改造、转型升级和淘汰退出，加强高危粉尘、高毒物品等职业病危害源头治理。健全职业健康监管支撑保障体系，加强职业健康技术服务机构、职业病诊断鉴定机构和职业健康体检机构建设，强化职业病危害基础研究、预防控制、诊断鉴定、综合治疗能力。完善相关规定，扩大职业病患者救治范围，将职业病失能人员纳入社会保障范围，对符合条件的职业病患者落实医疗与生活救助措施。加强企业职业健康监管执法，督促落实职业病危害告知、日常监测、定期报告、防护保障和职业健康体检等制度措施，落实职业病防治主体责任。

六、加强安全基础保障能力建设

（二十六）完善安全投入长效机制。加强中央和地方财政安全生产预防及应急相关资金使用管理，加大安全生产与职业健康投入，强化审计监督。加强安全生产经济政策研究，完善安全生产专用设备企业所得税优惠目录。落实企业安全生产费用提取管理使用制度，建立企业增加安全投入的激励约束机制。健全投融资服务体系，引导企业集聚发展灾害防治、预测预警、检测监控、个体防护、应急处置、安全文化等技术、装备和服务产业。

（二十七）建立安全科技支撑体系。优化整合国家科技计划，统筹支持安全生产和职业健康领域科研项目，加强研发基地和博士后科研工作站建设。开展事故预防理论研究和关键技术装备研发，加快成果转化和推广应用。推动工业机器人、智能装备在危险工序和环节广泛应用。提升现代信息技术与安全生产融合度，统一标准规范，加快安全生产信息化建设，构建安全生产与职业健康信息化全国"一张网"。加强安全生产理论和政策研究，运用大数据技术开展安全生产规律性、关联性特征分析，提高安全生产决策科学化水平。

（二十八）健全社会化服务体系。将安全生产专业技术服务纳入现代服务业发展规划，培育多元化服务主体。建立政府购买安全生产服务制度。支持发展安全生产专业化行业组织，强化自治自律。完善注册安全工程师制度。改革完善安全生产和职业健康技术服务机构资质管理办法。支持相关机构开展安全生产和职业健康一体化评价等技术服务，严格实施评价公开制度，进一步激活和规范专业技术服务市场。鼓励中小微企业订单式、协作式购买运用安全生产管理和技术服务。建立安全生产和职业健康技术服务机构公示制度和由第三方实施的信用评定制度，严肃查处租借资质、违法挂靠、弄虚作假、垄断收费等各类违法违规行为。

（二十九）发挥市场机制推动作用。取消安全生产风险抵押金制度，建立健全安全生产责任保险制度，在矿山、危险化学品、烟花爆竹、交通运输、建筑施工、民用爆炸物品、金属冶炼、渔业生产等高危行业领域强制实施，切实发挥保险机构参与风险评估管控和事故预防功能。完善工伤保险制度，加快制定工伤预防费用的提取比例、使用和管理具体办法。积极推进安全生产诚信体系建设，完善企业安全生产不良记录"黑名单"制度，建立失信惩戒和守信激励机制。

（三十）健全安全宣传教育体系。将安全生产监督管理纳入各级党政领导干部培训内容。把安全知识普及纳入国民教育，建立完善中小学安全教育和高危行业职业安全教育体系。把安全生产纳入农民工技能培训内容。严格落实企业安全教育培训制度，切实做到先培训、后上岗。推进安全文化建设，加强警示教育，强化全民安全意识和法治意识。发挥工会、共青团、妇联等群团组织作用，依法维护职工群众的知情权、参与权与监督权。加强安全生产公益宣传和舆论监督。建立安全生产"12350"专线与社会公共管理平台统一接报、分类处置的举报投诉机制。鼓励开展安全生产志愿服务和慈善事业。加强安全生产国际交流合作，学习借鉴国外安全生产与职业健康先进经验。

各地区各部门要加强组织领导，严格实行领导干部安全生产工作责任制，根据本意见提出的任务和要求，结合实际认真研究制定实施办法，抓紧出台推进安全生产领域改革发展的具体政策措施，明确责任分工和时间进度要求，确保各项改革举措和工作要求落实到位。贯彻落实情况要及时向党中央、国务院报告，同时抄送国务院安全生产委员会办公室。中央全面深化改革领导小组办公室将适时牵头组织开展专项监督检查。

国务院关于特大安全事故行政责任追究的规定

（2001年4月21日中华人民共和国国务院令第302号公布　自公布之日起施行）

第一条　为了有效地防范特大安全事故的发生，严肃追究特大安全事故的行政责任，保障人民群众生命、财产安全，制定本规定。

第二条　地方人民政府主要领导人和政府有关部门正职负责人对下列特大安全事故的防范、发生，依照法律、行政法规和本规定的规定有失职、渎职情形或者负有领导责任的，依照本规定给予行政处分；构成玩忽职守罪或者其他罪的，依法追究刑事责任：

（一）特大火灾事故；

（二）特大交通安全事故；

（三）特大建筑质量安全事故；

（四）民用爆炸物品和化学危险品特大安全事故；

（五）煤矿和其他矿山特大安全事故；

（六）锅炉、压力容器、压力管道和特种设备特大安全事故；

（七）其他特大安全事故。

地方人民政府和政府有关部门对特大安全事故的防范、发生直接负责的主管人员和其他直接责任人员，比照本规定给予行政处分；构成玩忽职守罪或者其他罪的，依法追究刑事责任。

特大安全事故肇事单位和个人的刑事处罚、行政处罚和民事责任，依照有关法律、法规和规章的规定执行。

第三条　特大安全事故的具体标准，按照国家有关规定执行。

第四条　地方各级人民政府及政府有关部门应当依照有关法律、法规和规章的规定，采取行政措施，对本地区实施安全监督管理，保障本地区人民群众生命、财产安全，对本地区或者职责范围内防范特大安全事故的发生、特大安全事故发生后的迅速和妥善处理负责。

第五条　地方各级人民政府应当每个季度至少召开一次防范特大安全事故工作会议，由政府主要领导人或者政府主要领导人委托政府分管领导人召集有关部门正职负责人参加，分析、布置、督促、检查本地区防范特大安全事故的工作。会议应当作出决定并形成纪要，会议确定的各项防范措施必须严格实施。

第六条　市（地、州）、县（市、区）人民政府应当组织有关部门按照职责分工对本地区容易发生特大安全事故的单位、设施和场所安全事故的防范明确责任、采取措施，并组织有关部门对上述单位、设施和场所进行严格检查。

第七条　市（地、州）、县（市、区）人民政府必须制定本地区特大安全事故应急处理预案。本地区特大安全事故应急处理预案经政府主要领导人签署后，报上一级人民政府备案。

第八条　市（地、州）、县（市、区）人民政府应当组织有关部门对本规定第二条所列各类特大安全事故的隐患进行查处；发现特大安全事故隐患的，责令立即排除；特大安全事故隐患排除前或者排除过程中，无法保证安全的，责令暂时停产、停业或者停止使用。法律、行政法规对查处机关另有规定的，依照其规定。

第九条　市（地、州）、县（市、区）人民政府及其有关部门对本地区存在的特大安全事故隐患，超出其管辖或者职责范围的，应当立即向有管辖权或者负有职责的上级人民政府或者政府有关部门报告；情况紧急的，可以立即采取包括责令暂时停产、停业在内的紧急措施，同时报告；有关上级人民政府或者政府有关部门接到报告后，应当立即组织查处。

第十条 中小学校对学生进行劳动技能教育以及组织学生参加公益劳动等社会实践活动，必须确保学生安全。严禁以任何形式、名义组织学生从事接触易燃、易爆、有毒、有害等危险品的劳动或者其他危险性劳动。严禁将学校场地出租作为从事易燃、易爆、有毒、有害等危险品的生产、经营场所。

中小学校违反前款规定的，按照学校隶属关系，对县（市、区）、乡（镇）人民政府主要领导人和县（市、区）人民政府教育行政部门正职负责人，根据情节轻重，给予记过、降级直至撤职的行政处分；构成玩忽职守罪或者其他罪的，依法追究刑事责任。

中小学校违反本条第一款规定的，对校长给予撤职的行政处分，对直接组织者给予开除公职的行政处分；构成非法制造爆炸物罪或者其他罪的，依法追究刑事责任。

第十一条 依法对涉及安全生产事项负责行政审批（包括批准、核准、许可、注册、认证、颁发证照、竣工验收等，下同）的政府部门或者机构，必须严格依照法律、法规和规章规定的安全条件和程序进行审查；不符合法律、法规和规章规定的安全条件的，不得批准；不符合法律、法规和规章规定的安全条件，弄虚作假，骗取批准或者勾结串通行政审批工作人员取得批准的，负责行政审批的政府部门或者机构除必须立即撤销原批准外，应当对弄虚作假骗取批准或者勾结串通行政审批工作人员的当事人依法给予行政处罚；构成行贿罪或者其他罪的，依法追究刑事责任。

负责行政审批的政府部门或者机构违反前款规定，对不符合法律、法规和规章规定的安全条件予以批准的，对部门或者机构的正职负责人，根据情节轻重，给予降级、撤职直至开除公职的行政处分；与当事人勾结串通的，应当开除公职；构成受贿罪、玩忽职守罪或者其他罪的，依法追究刑事责任。

第十二条 对依照本规定第十一条第一款的规定取得批准的单位和个人，负责行政审批的政府部门或者机构必须对其实施严格监督检查；发现其不再具备安全条件的，必须立即撤销原批准。

负责行政审批的政府部门或者机构违反前款规定，不对取得批准的单位和个人实施严格监督检查，或者发现其不再具备安全条件而不立即撤销原批准的，对部门或者机构的正职负责人，根据情节轻重，给予降级或者撤职的行政处分；构成受贿罪、玩忽职守罪或者其他罪的，依法追究刑事责任。

第十三条 对未依法取得批准，擅自从事有关活动的，负责行政审批的政府部门或者机构发现或者接到举报后，应当立即予以查封、取缔，并依法给予行政处罚；属于经营单位的，由工商行政管理部门依法相应吊销营业执照。

负责行政审批的政府部门或者机构违反前款规定，对发现或者举报的未依法取得批准而擅自从事有关活动的，不予查封、取缔、不依法给予行政处罚，工商行政管理部门不予吊销营业执照的，对部门或者机构的正职负责人，根据情节轻重，给予降级或者撤职的行政处分；构成受贿罪、玩忽职守罪或者其他罪的，依法追究刑事责任。

第十四条 市（地、州）、县（市、区）人民政府依照本规定应当履行职责而未履行，或者未按照规定的职责和程序履行，本地区发生特大安全事故的，对政府主要领导人，根据情节轻重，给予降级或者撤职的行政处分；构成玩忽职守罪的，依法追究刑事责任。

负责行政审批的政府部门或者机构、负责安全监督管理的政府有关部门，未依照本规定履行职责，发生特大安全事故的，对部门或者机构的正职负责人，根据情节轻重，给予撤职或者开除公职的行政处分；构成玩忽职守罪或者其他罪的，依法追究刑事责任。

第十五条 发生特大安全事故，社会影响特别恶劣或者性质特别严重的，由国务院对负有领导责任的省长、自治区主席、直辖市市长和国务院有关部门正职负责人给予行政处分。

第十六条 特大安全事故发生后，有关县（市、区）、市（地、州）和省、自治区、直辖市人民政府及政府有关部门应当按照国家规定的程序和时限立即上报，不得隐瞒不报、谎报或者拖延报告，并应当配合、协助事故调查，不得以任何方式阻碍、干涉事故调查。

特大安全事故发生后，有关地方人民政府及政府有关部门违反前款规定的，对政府主要领导人和政府部门正职负责人给予降级的行政处分。

第十七条 特大安全事故发生后，有关地方人民政府应当迅速组织救助，有关部门应当服从指挥、调度，参加或者配合救助，将事故损失降到最低限度。

第十八条 特大安全事故发生后，省、自治区、直辖市人民政府应当按照国家有关规定迅速、如实发布事故消息。

第十九条 特大安全事故发生后，按照国家有关规定组织调查组对事故进行调查。事故调查工作应当自事故发生之日起60日内完成，并由调查组提出调查报告；遇有特殊情况的，经调查组提出并报国家安全生产监督管理机构批准后，可以适当延长时间。调查报告应当包括依照本规定对有关责任人员追究行政责任或者其他法律责任的意见。

省、自治区、直辖市人民政府应当自调查报告提交之日起30日内，对有关责任人员作出处理决定；必要时，国务院可以对特大安全事故的有关责任人员作出处理决定。

第二十条 地方人民政府或者政府部门阻挠、干涉对特大安全事故有关责任人员追究行政责任的，对该地方人民政府主要领导人或者政府部门正职负责人，根据情节轻重，给予降级或者撤职的行政处分。

第二十一条 任何单位和个人均有权向有关地方人民政府或者政府部门报告特大安全事故隐患，有权向上级人民政府或者政府部门举报地方人民政府或者政府部门不履行安全监督管理职责或者不按照规定履行职责的情况。接到报告或者举报的有关人民政府或者政府部门，应当立即组织对事故隐患进行查处，或者对举报的不履行、不按照规定履行安全监督管理职责的情况进行调查处理。

第二十二条 监察机关依照行政监察法的规定，对地方各级人民政府和政府部门及其工作人员履行安全监督管理职责实施监察。

第二十三条 对特大安全事故以外的其他安全事故的防范、发生追究行政责任的办法，由省、自治区、直辖市人民政府参照本规定制定。

第二十四条 本规定自公布之日起施行。

3. 部门规范性文件

应急管理部关于进一步加强安全生产举报工作的指导意见

（2023年10月18日　应急〔2023〕106号）

各省、自治区、直辖市应急管理厅（局），新疆生产建设兵团应急管理局：

为进一步加强安全生产举报工作，规范应急管理部门举报处置办法，根据《中华人民共和国安全生产法》《关于进一步强化安全生产责任落实 坚决防范遏制重特大事故的若干措施》《安全生产领域举报奖励办法》等相关规定，现提出以下意见。

一、进一步明确目标任务

（一）指导思想。以习近平新时代中国特色社会主义思想为指导，坚持人民至上、生命至上，创新安全监管方式方法，建立健全安全生产举报工作机制，鼓励举报重大事故隐患和安全生产违法行为，推进安全生产社会治理，促进安全生产责任落实，预防和减少事故发生，以高水平安全保障高质量发展。

（二）目标任务。推进建立健全高效畅通的安全生产举报渠道，深化信息化赋能，全面构建"互联网+举报"模式；依法规范举报处置工作流程，建立纵向国家省市县四级贯通、横向各部门协同联动的工作体系；充分发挥举报奖励示范带动作用，提升社会公众、生产经营单位从业人员参与举报工作积极性，营造社会共治的良好环境。

二、进一步规范工作流程

（三）畅通举报渠道。各级应急管理部门要向社会公布接收安全生产举报（以下简称举报）的渠道，提供便捷、快速、有效的举报途径，鼓励社会公众和从业人员通过网络、微信小程序、电话和信件等多种渠道进行举报。充分利用应急管理部"安全生产举报系统"和微信小程序进行举报接收和办理工作，并将其他渠道收到的举报信息，及时、完整、规范地补充录入举报系统，对举报线索进行统一管理，提高举报工作信息化水平。设有单独门户网站的应急管理部门都要设置应急管理部"安全生产举报系统"入口，加挂"应急管理部安全生产举报"微信小程序码。各级应急管理部门要推动将举报电话、网址、微信小程序码张贴在生产经营单位显著位置，并要求生产经营单位不得擅自撕毁、涂改，便于从业人员进行举报。

已有自建举报系统的省份，可以按照现有方式进行处置，同时要做好与应急管理部"安全生产举报系统"数据对接工作，及时办理自行接收的举报以及部举报系统交办转办的举报。

（四）完善举报接收和交办转办机制。各级应急管理部门对涉及安全生产事项的举报均应予以接收。按照"属地管理、分级负责"原则，建立健全举报交办转办工作机制并建立相关台账。属于本部门职责范围的举报，依照职责进行核查处理；属于下级应急管理部门职责范围的举报，交由下级应急管理部门进行核查处理，并对办理情况跟踪督办。

不属于应急管理部门职责范围内的举报，应当依法转由其他负有相关职责的部门处理。应急管理部接到的，可以转由同级有关部门处理，或者交由各省级应急管理部门转由省级有关部门处理，并以适当方式告知举报人；地方各级应急管理部门接到的，应当转由同级有关部门处理，并以适当方式告知举报人。

地方各级应急管理部门要加强与矿山安全监察机构、消防救援机构的工作衔接配合，及时做好有关举报线索接转工作。

（五）明确举报受理范围。各级应急管理部门应当向社会公布受理举报的范围。任何单位、组织和个人有权向应急管理部门举报重大事故隐患和安全生产违法行为等事项。举报受理涉及的行业领域包括煤矿、金属与非金属矿山（含尾矿库）、化工（含石油化工）、医药、危险化学品、烟花爆竹、石油开采、冶金、有色、建材、机械、轻工、纺织、烟草、商贸等。

无明确被举报对象的、没有具体违法事实的、已受理或者办结且举报人在无新证据的情况下对同一事实重复提交的举报等，应急管理部门不予受理。对已经批复结案的生产安全事故进行举报的，不予受理，并告知举报人通过其他渠道反映，并做好登记。

（六）规范举报受理环节。各级应急管理部门收到举报后，应当及时审查决定是否受理，除举报人要求出具纸质告知书的，可以通过信息网络、电话、手机短信等方式告知举报人，并做好登记。不予受理的，应当同时说明理由；举报材料和内容需要补充的，可以要求举报人适当补充。

举报人通过举报方式提出咨询、信访、政府信息公开、行政复议、检举控告等其他事项，或者举报中含有前述其他事项的，应急管理部门应当告知举报人依法通过其他途径提出诉求。

（七）依法依规核查处理。各级应急管理部门受理举报后应当依法依规组织核查，对重大事故隐患和瞒报谎报生产安全事故的举报、生产经营单位从业人员的举报以及事故调查中当事人反映的线索应当尽快组织核查。核查结束后应当形成核查报告，包括处理建议等内容并附带有关证据材料。

对核查属实的重大事故隐患，应当依法责令立即或者限期整改，并视情形采取相应处置措施。对核查属实的违法行为，应当依法当场予以纠正或者要求限期改正，应当给予行政处罚的，依法作出行政处罚；涉嫌犯罪的，依法及时将案件移送司法机关。对核查属实的瞒报谎报生产安全事故，根据事故等级提请有管辖权的县级以上人民政府或者法律法规明确的专门机构组织调查处理。核查处理中涉及生产安全事故调查处理的，依照相关规定执行。

设区的市级以上应急管理部门可以根据需要提级核查辖区内的举报事项。受核查手段限制无法查清的，应当及时报告有关地方政府。

受理举报的应急管理部门应当及时核查处理举报事项，自受理之日起60日内办结；情况复杂的，经上一级应急管理部门批准，可以适当延长核查处理时间，最长不得超过30日，并以适当方式告知举报人处理进度和延期情况。

（八）认真做好结果反馈。负责举报核查处理的应急管理部门应当及时向举报人反馈处理结果。应急管理部门答复举报人的内容应当包括核查结论、简要核查情况、处理决定和符合奖励条件情况等事项。举报人就同一类事项提出多个举报，或者多个举报人就同一类事项提出多个举报的，可以合并处理、答复；应急管理部门对于受理的举报作出答复前，举报人主动撤回举报的，不再作出答复。

举报人在核查结论送达之日起10日内对核查结论提出异议的，应急管理部门应当在接到异议之日起30日内组织复查。

应急管理部接到对举报核查结论有异议的，按照属地管理原则转由省级应急管理部门处理。省级应急管理部门接到对县级应急管理部门举报核查结论有异议的，应当以适当方式告知举报人向设区的市级应急管理部门申请复查。省级应急管理部门接到对设区的市级应急管理部门举报核查结论有异议的、设区的市级应急管理部门接到对县级应急管理部门举报核查结论有异议的，应当组织复查，通过复查确认无误的予以办结；复查发现核查结论确实存在问题的，由负责复查的应急管理部门重新组织核查。

应急管理部门接到举报人对核查结论的异议超出本部门职责权限的，应当告知举报人反映问题的渠道。

（九）积极落实举报奖励。举报奖励依据《安全生产领域举报奖励办法》《生产经营单位从业人员安全生产举报处理规定》规定执行，对报告重大安全风险、重大事故隐患或者举报安全生产违法行为的有功人员实行重奖。省级应急管理部门可以根据国家有关规定制定细化奖励办法。

（十）切实保障当事人合法权益。各级应急管理部门及其工作人员应当对在处理举报过程中知悉的国家秘密、商业秘密、个人隐私和个人信息予以保密，不得泄露给与办理举报工作无关的单位和人员或者非法向他人提供。举报人身份信息等敏感信息要作为工作秘密进行管理、使用，不得将举报人的举报材料及有关情况透露或者转给被举报的人员或者单位，违反有关规定的依法承担相应责任。

各级应急管理部门可以结合工作实际，完善举报人信息保密制度，建立举报信息泄露可追溯工作机制，依法追究相关责任人因泄露信息造成举报人被打击报复的法律责任，切实维护举报人合法权益。

各级应急管理部门在举报核查办理过程中，应当切实维护生产经营单位及相关从业人员的合法权益。开展举报核查工作应当依法依规，避免对生产经营单位正常生产经营活动的不必要干扰。发现举报人捏造、歪曲事实诬告、陷害他人和生产经营单位并造成不良后果的，一经查实，依法追究举报人的法律责任。

三、进一步强化举报作用发挥

（十一）加强举报数据分析应用。各级应急管理部门要加强举报信息数据的归档管理和分析应用，对举报涉及的行业领域、所在区域、具体事项等方面进行深入研究，查找典型性、倾向性、苗头性问题，分析重要举报线索和举报的关键点，综合研判存在的突出问题和安全生产薄弱环节。针对举报较为集中的行业领域，要提醒相关部门加强监管，及时防范化解各类安全风险，为安全监管科学决策、精准执法提供有效支撑。

（十二）推动生产经营单位主体责任落实。各级应急管理部门要鼓励引导生产经营单位学习借鉴安全管理先进单位经验，建立健全生产经营单位内部隐患排查奖励制度，激励从业人员向生产经营单位有关负责人报告发现的隐患、提出整改隐患的合理化建议。从业人员发现生产经营单位对报告的重大事故隐患不予整改或者瞒报谎报生产安全事故、有安全生产违法行为的，有权向政府有关部门举报。在生产经营单位内营造"人人都是安全员、处处都是安全岗"的浓厚氛围，持续改善安全环境，提升安全生产水平，有效推动生产经营单位主体责任和全员安全生产责任制落实。

（十三）发挥典型案例引导作用。各级应急管理部门要坚持正确导向，通过广播电视、报纸杂志、新闻发布会和各类新媒体等途径定期发布举报典型案例，为高质量办理举报提供范例指引，提高全社会对举报的关注度，推动引导社会公众参与安全生产治理，解决影响安全生产的突出问题。

四、进一步加强组织保障

（十四）加强组织推动。各级应急管理部门要充分认识举报是推动安全生产工作的重要手段，强化政治自觉、行动自觉，提高责任意识，加强组织领导，加强制度建设，健全内部工作机制，进一步明确受理核查、奖励发放、统计分析、宣传发动等各项要求。各级应急管理部门要推动将举报工作开展情况纳入政府年度安全生产考核，对举报工作定期开展督导督查，加强情况通报。推动各级负有安全监管职责的部门依法建设举报信息化系统，共享有关信息、实现互联互通，切实抓好安全生产十五条硬措施有关要求和举报工作责任落实。应急管理部将对举报工作组织有力的单位或者个人，按国家有关规定给予奖励。

（十五）健全完善举报工作体系。各级应急管理部门要推动建立健全上下贯通、职责明晰的举报工作体系，健全完善举报办理工作纵向、横向协作机制，进一步提高工作效能。各级应急管理部门要明确承担举报工作的内设机构和专门人员，加强力量配备，相关工作人员要熟悉业务、相对固定，进一步提高举报工作专业化水平。

（十六）加强指导督办。各级应急管理部门要进一步加强举报处理工作指导督办，建立上级部门对下级部门举报件交办、受理及核查情况的督办机制，逐级跟踪督办，并定期组织抽查检查，确保举报流转顺畅，各办理环节相互监督。对未按规定时限受理、反馈、办结和核查不规范的举报事项及时催办或者予以纠正，对办理难度大、涉及范围广的举报，要组织有关部门集体会商，努力提升举报处理质效。

（十七）加强舆论引导。各级应急管理部门要充分利用各类媒体，加大对举报渠道、受理范围、奖励制度的宣传力度，通过宣传促进全社会广泛了解举报工作，调动社会公众参与举报积极性，营造良好社会氛围、舆论环境。采用多种方式引导社会公众辨识重大事故隐患和安全生产违法行为，强化全社会安全风险意识，形成社会共治良好安全格局。

地方各级应急管理部门要根据本意见提出的任务和要求，认真研究加强和规范举报工作的具体措施，结合实际提出细化要求，落实各项工作责任，应急管理部将适时组织开展检查。

4. 应急预案

生产安全事故应急预案管理办法

（2016年6月3日国家安全生产监督管理总局令第88号公布　根据2019年7月11日应急管理部《关于修改〈生产安全事故应急预案管理办法〉的决定》修订）

第一章　总　则

第一条　为规范生产安全事故应急预案管理工作，迅速有效处置生产安全事故，依据《中华人民共和国突发事件应对法》《中华人民共和国安全生产法》《生产安全事故应急条例》等法律、行政法规和《突发事件应急预案管理办法》（国办发〔2013〕101号），制定本办法。

第二条　生产安全事故应急预案（以下简称应急预案）的编制、评审、公布、备案、实施及监督管理工作，适用本办法。

第三条　应急预案的管理实行属地为主、分级负责、分类指导、综合协调、动态管理的原则。

第四条　应急管理部负责全国应急预案的综合协调管理工作。国务院其他负有安全生产监督管理职责的部门在各自职责范围内，负责相关行业、领域应急预案的管理工作。

县级以上地方各级人民政府应急管理部门负责本行政区域内应急预案的综合协调管理工作。县级以上地方各级人民政府其他负有安全生产监督管理职责的部门按照各自的职责负责有关行业、领域应急预案的管理工作。

第五条　生产经营单位主要负责人负责组织编制和实施本单位的应急预案，并对应急预案的真实性和实用性负责；各分管负责人应当按照职责分工落实应急预案规定的职责。

第六条　生产经营单位应急预案分为综合应急预案、专项应急预案和现场处置方案。

综合应急预案，是指生产经营单位为应对各种生产安全事故而制定的综合性工作方案，是本单位应对生产安全事故的总体工作程序、措施和应急预案体系的总纲。

专项应急预案，是指生产经营单位为应对某一种或者多种类型生产安全事故，或者针对重要生产设施、重大危险源、重大活动防止生产安全事故而制定的专项性工作方案。

现场处置方案，是指生产经营单位根据不同生产安全事故类型，针对具体场所、装置或者设施所制定的应急处置措施。

第二章　应急预案的编制

第七条　应急预案的编制应当遵循以人为本、依法依规、符合实际、注重实效的原则，以应急处置为核心，明确应急职责、规范应急程序、细化保障措施。

第八条　应急预案的编制应当符合下列基本要求：

（一）有关法律、法规、规章和标准的规定；

（二）本地区、本部门、本单位的安全生产实际情况；

（三）本地区、本部门、本单位的危险性分析情况；

（四）应急组织和人员的职责分工明确，并有具体的落实措施；

（五）有明确、具体的应急程序和处置措施，并与其应急能力相适应；

（六）有明确的应急保障措施，满足本地区、本部门、本单位的应急工作需要；

（七）应急预案基本要素齐全、完整，应急预案附件提供的信息准确；

（八）应急预案内容与相关应急预案相互衔接。

第九条　编制应急预案应当成立编制工作小组，由本单位有关负责人任组长，吸收与应急预案有关的职能部门和单位的人员，以及有现场处置经验的人员参加。

第十条　编制应急预案前，编制单位应当进行事故风险辨识、评估和应急资源调查。

事故风险辨识、评估，是指针对不同事故种类及特点，识别存在的危险危害因素，分析事故可能产生的直接后果以及次生、衍生后果，评估各种后果的危害程度和影响范围，提出防范和控制事故风险措施的过程。

应急资源调查，是指全面调查本地区、本单位第一时间可以调用的应急资源状况和合作区域内可以请求援助的应急资源状况，并结合事故风险辨识评估结论制定应急措施的过程。

第十一条 地方各级人民政府应急管理部门和其他负有安全生产监督管理职责的部门应当根据法律、法规、规章和同级人民政府以及上一级人民政府应急管理部门和其他负有安全生产监督管理职责的部门的应急预案，结合工作实际，组织编制相应的部门应急预案。

部门应急预案应当根据本地区、本部门的实际情况，明确信息报告、响应分级、指挥权移交、警戒疏散等内容。

第十二条 生产经营单位应当根据有关法律、法规、规章和相关标准，结合本单位组织管理体系、生产规模和可能发生的事故特点，与相关预案保持衔接，确立本单位的应急预案体系，编制相应的应急预案，并体现自救互救和先期处置等特点。

第十三条 生产经营单位风险种类多、可能发生多种类型事故的，应当组织编制综合应急预案。

综合应急预案应当规定应急组织机构及其职责、应急预案体系、事故风险描述、预警及信息报告、应急响应、保障措施、应急预案管理等内容。

第十四条 对于某一种或者多种类型的事故风险，生产经营单位可以编制相应的专项应急预案，或将专项应急预案并入综合应急预案。

专项应急预案应当规定应急指挥机构与职责、处置程序和措施等内容。

第十五条 对于危险性较大的场所、装置或者设施，生产经营单位应当编制现场处置方案。

现场处置方案应当规定应急工作职责、应急处置措施和注意事项等内容。

事故风险单一、危险性小的生产经营单位，可以只编制现场处置方案。

第十六条 生产经营单位应急预案应当包括向上级应急管理机构报告的内容、应急组织机构和人员的联系方式、应急物资储备清单等附件信息。附件信息发生变化时，应当及时更新，确保准确有效。

第十七条 生产经营单位组织应急预案编制过程中，应当根据法律、法规、规章的规定或者实际需要，征求相关应急救援队伍、公民、法人或者其他组织的意见。

第十八条 生产经营单位编制的各类应急预案之间应当相互衔接，并与相关人民政府及其部门、应急救援队伍和涉及的其他单位的应急预案相衔接。

第十九条 生产经营单位应当在编制应急预案的基础上，针对工作场所、岗位的特点，编制简明、实用、有效的应急处置卡。

应急处置卡应当规定重点岗位、人员的应急处置程序和措施，以及相关联络人员和联系方式，便于从业人员携带。

第三章 应急预案的评审、公布和备案

第二十条 地方各级人民政府应急管理部门应当组织有关专家对本部门编制的部门应急预案进行审定；必要时，可以召开听证会，听取社会有关方面的意见。

第二十一条 矿山、金属冶炼企业和易燃易爆物品、危险化学品的生产、经营（带储存设施的，下同）、储存、运输企业，以及使用危险化学品达到国家规定数量的化工企业、烟花爆竹生产、批发经营企业和中型规模以上的其他生产经营单位，应当对本单位编制的应急预案进行评审，并形成书面评审纪要。

前款规定以外的其他生产经营单位可以根据自身需要，对本单位编制的应急预案进行论证。

第二十二条 参加应急预案评审的人员应当包括有关安全生产及应急管理方面的专家。

评审人员与所评审应急预案的生产经营单位有利害关系的，应当回避。

第二十三条 应急预案的评审或者论证应当注重基本要素的完整性、组织体系的合理性、应急处置程序和措施的针对性、应急保障措施的可行性、应急预案的衔接性等内容。

第二十四条 生产经营单位的应急预案经评审或者论证后，由本单位主要负责人签署，向本单位从业人员公布，并及时发放到本单位有关部门、岗位和相关应急救援队伍。

事故风险可能影响周边其他单位、人员的，生产经营单位应当将有关事故风险的性质、影响范围和应急防范措施告知周边的其他单位和人员。

第二十五条 地方各级人民政府应急管理部门的应急预案，应当报同级人民政府备案，同时抄送上一级人民政府应急管理部门，并依法向社会公布。

地方各级人民政府其他负有安全生产监督管理职责的部门的应急预案，应当抄送同级人民政府应急管理部门。

第二十六条　易燃易爆物品、危险化学品等危险物品的生产、经营、储存、运输单位，矿山、金属冶炼、城市轨道交通运营、建筑施工单位，以及宾馆、商场、娱乐场所、旅游景区等人员密集场所经营单位，应当在应急预案公布之日起20个工作日内，按照分级属地原则，向县级以上人民政府应急管理部门和其他负有安全生产监督管理职责的部门进行备案，并依法向社会公布。

前款所列单位属于中央企业的，其总部（上市公司）的应急预案，报国务院主管的负有安全生产监督管理职责的部门备案，并抄送应急管理部；其所属单位的应急预案报所在地的省、自治区、直辖市或者设区的市级人民政府主管的负有安全生产监督管理职责的部门备案，并抄送同级人民政府应急管理部门。

本条第一款所列单位不属于中央企业的，其中非煤矿山、金属冶炼和危险化学品生产、经营、储存、运输企业，以及使用危险化学品达到国家规定数量的化工企业、烟花爆竹生产、批发经营企业的应急预案，按照隶属关系报所在地县级以上地方人民政府应急管理部门备案；本款前述单位以外的其他生产经营单位应急预案的备案，由省、自治区、直辖市人民政府负有安全生产监督管理职责的部门确定。

油气输送管道运营单位的应急预案，除按照本条第一款、第二款的规定备案外，还应当抄送所经行政区域的县级人民政府应急管理部门。

海洋石油开采企业的应急预案，除按照本条第一款、第二款的规定备案外，还应当抄送所经行政区域的县级人民政府应急管理部门和海洋石油安全监管机构。

煤矿企业的应急预案除按照本条第一款、第二款的规定备案外，还应当抄送所在地的煤矿安全监察机构。

第二十七条　生产经营单位申报应急预案备案，应当提交下列材料：

（一）应急预案备案申报表；

（二）本办法第二十一条所列单位，应当提供应急预案评审意见；

（三）应急预案电子文档；

（四）风险评估结果和应急资源调查清单。

第二十八条　受理备案登记的负有安全生产监督管理职责的部门应当在5个工作日内对应急预案材料进行核对，材料齐全的，应当予以备案并出具应急预案备案登记表；材料不齐全的，不予备案并一次性告知需要补齐的材料。逾期不予备案又不说明理由的，视为已经备案。

对于实行安全生产许可的生产经营单位，已经进行应急预案备案的，在申请安全生产许可证时，可以不提供相应的应急预案，仅提供应急预案备案登记表。

第二十九条　各级人民政府负有安全生产监督管理职责的部门应当建立应急预案备案登记建档制度，指导、督促生产经营单位做好应急预案的备案登记工作。

第四章　应急预案的实施

第三十条　各级人民政府应急管理部门、各类生产经营单位应当采取多种形式开展应急预案的宣传教育，普及生产安全事故避险、自救和互救知识，提高从业人员和社会公众的安全意识与应急处置技能。

第三十一条　各级人民政府应急管理部门应当将本部门应急预案的培训纳入安全生产培训工作计划，并组织实施本行政区域内重点生产经营单位的应急预案培训工作。

生产经营单位应当组织开展本单位的应急预案、应急知识、自救互救和避险逃生技能的培训活动，使有关人员了解应急预案内容，熟悉应急职责、应急处置程序和措施。

应急培训的时间、地点、内容、师资、参加人员和考核结果等情况应当如实记入本单位的安全生产教育和培训档案。

第三十二条　各级人民政府应急管理部门应当至少每两年组织一次应急预案演练，提高本部门、本地区生产安全事故应急处置能力。

第三十三条　生产经营单位应当制定本单位的应急预案演练计划，根据本单位的事故风险特点，每年至少组织一次综合应急预案演练或者专项应急预案演练，每半年至少组织一次现场处置方案演练。

易燃易爆物品、危险化学品等危险物品的生产、经营、储存、运输单位，矿山、金属冶炼、城市轨道交通运营、建筑施工单位，以及宾馆、商场、娱乐场所、旅游景区等人员密集场所经营单位，应当至少每半年组织一次生产安全事故应急预案演练，并将演练情况报送所在地县级以上地方人民政府负有安全生产监督管理职责的部门。

县级以上地方人民政府负有安全生产监督管理职责的部门应当对本行政区域内前款规定的重点生产经营单位的生产安全事故应急救援预案演练进行

抽查；发现演练不符合要求的，应当责令限期改正。

第三十四条 应急预案演练结束后，应急预案演练组织单位应当对应急预案演练效果进行评估，撰写应急预案演练评估报告，分析存在的问题，并对应急预案提出修订意见。

第三十五条 应急预案编制单位应当建立应急预案定期评估制度，对预案内容的针对性和实用性进行分析，并对应急预案是否需要修订作出结论。

矿山、金属冶炼、建筑施工企业和易燃易爆物品、危险化学品等危险物品的生产、经营、储存、运输企业、使用危险化学品达到国家规定数量的化工企业、烟花爆竹生产、批发经营企业和中型规模以上的其他生产经营单位，应当每三年进行一次应急预案评估。

应急预案评估可以邀请相关专业机构或者有关专家、有实际应急救援工作经验的人员参加，必要时可以委托安全生产技术服务机构实施。

第三十六条 有下列情形之一的，应急预案应当及时修订并归档：

（一）依据的法律、法规、规章、标准及上位预案中的有关规定发生重大变化的；

（二）应急指挥机构及其职责发生调整的；

（三）安全生产面临的风险发生重大变化的；

（四）重要应急资源发生重大变化的；

（五）在应急演练和事故应急救援中发现需要修订预案的重大问题的；

（六）编制单位认为应当修订的其他情况。

第三十七条 应急预案修订涉及组织指挥体系与职责、应急处置程序、主要处置措施、应急响应分级等内容变更的，修订工作应当参照本办法规定的应急预案编制程序进行，并按照有关应急预案报备程序重新备案。

第三十八条 生产经营单位应当按照应急预案的规定，落实应急指挥体系、应急救援队伍、应急物资及装备，建立应急物资、装备配备及其使用档案，并对应急物资、装备进行定期检测和维护，使其处于适用状态。

第三十九条 生产经营单位发生事故时，应当第一时间启动应急响应，组织有关力量进行救援，并按照规定将事故信息及应急响应启动情况报告事故发生地县级以上人民政府应急管理部门和其他负有安全生产监督管理职责的部门。

第四十条 生产安全事故应急处置和应急救援结束后，事故发生单位应当对应急预案实施情况进行总结评估。

第五章 监督管理

第四十一条 各级人民政府应急管理部门和煤矿安全监察机构应当将生产经营单位应急预案工作纳入年度监督检查计划，明确检查的重点内容和标准，并严格按照计划开展执法检查。

第四十二条 地方各级人民政府应急管理部门应当每年对应急预案的监督管理工作情况进行总结，并报上一级人民政府应急管理部门。

第四十三条 对于在应急预案管理工作中做出显著成绩的单位和人员，各级人民政府应急管理部门、生产经营单位可以给予表彰和奖励。

第六章 法律责任

第四十四条 生产经营单位有下列情形之一的，由县级以上人民政府应急管理等部门依照《中华人民共和国安全生产法》第九十四条的规定，责令限期改正，可以处5万元以下罚款；逾期未改正的，责令停产停业整顿，并处5万元以上10万元以下的罚款，对直接负责的主管人员和其他直接责任人员处1万元以上2万元以下的罚款：

（一）未按照规定编制应急预案的；

（二）未按照规定定期组织应急预案演练的。

第四十五条 生产经营单位有下列情形之一的，由县级以上人民政府应急管理部门责令限期改正，可以处1万元以上3万元以下的罚款：

（一）在应急预案编制前未按照规定开展风险辨识、评估和应急资源调查的；

（二）未按照规定开展应急预案评审的；

（三）事故风险可能影响周边单位、人员的，未将事故风险的性质、影响范围和应急防范措施告知周边单位和人员的；

（四）未按照规定开展应急预案评估的；

（五）未按照规定进行应急预案修订的；

（六）未落实应急预案规定的应急物资及装备的。

生产经营单位未按照规定进行应急预案备案的，由县级以上人民政府应急管理等部门依照职责责令限期改正；逾期未改正的，处3万元以上5万元以下的罚款，对直接负责的主管人员和其他直接责任人员处1万元以上2万元以下的罚款。

第七章 附 则

第四十六条 《生产经营单位生产安全事故应急预案备案申报表》和《生产经营单位生产安全事

故应急预案备案登记表》由应急管理部统一制定。

第四十七条 各省、自治区、直辖市应急管理部门可以依据本办法的规定，结合本地区实际制定实施细则。

第四十八条 对储存、使用易燃易爆物品、危险化学品等危险物品的科研机构、学校、医院等单位的安全事故应急预案的管理，参照本办法的有关规定执行。

第四十九条 本办法自 2016 年 7 月 1 日起施行。

国家安全生产事故灾难应急预案

（2006 年 1 月 22 日）

1 总 则

1.1 编制目的
规范安全生产事故灾难的应急管理和应急响应程序，及时有效地实施应急救援工作，最大程度地减少人员伤亡、财产损失，维护人民群众的生命安全和社会稳定。

1.2 编制依据
依据《中华人民共和国安全生产法》、《国家突发公共事件总体应急预案》和《国务院关于进一步加强安全生产工作的决定》等法律法规及有关规定，制定本预案。

1.3 适用范围
本预案适用于下列安全生产事故灾难的应对工作：

（1）造成 30 人以上死亡（含失踪），或危及 30 人以上生命安全，或者 100 人以上中毒（重伤），或者需要紧急转移安置 10 万人以上，或者直接经济损失 1 亿元以上的特别重大安全生产事故灾难。

（2）超出省（区、市）人民政府应急处置能力，或者跨省级行政区、跨多个领域（行业和部门）的安全生产事故灾难。

（3）需要国务院安全生产委员会（以下简称国务院安委会）处置的安全生产事故灾难。

1.4 工作原则
（1）以人为本，安全第一。把保障人民群众的生命安全和身体健康、最大程度地预防和减少安全生产事故灾难造成的人员伤亡作为首要任务。切实加强应急救援人员的安全防护。充分发挥人的主观能动性，充分发挥专业救援力量的骨干作用和人民群众的基础作用。

（2）统一领导，分级负责。在国务院统一领导和国务院安委会组织协调下，各省（区、市）人民政府和国务院有关部门按照各自职责和权限，负责有关安全生产事故灾难的应急管理和应急处置工作。企业要认真履行安全生产责任主体的职责，建立安全生产应急预案和应急机制。

（3）条块结合，属地为主。安全生产事故灾难现场应急处置的领导和指挥以地方人民政府为主，实行地方各级人民政府行政首长负责制。有关部门应当与地方人民政府密切配合，充分发挥指导和协调作用。

（4）依靠科学，依法规范。采用先进技术，充分发挥专家作用，实行科学民主决策。采用先进的救援装备和技术，增强应急救援能力。依法规范应急救援工作，确保应急预案的科学性、权威性和可操作性。

（5）预防为主，平战结合。贯彻落实"安全第一，预防为主"的方针，坚持事故灾难应急与预防工作相结合。做好预防、预测、预警和预报工作，做好常态下的风险评估、物资储备、队伍建设、完善装备、预案演练等工作。

2 组织体系及相关机构职责

2.1 组织体系
全国安全生产事故灾难应急救援组织体系由国务院安委会、国务院有关部门、地方各级人民政府安全生产事故灾难应急领导机构、综合协调指挥机构、专业协调指挥机构、应急支持保障部门、应急救援队伍和生产经营单位组成。

国家安全生产事故灾难应急领导机构为国务院安委会，综合协调指挥机构为国务院安委会办公室，国家安全生产应急救援指挥中心具体承担安全生产事故灾难应急管理工作，专业协调指挥机构为国务院有关部门管理的专业领域应急救援指挥机构。

地方各级人民政府的安全生产事故灾难应急机构由地方政府确定。

应急救援队伍主要包括消防部队、专业应急救援队伍、生产经营单位的应急救援队伍、社会力量、志愿者队伍及有关国际救援力量等。

国务院安委会各成员单位按照职责履行本部门的安全生产事故灾难应急救援和保障方面的职责，负责制订、管理并实施有关应急预案。

2.2 现场应急救援指挥部及职责
现场应急救援指挥以属地为主，事发地省（区、市）人民政府成立现场应急救援指挥部。现场应急救援指挥部负责指挥所有参与应急救援的队伍和人员，及时向国务院报告事故灾难事态发展及救援情况，同时抄送国务院安委会办公室。

涉及多个领域、跨省级行政区或影响特别重大的事故灾难，根据需要由国务院安委会或者国务院有关部门组织成立现场应急救援指挥部，负责应急救援协调指挥工作。

3 预警预防机制

3.1 事故灾难监控与信息报告

国务院有关部门和省（区、市）人民政府应当加强对重大危险源的监控，对可能引发特别重大事故的险情，或者其他灾害、灾难可能引发安全生产事故灾难的重要信息应及时上报。

特别重大安全生产事故灾难发生后，事故现场有关人员应当立即报告单位负责人，单位负责人接到报告后，应当立即报告当地人民政府和上级主管部门。中央企业在上报当地政府的同时应当上报企业总部。当地人民政府接到报告后应当立即报告上级政府，国务院有关部门、单位、中央企业和事故灾难发生地的省（区、市）人民政府应当在接到报告后2小时内，向国务院报告，同时抄送国务院安委会办公室。

自然灾害、公共卫生和社会安全方面的突发事件可能引发安全生产事故灾难的信息，有关各级、各类应急指挥机构均应及时通报同级安全生产事故灾难应急救援指挥机构，安全生产事故灾难应急救援指挥机构应当及时分析处理，并按照分级管理的程序逐级上报，紧急情况下，可越级上报。

发生安全生产事故灾难的有关部门、单位要及时、主动向国务院安委会办公室、国务院有关部门提供与事故应急救援有关的资料。事故灾难发生地安全监管部门提供事故前监督检查的有关资料，为国务院安委会办公室、国务院有关部门研究制订救援方案提供参考。

3.2 预警行动

各级、各部门安全生产事故灾难应急机构接到可能导致安全生产事故灾难的信息后，按照应急预案及时研究确定应对方案，并通知有关部门、单位采取相应行动预防事故发生。

4 应急响应

4.1 分级响应

Ⅰ级应急响应行动（具体标准见1.3）由国务院安委会办公室或国务院有关部门组织实施。当国务院安委会办公室或国务院有关部门进行Ⅰ级应急响应行动时，事发地各级人民政府应当按照相应的预案全力以赴组织救援，并及时向国务院及国务院安委会办公室、国务院有关部门报告救援工作进展情况。

Ⅱ级及以下应急响应行动的组织实施由省级人民政府决定。地方各级人民政府根据事故灾难或险情的严重程度启动相应的应急预案，超出其应急救援处置能力时，及时报请上一级应急救援指挥机构启动上一级应急预案实施救援。

4.1.1 国务院有关部门的响应

Ⅰ级响应时，国务院有关部门启动并实施本部门相关的应急预案，组织应急救援，并及时向国务院及国务院安委会办公室报告救援工作进展情况。需要其他部门应急力量支援时，及时提出请求。

根据发生的安全生产事故灾难的类别，国务院有关部门按照其职责和预案进行响应。

4.1.2 国务院安委会办公室的响应

（1）及时向国务院报告安全生产事故灾难基本情况、事态发展和救援进展情况。

（2）开通与事故灾难发生地的省级应急救援指挥机构、现场应急救援指挥部、相关专业应急指挥机构的通信联系，随时掌握事态发展情况。

（3）根据有关部门和专家的建议，通知相关应急救援指挥机构随时待命，为地方或专业应急救援指挥机构提供技术支持。

（4）派出有关人员和专家赶赴现场参加、指导现场应急救援，必要时协调专业应急力量增援。

（5）对可能或者已经引发自然灾害、公共卫生和社会安全突发事件的，国务院安委会办公室要及时上报国务院，同时负责通报相关领域的应急救援指挥机构。

（6）组织协调特别重大安全生产事故灾难应急救援工作。

（7）协调落实其他有关事项。

4.2 指挥和协调

进入Ⅰ级响应后，国务院有关部门及其专业应急救援指挥机构立即按照预案组织相关应急救援力量，配合地方政府组织实施应急救援。

国务院安委会办公室根据事故灾难的情况开展应急救援协调工作。通知有关部门及其应急机构、救援队伍和事发地毗邻省（区、市）人民政府应急救援指挥机构，相关机构按照各自应急预案提供增援或保障。有关应急队伍在现场应急救援指挥部统一指挥下，密切配合，共同实施抢险救援和紧急处置行动。

现场应急救援指挥部负责现场应急救援的指挥，现场应急救援指挥部成立前，事发单位和先期到达的应急救援队伍必须迅速、有效地实施先期处置，事故灾难发生地人民政府负责协调，全力控制事故灾难发展态势，防止次生、衍生和耦合事故（事件）发生，果断控制或切断事故灾害链。

中央企业发生事故灾难时，其总部应全力调动相关资源，有效开展应急救援工作。

4.3 紧急处置

现场处置主要依靠本行政区域内的应急处置力量。事故灾难发生后，发生事故的单位和当地人民政府按照应急预案迅速采取措施。

根据事态发展变化情况，出现急剧恶化的特殊险情时，现场应急救援指挥部在充分考虑专家和有关方面意见的基础上，依法及时采取紧急处置措施。

4.4 医疗卫生救助

事发地卫生行政主管部门负责组织开展紧急医疗救护和现场卫生处置工作。

卫生部或国务院安委会办公室根据地方人民政府的请求，及时协调有关专业医疗救护机构和专科医院派出有关专家、提供特种药品和特种救治装备进行支援。

事故灾难发生地疾病控制中心根据事故类型，按照专业规程进行现场防疫工作。

4.5 应急人员的安全防护

现场应急救援人员应根据需要携带相应的专业防护装备，采取安全防护措施，严格执行应急救援人员进入和离开事故现场的相关规定。

现场应急救援指挥部根据需要具体协调、调集相应的安全防护装备。

4.6 群众的安全防护

现场应急救援指挥部负责组织群众的安全防护工作，主要工作内容如下：

（1）企业应当与当地政府、社区建立应急互动机制，确定保护群众安全需要采取的防护措施。

（2）决定应急状态下群众疏散、转移和安置的方式、范围、路线、程序。

（3）指定有关部门负责实施疏散、转移。

（4）启用应急避难场所。

（5）开展医疗防疫和疾病控制工作。

（6）负责治安管理。

4.7 社会力量的动员与参与

现场应急救援指挥部组织调动本行政区域社会力量参与应急救援工作。

超出事发地省级人民政府处置能力时，省级人民政府向国务院申请本行政区域外的社会力量支援，国务院办公厅协调有关省级人民政府、国务院有关部门组织社会力量进行支援。

4.8 现场检测与评估

根据需要，现场应急救援指挥部成立事故现场检测、鉴定与评估小组，综合分析和评价检测数据，查找事故原因，评估事故发展趋势，预测事故后果，为制订现场抢救方案和事故调查提供参考。检测与评估报告要及时上报。

4.9 信息发布

国务院安委会办公室会同有关部门具体负责特别重大安全生产事故灾难信息的发布工作。

4.10 应急结束

当遇险人员全部得救，事故现场得到控制，环境符合有关标准，导致次生、衍生事故隐患消除后，经现场应急救援指挥部确认和批准，现场应急处置工作结束，应急救援队伍撤离现场。由事故发生地省级人民政府宣布应急结束。

5 后期处置

5.1 善后处置

省级人民政府会同相关部门（单位）负责组织特别重大安全生产事故灾难的善后处置工作，包括人员安置、补偿，征用物资补偿，灾后重建，污染物收集、清理与处理等事项。尽快消除事故影响，妥善安置和慰问受害及受影响人员，保证社会稳定，尽快恢复正常秩序。

5.2 保险

安全生产事故灾难发生后，保险机构及时开展应急救援人员保险受理和受灾人员保险理赔工作。

5.3 事故灾难调查报告、经验教训总结及改进建议

特别重大安全生产事故灾难由国务院安全生产监督管理部门负责组成调查组进行调查；必要时，国务院直接组成调查组或者授权有关部门组成调查组。

安全生产事故灾难善后处置工作结束后，现场应急救援指挥部分析总结应急救援经验教训，提出改进应急救援工作的建议，完成应急救援总结报告并及时上报。

6 保障措施

6.1 通信与信息保障

建立健全国家安全生产事故灾难应急救援综合

信息网络系统和重大安全生产事故灾难信息报告系统；建立完善救援力量和资源信息数据库；规范信息获取、分析、发布、报送格式和程序，保证应急机构之间的信息资源共享，为应急决策提供相关信息支持。

有关部门应急救援指挥机构和省级应急救援指挥机构负责本部门、本地区相关信息收集、分析和处理，定期向国务院安委会办公室报送有关信息，重要信息和变更信息要及时报送，国务院安委会办公室负责收集、分析和处理全国安全生产事故灾难应急救援有关信息。

6.2　应急支援与保障
6.2.1　救援装备保障
各专业应急救援队伍和企业根据实际情况和需要配备必要的应急救援装备。专业应急救援指挥机构应当掌握本专业的特种救援装备情况，各专业队伍按规程配备救援装备。

6.2.2　应急队伍保障
矿山、危险化学品、交通运输等行业或领域的企业应当依法组建和完善救援队伍。各级、各行业安全生产应急救援机构负责检查并掌握相关应急救援力量的建设和准备情况。

6.2.3　交通运输保障
发生特别重大安全生产事故灾难后，国务院安委会办公室或有关部门根据救援需要及时协调民航、交通和铁路等行政主管部门提供交通运输保障。地方人民政府有关部门对事故现场进行道路交通管制，根据需要开设应急救援特别通道，道路受损时应迅速组织抢修，确保救灾物资、器材和人员运送及时到位，满足应急处置工作需要。

6.2.4　医疗卫生保障
县级以上各级人民政府应当加强急救医疗服务网络的建设，配备相应的医疗救治药物、技术、设备和人员，提高医疗卫生机构应对安全生产事故灾难的救治能力。

6.2.5　物资保障
国务院有关部门和县级以上人民政府及其有关部门、企业，应当建立应急救援设施、设备、救治药品和医疗器械等储备制度，储备必要的应急物资和装备。

各专业应急救援机构根据实际情况，负责监督应急物资的储备情况、掌握应急物资的生产加工能力储备情况。

6.2.6　资金保障
生产经营单位应当做好事故应急救援必要的资金准备。安全生产事故灾难应急救援资金首先由事故责任单位承担，事故责任单位暂时无力承担的，由当地政府协调解决。国家处置安全生产事故灾难所需工作经费按照《财政应急保障预案》的规定解决。

6.2.7　社会动员保障
地方各级人民政府根据需要动员和组织社会力量参与安全生产事故灾难的应急救援。国务院安委会办公室协调调用事发地以外的有关社会应急力量参与增援时，地方人民政府要为其提供各种必要保障。

6.2.8　应急避难场所保障
直辖市、省会城市和大城市人民政府负责提供特别重大事故灾难发生时人员避难需要的场所。

6.3　技术储备与保障
国务院安委会办公室成立安全生产事故灾难应急救援专家组，为应急救援提供技术支持和保障。要充分利用安全生产技术支撑体系的专家和机构，研究安全生产应急救援重大问题，开发应急技术和装备。

6.4　宣传、培训和演习
6.4.1　公众信息交流
国务院安委会办公室和有关部门组织应急法律法规和事故预防、避险、避灾、自救、互救常识的宣传工作，各种媒体提供相关支持。

地方各级人民政府结合本地实际，负责本地相关宣传、教育工作，提高全民的危机意识。

企业与所在地政府、社区建立互动机制，向周边群众宣传相关应急知识。

6.4.2　培训
有关部门组织各级应急管理机构以及专业救援队伍的相关人员进行上岗前培训和业务培训。

有关部门、单位可根据自身实际情况，做好兼职应急救援队伍的培训，积极组织社会志愿者的培训，提高公众自救、互救能力。

地方各级人民政府将突发公共事件应急管理内容列入行政干部培训的课程。

6.4.3　演习
各专业应急机构每年至少组织一次安全生产事故灾难应急救援演习。国务院安委会办公室每两年至少组织一次联合演习。各企事业单位应当根据自身特点，定期组织本单位的应急救援演习。演习结束后应及时进行总结。

6.5　监督检查
国务院安委会办公室对安全生产事故灾难应急预案实施的全过程进行监督检查。

7 附 则

7.1 预案管理与更新

随着应急救援相关法律法规的制定、修改和完善，部门职责或应急资源发生变化，以及实施过程中发现存在问题或出现新的情况，应及时修订完善本预案。

本预案有关数量的表述中，"以上"含本数，"以下"不含本数。

7.2 奖励与责任追究

7.2.1 奖励

在安全生产事故灾难应急救援工作中有下列表现之一的单位和个人，应依据有关规定给予奖励：

（1）出色完成应急处置任务，成绩显著的。

（2）防止或抢救事故灾难有功，使国家、集体和人民群众的财产免受损失或者减少损失的。

（3）对应急救援工作提出重大建议，实施效果显著的。

（4）有其他特殊贡献的。

7.2.2 责任追究

在安全生产事故灾难应急救援工作中有下列行为之一的，按照法律、法规及有关规定，对有关责任人员视情节和危害后果，由其所在单位或者上级机关给予行政处分；其中，对国家公务员和国家行政机关任命的其他人员，分别由任免机关或者监察机关给予行政处分；属于违反治安管理行为的，由公安机关依照有关法律法规的规定予以处罚；构成犯罪的，由司法机关依法追究刑事责任：

（1）不按照规定制订事故应急预案，拒绝履行应急准备义务的。

（2）不按照规定报告、通报事故灾难真实情况的。

（3）拒不执行安全生产事故灾难应急预案，不服从命令和指挥，或者在应急响应时临阵脱逃的。

（4）盗窃、挪用、贪污应急工作资金或者物资的。

（5）阻碍应急工作人员依法执行任务或者进行破坏活动的。

（6）散布谣言，扰乱社会秩序的。

（7）有其他危害应急工作行为的。

7.3 国际沟通与协作

国务院安委会办公室和有关部门积极建立与国际应急机构的联系，组织参加国际救援活动，开展国际间的交流与合作。

7.4 预案实施时间

本预案自印发之日起施行。

二、矿山安全

1. 法律法规

中华人民共和国矿山安全法

（1992年11月7日第七届全国人民代表大会常务委员会第二十八次会议通过 根据2009年8月27日第十一届全国人民代表大会常务委员会第十次会议《关于修改部分法律的决定》修正）

第一章 总 则

第一条 为了保障矿山生产安全，防止矿山事故，保护矿山职工人身安全，促进采矿业的发展，制定本法。

第二条 在中华人民共和国领域和中华人民共和国管辖的其他海域从事矿产资源开采活动，必须遵守本法。

第三条 矿山企业必须具有保障安全生产的设施，建立、健全安全管理制度，采取有效措施改善职工劳动条件，加强矿山安全管理工作，保证安全生产。

第四条 国务院劳动行政主管部门对全国矿山安全工作实施统一监督。

县级以上地方各级人民政府劳动行政主管部门对本行政区域内的矿山安全工作实施统一监督。

县级以上人民政府管理矿山企业的主管部门对矿山安全工作进行管理。

第五条 国家鼓励矿山安全科学技术研究，推广先进技术，改进安全设施，提高矿山安全生产水平。

第六条 对坚持矿山安全生产，防止矿山事故，参加矿山抢险救护，进行矿山安全科学技术研究等方面取得显著成绩的单位和个人，给予奖励。

第二章 矿山建设的安全保障

第七条 矿山建设工程的安全设施必须和主体工程同时设计、同时施工、同时投入生产和使用。

第八条 矿山建设工程的设计文件，必须符合矿山安全规程和行业技术规范，并按照国家规定经管理矿山企业的主管部门批准；不符合矿山安全规程和行业技术规范的，不得批准。

矿山建设工程安全设施的设计必须有劳动行政主管部门参加审查。

矿山安全规程和行业技术规范，由国务院管理矿山企业的主管部门制定。

第九条 矿山设计下列项目必须符合矿山安全规程和行业技术规范：

（一）矿井的通风系统和供风量、风质、风速；

（二）露天矿的边坡角和台阶的宽度、高度；

（三）供电系统；

（四）提升、运输系统；

（五）防水、排水系统和防火、灭火系统；

（六）防瓦斯系统和防尘系统；

（七）有关矿山安全的其他项目。

第十条 每个矿井必须有两个以上能行人的安全出口，出口之间的直线水平距离必须符合矿山安全规程和行业技术规范。

第十一条 矿山必须有与外界相通的、符合安全要求的运输和通讯设施。

第十二条 矿山建设工程必须按照管理矿山企业的主管部门批准的设计文件施工。

矿山建设工程安全设施竣工后，由管理矿山企业的主管部门验收，并须有劳动行政主管部门参加；不符合矿山安全规程和行业技术规范的，不得验收，不得投入生产。

第三章 矿山开采的安全保障

第十三条 矿山开采必须具备保障安全生产的条件，执行开采不同矿种的矿山安全规程和行业技术规范。

第十四条 矿山设计规定保留的矿柱、岩柱，在规定的期限内，应当予以保护，不得开采或者毁坏。

第十五条 矿山使用的有特殊安全要求的设备、器材、防护用品和安全检测仪器，必须符合国家安全标准或者行业安全标准；不符合国家安全标准或者行业安全标准的，不得使用。

第十六条　矿山企业必须对机电设备及其防护装置、安全检测仪器，定期检查、维修，保证使用安全。

第十七条　矿山企业必须对作业场所中的有毒有害物质和井下空气含氧量进行检测，保证符合安全要求。

第十八条　矿山企业必须对下列危害安全的事故隐患采取预防措施：

（一）冒顶、片帮、边坡滑落和地表塌陷；

（二）瓦斯爆炸、煤尘爆炸；

（三）冲击地压、瓦斯突出、井喷；

（四）地面和井下的火灾、水害；

（五）爆破器材和爆破作业发生的危害；

（六）粉尘、有毒有害气体、放射性物质和其他有害物质引起的危害；

（七）其他危害。

第十九条　矿山企业对使用机械、电气设备，排土场、矸石山、尾矿库和矿山闭坑后可能引起的危害，应当采取预防措施。

第四章　矿山企业的安全管理

第二十条　矿山企业必须建立、健全安全生产责任制。

矿长对本企业的安全生产工作负责。

第二十一条　矿长应当定期向职工代表大会或者职工大会报告安全生产工作，发挥职工代表大会的监督作用。

第二十二条　矿山企业职工必须遵守有关矿山安全的法律、法规和企业规章制度。

矿山企业职工有权对危害安全的行为，提出批评、检举和控告。

第二十三条　矿山企业工会依法维护职工生产安全的合法权益，组织职工对矿山安全工作进行监督。

第二十四条　矿山企业违反有关安全的法律、法规，工会有权要求企业行政方面或者有关部门认真处理。

矿山企业召开讨论有关安全生产的会议，应当有工会代表参加，工会有权提出意见和建议。

第二十五条　矿山企业工会发现企业行政方面违章指挥、强令工人冒险作业或者生产过程中发现明显重大事故隐患和职业危害，有权提出解决的建议；发现危及职工生命安全的情况时，有权向矿山企业行政方面建议组织职工撤离危险现场，矿山企业行政方面必须及时作出处理决定。

第二十六条　矿山企业必须对职工进行安全教育、培训；未经安全教育、培训的，不得上岗作业。

矿山企业安全生产的特种作业人员必须接受专门培训，经考核合格取得操作资格证书的，方可上岗作业。

第二十七条　矿长必须经过考核，具备安全专业知识，具有领导安全生产和处理矿山事故的能力。

矿山企业安全工作人员必须具备必要的安全专业知识和矿山安全工作经验。

第二十八条　矿山企业必须向职工发放保障安全生产所需的劳动防护用品。

第二十九条　矿山企业不得录用未成年人从事矿山井下劳动。

矿山企业对女职工按照国家规定实行特殊劳动保护，不得分配女职工从事矿山井下劳动。

第三十条　矿山企业必须制定矿山事故防范措施，并组织落实。

第三十一条　矿山企业应当建立由专职或者兼职人员组成的救护和医疗急救组织，配备必要的装备、器材和药物。

第三十二条　矿山企业必须从矿产品销售额中按照国家规定提取安全技术措施专项费用。安全技术措施专项费用必须全部用于改善矿山安全生产条件，不得挪作他用。

第五章　矿山安全的监督和管理

第三十三条　县级以上各级人民政府劳动行政主管部门对矿山安全工作行使下列监督职责：

（一）检查矿山企业和管理矿山企业的主管部门贯彻执行矿山安全法律、法规的情况；

（二）参加矿山建设工程安全设施的设计审查和竣工验收；

（三）检查矿山劳动条件和安全状况；

（四）检查矿山企业职工安全教育、培训工作；

（五）监督矿山企业提取和使用安全技术措施专项费用的情况；

（六）参加并监督矿山事故的调查和处理；

（七）法律、行政法规规定的其他监督职责。

第三十四条　县级以上人民政府管理矿山企业的主管部门对矿山安全工作行使下列管理职责：

（一）检查矿山企业贯彻执行矿山安全法律、法规的情况；

（二）审查批准矿山建设工程安全设施的设计；

（三）负责矿山建设工程安全设施的竣工验收；

（四）组织矿长和矿山企业安全工作人员的培训工作；

（五）调查和处理重大矿山事故；

（六）法律、行政法规规定的其他管理职责。

第三十五条 劳动行政主管部门的矿山安全监督人员有权进入矿山企业，在现场检查安全状况；发现有危及职工安全的紧急险情时，应当要求矿山企业立即处理。

第六章 矿山事故处理

第三十六条 发生矿山事故，矿山企业必须立即组织抢救，防止事故扩大，减少人员伤亡和财产损失，对伤亡事故必须立即如实报告劳动行政主管部门和管理矿山企业的主管部门。

第三十七条 发生一般矿山事故，由矿山企业负责调查和处理。

发生重大矿山事故，由政府及其有关部门、工会和矿山企业按照行政法规的规定进行调查和处理。

第三十八条 矿山企业对矿山事故中伤亡的职工按照国家规定给予抚恤或者补偿。

第三十九条 矿山事故发生后，应当尽快消除现场危险，查明事故原因，提出防范措施。现场危险消除后，方可恢复生产。

第七章 法律责任

第四十条 违反本法规定，有下列行为之一的，由劳动行政主管部门责令改正，可以并处罚款；情节严重的，提请县级以上人民政府决定责令停产整顿；对主管人员和直接责任人员由其所在单位或者上级主管机关给予行政处分：

（一）未对职工进行安全教育、培训，分配职工上岗作业的；

（二）使用不符合国家安全标准或者行业安全标准的设备、器材、防护用品、安全检测仪器的；

（三）未按照规定提取或者使用安全技术措施专项费用的；

（四）拒绝矿山安全监督人员现场检查或者在被检查时隐瞒事故隐患、不如实反映情况的；

（五）未按照规定及时、如实报告矿山事故的。

第四十一条 矿长不具备安全专业知识的，安全生产的特种作业人员未取得操作资格证书上岗作业的，由劳动行政主管部门责令限期改正；逾期不改正的，提请县级以上人民政府决定责令停产，调整配备合格人员后，方可恢复生产。

第四十二条 矿山建设工程安全设施的设计未经批准擅自施工的，由管理矿山企业的主管部门责令停止施工；拒不执行的，由管理矿山企业的主管部门提请县级以上人民政府决定由有关主管部门吊销其采矿许可证和营业执照。

第四十三条 矿山建设工程的安全设施未经验收或者验收不合格擅自投入生产的，由劳动行政主管部门会同管理矿山企业的主管部门责令停止生产，并由劳动行政主管部门处以罚款；拒不停止生产的，由劳动行政主管部门提请县级以上人民政府决定由有关主管部门吊销其采矿许可证和营业执照。

第四十四条 已经投入生产的矿山企业，不具备安全生产条件而强行开采的，由劳动行政主管部门会同管理矿山企业的主管部门责令限期改进；逾期仍不具备安全生产条件的，由劳动行政主管部门提请县级以上人民政府决定责令停产整顿或者由有关主管部门吊销其采矿许可证和营业执照。

第四十五条 当事人对行政处罚决定不服的，可以在接到处罚决定通知之日起十五日内向作出处罚决定的机关的上一级机关申请复议；当事人也可以在接到处罚决定通知之日起十五日内直接向人民法院起诉。

复议机关应当在接到复议申请之日起六十日内作出复议决定。当事人对复议决定不服的，可以在接到复议决定之日起十五日内向人民法院起诉。复议机关逾期不作出复议决定的，当事人可以在复议期满之日起十五日内向人民法院起诉。

当事人逾期不申请复议也不向人民法院起诉、又不履行处罚决定的，作出处罚决定的机关可以申请人民法院强制执行。

第四十六条 矿山企业主管人员违章指挥、强令工人冒险作业，因而发生重大伤亡事故的，依照刑法有关规定追究刑事责任。

第四十七条 矿山企业主管人员对矿山事故隐患不采取措施，因而发生重大伤亡事故的，依照刑法有关规定追究刑事责任。

第四十八条 矿山安全监督人员和安全管理人员滥用职权、玩忽职守、徇私舞弊，构成犯罪的，依法追究刑事责任；不构成犯罪的，给予行政处分。

第八章 附 则

第四十九条 国务院劳动行政主管部门根据本法制定实施条例，报国务院批准施行。

省、自治区、直辖市人民代表大会常务委员会可以根据本法和本地区的实际情况，制定实施办法。

第五十条 本法自1993年5月1日起施行。

中华人民共和国
矿山安全法实施条例

(1996年10月11日国务院批准 1996年10月30日劳动部令第4号发布 自发布之日起施行)

第一章 总 则

第一条 根据《中华人民共和国矿山安全法》（以下简称《矿山安全法》），制定本条例。

第二条 《矿山安全法》及本条例中下列用语的含义：

矿山，是指在依法批准的矿区范围内从事矿产资源开采活动的场所及其附属设施。

矿产资源开采活动，是指在依法批准的矿区范围内从事矿产资源勘探和矿山建设、生产、闭坑及有关活动。

第三条 国家采取政策和措施，支持发展矿山安全教育，鼓励矿山安全开采技术、安全管理方法、安全设备与仪器的研究和推广，促进矿山安全科学技术进步。

第四条 各级人民政府、政府有关部门或者企业事业单位对有下列情形之一的单位和个人，按照国家有关规定给予奖励：

（一）在矿山安全管理和监督工作中，忠于职守，作出显著成绩的；

（二）防止矿山事故或者抢险救护有功的；

（三）在推广矿山安全技术、改进矿山安全设施方面，作出显著成绩的；

（四）在矿山安全生产方面提出合理化建议，效果显著的；

（五）在改善矿山劳动条件或者预防矿山事故方面有发明创造和科研成果，效果显著的。

第二章 矿山建设的安全保障

第五条 矿山设计使用的地质勘探报告书，应当包括下列技术资料：

（一）较大的断层、破碎带、滑坡、泥石流的性质和规模；

（二）含水层（包括溶洞）和隔水层的岩性、层厚、产状，含水层之间、地面水和地下水之间的水力联系，地下水的潜水位、水质、水量和流向，地面水流系统和有关水利工程的疏水能力以及当地历年降水量和最高洪水位；

（三）矿山设计范围内原有小窑、老窑的分布范围、开采深度和积水情况；

（四）沼气、二氧化碳赋存情况，矿物自然发火和矿尘爆炸的可能性；

（五）对人体有害的矿物组份、含量和变化规律，勘探区至少一年的天然放射性本底数据；

（六）地温异常和热水矿区的岩石热导率、地温梯度、热水来源、水温、水压和水量，以及圈定的热害区范围；

（七）工业、生活用水的水源和水质；

（八）钻孔封孔资料；

（九）矿山设计需要的其他资料。

第六条 编制矿山建设项目的可行性研究报告和总体设计，应当对矿山开采的安全条件进行论证。

矿山建设项目的初步设计，应当编制安全专篇。安全专篇的编写要求，由国务院劳动行政主管部门规定。

第七条 根据《矿山安全法》第八条的规定，矿山建设单位在向管理矿山企业的主管部门报送审批矿山建设工程安全设施设计文件时，应当同时报送劳动行政主管部门审查；没有劳动行政主管部门的审查意见，管理矿山企业的主管部门不得批准。

经批准的矿山建设工程安全设施设计需要修改时，应当征求原参加审查的劳动行政主管部门的意见。

第八条 矿山建设工程应当按照经批准的设计文件施工，保证施工质量；工程竣工后，应当按照国家有关规定申请验收。

建设单位应当在验收前60日向管理矿山企业的主管部门、劳动行政主管部门报送矿山建设工程安全设施施工、竣工情况的综合报告。

第九条 管理矿山企业的主管部门、劳动行政主管部门应当自收到建设单位报送的矿山建设工程安全设施施工、竣工情况的综合报告之日起30日内，对矿山建设工程的安全设施进行检查；不符合矿山安全规程、行业技术规范的，不得验收，不得投入生产或者使用。

第十条 矿山应当有保障安全生产、预防事故和职业危害的安全设施，并符合下列基本要求：

（一）每个矿井至少有两个独立的能行人的直达地面的安全出口。矿井的每个生产水平（中段）和各个采区（盘区）至少有两个能行人的安全出口，并与直达地面的出口相通。

（二）每个矿井有独立的采用机械通风的通风系统，保证井下作业场所有足够的风量；但是，小型非沼气矿井在保证井下作业场所所需风量的前提下，可以采用自然通风。

（三）井巷断面能满足行人、运输、通风和安全设施、设备的安装、维修及施工需要。

（四）井巷支护和采场顶板管理能保证作业场所的安全。

（五）相邻矿井之间、矿井与露天矿之间、矿井与老窑之间留有足够的安全隔离矿柱。矿山井巷布置留有足够的保障井上和井下安全的矿柱或者岩柱。

（六）露天矿山的阶段高度、平台宽度和边坡角能满足安全作业和边坡稳定的需要。船采沙矿的采池边界与地面建筑物、设备之间有足够的安全距离。

（七）有地面和井下的防水、排水系统，有防止地表水泄入井下和露天采场的措施。

（八）溜矿井有防止和处理堵塞的安全措施。

（九）有自然发火可能性的矿井，主要运输巷道布置在岩层或者不易自然发火的矿层内，并采用预防性灌浆或者其他有效的预防自然发火的措施。

（十）矿山地面消防设施符合国家有关消防的规定。矿井有防灭火设施和器材。

（十一）地面及井下供配电系统符合国家有关规定。

（十二）矿山提升运输设备、装置及设施符合下列要求：

1. 钢丝绳、连接装置、提升容器以及保险链有足够的安全系数；

2. 提升容器与井壁、罐道梁之间及两个提升容器之间有足够的间隙；

3. 提升绞车和提升容器有可靠的安全保护装置；

4. 电机车、架线、轨道的选型能满足安全要求；

5. 运送人员的机械设备有可靠的安全保护装置；

6. 提升运输设备有灵敏可靠的信号装置。

（十三）每个矿井有防尘供水系统。地面和井下所有产生粉尘的作业地点有综合防尘措施。

（十四）有瓦斯、粉尘爆炸可能性的矿井，采用防爆电器设备，并采取防尘和隔爆措施。

（十五）开采放射性矿物的矿井，符合下列要求：

1. 矿井进风量和风质能满足降氡的需要，避免串联通风和污风循环；

2. 主要进风道开在矿脉之外，穿矿脉或者岩体裂隙发育的进风巷道有防止氡析出的措施；

3. 采用后退式回采；

4. 能防止井下污水散流，并采取封闭的排放污水系统。

（十六）矿山储存爆破材料的场所符合国家有关规定。

（十七）排土场、矸石山有防止发生泥石流和其他危害的安全措施，尾矿库有防止溃坝等事故的安全设施。

（十八）有防止山体滑坡和因采矿活动引起地表塌陷造成危害的预防措施。

（十九）每个矿井配置足够数量的通风检测仪表和有毒有害气体与井下环境检测仪器。开采有瓦斯突出的矿井，装备监测系统或者检测仪器。

（二十）有与外界相通的、符合安全要求的运输设施和通讯设施。

（二十一）有更衣室、浴室等设施。

第三章 矿山开采的安全保障

第十一条 采掘作业应当编制作业规程，规定保证作业人员安全的技术措施和组织措施，并在情况变化时及时予以修改和补充。

第十二条 矿山开采应当有下列图纸资料：

（一）地质图（包括水文地质图和工程地质图）；

（二）矿山总布置图和矿井井上、井下对照图；

（三）矿井、巷道、采场布置图；

（四）矿山生产和安全保障的主要系统图。

第十三条 矿山企业应当在采矿许可证批准的范围开采，禁止越层、越界开采。

第十四条 矿山使用的下列设备、器材、防护用品和安全检测仪器，应当符合国家安全标准或者行业安全标准；不符合国家安全标准或者行业安全标准的，不得使用：

（一）采掘、支护、装载、运输、提升、通风、排水、瓦斯抽放、压缩空气和起重设备；

（二）电动机、变压器、配电柜、电器开关、电控装置；

（三）爆破器材、通讯器材、矿灯、电缆、钢丝绳、支护材料、防火材料；

（四）各种安全卫生检测仪器仪表；

（五）自救器、安全帽、防尘防毒口罩或者面罩、防护服、防护鞋等防护用品和救护设备；

（六）经有关主管部门认定的其他有特殊安全要求的设备和器材。

第十五条 矿山企业应当对机电设备及其防护装置、安全检测仪器定期检查、维修，并建立技术档案，保证使用安全。

非负责设备运行的人员，不得操作设备。非值班电气人员，不得进行电气作业。操作电气设备的人员，应当有可靠的绝缘保护。检修电气设备时，不得带电作业。

第十六条　矿山作业场所空气中的有毒有害物质的浓度，不得超过国家标准或者行业标准；矿山企业应当按照国家规定的方法，按照下列要求定期检测：

（一）粉尘作业点，每月至少检测两次；

（二）三硝基甲苯作业点，每月至少检测一次；

（三）放射性物质作业点，每月至少检测三次；

（四）其他有毒有害物质作业点，井下每月至少检测一次，地面每季度至少检测一次；

（五）采用个体采样方法检测呼吸性粉尘，每季度至少检测一次。

第十七条　井下采掘作业，必须按照作业规程的规定管理顶帮。采掘作业通过地质破碎带或者其他顶帮破碎地点时，应当加强支护。

露天采剥作业，应当按照设计规定，控制采剥工作面的阶段高度、宽度、边坡角和最终边坡角。采剥作业和排土作业，不得对深部或者邻近井巷造成危害。

第十八条　煤矿和其他有瓦斯爆炸可能性的矿井，应当严格执行瓦斯检查制度，任何人不得携带烟草和点火用具下井。

第十九条　在下列条件下从事矿山开采，应当编制专门设计文件，并报管理矿山企业的主管部门批准：

（一）有瓦斯突出的；

（二）有冲击地压的；

（三）在需要保护的建筑物、构筑物和铁路下面开采的；

（四）在水体下面开采的；

（五）在地温异常或者有热水涌出的地区开采的。

第二十条　有自然发火可能性的矿井，应当采取下列措施：

（一）及时清出采场浮矿和其他可燃物质，回采结束后及时封闭采空区；

（二）采取防火灌浆或者其他有效的预防自然发火的措施；

（三）定期检查井巷和采区封闭情况，测定可能自然发火地点的温度和风量；定期检测火区内的温度、气压和空气成份。

第二十一条　井下采掘作业遇下列情形之一时，应当探水前进：

（一）接近承压含水层或者含水的断层、流砂层、砾石层、溶洞、陷落柱时；

（二）接近与地表水体相通的地质破碎带或者接近连通承压层的未封钻孔时；

（三）接近积水的老窑、旧巷或者灌过泥浆的采空区时；

（四）发现有出水征兆时；

（五）掘开隔离矿柱或者岩柱放水时。

第二十二条　井下风量、风质、风速和作业环境的气候，必须符合矿山安全规程的规定。

采掘工作面进风风流中，按照体积计算，氧气不得低于20%，二氧化碳不得超过0.5%。

井下作业地点的空气温度不得超过28℃；超过时，应当采取降温或者其他防护措施。

第二十三条　开采放射性矿物的矿井，必须采取下列措施，减少氡气析出量：

（一）及时封闭采空区和已经报废或者暂时不用的井巷；

（二）用留矿法作业的采场采用下行通风；

（三）严格管理井下污水。

第二十四条　矿山的爆破作业和爆破材料的制造、储存、运输、试验及销毁，必须严格执行国家有关规定。

第二十五条　矿山企业对地面、井下产生粉尘的作业，应当采取综合防尘措施，控制粉尘危害。

井下风动凿岩，禁止干打眼。

第二十六条　矿山企业应当建立、健全对地面陷落区、排土场、矸石山、尾矿库的检查和维护制度；对可能发生的危害，应当采取预防措施。

第二十七条　矿山企业应当按照国家有关规定关闭矿山，对关闭矿山后可能引起的危害采取预防措施。关闭矿山报告应当包括下列内容：

（一）采掘范围及采空区处理情况；

（二）对矿井采取的封闭措施；

（三）对其他不安全因素的处理办法。

第四章　矿山企业的安全管理

第二十八条　矿山企业应当建立、健全下列安全生产责任制：

（一）行政领导岗位安全生产责任制；

（二）职能机构安全生产责任制；

（三）岗位人员的安全生产责任制。

第二十九条　矿长（含矿务局局长、矿山公司经理，下同）对本企业的安全生产工作负有下列责任：

（一）认真贯彻执行《矿山安全法》和本条例以及其他法律、法规中有关矿山安全生产的规定；

（二）制定本企业安全生产管理制度；

（三）根据需要配备合格的安全工作人员，对每个作业场所进行跟班检查；

（四）采取有效措施，改善职工劳动条件，保证安全生产所需要的材料、设备、仪器和劳动防护用品的及时供应；

（五）依照本条例的规定，对职工进行安全教育、培训；

（六）制定矿山灾害的预防和应急计划；

（七）及时采取措施，处理矿山存在的事故隐患；

（八）及时、如实向劳动行政主管部门和管理矿山企业的主管部门报告矿山事故。

第三十条 矿山企业应当根据需要，设置安全机构或者配备专职安全工作人员。专职安全工作人员应当经过培训，具备必要的安全专业知识和矿山安全工作经验，能胜任现场安全检查工作。

第三十一条 矿长应当定期向职工代表大会或者职工大会报告下列事项，接受民主监督：

（一）企业安全生产重大决策；

（二）企业安全技术措施计划及其执行情况；

（三）职工安全教育、培训计划及其执行情况；

（四）职工提出的改善劳动条件的建议和要求的处理情况；

（五）重大事故处理情况；

（六）有关安全生产的其他重要事项。

第三十二条 矿山企业职工享有下列权利：

（一）有权获得作业场所安全与职业危害方面的信息；

（二）有权向有关部门和工会组织反映矿山安全状况和存在的问题；

（三）对任何危害职工安全健康的决定和行为，有权提出批评、检举和控告。

第三十三条 矿山企业职工应当履行下列义务：

（一）遵守有关矿山安全的法律、法规和企业规章制度；

（二）维护矿山企业的生产设备、设施；

（三）接受安全教育和培训；

（四）及时报告危险情况，参加抢险救护。

第三十四条 矿山企业工会有权督促企业行政方面加强职工的安全教育、培训工作，开展安全宣传活动，提高职工的安全生产意识和技术素质。

第三十五条 矿山企业应当按照下列规定对职工进行安全教育、培训：

（一）新进矿山的井下作业职工，接受安全教育、培训的时间不得少于72小时，考试合格后，必须在有安全工作经验的职工带领下工作满4个月，然后经再次考核合格，方可独立工作；

（二）新进露天矿的职工，接受安全教育、培训的时间不得少于40小时，经考试合格后，方可上岗作业；

（三）对调换工种和采用新工艺作业的人员，必须重新培训，经考试合格后，方可上岗作业；

（四）所有生产作业人员，每年接受在职安全教育、培训的时间不少于20小时。

职工安全教育、培训期间，矿山企业应当支付工资。

职工安全教育、培训情况和考核结果，应当记录存档。

第三十六条 矿山企业对职工的安全教育、培训，应当包括下列内容：

（一）《矿山安全法》及本条例赋予矿山职工的权利与义务；

（二）矿山安全规程及矿山企业有关安全管理的规章制度；

（三）与职工本职工作有关的安全知识；

（四）各种事故征兆的识别、发生紧急危险情况时的应急措施和撤退路线；

（五）自救装备的使用和有关急救方面的知识；

（六）有关主管部门规定的其他内容。

第三十七条 瓦斯检查工、爆破工、通风工、信号工、拥罐工、电工、金属焊接（切割）工、矿井泵工、瓦斯抽放工、主扇风机操作工、主提升机操作工、绞车操作工、输送机操作工、尾矿工、安全检查工和矿内机动车司机等特种作业人员应当接受专门技术培训，经考核合格取得操作资格证书后，方可上岗作业。特种作业人员的考核、发证工作按照国家有关规定执行。

第三十八条 对矿长安全资格的考核，应当包括下列内容：

（一）《矿山安全法》和有关法律、法规及矿山安全规程；

（二）矿山安全知识；

（三）安全生产管理能力；

（四）矿山事故处理能力；

（五）安全生产业绩。

第三十九条 矿山企业向职工发放的劳动防护用品应当是经过鉴定和检验合格的产品。劳动防护用品的发放标准由国务院劳动行政主管部门制定。

第四十条 矿山企业应当每年编制矿山灾害预防和应急计划；在每季度末，应当根据实际情况对计划及时进行修改，制定相应的措施。

矿山企业应当使每个职工熟悉矿山灾害预防和应急计划，并且每年至少组织一次矿山救灾演习。

矿山企业应当根据国家有关规定，按照不同作业场所的要求，设置矿山安全标志。

第四十一条 矿山企业应当建立由专职的或者兼职的人员组成的矿山救护和医疗急救组织。不具备单独建立专业救护和医疗急救组织的小型矿山企业，除应当建立兼职的救护和医疗急救组织外，还应当与邻近的有专业的救护和医疗急救组织的矿山企业签订救护和急救协议，或者与邻近的矿山企业联合建立专业救护和医疗急救组织。

矿山救护和医疗急救组织应当有固定场所、训练器械和训练场地。

矿山救护和医疗急救组织的规模和装备标准，由国务院管理矿山企业的有关主管部门规定。

第四十二条 矿山企业必须按照国家规定的安全条件进行生产，并安排一部分资金，用于下列改善矿山安全生产条件的项目：

（一）预防矿山事故的安全技术措施；

（二）预防职业危害的劳动卫生技术措施；

（三）职工的安全培训；

（四）改善矿山安全生产条件的其他技术措施。

前款所需资金，由矿山企业按矿山维简费的20%的比例具实列支；没有矿山维简费的矿山企业，按固定资产折旧费的20%的比例具实列支。

第五章 矿山安全的监督和管理

第四十三条 县级以上各级人民政府劳动行政主管部门，应当根据矿山安全监督工作的实际需要，配备矿山安全监督人员。

矿山安全监督人员必须熟悉矿山安全技术知识，具有矿山安全工作经验，能胜任矿山安全检查工作。

矿山安全监督证件和专用标志由国务院劳动行政主管部门统一制作。

第四十四条 矿山安全监督人员在执行职务时，有权进入现场检查，参加有关会议，无偿调阅有关资料，向有关单位和人员了解情况。

矿山安全监督人员进入现场检查，发现有危及职工安全健康的情况时，有权要求矿山企业立即改正或者限期解决；情况紧急时，有权要求矿山企业立即停止作业，从危险区内撤出作业人员。

劳动行政主管部门可以委托检测机构对矿山作业场所和危险性较大的在用设备、仪器、器材进行抽检。

劳动行政主管部门对检查中发现的违反《矿山安全法》和本条例以及其他法律、法规有关矿山安全的规定的情况，应当依法提出处理意见。

第四十五条 矿山安全监督人员执行公务时，应当出示矿山安全监督证件，秉公执法，并遵守有关规定。

第六章 矿山事故处理

第四十六条 矿山发生事故后，事故现场有关人员应当立即报告矿长或者有关主管人员；矿长或者有关主管人员接到事故报告后，必须立即采取有效措施，组织抢救，防止事故扩大，尽力减少人员伤亡和财产损失。

第四十七条 矿山发生重伤、死亡事故后，矿山企业应当在24小时内如实向劳动行政主管部门和管理矿山企业的主管部门报告。

第四十八条 劳动行政主管部门和管理矿山企业的主管部门接到死亡事故或者一次重伤3人以上的事故报告后，应当立即报告本级人民政府，并报各自的上一级主管部门。

第四十九条 发生伤亡事故，矿山企业和有关单位应当保护事故现场；因抢救事故，需要移动现场部分物品时，必须作出标志，绘制事故现场图，并详细记录；在消除现场危险，采取防范措施后，方可恢复生产。

第五十条 矿山事故发生后，有关部门应当按照国家有关规定，进行事故调查处理。

第五十一条 矿山事故调查处理工作应当自事故发生之日起90日内结束；遇有特殊情况，可以适当延长，但是不得超过180日。矿山事故处理结案后，应当公布处理结果。

第七章 法律责任

第五十二条 依照《矿山安全法》第四十条规定处以罚款的，分别按照下列规定执行：

（一）未对职工进行安全教育、培训，分配职工上岗作业的，处4万元以下的罚款；

（二）使用不符合国家安全标准或者行业安全标准的设备、器材、防护用品和安全检测仪器的，处5万元以下的罚款；

（三）未按照规定提取或者使用安全技术措施专项费用的，处5万元以下的罚款；

（四）拒绝矿山安全监督人员现场检查或者在被检查时隐瞒事故隐患，不如实反映情况的，处2万元以下的罚款；

（五）未按照规定及时、如实报告矿山事故的，处3万元以下的罚款。

第五十三条 依照《矿山安全法》第四十三条规定处以罚款的，罚款幅度为5万元以上10万元以下。

第五十四条 违反本条例第十五条、第十六条、第十七条、第十八条、第十九条、第二十条、第二十一条、第二十二条、第二十三条、第二十五条规定的，由劳动行政主管部门责令改正，可以处2万元以下的罚款。

第五十五条 当事人收到罚款通知书后，应当在15日内到指定的金融机构缴纳罚款；逾期不缴纳的，自逾期之日起每日加收3‰的滞纳金。

第五十六条 矿山企业主管人员有下列行为之一，造成矿山事故的，按照规定给予纪律处分；构成犯罪的，由司法机关依法追究刑事责任：

（一）违章指挥、强令工人违章、冒险作业的；

（二）对工人屡次违章作业熟视无睹，不加制止的；

（三）对重大事故预兆或者已发现的隐患不及时采取措施的；

（四）不执行劳动行政主管部门的监督指令或者不采纳有关部门提出的整顿意见，造成严重后果的。

第八章 附 则

第五十七条 国务院管理矿山企业的主管部门根据《矿山安全法》和本条例修订或者制定的矿山安全规程和行业技术规范，报国务院劳动行政主管部门备案。

第五十八条 石油天然气开采的安全规定，由国务院劳动行政主管部门会同石油工业主管部门制定，报国务院批准后施行。

第五十九条 本条例自发布之日起施行。

煤矿安全生产条例

（2023年12月18日国务院第21次常务会议通过 2024年1月24日中华人民共和国国务院令第774号公布 自2024年5月1日起施行）

第一章 总 则

第一条 为了加强煤矿安全生产工作，防止和减少煤矿生产安全事故，保障人民群众生命财产安全，制定本条例。

第二条 在中华人民共和国领域和中华人民共和国管辖的其他海域内的煤矿安全生产，适用本条例。

第三条 煤矿安全生产工作坚持中国共产党的领导。

煤矿安全生产工作应当以人为本，坚持人民至上、生命至上，把保护人民生命安全摆在首位，贯彻安全发展理念，坚持安全第一、预防为主、综合治理的方针，从源头上防范化解重大安全风险。

煤矿安全生产工作实行管行业必须管安全、管业务必须管安全、管生产经营必须管安全，按照国家监察、地方监管、企业负责，强化和落实安全生产责任。

第四条 煤矿企业应当履行安全生产主体责任，加强安全生产管理，建立健全并落实全员安全生产责任制和安全生产规章制度，加大对安全生产资金、物资、技术、人员的投入保障力度，改善安全生产条件，加强安全生产标准化、信息化建设，构建安全风险分级管控和隐患排查治理双重预防机制，健全风险防范化解机制，提高安全生产水平，确保安全生产。

煤矿企业主要负责人（含实际控制人，下同）是本企业安全生产第一责任人，对本企业安全生产工作全面负责。其他负责人对职责范围内的安全生产工作负责。

第五条 县级以上人民政府应当加强对煤矿安全生产工作的领导，建立健全工作协调机制，支持、督促各有关部门依法履行煤矿安全生产工作职责，及时协调、解决煤矿安全生产工作中的重大问题。

第六条 县级以上人民政府负有煤矿安全生产监督管理职责的部门对煤矿安全生产实施监督管理，其他有关部门按照职责分工依法履行煤矿安全生产相关职责。

第七条 国家实行煤矿安全监察制度。国家矿山安全监察机构及其设在地方的矿山安全监察机构负责煤矿安全监察工作，依法对地方人民政府煤矿安全生产监督管理工作进行监督检查。

国家矿山安全监察机构及其设在地方的矿山安全监察机构依法履行煤矿安全监察职责，不受任何单位和个人的干涉。

第八条 国家实行煤矿生产安全事故责任追究制度。对煤矿生产安全事故责任单位和责任人员，依照本条例和有关法律法规的规定追究法律责任。

国家矿山安全监察机构及其设在地方的矿山安全监察机构依法组织或者参与煤矿生产安全事故调查处理。

第九条　县级以上人民政府负有煤矿安全生产监督管理职责的部门、国家矿山安全监察机构及其设在地方的矿山安全监察机构应当建立举报制度，公开举报电话、信箱或者电子邮件地址等网络举报平台，受理有关煤矿安全生产的举报并依法及时处理；对需要由其他有关部门进行调查处理的，转交其他有关部门处理。

任何单位和个人对事故隐患或者安全生产违法行为，有权向前款规定的部门和机构举报。举报事项经核查属实的，依法依规给予奖励。

第十条　煤矿企业从业人员有依法获得安全生产保障的权利，并应当依法履行安全生产方面的义务。

第十一条　国家矿山安全监察机构应当按照保障煤矿安全生产的要求，在国务院应急管理部门的指导下，依法及时拟订煤矿安全生产国家标准或者行业标准，并负责煤矿安全生产强制性国家标准的项目提出、组织起草、征求意见、技术审查。

第十二条　国家鼓励和支持煤矿安全生产科学技术研究和煤矿安全生产先进技术、工艺的推广应用，提升煤矿智能化开采水平，推进煤矿安全生产的科学管理，提高安全生产水平。

第二章　煤矿企业的安全生产责任

第十三条　煤矿企业应当遵守有关安全生产的法律法规以及煤矿安全规程，执行保障安全生产的国家标准或者行业标准。

第十四条　新建、改建、扩建煤矿工程项目（以下统称煤矿建设项目）的建设单位应当委托具有建设工程设计企业资质的设计单位进行安全设施设计。

安全设施设计应当包括煤矿水、火、瓦斯、冲击地压、煤尘、顶板等主要灾害的防治措施，符合国家标准或者行业标准的要求，并报省、自治区、直辖市人民政府负有煤矿安全生产监督管理职责的部门审查。安全设施设计需要作重大变更的，应当报原审查部门重新审查，不得先施工后报批、边施工边修改。

第十五条　煤矿建设项目的建设单位应当对参与煤矿建设项目的设计、施工、监理等单位进行统一协调管理，对煤矿建设项目安全管理负总责。

施工单位应当按照批准的安全设施设计施工，不得擅自变更设计内容。

第十六条　煤矿建设项目竣工投入生产或者使用前，应当由建设单位负责组织对安全设施进行验收，并对验收结果负责；经验收合格后，方可投入生产和使用。

第十七条　煤矿企业进行生产，应当依照《安全生产许可证条例》的规定取得安全生产许可证。未取得安全生产许可证的，不得生产。

第十八条　煤矿企业主要负责人对本企业安全生产工作负有下列职责：

（一）建立健全并落实全员安全生产责任制，加强安全生产标准化建设；

（二）组织制定并实施安全生产规章制度和作业规程、操作规程；

（三）组织制定并实施安全生产教育和培训计划；

（四）保证安全生产投入的有效实施；

（五）组织建立并落实安全风险分级管控和隐患排查治理双重预防工作机制，督促、检查安全生产工作，及时消除事故隐患；

（六）组织制定并实施生产安全事故应急救援预案；

（七）及时、如实报告煤矿生产安全事故。

第十九条　煤矿企业应当设置安全生产管理机构并配备专职安全生产管理人员。安全生产管理机构和安全生产管理人员负有下列安全生产职责：

（一）组织或者参与拟订安全生产规章制度、作业规程、操作规程和生产安全事故应急救援预案；

（二）组织或者参与安全生产教育和培训，如实记录安全生产教育和培训情况；

（三）组织开展安全生产法律法规宣传教育；

（四）组织开展安全风险辨识评估，督促落实重大安全风险管控措施；

（五）制止和纠正违章指挥、强令冒险作业、违反规程的行为，发现威胁安全的紧急情况时，有权要求立即停止危险区域内的作业，撤出作业人员；

（六）检查安全生产状况，及时排查事故隐患，对事故隐患排查治理情况进行统计分析，提出改进安全生产管理的建议；

（七）组织或者参与应急救援演练；

（八）督促落实安全生产整改措施。

煤矿企业应当配备主要技术负责人，建立健全并落实技术管理体系。

第二十条　煤矿企业从业人员负有下列安全生产职责：

（一）遵守煤矿企业安全生产规章制度和作业规程、操作规程，严格落实岗位安全责任；

（二）参加安全生产教育和培训，掌握本职工作所需的安全生产知识，提高安全生产技能，增强事故预防和应急处理能力；

（三）及时报告发现的事故隐患或者其他不安全因素。

对违章指挥和强令冒险作业的行为，煤矿企业从业人员有权拒绝并向县级以上地方人民政府负有煤矿安全生产监督管理职责的部门、所在地矿山安全监察机构报告。

煤矿企业不得因从业人员拒绝违章指挥或者强令冒险作业而降低其工资、福利等待遇，无正当理由调整工作岗位，或者解除与其订立的劳动合同。

第二十一条 煤矿企业主要负责人和安全生产管理人员应当通过安全生产知识和管理能力考核，并持续保持相应水平和能力。

煤矿企业从业人员经安全生产教育和培训合格，方可上岗作业。煤矿企业特种作业人员应当按照国家有关规定经专门的安全技术培训和考核合格，并取得相应资格。

第二十二条 煤矿企业应当为煤矿分别配备专职矿长、总工程师，分管安全、生产、机电的副矿长以及专业技术人员。

对煤（岩）与瓦斯（二氧化碳）突出、高瓦斯、冲击地压、煤层容易自燃、水文地质类型复杂和极复杂的煤矿，还应当设立相应的专门防治机构，配备专职副总工程师。

第二十三条 煤矿企业应当按照国家有关规定建立健全领导带班制度并严格考核。

井工煤矿企业的负责人和生产经营管理人员应当轮流带班下井，并建立下井登记档案。

第二十四条 煤矿企业应当为从业人员提供符合国家标准或者行业标准的劳动防护用品，并监督、教育从业人员按照使用规则佩戴、使用。

煤矿井下作业人员实行安全限员制度。煤矿企业应当依法制定井下工作时间管理制度。煤矿井下工作岗位不得使用劳务派遣用工。

第二十五条 煤矿企业使用的安全设备的设计、制造、安装、使用、检测、维修、改造和报废，应当符合国家标准或者行业标准。

煤矿企业应当建立安全设备台账和追溯、管理制度，对安全设备进行经常性维护、保养并定期检测，保证正常运转，对安全设备购置、入库、使用、维护、保养、检测、维修、改造、报废等进行全流程记录并存档。

煤矿企业不得使用应当淘汰的危及生产安全的设备、工艺，具体目录由国家矿山安全监察机构制定并公布。

第二十六条 煤矿的采煤、掘进、机电、运输、通风、排水、排土等主要生产系统和防瓦斯、防煤（岩）与瓦斯（二氧化碳）突出、防冲击地压、防火、防治水、防尘、防热害、防滑坡、监控与通讯等安全设施，应当符合煤矿安全规程和国家标准或者行业标准规定的管理和技术要求。

煤矿企业及其有关人员不得关闭、破坏直接关系生产安全的监控、报警、防护、救生设备、设施，或者篡改、隐瞒、销毁其相关数据、信息，不得以任何方式影响其正常使用。

第二十七条 井工煤矿应当有符合煤矿安全规程和国家标准或者行业标准规定的安全出口、独立通风系统、安全监控系统、防尘供水系统、防灭火系统、供配电系统、运送人员装置和反映煤矿实际情况的图纸，并按照规定进行瓦斯等级、冲击地压、煤层自燃倾向性和煤尘爆炸性鉴定。

井工煤矿应当按矿井瓦斯等级选用相应的煤矿许用炸药和电雷管，爆破工作由专职爆破工承担。

第二十八条 露天煤矿的采场及排土场边坡与重要建筑物、构筑物之间应当留有足够的安全距离。

煤矿企业应当定期对露天煤矿进行边坡稳定性评价，评价范围应当涵盖露天煤矿所有边坡。达不到边坡稳定要求时，应当修改采矿设计或者采取安全措施，同时加强边坡监测工作。

第二十九条 煤矿企业应当依法制定生产安全事故应急救援预案，与所在地县级以上地方人民政府组织制定的生产安全事故应急救援预案相衔接，并定期组织演练。

煤矿企业应当设立专职救护队；不具备设立专职救护队条件的，应当设立兼职救护队，并与邻近的专职救护队签订救护协议。发生事故时，专职救护队应当在规定时间内到达煤矿开展救援。

第三十条 煤矿企业应当在依法确定的开采范围内进行生产，不得超层、越界开采。

采矿作业不得擅自开采保安煤柱，不得采用可能危及相邻煤矿生产安全的决水、爆破、贯通巷道等危险方法。

第三十一条 煤矿企业不得超能力、超强度或者超定员组织生产。正常生产煤矿因地质、生产技术条件、采煤方法或者工艺等发生变化导致生产能力发生较大变化的，应当依法重新核定其生产能力。

县级以上地方人民政府及其有关部门不得要求不具备安全生产条件的煤矿企业进行生产。

第三十二条 煤矿企业应当按照煤矿灾害程度

和类型实施灾害治理，编制年度灾害预防和处理计划，并根据具体情况及时修改。

第三十三条 煤矿开采有下列情形之一的，应当编制专项设计：

（一）有煤（岩）与瓦斯（二氧化碳）突出的；

（二）有冲击地压危险的；

（三）开采需要保护的建筑物、水体、铁路下压煤或者主要井巷留设煤柱的；

（四）水文地质类型复杂、极复杂或者周边有老窑采空区的；

（五）开采容易自燃和自燃煤层的；

（六）其他需要编制专项设计的。

第三十四条 在煤矿进行石门揭煤、探放水、巷道贯通、清理煤仓、强制放顶、火区密闭和启封、动火以及国家矿山安全监察机构规定的其他危险作业，应当采取专门安全技术措施，并安排专门人员进行现场安全管理。

第三十五条 煤矿企业应当建立安全风险分级管控制度，开展安全风险辨识评估，按照安全风险分级采取相应的管控措施。

煤矿企业应当建立健全事故隐患排查治理制度，采取技术、管理措施，及时发现并消除事故隐患。事故隐患排查治理情况应当如实记录，并定期向从业人员通报。重大事故隐患排查治理情况的书面报告经煤矿企业负责人签字后，每季度报县级以上地方人民政府负有煤矿安全生产监督管理职责的部门和所在地矿山安全监察机构。

煤矿企业应当加强对所属煤矿的安全管理，定期对所属煤矿进行安全检查。

第三十六条 煤矿企业有下列情形之一的，属于重大事故隐患，应当立即停止受影响区域生产、建设，并及时消除事故隐患：

（一）超能力、超强度或者超定员组织生产的；

（二）瓦斯超限作业的；

（三）煤（岩）与瓦斯（二氧化碳）突出矿井未按照规定实施防突措施的；

（四）煤（岩）与瓦斯（二氧化碳）突出矿井、高瓦斯矿井未按照规定建立瓦斯抽采系统，或者系统不能正常运行的；

（五）通风系统不完善、不可靠的；

（六）超层、越界开采的；

（七）有严重水患，未采取有效措施的；

（八）有冲击地压危险，未采取有效措施的；

（九）自然发火严重，未采取有效措施的；

（十）使用应当淘汰的危及生产安全的设备、工艺的；

（十一）未按照规定建立监控与通讯系统，或者系统不能正常运行的；

（十二）露天煤矿边坡角大于设计最大值或者边坡发生严重变形，未采取有效措施的；

（十三）未按照规定采用双回路供电系统的；

（十四）新建煤矿边建设边生产，煤矿改扩建期间，在改扩建的区域生产，或者在其他区域的生产超出设计规定的范围和规模的；

（十五）实行整体承包生产经营后，未重新取得或者及时变更安全生产许可证而从事生产，或者承包方再次转包，以及将井下采掘工作面和井巷维修作业外包的；

（十六）改制、合并、分立期间，未明确安全生产责任人和安全生产管理机构，或者在完成改制、合并、分立后，未重新取得或者及时变更安全生产许可证等的；

（十七）有其他重大事故隐患的。

第三十七条 煤矿企业及其有关人员对县级以上人民政府负有煤矿安全生产监督管理职责的部门、国家矿山安全监察机构及其设在地方的矿山安全监察机构依法履行职责，应当予以配合，按照要求如实提供有关情况，不得隐瞒或者拒绝、阻挠。

对县级以上人民政府负有煤矿安全生产监督管理职责的部门、国家矿山安全监察机构及其设在地方的矿山安全监察机构查处的事故隐患，煤矿企业应当立即进行整改，并按照要求报告整改结果。

第三十八条 煤矿企业应当及时足额安排安全生产费用等资金，确保符合安全生产要求。煤矿企业的决策机构、主要负责人对由于安全生产所必需的资金投入不足导致的后果承担责任。

第三章 煤矿安全生产监督管理

第三十九条 煤矿安全生产实行地方党政领导干部安全生产责任制，强化煤矿安全生产属地管理。

第四十条 省、自治区、直辖市人民政府应当按照分级分类监管的原则，明确煤矿企业的安全生产监管主体。

县级以上人民政府相关主管部门对未依法取得安全生产许可证等擅自进行煤矿生产的，应当依法查处。

乡镇人民政府在所辖区域内发现未依法取得安全生产许可证等擅自进行煤矿生产的，应当采取有效措施制止，并向县级人民政府相关主管部门报告。

第四十一条 省、自治区、直辖市人民政府负有煤矿安全生产监督管理职责的部门审查煤矿建设项目安全设施设计，应当自受理之日起 30 日内审查完毕，签署同意或者不同意的意见，并书面答复。

省、自治区、直辖市人民政府负有煤矿安全生产监督管理职责的部门应当加强对建设单位安全设施验收活动和验收结果的监督核查。

第四十二条　省、自治区、直辖市人民政府负有煤矿安全生产监督管理职责的部门负责煤矿企业安全生产许可证的颁发和管理，并接受国家矿山安全监察机构及其设在地方的矿山安全监察机构的监督。

第四十三条　县级以上地方人民政府负有煤矿安全生产监督管理职责的部门应当编制煤矿安全生产年度监督检查计划，并按照计划进行监督检查。

煤矿安全生产年度监督检查计划应当抄送所在地矿山安全监察机构。

第四十四条　县级以上地方人民政府负有煤矿安全生产监督管理职责的部门依法对煤矿企业进行监督检查，并将煤矿现场安全生产状况作为监督检查重点内容。监督检查可以采取以下措施：

（一）进入煤矿企业进行检查，重点检查一线生产作业场所，调阅有关资料，向有关单位和人员了解情况；

（二）对检查中发现的安全生产违法行为，当场予以纠正或者要求限期改正；

（三）对检查中发现的事故隐患，应当责令立即排除；重大事故隐患排除前或者排除过程中无法保证安全的，应当责令从危险区域内撤出作业人员，责令暂时停产或者停止使用相关设施、设备；

（四）对有根据认为不符合保障安全生产的国家标准或者行业标准的设施、设备、器材予以查封或者扣押。

监督检查不得影响煤矿企业的正常生产经营活动。

第四十五条　县级以上地方人民政府负有煤矿安全生产监督管理职责的部门应当将重大事故隐患纳入相关信息系统，建立健全重大事故隐患治理督办制度，督促煤矿企业消除重大事故隐患。

第四十六条　县级以上地方人民政府负有煤矿安全生产监督管理职责的部门应当加强对煤矿安全生产技术服务机构的监管。

承担安全评价、认证、检测、检验等职责的煤矿安全生产技术服务机构应当依照有关法律法规和国家标准或者行业标准的规定开展安全生产技术服务活动，并对出具的报告负责，不得租借资质、挂靠、出具虚假报告。

第四十七条　县级以上人民政府及其有关部门对存在安全生产失信行为的煤矿企业、煤矿安全生产技术服务机构及有关从业人员，依法依规实施失信惩戒。

第四十八条　对被责令停产整顿的煤矿企业，在停产整顿期间，有关地方人民政府应当采取有效措施进行监督检查。

煤矿企业有安全生产违法行为或者重大事故隐患依法被责令停产整顿的，应当制定整改方案并进行整改。整改结束后要求恢复生产的，县级以上地方人民政府负有煤矿安全生产监督管理职责的部门应当组织验收，并在收到恢复生产申请之日起 20 日内组织验收完毕。验收合格的，经本部门主要负责人签字，并经所在地矿山安全监察机构审核同意，报本级人民政府主要负责人批准后，方可恢复生产。

第四十九条　县级以上地方人民政府负有煤矿安全生产监督管理职责的部门对被责令停产整顿或者关闭的煤矿企业，应当在 5 个工作日内向社会公告；对被责令停产整顿的煤矿企业经验收合格恢复生产的，应当自恢复生产之日起 5 个工作日内向社会公告。

第四章　煤矿安全监察

第五十条　国家矿山安全监察机构及其设在地方的矿山安全监察机构应当依法履行煤矿安全监察职责，对县级以上地方人民政府煤矿安全生产监督管理工作加强监督检查，并及时向有关地方人民政府通报监督检查的情况，提出改善和加强煤矿安全生产工作的监察意见和建议，督促开展重大事故隐患整改和复查。

县级以上地方人民政府应当配合和接受国家矿山安全监察机构及其设在地方的矿山安全监察机构的监督检查，及时落实监察意见和建议。

第五十一条　设在地方的矿山安全监察机构应当对所辖区域内煤矿安全生产实施监察；对事故多发地区，应当实施重点监察。国家矿山安全监察机构根据实际情况，组织对全国煤矿安全生产的全面监察或者重点监察。

第五十二条　国家矿山安全监察机构及其设在地方的矿山安全监察机构对县级以上地方人民政府煤矿安全生产监督管理工作进行监督检查，可以采取以下方式：

（一）听取有关地方人民政府及其负有煤矿安全生产监督管理职责的部门工作汇报；

（二）调阅、复制与煤矿安全生产有关的文件、档案、工作记录等资料；

（三）要求有关地方人民政府及其负有煤矿安全生产监督管理职责的部门和有关人员就煤矿安全生产工作有关问题作出说明；

（四）有必要采取的其他方式。

第五十三条 国家矿山安全监察机构及其设在地方的矿山安全监察机构履行煤矿安全监察职责，有权进入煤矿作业场所进行检查，参加煤矿企业安全生产会议，向有关煤矿企业及人员了解情况。

国家矿山安全监察机构及其设在地方的矿山安全监察机构发现煤矿现场存在事故隐患的，有权要求立即排除或者限期排除；发现有违章指挥、强令冒险作业、违章作业以及其他安全生产违法行为的，有权立即纠正或者要求立即停止作业；发现威胁安全的紧急情况时，有权要求立即停止危险区域内的作业并撤出作业人员。

矿山安全监察人员履行煤矿安全监察职责，应当出示执法证件。

第五十四条 国家矿山安全监察机构及其设在地方的矿山安全监察机构发现煤矿企业存在重大事故隐患责令停产整顿的，应当及时移送县级以上地方人民政府负有煤矿安全生产监督管理职责的部门处理并进行督办。

第五十五条 国家矿山安全监察机构及其设在地方的矿山安全监察机构发现煤矿企业存在应当由其他部门处理的违法行为的，应当及时移送有关部门处理。

第五十六条 国家矿山安全监察机构及其设在地方的矿山安全监察机构和县级以上人民政府有关部门应当建立信息共享、案件移送机制，加强协作配合。

第五十七条 国家矿山安全监察机构及其设在地方的矿山安全监察机构应当加强煤矿安全生产信息化建设，运用信息化手段提升执法水平。

煤矿企业应当按照国家矿山安全监察机构制定的安全生产电子数据规范联网并实时上传电子数据，对上传电子数据的真实性、准确性和完整性负责。

第五十八条 国家矿山安全监察机构及其设在地方的矿山安全监察机构依法对煤矿企业贯彻执行安全生产法律法规、煤矿安全规程以及保障安全生产的国家标准或者行业标准的情况进行监督检查，行使本条例第四十四条规定的职权。

第五十九条 发生煤矿生产安全事故后，煤矿企业及其负责人应当迅速采取有效措施组织抢救，并依照《生产安全事故报告和调查处理条例》的规定立即如实向当地应急管理部门、负有煤矿安全生产监督管理职责的部门和所在地矿山安全监察机构报告。

国家矿山安全监察机构及其设在地方的矿山安全监察机构应当根据事故等级和工作需要，派出工作组赶赴事故现场，指导配合事故发生地方人民政府开展应急救援工作。

第六十条 煤矿生产安全事故按照事故等级实行分级调查处理。

特别重大事故由国务院或者国务院授权有关部门依照《生产安全事故报告和调查处理条例》的规定组织调查处理。重大事故、较大事故、一般事故由国家矿山安全监察机构及其设在地方的矿山安全监察机构依照《生产安全事故报告和调查处理条例》的规定组织调查处理。

第五章 法律责任

第六十一条 未依法取得安全生产许可证等擅自进行煤矿生产的，应当责令立即停止生产，没收违法所得和开采出的煤炭以及采掘设备；违法所得在 10 万元以上的，并处违法所得 2 倍以上 5 倍以下的罚款；没有违法所得或者违法所得不足 10 万元的，并处 10 万元以上 20 万元以下的罚款。

关闭的煤矿企业擅自恢复生产的，依照前款规定予以处罚。

第六十二条 煤矿企业有下列行为之一的，依照《中华人民共和国安全生产法》有关规定予以处罚：

（一）未按照规定设置安全生产管理机构并配备安全生产管理人员的；

（二）主要负责人和安全生产管理人员未按照规定经考核合格并持续保持相应水平和能力的；

（三）未按照规定进行安全生产教育和培训，未按照规定如实告知有关的安全生产事项，或者未如实记录安全生产教育和培训情况的；

（四）特种作业人员未按照规定经专门的安全作业培训并取得相应资格，上岗作业的；

（五）进行危险作业，未采取专门安全技术措施并安排专门人员进行现场安全管理的；

（六）未按照规定建立并落实安全风险分级管控制度和事故隐患排查治理制度的，或者重大事故隐患排查治理情况未按照规定报告的；

（七）未按照规定制定生产安全事故应急救援预案或者未定期组织演练的。

第六十三条 煤矿企业有下列行为之一的，责令限期改正，处 10 万元以上 20 万元以下的罚款；逾

265

期未改正的，责令停产整顿，并处20万元以上50万元以下的罚款，对其直接负责的主管人员和其他直接责任人员处3万元以上5万元以下的罚款：

（一）未按照规定制定并落实全员安全生产责任制和领导带班等安全生产规章制度的；

（二）未按照规定为煤矿配备矿长等人员和机构，或者未按照规定设立救护队的；

（三）煤矿的主要生产系统、安全设施不符合煤矿安全规程和国家标准或者行业标准规定的；

（四）未按照规定编制专项设计的；

（五）井工煤矿未按照规定进行瓦斯等级、冲击地压、煤层自燃倾向性和煤尘爆炸性鉴定的；

（六）露天煤矿的采场及排土场边坡与重要建筑物、构筑物之间安全距离不符合规定的，或者未按照规定保持露天煤矿边坡稳定的；

（七）违章指挥或者强令冒险作业、违反规程的。

第六十四条　对存在重大事故隐患仍然进行生产的煤矿企业，责令停产整顿，明确整顿的内容、时间等具体要求，并处50万元以上200万元以下的罚款；对煤矿企业主要负责人处3万元以上15万元以下的罚款。

第六十五条　煤矿企业超越依法确定的开采范围采矿的，依照有关法律法规的规定予以处理。

擅自开采保安煤柱或者采用可能危及相邻煤矿生产安全的决水、爆破、贯通巷道等危险方法进行采矿作业的，责令立即停止作业，没收违法所得；违法所得在10万元以上的，并处违法所得2倍以上5倍以下的罚款；没有违法所得或者违法所得不足10万元的，并处10万元以上20万元以下的罚款；造成损失的，依法承担赔偿责任。

第六十六条　煤矿企业有下列行为之一的，责令改正；拒不改正的，处10万元以上20万元以下的罚款；对其直接负责的主管人员和其他直接责任人员处1万元以上2万元以下的罚款：

（一）违反本条例第三十七条第一款规定，隐瞒存在的事故隐患以及其他安全问题的；

（二）违反本条例第四十四条第一款规定，擅自启封或者使用被查封、扣押的设施、设备、器材的；

（三）有其他拒绝、阻碍监督检查行为的。

第六十七条　发生煤矿生产安全事故，对负有责任的煤矿企业除要求其依法承担相应的赔偿等责任外，依照下列规定处以罚款：

（一）发生一般事故的，处50万元以上100万元以下的罚款；

（二）发生较大事故的，处150万元以上200万元以下的罚款；

（三）发生重大事故的，处500万元以上1000万元以下的罚款；

（四）发生特别重大事故的，处1000万元以上2000万元以下的罚款。

发生煤矿生产安全事故，情节特别严重、影响特别恶劣的，可以按照前款罚款数额的2倍以上5倍以下对负有责任的煤矿企业处以罚款。

第六十八条　煤矿企业的决策机构、主要负责人、其他负责人和安全生产管理人员未依法履行安全生产管理职责的，依照《中华人民共和国安全生产法》有关规定处罚并承担相应责任。

煤矿企业主要负责人未依法履行安全生产管理职责，导致发生煤矿生产安全事故的，依照下列规定处以罚款：

（一）发生一般事故的，处上一年年收入40%的罚款；

（二）发生较大事故的，处上一年年收入60%的罚款；

（三）发生重大事故的，处上一年年收入80%的罚款；

（四）发生特别重大事故的，处上一年年收入100%的罚款。

第六十九条　煤矿企业及其有关人员有瞒报、谎报事故等行为的，依照《中华人民共和国安全生产法》、《生产安全事故报告和调查处理条例》有关规定予以处罚。

有关地方人民政府及其应急管理部门、负有煤矿安全生产监督管理职责的部门和设在地方的矿山安全监察机构有瞒报、谎报事故等行为的，对负有责任的领导人员和直接责任人员依法给予处分。

第七十条　煤矿企业存在下列情形之一的，应当提请县级以上地方人民政府予以关闭：

（一）未依法取得安全生产许可证等擅自进行生产的；

（二）3个月内2次或者2次以上发现有重大事故隐患仍然进行生产的；

（三）经地方人民政府组织的专家论证在现有技术条件下难以有效防治重大灾害的；

（四）有《中华人民共和国安全生产法》规定的应当提请关闭的其他情形。

有关地方人民政府作出予以关闭的决定，应当立即组织实施。关闭煤矿应当达到下列要求：

（一）依照法律法规有关规定吊销、注销相关证照；

（二）停止供应并妥善处理民用爆炸物品；

（三）停止供电，拆除矿井生产设备、供电、通信线路；

（四）封闭、填实矿井井筒，平整井口场地，恢复地貌；

（五）妥善处理劳动关系，依法依规支付经济补偿、工伤保险待遇，组织离岗时职业健康检查，偿还拖欠工资，补缴欠缴的社会保险费；

（六）设立标识牌；

（七）报送、移交相关报告、图纸和资料等；

（八）有关法律法规规定的其他要求。

第七十一条 有下列情形之一的，依照《中华人民共和国安全生产法》有关规定予以处罚：

（一）煤矿建设项目没有安全设施设计或者安全设施设计未按照规定报经有关部门审查同意的；

（二）煤矿建设项目的施工单位未按照批准的安全设施设计施工的；

（三）煤矿建设项目竣工投入生产或者使用前，安全设施未经验收合格的；

（四）煤矿企业违反本条例第二十四条第一款、第二十五条第一款和第二款、第二十六条第二款规定的。

第七十二条 承担安全评价、认证、检测、检验等职责的煤矿安全生产技术服务机构有出具失实报告、租借资质、挂靠、出具虚假报告等情形的，对该机构及直接负责的主管人员和其他直接责任人员，应当依照《中华人民共和国安全生产法》有关规定予以处罚并追究相应责任。其主要负责人对重大、特别重大煤矿生产安全事故负有责任的，终身不得从事煤矿安全生产相关技术服务工作。

第七十三条 本条例规定的行政处罚，由县级以上人民政府负有煤矿安全生产监督管理职责的部门和其他有关部门、国家矿山安全监察机构及其设在地方的矿山安全监察机构按照职责分工决定，对同一违法行为不得给予两次以上罚款的行政处罚。对被责令停产整顿的煤矿企业，应当暂扣安全生产许可证等。对违反本条例规定的严重违法行为，应当依法从重处罚。

第七十四条 地方各级人民政府、县级以上人民政府负有煤矿安全生产监督管理职责的部门和其他有关部门、国家矿山安全监察机构及其设在地方的矿山安全监察机构有下列情形之一的，对负有责任的领导人员和直接责任人员依法给予处分：

（一）县级以上人民政府负有煤矿安全生产监督管理职责的部门、国家矿山安全监察机构及其设在地方的矿山安全监察机构不依法履行职责，不及时查处所辖区域内重大事故隐患和安全生产违法行为的；县级以上人民政府其他有关部门未依法履行煤矿安全生产相关职责的；

（二）乡镇人民政府在所辖区域内发现未依法取得安全生产许可证等擅自进行煤矿生产，没有采取有效措施制止或者没有向县级人民政府相关主管部门报告的；

（三）对被责令停产整顿的煤矿企业，在停产整顿期间，因有关地方人民政府监督检查不力，煤矿企业在停产整顿期间继续生产的；

（四）关闭煤矿未达到本条例第七十条第二款规定要求的；

（五）县级以上人民政府负有煤矿安全生产监督管理职责的部门、国家矿山安全监察机构及其设在地方的矿山安全监察机构接到举报后，不及时处理的；

（六）县级以上地方人民政府及其有关部门要求不具备安全生产条件的煤矿企业进行生产的；

（七）有其他滥用职权、玩忽职守、徇私舞弊情形的。

第七十五条 违反本条例规定，构成犯罪的，依法追究刑事责任。

第六章 附 则

第七十六条 本条例自2024年5月1日起施行。《煤矿安全监察条例》和《国务院关于预防煤矿生产安全事故的特别规定》同时废止。

2. 中共中央、国务院文件

中共中央办公厅 国务院办公厅关于进一步加强矿山安全生产工作的意见

（2023年9月6日）[①]

矿山安全生产事关人民群众生命财产安全，事关经济发展和社会稳定大局，是安全生产的重中之重。为深入贯彻党的二十大精神，进一步加强矿山安全生产工作，经党中央、国务院同意，现提出如下意见。

一、严格矿山安全生产准入

（一）严格灾害严重煤矿安全准入。停止新建产能低于90万吨/年的煤与瓦斯突出、冲击地压、水文地质类型极复杂的煤矿。新建煤与瓦斯突出、冲击地压、水文地质类型极复杂的煤矿原则上应按采煤、掘进智能化设计。

（二）严格非煤矿山源头管控。严格按照矿产资源规划、国土空间规划和用途管制要求，科学合理设置矿山。矿产资源勘查应达到规定程度，相邻矿山生产建设作业范围最小距离应满足相关安全规定，普通建筑用砂石露天矿山不得以山脊划界。除符合规定的情形外，新设采矿权范围不得与已设采矿权垂直投影范围重叠，可集中开发的同一矿体不得设立2个以上采矿权。采矿许可证证载规模是拟建设规模，矿山设计单位可在项目可行性研究基础上，充分考虑资源高效利用、安全生产、生态环境保护等因素，在矿山初步设计和安全设施设计中科学论证并确定实际生产建设规模，矿山企业应当严格按照经审查批准的安全设施设计建设、生产。

（三）规范安全生产行政许可。煤矿、金属非金属地下矿山、尾矿库等矿山的安全设施设计审查和安全生产许可证审批由省级以上矿山安全监管部门负责，不得下放或者委托。矿山安全监管部门应当制定矿山建设项目安全设施设计审查规范，严格实质内容审查，不得仅对程序和形式进行审查。矿山开发没有进行一次性总体设计的，原则上不得审批安全设施设计。1个采矿权范围内原则上只能设置1个生产系统。审批首次申请安全生产许可证的，应进行现场核查。

二、推进矿山转型升级

（四）分类处置不具备安全生产条件的矿山。对未依法取得采矿许可证、安全生产许可证擅自从事矿产资源开采的，越界开采、以采代建、持勘查许可证采矿且拒不整改的，与煤共（伴）生金属非金属矿山经停产整顿仍达不到煤矿安全生产条件的，使用应当淘汰的危及生产安全的工艺、设备且拒不整改仍然生产建设的，或者经停产整顿仍不具备安全生产条件的矿山，依法予以关闭取缔。对长期停工停产、资源枯竭的矿山，灾害严重且难以有效防治的煤矿，积极引导退出。

（五）推进尾矿库闭库销号。对运行到设计最终标高、不再排尾作业、停用超过3年或者没有生产经营主体的尾矿库，应当及时闭库治理并销号。完成闭库治理的尾矿库，应由县级以上地方政府公告销号，不再作为尾矿库进行使用，不得重新用于排放尾矿。

（六）实施非煤矿山整合重组。鼓励大型矿山企业兼并重组和整合技改中小型非煤矿山企业。推动同一个矿体分属2个以上不同开采主体的非煤矿山，生产建设作业范围最小距离不满足相关安全规定的非煤矿山，以山脊划界的普通建筑用砂石露天矿山等企业整合重组，统一开采规划、生产系统和安全管理。

（七）加快矿山升级改造。推动中小型矿山机械化升级改造和大型矿山自动化、智能化升级改造，加快灾害严重、高海拔等矿山智能化建设，打造一批自动化、智能化标杆矿山。地下矿山应当建立人员定位、安全监测监控、通信联络、压风自救和供水施救等系统。新建、改扩建金属非金属地下矿山

[①] 该时间为新华社发布时间。

原则上采用充填采矿法，不能采用的应严格论证。中小型金属非金属地下矿山不得有 4 个以上生产水平同时采矿。尾矿库应当建立在线安全监测系统，新建四等、五等小型尾矿库应当采用一次性建坝。

（八）提高科技创新支撑能力。强化矿山安全科技支撑体系建设。加强矿山重大灾害预防与治理研究，组织重大关键技术攻关。推进矿山信息化、智能化装备和机器人研发及应用。实施一批矿山安全类重大科技项目。研究推进建设矿山安全领域全国重点实验室。

三、防范化解重大安全风险

（九）健全矿山安全管理体系。矿山企业应当健全以安全风险分级管控和隐患排查治理双重预防机制为核心的安全生产标准化管理体系。严格开展风险辨识评估并实施分级管控，定期开展全员全覆盖隐患排查治理，建立风险隐患台账清单，实行闭环管理。各级矿山安全监管监察部门应当推动企业切实提高风险隐患排查和整改质量，建立重大隐患治理督办制度，在重大隐患消除前跟踪监管，并监督整改销号。对排查整改不到位导致重大隐患依然存在或发生事故的，依法追究企业及相关责任人责任。

（十）强化重大灾害治理。矿山企业应当查明隐蔽致灾因素，实施煤与瓦斯突出、冲击地压、水害等重大灾害分区管理、超前治理。将煤矿灾害等级鉴定纳入安全检测检验范围，及时公示鉴定结果。规范煤矿生产能力管理和核定工作。金属非金属露天矿山采场及排土场边坡高度大于 100 米的，应当逐年进行边坡稳定性分析。金属非金属地下矿山采空区体积超过规定的，应当及时进行稳定性专项评估。尾矿库排洪构筑物每 3 年应进行一次质量检测。

（十一）严格设备设施安全管理。完善矿山井下特种设备安全标志审核发放和监督机制。定期对取得矿山井下特种设备安全标志的在用设备设施开展安全可靠性检验。建立矿用安全设备全生命周期智慧监管平台，实行矿用设备安全责任追究制度。

（十二）规范非煤矿山外包工程管理。非煤矿山企业统一负责外包工程施工单位的安全管理。金属非金属地下矿山严禁将爆破作业专项外包。金属非金属地下基建矿山掘进工程承包单位数量不得超过 3 家。大中型金属非金属地下生产矿山采掘工程承包单位数量不得超过 2 家，小型金属非金属地下生产矿山采掘工程承包单位数量不得超过 1 家，承包单位严禁转包和分包采掘工程及爆破作业项目。承包单位应当向项目部派出项目负责人、技术人员和特种作业人员；项目负责人、技术人员应当具有矿山相关专业中专以上学历或者中级以上专业技术职称，且不得在其他矿山兼职。力争到 2025 年年底，生产矿山建立本单位采掘（剥）施工队伍或者委托具备相应条件的企业整体管理。

（十三）加强停工停产矿山安全管控。停工停产整改的矿山应当制定整改方案，限定当班下井人数，同一作业地点控制在 10 人以内，并向矿山安全监管监察部门报告后方可进行整改作业。地方政府及有关部门应当对停工停产整改煤矿实施驻矿盯守，对其他停工停产矿山落实驻矿盯守或者巡查责任，并按规定进行复工复产验收，因监督检查不力，停工停产期间继续组织建设生产的，依法严肃追究企业及相关责任人责任。

（十四）提升风险监测预警处置能力。加强矿山多灾种和灾害链综合监测、风险早期识别和预警预报能力建设。矿山集中地区应当建立区域性矿山救援队伍。地下矿山、尾矿库"头顶库"应当建立应急广播等通信系统，确保应急指令能第一时间传达至影响范围内所有人员。加强应急预案演练、评估和修订。每年汛期前地方政府应当组织尾矿库"头顶库"企业与下游居民开展联合演练。强化灾害性天气预警预报，遇极端天气严禁人员入井。

四、强化企业主体责任

（十五）落实主要负责人责任。矿山及其上级企业主要负责人（含法定代表人、实际控制人、实际负责人）依法履行安全生产第一责任人责任，加大安全投入和安全培训力度，及时研究解决矿山安全生产重大问题。矿山企业总部应当加强下属企业监督检查，主要负责人应当定期到生产现场督促检查安全生产工作，严禁下达超能力生产计划或者经营指标。推广矿长安全生产考核记分制度。

（十六）健全安全管理机构。涉矿中央企业总部和涉矿大中型企业应当配备安全总监。地下矿山应当配备矿长、总工程师和分管安全、生产、机电等工作的副矿长，所配备人员应当具有矿山相关专业大专以上学历或者中级以上专业技术职称，且不得在其他矿山兼职。煤矿、金属非金属矿山、尾矿库应当配备相关专业中专以上学历或者中级以上专业技术职称的专职技术人员。灾害严重矿山应当按要求配备灾害治理专职领导人员、专门机构、专业人员。

（十七）强化安全基础管理。矿山企业应当建立健全并落实全员安全生产岗位责任制和安全生产管理制度。按照要求绘制、更新相关图纸，并报送矿山安全监管监察部门。未经安全培训合格的从业人员不得上岗作业，矿长、总工程师和分管安全、生产、机电等工作的副矿长每年应当接受专门的安全教育培训。首次取证的地下矿山特种作业人员应当具有高中以上文化程度。严格井下劳动定员管理，不得超定员安排人员下井作业，提高井下艰苦岗位津贴。取消井下劳务派遣用工，矿山企业或承包单位对欠薪应依法承担清偿责任。

五、落实地方党政领导责任和部门监管监察责任

（十八）落实地方党政领导责任。坚持党政同责、一岗双责、齐抓共管、失职追责，严格落实矿山安全领导责任，组织开展区域性矿山隐蔽致灾因素普查治理，严厉打击非法盗采矿产资源行为。加强矿山安全监管机构和队伍建设，专业监管人员配备比例不低于在职人员的75%。矿山安全重点市、县党政主要领导要定期研究矿山安全生产工作，深入矿山井下督促检查。实行市级、县级地方政府领导包保煤矿、金属非金属地下矿山和尾矿库安全生产责任制。

（十九）落实矿山安全监管责任。各地区应当坚持明责知责、履责尽责，按照分级分类原则，明确省市县三级矿山安全监管执法管辖权限，明确矿山和尾矿库日常安全监管主体，建立部门联合执法和问题线索移交机制，大力提高执法专业素养，切实提升发现问题和解决问题的强烈意愿和能力水平。中央企业所属矿山安全监管应由市地级以上部门负责。尾矿库"头顶库"、采深超800米或者单班下井人数超30人的金属非金属地下矿山、边坡高度超200米的金属非金属露天矿山等高风险矿山安全监管，原则上不得下放至县级部门。按照"谁主管、谁负责"原则，矿山安全监管监察部门负责矿山安全监察和矿山安全生产监督管理工作。按照"管行业必须管安全、管业务必须管安全、管生产经营必须管安全"要求，其他各有关部门要在行业管理、业务管理、生产经营管理中一体推进落实矿山安全生产各项要求。各级安全生产委员会办公室要加强对矿山安全生产工作的协调指导。

（二十）强化矿山安全国家监察。健全国家矿山安全监察体制，国家矿山安全监察部门负责监督检查地方矿山安全监管工作，向地方政府提出改善和加强矿山安全监管工作的意见和建议。统筹矿山安全监管监察执法保障体系建设，推动落实监管监察能力建设规划，完善技术支撑体系，健全国家矿山安全智能化监管监察系统。

六、推进矿山安全依法治理

（二十一）加强执法保障建设。推动修订矿山安全法，制定煤矿安全生产条例，加强矿山安全标准化建设工作。完善矿山安全监管监察专业人才培养机制，提高待遇保障。加强在线监控联网和矿山安全综合信息化平台建设，强化执法装备保障。

（二十二）强化安全监督检查。矿山行业管理和安全监管监察部门应严格检查执法，严禁以罚代管、罚而不管。推动建立健全矿山安全生产案件移送、行政执法和刑事司法衔接机制，发现涉嫌犯罪的按规定及时移交司法机关。加强矿山领域安全评价、设计、检测、检验、认证、咨询、培训、监理等第三方服务机构监督管理。建立矿山安全评价检测检验报告公开制度。建立健全重大违法违规信息公示制度、联合惩戒制度和举报奖励制度。建立责任倒查机制，严格执行"谁检查、谁签名、谁负责"，对发现重大隐患不处理处罚或跟踪整改不到位的，依法严肃追责问责。

（二十三）严格事故调查处理。对较大涉险事故、瞒报谎报重大及以下矿山生产安全事故，视情况提级调查。接到瞒报谎报事故举报，属地县级以上地方政府应当组织核查。发生较大以上死亡事故的矿山，应当停产整顿，经验收符合安全生产条件后方可恢复生产。

七、强化组织实施

（二十四）健全保障措施。各地区各有关部门要加强组织领导，明确任务分工，细化工作措施，研究配套政策。要统筹资金渠道，加强矿山淘汰退出、尾矿库治理、信息化系统、智能化矿山建设和安全监督检查等经费保障。应急管理部牵头建立矿山安全协调推进机制，将本意见落实情况纳入省级政府安全生产和消防工作考核巡查内容。纪检监察机关、组织人事部门和安全生产监管监察部门按照权限和职责，对安全生产责任履行不到位的，要依规依纪依法严肃追责问责，确保矿山安全生产工作各项部署要求落实到位。

国务院办公厅关于进一步加强煤矿安全生产工作的意见

（2013年10月2日　国办发〔2013〕99号）

各省、自治区、直辖市人民政府，国务院各部委、各直属机构：

煤炭是我国的主体能源，煤矿安全生产关系煤炭工业持续发展和国家能源安全，关系数百万矿工生命财产安全。近年来，通过各方面共同努力，煤矿安全生产形势持续稳定好转。但事故总量仍然偏大，重特大事故时有发生，暴露出煤矿安全管理中仍存在一些突出问题。党中央、国务院对此高度重视，要求深刻汲取事故教训，坚守发展决不能以牺牲人的生命为代价的红线，始终把矿工生命安全放在首位，大力推进煤矿安全治本攻坚，建立健全煤矿安全长效机制，坚决遏制煤矿重特大事故发生。为进一步加强煤矿安全生产工作，经国务院同意，现提出以下意见：

一、加快落后小煤矿关闭退出

（一）明确关闭对象。重点关闭9万吨/年及以下不具备安全生产条件的煤矿，加快关闭9万吨/年及以下煤与瓦斯突出等灾害严重的煤矿，坚决关闭发生较大及以上责任事故的9万吨/年及以下的煤矿。关闭超层越界拒不退回和资源枯竭的煤矿；关闭拒不执行停产整顿指令仍然组织生产的煤矿。不能实现正规开采的煤矿，一律停产整顿；逾期仍未实现正规开采的，依法实施关闭。没有达到安全质量标准化三级标准的煤矿，限期停产整顿；逾期仍不达标的，依法实施关闭。

（二）加大政策支持力度。通过现有资金渠道加大支持淘汰落后产能力度，地方人民政府应安排配套资金，并向早关、多关的地区倾斜。研究制定信贷、财政优惠政策，鼓励优势煤矿企业兼并重组小煤矿。修订煤炭产业政策，提高煤矿准入标准。国家支持小煤矿集中关闭地区发展替代产业，加强基础设施建设，加快缺煤地区能源输送通道建设，优先保障缺煤地区的铁路运力。

（三）落实关闭目标和责任。到2015年底全国关闭2000处以上小煤矿。各省级人民政府负责小煤矿关闭工作，要制定关闭规划，明确关闭目标并确保按期完成。

二、严格煤矿安全准入

（四）严格煤矿建设项目核准和生产能力核定。一律停止核准新建生产能力低于30万吨/年的煤矿，一律停止核准新建生产能力低于90万吨/年的煤与瓦斯突出矿井。现有煤与瓦斯突出、冲击地压等灾害严重的生产矿井，原则上不再扩大生产能力；2015年底前，重新核定上述矿井的生产能力，核减不具备安全保障能力的生产能力。

（五）严格煤矿生产工艺和技术设备准入。建立完善煤炭生产技术与装备、井下合理生产布局以及能力核定等方面的政策、规范和标准，严禁使用国家明令禁止或淘汰的设备和工艺。煤矿使用的设备必须按规定取得煤矿矿用产品安全标志。

（六）严格煤矿企业和管理人员准入。规范煤矿建设项目安全核准、项目核准和资源配置的程序。未通过安全核准的，不得通过项目核准；未通过项目核准的，不得颁发采矿许可证。不具备相应灾害防治能力的企业申请开采高瓦斯、冲击地压、煤层易自燃、水文地质情况和条件复杂等煤炭资源的，不得通过安全核准。从事煤炭生产的企业必须有相关专业和实践经历的管理团队。煤矿必须配备矿长、总工程师和分管安全、生产、机电的副矿长，以及负责采煤、掘进、机电运输、通风、地质测量工作的专业技术人员。矿长、总工程师和分管安全、生产、机电的副矿长必须具有安全资格证，且严禁在其他煤矿兼职；专业技术人员必须具备煤矿相关专业中专以上学历或注册安全工程师资格，且有3年以上井下工作经历。鼓励专业化的安全管理团队以托管、入股等方式管理小煤矿，提高小煤矿技术、装备和管理水平。建立煤炭安全生产信用报告制度，完善安全生产承诺和安全生产信用分类管理制度，健全安全生产准入和退出信用评价机制。

三、深化煤矿瓦斯综合治理

（七）加强瓦斯管理。认真落实国家关于促进煤层气（煤矿瓦斯）抽采利用的各项政策。高瓦斯、煤与瓦斯突出矿井必须严格执行先抽后采、不抽不采、抽采达标。煤与瓦斯突出矿井必须按规定落实区域防突措施，开采保护层或实施区域性预抽，消除突出危险性，做到不采突出面、不掘突出头。发现瓦斯超限仍然作业的，一律按照事故查处，依法依规处理责任人。

（八）严格煤矿企业瓦斯防治能力评估。完善煤矿企业瓦斯防治能力评估制度，提高评估标准，增加必备性指标。加强评估结果执行情况监督检查，经评估不具备瓦斯防治能力的煤矿企业，所属高瓦斯和煤与瓦斯突出矿井必须停产整顿、兼并重组，直至依法关闭。加强评估机构建设，充实评估人员，落实评估责任，对弄虚作假的单位和个人要严肃追究责任。

四、全面普查煤矿隐蔽致灾因素

（九）强制查明隐蔽致灾因素。加强煤炭地质勘查管理，勘查程度达不到规范要求的，不得为其划定矿区范围。煤矿企业要加强建设、生产期间的地质勘查，查明井田范围内的瓦斯、水、火等隐蔽致灾因素，未查明的必须综合运用物探、钻探等勘查技术进行补充勘查；否则，一律不得继续建设和生产。

（十）建立隐蔽致灾因素普查治理机制。小煤矿集中的矿区，由地方人民政府组织进行区域性水害普查治理，对每个煤矿的老空区积水划定警戒线和禁采线，落实和完善预防性保障措施。国家从中央有关专项资金中予以支持。

五、大力推进煤矿"四化"建设

（十一）加快推进小煤矿机械化建设。国家鼓励和扶持30万吨/年以下的小煤矿机械化改造，对机械化改造提升的符合产业政策规定的最低规模的产能，按生产能力核定办法予以认可。新建、改扩建的煤矿，不采用机械化开采的一律不得核准。

（十二）大力推进煤矿安全质量标准化和自动化、信息化建设。深入推进煤矿安全质量标准化建设工作，强化动态达标和岗位达标。煤矿必须确保安全监控、人员定位、通信联络系统正常运转，并大力推进信息化、物联网技术应用，充分利用和整合现有的生产调度、监测监控、办公自动化等信息化系统，建设完善安全生产综合调度信息平台，做到视频监视、实时监测、远程控制。县级煤矿安全监管部门要与煤矿企业安全生产综合调度信息平台实现联网，随机抽查煤矿安全监控运行情况。地方人民政府要培育发展或建立区域性技术服务机构，为煤矿特别是小煤矿提供技术服务。

六、强化煤矿矿长责任和劳动用工管理

（十三）严格落实煤矿矿长责任制度。煤矿矿长要落实安全生产责任，切实保护矿工生命安全，确保煤矿必须证照齐全，严禁无证照或者证照失效非法生产；必须在批准区域正规开采，严禁超层越界或者巷道式采煤、空顶作业；必须做到通风系统可靠，严禁无风、微风、循环风冒险作业；必须做到瓦斯抽采达标，防突措施到位，监控系统有效，瓦斯超限立即撤人，严禁违规作业；必须落实井下探放水规定，严禁开采防隔水煤柱；必须保证井下机电和所有提升设备完好，严禁非阻燃、非防爆设备违规入井；必须坚持矿领导下井带班，确保员工培训合格、持证上岗，严禁违章指挥。达不到要求的煤矿，一律停产整顿。

（十四）规范煤矿劳动用工管理。在一定区域内，加强煤矿企业招工信息服务，统一组织报名和资格审查、统一考核、统一签订劳动合同和办理用工备案、统一参加社会保险、统一依法使用劳务派遣用工，并加强监管。严格实施工伤保险实名制；严厉打击无证上岗、持假证上岗。

（十五）保护煤矿工人权益。开展行业性工资集体协商，研究确定煤矿工人小时最低工资标准，提高下井补贴标准，提高煤矿工人收入。严格执行国家法定工时制度。停产整顿煤矿必须按期发放工人工资。煤矿必须依法配备劳动保护用品，定期组织职业健康检查，加强尘肺病防治工作，建设标准化的食堂、澡堂和宿舍。

（十六）提高煤矿工人素质。加强煤矿班组安全建设，加快变"招工"为"招生"，强化矿工实际操作技能培训与考核。所有煤矿从业人员必须经考试合格后持证上岗，严格教考分离、建立统一题库、制定考核办法、对考核合格人员免费颁发上岗证书。健全考务管理体系，建立考试档案，切实做到考试不合格不发证。将煤矿农民工培训纳入各地促进就业规划和职业培训扶持政策范围。

七、提升煤矿安全监管和应急救援科学化水平

（十七）落实地方政府分级属地监管责任。地方各级人民政府要切实履行分级属地监管责任，强化"一岗双责"，严格执行"一票否决"。强化责任追究，对不履行或履行监管职责不力的，要依纪依法严肃追究相关人员的责任。各地区要按管理权限落实停产整顿煤矿的监管责任人和验收部门，省属煤矿和中央企业煤矿由省级煤矿安全监管部门组织验收，局长签字；市属煤矿由市（地）级煤矿安全监管部门组织验收，市（地）级人民政府主要负责人签字；其他煤矿由县级煤矿安全监管部门组织验收，县级人民政府主要负责人签字。中央企业煤矿必须由市（地）级以上煤矿安全监管部门负责安全监管，不得交由县、乡级人民政府及其部门负责。

（十八）明确部门安全监管职责。按照管行业必须管安全、管业务必须管安全、谁主管谁负责的原则，进一步明确各部门监管职责，切实加强基层煤炭行业管理和煤矿安全监管部门能力建设。创新监管监察方式方法，开展突击暗查、交叉执法、联合执法，提高监督管理的针对性和有效性。煤矿安全监管监察部门发现煤矿存在超能力生产等重大安全生产隐患和行为的，要依法责令停产整顿；发现违规建设的，要责令停止施工并依法查处；发现停产整顿期间仍然组织生产的煤矿，要依法提请地方政府关闭。煤矿安全监察机构要严格安全准入，严格煤矿建设工程安全设施的设计审查和竣工验收；依法加强对地方政府煤矿安全生产监管工作的监督检查；对停产整顿煤矿要依法暂扣其安全生产许可证。国土资源部门要严格执行矿产资源规划、煤炭国家规划矿区和矿业权设置方案制度，严厉打击煤矿无证勘查开采、以煤田灭火或地质灾害治理等名义实施露天采煤、以硐探坑探为名实施井下开采、超越批准的矿区范围采矿等违法违规行为。公安部门要停止审批停产整顿煤矿购买民用爆炸物品。电力部

门要对停产整顿煤矿限制供电。建设主管部门要加强煤矿施工企业安全生产许可证管理，组织及时修订煤矿设计相应标准规范，会同煤炭行业管理部门强化对煤矿设计、施工和监理单位的资质监管。投资主管部门要提高煤矿安全技术改造资金分配使用的针对性和实效性。

（十九）加快煤矿应急救援能力建设。加强国家（区域）矿山应急救援基地建设，其运行维护费用由中央财政和所在地省级财政给予支持。加强地方矿山救护队伍建设，其运行维护费用由地方财政给予支持。煤矿企业按照相关规定建立专职应急救援队伍。没有建立专职救援队伍的，必须建设兼职辅助救护队。煤矿企业要统一生产、通风、安全监控调度，建立快速有效的应急处置机制；每年至少组织一次全员应急演练。加强煤矿事故应急救援指挥，发生重大及以上事故，省级人民政府主要负责人或分管负责人要及时赶赴事故现场。在煤矿抢险救灾中牺牲的救援人员，应当按照国家有关规定申报烈士。

（二十）加强煤矿应急救援装备建设。煤矿要按规定建设完善紧急避险、压风自救、供水施救系统，配备井下应急广播系统，储备自救互救器材。煤矿或煤矿集中的矿区，要配备适用的排水设备和应急救援物资。加快研制并配备能够快速打通"生命通道"的先进设备。支持重点开发煤矿应急指挥、通信联络、应急供电等设备和移动平台，以及遇险人员生命探测与搜索定位、灾害现场大型破拆、救援人员特种防护用品和器材等救援装备。

国务院各有关部门要按照职责分工研究制定具体的政策措施，落实工作责任，加强监管监察并认真组织实施。各省级人民政府要结合本地实际制定实施办法，加强组织领导，强化煤矿安全生产责任体系建设，强化监督检查，加强宣传教育，强化社会监督，严格追究责任，确保各项要求得到有效执行。

国务院办公厅转发发展改革委、安全监管总局关于进一步加强煤矿瓦斯防治工作若干意见的通知

（2011年5月23日　国办发〔2011〕26号）

各省、自治区、直辖市人民政府，国务院各部委、各直属机构：

发展改革委、安全监管总局《关于进一步加强煤矿瓦斯防治工作的若干意见》已经国务院同意，现转发给你们，请认真贯彻执行。

关于进一步加强煤矿瓦斯防治工作的若干意见

发展改革委　安全监管总局

近年来，国家先后出台了一系列加强煤矿瓦斯（煤层气）防治工作的政策措施，全国煤矿瓦斯抽采利用量大幅度上升，瓦斯事故起数和死亡人数大幅度下降。但随着煤矿开采强度增大、采掘深度增加，瓦斯防治难度越来越大，同时，瓦斯防治责任不落实、措施不到位等问题在一些地方和企业仍然比较突出。为深入贯彻落实《国务院关于进一步加强企业安全生产工作的通知》（国发〔2010〕23号）和全国煤矿瓦斯防治工作电视电话会议精神，坚决防范遏制煤矿瓦斯重特大事故，现就进一步加强煤矿瓦斯防治工作提出以下意见：

一、进一步落实防治责任

（一）强化煤矿瓦斯防治工作组织领导。地方各级人民政府和煤矿企业要以对人民生命安全高度负责的精神，牢固树立瓦斯事故可防可控的理念，全面建设"通风可靠、抽采达标、监控有效、管理到位"的瓦斯综合治理工作体系。各产煤省（区、市）要充分发挥煤矿瓦斯防治（集中整治）领导小组及办公室的作用，落实专职人员和专用经费，强化对瓦斯防治工作的组织推动和综合协调。

（二）落实煤矿企业瓦斯防治主体责任。各煤矿企业要不断完善瓦斯防治责任制，细化落实企业负责人及相关人员的瓦斯防治责任。要健全以总工程师为首的瓦斯防治技术管理体系，配齐通风、抽采、防突、地质测量等专业机构和人员。保障安全投入，完善矿井瓦斯防治系统，强化现场管理，加强职工培训，严格按照法律法规和标准规范组织生产，严防瓦斯事故发生。

（三）严格煤矿瓦斯防治责任考核。实行瓦斯防治目标管理，重点产煤地区各级政府及企业要通过签订煤矿瓦斯防治目标责任书等有效方式，严格瓦斯防治和抽采利用绩效考核，并加强相关统计工作。没有完成目标任务的，要逐级追究地方政府和企业负责人的责任。各地区要建立健全煤矿安全事故约谈、警示和瓦斯防治督查督办制度，对因管理不到位、职责不清晰、推诿扯皮造成事故的，要按照国

家相关法律法规严肃追究责任。

二、提高准入门槛

（四）严格控制高瓦斯和煤与瓦斯突出矿井建设。"十二五"期间，停止核准新建30万吨/年以下的高瓦斯矿井、45万吨/年以下的煤与瓦斯突出矿井项目。已批在建的同类矿井项目，由有关部门按照国家瓦斯防治相关政策标准重新组织审查其初步设计，督促完善瓦斯防治措施。

（五）建立煤矿企业瓦斯防治能力评估制度。国家煤炭行业管理部门研究制定煤矿企业瓦斯防治能力基本标准，组织开展评估工作，并公布评估结果。经评估不具备瓦斯防治能力的企业，不得新建高瓦斯和煤与瓦斯突出矿井，已建的同类矿井要立即停产整改，或与具备瓦斯防治能力的企业重组；整改不达标或未能实现重组的，地方政府依法予以关闭。

（六）支持煤与瓦斯突出煤矿企业整合关闭。国家支持具备瓦斯防治能力的大型煤矿企业以资产为纽带，兼并重组高瓦斯和煤与瓦斯突出的小煤矿。中央和地方财政继续支持小煤矿整顿关闭工作，并对高瓦斯和煤与瓦斯突出小煤矿关闭给予重点支持，具体办法由财政部会同有关部门研究确定。

三、强化基础管理

（七）落实煤矿瓦斯区域性防突治理措施。煤矿企业应编制煤与瓦斯突出矿井区域性防突治理技术方案，并报煤炭行业管理部门和煤矿安全监管部门备案后实施。对未落实区域性防突治理措施或区域治理效果不达标的煤与瓦斯突出矿井，要责令停产整顿，经验收合格后方可进行采掘作业活动。地方政府和煤矿企业要制定鼓励措施，支持煤与瓦斯突出矿井落实开采保护层、预抽煤层瓦斯等区域性防突措施。

（八）强力推进煤矿瓦斯抽采系统建设。高瓦斯和煤与瓦斯突出矿井，要做到先抽后采、抽采达标。凡应建未建瓦斯抽采系统或抽采未达标的矿井，要停产整顿，经验收达到相关标准后方可恢复生产。在建的煤与瓦斯突出矿井揭露煤层前，应建地面抽采系统的高瓦斯矿井进入采区施工前，要建成地面瓦斯抽采系统并投入使用。

（九）规范矿井瓦斯等级鉴定管理。高瓦斯和煤与瓦斯突出矿井一律不得降低瓦斯等级。所开采煤层瓦斯压力超过规定限值、相邻矿井同一煤层发生突出事故或鉴定为突出煤层，以及发生瓦斯动力现象等情况的矿井，都要及时进行瓦斯等级鉴定，鉴定完成前，应按煤与瓦斯突出矿井进行管理。要严格鉴定标准和程序，煤矿企业对所提供的鉴定资料真实性负责，鉴定单位对鉴定结果负责，对违法违规、弄虚作假的，要依法依规从严追究责任。

（十）加强矿井揭露煤层管理。煤与瓦斯突出矿井的突出煤层、邻近矿井同一煤层曾出现瓦斯动力现象等矿井煤层揭露设计，应按有关规定认真编制，由煤矿企业技术负责人严格审批后实施。凡未经批准擅自揭露突出煤层，或误揭露突出煤层的，要严肃追究有关责任人责任。

（十一）完善煤矿安全监测监控系统。高瓦斯和煤与瓦斯突出矿井的监测监控系统，必须与煤炭行业管理部门或煤矿安全监管部门联网。未实现联网或不能实时上传数据的，要限期整改，确保信息畅通。各地区要加强区域性监测监控系统服务中心建设，对不具备监测监控系统维护能力的小煤矿提供技术指导和服务，保障设备正常运转。

四、加大政策支持

（十二）加大煤矿瓦斯综合利用力度。地方政府和有关企业要严格落实煤矿瓦斯综合利用政策。煤矿瓦斯电厂富裕电量需要上网的，电网企业要为接入电网提供便利条件，全部收购瓦斯发电富裕电量。上网电价执行当地脱硫标杆电价加补贴电价，补贴加价部分在电网销售电价中解决。地方政府要制定相关政策，推动瓦斯输送利用管网基础设施建设，支持煤矿企业拓宽瓦斯利用范围，提高瓦斯利用率。要完善煤炭、煤层气协调开发体制机制，制定煤层气开发利用管理办法及行业技术标准，指导和规范煤层气产业发展。煤矿瓦斯防治部际协调领导小组办公室要加强对瓦斯综合利用政策执行情况的督促检查，定期通报。

（十三）研究高瓦斯和煤与瓦斯突出矿井税收支持政策。针对高瓦斯和煤与瓦斯突出矿井开采成本高的现实情况，研究鼓励高瓦斯和煤与瓦斯突出矿井加大安全投入的税收支持政策，具体办法由财政部会同税务总局、发展改革委、能源局等部门研究制定。继续通过中央预算内基建资金，支持煤矿安全技术改造和瓦斯治理利用。

（十四）落实煤炭生产安全费用提取使用政策。煤矿企业要严格按照国家关于煤炭生产安全费用提取政策规定和煤矿灾害治理的实际需求，科学合理地确定生产安全费用提取标准，报当地有关部门备案。地方各级人民政府要加强审计监督，确保提取到位、专款专用。对阻碍或不按标准提取使用安全费用的行为要进行严肃查处。

（十五）推进煤矿瓦斯防治技术创新。国家通过科技计划、基金和科技重大专项，加强煤矿瓦斯突出机理等基础理论和低透气性煤层瓦斯赋存规律的研究，及瓦斯抽采工艺、灾害防治等关键技术、重大装备的研发。地方各级人民政府及有关部门要制定政策，引导科研机构和企业加强煤矿瓦斯防治科技创新。煤矿企业要健全瓦斯防治技术集成体系，加大安全科技投入，研究解决生产过程中的突出问题。

（十六）支持和规范煤矿瓦斯防治技术咨询服务。鼓励和支持具备瓦斯防治能力的煤矿企业和科研院所、大专院校等单位成立专业化技术服务机构，开展煤矿瓦斯防治技术咨询和工程服务。专业服务机构为煤矿企业进行技术咨询、安全评价等活动时，必须严格执行国家有关标准和规范，对其提供的相关评价鉴定结论承担法律责任。

五、加强安全监管监察

（十七）实行瓦斯防治重大隐患逐级挂牌督办。各地区要建立健全瓦斯防治重大隐患逐级挂牌督办、公告制度。对存在通风系统不合理、应建未建瓦斯抽采系统、抽采不达标、区域性治理措施不落实等重大隐患的矿井，由省级煤矿安全监管部门或煤炭行业管理部门挂牌督办。各地区应建立瓦斯事故隐患举报奖励制度，公布举报电话，对举报人给予奖励，并依法保护举报人权益。

（十八）从严查处超能力生产行为。地方煤炭行业管理部门要把矿井抽采达标和防突能力作为约束性指标，严格按照标准组织核定矿井生产能力。对超能力生产的高瓦斯和煤与瓦斯突出矿井，要责令停产整顿，并按照《国务院关于预防煤矿生产安全事故的特别规定》（国务院令第446号）等法律法规规定的上限，对煤矿企业及负责人进行处罚。通风系统等发生重大变化的矿井，必须重新进行生产能力核定。

（十九）加强煤矿瓦斯超限管理。煤矿发生瓦斯超限，要立即停产撤人，并比照事故处理查明瓦斯超限原因，落实防范措施。因责任和措施不落实造成瓦斯超限的，要严肃追究有关人员责任。因瓦斯防治措施不到位，1个月内发生2次瓦斯超限的矿井必须停产整顿。凡1个月内发生3次以上瓦斯超限未追查处理，或因瓦斯超限被责令停产整顿期间仍组织生产的矿井，煤炭行业管理部门、煤矿安全监管部门应提请地方政府予以关闭。

（二十）从重处理煤矿瓦斯死亡事故。发生造成人员死亡瓦斯事故的矿井必须停产整顿，停产整顿时限由地方政府确定。凡发生较大及以上瓦斯事故，且地质条件复杂、安全生产系统存在重大隐患、不能有效防范瓦斯事故的矿井，地方政府应当依法予以关闭。

各地区、各部门和各有关单位要加强组织领导，制定具体实施方案，分解落实工作任务，确保执行到位。煤矿瓦斯防治部际协调领导小组及成员单位要加强督促指导。

3. 规章及部门规范性文件

矿山救援规程

（2024年4月15日应急管理部第12次部务会议审议通过 2024年4月28日应急管理部令第16号公布 自2024年7月1日起施行）

第一章 总 则

第一条 为了快速、安全、有效处置矿山生产安全事故，保护矿山从业人员和应急救援人员的生命安全，根据《中华人民共和国安全生产法》、《中华人民共和国矿山安全法》和《生产安全事故应急条例》、《煤矿安全生产条例》等有关法律、行政法规，制定本规程。

第二条 在中华人民共和国领域内从事煤矿、金属非金属矿山及尾矿库生产安全事故应急救援工作（以下统称矿山救援工作），适用本规程。

第三条 矿山救援工作应当以人为本，坚持人民至上、生命至上，贯彻科学施救原则，全力以赴抢救遇险人员，确保应急救援人员安全，防范次生灾害事故，避免或者减少事故对环境造成的危害。

第四条 矿山企业应当建立健全应急值守、信息报告、应急响应、现场处置、应急投入等规章制度，按照国家有关规定编制应急救援预案，组织应急救援演练，储备应急救援装备和物资，其主要负责人对本单位的矿山救援工作全面负责。

第五条 矿山救援队（矿山救护队，下同）是处置矿山生产安全事故的专业应急救援队伍。所有矿山都应当有矿山救援队为其服务。

矿山企业应当建立专职矿山救援队；规模较小、不具备建立专职矿山救援队条件的，应当建立兼职矿山救援队，并与邻近的专职矿山救援队签订应急救援协议。专职矿山救援队至服务矿山的行车时间一般不超过30分钟。

县级以上人民政府有关部门根据实际需要建立的矿山救援队按照有关法律法规的规定执行。

第六条 矿山企业应当及时将本单位矿山救援队的建立、变更、撤销和驻地、服务范围、主要装备、人员编制、主要负责人、接警电话等基本情况报送所在地应急管理部门和矿山安全监察机构。

第七条 矿山企业应当与为其服务的矿山救援队建立应急通信联系。煤矿、金属非金属矿山及尾矿库企业应当分别按照《煤矿安全规程》、《金属非金属矿山安全规程》、《尾矿库安全规程》有关规定向矿山救援队提供必要、真实、准确的图纸资料和应急救援预案。

第八条 发生生产安全事故后，矿山企业应当立即启动应急救援预案，采取措施组织抢救，全力做好矿山救援及相关工作，并按照国家有关规定及时上报事故情况。

第九条 矿山救援队应当坚持"加强准备、严格训练、主动预防、积极抢救"的工作原则；在接到服务矿山企业的救援通知或者有关人民政府及相关部门的救援命令后，应当立即参加事故灾害应急救援。

第二章 矿山救援队伍

第一节 组织与任务

第十条 专职矿山救援队应当符合下列规定：

（一）根据服务矿山的数量、分布、生产规模、灾害程度等情况和矿山救援工作需要，设立大队或者独立中队；

（二）大队和独立中队下设办公、战训、装备、后勤等管理机构，配备相应的管理和工作人员；

（三）大队由不少于2个中队组成，设大队长1人、副大队长不少于2人、总工程师1人、副总工程师不少于1人；

（四）独立中队和大队所属中队由不少于3个小队组成，设中队长1人、副中队长不少于2人、技术员不少于1人，以及救援车辆驾驶、仪器维修和氧气充填人员；

（五）小队由不少于9人组成，设正、副小队长各1人，是执行矿山救援工作任务的最小集体。

第十一条 专职矿山救援队应急救援人员应当具备下列条件：

（一）熟悉矿山救援工作业务，具有相应的矿山专业知识；

（二）大队指挥员由在中队指挥员岗位工作不少于3年或者从事矿山生产、安全、技术管理工作不少于5年的人员担任，中队指挥员由从事矿山救援工作或者矿山生产、安全、技术管理工作不少于3年的人员担任，小队指挥员由从事矿山救援工作不少于2年的人员担任；

（三）大队指挥员年龄一般不超过55岁，中队指挥员年龄一般不超过50岁，小队指挥员和队员年龄一般不超过45岁；根据工作需要，允许保留少数（不超过应急救援人员总数的1/3）身体健康、有技术专长、救援经验丰富的超龄人员，超龄年限不大于5岁；

（四）新招收的队员应当具有高中（中专、中技、中职）以上文化程度，具备相应的身体素质和心理素质，年龄一般不超过30岁。

第十二条 专职矿山救援队的主要任务是：

（一）抢救事故灾害遇险人员；

（二）处置矿山生产安全事故及灾害；

（三）参加排放瓦斯、启封火区、反风演习、井巷揭煤等需要佩用氧气呼吸器作业的安全技术工作；

（四）做好服务矿山企业预防性安全检查，参与消除事故隐患工作；

（五）协助矿山企业做好从业人员自救互救和应急知识的普及教育，参与服务矿山企业应急救援演练；

（六）承担兼职矿山救援队的业务指导工作；

（七）根据需要和有关部门的救援命令，参与其他事故灾害应急救援工作。

第十三条 兼职矿山救援队应当符合下列规定：

（一）根据矿山生产规模、自然条件和灾害情况确定队伍规模，一般不少于2个小队，每个小队不少于9人；

（二）应急救援人员主要由矿山生产一线班组长、业务骨干、工程技术人员和管理人员等兼职担任；

（三）设正、副队长和装备仪器管理人员，确保救援装备处于完好和备用状态；

（四）队伍直属矿长领导，业务上接受矿总工程师（技术负责人）和专职矿山救援队的指导。

第十四条 兼职矿山救援队的主要任务是：

（一）参与矿山生产安全事故初期控制和处置；

救助遇险人员；

（二）协助专职矿山救援队参与矿山救援工作；

（三）协助专职矿山救援队参与矿山预防性安全检查和安全技术工作；

（四）参与矿山从业人员自救互救和应急知识宣传教育，参加矿山应急救援演练。

第十五条 矿山救援队应急救援人员应当遵守下列规定：

（一）热爱矿山救援事业，全心全意为矿山安全生产服务；

（二）遵守和执行安全生产和应急救援法律、法规、规章和标准；

（三）加强业务知识学习和救援专业技能训练，适应矿山救援工作需要；

（四）熟练掌握装备仪器操作技能，做好装备仪器的维护保养，保持装备完好；

（五）按照规定参加应急值班，坚守岗位，随时做好救援出动准备；

（六）服从命令，听从指挥，积极主动完成矿山救援等各项工作任务。

第二节 建设与管理

第十六条 矿山救援队应当加强标准化建设。标准化建设的主要内容包括组织机构及人员、装备与设施、培训与训练、业务工作、救援准备、技术操作、现场急救、综合体质、队列操练、综合管理等。

第十七条 矿山救援队应当按照有关标准和规定使用和管理队徽、队旗，统一规范着装并佩戴标志标识；加强思想政治、职业作风和救援文化建设，强化救援理念、职责和使命教育，遵守礼节礼仪，严肃队容风纪；服从命令、听从指挥，保持高度的组织性、纪律性。

第十八条 专职矿山救援队的日常管理包括下列内容：

（一）建立岗位责任制，明确全员岗位职责；

（二）建立交接班、学习培训、训练演练、救援总结讲评、装备管理、内务管理、档案管理、会议、考勤和评比检查等工作制度；

（三）设置组织机构牌板、队伍部署与服务区域矿山分布图、值班日程表、接警记录牌板和评比检查牌板，值班室配置录音电话、报警装置、时钟、接警和交接班记录簿；

（四）制定年度、季度和月度工作计划，建立工作日志和接警信息、交接班、事故救援、装备设施维护保养、学习与总结讲评、培训与训练、预防性安全检查、安全技术工作等工作记录；

（五）保存人员信息、技术资料、救援报告、工作总结、文件资料、会议材料等档案资料；

（六）针对服务矿山企业的分布、灾害特点及可能发生的生产安全事故类型等情况，制定救援行动预案，并与服务矿山企业的应急救援预案相衔接；

（七）营造功能齐备、利于应急、秩序井然、卫生整洁并具有浓厚应急救援职业文化氛围的驻地环境；

（八）集体宿舍保持整洁，不乱放杂物、无乱贴乱画，室内物品摆放整齐，墙壁悬挂物品一条线，床上卧具叠放整齐一条线，保持窗明壁净；

（九）应急救援人员做到着装规范、配套、整洁，遵守作息时间和考勤制度，举止端正、精神饱满、语言文明，常洗澡、常理发、常换衣服，患病应当早报告、早治疗。

兼职矿山救援队的日常管理可以结合矿山企业实际，参照本条上述内容执行。

第十九条 矿山救援队应当建立24小时值班制度。大队、中队至少各由1名指挥员在岗带班。应急值班以小队为单位，各小队按计划轮流担任值班小队和待机小队，值班和待机小队的救援装备应当置于矿山救援车上或者便于快速取用的地点，保持应急准备状态。

第二十条 矿山救援队执行矿山救援任务、参加安全技术工作和开展预防性安全检查时，应当穿戴矿山救援防护服装，佩带并按规定佩用氧气呼吸器，携带相关装备、仪器和用品。

第二十一条 任何人不得擅自调动专职矿山救援队、救援装备物资和救援车辆从事与应急救援无关的活动。

第三章 救援装备与设施

第二十二条 矿山救援队应当配备处置矿山生产安全事故的基本装备（见附录1至附录5），并根据救援工作实际需要配备其他必要的救援装备，积极采用新技术、新装备。

第二十三条 矿山救援队值班车辆应当放置值班小队和小队人员的基本装备。

第二十四条 矿山救援队应当根据服务矿山企业实际情况和可能发生的生产安全事故，明确列出处置各类事故需要携带的救援装备；需要携带其他装备赴现场的，由带队指挥员根据事故具体情况确定。

第二十五条 救援装备、器材、防护用品和检测仪器应当符合国家标准或者行业标准，满足矿山救援工作的特殊需要。各种仪器仪表应当按照有关要求定期检定或者校准。

第二十六条 矿山救援队应当定期检查在用和库存救援装备的状况及数量，做到账、物、卡"三相符"，并及时进行报废、更新和备品备件补充。

第二十七条 专职矿山救援队应当建有接警值班室、值班休息室、办公室、会议室、学习室、电教室、装备室、修理室、氧气充填室、气体分析化验室、装备器材库、车库、演习训练场所及设施、体能训练场所及设施、宿舍、浴室、食堂等。

兼职矿山救援队应当设置接警值班室、学习室、装备室、修理室、装备器材库、氧气充填室和训练设施等。

第二十八条 氧气充填室及室内物品和相关操作应当符合下列要求：

（一）氧气充填室的建设符合安全要求，建立严格的管理制度，室内使用防爆设施，保持通风良好，严禁烟火，严禁存放易燃易爆物品；

（二）氧气充填泵由培训合格的充填工按照规程进行操作；

（三）氧气充填泵在20兆帕压力时，不漏油、不漏气、不漏水、无杂音；

（四）氧气瓶实瓶和空瓶分别存放，标明充填日期，挂牌管理，并采取防止倾倒措施；

（五）定期检查氧气瓶，存放氧气瓶时轻拿轻放，距暖气片或者高温点的距离在2米以上；

（六）新购进或者经水压试验后的氧气瓶，充填前进行2次充、放氧气后，方可使用。

第二十九条 矿山救援队使用氧气瓶、氧气和氢氧化钙应当符合下列要求：

（一）氧气符合医用标准；

（二）氢氧化钙每季度化验1次，二氧化碳吸收率不得低于33%，水分在16%至20%之间，粉尘率不大于3%，使用过的氢氧化钙不得重复使用；

（三）氧气呼吸器内的氢氧化钙，超过3个月的必须更换，否则不得使用；

（四）使用的氧气瓶应当符合国家规定标准，每3年进行除锈（垢）清洗和水压试验，达不到标准的不得使用。

第三十条 气体分析化验室应当能够分析化验矿井空气和灾变气体中的氧气、氮气、二氧化碳、一氧化碳、甲烷、乙烷、丙烷、乙烯、乙炔、氢气、二氧化硫、硫化氢和氮氧化物等成分，保持室内整洁，温度在15至23摄氏度之间，严禁使用明火。气体分析化验仪器设备不得阳光曝晒，保持备品数量充足。

化验员应当及时对送检气样进行分析化验，填写化验单并签字，经技术负责人审核后提交送样单位，化验单存根保存期限不低于2年。

第三十一条 矿山救援队的救援装备、车辆和设施应当由专人管理，定期检查、维护和保养，保持完好和备用状态。救援装备不得露天存放，救援车辆应当专车专用。

第四章 救援培训与训练

第三十二条 矿山企业应当对从业人员进行应急教育和培训，保证从业人员具备必要的应急知识，掌握自救互救、安全避险技能和事故应急措施。

矿山救援队应急救援人员应当接受应急救援知识和技能培训，经培训合格后方可参加矿山救援工作。

第三十三条 矿山救援队应急救援人员的培训时间应当符合下列规定：

（一）大队指挥员及战训等管理机构负责人、中队正职指挥员及技术员的岗位培训不少于30天（144学时），每两年至少复训一次，每次不少于14天（60学时）；

（二）副中队长，独立中队战训等管理机构负责人，正、副小队长的岗位培训不少于45天（180学时），每两年至少复训一次，每次不少于14天（60学时）；

（三）专职矿山救援队队员、战训等管理机构工作人员的岗位培训不少于90天（372学时），编队实习90天，每年至少复训一次，每次不少于14天（60学时）；

（四）兼职矿山救援队应急救援人员的岗位培训不少于45天（180学时），每年至少复训一次，每次不少于14天（60学时）。

第三十四条 矿山救援培训应当包括下列主要内容：

（一）矿山安全生产与应急救援相关法律、法规、规章、标准和有关文件；

（二）矿山救援队伍的组织与管理；

（三）矿井通风安全基础理论与灾变通风技术；

（四）应急救援基础知识、基本技能、心理素质；

（五）矿山救援装备、仪器的使用与管理；

（六）矿山生产安全事故及灾害应急救援技术和方法；

（七）矿山生产安全事故及灾害遇险人员的现场

急救、自救互救、应急避险、自我防护、心理疏导；

（八）矿山企业预防性安全检查、安全技术工作、隐患排查与治理和应急救援预案编制；

（九）典型事故灾害应急救援案例研究分析；

（十）应急管理与应急救援其他相关内容。

第三十五条 矿山企业应当至少每半年组织1次生产安全事故应急救援预案演练，服务矿山企业的矿山救援队应当参加演练。演练计划、方案、记录和总结评估报告等资料保存期限不少于2年。

第三十六条 矿山救援队应当按计划组织开展日常训练。训练应当包括综合体能、队列操练、心理素质、灾区环境适应性、救援专业技能、救援装备和仪器操作、现场急救、应急救援演练等主要内容。

第三十七条 矿山救援大队、独立中队应当每年至少开展1次综合性应急救援演练，内容包括应急响应、救援指挥、灾区探察、救援方案制定与实施、协同联动和突发情况应对等；中队应当每季度至少开展1次应急救援演练和高温浓烟训练，内容包括闻警出动、救援准备、灾区探察、事故处置、抢救遇险人员和高温浓烟环境作业等；小队应当每月至少开展1次佩用氧气呼吸器的单项训练，每次训练时间不少于3小时；兼职矿山救援队应当每半年至少进行1次矿山生产安全事故先期处置和遇险人员救助演练，每季度至少进行1次佩用氧气呼吸器的训练，时间不少于3小时。

第三十八条 安全生产应急救援机构应当定期组织举办矿山救援技术竞赛。鼓励矿山救援队参加国际矿山救援技术交流活动。

第五章 矿山救援一般规定

第一节 先期处置

第三十九条 矿山发生生产安全事故后，涉险区域人员应当视现场情况，在安全条件下积极抢救人员和控制灾情，并立即上报；不具备条件的，应当立即撤离至安全地点。井下涉险人员在撤离时应当根据需要使用自救器，在撤离受阻的情况下紧急避险待救。矿山企业带班领导和涉险区域的区、队、班组长等应当组织人员抢救、撤离和避险。

第四十条 矿山值班调度员接到事故报告后，应当立即采取应急措施，通知涉险区域人员撤离险区，报告矿山企业负责人，通知矿山救援队、医疗急救机构和本企业有关人员等到现场救援。矿山企业负责人应当迅速采取有效措施组织抢救，并按照国家有关规定立即如实报告事故情况。

第二节 闻警出动、到达现场和返回驻地

第四十一条 矿山救援队出动救援应当遵守下列规定：

（一）值班员接到救援通知后，首先按响预警铃，记录发生事故单位和事故时间、地点、类别、可能遇险人数及通知人姓名、单位、联系电话，随后立即发出警报，并向值班指挥员报告；

（二）值班小队在预警铃响后立即开始出动准备，在警报发出后1分钟内出动，不需乘车的，出动时间不得超过2分钟；

（三）处置矿井生产安全事故，待机小队随同值班小队出动；

（四）值班员记录出动小队编号及人数、带队指挥员、出动时间、携带装备等情况，并向矿山救援队主要负责人报告；

（五）及时向所在地应急管理部门和矿山安全监察机构报告出动情况。

第四十二条 矿山救援队到达事故地点后，应当立即了解事故情况，领取救援任务，做好救援准备，按照现场指挥部命令和应急救援方案及矿山救援队行动方案，实施灾区探察和抢险救援。

第四十三条 矿山救援队完成救援任务后，经现场指挥部同意，可以返回驻地。返回驻地后，应急救援人员应当立即对救援装备、器材进行检查和维护，使之恢复到完好和备用状态。

第三节 救援指挥

第四十四条 矿山救援队参加矿山救援工作，带队指挥员应当参与制定应急救援方案，在现场指挥部的统一调度指挥下，具体负责指挥矿山救援队的矿山救援行动。

矿山救援队参加其他事故灾害应急救援时，应当在现场指挥部的统一调度指挥下实施应急救援行动。

第四十五条 多支矿山救援队参加矿山救援工作时，应当服从现场指挥部的统一管理和调度指挥，由服务于发生事故矿山的专职矿山救援队指挥员或者其他胜任人员具体负责协调、指挥各矿山救援队联合实施救援处置行动。

第四十六条 矿山救援队带队指挥员应当根据应急救援方案和事故情况，组织制定矿山救援队行动方案和安全保障措施；执行灾区探察和救援任务时，应当至少有1名中队或者中队以上指挥员在现场带队。

第四十七条 现场带队指挥员应当向救援小队说明事故情况、探察和救援任务、行动计划和路线、安全保障措施和注意事项，带领救援小队完成工作任务。矿山救援队执行任务时应当避免使用临时混编小队。

第四十八条 矿山救援队在救援过程中遇到危及应急救援人员生命安全的突发情况时，现场带队指挥员有权作出撤出危险区域的决定，并及时报告现场指挥部。

第四节 救援保障

第四十九条 在处置重特大或者复杂矿山生产安全事故时，应当设立地面基地；条件允许的，应当设立井下基地。

应急救援人员的后勤保障应当按照《生产安全事故应急条例》的规定执行。同时，鼓励矿山救援队加强自我保障能力。

第五十条 地面基地应当设置在便于救援行动的安全地点，并且根据事故情况和救援力量投入情况配备下列人员、设备、设施和物资：

（一）气体化验员、医护人员、通信员、仪器修理员和汽车驾驶员，必要时配备心理医生；

（二）必要的救援装备、器材、通信设备和材料；

（三）应急救援人员的后勤保障物资和临时工作、休息场所。

第五十一条 井下基地应当设置在靠近灾区的安全地点，并且配备下列人员、设备和物资：

（一）指挥人员、值守人员、医护人员；

（二）直通现场指挥部和灾区的通信设备；

（三）必要的救援装备、气体检测仪器、急救药品和器材；

（四）食物、饮料等后勤保障物资。

第五十二条 井下基地应当安排专人检测有毒有害气体浓度和风量、观测风流方向、检查巷道支护等情况，发现情况异常时，基地指挥人员应当立即采取应急措施，通知灾区救援小队，并报告现场指挥部。改变井下基地位置，应当经过矿山救援队带队指挥员同意，报告现场指挥部，并通知灾区救援小队。

第五十三条 矿山救援队在组织救援小队执行矿井灾区探察和救援任务时，应当设立待机小队。待机小队的位置由带队指挥员根据现场情况确定。

第五十四条 矿山救援队在救援过程中必须保证下列通信联络：

（一）地面基地与井下基地；

（二）井下基地与救援小队；

（三）救援小队与待机小队；

（四）应急救援人员之间。

第五十五条 矿山救援队在救援过程中使用音响信号和手势联络应当符合下列规定：

（一）在灾区内行动的音响信号：

1. 一声表示停止工作或者停止前进；
2. 二声表示离开危险区；
3. 三声表示前进或者工作；
4. 四声表示返回；
5. 连续不断声音表示请求援助或者集合。

（二）在竖井和倾斜巷道使用绞车的音响信号：

1. 一声表示停止；
2. 二声表示上升；
3. 三声表示下降；
4. 四声表示慢上；
5. 五声表示慢下。

（三）应急救援人员在灾区报告氧气压力的手势：

1. 伸出拳头表示 10 兆帕；
2. 伸出五指表示 5 兆帕；
3. 伸出一指表示 1 兆帕；
4. 手势要放在灯头前表示。

第五十六条 矿山救援队在救援过程中应当根据需要定时、定点取样分析化验灾区气体成分，为制定应急救援方案和措施提供参考依据。

第五节 灾区行动基本要求

第五十七条 救援小队进入矿井灾区探察或者救援，应急救援人员不得少于 6 人，应当携带灾区探察基本装备（见附录 6）及其他必要装备。

第五十八条 应急救援人员应当在入井前检查氧气呼吸器是否完好，其个人防护氧气呼吸器、备用氧气呼吸器及备用氧气瓶的氧气压力均不得低于 18 兆帕。

如果不能确认井筒、井底车场或者巷道内有无有毒有害气体，应急救援人员应当在入井前或者进入巷道前佩用氧气呼吸器。

第五十九条 应急救援人员在井下待命或者休息时，应当选择在井下基地或者具有新鲜风流的安全地点。如需脱下氧气呼吸器，必须经现场带队指挥员同意，并就近置于安全地点，确保有突发情况时能够及时佩用。

第六十条 应急救援人员应当注意观察氧气呼吸器的氧气压力，在返回到井下基地时应当至少保留 5 兆帕压力的氧气余量。在倾角小于 15 度的巷道行进时，应当将允许消耗氧气量的二分之一用于前进途中、二分之一用于返回途中；在倾角大于或者等于 15 度的巷道中行进时，应当将允许消耗氧气量的三分之二用于上行途中、三分之一用于下行途中。

第六十一条 矿山救援队在致人窒息或者有毒有害气体积存的灾区执行任务应当做到：

（一）随时检测有毒有害气体、氧气浓度和风量，观测风向和其他变化；

（二）小队长每间隔不超过 20 分钟组织应急救援人员检查并报告 1 次氧气呼吸器氧气压力，根据最低的氧气压力确定返回时间；

（三）应急救援人员必须在彼此可见或者可听到信号的范围内行动，严禁单独行动；如果该灾区地点距离新鲜风流处较近，并且救援小队全体人员在该地点无法同时开展救援，现场带队指挥员可派不少于 2 名队员进入该地点作业，并保持联系。

第六十二条 矿山救援队在致人窒息或者有毒有害气体积存的灾区抢救遇险人员应当做到：

（一）引导或者运送遇险人员时，为遇险人员佩用全面罩正压氧气呼吸器或者自救器；

（二）对受伤、窒息或者中毒人员进行必要急救处理，并送至安全地点；

（三）处理和搬运伤员时，防止伤员拉扯氧气呼吸器软管或者面罩；

（四）抢救长时间被困遇险人员，请专业医护人员配合，运送时采取护目措施，避免灯光和井口外光线直射遇险人员眼睛；

（五）有多名遇险人员待救的，按照"先重后轻、先易后难"的顺序抢救；无法一次全部救出的，为待救遇险人员佩用全面罩正压氧气呼吸器或者自救器。

第六十三条 在高温、浓烟、塌冒、爆炸和水淹等灾区，无需抢救人员的，矿山救援队不得进入；因抢救人员需要进入时，应当采取安全保障措施。

第六十四条 应急救援人员出现身体不适或者氧气呼吸器发生故障难以排除时，救援小队全体人员应当立即撤到安全地点，并报告现场指挥部。

第六十五条 应急救援人员在灾区工作 1 个氧气呼吸器班后，应当至少休息 8 小时；只有在后续矿山救援队未到达且急需抢救人员时，方可根据体质情况，在氧气呼吸器补充氧气、更换药品和降温冷却材料并校验合格后重新投入工作。

第六十六条 矿山救援队在完成救援任务撤出灾区时，应当将携带的救援装备带出灾区。

第六节 灾区探察

第六十七条 矿山救援队参加矿井生产安全事故应急救援，应当进行灾区探察。灾区探察的主要任务是探明事故类别、波及范围、破坏程度、遇险人员数量和位置、矿井通风、巷道支护等情况，检测灾区氧气和有毒有害气体浓度、矿尘、温度、风向、风速等。

第六十八条 矿山救援队在进行灾区探察前，应当了解矿井巷道布置等基本情况，确认灾区是否切断电源，明确探察任务、具体计划和注意事项，制定遇有撤退路线被堵等突发情况的应急措施，检查氧气呼吸器和所需装备仪器，做好充分准备。

第六十九条 矿山救援队在灾区探察时应当做到：

（一）探察小队与待机小队保持通信联系，在需要待机小队抢救人员时，调派其他小队作为待机小队；

（二）首先将探察小队派往可能存在遇险人员最多的地点，灾区范围大或者巷道复杂的，可以组织多个小队分区段探察；

（三）探察小队在遭遇危险情况或者通信中断时立即回撤，待机小队在探察小队遇险、通信中断或者未按预定时间返回时立即进入救援；

（四）进入灾区时，小队长在队前，副小队长在队后，返回时相反；搜救遇险人员时，小队队形与巷道中线斜交前进；

（五）探察小队携带救生索等必要装备，行进时注意暗井、溜煤眼、淤泥和巷道支护等情况，视线不清或者水深时使用探险棍探测前进，队员之间用联络绳联结；

（六）明确探察小队人员分工，分别检查通风、气体浓度、温度和顶板等情况并记录，探察过的巷道要签字留名做好标记，并绘制探察路线示意图，在图纸上标记探察结果；

（七）探察过程中发现遇险人员立即抢救，将其护送至安全地点，无法一次救出遇险人员时，立即通知待机小队进入救援，带队指挥员根据实际情况决定是否安排队伍继续实施灾区探察；

（八）在发现遇险人员地点做出标记，检测气体浓度，并在图纸上标明遇险人员位置及状态，对遇难人员逐一编号；

（九）探察小队行进中在巷道交叉口设置明显标记，完成任务后按计划路线或者原路返回。

第七十条 探察结束后，现场带队指挥员应当立即向布置任务的指挥员汇报探察结果。

第七节 救援记录和总结报告

第七十一条 矿山救援队应当记录参加救援的过程及重要事项；发生应急救援人员伤亡，应当按照有关规定及时上报。

第七十二条 救援结束后，矿山救援队应当对救援工作进行全面总结，编写应急救援报告（附事故现场示意图），填写《应急救援登记卡》（见附录7），并于7日内上报所在地应急管理部门和矿山安全监察机构。

第六章 救援方法和行动原则

第一节 矿井火灾事故救援

第七十三条 矿山救援队参加矿井火灾事故救援应当了解下列情况：

（一）火灾类型、发火时间、火源位置、火势及烟雾大小、波及范围、遇险人员分布和矿井安全避险系统情况；

（二）灾区有毒有害气体、温度、通风系统状态、风流方向、风量大小和矿尘爆炸性；

（三）顶板、巷道围岩和支护状况；

（四）灾区供电状况；

（五）灾区供水管路和消防器材的实际状况及数量；

（六）矿井火灾事故专项应急预案及其实施状况。

第七十四条 首先到达事故矿井的矿山救援队，救援力量的分派原则如下：

（一）进风井井口建筑物发生火灾，派一个小队处置火灾，另一个小队到井下抢救人员和扑灭井底车场可能发生的火灾；

（二）井筒或者井底车场发生火灾，派一个小队灭火，另一个小队到受火灾威胁区域抢救人员；

（三）矿井进风侧的硐室、石门、平巷、下山或者上山发生火灾，火烟可能威胁到其他地点时，派一个小队灭火，另一个小队进入灾区抢救人员；

（四）采区巷道、硐室或者工作面发生火灾，派一个小队从最短的路线进入回风侧抢救人员，另一个小队从进风侧抢救人员和灭火；

（五）回风井井口建筑物、回风井筒或者回风井底车场及其毗连的巷道发生火灾，派一个小队灭火，另一个小队抢救人员。

第七十五条 矿山救援队在矿井火灾事故救援过程中，应当指定专人检测瓦斯等易燃易爆气体和矿尘，观测灾区气体和风流变化，当甲烷浓度超过2%并且继续上升，风量突然发生较大变化，或者风流出现逆转征兆时，应当立即撤到安全地点，采取措施排除危险，采用保障安全的灭火方法。

第七十六条 处置矿井火灾时，矿井通风调控应当遵守下列原则：

（一）控制火势和烟雾蔓延，防止火灾扩大；

（二）防止引起瓦斯或者矿尘爆炸，防止火风压引起风流逆转；

（三）保障应急救援人员安全，并有利于抢救遇险人员；

（四）创造有利的灭火条件。

第七十七条 灭火过程中，根据灾情可以采取局部反风、全矿井反风、风流短路、停止通风或者减少风量等措施。采取上述措施时，应当防止瓦斯等易燃易爆气体积聚到爆炸浓度引起爆炸，防止发生风流紊乱，保障应急救援人员安全。采取反风或者风流短路措施前，必须将原进风侧人员或者受影响区域内人员撤到安全地点。

第七十八条 矿山救援队应当根据矿井火灾的实际情况选择灭火方法，条件具备的应当采用直接灭火方法。直接灭火时，应当设专人观测进风侧风向、风量和气体浓度变化，分析风流紊乱的可能性及撤退通道的安全性，必要时采取控风措施；应当监测回风侧瓦斯和一氧化碳等气体浓度变化，观察烟雾变化情况，分析灭火效果和爆炸危险性，发现危险迹象及时撤离。

第七十九条 用水灭火时，应当具备下列条件：

（一）火源明确；

（二）水源、人力和物力充足；

（三）回风道畅通；

（四）甲烷浓度不超过2%。

第八十条 用水或者注浆灭火应当遵守下列规定：

（一）从进风侧进行灭火，并采取防止溃水措施，同时将回风侧人员撤出；

（二）为控制火势，可以采取设置水幕、清除可燃物等措施；

（三）从火焰外围喷洒并逐步移向火源中心，不得将水流直接对准火焰中心；

（四）灭火过程中保持足够的风量和回风道畅通，使水蒸气直接排入回风道；

（五）向火源大量灌水或者从上部灌浆时，不得靠近火源地点作业；用水快速淹没火区时，火区密闭附近及其下方区域不得有人。

第八十一条 扑灭电气火灾，应当首先切断电源。在切断电源前，必须使用不导电的灭火器材进行灭火。

第八十二条 扑灭瓦斯燃烧引起的火灾时，可采用干粉、惰性气体、泡沫灭火，不得随意改变风量，防止事故扩大。

第八十三条 下列情况下，应当采用隔绝灭火或者综合灭火方法：

（一）缺乏灭火器材；

（二）火源点不明确、火区范围大、难以接近火源；

（三）直接灭火无效或者对灭火人员危险性较大。

第八十四条 采用隔绝灭火方法应当遵守下列规定：

（一）在保证安全的情况下，合理确定封闭火区范围；

（二）封闭火区时，首先建造临时密闭，经观测风向、风量、烟雾和气体分析，确认无爆炸危险后，再建造永久密闭或者防爆密闭（防爆密闭墙最小厚度见附录8）。

第八十五条 封闭火区应当遵守下列规定：

（一）多条巷道需要封闭的，先封闭支巷，后封闭主巷；

（二）火区主要进风巷和回风巷中的密闭留有通风孔，其他密闭可以不留通风孔；

（三）选择进风巷和回风巷同时封闭的，在两处密闭上预留通风孔，封堵通风孔时统一指挥、密切配合，以最快速度同时封堵，完成密闭工作后迅速撤至安全地点；

（四）封闭有爆炸危险火区时，先采取注入惰性气体等抑爆措施，后在安全位置构筑进、回风密闭；

（五）封闭火区过程中，设专人检测风流和气体变化，发现瓦斯等易燃易爆气体浓度迅速增加时，所有人员立即撤到安全地点，并向现场指挥部报告。

第八十六条 建造火区密闭应当遵守下列规定：

（一）密闭墙的位置选择在围岩稳定、无破碎带、无裂隙和巷道断面较小的地点，距巷道交叉口不小于10米；

（二）拆除或者断开管路、金属网、电缆和轨道等金属导体；

（三）密闭墙留设观测孔、措施孔和放水孔。

第八十七条 火区封闭后应当遵守下列规定：

（一）所有人员立即撤出危险区；进入检查或者加固密闭墙在24小时后进行，火区条件复杂的，酌情延长时间；

（二）火区密闭被爆炸破坏的，严禁派矿山救援队探察或者恢复密闭；只有在采取惰化火区等措施、经检测无爆炸危险后方可作业，否则，在距火区较远的安全地点建造密闭；

（三）条件允许的，可以采取均压灭火措施；

（四）定期检测和分析密闭内的气体成分及浓度、温度、内外空气压差和密闭漏风情况，发现火区有异常变化时，采取措施及时处置。

第八十八条 矿山救援队在高温、浓烟下开展救援工作应当遵守下列规定：

（一）井下巷道内温度超过30摄氏度的，控制佩用氧气呼吸器持续作业时间；温度超过40摄氏度的，不得佩用氧气呼吸器作业，抢救人员时严格限制持续作业时间（见附录9）；

（二）采取降温措施，改善工作环境，井下基地配备含0.75%食盐的温开水；

（三）高温巷道内空气升温梯度达到每分钟0.5至1摄氏度时，小队返回井下基地，并及时报告基地指挥员；

（四）严禁进入烟雾弥漫至能见度小于1米的巷道；

（五）发现应急救援人员身体异常的，小队返回井下基地并通知待机小队。

第八十九条 处置进风井口建筑物火灾，应当采取防止火灾气体及火焰侵入井下的措施，可以立即反风或者关闭井口防火门；不能反风的，根据矿井实际情况决定是否停止主要通风机。同时，采取措施进行灭火。

第九十条 处置正在开凿井筒的井口建筑物火灾，通往遇险人员作业地点的通道被火切断时，可以利用原有的铁风筒及各类适合供风的管路设施向遇险人员送风，同时采取措施进行灭火。

第九十一条 处置进风井筒火灾，为防止火灾气体侵入井下巷道，可以采取反风或者停止主要通风机运转的措施。

第九十二条 处置回风井筒火灾，应当保持原有风流方向，为防止火势增大，可以适当减少风量。

第九十三条 处置井底车场火灾应当采取下列措施：

（一）进风井底车场和毗连硐室发生火灾，进行反风或者风流短路，防止火灾气体侵入工作区；

（二）回风井井底车场发生火灾，保持正常风流方向，可以适当减少风量；

（三）直接灭火和阻止火灾蔓延；

（四）为防止混凝土支架和砌碹巷道上面木垛燃

烧，可在碹上打眼或者破碹，安设水幕或者灌注防灭火材料；

（五）保护可能受到火灾危及的井筒、爆炸物品库、变电所和水泵房等关键地点。

第九十四条 处置井下硐室火灾应当采取下列措施：

（一）着火硐室位于矿井总进风道的，进行反风或者风流短路；

（二）着火硐室位于矿井一翼或者采区总进风流所经两巷道连接处的，在安全的前提下进行风流短路，条件具备时也可以局部反风；

（三）爆炸物品库着火的，在安全的前提下先将雷管和导爆索运出，后将其他爆炸材料运出；因危险不能运出时，关闭防火门，人员撤至安全地点；

（四）绞车房着火的，将连接的矿车固定，防止烧断钢丝绳，造成跑车伤人；

（五）蓄电池机车充电硐室着火的，切断电源，停止充电，加强通风并及时运出蓄电池；

（六）硐室无防火门的，挂风障控制入风，积极灭火。

第九十五条 处置井下巷道火灾应当采取下列措施：

（一）倾斜上行风流巷道发生火灾，保持正常风流方向，可以适当减少风量，防止与着火巷道并联的巷道发生风流逆转；

（二）倾斜下行风流巷道发生火灾，防止发生风流逆转，不得在着火巷道由上向下接近火源灭火，可以利用平行下山和联络巷接近火源灭火；

（三）在倾斜巷道从下向上灭火时，防止冒落岩石和燃烧物掉落伤人；

（四）矿井或者一翼总进风道中的平巷、石门或者其他水平巷道发生火灾，根据具体情况采取反风、风流短路或者正常通风，采取风流短路时防止风流紊乱；

（五）架线式电机车巷道发生火灾，先切断电源，并将线路接地，接地点在可见范围内；

（六）带式输送机运输巷道发生火灾，先停止输送机，关闭电源，后进行灭火。

第九十六条 处置独头巷道火灾应当采取下列措施：

（一）矿山救援队到达现场后，保持局部通风机通风原状，即风机停止运转的不要开启，风机开启的不要停止，进行探察后再采取处置措施；

（二）水平独头巷道迎头发生火灾，且甲烷浓度不超过2%的，在通风的前提下直接灭火，灭火后检查和处置阴燃火点，防止复燃；

（三）水平独头巷道中段发生火灾，灭火时注意火源以里巷道内瓦斯情况，防止积聚的瓦斯经过火点，情况不明的，在安全地点进行封闭；

（四）倾斜独头巷道迎头发生火灾，且甲烷浓度不超过2%时，在加强通风的情况下可以直接灭火；甲烷浓度超过2%时，应急救援人员立即撤离，并在安全地点进行封闭；

（五）倾斜独头巷道中段发生火灾，不得直接灭火，在安全地点进行封闭；

（六）局部通风机已经停止运转，且无需抢救人员的，无论火源位于何处，均在安全地点进行封闭，不得进入直接灭火。

第九十七条 处置回采工作面火灾应当采取下列措施：

（一）工作面着火，在进风侧进行灭火；在进风侧灭火难以奏效的，可以进行局部反风，从反风后的进风侧灭火，并在回风侧设置水幕；

（二）工作面进风巷着火，为抢救人员和控制火势，可以进行局部反风或者减少风量，减少风量时防止灾区缺氧和瓦斯等有毒有害气体积聚；

（三）工作面回风巷着火，防止采空区瓦斯涌出和积聚造成瓦斯爆炸；

（四）急倾斜工作面着火，不得在火源上方或者火源下方直接灭火，防止水蒸气或者火区塌落物伤人；有条件的可以从侧面利用保护台板或者保护盖接近火源灭火；

（五）工作面有爆炸危险时，应急救援人员立即撤到安全地点，禁止直接灭火。

第九十八条 采空区或者巷道冒落带发生火灾，应当保持通风系统稳定，检查与火区相连的通道，防止瓦斯涌入火区。

第二节 瓦斯、矿尘爆炸事故救援

第九十九条 矿山救援队参加瓦斯、矿尘爆炸事故救援，应当全面探察灾区遇险人员数量及分布地点、有毒有害气体、巷道破坏程度、是否存在火源等情况。

第一百条 首先到达事故矿井的矿山救援队，救援力量的分派原则如下：

（一）井筒、井底车场或者石门发生爆炸，在确定没有火源、无爆炸危险后，派一个小队抢救人员，另一个小队恢复通风，通风设施损坏暂时无法恢复的，全部进行抢救人员；

（二）采掘工作面发生爆炸，派一个小队沿回风侧、另一个小队沿进风侧进入抢救人员，在此期间通风系统维持原状。

第一百零一条 为排除爆炸产生的有毒有害气体和抢救人员，应当在探察确认无火源的前提下，尽快恢复通风。如果有毒有害气体严重威胁爆源下风侧人员，在上风侧人员已经撤离的情况下，可以采取反风措施，反风后矿山救援队进入原下风侧引导人员撤离灾区。

第一百零二条 爆炸产生火灾时，矿山救援队应当同时进行抢救人员和灭火，并采取措施防止再次发生爆炸。

第一百零三条 矿山救援队参加瓦斯、矿尘爆炸事故救援应当遵守下列规定：

（一）切断灾区电源，并派专人值守；

（二）检查灾区内有毒有害气体浓度、温度和通风设施情况，发现有再次爆炸危险时，立即撤至安全地点；

（三）进入灾区行动防止碰撞、摩擦等产生火花；

（四）灾区巷道较长、有毒有害气体浓度较大、支架损坏严重的，在确认没有火源的情况下，先恢复通风、维护支架，确保应急救援人员安全；

（五）已封闭采空区发生爆炸，严禁派人进入灾区进行恢复密闭工作，采取注入惰性气体和远距离封闭等措施。

第三节 煤与瓦斯突出事故救援

第一百零四条 发生煤与瓦斯突出事故后，矿山企业应当立即对灾区采取停电和撤人措施，在按规定排出瓦斯后，方可恢复送电。

第一百零五条 矿山救援队应当探察遇险人员数量及分布地点、通风系统及设施破坏程度、突出的位置、突出物堆积状态、巷道堵塞程度、瓦斯浓度和波及范围等情况，发现火源立即扑灭。

第一百零六条 采掘工作面发生煤与瓦斯突出事故，矿山救援队应当派一个小队从回风侧、另一个小队从进风侧进入事故地点抢救人员。

第一百零七条 矿山救援队发现遇险人员应当立即抢救，为其佩用全面罩正压氧气呼吸器或者自救器，引导、护送遇险人员撤离灾区。遇险人员被困灾区时，应当利用压风、供水管路或者施工钻孔等为其输送新鲜空气，并组织力量清理堵塞物或者开掘绕道抢救人员。在有突出危险的煤层中掘进绕道抢救人员时，应当采取防突措施。

第一百零八条 处置煤与瓦斯突出事故，不得停风或者反风，防止风流紊乱扩大灾情。通风系统和通风设施被破坏的，应当设置临时风障、风门和安装局部通风机恢复通风。

第一百零九条 突出造成风流逆转时，应当在进风侧设置风障，清理回风侧的堵塞物，使风流尽快恢复正常。

第一百一十条 突出引起火灾时，应当采用综合灭火或者惰性气体灭火。突出引起回风井口瓦斯燃烧的，应当采取控制风量的措施。

第一百一十一条 排放灾区瓦斯时，应当撤出排放混合风流经过巷道的所有人员，以最短路线将瓦斯引入回风道。回风井口50米范围内不得有火源，并设专人监视。

第一百一十二条 清理突出的煤矸时，应当采取防止煤尘飞扬、冒顶片帮、瓦斯超限及再次发生突出的安全保障措施。

第一百一十三条 处置煤（岩）与二氧化碳突出事故，可以参照处置煤与瓦斯突出事故的相关规定执行，并且应当加大灾区风量。

第四节 矿井透水事故救援

第一百一十四条 矿山救援队参加矿井透水事故救援，应当了解灾区情况和水源、透水点、事故前人员分布、矿井有生存条件的地点及进入该地点的通道等情况，分析计算被困人员所在空间体积及空间内氧气、二氧化碳、瓦斯等气体浓度，估算被困人员维持生存时间。

第一百一十五条 矿山救援队应当探察遇险人员位置、涌水通道、水量及水流动线路、巷道及水泵设施受水淹程度、巷道破坏及堵塞情况、瓦斯、二氧化碳、硫化氢等有毒有害气体情况和通风状况等。

第一百一十六条 采掘工作面发生透水，矿山救援队应当首先进入下部水平抢救人员，再进入上部水平抢救人员。

第一百一十七条 被困人员所在地点高于透水后水位的，可以利用打钻等方法供给新鲜空气、饮料和食物，建立通信联系；被困人员所在地点低于透水后水位的，不得打钻，防止钻孔泄压扩大灾情。

第一百一十八条 矿井涌水量超过排水能力，全矿或者水平有被淹危险时，在下部水平人员救出后，可以向下部水平或者采空区放水；下部水平人员尚未撤出，主要排水设备受到被淹威胁时，可以构筑临时防水墙，封堵泵房口和通往下部水平的巷道。

第一百一十九条 矿山救援队参加矿井透水事故救援应当遵守下列规定：

（一）透水威胁水泵安全时，在人员撤至安全地点后，保护泵房不被水淹；

（二）应急救援人员经过巷道有被淹危险时，立即返回井下基地；

（三）排水过程中保持通风，加强有毒有害气体检测，防止有毒有害气体涌出造成危害；

（四）排水后进行探察或者抢救人员时，注意观察巷道情况，防止冒顶和底板塌陷；

（五）通过局部积水巷道时，采用探险棍探测前进；水深过膝，无需抢救人员的，不得涉水进入灾区。

第一百二十条 矿山救援队处置上山巷道透水应当注意下列事项：

（一）检查并加固巷道支护，防止二次透水、积水和淤泥冲击；

（二）透水点下方不具备存储水和沉积物有效空间的，将人员撤至安全地点；

（三）保证人员通信联系和撤离路线安全畅通。

第五节 冒顶片帮、冲击地压事故救援

第一百二十一条 矿山救援队参加冒顶片帮事故救援，应当了解事故发生原因、巷道顶板特性、事故前人员分布位置和压风管路设置等情况，指定专人检查氧气和瓦斯等有毒有害气体浓度、监测巷道涌水量、观察周围巷道顶板和支护情况，保障应急救援人员作业安全和撤离路线安全畅通。

第一百二十二条 矿井通风系统遭到破坏的，应当迅速恢复通风；周围巷道和支护遭到破坏的，应当进行加固处理。当瓦斯等有毒有害气体威胁救援作业安全或者可能再次发生冒顶片帮时，应急救援人员应当迅速撤至安全地点，采取措施消除威胁。

第一百二十三条 矿山救援队搜救遇险人员时，可以采用呼喊、敲击或者采用探测仪器判断被困人员位置、与被困人员联系。应急救援人员和被困人员通过敲击发出救援联络信号内容如下：

（一）敲击五声表示寻求联络；

（二）敲击四声表示询问被困人员数量（被困人员按实际人数敲击回复）；

（三）敲击三声表示收到；

（四）敲击二声表示停止。

第一百二十四条 应急救援人员可以采用掘小巷、掘绕道、使用临时支护通过冒落区或者施工大口径救生钻孔等方式，快速构建救援通道营救遇险人员，同时利用压风管、水管或者钻孔等向被困人员提供新鲜空气、饮料和食物。

第一百二十五条 应急救援人员清理大块矸石、支柱、支架、金属网、钢梁等冒落物和巷道堵塞物营救被困人员时，在现场安全的情况下，可以使用千斤顶、液压起重器具、液压剪、起重气垫、多功能钳、金属切割机等工具进行处置，使用工具应当注意避免误伤被困人员。

第一百二十六条 矿山救援队参加冲击地压事故救援应当遵守下列规定：

（一）分析再次发生冲击地压灾害的可能性，确定合理的救援方案和路线；

（二）迅速恢复灾区通风，恢复独头巷道通风时，按照排放瓦斯的要求进行；

（三）加强巷道支护，保障作业空间安全，防止再次冒顶；

（四）设专人观察顶板及周围支护情况，检查通风、瓦斯和矿尘，防止发生次生事故。

第六节 矿井提升运输事故救援

第一百二十七条 矿井发生提升运输事故，矿山企业应当根据情况立即停止事故设备运行，必要时切断其供电电源，停止事故影响区域作业，组织抢救遇险人员，采取恢复通风、通信和排水等措施。

第一百二十八条 矿山救援队应当了解事故发生原因、矿井提升运输系统及设备、遇险人员数量和可能位置以及矿井通风、通信、排水等情况，探察井筒（巷道）破坏程度、提升容器坠落或者运输车辆滑落位置、遇险人员状况以及井筒（巷道）内通风、杂物堆积、氧气和有毒有害气体浓度、积水水位等情况。

第一百二十九条 矿山救援队在探察搜救过程中，发现遇险人员立即救出至安全地点，对伤员进行止血、包扎和骨折固定等紧急处理后，迅速移交专业医护人员送医院救治；不能立即救出的，在采取技术措施后施救。

第一百三十条 应急救援人员在使用起重、破拆、扩张、牵引、切割等工具处置罐笼、人车（矿车）及堆积杂物进行施救时，应当指定专人检查瓦斯等有毒有害气体和氧气浓度、观察井筒和巷道情况，采取防范措施确保作业安全；同时，应当采取措施避免被困人员受到二次伤害。

第一百三十一条 矿山救援队参加矿井坠罐事故救援应当遵守下列规定：

（一）提升人员井筒发生事故，可以选择其他安

全出口入井探察搜救；

（二）需要使用事故井筒的，清理井口并设专人把守警戒，对井筒、救援提升系统及设备进行安全评估、检查和提升测试，确保提升安全可靠；

（三）当罐笼坠入井底时，可以通过排水通道抢救遇险人员，积水较多的采取排水措施，井底较深的采取局部通风措施，防止人员窒息；

（四）搜救时注意观察井筒上部是否有物品坠落危险，必要时在井筒上部断面安设防护盖板，保障救援安全。

第一百三十二条 矿山救援队参加矿井卡罐事故救援应当遵守下列规定：

（一）清理井架、井口附着物，井口设专人值守警戒，防止救援过程中坠物伤人；

（二）有梯子间的井筒，先行探察井筒内有毒有害气体和氧气浓度以及梯子间安全状况，在保证安全的情况下可以通过梯子间向下搜救；

（三）需要通过提升系统及设备进行探察搜救的，在经评估、检查和测试，确保提升系统及设备安全可靠后方可实施；

（四）应急救援人员佩带保险带，所带工具系绳入套防止掉落，配备使用通信工具保持联络；

（五）应急救援人员到达卡罐位置，先观察卡罐状况，必要时采取稳定或者加固措施，防止施救时罐笼再次坠落；

（六）救援时间较长时，可以通过绳索和吊篮等方式为被困人员输送食物、饮料、相关药品及通信工具，维持被困人员生命体征和情绪稳定。

第一百三十三条 矿山救援队参加倾斜井巷跑车事故救援应当遵守下列规定：

（一）采取紧急制动和固定跑车车辆措施，防止施救时车辆再次滑落；

（二）在事故巷道采取设置警戒线、警示灯等警戒措施，并设专人值守，禁止无关车辆和人员通行；

（三）起重、搬移、挪动矿车时，防止车辆侧翻伤人，保护应急救援人员和遇险人员安全；

（四）注意观察事故现场周边设施、设备、巷道的变化情况，防止巷道构件塌落伤人，必要时加固巷道、消除隐患。

第七节 淤泥、黏土、矿渣、流砂溃决事故救援

第一百三十四条 矿井发生淤泥、黏土、矿渣或者流砂溃决事故，矿山企业应当将下部水平作业人员撤至安全地点。

第一百三十五条 应急救援人员应当加强有毒有害气体检测，采用呼喊和敲击等方法与被困人员进行联系，采取措施向被困人员输送新鲜空气、饮料和食物，在清理溃决物的同时，采用打钻和掘小巷等方法营救被困人员。

第一百三十六条 开采急倾斜煤层或者矿体的，在黏土、淤泥、矿渣或者流砂流入下部水平巷道时，应急救援人员应当从上部水平巷道开展救援工作，严禁从下部接近充满溃决物的巷道。

第一百三十七条 因受条件限制，需从倾斜巷道下部清理淤泥、黏土、矿渣或者流砂时，应当制定专门措施，设置牢固的阻挡设施和有安全退路的躲避硐室，并设专人观察。出现险情时，应急救援人员立即撤离或者进入躲避硐室。溃决物下方没有安全阻挡设施的，严禁进行清理作业。

第八节 炮烟中毒窒息、炸药爆炸和矸石山事故救援

第一百三十八条 矿山救援队参加炮烟中毒窒息事故救援应当遵守下列规定：

（一）加强通风，监测有毒有害气体；

（二）独头巷道或者采空区发生炮烟中毒窒息事故，在没有爆炸危险的情况下，采用局部通风的方式稀释炮烟浓度；

（三）尽快给遇险人员佩用全面罩正压氧气呼吸器或者自救器，给中毒窒息人员供氧并让其静卧保暖，将遇险人员撤离炮烟事故区域，运送至安全地点交医护人员救治。

第一百三十九条 矿山救援队参加炸药爆炸事故救援应当遵守下列规定：

（一）了解炸药和雷管数量、放置位置等情况，分析再次爆炸的危险性，制定安全防范措施；

（二）探察爆炸现场人员、有毒有害气体和巷道与硐室坍塌等情况；

（三）抢救遇险人员，运出爆破器材，控制并扑灭火源；

（四）恢复矿井通风系统，排除烟雾。

第一百四十条 矿山救援队参加矸石山自燃或者爆炸事故救援应当遵守下列规定：

（一）查明自燃或者爆炸范围、周围温度和产生气体成分及浓度；

（二）可以采用注入泥浆、飞灰、石灰水、凝胶和泡沫等灭火措施；

（三）直接灭火时，防止水煤气爆炸，避开矸石山垮塌面和开挖暴露面；

（四）清理爆炸产生的高温抛落物时，应急救援人员佩戴手套、防护面罩或者眼镜，穿隔热服，使用工具清理；

（五）设专人观测矸石山状态及变化，发现危险情况立即撤离至安全地点。

第九节 露天矿坍塌、排土场滑坡和尾矿库溃坝事故救援

第一百四十一条 矿山救援队参加露天矿边坡坍塌或者排土场滑坡事故救援应当遵守下列规定：

（一）坍塌体（滑体）趋于稳定后，应急救援人员及抢险救援设备从坍塌体（滑体）两侧安全区域实施救援；

（二）采用生命探测仪等器材和观察、听声、呼喊、敲击等方法搜寻被困人员，判断被埋压人员位置；

（三）可以采用人工与机械相结合的方式挖掘搜救被困人员，接近被埋压人员时采用人工挖掘，在施救过程中防止造成二次伤害；

（四）分析事故影响范围，设置警戒区域，安排专人对搜救地点、坍塌体（滑体）和边坡情况进行监测，发现险情迅速组织应急救援人员撤离。

积极采用手机定位、车辆探测、3D建模等技术分析被困人员位置，利用无人机、边坡雷达、位移形变监测等设备加强监测预警。

第一百四十二条 矿山救援队参加尾矿库溃坝事故救援应当遵守下列规定：

（一）疏散周边和下游可能受到威胁的人员，设置警戒区域；

（二）用抛填块石、砂袋和打木桩等方法堵塞决堤口，加固尾矿库堤坝，进行水砂分流，实时监测坝体，保障应急救援人员安全；

（三）挖掘搜救过程中避免被困人员受到二次伤害；

（四）尾矿泥沙仍处于流动状态，对下游村庄、企业、交通干线、饮用水源地及其他环境敏感保护目标等形成威胁时，采取拦截、疏导等措施，避免事故扩大。

第七章 现场急救

第一百四十三条 矿山救援队应急救援人员应当掌握人工呼吸、心肺复苏、止血、包扎、骨折固定和伤员搬运等现场急救技能。

第一百四十四条 矿山救援队现场急救的原则是使用徒手和无创技术迅速抢救伤员，并尽快将伤员移交给专业医护人员。

第一百四十五条 矿山救援队应当配备必要的现场急救和训练器材（见附录10、附录11）。

第一百四十六条 矿山救援队进行现场急救时应当遵守下列规定：

（一）检查现场及周围环境，确保伤员和应急救援人员安全，非必要不轻易移动伤员；

（二）接触伤员前，采取个体防护措施；

（三）研判伤员基本生命体征，了解伤员受伤原因，按照头、颈、胸、腹、骨盆、上肢、下肢、足部和背部（脊柱）顺序检查伤情；

（四）根据伤情采取相应的急救措施，脊椎受伤的采取轴向保护，颈椎损伤的采用颈托制动；

（五）根据伤员的不同伤势，采用相应的搬运方法。

第一百四十七条 抢救有毒有害气体中毒伤员应当采取下列措施：

（一）所有人员佩用防护装置，将中毒人员立即运送至通风良好的安全地点进行抢救；

（二）对中度、重度中毒人员，采取供氧和保暖措施，对严重窒息人员，在供氧的同时进行人工呼吸；

（三）对因喉头水肿导致呼吸道阻塞的窒息人员，采取措施保持呼吸道畅通；

（四）中毒人员呼吸或者心跳停止的，立即进行人工呼吸和心肺复苏，人工呼吸过程中，使用口式呼吸面罩。

第一百四十八条 抢救溺水伤员应当采取下列措施：

（一）清除溺水伤员口鼻内异物，确保呼吸道通畅；

（二）抢救效果欠佳，立即改为俯卧式或者口对口人工呼吸；

（三）心跳停止的，按照通气优先策略，采用A－B－C（开通气道、人工呼吸、胸外按压）方式进行心肺复苏；

（四）伤员呼吸恢复后，可以在四肢进行向心按摩，神志清醒后，可以服用温开水。

第一百四十九条 抢救触电伤员应当采取下列措施：

（一）首先立即切断电源；

（二）使伤员迅速脱离电源，并将伤员运送至通风和安全的地点，解开衣扣和裤带，检查有无呼吸和心跳，呼吸或者心跳停止的，立即进行心肺复苏；

（三）根据伤情对伤员进行包扎、止血、固定和

保温。

第一百五十条 抢救烧伤伤员应当采取下列措施：

（一）立即用清洁冷水反复冲洗伤面，条件具备的，用冷水浸泡 5 至 10 分钟；

（二）脱衣困难的，立即将衣领、袖口或者裤腿剪开，反复用冷水浇泼，冷却后再脱衣，并用医用消毒大单、无菌敷料包裹伤员，覆盖伤面。

第一百五十一条 抢救休克伤员应当采取下列措施：

（一）松解伤员衣服，使伤员平卧或者下肢抬高约 30 度，保持伤员体温；

（二）清除伤员呼吸道内的异物，确保呼吸道畅通；

（三）迅速判断休克原因，采取相应措施；

（四）针对休克不同的病理生理反应及主要病症积极进行抢救，出血性休克尽快止血，对于四肢大出血，首先采用止血带；

（五）经初步评估和处理后尽快转送。

第一百五十二条 抢救爆震伤员应当采取下列措施：

（一）立即清除口腔和鼻腔内的异物，保持呼吸道通畅；

（二）因开放性损伤导致出血的，立即加压包扎或者压迫止血；处理烧伤创面时，禁止涂抹一切药物，使用医用消毒大单、无菌敷料包裹，不弄破水泡，防止污染；

（三）对伤员骨折进行固定，防止伤情扩大。

第一百五十三条 抢救昏迷伤员应当采取下列措施：

（一）使伤员平卧或者两头均抬高约 30 度；

（二）解松衣扣，清除呼吸道内的异物；

（三）可以采用刺、按人中等穴位，促其苏醒。

第一百五十四条 应急救援人员对伤员采取必要的抢救措施后，应当尽快交由专业医护人员将伤员转送至医院进行综合治疗。

第八章 预防性安全检查和安全技术工作

第一节 预防性安全检查

第一百五十五条 矿山救援队应当按照主动预防的工作要求，结合服务矿山企业安全生产工作实际，有计划地开展预防性安全检查，了解服务矿山企业基本情况，熟悉矿山救援环境条件，进行救援业务技能训练，开展事故隐患排查技术服务。矿山企业应当配合矿山救援队开展预防性安全检查工作，提供相关技术资料和图纸，及时处理检查发现的事故隐患。

第一百五十六条 矿山救援队进行矿井预防性安全检查工作，应当主要了解、检查下列内容：

（一）矿井巷道、采掘工作面、采空区、火区的分布和管理情况；

（二）矿井采掘、通风、排水、运输、供电和压风、供水、通信、监控、人员定位、紧急避险等系统的基本情况；

（三）矿井巷道支护、风量和有害气体情况；

（四）矿井硐室分布情况和防火设施；

（五）矿井火灾、水害、瓦斯、煤尘、顶板等方面灾害情况和存在的事故隐患；

（六）矿井应急救援预案、灾害预防和处理计划的编制和执行情况；

（七）地面、井下消防器材仓库地点及材料、设备的储备情况。

第一百五十七条 矿山救援队在预防性安全检查工作中，发现事故隐患应当通知矿山企业现场负责人予以处理；发现危及人身安全的紧急情况，应当立即通知现场作业人员撤离。

第一百五十八条 预防性安全检查结束后，矿山救援队应当填写预防性安全检查记录，及时向矿山企业反馈检查情况和发现的事故隐患。

第二节 安全技术工作

第一百五十九条 矿山救援队参加排放瓦斯、启封火区、反风演习、井巷揭煤等存在安全风险、需要佩用氧气呼吸器进行的非事故性技术操作和安全监护作业，属于安全技术工作。

开展安全技术工作，应当由矿山企业和矿山救援队研究制定工作方案和安全技术措施，并在统一指挥下实施。矿山救援队参加危险性较大的排放瓦斯、启封火区等安全技术工作，应当设立待机小队。

第一百六十条 矿山救援队参加安全技术工作，应当组织应急救援人员学习和熟悉工作方案和安全技术措施，并根据工作任务制定行动计划和安全措施。

第一百六十一条 矿山救援队应当逐项检查安全技术工作实施前的各项准备工作，符合工作方案和安全技术措施规定后方可实施。

第一百六十二条 矿山救援队参加煤矿排放瓦斯工作应当遵守下列规定：

（一）排放前，撤出回风侧巷道人员，切断回风侧巷道电源并派专人看守，检查并严密封闭回风侧区域火区；

（二）排放时，进入排放巷道的人员佩用氧气呼吸器，派专人检查瓦斯、二氧化碳、一氧化碳等气体浓度及温度，采取控制风流排放方法，排出的瓦斯与全风压风流混合处的甲烷和二氧化碳浓度均不得超过 1.5%；

（三）排放结束后，与煤矿通风、安监机构一起进行现场检查，待通风正常后，方可撤出工作地点。

第一百六十三条　矿山救援队参加金属非金属矿山排放有毒有害气体工作，恢复巷道通风，可以参照矿山救援队参加煤矿排放瓦斯工作的相关规定执行。

第一百六十四条　封闭火区符合启封条件后方可启封。矿山救援队参加启封火区工作应当遵守下列规定：

（一）启封前，检查火区的温度、各种气体浓度和巷道支护等情况，切断回风流电源，撤出回风侧人员，在通往回风道交叉口处设栅栏和警示标志，并做好重新封闭的准备工作；

（二）启封时，采取锁风措施，逐段恢复通风，检查各种气体浓度和温度变化情况，发现复燃征兆，立即重新封闭火区；

（三）启封后 3 日内，每班由矿山救援队检查通风状况，测定水温、空气温度和空气成分，并取气样进行分析，确认火区完全熄灭后，方可结束启封工作。

第一百六十五条　矿山救援队参加反风演习工作应当遵守下列规定：

（一）反风前，应急救援人员佩带氧气呼吸器、携带必要的技术装备在井下指定地点值班，同时测定矿井风量和瓦斯等有毒有害气体浓度；

（二）反风 10 分钟后，经测定风量达到正常风量的 40%，瓦斯浓度不超过规定时，及时报告现场指挥机构；

（三）恢复正常通风后，将测定的风量和瓦斯等有毒有害气体浓度报告现场指挥机构，待通风正常后方可离开工作地点。

第一百六十六条　矿山救援队参加井巷揭煤安全监护工作应当遵守下列规定：

（一）揭煤前，应急救援人员佩带氧气呼吸器、携带必要的技术装备在井下指定地点值班，配合现场作业人员检查揭煤作业相关安全设施、避灾路线及停电、撤人、警戒等安全措施落实情况；

（二）在爆破结束至少 30 分钟后，应急救援人员佩用氧气呼吸器、携带必要仪器设备进入工作面，检查爆破、揭煤、巷道、通风系统和气体参数等情况，发现煤尘骤起、有害气体浓度增大、有响声等异常情况，立即退出，关闭反向风门；

（三）揭煤工作完成后，与煤矿通风、安监机构一起进行现场检查，待通风正常后，方可撤出工作地点。

第一百六十七条　矿山救援队参加安全技术工作，应当做好自身安全防护和矿山救援准备，一旦出现危及作业人员安全的险情或者发生意外事故，立即组织作业人员撤离，抢救遇险人员，并按有关规定及时报告。

第九章　经费和职业保障

第一百六十八条　矿山救援队建立单位应当保障队伍建设及运行经费。矿山企业应当将矿山救援队建设及运行经费列入企业年度经费，可以按规定在安全生产费用等资金中列支。

专职矿山救援队按照有关规定与矿山企业签订应急救援协议收取的费用，可以作为队伍运行、开展日常服务工作和装备维护等的补充经费。

第一百六十九条　矿山救援队应急救援人员承担井下一线矿山救援任务和安全技术工作，从事高危险性作业，应当享受下列职业保障：

（一）矿井采掘一线作业人员的岗位工资、井下津贴、班中餐补贴和夜班津贴等，应急救援人员的救援岗位津贴；国家另有规定的，按照有关规定执行；

（二）佩用氧气呼吸器工作的特殊津贴；在高温、浓烟等恶劣环境中佩用氧气呼吸器工作的，特殊津贴增加一倍；

（三）工作着装按照有关规定统一配发，劳动保护用品按照井下一线职工标准发放；

（四）所在单位除执行社会保险制度外，还为矿山救援队应急救援人员购买人身意外伤害保险；

（五）矿山救援队每年至少组织应急救援人员进行 1 次身体检查，对不适合继续从事矿山救援工作的人员及时调整工作岗位；

（六）应急救援人员因超龄或者因病、因伤退出矿山救援队的，所在单位给予安排适当工作或者妥善安置。

第一百七十条　矿山救援队所在单位应当按照国家有关规定，对参加矿山生产安全事故或者其他灾害事故应急救援伤亡的人员及时给予救治和抚恤；符合烈士评定条件的，应当依法为其申报烈士。

第十章 附 则

第一百七十一条 本规程下列用语的含义：

（一）独立中队，是指按照中队编制建立、独立运行管理的矿山救援队。

（二）指挥员，是矿山救援队担任副小队长及以上职务人员、技术负责人的统称。

（三）氧气呼吸器，是一种自带氧源、隔绝再生式闭路循环的个人特种呼吸保护装置。

（四）氧气充填泵，是指将氧气从大氧气瓶抽出并充入小容积氧气瓶内的升压泵。

（五）佩带氧气呼吸器，是指应急救援人员背负氧气呼吸器，但未戴防护面罩、未打开氧气瓶吸氧。

（六）佩用氧气呼吸器，是指应急救援人员背负氧气呼吸器，戴上防护面罩，打开氧气瓶吸氧。

（七）氧气呼吸器班，是指应急救援人员佩用4小时氧气呼吸器在其有效防护时间内进行工作的一段时间，1个氧气呼吸器班约为3至4小时。

（八）氧气呼吸器校验仪，是指检验氧气呼吸器的各项技术指标是否符合规定标准的专用仪器。

（九）自动苏生器，是对中毒或者窒息的伤员自动进行人工呼吸或者输氧的急救器具。

（十）灾区，是指事故灾害的发生点及波及的范围。

（十一）风障，是指在矿井巷道或者工作面内，利用帆布等软体材料构筑的阻挡或者引导风流的临时设施。

（十二）地面基地，是指在处置矿山事故灾害时，为及时供应救援装备和器材、进行灾区气体分析和提供现场医疗急救等而设在矿山地面的支持保障场所。

（十三）井下基地，是指在井下靠近灾区、通风良好、运输方便、不易受事故灾害直接影响的安全地点，为井下救援指挥、通信联络、存放救援物资、待机小队待命和急救医务人员值班等需要而设立的救援工作场所。

（十四）火风压，是指井下发生火灾时，高温烟流流经有高差的井巷所产生的附加风压。

（十五）风流逆转，是指由于煤与瓦斯突出、爆炸冲击波、矿井火风压等作用，改变了矿井通风网络中局部或者全部正常风流方向的现象。

（十六）风流短路，是指用打开风门或者挡风墙等方法，将进风巷道风流直接引向回风巷的做法。

（十七）水幕，是指通过高压水流和在巷道中安设的多组喷嘴，喷出的水雾所形成的覆盖巷道全断面的屏障。

（十八）密闭，是指为隔断风流而在巷道中设置的隔墙。

（十九）临时密闭，是指为隔断风流、隔绝火区而在巷道中设置的临时构筑物。

（二十）防火门，是指井下防止火灾蔓延和控制风流的安全设施。

（二十一）局部反风，是指在矿井主要通风机正常运转的情况下，利用通风设施，使井下局部区域风流反向流动的方法。

（二十二）风门，是指在巷道中设置的关闭时阻隔风流、开启时行人和车辆通过的通风构筑物。

（二十三）锁风，是指在启封井下火区或者缩小火区范围时，为阻止向火区进风，采取的先增设临时密闭、再拆除已设密闭，在推进过程中始终保持控制风流的一种技术方法。

（二十四）直接灭火，是指用水、干粉或者化学灭火剂、惰性气体、砂子（岩粉）等灭火材料，在火源附近或者一定距离内直接扑灭矿井火灾。

（二十五）隔绝灭火，是指在联通矿井火区的所有巷道内构筑密闭（防火墙），隔断向火区的空气供给，使火灾逐渐自行熄灭。

（二十六）均压灭火，是指利用矿井通风手段，调节矿井通风压力，使火区进、回风侧风压差趋向于零，从而消除火区漏风，使矿井火灾逐渐熄灭。

（二十七）综合灭火，是指采用封闭火区、火区均压、向火区灌注泥浆或者注入惰性气体等多种灭火措施配合使用的灭火方法。

（二十八）防水墙，是指在矿井受水害威胁的巷道内，为防止井下水突然涌入其他巷道而设置的截流墙。

第一百七十二条 本规程自2024年7月1日起施行。

附录1 矿山救援大队基本装备（略）

附录2 独立中队和大队所属中队基本装备（略）

附录3 矿山救援小队基本装备（略）

附录4 兼职矿山救援队基本装备（略）

附录5 矿山救援队应急救援人员个人基本装备（略）

附录6 矿山救援小队进行矿井灾区探察携带基本装备（略）

附录7 应急救援登记卡（样式）（略）

附录8 防爆密闭墙最小厚度（略）

附录9 应急救援人员在高温巷道持续作业限制

时间（略）

　　附录10　矿山救援中队基本急救器材清单（略）

　　附录11　矿山救援小队基本急救器材清单（略）

煤矿安全规程

（2016年2月25日国家安全生产监督管理总局令第87号公布　根据2022年1月6日《应急管理部关于修改〈煤矿安全规程〉的决定》修订）

第一编　总　则

　　第一条　为保障煤矿安全生产和从业人员的人身安全与健康，防止煤矿事故与职业病危害，根据《煤炭法》《矿山安全法》《安全生产法》《职业病防治法》《煤矿安全监察条例》和《安全生产许可证条例》等，制定本规程。

　　第二条　在中华人民共和国领域内从事煤炭生产和煤矿建设活动，必须遵守本规程。

　　第三条　煤炭生产实行安全生产许可证制度。未取得安全生产许可证的，不得从事煤炭生产活动。

　　第四条　从事煤炭生产与煤矿建设的企业（以下统称煤矿企业）必须遵守国家有关安全生产的法律、法规、规章、规程、标准和技术规范。

　　煤矿企业必须加强安全生产管理，建立健全各级负责人、各部门、各岗位安全生产与职业病危害防治责任制。

　　煤矿企业必须建立健全安全生产与职业病危害防治目标管理、投入、奖惩、技术措施审批、培训、办公会议制度，安全检查制度，安全风险分级管控工作制度，事故隐患排查、治理、报告制度，事故报告与责任追究制度等。

　　煤矿企业必须制定重要设备材料的查验制度，做好检查验收和记录，防爆、阻燃抗静电、保护等安全性能不合格的不得入井使用。

　　煤矿企业必须建立各种设备、设施检查维修制度，定期进行检查维修，并做好记录。

　　煤矿必须制定本单位的作业规程和操作规程。

　　第五条　煤矿企业必须设置专门机构负责煤矿安全生产与职业病危害防治管理工作，配备满足工作需要的人员及装备。

　　第六条　煤矿建设项目的安全设施和职业病危害防护设施，必须与主体工程同时设计、同时施工、同时投入使用。

　　第七条　对作业场所和工作岗位存在的危险有害因素及防范措施、事故应急措施、职业病危害及其后果、职业病危害防护措施等，煤矿企业应当履行告知义务，从业人员有权了解并提出建议。

　　第八条　煤矿安全生产与职业病危害防治工作必须实行群众监督。煤矿企业必须支持群众组织的监督活动，发挥群众的监督作用。

　　从业人员有权制止违章作业，拒绝违章指挥；当工作地点出现险情时，有权立即停止作业，撤到安全地点；当险情没有得到处理不能保证人身安全时，有权拒绝作业。

　　从业人员必须遵守煤矿安全生产规章制度、作业规程和操作规程，严禁违章指挥、违章作业。

　　第九条　煤矿企业必须对从业人员进行安全教育和培训。培训不合格的，不得上岗作业。

　　主要负责人和安全生产管理人员必须具备煤矿安全生产知识和管理能力，并经考核合格。特种作业人员必须按国家有关规定培训合格，取得资格证书，方可上岗作业。

　　矿长必须具备安全专业知识，具有组织、领导安全生产和处理煤矿事故的能力。

　　第十条　煤矿使用的纳入安全标志管理的产品，必须取得煤矿矿用产品安全标志。未取得煤矿矿用产品安全标志的，不得使用。

　　试验涉及安全生产的新技术、新工艺必须经过论证并制定安全措施；新设备、新材料必须经过安全性能检验，取得产品工业性试验安全标志。

　　积极推广自动化、智能化开采，减少井下作业人数。

　　严禁使用国家明令禁止使用或者淘汰的危及生产安全和可能产生职业病危害的技术、工艺、材料和设备。

　　第十一条　煤矿企业在编制生产建设长远发展规划和年度生产建设计划时，必须编制安全技术与职业病危害防治发展规划和安全技术措施计划。安全技术措施与职业病危害防治所需费用、材料和设备等必须列入企业财务、供应计划。

　　煤炭生产与煤矿建设的安全投入和职业病危害防治费用提取、使用必须符合国家有关规定。

　　第十二条　煤矿必须编制年度灾害预防和处理计划，并根据具体情况及时修改。灾害预防和处理计划由矿长负责组织实施。

　　第十三条　入井（场）人员必须戴安全帽等个体防护用品，穿带有反光标识的工作服。入井（场）前严禁饮酒。

　　煤矿必须建立入井检身制度和出入井人员清点

制度；必须掌握井下人员数量、位置等实时信息。

入井人员必须随身携带自救器、标识卡和矿灯，严禁携带烟草和点火物品，严禁穿化纤衣服。

第十四条 井工煤矿必须按规定填绘反映实际情况的下列图纸：

（一）矿井地质图和水文地质图。

（二）井上、下对照图。

（三）巷道布置图。

（四）采掘工程平面图。

（五）通风系统图。

（六）井下运输系统图。

（七）安全监控布置图和断电控制图、人员位置监测系统图。

（八）压风、排水、防尘、防火注浆、抽采瓦斯等管路系统图。

（九）井下通信系统图。

（十）井上、下配电系统图和井下电气设备布置图。

（十一）井下避灾路线图。

第十五条 露天煤矿必须按规定填绘反映实际情况的下列图纸：

（一）地形地质图。

（二）工程地质平面图、断面图。

（三）综合水文地质图。

（四）采剥、排土工程平面图和运输系统图。

（五）供配电系统图。

（六）通信系统图。

（七）防排水系统图。

（八）边坡监测系统平面图。

（九）井工采空区与露天矿平面对照图。

第十六条 井工煤矿必须制定停工停产期间的安全技术措施，保证矿井供电、通风、排水和安全监控系统正常运行，落实24h值班制度。复工复产前必须进行全面安全检查。

第十七条 煤矿企业必须建立应急救援组织，健全规章制度，编制应急救援预案，储备应急救援物资、装备并定期检查补充。

煤矿必须建立矿井安全避险系统，对井下人员进行安全避险和应急救援培训，每年至少组织1次应急演练。

第十八条 煤矿企业应当有创伤急救系统为其服务。创伤急救系统应当配备救护车辆、急救器材、急救装备和药品等。

第十九条 煤矿发生事故后，煤矿企业主要负责人和技术负责人必须立即采取措施组织抢救，矿长负责抢救指挥，并按有关规定及时上报。

第二十条 国家实行资质管理的，煤矿企业应当委托具有国家规定资质的机构为其提供鉴定、检测、检验等服务，鉴定、检测、检验机构对其作出的结果负责。

第二十一条 煤矿闭坑前，煤矿企业必须编制闭坑报告，并报省级煤炭行业管理部门批准。

矿井闭坑报告必须有完善的各种地质资料，在相应图件上标注采空区、煤柱、井筒、巷道、火区、地面沉陷区等，情况不清的应当予以说明。

第二编 地质保障

第二十二条 煤矿企业应当设立地质测量（简称地测）部门，配备所需的相关专业技术人员和仪器设备，及时编绘反映煤矿实际的地质资料和图件，建立健全煤矿地测工作规章制度。

第二十三条 当煤矿地质资料不能满足设计需要时，不得进行煤矿设计。矿井建设期间，因矿井地质、水文地质等条件与原地质资料出入较大时，必须针对所存在的地质问题开展补充地质勘探工作。

第二十四条 当露天煤矿地质资料不能满足建设及生产需要时，必须针对所存在的地质问题开展补充地质勘探工作。

第二十五条 井筒设计前，必须按下列要求施工井筒检查孔：

（一）立井井筒检查孔距井筒中心不得超过25m，且不得布置在井筒范围内，孔深应当不小于井筒设计深度以下30m。地质条件复杂时，应当增加检查孔数量。

（二）斜井井筒检查孔距井筒纵向中心线不大于25m，且不得布置在井筒范围内，孔深应当不小于该孔所处斜井底板以下30m。检查孔的数量和布置应当满足设计和施工要求。

（三）井筒检查孔必须全孔取芯，全孔数字测井；必须分含水层（组）进行抽水试验，分煤层采测煤层瓦斯、煤层自燃、煤尘爆炸性煤样；采测钻孔水文地质及工程地质参数，查明地质构造和岩（土）层特征；详细编录钻孔完整地质剖面。

第二十六条 新建矿井开工前必须复查井筒检查孔资料；调查核实钻孔位置及封孔质量、采空区情况，调查邻近矿井生产情况和地质资料等，将相关资料标绘在采掘工程平面图上；编制主要井巷揭煤、过地质构造及含水层技术方案；编制主要井巷工程的预想地质图及其说明书。

第二十七条 井筒施工期间应当验证井筒检查

孔取得的各种地质资料。当发现影响施工的异常地质因素时，应当采取探测和预防措施。

第二十八条 煤矿建设、生产阶段，必须对揭露的煤层、断层、褶皱、岩浆岩体、陷落柱、含水岩层、矿井涌水量及主要出水点等进行观测及描述，综合分析，实施地质预测、预报。

第二十九条 井巷揭煤前，应当探明煤层厚度、地质构造、瓦斯地质、水文地质及顶底板等地质条件，编制揭煤地质说明书。

第三十条 基建矿井、露天煤矿移交生产前，必须编制建井（矿）地质报告，并由煤矿企业技术负责人组织审定。

第三十一条 掘进和回采前，应当编制地质说明书，掌握地质构造、岩浆岩体、陷落柱、煤层及其顶底板岩性、煤（岩）与瓦斯（二氧化碳）突出（以下简称突出）危险区、受水威胁区、技术边界、采空区、地质钻孔等情况。

第三十二条 煤矿必须结合实际情况开展隐蔽致灾地质因素普查或探测工作，并提出报告，由矿总工程师组织审定。

井工开采形成的老空区威胁露天煤矿安全时，煤矿应当制定安全措施。

第三十三条 生产矿井应当每5年修编矿井地质报告。地质条件变化影响地质类型划分时，应当在1年内重新进行地质类型划分。

第三编 井 工 煤 矿
第一章 矿井建设
第一节 一 般 规 定

第三十四条 煤矿建设单位和参与建设的勘察、设计、施工、监理等单位必须具有与工程项目规模相适应的能力。国家实行资质管理的，应具备相应的资质，不得超资质承揽项目。

第三十五条 有突出危险煤层的新建矿井必须先抽后建。矿井建设开工前，应当对首采区突出煤层进行地面钻井预抽瓦斯，且预抽率应当达到30%以上。

第三十六条 建设单位必须落实安全生产管理主体责任，履行安全生产与职业病危害防治管理职责。

第三十七条 煤矿建设、施工单位必须设置项目管理机构，配备满足工程需要的安全人员、技术人员和特种作业人员。

第三十八条 单项工程、单位工程开工前，必须编制施工组织设计和作业规程，并组织相关人员学习。

第三十九条 矿井建设期间必须按规定填绘反映实际情况的井巷工程进度交换图、井巷工程地质实测素描图及通风、供电、运输、通信、监测、管路等系统图。

第四十条 矿井建设期间的安全出口应当符合下列要求：

（一）开凿或者延深立井时，井筒内必须设有在提升设备发生故障时专供人员出井的安全设施和出口；井筒到底后，应当先短路贯通，形成至少2个通达地面的安全出口。

（二）相邻的两条斜井或者平硐施工时，应当及时按设计要求贯通联络巷。

第二节 井巷掘进与支护

第四十一条 开凿平硐、斜井和立井时，井口与坚硬岩层之间的井巷必须砌碹或者用混凝土砌（浇）筑，并向坚硬岩层内至少延深5m。

在山坡下开凿斜井和平硐时，井口顶、侧必须构筑挡墙和防洪水沟。

第四十二条 立井锁口施工时，应当遵守下列规定：

（一）采用冻结法施工井筒时，应当在井筒具备试挖条件后施工。

（二）风硐口、安全出口与井筒连接处应当整体浇筑，并采取安全防护措施。

（三）拆除临时锁口进行永久锁口施工前，在永久锁口下方应当设置保护盘，并满足通风、防坠和承载要求。

第四十三条 立井永久或者临时支护到井筒工作面的距离及防止片帮的措施必须根据岩性、水文地质条件和施工工艺在作业规程中明确。

第四十四条 立井井筒穿过冲积层、松软岩层或者煤层时，必须有专门措施。采用井圈或者其他临时支护时，临时支护必须安全可靠、紧靠工作面，并及时进行永久支护。建立永久支护前，每班应当派专人观测地面沉降和井帮变化情况；发现危险预兆时，必须立即停止作业，撤出人员，进行处理。

第四十五条 采用冻结法开凿立井井筒时，应当遵守下列规定：

（一）冻结深度应当穿过风化带延深至稳定的基岩10m以上。基岩段涌水较大时，应当加深冻结深度。

（二）第一个冻结孔应当全孔取芯，以验证井筒检查孔资料的可靠性。

（三）钻进冻结孔时，必须测定钻孔的方向和偏斜度，测斜的最大间隔不得超过30m，并绘制冻结孔实际偏斜平面位置图。偏斜度超过规定时，必须及时纠正。因钻孔偏斜影响冻结效果时，必须补孔。

（四）水文观测孔应当打在井筒内，不得偏离井筒的净断面，其深度不得超过冻结段深度。

（五）冻结管应当采用无缝钢管，并采用焊接或者螺纹连接。冻结管下入钻孔后应当进行试压，发现异常时，必须及时处理。

（六）开始冻结后，必须经常观察水文观测孔的水位变化。只有在水文观测孔冒水7天且水量正常，或者提前冒水的水文观测孔水压曲线出现明显拐点且稳定上升7天，确定冻结壁已交圈后，才可以进行试挖。在冻结和开凿过程中，要定期检查盐水温度和流量、井帮温度和位移，以及井帮和工作面盐水渗漏等情况。检查应当有详细记录，发现异常，必须及时处理。

（七）开凿冻结段采用爆破作业时，必须使用抗冻炸药，并制定专项措施。爆破技术参数应当在作业规程中明确。

（八）掘进施工过程中，必须有防止冻结壁变形和片帮、断管等的安全措施。

（九）生根壁座应当设在含水较少的稳定坚硬岩层中。

（十）冻结深度小于300m时，在永久井壁施工全部完成后方可停止冻结；冻结深度大于300m时，停止冻结的时间由建设、冻结、掘砌和监理单位根据冻结温度场观测资料共同研究确定。

（十一）冻结井筒的井壁结构应当采用双层或者复合井壁，井筒冻结段施工结束后应当及时进行壁间充填注浆。注浆时壁间夹层混凝土温度应当不低于4℃，且冻结壁仍处于封闭状态，并能承受外部水静压力。

（十二）在冲积层段井壁不应预留或者后凿梁窝。

（十三）当冻结孔穿过布有井下巷道和硐室的岩层时，应当采用缓凝浆液充填冻结孔壁与冻结管之间的环形空间。

（十四）冻结施工结束后，必须及时用水泥砂浆或者混凝土将冻结孔全孔充满填实。

第四十六条 采用竖孔冻结法开凿斜井井筒时，应当遵守下列规定：

（一）沿斜长方向冻结终端位置应当保证斜井井筒顶板位于相对稳定的隔水地层5m以上，每段竖孔冻结深度应当穿过斜井冻结段井筒底板5m以上。

（二）沿斜井井筒方向掘进的工作面，距离每段冻结终端不得小于5m。

（三）冻结段初次支护及永久支护距掘进工作面的最大距离、掘进到永久支护完成的间隔时间必须在施工组织设计中明确，并制定处理冻结管和解冻后防治水的专项措施。永久支护完成后，方可停止该段井筒冻结。

第四十七条 冻结站必须采用不燃性材料建筑，并装设通风装置。定期测定站内空气中的氨气浓度，氨气浓度不得大于0.004%。站内严禁烟火，必须备有急救和消防器材。

制冷剂容器必须经过试验，合格后方可使用；制冷剂在运输、使用、充注、回收期间，应当有安全技术措施。

第四十八条 冬季或者用冻结法开凿井筒时，必须有防冻、清除冰凌的措施。

第四十九条 采用装配式金属模板砌筑内壁时，应当严格控制混凝土配合比和入模温度。混凝土配合比除满足强度、坍落度、初凝时间、终凝时间等设计要求外，还应当采取措施减少水化热。脱模时混凝土强度不小于0.7MPa，且套壁施工速度每24h不得超过12m。

第五十条 采用钻井法开凿立井井筒时，必须遵守下列规定：

（一）钻井设计与施工的最终位置必须穿过冲积层，并进入不透水的稳定基岩中5m以上。

（二）钻井临时锁口深度应当大于4m，且进入稳定地层中3m以上，遇特殊情况应当采取专门措施。

（三）钻井期间，必须封盖井口，并采取可靠的防坠措施；钻井泥浆浆面必须高于地下静止水位0.5m，且不得低于临时锁口下端1m；井口必须安装泥浆浆面高度报警装置。

（四）泥浆沟槽、泥浆沉淀池、临时蓄浆池均应当设置防护设施。泥浆的排放和固化应当满足环保要求。

（五）钻井时必须及时测定井筒的偏斜度。偏斜度超过规定时，必须及时纠正。井筒偏斜度及测点的间距必须在施工组织设计中明确。钻井完毕后，必须绘制井筒的纵横剖面图，井筒中心线和截面必须符合设计。

（六）井壁下沉时井壁上沿应当高出泥浆浆面1.5m以上。井壁对接找正时，内吊盘工作人员不得超过4人。

295

（七）下沉井壁、壁后充填及充填质量检查、开凿沉井壁的底部和开掘马头门时，必须制定专项措施。

第五十一条 立井井筒穿过预测涌水量大于 $10m^3/h$ 的含水岩层或者破碎带时，应当采用地面或者工作面预注浆法进行堵水或者加固。注浆前，必须编制注浆工程设计和施工组织设计。

第五十二条 采用注浆法防治井壁漏水时，应当制定专项措施并遵守下列规定：

（一）最大注浆压力必须小于井壁承载强度。

（二）位于流砂层的井筒段，注浆孔深度必须小于井壁厚度200mm。井筒采用双层井壁支护时，注浆孔应当穿过内壁进入外壁100mm。当井壁破裂必须采用破壁注浆时，必须制定专门措施。

（三）注浆管必须固结在井壁中，并装有阀门。钻孔可能发生涌砂时，应当采取套管法或者其他安全措施。采用套管法注浆时，必须对套管与孔壁的固结强度进行耐压试验，只有达到注浆终压后才可使用。

第五十三条 开凿或者延深立井、安装井筒装备的施工组织设计中，必须有天轮平台、翻矸平台、封口盘、保护盘、吊盘以及凿岩、抓岩、出矸等设备的设置、运行、维修的安全技术措施。

第五十四条 延深立井井筒时，必须用坚固的保险盘或者留保护岩柱与上部生产水平隔开。只有在井筒装备完毕、井筒与井底车场连接处的开凿和支护完成，制定安全措施后，方可拆除保险盘或者掘凿保护岩柱。

第五十五条 向井下输送混凝土时，必须制定安全技术措施。混凝土强度等级大于C40或者输送深度大于400m时，严禁采用溜灰管输送。

第五十六条 斜井（巷）施工时，应当遵守下列规定：

（一）明槽开挖必须制定防治水和边坡防护专项措施。

（二）由明槽进入暗硐或者由表土进入基岩采用钻爆法施工时，必须制定专项措施。

（三）施工15°以上斜井（巷）时，必须制定防止设备、轨道、管路等下滑的专项措施。

（四）由下向上施工25°以上的斜巷时，必须将溜矸（煤）道与人行道分开。人行道应当设扶手、梯子和信号装置。斜巷与上部巷道贯通时，必须有专项措施。

第五十七条 采用反井钻机掘凿暗立井、煤仓及溜煤眼时，应当遵守下列规定：

（一）扩孔作业时，严禁人员在下方停留、通行、观察或者出渣。出渣时，反井钻机应当停止扩孔作业。更换破岩滚刀时，必须采取保护措施。

（二）严禁干钻扩孔。

（三）及时清理溜矸孔内的矸石，防止堵孔。必须制定处理堵孔的专项措施。严禁站在溜矸孔的矸石上作业。

（四）扩孔完毕，必须在上、下孔口外围设置栅栏，防止人员进入。

第五十八条 施工岩（煤）平巷（硐）时，应当遵守下列规定：

（一）掘进工作面严禁空顶作业。临时和永久支护距掘进工作面的距离，必须根据地质、水文地质条件和施工工艺在作业规程中明确，并制定防止冒顶、片帮的安全措施。

（二）距掘进工作面10m内的架棚支护，在爆破前必须加固。对爆破崩倒、崩坏的支架必须先行修复，之后方可进入工作面作业。修复支架时必须先检查顶、帮，并由外向里逐架进行。

（三）在松软的煤（岩）层、流砂性地层或者破碎带中掘进巷道时，必须采取超前支护或者其他措施。

第五十九条 使用伞钻时，应当遵守下列规定：

（一）井口伞钻悬吊装置、导轨梁等设施的强度及布置，必须在施工组织设计中验算和明确。

（二）伞钻摘挂钩必须由专人负责。

（三）伞钻在井筒中运输时必须收拢绑扎，通过各施工盘口时必须减速并由专人监视。

（四）伞钻支撑完成前不得脱开悬吊钢丝绳，使用期间必须设置保险绳。

第六十条 使用抓岩机时，应当遵守下列规定：

（一）抓岩机应当与吊盘可靠连接，并设置专用保险绳。

（二）抓岩机连接件及钢丝绳，在使用期间必须由专人每班检查1次。

（三）抓矸完毕必须将抓斗收拢并锁挂于机身。

第六十一条 使用耙装机时，应当遵守下列规定：

（一）耙装机作业时必须有照明。

（二）耙装机绞车的刹车装置必须完好、可靠。

（三）耙装机必须装有封闭式金属挡绳栏和防耙斗出槽的护栏；在巷道拐弯段装岩（煤）时，必须使用可靠的双向辅助导向轮，清理好机道，并有专人指挥和信号联系。

（四）固定钢丝绳滑轮的锚桩及其孔深和牢固程

度，必须根据岩性条件在作业规程中明确。

（五）耙装机在装岩（煤）前，必须将机身和尾轮固定牢靠。耙装机运行时，严禁在耙斗运行范围内进行其他工作和行人。在倾斜井巷移动耙装机时，下方不得有人。上山施工倾角大于20°时，在司机前方必须设护身柱或者挡板，并在耙装机前方增设固定装置。倾斜井巷使用耙装机时，必须有防止机身下滑的措施。

（六）耙装机作业时，其与掘进工作面的最大和最小允许距离必须在作业规程中明确。

（七）高瓦斯、煤与瓦斯突出和有煤尘爆炸危险矿井的煤巷、半煤岩巷掘进工作面和石门揭煤工作面，严禁使用钢丝绳牵引的耙装机。

第六十二条 使用挖掘机时，应当遵守下列规定：

（一）严禁在作业范围内进行其他工作和行人。

（二）2台以上挖掘机同时作业或者与抓岩机同时作业时应当明确各自的作业范围，并设专人指挥。

（三）下坡运行时必须使用低速挡，严禁脱挡滑行，跨越轨道时必须有防滑措施。

（四）作业范围内必须有充足的照明。

第六十三条 使用凿岩台车、模板台车时，必须制定专项安全技术措施。

第三节　井塔、井架及井筒装备

第六十四条 井塔施工时，井塔出入口必须搭设双层防护安全通道，非出入口和通道两侧必须密闭，并设置醒目的行走路线标识。采用冻结法施工的井筒，严禁在未完全融化的人工冻土地基中施工井塔桩基。

第六十五条 井架安装必须编制施工组织设计。遇恶劣气候时，不得进行吊装作业。采用扒杆起立井架时，应当遵守下列规定：

（一）扒杆选型必须经过验算，其强度、稳定性、基础承载能力必须符合设计。

（二）铰链及预埋件必须按设计要求制作和安装，销轴使用前应当进行无损探伤检测。

（三）吊耳必须进行强度校核，且不得横向使用。

（四）扒杆起立时应当有缆风绳控制偏摆，并使缆风绳始终保持一定张力。

第六十六条 立井井筒装备安装施工时，应当遵守下列规定：

（一）井筒未贯通严禁井筒装备安装施工。

（二）突出矿井进行煤巷施工，且井筒处于回风状态时，严禁井筒装备安装施工。

（三）封口盘预留通风口应当符合通风要求。

（四）吊盘、吊桶（罐）、悬吊装置的销轴在使用前应当进行无损探伤检测，合格后方可使用。

（五）吊盘上放置的设备、材料及工具箱等必须固定牢靠。

（六）在吊盘以外作业时，必须有牢靠的立足处。

（七）严禁吊盘和提升容器同时运行，提升容器或者钩头通过吊盘的速度不得大于0.2m/s。

第六十七条 井塔施工与井筒装备安装平行作业时，应当遵守下列规定：

（一）在土建与安装平行作业时，必须编制专项措施，明确安全防护要求。

（二）利用永久井塔凿井时，在临时天轮平台布置前必须对井塔承重结构进行验算。

（三）临时天轮平台的上一层提升孔口和吊装孔口必须封闭牢固。

（四）施工电梯和塔式起重机位置必须避开运行中的井筒装备、材料运输路线和人员行走通道。

第六十八条 安装井架或者井架上的设备时必须盖严井口。装备井筒与安装井架及井架上的设备平行作业时，井口掩盖装置必须坚固可靠，能承受井架上坠落物的冲击。

第六十九条 井下安装应当遵守下列规定：

（一）作业现场必须有充足的照明。

（二）大型设备、构件下井前必须校验提升设备的能力，并制定专项措施。

（三）巷道内固定吊点必须符合吊装要求。吊装时应当有专人观察吊点附近顶板情况，严禁超载吊装。

（四）在倾斜井巷提升运输时不得进行安装作业。

第四节　建井期间生产及辅助系统

第七十条 建井期间应当尽早形成永久的供电、提升运输、供排水、通风等系统。未形成上述永久系统前，必须建设临时系统。

矿井进入主要大巷施工前，必须安装安全监控、人员位置监测、通信联络系统。

第七十一条 建井期间应当形成两回路供电。当任一回路停止供电时，另一回路应当能担负矿井全部用电负荷。暂不能形成两回路供电的，必须有备用电源，备用电源的容量应当满足通风、排水和撤出人员的需要。

高瓦斯、煤与瓦斯突出、水文地质类型复杂和极复杂的矿井进入巷道和硐室施工前，其他矿井进入采区巷道施工前，必须形成两回路供电。

第七十二条 悬挂吊盘、模板、抓岩机、管路、电缆和安全梯的凿井绞车，必须装设制动装置和防逆转装置，并设有电气闭锁。

第七十三条 建井期间，2个提升容器的导向装置最突出部分之间的间隙，不得小于 $0.2+H/3000$（H 为提升高度，单位为 m）；井筒深度小于 300m 时，上述间隙不得小于 300mm。

立井凿井期间，井筒内各设施之间的间隙应当符合表1的要求。

表1 立井凿井期间井筒内各设施之间的间隙

序号	井筒内设施	间隙/mm
1	吊桶最突出部分与孔口之间	≥150
2	吊桶上滑架与孔口之间	≥100
3	抓岩机停止工作，抓斗悬吊时的最突出部分与运行的吊桶之间	≥200
4	管、线与永久井壁之间（井壁固定管线除外）	≥300
5	管、线最突出部分与提升容器最突出部分之间： 井深小于 400m 井深 400~500m 井深大于 500m	≥500 ≥600 ≥800
6	管、线卡子的最突出部分与其通过的各盘、台孔口之间	≥100
7	吊盘与永久井壁之间	≤150

第七十四条 建井期间采用吊桶提升时，应当遵守下列规定：

（一）采用阻旋转提升钢丝绳。

（二）吊桶必须沿钢丝绳罐道升降，无罐道段吊桶升降距离不得超过 40m。

（三）悬挂吊盘的钢丝绳兼作罐道绳时，必须制定专项措施。

（四）吊桶上方必须装设保护伞帽。

（五）吊桶翻矸时严禁打开井盖门。

（六）在使用钢丝绳罐道时，吊桶升降人员的最大速度不得超过采用下式求得的值，且最大不超过 7m/s；无罐道绳段，不得超过 1m/s。

$$v = 0.25\sqrt{H}$$

式中 v——最大提升速度，m/s；
H——提升高度，m。

（七）在使用钢丝绳罐道时，吊桶升降物料时的最大速度不得超过采用下式求得的值，且最大不超过 8m/s；无罐道绳段，不得超过 2m/s。

$$v = 0.4\sqrt{H}$$

（八）在过卷行程内可不安设缓冲装置，但过卷行程不得小于表2确定的值。

表2 提升速度与过卷行程

提升速度/(m·s⁻¹)	4	5	6	7	8
过卷行程/m	2.38	2.81	3.25	3.69	4.13

（九）提升机松绳保护装置应当接入报警回路。

第七十五条 立井凿井期间采用吊桶升降人员时，应当遵守下列规定：

（一）乘坐人员必须挂牢安全绳，严禁身体任何部位超出吊桶边缘。

（二）不得人、物混装。运送爆炸物品时应当执行本规程第三百三十九条的规定。

（三）严禁用自动翻转式、底卸式吊桶升降人员。

（四）吊桶提升到地面时，人员必须从井口平台进出吊桶，并只准在吊桶停稳和井盖门关闭后进出吊桶。

（五）吊桶内人均有效面积不应小于 $0.2m^2$，严禁超员。

第七十六条 立井凿井期间，掘进工作面与吊盘、吊盘与井口、吊盘与辅助盘、腰泵房与井口、翻矸平台与绞车房、井口与提升机房必须设置独立信号装置。井口信号装置必须与绞车的控制回路闭锁。

吊盘与井口、腰泵房与井口、井口与提升机房，必须装设直通电话。

建井期间罐笼与箕斗混合提升，提人时应当设置信号闭锁，当罐笼提人时箕斗不得运行。

装备1套提升系统的井筒，必须有备用通信、信号装置。

第七十七条 立井凿井期间，提升钢丝绳与吊桶的连接，必须采用具有可靠保险和回转卸力装置的专用钩头。钩头主要受力部件每年应当进行1次无损探伤检测。

第七十八条 建井期间，井筒中悬挂吊盘、模板、抓岩机的钢丝绳，使用期限一般为1年；悬挂水管、风管、输料管、安全梯和电缆的钢丝绳，使用期限一般为2年。钢丝绳到期后经检测检验，不符合本规程第四百一十二条的规定，可以继续使用。

煤矿企业应当根据建井工期、在用钢丝绳的腐蚀程度等因素，确定是否需要储备检验合格的提升钢丝绳。

第七十九条 立井井筒临时改绞必须编制施工组织设计。井筒井底水窝深度必须满足过放距离的要求。提升容器过放距离内严禁积水积物。

同一工业广场内布置2个及以上井筒时，未与另一井筒贯通的井筒不得进行临时改绞。单井筒确需临时改绞的，必须制定专项措施。

第八十条 开凿或者延深斜井、下山时，必须在斜井、下山的上口设置防止跑车装置，在掘进工作面的上方设置跑车防护装置，跑车防护装置与掘进工作面的距离必须在施工组织设计或者作业规程中明确。

斜井（巷）施工期间兼作人行道时，必须每隔40m设置躲避硐。设有躲避硐的一侧必须有畅通的人行道。上下人员必须走人行道。人行道必须设红灯和语音提示装置。

斜巷采用多级提升或者上山掘进提升时，在绞车上山方向必须设置挡车栏。

第八十一条 在吊盘上或者在2m以上高处作业时，工作人员必须佩带保险带。保险带必须拴在牢固的构件上，高挂低用。保险带应当定期按有关规定试验。每次使用前必须检查，发现损坏必须立即更换。

第八十二条 井筒开凿到底后，应当先施工永久排水系统，并在进入采区施工前完成。永久排水系统完成前，在井底附近必须设置临时排水系统，并符合下列要求：

（一）当预计涌水量不大于50m³/h时，临时水仓容积应当大于4h正常涌水量；当预计涌水量大于50m³/h时，临时水仓容积应当大于8h正常涌水量。临时水仓应当定期清理。

（二）井下工作水泵的排水能力应当能在20h内排出24h正常涌水量，井下备用水泵排水能力不小于工作水泵排水能力的70%。

（三）临时排水管的型号应当与排水能力相匹配。

（四）临时水泵及配电设备基础应当比巷道底板至少高300mm，泵房断面应当满足设备布置需要。

第八十三条 立井凿井期间的局部通风应当遵守下列规定：

（一）局部通风机的安装位置距井口不得小于20m，且位于井口主导风向上风侧。

（二）局部通风机的安装和使用必须满足本规程第一百六十四条的要求。

（三）立井施工应当在井口预留专用回风口，以确保风流畅通，回风口的大小及安全防护措施应当在作业规程中明确。

第八十四条 巷道及硐室施工期间的通风应当遵守下列规定：

（一）主井、副井和风井布置在同一个工业广场内，主井或者副井与风井贯通后，应当先安装主要通风机，实现全风压通风。不具备安装主要通风机条件的，必须安装临时通风机，但不得采用局部通风机或者局部通风机群代替临时通风机。

主井、副井和风井布置在不同的工业广场内，主井或者副井短期内不能与风井贯通的，主井与副井贯通后必须安装临时通风机实现全风压通风。

（二）矿井临时通风机应当安装在地面。低瓦斯矿井临时通风机确需安装在井下时，必须制定专项措施。

（三）矿井采用临时通风机通风时，必须设置备用通风机，备用通风机必须能在10min内启动。

第八十五条 建井期间有下列情况之一的，必须建立瓦斯抽采系统：

（一）突出矿井在揭露突出煤层前。

（二）任一掘进工作面瓦斯涌出量大于3m³/min，用通风方法解决瓦斯问题不合理的。

第二章 开 采

第一节 一般规定

第八十六条 新建非突出大中型矿井开采深度（第一水平）不应超过1000m，改扩建大中型矿井开采深度不应超过1200m，新建、改扩建小型矿井开采深度不应超过600m。

矿井同时生产的水平不得超过2个。

第八十七条 每个生产矿井必须至少有2个能行人的通达地面的安全出口，各出口间距不得小于30m。

采用中央式通风的新建和改扩建矿井，设计中应当规定井田边界的安全出口。

新建、扩建矿井的回风井严禁兼作提升和行人通道，紧急情况下可作为安全出口。

第八十八条 井下每一个水平到上一个水平和各个采（盘）区都必须至少有2个便于行人的安全出口，并与通达地面的安全出口相连。未建成2个安全出口的水平或者采（盘）区严禁回采。

井巷交岔点，必须设置路标，标明所在地点，指明通往安全出口的方向。

通达地面的安全出口和2个水平之间的安全出口，倾角不大于45°时，必须设置人行道，并根据倾角大小和实际需要设置扶手、台阶或者梯道。倾角大于45°时，必须设置梯道间或者梯子间，斜井梯道间必须分段错开设置，每段斜长不得大于10m；立井梯子间中的梯子角度不得大于80°，相邻2个平台的垂直距离不得大于8m。

安全出口应当经常清理、维护，保持畅通。

第八十九条 主要绞车道不得兼作人行道。提升量不大、保证行车时不行人的，不受此限。

第九十条 巷道净断面必须满足行人、运输、通风和安全设施及设备安装、检修、施工的需要，并符合下列要求：

（一）采用轨道机车运输的巷道净高，自轨面起不得低于2m。架线电机车运输巷道的净高，在井底车场内、从井底到乘车场，不小于2.4m；其他地点，行人的不小于2.2m，不行人的不小于2.1m。

（二）采（盘）区内的上山、下山和平巷的净高不得低于2m，薄煤层内的不得低于1.8m。

（三）运输巷（包括管、线、电缆）与运输设备最突出部分之间的最小间距，应当符合表3的要求。

巷道净断面的设计，必须按支护最大允许变形后的断面计算。

表3　运输巷与运输设备最突出部分之间的最小间距

巷道类型	顶部/m	两侧/m	备注
轨道机车运输巷道		0.3	综合机械化采煤矿井为0.5m
输送机运输巷道		0.5	输送机机头和机尾处与巷帮支护的距离应当满足设备检查和维修的需要，并不得小于0.7m
卡轨车、齿轨车运输巷道	0.3	0.3	单轨运输巷道宽度应当大于2.8m，双轨运输巷道宽度应当大于4.0m
单轨吊车运输巷道	0.5	0.85	曲线巷道段应当在直线巷道允许安全间隙的基础上，内侧加宽不小于0.1m，外侧加宽不小于0.2m。巷道内外侧加宽要从曲线巷道段两侧直线段开始，加宽段的长度不小于5.0m

续表

巷道类型	顶部/m	两侧/m	备注
无轨胶轮车运输巷道	0.5	0.5	曲线巷道段应当在直线巷道允许安全间隙的基础上，按无轨胶轮车内、外轮曲率半径计算需加大的巷道宽度。巷道内外侧加宽要从曲线巷道两侧直线段开始，加宽段的长度应当满足安全运输的要求
设置移动变电站或者平板车的巷道		0.3	移动变电站或者平板车上设备最突出部分与巷道侧的间距

第九十一条 新建矿井、生产矿井新掘运输巷的一侧，从巷道道碴面起1.6m的高度内，必须留有宽0.8m（综合机械化采煤及无轨胶轮车运输的矿井为1m）以上的人行道，管道吊挂高度不得低于1.8m。

生产矿井已有巷道人行道的宽度不符合上述要求时，必须在巷道的一侧设置躲避硐，2个躲避硐的间距不得超过40m。躲避硐宽度不得小于1.2m，深度不得小于0.7m，高度不得小于1.8m。躲避硐内严禁堆积物料。

采用无轨胶轮车运输的矿井人行道宽度不足1m时，必须制定专项安全技术措施，严格执行"行人不行车，行车不行人"的规定。

在人车停车地点的巷道上下人侧，从巷道道碴面起1.6m的高度内，必须留有宽1m以上的人行道，管道吊挂高度不得低于1.8m。

第九十二条 在双向运输巷中，两车最突出部分之间的距离必须符合下列要求：

（一）采用轨道运输的巷道：对开时不得小于0.2m，采区装载点不得小于0.7m，矿车摘挂钩地点不得小于1m。

（二）采用单轨吊车运输的巷道：对开时不得小于0.8m。

（三）采用无轨胶轮车运输的巷道：

1. 双车道行驶，会车时不得小于0.5m。

2. 单车道应当根据运距、运量、运速及运输车辆特性，在巷道的合适位置设置机车绕行道或者错车硐室，并设置方向标识。

第九十三条 掘进巷道在揭露老空区前，必须制定探查老空区的安全措施，包括接近老空区时必须预留的煤（岩）柱厚度和探明水、火、瓦斯等内容。必须根据探明的情况采取措施，进行处理。

在揭露老空区时，必须将人员撤至安全地点。只有经过检查，证明老空区内的水、瓦斯和其他有害气体等无危险后，方可恢复工作。

第九十四条 采（盘）区结束后、回撤设备时，必须编制专门措施，加强通风、瓦斯、顶板、防火管理。

第二节 回采和顶板控制

第九十五条 一个矿井同时回采的采煤工作面个数不得超过3个，煤（半煤岩）巷掘进工作面个数不得超过9个。严禁以掘代采。

采（盘）区开采前必须按照生产布局和资源回收合理的要求编制采（盘）区设计，并严格按照采（盘）区设计组织施工，情况发生变化时及时修改设计。

一个采（盘）区内同一煤层的一翼最多只能布置1个采煤工作面和2个煤（半煤岩）巷掘进工作面同时作业。一个采（盘）区内同一煤层双翼开采或者多煤层开采的，该采（盘）区最多只能布置2个采煤工作面和4个煤（半煤岩）巷掘进工作面同时作业。

在采动影响范围内不得布置2个采煤工作面同时回采。

下山采区未形成完整的通风、排水等生产系统前，严禁掘进回采巷道。

严禁任意开采非垮落法管理顶板留设的支承采空区顶板和上覆岩层的煤柱，以及采空区安全隔离煤柱。

采掘过程中严禁任意扩大和缩小设计确定的煤柱。采空区内不得遗留未经设计确定的煤柱。

严禁任意变更设计确定的工业场地、矿界、防水和井巷等的安全煤柱。

严禁开采和毁坏高速铁路的安全煤柱。

第九十六条 采煤工作面回采前必须编制作业规程。情况发生变化时，必须及时修改作业规程或者补充安全措施。

第九十七条 采煤工作面必须保持至少2个畅通的安全出口，一个通到进风巷道，另一个通到回风巷道。

采煤工作面所有安全出口与巷道连接处超前压力影响范围内必须加强支护，且加强支护的巷道长度不得小于20m；综合机械化采煤工作面，此范围内的巷道高度不得低于1.8m，其他采煤工作面，此范围内的巷道高度不得低于1.6m。安全出口和与之相连接的巷道必须设专人维护，发生支架断梁折柱、巷道底鼓变形时，必须及时更换、清挖。

采煤工作面必须正规开采，严禁采用国家明令禁止的采煤方法。

高瓦斯、突出、有容易自燃或者自燃煤层的矿井，不得采用前进式采煤方法。

第九十八条 采煤工作面不得任意留顶煤和底煤，伞檐不得超过作业规程的规定。采煤工作面的浮煤应当清理干净。

第九十九条 台阶采煤工作面必须设置安全脚手板、护身板和溜煤板。倒台阶采煤工作面，还必须在台阶的底脚加设保护台板。

阶檐的宽度、台阶面长度和下部超前小眼的个数，必须在作业规程中规定。

第一百条 采煤工作面必须存有一定数量的备用支护材料。严禁使用折损的坑木、损坏的金属顶梁、失效的单体液压支柱。

在同一采煤工作面中，不得使用不同类型和不同性能的支柱。在地质条件复杂的采煤工作面中使用不同类型的支柱时，必须制定安全措施。

单体液压支柱入井前必须逐根进行压力试验。

对金属顶梁和单体液压支柱，在采煤工作面回采结束后或者使用时间超过8个月后，必须进行检修。检修好的支柱，还必须进行压力试验，合格后方可使用。

采煤工作面严禁使用木支柱（极薄煤层除外）和金属摩擦支柱支护。

第一百零一条 采煤工作面必须及时支护，严禁空顶作业。所有支架必须架设牢固，并有防倒措施。严禁在浮煤或者浮矸上架设支架。单体液压支柱的初撑力，柱径为100mm的不得小于90kN，柱径为80mm的不得小于60kN。对于软岩条件下初撑力确实达不到要求的，在制定措施、满足安全的条件下，必须经矿总工程师审批。严禁在控顶区域内提前摘柱。碰倒或者损坏、失效的支柱，必须立即恢复或者更换。移动输送机机头、机尾需要拆除附近的支架时，必须先架好临时支架。

采煤工作面遇顶底板松软或者破碎、过断层、过老空区、过煤柱或者冒顶区，以及托伪顶开采时，必须制定安全措施。

第一百零二条 采用锚杆、锚索、锚喷、锚网喷等支护形式时，应当遵守下列规定：

（一）锚杆（索）的形式、规格、安设角度、混凝土强度等级、喷体厚度、挂网规格、搭接方式，

301

以及围岩涌水的处理等，必须在施工组织设计或者作业规程中明确。

（二）采用钻爆法掘进的岩石巷道，应当采用光面爆破。打锚杆眼前，必须采取敲帮问顶等措施。

（三）锚杆拉拔力、锚索预紧力必须符合设计。煤巷、半煤岩巷支护必须进行顶板离层监测，并将监测结果记录在牌板上。对喷体必须做厚度和强度检查并形成检查记录。在井下做锚固力试验时，必须有安全措施。

（四）遇顶板破碎、淋水、过断层、老空区、高应力区等情况时，应加强支护。

第一百零三条 巷道架棚时，支架腿应当落在实底上；支架与顶、帮之间的空隙必须塞紧、背实。支架间应当设牢固的撑杆或者拉杆，可缩性金属支架应当采用金属支拉杆，并用机械或者力矩扳手拧紧卡缆。倾斜井巷支架应当设迎山角；可缩性金属支架可待受压变形稳定后喷射混凝土覆盖。巷道砌碹时，碹体与顶帮之间必须用不燃物充满填实；巷道冒顶空顶部分，可用支护材料接顶，但在碹拱上部必须充填不燃物垫层，其厚度不得小于0.5m。

第一百零四条 严格执行敲帮问顶及围岩观测制度。

开工前，班组长必须对工作面安全情况进行全面检查，确认无危险后，方准人员进入工作面。

第一百零五条 采煤工作面用垮落法管理顶板时，必须及时放顶。顶板不垮落、悬顶距离超过作业规程规定的，必须停止采煤，采取人工强制放顶或者其他措施进行处理。

放顶的方法和安全措施，放顶与爆破、机械落煤等工序平行作业的安全距离，放顶区内支架、支柱等的回收方法，必须在作业规程中明确规定。

放顶人员必须站在支架完整，无崩绳、崩柱、甩钩、断绳抽人等危险的安全地点工作。

回柱放顶前，必须对放顶的安全工作进行全面检查，清理好退路。回柱放顶时，必须指定有经验的人员观察顶板。

采煤工作面初次放顶及收尾时，必须制定安全措施。

第一百零六条 采煤工作面采用密集支柱切顶时，两段密集支柱之间必须留有宽0.5m以上的出口，出口间的距离和新密集支柱超前的距离必须在作业规程中明确规定。采煤工作面无密集支柱切顶时，必须有防止工作面冒顶和矸石窜入工作面的措施。

第一百零七条 采用人工假顶分层垮落法开采的采煤工作面，人工假顶必须铺设完好并搭接严密。

采用分层垮落法开采时，必须向采空区注浆或者注水。注浆或者注水的具体要求，应当在作业规程中明确规定。

第一百零八条 采煤工作面用充填法控制顶板时，必须及时充填。控顶距离超过作业规程规定时禁止采煤，严禁人员在充填区空顶作业；且应当根据地表保护级别，编制专项设计并制定安全技术措施。

采用综合机械化充填采煤时，待充填区域的风速应当满足工作面最低风速要求；有人进行充填作业时，严禁操作作业区域的液压支架。

第一百零九条 用水砂充填法控制顶板时，采空区和三角点必须充填满。充填地点的下方，严禁人员通行或者停留。注砂井和充填地点之间，应当保持电话联络，联络中断时，必须立即停止注砂。

清理因跑砂堵塞的倾斜井巷前，必须制定安全措施。

第一百一十条 近距离煤层群开采下一煤层时，必须制定控制顶板的安全措施。

第一百一十一条 采用分层垮落法回采时，下一分层的采煤工作面必须在上一分层顶板垮落的稳定区域内进行回采。

第一百一十二条 采用柔性掩护支架开采急倾斜煤层时，地沟的尺寸，工作面循环进度，支架的角度、结构，支架垫层数和厚度，以及点柱的支设角度、排列方式和密度，钢丝绳的规格和数量，必须在作业规程中规定。

生产中遇断梁、支架悬空、窜矸等情况时，必须及时处理。支架沿走向弯曲、歪斜及角度超过作业规程规定时，必须在下一次放架过程中进行调整。应当经常检查支架上的螺栓和附件，如有松动，必须及时拧紧。

正倾斜柔性掩护支架的每个回采带的两端，必须设置人行眼，并用木板与溜煤眼相隔。对伪倾斜柔性掩护支架工作面上下2个出口的要求和工作面的伪倾角，超前溜煤眼的规格、间距和施工方式，必须在作业规程中规定。

掩护支架接近平巷时，应当缩短每次下放支架的距离，并减少同时爆破的炮眼数目和装药量。掩护支架过平巷时，应当加强溜煤眼与平巷连接处的支护或者架设木垛。

第一百一十三条 采用水力采煤时，必须遵守下列规定：

（一）第一次采用水力采煤的矿井，必须根据矿井地质条件、煤层赋存条件等因素编制开采设计，并经行业专家论证。

（二）水采工作面必须采用矿井全风压通风。可以采用多条回采巷道共用1条回风巷的布置方式，但回采巷道数量不得超过3个，且必须正台阶布置，单枪作业，依次回采。采用倾斜短壁水力采煤法时，回采巷道两侧的回采煤垛应当上下错开，左右交替采煤。

应当根据煤层自然发火期进行区段划分，保证划分区段在自然发火期内采完并及时密闭。密闭设施必须进行专项设计。

（三）相邻回采巷道及工作面回风巷之间必须开凿联络巷，用以通风、运料和行人。应当及时安设和调整风帘（窗）等控风设施。联络巷间距和支护形式必须在作业规程中规定。

（四）采煤工作面应当采用闭式顺序落煤，贯通前的采碉可以采用局部通风机辅助通风。应当在作业规程中明确工作面顶煤、顶板突然垮落时的安全技术措施。

（五）回采水枪应当使用液控水枪，水枪到控制台距离不得小于10m。对使用中的水枪，每3个月应当至少进行1次耐压试验。

（六）采煤工作面附近必须设置通信设备，在水枪附近必须有直通高压泵房的声光兼备的信号装置。

严禁水枪司机在无支护条件下作业。水枪司机与煤水泵司机、高压泵司机之间必须装电话及声光兼备的信号装置。

（七）用明槽输送煤浆时，倾角超过25°的巷道，明槽必须封闭，否则禁止行人。倾角在15°~25°时，人行道与明槽之间必须加设挡板或者挡墙，其高度不得小于1m；在拐弯、倾角突然变大及有煤浆溅出的地点，在明槽处应当加高挡板或者加盖。在行人经常跨过的明槽处，必须设过桥。必须保持巷道行人侧畅通。

除不行人的急倾斜专用岩石溜煤眼外，不得无槽、无沟沿巷道底板运输煤浆。

（八）工作面回风巷内严禁设置电气设备，在水枪落煤期间严禁行人和安排其他作业。

有下列情形之一的，严禁采用水力采煤：

（一）突出矿井，以及掘进工作面瓦斯涌出量大于$3m^3/min$的高瓦斯矿井。

（二）顶板不稳定的煤层。

（三）顶底板容易泥化或者底鼓的煤层。

（四）容易自燃煤层。

第一百一十四条 采用综合机械化采煤时，必须遵守下列规定：

（一）必须根据矿井各个生产环节、煤层地质条件、厚度、倾角、瓦斯涌出量、自然发火倾向和矿山压力等因素，编制工作面设计。

（二）运送、安装和拆除综采设备时，必须有安全措施，明确规定运送方式、安装质量、拆装工艺和控制顶板的措施。

（三）工作面煤壁、刮板输送机和支架都必须保持直线。支架间的煤、矸必须清理干净。倾角大于15°时，液压支架必须采取防倒、防滑措施；倾角大于25°时，必须有防止煤（矸）窜出刮板输送机伤人的措施。

（四）液压支架必须接顶。顶板破碎时必须超前支护。在处理液压支架上方冒顶时，必须制定安全措施。

（五）采煤机采煤时必须及时移架。移架滞后采煤机的距离，应当根据顶板的具体情况在作业规程中明确规定；超过规定距离或者发生冒顶、片帮时，必须停止采煤。

（六）严格控制采高，严禁采高大于支架的最大有效支护高度。当煤层变薄时，采高不得小于支架的最小有效支护高度。

（七）当采高超过3m或者煤壁片帮严重时，液压支架必须设护帮板。当采高超过4.5m时，必须采取防片帮伤人措施。

（八）工作面两端必须使用端头支架或者增设其他形式的支护。

（九）工作面转载机配有破碎机时，必须有安全防护装置。

（十）处理倒架、歪架、压架，更换支架，以及拆修顶梁、支柱、座箱等大型部件时，必须有安全措施。

（十一）在工作面内进行爆破作业时，必须有保护液压支架和其他设备的安全措施。

（十二）乳化液的配制、水质、配比等，必须符合有关要求。泵箱应当设自动给液装置，防止吸空。

（十三）采煤工作面必须进行矿压监测。

第一百一十五条 采用放顶煤开采时，必须遵守下列规定：

（一）矿井第一次采用放顶煤开采，或者在煤层（瓦斯）赋存条件变化较大的区域采用放顶煤开采时，必须根据顶板、煤层、瓦斯、自然发火、水文地质、煤尘爆炸性、冲击地压等地质特征和灾害危险性进行可行性论证和设计，并由煤矿企业组织行业专家论证。

（二）针对煤层开采技术条件和放顶煤开采工艺特点，必须制定防瓦斯、防火、防尘、防水、采放煤工艺、顶板支护、初采和工作面收尾等安全技术措施。

（三）放顶煤工作面初采期间应当根据需要采取强制放顶措施，使顶煤和直接顶充分垮落。

（四）采用预裂爆破处理坚硬顶板或者坚硬顶煤时，应当在工作面未采动区进行，并制定专门的安全技术措施。严禁在工作面内采用炸药爆破方法处理未冒落顶煤、顶板及大块煤（矸）。

（五）高瓦斯、突出矿井的容易自燃煤层，应当采取以预抽方式为主的综合抽采瓦斯措施，保证本煤层瓦斯含量不大于 $6m^3/t$，并采取综合防灭火措施。

（六）严禁单体支柱放顶煤开采。

有下列情形之一的，严禁采用放顶煤开采：

（一）缓倾斜、倾斜厚煤层的采放比大于1∶3，且未经行业专家论证的；急倾斜水平分段放顶煤采放比大于1∶8的。

（二）采区或者工作面采出率达不到矿井设计规范规定的。

（三）坚硬顶板、坚硬顶煤不易冒落，且采取措施后冒放性仍然较差，顶板垮落充填采空区的高度不大于采放煤高度的。

（四）放顶煤开采后有可能与地表水、老窑积水和强含水层导通的。

（五）放顶煤开采后有可能沟通火区的。

第一百一十六条 采用连续采煤机开采，必须根据工作面地质条件、瓦斯涌出量、自然发火倾向、回采速度、矿山压力，以及煤层顶底板岩性、厚度、倾角等因素，编制开采设计和回采作业规程，并符合下列要求：

（一）工作面必须形成全风压通风后方可回采。

（二）严禁采煤机司机等人员在空顶区作业。

（三）运输巷与短壁工作面或者回采支巷连接处（出口），必须加强支护。

（四）回收煤柱时，连续采煤机的最大进刀深度应当根据顶板状况、设备配套、采煤工艺等因素合理确定。

（五）采用垮落法控制顶板，对于特殊地质条件下顶板不能及时冒落时，必须采取强制放顶或者其他处理措施。

（六）采用煤柱支承采空区顶板及上覆岩层的部分回采方式时，应当有防止采空区顶板大面积垮塌的措施。

（七）应当及时安设和调整风帘（窗）等控风设施。

（八）容易自燃煤层应当分块段回采，且每个采煤块段必须在自然发火期内回采结束并封闭。

有下列情形之一的，严禁采用连续采煤机开采：

（一）突出矿井或者掘进工作面瓦斯涌出量超过 $3m^3/min$ 的高瓦斯矿井。

（二）倾角大于8°的煤层。

（三）直接顶不稳定的煤层。

第三节 采掘机械

第一百一十七条 使用滚筒式采煤机采煤时，必须遵守下列规定：

（一）采煤机上装有能停止工作面刮板输送机运行的闭锁装置。启动采煤机前，必须先巡视采煤机四周，发出预警信号，确认人员无危险后，方可接通电源。采煤机因故暂停时，必须打开隔离开关和离合器。采煤机停止工作或者检修时，必须切断采煤机前级供电开关电源并断开其隔离开关，断开采煤机隔离开关，打开截割部离合器。

（二）工作面遇有坚硬夹矸或者黄铁矿结核时，应当采取松动爆破处理措施，严禁用采煤机强行截割。

（三）工作面倾角在15°以上时，必须有可靠的防滑装置。

（四）使用有链牵引采煤机时，在开机和改变牵引方向前，必须发出信号。只有在收到返向信号后，才能开机或者改变牵引方向，防止牵引链跳动或者断链伤人。必须经常检查牵引链及其两端的固定连接件，发现问题，及时处理。采煤机运行时，所有人员必须避开牵引链。

（五）更换截齿和滚筒时，采煤机上下3m范围内，必须护帮护顶，禁止操作液压支架。必须切断采煤机前级供电开关电源并断开其隔离开关，断开采煤机隔离开关，打开截割部离合器，并对工作面输送机施行闭锁。

（六）采煤机用刮板输送机作轨道时，必须经常检查刮板输送机的溜槽、挡煤板导向管的连接情况，防止采煤机牵引链因过载而断链；采煤机为无链牵引时，齿（销、链）轨的安设必须紧固、完好，并经常检查。

第一百一十八条 使用刨煤机采煤时，必须遵守下列规定：

（一）工作面至少每隔30m装设能随时停止刨头和刮板输送机的装置，或者装设向刨煤机司机发送信号的装置。

（二）刨煤机应当有刨头位置指示器；必须在刮板输送机两端设置明显标志，防止刨头与刮板输送机机头撞击。

（三）工作面倾角在12°以上时，配套的刮板输送机必须装设防滑、锚固装置。

第一百一十九条 使用掘进机、掘锚一体机、连续采煤机掘进时，必须遵守下列规定：

（一）开机前，在确认铲板前方和截割臂附近无人时，方可启动。采用遥控操作时，司机必须位于安全位置。开机、退机、调机前，必须发出报警信号。

（二）作业时，应当使用内、外喷雾装置，内喷雾装置的工作压力不得小于2MPa，外喷雾装置的工作压力不得小于4MPa。在内、外喷雾装置工作稳定性得不到保证的情况下，应当使用与掘进机、掘锚一体机或者连续采煤机联动联控的除降尘装置。

（三）截割部运行时，严禁人员在截割臂下停留和穿越，机身与煤（岩）壁之间严禁站人。

（四）在设备非操作侧，必须装有紧急停转按钮（连续采煤机除外）。

（五）必须装有前照明灯和尾灯。

（六）司机离开操作台时，必须切断电源。

（七）停止工作和交班时，必须将切割头落地，并切断电源。

第一百二十条 使用运煤车、铲车、梭车、履带式行走支架、锚杆钻车、给料破碎机、连续运输系统或者桥式转载机等掘进机后配套设备时，必须遵守下列规定：

（一）所有安装机载照明的后配套设备启动前必须开启照明，发出开机信号，确认人员离开，再开机运行。设备停机、检修或者处理故障时，必须停电闭锁。

（二）带电移动的设备电缆应当有防拔脱装置。电缆必须连接牢固、可靠，电缆收放装置必须完好。操作电缆卷筒时，人员不得骑跨或者踩踏电缆。

（三）运煤车、铲车、梭车制动装置必须齐全、可靠。作业时，行驶区间严禁人员进入；检修时，铰接处必须使用限位装置。

（四）给料破碎机与输送机之间应当设联锁装置。给料破碎机行走时两侧严禁站人。

（五）连续运输系统或者桥式转载机运行时，严禁在非行人侧行走或者作业。

（六）锚杆钻车作业时必须有防护操作台，支护作业时必须将临时支护顶棚升至顶板。非操作人员严禁在锚杆钻车周围停留或者作业。

（七）履带行走式支架应当具有预警延时启动装置、系统压力实时显示装置，以及自救、逃逸功能。

第一百二十一条 使用刮板输送机运输时，必须遵守下列规定：

（一）采煤工作面刮板输送机必须安设能发出停止、启动信号和通讯的装置，发出信号点的间距不得超过15m。

（二）刮板输送机使用的液力偶合器，必须按所传递的功率大小，注入规定量的难燃液，并经常检查有无漏失。易熔合金塞必须符合标准，并设专人检查、清除塞内污物；严禁使用不符合标准的物品代替。

（三）刮板输送机严禁乘人。

（四）用刮板输送机运送物料时，必须有防止顶人和顶倒支架的安全措施。

（五）移动刮板输送机时，必须有防止冒顶、顶伤人员和损坏设备的安全措施。

第四节 建（构）筑物下、水体下、铁路下及主要井巷煤柱开采

第一百二十二条 建（构）筑物下、水体下、铁路下及主要井巷煤柱开采，必须设立观测站，观测地表和岩层移动与变形，查明垮落带和导水裂缝带的高度，以及水文地质条件变化等情况。取得的实际资料作为本井田建（构）筑物下、水体下、铁路下的以及主要井巷煤柱开采的依据。

第一百二十三条 建（构）筑物下、水体下、铁路下，以及主要井巷煤柱开采，必须经过试采。试采前，必须按其重要程度以及可能受到的影响，采取相应技术措施并编制开采设计。

第一百二十四条 试采前，必须完成建（构）筑物、水体、铁路，主要井巷工程及其地质、水文地质调查，观测点设置以及加固和保护等准备工作；试采时，必须及时观测，对受到开采影响的受护体，必须及时维修。试采结束后，必须由原试采方案设计单位提出试采总结报告。

第五节 井巷维修和报废

第一百二十五条 矿井必须制定井巷维修制度，加强井巷维修，保证通风、运输畅通和行人安全。

第一百二十六条 井筒大修时必须编制施工组织设计。

维修井巷支护时，必须有安全措施。严防顶板

冒落伤人、堵人和支架歪倒。

扩大和维修井巷时，必须有冒顶堵塞井巷时保证人员撤退的出口。在独头巷道维修支架时，必须保证通风安全并由外向里逐架进行，严禁人员进入维修地点以里。

撤掉支架前，应当先加固作业地点的支架。架设和拆除支架时，在一架未完工之前，不得中止作业。撤换支架的工作应当连续进行，不连续施工时，每次工作结束前，必须接顶封帮。

维修锚网井巷时，施工地点必须有临时支护和防止失修范围扩大的措施。

维修倾斜井巷时，应当停止行车；需要通车作业时，必须制定行车安全措施。严禁上、下段同时作业。

更换巷道支护时，在拆除原有支护前，应当先加固邻近支护，拆除原有支护后，必须及时除掉顶帮活矸和架设永久支护，必要时还应当采取临时支护措施。在倾斜巷道中，必须有防止矸石、物料滚落和支架歪倒的安全措施。

第一百二十七条 修复旧井巷时，必须首先检查瓦斯。当瓦斯积聚时，必须按规定排放，只有在回风流中甲烷浓度不超过 1.0%、二氧化碳浓度不超过 1.5%、空气成分符合本规程第一百三十五条的要求时，才能作业。

第一百二十八条 从报废的井巷内回收支架和装备时，必须制定安全措施。

第一百二十九条 报废的巷道必须封闭。报废的暗井和倾斜巷道下口的密闭墙必须设泄水孔。

第一百三十条 报废的井巷必须做好隐蔽工程记录，并在井上、下对照图上标明，归档备查。

第一百三十一条 报废的立井应当填实，或者在井口浇注 1 个大于井筒断面的坚实的钢筋混凝土盖板，并设置栅栏和标志。

报废的斜井（平硐）应当填实，或者在井口以下斜长 20m 处砌筑 1 座砖、石或者混凝土墙，再用泥土填至井口，并加砌封墙。

报废井口的周围有地表水影响时，必须设置排水沟。

第六节 防止坠落

第一百三十二条 立井井口必须用栅栏或者金属网围住，进出口设置栅栏门。井筒与各水平的连接处必须设栅栏。栅栏门只准在通过人员或者车辆时打开。

立井井筒与各水平车场的连接处，必须设专用的人行道，严禁人员通过提升间。

罐笼提升的立井井口和井底、井筒与各水平的连接处，必须设置阻车器。

第一百三十三条 倾角在 25°以上的小眼、煤仓、溜煤（矸）眼、人行道、上山和下山的上口，必须设防止人员、物料坠落的设施。

第一百三十四条 煤仓、溜煤（矸）眼必须有防止煤（矸）堵塞的设施。检查煤仓、溜煤（矸）眼和处理堵塞时，必须制定安全措施。处理堵塞时应当遵守本规程第三百六十条的规定，严禁人员从下方进入。

严禁煤仓、溜煤（矸）眼兼做流水道。煤仓与溜煤（矸）眼内有淋水时，必须采取封堵疏干措施；没有得到妥善处理不得使用。

第三章 通风、瓦斯和煤尘爆炸防治

第一节 通 风

第一百三十五条 井下空气成分必须符合下列要求：

（一）采掘工作面的进风流中，氧气浓度不低于 20%，二氧化碳浓度不超过 0.5%。

（二）有害气体的浓度不超过表 4 规定。

表 4 矿井有害气体最高允许浓度

名 称	最高允许浓度/%
一氧化碳 CO	0.0024
氧化氮（换算成 NO_2）	0.00025
二氧化硫 SO_2	0.0005
硫化氢 H_2S	0.00066
氨 NH_3	0.004

甲烷、二氧化碳和氢气的允许浓度按本规程的有关规定执行。

矿井中所有气体的浓度均按体积百分比计算。

第一百三十六条 井巷中的风流速度应当符合表 5 要求。

表 5 井巷中的允许风流速度

井巷名称	允许风速/（m·s^{-1}）	
	最低	最高
无提升设备的风井和风硐		15
专为升降物料的井筒		12
风桥		10

续表

井巷名称	允许风速/（m·s⁻¹） 最低	允许风速/（m·s⁻¹） 最高
升降人员和物料的井筒		8
主要进、回风巷		8
架线电机车巷道	1.0	8
输送机巷，采区进、回风巷	0.25	6
采煤工作面、掘进中的煤巷和半煤岩巷	0.25	4
掘进中的岩巷	0.15	4
其他通风人行巷道	0.15	

设有梯子间的井筒或者修理中的井筒，风速不得超过8m/s；梯子间四周经封闭后，井筒中的最高允许风速可以按表5规定执行。

无瓦斯涌出的架线电机车巷道中的最低风速可低于表5的规定值，但不得低于0.5m/s。

综合机械化采煤工作面，在采取煤层注水和采煤机喷雾降尘等措施后，其最大风速可高于表5的规定值，但不得超过5m/s。

第一百三十七条 进风井口以下的空气温度（干球温度，下同）必须在2℃以上。

第一百三十八条 矿井需要的风量应当按下列要求分别计算，并选取其中的最大值：

（一）按井下同时工作的最多人数计算，每人每分钟供给风量不得少于4m³。

（二）按采掘工作面、硐室及其他地点实际需要风量的总和进行计算。各地点的实际需要风量，必须使该地点的风流中的甲烷、二氧化碳和其他有害气体的浓度、风速、温度及每人供风量符合本规程的有关规定。

使用煤矿用防爆型柴油动力装置机车运输的矿井，行驶车辆巷道的供风量还应当按同时运行的最多车辆数增加巷道配风量，配风量不小于4m³/min·kW。

按实际需要计算风量时，应当避免备用风量过大或者过小。煤矿企业应当根据具体条件制定风量计算方法，至少每5年修订1次。

第一百三十九条 矿井每年安排采掘作业计划时必须核定矿井生产和通风能力，必须按实际供风量核定矿井产量，严禁超通风能力生产。

第一百四十条 矿井必须建立测风制度，每10天至少进行1次全面测风。对采掘工作面和其他用风地点，应当根据实际需要随时测风，每次测风结果应当记录并写在测风地点的记录牌上。

应当根据测风结果采取措施，进行风量调节。

第一百四十一条 矿井必须有足够数量的通风安全检测仪表。仪表必须由具备相应资质的检验单位进行检验。

第一百四十二条 矿井必须有完整的独立通风系统。改变全矿井通风系统时，必须编制通风设计及安全措施，由企业技术负责人审批。

第一百四十三条 贯通巷道必须遵守下列规定：

（一）巷道贯通前应当制定贯通专项措施。综合机械化掘进巷道在相距50m前、其他巷道在相距20m前，必须停止一个工作面作业，做好调整通风系统的准备工作。

停掘的工作面必须保持正常通风，设置栅栏及警标，每班必须检查风筒的完好状况和工作面及其回风流中的瓦斯浓度，瓦斯浓度超限时，必须立即处理。

掘进的工作面每次爆破前，必须派专人和瓦斯检查工共同到停掘的工作面检查工作面及其回风流中的瓦斯浓度，瓦斯浓度超限时，必须先停止在掘工作面的工作，然后处理瓦斯，只有在2个工作面及其回风流中的甲烷浓度都在1.0%以下时，掘进的工作面方可爆破。每次爆破前，2个工作面入口必须有专人警戒。

（二）贯通时，必须由专人在现场统一指挥。

（三）贯通后，必须停止采区内的一切工作，立即调整通风系统，风流稳定后，方可恢复工作。

间距小于20m的平行巷道的联络巷贯通，必须遵守以上规定。

第一百四十四条 进、回风井之间和主要进、回风巷之间的每条联络巷中，必须砌筑永久性风墙；需要使用的联络巷，必须安设2道联锁的正向风门和2道反向风门。

第一百四十五条 箕斗提升井或者装有带式输送机的井筒兼作风井使用时，必须遵守下列规定：

（一）生产矿井现有箕斗提升井兼作回风井时，井上下装、卸载装置和井塔（架）必须有防尘和封闭措施，其漏风率不得超过15%。装有带式输送机的井筒兼作回风井时，井筒中的风速不得超过6m/s，且必须装设甲烷断电仪。

（二）箕斗提升井或者装有带式输送机的井筒兼作进风井时，箕斗提升井筒中的风速不得超过6m/s、装有带式输送机的井筒中的风速不得超过4m/s，并有防尘措施。装有带式输送机的井筒中必须装设自动报警灭火装置、敷设消防管路。

第一百四十六条 进风井口必须布置在粉尘、有害和高温气体不能侵入的地方。已布置在粉尘、有害和高温气体能侵入的地点的，应当制定安全措施。

第一百四十七条 新建高瓦斯矿井、突出矿井、煤层容易自燃矿井及有热害的矿井应当采用分区式通风或者对角式通风；初期采用中央并列式通风的只能布置一个采区生产。

第一百四十八条 矿井开拓新水平和准备新采区的回风，必须引入总回风巷或者主要回风巷中。在未构成通风系统前，可将此回风引入生产水平的进风中；但在有瓦斯喷出或者有突出危险的矿井中，开拓新水平和准备新采区时，必须先在无瓦斯喷出或者无突出危险的煤（岩）层中掘进巷道并构成通风系统，为构成通风系统的掘进巷道的回风，可以引入生产水平的进风中。上述2种回风流中的甲烷和二氧化碳浓度都不得超过0.5%，其他有害气体浓度必须符合本规程第一百三十五条的规定，并制定安全措施，报企业技术负责人审批。

第一百四十九条 生产水平和采（盘）区必须实行分区通风。

准备采区，必须在采区构成通风系统后，方可开掘其他巷道；采用倾斜长壁布置的，大巷必须至少超前2个区段，并构成通风系统后，方可开掘其他巷道。采煤工作面必须在采（盘）区构成完整的通风、排水系统后，方可回采。

高瓦斯、突出矿井的每个采（盘）区和开采容易自燃煤层的采（盘）区，必须设置至少1条专用回风巷；低瓦斯矿井开采煤层群和分层开采采用联合布置的采（盘）区，必须设置1条专用回风巷。

采区进、回风巷必须贯穿整个采区，严禁一段为进风巷、一段为回风巷。

第一百五十条 采、掘工作面应当实行独立通风，严禁2个采煤工作面之间串联通风。

同一采区内1个采煤工作面与其相连接的1个掘进工作面、相邻的2个掘进工作面，布置独立通风有困难时，在制定措施后，可采用串联通风，但串联通风的次数不得超过1次。

采区内为构成新区段通风系统的掘进巷道或者采煤工作面遇地质构造而重新掘进的巷道，布置独立通风有困难时，其回风可以串入采煤工作面，但必须制定安全措施，且串联通风的次数不得超过1次；构成独立通风系统后，必须立即改为独立通风。

对于本条规定的串联通风，必须在进入被串联工作面的巷道中装设甲烷传感器，且甲烷和二氧化碳浓度都不得超过0.5%，其他有害气体浓度也应当符合本规程第一百三十五条的要求。

开采有瓦斯喷出、有突出危险的煤层或者在距离突出煤层垂距小于10m的区域掘进施工时，严禁任何2个工作面之间串联通风。

第一百五十一条 井下所有煤仓和溜煤眼都应当保持一定的存煤，不得放空；有涌水的煤仓和溜煤眼，可以放空，但放空后放煤口闸板必须关闭，并设置引水管。

溜煤眼不得兼作风眼使用。

第一百五十二条 煤层倾角大于12°的采煤工作面采用下行通风时，应当报矿总工程师批准，并遵守下列规定：

（一）采煤工作面风速不得低于1m/s。

（二）在进、回风巷中必须设置消防供水管路。

（三）有突出危险的采煤工作面严禁采用下行通风。

第一百五十三条 采煤工作面必须采用矿井全风压通风，禁止采用局部通风机稀释瓦斯。

采掘工作面的进风和回风不得经过采空区或者冒顶区。

无煤柱开采沿空送巷和沿空留巷时，应当采取防止从巷道的两帮和顶部向采空区漏风的措施。

矿井在同一煤层、同翼、同一采区相邻正在开采的采煤工作面沿空送巷时，采掘工作面严禁同时作业。

水采和连续采煤机开采的采煤工作面由采空区回风时，工作面必须有足够的新鲜风流，工作面及其回风巷的风流中的甲烷和二氧化碳浓度必须符合本规程第一百七十二条、第一百七十三条和第一百七十四条的规定。

第一百五十四条 采空区必须及时封闭。必须随采煤工作面的推进逐个封闭通至采空区的连通巷道。采区开采结束后45天内，必须在所有与已采区相连通的巷道中设置密闭墙，全部封闭采区。

第一百五十五条 控制风流的风门、风桥、风墙、风窗等设施必须可靠。

不应在倾斜运输巷中设置风门；如果必须设置风门，应当安设自动风门或者设专人管理，并有防止矿车或者风门碰撞人员以及矿车碰坏风门的安全措施。

开采突出煤层时，工作面回风侧不得设置调节风量的设施。

第一百五十六条 新井投产前必须进行1次矿井通风阻力测定，以后每3年至少测定1次。生产矿井转入新水平生产、改变一翼或者全矿井通风系统后，必须重新进行矿井通风阻力测定。

第一百五十七条 矿井通风系统图必须标明风流方向、风量和通风设施的安装地点。必须按季绘制通风系统图，并按月补充修改。多煤层同时开采的矿井，必须绘制分层通风系统图。

应当绘制矿井通风系统立体示意图和矿井通风网络图。

第一百五十八条 矿井必须采用机械通风。

主要通风机的安装和使用应当符合下列要求：

（一）主要通风机必须安装在地面；装有通风机的井口必须封闭严密，其外部漏风率在无提升设备时不得超过5%，有提升设备时不得超过15%。

（二）必须保证主要通风机连续运转。

（三）必须安装2套同等能力的主要通风机装置，其中1套作备用，备用通风机必须能在10min内开动。

（四）严禁采用局部通风机或者风机群作为主要通风机使用。

（五）装有主要通风机的出风井口应当安装防爆门，防爆门每6个月检查维修1次。

（六）至少每月检查1次主要通风机。改变主要通风机转数、叶片角度或者对旋式主要通风机运转级数时，必须经矿总工程师批准。

（七）新安装的主要通风机投入使用前，必须进行试运转和通风机性能测定，以后每5年至少进行1次性能测定。

（八）主要通风机技术改造及更换叶片后必须进行性能测试。

（九）井下严禁安设辅助通风机。

第一百五十九条 生产矿井主要通风机必须装有反风设施，并能在10min内改变巷道中的风流方向；当风流方向改变后，主要通风机的供给风量不应小于正常供风量的40%。

每季度应当至少检查1次反风设施，每年应当进行1次反风演习；矿井通风系统有较大变化时，应当进行1次反风演习。

第一百六十条 严禁主要通风机房兼作他用。主要通风机房内必须安装水柱计（压力表）、电流表、电压表、轴承温度计等仪表，还必须有直通矿调度室的电话，并有反风操作系统图、司机岗位责任制和操作规程。主要通风机的运转应当由专职司机负责，司机应当每小时将通风机运转情况记入运转记录簿内；发现异常，立即报告。实现主要通风机集中监控、图像监视的主要通风机房可不设专职司机，但必须实行巡检制度。

第一百六十一条 矿井必须制定主要通风机停止运转的应急预案。因检修、停电或者其他原因停止主要通风机运转时，必须制定停风措施。

变电所或者电厂在停电前，必须将预计停电时间通知矿调度室。

主要通风机停止运转时，必须立即停止工作、切断电源，工作人员先撤到进风巷道中，由值班矿领导组织全矿井工作人员全部撤出。

主要通风机停止运转期间，必须打开井口防爆门和有关风门，利用自然风压通风；对由多台主要通风机联合通风的矿井，必须正确控制风流，防止风流紊乱。

第一百六十二条 矿井开拓或者准备采区时，在设计中必须根据该处全风压供风量和瓦斯涌出量编制通风设计。掘进巷道的通风方式、局部通风机和风筒的安装和使用等应当在作业规程中明确规定。

第一百六十三条 掘进巷道必须采用矿井全风压通风或者局部通风机通风。

煤巷、半煤岩巷和有瓦斯涌出的岩巷掘进采用局部通风机通风时，应当采用压入式，不得采用抽出式（压气、水力引射器不受此限）；如果采用混合式，必须制定安全措施。

瓦斯喷出区域和突出煤层采用局部通风机通风时，必须采用压入式。

第一百六十四条 安装和使用局部通风机和风筒时，必须遵守下列规定：

（一）局部通风机由指定人员负责管理。

（二）压入式局部通风机和启动装置安装在进风巷道中，距掘进巷道回风口不得小于10m；全风压供给该处的风量必须大于局部通风机的吸入风量，局部通风机安装地点到回风口间的巷道中的最低风速必须符合本规程第一百三十六条的要求。

（三）高瓦斯、突出矿井的煤巷、半煤岩巷和有瓦斯涌出的岩巷掘进工作面正常工作的局部通风机必须配备安装同等能力的备用局部通风机，并能自动切换。正常工作的局部通风机必须采用三专（专用开关、专用电缆、专用变压器）供电，专用变压器最多可向4个不同掘进工作面的局部通风机供电；备用局部通风机电源必须取自同时带电的另一电源，当正常工作的局部通风机故障时，备用局部通风机能自动启动，保持掘进工作面正常通风。

（四）其他掘进工作面和通风地点正常工作的局部通风机可不配备用局部通风机，但正常工作的局部通风机必须采用三专供电；或者局部通风机配备安装一台同等能力的备用局部通风机，并能自动切换。正常工作的局部通风机和备用局部通风机的电源必须取自同时带电的不同母线段的相互独立的电源，保证正常工作的局部通风机故障时，备用局部通风机能投入正常工作。

（五）采用抗静电、阻燃风筒。风筒口到掘进工作面的距离、正常工作的局部通风机和备用局部通风机自动切换的交叉风筒接头的规格和安设标准，应当在作业规程中明确规定。

（六）正常工作和备用局部通风机均失电停止运转后，当电源恢复时，正常工作的局部通风机和备用局部通风机均不得自行启动，必须人工开启局部通风机。

（七）使用局部通风机供风的地点必须实行风电闭锁和甲烷电闭锁，保证当正常工作的局部通风机停止运转或者停风后能切断停风区内全部非本质安全型电气设备的电源。正常工作的局部通风机故障，切换到备用局部通风机工作时，该局部通风机通风范围内应当停止工作，排除故障；待故障被排除，恢复到正常工作的局部通风后方可恢复工作。使用2台局部通风机同时供风的，2台局部通风机都必须同时实现风电闭锁和甲烷电闭锁。

（八）每15天至少进行一次风电闭锁和甲烷电闭锁试验，每天应当进行一次正常工作的局部通风机与备用局部通风机自动切换试验，试验期间不得影响局部通风，试验记录要存档备查。

（九）严禁使用3台及以上局部通风机同时向1个掘进工作面供风。不得使用1台局部通风机同时向2个及以上作业的掘进工作面供风。

第一百六十五条 使用局部通风机通风的掘进工作面，不得停风；因检修、停电、故障等原因停风时，必须将人员全部撤至全风压进风风流处，切断电源，设置栅栏、警示标志，禁止人员入内。

第一百六十六条 井下爆炸物品库必须有独立的通风系统，回风风流必须直接引入矿井的总回风巷或者主要回风巷中。新建矿井采用对角式通风系统时，投产初期可利用采区岩石上山或者用不燃性材料支护和不燃性背板背严的煤层上山作爆炸物品库的回风巷。必须保证爆炸物品库每小时能有其总容积4倍的风量。

第一百六十七条 井下充电室必须有独立的通风系统，回风风流应当引入回风巷。

井下充电室，在同一时间内，5t及以下的电机车充电电池的数量不超过3组、5t以上的电机车充电电池的数量不超过1组时，可不采用独立通风，但必须在新鲜风流中。

井下充电室风流中以及局部积聚处的氢气浓度，不得超过0.5%。

第一百六十八条 井下机电设备硐室必须设在进风风流中；采用扩散通风的硐室，其深度不得超过6m、入口宽度不得小于1.5m，并且无瓦斯涌出。

井下个别机电设备设在回风流中的，必须安装甲烷传感器并实现甲烷电闭锁。

采区变电所及实现采区变电所功能的中央变电所必须有独立的通风系统。

第二节 瓦斯防治

第一百六十九条 一个矿井中只要有一个煤（岩）层发现瓦斯，该矿井即为瓦斯矿井。瓦斯矿井必须依照矿井瓦斯等级进行管理。

根据矿井相对瓦斯涌出量、矿井绝对瓦斯涌出量、工作面绝对瓦斯涌出量和瓦斯涌出形式，矿井瓦斯等级划分为：

（一）低瓦斯矿井。同时满足下列条件的为低瓦斯矿井：

1. 矿井相对瓦斯涌出量不大于$10m^3/t$；
2. 矿井绝对瓦斯涌出量不大于$40m^3/min$；
3. 矿井任一掘进工作面绝对瓦斯涌出量不大于$3m^3/min$；
4. 矿井任一采煤工作面绝对瓦斯涌出量不大于$5m^3/min$。

（二）高瓦斯矿井。具备下列条件之一的为高瓦斯矿井：

1. 矿井相对瓦斯涌出量大于$10m^3/t$；
2. 矿井绝对瓦斯涌出量大于$40m^3/min$；
3. 矿井任一掘进工作面绝对瓦斯涌出量大于$3m^3/min$；
4. 矿井任一采煤工作面绝对瓦斯涌出量大于$5m^3/min$。

（三）突出矿井。

第一百七十条 每2年必须对低瓦斯矿井进行瓦斯等级和二氧化碳涌出量的鉴定工作，鉴定结果报省级煤炭行业管理部门和省级煤矿安全监察机构。上报时应当包括开采煤层最短发火期和自燃倾向性、煤尘爆炸性的鉴定结果。高瓦斯、突出矿井不再进行周期性瓦斯等级鉴定工作，但应当每年测定和计算矿井、采区、工作面瓦斯和二氧化碳涌出量，并报省级煤炭行业管理部门和煤矿安全监察机构。

新建矿井设计文件中，应当有各煤层的瓦斯含量资料。

高瓦斯矿井应当测定可采煤层的瓦斯含量、瓦斯压力和抽采半径等参数。

第一百七十一条 矿井总回风巷或者一翼回风巷中甲烷或者二氧化碳浓度超过0.75%时，必须立即查明原因，进行处理。

第一百七十二条 采区回风巷、采掘工作面回风巷风流中甲烷浓度超过1.0%或者二氧化碳浓度超过1.5%时，必须停止工作，撤出人员，采取措施，进行处理。

第一百七十三条 采掘工作面及其他作业地点风流中甲烷浓度达到1.0%时，必须停止用电钻打眼；爆破地点附近20m以内风流中甲烷浓度达到1.0%时，严禁爆破。

采掘工作面及其他作业地点风流中、电动机或者其开关安设地点附近20m以内风流中的甲烷浓度达到1.5%时，必须停止工作，切断电源，撤出人员，进行处理。

采掘工作面及其他巷道内，体积大于0.5m³的空间内积聚的甲烷浓度达到2.0%时，附近20m内必须停止工作，撤出人员，切断电源，进行处理。

对因甲烷浓度超过规定被切断电源的电气设备，必须在甲烷浓度降到1.0%以下时，方可通电开动。

第一百七十四条 采掘工作面风流中二氧化碳浓度达到1.5%时，必须停止工作，撤出人员，查明原因，制定措施，进行处理。

第一百七十五条 矿井必须从设计和采掘生产管理上采取措施，防止瓦斯积聚；当发生瓦斯积聚时，必须及时处理。当瓦斯超限达到断电浓度时，班组长、瓦斯检查工、矿调度员有权责令现场作业人员停止作业，停电撤人。

矿井必须有因停电和检修主要通风机停止运转或者通风系统遭到破坏以后恢复通风、排除瓦斯和送电的安全措施。恢复正常通风后，所有受到停风影响的地点，都必须经过通风、瓦斯检查人员检查，证实无危险后，方可恢复工作。所有安装电动机及其开关的地点附近20m的巷道内，都必须检查瓦斯，只有甲烷浓度符合本规程规定时，方可开启。

临时停工的地点，不得停风；否则必须切断电源，设置栅栏、警标，禁止人员进入，并向矿调度室报告。停工区内甲烷或者二氧化碳浓度达到3.0%或者其他有害气体浓度超过本规程第一百三十五条的规定不能立即处理时，必须在24h内封闭完毕。

恢复已封闭的停工区或者采掘工作接近这些地点时，必须事先排除其中积聚的瓦斯。排除瓦斯工作必须制定安全技术措施。

严禁在停风或者瓦斯超限的区域内作业。

第一百七十六条 局部通风机因故停止运转，在恢复通风前，必须首先检查瓦斯，只有停风区中最高甲烷浓度不超过1.0%和最高二氧化碳浓度不超过1.5%，且局部通风机及其开关附近10m以内风流中的甲烷浓度都不超过0.5%时，方可人工开启局部通风机，恢复正常通风。

停风区中甲烷浓度超过1.0%或者二氧化碳浓度超过1.5%，最高甲烷浓度和二氧化碳浓度不超过3.0%时，必须采取安全措施，控制风流排放瓦斯。

停风区中甲烷浓度或者二氧化碳浓度超过3.0%时，必须制定安全排放瓦斯措施，报矿总工程师批准。

在排放瓦斯过程中，排出的瓦斯与全风压风流混合处的甲烷和二氧化碳浓度均不得超过1.5%，且混合风流经过的所有巷道内必须停电撤人，其他地点的停电撤人范围应当在措施中明确规定。只有恢复通风的巷道风流中甲烷浓度不超过1.0%和二氧化碳浓度不超过1.5%时，方可人工恢复局部通风机供风巷道内电气设备的供电和采区回风系统内的供电。

第一百七十七条 井筒施工以及开拓新水平的井巷第一次接近各开采煤层时，必须按掘进工作面距煤层的准确位置，在距煤层垂距10m以外开始打探煤钻孔，钻孔超前工作面的距离不得小于5m，并有专职瓦斯检查工经常检查瓦斯。岩巷掘进遇到煤线或者接近地质破坏带时，必须有专职瓦斯检查工经常检查瓦斯，发现瓦斯大量增加或者其他异常时，必须停止掘进，撤出人员，进行处理。

第一百七十八条 有瓦斯或者二氧化碳喷出的煤（岩）层，开采前必须采取下列措施：

（一）打前探钻孔或者抽排钻孔。

（二）加大喷出危险区域的风量。

（三）将喷出的瓦斯或者二氧化碳直接引入回风巷或者抽采瓦斯管路。

第一百七十九条 在有油气爆炸危险的矿井中，应当使用能检测油气成分的仪器检查各个地点的油气浓度，并定期采样化验油气成分和浓度。对油气浓度的规定可按本规程有关瓦斯的各项规定执行。

第一百八十条 矿井必须建立甲烷、二氧化碳和其他有害气体检查制度，并遵守下列规定：

（一）矿长、矿总工程师、爆破工、采掘区队长、通风区队长、工程技术人员、班长、流动电钳工等下井时，必须携带便携式甲烷检测报警仪。瓦斯检查工必须携带便携式光学甲烷检测仪和便携式甲烷检测报警仪。安全监测工必须携带便携式甲烷检测报警仪。

（二）所有采掘工作面、硐室、使用中的机电设备的设置地点、有人员作业的地点都应当纳入检查范围。

（三）采掘工作面的甲烷浓度检查次数如下：

1. 低瓦斯矿井，每班至少 2 次；
2. 高瓦斯矿井，每班至少 3 次；
3. 突出煤层、有瓦斯喷出危险或者瓦斯涌出较大、变化异常的采掘工作面，必须有专人经常检查。

（四）采掘工作面二氧化碳浓度应当每班至少检查 2 次；有煤（岩）与二氧化碳突出危险或者二氧化碳涌出量较大、变化异常的采掘工作面，必须有专人经常检查二氧化碳浓度。对于未进行作业的采掘工作面，可能涌出或者积聚甲烷、二氧化碳的硐室和巷道，应当每班至少检查 1 次甲烷、二氧化碳浓度。

（五）瓦斯检查工必须执行瓦斯巡回检查制度和请示报告制度，并认真填写瓦斯检查班报。每次检查结果必须记入瓦斯检查班报手册和检查地点的记录牌上，并通知现场工作人员。甲烷浓度超过本规程规定时，瓦斯检查工有权责令现场人员停止工作，并撤到安全地点。

（六）在有自然发火危险的矿井，必须定期检查一氧化碳浓度、气体温度等变化情况。

（七）井下停风地点栅栏外风流中的甲烷浓度每天至少检查 1 次，密闭外的甲烷浓度每周至少检查 1 次。

（八）通风值班人员必须审阅瓦斯班报，掌握瓦斯变化情况，发现问题，及时处理，并向矿调度室汇报。

通风瓦斯日报必须送矿长、矿总工程师审阅，一矿多井的矿必须同时送井长、井技术负责人审阅。对重大的通风、瓦斯问题，应当制定措施，进行处理。

第一百八十一条 突出矿井必须建立地面永久抽采瓦斯系统。

有下列情况之一的矿井，必须建立地面永久抽采瓦斯系统或者井下临时抽采瓦斯系统：

（一）任一采煤工作面的瓦斯涌出量大于 $5m^3/min$ 或者任一掘进工作面瓦斯涌出量大于 $3m^3/min$，用通风方法解决瓦斯问题不合理的。

（二）矿井绝对瓦斯涌出量达到下列条件的：

1. 大于或者等于 $40m^3/min$；
2. 年产量 1.0～1.5Mt 的矿井，大于 $30m^3/min$；
3. 年产量 0.6～1.0Mt 的矿井，大于 $25m^3/min$；
4. 年产量 0.4～0.6Mt 的矿井，大于 $20m^3/min$；
5. 年产量小于或者等于 0.4Mt 的矿井，大于 $15m^3/min$。

第一百八十二条 抽采瓦斯设施应当符合下列要求：

（一）地面泵房必须用不燃性材料建筑，并必须有防雷电装置，其距进风井口和主要建筑物不得小于 50m，并用栅栏或者围墙保护。

（二）地面泵房和泵房周围 20m 范围内，禁止堆积易燃物和有明火。

（三）抽采瓦斯泵及其附属设备，至少应当有 1 套备用，备用泵能力不得小于运行泵中最大一台单泵的能力。

（四）地面泵房内电气设备、照明和其他电气仪表都应当采用矿用防爆型；否则必须采取安全措施。

（五）泵房必须有直通矿调度室的电话和检测管道瓦斯浓度、流量、压力等参数的仪表或者自动监测系统。

（六）干式抽采瓦斯泵吸气侧管路系统中，必须装设有防回火、防回流和防爆炸作用的安全装置，并定期检查。抽采瓦斯泵站放空管的高度应当超过泵房房顶 3m。

泵房必须有专人值班，经常检测各参数，做好记录。当抽采瓦斯泵停止运转时，必须立即向矿调度室报告。如果利用瓦斯，在瓦斯泵停止运转后和恢复运转前，必须通知使用瓦斯的单位，取得同意后，方可供应瓦斯。

第一百八十三条 设置井下临时抽采瓦斯泵站时，必须遵守下列规定：

（一）临时抽采瓦斯泵站应当安设在抽采瓦斯地点附近的新鲜风流中。

（二）抽出的瓦斯可引排到地面、总回风巷、一翼回风巷或者分区回风巷，但必须保证稀释后风流中的瓦斯浓度不超限。在建有地面永久抽采系统的矿井，临时泵站抽出的瓦斯可送至永久抽采系统的管路，但矿井抽采系统的瓦斯浓度必须符合本规程第一百八十四条的规定。

（三）抽出的瓦斯排入回风巷时，在排瓦斯管路出口必须设置栅栏、悬挂警戒牌等。栅栏设置的位置是上风侧距管路出口 5m、下风侧距管路出口 30m，两栅栏间禁止任何作业。

第一百八十四条 抽采瓦斯必须遵守下列规定：

（一）抽采容易自燃和自燃煤层的采空区瓦斯时，抽采管路应当安设一氧化碳、甲烷、温度传感器，实现实时监测监控。发现有自然发火征兆时，应当立即采取措施。

（二）井上下敷设的瓦斯管路，不得与带电物体接触并应当有防止砸坏管路的措施。

（三）采用干式抽采瓦斯设备时，抽采瓦斯浓度不得低于25％。

（四）利用瓦斯时，在利用瓦斯的系统中必须装设有防回火、防回流和防爆炸作用的安全装置。

（五）抽采的瓦斯浓度低于30％时，不得作为燃气直接燃烧。进行管道输送、瓦斯利用或者排空时，必须按有关标准的规定执行，并制定安全技术措施。

第三节 瓦斯和煤尘爆炸防治

第一百八十五条 新建矿井或者生产矿井每延深一个新水平，应当进行1次煤尘爆炸性鉴定工作，鉴定结果必须报省级煤炭行业管理部门和煤矿安全监察机构。

煤矿企业应当根据鉴定结果采取相应的安全措施。

第一百八十六条 开采有煤尘爆炸危险煤层的矿井，必须有预防和隔绝煤尘爆炸的措施。矿井的两翼、相邻的采区、相邻的煤层、相邻的采煤工作面间，掘进煤巷同与其相连的巷道间，煤仓同与其相连的巷道间，采用独立通风并有煤尘爆炸危险的其他地点同与其相连的巷道间，必须用水棚或者岩粉棚隔开。

必须及时清除巷道中的浮煤，清扫、冲洗沉积煤尘或者定期撒布岩粉；应当定期对主要大巷刷浆。

第一百八十七条 矿井应当每年制定综合防尘措施、预防和隔绝煤尘爆炸措施及管理制度，并组织实施。

矿井应当每周至少检查1次隔爆设施的安装地点、数量、水量或者岩粉量及安装质量是否符合要求。

第一百八十八条 高瓦斯矿井、突出矿井和有煤尘爆炸危险的矿井，煤巷和半煤岩巷掘进工作面应当安设隔爆设施。

第四章 煤（岩）与瓦斯（二氧化碳）突出防治

第一节 一般规定

第一百八十九条 在矿井井田范围内发生过煤（岩）与瓦斯（二氧化碳）突出的煤（岩）层或者经鉴定、认定为有突出危险的煤（岩）层为突出煤（岩）层。在矿井的开拓、生产范围内有突出煤（岩）层的矿井为突出矿井。

煤矿发生生产安全事故，经事故调查认定为突出事故的，发生事故的煤层直接认定为突出煤层，该矿井为突出矿井。

有下列情况之一的煤层，应当立即进行煤层突出危险性鉴定，否则直接认定为突出煤层；鉴定未完成前，应当按照突出煤层管理：

（一）有瓦斯动力现象的。

（二）瓦斯压力达到或者超过0.74MPa的。

（三）相邻矿井开采的同一煤层发生突出事故或者被鉴定、认定为突出煤层的。

煤矿企业应当将突出矿井及突出煤层的鉴定结果报省级煤炭行业管理部门和煤矿安全监察机构。

新建矿井应当对井田范围内采掘工程可能揭露的所有平均厚度在0.3m以上的煤层进行突出危险性评估，评估结论作为矿井初步设计和建井期间井巷揭煤作业的依据。评估为有突出危险时，建井期间应当对开采煤层及其他可能对采掘活动造成威胁的煤层进行突出危险性鉴定或者认定。

第一百九十条 新建突出矿井设计生产能力不得低于0.9Mt/a，第一生产水平开采深度不得超过800m。中型及以上的突出生产矿井延深水平开采深度不得超过1200m，小型的突出生产矿井开采深度不得超过600m。

第一百九十一条 突出矿井的防突工作必须坚持区域综合防突措施先行、局部综合防突措施补充的原则。

区域综合防突措施包括区域突出危险性预测、区域防突措施、区域防突措施效果检验和区域验证等内容。

局部综合防突措施包括工作面突出危险性预测、工作面防突措施、工作面防突措施效果检验和安全防护措施等内容。

突出矿井的新采区和新水平进行开拓设计前，应当对开拓采区或者开拓水平内平均厚度在0.3m以上的煤层进行突出危险性评估，评估结论作为开拓采区或者开拓水平设计的依据。对评估为无突出危险的煤层，所有井巷揭煤作业还必须采取区域或者局部综合防突措施；对评估为有突出危险的煤层，按突出煤层进行设计。

突出煤层突出危险区必须采取区域防突措施，严禁在区域防突措施效果未达到要求的区域进行采掘作业。

施工中发现有突出预兆或者发生突出的区域，必须采取区域综合防突措施。

经区域验证有突出危险，则该区域必须采取区域或者局部综合防突措施。

按突出煤层管理的煤层，必须采取区域或者局部综合防突措施。

在突出煤层进行采掘作业期间必须采取安全防护措施。

第一百九十二条 突出矿井必须确定合理的采掘部署，使煤层的开采顺序、巷道布置、采煤方法、采掘接替等有利于区域防突措施的实施。

突出矿井在编制生产发展规划和年度生产计划时，必须同时编制相应的区域防突措施规划和年度实施计划，将保护层开采、区域预抽煤层瓦斯等工程与矿井采掘部署、工程接替等统一安排，使矿井的开拓区、抽采区、保护层开采区和被保护层有效区按比例协调配置，确保采掘作业在区域防突措施有效区内进行。

第一百九十三条 有突出危险煤层的新建矿井及突出矿井的新水平、新采区的设计，必须有防突设计篇章。

非突出矿井升级为突出矿井时，必须编制防突专项设计。

第一百九十四条 突出矿井的防突工作应当遵守下列规定：

（一）配置满足防突工作需要的防突机构、专业防突队伍、检测分析仪器仪表和设备。

（二）建立防突管理制度和各级岗位责任制，健全防突技术管理和培训制度。突出矿井的管理人员和井下作业人员必须接受防突知识培训，经培训合格后方可上岗作业。

（三）加强两个"四位一体"综合防突措施实施过程的安全管理和质量管控，实现质量可靠、过程可溯、数据可查。区域预测、区域预抽、区域效果检验等的钻孔施工应当采用视频监视等可追溯的措施，并建立核查分析制度。

（四）不具备按照要求实施区域防突措施条件，或者实施区域防突措施时不能满足安全生产要求的突出煤层、突出危险区，不得进行采掘活动，并划定禁采区。

（五）煤层瓦斯压力达到或者超过 3MPa 的区域，必须采用地面钻井预抽煤层瓦斯，或者开采保护层的区域防突措施，或者采用井下顶（底）板巷道远程操控方式施工区域防突措施钻孔，并编制专项设计。

（六）井巷揭穿突出煤层必须编制防突专项设计，并报企业技术负责人审批。

（七）突出煤层采掘工作面必须编制防突专项设计。

（八）矿井必须对防突措施的技术参数和效果进行实际考察确定。

第一百九十五条 突出矿井的采掘布置应当遵守下列规定：

（一）主要巷道应当布置在岩层或者无突出危险煤层内。突出煤层的巷道优先布置在被保护区域或者其他无突出危险区域内。

（二）应当减少井巷揭开（穿）突出煤层的次数，揭开（穿）突出煤层的地点应当合理避开地质构造带。

（三）在同一突出煤层的集中应力影响范围内，不得布置 2 个工作面相向回采或者掘进。

第一百九十六条 突出煤层的采掘工作应当遵守下列规定：

（一）严禁采用水力采煤法、倒台阶采煤法或者其他非正规采煤法。

（二）在急倾斜煤层中掘进上山时，应当采用双上山、伪倾斜上山等掘进方式，并加强支护。

（三）上山掘进工作面采用爆破作业时，应当采用深度不大于 1.0m 的炮眼远距离全断面一次爆破。

（四）预测或者认定为突出危险区的采掘工作面严禁使用风镐作业。

（五）在过突出孔洞及其附近 30m 范围内进行采掘作业时，必须加强支护。

（六）在突出煤层的煤巷中安装、更换、维修或者回收支架时，必须采取预防煤体冒落引起突出的措施。

第一百九十七条 有突出危险煤层的新建矿井或者突出矿井，开拓新水平的井巷第一次揭穿（开）厚度为 0.3m 及以上煤层时，必须超前探测煤层厚度及地质构造、测定煤层瓦斯压力及瓦斯含量等与突出危险性相关的参数。

第一百九十八条 在突出煤层顶、底板掘进岩巷时，必须超前探测煤层及地质构造情况，分析勘测验证地质资料，编制巷道剖面图，及时掌握施工动态和围岩变化情况，防止误穿突出煤层。

第一百九十九条 有突出矿井的煤矿企业应当填写突出卡片、分析突出资料、掌握突出规律、制定防突措施，在每年第一季度内，将上年度的突出资料报省级煤炭行业管理部门。

第二百条 突出矿井必须编制并及时更新矿井瓦斯地质图，更新周期不得超过 1 年，图中应当标明采掘进度、被保护范围、煤层赋存条件、地质构造、突出点的位置、突出强度、瓦斯基本参数等，作为突出危险性区域预测和制定防突措施的依据。

第二百零一条 突出煤层工作面的作业人员、

瓦斯检查工、班组长应当掌握突出预兆。发现突出预兆时，必须立即停止作业，按避灾路线撤出，并报告矿调度室。

班组长、瓦斯检查工、矿调度员有权责令相关现场作业人员停止作业，停电撤人。

第二百零二条 煤与二氧化碳突出、岩石与二氧化碳突出、岩石与瓦斯突出的管理和防治措施参照本章规定执行。

第二节 区域综合防突措施

第二百零三条 突出矿井应当对突出煤层进行区域突出危险性预测（以下简称区域预测）。经区域预测后，突出煤层划分为无突出危险区和突出危险区。未进行区域预测的区域视为突出危险区。

第二百零四条 具备开采保护层条件的突出危险区，必须开采保护层。选择保护层应当遵循下列原则：

（一）优先选择无突出危险的煤层作为保护层。矿井中所有煤层都有突出危险时，应当选择突出危险程度较小的煤层作保护层。

（二）应当优先选择上保护层；选择下保护层开采时，不得破坏被保护层的开采条件。

开采保护层后，在有效保护范围内的被保护层区域为无突出危险区，超出有效保护范围的区域仍然为突出危险区。

第二百零五条 有效保护范围的划定及有关参数应当实际考察确定。正在开采的保护层采煤工作面，必须超前于被保护层的掘进工作面，其超前距离不得小于保护层与被保护层之间法向距离的3倍，并不得小于100m。

第二百零六条 对不具备保护层开采条件的突出厚煤层，利用上分层或者上区段开采后形成的卸压作用保护下分层或者下区段时，应当依据实际考察结果来确定其有效保护范围。

第二百零七条 开采保护层时，应当不留设煤（岩）柱。特殊情况需留煤（岩）柱时，必须将煤（岩）柱的位置和尺寸准确标注在采掘工程平面图和瓦斯地质图上，在瓦斯地质图上还应当标出煤（岩）柱的影响范围。在煤（岩）柱及其影响范围内采掘作业前，必须采取区域预抽煤层瓦斯防突措施。

第二百零八条 开采保护层时，应当同时抽采被保护层和邻近层的瓦斯。开采近距离保护层时，必须采取防止误穿突出煤层和被保护层卸压瓦斯突然涌入保护层工作面的措施。

第二百零九条 采取预抽煤层瓦斯区域防突措施时，应当遵守下列规定：

（一）预抽区段煤层瓦斯区域防突措施的钻孔应当控制区段内整个回采区域、两侧回采巷道及其外侧如下范围内的煤层：倾斜、急倾斜煤层巷道上帮轮廓线外至少20m，下帮至少10m；其他煤层为巷道两侧轮廓线外至少各15m。以上所述的钻孔控制范围均为沿煤层层面方向（以下同）。

（二）顺层钻孔或者穿层钻孔预抽回采区域煤层瓦斯区域防突措施的钻孔，应当控制整个回采区域的煤层。

（三）穿层钻孔预抽煤巷条带煤层瓦斯区域防突措施的钻孔，应当控制整条煤层巷道及其两侧一定范围内的煤层，该范围要求与本条（一）的规定相同。

（四）穿层钻孔预抽井巷（含石门、立井、斜井、平硐）揭煤区域煤层瓦斯区域防突措施的钻孔，应当在揭煤工作面距煤层最小法向距离7m以前实施，并控制井巷及其外侧至少以下范围的煤层：揭煤处巷道轮廓线外12m（急倾斜煤层底部或者下帮6m），且应当保证控制范围的外边缘到巷道轮廓线（包括预计前方揭煤段巷道的轮廓线）的最小距离不小于5m。当区域防突措施难以一次施工完成时可分段实施，但每一段都应当能够保证揭煤工作面到巷道前方至少20m之间的煤层内，区域防突措施控制范围符合上述要求。

（五）顺层钻孔预抽煤巷条带煤层瓦斯区域防突措施的钻孔，应当控制的煤巷条带前方长度不小于60m，煤巷两侧控制范围要求与本条（一）的规定相同。钻孔预抽煤层瓦斯的有效抽采时间不得少于20天，如果在钻孔施工过程中发现有喷孔、顶钻或者卡钻等动力现象的，有效抽采时间不得少于60天。

（六）定向长钻孔预抽煤巷条带煤层瓦斯区域防突措施的钻孔，应当采用定向钻进工艺施工，控制煤巷条带煤层前方长度不小于300m和煤巷两侧轮廓线外一定范围，该范围要求与本条（一）的规定相同。

（七）厚煤层分层开采时，预抽钻孔应当控制开采分层及其上部法向距离至少20m、下部10m范围内的煤层。

（八）应当采取保证预抽瓦斯钻孔能够按设计参数控制整个预抽区域的措施。

（九）当煤巷掘进和采煤工作面在预抽防突效果有效的区域内作业时，工作面距前方未预抽或者预抽防突效果无效范围的边界不得小于20m。

第二百一十条 有下列条件之一的突出煤层，

不得将在本巷道施工顺煤层钻孔预抽煤巷条带瓦斯作为区域防突措施：

（一）新建矿井的突出煤层。

（二）历史上发生过突出强度大于500t/次的。

（三）开采范围内煤层坚固性系数小于0.3的；或者煤层坚固性系数为0.3~0.5，且埋深大于500m的；或者煤层坚固性系数为0.5~0.8，且埋深大于600m的；或者煤层埋深大于700m的；或者煤巷条带位于开采应力集中区的。

第二百一十一条 保护层的开采厚度不大于0.5m、上保护层与突出煤层间距大于50m或者下保护层与突出煤层间距大于80m时，必须对每个被保护层工作面的保护效果进行检验。

采用预抽煤层瓦斯防突措施的区域，必须对区域防突措施效果进行检验。

检验无效时，仍为突出危险区。检验有效时，无突出危险区的采掘工作面每推进10~50m至少进行2次区域验证，并保留完整的工程设计、施工和效果检验的原始资料。

第三节 局部综合防突措施

第二百一十二条 突出煤层采掘工作面经工作面预测后划分为突出危险工作面和无突出危险工作面。

未进行突出预测的采掘工作面视为突出危险工作面。

当预测为突出危险工作面时，必须实施工作面防突措施和工作面防突措施效果检验。只有经效果检验有效后，方可进行采掘作业。

第二百一十三条 井巷揭煤工作面的防突措施包括预抽煤层瓦斯、排放钻孔、金属骨架、煤体固化、水力冲孔或者其他经试验证明有效的措施。

第二百一十四条 井巷揭穿（开）突出煤层必须遵守下列规定：

（一）在工作面距煤层法向距离10m（地质构造复杂、岩石破碎的区域20m）之外，至少施工2个前探钻孔，掌握煤层赋存条件、地质构造、瓦斯情况等。

（二）从工作面距煤层法向距离大于5m处开始，直至揭穿煤层全过程都应当采取局部综合防突措施。

（三）揭煤工作面距煤层法向距离2m至进入顶（底）板2m的范围，均应当采用远距离爆破掘进工艺。

（四）厚度小于0.3m的突出煤层，在满足（一）的条件下可直接采用远距离爆破掘进工艺揭穿。

（五）禁止使用震动爆破揭穿突出煤层。

第二百一十五条 煤巷掘进工作面应当选用超前钻孔预抽瓦斯、超前钻孔排放瓦斯的防突措施或者其他经试验证实有效的防突措施。

第二百一十六条 采煤工作面可以选用超前钻孔预抽瓦斯、超前钻孔排放瓦斯、注水湿润煤体、松动爆破或者其他经试验证实有效的防突措施。

第二百一十七条 突出煤层的采掘工作面，应当根据煤层实际情况选用防突措施，并遵守下列规定：

（一）不得选用水力冲孔措施，倾角在8°以上的上山掘进工作面不得选用松动爆破、水力疏松措施。

（二）突出煤层煤巷掘进工作面前方遇到落差超过煤层厚度的断层，应当按井巷揭煤的措施执行。

（三）采煤工作面采用超前钻孔预抽瓦斯和超前钻孔排放瓦斯作为工作面防突措施时，超前钻孔的孔数、孔底间距等应当根据钻孔的有效抽排半径确定。

（四）松动爆破时，应当按远距离爆破的要求执行。

第二百一十八条 工作面执行防突措施后，必须对防突措施效果进行检验。如果工作面措施效果检验结果均小于指标临界值，且未发现其他异常情况，则措施有效；否则必须重新执行区域综合防突措施或者局部综合防突措施。

第二百一十九条 在煤巷掘进工作面第一次执行局部防突措施或者无措施超前距时，必须采取小直径钻孔排放瓦斯等防突措施，只有在工作面前方形成5m以上的安全屏障后，方可进入正常防突措施循环。

第二百二十条 井巷揭穿突出煤层和在突出煤层中进行采掘作业时，必须采取避难硐室、反向风门、压风自救装置、隔离式自救器、远距离爆破等安全防护措施。

第二百二十一条 突出煤层的石门揭煤、煤巷和半煤岩巷掘进工作面进风侧必须设置至少2道反向风门。爆破作业时，反向风门必须关闭。反向风门距工作面的距离，应当根据掘进工作面的通风系统和预计的突出强度确定。

第二百二十二条 井巷揭煤采用远距离爆破时，必须明确起爆地点、避灾路线、警戒范围，制定停电撤人等措施。

井筒起爆及撤人地点必须位于地面距井口边缘20m以外，暗立（斜）井及石门揭煤起爆及撤人地点必须位于反向风门外500m以上全风压通风的新鲜风流中或者300m以外的避难硐室内。

煤巷掘进工作面采用远距离爆破时，起爆地点必须设在进风侧反向风门之外的全风压通风的新鲜风流中或者避险设施内，起爆地点距工作面的距离必须在措施中明确规定。

远距离爆破时，回风系统必须停电撤人。爆破后，进入工作面检查的时间应当在措施中明确规定，但不得小于30min。

第二百二十三条 突出煤层采掘工作面附近、爆破撤离人员集中地点、起爆地点必须设有直通矿调度室的电话，并设置有供给压缩空气的避险设施或者压风自救装置。工作面回风系统中有人作业的地点，也应当设置压风自救装置。

第二百二十四条 清理突出的煤（岩）时，必须制定防煤尘、片帮、冒顶、瓦斯超限、出现火源，以及防止再次发生突出事故的安全措施。

第五章 冲击地压防治

第一节 一般规定

第二百二十五条 在矿井井田范围内发生过冲击地压现象的煤层，或者经鉴定煤层（或者其顶底板岩层）具有冲击倾向性且评价具有冲击危险性的煤层为冲击地压煤层。有冲击地压煤层的矿井为冲击地压矿井。

第二百二十六条 有下列情况之一的，应当进行煤岩冲击倾向性鉴定：

（一）有强烈震动、瞬间底（帮）鼓、煤岩弹射等动力现象的。

（二）埋深超过400m的煤层，且煤层上方100m范围内存在单层厚度超过10m的坚硬岩层。

（三）相邻矿井开采的同一煤层发生过冲击地压的。

（四）冲击地压矿井开采新水平、新煤层。

第二百二十七条 开采具有冲击倾向性的煤层，必须进行冲击危险性评价。

第二百二十八条 矿井防治冲击地压（以下简称防冲）工作应当遵守下列规定：

（一）设专门的机构与人员。

（二）坚持"区域先行、局部跟进、分区管理、分类防治"的防冲原则。

（三）必须编制中长期防冲规划与年度防冲计划，采掘工作面作业规程中必须包括防冲专项措施。

（四）开采冲击地压煤层时，必须采取冲击危险性预测、监测预警、防范治理、效果检验、安全防护等综合性防治措施。

（五）必须建立防冲培训制度。

（六）必须建立冲击危险区人员准入制度，实行限员管理。

（七）必须建立生产矿长（总工程师）日分析制度和日生产进度通知单制度。

（八）必须建立防冲工程措施实施与验收记录台账，保证防冲过程可追溯。

第二百二十九条 新建矿井和冲击地压矿井的新水平、新采区、新煤层有冲击地压危险的，必须编制防冲设计。防冲设计应当包括开拓方式、保护层的选择、采区巷道布置、工作面开采顺序、采煤方法、生产能力、支护形式、冲击危险性预测方法、冲击地压监测预警方法、防冲措施及效果检验方法、安全防护措施等内容。

第二百三十条 新建矿井在可行性研究阶段应当进行冲击地压评估工作，并在建设期间完成煤（岩）层冲击倾向性鉴定及冲击危险性评价工作。

经评估、鉴定或者评价煤层具有冲击危险性的新建矿井，应当严格按照相关规定进行设计，建成后生产能力不得超过8Mt/a，不得核增产能。

冲击地压生产矿井应当按照采掘工作面的防冲要求进行矿井生产能力核定。矿井改建和水平延深时，必须进行防冲安全性论证。

非冲击地压矿井升级为冲击地压矿井时，应当编制矿井防冲设计，并按照防冲要求进行矿井生产能力核定。

采取综合防冲措施后不能将冲击危险性指标降低至临界值以下的，不得进行采掘作业。

第二百三十一条 冲击地压矿井巷道布置与采掘作业应当遵守下列规定：

（一）开采冲击地压煤层时，在应力集中区内不得布置2个工作面同时进行采掘作业。2个掘进工作面之间的距离小于150m时，采煤工作面与掘进工作面之间的距离小于350m时，2个采煤工作面之间的距离小于500m时，必须停止其中一个工作面。相邻矿井、相邻采区之间应当避免开采相互影响。

（二）开拓巷道不得布置在严重冲击地压煤层中，永久硐室不得布置在冲击地压煤层中。煤层巷道与硐室布置不应留底煤，如果留有底煤必须采取底板预卸压措施。

（三）严重冲击地压厚煤层中的巷道应当布置在应力集中区外。双巷掘进时2条平行巷道在时间、空间上应当避免相互影响。

（四）冲击地压煤层应当严格按顺序开采，不得留孤岛煤柱。在采空区内不得留有煤柱，如果必须在采空区内留煤柱时，应当进行论证，报企业技术负责人审批，并将煤柱的位置、尺寸以及影响范围标在采掘工程平面图上。开采孤岛煤柱的，应当进行防冲安全开采论证；严重冲击地压矿井不得开采孤岛煤柱。

（五）对冲击地压煤层，应当根据顶底板岩性适当加大掘进巷道宽度。应当优先选择无煤柱护巷工艺，采用大煤柱护巷时应当避开应力集中区，严禁留大煤柱影响邻近层开采。巷道严禁采用刚性支护。

（六）采用垮落法管理顶板时，支架（柱）应当有足够的支护强度，采空区中所有支柱必须回净。

（七）冲击地压煤层掘进工作面临近大型地质构造、采空区、其他应力集中区时，必须制定专项措施。

（八）应当在作业规程中明确规定初次来压、周期来压、采空区"见方"等期间的防冲措施。

（九）在无冲击地压煤层中的三面或者四面被采空区所包围的区域开采和回收煤柱时，必须制定专项防冲措施。

（十）采动影响区域内严禁巷道扩修与回采平行作业、严禁同一区域两点及以上同时扩修。

第二百三十二条 具有冲击地压危险的高瓦斯、突出煤层的矿井，应当根据本矿井条件，制定专门技术措施。

第二百三十三条 开采具有冲击地压危险的急倾斜、特厚等煤层时，应当制定专项防冲措施，并由企业技术负责人审批。

第二节 冲击危险性预测

第二百三十四条 冲击地压矿井必须进行区域危险性预测（以下简称区域预测）和局部危险性预测（以下简称局部预测）。区域与局部预测可根据地质与开采技术条件等，优先采用综合指数法确定冲击危险性。

第二百三十五条 必须建立区域与局部相结合的冲击地压危险性监测制度。

应当根据现场实际考察资料和积累的数据确定冲击危险性预警临界指标。

第二百三十六条 冲击地压危险区域必须进行日常监测预警，预警有冲击地压危险时，应当立即停止作业，切断电源，撤出人员，并报告矿调度室。在实施解危措施、确认危险解除后方可恢复正常作业。

停产3天及以上冲击地压危险采掘工作面恢复生产前，应当评估冲击地压危险程度，并采取相应的安全措施。

第三节 区域与局部防冲措施

第二百三十七条 冲击地压矿井应当选择合理的开拓方式、采掘部署、开采顺序、采煤工艺及开采保护层等区域防冲措施。

第二百三十八条 保护层开采应当遵守下列规定：

（一）具备开采保护层条件的冲击地压煤层，应当开采保护层。

（二）应当根据矿井实际条件确定保护层的有效保护范围，保护层回采超前被保护层采掘工作面的距离应当符合本规程第二百三十一条的规定。

（三）开采保护层后，仍存在冲击地压危险的区域，必须采取防冲措施。

第二百三十九条 冲击地压煤层的采煤方法与工艺确定应当遵守下列规定：

（一）采用长壁综合机械化开采方法。

（二）缓倾斜、倾斜厚及特厚煤层采用综采放顶煤工艺开采时，直接顶不能随采随冒的，应当预先对顶板进行弱化处理。

第二百四十条 冲击地压煤层采用局部防冲措施应当遵守下列规定：

（一）采用钻孔卸压措施时，必须制定防止诱发冲击伤人的安全防护措施。

（二）采用煤层爆破措施时，应当根据实际情况选取超前松动爆破、卸压爆破等方法，确定合理的爆破参数，起爆点到爆破地点的距离不得小于300m。

（三）采用煤层注水措施时，应当根据煤层条件，确定合理的注水参数，并检验注水效果。

（四）采用底板卸压、顶板预裂、水力压裂等措施时，应当根据煤岩层条件，确定合理的参数。

第二百四十一条 采掘工作面实施解危措施时，必须撤出与实施解危措施无关的人员。

冲击地压危险工作面实施解危措施后，必须进行效果检验，确认检验结果小于临界值后，方可进行采掘作业。

第四节 冲击地压安全防护措施

第二百四十二条 进入严重冲击地压危险区域的人员必须采取特殊的个体防护措施。

第二百四十三条 有冲击地压危险的采掘工作面，供电、供液等设备应当放置在采动应力集中影响区外。对危险区域内的设备、管线、物品等应当采取固定措施，管路应当吊挂在巷道腰线以下。

第二百四十四条 冲击地压危险区域的巷道必

须加强支护。

采煤工作面必须加大上下出口和巷道的超前支护范围与强度，弱冲击危险区域的工作面超前支护长度不得小于 70m；厚煤层放顶煤工作面、中等及以上冲击危险区域的工作面超前支护长度不得小于 120m，超前支护应当满足支护强度和支护整体稳定性要求。

严重（强）冲击地压危险区域，必须采取防底鼓措施。

第二百四十五条 有冲击地压危险的采掘工作面必须设置压风自救系统，明确发生冲击地压时的避灾路线。

第六章 防 灭 火

第一节 一般规定

第二百四十六条 煤矿必须制定井上、下防火措施。煤矿的所有地面建（构）筑物、煤堆、矸石山、木料场等处的防火措施和制度，必须遵守国家有关防火的规定。

第二百四十七条 木料场、矸石山等堆放场距离进风井口不得小于 80m。木料场距离矸石山不得小于 50m。

不得将矸石山设在进风井的主导风向上风侧、表土层 10m 以浅有煤层的地面上和漏风采空区上方的塌陷范围内。

第二百四十八条 新建矿井的永久井架和井口房、以井口为中心的联合建筑，必须用不燃性材料建筑。

对现有生产矿井用可燃性材料建筑的井架和井口房，必须制定防火措施。

第二百四十九条 矿井必须设地面消防水池和井下消防管路系统。井下消防管路系统应当敷设到采掘工作面，每隔 100m 设置支管和阀门，但在带式输送机巷道中应当每隔 50m 设置支管和阀门。地面的消防水池必须经常保持不少于 200m³ 的水量。消防用水同生产、生活用水共用同一水池时，应当有确保消防用水的措施。

开采下部水平的矿井，除地面消防水池外，可以利用上部水平或者生产水平的水仓作为消防水池。

第二百五十条 进风井口应当装设防火铁门，防火铁门必须严密且易于关闭，打开时不妨碍提升、运输和人员通行，并定期维修；如果不设防火铁门，必须有防止烟火进入矿井的安全措施。

罐笼提升立井井口还应当采取以下措施：

（一）井口操车系统基础下部的负层空间应当与井筒隔离，并设置消防设施。

（二）操车系统液压管路应当采用金属管或者阻燃高压非金属管，传动介质使用难燃液，液压站不得安装在封闭空间内。

（三）井筒及负层空间的动力电缆、信号电缆和控制电缆应当采用煤矿用阻燃电缆，并与操车系统液压管路分开布置。

（四）操车系统机坑及井口负层空间内应当及时清理漏油，每天检查清理情况，不得留存杂物和易燃物。

第二百五十一条 井口房和通风机房附近 20m 内，不得有烟火或者用火炉取暖。通风机房位于工业广场以外时，除开采有瓦斯喷出的矿井和突出矿井外，可用隔焰式火炉或者防爆式电热器取暖。

暖风道和压入式通风的风硐必须用不燃性材料砌筑，并至少装设 2 道防火门。

第二百五十二条 井筒与各水平的连接处及井底车场，主要绞车道与主要运输巷、回风巷的连接处，井下机电设备硐室，主要巷道内带式输送机机头前后两端各 20m 范围内，都必须用不燃性材料支护。

在井下和井口房，严禁采用可燃性材料搭设临时操作间、休息间。

第二百五十三条 井下严禁使用灯泡取暖和使用电炉。

第二百五十四条 井下和井口房内不得进行电焊、气焊和喷灯焊接等作业。如果必须在井下主要硐室、主要进风井巷和井口房内进行电焊、气焊和喷灯焊接等工作，每次必须制定安全措施，由矿长批准并遵守下列规定：

（一）指定专人在场检查和监督。

（二）电焊、气焊和喷灯焊接等工作地点的前后两端各 10m 的井巷范围内，应当是不燃性材料支护，并有供水管路，有专人负责喷水，焊接前应当清理或者隔离焊碴飞溅区域内的可燃物。上述工作地点应当至少备有 2 个灭火器。

（三）在井口房、井筒和倾斜巷道内进行电焊、气焊和喷灯焊接等工作时，必须在工作地点的下方用不燃性材料设施接受火星。

（四）电焊、气焊和喷灯焊接等工作地点的风流中，甲烷浓度不得超过 0.5%，只有在检查证明作业地点附近 20m 范围内巷道顶部和支护背板后无瓦斯积存时，方可进行作业。

（五）电焊、气焊和喷灯焊接等作业完毕后，作

319

业地点应当再次用水喷洒，并有专人在作业地点检查1h，发现异常，立即处理。

（六）突出矿井井下进行电焊、气焊和喷灯焊接时，必须停止突出煤层的掘进、回采、钻孔、支护以及其他所有扰动突出煤层的作业。

煤层中未采用砌碹或者喷浆封闭的主要硐室和主要进风大巷中，不得进行电焊、气焊和喷灯焊接等工作。

第二百五十五条 井下使用的汽油、煤油必须装入盖严的铁桶内，由专人押运送至使用地点，剩余的汽油、煤油必须运回地面，严禁在井下存放。

井下使用的润滑油、棉纱、布头和纸等，必须存放在盖严的铁桶内。用过的棉纱、布头和纸，也必须放在盖严的铁桶内，并由专人定期送到地面处理，不得乱放乱扔。严禁将剩油、废油泼洒在井巷或者硐室内。

井下清洗风动工具时，必须在专用硐室进行，并必须使用不燃性和无毒性洗涤剂。

第二百五十六条 井上、下必须设置消防材料库，并符合下列要求：

（一）井上消防材料库应当设在井口附近，但不得设在井口房内。

（二）井下消防材料库应当设在每一个生产水平的井底车场或者主要运输大巷中，并装备消防车辆。

（三）消防材料库储存的消防材料和工具的品种和数量应当符合有关要求，并定期检查和更换；消防材料和工具不得挪作他用。

第二百五十七条 井下爆炸物品库、机电设备硐室、检修硐室、材料库、井底车场、使用带式输送机或者液力偶合器的巷道以及采掘工作面附近的巷道中，必须备有灭火器材，其数量、规格和存放地点，应当在灾害预防和处理计划中确定。

井下工作人员必须熟悉灭火器材的使用方法，并熟悉本职工作区域内灭火器材的存放地点。

井下爆炸物品库、机电设备硐室、检修硐室、材料库的支护和风门、风窗必须采用不燃性材料。

第二百五十八条 每季度应当对井上、下消防管路系统、防火门、消防材料库和消防器材的设置情况进行1次检查，发现问题，及时解决。

第二百五十九条 矿井防灭火使用的凝胶、阻化剂及进行充填、堵漏、加固用的高分子材料，应当对其安全性和环保性进行评估，并制定安全监测制度和防范措施。使用时，井巷空气成分必须符合本规程第一百三十五条要求。

第二节 井下火灾防治

第二百六十条 煤的自燃倾向性分为容易自燃、自燃、不易自燃3类。

新设计矿井应当将所有煤层的自燃倾向性鉴定结果报省级煤炭行业管理部门及省级煤矿安全监察机构。

生产矿井延深新水平时，必须对所有煤层的自燃倾向性进行鉴定。

开采容易自燃和自燃煤层的矿井，必须编制矿井防灭火专项设计，采取综合预防煤层自然发火的措施。

第二百六十一条 开采容易自燃和自燃煤层时，必须开展自然发火监测工作，建立自然发火监测系统，确定煤层自然发火标志气体及临界值，健全自然发火预测预报及管理制度。

第二百六十二条 对开采容易自燃和自燃的单一厚煤层或者煤层群的矿井，集中运输大巷和总回风巷应当布置在岩层内或者不易自燃的煤层内；布置在容易自燃和自燃的煤层内时，必须锚喷或者砌碹，碹后的空隙和冒落处必须用不燃性材料充填密实，或者用无腐蚀性、无毒性的材料进行处理。

第二百六十三条 开采容易自燃和自燃煤层时，采煤工作面必须采用后退式开采，并根据采取防火措施后的煤层自然发火期确定采（盘）区开采期限。在地质构造复杂、断层带、残留煤柱等区域开采时，应当根据矿井地质和开采技术条件，在作业规程中另行确定采（盘）区开采方式和开采期限。回采过程中不得任意留设计外煤柱和顶煤。采煤工作面采到终采线时，必须采取措施使顶板冒落严实。

第二百六十四条 开采容易自燃和自燃的急倾斜煤层用垮落法管理顶板时，在主石门和采区运输石门上方，必须留有煤柱。禁止采掘留在主石门上方的煤柱。留在采区运输石门上方的煤柱，在采区结束后可以回收，但必须采取防止自然发火措施。

第二百六十五条 开采容易自燃和自燃煤层时，必须制定防治采空区（特别是工作面始采线、终采线、上下煤柱线和三角点）、巷道高冒区、煤柱破坏区自然发火的技术措施。

当井下发现自然发火征兆时，必须停止作业，立即采取有效措施处理。在发火征兆不能得到有效控制时，必须撤出人员，封闭危险区域。进行封闭施工作业时，其他区域所有人员必须全部撤出。

第二百六十六条 采用灌浆防灭火时，应当遵守下列规定：

（一）采（盘）区设计应当明确规定巷道布置方式、隔离煤柱尺寸、灌浆系统、疏水系统、预筑防火墙的位置以及采掘顺序。

（二）安排生产计划时，应当同时安排防火灌浆计划，落实灌浆地点、时间、进度、灌浆浓度和灌浆量。

（三）对采（盘）区始采线、终采线、上下煤柱线内的采空区，应当加强防火灌浆。

（四）应当有灌浆前疏水和灌浆后防止溃浆、透水的措施。

第二百六十七条 在灌浆区下部进行采掘前，必须查明灌浆区内的浆水积存情况。发现积存浆水，必须在采掘之前放出；在未放出前，严禁在灌浆区下部进行采掘作业。

第二百六十八条 采用阻化剂防灭火时，应当遵守下列规定：

（一）选用的阻化剂材料不得污染井下空气和危害人体健康。

（二）必须在设计中对阻化剂的种类和数量、阻化效果等主要参数作出明确规定。

（三）应当采取防止阻化剂腐蚀机械设备、支架等金属构件的措施。

第二百六十九条 采用凝胶防灭火时，编制的设计中应当明确规定凝胶的配方、促凝时间和压注量等参数。压注的凝胶必须充填满全部空间，其外表面应当喷浆封闭，并定期观测，发现老化、干裂时重新压注。

第二百七十条 采用均压技术防灭火时，应当遵守下列规定：

（一）有完整的区域风压和风阻资料以及完善的检测手段。

（二）有专人定期观测与分析采空区和火区的漏风量、漏风方向、空气温度、防火墙内外空气压差等状况，并记录在专用的防火记录簿内。

（三）改变矿井通风方式、主要通风机工况以及井下通风系统时，对均压地点的均压状况必须及时进行调整，保证均压状态的稳定。

（四）经常检查均压区域内的巷道中风流流动状态，并有防止瓦斯积聚的安全措施。

第二百七十一条 采用氮气防灭火时，应当遵守下列规定：

（一）氮气源稳定可靠。

（二）注入的氮气浓度不小于97%。

（三）至少有1套专用的氮气输送管路系统及其附属安全设施。

（四）有能连续监测采空区气体成分变化的监测系统。

（五）有固定或者移动的温度观测站（点）和监测手段。

（六）有专人定期进行检测、分析和整理有关记录、发现问题及时报告处理等规章制度。

第二百七十二条 采用全部充填采煤法时，严禁采用可燃物作充填材料。

第二百七十三条 开采容易自燃和自燃煤层时，在采（盘）区开采设计中，必须预先选定构筑防火门的位置。当采煤工作面通风系统形成后，必须按设计构筑防火门墙，并储备足够数量的封闭防火门的材料。

第二百七十四条 矿井必须制定防止采空区自然发火的封闭及管理专项措施。采煤工作面回采结束后，必须在45天内进行永久性封闭，每周至少1次抽取封闭采空区内气样进行分析，并建立台账。

开采自燃和容易自燃煤层，应当及时构筑各类密闭并保证质量。

与封闭采空区连通的各类废弃钻孔必须永久封闭。

构筑、维修采空区密闭时必须编制设计和制定专项安全措施。

采空区疏放水前，应当对采空区自然发火的风险进行评估；采空区疏放水时，应当加强对采空区自然发火危险的监测与防控；采空区疏放水后，应当及时关闭疏水闸阀、采用自动放水装置或者永久封堵，防止通过放水管漏风。

第二百七十五条 任何人发现井下火灾时，应当视火灾性质、灾区通风和瓦斯情况，立即采取一切可能的方法直接灭火，控制火势，并迅速报告矿调度室。矿调度室在接到井下火灾报告后，应当立即按灾害预防和处理计划通知有关人员组织抢救灾区人员和实施灭火工作。

矿值班调度和在现场的区、队、班组长应当依照灾害预防和处理计划的规定，将所有可能受火灾威胁区域中的人员撤离，并组织人员灭火。电气设备着火时，应当首先切断其电源；在切断电源前，必须使用不导电的灭火器材进行灭火。

抢救人员和灭火过程中，必须指定专人检查甲烷、一氧化碳、煤尘、其他有害气体浓度和风向、风量的变化，并采取防止瓦斯、煤尘爆炸和人员中毒的安全措施。

第二百七十六条 封闭火区时，应当合理确定封闭范围，必须指定专人检查甲烷、氧气、一氧化碳、煤尘以及其他有害气体浓度和风向、风量的变化，并采取防止瓦斯、煤尘爆炸和人员中毒的安全措施。

第三节　井下火区管理

第二百七十七条　煤矿必须绘制火区位置关系图，注明所有火区和曾经发火的地点。每一处火区都要按形成的先后顺序进行编号，并建立火区管理卡片。火区位置关系图和火区管理卡片必须永久保存。

第二百七十八条　永久性密闭墙的管理应当遵守下列规定：

（一）每个密闭墙附近必须设置栅栏、警标，禁止人员入内，并悬挂说明牌。

（二）定期测定和分析密闭墙内的气体成分和空气温度。

（三）定期检查密闭墙外的空气温度、瓦斯浓度，密闭墙内外空气压差以及密闭墙墙体。发现封闭不严、有其他缺陷或者火有异常变化时，必须采取措施及时处理。

（四）所有测定和检查结果，必须记入防火记录簿。

（五）矿井做大幅度风量调整时，应当测定密闭墙内的气体成分和空气温度。

（六）井下所有永久性密闭墙都应当编号，并在火区位置关系图中注明。

密闭墙的质量标准由煤矿企业统一制定。

第二百七十九条　封闭的火区，只有经取样化验证实火已熄灭后，方可启封或者注销。

火区同时具备下列条件时，方可认为火已熄灭：

（一）火区内的空气温度下降到30℃以下，或者与火灾发生前该区的日常空气温度相同。

（二）火区内空气中的氧气浓度降到5.0%以下。

（三）火区内空气中不含有乙烯、乙炔，一氧化碳浓度在封闭期间内逐渐下降，并稳定在0.001%以下。

（四）火区的出水温度低于25℃，或者与火灾发生前该区的日常出水温度相同。

（五）上述4项指标持续稳定1个月以上。

第二百八十条　启封已熄灭的火区前，必须制定安全措施。

启封火区时，应当逐段恢复通风，同时测定回风流中一氧化碳、甲烷浓度和风流温度。发现复燃征兆时，必须立即停止向火区送风，并重新封闭火区。

启封火区和恢复火区初期通风等工作，必须由矿山救护队负责进行，火区回风风流所经过巷道中的人员必须全部撤出。

在启封火区工作完毕后的3天内，每班必须由矿山救护队检查通风工作，并测定水温、空气温度和空气成分。只有在确认火区完全熄灭、通风等情况良好后，方可进行生产工作。

第二百八十一条　不得在火区的同一煤层的周围进行采掘工作。

在同一煤层同一水平的火区两侧、煤层倾角小于35°的火区下部区段、火区下方邻近煤层进行采掘时，必须编制设计，并遵守下列规定：

（一）必须留有足够宽（厚）度的隔离火区煤（岩）柱，回采时及回采后能有效隔离火区，不影响火区的灭火工作。

（二）掘进巷道时，必须有防止误冒、误透火区的安全措施。

煤层倾角在35°及以上的火区下部区段严禁进行采掘工作。

第七章　防　治　水

第一节　一　般　规　定

第二百八十二条　煤矿防治水工作应当坚持"预测预报、有疑必探、先探后掘、先治后采"基本原则，采取"防、堵、疏、排、截"综合防治措施。

第二百八十三条　煤矿企业应当建立健全各项防治水制度，配备满足工作需要的防治水专业技术人员，配齐专用探放水设备，建立专门的探放水作业队伍，储备必要的水害抢险救灾设备和物资。

水文地质条件复杂、极复杂的煤矿，应当设立专门的防治水机构。

第二百八十四条　煤矿应当编制本单位防治水中长期规划（5~10年）和年度计划，并组织实施。

矿井水文地质类型应当每3年修订一次。发生重大及以上突（透）水事故后，矿井应当在恢复生产前重新确定矿井水文地质类型。

水文地质条件复杂、极复杂矿井应当每月至少开展1次水害隐患排查，其他矿井应当每季度至少开展1次。

第二百八十五条　当矿井水文地质条件尚未查清时，应当进行水文地质补充勘探工作。

第二百八十六条　矿井应当对主要含水层进行长期水位、水质动态观测，设置矿井和各出水点涌水量观测点，建立涌水量观测成果等防治水基础台账，并开展水位动态预测分析工作。

第二百八十七条 矿井应当编制下列防治水图件，并至少每半年修订1次：

（一）矿井充水性图。

（二）矿井涌水量与相关因素动态曲线图。

（三）矿井综合水文地质图。

（四）矿井综合水文地质柱状图。

（五）矿井水文地质剖面图。

第二百八十八条 采掘工作面或者其他地点发现有煤层变湿、挂红、挂汗、空气变冷、出现雾气、水叫、顶板来压、片帮、淋水加大、底板鼓起或者裂隙渗水、钻孔喷水、煤壁溃水、水色发浑、有臭味等透水征兆时，应当立即停止作业，撤出所有受水患威胁地点的人员，报告矿调度室，并发出警报。在原因未查清、隐患未排除之前，不得进行任何采掘活动。

第二节 地面防治水

第二百八十九条 煤矿每年雨季前必须对防治水工作进行全面检查。受雨季降水威胁的矿井，应当制定雨季防治水措施，建立雨季巡视制度并组织抢险队伍，储备足够的防洪抢险物资。当暴雨威胁矿井安全时，必须立即停产撤出井下全部人员，只有在确认暴雨洪水隐患消除后方可恢复生产。

第二百九十条 煤矿应当查清井田及周边地面水系和有关水利工程的汇水、疏水、渗漏情况；了解当地水库、水电站大坝、江河大堤、河道、河道中障碍物等情况；掌握当地历年降水量和最高洪水位资料，建立疏水、防水和排水系统。

煤矿应当建立灾害性天气预警和预防机制，加强与周边相邻矿井的信息沟通，发现矿井水害可能影响相邻矿井时，立即向周边相邻矿井发出预警。

第二百九十一条 矿井井口和工业场地内建筑物的地面标高必须高于当地历年最高洪水位；在山区还必须避开可能发生泥石流、滑坡等地质灾害危险的地段。

矿井井口及工业场地内主要建筑物的地面标高低于当地历年最高洪水位的，应当修筑堤坝、沟渠或者采取其他可靠防御洪水的措施。不能采取可靠安全措施的，应当封闭填实该井口。

第二百九十二条 当矿井井口附近或者开采塌陷波及区域的地表有水体或者积水时，必须采取安全防范措施，并遵守下列规定：

（一）当地表出现威胁矿井生产安全的积水区时，应当修筑泄水沟渠或者排水设施，防止积水渗入井下。

（二）当矿井受到河流、山洪威胁时，应当修筑堤坝和泄洪渠，防止洪水侵入。

（三）对于排到地面的矿井水，应当妥善疏导，避免渗入井下。

（四）对于漏水的沟渠和河床，应当及时堵漏或者改道；地面裂缝和塌陷地点应当及时填塞，填塞工作必须有安全措施。

第二百九十三条 降大到暴雨时和降雨后，应当有专业人员观测地面积水与洪水情况、井下涌水量等有关水文变化情况和井田范围及附近地面有无裂缝、采空塌陷、井上下连通的钻孔和岩溶塌陷等现象，及时向矿调度室及有关负责人报告，并将上述情况记录在案，存档备查。

情况危急时，矿调度室及有关负责人应当立即组织井下撤人。

第二百九十四条 当矿井井口附近或者开采塌陷波及区域的地表出现滑坡或者泥石流等地质灾害威胁煤矿安全时，应当及时撤出受威胁区域的人员，并采取防治措施。

第二百九十五条 严禁将矸石、杂物、垃圾堆放在山洪、河流可能冲刷到的地段，防止淤塞河道和沟渠等。

发现与矿井防治水有关系的河道中存在障碍物或者堤坝破损时，应当及时报告当地人民政府，清理障碍物或者修复堤坝，防止地表水进入井下。

第二百九十六条 使用中的钻孔，应当安装孔口盖。报废的钻孔应当及时封孔，并将封孔资料和实施负责人的情况记录在案，存档备查。

第三节 井下防治水

第二百九十七条 相邻矿井的分界处，应当留防隔水煤（岩）柱；矿井以断层分界的，应当在断层两侧留有防隔水煤（岩）柱。

矿井防隔水煤（岩）柱一经确定，不得随意变动，并通报相邻矿井。严禁在设计确定的各类防隔水煤（岩）柱中进行采掘活动。

第二百九十八条 在采掘工程平面图和矿井充水性图上必须标绘出井巷出水点的位置及其涌水量、积水的井巷及采空区范围、底板标高、积水量、地表水体和水患异常区等。在水淹区域应当标出积水线、探水线和警戒线的位置。

第二百九十九条 受水淹区积水威胁的区域，必须在排除积水、消除威胁后方可进行采掘作业；

323

如果无法排除积水，开采倾斜、缓倾斜煤层的，必须按照《建筑物、水体、铁路及主要井巷煤柱留设与压煤开采规程》中有关水体下开采的规定，编制专项开采设计，由煤矿企业主要负责人审批后，方可进行。

严禁开采地表水体、强含水层、采空区水淹区域下且水患威胁未消除的急倾斜煤层。

第三百条 在未固结的灌浆区、有淤泥的废弃井巷、岩石洞穴附近采掘时，应当制定专项安全技术措施。

第三百零一条 开采水淹区域下的废弃防隔水煤柱时，应当彻底疏干上部积水，进行安全性论证，确保无溃浆（砂）威胁。严禁顶水作业。

第三百零二条 井田内有与河流、湖泊、充水溶洞、强或者极强含水层等存在水力联系的导水断层、裂隙（带）、陷落柱和封闭不良钻孔等通道时，应当查明其确切位置，并采取留设防隔水煤（岩）柱等防治水措施。

第三百零三条 顶、底板存在强富水含水层且有突水危险的采掘工作面，应当提前编制防治水设计，制定并落实水害防治措施。

在火成岩、砂岩、灰岩等厚层坚硬岩层下开采受离层水威胁的采煤工作面，应当分析探查离层发育的层位和导含水情况，超前采取防治措施。

开采浅埋深煤层或者急倾斜煤层的矿井，必须编制防止季节性地表积水或者洪水溃入井下的专项措施，并由煤矿企业主要负责人审批。

第三百零四条 煤层顶板存在富水性中等及以上含水层或者其他水体威胁时，应当实测垮落带、导水裂隙带发育高度，进行专项设计，确定防隔水煤（岩）柱尺寸。当导水裂隙带范围内的含水层或者老空积水等水体影响采掘安全时，应当超前进行钻探疏放或者注浆改造含水层，待疏放水完毕或者注浆改造等工程结束、消除突水威胁后，方可进行采掘活动。

第三百零五条 开采底板有承压含水层的煤层，隔水层能够承受的水头值应当大于实际水头值；当承压含水层与开采煤层之间的隔水层能够承受的水头值小于实际水头值时，应当采取疏水降压、注浆加固底板改造含水层或者充填开采等措施，并进行效果检验，制定专项安全技术措施，报企业技术负责人审批。

第三百零六条 矿井建设和延深中，当开拓到设计水平时，必须在建成防、排水系统后方可开拓掘进。

第三百零七条 煤层顶、底板分布有强岩溶承压含水层时，主要运输巷、轨道巷和回风巷应当布置在不受水害威胁的层位中，并以石门分区隔离开采。对已经不具备石门隔离开采条件的应当制定防突水安全技术措施，并报矿总工程师审批。

第三百零八条 水文地质条件复杂、极复杂或者有突水淹井危险的矿井，应当在井底车场周围设置防水闸门或者在正常排水系统基础上另外安设由地面直接供电控制，且排水能力不小于最大涌水量的潜水泵。在其他有突水危险的采掘区域，应当在其附近设置防水闸门；不具备设置防水闸门条件的，应当制定防突（透）水措施，报企业主要负责人审批。

防水闸门应当符合下列要求：

（一）防水闸门必须采用定型设计。

（二）防水闸门的施工及其质量，必须符合设计。闸门和闸门硐室不得漏水。

（三）防水闸门硐室前、后两端，应当分别砌筑不小于5m的混凝土护硐，硐后用混凝土填实，不得空帮、空顶。防水闸门硐室和护硐必须采用高标号水泥进行注浆加固，注浆压力应当符合设计。

（四）防水闸门来水一侧15~25m处，应当加设1道挡物算子门。防水闸门与算子门之间，不得停放车辆或者堆放杂物。来水时先关算子门，后关防水闸门。如果采用双向防水闸门，应当在两侧各设1道算子门。

（五）通过防水闸门的轨道、电机车架空线、带式输送机等必须灵活易拆；通过防水闸门墙体的各种管路和安设在闸门外侧的闸阀的耐压能力，都必须与防水闸门设计压力相一致；电缆、管道通过防水闸门墙体时，必须用堵头和阀门封堵严密，不得漏水。

（六）防水闸门必须安设观测水压的装置，并有放水管和放水闸阀。

（七）防水闸门竣工后，必须按设计要求进行验收；对新掘进巷道内建筑的防水闸门，必须进行注水耐压试验，防水闸门内巷道的长度不得大于15m，试验的压力不得低于设计水压，其稳压时间应当在24h以上，试压时应当有专门安全措施。

（八）防水闸门必须灵活可靠，并每年进行2次关闭试验，其中1次应当在雨季前进行。关闭闸门所用的工具和零配件必须专人保管，专地点存放，不得挪用丢失。

第三百零九条 井下防水闸墙的设置应当根据矿井水文地质条件确定，防水闸墙的设计经煤矿企业技术负责人批准后方可施工，投入使用前应当由煤矿企业技术负责人组织竣工验收。

第三百一十条 井巷揭穿含水层或者地质构造带等可能突水地段前，必须编制探放水设计，并制定相应的防治水措施。

井巷揭露的主要出水点或者地段，必须进行水温、水量、水质和水压（位）等地下水动态和松散含水层涌水含砂量综合观测和分析，防止滞后突水。

第四节 井下排水

第三百一十一条 矿井应当配备与矿井涌水量相匹配的水泵、排水管路、配电设备和水仓等，并满足矿井排水的需要。除正在检修的水泵外，应当有工作水泵和备用水泵。工作水泵的能力，应当能在20h内排出矿井24h的正常涌水量（包括充填水及其他用水）。备用水泵的能力，应当不小于工作水泵能力的70%。检修水泵的能力，应当不小于工作水泵能力的25%。工作和备用水泵的总能力，应当能在20h内排出矿井24h的最大涌水量。

排水管路应当有工作和备用水管。工作排水管路的能力，应当能配合工作水泵在20h内排出矿井24h的正常涌水量。工作和备用排水管路的总能力，应当能配合工作和备用水泵在20h内排出矿井24h的最大涌水量。

配电设备的能力应当与工作、备用和检修水泵的能力相匹配，能够保证全部水泵同时运转。

第三百一十二条 主要泵房至少有2个出口，一个出口用斜巷通到井筒，并高出泵房底板7m以上；另一个出口通到井底车场，在此出口通路内，应当设置易于关闭的既能防水又能防火的密闭门。泵房和水仓的连接通道，应当设置控制闸门。

排水系统集中控制的主要泵房可不设专人值守，但必须实现图像监视和专人巡检。

第三百一十三条 矿井主要水仓应当有主仓和副仓，当一个水仓清理时，另一个水仓能够正常使用。

新建、改扩建矿井或者生产矿井的新水平，正常涌水量在1000m³/h以下时，主要水仓的有效容量应当能容纳8h的正常涌水量。

正常涌水量大于1000m³/h的矿井，主要水仓有效容量可以按照下式计算：

$$V = 2(Q + 3000)$$

式中 V——主要水仓的有效容量，m³；

Q——矿井每小时的正常涌水量，m³。

采区水仓的有效容量应当能容纳4h的采区正常涌水量。

水仓进口处应当设置箅子。对水砂充填和其他涌水中带有大量杂质的矿井，还应当设置沉淀池。水仓的空仓容量应当经常保持在总容量的50%以上。

第三百一十四条 水泵、水管、闸阀、配电设备和线路，必须经常检查和维护。在每年雨季之前，必须全面检修1次，并对全部工作水泵和备用水泵进行1次联合排水试验，提交联合排水试验报告。

水仓、沉淀池和水沟中的淤泥，应当及时清理，每年雨季前必须清理1次。

第三百一十五条 大型、特大型矿井排水系统可以根据井下生产布局及涌水情况分区建设，每个排水分区可以实现独立排水，但泵房设计、排水能力及水仓容量必须符合本规程第三百一十一条至第三百一十四条要求。

第三百一十六条 井下采区、巷道有突水危险或者可能积水的，应当优先施工安装防、排水系统，并保证有足够的排水能力。

第五节 探 放 水

第三百一十七条 在地面无法查明水文地质条件时，应当在采掘前采用物探、钻探或者化探等方法查清采掘工作面及其周围的水文地质条件。

采掘工作面遇有下列情况之一时，应当立即停止施工，确定探水线，实施超前探放水，经确认无水害威胁后，方可施工：

（一）接近水淹或者可能积水的井巷、老空区或者相邻煤矿时。

（二）接近含水层、导水断层、溶洞和导水陷落柱时。

（三）打开隔离煤柱放水时。

（四）接近可能与河流、湖泊、水库、蓄水池、水井等相通的导水通道时。

（五）接近有出水可能的钻孔时。

（六）接近水文地质条件不清的区域时。

（七）接近有积水的灌浆区时。

（八）接近其他可能突（透）水的区域时。

第三百一十八条 采掘工作面超前探放水应当采用钻探方法，同时配合物探、化探等其他方法查清采掘工作面及周边老空水、含水层富水性以及地质构造等情况。

井下探放水应当采用专用钻机，由专业人员和专职探放水队伍施工。

探放水前应当编制探放水设计，采取防止有害气体危害的安全措施。探放水结束后，应当提交探放水总结报告存档备查。

第三百一十九条 井下安装钻机进行探放水前，应当遵守下列规定：

（一）加强钻孔附近的巷道支护，并在工作面迎头打好坚固的立柱和拦板，严禁空顶、空帮作业。

（二）清理巷道，挖好排水沟。探放水钻孔位于巷道低洼处时，应当配备与探放水量相适应的排水设备。

（三）在打钻地点或者其附近安设专用电话，保证人员撤离通道畅通。

（四）由测量人员依据设计现场标定探放水孔位置，与负责探放水工作的人员共同确定钻孔的方位、倾角、深度和钻孔数量等。

探放水钻孔的布置和超前距离，应当根据水压大小、煤（岩）层厚度和硬度以及安全措施等，在探放水设计中做出具体规定。探放老空积水最小超前水平钻距不得小于30m，止水套管长度不得小于10m。

第三百二十条 在预计水压大于0.1MPa的地点探放水时，应当预先固结套管，在套管口安装控制闸阀，进行耐压试验。套管长度应当在探放水设计中规定。预先开掘安全躲避硐室，制定避灾路线等安全措施，并使每个作业人员了解和掌握。

第三百二十一条 预计钻孔内水压大于1.5MPa时，应当采用反压和有防喷装置的方法钻进，并制定防止孔口管和煤（岩）壁突然鼓出的措施。

第三百二十二条 在探放水钻进时，发现煤岩松软、片帮、来压或者钻孔中水压、水量突然增大和顶钻等突（透）水征兆时，应当立即停止钻进，但不得拔出钻杆；现场负责人员应当立即向矿井调度室汇报，撤出所有受水威胁区域的人员，采取安全措施，派专业技术人员监测水情并进行分析，妥善处理。

第三百二十三条 探放老空水前，应当首先分析查明老空水体的空间位置、积水范围、积水量和水压等。探放水时，应当撤出探放水点标高以下受水害威胁区域所有人员。放水时，应当监视放水全过程，核对放水量和水压等，直到老空水放完为止，并进行检测验证。

钻探接近老空时，应当安排专职瓦斯检查工或者矿山救护队员在现场值班，随时检查空气成分。如果甲烷或者其他有害气体浓度超过有关规定，应当立即停止钻进，切断电源，撤出人员，并报告矿调度室，及时采取措施进行处理。

第三百二十四条 钻孔放水前，应当估计积水量，并根据矿井排水能力和水仓容量，控制放水流量，防止淹井；放水时，应当有专人监测钻孔出水情况，测定水量和水压，做好记录。如果水量突然变化，应当立即报告矿调度室，分析原因，及时处理。

第三百二十五条 排除井筒和下山的积水及恢复被淹井巷前，应当制定安全措施，防止被水封闭的有毒、有害气体突然涌出。

排水过程中，应当定时观测排水量、水位和观测孔水位，并由矿山救护队随时检查水面上的空气成分，发现有害气体，及时采取措施进行处理。

第八章 爆炸物品和井下爆破

第一节 爆炸物品贮存

第三百二十六条 爆炸物品的贮存，永久性地面爆炸物品库建筑结构（包括永久性埋入式库房）及各种防护措施，总库区的内、外部安全距离等，必须遵守国家有关规定。

井上、下接触爆炸物品的人员，必须穿棉布或者抗静电衣服。

第三百二十七条 建有爆炸物品制造厂的矿区总库，所有库房贮存各种炸药的总容量不得超过该厂1个月生产量，雷管的总容量不得超过3个月生产量。没有爆炸物品制造厂的矿区总库，所有库房贮存各种炸药的总容量不得超过由该库所供应的矿井2个月的计划需要量，雷管的总容量不得超过6个月的计划需要量。单个库房的最大容量：炸药不得超过200t，雷管不得超过500万发。

地面分库所有库房贮存爆炸物品的总容量：炸药不得超过75t，雷管不得超过25万发。单个库房的炸药最大容量不得超过25t。地面分库贮存各种爆炸物品的数量，不得超过由该库所供应矿井3个月的计划需要量。

第三百二十八条 开凿平硐或者利用已有平硐作为爆炸物品库时，必须遵守下列规定：

（一）硐口必须装有向外开启的2道门，由外往里第一道门为包铁皮的木板门，第二道门为栅栏门。

（二）硐口到最近贮存硐室之间的距离超过15m时，必须有2个入口。

（三）硐口前必须设置横堤，横堤必须高出硐口1.5m，横堤的顶部长度不得小于硐口宽度的3倍，顶部厚度不得小于1m。横堤的底部长度和厚度，应当根据所用建筑材料的静止角确定。

（四）库房底板必须高于通向爆炸物品库巷道的底板，硐口到库房的巷道坡度为5‰，并有带盖的排水沟，巷道内可以铺设不延深到硐室内的轨道。

（五）除有运输爆炸物品用的巷道外，还必须有通风巷道（钻眼、探井或者平硐），其入口和通风设备必须设置在围墙以内。

（六）库房必须采用不燃性材料支护。巷道内采用固定式照明时，开关必须设在地面。

（七）爆炸物品库上面覆盖层厚度小于 10m 时，必须装设防雷电设备。

（八）检查电雷管的工作，必须在爆炸物品贮存硐室外设有安全设施的专用房间或者硐室内进行。

第三百二十九条　各种爆炸物品的每一品种都应当专库贮存；当条件限制时，按国家有关同库贮存的规定贮存。

存放爆炸物品的木架每格只准放 1 层爆炸物品箱。

第三百三十条　地面爆炸物品库必须有发放爆炸物品的专用套间或者单独房间。分库的炸药发放套间内，可临时保存爆破工的空爆炸物品箱与发爆器。在分库的雷管发放套间内发放雷管时，必须在铺有导电的软质垫层并有边缘突起的桌子上进行。

第三百三十一条　井下爆炸物品库应当采用硐室式、壁槽式或者含壁槽的硐室式。

爆炸物品必须贮存在硐室或者壁槽内，硐室之间或者壁槽之间的距离，必须符合爆炸物品安全距离的规定。

井下爆炸物品库应当包括库房、辅助硐室和通向库房的巷道。辅助硐室中，应当有检查电雷管全电阻、发放炸药以及保存爆破工空爆炸物品箱等的专用硐室。

第三百三十二条　井下爆炸物品库的布置必须符合下列要求：

（一）库房距井筒、井底车场、主要运输巷道、主要硐室以及影响全矿井或者一翼通风的风门的法线距离：硐室式不得小于 100m，壁槽式不得小于 60m。

（二）库房距行人巷道的法线距离：硐室式不得小于 35m，壁槽式不得小于 20m。

（三）库房距地面或者上下巷道的法线距离：硐室式不得小于 30m，壁槽式不得小于 15m。

（四）库房与外部巷道之间，必须用 3 条相互垂直的连通巷道相连。连通巷道的相交处必须延长 2m，断面积不得小于 4m^2，在连通巷道尽头还必须设置缓冲砂箱隔墙，不得将连通巷道的延长段兼作辅助硐室使用。库房两端的通道与库房连接处必须设置齿形阻波墙。

（五）每个爆炸物品库房必须有 2 个出口，一个出口供发放爆炸物品及行人，出口的一端必须装有能自动关闭的抗冲击波活门；另一出口布置在爆炸物品库回风侧，可以铺设轨道运送爆炸物品，该出口与库房连接处必须装有 1 道常闭的抗冲击波密闭门。

（六）库房地面必须高于外部巷道的地面，库房和通道应当设置水沟。

（七）贮存爆炸物品的各硐室、壁槽的间距应当大于殉爆安全距离。

第三百三十三条　井下爆炸物品库必须采用砌碹或者用非金属不燃性材料支护，不得渗漏水，并采取防潮措施。爆炸物品库出口两侧的巷道，必须采用砌碹或者用不燃性材料支护，支护长度不得小于 5m。库房必须备有足够数量的消防器材。

第三百三十四条　井下爆炸物品库的最大贮存量，不得超过矿井 3 天的炸药需要量和 10 天的电雷管需要量。

井下爆炸物品库的炸药和电雷管必须分开贮存。

每个硐室贮存的炸药量不得超过 2t，电雷管不得超过 10 天的需要量；每个壁槽贮存的炸药量不得超过 400kg，电雷管不得超过 2 天的需要量。

库房的发放爆炸物品硐室允许存放当班待发的炸药，最大存放量不得超过 3 箱。

第三百三十五条　在多水平生产的矿井、井下爆炸物品库距爆破工作地点超过 2.5km 的矿井以及井下不设置爆炸物品库的矿井内，可以设爆炸物品发放硐室，并必须遵守下列规定：

（一）发放硐室必须设在独立通风的专用巷道内，距使用的巷道法线距离不得小于 25m。

（二）发放硐室爆炸物品的贮存量不得超过 1 天的需要量，其中炸药量不得超过 400kg。

（三）炸药和电雷管必须分开贮存，并用不小于 240mm 厚的砖墙或者混凝土墙隔开。

（四）发放硐室应当有单独的发放间，发放硐室出口处必须设 1 道能自动关闭的抗冲击波活门。

（五）建井期间的爆炸物品发放硐室必须有独立通风系统。必须制定预防爆炸物品爆炸的安全措施。

（六）管理制度必须与井下爆炸物品库相同。

第三百三十六条　井下爆炸物品库必须采用矿用防爆型（矿用增安型除外）照明设备，照明线必须使用阻燃电缆，电压不得超过 127V。严禁在贮存爆炸物品的硐室或者壁槽内安设照明设备。

不设固定式照明设备的爆炸物品库，可使用带绝缘套的矿灯。

任何人员不得携带矿灯进入井下爆炸物品库房

内。库内照明设备或者线路发生故障时，检修人员可以在库房管理人员的监护下使用带绝缘套的矿灯进入库内工作。

第三百三十七条 煤矿企业必须建立爆炸物品领退制度和爆炸物品丢失处理办法。

电雷管（包括清退入库的电雷管）在发给爆破工前，必须用电雷管检测仪逐个测试电阻值，并将脚线扭结成短路。

发放的爆炸物品必须是有效期内的合格产品，并且雷管应当严格按同一厂家和同一品种进行发放。

爆炸物品的销毁，必须遵守《民用爆炸物品安全管理条例》。

第二节 爆炸物品运输

第三百三十八条 在地面运输爆炸物品时，必须遵守《民用爆炸物品安全管理条例》以及有关标准规定。

第三百三十九条 在井筒内运送爆炸物品时，应当遵守下列规定：

（一）电雷管和炸药必须分开运送；但在开凿或者延深井筒时，符合本规程第三百四十五条规定的，不受此限。

（二）必须事先通知绞车司机和井上、下把钩工。

（三）运送电雷管时，罐笼内只准放置1层爆炸物品箱，不得滑动。运送炸药时，爆炸物品箱堆放的高度不得超过罐笼高度的2/3。采用将装有炸药或者电雷管的车辆直接推入罐笼内的方式运送时，车辆必须符合本规程第三百四十条（二）的规定。使用吊桶运送爆炸物品时，必须使用专用箱。

（四）在装有爆炸物品的罐笼或者吊桶内，除爆破工或者护送人员外，不得有其他人员。

（五）罐笼升降速度，运送电雷管时，不得超过2m/s；运送其他类爆炸物品时，不得超过4m/s。吊桶升降速度，不论运送何种爆炸物品，都不得超过1m/s。司机在启动和停绞车时，应当保证罐笼或者吊桶不震动。

（六）在交接班、人员上下井的时间内，严禁运送爆炸物品。

（七）禁止将爆炸物品存放在井口房、井底车场或者其他巷道内。

第三百四十条 井下用机车运送爆炸物品时，应当遵守下列规定：

（一）炸药和电雷管在同一列车内运输时，装有炸药与装有电雷管的车辆之间，以及装有炸药或者

电雷管的车辆与机车之间，必须用空车分别隔开，隔开长度不得小于3m。

（二）电雷管必须装在专用的、带盖的、有木质隔板的车厢内，车厢内部应当铺有胶皮或者麻袋等软质垫层，并只准放置1层爆炸物品箱。炸药箱可以装在矿车内，但堆放高度不得超过矿车上缘。运输炸药、电雷管的矿车或者车厢必须有专门的警示标识。

（三）爆炸物品必须由井下爆炸物品库负责人或者经过专门培训的人员专人护送。跟车工、护送人员和装卸人员应当坐在尾车内，严禁其他人员乘车。

（四）列车的行驶速度不得超过2m/s。

（五）装有爆炸物品的列车不得同时运送其他物品。

井下采用无轨胶轮车运送爆炸物品时，应当按照民用爆炸物品运输管理有关规定执行。

第三百四十一条 水平巷道和倾斜巷道内有可靠的信号装置时，可以用钢丝绳牵引的车辆运送爆炸物品，炸药和电雷管必须分开运输，运输速度不得超过1m/s。运输电雷管的车辆必须加盖、加垫，车厢内以软质垫物塞紧，防止震动和撞击。

严禁用刮板输送机、带式输送机等运输爆炸物品。

第三百四十二条 由爆炸物品库直接向工作地点用人力运送爆炸物品时，应当遵守下列规定：

（一）电雷管必须由爆破工亲自运送，炸药应当由爆破工或者在爆破工监护下运送。

（二）爆炸物品必须装在耐压和抗撞冲、防震、防静电的非金属容器内，不得将电雷管和炸药混装。严禁将爆炸物品装在衣袋内。领到爆炸物品后，应当直接送到工作地点，严禁中途逗留。

（三）携带爆炸物品上、下井时，在每层罐笼内搭乘的携带爆炸物品的人员不得超过4人，其他人员不得同罐上下。

（四）在交接班、人员上下井的时间内，严禁携带爆炸物品人员沿井筒上下。

第三节 井下爆破

第三百四十三条 煤矿必须指定部门对爆破工作专门管理，配备专业管理人员。

所有爆破人员，包括爆破、送药、装药人员，必须熟悉爆炸物品性能和本规程规定。

第三百四十四条 开凿或者延深立井井筒，向井底工作面运送爆炸物品和在井筒内装药时，除负责装药爆破的人员、信号工、看盘工和水泵司机外，

其他人员必须撤到地面或者上水平巷道中。

第三百四十五条 开凿或者延深立井井筒中的装配起爆药卷工作，必须在地面专用的房间内进行。

专用房间距井筒、厂房、建筑物和主要通路的安全距离必须符合国家有关规定，且距离井筒不得小于50m。

严禁将起爆药卷与炸药装在同一爆炸物品容器内运往井底工作面。

第三百四十六条 在开凿或者延深立井井筒时，必须在地面或者在生产水平巷道内进行起爆。

在爆破母线与电力起爆接线盒引线接通之前，井筒内所有电气设备必须断电。

只有在爆破工完成装药和连线工作，将所有井盖门打开，井筒、井口房内的人员全部撤出，设备、工具提升到安全高度以后，方可起爆。

爆破通风后，必须仔细检查井筒，清除崩落在井圈上、吊盘上或者其他设备上的矸石。

爆破后乘吊桶检查井底工作面时，吊桶不得蹾撞工作面。

第三百四十七条 井下爆破工作必须由专职爆破工担任。突出煤层采掘工作面爆破工作必须由固定的专职爆破工担任。爆破作业必须执行"一炮三检"和"三人连锁爆破"制度，并在起爆前检查起爆地点的甲烷浓度。

第三百四十八条 爆破作业必须编制爆破作业说明书，并符合下列要求：

（一）炮眼布置图必须标明采煤工作面的高度和打眼范围或者掘进工作面的巷道断面尺寸，炮眼的位置、个数、深度、角度及炮眼编号，并用正面图、平面图和剖面图表示。

（二）炮眼说明表必须说明炮眼的名称、深度、角度，使用炸药、雷管的品种，装药量，封泥长度，连线方法和起爆顺序。

（三）必须编入采掘作业规程，并及时修改补充。

钻眼、爆破人员必须依照说明书进行作业。

第三百四十九条 不得使用过期或者变质的爆炸物品。不能使用的爆炸物品必须交回爆炸物品库。

第三百五十条 井下爆破作业，必须使用煤矿许用炸药和煤矿许用电雷管。一次爆破必须使用同一厂家、同一品种的煤矿许用炸药和电雷管。煤矿许用炸药的选用必须遵守下列规定：

（一）低瓦斯矿井的岩石掘进工作面，使用安全等级不低于一级的煤矿许用炸药。

（二）低瓦斯矿井的煤层采掘工作面、半煤岩掘进工作面，使用安全等级不低于二级的煤矿许用炸药。

（三）高瓦斯矿井，使用安全等级不低于三级的煤矿许用炸药。

（四）突出矿井，使用安全等级不低于三级的煤矿许用含水炸药。

在采掘工作面，必须使用煤矿许用瞬发电雷管、煤矿许用毫秒延期电雷管或者煤矿许用数码电雷管。使用煤矿许用毫秒延期电雷管时，最后一段的延期时间不得超过130ms。使用煤矿许用数码电雷管时，一次起爆总时间差不得超过130ms，并应当与专用起爆器配套使用。

第三百五十一条 在有瓦斯或者煤尘爆炸危险的采掘工作面，应当采用毫秒爆破。在掘进工作面应当全断面一次起爆，不能全断面一次起爆的，必须采取安全措施。在采煤工作面可分组装药，但一组装药必须一次起爆。

严禁在1个采煤工作面使用2台发爆器同时进行爆破。

第三百五十二条 在高瓦斯矿井采掘工作面采用毫秒爆破时，若采用反向起爆，必须制定安全技术措施。

第三百五十三条 在高瓦斯、突出矿井的采掘工作面实体煤中，为增加煤体裂隙、松动煤体而进行的10m以上的深孔预裂控制爆破，可以使用二级煤矿许用炸药，并制定安全措施。

第三百五十四条 爆破工必须把炸药、电雷管分开存放在专用的爆炸物品箱内，并加锁，严禁乱扔、乱放。爆炸物品箱必须放在顶板完好、支护完整，避开有机械、电气设备的地点。爆破时必须把爆炸物品箱放置在警戒线以外的安全地点。

第三百五十五条 从成束的电雷管中抽取单个电雷管时，不得手拉脚线硬拽管体，也不得手拉管体硬拽脚线，应当将成束的电雷管顺好，拉住前端脚线将电雷管抽出。抽出单个电雷管后，必须将其脚线扭结成短路。

第三百五十六条 装配起爆药卷时，必须遵守下列规定：

（一）必须在顶板完好、支护完整，避开电气设备和导电体的爆破工作地点附近进行。严禁坐在爆炸物品箱上装配起爆药卷。装配起爆药卷数量，以当时爆破作业需要的数量为限。

（二）装配起爆药卷必须防止电雷管受震动、冲击，折断电雷管脚线和损坏脚线绝缘层。

（三）电雷管必须由药卷的顶部装入，严禁用电

329

雷管代替竹、木棍扎眼。电雷管必须全部插入药卷内。严禁将电雷管斜插在药卷的中部或者捆在药卷上。

（四）电雷管插入药卷后，必须用脚线将药卷缠住，并将电雷管脚线扭结成短路。

第三百五十七条　装药前，必须首先清除炮眼内的煤粉或者岩粉，再用木质或者竹质炮棍将药卷轻轻推入，不得冲撞或者捣实。炮眼内的各药卷必须彼此密接。

有水的炮眼，应当使用抗水型炸药。

装药后，必须把电雷管脚线悬空，严禁电雷管脚线、爆破母线与机械电气设备等导电体相接触。

第三百五十八条　炮眼封泥必须使用水炮泥，水炮泥外剩余的炮眼部分应当用黏土炮泥或者用不燃性、可塑性松散材料制成的炮泥封实。严禁用煤粉、块状材料或者其他可燃性材料作炮眼封泥。

无封泥、封泥不足或者不实的炮眼，严禁爆破。

严禁裸露爆破。

第三百五十九条　炮眼深度和炮眼的封泥长度应当符合下列要求：

（一）炮眼深度小于0.6m时，不得装药、爆破；在特殊条件下，如挖底、刷帮、挑顶确需进行炮眼深度小于0.6m的浅孔爆破时，必须制定安全措施并封满炮泥。

（二）炮眼深度为0.6~1m时，封泥长度不得小于炮眼深度的1/2。

（三）炮眼深度超过1m时，封泥长度不得小于0.5m。

（四）炮眼深度超过2.5m时，封泥长度不得小于1m。

（五）深孔爆破时，封泥长度不得小于孔深的1/3。

（六）光面爆破时，周边光爆炮眼应当用炮泥封实，且封泥长度不得小于0.3m。

（七）工作面有2个及以上自由面时，在煤层中最小抵抗线不得小于0.5m，在岩层中最小抵抗线不得小于0.3m。浅孔装药爆破大块岩石时，最小抵抗线和封泥长度都不得小于0.3m。

第三百六十条　处理卡在溜煤（矸）眼中的煤、矸时，如果确无爆破以外的其他方法，可爆破处理，但必须遵守下列规定：

（一）爆破前检查溜煤（矸）眼内堵塞部位的上部和下部空间的瓦斯浓度。

（二）爆破前必须洒水。

（三）使用用于溜煤（矸）眼的煤矿许用刚性被筒炸药，或者不低于该安全等级的煤矿许用炸药。

（四）每次爆破只准使用1个煤矿许用电雷管，最大装药量不得超过450g。

第三百六十一条　装药前和爆破前有下列情况之一的，严禁装药、爆破：

（一）采掘工作面控顶距离不符合作业规程的规定，或者有支架损坏，或者伞檐超过规定。

（二）爆破地点附近20m以内风流中甲烷浓度达到或者超过1.0%。

（三）在爆破地点20m以内，矿车、未清除的煤（矸）或者其他物体堵塞巷道断面1/3以上。

（四）炮眼内发现异状、温度骤高骤低、有显著瓦斯涌出、煤岩松散、透老空区等情况。

（五）采掘工作面风量不足。

第三百六十二条　在有煤尘爆炸危险的煤层中，掘进工作面爆破前后，附近20m的巷道内必须洒水降尘。

第三百六十三条　爆破前，必须加强对机电设备、液压支架和电缆等的保护。

爆破前，班组长必须亲自布置专人将工作面所有人员撤离警戒区域，并在警戒线和可能进入爆破地点的所有通路上布置专人担任警戒工作。警戒人员必须在安全地点警戒。警戒线处应当设置警戒牌、栏杆或者拉绳。

第三百六十四条　爆破母线和连接线必须符合下列要求：

（一）爆破母线符合标准。

（二）爆破母线和连接线、电雷管脚线和连接线、脚线和脚线之间的接头相互扭紧并悬空，不得与轨道、金属管、金属网、钢丝绳、刮板输送机等导电体相接触。

（三）巷道掘进时，爆破母线应当随用随挂。不得使用固定爆破母线，特殊情况下，在采取安全措施后，可不受此限。

（四）爆破母线与电缆应当分别挂在巷道的两侧。如果必须挂在同一侧，爆破母线必须挂在电缆的下方，并保持0.3m以上的距离。

（五）只准采用绝缘母线单回路爆破，严禁用轨道、金属管、金属网、水或者大地等当作回路。

（六）爆破前，爆破母线必须扭结成短路。

第三百六十五条　井下爆破必须使用发爆器。开凿或者延深通达地面的井筒时，无瓦斯的井底工作面中可使用其他电源起爆，但电压不得超过380V，并必须有电力起爆接线盒。

发爆器或者电力起爆接线盒必须采用矿用防爆型（矿用增安型除外）。

发爆器必须统一管理、发放。必须定期校验发爆器的各项性能参数，并进行防爆性能检查，不符合要求的严禁使用。

第三百六十六条 每次爆破作业前，爆破工必须做电爆网路全电阻检测。严禁采用发爆器打火放电的方法检测电爆网路。

第三百六十七条 爆破工必须最后离开爆破地点，并在安全地点起爆。撤人、警戒等措施及起爆地点到爆破地点的距离必须在作业规程中具体规定。

起爆地点到爆破地点的距离应当符合下列要求：

（一）岩巷直线巷道大于130m，拐弯巷道大于100m。

（二）煤（半煤岩）巷直线巷道大于100m，拐弯巷道大于75m。

（三）采煤工作面大于75m，且位于工作面进风巷内。

第三百六十八条 发爆器的把手、钥匙或者电力起爆接线盒的钥匙，必须由爆破工随身携带，严禁转交他人。只有在爆破通电时，方可将把手或者钥匙插入发爆器或者电力起爆接线盒内。爆破后，必须立即将把手或者钥匙拔出，摘掉母线并扭结成短路。

第三百六十九条 爆破前，脚线的连接工作可由经过专门训练的班组长协助爆破工进行。爆破母线连接脚线、检查线路和通电工作，只准爆破工一人操作。

爆破前，班组长必须清点人数，确认无误后，方准下达起爆命令。

爆破工接到起爆命令后，必须先发出爆破警号，至少再等5s后方可起爆。

装药的炮眼应当当班爆破完毕。特殊情况下，当班留有尚未爆破的已装药的炮眼时，当班爆破工必须在现场向下一班爆破工交接清楚。

第三百七十条 爆破后，待工作面的炮烟被吹散，爆破工、瓦斯检查工和班组长必须首先巡视爆破地点，检查通风、瓦斯、煤尘、顶板、支架、拒爆、残爆等情况。发现危险情况，必须立即处理。

第三百七十一条 通电以后拒爆时，爆破工必须先取下把手或者钥匙，并将爆破母线从电源上摘下，扭结成短路；再等待一定时间（使用瞬发电雷管，至少等待5min；使用延期电雷管，至少等待15min），才可沿线路检查，找出拒爆的原因。

第三百七十二条 处理拒爆、残爆时，应当在班组长指导下进行，并在当班处理完毕。如果当班未能完成处理工作，当班爆破工必须在现场向下一班爆破工交接清楚。

处理拒爆时，必须遵守下列规定：

（一）由于连线不良造成的拒爆，可重新连线起爆。

（二）在距拒爆炮眼0.3m以外另打与拒爆炮眼平行的新炮眼，重新装药起爆。

（三）严禁用镐刨或者手从炮眼中取出原放置的起爆药卷，或者从起爆药卷中拉出电雷管。不论有无残余炸药，严禁将炮眼残底继续加深；严禁使用打孔的方法往外掏药；严禁使用压风吹拒爆、残爆炮眼。

（四）处理拒爆的炮眼爆炸后，爆破工必须详细检查炸落的煤、矸，收集未爆的电雷管。

（五）在拒爆处理完毕以前，严禁在该地点进行与处理拒爆无关的工作。

第三百七十三条 爆炸物品库和爆炸物品发放硐室附近30m范围内，严禁爆破。

第九章 运输、提升和空气压缩机

第一节 平巷和倾斜井巷运输

第三百七十四条 采用滚筒驱动带式输送机运输时，应当遵守下列规定：

（一）采用非金属聚合物制造的输送带、托辊和滚筒包胶材料等，其阻燃性能和抗静电性能必须符合有关标准的规定。

（二）必须装设防打滑、跑偏、堆煤、撕裂等保护装置，同时应当装设温度、烟雾监测装置和自动洒水装置。

（三）应当具备沿线急停闭锁功能。

（四）主要运输巷道中使用的带式输送机，必须装设输送带张紧力下降保护装置。

（五）倾斜井巷中使用的带式输送机，上运时，必须装设防逆转装置和制动装置；下运时，应当装设软制动装置且必须装设防超速保护装置。

（六）在大于16°的倾斜井巷中使用带式输送机，应当设置防护网，并采取防止物料下滑、滚落等的安全措施。

（七）液力偶合器严禁使用可燃性传动介质（调速型液力偶合器不受此限）。

（八）机头、机尾及搭接处，应当有照明。

（九）机头、机尾、驱动滚筒和改向滚筒处，应当设防护栏及警示牌。行人跨越带式输送机处，应当设过桥。

331

（十）输送带设计安全系数，应当按下列规定选取：

1. 棉织物芯输送带，8~9；
2. 尼龙、聚酯织物芯输送带，10~12。
3. 钢丝绳芯输送带，7~9；当带式输送机采取可控软启动、制动措施时，5~7。

第三百七十五条 新建矿井不得使用钢丝绳牵引带式输送机。生产矿井采用钢丝绳牵引带式输送机运输时，必须遵守下列规定：

（一）装设过速保护、过电流和欠电压保护、钢丝绳和输送带脱槽保护、输送带局部过载保护、钢丝绳张紧车到达终点和张紧重锤落地保护，并定期进行检查和试验。

（二）在倾斜井巷中，必须在低速驱动轮上装设液控盘式失效安全型制动装置，制动力矩与设计最大静拉力差在闸轮上作用力矩之比在 2~3 之间；制动装置应当具备手动和自动双重制动功能。

（三）采用钢丝绳牵引带式输送机运送人员时，应当遵守下列规定：

1. 输送带至巷道顶部的垂距，在上、下人员的 20m 区段内不得小于 1.4m，行驶区段内不得小于 1m。下行带乘人时，上、下输送带间的垂距不得小于 1m。

2. 输送带的宽度不得小于 0.8m，运行速度不得超过 1.8m/s，绳槽至输送带边的宽度不得小于 60mm。

3. 人员乘坐间距不得小于 4m。乘坐人员不得站立或者仰卧，应当面向行进方向。严禁携带笨重物品和超长物品，严禁触摸输送带侧帮。

4. 上、下人员的地点应当设有平台和照明。上行带平台的长度不得小于 5m，宽度不得小于 0.8m，并有栏杆。上、下人的区段内不得有支架或者悬挂装置。下人地点应当有标志或者声光信号，距离下人区段末端前方 2m 处，必须设有能自动停车的安全装置。在机头机尾下人处，必须设有人员越位的防护设施或者保护装置，并装设机械式倾斜挡板。

5. 运送人员前，必须卸除输送带上的物料。

6. 应当装有在输送机全长任何地点可由乘坐人员或者其他人员操作的紧急停车装置。

第三百七十六条 采用轨道机车运输时，轨道机车的选用应当遵守下列规定：

（一）突出矿井必须使用符合防爆要求的机车。

（二）新建高瓦斯矿井不得使用架线电机车运输。高瓦斯矿井在用的架线电机车运输，必须遵守下列规定：

1. 沿煤层或者穿过煤层的巷道必须采用砌碹或者锚喷支护；

2. 有瓦斯涌出的掘进巷道的回风流，不得进入有架线的巷道中；

3. 采用炭素滑板或者其他能减小火花的集电器。

（三）低瓦斯矿井的主要回风巷、采区进（回）风巷应当使用符合防爆要求的机车。低瓦斯矿井进风的主要运输巷道，可以使用架线电机车，并使用不燃性材料支护。

（四）各种车辆的两端必须装置碰头，每端突出的长度不得小于 100mm。

第三百七十七条 采用轨道机车运输时，应当遵守下列规定：

（一）生产矿井同一水平行驶 7 台及以上机车时，应当设置机车运输监控系统；同一水平行驶 5 台及以上机车时，应当设置机车运输集中信号控制系统。新建大型矿井的井底车场和运输大巷，应当设置机车运输监控系统或者运输集中信号控制系统。

（二）列车或者单独机车均必须前有照明，后有红灯。

（三）列车通过的风门，必须设有当列车通过时能够发出在风门两侧都能接收到声光信号的装置。

（四）巷道内应当装设路标和警标。

（五）必须定期检查和维护机车，发现隐患，及时处理。机车的闸、灯、警铃（喇叭）、连接装置和撒砂装置，任何一项不正常或者失爆时，机车不得使用。

（六）正常运行时，机车必须在列车前端。机车行近巷道口、硐室口、弯道、道岔或者噪声大等地段，以及前有车辆或者视线有障碍时，必须减速慢行，并发出警号。

（七）2 辆机车或者 2 列列车在同一轨道同一方向行驶时，必须保持不少于 100m 的距离。

（八）同一区段线路上，不得同时行驶非机动车辆。

（九）必须有用矿灯发送紧急停车信号的规定。非危险情况下，任何人不得使用紧急停车信号。

（十）机车司机开车前必须对机车进行安全检查确认；启动前，必须关闭车门并发出开车信号；机车运行中，严禁司机将头或者身体探出车外；司机离开座位时，必须切断电动机电源，取下控制手把（钥匙），扳紧停车制动。在运输线路上临时停车时，不得关闭车灯。

（十一）新投用机车应当测定制动距离，之后每年测定1次。运送物料时制动距离不得超过40m；运送人员时制动距离不得超过20m。

第三百七十八条 使用的矿用防爆型柴油动力装置，应满足以下要求：

（一）具有发动机排气超温、冷却水超温、尾气水箱水位、润滑油压力等保护装置。

（二）排气口的排气温度不得超过77℃，其表面温度不得超过150℃。

（三）发动机壳体不得采用铝合金制造；非金属部件应具有阻燃和抗静电性能；油箱及管路必须采用不燃性材料制造；油箱最大容量不得超过8h用油量。

（四）冷却水温度不得超过95℃。

（五）在正常运行条件下，尾气排放应满足相关规定。

（六）必须配备灭火器。

第三百七十九条 使用的蓄电池动力装置，必须符合下列要求：

（一）充电必须在充电硐室内进行。

（二）充电硐室内的电气设备必须采用矿用防爆型。

（三）检修应当在车库内进行，测定电压时必须在揭开电池盖10min后测试。

第三百八十条 轨道线路应当符合下列要求：

（一）运行7t及以上机车、3t及以上矿车，或者运送15t及以上载荷的矿井、采区主要巷道轨道线路，应当使用不小于30kg/m的钢轨；其他线路应使用不小于18kg/m的钢轨。

（二）卡轨车、齿轨车和胶套轮车运行的轨道线路，应当采用不小于22kg/m的钢轨。

（三）同一线路必须使用同一型号钢轨，道岔的钢轨型号不得低于线路的钢轨型号。

（四）轨道线路必须按标准铺设，使用期间应当加强维护及检修。

第三百八十一条 采用架线电机车运输时，架空线及轨道应当符合下列要求：

（一）架空线悬挂高度、与巷道顶或者棚梁之间的距离等，应当保证机车的安全运行。

（二）架空线的直流电压不得超过600V。

（三）轨道应当符合下列规定：

1. 两平行钢轨之间，每隔50m应当连接1根断面不小于50mm²的铜线或者其他具有等效电阻的导线。

2. 线路上所有钢轨接缝处，必须用导线或者采用轨缝焊接工艺加以连接。连接后每个接缝处的电阻应当符合要求。

3. 不回电的轨道与架线电机车回电轨道之间，必须加以绝缘。第一绝缘点设在2种轨道的连接处；第二绝缘点设在不回电的轨道上，其与第一绝缘点之间的距离必须大于1列车的长度。在与架线电机车线路相连通的轨道上有钢丝绳跨越时，钢丝绳不得与轨道相接触。

第三百八十二条 长度超过1.5km的主要运输平巷或者高差超过50m的人员上下的主要倾斜井巷，应当采用机械方式运送人员。

运送人员的车辆必须为专用车辆，严禁使用非乘人装置运送人员。

严禁人、物料混运。

第三百八十三条 采用架空乘人装置运送人员时，应当遵守下列规定：

（一）有专项设计。

（二）吊椅中心至巷道一侧突出部分的距离不得小于0.7m，双向同时运送人员时钢丝绳间距不得小于0.8m，固定抱索器的钢丝绳间距不得小于1.0m。乘人吊椅距底板的高度不得小于0.2m，在上下人站处不大于0.5m。乘坐间距不应小于牵引钢丝绳5s的运行距离，且不得小于6m。除采用固定抱索器的架空乘人装置外，应当设置乘人间距提示或者保护装置。

（三）固定抱索器最大运行坡度不得超过28°，可摘挂抱索器最大运行坡度不得超过25°，运行速度应当满足表6的规定。运行速度超过1.2m/s时，不得采用固定抱索器；运行速度超过1.4m/s时，应当设置调速装置，并实现静止状态上下人员，严禁人员在非乘人站上下。

表6 架空乘人装置运行速度规定　　m/s

巷道坡度 θ/（°）	28≥θ>25	25≥θ>20	20≥θ>14	θ≤14
固定抱索器	≤0.8	≤1.2		
可摘挂抱索器	—	≤1.2	≤1.4	≤1.7

（四）驱动系统必须设置失效安全型工作制动装置和安全制动装置，安全制动装置必须设置在驱动轮上。

（五）各乘人站设上下人平台，乘人平台处钢丝绳距巷道壁不小于1m，路面应当进行防滑处理。

（六）架空乘人装置必须装设超速、打滑、全程急停、防脱绳、变坡点防掉绳、张紧力下降、越位等保护，安全保护装置发生保护动作后，需经人工复位，方可重新启动。

应当有断轴保护措施。

减速器应当设置油温检测装置,当油温异常时能发出报警信号。沿线应当设置延时启动声光预警信号。各上下人地点应当设置信号通信装置。

(七)倾斜巷道中架空乘人装置与轨道提升系统同巷布置时,必须设置电气闭锁,2种设备不得同时运行。

倾斜巷道中架空乘人装置与带式输送机同巷布置时,必须采取可靠的隔离措施。

(八)巷道应当设置照明。

(九)每日至少对整个装置进行1次检查,每年至少对整个装置进行1次安全检测检验。

(十)严禁同时运送携带爆炸物品的人员。

第三百八十四条 新建、扩建矿井严禁采用普通轨斜井人车运输。

生产矿井在用的普通轨斜井人车运输,必须遵守下列规定:

(一)车辆必须设置可靠的制动装置。断绳时,制动装置既能自动发生作用,也能人工操纵。

(二)必须设置使跟车工在运行途中任何地点都能发送紧急停车信号的装置。

(三)多水平运输时,从各水平发出的信号必须有区别。

(四)人员上下地点应当悬挂信号牌。任一区段行车时,各水平必须有信号显示。

(五)应当有跟车工,跟车工必须坐在设有手动制动装置把手的位置。

(六)每班运送人员前,必须检查人车的连接装置、保险链和制动装置,并先空载运行一次。

第三百八十五条 采用平巷人车运送人员时,必须遵守下列规定:

(一)每班发车前,应当检查各车的连接装置、轮轴、车门(防护链)和车闸等。

(二)严禁同时运送易燃易爆或者腐蚀性的物品,或者附挂物料车。

(三)列车行驶速度不得超过4m/s。

(四)人员上下车地点应当有照明,架空线必须设置分段开关或者自动停送电开关,人员上下车时必须切断该区段架空线电源。

(五)双轨巷道乘车场必须设置信号区间闭锁,人员上下车时,严禁其他车辆进入乘车场。

(六)应当设跟车工,遇有紧急情况时立即向司机发出停车信号。

(七)两车在车场会车时,驶入车辆应当停止运行,让驶出车辆先行。

第三百八十六条 人员乘坐人车时,必须遵守下列规定:

(一)听从司机及跟车工的指挥,开车前必须关闭车门或者挂上防护链。

(二)人体及所携带的工具、零部件,严禁露出车外。

(三)列车行驶中及尚未停稳时,严禁上下车和在车内站立。

(四)严禁在机车上或者任意2车厢之间搭乘。

(五)严禁扒车、跳车和超员乘坐。

第三百八十七条 倾斜井巷内使用串车提升时,必须遵守下列规定:

(一)在倾斜井巷内安设能够将运行中断绳、脱钩的车辆阻止住的跑车防护装置。

(二)在各车场安设能够防止带绳车辆误入非运行车场或者区段的阻车器。

(三)在上部平车场入口安设能够控制车辆进入摘挂钩地点的阻车器。

(四)在上部平车场接近变坡点处,安设能够阻止未连挂的车辆滑入斜巷的阻车器。

(五)在变坡点下方略大于1列车长度的地点,设置能够防止未连挂的车辆继续往下跑车的挡车栏。

上述挡车装置必须经常关闭,放车时方准打开。兼作行驶人车的倾斜井巷,在提升人员时,倾斜井巷中的挡车装置和跑车防护装置必须是常开状态并闭锁。

第三百八十八条 倾斜井巷使用提升机或者绞车提升时,必须遵守下列规定:

(一)采取轨道防滑措施。

(二)按设计要求设置托绳轮(辊),并保持转动灵活。

(三)井巷上端的过卷距离,应当根据巷道倾角、设计载荷、最大提升速度和实际制动力等参量计算确定,并有1.5倍的备用系数。

(四)串车提升的各车场设有信号硐室及躲避硐;运人斜井各车场设有信号和候车硐室,候车硐室具有足够的空间。

(五)提升信号参照本规程第四百零三条和第四百零四条规定。

(六)运送物料时,开车前把钩工必须检查牵引车数、各车的连接和装载情况。牵引车数超过规定,连接不良,或者装载物料超重、超高、超宽或者偏载严重有翻车危险时,严禁发出开车信号。

(七)提升时严禁蹬钩、行人。

第三百八十九条 人力推车必须遵守下列规定：

（一）1次只准推1辆车。严禁在矿车两侧推车。同向推车的间距，在轨道坡度小于或者等于5‰时，不得小于10m；坡度大于5‰时，不得小于30m。

（二）推车时必须时刻注意前方。在开始推车、停车、掉道、发现前方有人或者有障碍物、从坡度较大的地方向下推车以及接近道岔、弯道、巷道口、风门、硐室出口时，推车人必须及时发出警号。

（三）严禁放飞车和在巷道坡度大于7‰时人力推车。

（四）不得在能自动滑行的坡道上停放车辆，确需停放时必须用可靠的制动器或者阻车器将车辆稳住。

第三百九十条 使用的单轨吊车、卡轨车、齿轨车、胶套轮车、无极绳连续牵引车，应当符合下列要求：

（一）运行坡度、速度和载重，不得超过设计规定值。

（二）安全制动和停车制动装置必须为失效安全型，制动力应当为额定牵引力的1.5~2倍。

（三）必须设置既可手动又能自动的安全闸。安全闸应当具备下列性能：

1. 绳牵引式运输设备运行速度超过额定速度30%时，其他设备运行速度超过额定速度15%时，能自动施闸；施闸时的空动时间不大于0.7s。

2. 在最大载荷最大坡度上以最大设计速度向下运行时，制动距离应当不超过相当于在这一速度下6s的行程。

3. 在最小载荷最大坡度上向上运行时，制动减速度不大于5m/s²。

（四）胶套轮材料与钢轨的摩擦系数，不得小于0.4。

（五）柴油机和蓄电池单轨吊车、齿轨车和胶套轮车的牵引机车或者头车上，必须设置车灯和喇叭，列车的尾部必须设置红灯。

（六）柴油机和蓄电池单轨吊车，必须具备2路以上相对独立回油的制动系统，必须设置超速保护装置。司机应当配备通信装置。

（七）无极绳连续牵引车、绳牵引卡轨车、绳牵引单轨吊车，还应当符合下列要求：

1. 必须设置越位、超速、张紧力下降等保护。

2. 必须设置司机与相关岗位工之间的信号联络装置；设有跟车工时，必须设置跟车工与牵引绞车司机联络用的信号和通信装置。在驱动部、各车场，应当设置行车报警和信号装置。

3. 运送人员时，必须设置卡轨或者护轨装置，采用具有制动功能的专用乘人装置，必须设置跟车工。制动装置必须定期试验。

4. 运行时绳道内严禁有人。

5. 车辆脱轨后复轨时，必须先释放牵引钢丝绳的弹性张力。人员严禁在脱轨车辆的前方或者后方工作。

第三百九十一条 采用单轨吊车运输时，应当遵守下列规定：

（一）柴油机单轨吊车运行巷道坡度不大于25°，蓄电池单轨吊车不大于15°，钢丝绳单轨吊车不大于25°。

（二）必须根据起吊重物的最大载荷设计起吊梁和吊挂轨道，其安装与铺设应当保证单轨吊车的安全运行。

（三）单轨吊车运行中应当设置跟车工。起吊或者下放设备、材料时，人员严禁在起吊梁两侧；机车过风门、道岔、弯道时，必须确认安全，方可缓慢通过。

（四）采用柴油机、蓄电池单轨吊车运送人员时，必须使用人车车厢；两端必须设置制动装置，两侧必须设置防护装置。

（五）采用钢丝绳牵引单轨吊车运输时，严禁在巷道弯道内侧设置人行道。

（六）单轨吊车的检修工作应当在平巷内进行。若必须在斜巷内处理故障时，应当制定安全措施。

（七）有防止淋水侵蚀轨道的措施。

第三百九十二条 采用无轨胶轮车运输时，应当遵守下列规定：

（一）严禁非防爆、不完好无轨胶轮车下井运行。

（二）驾驶员持有"中华人民共和国机动车驾驶证"。

（三）建立无轨胶轮车入井运行和检查制度。

（四）设置工作制动、紧急制动和停车制动，工作制动必须采用湿式制动器。

（五）必须设置车前照明灯和尾部红色信号灯，配备灭火器和警示牌。

（六）运行中应当符合下列要求：

1. 运送人员必须使用专用人车，严禁超员；

2. 运行速度，运人时不超过25km/h，运送物料时不超过40km/h；

3. 同向行驶车辆必须保持不小于50m的安全运行距离；

4. 严禁车辆空挡滑行；

335

5. 应当设置随车通信系统或者车辆位置监测系统；

6. 严禁进入专用回风巷和微风、无风区域。

（七）巷道路面、坡度、质量，应当满足车辆安全运行要求。

（八）巷道和路面应当设置行车标识和交通管控信号。

（九）长坡段巷道内必须采取车辆失速安全措施。

（十）巷道转弯处应当设置防撞装置。人员躲避硐室、车辆躲避硐室附近应当设置标识。

（十一）井下行驶特殊车辆或者运送超长、超宽物料时，必须制定安全措施。

第二节 立井提升

第三百九十三条 立井提升容器和载荷，必须符合下列要求：

（一）立井中升降人员应当使用罐笼。在井筒内作业或者因其他原因，需要使用普通箕斗或者救急罐升降人员时，必须制定安全措施。

（二）升降人员或者升降人员和物料的单绳提升罐笼必须装设可靠的防坠器。

（三）罐笼和箕斗的最大提升载荷和最大提升载荷差应当在井口公布，严禁超载和超最大载荷差运行。

（四）箕斗提升必须采用定重装载。

第三百九十四条 专为升降人员和升降人员与物料的罐笼，必须符合下列要求：

（一）乘人层顶部应当设置可以打开的铁盖或者铁门，两侧装设扶手。

（二）罐底必须满铺钢板，如果需要设孔时，必须设置牢固可靠的门；两侧用钢板挡严，并不得有孔。

（三）进出口必须装设罐门或者罐帘，高度不得小于1.2m。罐门或者罐帘下部边缘至罐底的距离不得超过250mm，罐帘横杆的间距不得大于200mm。罐门不得向外开，门轴必须防脱。

（四）提升矿车的罐笼内必须装有阻车器。升降无轨胶轮车时，必须设置专用定车或者锁车装置。

（五）单层罐笼和多层罐笼的最上层净高（带弹簧的主拉杆除外）不得小于1.9m，其他各层净高不得小于1.8m。带弹簧的主拉杆必须设保护套筒。

（六）罐笼内每人占有的有效面积应当不小于0.18m²。罐笼每层内1次能容纳的人数应当明确规定。超过规定人数时，把钩工必须制止。

（七）严禁在罐笼同一层内人员和物料混合提升。升降无轨胶轮车时，仅限司机一人留在车内，且按提升人员要求运行。

第三百九十五条 立井罐笼提升井口、井底和各水平的安全门与罐笼位置、摇台或者锁罐装置、阻车器之间的联锁，必须符合下列要求：

（一）井口、井底和中间运输巷的安全门必须与罐位和提升信号联锁：罐笼到位并发出停车信号后安全门才能打开；安全门未关闭，只能发出调平和换层信号，但发不出开车信号；安全门关闭后才能发出开车信号；发出开车信号后，安全门不能打开。

（二）井口、井底和中间运输巷都应当设置摇台或者锁罐装置，并与罐笼停止位置、阻车器和提升信号系统联锁：罐笼未到位，放不下摇台或者锁罐装置，打不开阻车器；摇台或者锁罐装置未抬起，阻车器未关闭，发不出开车信号。

（三）立井井口和井底使用罐座时，必须设置闭锁装置，罐座未打开，发不出开车信号。升降人员时，严禁使用罐座。

第三百九十六条 提升容器的罐耳与罐道之间的间隙，应当符合下列要求：

（一）安装时，罐耳与罐道之间所留间隙应当符合下列要求：

1. 使用滑动罐耳的刚性罐道每侧不得超过5mm，木罐道每侧不得超过10mm。

2. 钢丝绳罐道的罐耳滑套直径与钢丝绳直径之差不得大于5mm。

3. 采用滚轮罐耳的矩形钢罐道的辅助滑动罐耳，每侧间隙应当保持10~15mm。

（二）使用时，罐耳和罐道的磨损量或者总间隙达到下列限值时，必须更换：

1. 木罐道任一侧磨损量超过15mm或者总间隙超过40mm。

2. 钢轨罐道轨头任一侧磨损量超过8mm，或者轨腰磨损量超过原有厚度的25%；罐耳的任一侧磨损量超过8mm，或者在同一侧罐耳和罐道的总磨损量超过10mm，或者罐耳与罐道的总间隙超过20mm。

3. 矩形钢罐道任一侧的磨损量超过原有厚度的50%。

4. 钢丝绳罐道与滑套的总间隙超过15mm。

第三百九十七条 立井提升容器间及提升容器与井壁、罐道梁、井梁之间的最小间隙，必须符合

表 7 要求。

提升容器在安装或者检修后，第一次开车前必须检查各个间隙，不符合要求时不得开车。

采用钢丝绳罐道，当提升容器之间的间隙小于表 7 要求时，必须设防撞绳。

表 7　立井提升容器间及提升容器与井壁、罐道梁、井梁间的最小间隙值　　　　　mm

罐道和井梁布置		容器与容器之间	容器与井壁之间	容器与罐道梁之间	容器与井梁之间	备 注
罐道布置在容器一侧		200	150	40	150	罐耳与罐道卡子之间为 20
罐道布置在容器两侧	木罐道		200	50	200	有卸载滑轮的容器，滑轮与罐道梁间隙增加 25
	钢罐道		150	40	150	
罐道布置在容器正面	木罐道	200	200	50	200	
	钢罐道	200	150	40	150	
钢丝绳罐道		500	350		350	设防撞绳时，容器之间最小间隙为 200

第三百九十八条　钢丝绳罐道应当优先选用密封式钢丝绳。

每个提升容器（平衡锤）有 4 根罐道绳时，每根罐道绳的最小刚性系数不得小于 500N/m，各罐道绳张紧力之差不得小于平均张紧力的 5%，内侧张紧力大，外侧张紧力小。

每个提升容器（平衡锤）有 2 根罐道绳时，每根罐道绳的刚性系数不得小于 1000N/m，各罐道绳的张紧力应当相等。单绳提升的 2 根主提升钢丝绳必须采用同一捻向或者阻旋转钢丝绳。

第三百九十九条　应当每年检查 1 次金属井架、井筒罐道梁和其他装备的固定和锈蚀情况，发现松动及时加固，发现防腐层剥落及时补刷防腐剂。检查和处理结果应当详细记录。

建井用金属井架，每次移设后都应当涂防腐剂。

第四百条　提升系统各部分每天必须由专职人员至少检查 1 次，每月还必须组织有关人员至少进行 1 次全面检查。

检查中发现问题，必须立即处理，检查和处理结果都应当详细记录。

第四百零一条　检修人员站在罐笼或箕斗顶上工作时，必须遵守下列规定：

（一）在罐笼或箕斗顶上，必须装设保险伞和栏杆。

（二）必须系好保险带。

（三）提升容器的速度，一般为 0.3~0.5m/s，最大不得超过 2m/s。

（四）检修用信号必须安全可靠。

第四百零二条　罐笼提升的井口和井底车场必须有把钩工。

人员上下井时，必须遵守乘罐制度，听从把钩工指挥。开车信号发出后严禁进出罐笼。

第四百零三条　每一提升装置，必须装有从井底信号工发给井口信号工和从井口信号工发给司机的信号装置。井口信号装置必须与提升机的控制回路相闭锁，只有在井口信号工发出信号后，提升机才能启动。除常用的信号装置外，还必须有备用信号装置。井底车场与井口之间、井口与司机操控台之间，除有上述信号装置外，还必须装设直通电话。

1 套提升装置服务多个水平时，从各水平发出的信号必须有区别。

第四百零四条　井底车场的信号必须经由井口信号工转发，不得越过井口信号工直接向提升机司机发送开车信号；但有下列情况之一时，不受此限：

（一）发送紧急停车信号。

（二）箕斗提升。

（三）单容器提升。

（四）井上下信号联锁的自动化提升系统。

第四百零五条　用多层罐笼升降人员或者物料时，井上、下各层出车平台都必须设有信号工。各信号工发送信号时，必须遵守下列规定：

（一）井下各水平的总信号工收齐该水平各层信号工的信号后，方可向井口总信号工发出信号。

337

（二）井口总信号工收齐井口各层信号工信号并接到井下水平总信号工信号后，才可向提升机司机发出信号。

信号系统必须设有保证按上述顺序发出信号的闭锁装置。

第四百零六条 在提升速度大于3m/s的提升系统内，必须设防撞梁和托罐装置。防撞梁必须能够挡住过卷后上升的容器或者平衡锤，并不得兼作他用；托罐装置必须能够将撞击防撞梁后再下落的容器或者配重托住，并保证其下落的距离不超过0.5m。

第四百零七条 立井提升装置的过卷和过放应当符合下列要求：

（一）罐笼和箕斗提升，过卷和过放距离不得小于表8所列数值。

（二）在过卷和过放距离内，应当安设性能可靠的缓冲装置。缓冲装置应当能将全速过卷（过放）的容器或者平衡锤平稳地停住，并保证不再反向下滑或者反弹。

（三）过放距离内不得积水和堆积杂物。

（四）缓冲托罐装置必须每年至少进行1次检查和保养。

表8 立井提升装置的过卷和过放距离

提升速度*/(m·s^{-1})	≤3	4	6	8	≥10
过卷、过放距离/m	4.0	4.75	6.5	8.25	≥10.0

* 提升速度为表8中所列速度的中间值时，用插值法计算。

第三节 钢丝绳和连接装置

第四百零八条 各种用途钢丝绳的安全系数，必须符合下列要求：

（一）各种用途钢丝绳悬挂时的安全系数，必须符合表9的要求。

表9 钢丝绳安全系数最小值

用途分类		安全系数*的最小值
单绳缠绕式提升装置	专为升降人员	9
	升降人员时	9
	混合提升时**	9
	升降物料时	7.5
	专为升降物料	6.5

续表

用途分类		安全系数*的最小值
摩擦轮式提升装置	专为升降人员	9.2—0.0005H***
	升降人员时	9.2—0.0005H
	混合提升时	9.2—0.0005H
	升降物料时	8.2—0.0005H
	专为升降物料	7.2—0.0005H
倾斜钢丝绳牵引带式输送机	运人	6.5—0.001L**** 但不得小于6
	运物	5—0.001L 但不得小于4
倾斜无极绳绞车	运人	6.5—0.001L 但不得小于6
	运物	5—0.001L 但不得小于3.5
架空乘人装置		6
悬挂安全梯用的钢丝绳		6
罐道绳、防撞绳、起重用的钢丝绳		6
悬挂吊盘、水泵、排水管、抓岩机等用的钢丝绳		6
悬挂风筒、风管、供水管、注浆管、输料管、电缆用的钢丝绳		5
拉紧装置用的钢丝绳		5
防坠器的制动绳和缓冲绳（按动载荷计算）		3

* 钢丝绳的安全系数，等于实测的合格钢丝拉断力的总和与其所承受的最大静拉力（包括绳端载荷和钢丝绳自重所引起的静拉力）之比；

** 混合提升指多层罐笼同一次在不同层内提升人员和物料；

*** H为钢丝绳悬挂长度，m；

**** L为由驱动轮到尾部绳轮的长度，m。

（二）在用的缠绕式提升钢丝绳在定期检验时，安全系数小于下列规定值时，应当及时更换：

1. 专为升降人员用的小于7。

2. 升降人员和物料用的钢丝绳：升降人员时小于7，升降物料时小于6。

3. 专为升降物料和悬挂吊盘用的小于5。

第四百零九条 各种用途钢丝绳的韧性指标，必须符合表10的要求。

表 10　不同钢丝绳的韧性指标

钢丝绳用途	钢丝绳种类	钢丝绳韧性指标下限 新绳	钢丝绳韧性指标下限 在用绳	说明
升降人员或升降人员和物料	光面绳	MT716 中光面钢丝绳韧性指标	新绳韧性指标的 90%	在用绳按 MT717 标准（面接触绳除外）
升降人员或升降人员和物料	镀锌绳	MT716 中 AB 类镀锌钢丝韧性指标	新绳韧性指标的 85%	在用绳按 MT717 标准（面接触绳除外）
升降人员或升降人员和物料	面接触绳	GB/T16269 中钢丝韧性指标	新绳韧性指标的 90%	在用绳按 MT717 标准（面接触绳除外）
升降物料	光面绳	MT716 中光面钢丝绳韧性指标	新绳韧性指标的 80%	在用绳按 MT717 标准（面接触绳除外）
升降物料	镀锌绳	MT716 中 A 类镀锌钢丝韧性指标	新绳韧性指标的 80%	在用绳按 MT717 标准（面接触绳除外）
升降物料	面接触绳	GB/T 16269 中钢丝韧性指标	新绳韧性指标的 80%	在用绳按 MT717 标准（面接触绳除外）
罐道绳	密封绳	特级	普级	按 YB/T 5295 标准

第四百一十条　新钢丝绳的使用与管理，必须遵守下列规定：

（一）钢丝绳到货后，应当进行性能检验。合格后应当妥善保管备用，防止损坏或者锈蚀。

（二）每根钢丝绳的出厂合格证、验收检验报告等原始资料应当保存完整。

（三）存放时间超过 1 年的钢丝绳，在悬挂前必须再进行性能检测，合格后方可使用。

（四）钢丝绳悬挂前，必须对每根钢丝做拉断、弯曲和扭转 3 种试验，以公称直径为准对试验结果进行计算和判定：

1. 不合格钢丝的断面积与钢丝总断面积之比达到 6%，不得用作升降人员；达到 10%，不得用作升降物料。

2. 钢丝绳的安全系数小于本规程第四百零八条的规定时，该钢丝绳不得使用。

（五）主要提升装置必须有检验合格的备用钢丝绳。

（六）专用于斜井提升物料且直径不大于 18mm 的钢丝绳，有产品合格证和检测检验报告等，外观检查无锈蚀和损伤，可以不进行（一）、（三）所要求的检验。

第四百一十一条　在用钢丝绳的检验、检查与维护，应当遵守下列规定：

（一）升降人员或者升降人员和物料用的缠绕式提升钢丝绳，自悬挂使用后每 6 个月进行 1 次性能检验；悬挂吊盘的钢丝绳，每 12 个月检验 1 次。

（二）升降物料用的缠绕式提升钢丝绳，悬挂使用 12 个月内必须进行第一次性能检验，以后每 6 个月检验 1 次。

（三）缠绕式提升钢丝绳的定期检验，可以只做每根钢丝的拉断和弯曲 2 种试验。试验结果，以公称直径为准进行计算和判定。出现下列情况的钢丝绳，必须停止使用：

1. 不合格钢丝的断面积与钢丝总断面积之比达到 25% 时；

2. 钢丝绳的安全系数小于本规程第四百零八条规定时。

（四）摩擦式提升钢丝绳、架空乘人装置钢丝绳、平衡钢丝绳以及专用于斜井提升物料且直径不大于 18mm 的钢丝绳，不受（一）、（二）限制。

（五）提升钢丝绳必须每天检查 1 次，平衡钢丝绳、罐道绳、防坠器制动绳（包括缓冲绳）、架空乘人装置钢丝绳、钢丝绳牵引带式输送机钢丝绳和井筒悬吊钢丝绳必须每周至少检查 1 次。对易损坏和断丝或者锈蚀较多的一段应当停车详细检查。断丝的突出部分应当在检查时剪下。检查结果应当记入钢丝绳检查记录簿。

（六）对使用中的钢丝绳，应当根据井巷条件及锈蚀情况，采取防腐措施。摩擦提升钢丝绳的摩擦传动段应当涂、浸专用的钢丝绳增摩脂。

（七）平衡钢丝绳的长度必须与提升容器过卷高度相适应，防止过卷时损坏平衡钢丝绳。使用圆形平衡钢丝绳时，必须有避免平衡钢丝绳扭结的装置。

（八）严禁平衡钢丝绳浸泡水中。

（九）多绳提升的任意一根钢丝绳的张力与平均张力之差不得超过±10%。

第四百一十二条　钢丝绳的报废和更换，应当遵守下列规定：

（一）钢丝绳的报废类型、内容及标准应当符合表 11 的要求。达到其中一项的，必须报废。

（二）更换摩擦式提升机钢丝绳时，必须同时更换全部钢丝绳。

表 11　钢丝绳的报废类型、内容及标准

项目	钢丝绳类别		报废标准	说明
使用期限	摩擦式提升机	提升钢丝绳	2年	如果钢丝绳的断丝、直径缩小和锈蚀程度不超过本表断丝、直径缩小、锈蚀类型的规定，可继续使用1年
		平衡钢丝绳	4年	
	井筒中悬挂水泵、抓岩机的钢丝绳		1年	到期后经检查鉴定，锈蚀程度不超过本表锈蚀类型的规定，可以继续使用
	悬挂风管、输料管、安全梯和电缆的钢丝绳		2年	
断丝	升降人员或者升降人员和物料用钢丝绳		5%	各种股捻钢丝绳在1个捻距内断丝断面积与钢丝总断面积之比
	专为升降物料用的钢丝绳、平衡钢丝绳、防坠器的制动钢丝绳（包括缓冲绳）、兼作运人的钢丝绳牵引带式输送机的钢丝绳和架空乘人装置的钢丝绳		10%	
	罐道钢丝绳		15%	
	无极绳运输和专为运物料的钢丝绳牵引带式输送机用的钢丝绳		25%	
直径缩小	提升钢丝绳、架空乘人装置或者制动钢丝绳		10%	1. 以钢丝绳公称直径为准计算的直径减小量 2. 使用密封式钢丝绳时，外层钢丝厚度磨损量达到50%时，应当更换
	罐道钢丝绳		15%	
锈蚀	各类钢丝绳			1. 钢丝出现变黑、锈皮、点蚀麻坑等损伤时，不得再用作升降人员 2. 钢丝绳锈蚀严重，或者点蚀麻坑形成沟纹，或者外层钢丝松动时，不论断丝数多少或者绳径是否变化，应当立即更换

第四百一十三条　钢丝绳在运行中遭受到卡罐、突然停车等猛烈拉力时，必须立即停车检查，发现下列情况之一者，必须将受损段剁掉或者更换全绳：

（一）钢丝绳产生严重扭曲或者变形。

（二）断丝超过本规程第四百一十二条的规定。

（三）直径减小量超过本规程第四百一十二条的规定。

（四）遭受猛烈拉力的一段的长度伸长0.5%以上。

在钢丝绳使用期间，断丝数突然增加或者伸长突然加快，必须立即更换。

第四百一十四条　有接头的钢丝绳，仅限于下列设备中使用：

（一）平巷运输设备。

（二）无极绳绞车。

（三）架空乘人装置。

（四）钢丝绳牵引带式输送机。

钢丝绳接头的插接长度不得小于钢丝绳直径的1000倍。

第四百一十五条　新安装或者大修后的防坠器，必须进行脱钩试验，合格后方可使用。对使用中的立井罐笼防坠器，应当每6个月进行1次不脱钩试验，每年进行1次脱钩试验。对使用中的斜井人车防坠器，应当每班进行1次手动落闸试验、每月进行1次静止松绳落闸试验、每年进行1次重载全速脱钩试验。防坠器的各个连接和传动部分，必须处于灵活状态。

第四百一十六条　立井和斜井使用的连接装置的性能指标和投用前的试验，必须符合下列要求：

（一）各类连接装置的安全系数必须符合表12的要求。

表 12　各类连接装置的安全系数最小值

用　途		安全系数最小值
专门升降人员的提升容器连接装置		13
升降人员和物料的提升容器连接装置	升降人员时	13
	升降物料时	10
专为升降物料的提升容器的连接装置		10
斜井人车的连接装置		13
矿车的车梁、碰头和连接插销		6
无极绳的连接装置		8
吊桶的连接装置		13
凿井用吊盘、安全梯、水泵、抓岩机的悬挂装置		10

续表

用　途	安全系数最小值
凿井用风管、水管、风筒、注浆管的悬挂装置	8
倾斜井巷中使用的单轨吊车、卡轨车和齿轨车的连接装置　运人时	13
倾斜井巷中使用的单轨吊车、卡轨车和齿轨车的连接装置　运物时	10

注：连接装置的安全系数等于主要受力部件的破断力与其所承受的最大静载荷之比。

（二）各种环链的安全系数，必须以曲梁理论计算的应力为准，并同时符合下列要求：

1. 按材料屈服强度计算的安全系数，不小于2.5；
2. 以模拟使用状态拉断力计算的安全系数，不小于13。

（三）各种连接装置主要受力件的冲击功必须符合下列要求：

1. 常温（15℃）下不小于100J；
2. 低温（-30℃）下不小于70J。

（四）各种保险链以及矿车的连接环、链和插销等，必须符合下列要求：

1. 批量生产的，必须做抽样拉断试验，不符合要求时不得使用；
2. 初次使用前和使用后每隔2年，必须逐个以2倍于其最大静荷重的拉力进行试验，发现裂纹或者永久伸长量超过0.2%时，不得使用。

（五）立井提升容器与提升钢丝绳的连接，应当采用楔形连接装置。每次更换钢丝绳时，必须对连接装置的主要受力部件进行探伤检验，合格后方可继续使用。楔形连接装置的累计使用期限：单绳提升不得超过10年；多绳提升不得超过15年。

（六）倾斜井巷运输时，矿车之间的连接、矿车与钢丝绳之间的连接，必须使用不能自行脱落的连接装置，并加装保险绳。

（七）倾斜井巷运输用的钢丝绳连接装置，在每次换钢丝绳时，必须用2倍于其最大静荷重的拉力进行试验。

（八）倾斜井巷运输用的矿车连接装置，必须至少每年进行1次2倍于其最大静荷重的拉力试验。

第四节　提　升　装　置

第四百一十七条　提升装置的天轮、卷筒、摩擦轮、导向轮和导向滚等的最小直径与钢丝绳直径之比值，应当符合表13的要求。

表13　提升装置的天轮、卷筒、摩擦轮、导向轮和导向滚等的最小直径与钢丝绳直径之比值

用　途		最小比值	说　明
落地式摩擦提升装置的摩擦轮及天轮、围抱角大于180°的塔式摩擦提升装置的摩擦轮	井上	90	在这些提升装置中，如使用密封式提升钢丝绳，应当将各相应的比值增加20%
落地式摩擦提升装置的摩擦轮及天轮、围抱角大于180°的塔式摩擦提升装置的摩擦轮	井下	80	在这些提升装置中，如使用密封式提升钢丝绳，应当将各相应的比值增加20%
围抱角为180°的塔式摩擦提升装置的摩擦轮	井上	80	在这些提升装置中，如使用密封式提升钢丝绳，应当将各相应的比值增加20%
围抱角为180°的塔式摩擦提升装置的摩擦轮	井下	70	在这些提升装置中，如使用密封式提升钢丝绳，应当将各相应的比值增加20%
摩擦提升装置的导向轮		80	在这些提升装置中，如使用密封式提升钢丝绳，应当将各相应的比值增加20%
地面缠绕式提升装置的卷筒和围抱角大于90°的天轮		80	在这些提升装置中，如使用密封式提升钢丝绳，应当将各相应的比值增加20%
地面缠绕式提升装置围抱角小于90°的天轮		60	在这些提升装置中，如使用密封式提升钢丝绳，应当将各相应的比值增加20%
井下缠绕式提升机和凿井提升机的卷筒，井下架空乘人装置的主导轮和尾导轮，围抱角大于90°的天轮		60	在这些提升装置中，如使用密封式提升钢丝绳，应当将各相应的比值增加20%
井下缠绕式提升机、凿井提升机和井下架空乘人装置围抱角小于90°的天轮		40	在这些提升装置中，如使用密封式提升钢丝绳，应当将各相应的比值增加20%
斜井提升的游动天轮	围抱角大于60°	60	在这些提升装置中，如使用密封式提升钢丝绳，应当将各相应的比值增加20%
斜井提升的游动天轮	围抱角在35°～60°	40	在这些提升装置中，如使用密封式提升钢丝绳，应当将各相应的比值增加20%
斜井提升的游动天轮	围抱角小于35°	20	在这些提升装置中，如使用密封式提升钢丝绳，应当将各相应的比值增加20%
矸石山绞车的卷筒和天轮		50	在这些提升装置中，如使用密封式提升钢丝绳，应当将各相应的比值增加20%
悬挂水泵、吊盘、管子用的卷筒和天轮，凿井时运输物料的提升机卷筒和天轮，倾斜井巷提升机的游动轮，矸石山绞车的压绳轮以及无极绳运输的导向滚等		20	在这些提升装置中，如使用密封式提升钢丝绳，应当将各相应的比值增加20%

第四百一十八条　各种提升装置的卷筒上缠绕的钢丝绳层数，必须符合下列要求：

（一）立井中升降人员或者升降人员和物料的不超过1层，专为升降物料的不超过2层。

（二）倾斜井巷中升降人员或者升降人员和物料的不超过2层，升降物料的不超过3层。

（三）建井期间升降人员和物料的不超过2层。

（四）现有生产矿井在用的绞车，如果在滚筒上装设过渡绳楔，滚筒强度满足要求且滚筒边缘高度符合本规程第四百一十九条要求，可按本条（一）、（二）所规定的层数增加1层。

341

（五）移动式或者辅助性专为升降物料的（包括矸石山和向天桥上提升等），不受本条（一）、（二）、（三）的限制。

第四百一十九条 缠绕2层或者2层以上钢丝绳的卷筒，必须符合下列要求：

（一）卷筒边缘高出最外层钢丝绳的高度，至少为钢丝绳直径的2.5倍。

（二）卷筒上必须设有带绳槽的衬垫。

（三）钢丝绳由下层转到上层的临界段（相当于绳圈1/4长的部分）必须经常检查，并每季度将钢丝绳移动1/4绳圈的位置。

对现有不带绳槽衬垫的在用提升机，只要在卷筒板上刻有绳槽或者用1层钢丝绳作底绳，可继续使用。

第四百二十条 钢丝绳绳头固定在卷筒上时，应当符合下列要求：

（一）必须有特备的容绳或者卡绳装置，严禁系在卷筒轴上。

（二）绳孔不得有锐利的边缘，钢丝绳的弯曲不得形成锐角。

（三）卷筒上应当缠留3圈绳，以减轻固定处的张力，还必须留有定期检验用绳。

第四百二十一条 通过天轮的钢丝绳必须低于天轮的边缘，其高差：提升用天轮不得小于钢丝绳直径的1.5倍，悬吊用天轮不得小于钢丝绳直径的1倍。

天轮和摩擦轮绳槽衬垫磨损达到下列限值，必须更换：

（一）天轮绳槽衬垫磨损达到1根钢丝绳直径的深度，或者沿侧面磨损达到钢丝绳直径的1/2。

（二）摩擦轮绳槽衬垫磨损剩余厚度小于钢丝绳直径，绳槽磨损深度超过70mm。

第四百二十二条 矿井提升系统的加（减）速度和提升速度必须符合表14的要求。

表14 矿井提升系统的加（减）速度和提升速度值

项 目	立井提升		斜井提升	
	升降人员	升降物料	串车提升	箕斗提升
加（减）速度/$(m \cdot s^{-2})$	≤0.75		≤0.5	
提升速度/$(m \cdot s^{-1})$	$v \leq 0.5\sqrt{H}$，且不超过12	$v \leq 0.6\sqrt{H}$	≤5	≤7，当铺设固定道床且钢轨≥38kg/m时，≤9

注：v—最大提升速度，m/s；H—提升高度，m。

第四百二十三条 提升装置必须按下列要求装设安全保护：

（一）过卷和过放保护：当提升容器超过正常终端停止位置或者出车平台0.5m时，必须能自动断电，且使制动器实施安全制动。

（二）超速保护：当提升速度超过最大速度15%时，必须能自动断电，且使制动器实施安全制动。

（三）过负荷和欠电压保护。

（四）限速保护：提升速度超过3m/s的提升机应当装设限速保护，以保证提升容器或者平衡锤到达终端位置时的速度不超过2m/s。当减速段速度超过设定值的10%时，必须能自动断电，且使制动器实施安全制动。

（五）提升容器位置指示保护：当位置指示失效时，能自动断电，且使制动器实施安全制动。

（六）闸瓦间隙保护：当闸瓦间隙超过规定值时，能报警并闭锁下次开车。

（七）松绳保护：缠绕式提升机应当设置松绳保护装置并接入安全回路或者报警回路。箕斗提升时，松绳保护装置动作后，严禁受煤仓放煤。

（八）仓位超限保护：箕斗提升的井口煤仓仓位超限时，能报警并闭锁开车。

（九）减速功能保护：当提升容器或者平衡锤到达设计减速点时，能示警并开始减速。

（十）错向运行保护：当发生错向时，能自动断电，且使制动器实施安全制动。

过卷保护、超速保护、限速保护和减速功能保护应当设置为相互独立的双线型式。

缠绕式提升机应当加设定车装置。

第四百二十四条 提升机必须装设可靠的提升容器位置指示器、减速声光示警装置，必须设置机械制动和电气制动装置。

严禁司机擅自离开工作岗位。

第四百二十五条 机械制动装置应当采用弹簧式，能实现工作制动和安全制动。

工作制动必须采用可调节的机械制动装置。

安全制动必须有并联冗余的回油通道。

双滚筒提升机每个滚筒的制动装置必须能够独立控制，并具有调绳功能。

第四百二十六条 提升机机械制动装置的性能，必须符合下列要求：

（一）制动闸空动时间：盘式制动装置不得超过0.3s，径向制动装置不得超过0.5s。

（二）盘形闸的闸瓦与闸盘之间的间隙不得超过2mm。

（三）制动力矩倍数必须符合下列要求：

1. 制动装置产生的制动力矩与实际提升最大载荷旋转力矩之比 K 值不得小于 3。

2. 对质量模数较小的提升机，上提重载保险闸的制动减速度超过本规程规定值时，K 值可以适当降低，但不得小于 2。

3. 在调整双滚筒提升机滚筒旋转的相对位置时，制动装置在各滚筒闸轮上所产生的力矩，不得小于该滚筒所悬重量（钢丝绳重量与提升容器重量之和）形成的旋转力矩的 1.2 倍。

4. 计算制动力矩时，闸轮和闸瓦的摩擦系数应当根据实测确定，一般采用 0.30~0.35。

第四百二十七条 各类提升机的制动装置发生作用时，提升系统的安全制动减速度，必须符合下列要求：

（一）提升系统的安全制动减速度必须符合表 15 的要求。

表 15　提升系统安全制动减速度规定值

减速度	$\theta \leqslant 30°$	$\theta > 30°$
提升减速度/（m·s^{-2}）	$\leqslant A_c^*$	$\leqslant 5$
下放减速度/（m·s^{-2}）	$\geqslant 0.75$	$\geqslant 1.5$

* $A_c = g\,(\sin\theta + f\cos\theta)$

式中　A_c——自然减速度，m/s^2；

　　　g——重力加速度，m/s^2；

　　　θ——井巷倾角，（°）；

　　　f——绳端载荷的运行阻力系数，一般取 0.010~0.015。

（二）摩擦式提升机安全制动时，除必须符合表 15 的要求外，还必须符合下列防滑要求：

1. 在各种载荷（满载或者空载）和提升状态（上提或者下放重物）下，制动装置所产生的制动减速度计算值不得超过滑动极限。钢丝绳与摩擦轮衬垫间摩擦系数的取值不得大于 0.25。由钢丝绳自重所引起的不平衡重必须计入。

2. 在各种载荷和提升状态下，制动装置发生作用时，钢丝绳都不出现滑动。

计算或者验算时，以本条第（二）款第 1 项为准；在用设备，以本条第（二）款第 2 项为准。

第四百二十八条 提升机操作必须遵守下列规定：

（一）主要提升装置应当配有正、副司机。自动化运行的专用于提升物料的箕斗提升机，可不配备司机值守，但应当设图像监视并定时巡检。

（二）升降人员的主要提升装置在交接班升降人员的时间内，必须正司机操作，副司机监护。

（三）每班升降人员前，应当先空载运行 1 次，检查提升机动作情况；但连续运转时，不受此限。

（四）如发生故障，必须立即停止提升机运行，并向矿调度室报告。

第四百二十九条 新安装的矿井提升机，必须验收合格后方可投入运行。专门升降人员及混合提升的系统应当每年进行 1 次性能检测，其他提升系统每 3 年进行 1 次性能检测，检测合格后方可继续使用。

第四百三十条 提升装置管理必须具备下列资料，并妥善保管：

（一）提升机说明书。

（二）提升机总装配图。

（三）制动装置结构图和制动系统图。

（四）电气系统图。

（五）提升机、钢丝绳、天轮、提升容器、防坠器和罐道等的检查记录簿。

（六）钢丝绳的检验和更换记录簿。

（七）安全保护装置试验记录簿。

（八）故障记录簿。

（九）岗位责任制和设备完好标准。

（十）司机交接班记录簿。

（十一）操作规程。

制动系统图、电气系统图、提升装置的技术特征和岗位责任制等应当悬挂在提升机房内。

第五节　空气压缩机

第四百三十一条 矿井应当在地面集中设置空气压缩机站。

在井下设置空气压缩设备时，应当遵守下列规定：

（一）应当采用螺杆式空气压缩机，严禁使用滑片式空气压缩机。

（二）固定式空气压缩机和储气罐必须分别设置在 2 个独立硐室内，并保证独立通风。

（三）移动式空气压缩机必须设置在采用不燃性材料支护且具有新鲜风流的巷道中。

（四）应当设自动灭火装置。

（五）运行时必须有人值守。

第四百三十二条 空气压缩机站设备必须符合下列要求：

（一）设有压力表和安全阀。压力表和安全阀应当定期校准。安全阀和压力调节器应当动作可靠，安全阀动作压力不得超过额定压力的 1.1 倍。

343

（二）使用闪点不低于215℃的压缩机油。

（三）使用油润滑的空气压缩机必须装设断油保护装置或者断油信号显示装置。水冷式空气压缩机必须装设断水保护装置或者断水信号显示装置。

第四百三十三条 空气压缩机站的储气罐必须符合下列要求：

（一）储气罐上装有动作可靠的安全阀和放水阀，并有检查孔。定期清除风包内的油垢。

（二）新安装或者检修后的储气罐，应当用1.5倍空气压缩机工作压力做水压试验。

（三）在储气罐出口管路上必须加装释压阀，其口径不得小于出风管的直径，释放压力应当为空气压缩机最高工作压力的1.25～1.4倍。

（四）避免阳光直晒地面空气压缩机站的储气罐。

第四百三十四条 空气压缩设备的保护，必须遵守下列规定：

（一）螺杆式空气压缩机的排气温度不得超过120℃，离心式空气压缩机的排气温度不得超过130℃。必须装设温度保护装置，在超温时能自动切断电源并报警。

（二）储气罐内的温度应当保持在120℃以下，并装有超温保护装置，在超温时能自动切断电源并报警。

第十章 电 气

第一节 一般规定

第四百三十五条 煤矿地面、井下各种电气设备和电力系统的设计、选型、安装、验收、运行、检修、试验等必须按本规程执行。

第四百三十六条 矿井应当有两回路电源线路（即来自两个不同变电站或者来自不同电源进线的同一变电站的两段母线）。当任一回路发生故障停止供电时，另一回路应当担负矿井全部用电负荷。区域内不具备两回路供电条件的矿井采用单回路供电时，应当报安全生产许可证的发放部门审查。采用单回路供电时，必须有备用电源。备用电源的容量必须满足通风、排水、提升等要求，并保证主要通风机等在10min内可靠启动和运行。备用电源应当有专人负责管理和维护，每10天至少进行一次启动和运行试验，试验期间不得影响矿井通风等，试验记录要存档备查。

矿井的两回路电源线路上都不得分接任何负荷。

正常情况下，矿井电源应当采用分列运行方式。若一回路运行，另一回路必须带电备用。带电备用电源的变压器可以热备用；若冷备用，备用电源必须能及时投入，保证主要通风机在10min内启动和运行。

10kV及以下的矿井架空电源线路不得共杆架设。

矿井电源线路上严禁装设负荷定量器等各种限电断电装置。

第四百三十七条 矿井供电电能质量应当符合国家有关规定；电力电子设备或者变流设备的电磁兼容性应当符合国家标准、规范要求。

电气设备不应超过额定值运行。

第四百三十八条 对井下各水平中央变（配）电所和采（盘）区变（配）电所、主排水泵房和下山开采的采区排水泵房供电线路，不得少于两回路。当任一回路停止供电时，其余回路应当承担全部用电负荷。向局部通风机供电的井下变（配）电所应当采用分列运行方式。

主要通风机、提升人员的提升机、抽采瓦斯泵、地面安全监控中心等主要设备房，应当各有两回路直接由变（配）电所馈出的供电线路；受条件限制时，其中的一回路可引自上述设备房的配电装置。

向突出矿井自救系统供风的压风机、井下移动瓦斯抽采泵应当各有两回路直接由变（配）电所馈出的供电线路。

本条上述供电线路应当来自各自的变压器或者母线段，线路上不应分接任何负荷。

本条上述设备的控制回路和辅助设备，必须有与主要设备同等可靠的备用电源。

向采区供电的同一电源线路上，串接的采区变电所数量不得超过3个。

第四百三十九条 采区变电所应当设专人值班。无人值班的变电所必须关门加锁，并有巡检人员巡回检查。

实现地面集中监控并有图像监视的变电所可以不设专人值班，硐室必须关门加锁，并有巡检人员巡回检查。

第四百四十条 严禁井下配电变压器中性点直接接地。

严禁由地面中性点直接接地的变压器或者发电机直接向井下供电。

第四百四十一条 选用井下电气设备必须符合表16的要求。

表 16　井下电气设备选型

设备类别	突出矿井和瓦斯喷出区域	高瓦斯矿井、低瓦斯矿井				
		井底车场、中央变电所、总进风巷和主要进风巷		翻车机硐室	采区进风巷	总回风巷、主要回风巷、采区回风巷、采掘工作面和工作面进、回风巷
		低瓦斯矿井	高瓦斯矿井			
1. 高低压电机和电气设备	矿用防爆型（增安型除外）	矿用一般型	矿用一般型	矿用防爆型	矿用防爆型	矿用防爆型（增安型除外）
2. 照明灯具	矿用防爆型（增安型除外）	矿用一般型	矿用防爆型	矿用防爆型	矿用防爆型	矿用防爆型（矿用增安型除外）
3. 通信、自动控制的仪表、仪器	矿用防爆型（增安型除外）	矿用一般型	矿用防爆型	矿用防爆型	矿用防爆型	矿用防爆型（增安型除外）

注：1. 使用架线电机车运输的巷道中及沿巷道的机电设备硐室内可以采用矿用一般型电气设备（包括照明灯具、通信、自动控制的仪表、仪器）。
  2. 突出矿井井底车场的主泵房内，可以使用矿用增安型电动机。
  3. 突出矿井应当采用本安型矿灯。
  4. 远距离传输的监测监控、通信信号应当采用本安型，动力载波信号除外。
  5. 在爆炸性环境中使用的设备应当采用 EPL Ma 保护级别。非煤矿专用的便携式电气测量仪表，必须在甲烷浓度 1.0% 以下的地点使用，并实时监测使用环境的甲烷浓度。

第四百四十二条　井下不得带电检修电气设备。严禁带电搬迁非本安型电气设备、电缆，采用电缆供电的移动式用电设备不受此限。

检修或者搬迁前，必须切断上级电源，检查瓦斯，在其巷道风流中甲烷浓度低于 1.0% 时，再用与电源电压相适应的验电笔检验；检验无电后，方可进行导体对地放电。开关把手在切断电源时必须闭锁，并悬挂"有人工作，不准送电"字样的警示牌，只有执行这项工作的人员才有权取下此牌送电。

第四百四十三条　操作井下电气设备应当遵守下列规定：

（一）非专职人员或者非值班电气人员不得操作电气设备。

（二）操作高压电气设备主回路时，操作人员必须戴绝缘手套，并穿电工绝缘靴或者站在绝缘台上。

（三）手持式电气设备的操作手柄和工作中必须接触的部分必须有良好绝缘。

第四百四十四条　容易碰到的、裸露的带电体及机械外露的转动和传动部分必须加装护罩或者遮栏等防护设施。

第四百四十五条　井下各级配电电压和各种电气设备的额定电压等级，应当符合下列要求：

（一）高压不超过 10000V。

（二）低压不超过 1140V。

（三）照明和手持式电气设备的供电额定电压不超过 127V。

（四）远距离控制线路的额定电压不超过 36V。

（五）采掘工作面用电设备电压超过 3300V 时，必须制定专门的安全措施。

第四百四十六条　井下配电系统同时存在 2 种或者 2 种以上电压时，配电设备上应当明显地标出其电压额定值。

第四百四十七条　矿井必须备有井上、下配电系统图，井下电气设备布置示意图和供电线路平面敷设示意图，并随着情况变化定期填绘。图中应当注明：

（一）电动机、变压器、配电设备等装设地点。

（二）设备的型号、容量、电压、电流等主要技术参数及其他技术性能指标。

（三）馈出线的短路、过负荷保护的整定值以及被保护干线和支线最远点两相短路电流值。

（四）线路电缆的用途、型号、电压、截面和长度。

（五）保护接地装置的安设地点。

第四百四十八条 防爆电气设备到矿验收时，应当检查产品合格证、煤矿矿用产品安全标志，并核查与安全标志审核的一致性。入井前，应当进行防爆检查，签发合格证后方准入井。

第二节 电气设备和保护

第四百四十九条 井下电力网的短路电流不得超过其控制用的断路器的开断能力，并校验电缆的热稳定性。

第四百五十条 井下严禁使用油浸式电气设备。

40kW及以上的电动机，应当采用真空电磁起动器控制。

第四百五十一条 井下高压电动机、动力变压器的高压控制设备，应当具有短路、过负荷、接地和欠压释放保护。井下由采区变电所、移动变电站或者配电点引出的馈电线上，必须具有短路、过负荷和漏电保护。低压电动机的控制设备，必须具备短路、过负荷、单相断线、漏电闭锁保护及远程控制功能。

第四百五十二条 井下配电网路（变压器馈出线路、电动机等）必须具有过流、短路保护装置；必须用该配电网路的最大三相短路电流校验开关设备的分断能力和动、热稳定性以及电缆的热稳定性。

必须用最小两相短路电流校验保护装置的可靠动作系数。保护装置必须保证配电网路中最大容量的电气设备或者同时工作成组的电气设备能够起动。

第四百五十三条 矿井6000V及以上高压电网，必须采取措施限制单相接地电容电流，生产矿井不超过20A，新建矿井不超过10A。

井上、下变电所的高压馈电线上，必须具备有选择性的单相接地保护；向移动变电站和电动机供电的高压馈电线上，必须具有选择性的动作于跳闸的单相接地保护。

井下低压馈电线上，必须装设检漏保护装置或者有选择性的漏电保护装置，保证自动切断漏电的馈电线路。

每天必须对低压漏电保护进行1次跳闸试验。

煤电钻必须使用具有检漏、漏电闭锁、短路、过负荷、断相和远距离控制功能的综合保护装置。每班使用前，必须对煤电钻综合保护装置进行1次跳闸试验。

突出矿井禁止使用煤电钻，煤层突出参数测定取样时不受此限。

第四百五十四条 直接向井下供电的馈电线路上，严禁装设自动重合闸。手动合闸时，必须事先同井下联系。

第四百五十五条 井上、下必须装设防雷电装置，并遵守下列规定：

（一）经由地面架空线路引入井下的供电线路和电机车架线，必须在入井处装设防雷电装置。

（二）由地面直接入井的轨道、金属架构及露天架空引入（出）井的管路，必须在井口附近对金属体设置不少于2处的良好的集中接地。

第三节 井下机电设备硐室

第四百五十六条 永久性井下中央变电所和井底车场内的其他机电设备硐室，应当采用砌碹或者其他可靠的方式支护，采区变电所应当用不燃性材料支护。

硐室必须装设向外开的防火铁门。铁门全部敞开时，不得妨碍运输。铁门上应当装设便于关严的通风孔。装有铁门时，门内可加设向外开的铁栅栏门，但不得妨碍铁门的开闭。

从硐室出口防火铁门起5m内的巷道，应当砌碹或者用其他不燃性材料支护。硐室内必须设置足够数量的扑灭电气火灾的灭火器材。

井下中央变电所和主要排水泵房的地面标高，应当分别比其出口与井底车场或者大巷连接处的底板标高高出0.5m。

硐室不应有滴水。硐室的过道应当保持畅通，严禁存放无关的设备和物件。

第四百五十七条 采掘工作面配电点的位置和空间必须满足设备安装、拆除、检修和运输等要求，并采用不燃性材料支护。

第四百五十八条 变电硐室长度超过6m时，必须在硐室的两端各设1个出口。

第四百五十九条 硐室内各种设备与墙壁之间应当留出0.5m以上的通道，各种设备之间留出0.8m以上的通道。对不需从两侧或者后面进行检修的设备，可以不留通道。

第四百六十条 硐室入口处必须悬挂"非工作人员禁止入内"警示牌。硐室内必须悬挂与实际相符的供电系统图。硐室内有高压电气设备时，入口处和硐室内必须醒目悬挂"高压危险"警示牌。

硐室内的设备，必须分别编号，标明用途，并有停送电的标志。

第四节 输电线路及电缆

第四百六十一条 地面固定式架空高压电力线路应当符合下列要求：

（一）在开采沉陷区架设线路时，两回电源线路之间有足够的安全距离，并采取必要的安全措施。

（二）架空线不得跨越易燃、易爆物的仓储区域，与地面、建筑物、树木、道路、河流及其他架空线等间距应当符合国家有关规定。

（三）在多雷区的主要通风机房、地面瓦斯抽采泵站的架空线路应当有全线避雷设施。

（四）架空线路、杆塔或者线杆上应当有线路名称、杆塔编号以及安全警示等标志。

第四百六十二条 在总回风巷、专用回风巷及机械提升的进风倾斜井巷（不包括输送机上、下山）中不应敷设电力电缆。确需在机械提升的进风倾斜井巷（不包括输送机上、下山）中敷设电力电缆时，应当有可靠的保护措施，并经矿总工程师批准。

溜放煤、矸、材料的溜道中严禁敷设电缆。

第四百六十三条 井下电缆的选用应当遵守下列规定：

（一）电缆主线芯的截面应当满足供电线路负荷的要求。电缆应当带有供保护接地用的足够截面的导体。

（二）对固定敷设的高压电缆：

1. 在立井井筒或者倾角为45°及其以上的井巷内，应当采用煤矿用粗钢丝铠装电力电缆。

2. 在水平巷道或者倾角在45°以下的井巷内，应当采用煤矿用钢带或者细钢丝铠装电力电缆。

3. 在进风斜井、井底车场及其附近、中央变电所至采区变电所之间，可以采用铝芯电缆；其他地点必须采用铜芯电缆。

（三）固定敷设的低压电缆，应当采用煤矿用铠装或者非铠装电力电缆或者对应电压等级的煤矿用橡套软电缆。

（四）非固定敷设的高低压电缆，必须采用煤矿用橡套软电缆。移动式和手持式电气设备应当使用专用橡套电缆。

第四百六十四条 电缆的敷设应当符合下列要求：

（一）在水平巷道或者倾角在30°以下的井巷中，电缆应当用吊钩悬挂。

（二）在立井井筒或者倾角在30°及以上的井巷中，电缆应当用夹子、卡箍或者其他夹持装置进行敷设。夹持装置应当能承受电缆重量，并不得损伤电缆。

（三）水平巷道或者倾斜井巷中悬挂的电缆应当有适当的弛度，并能在意外受力时自由坠落。其悬挂高度应当保证电缆在矿车掉道时不受撞击，在电缆坠落时不落在轨道或者输送机上。

（四）电缆悬挂点间距，在水平巷道或者倾斜井巷内不得超过3m，在立井井筒内不得超过6m。

（五）沿钻孔敷设的电缆必须绑紧在钢丝绳上，钻孔必须加装套管。

第四百六十五条 电缆不应悬挂在管道上，不得遭受淋水。电缆上严禁悬挂任何物件。电缆与压风管、供水管在巷道同一侧敷设时，必须敷设在管子上方，并保持0.3m以上的距离。在有瓦斯抽采管路的巷道内，电缆（包括通信电缆）必须与瓦斯抽采管路分挂在巷道两侧。盘圈或者盘"8"字形的电缆不得带电，但给采、掘等移动设备供电电缆及通信、信号电缆不受此限。

井筒和巷道内的通信和信号电缆应当与电力电缆分挂在井巷的两侧，如果受条件所限：在井筒内，应当敷设在距电力电缆0.3m以外的地方；在巷道内，应当敷设在电力电缆上方0.1m以上的地方。

高、低压电力电缆敷设在巷道同一侧时，高、低压电缆之间的距离应当大于0.1m。高压电缆之间、低压电缆之间的距离不得小于50mm。

井下巷道内的电缆，沿线每隔一定距离、拐弯或者分支点以及连接不同直径电缆的接线盒两端、穿墙电缆的墙的两边都应当设置注有编号、用途、电压和截面的标志牌。

第四百六十六条 立井井筒中敷设的电缆中间不得有接头；因井筒太深需设接头时，应当将接头设在中间水平巷道内。

运行中因故需要增设接头而又无中间水平巷道可以利用时，可以在井筒中设置接线盒。接线盒应当放置在托架上，不应使接头承力。

第四百六十七条 电缆穿过墙壁部分应当用套管保护，并严密封堵管口。

第四百六十八条 电缆的连接应当符合下列要求：

（一）电缆与电气设备连接时，电缆线芯必须使用齿形压线板（卡爪）、线鼻子或者快速连接器与电气设备进行连接。

（二）不同型电缆之间严禁直接连接，必须经过符合要求的接线盒、连接器或者母线盒进行连接。

（三）同型电缆之间直接连接时必须遵守下列规定：

1. 橡套电缆的修补连接（包括绝缘、护套已损坏的橡套电缆的修补）必须采用阻燃材料进行硫化热补或者与热补有同等效能的冷补。在地面热补或者冷补后的橡套电缆，必须经浸水耐压试验，合格后方可下井使用。

2. 塑料电缆连接处的机械强度以及电气、防潮密封、老化等性能，应当符合该型矿用电缆的技术标准。

第五节 井下照明和信号

第四百六十九条 下列地点必须有足够照明：

（一）井底车场及其附近。

（二）机电设备硐室、调度室、机车库、爆炸物品库、候车室、信号站、瓦斯抽采泵站等。

（三）使用机车的主要运输巷道、兼作人行道的集中带式输送机巷道、升降人员的绞车道以及升降物料和人行交替使用的绞车道（照明灯的间距不得大于30m，无轨胶轮车主要运输巷道两侧安装有反光标识的不受此限）。

（四）主要进风巷的交岔点和采区车场。

（五）从地面到井下的专用人行道。

（六）综合机械化采煤工作面（照明灯间距不得大于15m）。

地面的通风机房、绞车房、压风机房、变电所、矿调度室等必须设有应急照明设施。

第四百七十条 严禁用电机车架空线作照明电源。

第四百七十一条 矿灯的管理和使用应当遵守下列规定：

（一）矿井完好的矿灯总数，至少应当比经常用灯的总人数多10%。

（二）矿灯应当集中统一管理。每盏矿灯必须编号，经常使用矿灯的人员必须专人专灯。

（三）矿灯应当保持完好，出现亮度不够、电线破损、灯锁失效、灯头密封不严、灯头圈松动、玻璃破裂等情况时，严禁发放。发出的矿灯，最低应当能连续正常使用11h。

（四）严禁矿灯使用人员拆开、敲打、撞击矿灯。人员出井后（地面领用矿灯人员，在下班后），必须立即将矿灯交还灯房。

（五）在每次换班2h内，必须把没有还灯人员的名单报告矿调度室。

（六）矿灯应当使用免维护电池，并具有过流和短路保护功能。采用锂离子蓄电池的矿灯还应当具有防过充电、过放电功能。

（七）加装其他功能的矿灯，必须保证矿灯的正常使用要求。

第四百七十二条 矿灯房应当符合下列要求：

（一）用不燃性材料建筑。

（二）取暖用蒸汽或者热水管式设备，禁止采用明火取暖。

（三）有良好的通风装置，灯房和仓库内严禁烟火，并备有灭火器材。

（四）有与矿灯匹配的充电装置。

第四百七十三条 电气信号应当符合下列要求：

（一）矿井中的电气信号，除信号集中闭塞外应当能同时发声和发光。重要信号装置附近，应当标明信号的种类和用途。

（二）升降人员和主要井口绞车的信号装置的直接供电线路上，严禁分接其他负荷。

第四百七十四条 井下照明和信号的配电装置，应当具有短路、过负荷和漏电保护的照明信号综合保护功能。

第六节 井下电气设备保护接地

第四百七十五条 电压在36V以上和由于绝缘损坏可能带有危险电压的电气设备的金属外壳、构架，铠装电缆的钢带（钢丝）、铅皮（屏蔽护套）等必须有保护接地。

第四百七十六条 任一组主接地极断开时，井下总接地网上任一保护接地点的接地电阻值，不得超过2Ω。每一移动式和手持式电气设备至局部接地极之间的保护接地用的电缆芯线和接地连接导线的电阻值，不得超过1Ω。

第四百七十七条 所有电气设备的保护接地装置（包括电缆的铠装、铅皮、接地芯线）和局部接地装置，应当与主接地极连接成1个总接地网。

主接地极应当在主、副水仓中各埋设1块。主接地极应当用耐腐蚀的钢板制成，其面积不得小于$0.75m^2$、厚度不得小于5mm。

在钻孔中敷设的电缆和地面直接分区供电的电缆，不能与井下主接地极连接时，应当单独形成分区总接地网，其接地电阻值不得超过2Ω。

第四百七十八条 下列地点应当装设局部接地极：

（一）采区变电所（包括移动变电站和移动变压器）。

（二）装有电气设备的硐室和单独装设的高压电气设备。

（三）低压配电点或者装有3台以上电气设备的地点。

（四）无低压配电点的采煤工作面的运输巷、回风巷、带式输送机巷以及由变电所单独供电的掘进工作面（至少分别设置1个局部接地极）。

（五）连接高压动力电缆的金属连接装置。

局部接地极可以设置于巷道水沟内或者其他就近的潮湿处。

设置在水沟中的局部接地极应当用面积不小于$0.6m^2$、厚度不小于3mm的钢板或者具有同等有效面积的钢管制成，并平放于水沟深处。

设置在其他地点的局部接地极，可以用直径不小于35mm、长度不小于1.5m的钢管制成，管上至少钻20个直径不小于5mm的透孔，并全部垂直埋入底板；也可用直径不小于22mm、长度为1m的2根钢管制成，每根管上钻10个直径不小于5mm的透孔，2根钢管相距不得小于5m，并联后垂直埋入底板，垂直埋深不得小于0.75m。

第四百七十九条 连接主接地极母线，应当采用截面不小于$50mm^2$的铜线，或者截面不小于$100mm^2$的耐腐蚀铁线，或者厚度不小于4mm、截面不小于$100mm^2$的耐腐蚀扁钢。

电气设备的外壳与接地母线、辅助接地母线或者局部接地极的连接，电缆连接装置两头的铠装、铅皮的连接，应当采用截面不小于$25mm^2$的铜线，或者截面不小于$50mm^2$的耐腐蚀铁线，或者厚度不小于4mm、截面不小于$50mm^2$的耐腐蚀扁钢。

第四百八十条 橡套电缆的接地芯线，除用作监测接地回路外，不得兼作他用。

第七节 电气设备、电缆的检查、维护和调整

第四百八十一条 电气设备的检查、维护和调整，必须由电气维修工进行。高压电气设备和线路的修理和调整工作，应当有工作票和施工措施。

高压停、送电的操作，可以根据书面申请或者其他联系方式，得到批准后，由专责电工执行。

采区电工，在特殊情况下，可对采区变电所内高压电气设备进行停、送电的操作，但不得打开电气设备进行修理。

第四百八十二条 井下防爆电气设备的运行、维护和修理，必须符合防爆性能的各项技术要求。防爆性能遭受破坏的电气设备，必须立即处理或者更换，严禁继续使用。

第四百八十三条 矿井应当按表17的要求对电气设备、电缆进行检查和调整。

表17 电气设备、电缆的检查和调整

项 目	检查周期	备 注
使用中的防爆电气设备的防爆性能检查	每月1次	每日应当由分片负责电工检查1次外部
配电系统断电保护装置检查整定	每6个月1次	负荷变化时应当及时整定
高压电缆的泄漏和耐压试验	每年1次	
主要电气设备绝缘电阻的检查	至少6个月1次	
固定敷设电缆的绝缘和外部检查	每季1次	每周应当由专职电工检查1次外部和悬挂情况
移动式电气设备的橡套电缆绝缘检查	每月1次	每班应当由当班司机或者专职电工检查1次外皮有无破损
接地电网接地电阻值测定	每季1次	
新安装的电气设备绝缘电阻和接地电阻的测定	投入运行以前	

检查和调整结果应当记入专用的记录簿内。检查和调整中发现的问题应当指派专人限期处理。

第八节 井下电池电源

第四百八十四条 井下用电池（包括原电池和蓄电池）应当符合下列要求：

（一）串联或者并联的电池组保持厂家、型号、规格的一致性。

（二）电池或者电池组安装在独立的电池腔内。

（三）电池配置充放电安全保护装置。

第四百八十五条 使用蓄电池的设备充电应当符合下列要求：

（一）充电设备与蓄电池匹配。

（二）充电设备接口具有防反向充电保护措施。

（三）便携式设备在地面充电。

（四）机车等移动设备在专用充电硐室或者地面充电。

（五）监控、通信、避险等设备的备用电源可以就地充电，并有防过充等保护措施。

第四百八十六条 禁止在井下充电硐室以外地

点对电池（组）进行更换和维修，本安设备中电池（组）和限流器件通过浇封或者密闭封装构成一个整体替换的组件除外。

第十一章　监控与通信

第一节　一般规定

第四百八十七条　所有矿井必须装备安全监控系统、人员位置监测系统、有线调度通信系统。

第四百八十八条　编制采区设计、采掘作业规程时，必须对安全监控、人员位置监测、有线调度通信设备的种类、数量和位置，信号、通信、电源线缆的敷设，安全监控系统的断电区域等做出明确规定，绘制安全监控布置图和断电控制图、人员位置监测系统图、井下通信系统图，并及时更新。

每3个月对安全监控、人员位置监测等数据进行备份，备份的数据介质保存时间应当不少于2年。图纸、技术资料的保存时间应当不少于2年。录音应当保存3个月以上。

第四百八十九条　矿用有线调度通信电缆必须专用。严禁安全监控系统与图像监视系统共用同一芯光纤。矿井安全监控系统主干线缆应当分设两条，从不同的井筒或者一个井筒保持一定间距的不同位置进入井下。

设备应当满足电磁兼容要求。系统必须具有防雷电保护，入井线缆的入井口处必须具有防雷措施。

系统必须连续运行。电网停电后，备用电源应当能保持系统连续工作时间不小于2h。

监控网络应当通过网络安全设备与其他网络互通互联。

安全监控和人员位置监测系统主机及联网主机应当双机热备份，连续运行。当工作主机发生故障时，备份主机应当在5min内自动投入工作。

当系统显示井下某一区域瓦斯超限并有可能波及其他区域时，矿井有关人员应当按瓦斯事故应急救援预案切断瓦斯可能波及区域的电源。

安全监控和人员位置监测系统显示和控制终端、有线调度通信系统调度台必须设置在矿调度室，全面反映监控信息。矿调度室必须24h有监控人员值班。

第二节　安全监控

第四百九十条　安全监控设备必须具有故障闭锁功能。当与闭锁控制有关的设备未投入正常运行或者故障时，必须切断该监控设备所监控区域的全部非本质安全型电气设备的电源并闭锁；当与闭锁控制有关的设备工作正常并稳定运行后，自动解锁。

安全监控系统必须具备甲烷电闭锁和风电闭锁功能。当主机或者系统线缆发生故障时，必须保证实现甲烷电闭锁和风电闭锁的全部功能。系统必须具有断电、馈电状态监测和报警功能。

第四百九十一条　安全监控设备的供电电源必须取自被控开关的电源侧或者专用电源，严禁接在被控开关的负荷侧。

安装断电控制系统时，必须根据断电范围提供断电条件，并接通井下电源及控制线。

改接或者拆除与安全监控设备关联的电气设备、电源线和控制线时，必须与安全监控管理部门共同处理。检修与安全监控设备关联的电气设备，需要监控设备停止运行时，必须制定安全措施，并报矿总工程师审批。

第四百九十二条　安全监控设备必须定期调校、测试，每月至少1次。

采用载体催化元件的甲烷传感器必须使用校准气样和空气气样在设备设置地点调校，便携式甲烷检测报警仪在仪器维修室调校，每15天至少1次。甲烷电闭锁和风电闭锁功能每15天至少测试1次。可能造成局部通风机停电的，每半年测试1次。

安全监控设备发生故障时，必须及时处理，在故障处理期间必须采用人工监测等安全措施，并填写故障记录。

第四百九十三条　必须每天检查安全监控设备及线缆是否正常，使用便携式光学甲烷检测仪或者便携式甲烷检测报警仪与甲烷传感器进行对照，并将记录和检查结果报矿值班员；当两者读数差大于允许误差时，应当以读数较大者为依据，采取安全措施并在8h内对2种设备调校完毕。

第四百九十四条　矿调度室值班人员应当监视监控信息，填写运行日志，打印安全监控日报表，并报矿总工程师和矿长审阅。系统发出报警、断电、馈电异常等信息时，应当采取措施，及时处理，并立即向值班矿领导汇报；处理过程和结果应当记录备案。

第四百九十五条　安全监控系统必须具备实时上传监控数据的功能。

第四百九十六条　便携式甲烷检测仪的调校、维护及收发必须由专职人员负责，不符合要求的严禁发放使用。

第四百九十七条　配制甲烷校准气样的装备和方法必须符合国家有关标准，选用纯度不低于

99.9%的甲烷标准气体作原料气。配制好的甲烷校准气体不确定度应当小于5%。

第四百九十八条 甲烷传感器（便携仪）的设置地点，报警、断电、复电浓度和断电范围必须符合表18的要求。

表18 甲烷传感器（便携仪）的设置地点，报警、断电、复电浓度和断电范围

设置地点	报警浓度/%	断电浓度/%	复电浓度/%	断电范围
采煤工作面回风隅角	≥1.0	≥1.5	<1.0	工作面及其回风巷内全部非本质安全型电气设备
低瓦斯和高瓦斯矿井的采煤工作面	≥1.0	≥1.5	<1.0	工作面及其回风巷内全部非本质安全型电气设备
突出矿井的采煤工作面	≥1.0	≥1.5	<1.0	工作面及其进、回风巷内全部非本质安全型电气设备
采煤工作面回风巷	≥1.0	≥1.0	<1.0	工作面及其回风巷内全部非本质安全型电气设备
突出矿井采煤工作面进风巷	≥0.5	≥0.5	<0.5	工作面及其进、回风巷内全部非本质安全型电气设备
采用串联通风的被串采煤工作面进风巷	≥0.5	≥0.5	<0.5	被串采煤工作面及其进、回风巷内全部非本质安全型电气设备
高瓦斯、突出矿井采煤工作面回风巷中部	≥1.0	≥1.0	<1.0	工作面及其回风巷内全部非本质安全型电气设备
采煤机	≥1.0	≥1.5	<1.0	采煤机电源
煤巷、半煤岩巷和有瓦斯涌出岩巷的掘进工作面	≥1.0	≥1.5	<1.0	掘进巷道内全部非本质安全型电气设备
煤巷、半煤岩巷和有瓦斯涌出岩巷的掘进工作面回风流中	≥1.0	≥1.0	<1.0	掘进巷道内全部非本质安全型电气设备
突出矿井的煤巷、半煤岩巷和有瓦斯涌出岩巷的掘进工作面的进风分风口处	≥0.5	≥0.5	<0.5	掘进巷道内全部非本质安全型电气设备
采用串联通风的被串掘进工作面局部通风机前	≥0.5	≥0.5	<0.5	被串掘进巷道内全部非本质安全型电气设备
	≥0.5	≥1.5	<0.5	被串掘进工作面局部通风机
高瓦斯矿井双巷掘进工作面混合回风流处	≥1.0	≥1.0	<1.0	除全风压供风的进风巷外，双掘进巷道内全部非本质安全型电气设备
高瓦斯和突出矿井掘进巷道中部	≥1.0	≥1.0	<1.0	掘进巷道内全部非本质安全型电气设备
掘进机、连续采煤机、锚杆钻车、梭车	≥1.0	≥1.5	<1.0	掘进机、连续采煤机、锚杆钻车、梭车电源
采区回风巷	≥1.0	≥1.0	<1.0	采区回风巷内全部非本质安全型电气设备
一翼回风巷及总回风巷	≥0.75	—	—	

续表

设置地点	报警浓度/%	断电浓度/%	复电浓度/%	断电范围
使用架线电机车的主要运输巷道内装煤点处	≥0.5	≥0.5	<0.5	装煤点处上风流100m内及其下风流的架空线电源和全部非本质安全型电气设备
矿用防爆型蓄电池电机车	≥0.5	≥0.5	<0.5	机车电源
矿用防爆型柴油机车、无轨胶轮车	≥0.5	≥0.5	<0.5	车辆动力
井下煤仓	≥1.5	≥1.5	<1.5	煤仓附近的各类运输设备及其他非本质安全型电气设备
封闭的带式输送机地面走廊内，带式输送机滚筒上方	≥1.5	≥1.5	<1.5	带式输送机地面走廊内全部非本质安全型电气设备
地面瓦斯抽采泵房内	≥0.5			
井下临时瓦斯抽采泵站下风侧栅栏外	≥1.0	≥1.0	<1.0	瓦斯抽采泵站电源

第四百九十九条 井下下列地点必须设置甲烷传感器：

（一）采煤工作面及其回风巷和回风隅角，高瓦斯和突出矿井采煤工作面回风巷长度大于1000m时回风巷中部。

（二）煤巷、半煤岩巷和有瓦斯涌出的岩巷掘进工作面及其回风流中，高瓦斯和突出矿井的掘进巷道长度大于1000m时掘进巷道中部。

（三）突出矿井采煤工作面进风巷。

（四）采用串联通风时，被串采煤工作面的进风巷；被串掘进工作面的局部通风机前。

（五）采区回风巷、一翼回风巷、总回风巷。

（六）使用架线电机车的主要运输巷道内装煤点处。

（七）煤仓上方、封闭的带式输送机地面走廊。

（八）地面瓦斯抽采泵房内。

（九）井下临时瓦斯抽采泵站下风侧栅栏外。

（十）瓦斯抽采泵输入、输出管路中。

第五百条 突出矿井在下列地点设置的传感器必须是全量程或者高低浓度甲烷传感器：

（一）采煤工作面进、回风巷。

（二）煤巷、半煤岩巷和有瓦斯涌出的岩巷掘进工作面回风流中。

（三）采区回风巷。

（四）总回风巷。

第五百零一条 井下下列设备必须设置甲烷断电仪或者便携式甲烷检测报警仪：

（一）采煤机、掘进机、掘锚一体机、连续采煤机。

（二）梭车、锚杆钻车。

（三）采用防爆蓄电池或者防爆柴油机为动力装置的运输设备。

（四）其他需要安装的移动设备。

第五百零二条 突出煤层采煤工作面进风巷、掘进工作面进风的分风口必须设置风向传感器。当发生风流逆转时，发出声光报警信号。

突出煤层采煤工作面回风巷和掘进巷道回风流中必须设置风速传感器。当风速低于或者超过本规程的规定值时，应当发出声光报警信号。

第五百零三条 每一个采区、一翼回风巷及总回风巷的测风站应当设置风速传感器，主要通风机的风硐应当设置压力传感器；瓦斯抽采泵站的抽采泵吸入管路中应当设置流量传感器、温度传感器和压力传感器，利用瓦斯时，还应当在输出管路中设置流量传感器、温度传感器和压力传感器。

使用防爆柴油动力装置的矿井及开采容易自燃、自燃煤层的矿井，应当设置一氧化碳传感器和温度传感器。

主要通风机、局部通风机应当设置设备开停传感器。

主要风门应当设置风门开关传感器，当两道风门同时打开时，发出声光报警信号。甲烷电闭锁和风电闭锁的被控开关的负荷侧必须设置馈电状态传感器。

第三节 人员位置监测

第五百零四条 下井人员必须携带标识卡。各个人员出入井口、重点区域出入口、限制区域等地点应当设置读卡分站。

第五百零五条 人员位置监测系统应当具备检测标识卡是否正常和唯一性的功能。

第五百零六条 矿调度室值班员应当监视人员位置等信息，填写运行日志。

第四节 通信与图像监视

第五百零七条 以下地点必须设有直通矿调度室的有线调度电话：矿井地面变电所、地面主要通风机房、主副井提升机房、压风机房、井下主要水泵房、井下中央变电所、井底车场、运输调度室、采区变电所、上下山绞车房、水泵房、带式输送机集中控制硐室等主要机电设备硐室、采煤工作面、掘进工作面、突出煤层采掘工作面附近、爆破时撤离人员集中地点、突出矿井井下爆破起爆点、采区和水平最高点、避难硐室、瓦斯抽采泵房、爆炸物品库等。

有线调度通信系统应当具有选呼、急呼、全呼、强插、强拆、监听、录音等功能。

有线调度通信系统的调度电话至调度交换机（含安全栅）必须采用矿用通信电缆直接连接，严禁利用大地作回路。严禁调度电话由井下就地供电，或者经有源中继器接调度交换机。调度电话至调度交换机的无中继器通信距离应当不小于10km。

第五百零八条 矿井移动通信系统应当具有下列功能：

（一）选呼、组呼、全呼等。

（二）移动台与移动台、移动台与固定电话之间互联互通。

（三）短信收发。

（四）通信记录存储和查询。

（五）录音和查询。

第五百零九条 安装图像监视系统的矿井，应当在矿调度室设置集中显示装置，并具有存储和查询功能。

第四编 露天煤矿

第一章 一般规定

第五百一十条 多工种、多设备联合作业时，必须制定安全措施，并符合相关技术标准。

第五百一十一条 采用铁路运输的露天采场主要区段的上下平盘之间应当设人行通路或者梯子，并按有关规定在梯子两侧设置安全护栏。

第五百一十二条 在露天煤矿内行走的人员必须遵守下列规定：

（一）必须走人行通路或者梯子。

（二）因工作需要沿铁路线和矿山道路行走的人员，必须时刻注意前后方向来车。躲车时，必须躲到安全地点。

（三）横过铁路线或者矿山道路时，必须止步瞭望。

（四）跨越带式输送机时，必须沿着装有栏杆的栈桥通过。

（五）严禁在有塌落危险的坡顶、坡底行走或者逗留。

第五百一十三条 严禁非作业人员和车辆未经批准进入作业区。

第五百一十四条 采场内有危险的火区、老空区、滑坡区等地点，应当充填或者设置栅栏，并设置警示标志；地面、采场及排土场内临时设置变压器时应当设围栏，配电柜、箱、盘应当加锁，并设置明显的防触电标志；设备停放场、炸药厂、爆炸物品库、油库、加油站和物资仓库等易燃易爆场所，必须设置防爆、防火和危险警示标志；矿山道路必须设置限速、道口等路标，特殊路段设警示标志；汽车运输为左侧通行的，在过渡区段内必须设置醒目的换向标志。

严禁擅自移动和损坏各种安全标志。

在运输线路两侧堆放物料时，不得影响行车安全。

第五百一十五条 在下列区域不得建永久性建（构）筑物：

（一）距采场最终境界的安全距离以内。

（二）爆炸物品库爆炸危险区内。

（三）不稳定的排土场内。

（四）爆破、岩体变形、塌陷、滑坡危险区域内。

第五百一十六条 机械设备内必须备有完好的绝缘防护用品和工具，并定期进行电气绝缘性能试验，不合格的及时更换。

第五百一十七条 采掘、运输、排土等机械设备作业时，严禁检修和维护，严禁人员上下设备；在危及人身安全的作业范围内，严禁人员和设备停留或者通过。

移动设备应当在平盘安全区内走行或者停留，

否则必须采取安全措施。

第五百一十八条 设备走行道路和作业场地坡度不得大于设备允许的最大坡度,转弯半径不得小于设备允许的最小转弯半径。

第五百一十九条 遇到特殊天气状况时,必须遵守下列规定:

(一)在大雾、雨雪等能见度低的情况下作业时,必须制定安全技术措施。

(二)暴雨期间,处在有水淹或者片帮危险区域的设备,必须撤离到安全地带。

(三)遇有 6 级及以上大风时禁止露天起重和高处作业。

(四)遇有 8 级及以上大风时禁止轮斗挖掘机、排土机和转载机作业。

第五百二十条 作业人员在 2m 及以上的高处作业时,必须系安全带或者设置安全网。

第二章 钻孔爆破

第一节 一般规定

第五百二十一条 露天煤矿钻孔、爆破作业必须编制钻孔、爆破设计及安全技术措施,并经矿总工程师批准。钻孔、爆破作业必须按设计进行。爆破前应当绘制爆破警戒范围图,并实地标出警戒点的位置。

第五百二十二条 爆炸物品的购买、运输、贮存、使用和销毁,永久性爆炸物品库建筑结构及各种防护措施,库区的内、外部安全距离等必须符合《民用爆炸物品安全管理条例》等国家有关法规和标准的规定。

露天煤矿爆破作业,必须遵守《爆破安全规程》。

第二节 钻 孔

第五百二十三条 钻孔设备进行钻孔作业和走行时,履带边缘与坡顶线的距离应当符合表 19 的要求。

表 19 钻孔设备履带边缘与坡顶线的安全距离 m

台阶高度	<4	4~10	10~15	≥15
安全距离	1~2	2~2.5	2.5~3.5	3.5~6

钻凿坡顶线第一排孔时,钻孔设备应当垂直于台阶坡顶线或者调角布置(夹角应当不小于 45°);有顺层滑坡危险区的,必须压碴钻孔;钻凿坡底线第一排孔时,应当有专人监护。

第五百二十四条 钻孔设备在有采空区的工作面钻孔时,必须制定安全技术措施,并在专业人员指挥下进行。

第三节 爆 破

第五百二十五条 爆炸物品的领用、保管和使用必须严格执行账、卡、物一致的管理制度。

严禁发放和使用变质失效以及过期的爆炸物品。

爆破后剩余的爆炸物品,必须当天退回爆炸物品库,严禁私自存放和销毁。

第五百二十六条 爆炸物品车到达爆破地点后,爆破区域负责人应当对爆炸物品进行检查验收,无误后双方签字。

在爆破区域内放置和使用爆炸物品的地点,20m 以内严禁烟火,10m 以内严禁非工作人员进入。

加工起爆药卷必须距放置炸药的地点 5m 以外,加工好的必须起爆药卷放置在距炮孔炸药 2m 以外。

第五百二十七条 炮孔装药和充填必须遵守下列规定:

(一)装药前在爆破区边界设置明显标志,严禁与工作无关的人员和车辆进入爆破区。

(二)装药时,每个炮孔同时操作的人员不得超过 3 人;严禁向炮孔内投掷起爆具和受冲击易爆的炸药;严禁使用塑料、金属或者带金属包头的炮杆。

(三)炮孔卡堵或者雷管脚线、导爆管及导爆索损坏时应当及时处理;无法处理时必须插上标志,按拒爆处理。

(四)机械化装药时由专人现场指挥。

(五)预装药炮孔在当班进行充填。预装药期间严禁连接起爆网络。

(六)装药完成撤出人员后方可连接起爆网络。

第五百二十八条 爆破安全警戒必须遵守下列规定:

(一)必须有安全警戒负责人,并向爆破区周围派出警戒人员。

(二)爆破区域负责人与警戒人员之间实行"三联系制"。

(三)因爆破中断生产时,立即报告矿调度室,采取措施后方可解除警戒。

第五百二十九条 安全警戒距离应当符合下列要求:

(一)抛掷爆破(孔深小于 45m):爆破区正向不得小于 1000m,其余方向不得小于 600m。

(二)深孔松动爆破(孔深大于 5m):距爆破区边缘,软岩不得小于 100m,硬岩不得小于 200m。

（三）浅孔爆破（孔深小于 5m）：无充填预裂爆破，不得小于 300m。

（四）二次爆破：炮眼爆破不得小于 200m。

第五百三十条 起爆前，必须将所有人员撤至安全地点。接触爆炸物品的人员必须穿戴抗静电保护用品。

第五百三十一条 设备、设施距松动爆破区外端的安全距离应当符合表 20 的要求。

表 20 设备、设施距松动爆破区外端的安全距离 m

设备名称	深孔爆破	浅孔及二次爆破	备注
挖掘机、钻孔机	30	40	司机室背向爆破区
风泵车	40	50	小于此距离应当采取保护措施
信号箱、电气柜、变压器、移动变电站	30	30	小于此距离应当采取保护措施
高压电缆	40	50	小于此距离应当拆除或者采取保护措施

机车、矿用卡车等机动设备处于警戒范围内且不能撤离时，应当采取就地保护措施；与电杆距离不得小于 5m；在 5~10m 时，必须采用减震爆破。

第五百三十二条 设备、设施距抛掷爆破区外端的安全距离：爆破区正向不得小于 600m；两侧有自由面方向及背向不得小于 300m；无自由面方向不得小于 200m。

第五百三十三条 爆破危险区的架空输电线、电缆和移动变电站等，在爆破时应当停电。恢复送电前，必须对这些线路进行检查，确认无损后方可送电。

第五百三十四条 爆破地震安全距离应当符合下列要求：

（一）各类建（构）筑物地面质点的安全振动速度不应超过下列数值：

1. 重要工业厂房，0.4cm/s；
2. 土窑洞、土坯房、毛石房，1.0cm/s；
3. 一般砖房、非抗震的大型砌块建筑物，2~3cm/s；
4. 钢筋混凝土框架房屋，5cm/s；
5. 水工隧道，10cm/s；
6. 交通涵洞，15cm/s；
7. 围岩不稳定有良好支护的矿山巷道，10cm/s；围岩中等稳定有良好支护的矿山巷道，15cm/s；围岩稳定无支护的矿山巷道，20cm/s。

（二）爆破地震安全距离应当按下式计算：

$$R = (k/v)^{1/a} \cdot Q^m$$

式中　R——爆破地震安全距离，m；

　　　Q——药量（齐发爆破取总量，延期爆破取最大一段药量），kg；

　　　v——安全质点振动速度，cm/s；

　　　m——药量指数，取 $m=1/3$；

　　　k、a——与爆破地点地形、地质条件有关的系数和衰减指数。

（三）在特殊建（构）筑物附近、爆破条件复杂和爆破震动对边坡稳定有影响的地区进行爆破时，必须进行爆破地震效应的监测或者试验。

第五百三十五条 爆破作业必须在白天进行，严禁在雷雨时进行；严禁裸露爆破。

第五百三十六条 在高温区、自然发火区进行爆破作业时，必须遵守下列规定：

（一）测试孔内温度。有明火的炮孔或者孔内温度在 80℃ 以上的高温炮孔采取灭火、降温措施。

（二）高温孔经降温处理合格后方可装药起爆。

（三）高温孔应当采用热感度低的炸药，或者将炸药、雷管作隔热包装。

第五百三十七条 爆破后检查必须遵守下列规定：

（一）爆破后 5min 内，严禁检查。

（二）发现拒爆，必须向爆破区负责人报告。

（三）发现残余爆炸物品必须收集上缴，集中销毁。

第五百三十八条 发生拒爆和熄爆时，应当分析原因，采取措施，并遵守下列规定：

（一）在危险区边界设警戒，严禁非作业人员进入警戒区。

（二）因地面网路连接错误或者地面网路断爆出现拒爆，可以再次连线起爆。

（三）严禁在原钻孔位钻孔，必须在距拒爆孔 10 倍孔径处重新钻与原孔同样的炮孔装药爆破。

（四）上述方法不能处理时，应当报告矿调度室，并指定专业人员研究处理。

第三章　采　　装

第一节　一般规定

第五百三十九条 露天采场最终边坡的台阶坡面角和边坡角，必须符合最终边坡设计要求。

第五百四十条 最小工作平盘宽度，必须保证采掘、运输设备的安全运行和供电通信线路、供排水系统、安全挡墙等的正常布置。

第二节 单斗挖掘机采装

第五百四十一条 单斗挖掘机行走和升降段应当符合下列要求：

（一）行走前检查行走机构及制动系统。

（二）根据不同的台阶高度、坡面角，使挖掘机的行走路线与坡底线和坡顶线保持一定的安全距离。

（三）挖掘机应当在平整、坚实的台阶上行走，当道路松软或者含水有沉陷危险时，必须采取安全措施。

（四）挖掘机升降段或者行走距离超过300m时，必须设专人指挥；行走时，主动轴应当在后，悬臂对正行走中心，及时调整方向，严禁原地大角度扭车。

（五）挖掘机行走时，靠铁道线路侧的履带边缘距线路中心不得小于3m，过高压线和铁道等障碍物时，要有相应的安全措施。

（六）挖掘机升降段之前应当预先采取防止下滑的措施。爬坡时，不得超过挖掘机规定的最大允许坡度。

第五百四十二条 轮斗挖掘机作业和行走线路处在饱和水台阶上时，必须有疏排水措施，否则严禁作业和走行。

第五百四十三条 挖掘机采装的台阶高度应当符合下列要求：

（一）不需爆破的岩土台阶高度不得大于最大挖掘高度。

（二）需爆破的煤、岩台阶，爆破后爆堆高度不得大于最大挖掘高度的1.1~1.2倍，台阶顶部不得有悬浮大块。

（三）上装车台阶高度不得大于最大卸载高度与运输容器高度及卸载安全高度之和的差。

第五百四十四条 单斗挖掘机尾部与台阶坡面、运输设备之间的距离不得小于1m。停止作业时，上下设备梯子应当背离台阶。

第五百四十五条 单斗挖掘机向列车装载时，必须遵守下列规定：

（一）列车驶入工作面100m内，驶出工作面20m内，挖掘机必须停止作业。

（二）列车驶入工作面，待车停稳，经助手与司旗联系后，方可装车。

（三）物料最大块度不得超过3m³。

（四）严禁勺斗压、碰自翻车车帮或者跨越机车和尾车顶部。严禁高吊勺斗装车。

（五）遇到大块物料掉落影响机车运行时，必须处理后方可作业。

第五百四十六条 单斗挖掘机向矿用卡车装载时，应当遵守下列规定：

（一）勺斗容积和物料块度与卡车载重相适应。

（二）单面装车作业时，只有在挖掘机司机发出进车信号，卡车开到装车位置停稳并发出装车信号后，方可装车。双面装车作业时，正面装车卡车可提前进入装车位置；反面装车应当由勺斗引导卡车进入装车位置。

（三）挖掘机不得跨电缆装车。

（四）装载第一勺斗时，不得装大块；卸料时尽量放低勺斗，其插销距车厢底板不得超过0.5m。严禁高吊勺斗装车。

（五）装入卡车里的物料超出车厢外部、影响安全时，必须妥善处理后，才准发出车信号。

（六）装车时严禁勺斗从卡车驾驶室上方越过。

（七）装入车内的物料要均匀，严禁单侧偏装、超装。

第五百四十七条 单斗挖掘机向自移式破碎机装载时，应当遵守下列规定：

（一）卸载时，勺斗底板下缘距受料斗不得超过0.8m。严禁高吊铲斗卸载。

（二）自移式破碎机突出部位距单斗挖掘机机尾回转范围距离不得小于1.0m。

第五百四十八条 操作单斗挖掘机或者反铲时，必须遵守下列规定：

（一）严禁用勺斗载人、砸大块和起吊重物。

（二）勺斗回转时，必须离开采掘工作面，严禁跨越接触网。

（三）在回转或者挖掘过程中，严禁勺斗突然变换方向。

（四）遇坚硬岩体时，严禁强行挖掘。

（五）反铲上挖作业时，应当采取安全技术措施。下挖作业时，履带不得平行于采掘面。

（六）严禁装载铁器等异物和拒爆的火药、雷管等。

第五百四十九条 2台以上单斗挖掘机在同一台阶或者相邻上、下台阶作业时，必须遵守下列规定：

（一）公路运输时，两者间距不得小于最大挖掘半径的2.5倍，并制定安全措施。

（二）在同一铁道线路进行装车作业时，必须制定安全措施。

（三）在相邻的上、下台阶作业时，两者的相对位置影响上下台阶的设备、设施安全时，必须制定安全措施。

第五百五十条 挖掘机在挖掘过程中有下列情况之一时，必须停止作业，撤到安全地点，并报告调度室检查处理：

（一）发现台阶崩落或者有滑动迹象。

（二）工作面有伞檐或者大块物料。

（三）暴露出未爆炸药包或者雷管。

（四）遇塌陷危险的采空区或者自然发火区。

（五）遇有松软岩层，可能造成挖掘机下沉或者掘沟遇水被淹。

（六）发现不明地下管线或者其他不明障碍物。

第五百五十一条 单斗挖掘机雨天作业电缆发生故障时，应当及时向矿调度室报告。故障排除后，确认柱上开关无电时，方可停送电。

第三节 破 碎

第五百五十二条 破碎站设置应当遵守下列规定：

（一）避开沉降、塌陷、滑坡危险的不良地段。

（二）卸车平台应当便于卸载、调车。

（三）卸车平台应当设矿用卡车卸料的安全限位车挡及防止物料滚落的安全防护挡墙。

（四）卸车平台应当有良好的照明系统，并有卸料指示信号安全装置。

（五）移动式破碎站履带外缘距工作平盘坡底线和下台阶坡顶线距离必须符合设计。

第五百五十三条 破碎站作业应当遵守下列规定：

（一）处理和吊运大块物料时，非作业人员必须撤到安全地点。

（二）清理破碎机堵料时，必须采取防止系统突然启动的安全保护措施。

第五百五十四条 自移式破碎机必须设置卸料臂防撞检测、过负荷保护和各旋转部件防护装置。

第四节 轮斗挖掘机采装

第五百五十五条 轮斗挖掘机作业必须遵守下列规定：

（一）严禁斗轮工作装置带负荷启动。

（二）严禁挖掘卡堵和损坏输送带的异物。

（三）调整位置时，必须设地面指挥人员。

第五百五十六条 采用轮斗挖掘机-带式输送机-排土机连续开采工艺系统时，应当遵守下列规定：

（一）紧急停机开关必须在可能发生重大设备事故或者危及人身安全的紧急情况下方可使用。

（二）各单机间应当实行安全闭锁控制，单机发生故障时，必须立即停车，同时向集中控制室汇报。严禁擅自处理故障。

第五节 拉斗铲作业

第五百五十七条 拉斗铲行走必须遵守下列规定：

（一）行走和调整作业位置时，路面必须平整，不得有凸起的岩石。

（二）变坡点必须设缓坡段。

（三）当行走路面处于路堤时，距路边缘安全距离应当符合设计。

（四）地面必须设专人指挥、监护，同时做好呼唤应答。

（五）行走靴不同步时，必须重新确定行进路线或者处理路面。

（六）严禁使用行走靴移动电缆。

第五百五十八条 拉斗铲作业时，机组人员和配合作业的辅助设备进出拉斗铲作业范围必须做好呼唤应答。严禁铲斗拖地回转、在空中急停和在其他设备上方通过。

第四章 运 输

第一节 铁路运输

第五百五十九条 铁路附近的建（构）筑物和设备接近限界，必须符合国家铁路技术管理规程。桥梁、隧道应当按规定设置人行道、避车台、避车洞、电缆沟及必要的检查和防火设施，立体交叉处的桥梁两侧设防护设施。运输线路上各种机车运行的限制坡度和曲线半径应当符合表21的要求。

表21 铁道线路的限制坡度和曲线半径

机车种类	限制坡度/‰	曲线半径/m 固定线	半固定线	装车线	排土线
蒸汽机车	≤25	≥200	≥150	≥150	向曲线内侧排弃≥300；向曲线外侧排弃≥200
电力机车	≤30	≥180（困难情况≥150）	≥120	≥110	
内燃机车	≤30	≥180（困难情况≥150）	≥120（困难情况≥110）		

第五百六十条 路基必须填筑坚实，并保持稳定和完好。

装车线路的中心线至坡底线或者爆堆边缘的距离不得小于 3m；上装车线应当根据台阶稳定情况确定，但不得小于 3m。排土线路中心线至坡顶线的距离不得小于 1.5m，至受土坑坡顶线的距离不得小于 1.4m。线路终端外必须留有不小于 30m 的安全距离。

第五百六十一条 铁道线路直线地段轨距为 1435mm，曲线地段轨距按表 22 的要求加宽。

表 22 铁道线路曲线地段轨距加宽值

曲线半径 R/m	轨距加宽值/mm
R≥350	0
350>R≥300	5
300>R>200	15
R≤200	20

第五百六十二条 直线地段线路 2 股钢轨顶面应当保持同一水平。道岔应当铺设在直线地段，不得设在竖曲线地段。道岔应当保持完好。

曲线地段外轨的超高度的计算公式如下：

$$h = 7.6v^2/R$$

式中　h——外轨的超高度，mm；
　　　v——实际最高行车速度，km/h；
　　　R——曲线半径，m。

双线地段外轨最大超高不得超过 150mm，单线不得超过 125mm。

第五百六十三条 铁路与公路交叉时，应当符合下列要求：

（一）根据通过的人流和车流量按规定设置平面或者立体交叉。

（二）平交道口有良好的瞭望条件，并按规定设置道口警标和司机鸣笛标、护栏和限界标志；按标准铺设道口，其宽度与公路路面相同；公路与铁路采用正交，不能正交时，其交角不得小于 45°。

（三）道口按级别设置安全标志和设施。

（四）道口两侧平台长度不得小于 10m，衔接平台的道路坡度不得大于 5%；否则制定安全措施。

（五）车站、曲线半径在 200m 以下的线路段和通视条件不良的路堑不设道口。道岔部位严禁设道口。

重型设备通过道口，必须得到煤矿企业批准。

第二节　公路运输

第五百六十四条 矿用卡车作业时，其制动、转向系统和安全装置必须完好。应当定期检验其可靠性，大型自卸车设示宽灯或者标志。

第五百六十五条 矿场道路应当符合下列要求：

（一）宽度符合通行、会车等安全要求。受采掘条件限制、达不到规定的宽度时，必须视道路距离设置相应数量的会车线。

（二）必须设置安全挡墙，高度为矿用卡车轮胎直径的 2/5~3/5。

（三）长距离坡道运输系统，应当在适当位置设置缓坡道。

第五百六十六条 严禁矿用卡车在矿内各种道路上超速行驶；同类汽车正常行驶不得超车；特殊路况（修路、弯道、单行道等）下，任何车辆都不得超车；除正在维护道路的设备和应急救援车辆外，各种车辆应为矿用卡车让行。

冬季应当及时清除路面上的积雪或者结冰，并采取防滑措施；前、后车距不得小于 50m；行驶时不得急刹车、急转弯或者超车。

第五百六十七条 矿用卡车在运输道路上出现故障且无法行走时，必须开启全部制动和警示灯，并采取防止溜车的安全措施；同时必须在车体前后 30m 外设置醒目的安全警示标志，并采取防护措施。

雾天或者烟尘影响视线时，必须开启雾灯或者大灯，前、后车距不得小于 30m；能见度不足 30m 或者雨、雪天气危及行车安全时，必须停止作业。

第五百六十八条 矿用卡车不得在矿山道路拖挂其他车辆；必须拖挂时，应当采取安全措施，并设专人指挥监护。

第五百六十九条 矿用卡车在工作面装车必须遵守下列规定：

（一）待进入装车位置的卡车必须停在挖掘机最大回转半径范围之外；正在装车的卡车必须停在挖掘机尾部回转半径之外。

（二）正在装载的卡车必须制动，司机不得将身体的任何部位伸出驾驶室外。

（三）卡车必须在挖掘机发出信号后，方可进入或者驶出装车地点。

（四）卡车排队等待装车时，车与车之间必须保持一定的安全距离。

第三节　带式输送机运输

第五百七十条 采用带式输送机运输时，应当遵守下列规定：

（一）带式输送机运输物料的最大倾角，上行不得大于 16°，严寒地区不得大于 14°；下行不得大于 12°。特种带式输送机不受此限。

（二）输送带安全系数取值参照本规程第三百七

（三）带式输送机的运输能力应当与前置设备能力相匹配。

第五百七十一条 带式输送机必须设置下列安全保护：

（一）拉绳开关和防跑偏、打滑、堵塞等。

（二）上运时应当设制动器和逆止器，下运时应当设软制动和防超速保护装置。

（三）机头、机尾、驱动滚筒和改向滚筒处应当设防护栏。

第五百七十二条 带式输送机设置应当遵守下列规定：

（一）避开采空区和工程地质不良地段，特殊情况下必须采取安全措施。

（二）带式输送机栈桥应当设人行通道，坡度大于5°的人行通道应当有防滑措施。

（三）跨越设备或者人行道时，必须设置防物料撒落的安全保护设施。

（四）除移置式带式输送机外，露天设置的带式输送机应当设防护设施。

（五）在转载点和机头处应当设置消防设施。

（六）带式输送机沿线应当设检修通道和防排水设施。

第五百七十三条 带式输送机启动时应当有声光报警装置，运行时严禁运送工具、材料、设备和人员。停机前后必须巡查托辊和输送带的运行情况，发现异常及时处理。检修时应当停机闭锁。

第五章 排　　土

第五百七十四条 排土场位置的选择，应当保证排弃土岩时，不致因大块滚落、滑坡、塌方等威胁采场、工业场地、居民区、铁路、公路、农田和水域的安全。

排土场位置选定后，应当进行地质测绘和工程、水文地质勘探，以确定排土参数。

第五百七十五条 当出现滑坡征兆或者其他危险时，必须停止排土作业，采取安全措施。

第五百七十六条 铁路排土线路必须符合下列要求：

（一）路基面向场地内侧按段高形成反坡。

（二）排土线设置移动停车位置标志和停车标志。

第五百七十七条 列车在排土线路的卸车地段应当符合下列要求：

（一）列车进入排土线后，由排土人员指挥列车运行。机械排土线的列车运行速度不得超过20km/h；人工排土线不得超过15km/h；接近路端时，不得超过5km/h。

（二）严禁运行中卸土。

（三）新移设线路，首次列车严禁牵引进入。

（四）翻车时2人操作，操作人员位于车厢内侧。

（五）采用机械化作业清扫自翻车，人工清扫必须制定安全措施。

（六）卸车完毕，在排土人员发出出车信号后，列车方可驶出排土线。

第五百七十八条 单斗挖掘机排土应当遵守下列规定：

（一）受土坑的坡面角不得大于70°，严禁超挖。

（二）挖掘机至站立台阶坡顶线的安全距离：

1. 台阶高度10m以下为6m；

2. 台阶高度11～15m为8m；

3. 台阶高度16～20m为11m；

4. 台阶高度超过20m时必须制定安全措施。

第五百七十九条 矿用卡车排土场及排弃作业应当遵守下列规定：

（一）排土场卸载区，必须有连续的安全挡墙，车型小于240t时安全挡墙高度不得低于轮胎直径的0.4倍，车型大于240t时安全挡墙高度不得低于轮胎直径的0.35倍。不同车型在同一地点排土时，必须按最大车型的要求修筑安全挡墙，特殊情况下制定安全措施。

（二）排土工作面向坡顶线方向应当保持3%～5%的反坡。

（三）应当按规定顺序排土岩，在同一地段进行卸车和排土作业时，设备之间必须保持足够的安全距离。

（四）卸载物料时，矿用卡车应当垂直排土工作线；严禁高速倒车、冲撞安全挡墙。

第五百八十条 推土机、装载机排土必须遵守下列规定：

（一）司机必须随时观察排土台阶的稳定情况。

（二）严禁平行于坡顶线作业。

（三）与矿用卡车之间保持足够的安全距离。

（四）严禁以高速冲击的方式铲推物料。

第五百八十一条 排土机排土必须遵守下列规定：

（一）排土机必须在稳定的平盘上作业，外侧履带与台阶坡顶线之间必须保持一定的安全距离。

（二）工作场地和行走道路的坡度必须符合排土机的技术要求。

第五百八十二条 排土场卸载区应当有通信设施或者联络信号，夜间应当有照明。

第六章 边　　坡

第五百八十三条 露天煤矿应当进行专门的边坡工程、地质勘探工程和稳定性分析评价。

应当定期巡视采场及排土场边坡，发现有滑坡征兆时，必须设明显标志牌。对设有运输道路、采运机械和重要设施的边坡，必须及时采取安全措施。

发生滑坡后，应当立即对滑坡区采取安全措施，并进行专门的勘查、评价与治理工程设计。

第五百八十四条 非工作帮形成一定范围的到界台阶后，应当定期进行边坡稳定分析和评价，对影响生产安全的不稳定边坡必须采取安全措施。

第五百八十五条 工作帮边坡在临近最终设计的边坡之前，必须对其进行稳定性分析和评价。当原设计的最终边坡达不到稳定的安全系数时，应当修改设计或者采取治理措施。

第五百八十六条 露天煤矿的长远和年度采矿工程设计，必须进行边坡稳定性验算。达不到边坡稳定要求时，应当修改采矿设计或者制定安全措施。

第五百八十七条 采场最终边坡管理应当遵守下列规定：

（一）采掘作业必须按设计进行，坡底线严禁超挖。

（二）临近到界台阶时，应当采用控制爆破。

（三）最终煤台阶必须采取防止煤风化、自然发火及沿煤层底板滑坡的措施。

第五百八十八条 排土场边坡管理必须遵守下列规定：

（一）定期对排土场边坡进行稳定性分析，必要时采取防治措施。

（二）内排土场建前，查明基底形态、岩层的赋存状态及岩石物理力学性质，测定排弃物料的力学参数，进行排土场设计和边坡稳定计算，清除基底上不利于边坡稳定的松软土岩。

（三）内排土场最下部台阶的坡底与采掘台阶坡底之间必须留有足够的安全距离。

（四）排土场必须采取有效的防排水措施，防止或者减少水流入排土场。

第七章　防治水和防灭火

第一节　防治水

第五百八十九条 每年雨季前必须对防排水设施作全面检查，并制定当年的防排水措施。检修防排水设施、新建的重要防排水工程必须在雨季前完工。

第五百九十条 对低于当地历史最高洪水位的设施，必须按规定采取修筑堤坝、沟渠、疏通水沟等防洪措施。

第五百九十一条 地表及边坡上的防排水设施应当避开有滑坡危险的地段。排水沟应当经常检查、清淤，不应渗漏、倒灌或者漫流。当采场内有滑坡区时，应当在滑坡区周围采取截水措施；当水沟经过有变形、裂缝的边坡地段时，应当采取防渗措施。

排土场应当保持平整，不得有积水，周围应当修筑可靠的截泥、防洪和排水设施。

第五百九十二条 用露天采场深部做储水池排水时，必须采取安全措施，备用水泵的能力不得小于工作水泵能力的50%。

第五百九十三条 地层含水影响采矿工程正常进行时，应当进行疏干，疏干工程应当超前于采矿工程。

因疏干地层含水地面出现裂缝、塌陷时，应当圈定范围加以防护、设置警示标志，并采取安全措施；（半）地下疏干泵房应当设通风装置。

第五百九十四条 地下水影响较大和已进行疏干排水工程的边坡，应当进行地下水位、水压及涌水量的观测，分析地下水对边坡稳定的影响程度及疏干的效果，并制定地下水治理措施。

因地下水水位升高，可能造成排土场或者采场滑坡时，必须进行地下水疏干。

第二节　防灭火

第五百九十五条 必须制定地面和采场内的防灭火措施。所有建筑物、煤堆、排土场、仓库、油库、爆炸物品库、木料厂等处的防火措施和制度必须符合国家有关法律、法规和标准的规定。

露天煤矿内的采掘、运输、排土等主要设备，必须配备灭火器材，并定期检查和更换。

第五百九十六条 开采有自然发火倾向的煤层或者开采范围内存在火区时，必须制定防灭火措施。

第八章　电　　气

第一节　一般规定

第五百九十七条 露天煤矿的各种电气设备、电力和通信系统的设计、安装、验收、运行、检修、试验等工作，必须符合国家有关规定。

第五百九十八条 采场内的主排水泵站必须设置备用电源，当供电线路发生故障时，备用电源必须能担负最大排水负荷。

第五百九十九条 向采场内的移动式高压电动设备供电的变压器严禁中性点直接接地;当采用中性点经限流电阻接地方式供电时,且流经单相接地故障点的电流应当限制在 200A 以内,必须装设两段式中性点零序电流保护。中性点直接接地的变压器还应当装设单相接地保护。

第六百条 执行电气检修作业,必须停电、验电、放电,挂接三相短路接地线,装设遮栏并悬挂标示牌。

第二节 变电所(站)和配电设备

第六百零一条 变电站(移动站)设置应当遵守下列规定:

(一)采场变电站应当使用不燃性材料修建,站内变电装置与墙的距离不得小于 0.8m,距顶部不得小于 1m。变电站的门应当向外开,门口悬挂警示牌。

(二)采场变电站、非全封闭式移动变电站,四周应当设有围墙或者栅栏。

(三)必须对变电站、移动变电站、开关箱、分支箱统一编号,门必须加锁,并设安全警示标志。变电站内的设备应当编号,并注明负荷名称,必须设有停、送电标志。

(四)移动变电站箱体应当有保护接地。

(五)无人值班的变电站、移动变电站至少每 2 周巡视一次。

(六)变电站室内必须配备合格的检测和绝缘用具。

第六百零二条 移动变电站进线户外主隔离开关必须上锁,馈出侧隔离开关与断路器之间必须有可靠的机械或者电气闭锁。

第三节 架空输电线和电缆

第六百零三条 采场内架空线路敷设应当遵守下列规定:

(一)固定供电线路和通信线路应当设置在稳定的边坡上。

(二)高压架空输电线截面不得小于 35mm²,低压架空输电线截面不得小于 25mm²。由架空线向移动式高压电气设备和移动变电站供电的分支线路应当采用橡套电缆。

(三)架设在同一电杆上的高低压输(配)电线路不得多于两回;对于直线杆,上下横担的距离不得小于 800mm;对于转角杆,上下横担的距离不得小于 500mm(10kV 线路及以下)。同一电杆上的高压线路,应当由同一电压等级的电源供电。垂直向采场供电的配电线路,同一杆上只能架设一回。

(四)架空线下严禁停放矿用设备,严禁堆置剥离物和煤炭等物料。

第六百零四条 在最大下垂度的情况下,架空线路到地面和接触网的垂直距离必须符合表 23 的要求。

表 23 架空线与地面及设施的安全距离 m

电压等级/kV	<1	1~10	35
采场和排土场	6	6.5	7
人难以通行和地面运输必须通行的地点	5	5.5	6
台阶坡面	3	4.5	5
配电线和接触网的平面交叉点	2	2	3
铁路与配电线路的平面交叉点	7.5	7.5	7.5

第六百零五条 移动金属塔架和大型设备通过架空线以及在架空输配电线附近作业的机械设备,其最高(最远)点至电线的垂直(水平)距离,应当符合表 24 的要求。

表 24 设备距离架空线的安全距离

电压等级/kV	最小距离/m
≤6	0.7
10	1.0
35	2.5
66	3.0
110	3.5

第六百零六条 挖掘机作业不得影响和破坏电缆线、电杆或者其他支架基础的安全,不得损伤接地导体和接地线。

第六百零七条 台阶上 6~10kV 的架空输配电线最上边的导线,在没有偏差的情况下,至接触网最近边的水平距离不应小于 2.5m,至铁路路肩的水平距离不应小于 2m。

第六百零八条 电压小于 10kV 的输配电线,允许采用移动电杆,移动电杆之间的距离不应大于 50m,特殊情况应当根据计算确定。

第六百零九条 敷设橡套电缆应当符合下列要求:

(一)避开火区、水塘、水仓和可能出现滑坡的地段。

（二）跨台阶敷设电缆应当避开有伞檐、浮石、裂缝等的地段。

（三）新投入的高压电缆，使用前必须进行绝缘试验；修复后的高压电缆必须进行绝缘试验；运行高压电缆每年雷雨前应当进行预防性试验。

（四）电缆接头应当采用热缩或者冷补修复，其强度和导电性能不低于原要求。

（五）缠绕在卷筒（盘）上电缆载流量的计算符合相关要求，温升不超过要求。

（六）电缆穿越铁路、公路时，必须采取防护措施，严禁设备碾压电缆。

第四节　电气设备保护和接地

第六百一十条　高压配电线路应当装设过负荷、短路、漏电保护；低压配电线路应当装设短路和单相接地（漏电）保护；高压电动机应当装设短路、过负荷、漏电和欠压释放保护；低压电动机应当装设过流、短路保护；中性点接地的变压器必须装设接地保护；低压电力系统的变压器中性点直接接地时，必须装设接地保护。

第六百一十一条　变（配）电设施、油库、爆炸物品库、高大或者易受雷击的建筑，必须装设防雷电装置，每年雨季前检验1次。

第六百一十二条　电气保护检验应当遵守下列规定：

（一）电气保护装置使用前必须按规定进行检验，并做好记录。

（二）运行中每年至少对保护做1次检验，漏电保护6个月1次，负荷调整、线路变动应当及时检验。

（三）接地系统每月检查1次，每年至少检测1次，并做好记录。

第六百一十三条　采场必须选用户外型电气设备，所有高、低压电气设备裸露导电体必须有安全防护。

第六百一十四条　变电所（站）的各种继电保护装置每2年至少做1次试验。

第六百一十五条　变电所开关跳闸后，应当立即报告调度人员，经查询，可试送1次；若仍跳闸，不得强行送电，待查明原因，排除故障后，方可送电。

第六百一十六条　接地和接零应当符合下列要求：

（一）采场的架空线主接地极不得少于2组。主接地极应当设在电阻率低的地方，每组接地电阻值不得大于4Ω，在土壤电阻率大于1000Ωmm²/m的地区，不得超过30Ω。移动设备与架空线接地极之间的电阻值不得大于1Ω。接地线和设备的金属外壳的接触电压不得大于36V。

（二）高压架空线的接地线应当使用截面大于35mm²的钢绞线。

（三）采用橡套电缆的专用接地芯线必须接地或者接零，严禁接地线作电源线。

（四）50V以上的交流电气设备的金属外壳、构架等必须接地。

（五）连接电气设备与接地母线应当使用截面不小于50mm²的耐腐蚀的铁线，严禁电气设备的接地线串联接地，严禁用金属管道或者电缆金属护套作为接地线。

（六）低压接地系统的架空线路的终端和支线的终端必须重复接地，交流线路零线的重复接地必须用独立的人工接地体，不得与地下金属管网相连接。

第五节　电气设备操作、维护和调整

第六百一十七条　严禁带电检修、移动电气设备。对设备进行带电调试、测试、试验时，必须采取安全措施。

移动带电电缆时，必须检查确认电缆没有破损，并穿戴好绝缘防护用品。

采用快速插接式的高压电缆头严禁带电插拔。

第六百一十八条　操作电气设备必须遵守下列规定：

（一）非专职和非值班人员，严禁操作电气设备。

（二）操作高压电气设备回路时，操作人员必须戴绝缘手套、穿电工绝缘靴或者站在绝缘台上。

（三）手持式电气设备的操作柄和工作中必须接触的部分，必须有合格的绝缘。

（四）操作人员身体任何部分与电气设备裸露带电部分的最小距离应当执行国家相关标准。

第六百一十九条　检修多用户使用的输配电线路时，应当制定安全措施。

第六百二十条　采场内（变电站、所及以下）配电线路的停送电作业应当遵守下列规定：

（一）计划停送电严格执行工作票、操作票制度。

（二）非计划停送电，应当经调度同意后执行，并双方做好停送电记录。

（三）事故停电，执行先停电，后履行停电手续，采取安全措施做好记录。

（四）严禁约时停送电。

第六百二十一条 高压变配电设备和线路的检修及停送电，必须严格执行停电申请和工作票制度。

停电线路维修作业必须遵守下列规定：

（一）必须由负责人统一指挥。

（二）必须有明显的断开点，该线路断开的电源开关把手，必须专人看管或者加锁，并悬挂警示牌。

（三）停电后必须验电，并挂好接地线。

（四）作业时必须有专人监护。

（五）确认所有作业完毕后，摘除接地线和警示牌，由负责人检查无误后通知调度恢复送电。

第六百二十二条 雷电或者雷雨时，严禁进行倒闸操作，严禁操作跌落开关。

第六节 爆炸物品库和炸药加工区安全配电

第六百二十三条 爆炸物品库房区和加工区的10kV及以下的变电所，可采用户内式，但不应设在A级建筑物内。

变电所与A级建筑物的距离不得小于50m。

柱上变电亭与A级建筑物的距离不得小于100m，与B级和D级建筑物不得小于50m。

第六百二十四条 1~10kV的室外架空线路，严禁跨越危险场所的建筑物。其边线与建筑物的水平距离，应当遵守下列规定：

（一）与A级和B级建筑物的距离，不应小于电杆间距的2/3且不应小于35m；与生产炸药的A级建筑物的距离，不应小于50m。

（二）与D级建筑物的距离不应小于电杆高的1.5倍。

第六百二十五条 变（配）电所至有爆炸危险的工房（库房）的380V/220V级配电线路，必须采用金属铠装交联电缆，其额定电压不低于500V，中性线的额定电压与相线相同，并在地下敷设。

电缆埋地长度不应小于15m。电缆的入户端金属外皮或者装电缆的钢管应当接地。在电缆与架空线的连接处应当装设防雷电装置。防雷电装置与电缆金属外皮、钢管、绝缘铁脚应当并联一起接地，其接地电阻不大于10Ω。

低压配电应当采用TN-S系统。

第六百二十六条 有爆炸危险场所中的金属设备、管道和其他导电物体，均应当接地，其防静电的接地电阻不得大于100Ω。该接地装置与电气设备的、防雷电的接地装置共用，此时接地电阻值取其中最小值。根据具体情况，还应当采用其他的防静电措施。

第七节 照明和通信

第六百二十七条 固定式照明灯具使用的电压不得超过220V，手灯或者移动式照明灯具的电压应当小于36V，在金属容器内作业用的照明灯具的电压不得超过24V。

在同一地点安装不同照明电压等级的电源插座时，应当有明显区别标志。

第六百二十八条 必须配置能够覆盖整个开采范围的无线对讲系统，有基站的必须配备不间断电源，同时配置其他的有线或者无线应急通信系统；调度室与附近急救中心、消防机构、上级生产指挥中心的通信联系必须装设有线电话。

第九章 设备检修

第六百二十九条 检修前，应当选择坚实平坦的地面停放，因故障不能移动的设备应当采取防止溜车措施，轮式设备必须安放止轮器。

第六百三十条 检修作业必须遵守下列规定：

（一）检修时必须执行挂牌制度，在控制位置悬挂"正在检修，严禁启动"警示牌。

（二）检修时必须设专人协调指挥。多工种联合检修作业时，必须制定安全措施。

（三）在设备的隐蔽处及通风不畅的空间内检修时，必须制定安全措施，并设专人监护。

（四）检查和诊断运动、铰接、高温、有压、带电、弹性储能等危险部位时，必须采取安全措施，检修前必须切断相应的动力源，释放压力。

（五）在带式输送机上更换、维修输送带时，应当制定安全措施。

第六百三十一条 检修用电设备的高压进线和总隔离开关柜时，必须执行停送电制度。

检修设备高压线路时，必须切断相应的断路器和拉开隔离开关，并进行验电、放电、挂接短路地线。

第六百三十二条 拆装高温（>40℃）或者低温（<-15℃）部件时，必须采取防护措施，严禁人体直接接触。

第六百三十三条 电焊、气焊、切割必须遵守下列规定：

（一）工作场地通风良好，无易燃、易爆物品。

（二）各类气瓶要距明火10m以上，氧气瓶距乙炔瓶5m以上。在重点防火、防爆区焊接作业时，办理用火审批单，并制定防火、防爆措施。

（三）在焊接或者切割盛放过易燃、易爆物品或者情况不明物品的容器时，应当制定安全措施。

（四）进入设备或者容器内部焊接、切割时，在确认无易燃、易爆气体或者物品，采取安全措施后，方可作业。

（五）各种气瓶连接处、胶管接头、减压器等，严禁沾染油脂。

（六）电焊机及电焊用具的绝缘必须合格，电焊机外壳接地。

第六百三十四条 吊装作业必须遵守下列规定：

（一）吊装作业区四周设置明显标志，夜间作业有足够的照明。

（二）严禁超载吊装和起吊重量不明的物体；严禁使用一根绳索挂 2 个吊点；严禁绳索与棱角直接接触。

（三）2 台及以上起重机起吊同一物体时，负载分配应当合理，单机载荷不得超过额定起重量的 80%。

第六百三十五条 高处作业必须遵守下列规定：

（一）使用登高工具和安全用具。

（二）使用梯子时，支承必须牢固，并有防滑措施，严禁垫高使用。

（三）采取可靠的防止人员坠落措施，有条件时应当设置防护网或者防护围栏。

（四）人员站立位置及扶手采取防滑措施。

（五）防止物体坠落，严禁抛掷工具和器材。

（六）在有坠落危险的下方严禁其他人员停留或者作业。

第六百三十六条 检修矿用卡车必须编制作业规程，并遵守下列规定：

（一）厢斗举升维修过程中，设定警戒区，严禁人员进入。

（二）厢斗举起后，采用刚性支撑或者安全索固定厢斗，严禁利用举升缸支撑作业。

（三）在车上进行焊接和切割作业时，要防止火花溅落到下方作业区或者油箱。必要时，应当采取防护措施。

（四）必须制定专门的检修轮胎安全技术措施。

第五编　职业病危害防治

第一章　职业病危害管理

第六百三十七条 煤矿企业必须建立健全职业卫生档案，定期报告职业病危害因素。

第六百三十八条 煤矿企业应当开展职业病危害因素日常监测，配备监测人员和设备。

煤矿企业应当每年进行一次作业场所职业病危害因素检测，每 3 年进行一次职业病危害现状评价。检测、评价结果存入煤矿企业职业卫生档案，定期向从业人员公布。

第六百三十九条 煤矿企业应当为接触职业病危害因素的从业人员提供符合要求的个体防护用品，并指导和督促其正确使用。

作业人员必须正确使用防尘或者防毒等个体防护用品。

第二章　粉尘防治

第六百四十条 作业场所空气中粉尘（总粉尘、呼吸性粉尘）浓度应当符合表 25 的要求。不符合要求的，应当采取有效措施。

表 25　作业场所空气中粉尘浓度要求

粉尘种类	游离 SiO_2 含量/%	时间加权平均容许浓度/（$mg·m^{-3}$）	
		总尘	呼尘
煤尘	<10	4	2.5
矽尘	10~50	1	0.7
	50~80	0.7	0.3
	≥80	0.5	0.2
水泥尘	<10	4	1.5

注：时间加权平均容许浓度是以时间加权数规定的 8h 工作日、40h 工作周的平均容许接触浓度。

第六百四十一条 粉尘监测应当采用定点监测、个体监测方法。

第六百四十二条 煤矿必须对生产性粉尘进行监测，并遵守下列规定：

（一）总粉尘浓度，井工煤矿每月测定 2 次；露天煤矿每月测定 1 次。粉尘分散度每 6 个月测定 1 次。

（二）呼吸性粉尘浓度每月测定 1 次。

（三）粉尘中游离 SiO_2 含量每 6 个月测定 1 次，在变更工作面时也必须测定 1 次。

（四）开采深度大于 200m 的露天煤矿，在气压较低的季节应当适当增加测定次数。

第六百四十三条 粉尘监测采样点布置应当符合表 26 的要求。

表 26　粉尘监测采样点布置

类　别	生产工艺	测尘点布置
采煤工作面	司机操作采煤机、打眼、人工落煤及攉煤	工人作业地点
	多工序同时作业	回风巷距工作面10～15m处
掘进工作面	司机操作掘进机、打眼、装岩（煤）、锚喷支护	工人作业地点
	多工序同时作业（爆破作业除外）	距掘进头10～15m回风侧
其他场所	翻罐笼作业、巷道维修、转载点	工人作业地点
露天煤矿	穿孔机作业、挖掘机作业	下风侧3～5m处
	司机操作穿孔机、司机操作挖掘机、汽车运输	操作室内
地面作业场所	地面煤仓、储煤场、输送机运输等处进行生产作业	作业人员活动范围内

第六百四十四条　矿井必须建立消防防尘供水系统，并遵守下列规定：

（一）应当在地面建永久性消防防尘储水池，储水池必须经常保持不少于200m³的水量。备用水池贮水量不得小于储水池的一半。

（二）防尘用水水质悬浮物的含量不得超过30mg/L，粒径不大于0.3mm，水的pH值在6～9范围内，水的碳酸盐硬度不超过3mmol/L。

（三）没有防尘供水管路的采掘工作面不得生产。主要运输巷、带式输送机斜井与平巷、上山与下山、采区运输巷与回风巷、采煤工作面运输巷与回风巷、掘进巷道、煤仓放煤口、溜煤眼放煤口、卸载点等地点必须敷设防尘供水管路，并安设支管和阀门。防尘用水应当过滤。水采矿井不受此限。

第六百四十五条　井工煤矿采煤工作面应当采取煤层注水防尘措施，有下列情况之一的除外：

（一）围岩有严重吸水膨胀性质，注水后易造成顶板垮塌或者底板变形；地质情况复杂、顶板破坏严重，注水后影响采煤安全的煤层。

（二）注水后会影响采煤安全或者造成劳动条件恶化的薄煤层。

（三）原有自然水分或者防灭火灌浆后水分大于4%的煤层。

（四）孔隙率小于4%的煤层。

（五）煤层松软、破碎，打钻孔时易塌孔、难成孔的煤层。

（六）采用下行垮落法开采近距离煤层群或者分层开采厚煤层，上层或者上分层的采空区采取灌水防尘措施时的下一层或者下一分层。

第六百四十六条　井工煤矿炮采工作面应当采用湿式钻眼、冲洗煤壁、水炮泥、出煤洒水等综合防尘措施。

第六百四十七条　采煤机必须安装内、外喷雾装置。割煤时必须喷雾降尘，内喷雾工作压力不得小于2MPa，外喷雾工作压力不得小于4MPa，喷雾流量应当与机型相匹配。无水或者喷雾装置不能正常使用时必须停机；液压支架和放顶煤工作面的放煤口，必须安装喷雾装置，降柱、移架或者放煤时同步喷雾。破碎机必须安装防尘罩和喷雾装置或者除尘器。

第六百四十八条　井工煤矿采煤工作面回风巷应当安设风流净化水幕。

第六百四十九条　井工煤矿掘进井巷和硐室时，必须采取湿式钻眼、冲洗井壁巷帮、水炮泥、爆破喷雾、装岩（煤）洒水和净化风流等综合防尘措施。

第六百五十条　井工煤矿掘进机作业时，应当采用内、外喷雾及通风除尘等综合措施。掘进机无水或者喷雾装置不能正常使用时，必须停机。

第六百五十一条　井工煤矿在煤、岩层中钻孔作业时，应当采取湿式降尘等措施。

在冻结法凿井和在遇水膨胀的岩层中不能采用湿式钻眼（孔）、突出煤层或者松软煤层中施工瓦斯抽采钻孔难以采取湿式钻孔作业时，可以采取干式钻孔（眼），并采取除尘器除尘等措施。

第六百五十二条　井下煤仓（溜煤眼）放煤口、输送机转载点和卸载点，以及地面筛分厂、破碎车间、带式输送机走廊、转载点等地点，必须安设喷雾装置或者除尘器，作业时进行喷雾降尘或者用除尘器除尘。

第六百五十三条　喷射混凝土时，应当采用潮喷或者湿喷工艺，并配备除尘装置对上料口、余气口除尘。距离喷浆作业点下风流100m内，应当设置风流净化水幕。

第六百五十四条　露天煤矿的防尘工作应当符合下列要求：

（一）设置加水站（池）。

365

（二）穿孔作业采取捕尘或者除尘器除尘等措施。
（三）运输道路采取洒水等降尘措施。
（四）破碎站、转载点等采用喷雾降尘或者除尘器除尘。

第三章 热害防治

第六百五十五条 当采掘工作面空气温度超过26℃、机电设备硐室超过30℃时，必须缩短超温地点工作人员的工作时间，并给予高温保健待遇。

当采掘工作面的空气温度超过30℃、机电设备硐室超过34℃时，必须停止作业。

新建、改扩建矿井设计时，必须进行矿井风温预测计算，超温地点必须有降温设施。

第六百五十六条 有热害的井工煤矿应当采取通风等非机械制冷降温措施。无法达到环境温度要求时，应采用机械制冷降温措施。

第四章 噪声防治

第六百五十七条 作业人员每天连续接触噪声时间达到或者超过8h的，噪声声级限值为85dB（A）。每天接触噪声时间不足8h的，可以根据实际接触噪声的时间，按照接触噪声时间减半、噪声声级限值增加3dB（A）的原则确定其声级限值。

第六百五十八条 每半年至少监测1次噪声。

井工煤矿噪声监测点应当布置在主要通风机、空气压缩机、局部通风机、采煤机、掘进机、风动凿岩机、破碎机、主水泵等设备使用地点。

露天煤矿噪声监测点应当布置在钻机、挖掘机、破碎机等设备使用地点。

第六百五十九条 应当优先选用低噪声设备，采取隔声、消声、吸声、减振、减少接触时间等措施降低噪声危害。

第五章 有害气体防治

第六百六十条 监测有害气体时应当选择有代表性的作业地点，其中包括空气中有害物质浓度最高、作业人员接触时间最长的地点。应当在正常生产状态下采样。

第六百六十一条 氧化氮、一氧化碳、氨、二氧化硫至少每3个月监测1次，硫化氢至少每月监测1次。

第六百六十二条 煤矿作业场所存在硫化氢、二氧化硫等有害气体时，应当加强通风降低有害气体的浓度。在采用通风措施无法达到作业环境标准时，应当采用集中抽取净化、化学吸收等措施降低硫化氢、二氧化硫等有害气体的浓度。

第六章 职业健康监护

第六百六十三条 煤矿企业必须按照国家有关规定，对从业人员上岗前、在岗期间和离岗时进行职业健康检查，建立职业健康档案，并将检查结果书面告知从业人员。

第六百六十四条 接触职业病危害从业人员的职业健康检查周期按下列规定执行：

（一）接触粉尘以煤尘为主的在岗人员，每2年1次。
（二）接触粉尘以矽尘为主的在岗人员，每年1次。
（三）经诊断的观察对象和尘肺患者，每年1次。
（四）接触噪声、高温、毒物、放射线的在岗人员，每年1次。

接触职业病危害作业的退休人员，按有关规定执行。

第六百六十五条 对检查出有职业禁忌症和职业相关健康损害的从业人员，必须调离接害岗位，妥善安置；对已确诊的职业病人，应当及时给予治疗、康复和定期检查，并做好职业病报告工作。

第六百六十六条 有下列病症之一的，不得从事接尘作业：

（一）活动性肺结核病及肺外结核病。
（二）严重的上呼吸道或者支气管疾病。
（三）显著影响肺功能的肺脏或者胸膜病变。
（四）心、血管器质性疾病。
（五）经医疗鉴定，不适于从事粉尘作业的其他疾病。

第六百六十七条 有下列病症之一的，不得从事井下工作：

（一）本规程第六百六十六条所列病症之一的。
（二）风湿病（反复活动）。
（三）严重的皮肤病。
（四）经医疗鉴定，不适于从事井下工作的其他疾病。

第六百六十八条 癫痫病和精神分裂症患者严禁从事煤矿生产工作。

第六百六十九条 患有高血压、心脏病、高度近视等病症以及其他不适应高空（2m以上）作业者，不得从事高空作业。

第六百七十条 从业人员需要进行职业病诊断、鉴定的，煤矿企业应当如实提供职业病诊断、鉴定所需的从业人员职业史和职业病危害接触史、工作场所职业病危害因素检测结果等资料。

第六百七十一条 煤矿企业应当为从业人员建立职业健康监护档案，并按照规定的期限妥善保存。

从业人员离开煤矿企业时，有权索取本人职业健康监护档案复印件，煤矿企业必须如实、无偿提供，并在所提供的复印件上签章。

第六编 应急救援

第一章 一般规定

第六百七十二条 煤矿企业应当落实应急管理主体责任，建立健全事故预警、应急值守、信息报告、现场处置、应急投入、救援装备和物资储备、安全避险设施管理和使用等规章制度，主要负责人是应急管理和事故救援工作的第一责任人。

第六百七十三条 矿井必须根据险情或者事故情况下矿工避险的实际需要，建立井下紧急撤离和避险设施，并与监测监控、人员位置监测、通信联络等系统结合，构成井下安全避险系统。

安全避险系统应当随采掘工作面的变化及时调整和完善，每年由矿总工程师组织开展有效性评估。

第六百七十四条 煤矿企业必须编制应急救援预案并组织评审，由本单位主要负责人批准后实施；应急救援预案应当与所在地县级以上地方人民政府组织制定的生产安全事故应急救援预案相衔接。

应急救援预案的主要内容发生变化，或者在事故处置和应急演练中发现存在重大问题时，及时修订完善。

第六百七十五条 煤矿企业必须建立应急演练制度。应急演练计划、方案、记录和总结评估报告等资料保存期限不少于2年。

第六百七十六条 所有煤矿必须有矿山救护队为其服务。井工煤矿企业应当设立矿山救护队，不具备设立矿山救护队条件的煤矿企业，所属煤矿应当设立兼职救护队，并与就近的救护队签订救护协议；否则，不得生产。

矿山救护队到达服务煤矿的时间应当不超过30min。

第六百七十七条 任何人不得调动矿山救护队、救援装备和救护车辆从事与应急救援无关的工作，不得挪用紧急避险设施内的设备和物品。

第六百七十八条 井工煤矿应当向矿山救护队提供采掘工程平面图、矿井通风系统图、井上下对照图、井下避灾路线图、灾害预防和处理计划，以及应急救援预案；露天煤矿应当向矿山救护队提供采剥、排土工程平面图和运输系统图、防排水系统图及排水设备布置图、井工老空区与露天矿平面对照图，以及应急救援预案。提供的上述图纸和资料应当真实、准确，且至少每季度为救护队更新一次。

第六百七十九条 煤矿作业人员必须熟悉应急救援预案和避灾路线，具有自救互救和安全避险知识。井下作业人员必须熟练掌握自救器和紧急避险设施的使用方法。

班组长应当具备兼职救护队员的知识和能力，能够在发生险情后第一时间组织作业人员自救互救和安全避险。

外来人员必须经过安全和应急基本知识培训，掌握自救器使用方法，并签字确认后方可入井。

第六百八十条 煤矿发生险情或者事故后，现场人员应当进行自救、互救，并报矿调度室；煤矿应当立即按照应急救援预案启动应急响应，组织涉险人员撤离险区，通知应急指挥人员、矿山救护队和医疗救护人员到现场救援，并上报事故信息。

第六百八十一条 矿山救护队在接到事故报告电话、值班人员发出警报后，必须在1min内出动救援。

第六百八十二条 发生事故的煤矿必须全力做好事故应急救援及相关工作，并报请当地政府和主管部门在通信、交通运输、医疗、电力、现场秩序维护等方面提供保障。

第二章 安全避险

第六百八十三条 煤矿发生险情或者事故时，井下人员应当按应急救援预案和应急指令撤离险区，在撤离受阻的情况下紧急避险待救。

第六百八十四条 井下所有工作地点必须设置灾害事故避灾路线。避灾路线指示应当设置在不易受到碰撞的显著位置，在矿灯照明下清晰可见，并标注所在位置。

巷道交叉口必须设置避灾路线标识。巷道内设置标识的间隔距离：采区巷道不大于200m，矿井主要巷道不大于300m。

第六百八十五条 矿井应当设置井下应急广播系统，保证井下人员能够清晰听见应急指令。

第六百八十六条 入井人员必须随身携带额定防护时间不低于30min的隔绝式自救器。

矿井应当根据需要在避灾路线上设置自救器补给站。补给站应当有清晰、醒目的标识。

第六百八十七条 采区避灾路线上应当设置压

风管路，主管路直径不小于100mm，采掘工作面管路直径不小于50mm，压风管路上设置的供气阀门间隔不大于200m。水文地质条件复杂和极复杂的矿井，应当在各水平、采区和上山巷道最高处敷设压风管路，并设置供气阀门。

采区避灾路线上应当敷设供水管路，在供气阀门附近安装供水阀门。

第六百八十八条 突出矿井，以及发生险情或者事故时井下人员依靠自救器或者1次自救器接力不能安全撤至地面的矿井，应当建设井下紧急避险设施。紧急避险设施的布局、类型、技术性能等具体设计，应当经矿总工程师审批。

紧急避险设施应当设置在避灾路线上，并有醒目标识。矿井避灾路线图中应当明确标注紧急避险设施的位置、规格和种类，井巷中应当有紧急避险设施方位指示。

第六百八十九条 突出矿井必须建设采区避难硐室，采区避难硐室必须接入矿井压风管路和供水管路，满足避险人员的避险需要，额定防护时间不低于96h。

突出煤层的掘进巷道长度及采煤工作面推进长度超过500m时，应当在距离工作面500m范围内建设临时避难硐室或者其他临时避险设施。临时避难硐室必须设置向外开启的密闭门，接入矿井压风管路，设置与矿调度室直通的电话，配备足量的饮用水及自救器。

第六百九十条 其他矿井应当建设采区避难硐室，或者在距离采掘工作面1000m范围内建设临时避难硐室或者其他临时避险设施。

第六百九十一条 突出与冲击地压煤层，应当在距采掘工作面25~40m的巷道内、爆破地点、撤离人员与警戒人员所在位置、回风巷有人作业处等地点，至少设置1组压风自救装置；在长距离的掘进巷道中，应当根据实际情况增加压风自救装置的设置组数。每组压风自救装置应当可供5~8人使用，平均每人空气供给量不得少于0.1m³/min。

其他矿井掘进工作面应当敷设压风管路，并设置供气阀门。

第六百九十二条 煤矿必须对紧急避险设施进行维护和管理，每天巡检1次；建立技术档案及使用维护记录。

第三章 救援队伍

第六百九十三条 矿山救护队是处理矿山灾害事故的专业应急救援队伍。

矿山救护队必须实行标准化、军事化管理和24h值班。

第六百九十四条 矿山救护大队应当由不少于2个中队组成，矿山救护中队应当由不少于3个救护小队组成，每个救护小队应当由不少于9人组成。

第六百九十五条 矿山救护队大、中队指挥员应当由熟悉矿山救援业务，具有相应煤矿专业知识，从事煤矿生产、安全、技术管理工作5年以上和矿山救援工作3年以上，并经过培训合格的人员担任。

第六百九十六条 矿山救护大队指挥员年龄不应超过55岁，救护中队指挥员不应超过50岁，救护队员不应超过45岁，其中40岁以下队员应当保持在2/3以上。指战员每年应当进行1次身体检查，对身体检查不合格或者超龄人员应当及时进行调整。

第六百九十七条 新招收的矿山救护队员，应当具有高中及以上文化程度，年龄在30周岁以下，从事井下工作1年以上。

新招收的矿山救护队员必须通过3个月的基础培训和3个月的编队实习，并经综合考评合格后，才能成为正式队员。

第六百九十八条 矿山救护队出动执行救援任务时，必须穿戴矿山救援防护服装，佩戴并按规定使用氧气呼吸器，携带相关装备、仪器和用品。

第四章 救援装备与设施

第六百九十九条 矿山救护队必须配备救援车辆及通信、灭火、侦察、气体分析、个体防护等救援装备，建有演习训练等设施。

第七百条 矿山救护队技术装备、救援车辆和设施必须由专人管理，定期检查、维护和保养，保持战备和完好状态。技术装备不得露天存放，救援车辆必须专车专用。

第七百零一条 煤矿企业应当根据矿井灾害特点，结合所在区域实际情况，储备必要的应急救援装备及物资，由主要负责人审批。重点加强潜水电泵及配套管线、救援钻机及其配套设备、快速掘进与支护设备、应急通信装备等的储备。

煤矿企业应当建立应急救援装备和物资台账，健全其储存、维护保养和应急调用等管理制度。

第七百零二条 救援装备、器材、物资、防护用品和安全检测仪器、仪表，必须符合国家标准或者行业标准，满足应急救援工作的特殊需要。

第五章 救援指挥

第七百零三条 煤矿发生灾害事故后，必须立即成立救援指挥部，矿长任总指挥。矿山救护队指挥员必须作为救援指挥部成员，参与制定救援方案等重大决策，具体负责指挥矿山救护队实施救援工作。

第七百零四条 多支矿山救护队联合参加救援时，应当由服务于发生事故煤矿的矿山救护队指挥员负责协调、指挥各矿山救护队实施救援，必要时也可以由救援指挥部另行指定。

第七百零五条 矿井发生灾害事故后，必须首先组织矿山救护队进行灾区侦察，探明灾区情况。救援指挥部应当根据灾害性质，事故发生地点、波及范围，灾区人员分布、可能存在的危险因素，以及救援的人力和物力，制定抢救方案和安全保障措施。

矿山救护队执行灾区侦察任务和实施救援时，必须至少有1名中队或者中队以上指挥员带队。

第七百零六条 在重特大事故或者复杂事故救援现场，应当设立地面基地和井下基地，安排矿山救护队指挥员、待机小队和急救员值班，设置通往救援指挥部和灾区的电话，配备必要的救护装备和器材。

地面基地应当设置在靠近井口的安全地点，配备气体分析化验设备等相关装备。

井下基地应当设置在靠近灾区的安全地点，设专人看守电话并做好记录，保持与救援指挥部、灾区工作救护小队的联络。指派专人检测风流、有害气体浓度及巷道支护等情况。

第七百零七条 矿山救护队在救援过程中遇到突发情况、危及救援人员生命安全时，带队指挥员有权作出撤出危险区域的决定，并及时报告井下基地及救援指挥部。

第六章 灾变处理

第七百零八条 处理灾变事故时，应当撤出灾区所有人员，准确统计井下人数，严格控制入井人数；提供救援需要的图纸和技术资料；组织人力、调配装备和物资参加抢险救援，做好后勤保障工作。

第七百零九条 进入灾区的救护小队，指战员不得少于6人，必须保持在彼此能看到或者听到信号的范围内行动，任何情况下严禁任何指战员单独行动。所有指战员进入前必须检查氧气呼吸器，氧气压力不得低于18MPa；使用过程中氧气呼吸器的压力不得低于5MPa。发现有指战员身体不适或者氧气呼吸器发生故障难以排除时，全小队必须立即撤出。

指战员在灾区工作1个呼吸器班后，应当至少休息8h。

第七百一十条 灾区侦察应当遵守下列规定：

（一）侦察小队进入灾区前，应当考虑退路被堵后采取的措施，规定返回的时间，并用灾区电话与井下基地保持联络。小队应当按规定时间原路返回，如果不能按原路返回，应当经布置侦察任务的指挥员同意。

（二）进入灾区时，小队长在队列之前，副小队长在队列之后，返回时则反之。行进中经过巷道交叉口时应当设置明显的路标。视线不清时，指战员之间要用联络绳联结。在搜索遇险遇难人员时，小队队形应当与巷道中线斜交前进。

（三）指定人员分别检查通风、气体浓度、温度、顶板等情况，做好记录，并标记在图纸上。

（四）坚持有巷必察。远距离和复杂巷道，可组织几个小队分区段进行侦察。在所到巷道标注留名，并绘出侦察线路示意图。

（五）发现遇险人员应当全力抢救，并护送到新鲜风流处或者井下基地。在发现遇险、遇难人员的地点要检查气体，并做好标记。

（六）当侦察小队失去联系或者没按约定时间返回时，待机小队必须立即进入救援，并报告救援指挥部。

（七）侦察结束后，带队指挥员必须立即向布置侦察任务的指挥员汇报侦察结果。

第七百一十一条 矿山救护队在高温区进行救护工作时，救护指战员进入高温区的最长时间不得超过表27的规定。

表27 救护指战员进入高温区的最长时间

温度/℃	40	45	50	55	60
进入时间/min	25	20	15	10	5

第七百一十二条 处理矿井火灾事故，应当遵守下列规定：

（一）控制烟雾的蔓延，防止火灾扩大。

（二）防止引起瓦斯、煤尘爆炸。必须指定专人检查瓦斯和煤尘，观测灾区的气体和风流变化。当甲烷浓度达到2.0%以上并继续增加时，全部人员立即撤离至安全地点并向指挥部报告。

（三）处理上、下山火灾时，必须采取措施，防止因火风压造成风流逆转和巷道垮塌造成风流受阻。

（四）处理进风井井口、井筒、井底车场、主要进风巷和硐室火灾时，应当进行全矿井反风。反风前，必须将火源进风侧的人员撤出，并采取阻止火灾蔓延的措施。多台主要通风机联合通风的矿井反风时，要保证非事故区域的主要通风机先反风，事故区域的主要通风机后反风。采取风流短路措施时，必须将受影响区域内的人员全部撤出。

（五）处理掘进工作面火灾时，应当保持原有的通风状态，进行侦察后再采取措施。

（六）处理爆炸物品库火灾时，应当首先将雷管运出，然后将其他爆炸物品运出；因高温或者爆炸危险不能运出时，应当关闭防火门，退至安全地点。

（七）处理绞车房火灾时，应当将火源下方的矿车固定，防止烧断钢丝绳造成跑车伤人。

（八）处理蓄电池电机车库火灾时，应当切断电源，采取措施，防止氢气爆炸。

（九）灭火工作必须从火源进风侧进行。用水灭火时，水流必须从火源外围喷射，逐步逼向火源的中心；必须有充足的风量和畅通的回风巷，防止水煤气爆炸。

第七百一十三条 封闭具有爆炸危险的火区时，应当遵守下列规定：

（一）先采取注入惰性气体等抑爆措施，然后在安全位置构筑进、回风密闭。

（二）封闭具有多条进、回风通道的火区，应当同时封闭各条通道；不能实现同时封闭的，应当先封闭次要进回风通道，后封闭主要进回风通道。

（三）加强火区封闭的施工组织管理。封闭过程中，密闭墙预留通风孔，封孔时进、回风巷同时封闭；封闭完成后，所有人员必须立即撤出。

（四）检查或者加固密闭墙等工作，应当在火区封闭完成24h后实施。发现已封闭火区发生爆炸造成密闭墙破坏时，严禁调派救援队侦察或者恢复密闭墙；应当采取安全措施，实施远距离封闭。

第七百一十四条 处理瓦斯（煤尘）爆炸事故时，应当遵守下列规定：

（一）立即切断灾区电源。

（二）检查灾区内有害气体的浓度、温度及通风设施破坏情况，发现有再次爆炸危险时，必须立即撤离至安全地点。

（三）进入灾区行动要谨慎，防止碰撞产生火花，引起爆炸。

（四）经侦察确认或者分析认定人员已经遇难，并且没有火源时，必须先恢复灾区通风，再进行处理。

第七百一十五条 发生煤（岩）与瓦斯突出事故，不得停风和反风，防止风流紊乱扩大灾情。通风系统及设施被破坏时，应当设置风障、临时风门及安装局部通风机恢复通风。

恢复突出区通风时，应当以最短的路线将瓦斯引入回风巷。回风井口50m范围内不得有火源，并设专人监视。

是否停电应当根据井下实际情况决定。

处理煤（岩）与二氧化碳突出事故时，还必须加大灾区风量，迅速抢救遇险人员。矿山救护队进入灾区时要戴好防护眼镜。

第七百一十六条 处理水灾事故时，应当遵守下列规定：

（一）迅速了解和分析水源、突水点、影响范围、事故前人员分布、矿井具有生存条件的地点及其进入的通道等情况。根据被堵人员所在地点的空间、氧气、瓦斯浓度以及救出被困人员所需的大致时间制定相应救灾方案。

（二）尽快恢复灾区通风，加强灾区气体检测，防止发生瓦斯爆炸和有害气体中毒、窒息事故。

（三）根据情况综合采取排水、堵水和向井下人员被困位置打钻等措施。

（四）排水后进行侦察抢险时，注意防止冒顶和二次突水事故的发生。

第七百一十七条 处理顶板事故时，应当遵守下列规定：

（一）迅速恢复冒顶区的通风。如不能恢复，应当利用压风管、水管或者打钻向被困人员供给新鲜空气、饮料和食物。

（二）指定专人检查甲烷浓度、观察顶板及周围支护情况，发现异常，立即撤出人员。

（三）加强巷道支护，防止发生二次冒顶、片帮，保证退路安全畅通。

第七百一十八条 处理冲击地压事故时，应当遵守下列规定：

（一）分析再次发生冲击地压灾害的可能性，确定合理的救援方案和路线。

（二）迅速恢复灾区的通风。恢复独头巷道通风时，应当按照排放瓦斯的要求进行。

（三）加强巷道支护，保证安全作业空间。巷道破坏严重、有冒顶危险时，必须采取防止二次冒顶的措施。

（四）设专人观察顶板及周围支护情况，检查通风、瓦斯、煤尘，防止发生次生事故。

第七百一十九条 处理露天矿边坡和排土场滑坡事故时，应当遵守下列规定：

（一）在事故现场设置警戒区域和警示牌，禁止人员进入警戒区域。

（二）救援人员和抢险设备必须从滑体两侧安全区域实施救援。

（三）应当对滑体进行观测，发现有威胁救援人员安全的情况时立即撤离。

附　则

第七百二十条　本规程自 2016 年 10 月 1 日起施行。

第七百二十一条　条款中出现的"必须""严禁""应当""可以"等说明如下：表示很严格，非这样做不可的，正面词一般用"必须"，反面词用"严禁"；表示严格，在正常情况下均应这样做的，正面词一般用"应当"，反面词一般用"不应或不得"；表示允许选择，在一定条件下可以这样做的，采用"可以"。

附录　主要名词解释

薄煤层　地下开采时厚度 1.3m 以下的煤层；露天开采时厚度 3.5m 以下的煤层。

中厚煤层　地下开采时厚度 1.3～3.5m 的煤层；露天开采时厚度 3.5～10m 的煤层。

厚煤层　地下开采时厚度 3.5m 以上的煤层；露天开采时厚度 10m 以上的煤层。

近水平煤层　地下开采时倾角 8°以下的煤层；露天开采时倾角 5°以下的煤层。

缓倾斜煤层　地下开采时倾角 8°～25°的煤层；露天开采时倾角 5°～10°的煤层。

倾斜煤层　地下开采时倾角 25°～45°的煤层；露天开采时倾角 10°～45°的煤层。

急倾斜煤层　地下或露天开采时倾角在 45°以上的煤层。

近距离煤层　煤层群层间距离较小，开采时相互有较大影响的煤层。

井巷　为进行采掘工作在煤层或岩层内所开凿的一切空峒。

水平　沿煤层走向某一标高布置运输大巷或总回风巷的水平面。

阶段　沿一定标高划分的一部分井田。

区段（分阶段、小阶段）　在阶段内沿倾斜方向划分的开采块段。

主要运输巷　运输大巷、运输石门和主要绞车道的总称。

运输大巷（阶段大巷、水平大巷或主要平巷）为整个开采水平或阶段运输服务的水平巷道。开凿在岩层中的称岩石运输大巷；为几个煤层服务的称集中运输大巷。

石门　与煤层走向正交或斜交的岩石水平巷道。

主要绞车道（中央上、下山或集中上、下山）不直接通到地面，为一个水平或几个采区服务并装有绞车的倾斜巷道。

上山　在运输大巷向上，沿煤岩层开凿，为 1 个采区服务的倾斜巷道。按用途和装备分为：输送机上山、轨道上山、通风上山和人行上山等。

下山　在运输大巷向下，沿煤岩层开凿，为 1 个采区服务的倾斜巷道。按用途和装备分为：输送机下山、轨道下山、通风下山和人行下山等。

采掘工作面　采煤工作面和掘进工作面的总称。

阶檐　台阶工作面中台阶的错距。

老空　采空区、老窑和已经报废的井巷的总称。

采空区　回采以后不再维护的空间。

锚喷支护　联合使用锚杆和喷混凝土或喷浆的支护。

喷体支护　喷射水泥砂浆和喷射混凝土作为井巷支护的总称。

水力采煤　利用水力或水力机械开采和水力或机械运输提升的机械化采煤技术。

冻结壁交圈　各相邻冻结孔的冻结圆柱逐步扩大，相互连接，开始形成封闭的冻结壁的现象。

止浆岩帽　井巷工作面预注浆时，暂留在含水层上方或前方能够承受最大注浆压力（压强）并防止向掘进工作面漏浆、跑浆的岩柱。

混凝土止浆垫　井筒工作面预注浆时，预先在含水层上方构筑的，能够承受最大注浆压力（压强）并防止向掘进工作面漏跑浆的混凝土构筑物。

冲击地压（岩爆）　井巷或工作面周围煤（岩）体，由于弹性变形能的瞬时释放而产生的突然、剧烈破坏的动力现象。常伴有煤岩体抛出、巨响及气浪等现象。

主要风巷　总进风巷、总回风巷、主要进风巷和主要回风巷的总称。

进风巷　进风风流所经过的巷道。为全矿井或矿井一翼进风用的叫总进风巷；为几个采区进风用的叫主要进风巷；为 1 个采区进风用的叫采区进风巷；为 1 个工作面进风用的叫工作面进风巷。

回风巷　回风风流所经过的巷道。为全矿井或矿井一翼回风用的叫总回风巷；为几个采区回风用的叫主要回风巷；为 1 个采区回风用的叫采区回风巷；为 1 个工作面回风用的叫工作面回风巷。

专用回风巷　在采区巷道中，专门用于回风，不得用于运料、安设电气设备的巷道。在煤（岩）与瓦斯（二氧化碳）突出区，专用回风巷内还不得行人。

采煤工作面的风流 采煤工作面工作空间中的风流。

掘进工作面的风流 掘进工作面到风筒出风口这一段巷道中的风流。

分区通风（并联通风） 井下各用风地点的回风直接进入采区回风巷或总回风巷的通风方式。

串联通风 井下用风地点的回风再次进入其他用风地点的通风方式。

扩散通风 利用空气中分子的自然扩散运动，对局部地点进行通风的方式。

独立风流 从主要进风巷分出的，经过爆炸材料库或充电硐室后再进入主要回风巷的风流。

全风压 通风系统中主要通风机出口侧和进口侧的总风压差。

火风压 井下发生火灾时，高温烟流流经有高差的井巷所产生的附加风压。

局部通风 利用局部通风机或主要通风机产生的风压对局部地点进行通风的方法。

循环风 局部通风机的回风，部分或全部再进入同一部局部通风机的进风风流中。

主要通风机 安装在地面的，向全矿井、一翼或1个分区供风的通风机。

辅助通风机 某分区通风阻力过大、主要通风机不能供给足够风量时，为了增加风量而在该分区使用的通风机。

局部通风机 向井下局部地点供风的通风机。

上行通风 风流沿采煤工作面由下向上流动的通风方式。

下行通风 风流沿采煤工作面由上向下流动的通风方式。

瓦斯 矿井中主要由煤层气构成的以甲烷为主的有害气体。有时单独指甲烷。

瓦斯（二氧化碳）浓度 瓦斯（二氧化碳）在空气中按体积计算占有的比率，以%表示。

瓦斯涌出 由受采动影响的煤层、岩层，以及由采落的煤、矸石向井下空间均匀地放出瓦斯的现象。

瓦斯（二氧化碳）喷出 从煤体或岩体裂隙、孔洞或炮眼中大量瓦斯（二氧化碳）异常涌出的现象。在20m巷道范围内，涌出瓦斯量大于或等于1.0m³/min，且持续时间在8h以上时，该采掘区即定为瓦斯（二氧化碳）喷出危险区域。

煤尘爆炸危险煤层 经煤尘爆炸性试验鉴定证明其煤尘有爆炸性的煤层。

岩粉 专门生产的、用于防止爆炸及其传播的惰性粉末。

煤（岩）与瓦斯突出 在地应力和瓦斯的共同作用下，破碎的煤、岩和瓦斯由煤体或岩体内突然向采掘空间抛出的异常的动力现象。

保护层 为消除或削弱相邻煤层的突出或冲击地压危险而先开采的煤层或矿层。

石门揭煤 石门自底（顶）板岩柱穿过煤层进入顶（底）板的全部作业过程。

水淹区域 被水淹没的井巷和被水淹没的老空的总称。

矿井正常涌水量 矿井开采期间，单位时间内流入矿井的水量。

矿井最大涌水量 矿井开采期间，正常情况下矿井涌水量的高峰值。主要与人为条件和降雨量有关。

安全水头值 隔水层能承受含水层的最大水头压力值。

不燃性材料 受到火焰或高温作用时，不着火、不冒烟、也不被烧焦者，包括所有天然和人工的无机材料以及建筑中所用的金属材料。

永久性爆炸物品库 使用期限在2年以上的爆炸物品库。

瞬发电雷管 通电后瞬时爆炸的电雷管。

延期电雷管 通电后隔一定时间爆炸的电雷管；按延期间隔时间不同，分秒延期电雷管和毫秒延期电雷管。

最小抵抗线 从装药重心到自由面的最短距离。

正向起爆 起爆药包位于柱状装药的外端，靠近炮眼口，雷管底部朝向眼底的起爆方法。

反向起爆 起爆药包位于柱状装药的里端，靠近或在炮眼底，雷管底部朝向炮眼口的起爆方法。

裸露爆破 在岩体表面上直接贴敷炸药或再盖上泥土进行爆破的方法。

拒爆（瞎炮） 起爆后，爆炸材料未发生爆炸的现象。

熄爆（不完全爆炸） 爆轰波不能沿炸药继续传播而中止的现象。

机车 架线电机车、蒸汽机车、蓄电池电机车和内燃机车的总称。

电机车 架线电机车和蓄电池电机车的总称。

单轨吊车 在悬吊的单轨上运行，由驱动车或牵引车（钢丝绳牵引用）、制动车、承载车等组成的

372

运输设备。

卡轨车 装有卡轨轮，在轨道上行驶的车辆。

齿轨机车 借助道床上的齿条与机车上的齿轮实现增加爬坡能力的矿用机车。

胶套轮机车 钢车轮踏面包敷特种材料以加大粘着系数提高爬坡能力的矿用机车。

提升装置 绞车、摩擦轮、天轮、导向轮、钢丝绳、罐道、提升容器和保险装置等的总称。

主要提升装置 含有提人绞车及滚筒直径 2m 以上的提升物料的绞车的提升装置。

提升容器 升降人员和物料的容器，包括罐笼、箕斗、带乘人间的箕斗、吊桶等。

防坠器 钢丝绳或连接装置断裂时，防止提升容器坠落的保护装置。

挡车装置 阻车器和挡车栏等的总称。

挡车栏 安装在上、下山，防止矿车跑车事故的安全装置。

阻车器（挡车器） 装在轨道侧旁或罐笼、翻车机内使矿车停车、定位的装置。

跑车防护装置 在倾斜井巷内安设的能够将运行中断绳或脱钩的车辆阻止住的装置或设施。

最大内、外偏角 钢丝绳从天轮中心垂直面到滚筒的直线同钢丝绳在滚筒上最内、最外位置到天轮中心的直线所成的角度。

常用闸 绞车正常操作控制用的工作闸。

保险闸 在提升系统发生异常现象，需要紧急停车时，能按预先给定的程序施行紧急制动装置，也叫紧急闸或安全闸。

罐道 提升容器在立井井筒中上下运行时的导向装置。罐道可分为刚性罐道（木罐道、钢轨罐道、组合钢罐道）和柔性罐道（钢丝绳罐道）。

罐座（闸腿，罐托） 罐笼在井底、井口装卸车时的托罐装置。

摇台 罐笼装卸车时与井口、马头门处轨道联结用的活动平台。

矿用防爆特殊型电机车 电动机、控制器、灯具、电缆插销等为隔爆型，蓄电池采用特殊防爆措施的蓄电池电机车。

机车制动距离 司机开始扳动闸轮或电闸手把到列车完全停止的运行距离。机车制动距离包括空行程距离和实际制动距离。

移动式电气设备 在工作中必须不断移动位置，或安设时不需构筑专门基础并且经常变动其工作地点的电气设备。

手持式电气设备 在工作中必须用人手保持和移动设备本体或协同工作的电气设备。

固定式电气设备 除移动式和手持式以外的安设在专门基础上的电气设备。

带电搬迁 设备在带电状态下进行搬动（移动）安设位置的操作。

矿用一般型电气设备 专为煤矿井下条件生产的不防爆的一般型电气设备，这种设备与通用设备比较对介质温度、耐潮性能、外壳材质及强度、进线装置、接地端子都有适应煤矿具体条件的要求，而且能防止从外部直接触及带电部分及防止水滴垂直滴入，并对接线端子爬电距离和空气间隙有专门的规定。

矿用防爆电气设备 系指按 GB 3836.1 标准生产的专供煤矿井下使用的防爆电气设备。

本规程中采用的矿用防爆型电气设备，除了符合 GB 3836.1 的规定外，还必须符合专用标准和其他有关标准的规定，其型式包括隔爆型电气设备、增安型电气设备、本质安全型电气设备等。

检漏装置 当电力网路中漏电电流达到危险值时，能自动切断电源的装置。

欠电压释放保护装置 即低电压保护装置，当供电电压低至规定的极限值时，能自动切断电源的继电保护装置。

阻燃电缆 遇火点燃时，燃烧速度很慢，离开火源后即自行熄灭的电缆。

接地装置 各接地极和接地导线、接地引线的总称。

总接地网 用导体将所有应连接的接地装置连成的 1 个接地系统。

局部接地极 在集中或单个装有电气设备（包括连接动力铠装电缆的接线盒）的地点单独埋设的接地极。

接地电阻 接地电压与通过接地极流入大地电流值之比。

露天采场 具有完整的生产系统，进行露天开采的场所。

工作帮 由正在开采的台阶部分组成的边帮。

非工作帮 由已结束开采的台阶部分组成的边帮。

边帮角（边坡角） 边帮面与水平面的夹角。

剥离 在露天采场内采出剥离物的作业。

剥离物 露天采场内的表土、岩层和不可采矿体。

台阶 按剥离、采矿或排土作业的要求，以一定高度划分的阶梯。

平盘（平台） 台阶的水平部分。

台阶高度 台阶上、下平盘之间的垂直距离。

坡顶线 台阶上部平盘与坡面的交线。

坡底线 台阶下部平盘与坡面的交线。

安全平盘 为保持边帮稳定和阻拦落石而设的平盘。

折返坑线 运输设备运行中按"之"字形改变运行方向的坑线。

原岩 未受采掘影响的天然岩体。

边帮监测 对边帮岩体变形及相应现象进行观察和测定的工作。

排土线 排土场内供排卸剥离物的台阶线路。

采装 用挖掘设备铲挖土岩并装入运输设备的工艺环节。

上装 挖掘设备站立水平低于与其配合的运输设备站立水平进行的采装作业。

连续开采工艺 采装、移运和排卸作业均采用连续式设备形成连续物料流的开采工艺。

安全区 露天煤矿开采平盘上不受采装及运输威胁的范围。

安全标志 在安全区范围设置的醒目记号和装置。

挖掘机 用铲斗从工作面铲装剥离物或矿产品并将其运至排卸地点卸装的自行式采掘机械。

穿孔机 露天煤矿钻孔的设备。

轮斗挖掘机（轮斗铲） 靠装在臂架前端的斗轮转动，由斗轮周边的铲斗轮流挖取剥离物或矿产品的一种连续式多斗挖掘机。

推（排）土犁 在轨道上行驶，用侧开板把剥离物外推并平整路基的排土机械。

滑坡 边帮岩体沿滑动面滑动的现象。

台阶坡面角 台阶坡面与水平面的夹角。

边坡稳定分析 分析边坡岩体稳定程度的工作。

最终边坡 露天采场开采结束时的边坡。

滑体 滑坡产生的滑动岩体。

塌落 边帮局部岩体突然片落的现象。

外部排土场 建在露天采场以外的排土场。

内部排土场 建在露天采场以内的排土场。

排土场滑坡 排土场松散土岩自身的或随基底的变形或滑动。

固定线路 长期固定不移动的运输线路。

接触网 沿电气化铁路架设的供电网路，由承力索、吊弦和接能导线等组成。

电力牵引 用电能作为铁路运输动力能源的牵引方式。

路堑 线路低于地面用挖土的方法修筑的路基。

粉尘 煤尘、岩尘和其他有毒有害粉尘的总称。

呼吸性粉尘 能被吸入人体肺泡区的浮尘。

矿山救护队标准化定级管理办法

（2022年12月13日 应急〔2022〕122号）

第一章 总 则

第一条 为进一步规范矿山救护队标准化定级工作，全面提高矿山救护队整体建设水平和综合应急救援能力，安全、快速、高效处置矿山生产安全事故，根据《安全生产法》《生产安全事故应急条例》等法律法规，制定本办法。

第二条 矿山救护队标准化定级执行《矿山救护队标准化考核规范》（AQ/T 1009，以下简称《考核规范》）。

第三条 本办法适用全国矿山救护队开展标准化定级工作。

第二章 组 织 管 理

第四条 应急管理部矿山救援中心负责全国矿山救护队标准化定级组织管理工作，各省级应急管理部门和国家矿山安全监察局各省级局（以下简称省级标准化定级管理部门）负责本地区矿山救护队标准化定级组织管理工作。

第五条 矿山救护队标准化定级分为3个等级，分别为一级、二级、三级，有效期均为三年（以公告确认的等级时间起算）。

第六条 矿山救护队标准化定级实行分级负责。一级矿山救护队标准化定级由省级标准化定级管理部门组织审核，应急管理部矿山救援中心组织考核定级；二、三级矿山救护队标准化定级由省级标准化定级管理部门审核并组织考核定级。

第七条 独立中队、矿山救护大队所属中队应每季度组织一次标准化自评，矿山救护大队应每半年组织一次标准化自评。矿山救护队依托单位需将矿山救护队标准化与矿井标准化工作同规划、同考核、同总结、同奖惩（事业单位及其他性质矿山救护队应纳入本单位绩效考核）。

第八条 省级标准化定级管理部门应加强矿山救护队标准化定级工作的组织领导，建立专家库，组织业务培训，保障工作经费。

第三章 定级程序

第九条 矿山救护队标准化定级按照"自评申报、审核、评定、公示、公告"的程序进行，原则上于队伍自评申报材料审核通过后的60个工作日内完成定级工作。

（一）自评申报。矿山救护队应按照《考核规范》明确的等级条件和要求进行自评，并于等级有效期满3个月前向队伍所在地省级标准化定级管理部门提交自评申报材料，并对其真实性负责。新建矿山救护队及拟升级的矿山救护队符合条件的，可随时申报。申报需提供下列材料：

1. 矿山救护队依托单位意见；
2. 矿山救护队自评得分情况；
3. 队伍组织机构及在册人员统计表；
4. 队伍规章制度目录清单；
5. 矿山救护队负责人的任命文件复印件（包括大队长、副大队长、总工程师、副总工程师及部门<科室>负责人，中队长、副中队长和技术员）；
6. 人员培训、考核情况登记表；
7. 主要救护装备清单、训练场地及设施情况说明；
8. 矿山救护队所有人员工伤保险和救护队指战员人身意外伤害保险登记表及保单复印件；
9. 全体人员体检情况统计；
10. 服务矿山企业数量及简要情况，服务矿井救护协议签订情况，主要系统图纸及应急预案（灾害预防和处理计划）更新管理情况；
11. 队伍参加事故抢险救援及处置情况；
12. 矿山救护队标准化与矿井标准化工作同规划、同考核、同总结、同奖惩情况（事业单位及其他性质矿山救护队纳入本单位绩效考核情况）。

（二）审核。省级标准化定级管理部门收到矿山救护队等级申报材料后，应于10个工作日内完成材料审核，符合申报一级矿山救护队的，报应急管理部矿山救援中心。申请材料不全或不符合要求的，矿山救护队可补正一次所需材料。

（三）评定。应急管理部矿山救援中心、省级标准化定级管理部门对符合标准化等级申报条件的矿山救护队，应采取现场考核、检查抽查等方式，严格按照《考核规范》规定要求组织考核定级。

1. 根据工作需要，应急管理部矿山救援中心可委托相关省级标准化定级管理部门，组织评定一级矿山救护队。
2. 对申报上一等级的矿山救护队，现场评定等级与自评申报材料不符，按现场评定等级定级。
3. 凡与被评定矿山救护队有工作关系的专家及有关人员均应回避。

（四）公示。评定等级为三级及以上的矿山救护队应面向社会公示，时间不少于5个工作日。应急管理部、国家安全生产应急救援中心（应急管理部矿山救援中心）官方网站公示一级矿山救护队定级结果，省级标准化定级管理部门官方网站公示二、三级矿山救护队定级结果。

（五）公告。应急管理部、国家安全生产应急救援中心（应急管理部矿山救援中心）和省级标准化定级管理部门官方网站，分别对公示无异议的矿山救护队进行公告确认。

第十条 省级标准化定级管理部门应于每年年底前将本年度矿山救护队标准化定级情况报国家安全生产应急救援中心，同时抄国家矿山安全监察局。

第四章 监督管理

第十一条 应急管理部矿山救援中心重点对一级矿山救护队标准化等级运行情况进行检查抽查，同时对省级标准化定级管理部门开展标准化定级工作及日常监督管理情况进行检查指导。

第十二条 省级标准化定级管理部门负责本地区矿山救护队标准化等级运行情况的动态管理和监督检查，每年应跟进检查、动态指导矿山救护队标准化建设，重点加强一级矿山救护队及新建评级、升级或降级矿山救护队的监督管理。发现等级不符的严重问题，一级矿山救护队由应急管理部矿山救援中心组织重新评定，二、三级矿山救护队由省级标准化定级管理部门组织重新评定。

第十三条 矿山救护队标准化定级有效期内，有下列行为之一的各扣10分，作为标准化评定补充内容，组织重新评定等级。

1. 实施矿山生产安全事故救援时，响应命令不及时、推诿拖延、临阵退缩或者拒不执行救援命令的；
2. 在矿山生产安全事故救援中玩忽职守、贻误战机、谎报灾情、隐瞒事实真相，造成严重后果的；
3. 开展安全技术服务工作中，出现违章指挥、违章操作等行为，造成严重影响的；
4. 经应急管理部矿山救援中心、省级标准化定级管理部门认定的其他严重问题。

第五章 附 则

第十四条 省级标准化定级管理部门应根据本办法制定矿山救护队标准化定级实施细则。同时，可参照《考核规范》和本办法加强兼职矿山救护队的管理工作。

第十五条 本办法由应急管理部矿山救援中心负责解释，自 2023 年 1 月 1 日起实施。

煤矿重大事故隐患判定标准

（2020 年 11 月 2 日应急管理部第 31 次部务会议审议通过 2020 年 11 月 20 日应急管理部令第 4 号公布 自 2021 年 1 月 1 日起施行）

第一条 为了准确认定、及时消除煤矿重大事故隐患，根据《中华人民共和国安全生产法》和《国务院关于预防煤矿生产安全事故的特别规定》（国务院令第 446 号）等法律、行政法规，制定本标准。

第二条 本标准适用于判定各类煤矿重大事故隐患。

第三条 煤矿重大事故隐患包括下列 15 个方面：

（一）超能力、超强度或者超定员组织生产；

（二）瓦斯超限作业；

（三）煤与瓦斯突出矿井，未依照规定实施防突出措施；

（四）高瓦斯矿井未建立瓦斯抽采系统和监控系统，或者系统不能正常运行；

（五）通风系统不完善、不可靠；

（六）有严重水患，未采取有效措施；

（七）超层越界开采；

（八）有冲击地压危险，未采取有效措施；

（九）自然发火严重，未采取有效措施；

（十）使用明令禁止使用或者淘汰的设备、工艺；

（十一）煤矿没有双回路供电系统；

（十二）新建煤矿边建设边生产，煤矿改扩建期间，在改扩建的区域生产，或者在其他区域的生产超出安全设施设计规定的范围和规模；

（十三）煤矿实行整体承包生产经营后，未重新取得或者及时变更安全生产许可证而从事生产，或者承包方再次转包，以及将井下采掘工作面和井巷维修作业进行劳务承包；

（十四）煤矿改制期间，未明确安全生产责任人和安全管理机构，或者在完成改制后，未重新取得或者变更采矿许可证、安全生产许可证和营业执照；

（十五）其他重大事故隐患。

第四条 "超能力、超强度或者超定员组织生产"重大事故隐患，是指有下列情形之一的：

（一）煤矿全年原煤产量超过核定（设计）生产能力幅度在 10% 以上，或者月原煤产量大于核定（设计）生产能力的 10% 的；

（二）煤矿或其上级公司超过煤矿核定（设计）生产能力下达生产计划或者经营指标的；

（三）煤矿开拓、准备、回采煤量可采期小于国家规定的最短时间，未主动采取限产或者停产措施，仍然组织生产的（衰老煤矿和地方人民政府计划停产关闭煤矿除外）；

（四）煤矿井下同时生产的水平超过 2 个，或者一个采（盘）区内同时作业的采煤、煤（半煤岩）巷掘进工作面个数超过《煤矿安全规程》规定的；

（五）瓦斯抽采不达标组织生产的；

（六）煤矿未制定或者未严格执行井下劳动定员制度，或者采掘作业地点单班作业人数超过国家有关限员规定 20% 以上的。

第五条 "瓦斯超限作业"重大事故隐患，是指有下列情形之一的：

（一）瓦斯检查存在漏检、假检情况且进行作业的；

（二）井下瓦斯超限后继续作业或者未按照国家规定处置继续进行作业的；

（三）井下排放积聚瓦斯未按照国家规定制定并实施安全技术措施进行作业的。

第六条 "煤与瓦斯突出矿井，未依照规定实施防突出措施"重大事故隐患，是指有下列情形之一的：

（一）未设立防突机构并配备相应专业人员的；

（二）未建立地面永久瓦斯抽采系统或者系统不能正常运行的；

（三）未按照国家规定进行区域或者工作面突出危险性预测的（直接认定为突出危险区域或者突出危险工作面的除外）；

（四）未按照国家规定采取防治突出措施的；

（五）未按照国家规定进行防突措施效果检验和验证，或者防突措施效果检验和验证不达标仍然组织生产建设，或者防突措施效果检验和验证数据造假的；

（六）未按照国家规定采取安全防护措施的；

（七）使用架线式电机车的。

第七条 "高瓦斯矿井未建立瓦斯抽采系统和监控系统，或者系统不能正常运行"重大事故隐患，是指有下列情形之一的：

（一）按照《煤矿安全规程》规定应当建立而未建立瓦斯抽采系统或者系统不正常使用的；

（二）未按照国家规定安设、调校甲烷传感器，人为造成甲烷传感器失效，或者瓦斯超限后不能报警、断电或者断电范围不符合国家规定的。

第八条 "通风系统不完善、不可靠"重大事故隐患，是指有下列情形之一的：

（一）矿井总风量不足或者采掘工作面等主要用风地点风量不足的；

（二）没有备用主要通风机，或者两台主要通风机不具有同等能力的；

（三）违反《煤矿安全规程》规定采用串联通风的；

（四）未按照设计形成通风系统，或者生产水平和采（盘）区未实现分区通风的；

（五）高瓦斯、煤与瓦斯突出矿井的任一采（盘）区，开采容易自燃煤层、低瓦斯矿井开采煤层群和分层开采采用联合布置的采（盘）区，未设置专用回风巷，或者突出煤层工作面没有独立的回风系统的；

（六）进、回风井之间和主要进、回风巷之间联络巷中的风墙、风门不符合《煤矿安全规程》规定，造成风流短路的；

（七）采区进、回风巷未贯穿整个采区，或者虽贯穿整个采区但一段进风、一段回风，或者采用倾斜长壁布置，大巷未超前至少2个区段构成通风系统即开掘其他巷道的；

（八）煤巷、半煤岩巷和有瓦斯涌出的岩巷掘进未按照国家规定装备甲烷电、风电闭锁装置或者有关装置不能正常使用的；

（九）高瓦斯、煤（岩）与瓦斯（二氧化碳）突出矿井的煤巷、半煤岩巷和有瓦斯涌出的岩巷掘进工作面采用局部通风时，不能实现双风机、双电源且自动切换的；

（十）高瓦斯、煤（岩）与瓦斯（二氧化碳）突出建设矿井进入二期工程前，其他建设矿井进入三期工程前，没有形成地面主要通风机供风的全风压通风系统的。

第九条 "有严重水患，未采取有效措施"重大事故隐患，是指有下列情形之一的：

（一）未查明矿井水文地质条件和井田范围内采空区、废弃老窑积水等情况而组织生产建设的；

（二）水文地质类型复杂、极复杂的矿井未设置专门的防治水机构、未配备专门的探放水作业队伍，或者未配齐专用探放水设备的；

（三）在需要探放水的区域进行采掘作业未按照国家规定进行探放水的；

（四）未按照国家规定留设或者擅自开采（破坏）各种防隔水煤（岩）柱的；

（五）有突（透、溃）水征兆未撤出井下所有受水患威胁地点人员的；

（六）受地表水倒灌威胁的矿井在强降雨天气或其来水上游发生洪水期间未实施停产撤人的；

（七）建设矿井进入三期工程前，未按照设计建成永久排水系统，或者生产矿井延深到设计水平时，未建成防、排水系统而违规开拓掘进的；

（八）矿井主要排水系统水泵排水能力、管路和水仓容量不符合《煤矿安全规程》规定的；

（九）开采地表水体、老空水淹区域或者强含水层下急倾斜煤层，未按照国家规定消除水患威胁的。

第十条 "超层越界开采"重大事故隐患，是指有下列情形之一的：

（一）超出采矿许可证载明的开采煤层层位或者标高进行开采的；

（二）超出采矿许可证载明的坐标控制范围进行开采的；

（三）擅自开采（破坏）安全煤柱的。

第十一条 "有冲击地压危险，未采取有效措施"重大事故隐患，是指有下列情形之一的：

（一）未按照国家规定进行煤层（岩层）冲击倾向性鉴定，或者开采有冲击倾向性煤层未进行冲击危险性评价，或者开采冲击地压煤层，未进行采区、采掘工作面冲击危险性评价的；

（二）有冲击地压危险的矿井未设置专门的防冲机构、未配备专业人员或者未编制专门设计的；

（三）未进行冲击地压危险性预测，或者未进行防冲措施效果检验以及防冲措施效果检验不达标仍组织生产建设的；

（四）开采冲击地压煤层时，违规开采孤岛煤柱，采掘工作面位置、间距不符合国家规定，或者开采顺序不合理、采掘速度不符合国家规定、违反国家规定布置巷道或者留设煤（岩）柱造成应力集中的；

（五）未制定或者未严格执行冲击地压危险区域人员准入制度的。

第十二条 "自然发火严重，未采取有效措施"重大事故隐患，是指有下列情形之一的：

（一）开采容易自燃和自燃煤层的矿井，未编制防灭火专项设计或者未采取综合防灭火措施的；

（二）高瓦斯矿井采用放顶煤采煤法不能有效防治煤层自然发火的；

（三）有自然发火征兆没有采取相应的安全防范措施继续生产建设的；

（四）违反《煤矿安全规程》规定启封火区的。

第十三条 "使用明令禁止使用或者淘汰的设备、工艺"重大事故隐患，是指有下列情形之一的：

（一）使用被列入国家禁止井工煤矿使用的设备及工艺目录的产品或者工艺的；

（二）井下电气设备、电缆未取得煤矿矿用产品安全标志的；

（三）井下电气设备选型与矿井瓦斯等级不符，或者采（盘）区内防爆型电气设备存在失爆，或者井下使用非防爆无轨胶轮车的；

（四）未按照矿井瓦斯等级选用相应的煤矿许用炸药和雷管、未使用专用发爆器，或者裸露爆破的；

（五）采煤工作面不能保证2个畅通的安全出口的；

（六）高瓦斯矿井、煤与瓦斯突出矿井、开采容易自燃和自燃煤层（薄煤层除外）矿井，采煤工作面采用前进式采煤方法的。

第十四条 "煤矿没有双回路供电系统"重大事故隐患，是指有下列情形之一的：

（一）单回路供电的；

（二）有两回路电源线路但取自一个区域变电所同一母线段的；

（三）进入二期工程的高瓦斯、煤与瓦斯突出、水文地质类型为复杂和极复杂的建设矿井，以及进入三期工程的其他建设矿井，未形成两回路供电的。

第十五条 "新建煤矿边建设边生产，煤矿改扩建期间，在改扩建的区域生产，或者在其他区域的生产超出安全设施设计规定的范围和规模"重大事故隐患，是指有下列情形之一的：

（一）建设项目安全设施设计未经审查批准，或者审查批准后作出重大变更未经再次审查批准擅自组织施工的；

（二）新建煤矿在建设期间组织采煤的（经批准的联合试运转除外）；

（三）改扩建矿井在改扩建区域生产的；

（四）改扩建矿井在非改扩建区域超出设计规定范围和规模生产的。

第十六条 "煤矿实行整体承包生产经营后，未重新取得或者及时变更安全生产许可证而从事生产，或者承包方再次转包，以及将井下采掘工作面和井巷维修作业进行劳务承包"重大事故隐患，是指有下列情形之一的：

（一）煤矿未采取整体承包形式进行发包，或者将煤矿整体发包给不具有法人资格或者未取得合法有效营业执照的单位或者个人的；

（二）实行整体承包的煤矿，未签订安全生产管理协议，或者未按照国家规定约定双方安全生产管理职责而进行生产的；

（三）实行整体承包的煤矿，未重新取得或者变更安全生产许可证进行生产的；

（四）实行整体承包的煤矿，承包方再次将煤矿转包给其他单位或者个人的；

（五）井工煤矿将井下采掘作业或者井巷维修作业（井筒及井下新水平延深的井底车场、主运输、主通风、主排水、主要机电硐室开拓工程除外）作为独立工程发包给其他企业或者个人的，以及转包井下新水平延深开拓工程的。

第十七条 "煤矿改制期间，未明确安全生产责任人和安全管理机构，或者在完成改制后，未重新取得或者变更采矿许可证、安全生产许可证和营业执照"重大事故隐患，是指有下列情形之一的：

（一）改制期间，未明确安全生产责任人进行生产建设的；

（二）改制期间，未健全安全生产管理机构和配备安全管理人员进行生产建设的；

（三）完成改制后，未重新取得或者变更采矿许可证、安全生产许可证、营业执照而进行生产建设的。

第十八条 "其他重大事故隐患"，是指有下列情形之一的：

（一）未分别配备专职的矿长、总工程师和分管安全、生产、机电的副矿长，以及负责采煤、掘进、机电运输、通风、地测、防治水工作的专业技术人员的；

（二）未按照国家规定足额提取或者未按照国家规定范围使用安全生产费用的；

（三）未按照国家规定进行瓦斯等级鉴定，或者瓦斯等级鉴定弄虚作假的；

（四）出现瓦斯动力现象，或者相邻矿井开采的同一煤层发生了突出事故，或者被鉴定、认定为突出煤层，以及煤层瓦斯压力达到或者超过0.74MPa的非突出矿井，未立即按照突出煤层管理并在国家规定期限内进行突出危险性鉴定的（直接认定为突出矿井的除外）；

（五）图纸作假、隐瞒采掘工作面，提供虚假信息、隐瞒下井人数，或者矿长、总工程师（技术负责人）履行安全生产岗位责任制及管理制度时伪造记录，弄虚作假的；

（六）矿井未安装安全监控系统、人员位置监测系统或者系统不能正常运行，以及对系统数据进行修改、删除及屏蔽，或者煤与瓦斯突出矿井存在第七条第二项情形的；

（七）提升（运送）人员的提升机未按照《煤矿安全规程》规定安装保护装置，或者保护装置失效，或者超员运行的；

（八）带式输送机的输送带入井前未经过第三方阻燃和抗静电性能试验，或者试验不合格入井，或者输送带防打滑、跑偏、堆煤等保护装置或者温度、烟雾监测装置失效的；

（九）掘进工作面后部巷道或者独头巷道维修（着火点、高温点处理）时，维修（处理）点以里继续掘进或者有人员进入，或者采掘工作面未按照国家规定安设压风、供水、通信线路及装置的；

（十）露天煤矿边坡角大于设计最大值，或者边坡发生严重变形未及时采取措施进行治理的；

（十一）国家矿山安全监察机构认定的其他重大事故隐患。

第十九条 本标准所称的国家规定，是指有关法律、行政法规、部门规章、国家标准、行业标准，以及国务院及其应急管理部门、国家矿山安全监察机构依法制定的行政规范性文件。

第二十条 本标准自 2021 年 1 月 1 日起施行。原国家安全生产监督管理总局 2015 年 12 月 3 日公布的《煤矿重大生产安全事故隐患判定标准》（国家安全生产监督管理总局令第 85 号）同时废止。

三、危化品安全

1. 法律法规

危险化学品安全管理条例

（2002年1月26日中华人民共和国国务院令第344号公布　2011年2月16日国务院第144次常务会议修订通过　根据2013年12月7日《国务院关于修改部分行政法规的决定》修订）

第一章　总　则

第一条　为了加强危险化学品的安全管理，预防和减少危险化学品事故，保障人民群众生命财产安全，保护环境，制定本条例。

第二条　危险化学品生产、储存、使用、经营和运输的安全管理，适用本条例。

废弃危险化学品的处置，依照有关环境保护的法律、行政法规和国家有关规定执行。

第三条　本条例所称危险化学品，是指具有毒害、腐蚀、爆炸、燃烧、助燃等性质，对人体、设施、环境具有危害的剧毒化学品和其他化学品。

危险化学品目录，由国务院安全生产监督管理部门会同国务院工业和信息化、公安、环境保护、卫生、质量监督检验检疫、交通运输、铁路、民用航空、农业主管部门，根据化学品危险特性的鉴别和分类标准确定、公布，并适时调整。

第四条　危险化学品安全管理，应当坚持安全第一、预防为主、综合治理的方针，强化和落实企业的主体责任。

生产、储存、使用、经营、运输危险化学品的单位（以下统称危险化学品单位）的主要负责人对本单位的危险化学品安全管理工作全面负责。

危险化学品单位应当具备法律、行政法规规定和国家标准、行业标准要求的安全条件，建立、健全安全管理规章制度和岗位安全责任制度，对从业人员进行安全教育、法制教育和岗位技术培训。从业人员应当接受教育和培训，考核合格后上岗作业；对有资格要求的岗位，应当配备依法取得相应资格的人员。

第五条　任何单位和个人不得生产、经营、使用国家禁止生产、经营、使用的危险化学品。

国家对危险化学品的使用有限制性规定的，任何单位和个人不得违反限制性规定使用危险化学品。

第六条　对危险化学品的生产、储存、使用、经营、运输实施安全监督管理的有关部门（以下统称负有危险化学品安全监督管理职责的部门），依照下列规定履行职责：

（一）安全生产监督管理部门负责危险化学品安全监督管理综合工作，组织确定、公布、调整危险化学品目录，对新建、改建、扩建生产、储存危险化学品（包括使用长输管道输送危险化学品，下同）的建设项目进行安全条件审查，核发危险化学品安全生产许可证、危险化学品安全使用许可证和危险化学品经营许可证，并负责危险化学品登记工作。

（二）公安机关负责危险化学品的公共安全管理，核发剧毒化学品购买许可证、剧毒化学品道路运输通行证，并负责危险化学品运输车辆的道路交通安全管理。

（三）质量监督检验检疫部门负责核发危险化学品及其包装物、容器（不包括储存危险化学品的固定式大型储罐，下同）生产企业的工业产品生产许可证，并依法对其产品质量实施监督，负责对进出口危险化学品及其包装实施检验。

（四）环境保护主管部门负责废弃危险化学品处置的监督管理，组织危险化学品的环境危害性鉴定和环境风险程度评估，确定实施重点环境管理的危险化学品，负责危险化学品环境管理登记和新化学物质环境管理登记；依照职责分工调查相关危险化学品环境污染事故和生态破坏事件，负责危险化学品事故现场的应急环境监测。

（五）交通运输主管部门负责危险化学品道路运输、水路运输的许可以及运输工具的安全管理，对危险化学品水路运输安全实施监督，负责危险化学品道路运输企业、水路运输企业驾驶人员、船员、装卸管理人员、押运人员、申报人员、集装箱装箱现场检查员的资格认定。铁路监管部门负责危险化学品铁路运输及其运输工具的安全管理。民用航空主管部门负责危险化学品航空运输以及航空运输企业及其运输工具的安全管理。

（六）卫生主管部门负责危险化学品毒性鉴定的管理，负责组织、协调危险化学品事故受伤人员的医疗卫生救援工作。

（七）工商行政管理部门依据有关部门的许可证件，核发危险化学品生产、储存、经营、运输企业营业执照，查处危险化学品经营企业违法采购危险化学品的行为。

（八）邮政管理部门负责依法查处寄递危险化学品的行为。

第七条 负有危险化学品安全监督管理职责的部门依法进行监督检查，可以采取下列措施：

（一）进入危险化学品作业场所实施现场检查，向有关单位和人员了解情况，查阅、复制有关文件、资料；

（二）发现危险化学品事故隐患，责令立即消除或者限期消除；

（三）对不符合法律、行政法规、规章规定或者国家标准、行业标准要求的设施、设备、装置、器材、运输工具，责令立即停止使用；

（四）经本部门主要负责人批准，查封违法生产、储存、使用、经营危险化学品的场所，扣押违法生产、储存、使用、经营、运输的危险化学品以及用于违法生产、使用、运输危险化学品的原材料、设备、运输工具；

（五）发现影响危险化学品安全的违法行为，当场予以纠正或者责令限期改正。

负有危险化学品安全监督管理职责的部门依法进行监督检查，监督检查人员不得少于 2 人，并应当出示执法证件；有关单位和个人对依法进行的监督检查应当予以配合，不得拒绝、阻碍。

第八条 县级以上人民政府应当建立危险化学品安全监督管理工作协调机制，支持、督促负有危险化学品安全监督管理职责的部门依法履行职责，协调、解决危险化学品安全监督管理工作中的重大问题。

负有危险化学品安全监督管理职责的部门应当相互配合、密切协作，依法加强对危险化学品的安全监督管理。

第九条 任何单位和个人对违反本条例规定的行为，有权向负有危险化学品安全监督管理职责的部门举报。负有危险化学品安全监督管理职责的部门接到举报，应当及时依法处理；对不属于本部门职责的，应当及时移送有关部门处理。

第十条 国家鼓励危险化学品生产企业和使用危险化学品从事生产的企业采用有利于提高安全保障水平的先进技术、工艺、设备以及自动控制系统，鼓励对危险化学品实行专门储存、统一配送、集中销售。

第二章 生产、储存安全

第十一条 国家对危险化学品的生产、储存实行统筹规划、合理布局。

国务院工业和信息化主管部门以及国务院其他有关部门依据各自职责，负责危险化学品生产、储存的行业规划和布局。

地方人民政府组织编制城乡规划，应当根据本地区的实际情况，按照确保安全的原则，规划适当区域专门用于危险化学品的生产、储存。

第十二条 新建、改建、扩建生产、储存危险化学品的建设项目（以下简称建设项目），应当由安全生产监督管理部门进行安全条件审查。

建设单位应当对建设项目进行安全条件论证，委托具备国家规定的资质条件的机构对建设项目进行安全评价，并将安全条件论证和安全评价的情况报告报建设项目所在地设区的市级以上人民政府安全生产监督管理部门；安全生产监督管理部门应当自收到报告之日起 45 日内作出审查决定，并书面通知建设单位。具体办法由国务院安全生产监督管理部门制定。

新建、改建、扩建储存、装卸危险化学品的港口建设项目，由港口行政管理部门按照国务院交通运输主管部门的规定进行安全条件审查。

第十三条 生产、储存危险化学品的单位，应当对其铺设的危险化学品管道设置明显标志，并对危险化学品管道定期检查、检测。

进行可能危及危险化学品管道安全的施工作业，施工单位应当在开工的 7 日前书面通知管道所属单位，并与管道所属单位共同制定应急预案，采取相应的安全防护措施。管道所属单位应当指派专门人员到现场进行管道安全保护指导。

第十四条 危险化学品生产企业进行生产前，应当依照《安全生产许可证条例》的规定，取得危险化学品安全生产许可证。

生产列入国家实行生产许可证制度的工业产品目录的危险化学品的企业，应当依照《中华人民共和国工业产品生产许可证管理条例》的规定，取得工业产品生产许可证。

负责颁发危险化学品安全生产许可证、工业产品生产许可证的部门，应当将其颁发许可证的情况及时向同级工业和信息化主管部门、环境保护主管部门和公安机关通报。

第十五条 危险化学品生产企业应当提供与其生产的危险化学品相符的化学品安全技术说明书，并在危险化学品包装（包括外包装件）上粘贴或者拴挂与包装内危险化学品相符的化学品安全标签。化学品安全技术说明书和化学品安全标签所载明的内容应当符合国家标准的要求。

危险化学品生产企业发现其生产的危险化学品有新的危险特性的，应当立即公告，并及时修订其化学品安全技术说明书和化学品安全标签。

第十六条 生产实施重点环境管理的危险化学品的企业，应当按照国务院环境保护主管部门的规定，将该危险化学品向环境中释放等相关信息向环境保护主管部门报告。环境保护主管部门可以根据情况采取相应的环境风险控制措施。

第十七条 危险化学品的包装应当符合法律、行政法规、规章的规定以及国家标准、行业标准的要求。

危险化学品包装物、容器的材质以及危险化学品包装的型式、规格、方法和单件质量（重量），应当与所包装的危险化学品的性质和用途相适应。

第十八条 生产列入国家实行生产许可证制度的工业产品目录的危险化学品包装物、容器的企业，应当依照《中华人民共和国工业产品生产许可证管理条例》的规定，取得工业产品生产许可证；其生产的危险化学品包装物、容器经国务院质量监督检验检疫部门认定的检验机构检验合格，方可出厂销售。

运输危险化学品的船舶及其配载的容器，应当按照国家船舶检验规范进行生产，并经海事管理机构认定的船舶检验机构检验合格，方可投入使用。

对重复使用的危险化学品包装物、容器，使用单位在重复使用前应当进行检查；发现存在安全隐患的，应当维修或者更换。使用单位应当对检查情况作出记录，记录的保存期限不得少于 2 年。

第十九条 危险化学品生产装置或者储存数量构成重大危险源的危险化学品储存设施（运输工具加油站、加气站除外），与下列场所、设施、区域的距离应当符合国家有关规定：

（一）居住区以及商业中心、公园等人员密集场所；

（二）学校、医院、影剧院、体育场（馆）等公共设施；

（三）饮用水源、水厂以及水源保护区；

（四）车站、码头（依法经许可从事危险化学品装卸作业的除外）、机场以及通信干线、通信枢纽、铁路线路、道路交通干线、水路交通干线、地铁风亭以及地铁站出入口；

（五）基本农田保护区、基本草原、畜禽遗传资源保护区、畜禽规模化养殖场（养殖小区）、渔业水域以及种子、种畜禽、水产苗种生产基地；

（六）河流、湖泊、风景名胜区、自然保护区；

（七）军事禁区、军事管理区；

（八）法律、行政法规规定的其他场所、设施、区域。

已建的危险化学品生产装置或者储存数量构成重大危险源的危险化学品储存设施不符合前款规定的，由所在地设区的市级人民政府安全生产监督管理部门会同有关部门监督其所属单位在规定期限内进行整改；需要转产、停产、搬迁、关闭的，由本级人民政府决定并组织实施。

储存数量构成重大危险源的危险化学品储存设施的选址，应当避开地震活动断层和容易发生洪灾、地质灾害的区域。

本条例所称重大危险源，是指生产、储存、使用或者搬运危险化学品，且危险化学品的数量等于或者超过临界量的单元（包括场所和设施）。

第二十条 生产、储存危险化学品的单位，应当根据其生产、储存的危险化学品的种类和危险特性，在作业场所设置相应的监测、监控、通风、防晒、调温、防火、灭火、防爆、泄压、防毒、中和、防潮、防雷、防静电、防腐、防泄漏以及防护围堰或者隔离操作等安全设施、设备，并按照国家标准、行业标准或者国家有关规定对安全设施、设备进行经常性维护、保养，保证安全设施、设备的正常使用。

生产、储存危险化学品的单位，应当在其作业场所和安全设施、设备上设置明显的安全警示标志。

第二十一条 生产、储存危险化学品的单位，应当在其作业场所设置通信、报警装置，并保证处于适用状态。

第二十二条 生产、储存危险化学品的企业，应当委托具备国家规定的资质条件的机构，对本企业的安全生产条件每 3 年进行一次安全评价，提出安全评价报告。安全评价报告的内容应当包括对安全生产条件存在的问题进行整改的方案。

生产、储存危险化学品的企业，应当将安全评价报告以及整改方案的落实情况报所在地县级人民政府安全生产监督管理部门备案。在港区内储存危险化学品的企业，应当将安全评价报告以及整改方案的落实情况报港口行政管理部门备案。

第二十三条 生产、储存剧毒化学品或者国务院公安部门规定的可用于制造爆炸物品的危险化学品（以下简称易制爆危险化学品）的单位，应当如实记录其生产、储存的剧毒化学品、易制爆危险化学品的数量、流向，并采取必要的安全防范措施，防止剧毒化学品、易制爆危险化学品丢失或者被盗；发现剧毒化学品、易制爆危险化学品丢失或者被盗的，应当立即向当地公安机关报告。

生产、储存剧毒化学品、易制爆危险化学品的单位，应当设置治安保卫机构，配备专职治安保卫人员。

第二十四条 危险化学品应当储存在专用仓库、专用场地或者专用储存室（以下统称专用仓库）内，并由专人负责管理；剧毒化学品以及储存数量构成重大危险源的其他危险化学品，应当在专用仓库内单独存放，并实行双人收发、双人保管制度。

危险化学品的储存方式、方法以及储存数量应当符合国家标准或者国家有关规定。

第二十五条 储存危险化学品的单位应当建立危险化学品出入库核查、登记制度。

对剧毒化学品以及储存数量构成重大危险源的其他危险化学品，储存单位应当将其储存数量、储存地点以及管理人员的情况，报所在地县级人民政府安全生产监督管理部门（在港区内储存的，报港口行政管理部门）和公安机关备案。

第二十六条 危险化学品专用仓库应当符合国家标准、行业标准的要求，并设置明显的标志。储存剧毒化学品、易制爆危险化学品的专用仓库，应当按照国家有关规定设置相应的技术防范设施。

储存危险化学品的单位应当对其危险化学品专用仓库的安全设施、设备定期进行检测、检验。

第二十七条 生产、储存危险化学品的单位转产、停产、停业或者解散的，应当采取有效措施，及时、妥善处置其危险化学品生产装置、储存设施以及库存的危险化学品，不得丢弃危险化学品；处置方案应当报所在地县级人民政府安全生产监督管理部门、工业和信息化主管部门、环境保护主管部门和公安机关备案。安全生产监督管理部门应当会同环境保护主管部门和公安机关对处置情况进行监督检查，发现未依照规定处置的，应当责令其立即处置。

第三章 使用安全

第二十八条 使用危险化学品的单位，其使用条件（包括工艺）应当符合法律、行政法规的规定和国家标准、行业标准的要求，并根据所使用的危险化学品的种类、危险特性以及使用量和使用方式，建立、健全使用危险化学品的安全管理规章制度和安全操作规程，保证危险化学品的安全使用。

第二十九条 使用危险化学品从事生产并且使用量达到规定数量的化工企业（属于危险化学品生产企业的除外，下同），应当依照本条例的规定取得危险化学品安全使用许可证。

前款规定的危险化学品使用量的数量标准，由国务院安全生产监督管理部门会同国务院公安部门、农业主管部门确定并公布。

第三十条 申请危险化学品安全使用许可证的化工企业，除应当符合本条例第二十八条的规定外，还应当具备下列条件：

（一）有与所使用的危险化学品相适应的专业技术人员；

（二）有安全管理机构和专职安全管理人员；

（三）有符合国家规定的危险化学品事故应急预案和必要的应急救援器材、设备；

（四）依法进行了安全评价。

第三十一条 申请危险化学品安全使用许可证的化工企业，应当向所在地设区的市级人民政府安全生产监督管理部门提出申请，并提交其符合本条例第三十条规定条件的证明材料。设区的市级人民政府安全生产监督管理部门应当依法进行审查，自收到证明材料之日起45日内作出批准或者不予批准的决定。予以批准的，颁发危险化学品安全使用许可证；不予批准的，书面通知申请人并说明理由。

安全生产监督管理部门应当将其颁发危险化学品安全使用许可证的情况及时向同级环境保护主管部门和公安机关通报。

第三十二条 本条例第十六条关于生产实施重点环境管理的危险化学品的企业的规定，适用于使用实施重点环境管理的危险化学品从事生产的企业；第二十条、第二十一条、第二十三条第一款、第二十七条关于生产、储存危险化学品的单位的规定，适用于使用危险化学品的单位；第二十二条关于生产、储存危险化学品的企业的规定，适用于使用危险化学品从事生产的企业。

第四章 经营安全

第三十三条 国家对危险化学品经营（包括仓储经营，下同）实行许可制度。未经许可，任何单位和个人不得经营危险化学品。

依法设立的危险化学品生产企业在其厂区范围内销售本企业生产的危险化学品，不需要取得危险化学品经营许可。

依照《中华人民共和国港口法》的规定取得港口经营许可证的港口经营人，在港区内从事危险化学品仓储经营，不需要取得危险化学品经营许可。

第三十四条 从事危险化学品经营的企业应当具备下列条件：

（一）有符合国家标准、行业标准的经营场所，储存危险化学品的，还应当有符合国家标准、行业标准的储存设施；

（二）从业人员经过专业技术培训并经考核合格；

（三）有健全的安全管理规章制度；

（四）有专职安全管理人员；

（五）有符合国家规定的危险化学品事故应急预案和必要的应急救援器材、设备；

（六）法律、法规规定的其他条件。

第三十五条 从事剧毒化学品、易制爆危险化学品经营的企业，应当向所在地设区的市级人民政府安全生产监督管理部门提出申请，从事其他危险化学品经营的企业，应当向所在地县级人民政府安全生产监督管理部门提出申请（有储存设施的，应当向所在地设区的市级人民政府安全生产监督管理部门提出申请）。申请人应当提交其符合本条例第三十四条规定条件的证明材料。设区的市级人民政府安全生产监督管理部门或者县级人民政府安全生产监督管理部门应当依法进行审查，并对申请人的经营场所、储存设施进行现场核查，自收到证明材料之日起30日内作出批准或者不予批准的决定。予以批准的，颁发危险化学品经营许可证；不予批准的，书面通知申请人并说明理由。

设区的市级人民政府安全生产监督管理部门和县级人民政府安全生产监督管理部门应当将其颁发危险化学品经营许可证的情况及时向同级环境保护主管部门和公安机关通报。

申请人持危险化学品经营许可证向工商行政管理部门办理登记手续后，方可从事危险化学品经营活动。法律、行政法规或者国务院规定经营危险化学品还需要经其他有关部门许可的，申请人向工商行政管理部门办理登记手续时还应当持相应的许可证件。

第三十六条 危险化学品经营企业储存危险化学品的，应当遵守本条例第二章关于储存危险化学品的规定。危险化学品商店内只能存放民用小包装的危险化学品。

第三十七条 危险化学品经营企业不得向未经许可从事危险化学品生产、经营活动的企业采购危险化学品，不得经营没有化学品安全技术说明书或者化学品安全标签的危险化学品。

第三十八条 依法取得危险化学品安全生产许可证、危险化学品安全使用许可证、危险化学品经营许可证的企业，凭相应的许可证件购买剧毒化学品、易制爆危险化学品。民用爆炸物品生产企业凭民用爆炸物品生产许可证购买易制爆危险化学品。

前款规定以外的单位购买剧毒化学品的，应当向所在地县级人民政府公安机关申请取得剧毒化学品购买许可证；购买易制爆危险化学品的，应当持本单位出具的合法用途说明。

个人不得购买剧毒化学品（属于剧毒化学品的农药除外）和易制爆危险化学品。

第三十九条 申请取得剧毒化学品购买许可证，申请人应当向所在地县级人民政府公安机关提交下列材料：

（一）营业执照或者法人证书（登记证书）的复印件；

（二）拟购买的剧毒化学品品种、数量的说明；

（三）购买剧毒化学品用途的说明；

（四）经办人的身份证明。

县级人民政府公安机关应当自收到前款规定的材料之日起3日内，作出批准或者不予批准的决定。予以批准的，颁发剧毒化学品购买许可证；不予批准的，书面通知申请人并说明理由。

剧毒化学品购买许可证管理办法由国务院公安部门制定。

第四十条 危险化学品生产企业、经营企业销售剧毒化学品、易制爆危险化学品，应当查验本条例第三十八条第一款、第二款规定的相关许可证件或者证明文件，不得向不具有相关许可证件或者证明文件的单位销售剧毒化学品、易制爆危险化学品。对持剧毒化学品购买许可证购买剧毒化学品的，应当按照许可证载明的品种、数量销售。

禁止向个人销售剧毒化学品（属于剧毒化学品的农药除外）和易制爆危险化学品。

第四十一条 危险化学品生产企业、经营企业销售剧毒化学品、易制爆危险化学品，应当如实记录购买单位的名称、地址、经办人的姓名、身份证号码以及所购买的剧毒化学品、易制爆危险化学品的品种、数量、用途。销售记录以及经办人的身份证明复印件、相关许可证件复印件或者证明文件的保存期限不得少于1年。

剧毒化学品、易制爆危险化学品的销售企业、购买单位应当在销售、购买后5日内，将所销售、购买的剧毒化学品、易制爆危险化学品的品种、数量以及流向信息报所在地县级人民政府公安机关备案，并输入计算机系统。

第四十二条 使用剧毒化学品、易制爆危险化学品的单位不得出借、转让其购买的剧毒化学品、易制爆危险化学品；因转产、停产、搬迁、关闭等确需转让的，应当向具有本条例第三十八条第一款、第二款规定的相关许可证件或者证明文件的单位转让，并在转让后将有关情况及时向所在地县级人民政府公安机关报告。

第五章 运输安全

第四十三条 从事危险化学品道路运输、水路运输的，应当分别依照有关道路运输、水路运输的法律、行政法规的规定，取得危险货物道路运输许可、危险货物水路运输许可，并向工商行政管理部门办理登记手续。

危险化学品道路运输企业、水路运输企业应当配备专职安全管理人员。

第四十四条 危险化学品道路运输企业、水路运输企业的驾驶人员、船员、装卸管理人员、押运人员、申报人员、集装箱装箱现场检查员应当经交通运输主管部门考核合格，取得从业资格。具体办法由国务院交通运输主管部门制定。

危险化学品的装卸作业应当遵守安全作业标准、规程和制度，并在装卸管理人员的现场指挥或者监控下进行。水路运输危险化学品的集装箱装箱作业应当在集装箱装箱现场检查员的指挥或者监控下进行，并符合积载、隔离的规范和要求；装箱作业完毕后，集装箱装箱现场检查员应当签署装箱证明书。

第四十五条 运输危险化学品，应当根据危险化学品的危险特性采取相应的安全防护措施，并配备必要的防护用品和应急救援器材。

用于运输危险化学品的槽罐以及其他容器应当封口严密，能够防止危险化学品在运输过程中因温度、湿度或者压力的变化发生渗漏、洒漏；槽罐以及其他容器的溢流和泄压装置应当设置准确、起闭灵活。

运输危险化学品的驾驶人员、船员、装卸管理人员、押运人员、申报人员、集装箱装箱现场检查员，应当了解所运输的危险化学品的危险特性及其包装物、容器的使用要求和出现危险情况时的应急处置方法。

第四十六条 通过道路运输危险化学品的，托运人应当委托依法取得危险货物道路运输许可的企业承运。

第四十七条 通过道路运输危险化学品的，应当按照运输车辆的核定载质量装载危险化学品，不得超载。

危险化学品运输车辆应当符合国家标准要求的安全技术条件，并按照国家有关规定定期进行安全技术检验。

危险化学品运输车辆应当悬挂或者喷涂符合国家标准要求的警示标志。

第四十八条 通过道路运输危险化学品的，应当配备押运人员，并保证所运输的危险化学品处于押运人员的监控之下。

运输危险化学品途中因住宿或者发生影响正常运输的情况，需要较长时间停车的，驾驶人员、押运人员应当采取相应的安全防范措施；运输剧毒化学品或者易制爆危险化学品的，还应当向当地公安机关报告。

第四十九条 未经公安机关批准，运输危险化学品的车辆不得进入危险化学品运输车辆限制通行的区域。危险化学品运输车辆限制通行的区域由县级人民政府公安机关划定，并设置明显的标志。

第五十条 通过道路运输剧毒化学品的，托运人应当向运输始发地或者目的地县级人民政府公安机关申请剧毒化学品道路运输通行证。

申请剧毒化学品道路运输通行证，托运人应当向县级人民政府公安机关提交下列材料：

（一）拟运输的剧毒化学品品种、数量的说明；

（二）运输始发地、目的地、运输时间和运输路线的说明；

（三）承运人取得危险货物道路运输许可、运输车辆取得营运证以及驾驶人员、押运人员取得上岗资格的证明文件；

（四）本条例第三十八条第一款、第二款规定的购买剧毒化学品的相关许可证件，或者海关出具的进出口证明文件。

县级人民政府公安机关应当自收到前款规定的材料之日起7日内，作出批准或者不予批准的决定。予以批准的，颁发剧毒化学品道路运输通行证；不予批准的，书面通知申请人并说明理由。

剧毒化学品道路运输通行证管理办法由国务院公安部门制定。

第五十一条 剧毒化学品、易制爆危险化学品在道路运输途中丢失、被盗、被抢或者出现流散、泄漏等情况的，驾驶人员、押运人员应当立即采取相应的警示措施和安全措施，并向当地公安机关报告。公安机关接到报告后，应当根据实际情况立即向安全生产监督管理部门、环境保护主管部门、卫生主管部门通报。有关部门应当采取必要的应急处置措施。

第五十二条 通过水路运输危险化学品的，应当遵守法律、行政法规以及国务院交通运输主管部门关于危险货物水路运输安全的规定。

第五十三条 海事管理机构应当根据危险化学品的种类和危险特性，确定船舶运输危险化学品的相关安全运输条件。

拟交付船舶运输的化学品的相关安全运输条件不明确的，货物所有人或者代理人应当委托相关技术机构进行评估，明确相关安全运输条件并经海事管理机构确认后，方可交付船舶运输。

第五十四条 禁止通过内河封闭水域运输剧毒化学品以及国家规定禁止通过内河运输的其他危险化学品。

前款规定以外的内河水域，禁止运输国家规定禁止通过内河运输的剧毒化学品以及其他危险化学品。

禁止通过内河运输的剧毒化学品以及其他危险化学品的范围，由国务院交通运输主管部门会同国务院环境保护主管部门、工业和信息化主管部门、安全生产监督管理部门，根据危险化学品的危险特性、危险化学品对人体和水环境的危害程度以及消除危害后果的难易程度等因素规定并公布。

第五十五条 国务院交通运输主管部门应当根据危险化学品的危险特性，对通过内河运输本条例第五十四条规定以外的危险化学品（以下简称通过内河运输危险化学品）实行分类管理，对各类危险化学品的运输方式、包装规范和安全防护措施等分别作出规定并监督实施。

第五十六条 通过内河运输危险化学品，应当由依法取得危险货物水路运输许可的水路运输企业承运，其他单位和个人不得承运。托运人应当委托依法取得危险货物水路运输许可的水路运输企业承运，不得委托其他单位和个人承运。

第五十七条 通过内河运输危险化学品，应当使用依法取得危险货物适装证书的运输船舶。水路运输企业应当针对所运输的危险化学品的危险特性，制定运输船舶危险化学品事故应急救援预案，并为运输船舶配备充足、有效的应急救援器材和设备。

通过内河运输危险化学品的船舶，其所有人或者经营人应当取得船舶污染损害责任保险证书或者财务担保证明。船舶污染损害责任保险证书或者财务担保证明的副本应当随船携带。

第五十八条 通过内河运输危险化学品，危险化学品包装物的材质、型式、强度以及包装方法应当符合水路运输危险化学品包装规范的要求。国务院交通运输主管部门对单船运输的危险化学品数量有限制性规定的，承运人应当按照规定安排运输数量。

第五十九条 用于危险化学品运输作业的内河码头、泊位应当符合国家有关安全规范，与饮用水取水口保持国家规定的距离。有关管理单位应当制定码头、泊位危险化学品事故应急预案，并为码头、泊位配备充足、有效的应急救援器材和设备。

用于危险化学品运输作业的内河码头、泊位，经交通运输主管部门按照国家有关规定验收合格后方可投入使用。

第六十条 船舶载运危险化学品进出内河港口，应当将危险化学品的名称、危险特性、包装以及进出港时间等事项，事先报告海事管理机构。海事管理机构接到报告后，应当在国务院交通运输主管部门规定的时间内作出是否同意的决定，通知报告人，同时通报港口行政管理部门。定船舶、定航线、定货种的船舶可以定期报告。

在内河港口内进行危险化学品的装卸、过驳作业，应当将危险化学品的名称、危险特性、包装和作业的时间、地点等事项报告港口行政管理部门。港口行政管理部门接到报告后，应当在国务院交通运输主管部门规定的时间内作出是否同意的决定，通知报告人，同时通报海事管理机构。

载运危险化学品的船舶在内河航行，通过过船建筑物的，应当提前向交通运输主管部门申报，并接受交通运输主管部门的管理。

第六十一条 载运危险化学品的船舶在内河航行、装卸或者停泊，应当悬挂专用的警示标志，按照规定显示专用信号。

载运危险化学品的船舶在内河航行，按照国务院交通运输主管部门的规定需要引航的，应当申请引航。

第六十二条 载运危险化学品的船舶在内河航行，应当遵守法律、行政法规和国家其他有关饮用水水源保护的规定。内河航道发展规划应当与依法经批准的饮用水水源保护区划定方案相协调。

第六十三条 托运危险化学品的，托运人应当向承运人说明所托运的危险化学品的种类、数量、危险特性以及发生危险情况的应急处置措施，并按照国家有关规定对所托运的危险化学品妥善包装，在外包装上设置相应的标志。

运输危险化学品需要添加抑制剂或者稳定剂的，托运人应当添加，并将有关情况告知承运人。

第六十四条 托运人不得在托运的普通货物中夹带危险化学品，不得将危险化学品匿报或者谎报为普通货物托运。

任何单位和个人不得交寄危险化学品或者在邮件、快件内夹带危险化学品，不得将危险化学品匿报或者谎报为普通物品交寄。邮政企业、快递企业不得收寄危险化学品。

对涉嫌违反本条第一款、第二款规定的，交通运输主管部门、邮政管理部门可以依法开拆查验。

第六十五条 通过铁路、航空运输危险化学品的安全管理，依照有关铁路、航空运输的法律、行政法规、规章的规定执行。

第六章 危险化学品登记与事故应急救援

第六十六条 国家实行危险化学品登记制度，为危险化学品安全管理以及危险化学品事故预防和应急救援提供技术、信息支持。

第六十七条 危险化学品生产企业、进口企业，应当向国务院安全生产监督管理部门负责危险化学品登记的机构（以下简称危险化学品登记机构）办理危险化学品登记。

危险化学品登记包括下列内容：

（一）分类和标签信息；
（二）物理、化学性质；
（三）主要用途；
（四）危险特性；
（五）储存、使用、运输的安全要求；
（六）出现危险情况的应急处置措施。

对同一企业生产、进口的同一品种的危险化学品，不进行重复登记。危险化学品生产企业、进口企业发现其生产、进口的危险化学品有新的危险特性的，应当及时向危险化学品登记机构办理登记内容变更手续。

危险化学品登记的具体办法由国务院安全生产监督管理部门制定。

第六十八条 危险化学品登记机构应当定期向工业和信息化、环境保护、公安、卫生、交通运输、铁路、质量监督检验检疫等部门提供危险化学品登记的有关信息和资料。

第六十九条 县级以上地方人民政府安全生产监督管理部门应当会同工业和信息化、环境保护、公安、卫生、交通运输、铁路、质量监督检验检疫等部门，根据本地区实际情况，制定危险化学品事故应急预案，报本级人民政府批准。

第七十条 危险化学品单位应当制定本单位危险化学品事故应急预案，配备应急救援人员和必要的应急救援器材、设备，并定期组织应急救援演练。

危险化学品单位应当将其危险化学品事故应急预案报所在地设区的市级人民政府安全生产监督管理部门备案。

第七十一条 发生危险化学品事故，事故单位主要负责人应当立即按照本单位危险化学品应急预案组织救援，并向当地安全生产监督管理部门和环境保护、公安、卫生主管部门报告；道路运输、水路运输过程中发生危险化学品事故的，驾驶人员、船员或者押运人员还应当向事故发生地交通运输主管部门报告。

第七十二条 发生危险化学品事故，有关地方人民政府应当立即组织安全生产监督管理、环境保护、公安、卫生、交通运输等有关部门，按照本地区危险化学品事故应急预案组织实施救援，不得拖延、推诿。

有关地方人民政府及其有关部门应当按照下列规定，采取必要的应急处置措施，减少事故损失，防止事故蔓延、扩大：

（一）立即组织营救和救治受害人员，疏散、撤离或者采取其他措施保护危害区域内的其他人员；
（二）迅速控制危害源，测定危险化学品的性质、事故的危害区域及危害程度；
（三）针对事故对人体、动植物、土壤、水源、大气造成的现实危害和可能产生的危害，迅速采取封闭、隔离、洗消等措施；
（四）对危险化学品事故造成的环境污染和生态破坏状况进行监测、评估，并采取相应的环境污染治理和生态修复措施。

第七十三条 有关危险化学品单位应当为危险化学品事故应急救援提供技术指导和必要的协助。

第七十四条 危险化学品事故造成环境污染的，由设区的市级以上人民政府环境保护主管部门统一发布有关信息。

第七章 法律责任

第七十五条 生产、经营、使用国家禁止生产、经营、使用的危险化学品的，由安全生产监督管理部门责令停止生产、经营、使用活动，处20万元以上50万元以下的罚款，有违法所得的，没收违法所得；构成犯罪的，依法追究刑事责任。

有前款规定行为的，安全生产监督管理部门还应当责令其对所生产、经营、使用的危险化学品进行无害化处理。

违反国家关于危险化学品使用的限制性规定使用危险化学品的，依照本条第一款的规定处理。

第七十六条 未经安全条件审查，新建、改建、扩建生产、储存危险化学品的建设项目的，由安全生产监督管理部门责令停止建设，限期改正；逾期不改正的，处50万元以上100万元以下的罚款；构成犯罪的，依法追究刑事责任。

未经安全条件审查，新建、改建、扩建储存、装卸危险化学品的港口建设项目的，由港口行政管理部门依照前款规定予以处罚。

第七十七条 未依法取得危险化学品安全生产许可证从事危险化学品生产，或者未依法取得工业产品生产许可证从事危险化学品及其包装物、容器生产的，分别依照《安全生产许可证条例》、《中华人民共和国工业产品生产许可证管理条例》的规定处罚。

违反本条例规定，化工企业未取得危险化学品安全使用许可证，使用危险化学品从事生产的，由安全生产监督管理部门责令限期改正，处10万元以上20万元以下的罚款；逾期不改正的，责令停产整顿。

违反本条例规定，未取得危险化学品经营许可证从事危险化学品经营的，由安全生产监督管理部门责令停止经营活动，没收违法经营的危险化学品以及违法所得，并处10万元以上20万元以下的罚款；构成犯罪的，依法追究刑事责任。

第七十八条 有下列情形之一的，由安全生产监督管理部门责令改正，可以处5万元以下的罚款；拒不改正的，处5万元以上10万元以下的罚款；情节严重的，责令停产停业整顿：

（一）生产、储存危险化学品的单位未对其铺设的危险化学品管道设置明显的标志，或者未对危险化学品管道定期检查、检测的；

（二）进行可能危及危险化学品管道安全的施工作业，施工单位未按照规定书面通知管道所属单位，或者未与管道所属单位共同制定应急预案、采取相应的安全防护措施，或者管道所属单位未指派专门人员到现场进行管道安全保护指导的；

（三）危险化学品生产企业未提供化学品安全技术说明书，或者未在包装（包括外包装件）上粘贴、拴挂化学品安全标签的；

（四）危险化学品生产企业提供的化学品安全技术说明书与其生产的危险化学品不相符，或者在包装（包括外包装件）粘贴、拴挂的化学品安全标签与包装内危险化学品不相符，或者化学品安全技术说明书、化学品安全标签所载明的内容不符合国家标准要求的；

（五）危险化学品生产企业发现其生产的危险化学品有新的危险特性不立即公告，或者不及时修订其化学品安全技术说明书和化学品安全标签的；

（六）危险化学品经营企业经营没有化学品安全技术说明书和化学品安全标签的危险化学品的；

（七）危险化学品包装物、容器的材质以及包装的型式、规格、方法和单件质量（重量）与所包装的危险化学品的性质和用途不相适应的；

（八）生产、储存危险化学品的单位未在作业场所和安全设施、设备上设置明显的安全警示标志，或者未在作业场所设置通信、报警装置的；

（九）危险化学品专用仓库未设专人负责管理，或者对储存的剧毒化学品以及储存数量构成重大危险源的其他危险化学品未实行双人收发、双人保管制度的；

（十）储存危险化学品的单位未建立危险化学品出入库核查、登记制度的；

（十一）危险化学品专用仓库未设置明显标志的；

（十二）危险化学品生产企业、进口企业不办理危险化学品登记，或者发现其生产、进口的危险化学品有新的危险特性不办理危险化学品登记内容变更手续的。

从事危险化学品仓储经营的港口经营人有前款规定情形的，由港口行政管理部门依照前款规定予以处罚。储存剧毒化学品、易制爆危险化学品的专用仓库未按照国家有关规定设置相应的技术防范设施的，由公安机关依照前款规定予以处罚。

生产、储存剧毒化学品、易制爆危险化学品的单位未设置治安保卫机构、配备专职治安保卫人员的，依照《企业事业单位内部治安保卫条例》的规定处罚。

第七十九条 危险化学品包装物、容器生产企业销售未经检验或者经检验不合格的危险化学品包装物、容器的，由质量监督检验检疫部门责令改正，处10万元以上20万元以下的罚款，有违法所得的，没收违法所得；拒不改正的，责令停产停业整顿；构成犯罪的，依法追究刑事责任。

将未经检验合格的运输危险化学品的船舶及其配载的容器投入使用的，由海事管理机构依照前款规定予以处罚。

第八十条 生产、储存、使用危险化学品的单位有下列情形之一的，由安全生产监督管理部门责令改正，处5万元以上10万元以下的罚款；拒不改正的，责令停产停业整顿直至由原发证机关吊销其相关许可证件，并由工商行政管理部门责令其办理经营范围变更登记或者吊销其营业执照；有关责任人员构成犯罪的，依法追究刑事责任：

（一）对重复使用的危险化学品包装物、容器，在重复使用前不进行检查的；

（二）未根据其生产、储存的危险化学品的种类和危险特性，在作业场所设置相关安全设施、设备，或者未按照国家标准、行业标准或者国家有关规定对安全设施、设备进行经常性维护、保养的；

（三）未依照本条例规定对其安全生产条件定期进行安全评价的；

（四）未将危险化学品储存在专用仓库内，或者未将剧毒化学品以及储存数量构成重大危险源的其他危险化学品在专用仓库内单独存放的；

（五）危险化学品的储存方式、方法或者储存数量不符合国家标准或者国家有关规定的；

（六）危险化学品专用仓库不符合国家标准、行业标准的要求的；

（七）未对危险化学品专用仓库的安全设施、设备定期进行检测、检验的。

从事危险化学品仓储经营的港口经营人有前款规定情形的，由港口行政管理部门依照前款规定予以处罚。

第八十一条 有下列情形之一的，由公安机关责令改正，可以处1万元以下的罚款；拒不改正的，处1万元以上5万元以下的罚款：

（一）生产、储存、使用剧毒化学品、易制爆危险化学品的单位不如实记录生产、储存、使用的剧毒化学品、易制爆危险化学品的数量、流向的；

（二）生产、储存、使用剧毒化学品、易制爆危险化学品的单位发现剧毒化学品、易制爆危险化学品丢失或者被盗，不立即向公安机关报告的；

（三）储存剧毒化学品的单位未将剧毒化学品的储存数量、储存地点以及管理人员的情况报所在地县级人民政府公安机关备案的；

（四）危险化学品生产企业、经营企业不如实记录剧毒化学品、易制爆危险化学品购买单位的名称、地址、经办人的姓名、身份证号码以及所购买的剧毒化学品、易制爆危险化学品的品种、数量、用途，或者保存销售记录和相关材料的时间少于1年的；

（五）剧毒化学品、易制爆危险化学品的销售企业、购买单位未在规定的时限内将所销售、购买的剧毒化学品、易制爆危险化学品的品种、数量以及流向信息报所在地县级人民政府公安机关备案的；

（六）使用剧毒化学品、易制爆危险化学品的单位依照本条例规定转让其购买的剧毒化学品、易制爆危险化学品，未将有关情况向所在地县级人民政府公安机关报告的。

生产、储存危险化学品的企业或者使用危险化学品从事生产的企业未按照本条例规定将安全评价报告以及整改方案的落实情况报安全生产监督管理部门或者港口行政管理部门备案，或者储存危险化学品的单位未将其剧毒化学品以及储存数量构成重大危险源的其他危险化学品的储存数量、储存地点以及管理人员的情况报安全生产监督管理部门或者港口行政管理部门备案的，分别由安全生产监督管理部门或者港口行政管理部门依照前款规定予以处罚。

生产实施重点环境管理的危险化学品的企业或者使用实施重点环境管理的危险化学品从事生产的企业未按照规定将相关信息向环境保护主管部门报告的，由环境保护主管部门依照本条第一款的规定予以处罚。

第八十二条 生产、储存、使用危险化学品的单位转产、停产、停业或者解散，未采取有效措施及时、妥善处置其危险化学品生产装置、储存设施以及库存的危险化学品，或者丢弃危险化学品的，由安全生产监督管理部门责令改正，处5万元以上10万元以下的罚款；构成犯罪的，依法追究刑事责任。

生产、储存、使用危险化学品的单位转产、停产、停业或者解散，未依照本条例规定将其危险化学品生产装置、储存设施以及库存危险化学品的处置方案报有关部门备案的，分别由有关部门责令改正，可以处1万元以下的罚款；拒不改正的，处1万元以上5万元以下的罚款。

第八十三条 危险化学品经营企业向未经许可违法从事危险化学品生产、经营活动的企业采购危险化学品的，由工商行政管理部门责令改正，处10万元以上20万元以下的罚款；拒不改正的，责令停业整顿直至由原发证机关吊销其危险化学品经营许可证，并由工商行政管理部门责令其办理经营范围变更登记或者吊销其营业执照。

第八十四条 危险化学品生产企业、经营企业有下列情形之一的，由安全生产监督管理部门责令改正，没收违法所得，并处10万元以上20万元以下的罚款；拒不改正的，责令停产停业整顿直至吊销其危险化学品安全生产许可证、危险化学品经营许可证，并由工商行政管理部门责令其办理经营范围变更登记或者吊销其营业执照：

（一）向不具有本条例第三十八条第一款、第二款规定的相关许可证件或者证明文件的单位销售剧毒化学品、易制爆危险化学品的；

（二）不按照剧毒化学品购买许可证载明的品种、数量销售剧毒化学品的；

（三）向个人销售剧毒化学品（属于剧毒化学品的农药除外）、易制爆危险化学品的。

不具有本条例第三十八条第一款、第二款规定的相关许可证件或者证明文件的单位购买剧毒化学品、易制爆危险化学品，或者个人购买剧毒化学品（属于剧毒化学品的农药除外）、易制爆危险化学品的，由公安机关没收所购买的剧毒化学品、易制爆危险化学品，可以并处5000元以下的罚款。

使用剧毒化学品、易制爆危险化学品的单位出借或者向不具有本条例第三十八条第一款、第二款规定的相关许可证件的单位转让其购买的剧毒化学品、易制爆危险化学品，或者向个人转让其购买的剧毒化学品（属于剧毒化学品的农药除外）、易制爆危险化学品的，由公安机关责令改正，处10万元以上20万元以下的罚款；拒不改正的，责令停产停业整顿。

第八十五条 未依法取得危险货物道路运输许可、危险货物水路运输许可，从事危险化学品道路运输、水路运输的，分别依照有关道路运输、水路运输的法律、行政法规的规定处罚。

第八十六条 有下列情形之一的，由交通运输主管部门责令改正，处5万元以上10万元以下的罚款；拒不改正的，责令停产停业整顿；构成犯罪的，依法追究刑事责任：

（一）危险化学品道路运输企业、水路运输企业的驾驶人员、船员、装卸管理人员、押运人员、申报人员、集装箱装箱现场检查员未取得从业资格上岗作业的；

（二）运输危险化学品，未根据危险化学品的危险特性采取相应的安全防护措施，或者未配备必要的防护用品和应急救援器材的；

（三）使用未依法取得危险货物适装证书的船舶，通过内河运输危险化学品的；

（四）通过内河运输危险化学品的承运人违反国务院交通运输主管部门对单船运输的危险化学品数量的限制性规定运输危险化学品的；

（五）用于危险化学品运输作业的内河码头、泊位不符合国家有关安全规范，或者未与饮用水取水口保持国家规定的安全距离，或者未经交通运输主管部门验收合格投入使用的；

（六）托运人不向承运人说明所托运的危险化学品的种类、数量、危险特性以及发生危险情况的应急处置措施，或者未按照国家有关规定对所托运的危险化学品妥善包装并在外包装上设置相应标志的；

（七）运输危险化学品需要添加抑制剂或者稳定剂，托运人未添加或者未将有关情况告知承运人的。

第八十七条 有下列情形之一的，由交通运输主管部门责令改正，处10万元以上20万元以下的罚款，有违法所得的，没收违法所得；拒不改正的，责令停产停业整顿；构成犯罪的，依法追究刑事责任：

（一）委托未依法取得危险货物道路运输许可、危险货物水路运输许可的企业承运危险化学品的；

（二）通过内河封闭水域运输剧毒化学品以及国家规定禁止通过内河运输的其他危险化学品的；

（三）通过内河运输国家规定禁止通过内河运输的剧毒化学品以及其他危险化学品的；

（四）在托运的普通货物中夹带危险化学品，或者将危险化学品谎报或者匿报为普通货物托运的。

在邮件、快件内夹带危险化学品，或者将危险化学品谎报为普通物品交寄的，依法给予治安管理处罚；构成犯罪的，依法追究刑事责任。

邮政企业、快递企业收寄危险化学品的，依照《中华人民共和国邮政法》的规定处罚。

第八十八条 有下列情形之一的，由公安机关责令改正，处5万元以上10万元以下的罚款；构成违反治安管理行为的，依法给予治安管理处罚；构成犯罪的，依法追究刑事责任：

（一）超过运输车辆的核定载质量装载危险化学品的；

（二）使用安全技术条件不符合国家标准要求的车辆运输危险化学品的；

（三）运输危险化学品的车辆未经公安机关批准进入危险化学品运输车辆限制通行的区域的；

（四）未取得剧毒化学品道路运输通行证，通过道路运输剧毒化学品的。

第八十九条 有下列情形之一的,由公安机关责令改正,处 1 万元以上 5 万元以下的罚款;构成违反治安管理行为的,依法给予治安管理处罚:

(一)危险化学品运输车辆未悬挂或者喷涂警示标志,或者悬挂或者喷涂的警示标志不符合国家标准要求的;

(二)通过道路运输危险化学品,不配备押运人员的;

(三)运输剧毒化学品或者易制爆危险化学品途中需要较长时间停车,驾驶人员、押运人员不向当地公安机关报告的;

(四)剧毒化学品、易制爆危险化学品在道路运输途中丢失、被盗、被抢或者发生流散、泄露等情况,驾驶人员、押运人员不采取必要的警示措施和安全措施,或者不向当地公安机关报告的。

第九十条 对发生交通事故负有全部责任或者主要责任的危险化学品道路运输企业,由公安机关责令消除安全隐患,未消除安全隐患的危险化学品运输车辆,禁止上道路行驶。

第九十一条 有下列情形之一的,由交通运输主管部门责令改正,可以处 1 万元以下的罚款;拒不改正的,处 1 万元以上 5 万元以下的罚款:

(一)危险化学品道路运输企业、水路运输企业未配备专职安全管理人员的;

(二)用于危险化学品运输作业的内河码头、泊位的管理单位未制定码头、泊位危险化学品事故应急救援预案,或者未为码头、泊位配备充足、有效的应急救援器材和设备的。

第九十二条 有下列情形之一的,依照《中华人民共和国内河交通安全管理条例》的规定处罚:

(一)通过内河运输危险化学品的水路运输企业未制定运输船舶危险化学品事故应急救援预案,或者未为运输船舶配备充足、有效的应急救援器材和设备的;

(二)通过内河运输危险化学品的船舶的所有人或者经营人未取得船舶污染损害责任保险证书或者财务担保证明的;

(三)船舶载运危险化学品进出内河港口,未将有关事项先报告海事管理机构并经其同意的;

(四)载运危险化学品的船舶在内河航行、装卸或者停泊,未悬挂专用的警示标志,或者未按照规定显示专用信号,或者未按照规定申请引航的。

未向港口行政管理部门报告并经其同意,在港口内进行危险化学品的装卸、过驳作业的,依照《中华人民共和国港口法》的规定处罚。

第九十三条 伪造、变造或者出租、出借、转让危险化学品安全生产许可证、工业产品生产许可证,或者使用伪造、变造的危险化学品安全生产许可证、工业产品生产许可证的,分别依照《安全生产许可证条例》、《中华人民共和国工业产品生产许可证管理条例》的规定处罚。

伪造、变造或者出租、出借、转让本条例规定的其他许可证,或者使用伪造、变造的本条例规定的其他许可证的,分别由相关许可证的颁发管理机关处 10 万元以上 20 万元以下的罚款,有违法所得的,没收违法所得;构成违反治安管理行为的,依法给予治安管理处罚;构成犯罪的,依法追究刑事责任。

第九十四条 危险化学品单位发生危险化学品事故,其主要负责人不立即组织救援或者不立即向有关部门报告的,依照《生产安全事故报告和调查处理条例》的规定处罚。

危险化学品单位发生危险化学品事故,造成他人人身伤害或者财产损失的,依法承担赔偿责任。

第九十五条 发生危险化学品事故,有关地方人民政府及其有关部门不立即组织实施救援,或者不采取必要的应急处置措施减少事故损失,防止事故蔓延、扩大的,对直接负责的主管人员和其他直接责任人员依法给予处分;构成犯罪的,依法追究刑事责任。

第九十六条 负有危险化学品安全监督管理职责的部门的工作人员,在危险化学品安全监督管理工作中滥用职权、玩忽职守、徇私舞弊,构成犯罪的,依法追究刑事责任;尚不构成犯罪的,依法给予处分。

第八章 附 则

第九十七条 监控化学品、属于危险化学品的药品和农药的安全管理,依照本条例的规定执行;法律、行政法规另有规定的,依照其规定。

民用爆炸物品、烟花爆竹、放射性物品、核能物质以及用于国防科研生产的危险化学品的安全管理,不适用本条例。

法律、行政法规对燃气的安全管理另有规定的,依照其规定。

危险化学品容器属于特种设备的,其安全管理依照有关特种设备安全的法律、行政法规的规定执行。

第九十八条 危险化学品的进出口管理,依照有关对外贸易的法律、行政法规、规章的规定执行;

进口的危险化学品的储存、使用、经营、运输的安全管理，依照本条例的规定执行。

危险化学品环境管理登记和新化学物质环境管理登记，依照有关环境保护的法律、行政法规、规章的规定执行。危险化学品环境管理登记，按照国家有关规定收取费用。

第九十九条 公众发现、捡拾的无主危险化学品，由公安机关接收。公安机关接收或者有关部门依法没收的危险化学品，需要进行无害化处理的，交由环境保护主管部门组织其认定的专业单位进行处理，或者交由有关危险化学品生产企业进行处理。处理所需费用由国家财政负担。

第一百条 化学品的危险特性尚未确定的，由国务院安全生产监督管理部门、国务院环境保护主管部门、国务院卫生主管部门分别负责组织对该化学品的物理危险性、环境危害性、毒理特性进行鉴定。根据鉴定结果，需要调整危险化学品目录的，依照本条例第三条第二款的规定办理。

第一百零一条 本条例施行前已经使用危险化学品从事生产的化工企业，依照本条例规定需要取得危险化学品安全使用许可证的，应当在国务院安全生产监督管理部门规定的期限内，申请取得危险化学品安全使用许可证。

第一百零二条 本条例自 2011 年 12 月 1 日起施行。

中华人民共和国
监控化学品管理条例

（1995 年 12 月 27 日中华人民共和国国务院令第 190 号发布　根据 2011 年 1 月 8 日《国务院关于废止和修改部分行政法规的决定》修订）

第一条 为了加强对监控化学品的管理，保障公民的人身安全和保护环境，制定本条例。

第二条 在中华人民共和国境内从事监控化学品的生产、经营和使用活动，必须遵守本条例。

第三条 本条例所称监控化学品，是指下列各类化学品：

第一类：可作为化学武器的化学品；

第二类：可作为生产化学武器前体的化学品；

第三类：可作为生产化学武器主要原料的化学品；

第四类：除炸药和纯碳氢化合物外的特定有机化学品。

前款各类监控化学品的名录由国务院化学工业主管部门提出，报国务院批准后公布。

第四条 国务院化学工业主管部门负责全国监控化学品的管理工作。省、自治区、直辖市人民政府化学工业主管部门负责本行政区域内监控化学品的管理工作。

第五条 生产、经营或者使用监控化学品的，应当依照本条例和国家有关规定向国务院化学工业主管部门或者省、自治区、直辖市人民政府化学工业主管部门申报生产、经营或者使用监控化学品的有关资料、数据和使用目的，接受化学工业主管部门的检查监督。

第六条 国家严格控制第一类监控化学品的生产。

为科研、医疗、制造药物或者防护目的需要生产第一类监控化学品的，应当报国务院化学工业主管部门批准，并在国务院化学工业主管部门指定的小型设施中生产。

严禁在未经国务院化学工业主管部门指定的设施中生产第一类监控化学品。

第七条 国家对第二类、第三类监控化学品和第四类监控化学品中含磷、硫、氟的特定有机化学品的生产，实行特别许可制度；未经特别许可的，任何单位和个人均不得生产。特别许可办法，由国务院化学工业主管部门制定。

第八条 新建、扩建或者改建用于生产第二类、第三类监控化学品和第四类监控化学品中含磷、硫、氟的特定有机化学品的设施，应当向所在地省、自治区、直辖市人民政府化学工业主管部门提出申请，经省、自治区、直辖市人民政府化学工业主管部门审查签署意见，报国务院化学工业主管部门批准后，方可开工建设；工程竣工后，经所在地省、自治区、直辖市人民政府化学工业主管部门验收合格，并报国务院化学工业主管部门批准后，方可投产使用。

新建、扩建或者改建用于生产第四类监控化学品中不含磷、硫、氟的特定有机化学品的设施，应当在开工生产前向所在地省、自治区、直辖市人民政府化学工业主管部门备案。

第九条 监控化学品应当在专用的化工仓库中储存，并设专人管理。监控化学品的储存条件应当符合国家有关规定。

第十条 储存监控化学品的单位，应当建立严格的出库、入库检查制度和登记制度；发现丢失、被盗时，应当立即报告当地公安机关和所在地省、自治区、直辖市人民政府化学工业主管部门；省、自治区、直辖市人民政府化学工业主管部门应当积极配合公安机关进行查处。

第十一条 对变质或者过期失效的监控化学品，应当及时处理。处理方案报所在地省、自治区、直辖市人民政府化学工业主管部门批准后实施。

第十二条 为科研、医疗、制造药物或者防护目的需要使用第一类监控化学品的，应当向国务院化学工业主管部门提出申请，经国务院化学工业主管部门审查批准后，凭批准文件同国务院化学工业主管部门指定的生产单位签订合同，并将合同副本报送国务院化学工业主管部门备案。

第十三条 需要使用第二类监控化学品的，应当向所在地省、自治区、直辖市人民政府化学工业主管部门提出申请，经省、自治区、直辖市人民政府化学工业主管部门审查批准后，凭批准文件同国务院化学工业主管部门指定的经销单位签订合同，并将合同副本报送所在地省、自治区、直辖市人民政府化学工业主管部门备案。

第十四条 国务院化学工业主管部门会同国务院对外经济贸易主管部门指定的单位（以下简称被指定单位），可以从事第一类监控化学品和第二类、第三类监控化学品及其生产技术、专用设备的进出口业务。

需要进口或者出口第一类监控化学品和第二类、第三类监控化学品及其生产技术、专用设备的，应当委托被指定单位代理进口或者出口。除被指定单位外，任何单位和个人均不得从事这类进出口业务。

第十五条 国家严格控制第一类监控化学品的进口和出口。非为科研、医疗、制造药物或者防护目的，不得进口第一类监控化学品。

接受委托进口第一类监控化学品的被指定单位，应当向国务院化学工业主管部门提出申请，并提交产品最终用途的说明和证明；经国务院化学工业主管部门审查签署意见后，报国务院审查批准。被指定单位凭国务院的批准文件向国务院对外经济贸易主管部门申请领取进口许可证。

第十六条 接受委托进口第二类、第三类监控化学品及其生产技术、专用设备的被指定单位，应当向国务院化学工业主管部门提出申请，并提交所进口的化学品、生产技术或者专用设备最终用途的说明和证明；经国务院化学工业主管部门审查批准后，被指定单位凭国务院化学工业主管部门的批准文件向国务院对外经济贸易主管部门申请领取进口许可证。

第十七条 接受委托出口第一类监控化学品的被指定单位，应当向国务院化学工业主管部门提出申请，并提交进口国政府或者政府委托机构出具的所进口的化学品仅用于科研、医疗、制造药物或者防护目的和不转口第三国的保证书；经国务院化学工业主管部门审查签署意见后，报国务院审查批准。被指定单位凭国务院的批准文件向国务院对外经济贸易主管部门申请领取出口许可证。

第十八条 接受委托出口第二类、第三类监控化学品及其生产技术、专用设备的被指定单位，应当向国务院化学工业主管部门提出申请，并提交进口国政府或者政府委托机构出具的所进口的化学品、生产技术、专用设备不用于生产化学武器和不转口第三国的保证书；经国务院化学工业主管部门审查批准后，被指定单位凭国务院化学工业主管部门的批准文件向国务院对外经济贸易主管部门申请领取出口许可证。

第十九条 使用监控化学品的，应当与其申报的使用目的相一致；需要改变使用目的的，应当报原审批机关批准。

第二十条 使用第一类、第二类监控化学品的，应当按照国家有关规定，定期向所在地省、自治区、直辖市人民政府化学工业主管部门报告消耗此类监控化学品的数量和使用此类监控化学品生产最终产品的数量。

第二十一条 违反本条例规定，生产监控化学品的，由省、自治区、直辖市人民政府化学工业主管部门责令限期改正；逾期不改正的，可以处20万元以下的罚款；情节严重的，可以提请省、自治区、直辖市人民政府责令停产整顿。

第二十二条 违反本条例规定，使用监控化学品的，由省、自治区、直辖市人民政府化学工业主管部门责令限期改正；逾期不改正的，可以处5万元以下的罚款。

第二十三条 违反本条例规定，经营监控化学品的，由省、自治区、直辖市人民政府化学工业主管部门没收其违法经营的监控化学品和违法所得，可以并处违法经营额1倍以上2倍以下的罚款。

第二十四条 违反本条例规定，隐瞒、拒报有关监控化学品的资料、数据，或者妨碍、阻挠化学工业主管部门依照本条例的规定履行检查监督职责的，由省、自治区、直辖市人民政府化学工业主管部门处以5万元以下的罚款。

第二十五条 违反本条例规定，构成违反治安管理行为的，依照《中华人民共和国治安管理处罚法》的有关规定处罚；构成犯罪的，依法追究刑事责任。

第二十六条 在本条例施行前已经从事生产、经营或者使用监控化学品的，应当依照本条例的规定，办理有关手续。

第二十七条 本条例自发布之日起施行。

民用爆炸物品安全管理条例

（2006年5月10日中华人民共和国国务院令第466号公布 根据2014年7月29日《国务院关于修改部分行政法规的决定》修订）

第一章 总 则

第一条 为了加强对民用爆炸物品的安全管理，预防爆炸事故发生，保障公民生命、财产安全和公共安全，制定本条例。

第二条 民用爆炸物品的生产、销售、购买、进出口、运输、爆破作业和储存以及硝酸铵的销售、购买，适用本条例。

本条例所称民用爆炸物品，是指用于非军事目的、列入民用爆炸物品品名表的各类火药、炸药及其制品和雷管、导火索等点火、起爆器材。

民用爆炸物品品名表，由国务院民用爆炸物品行业主管部门会同国务院公安部门制订、公布。

第三条 国家对民用爆炸物品的生产、销售、购买、运输和爆破作业实行许可证制度。

未经许可，任何单位或者个人不得生产、销售、购买、运输民用爆炸物品，不得从事爆破作业。

严禁转让、出借、转借、抵押、赠送、私藏或者非法持有民用爆炸物品。

第四条 民用爆炸物品行业主管部门负责民用爆炸物品生产、销售的安全监督管理。

公安机关负责民用爆炸物品公共安全管理和民用爆炸物品购买、运输、爆破作业的安全监督管理，监控民用爆炸物品流向。

安全生产监督、铁路、交通、民用航空主管部门依照法律、行政法规的规定，负责做好民用爆炸物品的有关安全监督管理工作。

民用爆炸物品行业主管部门、公安机关、工商行政管理部门按照职责分工，负责组织查处非法生产、销售、购买、储存、运输、邮寄、使用民用爆炸物品的行为。

第五条 民用爆炸物品生产、销售、购买、运输和爆破作业单位（以下称民用爆炸物品从业单位）的主要负责人是本单位民用爆炸物品安全管理责任人，对本单位的民用爆炸物品安全管理工作全面负责。

民用爆炸物品从业单位是治安保卫工作的重点单位，应当依法设置治安保卫机构或者配备治安保卫人员，设置技术防范设施，防止民用爆炸物品丢失、被盗、被抢。

民用爆炸物品从业单位应当建立安全管理制度、岗位安全责任制度，制订安全防范措施和事故应急预案，设置安全管理机构或者配备专职安全管理人员。

第六条 无民事行为能力人、限制民事行为能力人或者曾因犯罪受过刑事处罚的人，不得从事民用爆炸物品的生产、销售、购买、运输和爆破作业。

民用爆炸物品从业单位应当加强对本单位从业人员的安全教育、法制教育和岗位技术培训，从业人员经考核合格的，方可上岗作业；对有资格要求的岗位，应当配备具有相应资格的人员。

第七条 国家建立民用爆炸物品信息管理系统，对民用爆炸物品实行标识管理，监控民用爆炸物品流向。

民用爆炸物品生产企业、销售企业和爆破作业单位应当建立民用爆炸物品登记制度，如实将本单位生产、销售、购买、运输、储存、使用民用爆炸物品的品种、数量和流向信息输入计算机系统。

第八条 任何单位或者个人都有权举报违反民用爆炸物品安全管理规定的行为；接到举报的主管部门、公安机关应当立即查处，并为举报人员保密，对举报有功人员给予奖励。

第九条 国家鼓励民用爆炸物品从业单位采用提高民用爆炸物品安全性能的新技术，鼓励发展民用爆炸物品生产、配送、爆破作业一体化的经营模式。

第二章 生 产

第十条 设立民用爆炸物品生产企业，应当遵循统筹规划、合理布局的原则。

第十一条 申请从事民用爆炸物品生产的企业，应当具备下列条件：

（一）符合国家产业结构规划和产业技术标准；

（二）厂房和专用仓库的设计、结构、建筑材料、安全距离以及防火、防爆、防雷、防静电等安全设备、设施符合国家有关标准和规范；

（三）生产设备、工艺符合有关安全生产的技术标准和规程；

（四）有具备相应资格的专业技术人员、安全生产管理人员和生产岗位人员；

（五）有健全的安全管理制度、岗位安全责任制度；

（六）法律、行政法规规定的其他条件。

第十二条 申请从事民用爆炸物品生产的企业，应当向国务院民用爆炸物品行业主管部门提交申请书、可行性研究报告以及能够证明其符合本条例第十一条规定条件的有关材料。国务院民用爆炸物品行业主管部门应当自受理申请之日起45日内进行审查，对符合条件的，核发《民用爆炸物品生产许可证》；对不符合条件的，不予核发《民用爆炸物品生产许可证》，书面向申请人说明理由。

民用爆炸物品生产企业为调整生产能力及品种进行改建、扩建的，应当依照前款规定申请办理《民用爆炸物品生产许可证》。

民用爆炸物品生产企业持《民用爆炸物品生产许可证》到工商行政管理部门办理工商登记，并在办理工商登记后3日内，向所在地县级人民政府公安机关备案。

第十三条 取得《民用爆炸物品生产许可证》的企业应当在基本建设完成后，向省、自治区、直辖市人民政府民用爆炸物品行业主管部门申请安全生产许可。省、自治区、直辖市人民政府民用爆炸物品行业主管部门应当依照《安全生产许可证条例》的规定对其进行查验，对符合条件的，核发《民用爆炸物品安全生产许可证》。民用爆炸物品生产企业取得《民用爆炸物品安全生产许可证》后，方可生产民用爆炸物品。

第十四条 民用爆炸物品生产企业应当严格按照《民用爆炸物品生产许可证》核定的品种和产量进行生产，生产作业应当严格执行安全技术规程的规定。

第十五条 民用爆炸物品生产企业应当对民用爆炸物品做出警示标识、登记标识，对雷管编码打号。民用爆炸物品警示标识、登记标识和雷管编码规则，由国务院公安部门会同国务院民用爆炸物品行业主管部门规定。

第十六条 民用爆炸物品生产企业应当建立健全产品检验制度，保证民用爆炸物品的质量符合相关标准。民用爆炸物品的包装，应当符合法律、行政法规的规定以及相关标准。

第十七条 试验或者试制民用爆炸物品，必须在专门场地或者专门的试验室进行。严禁在生产车间或者仓库内试验或者试制民用爆炸物品。

第三章 销售和购买

第十八条 申请从事民用爆炸物品销售的企业，应当具备下列条件：

（一）符合对民用爆炸物品销售企业规划的要求；

（二）销售场所和专用仓库符合国家有关标准和规范；

（三）有具备相应资格的安全管理人员、仓库管理人员；

（四）有健全的安全管理制度、岗位安全责任制度；

（五）法律、行政法规规定的其他条件。

第十九条 申请从事民用爆炸物品销售的企业，应当向所在地省、自治区、直辖市人民政府民用爆炸物品行业主管部门提交申请书、可行性研究报告以及能够证明其符合本条例第十八条规定条件的有关材料。省、自治区、直辖市人民政府民用爆炸物品行业主管部门应当自受理申请之日起30日内进行审查，并对申请单位的销售场所和专用仓库等经营设施进行查验，对符合条件的，核发《民用爆炸物品销售许可证》；对不符合条件的，不予核发《民用爆炸物品销售许可证》，书面向申请人说明理由。

民用爆炸物品销售企业持《民用爆炸物品销售许可证》到工商行政管理部门办理工商登记后，方可销售民用爆炸物品。

民用爆炸物品销售企业应当在办理工商登记后3日内，向所在地县级人民政府公安机关备案。

第二十条 民用爆炸物品生产企业凭《民用爆炸物品生产许可证》，可以销售本企业生产的民用爆炸物品。

民用爆炸物品生产企业销售本企业生产的民用爆炸物品，不得超出核定的品种、产量。

第二十一条 民用爆炸物品使用单位申请购买民用爆炸物品的，应当向所在地县级人民政府公安机关提出购买申请，并提交下列有关材料：

（一）工商营业执照或者事业单位法人证书；

（二）《爆破作业单位许可证》或者其他合法使用的证明；

（三）购买单位的名称、地址、银行账户；

（四）购买的品种、数量和用途说明。

受理申请的公安机关应当自受理申请之日起5日内对提交的有关材料进行审查，对符合条件的，核发《民用爆炸物品购买许可证》；对不符合条件的，不予核发《民用爆炸物品购买许可证》，书面向申请人说明理由。

《民用爆炸物品购买许可证》应当载明许可购买的品种、数量、购买单位以及许可的有效期限。

第二十二条 民用爆炸物品生产企业凭《民用爆炸物品生产许可证》购买属于民用爆炸物品的原料，民用爆炸物品销售企业凭《民用爆炸物品销售许可证》向民用爆炸物品生产企业购买民用爆炸物品，民用爆炸物品使用单位凭《民用爆炸物品购买许可证》购买民用爆炸物品，还应当提供经办人的身份证明。

销售民用爆炸物品的企业，应当查验前款规定的许可证和经办人的身份证明；对持《民用爆炸物品购买许可证》购买的，应当按照许可的品种、数量销售。

第二十三条 销售、购买民用爆炸物品，应当通过银行账户进行交易，不得使用现金或者实物进行交易。

销售民用爆炸物品的企业，应当将购买单位的许可证、银行账户转账凭证、经办人的身份证明复印件保存2年备查。

第二十四条 销售民用爆炸物品的企业，应当自民用爆炸物品买卖成交之日起3日内，将销售的品种、数量和购买单位向所在地省、自治区、直辖市人民政府民用爆炸物品行业主管部门和所在地县级人民政府公安机关备案。

购买民用爆炸物品的单位，应当自民用爆炸物品买卖成交之日起3日内，将购买的品种、数量向所在地县级人民政府公安机关备案。

第二十五条 进出口民用爆炸物品，应当经国务院民用爆炸物品行业主管部门审批。进出口民用爆炸物品审批办法，由国务院民用爆炸物品行业主管部门会同国务院公安部门、海关总署规定。

进出口单位应当将进出口的民用爆炸物品的品种、数量向收货地或者出境口岸所在地县级人民政府公安机关备案。

第四章 运 输

第二十六条 运输民用爆炸物品，收货单位应当向运达地县级人民政府公安机关提出申请，并提交包括下列内容的材料：

（一）民用爆炸物品生产企业、销售企业、使用单位以及进出口单位分别提供的《民用爆炸物品生产许可证》、《民用爆炸物品销售许可证》、《民用爆炸物品购买许可证》或者进出口批准证明；

（二）运输民用爆炸物品的品种、数量、包装材料和包装方式；

（三）运输民用爆炸物品的特性、出现险情的应急处置方法；

（四）运输时间、起始地点、运输路线、经停地点。

受理申请的公安机关应当自受理申请之日起3日内对提交的有关材料进行审查，对符合条件的，核发《民用爆炸物品运输许可证》；对不符合条件的，不予核发《民用爆炸物品运输许可证》，书面向申请人说明理由。

《民用爆炸物品运输许可证》应当载明收货单位、销售企业、承运人，一次性运输有效期限、起始地点、运输路线、经停地点，民用爆炸物品的品种、数量。

第二十七条 运输民用爆炸物品的，应当凭《民用爆炸物品运输许可证》，按照许可的品种、数量运输。

第二十八条 经由道路运输民用爆炸物品的，应当遵守下列规定：

（一）携带《民用爆炸物品运输许可证》；

（二）民用爆炸物品的装载符合国家有关标准和规范，车厢内不得载人；

（三）运输车辆安全技术状况应当符合国家有关安全技术标准的要求，并按照规定悬挂或者安装符合国家标准的易燃易爆危险物品警示标志；

（四）运输民用爆炸物品的车辆应当保持安全车速；

（五）按照规定的路线行驶，途中经停应当有专人看守，并远离建筑设施和人口稠密的地方，不得在许可以外的地点经停；

（六）按照安全操作规程装卸民用爆炸物品，并在装卸现场设置警戒，禁止无关人员进入；

（七）出现危险情况立即采取必要的应急处置措施，并报告当地公安机关。

第二十九条 民用爆炸物品运达目的地，收货单位应当进行验收后在《民用爆炸物品运输许可证》上签注，并在3日内将《民用爆炸物品运输许可证》交回发证机关核销。

第三十条 禁止携带民用爆炸物品搭乘公共交通工具或者进入公共场所。

禁止邮寄民用爆炸物品，禁止在托运的货物、行李、包裹、邮件中夹带民用爆炸物品。

第五章 爆破作业

第三十一条 申请从事爆破作业的单位，应当具备下列条件：

（一）爆破作业属于合法的生产活动；

（二）有符合国家有关标准和规范的民用爆炸物品专用仓库；

（三）有具备相应资格的安全管理人员、仓库管理人员和具备国家规定执业资格的爆破作业人员；

（四）有健全的安全管理制度、岗位安全责任制度；

（五）有符合国家标准、行业标准的爆破作业专用设备；

（六）法律、行政法规规定的其他条件。

第三十二条　申请从事爆破作业的单位，应当按照国务院公安部门的规定，向有关人民政府公安机关提出申请，并提供能够证明其符合本条例第三十一条规定条件的有关材料。受理申请的公安机关应当自受理申请之日起20日内进行审查，对符合条件的，核发《爆破作业单位许可证》；对不符合条件的，不予核发《爆破作业单位许可证》，书面向申请人说明理由。

营业性爆破作业单位持《爆破作业单位许可证》到工商行政管理部门办理工商登记后，方可从事营业性爆破作业活动。

爆破作业单位应当在办理工商登记后3日内，向所在地县级人民政府公安机关备案。

第三十三条　爆破作业单位应当对本单位的爆破作业人员、安全管理人员、仓库管理人员进行专业技术培训。爆破作业人员应当经设区的市级人民政府公安机关考核合格，取得《爆破作业人员许可证》后，方可从事爆破作业。

第三十四条　爆破作业单位应当按照其资质等级承接爆破作业项目，爆破作业人员应当按照其资格等级从事爆破作业。爆破作业的分级管理办法由国务院公安部门规定。

第三十五条　在城市、风景名胜区和重要工程设施附近实施爆破作业的，应当向爆破作业所在地设区的市级人民政府公安机关提出申请，提交《爆破作业单位许可证》和具有相应资质的安全评估企业出具的爆破设计、施工方案评估报告。受理申请的公安机关应当自受理申请之日起20日内对提交的有关材料进行审查，对符合条件的，作出批准的决定；对不符合条件的，作出不予批准的决定，并书面向申请人说明理由。

实施前款规定的爆破作业，应当由具有相应资质的安全监理企业进行监理，由爆破作业所在地县级人民政府公安机关负责组织实施安全警戒。

第三十六条　爆破作业单位跨省、自治区、直辖市行政区域从事爆破作业的，应当事先将爆破作业项目的有关情况向爆破作业所在地县级人民政府公安机关报告。

第三十七条　爆破作业单位应当如实记载领取、发放民用爆炸物品的品种、数量、编号以及领取、发放人员姓名。领取民用爆炸物品的数量不得超过当班用量，作业后剩余的民用爆炸物品必须当班清退回库。

爆破作业单位应当将领取、发放民用爆炸物品的原始记录保存2年备查。

第三十八条　实施爆破作业，应当遵守国家有关标准和规范，在安全距离以外设置警示标志并安排警戒人员，防止无关人员进入；爆破作业结束后应当及时检查、排除未引爆的民用爆炸物品。

第三十九条　爆破作业单位不再使用民用爆炸物品时，应当将剩余的民用爆炸物品登记造册，报所在地县级人民政府公安机关组织监督销毁。

发现、拣拾无主民用爆炸物品的，应当立即报告当地公安机关。

第六章　储　　存

第四十条　民用爆炸物品应当储存在专用仓库内，并按照国家规定设置技术防范设施。

第四十一条　储存民用爆炸物品应当遵守下列规定：

（一）建立出入库检查、登记制度，收存和发放民用爆炸物品必须进行登记，做到账目清楚，账物相符；

（二）储存的民用爆炸物品数量不得超过储存设计容量，对性质相抵触的民用爆炸物品必须分库储存，严禁在库房内存放其他物品；

（三）专用仓库应当指定专人管理、看护，严禁无关人员进入仓库区内，严禁在仓库区内吸烟和用火，严禁把其他容易引起燃烧、爆炸的物品带入仓库区内，严禁在库房内住宿和进行其他活动；

（四）民用爆炸物品丢失、被盗、被抢，应当立即报告当地公安机关。

第四十二条　在爆破作业现场临时存放民用爆炸物品的，应当具备临时存放民用爆炸物品的条件，并设专人管理、看护，不得在不具备安全存放条件的场所存放民用爆炸物品。

第四十三条　民用爆炸物品变质和过期失效的，应当及时清理出库，并予以销毁。销毁前应当登记造册，提出销毁实施方案，报省、自治区、直辖市人民政府民用爆炸物品行业主管部门、所在地县级人民政府公安机关组织监督销毁。

第七章　法　律　责　任

第四十四条　非法制造、买卖、运输、储存民用爆炸物品，构成犯罪的，依法追究刑事责任；尚不构成犯罪，有违反治安管理行为的，依法给予治安管理处罚。

违反本条例规定，在生产、储存、运输、使用民用爆炸物品中发生重大事故，造成严重后果或者后果特别严重，构成犯罪的，依法追究刑事责任。

违反本条例规定，未经许可生产、销售民用爆炸物品的，由民用爆炸物品行业主管部门责令停止非法生产、销售活动，处10万元以上50万元以下的罚款，并没收非法生产、销售的民用爆炸物品及其违法所得。

违反本条例规定，未经许可购买、运输民用爆炸物品或者从事爆破作业的，由公安机关责令停止非法购买、运输、爆破作业活动，处5万元以上20万元以下的罚款，并没收非法购买、运输以及从事爆破作业使用的民用爆炸物品及其违法所得。

民用爆炸物品行业主管部门、公安机关对没收的非法民用爆炸物品，应当组织销毁。

第四十五条　违反本条例规定，生产、销售民用爆炸物品的企业有下列行为之一的，由民用爆炸物品行业主管部门责令限期改正，处10万元以上50万元以下的罚款；逾期不改正的，责令停产停业整顿；情节严重的，吊销《民用爆炸物品生产许可证》或者《民用爆炸物品销售许可证》：

（一）超出生产许可的品种、产量进行生产、销售的；

（二）违反安全技术规程生产作业的；

（三）民用爆炸物品的质量不符合相关标准的；

（四）民用爆炸物品的包装不符合法律、行政法规的规定以及相关标准的；

（五）超出购买许可的品种、数量销售民用爆炸物品的；

（六）向没有《民用爆炸物品生产许可证》、《民用爆炸物品销售许可证》、《民用爆炸物品购买许可证》的单位销售民用爆炸物品的；

（七）民用爆炸物品生产企业销售本企业生产的民用爆炸物品未按照规定向民用爆炸物品行业主管部门备案的；

（八）未经审批进出口民用爆炸物品的。

第四十六条　违反本条例规定，有下列情形之一的，由公安机关责令限期改正，处5万元以上20万元以下的罚款；逾期不改正的，责令停产停业整顿：

（一）未按照规定对民用爆炸物品做出警示标识、登记标识或者未对雷管编码打号的；

（二）超出购买许可的品种、数量购买民用爆炸物品的；

（三）使用现金或者实物进行民用爆炸物品交易的；

（四）未按照规定保存购买单位的许可证、银行账户转账凭证、经办人的身份证明复印件的；

（五）销售、购买、进出口民用爆炸物品，未按照规定向公安机关备案的；

（六）未按照规定建立民用爆炸物品登记制度，如实将本单位生产、销售、购买、运输、储存、使用民用爆炸物品的品种、数量和流向信息输入计算机系统的；

（七）未按照规定将《民用爆炸物品运输许可证》交回发证机关核销的。

第四十七条　违反本条例规定，经由道路运输民用爆炸物品，有下列情形之一的，由公安机关责令改正，处5万元以上20万元以下的罚款：

（一）违反运输许可事项的；

（二）未携带《民用爆炸物品运输许可证》的；

（三）违反有关标准和规范混装民用爆炸物品的；

（四）运输车辆未按照规定悬挂或者安装符合国家标准的易燃易爆危险物品警示标志的；

（五）未按照规定的路线行驶，途中经停没有专人看守或者在许可以外的地点经停的；

（六）装载民用爆炸物品的车厢载人的；

（七）出现危险情况未立即采取必要的应急处置措施、报告当地公安机关的。

第四十八条　违反本条例规定，从事爆破作业的单位有下列情形之一的，由公安机关责令停止违法行为或者限期改正，处10万元以上50万元以下的罚款；逾期不改正的，责令停产停业整顿；情节严重的，吊销《爆破作业单位许可证》：

（一）爆破作业单位未按照其资质等级从事爆破作业的；

（二）营业性爆破作业单位跨省、自治区、直辖市行政区域实施爆破作业，未按照规定事先向爆破作业所在地的县级人民政府公安机关报告的；

（三）爆破作业单位未按照规定建立民用爆炸物品领取登记制度、保存领取登记记录的；

（四）违反国家有关标准和规范实施爆破作业的。

爆破作业人员违反国家有关标准和规范的规定实施爆破作业的，由公安机关责令限期改正，情节严重的，吊销《爆破作业人员许可证》。

第四十九条　违反本条例规定，有下列情形之一的，由民用爆炸物品行业主管部门、公安机关按照职责责令限期改正，可以并处 5 万元以上 20 万元以下的罚款；逾期不改正的，责令停产停业整顿；情节严重的，吊销许可证：

（一）未按照规定在专用仓库设置技术防范设施的；

（二）未按照规定建立出入库检查、登记制度或者收存和发放民用爆炸物品，致使账物不符的；

（三）超量储存、在非专用仓库储存或者违反储存标准和规范储存民用爆炸物品的；

（四）有本条例规定的其他违反民用爆炸物品储存管理规定行为的。

第五十条　违反本条例规定，民用爆炸物品从业单位有下列情形之一的，由公安机关处 2 万元以上 10 万元以下的罚款；情节严重的，吊销其许可证；有违反治安管理行为的，依法给予治安管理处罚：

（一）违反安全管理制度，致使民用爆炸物品丢失、被盗、被抢的；

（二）民用爆炸物品丢失、被盗、被抢，未按照规定向当地公安机关报告或者故意隐瞒不报的；

（三）转让、出借、转借、抵押、赠送民用爆炸物品的。

第五十一条　违反本条例规定，携带民用爆炸物品搭乘公共交通工具或者进入公共场所，邮寄或者在托运的货物、行李、包裹、邮件中夹带民用爆炸物品，构成犯罪的，依法追究刑事责任；尚不构成犯罪的，由公安机关依法给予治安管理处罚，没收非法的民用爆炸物品，处 1000 元以上 1 万元以下的罚款。

第五十二条　民用爆炸物品从业单位的主要负责人未履行本条例规定的安全管理责任，导致发生重大伤亡事故或者造成其他严重后果，构成犯罪的，依法追究刑事责任；尚不构成犯罪的，对主要负责人给予撤职处分，对个人经营的投资人处 2 万元以上 20 万元以下的罚款。

第五十三条　民用爆炸物品行业主管部门、公安机关、工商行政管理部门的工作人员，在民用爆炸物品安全监督管理工作中滥用职权、玩忽职守或者徇私舞弊，构成犯罪的，依法追究刑事责任；尚不构成犯罪的，依法给予行政处分。

第八章　附　　则

第五十四条　《民用爆炸物品生产许可证》、《民用爆炸物品销售许可证》，由国务院民用爆炸物品行业主管部门规定式样；《民用爆炸物品购买许可证》、《民用爆炸物品运输许可证》、《爆破作业单位许可证》、《爆破作业人员许可证》，由国务院公安部门规定式样。

第五十五条　本条例自 2006 年 9 月 1 日起施行。1984 年 1 月 6 日国务院发布的《中华人民共和国民用爆炸物品管理条例》同时废止。

易制毒化学品管理条例

（2005 年 8 月 26 日中华人民共和国国务院令第 445 号公布　根据 2014 年 7 月 29 日《国务院关于修改部分行政法规的决定》第一次修订　根据 2016 年 2 月 6 日《国务院关于修改部分行政法规的决定》第二次修订　根据 2018 年 9 月 18 日《国务院关于修改部分行政法规的决定》第三次修订）

第一章　总　　则

第一条　为了加强易制毒化学品管理，规范易制毒化学品的生产、经营、购买、运输和进口、出口行为，防止易制毒化学品被用于制造毒品，维护经济和社会秩序，制定本条例。

第二条　国家对易制毒化学品的生产、经营、购买、运输和进口、出口实行分类管理和许可制度。

易制毒化学品分为三类。第一类是可以用于制毒的主要原料，第二类、第三类是可以用于制毒的化学配剂。易制毒化学品的具体分类和品种，由本条例附表列示。

易制毒化学品的分类和品种需要调整的，由国务院公安部门会同国务院药品监督管理部门、安全生产监督管理部门、商务主管部门、卫生主管部门和海关总署提出方案，报国务院批准。

省、自治区、直辖市人民政府认为有必要在本行政区域内调整分类或者增加本条例规定以外的品种的，应当向国务院公安部门提出，由国务院公安部门会同国务院有关行政主管部门提出方案，报国务院批准。

第三条　国务院公安部门、药品监督管理部门、安全生产监督管理部门、商务主管部门、卫生主管部门、海关总署、价格主管部门、铁路主管部门、交通主管部门、市场监督管理部门、生态环境主管部门在各自的职责范围内，负责全国的易制毒化学品有关管理工作；县级以上地方各级人民政府有关行政主管部门在各自的职责范围内，负责本行政区域内的易制毒化学品有关管理工作。

县级以上地方各级人民政府应当加强对易制毒化学品管理工作的领导，及时协调解决易制毒化学品管理工作中的问题。

第四条 易制毒化学品的产品包装和使用说明书，应当标明产品的名称（含学名和通用名）、化学分子式和成分。

第五条 易制毒化学品的生产、经营、购买、运输和进口、出口，除应当遵守本条例的规定外，属于药品和危险化学品的，还应当遵守法律、其他行政法规对药品和危险化学品的有关规定。

禁止走私或者非法生产、经营、购买、转让、运输易制毒化学品。

禁止使用现金或者实物进行易制毒化学品交易。但是，个人合法购买第一类中的药品类易制毒化学品药品制剂和第三类易制毒化学品的除外。

生产、经营、购买、运输和进口、出口易制毒化学品的单位，应当建立单位内部易制毒化学品管理制度。

第六条 国家鼓励向公安机关等有关行政主管部门举报涉及易制毒化学品的违法行为。接到举报的部门应当为举报者保密。对举报属实的，县级以上人民政府及有关行政主管部门应当给予奖励。

第二章 生产、经营管理

第七条 申请生产第一类易制毒化学品，应当具备下列条件，并经本条例第八条规定的行政主管部门审批，取得生产许可证后，方可进行生产：

（一）属依法登记的化工产品生产企业或者药品生产企业；

（二）有符合国家标准的生产设备、仓储设施和污染物处理设施；

（三）有严格的安全生产管理制度和环境突发事件应急预案；

（四）企业法定代表人和技术、管理人员具有安全生产和易制毒化学品的有关知识，无毒品犯罪记录；

（五）法律、法规、规章规定的其他条件。

申请生产第一类中的药品类易制毒化学品，还应当在仓储场所等重点区域设置电视监控设施以及与公安机关联网的报警装置。

第八条 申请生产第一类中的药品类易制毒化学品的，由省、自治区、直辖市人民政府药品监督管理部门审批；申请生产第一类中的非药品类易制毒化学品的，由省、自治区、直辖市人民政府安全生产监督管理部门审批。

前款规定的行政主管部门应当自收到申请之日起60日内，对申请人提交的申请材料进行审查。对符合规定的，发给生产许可证，或者在企业已经取得的有关生产许可证件上标注；不予许可的，应当书面说明理由。

审查第一类易制毒化学品生产许可申请材料时，根据需要，可以进行实地核查和专家评审。

第九条 申请经营第一类易制毒化学品，应当具备下列条件，并经本条例第十条规定的行政主管部门审批，取得经营许可证后，方可进行经营：

（一）属依法登记的化工产品经营企业或者药品经营企业；

（二）有符合国家规定的经营场所，需要储存、保管易制毒化学品的，还应当有符合国家技术标准的仓储设施；

（三）有易制毒化学品的经营管理制度和健全的销售网络；

（四）企业法定代表人和销售、管理人员具有易制毒化学品的有关知识，无毒品犯罪记录；

（五）法律、法规、规章规定的其他条件。

第十条 申请经营第一类中的药品类易制毒化学品的，由省、自治区、直辖市人民政府药品监督管理部门审批；申请经营第一类中的非药品类易制毒化学品的，由省、自治区、直辖市人民政府安全生产监督管理部门审批。

前款规定的行政主管部门应当自收到申请之日起30日内，对申请人提交的申请材料进行审查。对符合规定的，发给经营许可证，或者在企业已经取得的有关经营许可证件上标注；不予许可的，应当书面说明理由。

审查第一类易制毒化学品经营许可申请材料时，根据需要，可以进行实地核查。

第十一条 取得第一类易制毒化学品生产许可或者依照本条例第十三条第一款规定已经履行第二类、第三类易制毒化学品备案手续的生产企业，可以经销自产的易制毒化学品。但是，在厂外设立销售网点经销第一类易制毒化学品的，应当依照本条例的规定取得经营许可。

第一类中的药品类易制毒化学品药品单方制剂，由麻醉药品定点经营企业经销，且不得零售。

第十二条 取得第一类易制毒化学品生产、经营许可的企业，应当凭生产、经营许可证到市场监督管理部门办理经营范围变更登记。未经变更登记，不得进行第一类易制毒化学品的生产、经营。

第一类易制毒化学品生产、经营许可证被依法吊销的，行政主管部门应当自作出吊销决定之日起5日内通知市场监督管理部门；被吊销许可证的企业，应当及时到市场监督管理部门办理经营范围变更或者企业注销登记。

第十三条 生产第二类、第三类易制毒化学品的，应当自生产之日起30日内，将生产的品种、数量等情况，向所在地的设区的市级人民政府安全生产监督管理部门备案。

经营第二类易制毒化学品的，应当自经营之日起30日内，将经营的品种、数量、主要流向等情况，向所在地的设区的市级人民政府安全生产监督管理部门备案；经营第三类易制毒化学品的，应当自经营之日起30日内，将经营的品种、数量、主要流向等情况，向所在地的县级人民政府安全生产监督管理部门备案。

前两款规定的行政主管部门应当于收到备案材料的当日发给备案证明。

第三章 购买管理

第十四条 申请购买第一类易制毒化学品，应当提交下列证件，经本条例第十五条规定的行政主管部门审批，取得购买许可证：

（一）经营企业提交企业营业执照和合法使用需要证明；

（二）其他组织提交登记证书（成立批准文件）和合法使用需要证明。

第十五条 申请购买第一类中的药品类易制毒化学品的，由所在地的省、自治区、直辖市人民政府药品监督管理部门审批；申请购买第一类中的非药品类易制毒化学品的，由所在地的省、自治区、直辖市人民政府公安机关审批。

前款规定的行政主管部门应当自收到申请之日起10日内，对申请人提交的申请材料和证件进行审查。对符合规定的，发给购买许可证；不予许可的，应当书面说明理由。

审查第一类易制毒化学品购买许可申请材料时，根据需要，可以进行实地核查。

第十六条 持有麻醉药品、第一类精神药品购买印鉴卡的医疗机构购买第一类中的药品类易制毒化学品的，无须申请第一类易制毒化学品购买许可证。

个人不得购买第一类、第二类易制毒化学品。

第十七条 购买第二类、第三类易制毒化学品的，应当在购买前将所需购买的品种、数量，向所在地的县级人民政府公安机关备案。个人自用购买少量高锰酸钾的，无须备案。

第十八条 经营单位销售第一类易制毒化学品时，应当查验购买许可证和经办人的身份证明。对委托代购的，还应当查验购买人持有的委托文书。

经营单位在查验无误、留存上述证明材料的复印件后，方可出售第一类易制毒化学品；发现可疑情况的，应当立即向当地公安机关报告。

第十九条 经营单位应当建立易制毒化学品销售台账，如实记录销售的品种、数量、日期、购买方等情况。销售台账和证明材料复印件应当保存2年备查。

第一类易制毒化学品的销售情况，应当自销售之日起5日内报当地公安机关备案；第一类易制毒化学品的使用单位，应当建立使用台账，并保存2年备查。

第二类、第三类易制毒化学品的销售情况，应当自销售之日起30日内报当地公安机关备案。

第四章 运输管理

第二十条 跨设区的市级行政区域（直辖市为跨市界）或者在国务院公安部门确定的禁毒形势严峻的重点地区跨县级行政区域运输第一类易制毒化学品的，由运出地的设区的市级人民政府公安机关审批；运输第二类易制毒化学品的，由运出地的县级人民政府公安机关审批。经审批取得易制毒化学品运输许可证后，方可运输。

运输第三类易制毒化学品的，应当在运输前向运出地的县级人民政府公安机关备案。公安机关应当于收到备案材料的当日发给备案证明。

第二十一条 申请易制毒化学品运输许可，应当提交易制毒化学品的购销合同，货主是企业的，应当提交营业执照；货主是其他组织的，应当提交登记证书（成立批准文件）；货主是个人的，应当提交其个人身份证明。经办人还应当提交本人的身份证明。

公安机关应当自收到第一类易制毒化学品运输许可申请之日起10日内，收到第二类易制毒化学品运输许可申请之日起3日内，对申请人提交的申请材料进行审查。对符合规定的，发给运输许可证；

不予许可的，应当书面说明理由。

审查第一类易制毒化学品运输许可申请材料时，根据需要，可以进行实地核查。

第二十二条 对许可运输第一类易制毒化学品的，发给一次有效的运输许可证。

对许可运输第二类易制毒化学品的，发给3个月有效的运输许可证；6个月内运输安全状况良好的，发给12个月有效的运输许可证。

易制毒化学品运输许可证应当载明拟运输的易制毒化学品的品种、数量、运入地、货主及收货人、承运人情况以及运输许可证种类。

第二十三条 运输供教学、科研使用的100克以下的麻黄素样品和供医疗机构制剂配方使用的小包装麻黄素以及医疗机构或者麻醉药品经营企业购买麻黄素片剂6万片以下、注射剂1.5万支以下，货主或者承运人持有依法取得的购买许可证明或者麻醉药品调拨单的，无须申请易制毒化学品运输许可。

第二十四条 接受货主委托运输的，承运人应当查验货主提供的运输许可证或者备案证明，并查验所运货物与运输许可证或者备案证明载明的易制毒化学品品种等情况是否相符；不相符的，不得承运。

运输易制毒化学品，运输人员应当自启运起全程携带运输许可证或者备案证明。公安机关应当在易制毒化学品的运输过程中进行检查。

运输易制毒化学品，应当遵守国家有关货物运输的规定。

第二十五条 因治疗疾病需要，患者、患者近亲属或者患者委托的人凭医疗机构出具的医疗诊断书和本人的身份证明，可以随身携带第一类中的药品类易制毒化学品药品制剂，但是不得超过医用单张处方的最大剂量。

医用单张处方最大剂量，由国务院卫生主管部门规定、公布。

第五章 进口、出口管理

第二十六条 申请进口或者出口易制毒化学品，应当提交下列材料，经国务院商务主管部门或者其委托的省、自治区、直辖市人民政府商务主管部门审批，取得进口或者出口许可证后，方可从事进口、出口活动：

（一）对外贸易经营者备案登记证明复印件；

（二）营业执照副本；

（三）易制毒化学品生产、经营、购买许可证或者备案证明；

（四）进口或者出口合同（协议）副本；

（五）经办人的身份证明。

申请易制毒化学品出口许可的，还应当提交进口方政府主管部门出具的合法使用易制毒化学品的证明或者进口方合法使用的保证文件。

第二十七条 受理易制毒化学品进口、出口申请的商务主管部门应当自收到申请材料之日起20日内，对申请材料进行审查，必要时可以进行实地核查。对符合规定的，发给进口或者出口许可证；不予许可的，应当书面说明理由。

对进口第一类中的药品类易制毒化学品的，有关的商务主管部门在作出许可决定前，应当征得国务院药品监督管理部门的同意。

第二十八条 麻黄素等属于重点监控物品范围的易制毒化学品，由国务院商务主管部门会同国务院有关部门核定的企业进口、出口。

第二十九条 国家对易制毒化学品的进口、出口实行国际核查制度。易制毒化学品国际核查目录及核查的具体办法，由国务院商务主管部门会同国务院公安部门规定、公布。

国际核查所用时间不计算在许可期限之内。

对向毒品制造、贩运情形严重的国家或者地区出口易制毒化学品以及本条例规定品种以外的化学品的，可以在国际核查措施以外实施其他管制措施，具体办法由国务院商务主管部门会同国务院公安部门、海关总署等有关部门规定、公布。

第三十条 进口、出口或者过境、转运、通运易制毒化学品的，应当如实向海关申报，并提交进口或者出口许可证。海关凭许可证办理通关手续。

易制毒化学品在境外与保税区、出口加工区等海关特殊监管区域、保税场所之间进出的，适用前款规定。

易制毒化学品在境内与保税区、出口加工区等海关特殊监管区域、保税场所之间进出的，或者在上述海关特殊监管区域、保税场所之间进出的，无须申请易制毒化学品进口或者出口许可证。

进口第一类中的药品类易制毒化学品，还应当提交药品监督管理部门出具的进口药品通关单。

第三十一条 进出境人员随身携带第一类中的药品类易制毒化学品药品制剂和高锰酸钾，应当以自用且数量合理为限，并接受海关监管。

进出境人员不得随身携带前款规定以外的易制毒化学品。

第六章 监督检查

第三十二条 县级以上人民政府公安机关、负责药品监督管理的部门、安全生产监督管理部门、商务主管部门、卫生主管部门、价格主管部门、铁路主管部门、交通主管部门、市场监督管理部门、生态环境主管部门和海关，应当依照本条例和有关法律、行政法规的规定，在各自的职责范围内，加强对易制毒化学品生产、经营、购买、运输、价格以及进口、出口的监督检查；对非法生产、经营、购买、运输易制毒化学品，或者走私易制毒化学品的行为，依法予以查处。

前款规定的行政主管部门在进行易制毒化学品监督检查时，可以依法查看现场、查阅和复制有关资料、记录有关情况、扣押相关的证据材料和违法物品；必要时，可以临时查封有关场所。

被检查的单位或者个人应当如实提供有关情况和材料、物品，不得拒绝或者隐匿。

第三十三条 对依法收缴、查获的易制毒化学品，应当在省、自治区、直辖市或者设区的市级人民政府公安机关、海关或者生态环境主管部门的监督下，区别易制毒化学品的不同情况进行保管、回收，或者依照环境保护法律、行政法规的有关规定，由有资质的单位在生态环境主管部门的监督下销毁。其中，对收缴、查获的第一类中的药品类易制毒化学品，一律销毁。

易制毒化学品违法单位或者个人无力提供保管、回收或者销毁费用的，保管、回收或者销毁的费用在回收所得中开支，或者在有关行政主管部门的禁毒经费中列支。

第三十四条 易制毒化学品丢失、被盗、被抢的，发案单位应当立即向当地公安机关报告，并同时报告当地的县级人民政府负责药品监督管理的部门、安全生产监督管理部门、商务主管部门或者卫生主管部门。接到报案的公安机关应当及时立案查处，并向上级公安机关报告；有关行政主管部门应当逐级上报并配合公安机关的查处。

第三十五条 有关行政主管部门应当将易制毒化学品许可以及依法吊销许可的情况通报有关公安机关和市场监督管理部门；市场监督管理部门应当将生产、经营易制毒化学品企业依法变更或者注销登记的情况通报有关公安机关和行政主管部门。

第三十六条 生产、经营、购买、运输或者进口、出口易制毒化学品的单位，应当于每年3月31日前向许可或者备案的行政主管部门和公安机关报告本单位上年度易制毒化学品的生产、经营、购买、运输或者进口、出口情况；有条件的生产、经营、购买、运输或者进口、出口单位，可以与有关行政主管部门建立计算机联网，及时通报有关经营情况。

第三十七条 县级以上人民政府有关行政主管部门应当加强协调合作，建立易制毒化学品管理情况、监督检查情况以及案件处理情况的通报、交流机制。

第七章 法 律 责 任

第三十八条 违反本条例规定，未经许可或者备案擅自生产、经营、购买、运输易制毒化学品，伪造申请材料骗取易制毒化学品生产、经营、购买或者运输许可证，使用他人的或者伪造、变造、失效的许可证生产、经营、购买、运输易制毒化学品的，由公安机关没收非法生产、经营、购买或者运输的易制毒化学品、用于非法生产易制毒化学品的原料以及非法生产、经营、购买或者运输易制毒化学品的设备、工具，处非法生产、经营、购买或者运输的易制毒化学品货值10倍以上20倍以下的罚款，货值的20倍不足1万元的，按1万元罚款；有违法所得的，没收违法所得；有营业执照的，由市场监督管理部门吊销营业执照；构成犯罪的，依法追究刑事责任。

对有前款规定违法行为的单位或者个人，有关行政主管部门可以自作出行政处罚决定之日起3年内，停止受理其易制毒化学品生产、经营、购买、运输或者进口、出口许可申请。

第三十九条 违反本条例规定，走私易制毒化学品的，由海关没收走私的易制毒化学品；有违法所得的，没收违法所得，并依照海关法律、行政法规给予行政处罚；构成犯罪的，依法追究刑事责任。

第四十条 违反本条例规定，有下列行为之一的，由负有监督管理职责的行政主管部门给予警告，责令限期改正，处1万元以上5万元以下的罚款；对违反规定生产、经营、购买的易制毒化学品可以予以没收；逾期不改正的，责令限期停产停业整顿；逾期整顿不合格的，吊销相应的许可证：

（一）易制毒化学品生产、经营、购买、运输或者进口、出口单位未按规定建立安全管理制度的；

（二）将许可证或者备案证明转借他人使用的；

（三）超出许可的品种、数量生产、经营、购买易制毒化学品的；

（四）生产、经营、购买单位不记录或者不如实记录交易情况、不按规定保存交易记录或者不如实、不及时向公安机关和有关行政主管部门备案销售情况的；

（五）易制毒化学品丢失、被盗、被抢后未及时报告，造成严重后果的；

（六）除个人合法购买第一类中的药品类易制毒化学品药品制剂以及第三类易制毒化学品外，使用现金或者实物进行易制毒化学品交易的；

（七）易制毒化学品的产品包装和使用说明书不符合本条例规定要求的；

（八）生产、经营易制毒化学品的单位不如实或者不按时向有关行政主管部门和公安机关报告年度生产、经销和库存等情况的。

企业的易制毒化学品生产经营许可被依法吊销后，未及时到市场监督管理部门办理经营范围变更或者企业注销登记的，依照前款规定，对易制毒化学品予以没收，并处罚款。

第四十一条 运输的易制毒化学品与易制毒化学品运输许可证或者备案证明载明的品种、数量、运入地、货主及收货人、承运人等情况不符，运输许可证种类不当，或者运输人员未全程携带运输许可证或者备案证明的，由公安机关责令停运整改，处5000元以上5万元以下的罚款；有危险物品运输资质的，运输主管部门可以依法吊销其运输资质。

个人携带易制毒化学品不符合品种、数量规定的，没收易制毒化学品，处1000元以上5000元以下的罚款。

第四十二条 生产、经营、购买、运输或者进口、出口易制毒化学品的单位或者个人拒不接受有关行政主管部门监督检查的，由负有监督管理职责的行政主管部门责令改正，对直接负责的主管人员以及其他直接责任人员给予警告；情节严重的，对单位处1万元以上5万元以下的罚款，对直接负责的主管人员以及其他直接责任人员处1000元以上5000元以下的罚款；有违反治安管理行为的，依法给予治安管理处罚；构成犯罪的，依法追究刑事责任。

第四十三条 易制毒化学品行政主管部门工作人员在管理工作中有应当许可而不许可、不应当许可而滥许可，不依法受理备案，以及其他滥用职权、玩忽职守、徇私舞弊行为的，依法给予行政处分；构成犯罪的，依法追究刑事责任。

第八章 附 则

第四十四条 易制毒化学品生产、经营、购买、运输和进口、出口许可证，由国务院有关行政主管部门根据各自的职责规定式样并监制。

第四十五条 本条例自2005年11月1日起施行。本条例施行前已经从事易制毒化学品生产、经营、购买、运输或者进口、出口业务的，应当自本条例施行之日起6个月内，依照本条例的规定重新申请许可。

附表：

易制毒化学品的分类和品种目录

第一类

1. 1-苯基-2-丙酮
2. 3，4-亚甲基二氧苯基-2-丙酮
3. 胡椒醛
4. 黄樟素
5. 黄樟油
6. 异黄樟素
7. N-乙酰邻氨基苯酸
8. 邻氨基苯甲酸
9. 麦角酸*
10. 麦角胺*
11. 麦角新碱*
12. 麻黄素、伪麻黄素、消旋麻黄素、去甲麻黄素、甲基麻黄素、麻黄浸膏、麻黄浸膏粉等麻黄素类物质*

第二类

1. 苯乙酸
2. 醋酸酐
3. 三氯甲烷
4. 乙醚
5. 哌啶

第三类

1. 甲苯
2. 丙酮
3. 甲基乙基酮
4. 高锰酸钾
5. 硫酸
6. 盐酸

说明：

一、第一类、第二类所列物质可能存在的盐类，也纳入管制。

二、带有*标记的品种为第一类中的药品类易制毒化学品，第一类中的药品类易制毒化学品包括原料药及其单方制剂。

烟花爆竹安全管理条例

（2006年1月21日中华人民共和国国务院令第455号公布　根据2016年2月6日《国务院关于修改部分行政法规的决定》修订）

第一章　总　则

第一条　为了加强烟花爆竹安全管理，预防爆炸事故发生，保障公共安全和人身、财产的安全，制定本条例。

第二条　烟花爆竹的生产、经营、运输和燃放，适用本条例。

本条例所称烟花爆竹，是指烟花爆竹制品和用于生产烟花爆竹的民用黑火药、烟火药、引火线等物品。

第三条　国家对烟花爆竹的生产、经营、运输和举办焰火晚会以及其他大型焰火燃放活动，实行许可证制度。

未经许可，任何单位或者个人不得生产、经营、运输烟花爆竹，不得举办焰火晚会以及其他大型焰火燃放活动。

第四条　安全生产监督管理部门负责烟花爆竹的安全生产监督管理；公安部门负责烟花爆竹的公共安全管理；质量监督检验部门负责烟花爆竹的质量监督和进出口检验。

第五条　公安部门、安全生产监督管理部门、质量监督检验部门、工商行政管理部门应当按照职责分工，组织查处非法生产、经营、储存、运输、邮寄烟花爆竹以及非法燃放烟花爆竹的行为。

第六条　烟花爆竹生产、经营、运输企业和焰火晚会以及其他大型焰火燃放活动主办单位的主要负责人，对本单位的烟花爆竹安全工作负责。

烟花爆竹生产、经营、运输企业和焰火晚会以及其他大型焰火燃放活动主办单位应当建立健全安全责任制，制定各项安全管理制度和操作规程，并对从业人员定期进行安全教育、法制教育和岗位技术培训。

中华全国供销合作总社应当加强对本系统企业烟花爆竹经营活动的管理。

第七条　国家鼓励烟花爆竹生产企业采用提高安全程度和提升行业整体水平的新工艺、新配方和新技术。

第二章　生产安全

第八条　生产烟花爆竹的企业，应当具备下列条件：

（一）符合当地产业结构规划；

（二）基本建设项目经过批准；

（三）选址符合城乡规划，并与周边建筑、设施保持必要的安全距离；

（四）厂房和仓库的设计、结构和材料以及防火、防爆、防雷、防静电等安全设备、设施符合国家有关标准和规范；

（五）生产设备、工艺符合安全标准；

（六）产品品种、规格、质量符合国家标准；

（七）有健全的安全生产责任制；

（八）有安全生产管理机构和专职安全生产管理人员；

（九）依法进行了安全评价；

（十）有事故应急救援预案、应急救援组织和人员，并配备必要的应急救援器材、设备；

（十一）法律、法规规定的其他条件。

第九条　生产烟花爆竹的企业，应当在投入生产前向所在地设区的市人民政府安全生产监督管理部门提出安全审查申请，并提交能够证明符合本条例第八条规定条件的有关材料。设区的市人民政府安全生产监督管理部门应当自收到材料之日起20日内提出安全审查初步意见，报省、自治区、直辖市人民政府安全生产监督管理部门审查。省、自治区、直辖市人民政府安全生产监督管理部门应当自受理申请之日起45日内进行安全审查，对符合条件的，核发《烟花爆竹安全生产许可证》；对不符合条件的，应当说明理由。

第十条　生产烟花爆竹的企业为扩大生产能力进行基本建设或者技术改造的，应当依照本条例的规定申请办理安全生产许可证。

生产烟花爆竹的企业，持《烟花爆竹安全生产许可证》到工商行政管理部门办理登记手续后，方可从事烟花爆竹生产活动。

第十一条　生产烟花爆竹的企业，应当按照安全生产许可证核定的产品种类进行生产，生产工序和生产作业应当执行有关国家标准和行业标准。

第十二条　生产烟花爆竹的企业，应当对生产作业人员进行安全生产知识教育，对从事药物混合、造粒、筛选、装药、筑药、压药、切引、搬运等危险工序的作业人员进行专业技术培训。从事危险工序的作业人员经设区的市人民政府安全生产监督管理部门考核合格，方可上岗作业。

第十三条 生产烟花爆竹使用的原料，应当符合国家标准的规定。生产烟花爆竹使用的原料，国家标准有用量限制的，不得超过规定的用量。不得使用国家标准规定禁止使用或者禁忌配伍的物质生产烟花爆竹。

第十四条 生产烟花爆竹的企业，应当按照国家标准的规定，在烟花爆竹产品上标注燃放说明，并在烟花爆竹包装物上印制易燃易爆危险物品警示标志。

第十五条 生产烟花爆竹的企业，应当对黑火药、烟火药、引火线的保管采取必要的安全技术措施，建立购买、领用、销售登记制度，防止黑火药、烟火药、引火线丢失。黑火药、烟火药、引火线丢失的，企业应当立即向当地安全生产监督管理部门和公安部门报告。

第三章 经营安全

第十六条 烟花爆竹的经营分为批发和零售。

从事烟花爆竹批发的企业和零售经营者的经营布点，应当经安全生产监督管理部门审批。

禁止在城市市区布设烟花爆竹批发场所；城市市区的烟花爆竹零售网点，应当按照严格控制的原则合理布设。

第十七条 从事烟花爆竹批发的企业，应当具备下列条件：

（一）具有企业法人条件；
（二）经营场所与周边建筑、设施保持必要的安全距离；
（三）有符合国家标准的经营场所和储存仓库；
（四）有保管员、仓库守护员；
（五）依法进行了安全评价；
（六）有事故应急救援预案、应急救援组织和人员，并配备必要的应急救援器材、设备；
（七）法律、法规规定的其他条件。

第十八条 烟花爆竹零售经营者，应当具备下列条件：

（一）主要负责人经过安全知识教育；
（二）实行专店或者专柜销售，设专人负责安全管理；
（三）经营场所配备必要的消防器材，张贴明显的安全警示标志；
（四）法律、法规规定的其他条件。

第十九条 申请从事烟花爆竹批发的企业，应当向所在地设区的市人民政府安全生产监督管理部门提出申请，并提供能证明符合本条例第十七条规定条件的有关材料。受理申请的安全生产监督管理部门应当自受理申请之日起30日内对提交的有关材料和经营场所进行审查，对符合条件的，核发《烟花爆竹经营（批发）许可证》；对不符合条件的，应当说明理由。

申请从事烟花爆竹零售的经营者，应当向所在地县级人民政府安全生产监督管理部门提出申请，并提供能证明符合本条例第十八条规定条件的有关材料。受理申请的安全生产监督管理部门应当自受理申请之日起20日内对提交的有关材料和经营场所进行审查，对符合条件的，核发《烟花爆竹经营（零售）许可证》；对不符合条件的，应当说明理由。

《烟花爆竹经营（零售）许可证》，应当载明经营负责人、经营场所地址、经营期限、烟花爆竹种类和限制存放量。

第二十条 从事烟花爆竹批发的企业，应当向生产烟花爆竹的企业采购烟花爆竹，向从事烟花爆竹零售的经营者供应烟花爆竹。从事烟花爆竹零售的经营者，应当从事烟花爆竹批发的企业采购烟花爆竹。

从事烟花爆竹批发的企业、零售经营者不得采购和销售非法生产、经营的烟花爆竹。

从事烟花爆竹批发的企业，不得向从事烟花爆竹零售的经营者供应按照国家标准规定应由专业燃放人员燃放的烟花爆竹。从事烟花爆竹零售的经营者，不得销售按照国家标准规定应由专业燃放人员燃放的烟花爆竹。

第二十一条 生产、经营黑火药、烟火药、引火线的企业，不得向未取得烟花爆竹安全生产许可的任何单位或者个人销售黑火药、烟火药和引火线。

第四章 运输安全

第二十二条 经由道路运输烟花爆竹的，应当经公安部门许可。

经由铁路、水路、航空运输烟花爆竹的，依照铁路、水路、航空运输安全管理的有关法律、法规、规章的规定执行。

第二十三条 经由道路运输烟花爆竹的，托运人应当向运达地县级人民政府公安部门提出申请，并提交下列有关材料：

（一）承运人从事危险货物运输的资质证明；
（二）驾驶员、押运员从事危险货物运输的资格证明；
（三）危险货物运输车辆的道路运输证明；

（四）托运人从事烟花爆竹生产、经营的资质证明；

（五）烟花爆竹的购销合同及运输烟花爆竹的种类、规格、数量；

（六）烟花爆竹的产品质量和包装合格证明；

（七）运输车辆牌号、运输时间、起始地点、行驶路线、经停地点。

第二十四条 受理申请的公安部门应当自受理申请之日起3日内对提交的有关材料进行审查，对符合条件的，核发《烟花爆竹道路运输许可证》；对不符合条件的，应当说明理由。

《烟花爆竹道路运输许可证》应当载明托运人、承运人、一次性运输有效期限、起始地点、行驶路线、经停地点、烟花爆竹的种类、规格和数量。

第二十五条 经由道路运输烟花爆竹的，除应当遵守《中华人民共和国道路交通安全法》外，还应当遵守下列规定：

（一）随车携带《烟花爆竹道路运输许可证》；

（二）不得违反运输许可事项；

（三）运输车辆悬挂或者安装符合国家标准的易燃易爆危险物品警示标志；

（四）烟花爆竹的装载符合国家有关标准和规范；

（五）装载烟花爆竹的车厢不得载人；

（六）运输车辆限速行驶，途中经停必须有专人看守；

（七）出现危险情况立即采取必要的措施，并报告当地公安部门。

第二十六条 烟花爆竹运达目的地后，收货人应当在3日内将《烟花爆竹道路运输许可证》交回发证机关核销。

第二十七条 禁止携带烟花爆竹搭乘公共交通工具。

禁止邮寄烟花爆竹，禁止在托运的行李、包裹、邮件中夹带烟花爆竹。

第五章 燃放安全

第二十八条 燃放烟花爆竹，应当遵守有关法律、法规和规章的规定。县级以上地方人民政府可以根据本行政区域的实际情况，确定限制或者禁止燃放烟花爆竹的时间、地点和种类。

第二十九条 各级人民政府和政府有关部门应当开展社会宣传活动，教育公民遵守有关法律、法规和规章，安全燃放烟花爆竹。

广播、电视、报刊等新闻媒体，应当做好安全燃放烟花爆竹的宣传、教育工作。

未成年人的监护人应当对未成年人进行安全燃放烟花爆竹的教育。

第三十条 禁止在下列地点燃放烟花爆竹：

（一）文物保护单位；

（二）车站、码头、飞机场等交通枢纽以及铁路线路安全保护区内；

（三）易燃易爆物品生产、储存单位；

（四）输变电设施安全保护区内；

（五）医疗机构、幼儿园、中小学校、敬老院；

（六）山林、草原等重点防火区；

（七）县级以上地方人民政府规定的禁止燃放烟花爆竹的其他地点。

第三十一条 燃放烟花爆竹，应当按照燃放说明燃放，不得以危害公共安全和人身、财产安全的方式燃放烟花爆竹。

第三十二条 举办焰火晚会以及其他大型焰火燃放活动，应当按照举办的时间、地点、环境、活动性质、规模以及燃放烟花爆竹的种类、规格和数量，确定危险等级，实行分级管理。分级管理的具体办法，由国务院公安部门规定。

第三十三条 申请举办焰火晚会以及其他大型焰火燃放活动，主办单位应当按照分级管理的规定，向有关人民政府公安部门提出申请，并提交下列有关材料：

（一）举办焰火晚会以及其他大型焰火燃放活动的时间、地点、环境、活动性质、规模；

（二）燃放烟花爆竹的种类、规格、数量；

（三）燃放作业方案；

（四）燃放作业单位、作业人员符合行业标准规定条件的证明。

受理申请的公安部门应当自受理申请之日起20日内对提交的有关材料进行审查，对符合条件的，核发《焰火燃放许可证》；对不符合条件的，应当说明理由。

第三十四条 焰火晚会以及其他大型焰火燃放活动燃放作业单位和作业人员，应当按照焰火燃放安全规程和经许可的燃放作业方案进行燃放作业。

第三十五条 公安部门应当加强对危险等级较高的焰火晚会以及其他大型焰火燃放活动的监督检查。

第六章 法律责任

第三十六条 对未经许可生产、经营烟花爆竹制品，或者向未取得烟花爆竹安全生产许可的单位或者个人销售黑火药、烟火药、引火线的，由安全生产监督管理部门责令停止非法生产、经营活动，处2万元以上10万元以下的罚款，并没收非法生产、经营的物品及违法所得。

对未经许可经由道路运输烟花爆竹的，由公安部门责令停止非法运输活动，处1万元以上5万元以下的罚款，并没收非法运输的物品及违法所得。

非法生产、经营、运输烟花爆竹，构成违反治安管理行为的，依法给予治安管理处罚；构成犯罪的，依法追究刑事责任。

第三十七条 生产烟花爆竹的企业有下列行为之一的，由安全生产监督管理部门责令限期改正，处1万元以上5万元以下的罚款；逾期不改正的，责令停产停业整顿，情节严重的，吊销安全生产许可证：

（一）未按照安全生产许可证核定的产品种类进行生产的；

（二）生产工序或者生产作业不符合有关国家标准、行业标准的；

（三）雇佣未经设区的市人民政府安全生产监督管理部门考核合格的人员从事危险工序作业的；

（四）生产烟花爆竹使用的原料不符合国家标准规定的，或者使用的原料超过国家标准规定的用量限制的；

（五）使用按照国家标准规定禁止使用或者禁忌配伍的物质生产烟花爆竹的；

（六）未按照国家标准的规定在烟花爆竹产品上标注燃放说明，或者未在烟花爆竹的包装物上印制易燃易爆危险物品警示标志的。

第三十八条 从事烟花爆竹批发的企业向从事烟花爆竹零售的经营者供应非法生产、经营的烟花爆竹，或者供应按照国家标准规定应由专业燃放人员燃放的烟花爆竹的，由安全生产监督管理部门责令停止违法行为，处2万元以上10万元以下的罚款，并没收非法经营的物品及违法所得；情节严重的，吊销烟花爆竹经营许可证。

从事烟花爆竹零售的经营者销售非法生产、经营的烟花爆竹，或者销售按照国家标准规定应由专业燃放人员燃放的烟花爆竹的，由安全生产监督管理部门责令停止违法行为，处1000元以上5000元以下的罚款，并没收非法经营的物品及违法所得；情节严重的，吊销烟花爆竹经营许可证。

第三十九条 生产、经营、使用黑火药、烟火药、引火线的企业，丢失黑火药、烟火药、引火线未及时向当地安全生产监督管理部门和公安部门报

告的，由公安部门对企业主要负责人处5000元以上2万元以下的罚款，对丢失的物品予以追缴。

第四十条 经由道路运输烟花爆竹，有下列行为之一的，由公安部门责令改正，处200元以上2000元以下的罚款：

（一）违反运输许可事项的；

（二）未随车携带《烟花爆竹道路运输许可证》的；

（三）运输车辆没有悬挂或者安装符合国家标准的易燃易爆危险物品警示标志的；

（四）烟花爆竹的装载不符合国家有关标准和规范的；

（五）装载烟花爆竹的车厢载人的；

（六）超过危险物品运输车辆规定时速行驶的；

（七）运输车辆途中经停没有专人看守的；

（八）运达目的地后，未按规定时间将《烟花爆竹道路运输许可证》交回发证机关核销的。

第四十一条 对携带烟花爆竹搭乘公共交通工具，或者邮寄烟花爆竹以及在托运的行李、包裹、邮件中夹带烟花爆竹的，由公安部门没收非法携带、邮寄、夹带的烟花爆竹，可以并处200元以上1000元以下的罚款。

第四十二条 对未经许可举办焰火晚会以及其他大型焰火燃放活动，或者焰火晚会以及其他大型焰火燃放活动燃放作业单位和作业人员违反焰火燃放安全规程、燃放作业方案进行燃放作业的，由公安部门责令停止燃放，对责任单位处1万元以上5万元以下的罚款。

在禁止燃放烟花爆竹的时间、地点燃放烟花爆竹，或者以危害公共安全和人身、财产安全的方式燃放烟花爆竹的，由公安部门责令停止燃放，处100元以上500元以下的罚款；构成违反治安管理行为的，依法给予治安管理处罚。

第四十三条 对没收的非法烟花爆竹以及生产、经营企业弃置的废旧烟花爆竹，应当就地封存，并由公安部门组织销毁、处置。

第四十四条 安全生产监督管理部门、公安部门、质量监督检验部门、工商行政管理部门的工作人员，在烟花爆竹安全监管工作中滥用职权、玩忽职守、徇私舞弊，构成犯罪的，依法追究刑事责任；尚不构成犯罪的，依法给予行政处分。

第七章 附 则

第四十五条 《烟花爆竹安全生产许可证》、《烟花爆竹经营（批发）许可证》、《烟花爆竹经营

（零售）许可证》，由国务院安全生产监督管理部门规定式样；《烟花爆竹道路运输许可证》、《焰火燃放许可证》，由国务院公安部门规定式样。

第四十六条 本条例自公布之日起施行。

中华人民共和国石油天然气管道保护法

（2010年6月25日第十一届全国人民代表大会常务委员会第十五次会议通过 2010年6月25日中华人民共和国主席令第30号公布 自2010年10月1日起施行）

第一章 总 则

第一条 为了保护石油、天然气管道，保障石油、天然气输送安全，维护国家能源安全和公共安全，制定本法。

第二条 中华人民共和国境内输送石油、天然气的管道的保护，适用本法。

城镇燃气管道和炼油、化工等企业厂区内管道的保护，不适用本法。

第三条 本法所称石油包括原油和成品油，所称天然气包括天然气、煤层气和煤制气。

本法所称管道包括管道及管道附属设施。

第四条 国务院能源主管部门依照本法规定主管全国管道保护工作，负责组织编制并实施全国管道发展规划，统筹协调全国管道发展规划与其他专项规划的衔接，协调跨省、自治区、直辖市管道保护的重大问题。国务院其他有关部门依照有关法律、行政法规的规定，在各自职责范围内负责管道保护的相关工作。

第五条 省、自治区、直辖市人民政府能源主管部门和设区的市级、县级人民政府指定的部门，依照本法规定主管本行政区域的管道保护工作，协调处理本行政区域管道保护的重大问题，指导、监督有关单位履行管道保护义务，依法查处危害管道安全的违法行为。县级以上地方人民政府其他有关部门依照有关法律、行政法规的规定，在各自职责范围内负责管道保护的相关工作。

省、自治区、直辖市人民政府能源主管部门和设区的市级、县级人民政府指定的部门，统称县级以上地方人民政府主管管道保护工作的部门。

第六条 县级以上地方人民政府应当加强对本行政区域管道保护工作的领导，督促、检查有关部门依法履行管道保护职责，组织排除管道的重大外部安全隐患。

第七条 管道企业应当遵守本法和有关规划、建设、安全生产、质量监督、环境保护等法律、行政法规，执行国家技术规范的强制性要求，建立、健全本企业有关管道保护的规章制度和操作规程并组织实施，宣传管道安全与保护知识，履行管道保护义务，接受人民政府及其有关部门依法实施的监督，保障管道安全运行。

第八条 任何单位和个人不得实施危害管道安全的行为。

对危害管道安全的行为，任何单位和个人有权向县级以上地方人民政府主管管道保护工作的部门或者其他有关部门举报。接到举报的部门应当在职责范围内及时处理。

第九条 国家鼓励和促进管道保护新技术的研究开发和推广应用。

第二章 管道规划与建设

第十条 管道的规划、建设应当符合管道保护的要求，遵循安全、环保、节约用地和经济合理的原则。

第十一条 国务院能源主管部门根据国民经济和社会发展的需要组织编制全国管道发展规划。组织编制全国管道发展规划应当征求国务院有关部门以及有关省、自治区、直辖市人民政府的意见。

全国管道发展规划应当符合国家能源规划，并与土地利用总体规划、城乡规划以及矿产资源、环境保护、水利、铁路、公路、航道、港口、电信等规划相协调。

第十二条 管道企业应当根据全国管道发展规划编制管道建设规划，并将管道建设规划确定的管道建设选线方案报送拟建管道所在地县级以上地方人民政府城乡规划主管部门审核；经审核符合城乡规划的，应当依法纳入当地城乡规划。

纳入城乡规划的管道建设用地，不得擅自改变用途。

第十三条 管道建设的选线应当避开地震活动断层和容易发生洪灾、地质灾害的区域，与建筑物、构筑物、铁路、公路、航道、港口、市政设施、军事设施、电缆、光缆等保持本法和有关法律、行政法规以及国家技术规范的强制性要求规定的保护距离。

新建管道通过的区域受地理条件限制，不能满足前款规定的管道保护要求的，管道企业应当提出防护方案，经管道保护方面的专家评审论证，并经管道所在地县级以上地方人民政府主管管道保护工作的部门批准后，方可建设。

管道建设项目应当依法进行环境影响评价。

第十四条 管道建设使用土地，依照《中华人民共和国土地管理法》等法律、行政法规的规定执行。

依法建设的管道通过集体所有的土地或者他人取得使用权的国有土地，影响土地使用的，管道企业应当按照管道建设时土地的用途给予补偿。

第十五条 依照法律和国务院的规定，取得行政许可或者已报送备案并符合开工条件的管道项目的建设，任何单位和个人不得阻碍。

第十六条 管道建设应当遵守法律、行政法规有关建设工程质量管理的规定。

管道企业应当依照有关法律、行政法规的规定，选择具备相应资质的勘察、设计、施工、工程监理单位进行管道建设。

管道的安全保护设施应当与管道主体工程同时设计、同时施工、同时投入使用。

管道建设使用的管道产品及其附件的质量，应当符合国家技术规范的强制性要求。

第十七条 穿跨越水利工程、防洪设施、河道、航道、铁路、公路、港口、电力设施、通信设施、市政设施的管道的建设，应当遵守本法和有关法律、行政法规，执行国家技术规范的强制性要求。

第十八条 管道企业应当按照国家技术规范的强制性要求在管道沿线设置管道标志。管道标志毁损或者安全警示不清的，管道企业应当及时修复或者更新。

第十九条 管道建成后应当按照国家有关规定进行竣工验收。竣工验收应当审查管道是否符合本法规定的管道保护要求，经验收合格方可正式交付使用。

第二十条 管道企业应当自管道竣工验收合格之日起六十日内，将竣工测量图报管道所在地县级以上地方人民政府主管管道保护工作的部门备案；县级以上地方人民政府主管管道保护工作的部门应当将管道企业报送的管道竣工测量图分送本级人民政府规划、建设、国土资源、铁路、交通、水利、公安、安全生产监督管理等部门和有关军事机关。

第二十一条 地方各级人民政府编制、调整土地利用总体规划和城乡规划，需要管道改建、搬迁或者增加防护设施的，应当与管道企业协商确定补偿方案。

第三章 管道运行中的保护

第二十二条 管道企业应当建立、健全管道巡护制度，配备专门人员对管道线路进行日常巡护。管道巡护人员发现危害管道安全的情形或者隐患，应当按照规定及时处理和报告。

第二十三条 管道企业应当定期对管道进行检测、维修，确保其处于良好状态；对管道安全风险较大的区段和场所应当进行重点监测，采取有效措施防止管道事故的发生。

对不符合安全使用条件的管道，管道企业应当及时更新、改造或者停止使用。

第二十四条 管道企业应当配备管道保护所必需的人员和技术装备，研究开发和使用先进适用的管道保护技术，保证管道保护所必需的经费投入，并对在管道保护中做出突出贡献的单位和个人给予奖励。

第二十五条 管道企业发现管道存在安全隐患，应当及时排除。对管道存在的外部安全隐患，管道企业自身排除确有困难的，应当向县级以上地方人民政府主管管道保护工作的部门报告。接到报告的主管管道保护工作的部门应当及时协调排除或者报请人民政府及时组织排除安全隐患。

第二十六条 管道企业依法取得使用权的土地，任何单位和个人不得侵占。

为合理利用土地，在保障管道安全的条件下，管道企业可以与有关单位、个人约定，同意有关单位、个人种植浅根农作物。但是，因管道巡护、检测、维修造成的农作物损失，除另有约定外，管道企业不予赔偿。

第二十七条 管道企业对管道进行巡护、检测、维修等作业，管道沿线的有关单位、个人应当给予必要的便利。

因管道巡护、检测、维修等作业给土地使用权人或者其他单位、个人造成损失的，管道企业应当依法给予赔偿。

第二十八条 禁止下列危害管道安全的行为：

（一）擅自开启、关闭管道阀门；

（二）采用移动、切割、打孔、砸撬、拆卸等手段损坏管道；

（三）移动、毁损、涂改管道标志；

（四）在埋地管道上方巡查便道上行驶重型车辆；

（五）在地面管道线路、架空管道线路和管桥上行走或者放置重物。

第二十九条 禁止在本法第五十八条第一项所列管道附属设施的上方架设电力线路、通信线路或者在储气库构造区域范围内进行工程挖掘、工程钻探、采矿。

第三十条 在管道线路中心线两侧各五米地域范围内，禁止下列危害管道安全的行为：

（一）种植乔木、灌木、藤类、芦苇、竹子或者其他根系深达管道埋设部位可能损坏管道防腐层的深根植物；

（二）取土、采石、用火、堆放重物、排放腐蚀性物质、使用机械工具进行挖掘施工；

（三）挖塘、修渠、修晒场、修建水产养殖场、建温室、建家畜棚圈、建房以及修建其他建筑物、构筑物。

第三十一条 在管道线路中心线两侧和本法第五十八条第一项所列管道附属设施周边修建下列建筑物、构筑物的，建筑物、构筑物与管道线路和管道附属设施的距离应当符合国家技术规范的强制性要求：

（一）居民小区、学校、医院、娱乐场所、车站、商场等人口密集的建筑物；

（二）变电站、加油站、加气站、储油罐、储气罐等易燃易爆物品的生产、经营、存储场所。

前款规定的国家技术规范的强制性要求，应当按照保障管道及建筑物、构筑物安全和节约用地的原则确定。

第三十二条 在穿越河流的管道线路中心线两侧各五百米地域范围内，禁止抛锚、拖锚、挖砂、挖泥、采石、水下爆破。但是，在保障管道安全的条件下，为防洪和航道通畅而进行的养护疏浚作业除外。

第三十三条 在管道专用隧道中心线两侧各一千米地域范围内，除本条第二款规定的情形外，禁止采石、采矿、爆破。

在前款规定的地域范围内，因修建铁路、公路、水利工程等公共工程，确需实施采石、爆破作业的，应当经管道所在地县级人民政府主管管道保护工作的部门批准，并采取必要的安全防护措施，方可实施。

第三十四条 未经管道企业同意，其他单位不得使用管道专用伴行道路、管道水工防护设施、管道专用隧道等管道附属设施。

第三十五条 进行下列施工作业，施工单位应当向管道所在地县级人民政府主管管道保护工作的部门提出申请：

（一）穿跨越管道的施工作业；

（二）在管道线路中心线两侧各五米至五十米和本法第五十八条第一项所列管道附属设施周边一百米地域范围内，新建、改建、扩建铁路、公路、河渠，架设电力线路，埋设地下电缆、光缆，设置安全接地体、避雷接地体；

（三）在管道线路中心线两侧各二百米和本法第五十八条第一项所列管道附属设施周边五百米地域范围内，进行爆破、地震法勘探或者工程挖掘、工程钻探、采矿。

县级人民政府主管管道保护工作的部门接到申请后，应当组织施工单位与管道企业协商确定施工作业方案，并签订安全防护协议；协商不成的，主管管道保护工作的部门应当组织进行安全评审，作出是否批准作业的决定。

第三十六条 申请进行本法第三十三条第二款、第三十五条规定的施工作业，应当符合下列条件：

（一）具有符合管道安全和公共安全要求的施工作业方案；

（二）已制定事故应急预案；

（三）施工作业人员具备管道保护知识；

（四）具有保障安全施工作业的设备、设施。

第三十七条 进行本法第三十三条第二款、第三十五条规定的施工作业，应当在开工七日前书面通知管道企业。管道企业应当指派专门人员到现场进行管道保护安全指导。

第三十八条 管道企业在紧急情况下进行管道抢修作业，可以先行使用他人土地或者设施，但应当及时告知土地或者设施的所有权人或者使用权人。给土地或者设施的所有权人或者使用权人造成损失的，管道企业应当依法给予赔偿。

第三十九条 管道企业应当制定本企业管道事故应急预案，并报管道所在地县级人民政府主管管道保护工作的部门备案；配备抢险救援人员和设备，并定期进行管道事故应急救援演练。

发生管道事故，管道企业应当立即启动本企业管道事故应急预案，按照规定及时通报可能受到事故危害的单位和居民，采取有效措施消除或者减轻事故危害，并依照有关事故调查处理的法律、行政法规的规定，向事故发生地县级人民政府主管管道保护工作的部门、安全生产监督管理部门和其他有关部门报告。

接到报告的主管管道保护工作的部门应当按照规定及时上报事故情况，并根据管道事故的实际情况组织采取事故处置措施或者报请人民政府及时启动本行政区域管道事故应急预案，组织进行事故应急处置与救援。

第四十条　管道泄漏的石油和因管道抢修排放的石油造成环境污染的，管道企业应当及时治理。因第三人的行为致使管道泄漏造成环境污染的，管道企业有权向第三人追偿治理费用。

环境污染损害的赔偿责任，适用《中华人民共和国侵权责任法》和防治环境污染的法律的有关规定。

第四十一条　管道泄漏的石油和因管道抢修排放的石油，由管道企业回收、处理，任何单位和个人不得侵占、盗窃、哄抢。

第四十二条　管道停止运行、封存、报废的，管道企业应当采取必要的安全防护措施，并报县级以上地方人民政府主管管道保护工作的部门备案。

第四十三条　管道重点保护部位，需要由中国人民武装警察部队负责守卫的，依照《中华人民共和国人民武装警察法》和国务院、中央军事委员会的有关规定执行。

第四章　管道建设工程与其他建设工程相遇关系的处理

第四十四条　管道建设工程与其他建设工程的相遇关系，依照法律的规定处理；法律没有规定的，由建设工程双方按照下列原则协商处理，并为对方提供必要的便利：

（一）后开工的建设工程服从先开工或者已建成的建设工程；

（二）同时开工的建设工程，后批准的建设工程服从先批准的建设工程。

依照前款规定，后开工或者后批准的建设工程，应当符合先开工、已建成或者先批准的建设工程的安全防护要求；需要先开工、已建成或者先批准的建设工程改建、搬迁或者增加防护设施的，后开工或者后批准的建设工程一方应当承担由此增加的费用。

管道建设工程与其他建设工程相遇的，建设工程双方应当协商确定施工作业方案并签订安全防护协议，指派专门人员现场监督、指导对方施工。

第四十五条　经依法批准的管道建设工程，需要通过正在建设的其他建设工程的，其他工程建设单位应当按照管道建设工程的需要，预留管道通道或者预建管道通过设施，管道企业应当承担由此增加的费用。

经依法批准的其他建设工程，需要通过正在建设的管道建设工程的，管道建设单位应当按照其他建设工程的需要，预留通道或者预建相关设施，其他工程建设单位应当承担由此增加的费用。

第四十六条　管道建设工程通过矿产资源开采区域的，管道企业应当与矿产资源开采企业协商确定管道的安全防护方案，需要矿产资源开采企业按照管道安全防护要求预建防护设施或者采取其他防护措施的，管道企业应当承担由此增加的费用。

矿产资源开采企业未按照约定预建防护设施或者采取其他防护措施，造成地面塌陷、裂缝、沉降等地质灾害，致使管道需要改建、搬迁或者采取其他防护措施的，矿产资源开采企业应当承担由此增加的费用。

第四十七条　铁路、公路等建设工程修建防洪、分流等水工防护设施，可能影响管道保护的，应当事先通知管道企业并注意保护下游已建成的管道水工防护设施。

建设工程修建防洪、分流等水工防护设施，使下游已建成的管道水工防护设施的功能受到影响，需要新建、改建、扩建管道水工防护设施的，工程建设单位应当承担由此增加的费用。

第四十八条　县级以上地方人民政府水行政主管部门制定防洪、泄洪方案应当兼顾管道的保护。

需要在管道通过的区域泄洪的，县级以上地方人民政府水行政主管部门应当在泄洪方案确定后，及时将泄洪量和泄洪时间通知本级人民政府主管管道保护工作的部门和管道企业或者向社会公告。主管管道保护工作的部门和管道企业应对管道采取防洪保护措施。

第四十九条　管道与航道相遇，确需在航道中修建管道防护设施的，应当进行通航标准技术论证，并经航道主管部门批准。管道防护设施完工后，应经航道主管部门验收。

进行前款规定的施工作业，应当在批准的施工区域内设置航标，航标的设置和维护费用由管道企业承担。

第五章　法律责任

第五十条　管道企业有下列行为之一的，由县级以上地方人民政府主管管道保护工作的部门责令限期改正；逾期不改正的，处二万元以上十万元以下的罚款；对直接负责的主管人员和其他直接责任人员给予处分：

（一）未依照本法规定对管道进行巡护、检测和维修的；

（二）对不符合安全使用条件的管道未及时更

新、改造或者停止使用的；

（三）未依照本法规定设置、修复或者更新有关管道标志的；

（四）未依照本法规定将管道竣工测量图报人民政府主管管道保护工作的部门备案的；

（五）未制定本企业管道事故应急预案，或者未将本企业管道事故应急预案报人民政府主管管道保护工作的部门备案的；

（六）发生管道事故，未采取有效措施消除或者减轻事故危害的；

（七）未对停止运行、封存、报废的管道采取必要的安全防护措施的。

管道企业违反本法规定的行为同时违反建设工程质量管理、安全生产、消防等其他法律的，依照其他法律的规定处罚。

管道企业给他人合法权益造成损害的，依法承担民事责任。

第五十一条 采用移动、切割、打孔、砸撬、拆卸等手段损坏管道或者盗窃、哄抢管道输送、泄漏、排放的石油、天然气，尚不构成犯罪的，依法给予治安管理处罚。

第五十二条 违反本法第二十九条、第三十条、第三十二条或者第三十三条第一款的规定，实施危害管道安全行为的，由县级以上地方人民政府主管管道保护工作的部门责令停止违法行为；情节较重的，对单位处一万元以上十万元以下的罚款，对个人处二百元以上二千元以下的罚款；对违法修建的建筑物、构筑物或者其他设施限期拆除；逾期未拆除的，由县级以上地方人民政府主管管道保护工作的部门组织拆除，所需费用由违法行为人承担。

第五十三条 未经依法批准，进行本法第三十三条第二款或者第三十五条规定的施工作业的，由县级以上地方人民政府主管管道保护工作的部门责令停止违法行为；情节较重的，处一万元以上五万元以下的罚款；对违法修建的危害管道安全的建筑物、构筑物或者其他设施限期拆除；逾期未拆除的，由县级以上地方人民政府主管管道保护工作的部门组织拆除，所需费用由违法行为人承担。

第五十四条 违反本法规定，有下列行为之一的，由县级以上地方人民政府主管管道保护工作的部门责令改正；情节严重的，处二百元以上一千元以下的罚款：

（一）擅自开启、关闭管道阀门的；

（二）移动、毁损、涂改管道标志的；

（三）在埋地管道上方巡查便道上行驶重型车辆的；

（四）在地面管道线路、架空管道线路和管桥上行走或者放置重物的；

（五）阻碍依法进行的管道建设的。

第五十五条 违反本法规定，实施危害管道安全的行为，给管道企业造成损害的，依法承担民事责任。

第五十六条 县级以上地方人民政府及其主管管道保护工作的部门或者其他有关部门，违反本法规定，对应当组织排除的管道外部安全隐患不及时组织排除，发现危害管道安全的行为或者接到对危害管道安全行为的举报后不依法予以查处，或者有其他不依照本法规定履行职责的行为的，由其上级机关责令改正，对直接负责的主管人员和其他直接责任人员依法给予处分。

第五十七条 违反本法规定，构成犯罪的，依法追究刑事责任。

第六章 附 则

第五十八条 本法所称管道附属设施包括：

（一）管道的加压站、加热站、计量站、集油站、集气站、输油站、输气站、配气站、处理场、清管站、阀室、阀井、放空设施、油库、储气库、装卸栈桥、装卸场；

（二）管道的水工防护设施、防风设施、防雷设施、抗震设施、通信设施、安全监控设施、电力设施、管堤、管桥以及管道专用涵洞、隧道等穿跨越设施；

（三）管道的阴极保护站、阴极保护测试桩、阳极地床、杂散电流排流站等防腐设施；

（四）管道穿越铁路、公路的检漏装置；

（五）管道的其他附属设施。

第五十九条 本法施行前在管道保护距离内已建成的人口密集场所和易燃易爆物品的生产、经营、存储场所，应当由所在地人民政府根据当地的实际情况，有计划、分步骤地进行搬迁、清理或者采取必要的防护措施。需要已建成的管道改建、搬迁或者采取必要的防护措施的，应当与管道企业协商确定补偿方案。

第六十条 国务院可以根据海上石油、天然气管道的具体情况，制定海上石油、天然气管道保护的特别规定。

第六十一条 本法自2010年10月1日起施行。

2. 中共中央、国务院文件

中共中央办公厅、国务院办公厅关于全面加强危险化学品安全生产工作的意见

(2020年2月26日)

为深刻吸取一些地区发生的重特大事故教训，举一反三，全面加强危险化学品安全生产工作，有力防范化解系统性安全风险，坚决遏制重特大事故发生，有效维护人民群众生命财产安全，现提出如下意见。

一、总体要求

以习近平新时代中国特色社会主义思想为指导，全面贯彻党的十九大和十九届二中、三中、四中全会精神，紧紧围绕统筹推进"五位一体"总体布局和协调推进"四个全面"战略布局，坚持总体国家安全观，按照高质量发展要求，以防控系统性安全风险为重点，完善和落实安全生产责任和管理制度，建立安全隐患排查和安全预防控制体系，加强源头治理、综合治理、精准治理，着力解决基础性、源头性、瓶颈性问题，加快实现危险化学品安全生产治理体系和治理能力现代化，全面提升安全发展水平，推动安全生产形势持续稳定好转，为经济社会发展营造安全稳定环境。

二、强化安全风险管控

（一）深入开展安全风险排查。按照《化工园区安全风险排查治理导则（试行）》和《危险化学品企业安全风险隐患排查治理导则》等相关制度规范，全面开展安全风险排查和隐患治理。严格落实地方党委和政府领导责任，结合实际细化排查标准，对危险化学品企业、化工园区或化工集中区（以下简称化工园区），组织实施精准化安全风险排查评估，分类建立完善安全风险数据库和信息管理系统，区分"红、橙、黄、蓝"四级安全风险，突出一、二级重大危险源和有毒有害、易燃易爆化工企业，按照"一企一策"、"一园一策"原则，实施最严格的治理整顿。制定实施方案，深入组织开展危险化学品安全三年提升行动。

（二）推进产业结构调整。完善和推动落实化工产业转型升级的政策措施。严格落实国家产业结构调整指导目录，及时修订公布淘汰落后安全技术工艺、设备目录，各地区结合实际制定修订并严格落实危险化学品"禁限控"目录，结合深化供给侧结构性改革，依法淘汰不符合安全生产国家标准、行业标准条件的产能，有效防控风险。坚持全国"一盘棋"，严禁已淘汰落后产能异地落户、办厂进园，对违规批建、接收者依法依规追究责任。

（三）严格标准规范。制定化工园区建设标准、认定条件和管理办法。整合化工、石化和化学制药等安全生产标准，解决标准不一致问题，建立健全危险化学品安全生产标准体系。完善化工和涉及危险化学品的工程设计、施工和验收标准。提高化工和涉及危险化学品的生产装置设计、制造和维护标准。加快制定化工过程安全管理导则和精细化工反应安全风险评估标准等技术规范。鼓励先进化工企业对标国际标准和国外先进标准，制定严于国家标准或行业标准的企业标准。

三、强化全链条安全管理

（四）严格安全准入。各地区要坚持有所为、有所不为，确定化工产业发展定位，建立发展改革、工业和信息化、自然资源、生态环境、住房城乡建设和应急管理等部门参与的化工产业发展规划编制协调沟通机制。新建化工园区由省级政府组织开展安全风险评估、论证并完善和落实管控措施。涉及"两重点一重大"（重点监管的危险化工工艺、重点监管的危险化学品和危险化学品重大危险源）的危险化学品建设项目由设区的市级以上政府相关部门联合建立安全风险防控机制。建设内有化工园区的高新技术产业开发区、经济技术开发区或独立设置化工园区，有关部门应依据上下游产业链完备性、人才基础和管理能力等因素，完善落实安全防控措施。完善并严格落实化学品鉴定评估与登记有关规定，科学准确鉴定评估化学品的物理危险性、毒性，严禁未落实风险防控措施就投入生产。

（五）加强重点环节安全管控。对现有化工园区

全面开展评估和达标认定。对新开发化工工艺进行安全性审查。2020年年底前实现涉及"两重点一重大"的化工装置或储运设施自动化控制系统装备率、重大危险源在线监测监控率均达到100%。加强全国油气管道发展规划与国土空间、交通运输等其他专项规划衔接。督促企业大力推进油气输送管道完整性管理，加快完善油气输送管道地理信息系统，强化油气输送管道高后果区管控。严格落实油气管道法定检验制度，提升油气管道法定检验覆盖率。加强涉及危险化学品的停车场安全管理，纳入信息化监管平台。强化托运、承运、装卸、车辆运行等危险货物运输全链条安全监管。提高危险化学品储罐等贮存设备设计标准。研究建立常压危险货物储罐强制监测制度。严格特大型公路桥梁、特长公路隧道、饮用水源地危险货物运输车辆通行管控。加强港口、机场、铁路站场等危险货物配套存储场所安全管理。加强相关企业及医院、学校、科研机构等单位危险化学品使用安全管理。

（六）强化废弃危险化学品等危险废物监管。全面开展废弃危险化学品等危险废物（以下简称危险废物）排查，对属性不明的固体废物进行鉴别鉴定，重点整治化工园区、化工企业、危险化学品单位等可能存在的违规堆存、随意倾倒、私自填埋危险废物等问题，确保危险废物贮存、运输、处置安全。加快制定危险废物贮存安全技术标准。建立完善危险废物由产生到处置各环节联单制度。建立部门联动、区域协作、重大案件会商督办制度，形成覆盖危险废物产生、收集、贮存、转移、运输、利用、处置等全过程的监体系，加大打击故意隐瞒、偷放偷排或违法违规处置危险废物违法犯罪行为力度。加快危险废物综合处置技术装备研发，合理规划布点处置企业，加快处置设施建设，消除处置能力瓶颈。督促企业对重点环保设施和项目组织安全风险评估论证和隐患排查治理。

四、强化企业主体责任落实

（七）强化法治措施。积极研究修改刑法相关条款，严格责任追究。推进制定危险化学品安全和危险货物运输相关法律，修改安全生产法、安全生产许可证条例等，强化法治力度。严格执行执法公示制度、执法全过程记录制度和重大执法决定法制审核制度，细化安全生产行政处罚自由裁量标准，强化精准严格执法。落实职工及家属和社会公众对企业安全生产隐患举报奖励制度，依法严格查处举报案件。

（八）加大失信约束力度。危险化学品生产贮存企业主要负责人（法定代表人）必须认真履责，并作出安全承诺；因未履行安全生产职责受刑事处罚或撤职处分的，依法对其实施职业禁入；企业管理和技术团队必须具备相应的履职能力，做到责任到人、工作到位，对安全隐患排查治理不力、风险防控措施不落实的，依法依规追究相关责任人责任。对存在以隐蔽、欺骗或阻碍等方式逃避、对抗安全生产监管和环境保护监管，违章指挥、违章作业产生重大安全隐患，违规更改工艺流程，破坏监测监控设施，夹带、谎报、瞒报、匿报危险物品等严重危害人民群众生命财产安全的主观故意行为的单位及主要责任人，依法依规将其纳入信用记录，加强失信惩戒，从严监管。

（九）强化激励措施。全面推进危险化学品企业安全生产标准化建设，对一、二级标准化企业扩产扩能、进区入园等，在同等条件下分别给予优先考虑并减少检查频次。对国家鼓励发展的危险化学品项目，在投资总额内进口的自用先进危险品检测检验设备按照现行政策规定免征进口关税。落实安全生产专用设备投资抵免企业所得税优惠。提高危险化学品生产贮存企业安全生产费用提取标准。推动危险化学品企业建立安全生产内审机制和承诺制度，完善风险分级管控和隐患排查治理预防机制，并纳入安全生产标准化等级评审条件。

五、强化基础支撑保障

（十）提高科技与信息化水平。强化危险化学品安全研究支撑，加强危险化学品安全相关国家级科技创新平台建设，开展基础性、前瞻性研究。研究建立危险化学品全生命周期信息监管系统，综合利用电子标签、大数据、人工智能等高新技术，对生产、贮存、运输、使用、经营、废弃处置等各环节进行全过程信息化管理和监控，实现危险化学品来源可循、去向可溯、状态可控，做到企业、监管部门、执法部门及应急救援部门之间互联互通。将安全生产行政处罚信息统一纳入监管执法信息化系统，实现信息共享，取代层层备案。加强化工危险工艺本质安全、大型储罐安全保障、化工园区安全环保一体化风险防控等技术及装备研发。推进化工园区安全生产信息化智能化平台建设，实现对园区内企业、重点场所、重大危险源、基础设施实时风险监控预警。加快建成应急管理部门与辖区内化工园区和危险化学品企业联网的远程监控系统。

（十一）加强专业人才培养。实施安全技能提升行动计划，将化工、危险化学品企业从业人员作为高危行业领域职业技能提升行动的重点群体。危险化学品生产企业主要负责人、分管安全生产负责人必须具有化工类专业大专及以上学历和一定实践经验，专职安全管理人员至少要具备中级及以上化工专业技术职称或化工安全类注册安全工程师资格，新招一线岗位从业人员必须具有化工职业教育背景或普通高中及以上学历并接受危险化学品安全培训，经考核合格后方能上岗。企业通过内部培养或外部聘用形式建立化工专业技术团队。化工重点地区扶持建设一批化工相关职业院校（含技工院校），依托重点化工企业、化工园区或第三方专业机构建立实习实训基地。把化工过程安全管理知识纳入相关高校化工与制药类专业核心课程体系。

（十二）规范技术服务协作机制。加快培育一批专业能力强、社会信誉好的技术服务龙头企业，引入市场机制，为涉及危险化学品企业提供管理和技术服务。建立专家技术服务规范，分级分类开展精准指导帮扶。安全生产责任保险覆盖所有危险化学品企业。对安全评价、检测检验等中介机构和环境评价文件编制单位出具虚假报告和证明的，依法依规吊销其相关资质或资格；构成犯罪的，依法追究刑事责任。

（十三）加强危险化学品救援队伍建设。统筹国家综合性消防救援力量、危险化学品专业救援力量，合理规划布局建设立足化工园区、辐射周边、覆盖主要贮存区域的危险化学品应急救援基地。强化长江干线危险化学品应急处置能力建设。加强应急救援装备配备，健全应急救援预案，开展实训演练，提高区域协同救援能力。推进实施危险化学品事故应急指南，指导企业提高应急处置能力。

六、强化安全监管能力

（十四）完善监管体制机制。将涉恐涉爆涉毒危险化学品重大风险纳入国家安全管控范围，健全监管制度，加强重点监督。进一步调整完善危险化学品安全生产监督管理体制。按照"管行业必须管安全、管业务必须管安全、管生产经营必须管安全"和"谁主管谁负责"原则，严格落实相关部门危险化学品各环节安全监管责任，实施全主体、全品种、全链条安全监管。应急管理部门负责危险化学品安全生产监管工作和危险化学品安全监管综合工作；按照《危险化学品安全管理条例》规定，应急管理、交通运输、公安、铁路、民航、生态环境等部门分别承担危险化学品生产、贮存、使用、经营、运输、处置等环节相关安全监管责任；在相关安全监管职责未明确部门的情况下，应急管理部门承担危险化学品安全综合监督管理兜底责任。生态环境部门依法对危险废物的收集、贮存、处置等进行监督管理。应急管理部门和生态环境部门以及其他有关部门建立监管协作和联合执法工作机制，密切协调配合，实现信息及时、充分、有效共享，形成工作合力，共同做好危险化学品安全监管各项工作。完善国务院安全生产委员会工作机制，及时研究解决危险化学品安全突出问题，加强对相关单位履职情况的监督检查和考核通报。

（十五）健全执法体系。建立健全省、市、县三级安全生产执法体系。省级应急管理部门原则上不设执法队伍，由内设机构承担安全生产监管执法责任，市、县级应急管理部门一般实行"局队合一"体制。危险化学品重点县（市、区、旗）、危险化学品贮存量大的港区，以及各类开发区特别是内设化工园区的开发区，应强化危险化学品安全生产监管职责，落实落细监管执法责任，配齐配强专业执法力量。具体由地方党委和政府研究确定，按程序审批。

（十六）提升监管效能。严把危险化学品监管执法人员进人关，进一步明确资格标准，严格考试考核，突出专业素质，择优录用；可通过公务员聘任制方式选聘专业人才，到2022年年底具有安全生产相关专业学历和实践经验的执法人员数量不低于在职人员的75%。完善监管执法人员培训制度，入职培训不少于3个月，每年参加为期不少于2周的复训。实行危险化学品重点县（市、区、旗）监管执法人员到国有大型化工企业进行岗位实训。深化"放管服"改革，加强和规范事中事后监管，在对涉及危险化学品企业进行全覆盖监管基础上，实施分级分类动态严格监管，运用"两随机一公开"进行重点抽查、突击检查。严厉打击非法建设生产经营行为。省、市、县级应急管理部门对同一企业确定一个执法主体，避免多层多头重复执法。加强执法监督，既严格执法，又避免简单化、"一刀切"。大力推行"互联网+监管"、"执法+专家"模式，及时发现风险隐患，及早预警防范。各地区根据工作需要，面向社会招聘执法辅助人员并健全相关管理制度。

各地区各有关部门要加强组织领导，认真落实党政同责、一岗双责、齐抓共管、失职追责安全生产责任制，整合一切条件、尽最大努力，加快推进危险化学品安全生产各项工作措施落地见效，重要情况及时向党中央、国务院报告。

3. 部门规范性文件

化工园区安全风险排查治理导则

(2023年11月14日 应急〔2023〕123号)

1 总 则

1.1 目的

为全面排查化工园区安全风险，规范化工园区建设和安全管理，系统提升化工园区本质安全水平，增强化工园区安全应急保障能力，推动化工园区集中布局、集群发展、降低安全风险，防范危险化学品重特大生产安全事故，依据《中华人民共和国安全生产法》《危险化学品安全管理条例》《化工园区建设标准和认定管理办法（试行）》《关于进一步加强化工园区安全管理的指导意见》等有关法律法规和标准规范，制定本导则。

1.2 适用范围

本导则适用于化工园区的安全风险排查治理。

1.3 基本原则

1.3.1 科学规划，合理布局。

统筹发展和安全，坚持产业集聚、布局集中、用地集约原则，规范化工园区选址，完善化工园区规划体系，明确"四至"范围和周边土地规划安全控制线，严格规划区域功能，优化安全布局，提升应急保障能力。

1.3.2 严格准入，规范管理。

强化源头管控，严禁列入淘汰落后危险化学品安全生产工艺技术装备目录的、不成熟工艺的、不符合安全生产标准规范的危险化学品建设项目进园入区。新建危险化学品生产建设项目采用国内首次使用化工工艺的，应经过省级人民政府有关部门组织的安全可靠性论证，严密防控化工产业转移安全风险。加强安全生产监管力量建设，规范制度和机制建设，强化安全生产与应急一体化管理。

1.3.3 系统排查，重点整治。

坚持安全第一、预防为主、综合治理，化工园区每年开展一次安全风险等级自评，省级层面按照每年不低于30%的比例抽查复核安全风险等级，每三年完成一轮全覆盖省级复核，根据自评和复核结果，针对性完善并落实"一园一策"整治提升方案，加大安全投入，加强配套功能设施建设，有效防范多米诺效应，不断提升本质安全水平，持续降低化工园区安全风险。

2 认 定

化工园区应经省级人民政府或其授权机构认定公布，认定手续齐全、资料完备，并通过相关部门审查。

3 选址及规划

3.1 化工园区应符合国家、区域、省和设区的市产业布局规划要求，位于地方人民政府规划的专门用于危险化学品生产、储存的区域，符合所在设区的市国土空间规划，"四至"范围明确。"四至"范围发生变动的，应及时修订相关规划。

3.2 化工园区应整体规划、集中布局，选址具有良好地质、地形、水文、气象等自然条件。化工园区内不应有居民居住。

3.3 化工园区应编制化工园区总体规划和产业规划，总体规划应包含安全生产和综合防灾减灾规划章节或独立编制专项规划。

3.4 化工园区应充分考虑选址安全，与城市建成区、人口密集区、重要设施等防护目标之间保持足够的安全防护距离，安全风险控制在可以接受的范围内。

3.5 化工园区应至少每三年开展一次化工园区整体性安全风险评估，提出消除、降低、管控安全风险的对策措施并有效实施。化工园区"四至"范围发生变化、或重大危险源数量发生较大变化可能导致化工园区整体安全风险显著提高、或安全风险评估等级升高要求按照高（A级）或较高（B级）安全风险等级管理、或发生较大及以上或造成重大社会影响化工生产安全事故的，应重新开展整体性安全风险评估。

3.6 化工园区应依据化工园区整体性安全风险评估结果和相关法规标准要求，划定化工园区周边土地规划安全控制线，并报送化工园区所在地和涉及的设区的市级和县级地方人民政府规划主管部门、应急管理部门。

3.7 化工园区所在地设区的市级和县级地方人民政府规划主管部门应严格控制化工园区周边土地开发利用，周边土地规划安全控制线范围内的开发建设项目应经过安全风险评估，满足安全风险控制要求。

4 园区内布局

4.1 化工园区应综合考虑主导风向、地势高低落差、企业装置之间的相互影响、产品类别、生产工艺、物料互供、公用设施保障、应急救援等因素，合理布置功能分区。劳动力密集型的非化工企业不得与化工企业混建在同一化工园区内。

4.2 化工园区行政办公、生活服务区等人员集中场所应与生产功能区相互分离，布置在化工园区边缘或化工园区外；消防站、应急响应中心、医疗救护站等重要设施的布置应满足应急救援的快速响应需要，并考虑涉及爆炸物、毒性气体、液态易燃气体的装置或设施的影响，满足国家标准规范要求，保持足够的安全距离。

4.3 化工园区应评估化工园区布局的安全性和合理性，对多米诺效应进行分析，采取安全风险防范措施，降低区域安全风险，避免多米诺效应。

4.4 化工园区内危险化学品建设项目和危险化学品企业安全评价报告应对项目（企业）与周边企业的相互影响进行多米诺效应分析，优化平面布局。

5 准入和退出

5.1 化工园区应严格根据化工园区总体规划和产业规划，制定并落实适应区域特点、地方实际的"禁限控"目录和项目安全准入条件，及时动态更新。

5.2 化工园区的项目准入应有利于形成相对完整的"上中下游"产业链和主导产业，实现化工园区内资源的有效配置和充分利用，安全风险可控。

5.3 化工园区内危险化学品建设项目应由具备《危险化学品建设项目安全监督管理办法》（国家安全生产监督管理总局令第45号）、《关于进一步加强危险化学品建设项目安全设计管理的通知》（安监总管三〔2013〕76号）、《危险化学品生产建设项目安全风险防控指南（试行）》（应急〔2022〕52号）资质要求的设计单位进行设计。

危险化学品生产企业主要负责人和主管生产、设备、技术、安全的负责人以及安全生产管理人员、一线岗位从业人员学历资质应满足有关要求，企业特种作业人员应持证上岗。

5.4 化工园区应建立健全并落实建设项目和企业安全准入与退出机制，化工园区和企业应建立健全承包商安全准入与退出制度、黑名单制度并有效执行。

5.5 化工园区内企业存在重大事故隐患的，应立即整改或限期整改，整改后不具备安全生产条件的企业，应依法予以关闭。

6 配套功能设施

6.1 化工园区供水水源应充足、可靠，建设统一集中的供水设施和管网，满足企业和化工园区配套设施生产、生活、消防用水的需求。化工园区附近有天然水源的，应设置供消防车取水的消防车道和取水码头。

6.2 化工园区应保障双电源供电，满足化工园区企业和化工园区配套设施生产、生活及应急用电需求，电源可靠。

6.3 化工园区应根据需求建设符合《化工园区公共管廊管理规程》（GB/T 36762）要求的公共管廊，建立健全公共管廊和企业间管道巡检管理、维护保养、安全管理等制度并有效执行。

6.4 化工园区应运用物联网等先进技术对危险化学品运输车辆进出园区进行实时监控，实行限时、限速行驶、专用道路或专用车道等措施，由化工园区实施统一管理、科学调度，防止安全风险积聚。有危险化学品车辆聚集较大安全风险的化工园区应建设符合有关要求的危险化学品车辆专用停车场并严格管理。

6.5 化工园区应按照"分类控制、分级管理、分步实施"要求，结合产业结构、产业链特点、安全风险类型等实际情况，分区实行封闭化管理，建立完善门禁系统和视频监控系统，利用信息化平台、视频监控、在线监测预警等技术手段，实现人员、车辆及物料进出全过程动态监管。对涉及爆炸物、毒性气体、液态易燃气体、一级重大危险源的核心控制区采用远程探测在线监测预警。

6.6 化工园区应按照有关法律法规和国家标准规范要求，督促企业对产生的固体废物特别是危险废物及时进行安全处置。

6.7 化工园区应按照有关法律法规和国家标准规范要求，对事故应急状况下产生的废水收集进行需求分析和估算，确保在化工生产安全事故发生时能够满足事故废水处置要求。

6.8 化工园区应通过自建、共建或委托服务的方式，建设满足《化工安全技能实训基地建设指南（试行）》等要求的化工安全技能实训基地。

7 安全生产与应急一体化管理

7.1 负责化工园区管理的地方人民政府应明确承担化工园区安全生产和应急管理职责的机构。

7.2 化工园区管理机构应配备具有化工专业背景的负责人，建立化工园区管理机构领导带班制度，根据化工园区规模、化工（危险化学品）企业数量、产业特点、整体安全风险状况等因素，配齐配强专业安全监管人员，明确安全监管人员职责，合理调配力量，确保专业监管。

化工园区专业安全监管人员原则上不少于 6 人；化工（危险化学品）企业超过 20 家的，专业安全监管人员原则上不少于 10 人；化工（危险化学品）企业超过 40 家的，专业安全监管人员原则上不少于 15 人。

专业安全监管人员应具有化工等相关专业本科及以上学历，或相关行业领域中级及以上专业技术职称、二级（技师）及以上职业资格，或注册安全工程师、安全评价师等资格，或在化工企业一线从事生产或安全管理 10 年及以上。

7.3 化工园区应实施安全生产与应急一体化管理，明确化工园区负责人、安全生产管理机构及相关部门的安全管理职责，建立健全化工园区各项安全管理制度并严格落实。

7.4 化工园区应按照有关法律法规和国家标准规范要求，制定化工园区安全隐患排查治理制度，制定年度安全检查计划，确定安全检查重点，对化工园区内涉及"两重点一重大"的企业进行全覆盖安全检查。

7.5 化工园区应建立健全行业监管、协同执法和应急救援的联动机制，协调解决化工园区内企业之间的安全生产重大问题，统筹指挥化工园区的应急救援工作，指导企业落实安全生产主体责任，全面加强安全生产和应急管理工作。

7.6 化工园区应按照国家有关要求，制定安全风险分级管控制度，定期对化工园区内企业进行安全风险分级，加强对红色、橙色安全风险的分析、评估、预警与管控。督促化工园区内危险化学品重大危险源企业按要求开展双重预防机制数字化建设与应用，确保优良运行，提高安全隐患排查治理效能。

7.7 化工园区应开展化工园区安全生产信息化智能化平台建设，结合化工园区实际，建设符合《化工园区安全风险智能化管控平台建设指南（试行）》（应急厅〔2022〕5号）要求的化工园区安全风险智能化管控平台并有效运行。

7.8 化工园区应制定总体应急预案及专项预案，至少每两年组织一次生产安全事故应急演练。

7.9 化工园区应编制化工园区消防规划或在化工园区总体规划中设置消防专篇，按照有关法律法规和《关于进一步加强国有大型危化企业专职消防队伍建设的意见》《危化企业消防站建设标准》等要求，结合园区实际，布点及建设消防站，消防车种类、数量、结构以及车载灭火药剂数量、装备器材、防护装具等应满足生产安全事故处置需要。化工园区应建设危险化学品专业应急救援队伍，根据自身安全风险类型，配套建设医疗急救所和气防站。

7.10 化工园区应建立健全化工园区内企业及公共应急物资储备保障制度，统筹规划配备充足的应急物资装备。

7.11 化工园区应加强对台风、雷电、洪水、泥石流、滑坡等自然灾害的监测和预警，落实有关灾害的防范措施，防范因自然灾害引发危险化学品次生灾害。

8 特殊条款

8.1 按照本导则《化工园区安全风险排查治理检查表》（见附件）对化工园区进行评分，60 分以下（不含 60 分）为高安全风险等级（A 级），60-70 分（不含 70 分）为较高安全风险等级（B 级），70-85 分（不含 85 分）为一般安全风险等级（C 级），85 分及以上为较低安全风险等级（D 级）。

8.2 化工园区存在以下情况，直接判定为高安全风险等级（A 级）：

（1）化工园区规划不符合所在设区的市国土空间规划或未明确"四至"范围；

（2）化工园区未明确承担安全生产管理职责的机构或配备的专业安全监管人员不满足要求；

（3）化工园区与高敏感防护目标、重要防护目标和居民区之间的外部安全防护距离不符合标准要求；

（4）化工园区内部布局不合理，企业之间存在重大安全风险叠加失控；

（5）化工园区内存在在役化工装置未经具有相应资质的单位设计且未通过安全设计诊断的企业；

（6）化工园区内存在涉及危险化工工艺的特种

作业人员学历资质不满足要求的企业；

（7）化工园区不能保障双电源供电，或化工园区内有一级负荷时，双电源的每一路电源的变压器总容量不能都满足所有负荷用电需求；

（8）化工园区内企业发生较大及以上化工生产安全事故。

8.3 落实动态调整机制，对高（A级）或较高（B级）安全风险等级的化工园区，限期整改，整改期间停止新、改、扩建危险化学品生产建设项目（安全、环保、节能和智能化改造项目除外），整改完成后由省级相关部门完成安全风险等级复核，仍达不到一般或较低安全风险等级的，报告省级政府并提出处理意见。

因发生较大及以上化工生产安全事故被判定为高安全风险等级（A级）的，应在事故发生至少3个月且事故已结案并向社会公布后，方可提请安全风险等级省级复核。

8.4 本导则自发布之日起实施，有效期5年。

附录 定义和术语

下列定义和术语适用于本导则。

1 化工园区

本导则所称化工园区，是指由人民政府批准设立，经省级人民政府或其授权机构认定公布，以发展化工产业为导向、地理边界和管理主体明确、基础设施和管理体系完整的工业区域。其他化工园区可参照本导则执行。

2 防护目标

受化工园区危险化学品生产安全事故影响，化工园区外可能发生人员伤亡、财产损失的设施或场所。居民区、高敏感防护目标和重要防护目标参照《危险化学品生产装置和储存设施风险基准》（GB 36894）进行分类。

3 多米诺效应分析

为避免化工园区内一个企业的危险源发生生产安全事故引起其他企业的危险源相继发生生产安全事故，造成企业内安全风险外溢，事故影响扩大升级，多米诺效应分析应计算分析危险源火灾、爆炸影响范围，确定多米诺效应影响半径，给出可能受多米诺效应影响的危险源清单，提出消除、降低、管控安全风险的措施建议，并在工程设计阶段有效落实。如重大变更引起多米诺效应发生变化，应重新进行分析并提出消除、降低、管控安全风险的措施。

4 周边土地规划安全控制线

为预防和减缓化工园区危险化学品潜在生产安全事故（爆炸、中毒、火灾等）对化工园区外部防护目标的影响，用于限制化工园区周边土地开发利用的控制线。

5 "四至"范围

与所在设区的市国土空间规划相对应的清晰的化工园区开发边界范围，并通过文字表述、边界拐点坐标和化工园区边界形状图予以明确。

6 安全防护距离

为预防和减缓危险化学品生产装置和储存设施潜在事故（爆炸、中毒、火灾等）对厂外防护目标的影响，在装置与防护目标之间设置的距离或风险控制线。

7 双电源

双电源应符合《供配电系统设计规范》（GB 50052）要求，一个负荷的电源是由两个电路提供的，这两个电路就安全供电而言被认为是互相独立的。以下三种情况可视为满足双电源条件：一是从外部不同110kV或220kV的变电站接出两路用电源；二是外部只有一个110kV或220kV的变电站，从一个变电站接出两条不同母线的电源线；三是化工园区内有供电热电联产，其电源可以作为一路电源，化工园区从外部110kV或220kV变电站接一路电源。化工园区内有一级负荷时，双电源的每一路电源的变压器总容量都要满足所有负荷用电需求。

附件
化工园区安全风险排查治理检查表（略）

危险化学品企业重大危险源安全包保责任制办法（试行）

（2021年2月4日 应急厅〔2021〕12号）

第一章 总 则

第一条 为保护人民生命财产安全，强化危险化学品企业安全生产主体责任落实，细化重大安风险管控责任，防范重特大事故，依据《中华人民共和国安全生产法》《危险化学品安全管理条例》《危险化学品重大危险源监督管理暂行规定》等法律、行政法规、部门规章，制定本办法。

第二条 本办法适用于取得应急管理部门许可的涉及危险化学品重大危险源（以下简称重大危险源）的危险化学品生产企业、经营（带储存）企业、使用危险化学品从事生产的化工企业（以下简称危险化学品企业），不含无生产实体的集团公司总部。

第三条 危险化学品企业应当明确本企业每一处重大危险源的主要负责人、技术负责人和操作负责人，从总体管理、技术管理、操作管理三个层面对重大危险源实行安全包保。

第二章 包保责任

第四条 重大危险源的主要负责人，对所包保的重大危险源负有下列安全职责：

（一）组织建立重大危险源安全包保责任制并指定对重大危险源负有安全包保责任的技术负责人、操作负责人；

（二）组织制定重大危险源安全生产规章制度和操作规程，并采取有效措施保证其得到执行；

（三）组织对重大危险源的管理和操作岗位人员进行安全技能培训；

（四）保证重大危险源安全生产所必需的安全投入；

（五）督促、检查重大危险源安全生产工作；

（六）组织制定并实施重大危险源生产安全事故应急救援预案；

（七）组织通过危险化学品登记信息管理系统填报重大危险源有关信息，保证重大危险源安全监测监控有关数据接入危险化学品安全生产风险监测预警系统。

第五条 重大危险源的技术负责人，对所包保的重大危险源负有下列安全职责：

（一）组织实施重大危险源安全监测监控体系建设，完善控制措施，保证安全监测监控系统符合国家标准或者行业标准的规定；

（二）组织定期对安全设施和监测监控系统进行检测、检验，并进行经常性维护、保养，保证有效、可靠运行；

（三）对于超过个人和社会可容许风险值限值标准的重大危险源，组织采取相应的降低风险措施，直至风险满足可容许风险标准要求；

（四）组织审查涉及重大危险源的外来施工单位及人员的相关资质、安全管理等情况，审查涉及重大危险源的变更管理；

（五）每季度至少组织对重大危险源进行一次针对性安全风险隐患排查，重大活动、重点时段和节假日前必须进行重大危险源安全风险隐患排查，制定管控措施和治理方案并监督落实；

（六）组织演练重大危险源专项应急预案和现场处置方案。

第六条 重大危险源的操作负责人，对所包保的重大危险源负有下列安全职责：

（一）负责督促检查各岗位严格执行重大危险源安全生产规章制度和操作规程；

（二）对涉及重大危险源的特殊作业、检维修作业等进行监督检查，督促落实作业安全管控措施；

（三）每周至少组织一次重大危险源安全风险隐患排查；

（四）及时采取措施消除重大危险源事故隐患。

第三章 管理措施

第七条 危险化学品企业应当在重大危险源安全警示标志位置设立公示牌，写明重大危险源的主要负责人、技术负责人、操作负责人姓名、对应的安全包保职责及联系方式，接受员工监督。

重大危险源安全包保责任人、联系方式应当录入全国危险化学品登记信息管理系统，并向所在地应急管理部门报备，相关信息变更的，应当于变更后5日内在全国危险化学品登记信息管理系统中更新。

第八条 危险化学品企业应当按照《应急管理部关于全面实施危险化学品企业安全风险研判与承诺公告制度的通知》（应急〔2018〕74号）有关要求，向社会承诺公告重大危险源安全风险管控情况，在安全承诺公告牌企业承诺内容中增加落实重大危险源安全包保责任的相关内容。

第九条 危险化学品企业应当建立重大危险源主要负责人、技术负责人、操作负责人的安全包保履职记录，做到可查询、可追溯，企业的安全管理机构应当对包保责任人履职情况进行评估，纳入企业安全生产责任制考核与绩效管理。

第十条 地方各级应急管理部门应当完善危险化学品安全生产风险监测预警机制，保证重大危险源预警信息能够及时推送给对应的安全包保责任人。

第十一条 各级应急管理部门、危险化学品企业应当结合安全生产标准化建设、风险分级管控和隐患排查治理体系建设，运用信息化工具，加强重大危险源安全管理。

第四章 监督检查

第十二条 地方各级应急管理部门应当运用危险化学品安全生产风险监测预警系统，加强对重大危险源安全运行情况的在线巡查抽查，将重大危险源安全包保责任制落实情况纳入监督检查范畴。

第十三条 危险化学品企业未按照相关要求对重大危险源安全进行监测监控的，未明确重大危险源中关键装置、重点部位的责任人的，未对重大危险源的安全生产状况进行定期检查、采取措施消除事故隐患的，以及存在其他违法违规行为的，由县级以上应急管理部门依法依规查处；有关责任人员构成犯罪的，依法追究刑事责任。

第十四条 地方各级应急管理部门应当加强对涉及重大危险源的危险化学品企业的监督检查，督促有关企业做好重大危险源辨识、评估、备案、核销等工作，并及时通过危险化学品登记信息管理系统填报重大危险源有关信息。

第五章 附 则

第十五条 本办法下列用语的含义：

（一）安全包保，是指危险化学品企业按照本办法要求，专门为重大危险源指定主要负责人、技术负责人和操作负责人，并由其包联保证重大危险源安全管理措施落实到位的一种安全生产责任制。

（二）重大危险源的主要负责人，应当由危险化学品企业的主要负责人担任。

（三）重大危险源的技术负责人，应当由危险化学品企业层面技术、生产、设备等分管负责人或者二级单位（分厂）层面有关负责人担任。

（四）重大危险源的操作负责人，应当由重大危险源生产单元、储存单元所在车间、单位的现场直接管理人员担任，例如车间主任。

第十六条 本办法自印发之日起施行，有效期三年。《应急管理部关于实施危险化学品重大危险源源长责任制的通知》（应急〔2018〕89号）同时废止。

附件

重大危险源安全包保公示牌（示例）

重大危险源安全包保公示牌				
编号：				
（危险化学品名称）		主要负责人		（姓名）（手机号码） （在企业的职务）
（重大危险源级别） （最大数量/吨）		技术负责人		（姓名）（手机号码） （在企业的职务）
^		操作负责人		（姓名）（手机号码） （在企业的职务）
监督举报电话			（企业电话），（企业邮箱），12350	
主要 负责人 职责				1.（包保责任原文） 2. 3. 4. 5. 6. 7.

续表

技术负责人职责	1. 2. 3. 4. 5. 6.
操作负责人职责	1. 2. 3. 4.

国家安全监管总局关于加强化工企业泄漏管理的指导意见

（2014年8月29日 安监总管三〔2014〕94号）

各省、自治区、直辖市及新疆生产建设兵团安全生产监督管理局，有关中央企业：

为进一步加强化工企业安全生产基础工作，推动企业落实安全生产主体责任，有效预防和控制泄漏，防止和减少由泄漏引起的事故，提升企业本质安全水平，现提出以下意见：

一、充分认识加强泄漏管理的意义

（一）加强泄漏管理是确保化工企业安全生产的必然要求。化工企业生产工艺过程复杂，工艺条件苛刻，设备管道种类和数量多，工艺波动、违规操作、使用不当、设备失效、缺乏正确维护等情况均可造成易燃易爆、有毒有害介质泄漏，从而导致事故发生。

（二）加强泄漏管理是预防事故发生的有效措施。泄漏是引起化工企业火灾、爆炸、中毒事故的主要原因，要树立"泄漏就是事故"的理念，从源头上预防和控制泄漏，减少作业人员接触有毒有害物质，提升化工企业本质安全水平。

二、化工企业泄漏表现形式和管理的主要内容

（三）化工企业泄漏的表现形式。化工生产过程中的泄漏主要包括易挥发物料的逸散性泄漏和各种物料的源设备泄漏两种形式。逸散性泄漏主要是易挥发物料从装置的阀门、法兰、机泵、人孔、压力管道焊接处等密闭系统密封处发生非预期或隐蔽泄漏；源设备泄漏主要是物料非计划、不受控制地以泼溅、渗漏、溢出等形式从储罐、管道、容器、槽车及其他用于转移物料的设备进入周围空间，产生无组织形式排放（设备失效泄漏是源设备泄漏的主要表现形式）。

（四）化工企业泄漏管理的主要内容。化工泄漏管理主要包括泄漏检测与维修和源设备泄漏管理两个方面。要通过预防性、周期性的泄漏检测发现早期泄漏并及时处理，避免泄漏发展为事故。泄漏检测与维修管理工作包括：配备监测仪器、培训监测人员、建立泄漏检测目录、编制泄漏检测与维修计划、验证维修效果等。源设备泄漏管理工作包括：泄漏根原因的调查和处理、泄漏事件的评定和上报、泄漏率统计、泄漏绩效考核等。泄漏检测维修工作要实行PDCA循环（戴明环）管理方式。对所有的泄漏事件都要参照事故调查要求严格管理。

三、优化装置设计，从源头全面提升防泄漏水平

（五）优化设计以预防和控制泄漏。在设计阶段，要全面识别和评估泄漏风险，从源头采取措施控制泄漏危害。要尽可能选用先进的工艺路线，减少设备密封、管道连接等易泄漏点，降低操作压力、温度等工艺条件。在设备和管线的排放口、采样口等排放阀设计时，要通过加装盲板、丝堵、管帽、双阀等措施，减少泄漏的可能性，对存在剧毒及高毒类物质的工艺环节要采用密闭取样系统设计，有毒、可燃气体的安全泄压排放要采取密闭措施设计。

（六）优化设备选型。企业要严格按照规范标准进行设备选型，属于重点监控范围的工艺以及重点部位要按照最高标准规范要求选择。设计要考虑必要的操作裕度和弹性，以适应加工负荷变化的需要。要根据物料特性选用符合要求的优质垫片，以减少管道、设备密封泄漏。

新建和改扩建装置的管道、法兰、垫片、紧固件选型，必须符合安全规范和国家强制性标准的要求；压力容器与压力管道要严格按照国家标准要求进行检验。选型不符合现行安全规范和强制性标准要求的已建成装置，泄漏率符合规定的，企业要加强泄漏检测，监护运行；泄漏率不符合要求的，企业要限期整改。

（七）科学选择密封配件及介质。动设备选择密封介质和密封件时，要充分兼顾润滑、散热。使用水作为密封介质时，要加强水质和流速的检测。输送有毒、强腐蚀介质时，要选用密封油作为密封介质，同时要充分考虑针对密封介质侧大量高温热油泄漏时的收集、降温等防护措施，对于易汽化介质要采用双端面或串联干气密封。

（八）完善自动化控制系统。涉及重点监管危险化工工艺和危险化学品的生产装置，要按安全控制要求设置自动化控制系统、安全联锁或紧急停车系统和可燃及有毒气体泄漏检测报警系统。紧急停车系统、安全联锁保护系统要符合功能安全等级要求。危险化学品储存装置要采取相应的安全技术措施，如高、低液位报警和高高、低低液位联锁以及紧急切断装置等。

四、系统识别泄漏风险，规范工艺操作行为

（九）全面开展泄漏危险源辨识与风险评估。企业要依据有关标准、规范，组织工程技术和管理人员或委托具有相应资质的设计、评价等中介机构对可能存在的泄漏风险进行辨识与评估，结合企业实际设备失效数据或历史泄漏数据分析，对风险分析结果、设备失效数据或历史泄漏数据进行分析，辨识出可能发生泄漏的部位，结合设备类型、物料危险性、泄漏量对泄漏部位进行分级管理，提出具体防范措施。当工艺系统发生变更时，要及时分析变更可能导致的泄漏风险并采取相应措施。

（十）全面开展化工设备逸散性泄漏检测及维修。企业要根据逸散性泄漏检测的有关标准、规范，定期对易发生逸散性泄漏的部位（如管道、设备、机泵等密封点）进行泄漏检测，排查出发生泄漏的设备要及时维修或更换。企业要实施泄漏检测及维修全过程管理，对维修后的密封进行验证，达到减少或消除泄漏的目的。

（十一）加强化工装置源设备泄漏管理，提升泄漏防护等级。企业要根据物料危险性和泄漏量对源设备泄漏进行分级管理、记录统计。对于发生的源设备泄漏事件要及时采取消除、收集、限制范围等措施，对于可能发生严重泄漏的设备，要采取第一时间能切断泄漏源的技术手段和防护性措施。企业要实施源设备泄漏事件处置的全过程管理，加强对生产现场的泄漏检查，努力降低各类泄漏事件发生率。

（十二）规范工艺操作行为，降低泄漏几率。操作人员要严格按操作规程进行操作，避免工艺参数大的波动。装置开车过程中，对高温设备要严格按升温曲线要求控制温升速度，按操作规程要求对法兰、封头等部件的螺栓进行逐级热紧；对低温设备要严格按降温曲线要求控制降温速度，按操作规程要求对法兰、封头等部件的螺栓进行逐级冷紧。要加强开停车和设备检修过程中泄漏检测监控工作。

（十三）加强泄漏管理培训。企业要开展涵盖全员的泄漏管理培训，不断增强员工的泄漏管理意识，掌握泄漏辨识和预防处置方法。新员工要接受泄漏管理培训后方能上岗。当工艺、设备发生变更时，要对相关人员及时培训。对负责设备泄漏检测和设备维修的员工进行泄漏管理专项培训。

五、建立健全泄漏管理制度

（十四）建立泄漏常态化管理机制。要根据企业实际情况制定泄漏管理的工作目标，制定工作计划，责任落实到人，保证资金投入，统筹安排、严格考核，将泄漏管理与工艺、设备、检修、隐患排查等管理相结合，并在岗位安全操作规程中体现查漏、消漏、动静密封点泄漏率控制等要求。

（十五）建立和完善泄漏管理责任制。建立健全并严格执行以企业主要负责人为第一责任人、分管负责人为责任人、相关部门及人员责任明确的泄漏管理责任制。

（十六）建立和不断完善泄漏检测、报告、处理、消除等闭环管理制度。建立定期检测、报告制度，对于装置中存在泄漏风险的部位，尤其是受冲刷或腐蚀容易减薄的物料管线，要根据泄漏风险程度制定相应的周期性测厚和泄漏检测计划，并定期将检测记录的统计结果上报给企业的生产、设备和安全管理部门，所有记录数据要真实、完整、准确。企业发现泄漏要立即处置、及时登记、尽快消除，不能立即处置的要采取相应的防范措施并建立设备泄漏台账，限期整改。加强对有关管理规定、操作规程、作业指导书和记录文件以及采用的检测和评估技术标准等泄漏管理文件的管理。

（十七）建立激励机制。企业要鼓励员工积极参与泄漏隐患排查、报告和治理工作，充分调动全体员工的积极性，实现全员参与。

六、全面加强泄漏应急处置能力

（十八）建立和完善化工装置泄漏报警系统。企业要按照《石油化工可燃气体和有毒气体检测报警设计规范》(GB 50493) 和《工作场所有毒气体检测报警装置设置规范》(GBZ/T 223) 等标准要求，在生产装置、储运、公用工程和其他可能发生有毒有害、易燃易爆物料泄漏的场所安装相关气体监测报警系统，重点场所还要安装视频监控设备。要将法定检验与企业自检相结合，现场检测报警装置要设置声光报警，保证报警系统的准确、可靠性。

（十九）建立规范、统一的报警信息记录和处理程序。操作人员接到报警信号后，要立即通过工艺条件和控制仪表变化判别泄漏情况，评估泄漏程度，并根据泄漏级别启动相应的应急处置预案。操作人员和管理人员要对报警及处理情况做好记录，并定期对所发生的各种报警和处理情况进行分析。

（二十）建立泄漏事故应急处置程序，有效控制泄漏后果。企业要充分辨识安全风险，完善应急预案，对于可能发生泄漏的密闭空间，应当编制专项应急预案并组织进行预案演练，完善事故处置物资储备。要设置符合国家标准规定的泄漏物料收集装置，对泄漏物料要妥善处置，如采取带压堵漏、快速封堵等安全技术措施。对于高风险、不能及时消除的泄漏，要果断停车处置。处置过程中要做好检测、防火防爆、隔离、警戒、疏散等相关工作。

七、强化考核

（二十一）加强泄漏管理内部审核。企业要对泄漏台账、目标责任书、作业文件、现场检测或检查记录等泄漏管理文件定期进行审核，对作业现场进行抽检抽查，核实检测或检查记录的可靠性，对泄漏管理系统进行内部审计。

（二十二）加强对泄漏管理的检查考核。企业要加强对泄漏管理过程、结果的检查考核，确保泄漏管理实现持续改进。企业要按泄漏控制目标的量化要求，对各部门和岗位的泄漏管理状况进行绩效考核。

化工企业要依据本指导意见，进一步落实安全生产主体责任，结合自身生产实际建立和完善泄漏管理制度，将泄漏管理与安全生产标准化和隐患排查治理工作相结合，积极开展泄漏预防与控制，提高泄漏管理水平。

地方各级安全监管部门要结合本地区实际，指导和推动化工企业贯彻落实本指导意见，促进化工企业安全生产。

国家安全监管总局关于加强化工过程安全管理的指导意见

（2013年7月29日　安监总管三〔2013〕88号）

各省、自治区、直辖市及新疆生产建设兵团安全生产监督管理局，有关中央企业：

化工过程（chemical process）伴随易燃易爆、有毒有害等物料和产品，涉及工艺、设备、仪表、电气等多个专业和复杂的公用工程系统。加强化工过程安全管理，是国际先进的重大工业事故预防和控制方法，是企业及时消除安全隐患、预防事故、构建安全生产长效机制的重要基础性工作。为深入贯彻落实《国务院关于进一步加强企业安全生产工作的通知》（国发〔2010〕23号）和《国务院关于坚持科学发展安全发展促进安全生产形势持续稳定好转的意见》（国发〔2011〕40号）精神，加强化工企业安全生产基础工作，全面提升化工过程安全管理水平，现提出以下指导意见：

一、化工过程安全管理的主要内容和任务

（一）化工过程安全管理的主要内容和任务包括：收集和利用化工过程安全生产信息；风险辨识和控制；不断完善并严格执行操作规程；通过规范管理，确保装置安全运行；开展安全教育和操作技能培训；严格新装置试车和试生产的安全管理；保持设备设施完好性；作业安全管理；承包商安全管理；变更管理；应急管理；事故和事件管理；化工过程安全管理的持续改进等。

二、安全生产信息管理

（二）全面收集安全生产信息。企业要明确责任部门，按照《化工企业工艺安全管理实施导则》(AQ/T 3034) 的要求，全面收集生产过程涉及的化学品危险性、工艺和设备等方面的全部安全生产信息，并将其文件化。

（三）充分利用安全生产信息。企业要综合分析收集到的各类信息，明确提出生产过程安全要求和注意事项。通过建立安全管理制度、制定操作规程、制定应急救援预案、制作工艺卡片、编制培训手册和技术手册、编制化学品间的安全相容矩阵表等措施，将各项安全要求和注意事项纳入自身的安全管理中。

（四）建立安全生产信息管理制度。企业要建立安全生产信息管理制度，及时更新信息文件。企业

要保证生产管理、过程危害分析、事故调查、符合性审核、安全监督检查、应急救援等方面的相关人员能够及时获取最新安全生产信息。

三、风险管理

（五）建立风险管理制度。企业要制定化工过程风险管理制度，明确风险辨识范围、方法、频次和责任人，规定风险分析结果应用和改进措施落实的要求，对生产全过程进行风险辨识分析。

对涉及重点监管危险化学品、重点监管危险化工工艺和危险化学品重大危险源（以下统称"两重点一重大"）的生产储存装置进行风险辨识分析，要采用危险与可操作性分析（HAZOP）技术，一般每3年进行一次。对其他生产储存装置的风险辨识分析，针对装置不同的复杂程度，选用安全检查表、工作危害分析、预危险性分析、故障类型和影响分析（FMEA）、HAZOP技术等方法或多种方法组合，可每5年进行一次。企业管理机构、人员构成、生产装置等发生重大变化或发生生产安全事故时，要及时进行风险辨识分析。企业要组织所有人员参与风险辨识分析，力求风险辨识分析全覆盖。

（六）确定风险辨识分析内容。化工过程风险分析应包括：工艺技术的本质安全性及风险程度；工艺系统可能存在的风险；对严重事件的安全审查情况；控制风险的技术、管理措施及其失效可能引起的后果；现场设施失控和人为失误可能对安全造成的影响。在役装置的风险辨识分析还要包括发生的变更是否存在风险，吸取本企业和其他同类企业事故及事件教训的措施等。

（七）制定可接受的风险标准。企业要按照《危险化学品重大危险源监督管理暂行规定》（国家安全监管总局令第40号）的要求，根据国家有关规定或参照国际相关标准，确定本企业可接受的风险标准。对辨识分析发现的不可接受风险，企业要及时制定并落实消除、减小或控制风险的措施，将风险控制在可接受的范围。

四、装置运行安全管理

（八）操作规程管理。企业要制定操作规程管理制度，规范操作规程内容，明确操作规程编写、审查、批准、分发、使用、控制、修改及废止的程序和职责。操作规程的内容应至少包括：开车、正常操作、临时操作、应急操作、正常停车和紧急停车的操作步骤与安全要求；工艺参数的正常控制范围，偏离正常工况的后果，防止和纠正偏离正常工况的方法及步骤；操作过程的人身安全保障、职业健康注意事项等。

操作规程应及时反映安全生产信息、安全要求和注意事项的变化。企业每年要对操作规程的适应性和有效性进行确认，至少每3年要对操作规程进行审核修订；当工艺技术、设备发生重大变更时，要及时审核修订操作规程。

企业要确保作业现场始终存有最新版本的操作规程文本，以方便现场操作人员随时查用；定期开展操作规程培训和考核，建立培训记录和考核成绩档案；鼓励从业人员分享安全操作经验，参与操作规程的编制、修订和审核。

（九）异常工况监测预警。企业要装备自动化控制系统，对重要工艺参数进行实时监控预警；要采用在线安全监控、自动检测或人工分析数据等手段，及时判断发生异常工况的根源，评估可能产生的后果，制定安全处置方案，避免因处理不当造成事故。

（十）开停车安全管理。企业要制定开停车安全条件检查确认制度。在正常开停车、紧急停车后的开车前，都要进行安全条件检查确认。开停车前，企业要进行风险辨识分析，制定开停车方案，编制安全措施和开停车步骤确认表，经生产和安全管理部门审查同意后，要严格执行并将相关资料存档备查。

企业要落实开停车安全管理责任，严格执行开停车方案，建立重要作业责任人签字确认制度。开车过程中装置依次进行吹扫、清洗、气密试验时，要制定有效的安全措施；引进蒸汽、氮气、易燃易爆介质前，要指定有经验的专业人员进行流程确认；引进物料时，要随时监测物料流量、温度、压力、液位等参数变化情况，确认流程是否正确。要严格控制进退料顺序和速率，现场安排专人不间断巡检，监控有无泄漏等异常现象。

停车过程中的设备、管线低点的排放要按照顺序缓慢进行，并做好个人防护；设备、管线吹扫处理完毕后，要用盲板切断与其他系统的联系。抽堵盲板作业应在编号、挂牌、登记后按规定的顺序进行，并安排专人逐一进行现场确认。

五、岗位安全教育和操作技能培训

（十一）建立并执行安全教育培训制度。企业要建立厂、车间、班组三级安全教育培训体系，制定安全教育培训制度，明确教育培训的具体要求，建立教育培训档案；要制定并落实教育培训计划，定期评估教育培训内容、方式和效果。从业人员应经考核合格后方可上岗，特种作业人员必须持证上岗。

（十二）从业人员安全教育培训。企业要按照国家和企业要求，定期开展从业人员安全培训，使从业人员掌握安全生产基本常识及本岗位操作要点、操作规程、危险因素和控制措施，掌握异常工况识别判定、应急处置、避险避灾、自救互救等技能与方法，熟练使用个体防护用品。当工艺技术、设备设施等发生改变时，要及时对操作人员进行再培训。要重视开展从业人员安全教育，使从业人员不断强化安全意识，充分认识化工安全生产的特殊性和极端重要性，自觉遵守企业安全管理规定和操作规程。企业要采取有效的监督检查评估措施，保证安全教育培训工作质量和效果。

（十三）新装置投用前的安全操作培训。新建企业应规定从业人员文化素质要求，变招工为招生，加强从业人员专业技能培养。工厂开工建设后，企业就应招录操作人员，使操作人员在上岗前先接受规范的基础知识和专业理论培训。装置试生产前，企业要完成全体管理人员和操作人员岗位技能培训，确保全体管理人员和操作人员考核合格后参加全过程的生产准备。

六、试生产安全管理

（十四）明确试生产安全管理职责。企业要明确试生产安全管理范围，合理界定项目建设单位、总承包商、设计单位、监理单位、施工单位等相关方的安全管理范围与职责。

项目建设单位或总承包商负责编制总体试生产方案、明确试生产条件，设计、施工、监理单位要对试生产方案及试生产条件提出审查意见。对采用专利技术的装置，试生产方案经设计、施工、监理单位审查同意后，还要经专利供应商现场人员书面确认。

项目建设单位或总承包商负责编制联动试车方案、投料试车方案、异常工况处置方案等。试生产前，项目建设单位或总承包商要完成工艺流程图、操作规程、工艺卡片、工艺和安全技术规程、事故处理预案、化验分析规程、主要设备运行规程、电气运行规程、仪表及计算机运行规程、联锁整定值等生产技术资料、岗位记录表和技术台账的编制工作。

（十五）试生产前各环节的安全管理。建设项目试生产前，建设单位或总承包商要及时组织设计、施工、监理、生产等单位的工程技术人员开展"三查四定"（三查：查设计漏项、查工程质量、查工程隐患；四定：整改工作定任务、定人员、定时间、定措施），确保施工质量符合有关标准和设计要求，确认工艺危害分析报告中的改进措施和安全保障措施已经落实。

系统吹扫冲洗安全管理。在系统吹扫冲洗前，要在排放口设置警戒区，拆除易被吹扫冲洗损坏的所有部件，确认吹扫冲洗流程、介质及压力。蒸汽吹扫时，要落实防止人员烫伤的防护措施。

气密试验安全管理。要确保气密试验方案全覆盖、无遗漏，明确各系统气密的最高压力等级。高压系统气密试验前，要分成若干等级压力，逐级进行气密试验。真空系统进行真空试验前，要先完成气密试验。要用盲板将气密试验系统与其他系统隔离，严禁超压。气密试验时，要安排专人监控，发现问题，及时处理；做好气密检查记录，签字备查。

单机试车安全管理。企业要建立单机试车安全管理程序。单机试车前，要编制试车方案、操作规程，并经各专业确认。单机试车过程中，应安排专人操作、监护、记录，发现异常立即处理。单机试车结束后，建设单位要组织设计、施工、监理及制造商等方面人员签字确认并填写试车记录。

联动试车安全管理。联动试车应具备下列条件：所有操作人员考核合格并已取得上岗资格；公用工程系统已稳定运行；试车方案和相关操作规程、经审查批准的仪表报警和联锁值已整定完毕；各类生产记录、报表已印发到岗位；负责统一指挥的协调人员已经确定。引入燃料或窒息性气体后，企业必须建立并执行每日安全调度例会制度，统筹协调全部试车的安全管理工作。

投料安全管理。投料前，要全面检查工艺、设备、电气、仪表、公用工程和应急准备等情况，具备条件后方可进行投料。投料及试生产过程中，管理人员要现场指挥，操作人员要持续进行现场巡查，设备、电气、仪表等专业人员要加强现场巡检，发现问题及时报告和处理。投料试生产过程中，要严格控制现场人数，严禁无关人员进入现场。

七、设备完好性（完整性）

（十六）建立并不断完善设备管理制度。

建立设备台账管理制度。企业要对所有设备进行编号，建立设备台账、技术档案和备品配件管理制度，编制设备操作和维护规程。设备操作、维修人员要进行专门的培训和资格考核，培训考核情况要记录存档。

建立装置泄漏监（检）测管理制度。企业要统计和分析可能出现泄漏的部位、物料种类和最大量。定期监（检）测生产装置动静密封点，发现问题及时处理。定期标定各类泄漏检测报警仪器，确保准确有效。要加强防腐蚀管理，确定检查部位，定期检测，建立检测数据库。对重点部位要加大检测检查频次，及时发现和处理管道、设备壁厚减薄情况；定期评估防腐效果和核算设备剩余使用寿命，及时发现并更新更换存在安全隐患的设备。

建立电气安全管理制度。企业要编制电气设备设施操作、维护、检修等管理制度。定期开展企业电源系统安全可靠性分析和风险评估。要制定防爆电气设备、线路检查和维护管理制度。

建立仪表自动化控制系统安全管理制度。新（改、扩）建装置和大修装置的仪表自动化控制系统投用前、长期停用的仪表自动化控制系统再次启用前，必须进行检查确认。要建立健全仪表自动化控制系统日常维护保养制度，建立安全联锁保护系统停运、变更专业会签和技术负责人审批制度。

（十七）设备安全运行管理。

开展设备预防性维修。关键设备要装备在线监测系统。要定期监（检）测检查关键设备、连续监（检）测检查仪表，及时消除静设备密封件、动设备易损件的安全隐患。定期检查压力管道阀门、螺栓等附件的安全状态，及早发现和消除设备缺陷。

加强动设备管理。企业要编制动设备操作规程，确保动设备始终具备规定的工况条件。自动监测大机组和重点动设备的转速、振动、位移、温度、压力、腐蚀性介质含量等运行参数，及时评估设备运行状况。加强动设备润滑管理，确保动设备运行可靠。

开展安全仪表系统安全完整性等级评估。企业要在风险分析的基础上，确定安全仪表功能（SIF）及其相应的功能安全要求或安全完整性等级（SIL）。企业要按照《过程工业领域安全仪表系统的功能安全》（GB/T 21109）和《石油化工安全仪表系统设计规范》的要求，设计、安装、管理和维护安全仪表系统。

八、作业安全管理

（十八）建立危险作业许可制度。企业要建立并不断完善危险作业许可制度，规范动火、进入受限空间、动土、临时用电、高处作业、断路、吊装、抽堵盲板等特殊作业安全条件和审批程序。实施特殊作业前，必须办理审批手续。

（十九）落实危险作业安全管理责任。实施危险作业前，必须进行风险分析、确认安全条件，确保作业人员了解作业风险和掌握风险控制措施、作业环境符合安全要求、预防和控制风险措施得到落实。危险作业审批人员要在现场检查确认后签发作业许可证。现场监护人员要熟悉作业范围内的工艺、设备和物料状态，具备应急救援和处置能力。作业过程中，管理人员要加强现场监督检查，严禁监护人员擅离现场。

九、承包商管理

（二十）严格承包商管理制度。企业要建立承包商安全管理制度，将承包商在本企业发生的事故纳入企业事故管理。企业选择承包商时，要严格审查承包商有关资质，定期评估承包商安全生产业绩，及时淘汰业绩差的承包商。企业要对承包商作业人员进行严格的入厂安全培训教育，经考核合格的方可凭证入厂，禁止未经安全培训教育的承包商作业人员入厂。企业要妥善保存承包商作业人员安全培训教育记录。

（二十一）落实安全管理责任。承包商进入作业现场前，企业要与承包商作业人员进行现场安全交底，审查承包商编制的施工方案和作业安全措施，与承包商签订安全管理协议，明确双方安全管理范围与责任。现场安全交底的内容包括：作业过程中可能出现的泄漏、火灾、爆炸、中毒窒息、触电、坠落、物体打击和机械伤害等方面的危害信息。承包商要确保作业人员接受了相关的安全培训，掌握与作业相关的所有危害信息和应急预案。企业要对承包商作业进行全程安全监督。

十、变更管理

（二十二）建立变更管理制度。企业在工艺、设备、仪表、电气、公用工程、备件、材料、化学品、生产组织方式和人员等方面发生的所有变化，都要纳入变更管理。变更管理制度至少包含以下内容：变更的事项、起始时间，变更的技术基础、可能带来的安全风险，消除和控制安全风险的措施，是否修改操作规程，变更审批权限，变更实施后的安全验收等。实施变更前，企业要组织专业人员进行检查，确保变更具备安全条件；明确受变更影响的本企业人员和承包商作业人员，并对其进行相应的培训。变更完成后，企业要及时更新相应的安全生产信息，建立变更管理档案。

（二十三）严格变更管理。

工艺技术变更。主要包括生产能力，原辅材料（包括助剂、添加剂、催化剂等）和介质（包括成分比例的变化），工艺路线、流程及操作条件，工艺操作规程或操作方法，工艺控制参数，仪表控制系统（包括安全报警和联锁整定值的改变），水、电、汽、风等公用工程方面的改变等。

设备设施变更。主要包括设备设施的更新改造、非同类型替换（包括型号、材质、安全设施的变更）、布局改变，备件、材料的改变，监控、测量仪表的变更，计算机及软件的变更，电气设备的变更，增加临时的电气设备等。

管理变更。主要包括人员、供应商和承包商、管理机构、管理职责、管理制度和标准发生变化等。

（二十四）变更管理程序。

申请。按要求填写变更申请表，由专人进行管理。

审批。变更申请表应逐级上报企业主管部门，并按管理权限报主管负责人审批。

实施。变更批准后，由企业主管部门负责实施。没有经过审查和批准，任何临时性变更都不得超过原批准范围和期限。

验收。变更结束后，企业主管部门应对变更实施情况进行验收并形成报告，及时通知相关部门和有关人员。相关部门收到变更验收报告后，要及时更新安全生产信息，载入变更管理档案。

十一、应急管理

（二十五）编制应急预案并定期演练完善。企业要建立完整的应急预案体系，包括综合应急预案、专项应急预案、现场处置方案等。要定期开展各类应急预案的培训和演练，评估预案演练效果并及时完善预案。企业制定的预案要与周边社区、周边企业和地方政府的预案相互衔接，并按规定报当地政府备案。企业要与当地应急体系形成联动机制。

（二十六）提高应急响应能力。企业要建立应急响应系统，明确组成人员（必要时可吸收企外人员参加），并明确每位成员的职责。要建立应急救援专家库，对应急处置提供技术支持。发生紧急情况后，应急处置人员要在规定时间内到达各自岗位，按照应急预案的要求进行处置。要授权应急处置人员在紧急情况下组织装置紧急停车和相关人员撤离。企业要建立应急物资储备制度，加强应急物资储备和动态管理，定期核查并及时补充和更新。

十二、事故和事件管理

（二十七）未遂事故等安全事件的管理。企业要制定安全事件管理制度，加强未遂事故等安全事件（包括生产事故征兆、非计划停车、异常工况、泄漏、轻伤等）的管理。要建立未遂事故和事件报告激励机制。要深入调查分析安全事件，找出事件的根本原因，及时消除人的不安全行为和物的不安全状态。

（二十八）吸取事故（事件）教训。企业完成事故（事件）调查后，要及时落实防范措施，组织开展内部分析交流，吸取事故（事件）教训。要重视外部事故信息收集工作，认真吸取同类企业、装置的事故教训，提高安全意识和防范事故能力。

十三、持续改进化工过程安全管理工作

（二十九）企业要成立化工过程安全管理工作领导机构，由主要负责人负责，组织开展本企业化工过程安全管理工作。

（三十）企业要把化工过程安全管理纳入绩效考核。要组成由生产负责人或技术负责人负责，工艺、设备、电气、仪表、公用工程、安全、人力资源和绩效考核等方面的人员参加的考核小组，定期评估本企业化工过程安全管理的功效，分析查找薄弱环节，及时采取措施，限期整改，并核查整改情况，持续改进。要编制功效评估和整改结果评估报告，并建立评估工作记录。

化工企业要结合本企业实际，认真学习贯彻落实相关法律法规和本指导意见，完善安全生产责任制和安全生产规章制度，开展全员、全过程、全方位、全天候化工过程安全管理。

四、消防救援

1. 法律法规

中华人民共和国消防法

（1998年4月29日第九届全国人民代表大会常务委员会第二次会议通过　2008年10月28日第十一届全国人民代表大会常务委员会第五次会议修订　根据2019年4月23日第十三届全国人民代表大会常务委员会第十次会议《关于修改〈中华人民共和国建筑法〉等八部法律的决定》第一次修正　根据2021年4月29日第十三届全国人民代表大会常务委员会第二十八次会议《关于修改〈中华人民共和国道路交通安全法〉等八部法律的决定》第二次修正）

第一章　总　则

第一条　为了预防火灾和减少火灾危害，加强应急救援工作，保护人身、财产安全，维护公共安全，制定本法。

第二条　消防工作贯彻预防为主、防消结合的方针，按照政府统一领导、部门依法监管、单位全面负责、公民积极参与的原则，实行消防安全责任制，建立健全社会化的消防工作网络。

第三条　国务院领导全国的消防工作。地方各级人民政府负责本行政区域内的消防工作。

各级人民政府应当将消防工作纳入国民经济和社会发展计划，保障消防工作与经济社会发展相适应。

第四条　国务院应急管理部门对全国的消防工作实施监督管理。县级以上地方人民政府应急管理部门对本行政区域内的消防工作实施监督管理，并由本级人民政府消防救援机构负责实施。军事设施的消防工作，由其主管单位监督管理，消防救援机构协助；矿井地下部分、核电厂、海上石油天然气设施的消防工作，由其主管单位监督管理。

县级以上人民政府其他有关部门在各自的职责范围内，依照本法和其他相关法律、法规的规定做好消防工作。

法律、行政法规对森林、草原的消防工作另有规定的，从其规定。

第五条　任何单位和个人都有维护消防安全、保护消防设施、预防火灾、报告火警的义务。任何单位和成年人都有参加有组织的灭火工作的义务。

第六条　各级人民政府应当组织开展经常性的消防宣传教育，提高公民的消防安全意识。

机关、团体、企业、事业等单位，应当加强对本单位人员的消防宣传教育。

应急管理部门及消防救援机构应当加强消防法律、法规的宣传，并督促、指导、协助有关单位做好消防宣传教育工作。

教育、人力资源行政主管部门和学校、有关职业培训机构应当将消防知识纳入教育、教学、培训的内容。

新闻、广播、电视等有关单位，应当有针对性地面向社会进行消防宣传教育。

工会、共产主义青年团、妇女联合会等团体应当结合各自工作对象的特点，组织开展消防宣传教育。

村民委员会、居民委员会应当协助人民政府以及公安机关、应急管理等部门，加强消防宣传教育。

第七条　国家鼓励、支持消防科学研究和技术创新，推广使用先进的消防和应急救援技术、设备；鼓励、支持社会力量开展消防公益活动。

对在消防工作中有突出贡献的单位和个人，应当按照国家有关规定给予表彰和奖励。

第二章　火灾预防

第八条　地方各级人民政府应当将包括消防安全布局、消防站、消防供水、消防通信、消防车通道、消防装备等内容的消防规划纳入城乡规划，并负责组织实施。

城乡消防安全布局不符合消防安全要求的，应当调整、完善；公共消防设施、消防装备不足或者不适应实际需要的，应当增建、改建、配置或者进行技术改造。

第九条　建设工程的消防设计、施工必须符合国家工程建设消防技术标准。建设、设计、施工、工程监理等单位依法对建设工程的消防设计、施工质量负责。

第十条 对按照国家工程建设消防技术标准需要进行消防设计的建设工程，实行建设工程消防设计审查验收制度。

第十一条 国务院住房和城乡建设主管部门规定的特殊建设工程，建设单位应当将消防设计文件报送住房和城乡建设主管部门审查，住房和城乡建设主管部门依法对审查的结果负责。

前款规定以外的其他建设工程，建设单位申请领取施工许可证或者申请批准开工报告时应当提供满足施工需要的消防设计图纸及技术资料。

第十二条 特殊建设工程未经消防设计审查或者审查不合格的，建设单位、施工单位不得施工；其他建设工程，建设单位未提供满足施工需要的消防设计图纸及技术资料的，有关部门不得发放施工许可证或者批准开工报告。

第十三条 国务院住房和城乡建设主管部门规定应当申请消防验收的建设工程竣工，建设单位应当向住房和城乡建设主管部门申请消防验收。

前款规定以外的其他建设工程，建设单位在验收后应当报住房和城乡建设主管部门备案，住房和城乡建设主管部门应当进行抽查。

依法应当进行消防验收的建设工程，未经消防验收或者消防验收不合格的，禁止投入使用；其他建设工程经依法抽查不合格的，应当停止使用。

第十四条 建设工程消防设计审查、消防验收、备案和抽查的具体办法，由国务院住房和城乡建设主管部门规定。

第十五条 公众聚集场所投入使用、营业前消防安全检查实行告知承诺管理。公众聚集场所在投入使用、营业前，建设单位或者使用单位应当向场所所在地的县级以上地方人民政府消防救援机构申请消防安全检查，作出场所符合消防技术标准和管理规定的承诺，提交规定的材料，并对其承诺和材料的真实性负责。

消防救援机构对申请人提交的材料进行审查；申请材料齐全、符合法定形式的，应当予以许可。消防救援机构应当根据消防技术标准和管理规定，及时对作出承诺的公众聚集场所进行核查。

申请人选择不采用告知承诺方式办理的，消防救援机构应当自受理申请之日起十个工作日内，根据消防技术标准和管理规定，对该场所进行检查。经检查符合消防安全要求的，应当予以许可。

公众聚集场所未经消防救援机构许可的，不得投入使用、营业。消防安全检查的具体办法，由国务院应急管理部门制定。

第十六条 机关、团体、企业、事业等单位应当履行下列消防安全职责：

（一）落实消防安全责任制，制定本单位的消防安全制度、消防安全操作规程，制定灭火和应急疏散预案；

（二）按照国家标准、行业标准配置消防设施、器材，设置消防安全标志，并定期组织检验、维修，确保完好有效；

（三）对建筑消防设施每年至少进行一次全面检测，确保完好有效，检测记录应当完整准确，存档备查；

（四）保障疏散通道、安全出口、消防车通道畅通，保证防火防烟分区、防火间距符合消防技术标准；

（五）组织防火检查，及时消除火灾隐患；

（六）组织进行有针对性的消防演练；

（七）法律、法规规定的其他消防安全职责。

单位的主要负责人是本单位的消防安全责任人。

第十七条 县级以上地方人民政府消防救援机构应当将发生火灾可能性较大以及发生火灾可能造成重大的人身伤亡或者财产损失的单位，确定为本行政区域内的消防安全重点单位，并由应急管理部门报本级人民政府备案。

消防安全重点单位除应当履行本法第十六条规定的职责外，还应当履行下列消防安全职责：

（一）确定消防安全管理人，组织实施本单位的消防安全管理工作；

（二）建立消防档案，确定消防安全重点部位，设置防火标志，实行严格管理；

（三）实行每日防火巡查，并建立巡查记录；

（四）对职工进行岗前消防安全培训，定期组织消防安全培训和消防演练。

第十八条 同一建筑物由两个以上单位管理或者使用的，应当明确各方的消防安全责任，并确定责任人对共用的疏散通道、安全出口、建筑消防设施和消防车通道进行统一管理。

住宅区的物业服务企业应当对管理区域内的共用消防设施进行维护管理，提供消防安全防范服务。

第十九条 生产、储存、经营易燃易爆危险品的场所不得与居住场所设置在同一建筑物内，并应当与居住场所保持安全距离。

生产、储存、经营其他物品的场所与居住场所设置在同一建筑物内的，应当符合国家工程建设消防技术标准。

第二十条 举办大型群众性活动，承办人应当依法向公安机关申请安全许可，制定灭火和应急疏散预案并组织演练，明确消防安全责任分工，确定消防安全管理人员，保持消防设施和消防器材配置齐全、完好有效，保证疏散通道、安全出口、疏散指示标志、应急照明和消防车通道符合消防技术标准和管理规定。

第二十一条 禁止在具有火灾、爆炸危险的场所吸烟、使用明火。因施工等特殊情况需要使用明火作业的，应当按照规定事先办理审批手续，采取相应的消防安全措施；作业人员应当遵守消防安全规定。

进行电焊、气焊等具有火灾危险作业的人员和自动消防系统的操作人员，必须持证上岗，并遵守消防安全操作规程。

第二十二条 生产、储存、装卸易燃易爆危险品的工厂、仓库和专用车站、码头的设置，应当符合消防技术标准。易燃易爆气体和液体的充装站、供应站、调压站，应当设置在符合消防安全要求的位置，并符合防火防爆要求。

已经设置的生产、储存、装卸易燃易爆危险品的工厂、仓库和专用车站、码头，易燃易爆气体和液体的充装站、供应站、调压站，不再符合前款规定的，地方人民政府应当组织、协调有关部门、单位限期解决，消除安全隐患。

第二十三条 生产、储存、运输、销售、使用、销毁易燃易爆危险品，必须执行消防技术标准和管理规定。

进入生产、储存易燃易爆危险品的场所，必须执行消防安全规定。禁止非法携带易燃易爆危险品进入公共场所或者乘坐公共交通工具。

储存可燃物资仓库的管理，必须执行消防技术标准和管理规定。

第二十四条 消防产品必须符合国家标准；没有国家标准的，必须符合行业标准。禁止生产、销售或者使用不合格的消防产品以及国家明令淘汰的消防产品。

依法实行强制性产品认证的消防产品，由具有法定资质的认证机构按照国家标准、行业标准的强制性要求认证合格后，方可生产、销售、使用。实行强制性产品认证的消防产品目录，由国务院产品质量监督部门会同国务院应急管理部门制定并公布。

新研制的尚未制定国家标准、行业标准的消防产品，应当按照国务院产品质量监督部门会同国务院应急管理部门规定的办法，经技术鉴定符合消防安全要求的，方可生产、销售、使用。

依照本条规定经强制性产品认证合格或者技术鉴定合格的消防产品，国务院应急管理部门应当予以公布。

第二十五条 产品质量监督部门、工商行政管理部门、消防救援机构应当按照各自职责加强对消防产品质量的监督检查。

第二十六条 建筑构件、建筑材料和室内装修、装饰材料的防火性能必须符合国家标准；没有国家标准的，必须符合行业标准。

人员密集场所室内装修、装饰，应当按照消防技术标准的要求，使用不燃、难燃材料。

第二十七条 电器产品、燃气用具的产品标准，应当符合消防安全的要求。

电器产品、燃气用具的安装、使用及其线路、管路的设计、敷设、维护保养、检测，必须符合消防技术标准和管理规定。

第二十八条 任何单位、个人不得损坏、挪用或者擅自拆除、停用消防设施、器材，不得埋压、圈占、遮挡消火栓或者占用防火间距，不得占用、堵塞、封闭疏散通道、安全出口、消防车通道。人员密集场所的门窗不得设置影响逃生和灭火救援的障碍物。

第二十九条 负责公共消防设施维护管理的单位，应当保持消防供水、消防通信、消防车通道等公共消防设施的完好有效。在修建道路以及停电、停水、截断通信线路时有可能影响消防队灭火救援的，有关单位必须事先通知当地消防救援机构。

第三十条 地方各级人民政府应当加强对农村消防工作的领导，采取措施加强公共消防设施建设，组织建立和督促落实消防安全责任制。

第三十一条 在农业收获季节、森林和草原防火期间、重大节假日期间以及火灾多发季节，地方各级人民政府应当组织开展有针对性的消防宣传教育，采取防火措施，进行消防安全检查。

第三十二条 乡镇人民政府、城市街道办事处应当指导、支持和帮助村民委员会、居民委员会开展群众性的消防工作。村民委员会、居民委员会应当确定消防安全管理人，组织制定防火安全公约，进行防火安全检查。

第三十三条 国家鼓励、引导公众聚集场所和生产、储存、运输、销售易燃易爆危险品的企业投保火灾公众责任保险；鼓励保险公司承保火灾公众责任保险。

第三十四条 消防设施维护保养检测、消防安全评估等消防技术服务机构应当符合从业条件，执业人员应当依法获得相应的资格；依照法律、行政法规、国家标准、行业标准和执业准则，接受委托提供消防技术服务，并对服务质量负责。

第三章 消防组织

第三十五条 各级人民政府应当加强消防组织建设，根据经济社会发展的需要，建立多种形式的消防组织，加强消防技术人才培养，增强火灾预防、扑救和应急救援的能力。

第三十六条 县级以上地方人民政府应当按照国家规定建立国家综合性消防救援队、专职消防队，并按照国家标准配备消防装备，承担火灾扑救工作。

乡镇人民政府应当根据当地经济发展和消防工作的需要，建立专职消防队、志愿消防队，承担火灾扑救工作。

第三十七条 国家综合性消防救援队、专职消防队按照国家规定承担重大灾害事故和其他以抢救人员生命为主的应急救援工作。

第三十八条 国家综合性消防救援队、专职消防队应当充分发挥火灾扑救和应急救援专业力量的骨干作用；按照国家规定，组织实施专业技能训练，配备并维护保养装备器材，提高火灾扑救和应急救援的能力。

第三十九条 下列单位应当建立单位专职消防队，承担本单位的火灾扑救工作：

（一）大型核设施单位、大型发电厂、民用机场、主要港口；

（二）生产、储存易燃易爆危险品的大型企业；

（三）储备可燃的重要物资的大型仓库、基地；

（四）第一项、第二项、第三项规定以外的火灾危险性较大、距离国家综合性消防救援队较远的其他大型企业；

（五）距离国家综合性消防救援队较远、被列为全国重点文物保护单位的古建筑群的管理单位。

第四十条 专职消防队的建立，应当符合国家有关规定，并报当地消防救援机构验收。

专职消防队的队员依法享受社会保险和福利待遇。

第四十一条 机关、团体、企业、事业等单位以及村民委员会、居民委员会根据需要，建立志愿消防队等多种形式的消防组织，开展群众性自防自救工作。

第四十二条 消防救援机构应当对专职消防、志愿消防队等消防组织进行业务指导；根据扑救火灾的需要，可以调动指挥专职消防队参加火灾扑救工作。

第四章 灭火救援

第四十三条 县级以上地方人民政府应当组织有关部门针对本行政区域内的火灾特点制定应急预案，建立应急反应和处置机制，为火灾扑救和应急救援工作提供人员、装备等保障。

第四十四条 任何人发现火灾都应当立即报警。任何单位、个人都应当无偿为报警提供便利，不得阻拦报警。严禁谎报火警。

人员密集场所发生火灾，该场所的现场工作人员应当立即组织、引导在场人员疏散。

任何单位发生火灾，必须立即组织力量扑救。邻近单位应当给予支援。

消防队接到火警，必须立即赶赴火灾现场，救助遇险人员，排除险情，扑灭火灾。

第四十五条 消防救援机构统一组织和指挥火灾现场扑救，应当优先保障遇险人员的生命安全。

火灾现场总指挥根据扑救火灾的需要，有权决定下列事项：

（一）使用各种水源；

（二）截断电力、可燃气体和可燃液体的输送，限制用火用电；

（三）划定警戒区，实行局部交通管制；

（四）利用临近建筑物和有关设施；

（五）为了抢救人员和重要物资，防止火势蔓延，拆除或者破损毗邻火灾现场的建筑物、构筑物或者设施等；

（六）调动供水、供电、供气、通信、医疗救护、交通运输、环境保护等有关单位协助灭火救援。

根据扑救火灾的紧急需要，有关地方人民政府应当组织人员、调集所需物资支援灭火。

第四十六条 国家综合性消防救援队、专职消防队参加火灾以外的其他重大灾害事故的应急救援工作，由县级以上人民政府统一领导。

第四十七条 消防车、消防艇前往执行火灾扑救或者应急救援任务，在确保安全的前提下，不受行驶速度、行驶路线、行驶方向和指挥信号的限制，其他车辆、船舶以及行人应当让行，不得穿插超越；收费公路、桥梁免收车辆通行费。交通管理指挥人员应当保证消防车、消防艇迅速通行。

赶赴火灾现场或者应急救援现场的消防人员和调集的消防装备、物资，需要铁路、水路或者航空

433

运输的，有关单位应当优先运输。

第四十八条 消防车、消防艇以及消防器材、装备和设施，不得用于与消防和应急救援工作无关的事项。

第四十九条 国家综合性消防救援队、专职消防队扑救火灾、应急救援，不得收取任何费用。

单位专职消防队、志愿消防队参加扑救外单位火灾所损耗的燃料、灭火剂和器材、装备等，由火灾发生地的人民政府给予补偿。

第五十条 对因参加扑救火灾或者应急救援受伤、致残或者死亡的人员，按照国家有关规定给予医疗、抚恤。

第五十一条 消防救援机构有权根据需要封闭火灾现场，负责调查火灾原因，统计火灾损失。

火灾扑灭后，发生火灾的单位和相关人员应当按照消防救援机构的要求保护现场，接受事故调查，如实提供与火灾有关的情况。

消防救援机构根据火灾现场勘验、调查情况和有关的检验、鉴定意见，及时制作火灾事故认定书，作为处理火灾事故的证据。

第五章 监督检查

第五十二条 地方各级人民政府应当落实消防工作责任制，对本级人民政府有关部门履行消防安全职责的情况进行监督检查。

县级以上地方人民政府有关部门应当根据本系统的特点，有针对性地开展消防安全检查，及时督促整改火灾隐患。

第五十三条 消防救援机构应当对机关、团体、企业、事业等单位遵守消防法律、法规的情况依法进行监督检查。公安派出所可以负责日常消防监督检查、开展消防宣传教育，具体办法由国务院公安部门规定。

消防救援机构、公安派出所的工作人员进行消防监督检查，应当出示证件。

第五十四条 消防救援机构在消防监督检查中发现火灾隐患的，应当通知有关单位或者个人立即采取措施消除隐患；不及时消除隐患可能严重威胁公共安全的，消防救援机构应当依照规定对危险部位或者场所采取临时查封措施。

第五十五条 消防救援机构在消防监督检查中发现城乡消防安全布局、公共消防设施不符合消防安全要求，或者发现本地区存在影响公共安全的重大火灾隐患，应当由应急管理部门书面报告本级人民政府。

接到报告的人民政府应当及时核实情况，组织或者责成有关部门、单位采取措施，予以整改。

第五十六条 住房和城乡建设主管部门、消防救援机构及其工作人员应当按照法定的职权和程序进行消防设计审查、消防验收、备案抽查和消防安全检查，做到公正、严格、文明、高效。

住房和城乡建设主管部门、消防救援机构及其工作人员进行消防设计审查、消防验收、备案抽查和消防安全检查等，不得收取费用，不得利用职务谋取利益；不得利用职务为用户、建设单位指定或者变相指定消防产品的品牌、销售单位或者消防技术服务机构、消防设施施工单位。

第五十七条 住房和城乡建设主管部门、消防救援机构及其工作人员执行职务，应当自觉接受社会和公民的监督。

任何单位和个人都有权对住房和城乡建设主管部门、消防救援机构及其工作人员在执法中的违法行为进行检举、控告。收到检举、控告的机关，应当按照职责及时查处。

第六章 法律责任

第五十八条 违反本法规定，有下列行为之一的，由住房和城乡建设主管部门、消防救援机构按照各自职权责令停止施工、停止使用或者停产停业，并处三万元以上三十万元以下罚款：

（一）依法应当进行消防设计审查的建设工程，未经依法审查或者审查不合格，擅自施工的；

（二）依法应当进行消防验收的建设工程，未经消防验收或者消防验收不合格，擅自投入使用的；

（三）本法第十三条规定的其他建设工程验收后经依法抽查不合格，不停止使用的；

（四）公众聚集场所未经消防救援机构许可，擅自投入使用、营业的，或者经核查发现场所使用、营业情况与承诺内容不符的。

核查发现公众聚集场所使用、营业情况与承诺内容不符，经责令限期改正，逾期不整改或者整改后仍达不到要求的，依法撤销相应许可。

建设单位未依照本法规定在验收后报住房和城乡建设主管部门备案的，由住房和城乡建设主管部门责令改正，处五千元以下罚款。

第五十九条 违反本法规定，有下列行为之一的，由住房和城乡建设主管部门责令改正或者停止施工，并处一万元以上十万元以下罚款：

（一）建设单位要求建筑设计单位或者建筑施工企业降低消防技术标准设计、施工的；

（二）建筑设计单位不按照消防技术标准强制性要求进行消防设计的；

（三）建筑施工企业不按照消防设计文件和消防技术标准施工，降低消防施工质量的；

（四）工程监理单位与建设单位或者建筑施工企业串通，弄虚作假，降低消防施工质量的。

第六十条 单位违反本法规定，有下列行为之一的，责令改正，处五千元以上五万元以下罚款：

（一）消防设施、器材或者消防安全标志的配置、设置不符合国家标准、行业标准，或者未保持完好有效的；

（二）损坏、挪用或者擅自拆除、停用消防设施、器材的；

（三）占用、堵塞、封闭疏散通道、安全出口或者有其他妨碍安全疏散行为的；

（四）埋压、圈占、遮挡消火栓或者占用防火间距的；

（五）占用、堵塞、封闭消防车通道，妨碍消防车通行的；

（六）人员密集场所在门窗上设置影响逃生和灭火救援的障碍物的；

（七）对火灾隐患经消防救援机构通知后不及时采取措施消除的。

个人有前款第二项、第三项、第四项、第五项行为之一的，处警告或者五百元以下罚款。

有本条第一款第三项、第四项、第五项、第六项行为，经责令改正拒不改正的，强制执行，所需费用由违法行为人承担。

第六十一条 生产、储存、经营易燃易爆危险品的场所与居住场所设置在同一建筑物内，或者未与居住场所保持安全距离的，责令停产停业，并处五千元以上五万元以下罚款。

生产、储存、经营其他物品的场所与居住场所设置在同一建筑物内，不符合消防技术标准的，依照前款规定处罚。

第六十二条 有下列行为之一的，依照《中华人民共和国治安管理处罚法》的规定处罚：

（一）违反有关消防技术标准和管理规定生产、储存、运输、销售、使用、销毁易燃易爆危险品的；

（二）非法携带易燃易爆危险品进入公共场所或者乘坐公共交通工具的；

（三）谎报火警的；

（四）阻碍消防车、消防艇执行任务的；

（五）阻碍消防救援机构的工作人员依法执行职务的。

第六十三条 违反本法规定，有下列行为之一的，处警告或者五百元以下罚款；情节严重的，处五日以下拘留：

（一）违反消防安全规定进入生产、储存易燃易爆危险品场所的；

（二）违反规定使用明火作业或者在具有火灾、爆炸危险的场所吸烟、使用明火的。

第六十四条 违反本法规定，有下列行为之一，尚不构成犯罪的，处十日以上十五日以下拘留，可以并处五百元以下罚款；情节较轻的，处警告或者五百元以下罚款：

（一）指使或者强令他人违反消防安全规定，冒险作业的；

（二）过失引起火灾的；

（三）在火灾发生后阻拦报警，或者负有报告职责的人员不及时报警的；

（四）扰乱火灾现场秩序，或者拒不执行火灾现场指挥员指挥，影响灭火救援的；

（五）故意破坏或者伪造火灾现场的；

（六）擅自拆封或者使用被消防救援机构查封的场所、部位的。

第六十五条 违反本法规定，生产、销售不合格的消防产品或者国家明令淘汰的消防产品的，由产品质量监督部门或者工商行政管理部门依照《中华人民共和国产品质量法》的规定从重处罚。

人员密集场所使用不合格的消防产品或者国家明令淘汰的消防产品的，责令限期改正；逾期不改正的，处五千元以上五万元以下罚款，并对其直接负责的主管人员和其他直接责任人员处五百元以上二千元以下罚款；情节严重的，责令停产停业。

消防救援机构对于本条第二款规定的情形，除依法对使用者予以处罚外，应当将发现不合格的消防产品和国家明令淘汰的消防产品的情况通报产品质量监督部门、工商行政管理部门。产品质量监督部门、工商行政管理部门应当对生产者、销售者依法及时查处。

第六十六条 电器产品、燃气用具的安装、使用及其线路、管路的设计、敷设、维护保养、检测不符合消防技术标准和管理规定的，责令限期改正；逾期不改正的，责令停止使用，可以并处一千元以上五千元以下罚款。

第六十七条 机关、团体、企业、事业等单位违反本法第十六条、第十七条、第十八条、第二十一条第二款规定的，责令限期改正；逾期不改正的，对其直接负责的主管人员和其他直接责任人员依法给予处分或者给予警告处罚。

第六十八条 人员密集场所发生火灾，该场所的现场工作人员不履行组织、引导在场人员疏散的义务，情节严重，尚不构成犯罪的，处五日以上十日以下拘留。

第六十九条 消防设施维护保养检测、消防安全评估等消防技术服务机构，不具备从业条件从事消防技术服务活动或者出具虚假文件的，由消防救援机构责令改正，处五万元以上十万元以下罚款，并对直接负责的主管人员和其他直接责任人员处一万元以上五万元以下罚款；不按照国家标准、行业标准开展消防技术服务活动的，责令改正，处五万元以下罚款，并对直接负责的主管人员和其他直接责任人员处一万元以下罚款；有违法所得的，并处没收违法所得；给他人造成损失的，依法承担赔偿责任；情节严重的，依法责令停止执业或者吊销相应资格；造成重大损失的，由相关部门吊销营业执照，并对有关责任人员采取终身市场禁入措施。

前款规定的机构出具失实文件，给他人造成损失的，依法承担赔偿责任；造成重大损失的，由消防救援机构依法责令停止执业或者吊销相应资格，由相关部门吊销营业执照，并对有关责任人员采取终身市场禁入措施。

第七十条 本法规定的行政处罚，除应当由公安机关依照《中华人民共和国治安管理处罚法》的有关规定决定的外，由住房和城乡建设主管部门、消防救援机构按照各自职权决定。

被责令停止施工、停止使用、停产停业的，应当在整改后向作出决定的部门或者机构报告，经检查合格，方可恢复施工、使用、生产、经营。

当事人逾期不执行停产停业、停止使用、停止施工决定的，由作出决定的部门或者机构强制执行。

责令停产停业，对经济和社会生活影响较大的，由住房和城乡建设主管部门或者应急管理部门报请本级人民政府依法决定。

第七十一条 住房和城乡建设主管部门、消防救援机构的工作人员滥用职权、玩忽职守、徇私舞弊，有下列行为之一，尚不构成犯罪的，依法给予处分：

（一）对不符合消防安全要求的消防设计文件、建设工程、场所准予审查合格、消防验收合格、消防安全检查合格的；

（二）无故拖延消防设计审查、消防验收、消防安全检查，不在法定期限内履行职责的；

（三）发现火灾隐患不及时通知有关单位或者个人整改的；

（四）利用职务为用户、建设单位指定或者变相指定消防产品的品牌、销售单位或者消防技术服务机构、消防设施施工单位的；

（五）将消防车、消防艇以及消防器材、装备和设施用于与消防和应急救援无关的事项的；

（六）其他滥用职权、玩忽职守、徇私舞弊的行为。

产品质量监督、工商行政管理等其他有关行政主管部门的工作人员在消防工作中滥用职权、玩忽职守、徇私舞弊，尚不构成犯罪的，依法给予处分。

第七十二条 违反本法规定，构成犯罪的，依法追究刑事责任。

第七章 附 则

第七十三条 本法下列用语的含义：

（一）消防设施，是指火灾自动报警系统、自动灭火系统、消火栓系统、防烟排烟系统以及应急广播和应急照明、安全疏散设施等。

（二）消防产品，是指专门用于火灾预防、灭火救援和火灾防护、避难、逃生的产品。

（三）公众聚集场所，是指宾馆、饭店、商场、集贸市场、客运车站候车室、客运码头候船厅、民用机场航站楼、体育场馆、会堂以及公共娱乐场所等。

（四）人员密集场所，是指公众聚集场所，医院的门诊楼、病房楼，学校的教学楼、图书馆、食堂和集体宿舍，养老院，福利院，托儿所，幼儿园，公共图书馆的阅览室，公共展览馆、博物馆的展示厅，劳动密集型企业的生产加工车间和员工集体宿舍，旅游、宗教活动场所等。

第七十四条 本法自 2009 年 5 月 1 日起施行。

2. 规章及部门规范性文件

高层民用建筑消防安全管理规定

(2020 年 12 月 28 日应急管理部第 39 次部务会议审议通过　2021 年 6 月 21 日应急管理部令第 5 号公布　自 2021 年 8 月 1 日起施行)

第一章　总　　则

第一条　为了加强高层民用建筑消防安全管理，预防火灾和减少火灾危害，根据《中华人民共和国消防法》等法律、行政法规和国务院有关规定，制定本规定。

第二条　本规定适用于已经建成且依法投入使用的高层民用建筑（包括高层住宅建筑和高层公共建筑）的消防安全管理。

第三条　高层民用建筑消防安全管理贯彻预防为主、防消结合的方针，实行消防安全责任制。

建筑高度超过 100 米的高层民用建筑应当实行更加严格的消防安全管理。

第二章　消防安全职责

第四条　高层民用建筑的业主、使用人是高层民用建筑消防安全责任主体，对高层民用建筑的消防安全负责。高层民用建筑的业主、使用人是单位的，其法定代表人或者主要负责人是本单位的消防安全责任人。

高层民用建筑的业主、使用人可以委托物业服务企业或者消防技术服务机构等专业服务单位（以下统称消防服务单位）提供消防安全服务，并应当在服务合同中约定消防安全服务的具体内容。

第五条　同一高层民用建筑有两个及以上业主、使用人的，各业主、使用人对其专有部分的消防安全负责，对共有部分的消防安全共同负责。

同一高层民用建筑有两个及以上业主、使用人的，应当共同委托物业服务企业，或者明确一个业主、使用人作为统一管理人，对共有部分的消防安全实行统一管理，协调、指导业主、使用人共同做好整栋建筑的消防安全工作，并通过书面形式约定各方消防安全责任。

第六条　高层民用建筑以承包、租赁或者委托经营、管理等形式交由承包人、承租人、经营管理人使用的，当事人在订立承包、租赁、委托管理等合同时，应当明确各方消防安全责任。委托方、出租方依照法律规定，可以对承包方、承租方、受托方的消防安全工作统一协调、管理。

实行承包、租赁或者委托经营、管理时，业主应当提供符合消防安全要求的建筑物，督促使用人加强消防安全管理。

第七条　高层公共建筑的业主单位、使用单位应当履行下列消防安全职责：

（一）遵守消防法律法规，建立和落实消防安全管理制度；

（二）明确消防安全管理机构或者消防安全管理人员；

（三）组织开展防火巡查、检查，及时消除火灾隐患；

（四）确保疏散通道、安全出口、消防车通道畅通；

（五）对建筑消防设施、器材定期进行检验、维修，确保完好有效；

（六）组织消防宣传教育培训，制定灭火和应急疏散预案，定期组织消防演练；

（七）按照规定建立专职消防队、志愿消防队（微型消防站）等消防组织；

（八）法律、法规规定的其他消防安全职责。

委托物业服务企业，或者明确统一管理人实施消防安全管理的，物业服务企业或者统一管理人应当按照约定履行前款规定的消防安全职责，业主单位、使用单位应当督促并配合物业服务企业或者统一管理人做好消防安全工作。

第八条　高层公共建筑的业主、使用人、物业服务企业或者统一管理人应当明确专人担任消防安全管理人，负责整栋建筑的消防安全管理工作，并在建筑显著位置公示其姓名、联系方式和消防安全管理职责。

高层公共建筑的消防安全管理人应当履行下列消防安全管理职责：

（一）拟订年度消防工作计划，组织实施日常消防安全管理工作；

（二）组织开展防火检查、巡查和火灾隐患整改工作；

（三）组织实施对建筑共用消防设施设备的维护保养；

（四）管理专职消防队、志愿消防队（微型消防站）等消防组织；

（五）组织开展消防安全的宣传教育和培训；

（六）组织编制灭火和应急疏散综合预案并开展演练。

高层公共建筑的消防安全管理人应当具备与其职责相适应的消防安全知识和管理能力。对建筑高度超过100米的高层公共建筑，鼓励有关单位聘用相应级别的注册消防工程师或者相关工程类中级及以上专业技术职务的人员担任消防安全管理人。

第九条 高层住宅建筑的业主、使用人应当履行下列消防安全义务：

（一）遵守住宅小区防火安全公约和管理规约约定的消防安全事项；

（二）按照不动产权属证书载明的用途使用建筑；

（三）配合消防服务单位做好消防安全工作；

（四）按照法律规定承担消防服务费用以及建筑消防设施维修、更新和改造的相关费用；

（五）维护消防安全，保护消防设施，预防火灾，报告火警，成年人参加有组织的灭火工作；

（六）法律、法规规定的其他消防安全义务。

第十条 接受委托的高层住宅建筑的物业服务企业应当依法履行下列消防安全职责：

（一）落实消防安全责任，制定消防安全制度，拟订年度消防安全工作计划和组织保障方案；

（二）明确具体部门或者人员负责消防安全管理工作；

（三）对管理区域内的共用消防设施、器材和消防标志定期进行检测、维护保养，确保完好有效；

（四）组织开展防火巡查、检查，及时消除火灾隐患；

（五）保障疏散通道、安全出口、消防车通道畅通，对占用、堵塞、封闭疏散通道、安全出口、消防车通道等违法行为予以制止；制止无效的，及时报告消防救援机构等有关行政管理部门依法处理；

（六）督促业主、使用人履行消防安全义务；

（七）定期向所在住宅小区业主委员会和业主、使用人通报消防安全情况，提示消防安全风险；

（八）组织开展经常性的消防宣传教育；

（九）制定灭火和应急疏散预案，并定期组织演练；

（十）法律、法规规定和合同约定的其他消防安全职责。

第十一条 消防救援机构和其他负责消防监督检查的机构依法对高层民用建筑进行消防监督检查，督促业主、使用人、受委托的消防服务单位等落实消防安全责任；对监督检查中发现的火灾隐患，通知有关单位或者个人立即采取措施消除隐患。

消防救援机构应当加强高层民用建筑消防安全法律、法规的宣传，督促、指导有关单位做好高层民用建筑消防安全宣传教育工作。

第十二条 村民委员会、居民委员会应当依法组织制定防火安全公约，对高层民用建筑进行防火安全检查，协助人民政府和有关部门加强消防宣传教育；对老年人、未成年人、残疾人等开展有针对性的消防宣传教育，加强消防安全帮扶。

第十三条 供水、供电、供气、供热、通信、有线电视等专业运营单位依法对高层民用建筑内由其管理的设施设备消防安全负责，并定期进行检查和维护。

第三章 消防安全管理

第十四条 高层民用建筑施工期间，建设单位应当与施工单位明确施工现场的消防安全责任。施工期间应当严格落实现场防范措施，配置消防器材，指定专人监护，采取防火分隔措施，不得影响其他区域的人员安全疏散和建筑消防设施的正常使用。

高层民用建筑的业主、使用人不得擅自变更建筑使用功能、改变防火防烟分区，不得违反消防技术标准使用易燃、可燃装修装饰材料。

第十五条 高层民用建筑的业主、使用人或者物业服务企业、统一管理人应当对动用明火作业实行严格的消防安全管理，不得在具有火灾、爆炸危险的场所使用明火；因施工等特殊情况需要进行电焊、气焊等明火作业的，应当按照规定办理动火审批手续，落实现场监护人，配备消防器材，并在建筑主入口和作业现场显著位置公告。作业人员应当依法持证上岗，严格遵守消防安全规定，清除周围及下方的易燃、可燃物，采取防火隔离措施。作业完毕后，应当进行全面检查，消除遗留火种。

高层公共建筑内的商场、公共娱乐场所不得在营业期间动火施工。

高层公共建筑内应当确定禁火禁烟区域，并设置明显标志。

第十六条 高层民用建筑内电器设备的安装使用及其线路敷设、维护保养和检测应当符合消防技术标准及管理规定。

高层民用建筑业主、使用人或者消防服务单位，应当安排专业机构或者电工定期对管理区域内由其管理的电器设备及线路进行检查；对不符合安全要求的，应当及时维修、更换。

第十七条 高层民用建筑内燃气用具的安装使用及其管路敷设、维护保养和检测应当符合消防技术标准及管理规定。禁止违反燃气安全使用规定，擅自安装、改装、拆除燃气设备和用具。

高层民用建筑使用燃气应当采用管道供气方式。禁止在高层民用建筑地下部分使用液化石油气。

第十八条 禁止在高层民用建筑内违反国家规定生产、储存、经营甲、乙类火灾危险性物品。

第十九条 设有建筑外墙外保温系统的高层民用建筑，其管理单位应当在主入口及周边相关显著位置，设置提示性和警示性标识，标示外墙外保温材料的燃烧性能、防火要求。对高层民用建筑外墙外保温系统破损、开裂和脱落的，应当及时修复。高层民用建筑在进行外墙外保温系统施工时，建设单位应当采取必要的防火隔离以及限制住人和使用的措施，确保建筑内人员安全。

禁止使用易燃、可燃材料作为高层民用建筑外墙外保温材料。禁止在其建筑内及周边禁放区域燃放烟花爆竹；禁止在其外墙周围堆放可燃物。对于使用难燃外墙外保温材料或者采用与基层墙体、装饰层之间有空腔的建筑外墙外保温系统的高层民用建筑，禁止在其外墙动火用电。

第二十条 高层民用建筑的电缆井、管道井等竖向管井和电缆桥架应当在每层楼板处进行防火封堵，管井检查门应当采用防火门。

禁止占用电缆井、管道井，或者在电缆井、管道井等竖向管井堆放杂物。

第二十一条 高层民用建筑的户外广告牌、外装饰不得采用易燃、可燃材料，不得妨碍防烟排烟、逃生和灭火救援，不得改变或者破坏建筑立面防火结构。

禁止在高层民用建筑外窗设置影响逃生和灭火救援的障碍物。

建筑高度超过 50 米的高层民用建筑外墙上设置的装饰、广告牌应当采用不燃材料并易于破拆。

第二十二条 禁止在消防车通道、消防车登高操作场地设置构筑物、停车泊位、固定隔离桩等障碍物。

禁止在消防车通道上方、登高操作面设置妨碍消防车作业的架空管线、广告牌、装饰物等障碍物。

第二十三条 高层公共建筑内餐饮场所的经营单位应当及时对厨房灶具和排油烟罩设施进行清洗，排油烟管道每季度至少进行一次检查、清洗。

高层住宅建筑的公共排油烟管道应当定期检查，并采取防火措施。

第二十四条 除为满足高层民用建筑的使用功能所设置的自用物品暂存库房、档案室和资料室等附属库房外，禁止在高层民用建筑内设置其他库房。

高层民用建筑的附属库房应当采取相应的防火分隔措施，严格遵守有关消防安全管理规定。

第二十五条 高层民用建筑内的锅炉房、变配电室、空调机房、自备发电机房、储油间、消防水泵房、消防水箱间、防排烟风机房等设备用房应当按照消防技术标准设置，确定为消防安全重点部位，设置明显的防火标志，实行严格管理，并不得占用和堆放杂物。

第二十六条 高层民用建筑消防控制室应当由其管理单位实行 24 小时值班制度，每班不应少于 2 名值班人员。

消防控制室值班操作人员应当依法取得相应等级的消防行业特有工种职业资格证书，熟练掌握火警处置程序和要求，按照有关规定检查自动消防设施、联动控制设备运行情况，确保其处于正常工作状态。

消防控制室内应当保存高层民用建筑总平面布局图、平面布置图和消防设施系统图及控制逻辑关系说明、建筑消防设施维修保养记录和检测报告等资料。

第二十七条 高层公共建筑内有关单位、高层住宅建筑所在社区居民委员会或者物业服务企业按照规定建立的专职消防队、志愿消防队（微型消防站）等消防组织，应当配备必要的人员、场所和器材、装备，定期进行消防技能培训和演练，开展防火巡查、消防宣传，及时处置、扑救初起火灾。

第二十八条 高层民用建筑的疏散通道、安全出口应当保持畅通，禁止堆放物品、锁闭出口、设置障碍物。平时需要控制人员出入或者设有门禁系统的疏散门，应当保证发生火灾时易于开启，并在现场显著位置设置醒目的提示和使用标识。

高层民用建筑的常闭式防火门应当保持常闭，闭门器、顺序器等部件应当完好有效；常开式防火门应当保证发生火灾时自动关闭并反馈信号。

禁止圈占、遮挡消火栓，禁止在消火栓箱内堆放杂物，禁止在防火卷帘下堆放物品。

第二十九条 高层民用建筑内应当在显著位置设置标识，指示避难层（间）的位置。

禁止占用高层民用建筑避难层（间）和避难走道或者堆放杂物，禁止锁闭避难层（间）和避难走道出入口。

第三十条 高层公共建筑的业主、使用人应当按照国家标准、行业标准配备灭火器材以及自救呼吸器、逃生缓降器、逃生绳等逃生疏散设施器材。

高层住宅建筑应当在公共区域的显著位置摆放灭火器材，有条件的配置自救呼吸器、逃生绳、救援哨、疏散用手电筒等逃生疏散设施器材。

鼓励高层住宅建筑的居民家庭制定火灾疏散逃生计划，并配置必要的灭火和逃生疏散器材。

第三十一条 高层民用建筑的消防车通道、消防车登高操作场地、灭火救援窗、灭火救援破拆口、消防车取水口、室外消火栓、消防水泵接合器、常闭式防火门等应当设置明显的提示性、警示性标识。消防车通道、消防车登高操作场地、防火卷帘下方还应当在地面标识出禁止占用的区域范围。消火栓箱、灭火器箱上应当张贴使用方法的标识。

高层民用建筑的消防设施配电柜电源开关、消防设备用房内管道阀门等应当标识开、关状态；对需要保持常开或者常闭状态的阀门，应当采取铅封等限位措施。

第三十二条 不具备自主维护保养检测能力的高层民用建筑业主、使用人或者物业服务企业应当聘请具备从业条件的消防技术服务机构或者消防设施施工安装企业对建筑消防设施进行维护保养和检测；存在故障、缺损的，应当立即组织维修、更换，确保完好有效。

因维修等需要停用建筑消防设施的，高层民用建筑的管理单位应当严格履行内部审批手续，制定应急方案，落实防范措施，并在建筑入口处等显著位置公告。

第三十三条 高层公共建筑消防设施的维修、更新、改造的费用，由业主、使用人按照有关法律规定承担，共有部分按照专有部分建筑面积所占比例承担。

高层住宅建筑的消防设施日常运行、维护和维修、更新、改造费用，由业主依照法律规定承担；委托消防服务单位的，消防设施的日常运行、维护和检测费用应当纳入物业服务或者消防技术服务专项费用。共用消防设施的维修、更新、改造费用，可以依法从住宅专项维修资金列支。

第三十四条 高层民用建筑应当进行每日防火巡查，并填写巡查记录。其中，高层公共建筑内公众聚集场所在营业期间应当至少每 2 小时进行一次防火巡查，医院、养老院、寄宿制学校、幼儿园应当进行白天和夜间防火巡查，高层住宅建筑和高层公共建筑内的其他场所可以结合实际确定防火巡查的频次。

防火巡查应当包括下列内容：

（一）用火、用电、用气有无违章情况；

（二）安全出口、疏散通道、消防车通道畅通情况；

（三）消防设施、器材完好情况，常闭式防火门关闭情况；

（四）消防安全重点部位人员在岗在位等情况。

第三十五条 高层住宅建筑应当每月至少开展一次防火检查，高层公共建筑应当每半个月至少开展一次防火检查，并填写检查记录。

防火检查应当包括下列内容：

（一）安全出口和疏散设施情况；

（二）消防车通道、消防车登高操作场地和消防水源情况；

（三）灭火器材配置及有效情况；

（四）用火、用电、用气和危险品管理制度落实情况；

（五）消防控制室值班和消防设施运行情况；

（六）人员教育培训情况；

（七）重点部位管理情况；

（八）火灾隐患整改以及防范措施的落实等情况。

第三十六条 对防火巡查、检查发现的火灾隐患，高层民用建筑的业主、使用人、受委托的消防服务单位，应当立即采取措施予以整改。

对不能当场改正的火灾隐患，应当明确整改责任、期限，落实整改措施，整改期间应当采取临时防范措施，确保消防安全；必要时，应当暂时停止使用危险部位。

第三十七条 禁止在高层民用建筑公共门厅、疏散走道、楼梯间、安全出口停放电动自行车或者为电动自行车充电。

鼓励在高层住宅小区内设置电动自行车集中存放和充电的场所。电动自行车存放、充电场所应当独立设置，并与高层民用建筑保持安全距离；确需设置在高层民用建筑内的，应当与该建筑的其他部分进行防火分隔。

电动自行车存放、充电场所应当配备必要的消防器材，充电设施应当具备充满自动断电功能。

第三十八条 鼓励高层民用建筑推广应用物联网和智能化技术手段对电气、燃气消防安全和消防设施运行等进行监控和预警。

未设置自动消防设施的高层住宅建筑，鼓励因地制宜安装火灾报警和喷水灭火系统、火灾应急广播以及可燃气体探测、无线手动火灾报警、无线声光火灾警报等消防设施。

第三十九条 高层民用建筑的业主、使用人或者消防服务单位、统一管理人应当每年至少组织开展一次整栋建筑的消防安全评估。消防安全评估报告应当包括存在的消防安全问题、火灾隐患以及改进措施等内容。

第四十条 鼓励、引导高层公共建筑的业主、使用人投保火灾公众责任保险。

第四章 消防宣传教育和灭火疏散预案

第四十一条 高层公共建筑内的单位应当每半年至少对员工开展一次消防安全教育培训。

高层公共建筑内的单位应当对本单位员工进行上岗前消防安全培训，并对消防安全管理人员、消防控制室值班人员和操作人员、电工、保安员等重点岗位人员组织专门培训。

高层住宅建筑的物业服务企业应当每年至少对居住人员进行一次消防安全教育培训，进行一次疏散演练。

第四十二条 高层民用建筑应当在每层的显著位置张贴安全疏散示意图，公共区域电子显示屏应当播放消防安全提示和消防安全知识。

高层公共建筑除遵守本条第一款规定外，还应当在首层显著位置提示公众注意火灾危险，以及安全出口、疏散通道和灭火器材的位置。

高层住宅小区除遵守本条第一款规定外，还应当在显著位置设置消防安全宣传栏，在高层住宅建筑单元入口处提示安全用火、用电、用气，以及电动自行车存放、充电等消防安全常识。

第四十三条 高层民用建筑应当结合场所特点，分级分类编制灭火和应急疏散预案。

规模较大或者功能业态复杂，且有两个及以上业主、使用人或者多个职能部门的高层公共建筑，有关单位应当编制灭火和应急疏散总预案，各单位或者职能部门应当根据场所、功能分区、岗位实际编制专项灭火和应急疏散预案或者现场处置方案（以下统称分预案）。

灭火和应急疏散预案应当明确应急组织机构，确定承担通信联络、灭火、疏散和救护任务的人员及其职责，明确报警、联络、灭火、疏散等处置程序和措施。

第四十四条 高层民用建筑的业主、使用人、受委托的消防服务单位应当结合实际，按照灭火和应急疏散总预案和分预案分别组织实施消防演练。

高层民用建筑应当每年至少进行一次全要素综合演练，建筑高度超过100米的高层公共建筑应当每半年至少进行一次全要素综合演练。编制分预案的，有关单位和职能部门应当每季度至少进行一次综合演练或者专项灭火、疏散演练。

演练前，有关单位应当告知演练范围内的人员并进行公告；演练时，应当设置明显标识；演练结束后，应当进行总结评估，并及时对预案进行修订和完善。

第四十五条 高层公共建筑内的人员密集场所应当按照楼层、区域确定疏散引导员，负责在火灾发生时组织、引导在场人员安全疏散。

第四十六条 火灾发生时，发现火灾的人员应当立即拨打119电话报警。

火灾发生后，高层民用建筑的业主、使用人、消防服务单位应当迅速启动灭火和应急疏散预案，组织人员疏散，扑救初起火灾。

火灾扑灭后，高层民用建筑的业主、使用人、消防服务单位应当组织保护火灾现场，协助火灾调查。

第五章 法律责任

第四十七条 违反本规定，有下列行为之一的，由消防救援机构责令改正，对经营性单位和个人处2000元以上10000元以下罚款，对非经营性单位和个人处500元以上1000元以下罚款：

（一）在高层民用建筑内进行电焊、气焊等明火作业，未履行动火审批手续、进行公告，或者未落实消防现场监护措施的；

（二）高层民用建筑设置的户外广告牌、外装饰妨碍防烟排烟、逃生和灭火救援，或者改变、破坏建筑立面防火结构的；

（三）未设置外墙外保温材料提示性和警示性标识，或者未及时修复破损、开裂和脱落的外墙外保温系统的；

（四）未按照规定落实消防控制室值班制度，或者安排不具备相应条件的人员值班的；

（五）未按照规定建立专职消防队、志愿消防队等消防组织的；

（六）因维修等需要停用建筑消防设施未进行公告、未制定应急预案或者未落实防范措施的；

（七）在高层民用建筑的公共门厅、疏散走道、楼梯间、安全出口停放电动自行车或者为电动自行车充电，拒不改正的。

第四十八条 违反本规定的其他消防安全违法行为，依照《中华人民共和国消防法》第六十条、第六十一条、第六十四条、第六十五条、第六十六条、第六十七条、第六十八条、第六十九条和有关法律法规予以处罚；构成犯罪的，依法追究刑事责任。

第四十九条 消防救援机构及其工作人员在高层民用建筑消防监督检查中，滥用职权、玩忽职守、徇私舞弊的，对直接负责的主管人员和其他直接责任人员依法给予处分；构成犯罪的，依法追究刑事责任。

第六章 附 则

第五十条 本规定下列用语的含义：

（一）高层住宅建筑，是指建筑高度大于27米的住宅建筑。

（二）高层公共建筑，是指建筑高度大于24米的非单层公共建筑，包括宿舍建筑、公寓建筑、办公建筑、科研建筑、文化建筑、商业建筑、体育建筑、医疗建筑、交通建筑、旅游建筑、通信建筑等。

（三）业主，是指高层民用建筑的所有权人，包括单位和个人。

（四）使用人，是指高层民用建筑的承租人和其他实际使用人，包括单位和个人。

第五十一条 本规定自2021年8月1日起施行。

社会消防技术服务管理规定

(2021年9月13日应急管理部令第7号公布 自2021年11月9日起施行)

第一章 总 则

第一条 为规范社会消防技术服务活动，维护消防技术服务市场秩序，促进提高消防技术服务质量，根据《中华人民共和国消防法》，制定本规定。

第二条 在中华人民共和国境内从事社会消防技术服务活动、对消防技术服务机构实施监督管理，适用本规定。

本规定所称消防技术服务机构是指从事消防设施维护保养检测、消防安全评估等社会消防技术服务活动的企业。

第三条 消防技术服务机构及其从业人员开展社会消防技术服务活动应当遵循客观独立、合法公正、诚实信用的原则。

本规定所称消防技术服务从业人员，是指依法取得注册消防工程师资格并在消防技术服务机构中执业的专业技术人员，以及按照有关规定取得相应消防行业特有工种职业资格，在消防技术服务机构中从事社会消防技术服务活动的人员。

第四条 消防技术服务行业组织应当加强行业自律管理，规范从业行为，促进提升服务质量。

消防技术服务行业组织不得从事营利性社会消防技术服务活动，不得从事或者通过消防技术服务机构进行行业垄断。

第二章 从业条件

第五条 从事消防设施维护保养检测的消防技术服务机构，应当具备下列条件：

（一）取得企业法人资格；

（二）工作场所建筑面积不少于200平方米；

（三）消防技术服务基础设备和消防设施维护保养检测设备配备符合有关规定要求；

（四）注册消防工程师不少于2人，其中一级注册消防工程师不少于1人；

（五）取得消防设施操作员国家职业资格证书的人员不少于6人，其中中级技能等级以上的不少于2人；

（六）健全的质量管理体系。

第六条 从事消防安全评估的消防技术服务机构，应当具备下列条件：

（一）取得企业法人资格；

（二）工作场所建筑面积不少于100平方米；

（三）消防技术服务基础设备和消防安全评估设备配备符合有关规定要求；

（四）注册消防工程师不少于2人，其中一级注册消防工程师不少于1人；

（五）健全的消防安全评估过程控制体系。

第七条 同时从事消防设施维护保养检测、消防安全评估的消防技术服务机构，应当具备下列条件：

（一）取得企业法人资格；

（二）工作场所建筑面积不少于200平方米；

（三）消防技术服务基础设备和消防设施维护保养检测、消防安全评估设备配备符合规定的要求；

（四）注册消防工程师不少于2人，其中一级注册消防工程师不少于1人；

（五）取得消防设施操作员国家职业资格证书的人员不少于6人，其中中级技能等级以上的不少于2人；

（六）健全的质量管理和消防安全评估过程控制体系。

第八条 消防技术服务机构可以在全国范围内从业。

第三章 社会消防技术服务活动

第九条 消防技术服务机构及其从业人员应当依照法律法规、技术标准和从业准则，开展下列社会消防技术服务活动，并对服务质量负责：

（一）消防设施维护保养检测机构可以从事建筑消防设施维护保养、检测活动；

（二）消防安全评估机构可以从事区域消防安全评估、社会单位消防安全评估、大型活动消防安全评估等活动，以及消防法律法规、消防技术标准、火灾隐患整改、消防安全管理、消防宣传教育等方面的咨询活动。

消防技术服务机构出具的结论文件，可以作为消防救援机构实施消防监督管理和单位（场所）开展消防安全管理的依据。

第十条 消防设施维护保养检测机构应当按照国家标准、行业标准规定的工艺、流程开展维护保养检测，保证经维护保养的建筑消防设施符合国家标准、行业标准。

第十一条 消防技术服务机构应当依法与从业人员签订劳动合同，加强对所属从业人员的管理。注册消防工程师不得同时在两个以上社会组织执业。

第十二条 消防技术服务机构应当设立技术负责人，对本机构的消防技术服务实施质量监督管理，对出具的书面结论文件进行技术审核。技术负责人应当具备一级注册消防工程师资格。

第十三条 消防技术服务机构承接业务，应当与委托人签订消防技术服务合同，并明确项目负责人。项目负责人应当具备相应的注册消防工程师资格。

消防技术服务机构不得转包、分包消防技术服务项目。

第十四条 消防技术服务机构出具的书面结论文件应当由技术负责人、项目负责人签名并加盖执业印章，同时加盖消防技术服务机构印章。

消防设施维护保养检测机构对建筑消防设施进行维护保养后，应当制作包含消防技术服务机构名称及项目负责人、维护保养日期等信息的标识，在消防设施所在建筑的醒目位置上予以公示。

第十五条 消防技术服务机构应当对服务情况作出客观、真实、完整的记录，按消防技术服务项目建立消防技术服务档案。

消防技术服务档案保管期限为6年。

第十六条 消防技术服务机构应当在其经营场所的醒目位置公示营业执照、工作程序、收费标准、从业守则、注册消防工程师注册证书、投诉电话等事项。

第十七条 消防技术服务机构收费应当遵守价格管理法律法规的规定。

第十八条 消防技术服务机构在从事社会消防技术服务活动中，不得有下列行为：

（一）不具备从业条件，从事社会消防技术服务活动；

（二）出具虚假、失实文件；

（三）消防设施维护保养检测机构的项目负责人或者消防设施操作员未到现场实地开展工作；

（四）泄露委托人商业秘密；

（五）指派无相应资格从业人员从事社会消防技术服务活动；

（六）冒用其他消防技术服务机构名义从事社会消防技术服务活动；

（七）法律、法规、规章禁止的其他行为。

第四章 监督管理

第十九条 县级以上人民政府消防救援机构依照有关法律、法规和本规定，对本行政区域内的社会消防技术服务活动实施监督管理。

消防技术服务机构及其从业人员对消防救援机构依法进行的监督管理应当协助和配合，不得拒绝或者阻挠。

第二十条 应急管理部消防救援局应当建立和完善全国统一的社会消防技术服务信息系统，公布消防技术服务机构及其从业人员的有关信息，发布从业、诚信和监督管理信息，并为社会提供有关信息查询服务。

第二十一条 县级以上人民政府消防救援机构对社会消防技术服务活动开展监督检查的形式有：

（一）结合日常消防监督检查工作，对消防技术服务质量实施监督抽查；

（二）根据需要实施专项检查；

（三）发生火灾事故后实施倒查；

（四）对举报投诉和交办移送的消防技术服务机构及其从业人员的违法从业行为进行核查。

开展社会消防技术服务活动监督检查可以根据实际需要,通过网上核查、服务单位实地核查、机构办公场所现场检查等方式实施。

第二十二条 消防救援机构在对单位(场所)实施日常消防监督检查时,可以对为该单位(场所)提供服务的消防技术服务机构的服务质量实施监督抽查。抽查内容为:

(一)是否冒用其他消防技术服务机构名义从事社会消防技术服务活动;

(二)从事相关社会消防技术服务活动的人员是否具有相应资格;

(三)是否按照国家标准、行业标准维护保养、检测建筑消防设施,经维护保养的建筑消防设施是否符合国家标准、行业标准;

(四)消防设施维护保养检测机构的项目负责人或者消防设施操作员是否到现场实地开展工作;

(五)是否出具虚假、失实文件;

(六)出具的书面结论文件是否由技术负责人、项目负责人签名、盖章,并加盖消防技术服务机构印章;

(七)是否与委托人签订消防技术服务合同;

(八)是否在经其维护保养的消防设施所在建筑的醒目位置公示消防技术服务信息。

第二十三条 消防救援机构根据消防监督管理需要,可以对辖区内从业的消防技术服务机构进行专项检查。专项检查应当随机抽取检查对象,随机选派检查人员,检查情况及查处结果及时向社会公开。专项检查可以抽查下列内容:

(一)是否具备从业条件;

(二)所属注册消防工程师是否同时在两个以上社会组织执业;

(三)从事相关社会消防技术服务活动的人员是否具有相应资格;

(四)是否转包、分包消防技术服务项目;

(五)是否出具虚假、失实文件;

(六)是否设立技术负责人、明确项目负责人,出具的书面结论文件是否由技术负责人、项目负责人签名、盖章,并加盖消防技术服务机构印章;

(七)是否与委托人签订消防技术服务合同;

(八)是否在经营场所公示营业执照、工作程序、收费标准、从业守则、注册消防工程师注册证书、投诉电话等事项;

(九)是否建立和保管消防技术服务档案。

第二十四条 发生有人员死亡或者造成重大社会影响的火灾,消防救援机构开展火灾事故调查时,应当对为起火单位(场所)提供服务的消防技术服务机构实施倒查。

消防救援机构组织调查其他火灾,可以根据需要对为起火单位(场所)提供服务的消防技术服务机构实施倒查。

倒查按照本规定第二十二条、第二十三条的抽查内容实施。

第二十五条 消防救援机构及其工作人员不得设立消防技术服务机构,不得参与消防技术服务机构的经营活动,不得指定或者变相指定消防技术服务机构,不得利用职务接受有关单位或者个人财物,不得滥用行政权力排除、限制竞争。

第五章 法 律 责 任

第二十六条 消防技术服务机构违反本规定,冒用其他消防技术服务机构名义从事社会消防技术服务活动的,责令改正,处2万元以上3万元以下罚款。

第二十七条 消防技术服务机构违反本规定,有下列情形之一的,责令改正,处1万元以上2万元以下罚款:

(一)所属注册消防工程师同时在两个以上社会组织执业的;

(二)指派无相应资格从业人员从事社会消防技术服务活动的;

(三)转包、分包消防技术服务项目的。

对有前款第一项行为的注册消防工程师,处5000元以上1万元以下罚款。

第二十八条 消防技术服务机构违反本规定,有下列情形之一的,责令改正,处1万元以下罚款:

(一)未设立技术负责人、未明确项目负责人的;

(二)出具的书面结论文件未经技术负责人、项目负责人签名、盖章,或者未加盖消防技术服务机构印章的;

(三)承接业务未依法与委托人签订消防技术服务合同的;

(四)消防设施维护保养检测机构的项目负责人或者消防设施操作员未到现场实地开展工作的;

(五)未建立或者保管消防技术服务档案的;

(六)未公示营业执照、工作程序、收费标准、从业守则、注册消防工程师注册证书、投诉电话等事项的。

第二十九条 消防技术服务机构不具备从业条件从事社会消防技术服务活动或者出具虚假文件、失实文件的,或者不按国家标准、行业标准开展社会消防技术服务活动的，由消防救援机构依照《中华人民共和国消防法》第六十九条的有关规定处罚。

第三十条 消防设施维护保养检测机构未按照本规定要求在经其维护保养的消防设施所在建筑的醒目位置上公示消防技术服务信息的，责令改正，处 5000 元以下罚款。

第三十一条 消防救援机构对消防技术服务机构及其从业人员实施积分信用管理，具体办法由应急管理部消防救援局制定。

第三十二条 消防技术服务机构有违反本规定的行为，给他人造成损失的，依法承担赔偿责任；经维护保养的建筑消防设施不能正常运行，发生火灾时未发挥应有作用，导致伤亡、损失扩大的，从重处罚；构成犯罪的，依法追究刑事责任。

第三十三条 本规定中的行政处罚由违法行为地设区的市级、县级人民政府消防救援机构决定。

第三十四条 消防技术服务机构及其从业人员对消防救援机构在消防技术服务监督管理中作出的具体行政行为不服的，可以依法申请行政复议或者提起行政诉讼。

第三十五条 消防救援机构的工作人员设立消防技术服务机构，或者参与消防技术服务机构的经营活动，或者指定、变相指定消防技术服务机构，或者利用职务接受有关单位、个人财物，或者滥用行政权力排除、限制竞争，或者有其他滥用职权、玩忽职守、徇私舞弊的行为，依照有关规定给予处分；构成犯罪的，依法追究刑事责任。

第六章 附 则

第三十六条 保修期内的建筑消防设施由施工单位进行维护保养的，不适用本规定。

第三十七条 本规定所称虚假文件，是指消防技术服务机构未提供服务或者以篡改结果方式出具的消防技术文件，或者出具的与当时实际情况严重不符、结论定性严重偏离客观实际的消防技术文件。

本规定所称失实文件，是指消防技术服务机构出具的与当时实际情况部分不符、结论定性部分偏离客观实际的消防技术文件。

第三十八条 本规定中的"以上"、"以下"均含本数。

第三十九条 执行本规定所需要的文书式样，以及消防技术服务机构应当配备的仪器、设备、设施目录，由应急管理部制定。

第四十条 本规定自 2021 年 11 月 9 日起施行。

高等学校消防安全管理规定

（2009 年 10 月 19 日教育部、公安部令第 28 号公布 自 2010 年 1 月 1 日起施行）

第一章 总 则

第一条 为了加强和规范高等学校的消防安全管理，预防和减少火灾危害，保障师生员工生命财产和学校财产安全，根据消防法、高等教育法等法律、法规，制定本规定。

第二条 普通高等学校和成人高等学校（以下简称学校）的消防安全管理，适用本规定。

驻校内其他单位的消防安全管理，按照本规定的有关规定执行。

第三条 学校在消防安全工作中，应当遵守消防法律、法规和规章，贯彻预防为主、防消结合的方针，履行消防安全职责，保障消防安全。

第四条 学校应当落实逐级消防安全责任制和岗位消防安全责任制，明确逐级和岗位消防安全职责，确定各级、各岗位消防安全责任人。

第五条 学校应当开展消防安全教育和培训，加强消防演练，提高师生员工的消防安全意识和自救逃生技能。

第六条 学校各单位和师生员工应当依法履行保护消防设施、预防火灾、报告火警和扑救初起火灾等维护消防安全的义务。

第七条 教育行政部门依法履行对高等学校消防安全工作的管理职责，检查、指导和监督高等学校开展消防安全工作，督促高等学校建立健全并落实消防安全责任制和消防安全管理制度。

公安机关依法履行对高等学校消防安全工作的监督管理职责，加强消防监督检查，指导和监督高等学校做好消防安全工作。

第二章 消防安全责任

第八条 学校法定代表人是学校消防安全责任人，全面负责学校消防安全工作，履行下列消防安全职责：

（一）贯彻落实消防法律、法规和规章，批准实施学校消防安全责任制、学校消防安全管理制度；

（二）批准消防安全年度工作计划、年度经费预算，定期召开学校消防安全工作会议；

（三）提供消防安全经费保障和组织保障；

（四）督促开展消防安全检查和重大火灾隐患整改，及时处理涉及消防安全的重大问题；

（五）依法建立志愿消防队等多种形式的消防组织，开展群众性自防自救工作；

（六）与学校二级单位负责人签订消防安全责任书；

（七）组织制定灭火和应急疏散预案；

（八）促进消防科学研究和技术创新；

（九）法律、法规规定的其他消防安全职责。

第九条 分管学校消防安全的校领导是学校消防安全管理人，协助学校法定代表人负责消防安全工作，履行下列消防安全职责：

（一）组织制定学校消防安全管理制度，组织、实施和协调校内各单位的消防安全工作；

（二）组织制定消防安全年度工作计划；

（三）审核消防安全工作年度经费预算；

（四）组织实施消防安全检查和火灾隐患整改；

（五）督促落实消防设施、器材的维护、维修及检测，确保其完好有效，确保疏散通道、安全出口、消防车通道畅通；

（六）组织管理志愿消防队等消防组织；

（七）组织开展师生员工消防知识、技能的宣传教育和培训，组织灭火和应急疏散预案的实施和演练；

（八）协助学校消防安全责任人做好其他消防安全工作。

其他校领导在分管工作范围内对消防工作负有领导、监督、检查、教育和管理职责。

第十条 学校必须设立或者明确负责日常消防安全工作的机构（以下简称学校消防机构），配备专职消防管理人员，履行下列消防安全职责：

（一）拟订学校消防安全年度工作计划、年度经费预算，拟订学校消防安全责任制、灭火和应急疏散预案等消防安全管理制度，并报学校消防安全责任人批准后实施；

（二）监督检查校内各单位消防安全责任制的落实情况；

（三）监督检查消防设施、设备、器材的使用与管理、以及消防基础设施的运转，定期组织检验、检测和维修；

（四）确定学校消防安全重点单位（部位）并监督指导其做好消防安全工作；

（五）监督检查有关单位做好易燃易爆等危险品的储存、使用和管理工作，审批校内各单位动用明火作业；

（六）开展消防安全教育培训，组织消防演练，普及消防知识，提高师生员工的消防安全意识、扑救初起火灾和自救逃生技能；

（七）定期对志愿消防队等消防组织进行消防知识和灭火技能培训；

（八）推进消防安全技术防范工作，做好技术防范人员上岗培训工作；

（九）受理驻校内其他单位在校内和学校、校内各单位新建、扩建、改建及装饰装修工程和公众聚集场所投入使用、营业前消防行政许可或者备案手续的校内备案审查工作，督促其向公安机关消防机构进行申报，协助公安机关消防机构进行建设工程消防设计审核、消防验收或者备案以及公众聚集场所投入使用、营业前消防安全检查工作；

（十）建立健全学校消防工作档案及消防安全隐患台账；

（十一）按照工作要求上报有关信息数据；

（十二）协助公安机关消防机构调查处理火灾事故，协助有关部门做好火灾事故处理及善后工作。

第十一条 学校二级单位和其他驻校单位应当履行下列消防安全职责：

（一）落实学校的消防安全管理规定，结合本单位实际制定并落实本单位的消防安全制度和消防安全操作规程；

（二）建立本单位的消防安全责任考核、奖惩制度；

（三）开展经常性的消防安全教育、培训及演练；

（四）定期进行防火检查，做好检查记录，及时消除火灾隐患；

（五）按规定配置消防设施、器材并确保其完好有效；

（六）按规定设置安全疏散指示标志和应急照明设施，并保证疏散通道、安全出口畅通；

（七）消防控制室配备消防值班人员，制定值班岗位职责，做好监督检查工作；

（八）新建、扩建、改建及装饰装修工程报学校消防机构备案；

（九）按照规定的程序与措施处置火灾事故；

（十）学校规定的其他消防安全职责。

第十二条 校内各单位主要负责人是本单位消防安全责任人，驻校内其他单位主要负责人是该单位消防安全责任人，负责本单位的消防安全工作。

第十三条 除本规定第十一条外，学生宿舍管理部门还应当履行下列安全管理职责：

（一）建立由学生参加的志愿消防组织，定期进行消防演练；

（二）加强学生宿舍用火、用电安全教育与检查；

（三）加强夜间防火巡查，发现火灾立即组织扑救和疏散学生。

第三章 消防安全管理

第十四条 学校应当将下列单位（部位）列为学校消防安全重点单位（部位）：

（一）学生宿舍、食堂（餐厅）、教学楼、校医院、体育场（馆）、会堂（会议中心）、超市（市场）、宾馆（招待所）、托儿所、幼儿园以及其他文体活动、公共娱乐等人员密集场所；

（二）学校网络、广播电台、电视台等传媒部门和驻校内邮政、通信、金融等单位；

（三）车库、油库、加油站等部位；

（四）图书馆、展览馆、档案馆、博物馆、文物古建筑；

（五）供水、供电、供气、供热等系统；

（六）易燃易爆等危险化学物品的生产、充装、储存、供应、使用部门；

（七）实验室、计算机房、电化教学中心和承担国家重点科研项目或配备有先进精密仪器设备的部位，监控中心、消防控制中心；

（八）学校保密要害部门及部位；

（九）高层建筑及地下室、半地下室；

（十）建设工程的施工现场以及有人员居住的临时性建筑；

（十一）其他发生火灾可能性较大以及一旦发生火灾可能造成重大人身伤亡或者财产损失的单位（部位）。

重点单位和重点部位的主管部门，应当按照有关法律法规和本规定履行消防安全管理职责，设置防火标志，实行严格消防安全管理。

第十五条 在学校内举办文艺、体育、集会、招生和就业咨询等大型活动和展览，主办单位应当确定专人负责消防安全工作，明确并落实消防安全职责和措施，保证消防设施和消防器材配置齐全、完好有效，保证疏散通道、安全出口、疏散指示标志、应急照明和消防车通道符合消防技术标准和管理规定，制定灭火和应急疏散预案并组织演练，并经学校消防机构对活动现场检查合格后方可举办。

依法应当报请当地人民政府有关部门审批的，经有关部门审核同意后方可举办。

第十六条 学校应当按照国家有关规定，配置消防设施和器材，设置消防安全疏散指示标志和应急照明设施，每年组织检测维修，确保消防设施和器材完好有效。

学校应当保障疏散通道、安全出口、消防车通道畅通。

第十七条 学校进行新建、改建、扩建、装修、装饰等活动，必须严格执行消防法规和国家工程建设消防技术标准，并依法办理建设工程消防设计审核、消防验收或者备案手续。学校各项工程及驻校内各单位在校内的各项工程消防设施的招标和验收，应当有学校消防机构参加。

施工单位负责施工现场的消防安全，并接受学校消防机构的监督、检查。竣工后，建筑工程的有关图纸、资料、文件等应当报学校档案机构和消防机构备案。

第十八条 地下室、半地下室和用于生产、经营、储存易燃易爆、有毒有害等危险物品场所的建筑不得用作学生宿舍。

生产、经营、储存其他物品的场所与学生宿舍等居住场所设置在同一建筑物内的，应当符合国家工程建设消防技术标准。

学生宿舍、教室和礼堂等人员密集场所，禁止违规使用大功率电器，在门窗、阳台等部位不得设置影响逃生和灭火救援的障碍物。

第十九条 利用地下空间开设公共活动场所，应当符合国家有关规定，并报学校消防机构备案。

第二十条 学校消防控制室应当配备专职值班人员，持证上岗。

消防控制室不得挪作他用。

第二十一条 学校购买、储存、使用和销毁易燃易爆等危险品，应当按照国家有关规定严格管理、规范操作，并制定应急处置预案和防范措施。

学校对管理和操作易燃易爆等危险品的人员，上岗前必须进行培训，持证上岗。

第二十二条 学校应当对动用明火实行严格的消防安全管理。禁止在具有火灾、爆炸危险的场所吸烟、使用明火；因特殊原因确需进行电、气焊等明火作业的，动火单位和人员应当向学校消防机构申办审批手续，落实现场监管人，采取相应的消防安全措施。作业人员应当遵守消防安全规定。

第二十三条 学校内出租房屋的，当事人应当签订房屋租赁合同，明确消防安全责任。出租方负责对出租房屋的消防安全管理。学校授权的管理单位应当加强监督检查。

外来务工人员的消防安全管理由校内用人单位负责。

第二十四条 发生火灾时，学校应当及时报警并立即启动应急预案，迅速扑救初起火灾，及时疏散人员。

学校应当在火灾事故发生后两个小时内向所在地教育行政主管部门报告。较大以上火灾同时报教育部。

火灾扑灭后，事故单位应当保护现场并接受事故调查，协助公安机关消防机构调查火灾原因、统计火灾损失。未经公安机关消防机构同意，任何人不得擅自清理火灾现场。

第二十五条 学校及其重点单位应当建立健全消防档案。

消防档案应当全面反映消防安全和消防安全管理情况，并根据情况变化及时更新。

第四章 消防安全检查和整改

第二十六条 学校每季度至少进行一次消防安全检查。检查的主要内容包括：

（一）消防安全宣传教育及培训情况；
（二）消防安全制度及责任制落实情况；
（三）消防安全工作档案建立健全情况；
（四）单位防火检查及每日防火巡查落实及记录情况；
（五）火灾隐患和隐患整改及防范措施落实情况；
（六）消防设施、器材配置及完好有效情况；
（七）灭火和应急疏散预案的制定和组织消防演练情况；
（八）其他需要检查的内容。

第二十七条 学校消防安全检查应当填写检查记录，检查人员、被检查单位负责人或者相关人员应当在检查记录上签名，发现火灾隐患应当及时填发《火灾隐患整改通知书》。

第二十八条 校内各单位每月至少进行一次防火检查。检查的主要内容包括：

（一）火灾隐患和隐患整改情况以及防范措施的落实情况；
（二）疏散通道、疏散指示标志、应急照明和安全出口情况；
（三）消防车通道、消防水源情况；
（四）消防设施、器材配置及有效情况；
（五）消防安全标志设置及其完好、有效情况；
（六）用火、用电有无违章情况；

（七）重点工种人员以及其他员工消防知识掌握情况；
（八）消防安全重点单位（部位）管理情况；
（九）易燃易爆危险物品和场所防火防爆措施落实情况以及其他重要物资防火安全情况；
（十）消防（控制室）值班情况和设施、设备运行、记录情况；
（十一）防火巡查落实及记录情况；
（十二）其他需要检查的内容。

防火检查应当填写检查记录。检查人员和被检查部门负责人应当在检查记录上签名。

第二十九条 校内消防安全重点单位（部位）应当进行每日防火巡查，并确定巡查的人员、内容、部位和频次。其他单位可以根据需要组织防火巡查。巡查的内容主要包括：

（一）用火、用电有无违章情况；
（二）安全出口、疏散通道是否畅通，安全疏散指示标志、应急照明是否完好；
（三）消防设施、器材和消防安全标志是否在位、完整；
（四）常闭式防火门是否处于关闭状态，防火卷帘下是否堆放物品影响使用；
（五）消防安全重点部位的人员在岗情况；
（六）其他消防安全情况。

校医院、学生宿舍、公共教室、实验室、文物古建筑等应当加强夜间防火巡查。

防火巡查人员应当及时纠正消防违章行为，妥善处置火灾隐患，无法当场处置的，应当立即报告。发现初起火灾应当立即报警、通知人员疏散、及时扑救。

防火巡查应当填写巡查记录，巡查人员及其主管人员应当在巡查记录上签名。

第三十条 对下列违反消防安全规定的行为，检查、巡查人员应当责成有关人员改正并督促落实：

（一）消防设施、器材或者消防安全标志的配置、设置不符合国家标准、行业标准，或者未保持完好有效的；
（二）损坏、挪用或者擅自拆除、停用消防设施、器材的；
（三）占用、堵塞、封闭消防通道、安全出口的；
（四）埋压、圈占、遮挡消火栓或者占用防火间距的；
（五）占用、堵塞、封闭消防车通道，妨碍消防车通行的；

（六）人员密集场所在门窗上设置影响逃生和灭火救援的障碍物的；

（七）常闭式防火门处于开启状态，防火卷帘下堆放物品影响使用的；

（八）违章进入易燃易爆危险物品生产、储存等场所的；

（九）违章使用明火作业或者在具有火灾、爆炸危险的场所吸烟、使用明火等违反禁令的；

（十）消防设施管理、值班人员和防火巡查人员脱岗的；

（十一）对火灾隐患经公安机关消防机构通知后不及时采取措施消除的；

（十二）其他违反消防安全管理规定的行为。

第三十一条 学校对教育行政主管部门和公安机关消防机构、公安派出所指出的各类火灾隐患，应当及时予以查、消除。

对公安机关消防机构、公安派出所责令限期改正的火灾隐患，学校应当在规定的期限内整改。

第三十二条 对不能及时消除的火灾隐患，隐患单位应当及时向学校及相关单位的消防安全责任人或者消防安全工作主管领导报告，提出整改方案，确定整改措施、期限以及负责整改的部门、人员，并落实整改资金。

火灾隐患尚未消除的，隐患单位应当落实防范措施，保障消防安全。对于随时可能引发火灾或者一旦发生火灾将严重危及人身安全的，应当将危险部位停止使用或停业整改。

第三十三条 对于涉及城市规划布局等学校无力解决的重大火灾隐患，学校应当及时向其上级主管部门或者当地人民政府报告。

第三十四条 火灾隐患整改完毕，整改单位应当将整改情况记录报送相应的消防安全工作责任人或者消防安全工作主管领导签字确认后存档备查。

第五章 消防安全教育和培训

第三十五条 学校应当将师生员工的消防安全教育和培训纳入学校消防安全年度工作计划。

消防安全教育和培训的主要内容包括：

（一）国家消防工作方针、政策，消防法律、法规；

（二）本单位、本岗位的火灾危险性，火灾预防知识和措施；

（三）有关消防设施的性能、灭火器材的使用方法；

（四）报火警、扑救初起火灾和自救互救技能；

（五）组织、引导在场人员疏散的方法。

第三十六条 学校应当采取下列措施对学生进行消防安全教育，使其了解防火、灭火知识，掌握报警、扑救初起火灾和自救、逃生方法。

（一）开展学生自救、逃生等防火安全常识的模拟演练，每学年至少组织一次学生消防演练；

（二）根据消防安全教育的需要，将消防安全知识纳入教学和培训内容；

（三）对每届新生进行不低于4学时的消防安全教育和培训；

（四）对进入实验室的学生进行必要的安全技能和操作规程培训；

（五）每学年至少举办一次消防安全专题讲座，并在校园网络、广播、校内报刊开设消防安全教育栏目。

第三十七条 学校二级单位应当组织新上岗和进入新岗位的员工进行上岗前的消防安全培训。

消防安全重点单位（部位）对员工每年至少进行一次消防安全培训。

第三十八条 下列人员应当依法接受消防安全培训：

（一）学校及各二级单位的消防安全责任人、消防安全管理人；

（二）专职消防管理人员、学生宿舍管理人员；

（三）消防控制室的值班、操作人员；

（四）其他依照规定应当接受消防安全培训的人员。

前款规定中的第（三）项人员必须持证上岗。

第六章 灭火、应急疏散预案和演练

第三十九条 学校、二级单位、消防安全重点单位（部位）应当制定相应的灭火和应急疏散预案，建立应急反应和处置机制，为火灾扑救和应急救援工作提供人员、装备等保障。

灭火和应急疏散预案应当包括以下内容：

（一）组织机构：指挥协调组、灭火行动组、通讯联络组、疏散引导组、安全防护救护组；

（二）报警和接警处置程序；

（三）应急疏散的组织程序和措施；

（四）扑救初起火灾的程序和措施；

（五）通讯联络、安全防护救护的程序和措施。

（六）其他需要明确的内容。

第四十条 学校实验室应当有针对性地制定突发事件应急处置预案，并将应急处置预案涉及到的生物、化学及易燃易爆物品的种类、性质、数量、

危险性和应对措施及处置药品的名称、产地和储备等内容报学校消防机构备案。

第四十一条 校内消防安全重点单位应当按照灭火和应急疏散预案每半年至少组织一次消防演练，并结合实际，不断完善预案。

消防演练应当设置明显标识并事先告知演练范围内的人员，避免意外事故发生。

第七章 消防经费

第四十二条 学校应当将消防经费纳入学校年度经费预算，保证消防经费投入，保障消防工作的需要。

第四十三条 学校日常消防经费用于校内灭火器材的配置、维修、更新，灭火和应急疏散预案的备用设施、材料，以及消防宣传教育、培训等，保证学校消防工作正常开展。

第四十四条 学校安排专项经费，用于解决火灾隐患，维修、检测、改造消防专用给水管网、消防专用供水系统、灭火系统、自动报警系统、防排烟系统、消防通讯系统、消防监控系统等消防设施。

第四十五条 消防经费使用坚持专款专用、统筹兼顾、保证重点、勤俭节约的原则。

任何单位和个人不得挤占、挪用消防经费。

第八章 奖 惩

第四十六条 学校应当将消防安全工作纳入校内评估考核内容，对在消防安全工作中成绩突出的单位和个人给予表彰奖励。

第四十七条 对未依法履行消防安全职责、违反消防安全管理制度、或者擅自挪用、损坏、破坏消防器材、设施等违反消防安全管理规定的，学校应当责令其限期整改，给予通报批评；对直接负责的主管人员和其他直接责任人员根据情节轻重给予警告等相应的处分。

前款涉及民事损失、损害的，有关责任单位和责任人应当依法承担民事责任。

第四十八条 学校违反消防安全管理规定或者发生重大火灾的，除依据消防法的规定进行处罚外，教育行政部门应当取消其当年评优资格，并按照国家有关规定对有关主管人员和责任人员依法予以处分。

第九章 附 则

第四十九条 学校应当依据本规定，结合本校实际，制定本校消防安全管理办法。

高等学校以外的其他高等教育机构的消防安全管理，参照本规定执行。

第五十条 本规定所称学校二级单位，包括学院、系、处、所、中心等。

第五十一条 本规定自2010年1月1日起施行。

社会消防安全教育培训规定

（2009年4月13日公安部、教育部、民政部、人力资源和社会保障部、住房和城乡建设部、文化部、国家广播电影电视总局、国家安全生产监督管理总局、国家旅游局令第109号公布 自2009年6月1日起施行）

第一章 总 则

第一条 为了加强社会消防安全教育培训工作，提高公民消防安全素质，有效预防火灾，减少火灾危害，根据《中华人民共和国消防法》等有关法律法规，制定本规定。

第二条 机关、团体、企业、事业等单位（以下统称单位）、社区居民委员会、村民委员会依照本规定开展消防安全教育培训工作。

第三条 公安、教育、民政、人力资源和社会保障、住房和城乡建设、文化、广电、安全监管、旅游、文物等部门应当按照各自职能，依法组织和监督管理消防安全教育培训工作，并纳入相关工作检查、考评。

各部门应当建立协作机制，定期研究、共同做好消防安全教育培训工作。

第四条 消防安全教育培训的内容应当符合全国统一的消防安全教育培训大纲的要求，主要包括：

（一）国家消防工作方针、政策；
（二）消防法律法规；
（三）火灾预防知识；
（四）火灾扑救、人员疏散逃生和自救互救知识；
（五）其他应当教育培训的内容。

第二章 管理职责

第五条 公安机关应当履行下列职责，并由公安机关消防机构具体实施：

（一）掌握本地区消防安全教育培训工作情况，向本级人民政府及相关部门提出工作建议；
（二）协调有关部门指导和监督社会消防安全教

育培训工作；

（三）会同教育行政部门、人力资源和社会保障部门对消防安全专业培训机构实施监督管理；

（四）定期对社区居民委员会、村民委员会的负责人和专（兼）职消防队、志愿消防队的负责人开展消防安全培训。

第六条 教育行政部门应当履行下列职责：

（一）将学校消防安全教育培训工作纳入教育培训规划，并进行教育督导和工作考核；

（二）指导和监督学校将消防安全知识纳入教学内容；

（三）将消防安全知识纳入学校管理人员和教师在职培训内容；

（四）依法在职责范围内对消防安全专业培训机构进行审批和监督管理。

第七条 民政部门应当履行下列职责：

（一）将消防安全教育培训工作纳入减灾规划并组织实施，结合救灾、扶贫济困和社会优抚安置、慈善等工作开展消防安全教育；

（二）指导社区居民委员会、村民委员会和各类福利机构开展消防安全教育培训工作；

（三）负责消防安全专业培训机构的登记，并实施监督管理。

第八条 人力资源和社会保障部门应当履行下列职责：

（一）指导和监督机关、企业和事业单位将消防安全知识纳入干部、职工教育、培训内容；

（二）依法在职责范围内对消防安全专业培训机构进行审批和监督管理。

第九条 住房和城乡建设行政部门应当指导和监督勘察设计单位、施工单位、工程监理单位、施工图审查机构、城市燃气企业、物业服务企业、风景名胜区经营管理单位和城市公园绿地管理单位等开展消防安全教育培训工作，将消防法律法规和工程建设消防技术标准纳入建设行业相关执业人员的继续教育和从业人员的岗位培训及考核内容。

第十条 文化、文物行政部门应当积极引导创作优秀消防安全文化产品，指导和监督文物保护单位、公共娱乐场所和公共图书馆、博物馆、文化馆、文化站等文化单位开展消防安全教育培训工作。

第十一条 广播影视行政部门应当指导和协调广播影视制作机构和广播电视播出机构，制作、播出相关消防安全节目，开展公益性消防安全宣传教育，指导和监督电影院开展消防安全教育培训工作。

第十二条 安全生产监督管理部门应当履行下列职责：

（一）指导、监督矿山、危险化学品、烟花爆竹等生产经营单位开展消防安全教育培训工作；

（二）将消防安全知识纳入安全生产监管监察人员和矿山、危险化学品、烟花爆竹等生产经营单位主要负责人、安全生产管理人员以及特种作业人员培训考核内容；

（三）将消防法律法规和有关消防技术标准纳入注册安全工程师培训及执业资格考试内容。

第十三条 旅游行政部门应当指导和监督相关旅游企业开展消防安全教育培训工作，督促旅行社加强对游客的消防安全教育，并将消防安全条件纳入旅游饭店、旅游景区等相关行业标准，将消防安全知识纳入旅游从业人员的岗位培训及考核内容。

第三章 消防安全教育培训

第十四条 单位应当根据本单位的特点，建立健全消防安全教育培训制度，明确机构和人员，保障教育培训工作经费，按照下列规定对职工进行消防安全教育培训：

（一）定期开展形式多样的消防安全宣传教育；

（二）对新上岗和进入新岗位的职工进行上岗前消防安全培训；

（三）对在岗的职工每年至少进行一次消防安全培训；

（四）消防安全重点单位每半年至少组织一次、其他单位每年至少组织一次灭火和应急疏散演练。

单位对职工的消防安全教育培训应当将本单位的火灾危险性、防火灭火措施、消防设施及灭火器材的操作使用方法、人员疏散逃生知识等作为培训的重点。

第十五条 各级各类学校应当开展下列消防安全教育工作：

（一）将消防安全知识纳入教学内容；

（二）在开学初、放寒（暑）假前、学生军训期间，对学生普遍开展专题消防安全教育；

（三）结合不同课程实验课的特点和要求，对学生进行有针对性的消防安全教育；

（四）组织学生到当地消防站参观体验；

（五）每学年至少组织学生开展一次应急疏散演练；

（六）对寄宿学生开展经常性的安全用火用电教育和应急疏散演练。

各级各类学校应当至少确定一名熟悉消防安全知识的教师担任消防安全课教员，并选聘消防专业人员担任学校的兼职消防辅导员。

第十六条 中小学校和学前教育机构应当针对不同年龄阶段学生认知特点，保证课时或者采取学科渗透、专题教育的方式，每学期对学生开展消防安全教育。

小学阶段应当重点开展火灾危险及危害性、消防安全标志标识、日常生活防火、火灾报警、火场自救逃生常识等方面的教育。

初中和高中阶段应当重点开展消防法律法规、防火灭火基本知识和灭火器材使用等方面的教育。

学前教育机构应当采取游戏、儿歌等寓教于乐的方式，对幼儿开展消防安全常识教育。

第十七条 高等学校应当每学年至少举办一次消防安全专题讲座，在校园网络、广播、校内报刊等开设消防安全教育栏目，对学生进行消防法律法规、防火灭火知识、火灾自救他救知识和火灾案例教育。

第十八条 国家支持和鼓励有条件的普通高等学校和中等职业学校根据经济社会发展需要，设置消防类专业或者开设消防类课程，培养消防专业人才，并依法面向社会开展消防安全培训。

人民警察训练学校应当根据教育培训对象的特点，科学安排培训内容，开设消防基础理论和消防管理课程，并列入学生必修课程。

师范院校应当将消防安全知识列入学生必修内容。

第十九条 社区居民委员会、村民委员会应当开展下列消防安全教育工作：

（一）组织制定防火安全公约；

（二）在社区、村庄的公共活动场所设置消防宣传栏，利用文化活动站、学习室等场所，对居民、村民开展经常性的消防安全宣传教育；

（三）组织志愿消防队、治安联防队和灾害信息员、保安人员等开展消防安全宣传教育；

（四）利用社区、乡村广播、视频设备定时播放消防安全常识，在火灾多发季节、农业收获季节、重大节日和乡村民俗活动期间，有针对性地开展消防安全宣传教育。

社区居民委员会、村民委员会应当确定至少一名专（兼）职消防安全员，具体负责消防安全宣传教育工作。

第二十条 物业服务企业应当在物业服务工作范围内，根据实际情况积极开展经常性消防安全宣传教育，每年至少组织一次本单位员工和居民参加的灭火和应急疏散演练。

第二十一条 由两个以上单位管理或者使用的同一建筑物，负责公共消防安全管理的单位应当对建筑物内的单位和职工进行消防安全宣传教育，每年至少组织一次灭火和应急疏散演练。

第二十二条 歌舞厅、影剧院、宾馆、饭店、商场、集贸市场、体育场馆、会堂、医院、客运车站、客运码头、民用机场、公共图书馆和公共展览馆等公共场所应当按照下列要求对公众开展消防安全宣传教育：

（一）在安全出口、疏散通道和消防设施等处的醒目位置设置消防安全标志、标识等；

（二）根据需要编印场所消防安全宣传资料供公众取阅；

（三）利用单位广播、视频设备播放消防安全知识。

养老院、福利院、救助站等单位，应当对服务对象开展经常性的用火用电和火场自救逃生安全教育。

第二十三条 旅游景区、城市公园绿地的经营管理单位、大型群众性活动主办单位应当在景区、公园绿地、活动场所醒目位置设置疏散路线、消防设施示意图和消防安全警示标识，利用广播、视频设备、宣传栏等开展消防安全宣传教育。

导游人员、旅游景区工作人员应当向游客介绍景区消防安全常识和管理要求。

第二十四条 在建工程的施工单位应当开展下列消防安全教育工作：

（一）建设工程施工前应当对施工人员进行消防安全教育；

（二）在建设工地醒目位置、施工人员集中住宿场所设置消防安全宣传栏，悬挂消防安全挂图和消防安全警示标识；

（三）对明火作业人员进行经常性的消防安全教育；

（四）组织灭火和应急疏散演练。

在建工程的建设单位应当配合施工单位做好上述消防安全教育工作。

第二十五条 新闻、广播、电视等单位应当积极开设消防安全教育栏目，制作节目，对公众开展公益性消防安全宣传教育。

第二十六条 公安、教育、民政、人力资源和社会保障、住房和城乡建设、安全监管、旅游部门管理的培训机构，应当根据教育培训对象特点和实际需要进行消防安全教育培训。

第四章 消防安全培训机构

第二十七条 国家机构以外的社会组织或者个人利用非国家财政性经费，举办消防安全专业培训机构，面向社会从事消防安全专业培训的，应当经省级教育行政部门或者人力资源和社会保障部门依法批准，并到省级民政部门申请民办非企业单位登记。

第二十八条 成立消防安全专业培训机构应当符合下列条件：

（一）具有法人条件，有规范的名称和必要的组织机构；

（二）注册资金或者开办费一百万元以上；

（三）有健全的组织章程和培训、考试制度；

（四）具有与培训规模和培训专业相适应的专（兼）职教员队伍；

（五）有同时培训二百人以上规模的固定教学场所、训练场地，具有满足技能培训需要的消防设施、设备和器材；

（六）消防安全专业培训需要的其他条件。

前款第（四）项所指专（兼）职教员队伍中，专职教员应当不少于教员总数的二分之一；具有建筑、消防等相关专业中级以上职称，并有五年以上消防相关工作经历的教员不少于十人；消防安全管理、自动消防设施、灭火救援等专业课程应当分别配备理论教员和实习操作教员不少于两人。

第二十九条 申请成立消防安全专业培训机构，依照国家有关法律法规，应当向省级教育行政部门或者人力资源和社会保障部门申请。

省级教育行政部门或者人力资源和社会保障部门受理申请后，可以征求同级公安机关消防机构的意见。

省级公安机关消防机构收到省级教育行政部门或者人力资源和社会保障部门移送的申请材料后，应当配合对申请成立消防安全培训专业机构的师资条件、场地和设施、设备、器材等进行核查，并出具书面意见。

教育行政部门或者人力资源和社会保障部门根据有关民办职业培训机构的规定，并综合公安机关消防机构出具的书面意见进行评定，符合条件的予以批准，并向社会公告。

第三十条 消防安全专业培训机构应当按照有关法律法规、规章和章程规定，开展消防安全专业培训，保证培训质量。

消防安全专业培训机构开展消防安全专业培训，应当将消防安全管理、建筑防火和自动消防设施施工、操作、检测、维护技能作为培训的重点，对经理论和技能操作考核合格的人员，颁发培训证书。

消防安全专业培训的收费标准，应当符合国家有关规定，并向社会公布。

第三十一条 省级教育行政部门或者人力资源和社会保障部门应当依法对消防安全专业培训机构进行管理，监督、指导消防安全专业培训机构依法开展活动。

省级教育行政部门或者人力资源和社会保障部门应当对消防安全专业培训机构定期组织质量评估，并向社会公布监督评估情况。省级教育行政部门或者人力资源和社会保障部门在对消防安全专业培训机构进行质量评估时，可以邀请公安机关消防机构专业人员参加。

第五章 奖 惩

第三十二条 地方各级人民政府及有关部门对在消防安全教育培训工作中有突出贡献或者成绩显著的单位和个人，应当给予表彰奖励。

单位对消防安全教育培训工作成绩突出的职工，应当给予表彰奖励。

第三十三条 地方各级人民政府公安、教育、民政、人力资源和社会保障、住房和城乡建设、文化、广电、安全监管、旅游、文物等部门不依法履行消防安全教育培训工作职责的，上级部门应当给予批评；对直接责任人员由上级部门和所在单位视情节轻重，根据权限依法给予批评教育或者建议有权部门给予处分。

公安机关消防机构工作人员在协助审查消防安全专业培训机构的工作中疏于职守的，由上级机关责令改正；情节严重的，对直接负责的主管人员和其他直接责任人员依法给予处分。

第三十四条 学校未按照本规定第十五条、第十六条、第十七条、第十八条规定开展消防安全教育工作的，教育、公安、人力资源和社会保障等主管部门应当按照职责分工责令其改正，并视情对学校负责人和其他直接责任人员给予处分。

第三十五条 单位违反本规定，构成违反消防管理行为的，由公安机关消防机构依照《中华人民共和国消防法》予以处罚。

第三十六条 社会组织或者个人未经批准擅自举办消防安全专业培训机构的，或者消防安全专业培训机构在培训活动中有违法违规行为的，由教育、人力资源和社会保障、民政等部门依据各自职责依法予以处理。

第六章 附 则

第三十七条 全国统一的消防安全教育培训大纲由公安部会同教育部、人力资源和社会保障部共同制定。

机关、团体、企业、事业单位消防安全管理规定

(2001年11月14日公安部令第61号 自2002年5月1日起施行)

第一章 总 则

第一条 为了加强和规范机关、团体、企业、事业单位的消防安全管理,预防火灾和减少火灾危害,根据《中华人民共和国消防法》,制定本规定。

第二条 本规定适用于中华人民共和国境内的机关、团体、企业、事业单位(以下统称单位)自身的消防安全管理。

法律、法规另有规定的除外。

第三条 单位应当遵守消防法律、法规、规章(以下统称消防法规),贯彻预防为主、防消结合的消防工作方针,履行消防安全职责,保障消防安全。

第四条 法人单位的法定代表人或者非法人单位的主要负责人是单位的消防安全责任人,对本单位的消防安全工作全面负责。

第五条 单位应当落实逐级消防安全责任制和岗位消防安全责任制,明确逐级和岗位消防安全职责,确定各级、各岗位的消防安全责任人。

第二章 消防安全责任

第六条 单位的消防安全责任人应当履行下列消防安全职责:

(一)贯彻执行消防法规,保障单位消防安全符合规定,掌握本单位的消防安全情况;

(二)将消防工作与本单位的生产、科研、经营、管理等活动统筹安排,批准实施年度消防工作计划;

(三)为本单位的消防安全提供必要的经费和组织保障;

(四)确定逐级消防安全责任,批准实施消防安全制度和保障消防安全的操作规程;

(五)组织防火检查,督促落实火灾隐患整改,及时处理涉及消防安全的重大问题;

(六)根据消防法规的规定建立专职消防队、义务消防队;

(七)组织制定符合本单位实际的灭火和应急疏散预案,并实施演练。

第七条 单位可以根据需要确定本单位的消防安全管理人。消防安全管理人对单位的消防安全责任人负责,实施和组织落实下列消防安全管理工作:

(一)拟订年度消防工作计划,组织实施日常消防安全管理工作;

(二)组织制订消防安全制度和保障消防安全的操作规程并检查督促其落实;

(三)拟订消防安全工作的资金投入和组织保障方案;

(四)组织实施防火检查和火灾隐患整改工作;

(五)组织实施对本单位消防设施、灭火器材和消防安全标志的维护保养,确保其完好有效,确保疏散通道和安全出口畅通;

(六)组织管理专职消防队和义务消防队;

(七)在员工中组织开展消防知识、技能的宣传教育和培训,组织灭火和应急疏散预案的实施和演练;

(八)单位消防安全责任人委托的其他消防安全管理工作。

消防安全管理人应当定期向消防安全责任人报告消防安全情况,及时报告涉及消防安全的重大问题。未确定消防安全管理人的单位,前款规定的消防安全管理工作由单位消防安全责任人负责实施。

第八条 实行承包、租赁或者委托经营、管理时,产权单位应当提供符合消防安全要求的建筑物,当事人在订立的合同中依照有关规定明确各方的消防安全责任;消防车通道、涉及公共消防安全的疏散设施和其他建筑消防设施应当由产权单位或者委托管理的单位统一管理。

承包、承租或者受委托经营、管理的单位应当遵守本规定,在其使用、管理范围内履行消防安全职责。

第九条 对于有两个以上产权单位和使用单位的建筑物,各产权单位、使用单位对消防车通道、涉及公共消防安全的疏散设施和其他建筑消防设施应当明确管理责任,可以委托统一管理。

第十条 居民住宅区的物业管理单位应当在管理范围内履行下列消防安全职责:

(一)制定消防安全制度,落实消防安全责任,开展消防安全宣传教育;

(二)开展防火检查,消除火灾隐患;

（三）保障疏散通道、安全出口、消防车通道畅通；

（四）保障公共消防设施、器材以及消防安全标志完好有效。

其他物业管理单位应当对受委托管理范围内的公共消防安全管理工作负责。

第十一条 举办集会、焰火晚会、灯会等具有火灾危险的大型活动的主办单位、承办单位以及提供场地的单位，应当在订立的合同中明确各方的消防安全责任。

第十二条 建筑工程施工现场的消防安全由施工单位负责。实行施工总承包的，由总承包单位负责。分包单位向总承包单位负责，服从总承包单位对施工现场的消防安全管理。

对建筑物进行局部改建、扩建和装修的工程，建设单位应当与施工单位在订立的合同中明确各方对施工现场的消防安全责任。

第三章 消防安全管理

第十三条 下列范围的单位是消防安全重点单位，应当按照本规定的要求，实行严格管理：

（一）商场（市场）、宾馆（饭店）、体育场（馆）、会堂、公共娱乐场所等公众聚集场所（以下统称公众聚集场所）；

（二）医院、养老院和寄宿制的学校、托儿所、幼儿园；

（三）国家机关；

（四）广播电台、电视台和邮政、通信枢纽；

（五）客运车站、码头、民用机场；

（六）公共图书馆、展览馆、博物馆、档案馆以及具有火灾危险性的文物保护单位；

（七）发电厂（站）和电网经营企业；

（八）易燃易爆化学物品的生产、充装、储存、供应、销售单位；

（九）服装、制鞋等劳动密集型生产、加工企业；

（十）重要的科研单位；

（十一）其他发生火灾可能性较大以及一旦发生火灾可能造成重大人身伤亡或者财产损失的单位。

高层办公楼（写字楼）、高层公寓楼等高层公共建筑，城市地下铁道、地下观光隧道等地下公共建筑和城市重要的交通隧道，粮、棉、木材、百货等物资集中的大型仓库和堆场，国家和省级等重点工程的施工现场，应当按照本规定对消防安全重点单位的要求，实行严格管理。

第十四条 消防安全重点单位及其消防安全责任人、消防安全管理人应当报当地公安消防机构备案。

第十五条 消防安全重点单位应当设置或者确定消防工作的归口管理职能部门，并确定专职或者兼职的消防管理人员；其他单位应当确定专职或者兼职消防管理人员，可以确定消防工作的归口管理职能部门。归口管理职能部门和专兼职消防管理人员在消防安全责任人或者消防安全管理人的领导下开展消防安全管理工作。

第十六条 公众聚集场所应当在具备下列消防安全条件后，向当地公安消防机构申报进行消防安全检查，经检查合格后方可开业使用：

（一）依法办理建筑工程消防设计审核手续，并经消防验收合格；

（二）建立健全消防安全组织，消防安全责任明确；

（三）建立消防安全管理制度和保障消防安全的操作规程；

（四）员工经过消防安全培训；

（五）建筑消防设施齐全、完好有效；

（六）制定灭火和应急疏散预案。

第十七条 举办集会、焰火晚会、灯会等具有火灾危险的大型活动，主办或者承办单位应当在具备消防安全条件后，向公安消防机构申报对活动现场进行消防安全检查，经检查合格后方可举办。

第十八条 单位应当按照国家有关规定，结合本单位的特点，建立健全各项消防安全制度和保障消防安全的操作规程，并公布执行。

单位消防安全制度主要包括以下内容：消防安全教育、培训；防火巡查、检查；安全疏散设施管理；消防（控制室）值班；消防设施、器材维护管理；火灾隐患整改；用火、用电安全管理；易燃易爆危险物品和场所防火防爆；专职和义务消防队的组织管理；灭火和应急疏散预案演练；燃气和电气设备的检查和管理（包括防雷、防静电）；消防安全工作考评和奖惩；其他必要的消防安全内容。

第十九条 单位应当将容易发生火灾、一旦发生火灾可能严重危及人身和财产安全以及对消防安全有重大影响的部位确定为消防安全重点部位，设置明显的防火标志，实行严格管理。

第二十条 单位应当对动用明火实行严格的消防安全管理。禁止在具有火灾、爆炸危险的场所使用明火；因特殊情况需要进行电、气焊等明火作业的，动火部门和人员应当按照单位的用火管理制度办理审批手续，落实现场监护人，在确认无火灾、爆炸危险后方可动火施工。动火施工人员应当遵守消防安全规定，并落实相应的消防安全措施。

公众聚集场所或者两个以上单位共同使用的建筑物局部施工需要使用明火时，施工单位和使用单位应当共同采取措施，将施工区和使用区进行防火分隔，清除动火区域的易燃、可燃物，配置消防器材，专人监护，保证施工及使用范围的消防安全。

公共娱乐场所在营业期间禁止动火施工。

第二十一条 单位应当保障疏散通道、安全出口畅通，并设置符合国家规定的消防安全疏散指示标志和应急照明设施，保持防火门、防火卷帘、消防安全疏散指示标志、应急照明、机械排烟送风、火灾事故广播等设施处于正常状态。

严禁下列行为：

（一）占用疏散通道；

（二）在安全出口或者疏散通道上安装栅栏等影响疏散的障碍物；

（三）在营业、生产、教学、工作等期间将安全出口上锁、遮挡或者将消防安全疏散指示标志遮挡、覆盖；

（四）其他影响安全疏散的行为。

第二十二条 单位应当遵守国家有关规定，对易燃易爆危险物品的生产、使用、储存、销售、运输或者销毁实行严格的消防安全管理。

第二十三条 单位应当根据消防法规的有关规定，建立专职消防队、义务消防队，配备相应的消防装备、器材，并组织开展消防业务学习和灭火技能训练，提高预防和扑救火灾的能力。

第二十四条 单位发生火灾时，应当立即实施灭火和应急疏散预案，务必做到及时报警，迅速扑救火灾，及时疏散人员。邻近单位应当给予支援。任何单位、人员都应当无偿为报火警提供便利，不得阻拦报警。

单位应当为公安消防机构抢救人员、扑救火灾提供便利和条件。

火灾扑灭后，起火单位应当保护现场，接受事故调查，如实提供火灾事故的情况，协助公安消防机构调查火灾原因，核定火灾损失，查明火灾事故责任。未经公安消防机构同意，不得擅自清理火灾现场。

第四章 防火检查

第二十五条 消防安全重点单位应当进行每日防火巡查，并确定巡查的人员、内容、部位和频次。其他单位可以根据需要组织防火巡查。巡查的内容应当包括：

（一）用火、用电有无违章情况；

（二）安全出口、疏散通道是否畅通，安全疏散指示标志、应急照明是否完好；

（三）消防设施、器材和消防安全标志是否在位、完整；

（四）常闭式防火门是否处于关闭状态，防火卷帘下是否堆放物品影响使用；

（五）消防安全重点部位的人员在岗情况；

（六）其他消防安全情况。

公众聚集场所在营业期间的防火巡查应当至少每二小时一次；营业结束时应当对营业现场进行检查，消除遗留火种。医院、养老院、寄宿制的学校、托儿所、幼儿园应当加强夜间防火巡查，其他消防安全重点单位可以结合实际组织夜间防火巡查。

防火巡查人员应当及时纠正违章行为，妥善处置火灾危险，无法当场处置的，应当立即报告。发现初起火灾应当立即报警并及时扑救。

防火巡查应当填写巡查记录，巡查人员及其主管人员应当在巡查记录上签名。

第二十六条 机关、团体、事业单位应当至少每季度进行一次防火检查，其他单位应当至少每月进行一次防火检查。检查的内容应当包括：

（一）火灾隐患的整改情况以及防范措施的落实情况；

（二）安全疏散通道、疏散指示标志、应急照明和安全出口情况；

（三）消防车通道、消防水源情况；

（四）灭火器材配置及有效情况；

（五）用火、用电有无违章情况；

（六）重点工种人员以及其他员工消防知识的掌握情况；

（七）消防安全重点部位的管理情况；

（八）易燃易爆危险物品和场所防火防爆措施的落实情况以及其他重要物资的防火安全情况；

（九）消防（控制室）值班情况和设施运行、记录情况；

（十）防火巡查情况；

（十一）消防安全标志的设置情况和完好、有效情况；

（十二）其他需要检查的内容。

防火检查应当填写检查记录。检查人员和被检查部门负责人应当在检查记录上签名。

第二十七条 单位应当按照建筑消防设施检

维修保养有关规定的要求，对建筑消防设施的完好有效情况进行检查和维修保养。

第二十八条 设有自动消防设施的单位，应当按照有关规定定期对其自动消防设施进行全面检查测试，并出具检测报告，存档备查。

第二十九条 单位应当按照有关规定定期对灭火器进行维护保养和维修检查。对灭火器应当建立档案资料，记明配置类型、数量、设置位置、检查维修单位（人员）、更换药剂的时间等有关情况。

第五章　火灾隐患整改

第三十条 单位对存在的火灾隐患，应当及时予以消除。

第三十一条 对下列违反消防安全规定的行为，单位应当责成有关人员当场改正并督促落实：

（一）违章进入生产、储存易燃易爆危险物品场所的；

（二）违章使用明火作业或者在具有火灾、爆炸危险的场所吸烟、使用明火等违反禁令的；

（三）将安全出口上锁、遮挡，或者占用、堆放物品影响疏散通道畅通的；

（四）消火栓、灭火器材被遮挡影响使用或者被挪作他用的；

（五）常闭式防火门处于开启状态，防火卷帘下堆放物品影响使用的；

（六）消防设施管理、值班人员和防火巡查人员脱岗的；

（七）违章关闭消防设施、切断消防电源的；

（八）其他可以当场改正的行为。

违反前款规定的情况以及改正情况应当有记录并存档备查。

第三十二条 对不能当场改正的火灾隐患，消防工作归口管理职能部门或者专兼职消防管理人员应当根据本单位的管理分工，及时将存在的火灾隐患向单位的消防安全管理人或者消防安全责任人报告，提出整改方案。消防安全管理人或者消防安全责任人应当确定整改的措施、期限以及负责整改的部门、人员，并落实整改资金。

在火灾隐患未消除之前，单位应当落实防范措施，保障消防安全。不能确保消防安全，随时可能引发火灾或者一旦发生火灾将严重危及人身安全的，应当将危险部位停产停业整改。

第三十三条 火灾隐患整改完毕，负责整改的部门或者人员应当将整改情况记录报送消防安全责任人或者消防安全管理人签字确认后存档备查。

第三十四条 对于涉及城市规划布局而不能自身解决的重大火灾隐患，以及机关、团体、事业单位确无能力解决的重大火灾隐患，单位应当提出解决方案并及时向其上级主管部门或者当地人民政府报告。

第三十五条 对公安消防机构责令限期改正的火灾隐患，单位应当在规定的期限内改正并写出火灾隐患整改复函，报送公安消防机构。

第六章　消防安全宣传教育和培训

第三十六条 单位应当通过多种形式开展经常性的消防安全宣传教育。消防安全重点单位对每名员工应当至少每年进行一次消防安全培训。宣传教育和培训内容应当包括：

（一）有关消防法规、消防安全制度和保障消防安全的操作规程；

（二）本单位、本岗位的火灾危险性和防火措施；

（三）有关消防设施的性能、灭火器材的使用方法；

（四）报火警、扑救初起火灾以及自救逃生的知识和技能。

公众聚集场所对员工的消防安全培训应当至少每半年进行一次，培训的内容还应当包括组织、引导在场群众疏散的知识和技能。

单位应当组织新上岗和进入新岗位的员工进行上岗前的消防安全培训。

第三十七条 公众聚集场所在营业、活动期间，应当通过张贴图画、广播、闭路电视等向公众宣传防火、灭火、疏散逃生等常识。

学校、幼儿园应当通过寓教于乐等多种形式对学生和幼儿进行消防安全常识教育。

第三十八条 下列人员应当接受消防安全专门培训：

（一）单位的消防安全责任人、消防安全管理人；

（二）专、兼职消防管理人员；

（三）消防控制室的值班、操作人员；

（四）其他依照规定应当接受消防安全专门培训的人员。

前款规定中的第（三）项人员应当持证上岗。

第七章　灭火、应急疏散预案和演练

第三十九条 消防安全重点单位制定的灭火和应急疏散预案应当包括下列内容：

（一）组织机构，包括：灭火行动组、通讯联络组、疏散引导组、安全防护救护组；
（二）报警和接警处置程序；
（三）应急疏散的组织程序和措施；
（四）扑救初起火灾的程序和措施；
（五）通讯联络、安全防护救护的程序和措施。

第四十条 消防安全重点单位应当按照灭火和应急疏散预案，至少每半年进行一次演练，并结合实际，不断完善预案。其他单位应当结合本单位实际，参照制定相应的应急方案，至少每年组织一次演练。

消防演练时，应当设置明显标识并事先告知演练范围内的人员。

第八章 消防档案

第四十一条 消防安全重点单位应当建立健全消防档案。消防档案应当包括消防安全基本情况和消防安全管理情况。消防档案应当详实，全面反映单位消防工作的基本情况，并附有必要的图表，根据情况变化及时更新。

单位应当对消防档案统一保管、备查。

第四十二条 消防安全基本情况应当包括以下内容：
（一）单位基本概况和消防安全重点部位情况；
（二）建筑物或者场所施工、使用或者开业前的消防设计审核、消防验收以及消防安全检查的文件、资料；
（三）消防管理组织机构和各级消防安全责任人；
（四）消防安全制度；
（五）消防设施、灭火器材情况；
（六）专职消防队、义务消防队人员及其消防装备配备情况；
（七）与消防安全有关的重点工种人员情况；
（八）新增消防产品、防火材料的合格证明材料；
（九）灭火和应急疏散预案。

第四十三条 消防安全管理情况应当包括以下内容：
（一）公安消防机构填发的各种法律文书；
（二）消防设施定期检查记录、自动消防设施全面检查测试的报告以及维修保养的记录；
（三）火灾隐患及其整改情况记录；
（四）防火检查、巡查记录；
（五）有关燃气、电气设备检测（包括防雷、防静电）等记录资料；
（六）消防安全培训记录；
（七）灭火和应急疏散预案的演练记录；
（八）火灾情况记录；
（九）消防奖惩情况记录。

前款规定中的第（二）、（三）、（四）、（五）项记录，应当记明检查的人员、时间、部位、内容、发现的火灾隐患以及处理措施等；第（六）项记录，应当记明培训的时间、参加人员、内容等；第（七）项记录，应当记明演练的时间、地点、内容、参加部门以及人员等。

第四十四条 其他单位应当将本单位的基本概况、公安消防机构填发的各种法律文书、与消防工作有关的材料和记录等统一保管备查。

第九章 奖 惩

第四十五条 单位应当将消防安全工作纳入内部检查、考核、评比内容。对在消防安全工作中成绩突出的部门（班组）和个人，单位应当给予表彰奖励。对未依法履行消防安全职责或者违反单位消防安全制度的行为，应当依照有关规定对责任人员给予行政纪律处分或者其他处理。

第四十六条 违反本规定，依法应当给予行政处罚的，依照有关法律、法规予以处罚；构成犯罪的，依法追究刑事责任。

第十章 附 则

第四十七条 公安消防机构对本规定的执行情况依法实施监督，并对自身滥用职权、玩忽职守、徇私舞弊的行为承担法律责任。

第四十八条 本规定自2002年5月1日起施行。本规定施行以前公安部发布的规章中的有关规定与本规定不一致的，以本规定为准。

公共娱乐场所消防安全管理规定

（1999年5月25日公安部令第39号发布 自发布之日起施行）

第一条 为了预防火灾，保障公共安全，依据《中华人民共和国消防法》制定本规定。

第二条 本规定所称公共娱乐场所，是指向公众开放的下列室内场所：
（一）影剧院、录像厅、礼堂等演出、放映场所；

（二）舞厅、卡拉 OK 厅等歌舞娱乐场所；
（三）具有娱乐功能的夜总会、音乐茶座和餐饮场所；
（四）游艺、游乐场所；
（五）保龄球馆、旱冰场、桑拿浴室等营业性健身、休闲场所。

第三条 公共娱乐场所应当在法定代表人或者主要负责人中确定一名本单位的消防安全责任人。在消防安全责任人确定或者变更时，应当向当地公安消防机构备案。

消防安全责任人应当依照《消防法》第十四条和第十六条规定履行消防安全职责，负责检查和落实本单位防火措施、灭火预案的制定和演练以及建筑消防设施、消防通道、电源和火源管理等。

公共娱乐场所的房产所有者在与其他单位、个人发生租赁、承包等关系后，公共娱乐场所的消防安全由经营者负责。

第四条 新建、改建、扩建公共娱乐场所或者变更公共娱乐场所内部装修的，其消防设计应当符合国家有关建筑消防技术标准的规定。

第五条 新建、改建、扩建公共娱乐场所或者变更公共娱乐场所内部装修的，建设或者经营单位应当依法将消防设计图纸报送当地公安消防机构审核，经审核同意方可施工；工程竣工时，必须经公安消防机构进行消防验收；未经验收或者经验收不合格的，不得投入使用。

第六条 公众聚集的娱乐场所在使用或者开业前，必须具备消防安全条件，依法向当地公安消防机构申报检查，经消防安全检查合格后，发给《消防安全检查意见书》，方可使用或者开业。

第七条 公共娱乐场所宜设置在耐火等级不低于二级的建筑物内；已经核准设置在三级耐火等级建筑内的公共娱乐场所，应当符合特定的防火安全要求。

公共娱乐场所不得设置在文物古建筑和博物馆、图书馆建筑内，不得毗连重要仓库或者危险物品仓库；不得在居民住宅楼内改建公共娱乐场所。

公共娱乐场所与其他建筑相毗连或者附设在其他建筑物内时，应当按照独立的防火分区设置；商住楼内的公共娱乐场所与居民住宅的安全出口应当分开设置。

第八条 公共娱乐场所的内部装修设计和施工，应当符合《建筑内部装修设计防火规范》和有关建筑内部装饰装修防火管理的规定。

第九条 公共娱乐场所的安全出口数目、疏散宽度和距离，应当符合国家有关建筑设计防火规范的规定。

安全出口处不得设置门槛、台阶，疏散门应向外开启，不得采用卷帘门、转门、吊门和侧拉门，门口不得设置门帘、屏风等影响疏散的遮挡物。

公共娱乐场所在营业时必须确保安全出口和疏散通道畅通无阻，严禁将安全出口上锁、阻塞。

第十条 安全出口、疏散通道和楼梯口应当设置符合标准的灯光疏散指示标志。指示标志应当设在门的顶部、疏散通道和转角处距地面 1 米以下的墙面上。设在走道上的指示标志的间距不得大于 20 米。

第十一条 公共娱乐场所内应当设置火灾事故应急照明灯，照明供电时间不得少于 20 分钟。

第十二条 公共娱乐场所必须加强电气防火安全管理，及时消除火灾隐患。不得超负荷用电，不得擅自拉接临时电线。

第十三条 在地下建筑内设置公共娱乐场所，除符合本规定其他条款的要求外，还应当符合下列规定：
（一）只允许设在地下一层；
（二）通往地面的安全出口不应少于 2 个，安全出口、楼梯和走道的宽度应当符合有关建筑设计防火规范的规定；
（三）应当设置机械防烟排烟设施；
（四）应当设置火灾自动报警系统和自动喷水灭火系统；
（五）严禁使用液化石油气。

第十四条 公共娱乐场所内严禁带入和存放易燃易爆物品。

第十五条 严禁在公共娱乐场所营业时进行设备检修、电气焊、油漆粉刷等施工、维修作业。

第十六条 演出、放映场所的观众厅内禁止吸烟和明火照明。

第十七条 公共娱乐场所在营业时，不得超过额定人数。

第十八条 卡拉 OK 厅及其包房内，应当设置声音或者视像警报，保证在火灾发生初期，将各卡拉 OK 房间的画面、音响消除，播送火灾警报，引导人们安全疏散。

第十九条 公共娱乐场所应当制定防火安全管理制度，制定紧急安全疏散方案。在营业时间和营业结束后，应当指定专人进行安全巡视检查。

第二十条 公共娱乐场所应当建立全员防火安全责任制度，全体员工都应当熟知必要的消防安全知识，会报火警，会使用灭火器材，会组织人员疏散。新职工上岗前必须进行消防安全培训。

第二十一条 公共娱乐场所应当按照《建筑灭火器配置设计规范》配置灭火器材，设置报警电话，保证消防设施、设备完好有效。

第二十二条 对违反本规定的行为，依照《中华人民共和国消防法》和地方性消防法规、规章予以处罚；构成犯罪的，依法追究刑事责任。

第二十三条 本规定自发布之日起施行。1995年1月26日公安部发布的《公共娱乐场所消防安全管理规定》同时废止。

仓库防火安全管理规则

（1990年4月10日公安部令第6号发布 自发布之日起施行）

第一章 总 则

第一条 为了加强仓库消防安全管理，保护仓库免受火灾危害，根据《中华人民共和国消防条例》及其实施细则的有关规定，制定本规则。

第二条 仓库消防安全必须贯彻"预防为主，防消结合"的方针，实行谁主管谁负责的原则。仓库消防安全由本单位及其上级主管部门负责。

第三条 本规则由县级以上公安机关消防监督机构负责监督。

第四条 本规则适用于由国家、集体和个体经营的储存物品的各类仓库、堆栈、货场。储存火药、炸药、火工品和军工物资的仓库，按照国家有关规定执行。

第二章 组织管理

第五条 新建、扩建和改建的仓库建筑设计，要符合国家建筑设计防火规范的有关规定，并经公安消防监督机构审核。仓库竣工时，其主管部门应当会同公安消防监督等有关部门进行验收；验收不合格的，不得交付使用。

第六条 仓库应当确定一名主要领导人为防火负责人，全面负责仓库的消防安全管理工作。

第七条 仓库防火负责人负有下列职责：

一、组织学习贯彻消防法规，完成上级部署的消防工作；

二、组织制定电源、火源、易燃易爆物品的安全管理和值班巡逻等制度，落实逐级防火责任制和岗位防火责任制；

三、组织对职工进行消防宣传、业务培训和考核，提高职工的安全素质；

四、组织开展防火检查，消除火险隐患；

五、领导专职、义务消防队组织和专职、兼职消防人员，制定灭火应急方案，组织扑救火灾；

六、定期总结消防安全工作，实施奖惩。

第八条 国家储备库、专业仓库应当配备专职消防干部；其他仓库可以根据需要配备专职或兼职消防人员。

第九条 国家储备库、专业仓库和火灾危险性大、距公安消防队较远的其他大型仓库，应当按照有关规定建立专职消防队。

第十条 各类仓库都应当建立义务消防组织，定期进行业务培训，开展自防自救工作。

第十一条 仓库防火负责人的确定和变动，应当向当地公安消防监督机构备案；专职消防干部、人员和专职消防队长的配备与更换，应当征求当地公安消防监督机构的意见。

第十二条 仓库保管员应当熟悉储存物品的分类、性质、保管业务知识和防火安全制度，掌握消防器材的操作使用和维护保养方法，做好本岗位的防火工作。

第十三条 对仓库新职工应当进行仓储业务和消防知识的培训，经考试合格，方可上岗作业。

第十四条 仓库严格执行夜间值班、巡逻制度，带班人员应当认真检查，督促落实。

第三章 储存管理

第十五条 依据国家《建筑设计防火规范》的规定，按照仓库储存物品的火灾危险程度分为甲、乙、丙、丁、戊五类（详见附表）。

第十六条 露天存放物品应当分类、分堆、分组和分垛，并留出必要的防火间距。堆场的总储量以及与建筑物等之间的防火距离，必须符合建筑设计防火规范的规定。

第十七条 甲、乙类桶装液体，不宜露天存放，必须露天存放时，在炎热季节必须采取降温措施。

第十八条 库存物品应当分类、分垛储存，每垛占地面积不宜大于一百平方米，垛与垛间距不小于一米，垛与墙间距不小于零点五米，垛与梁、柱的间距不小于零点三米，主要通道的宽度不小于二米。

第十九条 甲、乙类物品和一般物品以及容易相互发生化学反应或者灭火方法不同的物品，必须分间、分库储存，并在醒目处标明储存物品的名称、性质和灭火方法。

第二十条 易自燃或者遇水分解的物品，必须在温度较低、通风良好和空气干燥的场所储存，并安装专用仪器定时检测，严格控制湿度与温度。

第二十一条 物品入库前应当有专人负责检查，确定无火种等隐患后，方准入库。

第二十二条 甲、乙类物品的包装容器应当牢固、密封，发现破损、残缺、变形和物品变质、分解等情况时，应当及时进行安全处理，严防跑、冒、滴、漏。

第二十三条 使用过的油棉纱、油手套等沾油纤维物品以及可燃包装，应当存放在安全地点，定期处理。

第二十四条 库房内因物品防冻必须采暖时，应当采用水暖，其散热器、供暖管道与储存物品的距离不小于零点三米。

第二十五条 甲、乙类物品库房内不准设办公室、休息室。其他库房必需设办公室时，可以贴邻库房一角设置无孔洞的一、二级耐火等级的建筑，其门窗直通库外，具体实施应当征得当地公安消防监督机构的同意。

第二十六条 储存甲、乙、丙类物品的库房布局、储存类别不得擅自改变，如确需改变的，应当报经当地公安消防监督机构同意。

第四章 装卸管理

第二十七条 进入库区的所有机动车辆，必须安装防火罩。

第二十八条 蒸汽机车驶入库区时，应当关闭灰箱和送风器，并不得在库区清炉。仓库应当派专人负责监护。

第二十九条 汽车、拖拉机不准进入甲、乙、丙类物品库房。

第三十条 进入甲、乙类物品库房的电瓶车、铲车必须是防爆型的；进入丙类物品库房的电瓶车、铲车，必须装有防止火花溅出的安全装置。

第三十一条 各种机动车辆装卸物品后，不准在库区、库房、货场内停放和修理。

第三十二条 库区内不得搭建临时建筑和构筑物，因装卸作业确需搭建时，必须经单位防火负责人批准，装卸作业结束后立即拆除。

第三十三条 装卸甲、乙类物品时，操作人员不得穿戴易产生静电的工作服、帽和使用易产生火花的工具，严防震动、撞击、重压、摩擦和倒置，对易产生静电的装卸设备要采取消除静电的措施。

第三十四条 库房内固定的吊装设备需要维修时，应当采取防火安全措施，经防火负责人批准后，方可进行。

第三十五条 装卸作业结束后，应当对库区、库房进行检查，确认安全后，方可离人。

第五章 电器管理

第三十六条 仓库的电气装置必须符合国家现行的有关电气设计和施工安装验收标准规范的规定。

第三十七条 甲、乙类物品库房和丙类液体库房的电气装置，必须符合国家现行的有关爆炸危险场所的电气安全规定。

第三十八条 储存丙类固体物品的库房，不准使用碘钨灯和超过六十瓦以上的白炽灯等高温照明灯具。当使用日光灯等低温照明灯具和其他防燃型照明灯具时，应当对镇流器采取隔热、散热等防火保护措施，确保安全。

第三十九条 库房内不准设置移动式照明灯具。照明灯具下方不准堆放物品，其垂直下方与储存物品水平间距不得小于零点五米。

第四十条 库房内敷设的配电线路，需穿金属管或用非燃硬塑料管保护。

第四十一条 库区的每个库房应当在库房外单独安装开关箱，保管人员离库时，必须拉闸断电。禁止使用不合规格的保险装置。

第四十二条 库房内不准使用电炉、电烙铁、电熨斗等电热器具和电视机、电冰箱等家用电器。

第四十三条 仓库电器设备的周围和架空线路的下方严禁堆放物品。对提升、码垛等机械设备易产生火花的部位，要设置防护罩。

第四十四条 仓库必须按照国家有关防雷设计安装规范的规定，设置防雷装置，并定期检测，保证有效。

第四十五条 仓库的电器设备，必须由持合格证的电工进行安装、检查和维修保养。电工应当严格遵守各项电器操作规程。

第六章 火源管理

第四十六条 仓库应当设置醒目的防火标志。进入甲、乙类物品库区的人员，必须登记，并交出携带的火种。

第四十七条 库房内严禁使用明火。库房外动用明火作业时，必须办理动火证，经仓库或单位防火负责人批准，并采取严格的安全措施。动火证应当注明动火地点、时间、动火人、现场监护人、批准人和防火措施等内容。

第四十八条 库房内不准使用火炉取暖。在库区使用时，应当经防火负责人批准。

第四十九条 防火负责人在审批火炉的使用地点时，必须根据储存物品的分类，按照有关防火间距的规定审批，并制定防火安全管理制度，落实到人。

第五十条 库区以及周围五十米内，严禁燃放烟花爆竹。

第七章 消防设施和器材管理

第五十一条 仓库应当按照国家有关消防技术规范，设置、配备消防设施和器材。

第五十二条 消防器材应当设置在明显和便于取用的地点，周围不准堆放物品和杂物。

第五十三条 仓库的消防设施、器材，应当由专人管理，负责检查、维修、保养、更换和添置，保证完好有效，严禁圈占、埋压和挪用。

第五十四条 甲、乙、丙类物品国家储备库、专业性仓库以及其他大型物资仓库，应当按照国家有关技术规范的规定，安装相应的报警装置，附近有公安消防队的宜设置与其直通的报警电话。

第五十五条 对消防水池、消火栓、灭火器等消防设施、器材，应当经常进行检查，保持完整好用。地处寒区的仓库，寒冷季节要采取防冻措施。

第五十六条 库区的消防车道和仓库的安全出口、疏散楼梯等消防通道，严禁堆放物品。

第八章 奖 惩

第五十七条 仓库消防工作成绩显著的单位和个人，由公安机关、上级主管部门或者本单位给予表彰、奖励。

第五十八条 对违反本规则的单位和人员，国家法规有规定的，应当按照国家法规予以处罚；国家法规没有规定的，可以按照地方有关法规、规章进行处罚；触犯刑律的，由司法机关追究刑事责任。

第九章 附 则

第五十九条 储存丁、戊类物品的库房或露天堆栈、货场，执行本规则时，在确保安全并征得当地公安消防监督机构同意的情况下，可以适当放宽。

第六十条 铁路车站、交通港口码头等昼夜作业的中转性仓库，可以按照本规则的原则要求，由铁路、交通等部门自行制定管理办法。

第六十一条 各省、自治区、直辖市和国务院有关部、委根据本规则制订的具体管理办法，应当送公安部备案。

第六十二条 本规则自发布之日起施行。1980年8月1日经国务院批准、同年8月15日公安部公布施行的《仓库防火安全管理规则》即行废止。

附表 仓库储存物品分类表（略）

租赁厂房和仓库消防安全管理办法（试行）

(2023年7月14日 消防〔2023〕72号)

第一章 总 则

第一条 为了加强租赁厂房、仓库的消防安全管理，预防和减少火灾危害，根据《中华人民共和国消防法》、《仓库防火安全管理规则》、《机关、团体、企业、事业单位消防安全管理规定》等法律、法规、规章，制定本办法。

第二条 本办法适用于租赁厂房、仓库的消防安全管理。

生产、储存火药、炸药、火工品、烟花爆竹的厂房、仓库，其消防安全要求按照国家有关规定执行。

第三条 租赁厂房、仓库应当符合消防安全要求，不得违规改变厂房、仓库的使用性质和使用功能。

第四条 租赁厂房、仓库的出租人、承租人、物业服务企业应当按照消防法律、法规、规章和本办法，履行消防安全职责，加强消防安全管理。

第二章 消防安全责任

第五条 租赁厂房、仓库的出租、承租人是消防安全责任主体，对厂房、仓库的消防安全负责。出租人、承租人是单位的，其主要负责人是本单位租赁厂房、仓库的消防安全责任人。

第六条 租赁厂房、仓库应当落实逐级消防安全责任制和岗位消防安全责任制，明确逐级和岗位消防安全职责，确定各级、各岗位的消防安全责任人员。

第七条 租赁厂房、仓库的出租人、承租人应当以书面形式明确各方的消防安全责任；未以书面形式明确的，出租人对共用的疏散通道、安全出口、建筑消防设施和消防车通道负责统一管理，承租人对承租厂房、仓库的消防安全负责。

同一厂房、仓库有两个及以上出租人、承租人使用的，应当委托物业服务企业，或者明确一个出租人、承租人负责统一管理，并通过书面形式明确出租人、承租人、物业服务企业各方消防安全责任。

第八条 承租人将租赁厂房、仓库的全部或者部分转租给次承租人的，应当经出租人同意并以书面形式明确出租人、承租人、次承租人各方的消防安全责任。

第九条 出租人、承租人应当保障租赁厂房、仓库消防安全所必需的资金投入，并对消防安全资金投入不足导致的后果承担责任。

第十条 租赁厂房、仓库的出租人、承租人可以委托物业服务企业或者消防技术服务机构等专业服务单位提供消防安全服务，并在服务合同中约定消防安全服务的具体内容。

第十一条 租赁厂房、仓库的出租人应当履行以下消防安全职责：

（一）提供符合消防安全要求的厂房、仓库；

（二）事先告知承租人、物业服务企业相关的消防安全要求；

（三）定期了解租赁厂房、仓库的消防安全情况，及时制止承租人、物业服务企业危害消防安全的行为；

（四）督促承租人、物业服务企业加强消防安全管理，及时整改火灾隐患；

（五）及时向承租人、物业服务企业传达有关行政主管部门的消防工作要求。

出租人应当负责租赁厂房、仓库消防设施的维修，但是另有约定的除外。

第十二条 租赁厂房、仓库的承租人应当履行以下消防安全职责：

（一）落实消防安全责任制，制定消防安全制度、消防安全操作规程；

（二）保障疏散通道、安全出口、消防车通道畅通，保证防火防烟分区、防火间距不被破坏、占用；

（三）定期开展防火巡查、检查，及时消除火灾隐患；

（四）开展经常性的消防安全宣传教育；

（五）制定灭火和应急疏散预案，组织进行有针对性的消防演练；

（六）对消防设施、器材进行维护保养。

第十三条 租赁厂房、仓库的出租人、承租人委托物业服务企业实施消防安全管理的，物业服务企业应当与出租人、承租人书面明确共用消防设施、器材维护保养责任，并按照约定履行消防安全职责。

物业服务企业发现违反消防法律、法规、规章的行为，应当及时采取合理措施制止、向有关行政主管部门报告并协助处理。

第十四条 出租人、承租人、物业服务企业发现合同方有违反消防法律、法规、规章的行为且拒不改正的，可以依照法律规定或者合同约定解除合同。

第三章 消防安全管理

第十五条 出租前，出租人应当了解承租人生产、储存物品的火灾危险性类别。

承租人生产、储存物品的火灾危险性应当与租赁厂房、仓库的建筑消防安全设防水平相符。

第十六条 承租人应当向出租人、物业服务企业如实提供其生产的火灾危险性类别、主要工艺环节和储存物品的名称、火灾危险性类别、数量等信息。

第十七条 租赁厂房、仓库内设置办公室、休息室应当符合国家工程建设消防技术标准。严禁在租赁厂房、仓库内设置员工宿舍。

第十八条 承租人需要改变厂房、仓库使用性质和使用功能的，应当书面征得出租人同意；依法需要审批的，应当报有关行政主管部门批准。

第十九条 甲、乙类厂房和储存甲、乙、丙类物品的仓库出租的，承租人不得擅自改变厂房和仓库布局、厂房生产的火灾危险性类别、仓库储存物品的火灾危险性类别及核定的最大储存量。确需改变的，应当书面征得出租人同意；依法需要审批的，应当报有关行政主管部门批准。

第二十条 出租人发现承租人擅自改变生产、储存物品的火灾危险性类别导致租赁厂房、仓库不符合国家工程建设消防技术标准的，应当予以制止；制止无效的，应当向有关行政主管部门报告。

第二十一条 租赁厂房内中间仓库和租赁仓库内甲乙类物品、一般物品以及容易相互发生化学反应或者灭火方法不同的物品，必须分间、分库储存，并在醒目处标明储存物品的名称、性质和灭火方法。

第二十二条 同一厂房、仓库有两个及以上出租人、承租人使用的，其整体及各自使用部分的平面布置、防火分隔、安全疏散、装修装饰和消防设施设置应当符合国家工程建设消防技术标准。

租赁厂房、仓库存在分拣、加工、包装等作业的，应当采用符合规定的防火分隔措施，不得减少疏散通道、安全出口的数量和宽度。

严禁采用易燃可燃材料分隔租赁厂房、仓库。

第二十三条 同一厂房、仓库有两个及以上出租人、承租人使用的，各方应当建立消防协作机制，共同制定防火安全公约，开展联合防火巡查检查、消防安全宣传教育和消防演练，定期召开会议，推动解决消防安全重大问题。

第二十四条 租赁厂房、仓库的消防设施、器材，应当由专人管理，负责检查、维修、保养和更换，保证完好有效，不得损坏、挪用或者擅自拆除、停用。消防设施因改造或者检修需要停用时，出租人、承租人、物业服务企业应当采取相应的应对措施并在建筑内显著位置进行公告。

设置消防控制室的租赁厂房、仓库，消防安全责任人或者消防安全管理人应当查验自动消防系统的操作人员是否依法持证上岗。消防控制室的日常管理应当由出租人、承租人共同协商指定专人负责。

第二十五条 租赁厂房、仓库应当建立用火安全管理制度，对使用明火实施严格的消防安全管理，不得在具有火灾、爆炸危险的场所使用明火。

租赁厂房、仓库不得违法生产、储存易燃易爆危险品。

设置在租赁厂房内的劳动密集型企业生产加工车间，在生产加工期间禁止进行动火作业。

租赁仓库内严禁使用明火；仓库以及周围五十米内，严禁燃放烟花爆竹。

第二十六条 租赁厂房、仓库因生产工艺、装修改造或者其他特殊情况需要进行电焊、气焊等具有火灾危险作业的，动火部门和人员应当按照用火安全管理制度事先办理审批手续。动火审批手续应当经消防安全责任人或者消防安全管理人批准，并落实相应的消防安全措施，在确认无火灾、爆炸危险后方可动火施工。动火审批手续应当注明动火地点、时间、动火作业人、现场监护人、批准人和消防安全措施等事项。

进行电焊、气焊等具有火灾危险作业的，消防安全责任人或者消防安全管理人应当查验电焊、气焊等具有火灾危险作业的人员是否依法持证上岗。

第二十七条 租赁厂房、仓库应当建立用电安全管理制度。电器产品的安装、使用及其线路的敷设、维护保养、检测，必须符合消防技术标准和管理规定。

严禁在租赁厂房、仓库内为电动自行车、电驱动车辆充电。

第二十八条 租赁厂房、仓库使用燃油燃气设备的，应当建立用油用气安全管理制度，制定用油用气事故应急处置预案，在明显位置设置用油用气安全标识；燃油燃气管道敷设、燃油燃气设备安装、防火防爆设施设置必须符合消防技术标准和管理规定。

第二十九条 承租人对租赁厂房、仓库进行施工作业前，应当向出租人了解可能引发火灾事故的周边设施、隐蔽工程、易燃易爆危险品等情况。出租人应当进行消防安全技术交底，如实说明相关情况。

第三十条 租赁厂房、仓库内的冷库应当由具备相应工程设计、施工资质的单位进行建设，保温材料燃烧性能、防火分隔、安全疏散、消防设施设置、制冷机房的安全防护、电气线路敷设等应当符合国家工程建设消防技术标准。

严禁冷库使用易燃、可燃保温隔热材料，严禁私搭乱接电气线路。

第三十一条 租赁厂房、仓库应当按照规定或者根据需要建立专职消防队、志愿消防队等多种形式的消防组织，配备消防装备、器材，制定灭火和应急疏散预案，定期组织开展消防演练，加强联勤联动。

发生火灾后，各方应当立即报警、组织初起火灾扑救、引导人员疏散，并做好应急处置工作。

第四章 火灾隐患整改

第三十二条 承租人、物业服务企业对在防火巡查、检查以及消防救援机构消防监督检查中发现的火灾隐患，应当立即采取措施整改隐患；不能及时整改的，应当采取必要的防范措施；属于出租人管理责任范围的火灾隐患应当书面告知出租人整改。

出租人发现火灾隐患，应当书面通知承租人、物业服务企业进行整改，并对整改情况跟踪落实。

第三十三条 租赁厂房、仓库的火灾隐患整改应当符合以下要求：

（一）发现火灾隐患立即改正，不能立即改正的，及时报告消防安全责任人或者消防安全管理人；

（二）消防安全责任人或者消防安全管理人组织对报告的火灾隐患进行认定，对整改情况进行跟踪督促，并对整改完毕的进行确认；

（三）明确火灾隐患整改责任部门、责任人、整改的期限和所需经费来源；

（四）在火灾隐患整改期间，采取相应防范措施，保障消防安全；

（五）在火灾隐患未消除前，不能确保消防安全，随时可能引发火灾的，将危险部位自行停止使用；

（六）对消防救援机构责令改正的火灾隐患，在规定的期限内改正。

第三十四条 违反本办法，依法应当给予行政处罚的，依照有关法律、法规、规章予以处罚；构成犯罪的，依法追究刑事责任。

第五章 附 则

第三十五条 本办法下列用语的含义：

（一）租赁厂房、仓库是指租赁用于从事生产、储存物品的工业建筑；

（二）出租人，是指租赁厂房、仓库的所有权人，包括单位和个人；

（三）承租人，是指租赁厂房、仓库的使用权人，包括单位和个人。

第三十六条 租赁露天生产场所、堆栈、货场的消防安全管理，可以参照本办法执行。

第三十七条 各省、自治区、直辖市消防救援机构可以根据本办法，结合实际制定实施细则。

第三十八条 本办法自发布之日起施行。

五、交通安全

（一）综 合

规 章

交通运输突发事件应急管理规定

（2011年11月14日交通运输部令第9号公布 自2012年1月1日起施行）

第一章 总 则

第一条 为规范交通运输突发事件应对活动，控制、减轻和消除突发事件引起的危害，根据《中华人民共和国突发事件应对法》和有关法律、行政法规，制定本规定。

第二条 交通运输突发事件的应急准备、监测与预警、应急处置、终止与善后等活动，适用本规定。

本规定所称交通运输突发事件，是指突然发生，造成或者可能造成交通运输设施毁损，交通运输中断、阻塞，重大船舶污染及海上溢油应急处置等，需要采取应急处置措施，疏散或者救援人员，提供应急运输保障的自然灾害、事故灾难、公共卫生事件和社会安全事件。

第三条 国务院交通运输主管部门主管全国交通运输突发事件应急管理工作。

县级以上各级交通运输主管部门按照职责分工负责本辖区内交通运输突发事件应急管理工作。

第四条 交通运输突发事件应对活动应当遵循属地管理原则，在各级地方人民政府的统一领导下，建立分级负责、分类管理、协调联动的交通运输应急管理体制。

第五条 县级以上各级交通运输主管部门应当会同有关部门建立应急联动协作机制，共同加强交通运输突发事件应急管理工作。

第二章 应急准备

第六条 国务院交通运输主管部门负责编制并发布国家交通运输应急保障体系建设规划，统筹规划、建设国家级交通运输突发事件应急队伍、应急装备和应急物资保障基地，储备应急运力，相关内容纳入国家应急保障体系规划。

各省、自治区、直辖市交通运输主管部门负责编制并发布地方交通运输应急保障体系建设规划，统筹规划、建设本辖区应急队伍、应急装备和应急物资保障基地，储备应急运力，相关内容纳入地方应急保障体系规划。

第七条 国务院交通运输主管部门应当根据国家突发事件总体应急预案和相关专项应急预案，制定交通运输突发事件部门应急预案。

县级以上各级交通运输主管部门应当根据本级地方人民政府和上级交通运输主管部门制定的相关突发事件应急预案，制定本部门交通运输突发事件应急预案。

交通运输企业应当按照所在地交通运输主管部门制定的交通运输突发事件应急预案，制定本单位交通运输突发事件应急预案。

第八条 应急预案应当根据有关法律、法规的规定，针对交通运输突发事件的性质、特点、社会危害程度以及可能需要提供的交通运输应急保障措施，明确应急管理的组织指挥体系与职责、监测与预警、处置程序、应急保障措施、恢复与重建、培训与演练等具体内容。

第九条 应急预案的制定、修订程序应当符合国家相关规定。应急预案涉及其他相关部门职能的，在制定过程中应当征求各相关部门的意见。

第十条 交通运输主管部门制定的应急预案应当与本级人民政府及上级交通运输主管部门制定的相关应急预案衔接一致。

第十一条 交通运输主管部门制定的应急预案应当报上级交通运输主管部门和本级人民政府备案。

公共交通工具、重点港口和场站的经营单位以及储运易燃易爆物品、危险化学品、放射性物品等危险物品的交通运输企业所制定的应急预案，应当向所属地交通运输主管部门备案。

第十二条 应急预案应当根据实际需要、情势变化和演练验证，适时修订。

第十三条 交通运输主管部门、交通运输企业应当按照有关规划和应急预案的要求，根据应急工作的实际需要，建立健全应急装备和应急物资储备、维护、管理和调拨制度，储备必需的应急物资和运力，配备必要的专用应急指挥交通工具和应急通信装备，并确保应急物资装备处于正常使用状态。

第十四条 交通运输主管部门可以根据交通运输突发事件应急处置的实际需要，统筹规划、建设交通运输专业应急队伍。

交通运输企业应当根据实际需要，建立由本单位职工组成的专职或者兼职应急队伍。

第十五条 交通运输主管部门应当加强应急队伍应急能力和人员素质建设，加强专业应急队伍与非专业应急队伍的合作、联合培训及演练，提高协同应急能力。

交通运输主管部门可以根据应急处置的需要，与其他应急力量提供单位建立必要的应急合作关系。

第十六条 交通运输主管部门应当将本辖区内应急装备、应急物资、运力储备和应急队伍的实时情况及时报上级交通运输主管部门和本级人民政府备案。

交通运输企业应当将本单位应急装备、应急物资、运力储备和应急队伍的实时情况及时报所在地交通运输主管部门备案。

第十七条 所有列入应急队伍的交通运输应急人员，其所属单位应当为其购买人身意外伤害保险，配备必要的防护装备和器材，减少应急人员的人身风险。

第十八条 交通运输主管部门可以根据应急处置实际需要鼓励志愿者参与交通运输突发事件应对活动。

第十九条 交通运输主管部门可以建立专家咨询制度，聘请专家或者专业机构，为交通运输突发事件应对活动提供相关意见和支持。

第二十条 交通运输主管部门应当建立健全交通运输突发事件应急培训制度，并结合交通运输的实际情况和需要，组织开展交通运输应急知识的宣传普及活动。

交通运输企业应当按照交通运输主管部门制定的应急预案的有关要求，制订年度应急培训计划，组织开展应急培训工作。

第二十一条 交通运输主管部门、交通运输企业应当根据本地区、本单位交通运输突发事件的类型和特点，制订应急演练计划，定期组织开展交通运输突发事件应急演练。

第二十二条 交通运输主管部门应当鼓励、扶持研究开发用于交通运输突发事件预防、监测、预警、应急处置和救援的新技术、新设备和新工具。

第二十三条 交通运输主管部门应当根据本级人民政府财政预算情况，编列应急资金年度预算，设立突发事件应急工作专项资金。

交通运输企业应当安排应急专项经费，保障交通运输突发事件应急工作的需要。

应急专项资金和经费主要用于应急预案编制及修订、应急培训演练、应急装备和队伍建设、日常应急管理、应急宣传以及应急处置措施等。

第三章 监测与预警

第二十四条 交通运输主管部门应当建立并完善交通运输突发事件信息管理制度，及时收集、统计、分析、报告交通运输突发事件信息。

交通运输主管部门应当与各有关部门建立信息共享机制，及时获取与交通运输有关的突发事件信息。

第二十五条 交通运输主管部门应当建立交通运输突发事件风险评估机制，对影响或者可能影响交通运输的相关信息及时进行汇总分析，必要时同相关部门进行会商，评估突发事件发生的可能性及可能造成的损害，研究确定应对措施，制定应对方案。对可能发生重大或者特别重大突发事件的，应当立即向本级人民政府及上一级交通运输主管部门报告相关信息。

第二十六条 交通运输主管部门负责本辖区内交通运输突发事件危险源管理工作。对危险源、危险区域进行调查、登记、风险评估，组织检查、监控，并责令有关单位采取安全防范措施。

交通运输企业应当组织开展企业内交通运输突发事件危险源辨识、评估工作，采取相应安全防范措施，加强危险源监控与管理，并按规定及时向交通运输主管部门报告。

第二十七条 交通运输主管部门应当根据自然灾害、事故灾难、公共卫生事件和社会安全事件的种类和特点，建立健全交通运输突发事件基础信息数据库，配备必要的监测设备、设施和人员，对突发事件易发区域加强监测。

第二十八条 交通运输主管部门应当建立交通运输突发事件应急指挥通信系统。

第二十九条 交通运输主管部门、交通运输企业应当建立应急值班制度，根据交通运输突发事件的种类、特点和实际需要，配备必要值班设施和人员。

第三十条 县级以上地方人民政府宣布进入预警期后，交通运输主管部门应当根据预警级别和可能发生的交通运输突发事件的特点，采取下列措施：

（一）启动相应的交通运输突发事件应急预案；

（二）根据需要启动应急协作机制，加强与相关部门的协调沟通；

（三）按照所属地方人民政府和上级交通运输主管部门的要求，指导交通运输企业采取相关预防措施；

（四）加强对突发事件发生、发展情况的跟踪监测，加强值班和信息报告；

（五）按照地方人民政府的授权，发布相关信息，宣传避免、减轻危害的常识，提出采取特定措施避免或者减轻危害的建议、劝告；

（六）组织应急救援队伍和相关人员进入待命状态，调集应急处置所需的运力和装备，检测用于疏运转移的交通运输工具和应急通信设备，确保其处于良好状态；

（七）加强对交通运输枢纽、重点通航建筑物、重点场站、重点港口、码头、重点运输线路及航道的巡查维护；

（八）法律、法规或者所属地方人民政府提出的其他应急措施。

第三十一条 交通运输主管部门应当根据事态发展以及所属地方人民政府的决定，相应调整或者停止所采取的措施。

第四章 应急处置

第三十二条 交通运输突发事件的应急处置应当在各级人民政府的统一领导下进行。

第三十三条 交通运输突发事件发生后，发生地交通运输主管部门应当立即启动相应的应急预案，在本级人民政府的领导下，组织、部署交通运输突发事件的应急处置工作。

第三十四条 交通运输突发事件发生后，负责或者参与应急处置的交通运输主管部门应当根据有关规定和实际需要，采取以下措施：

（一）组织运力疏散、撤离受困人员，组织搜救突发事件中的遇险人员，组织应急物资运输；

（二）调集人员、物资、设备、工具，对受损的交通基础设施进行抢修、抢通或搭建临时性设施；

（三）对危险源和危险区域进行控制，设立警示标志；

（四）采取必要措施，防止次生、衍生灾害发生；

（五）必要时请求本级人民政府和上级交通运输主管部门协调有关部门，启动联合机制，开展联合应急行动；

（六）按照应急预案规定的程序报告突发事件信息以及应急处置的进展情况；

（七）建立新闻发言人制度，按照本级人民政府的委托或者授权及相关规定，统一、及时、准确的向社会和媒体发布应急处置信息；

（八）其他有利于控制、减轻和消除危害的必要措施。

第三十五条 交通运输突发事件超出本级交通运输主管部门处置能力或管辖范围的，交通运输主管部门可以采取以下措施：

（一）根据应急处置需要请求上级交通运输主管部门在资金、物资、设备设施、应急队伍等方面给予支持；

（二）请求上级交通运输主管部门协调突发事件发生地周边交通运输主管部门给予支持；

（三）请求上级交通运输主管部门派出现场工作组及有关专业技术人员给予指导；

（四）按照建立的应急协作机制，协调有关部门参与应急处置。

第三十六条 在需要组织开展大规模人员疏散、物资疏运的情况下，交通运输主管部门应当根据本级人民政府或者上级交通运输主管部门的指令，及时组织运力参与应急运输。

第三十七条 交通运输企业应当加强对本单位应急设备、设施、队伍的日常管理，保证应急处置工作及时、有效开展。

交通运输突发事件应急处置过程中，交通运输企业应当接受交通运输主管部门的组织、调度和指挥。

第三十八条 交通运输主管部门根据应急处置工作的需要，可以征用有关单位和个人的交通运输工具、相关设备和其他物资。有关单位和个人应当予以配合。

第五章 终止与善后

第三十九条 交通运输突发事件的威胁和危害得到控制或者消除后，负责应急处置的交通运输主管部门应当按照相关人民政府的决定停止执行应急处置措施，并按照有关要求采取必要措施，防止发生次生、衍生事件。

第四十条 交通运输突发事件应急处置结束后，负责应急处置工作的交通运输主管部门应当对应急处置工作进行评估，并向上级交通运输主管部门和本级人民政府报告。

第四十一条 交通运输突发事件应急处置结束后，交通运输主管部门应当根据国家有关扶持遭受突发事件影响行业和地区发展的政策规定以及本级人民政府的恢复重建规划，制定相应的交通运输恢复重建计划并组织实施，重建受损的交通基础设施，消除突发事件造成的破坏及影响。

第四十二条 因应急处置工作需要被征用的交通运输工具、装备和物资在使用完毕应当及时返还。交通运输工具、装备、物资被征用或者征用后毁损、灭失的，应当按照相关法律法规予以补偿。

第六章　监督检查

第四十三条 交通运输主管部门应当建立健全交通运输突发事件应急管理监督检查和考核机制。

监督检查应当包含以下内容：

（一）应急组织机构建立情况；
（二）应急预案制订及实施情况；
（三）应急物资储备情况；
（四）应急队伍建设情况；
（五）危险源监测情况；
（六）信息管理、报送、发布及宣传情况；
（七）应急培训及演练情况；
（八）应急专项资金和经费落实情况；
（九）突发事件应急处置评估情况。

第四十四条 交通运输主管部门应当加强对辖区内交通运输企业等单位应急工作的指导和监督。

第四十五条 违反本规定影响交通运输突发事件应对活动有效进行的，由其上级交通运输主管部门责令改正、通报批评；情节严重的，对直接负责的主管人员和其他直接责任人员按照有关规定给予相应处分；造成严重后果的，由有关部门依法给予处罚或追究相应责任。

第七章　附　　则

第四十六条 海事管理机构及各级地方人民政府交通运输主管部门对水上交通安全和防治船舶污染等突发事件的应对活动，依照有关法律法规执行。

一般生产安全事故的应急处置，依照国家有关法律法规执行。

第四十七条 本规定自 2012 年 1 月 1 日起实施。

（二）道路交通安全

1. 法律法规

中华人民共和国道路交通安全法

（2003 年 10 月 28 日第十届全国人民代表大会常务委员会第五次会议通过　根据 2007 年 12 月 29 日第十届全国人民代表大会常务委员会第三十一次会议《关于修改〈中华人民共和国道路交通安全法〉的决定》第一次修正　根据 2011 年 4 月 22 日第十一届全国人民代表大会常务委员会第二十次会议《关于修改〈中华人民共和国道路交通安全法〉的决定》第二次修正　根据 2021 年 4 月 29 日第十三届全国人民代表大会常务委员会第二十八次会议《关于修改〈中华人民共和国道路交通安全法〉等八部法律的决定》第三次修正）

第一章　总　　则

第一条 为了维护道路交通秩序，预防和减少交通事故，保护人身安全，保护公民、法人和其他组织的财产安全及其他合法权益，提高通行效率，制定本法。

第二条 中华人民共和国境内的车辆驾驶人、行人、乘车人以及与道路交通活动有关的单位和个人，都应当遵守本法。

第三条 道路交通安全工作，应当遵循依法管理、方便群众的原则，保障道路交通有序、安全、畅通。

第四条 各级人民政府应当保障道路交通安全管理工作与经济建设和社会发展相适应。

县级以上地方各级人民政府应当适应道路交通发展的需要，依据道路交通安全法律、法规和国家有关政策，制定道路交通安全管理规划，并组织实施。

第五条 国务院公安部门负责全国道路交通安全管理工作。县级以上地方各级人民政府公安机关交通管理部门负责本行政区域内的道路交通安全管理工作。

县级以上各级人民政府交通、建设管理部门依据各自职责，负责有关的道路交通工作。

第六条 各级人民政府应当经常进行道路交通安全教育，提高公民的道路交通安全意识。

公安机关交通管理部门及其交通警察执行职务时，应当加强道路交通安全法律、法规的宣传，并模范遵守道路交通安全法律、法规。

机关、部队、企业事业单位、社会团体以及其他组织，应当对本单位的人员进行道路交通安全教育。

教育行政部门、学校应当将道路交通安全教育纳入法制教育的内容。

新闻、出版、广播、电视等有关单位，有进行道路交通安全教育的义务。

第七条 对道路交通安全管理工作，应当加强科学研究，推广、使用先进的管理方法、技术、设备。

第二章 车辆和驾驶人

第一节 机动车、非机动车

第八条 国家对机动车实行登记制度。机动车经公安机关交通管理部门登记后，方可上道路行驶。尚未登记的机动车，需要临时上道路行驶的，应当取得临时通行牌证。

第九条 申请机动车登记，应当提交以下证明、凭证：

（一）机动车所有人的身份证明；

（二）机动车来历证明；

（三）机动车整车出厂合格证明或者进口机动车进口凭证；

（四）车辆购置税的完税证明或者免税凭证；

（五）法律、行政法规规定应当在机动车登记时提交的其他证明、凭证。

公安机关交通管理部门应当自受理申请之日起五个工作日内完成机动车登记审查工作，对符合前款规定条件的，应当发放机动车登记证书、号牌和行驶证；对不符合前款规定条件的，应当向申请人说明不予登记的理由。

公安机关交通管理部门以外的任何单位或者个人不得发放机动车号牌或者要求机动车悬挂其他号牌，本法另有规定的除外。

机动车登记证书、号牌、行驶证的式样由国务院公安部门规定并监制。

第十条 准予登记的机动车应当符合机动车国家安全技术标准。申请机动车登记时，应当接受对该机动车的安全技术检验。但是，经国家机动车产品主管部门依据机动车国家安全技术标准认定的企业生产的机动车型，该车型的新车在出厂时经检验符合机动车国家安全技术标准，获得检验合格证的，免予安全技术检验。

第十一条 驾驶机动车上道路行驶，应当悬挂机动车号牌，放置检验合格标志、保险标志，并随车携带机动车行驶证。

机动车号牌应当按照规定悬挂并保持清晰、完整，不得故意遮挡、污损。

任何单位和个人不得收缴、扣留机动车号牌。

第十二条 有下列情形之一的，应当办理相应的登记：

（一）机动车所有权发生转移的；

（二）机动车登记内容变更的；

（三）机动车用作抵押的；

（四）机动车报废的。

第十三条 对登记后上道路行驶的机动车，应当依照法律、行政法规的规定，根据车辆用途、载客载货数量、使用年限等不同情况，定期进行安全技术检验。对提供机动车行驶证和机动车第三者责任强制保险单的，机动车安全技术检验机构应当予以检验，任何单位不得附加其他条件。对符合机动车国家安全技术标准的，公安机关交通管理部门应当发给检验合格标志。

对机动车的安全技术检验实行社会化。具体办法由国务院规定。

机动车安全技术检验实行社会化的地方，任何单位不得要求机动车到指定的场所进行检验。

公安机关交通管理部门、机动车安全技术检验机构不得要求机动车到指定的场所进行维修、保养。

机动车安全技术检验机构对机动车检验收取费用，应当严格执行国务院价格主管部门核定的收费标准。

第十四条 国家实行机动车强制报废制度，根据机动车的安全技术状况和不同用途，规定不同的报废标准。

应当报废的机动车必须及时办理注销登记。

达到报废标准的机动车不得上道路行驶。报废的大型客、货车及其他营运车辆应当在公安机关交通管理部门的监督下解体。

第十五条 警车、消防车、救护车、工程救险车应当按照规定喷涂标志图案，安装警报器、标志灯具。其他机动车不得喷涂、安装、使用上述车辆专用的或者与其相类似的标志图案、警报器或者标志灯具。

警车、消防车、救护车、工程救险车应当严格按照规定的用途和条件使用。

公路监督检查的专用车辆，应当依照公路法的规定，设置统一的标志和示警灯。

第十六条 任何单位或者个人不得有下列行为：

（一）拼装机动车或者擅自改变机动车已登记的结构、构造或者特征；

（二）改变机动车型号、发动机号、车架号或者车辆识别代号；

（三）伪造、变造或者使用伪造、变造的机动车登记证书、号牌、行驶证、检验合格标志、保险标志；

（四）使用其他机动车的登记证书、号牌、行驶证、检验合格标志、保险标志。

第十七条 国家实行机动车第三者责任强制保险制度，设立道路交通事故社会救助基金。具体办法由国务院规定。

第十八条 依法应当登记的非机动车，经公安机关交通管理部门登记后，方可上道路行驶。

依法应当登记的非机动车的种类，由省、自治区、直辖市人民政府根据当地实际情况规定。

非机动车的外形尺寸、质量、制动器、车铃和夜间反光装置，应当符合非机动车安全技术标准。

第二节 机动车驾驶人

第十九条 驾驶机动车，应当依法取得机动车驾驶证。

申请机动车驾驶证，应当符合国务院公安部门规定的驾驶许可条件；经考试合格后，由公安机关交通管理部门发给相应类别的机动车驾驶证。

持有境外机动车驾驶证的人，符合国务院公安部门规定的驾驶许可条件，经公安机关交通管理部门考核合格的，可以发给中国的机动车驾驶证。

驾驶人应当按照驾驶证载明的准驾车型驾驶机动车；驾驶机动车时，应当随身携带机动车驾驶证。

公安机关交通管理部门以外的任何单位或者个人，不得收缴、扣留机动车驾驶证。

第二十条 机动车的驾驶培训实行社会化，由交通运输主管部门对驾驶培训学校、驾驶培训班实行备案管理，并对驾驶培训活动加强监督，其中专门的拖拉机驾驶培训学校、驾驶培训班由农业（农业机械）主管部门实行监督管理。

驾驶培训学校、驾驶培训班应当严格按照国家有关规定，对学员进行道路交通安全法律、法规、驾驶技能的培训，确保培训质量。

任何国家机关以及驾驶培训和考试主管部门不得举办或者参与举办驾驶培训学校、驾驶培训班。

第二十一条 驾驶人驾驶机动车上道路行驶前，应当对机动车的安全技术性能进行认真检查；不得驾驶安全设施不全或者机件不符合技术标准等具有安全隐患的机动车。

第二十二条 机动车驾驶人应当遵守道路交通安全法律、法规的规定，按照操作规范安全驾驶、文明驾驶。

饮酒、服用国家管制的精神药品或者麻醉药品，或者患有妨碍安全驾驶机动车的疾病，或者过度疲劳影响安全驾驶的，不得驾驶机动车。

任何人不得强迫、指使、纵容驾驶人违反道路交通安全法律、法规和机动车安全驾驶要求驾驶机动车。

第二十三条 公安机关交通管理部门依照法律、行政法规的规定，定期对机动车驾驶证实施审验。

第二十四条 公安机关交通管理部门对机动车驾驶人违反道路交通安全法律、法规的行为，除依法给予行政处罚外，实行累积记分制度。公安机关交通管理部门对累积记分达到规定分值的机动车驾驶人，扣留其机动车驾驶证，对其进行道路交通安全法律、法规教育，重新考试；考试合格的，发还其机动车驾驶证。

对遵守道路交通安全法律、法规，在一年内无累积记分的机动车驾驶人，可以延长机动车驾驶证的审验期。具体办法由国务院公安部门规定。

第三章 道路通行条件

第二十五条 全国实行统一的道路交通信号。

交通信号包括交通信号灯、交通标志、交通标线和交通警察的指挥。

交通信号灯、交通标志、交通标线的设置应当符合道路交通安全、畅通的要求和国家标准，并保持清晰、醒目、准确、完好。

根据通行需要，应当及时增设、调换、更新道路交通信号。增设、调换、更新限制性的道路交通信号，应当提前向社会公告，广泛进行宣传。

第二十六条 交通信号灯由红灯、绿灯、黄灯组成。红灯表示禁止通行，绿灯表示准许通行，黄灯表示警示。

第二十七条 铁路与道路平面交叉的道口，应当设置警示灯、警示标志或者安全防护设施。无人看守的铁路道口，应当在距道口一定距离处设置警示标志。

第二十八条 任何单位和个人不得擅自设置、移动、占用、损毁交通信号灯、交通标志、交通标线。

道路两侧及隔离带上种植的树木或者其他植物，设置的广告牌、管线等，应当与交通设施保持必要的距离，不得遮挡路灯、交通信号灯、交通标志，不得妨碍安全视距，不得影响通行。

第二十九条 道路、停车场和道路配套设施的规划、设计、建设，应当符合道路交通安全、畅通的要求，并根据交通需求及时调整。

公安机关交通管理部门发现已经投入使用的道路存在交通事故频发路段，或者停车场、道路配套设施存在交通安全严重隐患的，应当及时向当地人民政府报告，并提出防范交通事故、消除隐患的建议，当地人民政府应当及时作出处理决定。

第三十条 道路出现坍塌、坑漕、水毁、隆起等损毁或者交通信号灯、交通标志、交通标线等交通设施损毁、灭失的，道路、交通设施的养护部门或者管理部门应当设置警示标志并及时修复。

公安机关交通管理部门发现前款情形，危及交通安全，尚未设置警示标志的，应当及时采取安全措施，疏导交通，并通知道路、交通设施的养护部门或者管理部门。

第三十一条 未经许可，任何单位和个人不得占用道路从事非交通活动。

第三十二条 因工程建设需要占用、挖掘道路，或者跨越、穿越道路架设、增设管线设施，应当事先征得道路主管部门的同意；影响交通安全的，还应当征得公安机关交通管理部门的同意。

施工作业单位应当在经批准的路段和时间内施工作业，并在距离施工作业地点来车方向安全距离处设置明显的安全警示标志，采取防护措施；施工作业完毕，应当迅速清除道路上的障碍物，消除安全隐患，经道路主管部门和公安机关交通管理部门验收合格，符合通行要求后，方可恢复通行。

对未中断交通的施工作业道路，公安机关交通管理部门应当加强交通安全监督检查，维护道路交通秩序。

第三十三条 新建、改建、扩建的公共建筑、商业街区、居住区、大（中）型建筑等，应当配建、增建停车场；停车泊位不足的，应当及时改建或者扩建；投入使用的停车场不得擅自停止使用或者改作他用。

在城市道路范围内，在不影响行人、车辆通行的情况下，政府有关部门可以施划停车泊位。

第三十四条 学校、幼儿园、医院、养老院门前的道路没有行人过街设施的，应当施划人行横道线，设置提示标志。

城市主要道路的人行道，应当按照规划设置盲道。盲道的设置应当符合国家标准。

第四章 道路通行规定

第一节 一般规定

第三十五条 机动车、非机动车实行右侧通行。

第三十六条 根据道路条件和通行需要，道路划分为机动车道、非机动车道和人行道的，机动车、非机动车、行人实行分道通行。没有划分机动车道、非机动车道和人行道的，机动车在道路中间通行，非机动车和行人在道路两侧通行。

第三十七条 道路划设专用车道的，在专用车道内，只准许规定的车辆通行，其他车辆不得进入专用车道内行驶。

第三十八条 车辆、行人应当按照交通信号通行；遇有交通警察现场指挥时，应当按照交通警察的指挥通行；在没有交通信号的道路上，应当在确保安全、畅通的原则下通行。

第三十九条 公安机关交通管理部门根据道路和交通流量的具体情况，可以对机动车、非机动车、行人采取疏导、限制通行、禁止通行等措施。遇有大型群众性活动、大范围施工等情况，需要采取限制交通的措施，或者作出与公众的道路交通活动直接有关的决定，应当提前向社会公告。

第四十条 遇有自然灾害、恶劣气象条件或者重大交通事故等严重影响交通安全的情形，采取其他措施难以保证交通安全时，公安机关交通管理部门可以实行交通管制。

第四十一条 有关道路通行的其他具体规定，由国务院规定。

第二节 机动车通行规定

第四十二条 机动车上道路行驶，不得超过限速标志标明的最高时速。在没有限速标志的路段，应当保持安全车速。

夜间行驶或者在容易发生危险的路段行驶，以及遇有沙尘、冰雹、雨、雪、雾、结冰等气象条件时，应当降低行驶速度。

第四十三条 同车道行驶的机动车，后车应当与前车保持足以采取紧急制动措施的安全距离。有下列情形之一的，不得超车：

（一）前车正在左转弯、掉头、超车的；

（二）与对面来车有会车可能的；

（三）前车为执行紧急任务的警车、消防车、救护车、工程救险车的；

（四）行经铁路道口、交叉路口、窄桥、弯道、陡坡、隧道、人行横道、市区交通流量大的路段等没有超车条件的。

第四十四条 机动车通过交叉路口，应当按照交通信号灯、交通标志、交通标线或者交通警察的指挥通过；通过没有交通信号灯、交通标志、交通标线或者交通警察指挥的交叉路口时，应当减速慢行，并让行人和优先通行的车辆先行。

第四十五条 机动车遇有前方车辆停车排队等候或者缓慢行驶时，不得借道超车或者占用对面车道，不得穿插等候的车辆。

在车道减少的路段、路口，或者在没有交通信号灯、交通标志、交通标线或者交通警察指挥的交叉路口遇到停车排队等候或者缓慢行驶时，机动车应当依次交替通行。

第四十六条 机动车通过铁路道口时，应当按照交通信号或者管理人员的指挥通行；没有交通信号或者管理人员的，应当减速或者停车，在确认安全后通过。

第四十七条 机动车行经人行横道时，应当减速行驶；遇行人正在通过人行横道，应当停车让行。

机动车行经没有交通信号的道路时，遇行人横过道路，应当避让。

第四十八条 机动车载物应当符合核定的载质量，严禁超载；载物的长、宽、高不得违反装载要求，不得遗洒、飘散载运物。

机动车运载超限的不可解体的物品，影响交通安全的，应当按照公安机关交通管理部门指定的时间、路线、速度行驶，悬挂明显标志。在公路上运载超限的不可解体的物品，并应当依照公路法的规定执行。

机动车载运爆炸物品、易燃易爆化学物品以及剧毒、放射性等危险物品，应当经公安机关批准后，按指定的时间、路线、速度行驶，悬挂警示标志并采取必要的安全措施。

第四十九条 机动车载人不得超过核定的人数，客运机动车不得违反规定载货。

第五十条 禁止货运机动车载客。

货运机动车需要附载作业人员的，应当设置保护作业人员的安全措施。

第五十一条 机动车行驶时，驾驶人、乘坐人员应当按规定使用安全带，摩托车驾驶人及乘坐人员应当按规定戴安全头盔。

第五十二条 机动车在道路上发生故障，需要停车排除故障时，驾驶人应当立即开启危险报警闪光灯，将机动车移至不妨碍交通的地方停放；难以移动的，应当持续开启危险报警闪光灯，并在来车方向设置警告标志等措施扩大示警距离，必要时迅速报警。

第五十三条 警车、消防车、救护车、工程救险车执行紧急任务时，可以使用警报器、标志灯具；在确保安全的前提下，不受行驶路线、行驶方向、行驶速度和信号灯的限制，其他车辆和行人应当让行。

警车、消防车、救护车、工程救险车非执行紧急任务时，不得使用警报器、标志灯具，不享有前款规定的道路优先通行权。

第五十四条 道路养护车辆、工程作业车进行作业时，在不影响过往车辆通行的前提下，其行驶路线和方向不受交通标志、标线限制，过往车辆和人员应当注意避让。

洒水车、清扫车等机动车应当按照安全作业标准作业；在不影响其他车辆通行的情况下，可以不受车辆分道行驶的限制，但是不得逆向行驶。

第五十五条 高速公路、大中城市中心城区内的道路，禁止拖拉机通行。其他禁止拖拉机通行的道路，由省、自治区、直辖市人民政府根据当地实际情况规定。

在允许拖拉机通行的道路上，拖拉机可以从事货运，但是不得用于载人。

第五十六条 机动车应当在规定地点停放。禁止在人行道上停放机动车；但是，依照本法第三十三条规定施划的停车泊位除外。

在道路上临时停车的，不得妨碍其他车辆和行人通行。

第三节　非机动车通行规定

第五十七条 驾驶非机动车在道路上行驶应当遵守有关交通安全的规定。非机动车应当在非机动车道内行驶；在没有非机动车道的道路上，应当靠车行道的右侧行驶。

第五十八条 残疾人机动轮椅车、电动自行车

473

在非机动车道内行驶时,最高时速不得超过十五公里。

第五十九条 非机动车应当在规定地点停放。未设停放地点的,非机动车停放不得妨碍其他车辆和行人通行。

第六十条 驾驭畜力车,应当使用驯服的牲畜;驾驭畜力车横过道路时,驾驭人应当下车牵引牲畜;驾驭人离开车辆时,应当拴系牲畜。

第四节 行人和乘车人通行规定

第六十一条 行人应当在人行道内行走,没有人行道的靠路边行走。

第六十二条 行人通过路口或者横过道路,应当走人行横道或者过街设施;通过有交通信号灯的人行横道,应当按照交通信号灯指示通行;通过没有交通信号灯、人行横道的路口,或者在没有过街设施的路段横过道路,应当在确认安全后通过。

第六十三条 行人不得跨越、倚坐道路隔离设施,不得扒车、强行拦车或者实施妨碍道路交通安全的其他行为。

第六十四条 学龄前儿童以及不能辨认或者不能控制自己行为的精神疾病患者、智力障碍者在道路上通行,应当由其监护人、监护人委托的人或者对其负有管理、保护职责的人带领。

盲人在道路上通行,应当使用盲杖或者采取其他导盲手段,车辆应当避让盲人。

第六十五条 行人通过铁路道口时,应当按照交通信号或者管理人员的指挥通行;没有交通信号和管理人员的,应当在确认无火车驶临后,迅速通过。

第六十六条 乘车人不得携带易燃易爆等危险物品,不得向车外抛洒物品,不得有影响驾驶人安全驾驶的行为。

第五节 高速公路的特别规定

第六十七条 行人、非机动车、拖拉机、轮式专用机械车、铰接式客车、全挂拖斗车以及其他设计最高时速低于七十公里的机动车,不得进入高速公路。高速公路限速标志标明的最高时速不得超过一百二十公里。

第六十八条 机动车在高速公路上发生故障时,应当依照本法第五十二条的有关规定办理;但是,警告标志应当设置在故障车来车方向一百五十米以外,车上人员应当迅速转移到右侧路肩上或者应急车道内,并且迅速报警。

机动车在高速公路上发生故障或者交通事故,无法正常行驶的,应当由救援车、清障车拖曳、牵引。

第六十九条 任何单位、个人不得在高速公路上拦截检查行驶的车辆,公安机关的人民警察依法执行紧急公务除外。

第五章 交通事故处理

第七十条 在道路上发生交通事故,车辆驾驶人应当立即停车,保护现场;造成人身伤亡的,车辆驾驶人应当立即抢救受伤人员,并迅速报告执勤的交通警察或者公安机关交通管理部门。因抢救受伤人员变动现场的,应当标明位置。乘车人、过往车辆驾驶人、过往行人应当予以协助。

在道路上发生交通事故,未造成人身伤亡,当事人对事实及成因无争议的,可以即行撤离现场,恢复交通,自行协商处理损害赔偿事宜;不即行撤离现场的,应当迅速报告执勤的交通警察或者公安机关交通管理部门。

在道路上发生交通事故,仅造成轻微财产损失,并且基本事实清楚的,当事人应当先撤离现场再进行协商处理。

第七十一条 车辆发生交通事故后逃逸的,事故现场目击人员和其他知情人员应当向公安机关交通管理部门或者交通警察举报。举报属实的,公安机关交通管理部门应当给予奖励。

第七十二条 公安机关交通管理部门接到交通事故报警后,应当立即派交通警察赶赴现场,先组织抢救受伤人员,并采取措施,尽快恢复交通。

交通警察应当对交通事故现场进行勘验、检查,收集证据;因收集证据的需要,可以扣留事故车辆,但是应当妥善保管,以备核查。

对当事人的生理、精神状况等专业性较强的检验,公安机关交通管理部门应当委托专门机构进行鉴定。鉴定结论应当由鉴定人签名。

第七十三条 公安机关交通管理部门应当根据交通事故现场勘验、检查、调查情况和有关的检验、鉴定结论,及时制作交通事故认定书,作为处理交通事故的证据。交通事故认定书应当载明交通事故的基本事实、成因和当事人的责任,并送达当事人。

第七十四条 对交通事故损害赔偿的争议,当事人可以请求公安机关交通管理部门调解,也可以直接向人民法院提起民事诉讼。

经公安机关交通管理部门调解,当事人未达成协议或者调解书生效后不履行的,当事人可以向人民法院提起民事诉讼。

第七十五条 医疗机构对交通事故中的受伤人员应当及时抢救,不得因抢救费用未及时支付而拖延救治。肇事车辆参加机动车第三者责任强制保险的,由保险公司在责任限额范围内支付抢救费用;抢救费用超过责任限额的,未参加机动车第三者责任强制保险或者肇事后逃逸的,由道路交通事故社会救助基金先行垫付部分或者全部抢救费用,道路交通事故社会救助基金管理机构有权向交通事故责任人追偿。

第七十六条 机动车发生交通事故造成人身伤亡、财产损失的,由保险公司在机动车第三者责任强制保险责任限额范围内予以赔偿;不足的部分,按照下列规定承担赔偿责任:

(一)机动车之间发生交通事故的,由有过错的一方承担赔偿责任;双方都有过错的,按照各自过错的比例分担责任。

(二)机动车与非机动车驾驶人、行人之间发生交通事故,非机动车驾驶人、行人没有过错的,由机动车一方承担赔偿责任;有证据证明非机动车驾驶人、行人有过错的,根据过错程度适当减轻机动车一方的赔偿责任;机动车一方没有过错的,承担不超过百分之十的赔偿责任。

交通事故的损失是由非机动车驾驶人、行人故意碰撞机动车造成的,机动车一方不承担赔偿责任。

第七十七条 车辆在道路以外通行时发生的事故,公安机关交通管理部门接到报案的,参照本法有关规定办理。

第六章 执 法 监 督

第七十八条 公安机关交通管理部门应当加强对交通警察的管理,提高交通警察的素质和管理道路交通的水平。

公安机关交通管理部门应当对交通警察进行法制和交通安全管理业务培训、考核。交通警察经考核不合格的,不得上岗执行职务。

第七十九条 公安机关交通管理部门及其交通警察实施道路交通安全管理,应当依据法定的职权和程序,简化办事手续,做到公正、严格、文明、高效。

第八十条 交通警察执行职务时,应当按照规定着装,佩带人民警察标志,持有人民警察证件,保持警容严整,举止端庄,指挥规范。

第八十一条 依照本法发放牌证等收取工本费,应当严格执行国务院价格主管部门核定的收费标准,并全部上缴国库。

第八十二条 公安机关交通管理部门依法实施罚款的行政处罚,应当依照有关法律、行政法规的规定,实施罚款决定与罚款收缴分离;收缴的罚款以及依法没收的违法所得,应当全部上缴国库。

第八十三条 交通警察调查处理道路交通安全违法行为和交通事故,有下列情形之一的,应当回避:

(一)是本案的当事人或者当事人的近亲属;
(二)本人或者其近亲属与本案有利害关系;
(三)与本案当事人有其他关系,可能影响案件的公正处理。

第八十四条 公安机关交通管理部门及其交通警察的行政执法活动,应当接受行政监察机关依法实施的监督。

公安机关督察部门应当对公安机关交通管理部门及其交通警察执行法律、法规和遵守纪律的情况依法进行监督。

上级公安机关交通管理部门应当对下级公安机关交通管理部门的执法活动进行监督。

第八十五条 公安机关交通管理部门及其交通警察执行职务,应当自觉接受社会和公民的监督。

任何单位和个人都有权对公安机关交通管理部门及其交通警察不严格执法以及违法违纪行为进行检举、控告。收到检举、控告的机关,应当依据职责及时查处。

第八十六条 任何单位不得给公安机关交通管理部门下达或者变相下达罚款指标;公安机关交通管理部门不得以罚款数额作为考核交通警察的标准。

公安机关交通管理部门及其交通警察对超越法律、法规规定的指令,有权拒绝执行,并同时向上级机关报告。

第七章 法 律 责 任

第八十七条 公安机关交通管理部门及其交通警察对道路交通安全违法行为,应当及时纠正。

公安机关交通管理部门及其交通警察应当依据事实和本法的有关规定对道路交通安全违法行为予以处罚。对于情节轻微,未影响道路通行的,指出违法行为,给予口头警告后放行。

第八十八条 对道路交通安全违法行为的处罚种类包括:警告、罚款、暂扣或者吊销机动车驾驶证、拘留。

第八十九条 行人、乘车人、非机动车驾驶人违反道路交通安全法律、法规关于道路通行规定的,处警告或者五元以上五十元以下罚款;非机动车驾驶人拒绝接受罚款处罚的，可以扣留其非机动车。

第九十条 机动车驾驶人违反道路交通安全法律、法规关于道路通行规定的，处警告或者二十元以上二百元以下罚款。本法另有规定的，依照规定处罚。

第九十一条 饮酒后驾驶机动车的，处暂扣六个月机动车驾驶证，并处一千元以上二千元以下罚款。因饮酒后驾驶机动车被处罚，再次饮酒后驾驶机动车的，处十日以下拘留，并处一千元以上二千元以下罚款，吊销机动车驾驶证。

醉酒驾驶机动车的，由公安机关交通管理部门约束至酒醒，吊销机动车驾驶证，依法追究刑事责任；五年内不得重新取得机动车驾驶证。

饮酒后驾驶营运机动车的，处十五日拘留，并处五千元罚款，吊销机动车驾驶证，五年内不得重新取得机动车驾驶证。

醉酒驾驶营运机动车的，由公安机关交通管理部门约束至酒醒，吊销机动车驾驶证，依法追究刑事责任；十年内不得重新取得机动车驾驶证，重新取得机动车驾驶证后，不得驾驶营运机动车。

饮酒后或者醉酒驾驶机动车发生重大交通事故，构成犯罪的，依法追究刑事责任，并由公安机关交通管理部门吊销机动车驾驶证，终生不得重新取得机动车驾驶证。

第九十二条 公路客运车辆载客超过额定乘员的，处二百元以上五百元以下罚款；超过额定乘员百分之二十或者违反规定载货的，处五百元以上二千元以下罚款。

货运机动车超过核定载质量的，处二百元以上五百元以下罚款；超过核定载质量百分之三十或者违反规定载客的，处五百元以上二千元以下罚款。

有前两款行为的，由公安机关交通管理部门扣留机动车至违法状态消除。

运输单位的车辆有本条第一款、第二款规定的情形，经处罚不改的，对直接负责的主管人员处二千元以上五千元以下罚款。

第九十三条 对违反道路交通安全法律、法规关于机动车停放、临时停车规定的，可以指出违法行为，并予以口头警告，令其立即驶离。

机动车驾驶人不在现场或者虽在现场但拒绝立即驶离，妨碍其他车辆、行人通行的，处二十元以上二百元以下罚款，并可以将该机动车拖移至不妨碍交通的地点或者公安机关交通管理部门指定的地点停放。公安机关交通管理部门拖车不得向当事人收取费用，并应当及时告知当事人停放地点。因采取不正确的方法拖车造成机动车损坏的，应当依法承担补偿责任。

第九十四条 机动车安全技术检验机构实施机动车安全技术检验超过国务院价格主管部门核定的收费标准收取费用的，退还多收取的费用，并由价格主管部门依照《中华人民共和国价格法》的有关规定给予处罚。

机动车安全技术检验机构不按照机动车国家安全技术标准进行检验，出具虚假检验结果的，由公安机关交通管理部门处所收检验费用五倍以上十倍以下罚款，并依法撤销其检验资格；构成犯罪的，依法追究刑事责任。

第九十五条 上道路行驶的机动车未悬挂机动车号牌，未放置检验合格标志、保险标志，或者未随车携带行驶证、驾驶证的，公安机关交通管理部门应当扣留机动车，通知当事人提供相应的牌证、标志或者补办相应手续，并可以依照本法第九十条的规定予以处罚。当事人提供相应的牌证、标志或者补办相应手续的，应当及时退还机动车。

故意遮挡、污损或者不按规定安装机动车号牌的，依照本法第九十条的规定予以处罚。

第九十六条 伪造、变造或者使用伪造、变造的机动车登记证书、号牌、行驶证、驾驶证的，由公安机关交通管理部门予以收缴，扣留该机动车，处十五日以下拘留，并处二千元以上五千元以下罚款；构成犯罪的，依法追究刑事责任。

伪造、变造或者使用伪造、变造的检验合格标志、保险标志的，由公安机关交通管理部门予以收缴，扣留该机动车，处十日以下拘留，并处一千元以上三千元以下罚款；构成犯罪的，依法追究刑事责任。

使用其他车辆的机动车登记证书、号牌、行驶证、检验合格标志、保险标志的，由公安机关交通管理部门予以收缴，扣留该机动车，处二千元以上五千元以下罚款。

当事人提供相应的合法证明或者补办相应手续的，应当及时退还机动车。

第九十七条 非法安装警报器、标志灯具的，由公安机关交通管理部门强制拆除，予以收缴，并处二百元以上二千元以下罚款。

第九十八条 机动车所有人、管理人未按照国家规定投保机动车第三者责任强制保险的，由公安机关交通管理部门扣留车辆至依照规定投保后，并处依照规定投保最低责任限额应缴纳的保险费的二倍罚款。

依照前款缴纳的罚款全部纳入道路交通事故社会救助基金。具体办法由国务院规定。

第九十九条 有下列行为之一的,由公安机关交通管理部门处二百元以上二千元以下罚款:

(一)未取得机动车驾驶证、机动车驾驶证被吊销或者机动车驾驶证被暂扣期间驾驶机动车的;

(二)将机动车交由未取得机动车驾驶证或者机动车驾驶证被吊销、暂扣的人驾驶的;

(三)造成交通事故后逃逸,尚不构成犯罪的;

(四)机动车行驶超过规定时速百分之五十的;

(五)强迫机动车驾驶人违反道路交通安全法律、法规和机动车安全驾驶要求驾驶机动车,造成交通事故,尚不构成犯罪的;

(六)违反交通管制的规定强行通行,不听劝阻的;

(七)故意损毁、移动、涂改交通设施,造成危害后果,尚不构成犯罪的;

(八)非法拦截、扣留机动车辆,不听劝阻,造成交通严重阻塞或者较大财产损失的。

行为人有前款第二项、第四项情形之一的,可以并处吊销机动车驾驶证;有第一项、第三项、第五项至第八项情形之一的,可以并处十五日以下拘留。

第一百条 驾驶拼装的机动车或者已达到报废标准的机动车上道路行驶的,公安机关交通管理部门应当予以收缴,强制报废。

对驾驶前款所列机动车上道路行驶的驾驶人,处二百元以上二千元以下罚款,并吊销机动车驾驶证。

出售已达到报废标准的机动车的,没收违法所得,处销售金额等额的罚款,对该机动车依照本条第一款的规定处理。

第一百零一条 违反道路交通安全法律、法规的规定,发生重大交通事故,构成犯罪的,依法追究刑事责任,并由公安机关交通管理部门吊销机动车驾驶证。

造成交通事故后逃逸的,由公安机关交通管理部门吊销机动车驾驶证,且终生不得重新取得机动车驾驶证。

第一百零二条 对六个月内发生二次以上特大交通事故负有主要责任或者全部责任的专业运输单位,由公安机关交通管理部门责令消除安全隐患,未消除安全隐患的机动车,禁止上道路行驶。

第一百零三条 国家机动车产品主管部门未按照机动车国家安全技术标准严格审查,许可不合格机动车型投入生产的,对负有责任的主管人员和其他直接责任人员给予降级或者撤职的行政处分。

机动车生产企业经国家机动车产品主管部门许可生产的机动车型,不执行机动车国家安全技术标准或者不严格进行机动车成品质量检验,致使质量不合格的机动车出厂销售的,由质量技术监督部门依照《中华人民共和国产品质量法》的有关规定给予处罚。

擅自生产、销售未经国家机动车产品主管部门许可生产的机动车型的,没收非法生产、销售的机动车成品及配件,可以并处非法产品价值三倍以上五倍以下罚款;有营业执照的,由工商行政管理部门吊销营业执照,没有营业执照的,予以查封。

生产、销售拼装的机动车或者生产、销售擅自改装的机动车的,依照本条第三款的规定处罚。

有本条第二款、第三款、第四款所列违法行为,生产或者销售不符合机动车国家安全技术标准的机动车,构成犯罪的,依法追究刑事责任。

第一百零四条 未经批准,擅自挖掘道路、占用道路施工或者从事其他影响道路交通安全活动的,由道路主管部门责令停止违法行为,并恢复原状,可以依法给予罚款;致使通行的人员、车辆及其他财产遭受损失的,依法承担赔偿责任。

有前款行为,影响道路交通安全活动的,公安机关交通管理部门可以责令停止违法行为,迅速恢复交通。

第一百零五条 道路施工作业或者道路出现损毁,未及时设置警示标志、未采取防护措施,或者应当设置交通信号灯、交通标志、交通标线而没有设置或者应当及时变更交通信号灯、交通标志、交通标线而没有及时变更,致使通行的人员、车辆及其他财产遭受损失的,负有相关职责的单位应当依法承担赔偿责任。

第一百零六条 在道路两侧及隔离带上种植树木、其他植物或者设置广告牌、管线等,遮挡路灯、交通信号灯、交通标志,妨碍安全视距的,由公安机关交通管理部门责令行为人排除妨碍;拒不执行的,处二百元以上二千元以下罚款,并强制排除妨碍,所需费用由行为人负担。

第一百零七条 对道路交通违法行为人予以警告、二百元以下罚款,交通警察可以当场作出行政处罚决定,并出具行政处罚决定书。

行政处罚决定书应当载明当事人的违法事实、行政处罚的依据、处罚内容、时间、地点以及处罚机关名称,并由执法人员签名或者盖章。

第一百零八条 当事人应当自收到罚款的行政处罚决定书之日起十五日内,到指定的银行缴纳罚款。

对行人、乘车人和非机动车驾驶人的罚款,当事人无异议的,可以当场予以收缴罚款。

罚款应当开具省、自治区、直辖市财政部门统一制发的罚款收据;不出具财政部门统一制发的罚款收据的,当事人有权拒绝缴纳罚款。

第一百零九条 当事人逾期不履行行政处罚决定的,作出行政处罚决定的行政机关可以采取下列措施:

(一)到期不缴纳罚款的,每日按罚款数额的百分之三加处罚款;

(二)申请人民法院强制执行。

第一百一十条 执行职务的交通警察认为应当对道路交通违法行为人给予暂扣或者吊销机动车驾驶证处罚的,可以先予扣留机动车驾驶证,并在二十四小时内将案件移交公安机关交通管理部门处理。

道路交通违法行为人应当在十五日内到公安机关交通管理部门接受处理。无正当理由逾期未接受处理的,吊销机动车驾驶证。

公安机关交通管理部门暂扣或者吊销机动车驾驶证的,应当出具行政处罚决定书。

第一百一十一条 对违反本法规定予以拘留的行政处罚,由县、市公安局、公安分局或者相当于县一级的公安机关裁决。

第一百一十二条 公安机关交通管理部门扣留机动车、非机动车,应当当场出具凭证,并告知当事人在规定期限内到公安机关交通管理部门接受处理。

公安机关交通管理部门对被扣留的车辆应当妥善保管,不得使用。

逾期不来接受处理,并且经公告三个月仍不来接受处理的,对扣留的车辆依法处理。

第一百一十三条 暂扣机动车驾驶证的期限从处罚决定生效之日起计算;处罚决定生效前先予扣留机动车驾驶证的,扣留一日折抵暂扣期限一日。

吊销机动车驾驶证后重新申请领取机动车驾驶证的期限,按照机动车驾驶证管理规定办理。

第一百一十四条 公安机关交通管理部门根据交通技术监控记录资料,可以对违法的机动车所有人或者管理人依法予以处罚。对能够确定驾驶人的,可以依照本法的规定依法予以处罚。

第一百一十五条 交通警察有下列行为之一的,依法给予行政处分:

(一)为不符合法定条件的机动车发放机动车登记证书、号牌、行驶证、检验合格标志的;

(二)批准不符合法定条件的机动车安装、使用警车、消防车、救护车、工程救险车的警报器、标志灯具,喷涂标志图案的;

(三)为不符合驾驶许可条件、未经考试或者考试不合格人员发放机动车驾驶证的;

(四)不执行罚款决定与罚款收缴分离制度或者不按规定将依法收取的费用、收缴的罚款及没收的违法所得全部上缴国库的;

(五)举办或者参与举办驾驶学校或者驾驶培训班、机动车修理厂或者收费停车场等经营活动的;

(六)利用职务上的便利收受他人财物或者谋取其他利益的;

(七)违法扣留车辆、机动车行驶证、驾驶证、车辆号牌的;

(八)使用依法扣留的车辆的;

(九)当场收取罚款不开具罚款收据或者不如实填写罚款额的;

(十)徇私舞弊,不公正处理交通事故的;

(十一)故意刁难,拖延办理机动车牌证的;

(十二)非执行紧急任务时使用警报器、标志灯具的;

(十三)违反规定拦截、检查正常行驶的车辆的;

(十四)非执行紧急公务时拦截搭乘机动车的;

(十五)不履行法定职责的。

公安机关交通管理部门有前款所列行为之一的,对直接负责的主管人员和其他直接责任人员给予相应的行政处分。

第一百一十六条 依照本法第一百一十五条的规定,给予交通警察行政处分的,在作出行政处分决定前,可以停止其执行职务;必要时,可以予以禁闭。

依照本法第一百一十五条的规定,交通警察受到降级或者撤职行政处分的,可以予以辞退。

交通警察受到开除处分或者被辞退的,应当取消警衔;受到撤职以下行政处分的交通警察,应当降低警衔。

第一百一十七条 交通警察利用职权非法占有公共财物,索取、收受贿赂,或者滥用职权、玩忽职守,构成犯罪的,依法追究刑事责任。

第一百一十八条 公安机关交通管理部门及其交通警察有本法第一百一十五条所列行为之一,给当事人造成损失的,应当依法承担赔偿责任。

第八章 附 则

第一百一十九条 本法中下列用语的含义:

(一)"道路",是指公路、城市道路和虽在单位管辖范围但允许社会机动车通行的地方，包括广场、公共停车场等用于公众通行的场所。

（二）"车辆"，是指机动车和非机动车。

（三）"机动车"，是指以动力装置驱动或者牵引，上道路行驶的供人员乘用或者用于运送物品以及进行工程专项作业的轮式车辆。

（四）"非机动车"，是指以人力或者畜力驱动，上道路行驶的交通工具，以及虽有动力装置驱动但设计最高时速、空车质量、外形尺寸符合有关国家标准的残疾人机动轮椅车、电动自行车等交通工具。

（五）"交通事故"，是指车辆在道路上因过错或者意外造成的人身伤亡或者财产损失的事件。

第一百二十条 中国人民解放军和中国人民武装警察部队在编机动车牌证、在编机动车检验以及机动车驾驶人考核工作，由中国人民解放军、中国人民武装警察部队有关部门负责。

第一百二十一条 对上道路行驶的拖拉机，由农业（农业机械）主管部门行使本法第八条、第九条、第十三条、第十九条、第二十三条规定的公安机关交通管理部门的管理职权。

农业（农业机械）主管部门依照前款规定行使职权，应当遵守本法有关规定，并接受公安机关交通管理部门的监督；对违反规定的，依照本法有关规定追究法律责任。

本法施行前由农业（农业机械）主管部门发放的机动车牌证，在本法施行后继续有效。

第一百二十二条 国家对入境的境外机动车的道路交通安全实施统一管理。

第一百二十三条 省、自治区、直辖市人民代表大会常务委员会可以根据本地区的实际情况，在本法规定的罚款幅度内，规定具体的执行标准。

第一百二十四条 本法自 2004 年 5 月 1 日起施行。

中华人民共和国道路交通安全法实施条例

（2004 年 4 月 30 日中华人民共和国国务院令第 405 号公布　根据 2017 年 10 月 7 日《国务院关于修改部分行政法规的决定》修订）

第一章　总　　则

第一条 根据《中华人民共和国道路交通安全法》（以下简称道路交通安全法）的规定，制定本条例。

第二条 中华人民共和国境内的车辆驾驶人、行人、乘车人以及与道路交通活动有关的单位和个人，应当遵守道路交通安全法和本条例。

第三条 县级以上地方各级人民政府应当建立、健全道路交通安全工作协调机制，组织有关部门对城市建设项目进行交通影响评价，制定道路交通安全管理规划，确定管理目标，制定实施方案。

第二章　车辆和驾驶人

第一节　机　动　车

第四条 机动车的登记，分为注册登记、变更登记、转移登记、抵押登记和注销登记。

第五条 初次申领机动车号牌、行驶证的，应当向机动车所有人住所地的公安机关交通管理部门申请注册登记。

申请机动车注册登记，应当交验机动车，并提交以下证明、凭证：

（一）机动车所有人的身份证明；

（二）购车发票等机动车来历证明；

（三）机动车整车出厂合格证明或者进口机动车进口凭证；

（四）车辆购置税完税证明或者免税凭证；

（五）机动车第三者责任强制保险凭证；

（六）法律、行政法规规定应当在机动车注册登记时提交的其他证明、凭证。

不属于国务院机动车产品主管部门规定免予安全技术检验的车型的，还应当提供机动车安全技术检验合格证明。

第六条 已注册登记的机动车有下列情形之一的，机动车所有人应当向登记该机动车的公安机关交通管理部门申请变更登记：

（一）改变机动车车身颜色的；

（二）更换发动机的；

（三）更换车身或者车架的；

（四）因质量有问题，制造厂更换整车的；

（五）营运机动车改为非营运机动车或者非营运机动车改为营运机动车的；

（六）机动车所有人的住所迁出或者迁入公安机关交通管理部门管辖区域的。

申请机动车变更登记，应当提交下列证明、凭证，属于前款第（一）项、第（二）项、第（三）项、第（四）项、第（五）项情形之一的，还应当交验机动车；属于前款第（二）项、第（三）项情形之一的，还应当同时提交机动车安全技术检验合格证明：

（一）机动车所有人的身份证明；

（二）机动车登记证书；

（三）机动车行驶证。

机动车所有人的住所在公安机关交通管理部门管辖区域内迁移、机动车所有人的姓名（单位名称）或者联系方式变更的，应当向登记该机动车的公安机关交通管理部门备案。

第七条 已注册登记的机动车所有权发生转移的，应当及时办理转移登记。

申请机动车转移登记，当事人应当向登记该机动车的公安机关交通管理部门交验机动车，并提交以下证明、凭证：

（一）当事人的身份证明；

（二）机动车所有权转移的证明、凭证；

（三）机动车登记证书；

（四）机动车行驶证。

第八条 机动车所有人将机动车作为抵押物抵押的，机动车所有人应当向登记该机动车的公安机关交通管理部门申请抵押登记。

第九条 已注册登记的机动车达到国家规定的强制报废标准的，公安机关交通管理部门应当在报废期满的2个月前通知机动车所有人办理注销登记。机动车所有人应当在报废期满前将机动车交售给机动车回收企业，由机动车回收企业将报废的机动车登记证书、号牌、行驶证交公安机关交通管理部门注销。机动车所有人逾期不办理注销登记的，公安机关交通管理部门应当公告该机动车登记证书、号牌、行驶证作废。

因机动车灭失申请注销登记的，机动车所有人应当向公安机关交通管理部门提交本人身份证明，交回机动车登记证书。

第十条 办理机动车登记的申请人提交的证明、凭证齐全、有效的，公安机关交通管理部门应当当场办理登记手续。

人民法院、人民检察院以及行政执法部门依法查封、扣押的机动车，公安机关交通管理部门不予办理机动车登记。

第十一条 机动车登记证书、号牌、行驶证丢失或者损毁，机动车所有人申请补发的，应当向公安机关交通管理部门提交本人身份证明和申请材料。公安机关交通管理部门经与机动车登记档案核实后，在收到申请之日起15日内补发。

第十二条 税务部门、保险机构可以在公安机关交通管理部门的办公场所集中办理与机动车有关的税费缴纳、保险合同订立等事项。

第十三条 机动车号牌应当悬挂在车前、车后指定位置，保持清晰、完整。重型、中型载货汽车及其挂车、拖拉机及其挂车的车身或者车厢后部应当喷涂放大的牌号，字样应当端正并保持清晰。

机动车检验合格标志、保险标志应当粘贴在机动车前窗右上角。

机动车喷涂、粘贴标识或者车身广告的，不得影响安全驾驶。

第十四条 用于公路营运的载客汽车、重型载货汽车、半挂牵引车应当安装、使用符合国家标准的行驶记录仪。交通警察可以对机动车行驶速度、连续驾驶时间以及其他行驶状态信息进行检查。安装行驶记录仪可以分步实施，实施步骤由国务院机动车产品主管部门会同有关部门规定。

第十五条 机动车安全技术检验由机动车安全技术检验机构实施。机动车安全技术检验机构应当按照国家机动车安全技术检验标准对机动车进行检验，对检验结果承担法律责任。

质量技术监督部门负责对机动车安全技术检验机构实行计量认证管理，对机动车安全技术检验设备进行检定，对执行国家机动车安全技术检验标准的情况进行监督。

机动车安全技术检验项目由国务院公安部门会同国务院质量技术监督部门规定。

第十六条 机动车应当从注册登记之日起，按照下列期限进行安全技术检验：

（一）营运载客汽车5年以内每年检验1次；超过5年的，每6个月检验1次；

（二）载货汽车和大型、中型非营运载客汽车10年以内每年检验1次；超过10年的，每6个月检验1次；

（三）小型、微型非营运载客汽车6年以内每2年检验1次；超过6年的，每年检验1次；超过15年的，每6个月检验1次；

（四）摩托车4年以内每2年检验1次；超过4年的，每年检验1次；

（五）拖拉机和其他机动车每年检验1次。

营运机动车在规定检验期限内经安全技术检验合格的，不再重复进行安全技术检验。

第十七条 已注册登记的机动车进行安全技术检验时，机动车行驶证记载的登记内容与该机动车的有关情况不符，或者未按照规定提供机动车第三者责任强制保险凭证的，不予通过检验。

第十八条 警车、消防车、救护车、工程救险车标志图案的喷涂以及警报器、标志灯具的安装、使用规定，由国务院公安部门制定。

第二节 机动车驾驶人

第十九条 符合国务院公安部门规定的驾驶许可条件的人，可以向公安机关交通管理部门申请机动车驾驶证。

机动车驾驶证由国务院公安部门规定式样并监制。

第二十条 学习机动车驾驶，应当先学习道路交通安全法律、法规和相关知识，考试合格后，再学习机动车驾驶技能。

在道路上学习驾驶，应当按照公安机关交通管理部门指定的路线、时间进行。在道路上学习机动车驾驶技能应当使用教练车，在教练员随车指导下进行，与教学无关的人员不得乘坐教练车。学员在学习驾驶中有道路交通安全违法行为或者造成交通事故的，由教练员承担责任。

第二十一条 公安机关交通管理部门应当对申请机动车驾驶证的人进行考试，对考试合格的，在5日内核发机动车驾驶证；对考试不合格的，书面说明理由。

第二十二条 机动车驾驶证的有效期为6年，本条例另有规定的除外。

机动车驾驶人初次申领机动车驾驶证后的12个月为实习期。在实习期内驾驶机动车的，应当在车身后部粘贴或者悬挂统一式样的实习标志。

机动车驾驶人在实习期内不得驾驶公共汽车、营运客车或者执行任务的警车、消防车、救护车、工程救险车以及载有爆炸物品、易燃易爆化学物品、剧毒或者放射性等危险物品的机动车；驾驶的机动车不得牵引挂车。

第二十三条 公安机关交通管理部门对机动车驾驶人的道路交通安全违法行为除给予行政处罚外，实行道路交通安全违法行为累积记分（以下简称记分）制度，记分周期为12个月。对在一个记分周期内记分达到12分的，由公安机关交通管理部门扣留其机动车驾驶证，该机动车驾驶人应当按照规定参加道路交通安全法律、法规的学习并接受考试。考试合格的，记分予以清除，发还机动车驾驶证；考试不合格的，继续参加学习和考试。

应当给予记分的道路交通安全违法行为及其分值，由国务院公安部门根据道路交通安全违法行为的危害程度规定。

公安机关交通管理部门应当提供记分查询方式供机动车驾驶人查询。

第二十四条 机动车驾驶人在一个记分周期内记分未达到12分，所处罚款已经缴纳的，记分予以清除；记分虽未达到12分，但尚有罚款未缴纳的，记分转入下一记分周期。

机动车驾驶人在一个记分周期内记分2次以上达到12分的，除按照第二十三条的规定扣留机动车驾驶证、参加学习、接受考试外，还应当接受驾驶技能考试。考试合格的，记分予以清除，发还机动车驾驶证；考试不合格的，继续参加学习和考试。

接受驾驶技能考试的，按照本人机动车驾驶证载明的最高准驾车型考试。

第二十五条 机动车驾驶人记分达到12分，拒不参加公安机关交通管理部门通知的学习，也不接受考试的，由公安机关交通管理部门公告其机动车驾驶证停止使用。

第二十六条 机动车驾驶人在机动车驾驶证的6年有效期内，每个记分周期均未达到12分的，换发10年有效期的机动车驾驶证；在机动车驾驶证的10年有效期内，每个记分周期均未达到12分的，换发长期有效的机动车驾驶证。

换发机动车驾驶证时，公安机关交通管理部门应当对机动车驾驶证进行审验。

第二十七条 机动车驾驶证丢失、损毁，机动车驾驶人申请补发的，应当向公安机关交通管理部门提交本人身份证明和申请材料。公安机关交通管理部门经与机动车驾驶证档案核实后，在收到申请之日起3日内补发。

第二十八条 机动车驾驶人在机动车驾驶证丢失、损毁、超过有效期或者被依法扣留、暂扣期间以及记分达到12分的，不得驾驶机动车。

第三章 道路通行条件

第二十九条 交通信号灯分为：机动车信号灯、非机动车信号灯、人行横道信号灯、车道信号灯、方向指示信号灯、闪光警告信号灯、道路与铁路平面交叉道口信号灯。

第三十条 交通标志分为：指示标志、警告标志、禁令标志、指路标志、旅游区标志、道路施工安全标志和辅助标志。

道路交通标线分为：指示标线、警告标线、禁止标线。

第三十一条 交通警察的指挥分为：手势信号和使用器具的交通指挥信号。

第三十二条 道路交叉路口和行人横过道路较

为集中的路段应当设置人行横道、过街天桥或者过街地下通道。

在盲人通行较为集中的路段，人行横道信号灯应当设置声响提示装置。

第三十三条 城市人民政府有关部门可以在不影响行人、车辆通行的情况下，在城市道路上施划停车泊位，并规定停车泊位的使用时间。

第三十四条 开辟或者调整公共汽车、长途汽车的行驶路线或者车站，应当符合交通规划和安全、畅通的要求。

第三十五条 道路养护施工单位在道路上进行养护、维修时，应当按照规定设置规范的安全警示标志和安全防护设施。道路养护施工作业车辆、机械应当安装示警灯，喷涂明显的标志图案，作业时应当开启示警灯和危险报警闪光灯。对未中断交通的施工作业道路，公安机关交通管理部门应当加强交通安全监督检查。发生交通阻塞时，及时做好分流、疏导，维护交通秩序。

道路施工需要车辆绕行的，施工单位应当在绕行处设置标志；不能绕行的，应当修建临时通道，保证车辆和行人通行。需要封闭道路中断交通的，除紧急情况外，应当提前5日向社会公告。

第三十六条 道路或者交通设施养护部门、管理部门应当在急弯、陡坡、临崖、临水等危险路段，按照国家标准设置警告标志和安全防护设施。

第三十七条 道路交通标志、标线不规范，机动车驾驶人容易发生辨认错误的，交通标志、标线的主管部门应当及时予以改善。

道路照明设施应当符合道路建设技术规范，保持照明功能完好。

第四章　道路通行规定

第一节　一般规定

第三十八条 机动车信号灯和非机动车信号灯表示：

（一）绿灯亮时，准许车辆通行，但转弯的车辆不得妨碍被放行的直行车辆、行人通行；

（二）黄灯亮时，已越过停止线的车辆可以继续通行；

（三）红灯亮时，禁止车辆通行。

在未设置非机动车信号灯和人行横道信号灯的路口，非机动车和行人应当按照机动车信号灯的表示通行。

红灯亮时，右转弯的车辆在不妨碍被放行的车辆、行人通行的情况下，可以通行。

第三十九条 人行横道信号灯表示：

（一）绿灯亮时，准许行人通过人行横道；

（二）红灯亮时，禁止行人进入人行横道，但是已经进入人行横道的，可以继续通过或者在道路中心线处停留等候。

第四十条 车道信号灯表示：

（一）绿色箭头灯亮时，准许本车道车辆按指示方向通行；

（二）红色叉形灯或者箭头灯亮时，禁止本车道车辆通行。

第四十一条 方向指示信号灯的箭头方向向左、向上、向右分别表示左转、直行、右转。

第四十二条 闪光警告信号灯为持续闪烁的黄灯，提示车辆、行人通行时注意瞭望，确认安全后通过。

第四十三条 道路与铁路平面交叉道口有两个红灯交替闪烁或者一个红灯亮时，表示禁止车辆、行人通行；红灯熄灭时，表示允许车辆、行人通行。

第二节　机动车通行规定

第四十四条 在道路同方向划有2条以上机动车道的，左侧为快速车道，右侧为慢速车道。在快速车道行驶的机动车应当按照快速车道规定的速度行驶，未达到快速车道规定的行驶速度的，应当在慢速车道行驶。摩托车应当在最右侧车道行驶。有交通标志标明行驶速度的，按照标明的行驶速度行驶。慢速车道内的机动车超越前车时，可以借用快速车道行驶。

在道路同方向划有2条以上机动车道的，变更车道的机动车不得影响相关车道内行驶的机动车的正常行驶。

第四十五条 机动车在道路上行驶不得超过限速标志、标线标明的速度。在没有限速标志、标线的道路上，机动车不得超过下列最高行驶速度：

（一）没有道路中心线的道路，城市道路为每小时30公里，公路为每小时40公里；

（二）同方向只有1条机动车道的道路，城市道路为每小时50公里，公路为每小时70公里。

第四十六条 机动车行驶中遇有下列情形之一的，最高行驶速度不得超过每小时30公里，其中拖拉机、电瓶车、轮式专用机械车不得超过每小时15公里：

（一）进出非机动车道，通过铁路道口、急弯路、窄路、窄桥时；

（二）掉头、转弯、下陡坡时；

（三）遇雾、雨、雪、沙尘、冰雹，能见度在50米以内时；

（四）在冰雪、泥泞的道路上行驶时；

（五）牵引发生故障的机动车时。

第四十七条 机动车超车时，应当提前开启左转向灯、变换使用远、近光灯或者鸣喇叭。在没有道路中心线或者同方向只有1条机动车道的道路上，前车遇后车发出超车信号时，在条件许可的情况下，应当降低速度、靠右让路。后车应当在确认有充足的安全距离后，从前车的左侧超越，在与被超车辆拉开必要的安全距离后，开启右转向灯，驶回原车道。

第四十八条 在没有中心隔离设施或者没有中心线的道路上，机动车遇相对方向来车时应当遵守下列规定：

（一）减速靠右行驶，并与其他车辆、行人保持必要的安全距离；

（二）在有障碍的路段，无障碍的一方先行；但有障碍的一方已驶入障碍路段而无障碍的一方未驶入时，有障碍的一方先行；

（三）在狭窄的坡路，上坡的一方先行；但下坡的一方已行至中途而上坡的一方未上坡时，下坡的一方先行；

（四）在狭窄的山路，不靠山体的一方先行；

（五）夜间会车应当在距相对方向来车150米以外改用近光灯，在窄路、窄桥与非机动车会车时应当使用近光灯。

第四十九条 机动车在有禁止掉头或者禁止左转弯标志、标线的地点以及在铁路道口、人行横道、桥梁、急弯、陡坡、隧道或者容易发生危险的路段，不得掉头。

机动车在没有禁止掉头或者没有禁止左转弯标志、标线的地点可以掉头，但不得妨碍正常行驶的其他车辆和行人的通行。

第五十条 机动车倒车时，应当察明车后情况，确认安全后倒车。不得在铁路道口、交叉路口、单行路、桥梁、急弯、陡坡或者隧道中倒车。

第五十一条 机动车通过有交通信号灯控制的交叉路口，应当按照下列规定通行：

（一）在划有导向车道的路口，按所需行进方向驶入导向车道；

（二）准备进入环形路口的让已在路口内的机动车先行；

（三）向左转弯时，靠路口中心点左侧转弯。转弯时开启转向灯，夜间行驶开启近光灯；

（四）遇放行信号时，依次通过；

（五）遇停止信号时，依次停在停止线以外。没有停止线的，停在路口以外；

（六）向右转弯遇有同车道前车正在等候放行信号时，依次停车等候；

（七）在没有方向指示信号灯的交叉路口，转弯的机动车让直行的车辆、行人先行。相对方向行驶的右转弯机动车让左转弯车辆先行。

第五十二条 机动车通过没有交通信号灯控制也没有交通警察指挥的交叉路口，除应当遵守第五十一条第（二）项、第（三）项的规定外，还应当遵守下列规定：

（一）有交通标志、标线控制的，让优先通行的一方先行；

（二）没有交通标志、标线控制的，在进入路口前停车瞭望，让右方道路的来车先行；

（三）转弯的机动车让直行的车辆先行；

（四）相对方向行驶的右转弯的机动车让左转弯的车辆先行。

第五十三条 机动车遇有前方交叉路口交通阻塞时，应当依次停在路口以外等候，不得进入路口。

机动车在遇有前方机动车停车排队等候或者缓慢行驶时，应当依次排队，不得从前方车辆两侧穿插或者超越行驶，不得在人行横道、网状线区域内停车等候。

机动车在车道减少的路口、路段，遇有前方机动车停车排队等候或者缓慢行驶的，应当每车道一辆依次交替驶入车道减少后的路口、路段。

第五十四条 机动车载物不得超过机动车行驶证上核定的载质量，装载长度、宽度不得超出车厢，并应当遵守下列规定：

（一）重型、中型载货汽车，半挂车载物，高度从地面起不得超过4米，载运集装箱的车辆不得超过4.2米；

（二）其他载货的机动车载物，高度从地面起不得超过2.5米；

（三）摩托车载物，高度从地面起不得超过1.5米，长度不得超出车身0.2米。两轮摩托车载物宽度左右各不得超出车把0.15米；三轮摩托车载物宽度不得超过车身。

载客汽车除车身外部的行李架和内置的行李箱外，不得载货。载客汽车行李架载货，从车顶起高度不得超过0.5米，从地面起高度不得超过4米。

第五十五条 机动车载人应当遵守下列规定：

（一）公路载客汽车不得超过核定的载客人数，但按照规定免票的儿童除外，在载客人数已满的情况下，按照规定免票的儿童不得超过核定载客人数的10%；

（二）载货汽车车厢不得载客。在城市道路上，货运机动车在留有安全位置的情况下，车厢内可以附载临时作业人员1人至5人；载物高度超过车厢栏板时，货物上不得载人；

（三）摩托车后座不得乘坐未满12周岁的未成年人，轻便摩托车不得载人。

第五十六条 机动车牵引挂车应当符合下列规定：

（一）载货汽车、半挂牵引车、拖拉机只允许牵引1辆挂车。挂车的灯光信号、制动、连接、安全防护等装置应当符合国家标准；

（二）小型载客汽车只允许牵引旅居挂车或者总质量700千克以下的挂车。挂车不得载人；

（三）载货汽车所牵引挂车的载质量不得超过载货汽车本身的载质量。

大型、中型载客汽车，低速载货汽车，三轮汽车以及其他机动车不得牵引挂车。

第五十七条 机动车应当按照下列规定使用转向灯：

（一）向左转弯、向左变更车道、准备超车、驶离停车地点或者掉头时，应当提前开启左转向灯；

（二）向右转弯、向右变更车道、超车完毕驶回原车道、靠路边停车时，应当提前开启右转向灯。

第五十八条 机动车在夜间没有路灯、照明不良或者遇有雾、雨、雪、沙尘、冰雹等低能见度情况下行驶时，应当开启前照灯、示廓灯和后位灯，但同方向行驶的后车与前车近距离行驶时，不得使用远光灯。机动车雾天行驶应当开启雾灯和危险报警闪光灯。

第五十九条 机动车在夜间通过急弯、坡路、拱桥、人行横道或者没有交通信号灯控制的路口时，应当交替使用远近光灯示意。

机动车驶近急弯、坡道顶端等影响安全视距的路段以及超车或者遇有紧急情况时，应当减速慢行，并鸣喇叭示意。

第六十条 机动车在道路上发生故障或者发生交通事故，妨碍交通又难以移动的，应当按照规定开启危险报警闪光灯并在车后50米至100米处设置警告标志，夜间还应当同时开启示廓灯和后位灯。

第六十一条 牵引故障机动车应当遵守下列规定：

（一）被牵引的机动车除驾驶人外不得载人，不得拖带挂车；

（二）被牵引的机动车宽度不得大于牵引机动车的宽度；

（三）使用软连接牵引装置时，牵引车与被牵引车之间的距离应当大于4米小于10米；

（四）对制动失效的被牵引车，应当使用硬连接牵引装置牵引；

（五）牵引车和被牵引车均应当开启危险报警闪光灯。

汽车吊车和轮式专用机械车不得牵引车辆。摩托车不得牵引车辆或者被其他车辆牵引。

转向或者照明、信号装置失效的故障机动车，应当使用专用清障车拖曳。

第六十二条 驾驶机动车不得有下列行为：

（一）在车门、车厢没有关好时行车；

（二）在机动车驾驶室的前后窗范围内悬挂、放置妨碍驾驶人视线的物品；

（三）拨打接听手持电话、观看电视等妨碍安全驾驶的行为；

（四）下陡坡时熄火或者空挡滑行；

（五）向道路上抛撒物品；

（六）驾驶摩托车手离车把或者在车把上悬挂物品；

（七）连续驾驶机动车超过4小时未停车休息或者停车休息时间少于20分钟；

（八）在禁止鸣喇叭的区域或者路段鸣喇叭。

第六十三条 机动车在道路上临时停车，应当遵守下列规定：

（一）在设有禁停标志、标线的路段，在机动车道与非机动车道、人行道之间设有隔离设施的路段以及人行横道、施工地段，不得停车；

（二）交叉路口、铁路道口、急弯路、宽度不足4米的窄路、桥梁、陡坡、隧道以及距离上述地点50米以内的路段，不得停车；

（三）公共汽车站、急救站、加油站、消防栓或者消防队（站）门前以及距离上述地点30米以内的路段，除使用上述设施的以外，不得停车；

（四）车辆停稳前不得开车门和上下人员，开关车门不得妨碍其他车辆和行人通行；

（五）路边停车应当紧靠道路右侧，机动车驾驶人不得离车，上下人员或者装卸物品后，立即驶离；

（六）城市公共汽车不得在站点以外的路段停车上下乘客。

第六十四条 机动车行经漫水路或者漫水桥时，

应当停车察明水情，确认安全后，低速通过。

第六十五条 机动车载运超限物品行经铁路道口的，应当按照当地铁路部门指定的铁路道口、时间通过。

机动车行经渡口，应当服从渡口管理人员指挥，按照指定地点依次待渡。机动车上下渡船时，应当低速慢行。

第六十六条 警车、消防车、救护车、工程救险车在执行紧急任务遇交通受阻时，可以断续使用警报器，并遵守下列规定：

（一）不得在禁止使用警报器的区域或者路段使用警报器；

（二）夜间在市区不得使用警报器；

（三）列队行驶时，前车已经使用警报器的，后车不再使用警报器。

第六十七条 在单位院内、居民居住区内，机动车应当低速行驶，避让行人；有限速标志的，按照限速标志行驶。

第三节　非机动车通行规定

第六十八条 非机动车通过有交通信号灯控制的交叉路口，应当按照下列规定通行：

（一）转弯的非机动车让直行的车辆、行人优先通行；

（二）遇有前方路口交通阻塞时，不得进入路口；

（三）向左转弯时，靠路口中心点的右侧转弯；

（四）遇有停止信号时，应当依次停在路口停止线以外。没有停止线的，停在路口以外；

（五）向右转弯遇有同方向前车正在等候放行信号时，在本车道内能够转弯的，可以通行；不能转弯的，依次等候。

第六十九条 非机动车通过没有交通信号灯控制也没有交通警察指挥的交叉路口，除应当遵守第六十八条第（一）项、第（二）项和第（三）项的规定外，还应当遵守下列规定：

（一）有交通标志、标线控制的，让优先通行的一方先行；

（二）没有交通标志、标线控制的，在路口外慢行或者停车瞭望，让右方道路的来车先行；

（三）相对方向行驶的右转弯的非机动车让左转弯的车辆先行。

第七十条 驾驶自行车、电动自行车、三轮车在路段上横过机动车道，应当下车推行，有人行横道或者行人过街设施的，应当从人行横道或者行人过街设施通过；没有人行横道、没有行人过街设施或者不便使用行人过街设施的，在确认安全后直行通过。

因非机动车道被占用无法在本车道内行驶的非机动车，可以在受阻的路段借用相邻的机动车道行驶，并在驶过被占用路段后迅速驶回非机动车道。机动车遇此情况应当减速让行。

第七十一条 非机动车载物，应当遵守下列规定：

（一）自行车、电动自行车、残疾人机动轮椅车载物，高度从地面起不得超过1.5米，宽度左右各不得超出车把0.15米，长度前端不得超出车轮，后端不得超出车身0.3米；

（二）三轮车、人力车载物，高度从地面起不得超过2米，宽度左右各不得超出车身0.2米，长度不得超出车身1米；

（三）畜力车载物，高度从地面起不得超过2.5米，宽度左右各不得超出车身0.2米，长度前端不得超出车辕，后端不得超出车身1米。

自行车载人的规定，由省、自治区、直辖市人民政府根据当地实际情况制定。

第七十二条 在道路上驾驶自行车、三轮车、电动自行车、残疾人机动轮椅车应当遵守下列规定：

（一）驾驶自行车、三轮车必须年满12周岁；

（二）驾驶电动自行车和残疾人机动轮椅车必须年满16周岁；

（三）不得醉酒驾驶；

（四）转弯前应当减速慢行，伸手示意，不得突然猛拐，超越前车时不得妨碍被超越的车辆行驶；

（五）不得牵引、攀扶车辆或者被其他车辆牵引，不得双手离把或者手中持物；

（六）不得扶身并行、互相追逐或者曲折竞驶；

（七）不得在道路上骑独轮自行车或者2人以上骑行的自行车；

（八）非下肢残疾的人不得驾驶残疾人机动轮椅车；

（九）自行车、三轮车不得加装动力装置；

（十）不得在道路上学习驾驶非机动车。

第七十三条 在道路上驾驭畜力车应当年满16周岁，并遵守下列规定：

（一）不得醉酒驾驭；

（二）不得并行，驾驭人不得离开车辆；

（三）行经繁华路段、交叉路口、铁路道口、人行横道、急弯路、宽度不足4米的窄路或者窄桥、陡坡、隧道或者容易发生危险的路段，不得超车。

驾驭两轮畜力车应当下车牵引牲畜；

（四）不得使用未经驯服的牲畜驾车，随车幼畜须拴系；

（五）停放车辆应当拉紧车闸，拴系牲畜。

第四节 行人和乘车人通行规定

第七十四条 行人不得有下列行为：

（一）在道路上使用滑板、旱冰鞋等滑行工具；

（二）在车行道内坐卧、停留、嬉闹；

（三）追车、抛物击车等妨碍道路交通安全的行为。

第七十五条 行人横过机动车道，应当从行人过街设施通过；没有行人过街设施的，应当从人行横道通过；没有人行横道的，应当观察来往车辆的情况，确认安全后直行通过，不得在车辆临近时突然加速横穿或者中途倒退、折返。

第七十六条 行人列队在道路上通行，每横列不得超过 2 人，但在已经实行交通管制的路段不受限制。

第七十七条 乘坐机动车应当遵守下列规定：

（一）不得在机动车道上拦乘机动车；

（二）在机动车道上不得从机动车左侧上下车；

（三）开关车门不得妨碍其他车辆和行人通行；

（四）机动车行驶中，不得干扰驾驶，不得将身体任何部分伸出车外，不得跳车；

（五）乘坐两轮摩托车应当正向骑坐。

第五节 高速公路的特别规定

第七十八条 高速公路应当标明车道的行驶速度，最高车速不得超过每小时 120 公里，最低车速不得低于每小时 60 公里。

在高速公路上行驶的小型载客汽车最高车速不得超过每小时 120 公里，其他机动车不得超过每小时 100 公里，摩托车不得超过每小时 80 公里。

同方向有 2 条车道的，左侧车道的最低车速为每小时 100 公里；同方向有 3 条以上车道的，最左侧车道的最低车速为每小时 110 公里，中间车道的最低车速为每小时 90 公里。道路限速标志标明的车速与上述车道行驶车速的规定不一致的，按照道路限速标志标明的车速行驶。

第七十九条 机动车从匝道驶入高速公路，应当开启左转向灯，在不妨碍已在高速公路内的机动车正常行驶的情况下驶入车道。

机动车驶离高速公路时，应当开启右转向灯，驶入减速车道，降低车速后驶离。

第八十条 机动车在高速公路上行驶，车速超过每小时 100 公里时，应当与同车道前车保持 100 米以上的距离，车速低于每小时 100 公里时，与同车道前车距离可以适当缩短，但最小距离不得少于 50 米。

第八十一条 机动车在高速公路上行驶，遇有雾、雨、雪、沙尘、冰雹等低能见度气象条件时，应当遵守下列规定：

（一）能见度小于 200 米时，开启雾灯、近光灯、示廓灯和前后位灯，车速不得超过每小时 60 公里，与同车道前车保持 100 米以上的距离；

（二）能见度小于 100 米时，开启雾灯、近光灯、示廓灯、前后位灯和危险报警闪光灯，车速不得超过每小时 40 公里，与同车道前车保持 50 米以上的距离；

（三）能见度小于 50 米时，开启雾灯、近光灯、示廓灯、前后位灯和危险报警闪光灯，车速不得超过每小时 20 公里，并从最近的出口尽快驶离高速公路。

遇有前款规定情形时，高速公路管理部门应当通过显示屏等方式发布速度限制、保持车距等提示信息。

第八十二条 机动车在高速公路上行驶，不得有下列行为：

（一）倒车、逆行、穿越中央分隔带掉头或者在车道内停车；

（二）在匝道、加速车道或者减速车道上超车；

（三）骑、轧车行道分界线或者在路肩上行驶；

（四）非紧急情况时在应急车道行驶或者停车；

（五）试车或者学习驾驶机动车。

第八十三条 在高速公路上行驶的载货汽车车厢不得载人。两轮摩托车在高速公路行驶时不得载人。

第八十四条 机动车通过施工作业路段时，应当注意警示标志，减速行驶。

第八十五条 城市快速路的道路交通安全管理，参照本节的规定执行。

高速公路、城市快速路的道路交通安全管理工作，省、自治区、直辖市人民政府公安机关交通管理部门可以指定设区的市人民政府公安机关交通管理部门或者相当于同级的公安机关交通管理部门承担。

第五章 交通事故处理

第八十六条 机动车与机动车、机动车与非机动车在道路上发生未造成人身伤亡的交通事故，当事人对事实及成因无争议的，在记录交通事故的时间、地点、对方当事人的姓名和联系方式、机动车牌号、驾驶证号、保险凭证号、碰撞部位，并共同签名后，撤离现场，自行协商损害赔偿事宜。当事人对交通事故事实及成因有争议的，应当迅速报警。

第八十七条　非机动车与非机动车或者行人在道路上发生交通事故，未造成人身伤亡，且基本事实及成因清楚的，当事人应当先撤离现场，再自行协商处理损害赔偿事宜。当事人对交通事故事实及成因有争议的，应当迅速报警。

第八十八条　机动车发生交通事故，造成道路、供电、通讯等设施损毁的，驾驶人应当报警等候处理，不得驶离。机动车可以移动的，应当将机动车移至不妨碍交通的地点。公安机关交通管理部门应当将事故有关情况通知有关部门。

第八十九条　公安机关交通管理部门或者交通警察接到交通事故报警，应当及时赶赴现场，对未造成人身伤亡，事实清楚，并且机动车可以移动的，应当在记录事故情况后责令当事人撤离现场，恢复交通。对拒不撤离现场的，予以强制撤离。

对属于前款规定情况的道路交通事故，交通警察可以适用简易程序处理，并当场出具事故认定书。当事人共同请求调解的，交通警察可以当场对损害赔偿争议进行调解。

对道路交通事故造成人员伤亡和财产损失需要勘验、检查现场的，公安机关交通管理部门应当按照勘查现场工作规范进行。现场勘查完毕，应当组织清理现场，恢复交通。

第九十条　投保机动车第三者责任强制保险的机动车发生交通事故，因抢救受伤人员需要保险公司支付抢救费用的，由公安机关交通管理部门通知保险公司。

抢救受伤人员需要道路交通事故救助基金垫付费用的，由公安机关交通管理部门通知道路交通事故社会救助基金管理机构。

第九十一条　公安机关交通管理部门应当根据交通事故当事人的行为对发生交通事故所起的作用以及过错的严重程度，确定当事人的责任。

第九十二条　发生交通事故后当事人逃逸的，逃逸的当事人承担全部责任。但是，有证据证明对方当事人也有过错的，可以减轻责任。

当事人故意破坏、伪造现场、毁灭证据的，承担全部责任。

第九十三条　公安机关交通管理部门对经过勘验、检查现场的交通事故应当在勘查现场之日起10日内制作交通事故认定书。对需要进行检验、鉴定的，应当在检验、鉴定结果确定之日起5日内制作交通事故认定书。

第九十四条　当事人对交通事故损害赔偿有争议，各方当事人一致请求公安机关交通管理部门调解的，应当在收到交通事故认定书之日起10日内提出书面调解申请。

对交通事故致死的，调解从办理丧葬事宜结束之日起开始；对交通事故致伤的，调解从治疗终结或者定残之日起开始；对交通事故造成财产损失的，调解从确定损失之日起开始。

第九十五条　公安机关交通管理部门调解交通事故损害赔偿争议的期限为10日。调解达成协议的，公安机关交通管理部门应当制作调解书送交各方当事人，调解书经各方当事人共同签字后生效；调解未达成协议的，公安机关交通管理部门应当制作调解终结书送交各方当事人。

交通事故损害赔偿项目和标准依照有关法律的规定执行。

第九十六条　对交通事故损害赔偿的争议，当事人向人民法院提起民事诉讼的，公安机关交通管理部门不再受理调解申请。

公安机关交通管理部门调解期间，当事人向人民法院提起民事诉讼的，调解终止。

第九十七条　车辆在道路以外发生交通事故，公安机关交通管理部门接到报案的，参照道路交通安全法和本条例的规定处理。

车辆、行人与火车发生的交通事故以及在渡口发生的交通事故，依照国家有关规定处理。

第六章　执法监督

第九十八条　公安机关交通管理部门应当公开办事制度、办事程序，建立警风警纪监督员制度，自觉接受社会和群众的监督。

第九十九条　公安机关交通管理部门及其交通警察办理机动车登记，发放号牌，对驾驶人考试、发证，处理道路交通安全违法行为，处理道路交通事故，应当严格遵守有关规定，不得越权执法，不得延迟履行职责，不得擅自改变处罚的种类和幅度。

第一百条　公安机关交通管理部门应当公布举报电话，受理群众举报投诉，并及时调查核实，反馈查处结果。

第一百零一条　公安机关交通管理部门应当建立执法质量考核评议、执法责任制和执法过错追究制度，防止和纠正道路交通安全执法中的错误或者不当行为。

第七章 法律责任

第一百零二条 违反本条例规定的行为，依照道路交通安全法和本条例的规定处罚。

第一百零三条 以欺骗、贿赂等不正当手段取得机动车登记或者驾驶许可的，收缴机动车登记证书、号牌、行驶证或者机动车驾驶证，撤销机动车登记或者机动车驾驶许可；申请人在3年内不得申请机动车登记或者机动车驾驶许可。

第一百零四条 机动车驾驶人有下列行为之一，又无其他机动车驾驶人即时替代驾驶的，公安机关交通管理部门除依法给予处罚外，可以将其驾驶的机动车移至不妨碍交通的地点或者有关部门指定的地点停放：

（一）不能出示本人有效驾驶证的；

（二）驾驶的机动车与驾驶证载明的准驾车型不符的；

（三）饮酒、服用国家管制的精神药品或者麻醉药品、患有妨碍安全驾驶的疾病，或者过度疲劳仍继续驾驶的；

（四）学习驾驶人员没有教练人员随车指导单独驾驶的。

第一百零五条 机动车驾驶人有饮酒、醉酒、服用国家管制的精神药品或者麻醉药品嫌疑的，应当接受测试、检验。

第一百零六条 公路客运载客汽车超过核定乘员、载货汽车超过核定载质量的，公安机关交通管理部门依法扣留机动车后，驾驶人应当将超载的乘车人转运、将超载的货物卸载，费用由超载机动车的驾驶人或者所有人承担。

第一百零七条 依照道路交通安全法第九十二条、第九十五条、第九十六条、第九十八条的规定被扣留的机动车，驾驶人或者所有人、管理人30日内没有提供被扣留机动车的合法证明，没有补办相应手续，或者不前来接受处理，经公安机关交通管理部门通知并且经公告3个月仍不前来接受处理的，由公安机关交通管理部门将该机动车送交有资格的拍卖机构拍卖，所得价款上缴国库；非法拼装的机动车予以拆除；达到报废标准的机动车予以报废；机动车涉及其他违法犯罪行为的，移交有关部门处理。

第一百零八条 交通警察按照简易程序当场作出行政处罚的，应当告知当事人道路交通安全违法行为的事实、处罚的理由和依据，并将行政处罚决定书当场交付被处罚人。

第一百零九条 对道路交通安全违法行为人处以罚款或者暂扣驾驶证处罚的，由违法行为发生地的县级以上人民政府公安机关交通管理部门或者相当于同级的公安机关交通管理部门作出决定；对处以吊销机动车驾驶证处罚的，由设区的市人民政府公安机关交通管理部门或者相当于同级的公安机关交通管理部门作出决定。

公安机关交通管理部门对非本辖区机动车的道路交通安全违法行为没有当场处罚的，可以由机动车登记地的公安机关交通管理部门处罚。

第一百一十条 当事人对公安机关交通管理部门及其交通警察的处罚有权进行陈述和申辩，交通警察应当充分听取当事人的陈述和申辩，不得因当事人陈述、申辩而加重其处罚。

第八章 附 则

第一百一十一条 本条例所称上道路行驶的拖拉机，是指手扶拖拉机等最高设计行驶速度不超过每小时20公里的轮式拖拉机和最高设计行驶速度不超过每小时40公里、牵引挂车方可从事道路运输的轮式拖拉机。

第一百一十二条 农业（农业机械）主管部门应当定期向公安机关交通管理部门提供拖拉机登记、安全技术检验以及拖拉机驾驶证发放的资料、数据。公安机关交通管理部门对拖拉机驾驶人作出暂扣、吊销驾驶证处罚或者记分处理的，应当定期将处罚决定书和记分情况通报有关的农业（农业机械）主管部门。吊销驾驶证的，还应当将驾驶证送交有关的农业（农业机械）主管部门。

第一百一十三条 境外机动车入境行驶，应当向入境地的公安机关交通管理部门申请临时通行号牌、行驶证。临时通行号牌、行驶证应当根据行驶需要，载明有效日期和允许行驶的区域。

入境的境外机动车申请临时通行号牌、行驶证以及境外人员申请机动车驾驶许可的条件、考试办法由国务院公安部门规定。

第一百一十四条 机动车驾驶许可考试的收费标准，由国务院价格主管部门规定。

第一百一十五条 本条例自2004年5月1日起施行。1960年2月11日国务院批准、交通部发布的《机动车管理办法》，1988年3月9日国务院发布的《中华人民共和国道路交通管理条例》，1991年9月22日国务院发布的《道路交通事故处理办法》，同时废止。

2. 规 章

高速公路交通应急管理程序规定

(2008年12月3日 公通字〔2008〕54号)

第一章 总 则

第一条 为加强高速公路交通应急管理，切实保障高速公路交通安全畅通和人民生命财产安全，有效处置交通拥堵，根据《中华人民共和国道路交通安全法》及其实施条例、《中华人民共和国突发事件应对法》的有关规定，制定本规定。

第二条 因道路交通事故、危险化学品泄漏、恶劣天气、自然灾害以及其他突然发生影响安全畅通的事件，造成高速公路交通中断和车辆滞留，各级公安机关按照本规定进行应急处置。

第三条 高速公路交通应急管理工作应当坚持以人为本、统一领导、分工负责、协调联动、快速反应、依法实施的原则，将应急救援和交通疏导工作作为首要任务，确保人民群众生命财产安全和交通安全畅通。

第四条 各级公安机关要完善高速公路交通应急管理领导机构，建立统一指挥、分级负责、部门联动、协调有序、反应灵敏、运转高效的高速公路交通应急管理机制。

第五条 各级公安机关应当建立高速公路分级应急响应机制。公安部指导各级公安机关开展高速公路交通应急管理工作，省级公安机关指导或指挥本省（自治区、直辖市）公安机关开展高速公路交通应急管理工作，地市级以下公安机关根据职责负责辖区内高速公路交通应急管理工作。

第六条 各级公安机关应当结合实际，在本级人民政府统一领导下，会同环境保护、交通运输、卫生、安全监管、气象等部门和高速公路经营管理、医疗急救、抢险救援等单位，联合建立高速公路交通应急管理预警机制和协作机制。

第七条 省级公安机关应当建立完善相邻省（自治区、直辖市）高速公路交通应急管理协调工作机制，配合相邻省（自治区、直辖市）做好跨省际高速公路交通应急管理工作。

第八条 各级公安机关交通管理部门根据管理体制和管理职责，具体负责本辖区内高速公路交通应急管理工作。

第二章 应急准备

第九条 根据道路交通中断造成车辆滞留的影响范围和严重程度，高速公路应急响应从高到低分为一级、二级、三级和四级应急响应级别。各级公安机关应当完善高速公路交通管理应急预案体系，根据职权制定相应级别的应急预案，在应急预案中分别对交通事故、危险化学品泄漏、恶劣天气、自然灾害等不同突发情况做出具体规定。

第十条 各级公安机关应当根据高速公路交通应急管理实际需要，为高速公路公安交通管理部门配备应急处置的有关装备和设施，完善通讯、交通、救援、信息发布等装备器材及民警个人防护装备。

第十一条 公安部制定一级响应应急预案，每两年组织一次演练和培训。省级公安机关制定二级和三级响应应急预案，每年组织一次演练和培训。地市级公安机关制定四级响应应急预案，每半年组织一次演练和培训。

第十二条 跨省（自治区、直辖市）实施交通应急管理的应急预案应由省级公安机关制定，通报相关省级公安机关，并报公安部备案。

跨地市实施交通应急管理的应急预案应由地市级公安机关制定，通报相关地市级公安机关，并报省级公安机关备案。

第三章 应急响应

第十三条 道路交通中断24小时以上，造成车辆滞留严重影响相邻三个以上省（自治区、直辖市）高速公路通行的为一级响应；道路交通中断24小时以上，造成车辆滞留涉及相邻两个以上省（自治区、直辖市）高速公路通行的为二级响应；道路交通中断24小时以上，造成车辆滞留影响省（自治区、直辖市）内相邻三个以上地市辖区高速公路通行的为三级响应；道路交通中断12小时以上，造成车辆滞留影响两个以上地市辖区内高速公路通行的为四级响应。

第十四条 各级公安机关接到应急事件报警后,应当详细了解事件情况,对事件的处置时间和可能造成的影响及时作出研判。在确认高速公路交通应急管理响应级别后,应当立即启动相应级别的应急预案并明确向下一级公安机关宣布进入应急状态。各级公安机关在宣布或者接上级公安机关命令进入应急状态后,应当立即部署本级相关部门或相关下级公安机关执行。

第十五条 一级响应时,公安部启动一级响应应急预案,宣布进入一级应急状态,成立高速公路交通应急管理指挥部,指导、协调所涉及地区公安机关开展交通应急管理工作,必要时派员赴现场指导工作,相关省级公安机关成立相应领导机构,指导或指挥省(自治区、直辖市)内各级公安机关开展各项交通应急管理工作。

第十六条 二级响应时,由发生地省级公安机关联合被影响地省级公安机关启动二级响应应急预案,宣布进入二级应急状态,以发生地省级公安机关为主成立高速公路交通应急管理指挥部,协调被影响地省级公安机关开展交通应急管理工作。必要时由公安部协调开展工作。

第十七条 三级响应时,省级公安机关启动三级响应应急预案,宣布进入三级应急状态,成立高速公路交通应急管理指挥部,指挥本省(自治区、直辖市)内各级公安机关开展交通应急管理工作。

第十八条 四级响应时,由发生地地市级公安机关联合被影响地公安机关启动四级响应应急预案,宣布进入四级应急状态,以发生地地市级公安机关为主成立高速公路交通应急管理指挥部,指挥本地公安机关,协调被影响地公安机关开展交通应急管理工作。

第十九条 发生地和被影响地难以区分时,上级公安机关可以指令下级公安机关牵头成立临时领导机构,指挥、协调高速公路交通应急管理工作。

第二十条 各级公安机关要根据事态的发展和现场处置情况及时调整响应级别。响应级别需要提高的,应当在初步确定后30分钟内,宣布提高响应级别或报请上级公安机关提高响应级别,启动相应级别的应急预案。

第四章 应急处置

第二十一条 一级响应,需要采取封闭高速公路交通管理措施的,由公安部作出决定;二级以下响应,需要采取封闭高速公路交通管理措施的,应当由省级公安机关作出决定,封闭高速公路24小时以上的应报公安部备案;情况特别紧急,如不采取封闭高速公路交通管理措施,可能造成群死群伤重特大交通事故等情形的,可先行封闭高速公路,再按规定逐级上报批准或备案。

第二十二条 高速公路实施交通应急管理时,非紧急情况不得关闭省际入口,一级、二级响应时,本省(自治区、直辖市)范围内不能疏导交通,确需关闭高速公路省际入口的,按以下要求进行:

(一)采取关闭高速公路省际入口措施,应当事先征求相邻省级公安机关意见;

(二)一级响应时,需要关闭高速公路省际入口的,应当报公安部批准后实施;

(三)二级响应时,关闭高速公路省际入口可能在24小时以上的,由省级公安机关批准后实施,同时应当向公安部上报道路基本情况、处置措施、关闭高速公路省际入口后采取的应对措施以及征求相邻省级公安机关意见情况;24小时以内的,由省级公安机关批准后实施;

(四)具体实施关闭高速公路省际入口措施的公安机关,应当每小时向相邻省(自治区、直辖市)协助实施交通管理的公安机关通报一次处置突发事件工作进展情况;

(五)应急处置完毕,应当立即解除高速公路省际入口关闭措施,并通知相邻省级公安机关协助疏导交通,关闭高速公路省际入口24小时以上的,还应当同时上报公安部。

第二十三条 高速公路实施交通应急管理一级、二级响应时,实施远端分流,需组织车辆绕道相邻省(自治区、直辖市)公路通行的,按以下要求进行:

(一)跨省(自治区、直辖市)组织实施车辆绕道通行的,应当报省级公安机关同意,并与相邻省级公安机关就通行线路、通行组织等有关情况协商一致后报公安部批准;

(二)组织车辆绕道通行应当采取现场指挥、引导通行等措施确保安全;

(三)按照有关规定发布车辆绕道通行和路况等信息。

第五章 现场处置措施

第二十四条 重特大交通事故交通应急管理现场处置措施:

(一)启动高速公路交通应急管理协作机制,立即联系医疗急救机构，组织抢救受伤人员，上报事故现场基本情况，保护事故现场，维护现场秩序；

（二）划定警戒区，并在警戒区外按照"远疏近密"的要求，从距来车方向五百米以外开始设置警告标志。白天要指定交通警察负责警戒并指挥过往车辆减速、变更车道。夜间或者雨、雪、雾等天气情况造成能见度低于五百米时，需从距来车方向一千米以外开始设置警告标志，并停放警车，打开警灯或电子显示屏示警；

（三）控制交通肇事人，疏散无关人员，视情采取临时性交通管制措施及其他控制措施，防止引发次生交通事故；

（四）在医疗急救机构人员到达现场之前，组织抢救受伤人员，对因抢救伤员需要移动车辆、物品的，应当先标明原始位置；

（五）确保应急车道畅通，引导医疗、施救等车辆、人员顺利出入事故现场，做好辅助性工作；救护车辆不足时，启用警车或征用过往车辆协助运送伤员到医疗急救机构。

第二十五条　危险化学品运输车辆交通事故交通应急管理现场处置措施：

（一）启动高速公路交通应急管理协作机制，及时向驾驶人、押运人员及其他有关人员了解运载的物品种类及可能导致的后果，迅速上报危险化学品种类、危害程度、是否泄漏、死伤人员及周边河流、村庄受害等情况；

（二）划定警戒区域，设置警戒线，清理、疏散无关车辆、人员，安排事故未受伤人员至现场上风口地带；在医疗急救机构人员到达现场之前，组织抢救受伤人员。控制、保护肇事者和当事人，防止逃逸和其他意外的发生；

（三）确保应急车道畅通，引导医疗、救援等车辆、人员顺利出入事故现场，做好辅助性工作；救护车辆不足时，启用警车或征用过往车辆协助运送伤员到医疗急救机构；

（四）严禁在事故现场吸烟、拨打手机或使用明火等可能引起燃烧、爆炸等严重后果的行为。经环境保护、安全监管等部门及公安消防机构监测发生重大险情的，要立即将现场警力和人员撤至安全区域；

（五）解救因车辆撞击、侧翻、失火、落水、坠落而被困的人员，排除可能存在的隐患和险情，防止发生次生交通事故。

第二十六条　恶劣天气交通应急管理现场处置措施：

（一）迅速上报路况信息，包括雾、雨、雪、冰等恶劣天气的区域范围及变化趋势、能见度、车流量等情况；

（二）根据路况和上级要求，采取分段通行、间断放行、绕道通行、引导通行等措施；

（三）加强巡逻，及时发现和处置交通事故现场，严防发生次生交通事故；

（四）采取封闭高速公路交通管理措施时，要通过设置绕行提示标志、电子显示屏或可变情报板、交通广播等方式发布提示信息，按照交通应急管理预案进行分流。

第二十七条　自然灾害交通应急管理现场处置措施：

（一）接到报警后，民警迅速赶往现场，了解现场具体情况；

（二）因自然灾害导致路面堵塞，及时采取封闭道路措施，对受影响路段入口实施交通管制；

（三）通过设置绕行提示标志、电子显示屏或可变情报板、交通广播等方式发布提示信息，按照交通分流预案进行分流；

（四）封闭道路分流后须立即采取带离的方式清理道路上的滞留车辆；

（五）根据现场情况调度施救力量，及时清理现场，确保尽早恢复交通。

第二十八条　公安机关接报应急情况后，应当采取以下措施：

（一）了解道路交通中断和车辆滞留的影响范围和严重程度，根据高速公路交通应急管理响应级别，启动相应的应急预案，启动高速公路交通应急管理协作机制；

（二）按照本规定要求及时上报有关信息；

（三）会同相关职能部门，组织实施交通管理措施，及时采取分段通行、间断放行、绕道通行、引导通行等措施疏导滞留车辆；

（四）依法及时发布交通预警、分流和诱导等交通管理信息。

第二十九条　公安机关接到危险化学品泄漏交通事故报警后，应当立即报告当地人民政府，通知有关部门到现场协助处理。

第三十条　各级公安机关应当在高速公路交通管理应急预案中详细规定交通警察现场处置操作规程。

第三十一条　交通警察在实施交通应急管理现场处置操作规程时，应当严格执行安全防护规定，注意自身安全。

第六章　信息报告与发布

第三十二条　需采取的应急措施超出公安机关职权范围的，事发地公安机关应当向当地人民政府报告，请求协调解决，同时向上级公安机关报告。

第三十三条　高速公路实施交通应急管理可能影响相邻省（自治区、直辖市）道路交通的，在及时处置的同时，要立即向相邻省（自治区、直辖市）的同级公安机关通报。

第三十四条　受邻省高速公路实施交通应急管理影响，造成本省（自治区、直辖市）道路交通中断和车辆滞留的，应当立即向邻省同级公安机关通报，同时向上级公安机关和当地人民政府报告。

第三十五条　信息上报的内容应当包括事件发生时间、地点、原因、目前道路交通状况、事件造成损失及危害、判定的响应级别、已经采取的措施、工作建议以及预计恢复交通的时间等情况，完整填写《高速公路交通应急管理信息上报表》。

第三十六条　信息上报可通过电话、传真、公安信息网传输等方式，紧急情况下，应当立即通过电话上报，遇有暂时无法查清的情况，待查清后续报。

第三十七条　高速公路实施交通应急管理需启动一级响应的，应当在初步确定启动一级响应 1 小时内将基本信息逐级上报至公安部；需启动二级响应的，应当在初步确定启动二级响应 30 分钟内将基本信息逐级上报至省级公安机关；需启动三级和四级响应的，应当及时将基本信息逐级上报至省级公安机关。公安部指令要求查报的，可由当地公安机关在规定时间内直接报告。

第三十八条　各级公安机关应当按照有关规定在第一时间向社会发布高速公路交通应急管理简要信息，随后发布初步核实情况、政府应对措施和公众防范措施等，并根据事件处置情况做好后续发布工作。对外发布的有关信息应当及时、准确、客观、全面。

第三十九条　本省（自治区、直辖市）或相邻省（自治区、直辖市）高速公路实施交通应急管理，需采取交通管制措施影响本省（自治区、直辖市）道路交通，应当采取现场接受采访、举行新闻发布会等形式通过本省（自治区、直辖市）电视、广播、报纸、网络等媒体及时公布信息。同时，协调高速公路经营管理单位在高速公路沿线电子显示屏滚动播放交通管制措施。

第四十条　应急处置完毕，应当迅速取消交通应急管理等措施，尽快恢复交通，待道路交通畅通后撤离现场，并及时向社会发布取消交通应急管理措施和恢复交通的信息。

第七章　评估总结

第四十一条　各级公安机关要对制定的应急预案定期组织评估，并根据演练和启动预案的情况，适时调整应急预案内容。公安部每两年组织对一级响应应急预案进行一次评估，省级公安机关每年组织对二级和三级响应应急预案进行一次评估，地市级公安机关每半年对四级响应应急预案进行一次评估。

第四十二条　应急处置结束后，应急处置工作所涉及的公安机关应当对应急响应工作进行总结，并对应急预案进行修订完善。

第八章　附　则

第四十三条　违反本规定中关于关闭高速公路省际入口、组织车辆绕行分流和信息报告、发布等要求，影响应急事件处置的，给予有关人员相应纪律处分；造成严重后果的，依法追究有关人员法律责任。

第四十四条　本规定中所称"以上"、"以下"、"以内"、"以外"包含本数。

第四十五条　高速公路以外的其他道路交通应急管理参照本规定执行。

第四十六条　本规定自印发之日起实施。

附件：高速公路交通应急管理信息上报表（略）

道路运输车辆动态监督管理办法

（2014 年 1 月 28 日交通运输部、公安部、国家安全生产监督管理总局发布　根据 2016 年 4 月 20 日《交通运输部、公安部、国家安全生产监督管理总局关于修改〈道路运输车辆动态监督管理办法〉的决定》第一次修正　根据 2022 年 2 月 14 日《交通运输部、公安部、应急管理部关于修改〈道路运输车辆动态监督管理办法〉的决定》第二次修正）

第一章　总　则

第一条　为加强道路运输车辆动态监督管理，预防和减少道路交通事故，依据《中华人民共和国安全生产法》《中华人民共和国道路交通安全法实施条例》《中华人民共和国道路运输条例》等有关法律法规，制定本办法。

第二条 道路运输车辆安装、使用具有行驶记录功能的卫星定位装置（以下简称卫星定位装置）以及相关安全监督管理活动，适用本办法。

第三条 本办法所称道路运输车辆，包括用于公路营运的载客汽车、危险货物运输车辆、半挂牵引车以及重型载货汽车（总质量为12吨及以上的普通货运车辆）。

第四条 道路运输车辆动态监督管理应当遵循企业监控、政府监管、联网联控的原则。

第五条 道路运输管理机构、公安机关交通管理部门、应急管理部门依据法定职责，对道路运输车辆动态监控工作实施联合监督管理。

第二章 系统建设

第六条 道路运输车辆卫星定位系统平台应当符合以下标准要求：

（一）《道路运输车辆卫星定位系统平台技术要求》（GB/T 35658）；

（二）《道路运输车辆卫星定位系统终端通信协议及数据格式》（JT/T 808）；

（三）《道路运输车辆卫星定位系统平台数据交换》（JT/T 809）。

第七条 在道路运输车辆上安装的卫星定位装置应符合以下标准要求：

（一）《道路运输车辆卫星定位系统车载终端技术要求》（JT/T 794）；

（二）《道路运输车辆卫星定位系统终端通信协议及数据格式》（JT/T 808）；

（三）《机动车运行安全技术条件》（GB 7258）；

（四）《汽车行驶记录仪》（GB/T 19056）。

第八条 道路旅客运输企业、道路危险货物运输企业和拥有50辆及以上重型载货汽车或者牵引车的道路货物运输企业应当按照标准建设道路运输车辆动态监控平台，或者使用符合条件的社会化卫星定位系统监控平台（以下统称监控平台），对所属道路运输车辆和驾驶员运行过程进行实时监控和管理。

第九条 道路运输企业新建或者变更监控平台，在投入使用前应当向原发放《道路运输经营许可证》的道路运输管理机构备案。

第十条 提供道路运输车辆动态监控社会化服务的，应当向省级道路运输管理机构备案，并提供以下材料：

（一）营业执照；

（二）服务格式条款、服务承诺；

（三）履行服务能力的相关证明材料。

第十一条 旅游客车、包车客车、三类以上班线客车和危险货物运输车辆在出厂前应当安装符合标准的卫星定位装置。重型载货汽车和半挂牵引车在出厂前应当安装符合标准的卫星定位装置，并接入全国道路货运车辆公共监管与服务平台（以下简称道路货运车辆公共平台）。

车辆制造企业为道路运输车辆安装符合标准的卫星定位装置后，应当随车附带相关安装证明材料。

第十二条 道路运输经营者应当选购安装符合标准的卫星定位装置的车辆，并接入符合要求的监控平台。

第十三条 道路运输企业应当在监控平台中完整、准确地录入所属道路运输车辆和驾驶人员的基础资料等信息，并及时更新。

第十四条 道路旅客运输企业和道路危险货物运输企业监控平台应当接入全国重点营运车辆联网联控系统（以下简称联网联控系统），并按照要求将车辆行驶的动态信息和企业、驾驶人员、车辆的相关信息逐级上传至全国道路运输车辆动态信息公共交换平台。

道路货运企业监控平台应当与道路货运车辆公共平台对接，按照要求将企业、驾驶人员、车辆的相关信息上传至道路货运车辆公共平台，并接收道路货运车辆公共平台转发的货运车辆行驶的动态信息。

第十五条 道路运输管理机构在办理营运手续时，应当对道路运输车辆安装卫星定位装置及接入系统平台的情况进行审核。

第十六条 对新出厂车辆已安装的卫星定位装置，任何单位和个人不得随意拆卸。除危险货物运输车辆接入联网联控系统监控平台时按照有关标准要求进行相应设置以外，不得改变货运车辆车载终端监控中心的域名设置。

第十七条 道路运输管理机构负责建设和维护道路运输车辆动态信息公共服务平台，落实维护经费，向地方人民政府争取纳入年度预算。道路运输管理机构应当建立逐级考核和通报制度，保证联网联控系统长期稳定运行。

第十八条 道路运输管理机构、公安机关交通管理部门、应急管理部门间应当建立信息共享机制。

公安机关交通管理部门、应急管理部门根据需要可以通过道路运输车辆动态信息公共服务平台，随时或者定期调取系统中的全国道路运输车辆动态监控数据。

第十九条　任何单位、个人不得擅自泄露、删除、篡改卫星定位系统平台的历史和实时动态数据。

第三章　车辆监控

第二十条　道路运输企业是道路运输车辆动态监控的责任主体。

第二十一条　道路旅客运输企业、道路危险货物运输企业和拥有50辆及以上重型载货汽车或牵引车的道路货物运输企业应当配备专职监控人员。专职监控人员配置原则上按照监控平台每接入100辆车设1人的标准配备，最低不少于2人。

监控人员应当掌握国家相关法规和政策，经运输企业培训、考试合格后上岗。

第二十二条　道路货运车辆公共平台负责对个体货运车辆和小型道路货物运输企业（拥有50辆以下重型载货汽车或牵引车）的货运车辆进行动态监控。道路货运车辆公共平台设置监控超速行驶和疲劳驾驶的限值，自动提醒驾驶员纠正超速行驶、疲劳驾驶等违法行为。

第二十三条　道路运输企业应当建立健全并严格落实动态监控管理相关制度，规范动态监控工作：

（一）系统平台的建设、维护及管理制度；

（二）车载终端安装、使用及维护制度；

（三）监控人员岗位职责及管理制度；

（四）交通违法动态信息处理和统计分析制度；

（五）其他需要建立的制度。

第二十四条　道路运输企业应当根据法律法规的相关规定以及车辆行驶道路的实际情况，按照规定设置监控超速行驶和疲劳驾驶的限值，以及核定运营线路、区域及夜间行驶时间等，在所属车辆运行期间对车辆和驾驶员进行实时监控和管理。

设置超速行驶和疲劳驾驶的限值，应当符合客运驾驶员24小时累计驾驶时间原则上不超过8小时，日间连续驾驶不超过4小时，夜间连续驾驶不超过2小时，每次停车休息时间不少于20分钟，客运车辆夜间行驶速度不得超过日间限速80%的要求。

第二十五条　监控人员应当实时分析、处理车辆行驶动态信息，及时提醒驾驶员纠正超速行驶、疲劳驾驶等违法行为，并记录存档至动态监控台账；对经提醒仍然继续违法驾驶的驾驶员，应当及时向企业安全管理机构报告，安全管理机构应当立即采取措施制止；对拒不执行制止措施仍然继续违法驾驶的，道路运输企业应当及时报告公安机关交通管理部门，并在事后解聘驾驶员。

动态监控数据应当至少保存6个月，违法驾驶信息及处理情况应当至少保存3年。对存在交通违法信息的驾驶员，道路运输企业在事后应当及时给予处理。

第二十六条　道路运输经营者应当确保卫星定位装置正常使用，保持车辆运行实时在线。

卫星定位装置出现故障不能保持在线的道路运输车辆，道路运输经营者不得安排其从事道路运输经营活动。

第二十七条　任何单位和个人不得破坏卫星定位装置以及恶意人为干扰、屏蔽卫星定位装置信号，不得篡改卫星定位装置数据。

第二十八条　卫星定位系统平台应当提供持续、可靠的技术服务，保证车辆动态监控数据真实、准确，确保提供监控服务的系统平台安全、稳定运行。

第四章　监督检查

第二十九条　道路运输管理机构应当充分发挥监控平台的作用，定期对道路运输企业动态监控工作的情况进行监督考核，并将其纳入企业质量信誉考核的内容，作为运输企业班线招标和年度审验的重要依据。

第三十条　公安机关交通管理部门可以将道路运输车辆动态监控系统记录的交通违法信息作为执法依据，依法查处。

第三十一条　应急管理部门应当按照有关规定认真开展事故调查工作，严肃查处违反本办法规定的责任单位和人员。

第三十二条　道路运输管理机构、公安机关交通管理部门、应急管理部门监督检查人员可以向被检查单位和个人了解情况，查阅和复制有关材料。被监督检查的单位和个人应当积极配合监督检查，如实提供有关资料和说明情况。

道路运输车辆发生交通事故的，道路运输企业或者道路货运车辆公共平台负责单位应当在接到事故信息后立即封存车辆动态监控数据，配合事故调查，如实提供肇事车辆动态监控数据；肇事车辆安装车载视频装置的，还应当提供视频资料。

第三十三条　鼓励各地利用卫星定位装置，对营运驾驶员安全行驶里程进行统计分析，开展安全行车驾驶员竞赛活动。

第五章　法律责任

第三十四条　道路运输管理机构对未按照要求安装卫星定位装置，或者已安装卫星定位装置但未能在联网联控系统（重型载货汽车和半挂牵引车未能在道路货运车辆公共平台）正常显示的车辆，不予发放或者审验《道路运输证》。

第三十五条 违反本办法的规定，道路运输企业有下列情形之一的，由县级以上道路运输管理机构责令改正。拒不改正的，处 1000 元以上 3000 元以下罚款：

（一）道路运输企业未使用符合标准的监控平台、监控平台未接入联网联控系统、未按规定上传道路运输车辆动态信息的；

（二）未建立或者未有效执行交通违法动态信息处理制度、对驾驶员交通违法处理率低于 90% 的；

（三）未按规定配备专职监控人员，或者监控人员未有效履行监控职责的。

第三十六条 违反本办法的规定，道路运输经营者使用卫星定位装置不能保持在线的运输车辆从事经营活动的，由县级以上道路运输管理机构对其进行教育并责令改正，拒不改正或者改正后再次发生同类违反规定情形的，处 200 元以上 800 元以下罚款。

第三十七条 违反本办法的规定，道路运输企业或者提供道路运输车辆动态监控社会化服务的单位伪造、篡改、删除车辆动态监控数据的，由县级以上道路运输管理机构责令改正，处 500 元以上 2000 元以下罚款。

第三十八条 违反本办法的规定，发生道路交通事故的，具有第三十五条、第三十六条、第三十七条情形之一的，依法追究相关人员的责任；构成犯罪的，依法追究刑事责任。

第三十九条 道路运输管理机构、公安机关交通管理部门、应急管理部门工作人员执行本办法过程中玩忽职守、滥用职权、徇私舞弊的，给予行政处分；构成犯罪的，依法追究刑事责任。

第六章 附 则

第四十条 在本办法实施前已经进入运输市场的重型载货汽车和半挂牵引车，应当于 2015 年 12 月 31 日前全部安装、使用卫星定位装置，并接入道路货运车辆公共平台。

农村客运车辆动态监督管理可参照本办法执行。

第四十一条 本办法自 2014 年 7 月 1 日起施行。

（三）铁路、轨道交通安全

1. 法 规

铁路安全管理条例

（2013 年 7 月 24 日国务院第 18 次常务会议通过 2013 年 8 月 17 日中华人民共和国国务院令第 639 号公布 自 2014 年 1 月 1 日起施行）

第一章 总 则

第一条 为了加强铁路安全管理，保障铁路运输安全和畅通，保护人身安全和财产安全，制定本条例。

第二条 铁路安全管理坚持安全第一、预防为主、综合治理的方针。

第三条 国务院铁路行业监督管理部门负责全国铁路安全监督管理工作，国务院铁路行业监督管理部门设立的铁路监督管理机构负责辖区内的铁路安全监督管理工作。国务院铁路行业监督管理部门和铁路监督管理机构统称铁路监管部门。

国务院有关部门依照法律和国务院规定的职责，负责铁路安全管理的有关工作。

第四条 铁路沿线地方各级人民政府和县级以上地方人民政府有关部门应当按照各自职责，加强保障铁路安全的教育，落实护路联防责任制，防范和制止危害铁路安全的行为，协调和处理保障铁路安全的有关事项，做好保障铁路安全的有关工作。

第五条 从事铁路建设、运输、设备制造维修的单位应当加强安全管理，建立健全安全生产管理制度，落实企业安全生产主体责任，设置安全管理机构或者配备安全管理人员，执行保障生产安全和产品质量安全的国家标准、行业标准，加强对从业人员的安全教育培训，保证安全生产所必需的资金投入。

铁路建设、运输、设备制造维修单位的工作人员应当严格执行规章制度，实行标准化作业，保证铁路安全。

第六条 铁路监管部门、铁路运输企业等单位应当按照国家有关规定制定突发事件应急预案，并组织应急演练。

第七条 禁止扰乱铁路建设、运输秩序。禁止损坏或者非法占用铁路设施设备、铁路标志和铁路用地。

任何单位或者个人发现损坏或者非法占用铁路设施设备、铁路标志、铁路用地以及其他影响铁路安全的行为，有权报告铁路运输企业，或者向铁路监管部门、公安机关或者其他有关部门举报。接到报告的铁路运输企业、接到举报的部门应当根据各自职责及时处理。

对维护铁路安全作出突出贡献的单位或者个人，按照国家有关规定给予表彰奖励。

第二章 铁路建设质量安全

第八条 铁路建设工程的勘察、设计、施工、监理以及建设物资、设备的采购，应当依法进行招标。

第九条 从事铁路建设工程勘察、设计、施工、监理活动的单位应当依法取得相应资质，并在其资质等级许可的范围内从事铁路工程建设活动。

第十条 铁路建设单位应当选择具备相应资质等级的勘察、设计、施工、监理单位进行工程建设，并对建设工程的质量安全进行监督检查，制作检查记录留存备查。

第十一条 铁路建设工程的勘察、设计、施工、监理应当遵守法律、行政法规关于建设工程质量和安全管理的规定，执行国家标准、行业标准和技术规范。

铁路建设工程的勘察、设计、施工单位依法对勘察、设计、施工的质量负责，监理单位依法对施工质量承担监理责任。

高速铁路和地质构造复杂的铁路建设工程实行工程地质勘察监理制度。

第十二条 铁路建设工程的安全设施应当与主体工程同时设计、同时施工、同时投入使用。安全设施投资应当纳入建设项目概算。

第十三条 铁路建设工程使用的材料、构件、设备等产品，应当符合有关产品质量的强制性国家标准、行业标准。

第十四条 铁路建设工程的建设工期，应当根据工程地质条件、技术复杂程度等因素，按照国家标准、行业标准和技术规范合理确定、调整。

任何单位和个人不得违反前款规定要求铁路建设、设计、施工单位压缩建设工期。

第十五条 铁路建设工程竣工，应当按照国家有关规定组织验收，并由铁路运输企业进行运营安全评估。经验收、评估合格，符合运营安全要求的，方可投入运营。

第十六条 在铁路线路及其邻近区域进行铁路建设工程施工，应当执行铁路营业线施工安全管理规定。铁路建设单位应当会同相关铁路运输企业和工程设计、施工单位制定安全施工方案，按照方案进行施工。施工完毕应当及时清理现场，不得影响铁路运营安全。

第十七条 新建、改建设计开行时速120公里以上列车的铁路或者设计运输量达到国务院铁路行业监督管理部门规定的较大运输量标准的铁路，需要与道路交叉的，应当设置立体交叉设施。

新建、改建高速公路、一级公路或者城市道路中的快速路，需要与铁路交叉的，应当设置立体交叉设施，并优先选择下穿铁路的方案。

已建成的属于前两款规定情形的铁路、道路为平面交叉的，应当逐步改造为立体交叉。

新建、改建高速铁路需要与普通铁路、道路、渡槽、管线等设施交叉的，应当优先选择高速铁路上跨方案。

第十八条 设置铁路与道路立体交叉设施及其附属安全设施所需费用的承担，按照下列原则确定：

（一）新建、改建铁路与既有道路交叉的，由铁路方承担建设费用；道路方要求超过既有道路建设标准建设所增加的费用，由道路方承担；

（二）新建、改建道路与既有铁路交叉的，由道路方承担建设费用；铁路方要求超过既有铁路线路建设标准建设所增加的费用，由铁路方承担；

（三）同步建设的铁路和道路需要设置立体交叉设施以及既有铁路道口改造为立体交叉的，由铁路方和道路方按照公平合理的原则分担建设费用。

第十九条 铁路与道路立体交叉设施及其附属安全设施竣工验收合格后，应当按照国家有关规定移交有关单位管理、维护。

第二十条 专用铁路、铁路专用线需要与公用铁路网接轨的，应当符合国家有关铁路建设、运输的安全管理规定。

第三章 铁路专用设备质量安全

第二十一条 设计、制造、维修或者进口新型铁路机车车辆，应当符合国家标准、行业标准，并分别向国务院铁路行业监督管理部门申请领取型号合格证、制造许可证、维修许可证或者进口许可证，具体办法由国务院铁路行业监督管理部门制定。

铁路机车车辆的制造、维修、使用单位应当遵守有关产品质量的法律、行政法规以及国家其他有关规定，确保投入使用的机车车辆符合安全运营要求。

第二十二条 生产铁路道岔及其转辙设备、铁路信号控制软件和控制设备、铁路通信设备、铁路牵引供电设备的企业，应当符合下列条件并经国务院铁路行业监督管理部门依法审查批准：

（一）有按照国家标准、行业标准检测、检验合格的专业生产设备；

（二）有相应的专业技术人员；

（三）有完善的产品质量保证体系和安全管理制度；

（四）法律、行政法规规定的其他条件。

第二十三条 铁路机车车辆以外的直接影响铁路运输安全的铁路专用设备，依法应当进行产品认证的，经认证合格方可出厂、销售、进口、使用。

第二十四条 用于危险化学品和放射性物品运输的铁路罐车、专用车辆以及其他容器的生产和检测、检验，依照有关法律、行政法规的规定执行。

第二十五条 用于铁路运输的安全检测、监控、防护设施设备，集装箱和集装化用具等运输器具，专用装卸机械、索具、篷布、装载加固材料或者装置，以及运输包装、货物装载加固等，应当符合国家标准、行业标准和技术规范。

第二十六条 铁路机车车辆以及其他铁路专用设备存在缺陷，即由于设计、制造、标识等原因导致同一批次、型号或者类别的铁路专用设备普遍存在不符合保障人身、财产安全的国家标准、行业标准的情形或者其他危及人身、财产安全的不合理危险的，应当立即停止生产、销售、进口、使用；设备制造者应当召回缺陷产品，采取措施消除缺陷。具体办法由国务院铁路行业监督管理部门制定。

第四章 铁路线路安全

第二十七条 铁路线路两侧应当设立铁路线路安全保护区。铁路线路安全保护区的范围，从铁路线路路堤坡脚、路堑坡顶或者铁路桥梁（含铁路、道路两用桥，下同）外侧起向外的距离分别为：

（一）城市市区高速铁路为10米，其他铁路为8米；

（二）城市郊区居民居住区高速铁路为12米，其他铁路为10米；

（三）村镇居民居住区高速铁路为15米，其他铁路为12米；

（四）其他地区高速铁路为20米，其他铁路为15米。

前款规定距离不能满足铁路运输安全保护需要的，由铁路建设单位或者铁路运输企业提出方案，铁路监督管理机构或者县级以上地方人民政府依照本条第三款规定程序划定。

在铁路用地范围内划定铁路线路安全保护区的，由铁路监督管理机构组织铁路建设单位或者铁路运输企业划定并公告。在铁路用地范围外划定铁路线路安全保护区的，由县级以上地方人民政府根据保障铁路运输安全和节约用地的原则，组织有关铁路监督管理机构、县级以上地方人民政府国土资源等部门划定并公告。

铁路线路安全保护区与公路建筑控制区、河道管理范围、水利工程管理和保护范围、航道保护范围或者石油、电力以及其他重要设施保护区重叠的，由县级以上地方人民政府组织有关部门依照法律、行政法规的规定协商划定并公告。

新建、改建铁路的铁路线路安全保护区范围，应当自铁路建设工程初步设计批准之日起30日内，由县级以上地方人民政府依照本条例的规定划定并公告。铁路建设单位或者铁路运输企业应当根据工程竣工资料进行勘界，绘制铁路线路安全保护区平面图，并根据平面图设立标桩。

第二十八条 设计开行时速120公里以上列车的铁路应当实行全封闭管理。铁路建设单位或者铁路运输企业应当按照国务院铁路行业监督管理部门的规定在铁路用地范围内设置封闭设施和警示标志。

第二十九条 禁止在铁路线路安全保护区内烧荒、放养牲畜、种植影响铁路线路安全和行车瞭望的树木等植物。

禁止向铁路线路安全保护区排污、倾倒垃圾以及其他危害铁路安全的物质。

第三十条 在铁路线路安全保护区内建造建筑物、构筑物等设施，取土、挖砂、挖沟、采空作业或者堆放、悬挂物品，应当征得铁路运输企业同意并签订安全协议，遵守保证铁路安全的国家标准、行业标准和施工安全规范，采取措施防止影响铁路运输安全。铁路运输企业应当派员对施工现场实行安全监督。

第三十一条 铁路线路安全保护区内既有的建筑物、构筑物危及铁路运输安全的，应当采取必要的安全防护措施；采取安全防护措施后仍不能保证安全的，依照有关法律的规定拆除。

拆除铁路线路安全保护区内的建筑物、构筑物，清理铁路线路安全保护区内的植物，或者对他人在铁路线路安全保护区内已依法取得的采矿权等合法权利予以限制，给他人造成损失的，应当依法给予补偿或者采取必要的补救措施。但是，拆除非法建设的建筑物、构筑物的除外。

第三十二条 在铁路线路安全保护区及其邻近区域建造或者设置的建筑物、构筑物、设备等，不得进入国家规定的铁路建筑限界。

第三十三条 在铁路线路两侧建造、设立生产、加工、储存或者销售易燃、易爆或者放射性物品等危险物品的场所、仓库，应当符合国家标准、行业标准规定的安全防护距离。

第三十四条 在铁路线路两侧从事采矿、采石或者爆破作业，应当遵守有关采矿和民用爆破的法律法规，符合国家标准、行业标准和铁路安全保护要求。

在铁路线路路堤坡脚、路堑坡顶、铁路桥梁外侧起向外各1000米范围内，以及在铁路隧道上方中心线两侧各1000米范围内，确需从事露天采矿、采石或者爆破作业的，应当与铁路运输企业协商一致，依照有关法律法规的规定报县级以上地方人民政府有关部门批准，采取安全防护措施后方可进行。

第三十五条 高速铁路线路路堤坡脚、路堑坡顶或者铁路桥梁外侧起向外各200米范围内禁止抽取地下水。

在前款规定范围外，高速铁路线路经过的区域属于地面沉降区域，抽取地下水危及高速铁路安全的，应当设置地下水禁止开采区或者限制开采区，具体范围由铁路监督管理机构会同县级以上地方人民政府水行政主管部门提出方案，报省、自治区、直辖市人民政府批准并公告。

第三十六条 在电气化铁路附近从事排放粉尘、烟尘或腐蚀性气体的生产活动，超过国家规定的排放标准，危及铁路运输安全的，由县级以上地方人民政府有关部门依法责令整改，消除安全隐患。

第三十七条 任何单位和个人不得擅自在铁路桥梁跨越处河道上下游各1000米范围内围垦造田、拦河筑坝、架设浮桥或者修建其他影响铁路桥梁安全的设施。

因特殊原因确需在前款规定的范围内进行围垦造田、拦河筑坝、架设浮桥等活动的，应当进行安全论证，负责审批的机关在批准前应当征求有关铁路运输企业的意见。

第三十八条 禁止在铁路桥梁跨越处河道上下游的下列范围内采砂、淘金：

（一）跨河桥长500米以上的铁路桥梁，河道上游500米，下游3000米；

（二）跨河桥长100米以上不足500米的铁路桥梁，河道上游500米，下游2000米；

（三）跨河桥长不足100米的铁路桥梁，河道上游500米，下游1000米。

有关部门依法在铁路桥梁跨越处河道上下游划定的禁采范围大于前款规定的禁采范围的，按照划定的禁采范围执行。

县级以上地方人民政府水行政主管部门、国土资源主管部门应当按照各自职责划定禁采区域、设置禁采标志，制止非法采砂、淘金行为。

第三十九条 在铁路桥梁跨越处河道上下游各500米范围内进行疏浚作业，应当进行安全技术评价，有关河道、航道管理部门应当征求铁路运输企业的意见，确认安全或者采取安全技术措施后，方可批准进行疏浚作业。但是，依法进行河道、航道日常养护、疏浚作业的除外。

第四十条 铁路、道路两用桥由所在地铁路运输企业和道路管理部门或者道路经营企业定期检查、共同维护，保证桥梁处于安全的技术状态。

铁路、道路两用桥的墩、梁等共用部分的检测、维修由铁路运输企业和道路管理部门或者道路经营企业共同负责，所需费用按照公平合理的原则分担。

第四十一条 铁路的重要桥梁和隧道按照国家有关规定由中国人民武装警察部队负责守卫。

第四十二条 船舶通过铁路桥梁应当符合桥梁的通航净空高度并遵守航行规则。

桥区航标中的桥梁航标、桥柱标、桥梁水尺标由铁路运输企业负责设置、维护，水面航标由铁路运输企业负责设置，航道管理部门负责维护。

第四十三条 下穿铁路桥梁、涵洞的道路应当按照国家标准设置车辆通过限高、限宽标志和限高防护架。城市道路的限高、限宽标志由当地人民政府指定的部门设置并维护，公路的限高、限宽标志由公路管理部门设置并维护。限高防护架在铁路桥梁、涵洞、道路建设时设置，由铁路运输企业负责维护。

机动车通过下穿铁路桥梁、涵洞的道路，应当遵守限高、限宽规定。

下穿铁路涵洞的管理单位负责涵洞的日常管理、维护，防止淤塞、积水。

第四十四条 铁路线路安全保护区内的道路和铁路线路路堑上的道路、跨越铁路线路的道路桥梁，应当按照国家有关规定设置防止车辆以及其他物体进入、坠入铁路线路的安全防护设施和警示标志，并由道路管理部门或者道路经营企业维护、管理。

第四十五条 架设、铺设铁路信号和通信线路、杆塔应当符合国家标准、行业标准和铁路安全防护要求。铁路运输企业、为铁路运输提供服务的电信企业应当加强对铁路信号和通信线路、杆塔的维护和管理。

第四十六条 设置或者拓宽铁路道口、铁路人行过道，应当征得铁路运输企业的同意。

第四十七条 铁路与道路交叉的无人看守道口应当按照国家标准设置警示标志；有人看守道口应当设置移动栏杆、列车接近报警装置、警示灯、警示标志、铁路道口路段标线等安全防护设施。

道口移动栏杆、列车接近报警装置、警示灯等安全防护设施由铁路运输企业设置、维护；警示标志、铁路道口路段标线由铁路道口所在地的道路管理部门设置、维护。

第四十八条 机动车或者非机动车在铁路道口内发生故障或者装载物掉落的，应当立即将故障车辆或者掉落的装载物移至铁路道口停止线以外或者铁路线路最外侧钢轨 5 米以外的安全地点。无法立即移至安全地点的，应当立即报告铁路道口看守人员；在无人看守道口，应当立即在道口两端采取措施拦停列车，并就近通知铁路车站或者公安机关。

第四十九条 履带车辆等可能损坏铁路设施设备的车辆、物体通过铁路道口，应当提前通知铁路道口管理单位，在其协助、指导下通过，并采取相应的安全防护措施。

第五十条 在下列地点，铁路运输企业应当按照国家标准、行业标准设置易于识别的警示、保护标志：

（一）铁路桥梁、隧道的两端；

（二）铁路信号、通信光（电）缆的埋设、铺设地点；

（三）电气化铁路接触网、自动闭塞供电线路和电力贯通线路等电力设施附近易发生危险的地点。

第五十一条 禁止毁坏铁路线路、站台等设施设备和铁路路基、护坡、排水沟、防护林木、护坡草坪、铁路线路封闭网及其他铁路防护设施。

第五十二条 禁止实施下列危及铁路通信、信号设施安全的行为：

（一）在埋有地下光（电）缆设施的地面上方进行钻探，堆放重物、垃圾，焚烧物品，倾倒腐蚀性物质；

（二）在地下光（电）缆两侧各 1 米的范围内建造、搭建建筑物、构筑物等设施；

（三）在地下光（电）缆两侧各 1 米的范围内挖砂、取土；

（四）在过河光（电）缆两侧各 100 米的范围内挖砂、抛锚或者进行其他危及光（电）缆安全的作业。

第五十三条 禁止实施下列危害电气化铁路设施的行为：

（一）向电气化铁路接触网抛掷物品；

（二）在铁路电力线路导线两侧各 500 米的范围内升放风筝、气球等低空飘浮物体；

（三）攀登铁路电力线路杆塔或者在杆塔上架设、安装其他设施设备；

（四）在铁路电力线路杆塔、拉线周围 20 米范围内取土、打桩、钻探或者倾倒有害化学物品；

（五）触碰电气化铁路接触网。

第五十四条 县级以上各级人民政府及其有关部门、铁路运输企业应当依照地质灾害防治法律法规的规定，加强铁路沿线地质灾害的预防、治理和应急处理等工作。

第五十五条 铁路运输企业应当对铁路线路、铁路防护设施和警示标志进行经常性巡查和维护；对巡查中发现的安全问题应当立即处理，不能立即处理的应当及时报告铁路监督管理机构。巡查和处理情况应当记录留存。

第五章 铁路运营安全

第五十六条 铁路运输企业应当依照法律、行政法规和国务院铁路行业监督管理部门的规定，制定铁路运输安全管理制度，完善相关作业程序，保障铁路旅客和货物运输安全。

第五十七条 铁路机车车辆的驾驶人员应当参加国务院铁路行业监督管理部门组织的考试，考试合格方可上岗。具体办法由国务院铁路行业监督管理部门制定。

第五十八条 铁路运输企业应当加强铁路专业技术岗位和主要行车工种岗位从业人员的业务培训和安全培训，提高从业人员的业务技能和安全意识。

第五十九条 铁路运输企业应当加强运输过程中的安全防护，使用的运输工具、装载加固设备以及其他专用设施设备应当符合国家标准、行业标准和安全要求。

第六十条 铁路运输企业应当建立健全铁路设施设备的检查防护制度，加强对铁路设施设备的日常维护检修，确保铁路设施设备性能完好和安全运行。

铁路运输企业的从业人员应当按照操作规程使用、管理铁路设施设备。

第六十一条 在法定假日和传统节日等铁路运输高峰期或者恶劣气象条件下，铁路运输企业应当采取必要的安全应急管理措施，加强铁路运输安全检查，确保运输安全。

第六十二条 铁路运输企业应当在列车、车站等场所公告旅客、列车工作人员以及其他进站人员遵守的安全管理规定。

第六十三条 公安机关应当按照职责分工，维护车站、列车等铁路场所和铁路沿线的治安秩序。

第六十四条 铁路运输企业应当按照国务院铁路行业监督管理部门的规定实施火车票实名购买、查验制度。

实施火车票实名购买、查验制度的，旅客应当凭有效身份证件购票乘车；对车票所记载身份信息与所持身份证件或者真实身份不符的持票人，铁路运输企业有权拒绝其进站乘车。

铁路运输企业应当采取有效措施为旅客实名购票、乘车提供便利，并加强对旅客身份信息的保护。铁路运输企业工作人员不得窃取、泄露旅客身份信息。

第六十五条 铁路运输企业应当依照法律、行政法规和国务院铁路行业监督管理部门的规定，对旅客及其随身携带、托运的行李物品进行安全检查。

从事安全检查的工作人员应当佩戴安全检查标志，依法履行安全检查职责，并有权拒绝不接受安全检查的旅客进站乘车和托运行李物品。

第六十六条 旅客应当接受并配合铁路运输企业在车站、列车实施的安全检查，不得违法携带、夹带管制器具，不得违法携带、托运烟花爆竹、枪支弹药等危险物品或者其他违禁物品。

禁止或者限制携带的物品种类及其数量由国务院铁路行业监督管理部门会同公安机关规定，并在车站、列车等场所公布。

第六十七条 铁路运输托运人托运货物、行李、包裹，不得有下列行为：

（一）匿报、谎报货物品名、性质、重量；

（二）在普通货物中夹带危险货物，或者在危险货物中夹带禁止配装的货物；

（三）装车、装箱超过规定重量。

第六十八条 铁路运输企业应当对承运的货物进行安全检查，并不得有下列行为：

（一）在非危险货物办理站办理危险货物承运手续；

（二）承运未接受安全检查的货物；

（三）承运不符合安全规定、可能危害铁路运输安全的货物。

第六十九条 运输危险货物应当依照法律法规和国家其他有关规定使用专用的设施设备，托运人应当配备必要的押运人员和应急处理器材、设备以及防护用品，并使危险货物始终处于押运人员的监管之下；危险货物发生被盗、丢失、泄漏等情况，应当按照国家有关规定及时报告。

第七十条 办理危险货物运输业务的工作人员和装卸人员、押运人员，应当掌握危险货物的性质、危害特性、包装容器的使用特性和发生意外的应急措施。

第七十一条 铁路运输企业和托运人应当按照操作规程包装、装卸、运输危险货物，防止危险货物泄漏、爆炸。

第七十二条 铁路运输企业和托运人应当依照法律法规和国家其他有关规定包装、装载、押运特殊药品，防止特殊药品在运输过程中被盗、被劫或者发生丢失。

第七十三条 铁路管理信息系统及其设施的建设和使用，应当符合法律法规和国家其他有关规定的安全技术要求。

铁路运输企业应当建立网络与信息安全应急保障体系，并配备相应的专业技术人员负责网络和信息系统的安全管理工作。

第七十四条 禁止使用无线电台（站）以及其他仪器、装置干扰铁路运营指挥调度无线电频率的正常使用。

铁路运营指挥调度无线电频率受到干扰的，铁路运输企业应当立即采取排查措施并报告无线电管理机构、铁路监管部门；无线电管理机构、铁路监管部门应当依法排除干扰。

第七十五条 电力企业应当依法保障铁路运输所需电力的持续供应，并保证供电质量。

铁路运输企业应当加强用电安全管理，合理配置供电电源和应急自备电源。

遇有特殊情况影响铁路电力供应的，电力企业和铁路运输企业应当按照各自职责及时组织抢修，尽快恢复正常供电。

第七十六条 铁路运输企业应当加强铁路运营食品安全管理，遵守有关食品安全管理的法律法规和国家其他有关规定，保证食品安全。

第七十七条 禁止实施下列危害铁路安全的行为：

（一）非法拦截列车、阻断铁路运输；

（二）扰乱铁路运输指挥调度机构以及车站、列车的正常秩序；

（三）在铁路线路上放置、遗弃障碍物；

（四）击打列车；

（五）擅自移动铁路线路上的机车车辆，或者擅自开启列车车门、违规操纵列车紧急制动设备；

（六）拆盗、损毁或者擅自移动铁路设施设备、机车车辆配件、标桩、防护设施和安全标志；

（七）在铁路线路上行走、坐卧或者在未设道口、人行过道的铁路线路上通过；

（八）擅自进入铁路线路封闭区域或者在未设置行人通道的铁路桥梁、隧道通行；

（九）擅自开启、关闭列车的货车阀、盖或者破坏施封状态；

（十）擅自开启列车中的集装箱箱门，破坏箱体、阀、盖或者施封状态；

（十一）擅自松动、拆解、移动列车中的货物装载加固材料、装置和设备；

（十二）钻车、扒车、跳车；

（十三）从列车上抛扔杂物；

（十四）在动车组列车上吸烟或者在其他列车的禁烟区域吸烟；

（十五）强行登乘或者以拒绝下车等方式强占列车；

（十六）冲击、堵塞、占用进出站通道或者候车区、站台。

第六章 监督检查

第七十八条 铁路监管部门应当对从事铁路建设、运输、设备制造维修的企业执行本条例的情况实施监督检查，依法查处违反本条例规定的行为，依法组织或者参与铁路安全事故的调查处理。

铁路监管部门应当建立企业违法行为记录和公告制度，对违反本条例被依法追究法律责任的从事铁路建设、运输、设备制造维修的企业予以公布。

第七十九条 铁路监管部门应当加强对铁路运输高峰期和恶劣气象条件下运输安全的监督管理，加强对铁路运输的关键环节、重要设施设备的安全状况以及铁路运输突发事件应急预案的建立和落实情况的监督检查。

第八十条 铁路监管部门和县级以上人民政府安全生产监督管理部门应当建立信息通报制度和运输安全生产协调机制。发现重大安全隐患，铁路运输企业难以自行排除的，应当及时向铁路监管部门和有关地方人民政府报告。地方人民政府获悉铁路沿线有危及铁路运输安全的重要情况，应当及时通报有关的铁路运输企业和铁路监管部门。

第八十一条 铁路监管部门发现安全隐患，应当责令有关单位立即排除。重大安全隐患排除前或者排除过程中无法保证安全的，应当责令从危险区域内撤出人员、设备，停止作业；重大安全隐患排除后方可恢复作业。

第八十二条 实施铁路安全监督检查的人员执行监督检查任务时，应当佩戴标志或者出示证件。任何单位和个人不得阻碍、干扰安全监督检查人员依法履行安全检查职责。

第七章 法律责任

第八十三条 铁路建设单位和铁路建设的勘察、设计、施工、监理单位违反本条例关于铁路建设质量安全管理的规定的，由铁路监管部门依照有关工程建设、招标投标管理的法律、行政法规的规定处罚。

第八十四条 铁路建设单位未对高速铁路和地质构造复杂的铁路建设工程实行工程地质勘察监理，或者在铁路线路及其邻近区域进行铁路建设工程施工不执行铁路营业线施工安全管理规定，影响铁路运营安全的，由铁路监管部门责令改正，处10万元以上50万元以下的罚款。

第八十五条 依法应当进行产品认证的铁路专用设备未经认证合格，擅自出厂、销售、进口、使用的，依照《中华人民共和国认证认可条例》的规定处罚。

第八十六条 铁路机车车辆以及其他专用设备制造者未按规定召回缺陷产品，采取措施消除缺陷的，由国务院铁路行业监督管理部门责令改正；拒不改正的，处缺陷产品货值金额1%以上10%以下的罚款；情节严重的，由国务院铁路行业监督管理部门吊销相应的许可证件。

第八十七条 有下列情形之一的，由铁路监督管理机构责令改正，处2万元以上10万元以下的罚款：

501

（一）用于铁路运输的安全检测、监控、防护设施设备，集装箱和集装化用具等运输器具、专用装卸机械、索具、篷布、装载加固材料或者装置、运输包装、货物装载加固等，不符合国家标准、行业标准和技术规范；

（二）不按照国家有关规定和标准设置、维护铁路封闭设施、安全防护设施；

（三）架设、铺设铁路信号和通信线路、杆塔不符合国家标准、行业标准和铁路安全防护要求，或者未对铁路信号和通信线路、杆塔进行维护和管理；

（四）运输危险货物不依照法律法规和国家其他有关规定使用专用的设施设备。

第八十八条　在铁路线路安全保护区内烧荒、放养牲畜、种植影响铁路线路安全和行车瞭望的树木等植物，或者向铁路线路安全保护区排污、倾倒垃圾以及其他危害铁路安全的物质的，由铁路监督管理机构责令改正，对单位可以处5万元以下的罚款，对个人可以处2000元以下的罚款。

第八十九条　未经铁路运输企业同意或者未签订安全协议，在铁路线路安全保护区内建造建筑物、构筑物等设施，取土、挖砂、挖沟、采空作业或者堆放、悬挂物品，或者违反保证铁路安全的国家标准、行业标准和施工安全规范，影响铁路运输安全的，由铁路监督管理机构责令改正，可以处10万元以下的罚款。

铁路运输企业未派员对铁路线路安全保护区内施工现场进行安全监督的，由铁路监督管理机构责令改正，可以处3万元以下的罚款。

第九十条　在铁路线路安全保护区及其邻近区域建造或者设置的建筑物、构筑物、设备等进入国家规定的铁路建筑限界，或者在铁路线路两侧建造、设立生产、加工、储存或者销售易燃、易爆或者放射性物品等危险物品的场所、仓库不符合国家标准、行业标准规定的安全防护距离的，由铁路监督管理机构责令改正，对单位处5万元以上20万元以下的罚款，对个人处1万元以上5万元以下的罚款。

第九十一条　有下列行为之一的，分别由铁路沿线所在地县级以上地方人民政府水行政主管部门、国土资源主管部门或者无线电管理机构等依照有关水资源管理、矿产资源管理、无线电管理等法律、行政法规的规定处罚：

（一）未经批准在铁路线路两侧各1000米范围内从事露天采矿、采石或者爆破作业；

（二）在地下水禁止开采区或者限制开采区抽取地下水；

（三）在铁路桥梁跨越处河道上下游各1000米范围内围垦造田、拦河筑坝、架设浮桥或者修建其他影响铁路桥梁安全的设施；

（四）在铁路桥梁跨越处河道上下游禁止采砂、淘金的范围内采砂、淘金；

（五）干扰铁路运营指挥调度无线电频率正常使用。

第九十二条　铁路运输企业、道路管理部门或者道路经营企业未履行铁路、道路两用桥检查、维护职责的，由铁路监督管理机构或者上级道路管理部门责令改正；拒不改正的，由铁路监督管理机构或者上级道路管理部门指定其他单位进行养护和维修，养护和维修费用由拒不履行义务的铁路运输企业、道路管理部门或者道路经营企业承担。

第九十三条　机动车通过下穿铁路桥梁、涵洞的道路未遵守限高、限宽规定的，由公安机关依照道路交通安全管理法律、行政法规的规定处罚。

第九十四条　违反本条例第四十八条、第四十九条关于铁路道口安全管理的规定的，由铁路监督管理机构责令改正，处1000元以上5000元以下的罚款。

第九十五条　违反本条例第五十一条、第五十二条、第五十三条、第七十七条规定的，由公安机关责令改正，对单位处1万元以上5万元以下的罚款，对个人处500元以上2000元以下的罚款。

第九十六条　铁路运输托运人托运货物、行李、包裹时匿报、谎报货物品名、性质、重量，或者装车、装箱超过规定重量的，由铁路监督管理机构责令改正，可以处2000元以下的罚款；情节较重的，处2000元以上2万元以下的罚款；将危险化学品谎报或者匿报为普通货物托运的，处10万元以上20万元以下的罚款。

铁路运输托运人在普通货物中夹带危险货物，或者在危险货物中夹带禁止配装的货物的，由铁路监督管理机构责令改正，处3万元以上20万元以下的罚款。

第九十七条　铁路运输托运人运输危险货物未配备必要的应急处理器材、设备、防护用品，或者未按照操作规程包装、装卸、运输危险货物的，由铁路监督管理机构责令改正，处1万元以上5万元以下的罚款。

第九十八条　铁路运输托运人运输危险货物不按照规定配备必要的押运人员，或者发生危险货物被盗、丢失、泄漏等情况不按照规定及时报告的，由公安机关责令改正，处1万元以上5万元以下的罚款。

第九十九条 旅客违法携带、夹带管制器具或者违法携带、托运烟花爆竹、枪支弹药等危险物品或者其他违禁物品的，由公安机关依法给予治安管理处罚。

第一百条 铁路运输企业有下列情形之一的，由铁路监管部门责令改正，处2万元以上10万元以下的罚款：

（一）在非危险货物办理站办理危险货物承运手续；

（二）承运未接受安全检查的货物；

（三）承运不符合安全规定、可能危害铁路运输安全的货物；

（四）未按照操作规程包装、装卸、运输危险货物。

第一百零一条 铁路监管部门及其工作人员应当严格按照本条例规定的处罚种类和幅度，根据违法行为的性质和具体情节行使行政处罚权，具体办法由国务院铁路行业监督管理部门制定。

第一百零二条 铁路运输企业工作人员窃取、泄露旅客身份信息的，由公安机关依法处罚。

第一百零三条 从事铁路建设、运输、设备制造维修的单位违反本条例规定，对直接负责的主管人员和其他直接责任人员依法给予处分。

第一百零四条 铁路监管部门及其工作人员不依照本条例规定履行职责的，对负有责任的领导人员和直接责任人员依法给予处分。

第一百零五条 违反本条例规定，给铁路运输企业或者其他单位、个人财产造成损失的，依法承担民事责任。

违反本条例规定，构成违反治安管理行为的，由公安机关依法给予治安管理处罚；构成犯罪的，依法追究刑事责任。

第八章 附 则

第一百零六条 专用铁路、铁路专用线的安全管理参照本条例的规定执行。

第一百零七条 本条例所称高速铁路，是指设计开行时速250公里以上（含预留），并且初期运营时速200公里以上的客运列车专线铁路。

第一百零八条 本条例自2014年1月1日起施行。2004年12月27日国务院公布的《铁路运输安全保护条例》同时废止。

铁路交通事故应急救援和调查处理条例

（2007年7月11日中华人民共和国国务院令第501号公布 根据2012年11月9日《国务院关于修改和废止部分行政法规的决定》修订）

第一章 总 则

第一条 为了加强铁路交通事故的应急救援工作，规范铁路交通事故调查处理，减少人员伤亡和财产损失，保障铁路运输安全和畅通，根据《中华人民共和国铁路法》和其他有关法律的规定，制定本条例。

第二条 铁路机车车辆在运行过程中与行人、机动车、非机动车、牲畜及其他障碍物相撞，或者铁路机车车辆发生冲突、脱轨、火灾、爆炸等影响铁路正常行车的铁路交通事故（以下简称事故）的应急救援和调查处理，适用本条例。

第三条 国务院铁路主管部门应当加强铁路运输安全监督管理，建立健全事故应急救援和调查处理的各项制度，按照国家规定的权限和程序，负责组织、指挥、协调事故的应急救援和调查处理工作。

第四条 铁路管理机构应当加强日常的铁路运输安全监督检查，指导、督促铁路运输企业落实事故应急救援的各项规定，按照规定的权限和程序，组织、参与、协调本辖区内事故的应急救援和调查处理工作。

第五条 国务院其他有关部门和有关地方人民政府应当按照各自的职责和分工，组织、参与事故的应急救援和调查处理工作。

第六条 铁路运输企业和其他有关单位、个人应当遵守铁路运输安全管理的各项规定，防止和避免事故的发生。

事故发生后，铁路运输企业和其他有关单位应当及时、准确地报告事故情况，积极开展应急救援工作，减少人员伤亡和财产损失，尽快恢复铁路正常行车。

第七条 任何单位和个人不得干扰、阻碍事故应急救援、铁路线路开通、列车运行和事故调查处理。

第二章 事故等级

第八条 根据事故造成的人员伤亡、直接经济损失、列车脱轨辆数、中断铁路行车时间等情形，事故等级分为特别重大事故、重大事故、较大事故和一般事故。

第九条 有下列情形之一的，为特别重大事故：

（一）造成30人以上死亡，或者100人以上重伤（包括急性工业中毒，下同），或者1亿元以上直接经济损失的；

（二）繁忙干线客运列车脱轨18辆以上并中断铁路行车48小时以上的；

（三）繁忙干线货运列车脱轨60辆以上并中断铁路行车48小时以上的。

第十条 有下列情形之一的，为重大事故：

（一）造成10人以上30人以下死亡，或者50人以上100人以下重伤，或者5000万元以上1亿元以下直接经济损失的；

（二）客运列车脱轨18辆以上的；

（三）货运列车脱轨60辆以上的；

（四）客运列车脱轨2辆以上18辆以下，并中断繁忙干线铁路行车24小时以上或者中断其他线路铁路行车48小时以上的；

（五）货运列车脱轨6辆以上60辆以下，并中断繁忙干线铁路行车24小时以上或者中断其他线路铁路行车48小时以上的。

第十一条 有下列情形之一的，为较大事故：

（一）造成3人以上10人以下死亡，或者10人以上50人以下重伤，或者1000万元以上5000万元以下直接经济损失的；

（二）客运列车脱轨2辆以上18辆以下的；

（三）货运列车脱轨6辆以上60辆以下的；

（四）中断繁忙干线铁路行车6小时以上的；

（五）中断其他线路铁路行车10小时以上的。

第十二条 造成3人以下死亡，或者10人以下重伤，或者1000万元以下直接经济损失的，为一般事故。

除前款规定外，国务院铁路主管部门可以对一般事故的其他情形作出补充规定。

第十三条 本章所称的"以上"包括本数，所称的"以下"不包括本数。

第三章 事故报告

第十四条 事故发生后，事故现场的铁路运输企业工作人员或者其他人员应当立即报告邻近铁路车站、列车调度员或者公安机关。有关单位和人员接到报告后，应当立即将事故情况报告事故发生地铁路管理机构。

第十五条 铁路管理机构接到事故报告，应当尽快核实有关情况，并立即报告国务院铁路主管部门；对特别重大事故、重大事故，国务院铁路主管部门应当立即报告国务院并通报国家安全生产监督管理等有关部门。

发生特别重大事故、重大事故、较大事故或者有人员伤亡的一般事故，铁路管理机构还应当通报事故发生地县级以上地方人民政府及其安全生产监督管理部门。

第十六条 事故报告应当包括下列内容：

（一）事故发生的时间、地点、区间（线名、公里、米）、事故相关单位和人员；

（二）发生事故的列车种类、车次、部位、计长、机车型号、牵引辆数、吨数；

（三）承运旅客人数或者货物品名、装载情况；

（四）人员伤亡情况，机车车辆、线路设施、道路车辆的损坏情况，对铁路行车的影响情况；

（五）事故原因的初步判断；

（六）事故发生后采取的措施及事故控制情况；

（七）具体救援请求。

事故报告后出现新情况的，应当及时补报。

第十七条 国务院铁路主管部门、铁路管理机构和铁路运输企业应当向社会公布事故报告值班电话，受理事故报告和举报。

第四章 事故应急救援

第十八条 事故发生后，列车司机或者运转车长应当立即停车，采取紧急处置措施；对无法处置的，应当立即报告邻近铁路车站、列车调度员进行处置。

为保障铁路旅客安全或者因特殊运输需要不宜停车的，可以不停车；但是，列车司机或者运转车长应当立即将事故情况报告邻近铁路车站、列车调度员，接到报告的邻近铁路车站、列车调度员应当立即进行处置。

第十九条 事故造成中断铁路行车的，铁路运输企业应当立即组织抢修，尽快恢复铁路正常行车；必要时，铁路运输调度指挥部门应当调整运输径路，减少事故影响。

第二十条 事故发生后，国务院铁路主管部门、铁路管理机构、事故发生地县级以上地方人民政府或者铁路运输企业应当根据事故等级启动相应的应急预案；必要时，成立现场应急救援机构。

第二十一条 现场应急救援机构根据事故应急救援工作的实际需要，可以借用有关单位和个人的设施、设备和其他物资。借用单位使用完毕应当及时归还，并支付适当费用；造成损失的，应当赔偿。

有关单位和个人应当积极支持、配合救援工作。

第二十二条 事故造成重大人员伤亡或者需要紧急转移、安置铁路旅客和沿线居民的，事故发生地县级以上地方人民政府应当及时组织开展救治和转移、安置工作。

第二十三条 国务院铁路主管部门、铁路管理机构或者事故发生地县级以上地方人民政府根据事故救援的实际需要，可以请求当地驻军、武装警察部队参与事故救援。

第二十四条 有关单位和个人应当妥善保护事故现场以及相关证据，并在事故调查组成立后将相关证据移交事故调查组。因事故救援、尽快恢复铁路正常行车需要改变事故现场的，应当做出标记、绘制现场示意图、制作现场视听资料，并做出书面记录。

任何单位和个人不得破坏事故现场，不得伪造、隐匿或者毁灭相关证据。

第二十五条 事故中死亡人员的尸体经法定机构鉴定后，应当及时通知死者家属认领；无法查找死者家属的，按照国家有关规定处理。

第五章 事故调查处理

第二十六条 特别重大事故由国务院或者国务院授权的部门组织事故调查组进行调查。

重大事故由国务院铁路主管部门组织事故调查组进行调查。

较大事故和一般事故由事故发生地铁路管理机构组织事故调查组进行调查；国务院铁路主管部门认为必要时，可以组织事故调查组对较大事故和一般事故进行调查。

根据事故的具体情况，事故调查组由有关人民政府、公安机关、安全生产监督管理部门、监察机关等单位派人组成，并应当邀请人民检察院派人参加。事故调查组认为必要时，可以聘请有关专家参与事故调查。

第二十七条 事故调查组应当按照国家有关规定开展事故调查，并在下列调查期限内向组织事故调查组的机关或者铁路管理机构提交事故调查报告：

（一）特别重大事故的调查期限为60日；

（二）重大事故的调查期限为30日；

（三）较大事故的调查期限为20日；

（四）一般事故的调查期限为10日。

事故调查期限自事故发生之日起计算。

第二十八条 事故调查处理，需要委托有关机构进行技术鉴定或者对铁路设备、设施及其他财产损失状况以及中断铁路行车造成的直接经济损失进行评估的，事故调查组应当委托具有国家规定资质的机构进行技术鉴定或者评估。技术鉴定或评估所需时间不计入事故调查期限。

第二十九条 事故调查报告形成后，报经组织事故调查组的机关或者铁路管理机构同意，事故调查组工作即告结束。组织事故调查组的机关或者铁路管理机构应当自事故调查组工作结束之日起15日内，根据事故调查报告，制作事故认定书。

事故认定书是事故赔偿、事故处理以及事故责任追究的依据。

第三十条 事故责任单位和有关人员应当认真吸取事故教训，落实防范和整改措施，防止事故再次发生。

国务院铁路主管部门、铁路管理机构以及其他有关行政机关应当对事故责任单位和有关人员落实防范和整改措施的情况进行监督检查。

第三十一条 事故的处理情况，除依法应当保密的外，应当由组织事故调查组的机关或者铁路管理机构向社会公布。

第六章 事 故 赔 偿

第三十二条 事故造成人身伤亡的，铁路运输企业应当承担赔偿责任；但是人身伤亡是不可抗力或者受害人自身原因造成的，铁路运输企业不承担赔偿责任。

违章通过平交道口或者人行过道，或者在铁路线路上行走、坐卧造成的人身伤亡，属于受害人自身的原因造成的人身伤亡。

第三十三条 事故造成铁路旅客人身伤亡和自带行李损失的，铁路运输企业对每名铁路旅客人身伤亡的赔偿责任限额为人民币15万元，对每名铁路旅客自带行李损失的赔偿责任限额为人民币2000元。

铁路运输企业与铁路旅客可以书面约定高于前款规定的赔偿责任限额。（2012年11月9日删除）

第三十四条 事故造成铁路运输企业承运的货物、包裹、行李损失的，铁路运输企业应当依照《中华人民共和国铁路法》的规定承担赔偿责任。

第三十五条 除本条例第三十三条、第三十四条的规定外，事故造成其他人身伤亡或者财产损失的，依照国家有关法律、行政法规的规定赔偿。

第三十六条 事故当事人对事故损害赔偿有争议的，可以通过协商解决，或者请求组织事故调查

505

组的机关或者铁路管理机构组织调解，也可以直接向人民法院提起民事诉讼。

第七章 法律责任

第三十七条 铁路运输企业及其职工违反法律、行政法规的规定，造成事故的，由国务院铁路主管部门或者铁路管理机构依法追究行政责任。

第三十八条 违反本条例的规定，铁路运输企业及其职工不立即组织救援，或者迟报、漏报、瞒报、谎报事故的，对单位，由国务院铁路主管部门或者铁路管理机构处10万元以上50万元以下的罚款；对个人，由国务院铁路主管部门或者铁路管理机构处4000元以上2万元以下的罚款；属于国家工作人员的，依法给予处分；构成犯罪的，依法追究刑事责任。

第三十九条 违反本条例的规定，国务院铁路主管部门、铁路管理机构以及其他行政机关未立即启动应急预案，或者迟报、漏报、瞒报、谎报事故的，对直接负责的主管人员和其他直接责任人员依法给予处分；构成犯罪的，依法追究刑事责任。

第四十条 违反本条例的规定，干扰、阻碍事故救援、铁路线路开通、列车运行和事故调查处理的，对单位，由国务院铁路主管部门或者铁路管理机构处4万元以上20万元以下的罚款；对个人，由国务院铁路主管部门或者铁路管理机构处2000元以上1万元以下的罚款；情节严重的，对单位，由国务院铁路主管部门或者铁路管理机构处20万元以上100万元以下的罚款；对个人，由国务院铁路主管部门或者铁路管理机构处1万元以上5万元以下的罚款；属于国家工作人员的，依法给予处分；构成违反治安管理行为的，由公安机关依法给予治安管理处罚；构成犯罪的，依法追究刑事责任。

第八章 附 则

第四十一条 本条例于2007年9月1日起施行。1979年7月16日国务院批准发布的《火车与其他车辆碰撞和铁路路外人员伤亡事故处理暂行规定》和1994年8月13日国务院批准发布的《铁路旅客运输损害赔偿规定》同时废止。

2. 国务院文件

国务院办公厅关于保障城市轨道交通安全运行的意见

（2018年3月7日　国办发〔2018〕13号）

各省、自治区、直辖市人民政府，国务院各部委、各直属机构：

城市轨道交通是城市公共交通系统的骨干，是城市综合交通体系的重要组成部分，其安全运行对保障人民群众生命财产安全、维护社会安全稳定具有重要意义。在各有关方面共同努力下，我国城市轨道交通运行态势总体平稳，但随着近年来运营里程迅速增加、线网规模不断扩大，城市轨道交通安全运行压力日趋加大。为切实保障城市轨道交通安全运行，经国务院同意，现提出以下意见。

一、总体要求

（一）指导思想。

全面贯彻党的十九大精神，坚持以习近平新时代中国特色社会主义思想为指导，认真落实党中央、国务院决策部署，牢固树立和贯彻落实新发展理念，以切实保障城市轨道交通安全运行为目标，完善体制机制，健全法规标准，创新管理制度，强化技术支撑，夯实安全基础，提升服务品质，增强安全防范治理能力，为广大人民群众提供安全、可靠、便捷、舒适、经济的出行服务。

（二）基本原则。

以人为本，安全第一。坚持以人民为中心的发展思想，把人民生命财产安全放在首位，不断提高城市轨道交通安全水平和服务品质。

统筹协调，改革创新。加强城市轨道交通规划、建设、运营协调衔接，加快技术创新应用，构建运营管理和公共安全防范技术体系，提升风险管控能力。

预防为先，防处并举。构建风险分级管控和隐患排查治理双重预防制度，加强应急演练和救援力量建设，完善应急预案体系，提升应急处置能力。

属地管理，综合治理。城市人民政府对辖区内城市轨道交通安全运行负总责，充分发挥自主权和创造性，结合本地实际构建多方参与的综合治理体系。

二、构建综合治理体系

（三）健全管理体制机制。

交通运输部负责指导城市轨道交通运营，拟订运营管理政策法规和标准规范并监督实施，承担运营安全监管职责，负责运营突发事件应对工作的指导协调和监督管理；指导地方交通运输部门监督指导城市轨道交通运营单位（以下简称运营单位）做好反恐防范、安检、治安防范和消防安全管理相关工作，根据应急预案调动行业装备物资为突发事件应对提供交通运输保障。公安部负责会同交通运输部等部门拟订城市轨道交通反恐防暴、内部治安保卫、消防安全等政策法规及标准规范并监督实施；指导地方公安机关做好城市轨道交通区域的巡逻查控工作，依法查处有关违法违规行为，加强对危及城市轨道交通安全的涉恐等情报信息的搜集、分析、研判和通报、预警工作，监督指导运营单位做好进站安检、治安防范、消防安全管理和突发事件处置工作。国家发展改革委、住房城乡建设部、安全监管总局等有关部门，按照职责分工履行有关安全工作职责。

省级人民政府指导本辖区城市轨道交通安全运行，负责辖区内运营突发事件应对工作的指导协调和监督管理。城市人民政府按照属地管理原则，对辖区内城市轨道交通安全运行负总责，建立衔接高效、运行顺畅的管理体制和运行机制，统筹协调相关方面共同做好安全运行管理工作。对跨城市运营的城市轨道交通线路，有关城市人民政府应建立跨区域运营突发事件应急合作机制。运营单位承担安全生产主体责任，落实反恐防暴、内部治安保卫、消防安全等有关法规规定的责任和措施。

（四）完善法规标准体系。

加强城市轨道交通立法工作，根据实际需要及时制修订城市轨道交通法规规章。强化技术标准规范对安全和服务的保障和引领作用，以保障建设质量和安全运行为重点，进一步修订完善城市轨道交通工程建设标准体系；以运营安全和服务质量为重点，建立健全城市轨道交通运营标准体系；以防范处置和设备配置为重点，建立健全城市轨道交通反恐防暴、内部治安保卫、消防安全等标准体系。

三、有序统筹规划建设运营

（五）科学编制规划。

城市轨道交通发展要与城市经济社会发展阶段、发展水平、发展方向相匹配、相协调。城市轨道交通线网规划要科学确定线网布局、规模和用地控制要求，与综合交通体系规划有机衔接，主要内容纳入城市总体规划。城市轨道交通建设规划要树立"规划建设为运营、运营服务为乘客"的理念，将安全和服务要求贯穿于规划、建设、运营全过程，并结合城市发展需求、财政状况等实际，准确把握城市轨道交通发展规模和发展速度，合理确定制式和建设时序，量力而行、有序发展。

（六）做好相关环节衔接。

城市轨道交通规划涉及公共安全方面的设施设备和场地、用房等，要与城市轨道交通工程同步规划、同步设计、同步施工、同步验收、同步投入使用，并加强运行维护管理。在工程可行性研究和初步设计文件中设置运营服务专篇和公共安全专篇，发展改革、规划等部门在审批时要以书面形式听取同级交通运输部门、公安机关意见。城市轨道交通工程项目原则上要在可行性研究报告编制前确定运营单位。加强城市轨道交通建设与运营的交接管理，完善交接内容和程序。城市轨道交通建设工程竣工验收不合格的，不得开展运营前安全评估，未通过运营前安全评估的，不得投入运营。城市轨道交通工程项目要按照相关规定划定保护区，运营期间在保护区范围内进行有关作业要按程序征求运营单位同意后方可办理相关许可手续。

四、加强运营安全管理

（七）夯实运营安全管理基础。

建立健全运营安全风险分级管控和隐患排查治理双重预防制度，对运营全过程、全区域、各管理层级实施安全监控。建立城市轨道交通运营安全第三方评估制度。制定城市轨道交通运营安全事故报告和调查处理办法。建立健全行业运营服务指标体系和统计分析制度、服务质量考评制度，加强服务质量监管。依法推进运营单位安全生产标准化。运营单位要依法做好运营安全各项工作，严格落实安全生产责任制。

（八）强化关键设施设备管理。

制定城市轨道交通关键设施设备运营准入技术条件，加快推动车辆、信号、通信、自动售检票等关键设施设备产品定型，加强列车运行控制等关键系统信息安全保护。建立健全设施设备维修技术规范和检测评估、维修保养制度。建立关键设施设备全生命周期数据行业共享机制和设施设备运行质量公开及追溯机制，加强全面质量监管。

（九）提升从业人员素质。

深入开展行业运营人力资源跟踪研究，评估行业人才发展水平。鼓励各类院校设置城市轨道交通相关专业或者专业方向，扩大人才培养规模。完善从业人员培训考核管理制度，建立健全城市轨道交通职业分类和职业标准体系、职业技能鉴定机制，完善列车驾驶员职业准入制度，规范和强化行车值班员、行车调度员等重点岗位职业水平评价，建立从业人员服务质量不良记录名单制度，规范行业内人才流动。

五、强化公共安全防范

（十）加强日常巡检防控。

运营单位要制定安全防范和消防安全管理制度、明确人员岗位职责、落实安全管理措施，保障相关经费投入，及时配备、更新防范和处置设施设备。有关部门要加强涉恐情报信息搜集工作，运营单位要按照规定及时报告发现的恐怖活动嫌疑或恐怖活动嫌疑人员。地方反恐怖工作领导机构以及公安机关等要对有关情报信息进行筛查、研判、核查、监控，认为有发生恐怖事件危险的要及时通报和预警，有关部门和单位根据要求做好安全防范和应对处置工作。

（十一）规范安全检查工作。

依法对进入城市轨道交通场站的人员、物品进行安全检查。从事城市轨道交通安全检查的单位、人员要按照有关标准、规范和约定实施安全检查，发现违禁品、管制物品和涉嫌违法犯罪人员，要妥善处置并立即向公安机关报告。鼓励推广应用智能、快速的安检新技术、新产品，逐步建立与城市轨道交通客流特点相适应的安检新模式。制定安全检查设备和监控设备设置标准、人员配备标准及操作规范。

（十二）加强社会共建共治。

城市轨道交通所在地城市及以上地方人民政府要构建公安、交通运输、综治等部门以及运营单位、社会力量多方参与的城市轨道交通公共安全协同防范体系和应急响应机制，加强政府部门、运营单位与街道、社区之间的协调联动，推广"警企共建"、"街企共建"等专群结合的综治模式。积极招募志愿者，鼓励城市轨道交通"常乘客"参与公共安全防范与应急处置工作，提高公众安全防范能力，实现群防群治、协同共治。通过多种形式广泛宣传普及城市轨道交通相关法规和知识，加强公众公共安全防范及突发事件应对培训教育，引导公众增强安全意识和防护能力。

六、提升应急处置能力

（十三）完善应急预案体系。

城市轨道交通所在地城市及以上地方人民政府要将城市轨道交通纳入政府应急管理体系，结合本地实际制定完善应对各类突发事件的专项应急预案、部门应急预案，督促运营单位制定完善具体预案。建立突发事件应急处置机制，成立应急指挥机构，明确相关部门和单位的职责分工、工作机制和处置要求。运营单位要建立完备的应急预案体系，编制应急预案操作手册，明确应对处置各类突发事件的现场操作规范、工作流程等，并立足实战加强站区一线人员培训，定期组织开展应急合成演练。

（十四）加强应急救援力量建设。

城市轨道交通所在地城市及以上地方人民政府和有关部门、运营单位要配备满足需要的应急设施设备和应急物资，根据需要建立专职或志愿消防队、微型消防站，提高自防自救能力。建立健全专业应急救援队伍，加强应急培训，提高应急救援能力。建设国家级城市轨道交通应急演练中心，开展培训和实战场景演练。鼓励和支持企业、科研院所及社会有关方面加强专业救援装备研究开发。

（十五）强化现场处置应对。

建立协调联动、快速反应、科学处置的工作机制，强化运营单位对突发事件第一时间处置应对的能力，最大程度减少突发事件可能导致的人员伤亡和财产损失。公安、交通运输等部门以及运营单位、街道、社区要密切协同联动。有关部门和运营单位的工作人员要按照各自岗位职责要求，通过广播系统、乘客信息系统和专人引导等方式，引导乘客快速疏散。充分发挥志愿者在安全防范和应急处置中的积极作用，提高乘客自救互救能力。

七、完善保障措施

（十六）加大综合政策扶持力度。

城市轨道交通所在地城市人民政府要加大城市轨道交通财政扶持力度，统筹考虑城市轨道交通可持续安全运营需求，建立与运营安全和服务质量挂钩的财政补贴机制，科学确定财政补贴额度。保障公共安全防范所需资金并纳入公共财政体系，确保设施设备维护维修、更新改造资金到位。在保障运营安全的前提下，支持对城市轨道交通设施用地的地上、地下空间实施土地综合开发，创新节约集约用地模式，以综合开发收益支持运营和基础设施建设，确保城市轨道交通运行安全可持续。

国务院各有关部门、各省级人民政府要根据各自职责，加强对城市轨道交通运行安全监管的指导，强化督促检查。城市轨道交通所在地城市人民政府要加强组织领导，根据本意见提出的任务和要求，进一步细化贯彻落实政策措施，明确责任分工和时间进度要求，确保各项工作落实到位。

3. 规章及部门规范性文件

铁路交通事故应急救援规则

（2007年8月29日铁道部令第32号公布　自2007年9月1日起施行）

第一章　总　　则

第一条　为了规范和加强铁路交通事故（以下简称事故）的应急救援工作，最大限度地减少人员伤亡和财产损失，尽快恢复铁路运输秩序，依据《铁路交通事故应急救援和调查处理条例》（国务院令第501号）及国家有关规定，制定本规则。

第二条　国家铁路、合资铁路、地方铁路、专用铁路和铁路专用线发生事故，造成人员伤亡、财产损失、中断行车及其他影响铁路正常行车，需要实施应急救援的，适用本规则。

第三条　事故应急救援工作应当遵循"以人为本、逐级负责、应急有备、处置高效"的原则。

第四条　铁道部成立事故应急救援领导小组并设工作机构，建立健全工作制度，制定和完善事故应急救援预案，按照国家规定的权限和程序，组织、指挥、协调事故应急救援工作。

各铁路安全监督管理办公室（以下简称安全监管办）应当指导、督促铁路运输企业落实事故应急救援的各项规定，依法组织、指挥、协调本辖区内的事故应急救援工作。

第五条　铁路运输企业应当相应成立事故应急救援领导小组并设工作机构，建立健全工作制度，制定和完善事故应急救援预案，加强救援队、救援列车的建设，负责事故应急救援的人员培训、装备配置、物资储备、预案演练等基础工作，积极开展事故应急救援。

第六条　公安机关应当参与事故应急救援，负责保护事故现场，维护现场治安秩序，进行现场勘察和调查取证，依法查处违法犯罪嫌疑人，协助抢救遇险人员。

第七条　事故应急救援工作必要时，由铁道部、安全监管办协调请求国务院其他有关部门、有关地方人民政府、当地驻军、武装警察部队给予支持帮助。

第二章　救 援 报 告

第八条　事故应急救援实行逐级报告制度。铁道部、安全监管办和铁路运输企业应当明确报告程序、方式和时限，公布接受报告的各级事故应急救援部门及电话。事故发生后，有关单位、部门应当按规定程序向上级单位和部门报告。

第九条　事故发生后，现场铁路工作人员或者其他有关人员应当立即向邻近铁路车站、列车调度员、公安机关或者相关单位负责人报告。接到报告的单位、部门应当根据需要立即通知救援队和救援列车。

遇有人员伤亡或者发生火灾、爆炸、危险货物泄漏等事故时，接到报告的单位、部门应当根据需要采取防护措施，并立即通知当地急救、医疗卫生部门或者公安消防、环境保护等部门。

第十条　铁路运输企业列车调度员接到事故报告后，应当立即按规定程序报告本企业负责人，并向本区域的安全监管办和铁道部列车调度员报告。

第十一条　铁道部列车调度员接到事故报告后，应当立即按规定程序上报。

发生特别重大事故时，铁道部应当立即向国务院报告。

第十二条　救援报告的主要内容：

（一）事故发生的时间、地点（站名）、区间（线名、公里、米）、线路条件、事故相关单位和人员。

（二）发生事故的列车种类、车次、机车型号、部位、牵引辆数、吨数、计长及运行速度。

（三）旅客人数，伤亡人数、性别、年龄以及救助情况，是否涉及境外人员伤亡。

（四）货物品名、装载情况，易燃、易爆等危险货物情况。

（五）机车车辆脱轨数量及型号、线路设备损坏程度等情况。

（六）对铁路行车的影响情况。

（七）事故原因的初步判断，事故发生后采取的措施及事故控制情况。

（八）需要应急救援的其他事项。

第十三条　事故应急救援过程中，人员伤亡、脱轨辆数、设备损坏等情况发生变化时，应及时补报。

第十四条　事故应急救援情况需要向社会通报时，由铁道部、安全监管办的宣传部门统一负责。

第三章　紧急处置

第十五条　事故发生后，列车司机或者运转车长等现场铁路工作人员应当立即采取停车措施，并按规定对列车进行安全防护。遇有人员伤亡时，应当向邻近车站或者列车调度员请求施救，并将伤亡人员移出线路、做好标记，有能力的应当对伤员进行紧急施救。

为保障铁路旅客安全或者因特殊运输需要不宜停车的，可以不停车。但是，列车司机或者运转车长等现场铁路工作人员应当立即将事故情况报告邻近车站、列车调度员，接到报告的邻近车站、列车调度员应当立即组织处置。

第十六条　客运列车发生事故造成车内人员伤亡或者危及人员安全时，列车长应当立即组织车上人员进行紧急施救，稳定人员情绪，维护现场秩序，并向邻近车站或者列车调度员请求施救。

第十七条　救援队接到事故救援通知后，救援队长应当召集救援队员以最快速度赶赴事故现场。到达事故现场后，应当立即组织紧急抢救伤员，利用既有设备起复脱轨的机车车辆，清除各种障碍，搭设必要的设备设施，为进一步实施救援创造条件。

第十八条　发生列车火灾、爆炸、危险货物泄漏等事故时，现场铁路工作人员应当尽快组织疏散现场人员并采取必要的防护措施。

第十九条　事故发生后影响本线或者邻线行车安全时，现场铁路工作人员应当立即按规定采取紧急防护措施。

第四章　救援响应

第二十条　接到事故救援报告后，应当根据事故严重程度和影响范围，按特别重大、重大、较大、一般四个等级由相应单位、部门作出应急救援响应，启动应急预案。

第二十一条　特别重大事故的应急救援，由铁道部报请国务院启动，或者由国务院授权的部门启动。铁道部在国务院事故应急救援领导小组的领导下开展工作，开通与国务院有关部门、事发地省级事故应急救援指挥机构以及现场事故救援指挥部的应急通信系统，征求有关专家建议以及国务院有关部门意见提出事故应急救援方案，经国务院事故应急救援领导小组确定后组织实施，并派出专家和有关人员赶赴现场参加救援。

第二十二条　重大事故的应急救援，由铁道部启动。铁道部事故应急救援工作机构应当组建现场事故应急救援指挥部（以下简称现场指挥部），并根据事故具体情况设立医疗救护、事故起复、后勤保障、应急调度、治安保卫、善后处理等工作组，开通与事发地铁路运输企业和现场指挥部的应急通信系统，咨询有关专家，确定事故应急救援具体实施方案，立即派出有关人员赶赴现场，调集各种应急救援资源，组织指挥应急救援工作。必要时，协调请求事发地人民政府、当地驻军、武装警察部队提供支援。遇有超出本级应急救援处置能力时，及时向国务院报告。

第二十三条　较大事故、一般事故的应急救援，由安全监管办启动或者督促铁路运输企业事故应急救援工作机构启动，组织成立现场指挥部，并根据事故具体情况设立医疗救护、事故起复、后勤保障、应急调度、治安保卫、善后处理等工作组，开通与现场指挥部的应急通信系统，咨询有关专家，确定事故应急救援具体实施方案。有关负责人和专业人员应当立即赶赴现场，调集各种应急救援资源，组织指挥应急救援工作。必要时，由安全监管办协调事发地人民政府、当地驻军、武装警察部队提供支援。遇有超出本级应急救援处置能力时，及时向铁道部报告。

第五章　现场救援

第二十四条　现场救援工作实行总指挥负责制，按照事故应急救援响应等级，由相应负责人担任总指挥，或者视情况由上级事故应急救援工作机构指定人员担任临时总指挥，统一指挥现场救援工作。各工作组及参加事故应急救援的单位、部门应当确定负责人。救援列车进行起复作业时，由救援列车负责人或者指定人员单一指挥。

现场总指挥以及参加事故应急救援的各工作组负责人、各单位和部门负责人、作业人员应当区别佩戴明显标志。

第二十五条　现场指挥部应当在全面了解人员伤亡以及机车车辆、线路、接触网、通信信号等行车设备损坏、地形环境等情况后，确定人员施救、现场保护、调查配合、货物处置、救援保障、起复救援、设备抢修等应急救援方案，并迅速组织实施。

在实施救援过程中，各单位、部门应当严格执行作业规范和标准，防止衍生事故。

第二十六条 事故发生后，运输调度部门应当根据需要及时发布各类救援调度命令。重点安排救援列车出动和救援物资运输。需要其他铁路运输企业出动救援列车时，由铁道部发布调度命令。

造成列车大量晚点时，应当尽快采取措施恢复行车秩序。预计不能在短时间内恢复行车时，应当尽量将客运列车安排停靠在较大车站，并组织向站车滞留旅客提供必要的食品、饮用水等服务。

第二十七条 事故造成人员伤亡时，现场指挥部应当立即组织协调对现场伤员进行救治，紧急调集有关药品器械，迅速将伤员转移至安全地带或者转移救治，采取必要的卫生防疫措施。

遇有重大人员伤亡或者需要大规模紧急转移、安置铁路旅客和沿线居民的，应当及时通知事发地人民政府组织开展救治和转移、安置工作，必要时可以由铁道部或者安全监管办进行协调。

第二十八条 现场指挥部应当根据需要迅速调集装备设施、物资材料、交通工具、食宿用品、药品器械等救援物资。铁路运输企业各单位、部门必须无条件支持配合，不得以各种理由推诿拒绝，延误救援工作。

物资调用超出铁路运输企业自身能力时，可以向有关单位、部门或者个人借用。

第二十九条 事故涉及货运列车时，货运部门应当迅速了解事故货车及相关货车的货物装载情况，组织调集装卸人员和机具清理事故货车及相关货车装载的货物，处置事故列车挂运的危险、鲜活易腐等货物，编制货运记录。

第三十条 事故应急救援需要出动救援列车时，救援列车应当在接到出动命令后30分钟内出动，到达事故现场后，救援列车负责人应当迅速确定具体的起复作业方案，经现场总指挥批准后立即开展起复作业。救援列车在桥梁或坡道等特殊地段作业时，应当连挂机车。两列及以上救援列车分头作业时的指挥，由现场总指挥协调分工后各自负责。两列及以上救援列车在同一个作业面集中作业或者联动作业时，由负责本区段救援任务的救援列车或者由现场总指挥指定人员负责指挥。救援列车在电气化区段实施救援作业时，应当在确认接触网工区接到停电命令并做好接地防护后方准进行。起复动车组、新型机车车辆等，应当使用专用吊索具。

第三十一条 事故应急救援需要通信保障时，通信部门应当在接到通知后根据需要立即启用"117"应急通信人工话务台，组织开通应急通信系统。事故发生在站内，应当在30分钟内开通电话、1小时内开通图像传输设备。事故发生在区间，应当在1小时内开通电话、2小时内开通图像传输设备。并指定专人值守，保证事故现场音频、视频和数据信息的实时传输，任何人不得干扰、阻碍事故信息采集和传输。

第三十二条 事故造成铁路设备设施损坏时，有关专业部门应当立即组织抢修，根据实际情况及时切断事故现场电源，拆除、拨移和恢复接触网，及时架设所需照明，调集足够的救援队伍、材料和机具，积极组织抢修损坏的线路、通信信号等行车设备设施，协助事故机车车辆的起复。对可以运行的受损机车车辆进行检查确认，符合挂运条件的方准移动，必要时派人护送。起复作业完毕后，应当迅速做好开通线路的各项准备。

第三十三条 事故遇有装载危险货物车辆时，现场指挥部应当在采取确保人身安全和作业安全措施后，方可开展救援。危险货物车辆需卸车、移动或者起复时，应当在专业人员指导下作业，及时清除有害残留物或者将其控制在安全范围内。必要时，由安全监管办协调环保监测部门及时检测有害物质的危害程度，采取防控措施。

第三十四条 公安机关应当组织解救和疏散遇险人员，设置现场警戒区域，阻止未经批准人员进入现场，指定专人进行现场勘查取证，必要时实施现场交通管制，负责事故现场旅客、货物及沿线滞留列车的安全保卫工作。

第三十五条 事故应急救援过程中，有关单位和个人应当妥善保护事故现场以及相关证据，并及时移交事故调查组。因应急救援需要改变事故现场时，应当做出标记、绘制现场示意图、制作现场视听资料，并做出书面记录。任何单位和个人不得破坏事故现场，不得伪造、隐匿或者毁灭相关证据。

第三十六条 事故救援完毕后，现场指挥部应当组织救援人员对现场进行全面检查清理，进一步确认无伤亡人员遗留，拆除、回收、移送救援设备设施，清除障碍物，确认具备开通条件后，立即通知有关人员按规定办理手续，由列车调度员发布调度命令开通线路，尽快恢复正常行车。

第六章 善后处理

第三十七条 事故善后处理工作组应当依法进行事故的善后处理，组织妥善做好现场遇险滞留人员食宿、转移和旅客改签、退票等服务工作，以及伤亡人员亲属的通知、接待以及抚恤丧葬、经济补偿等处置工作。负责收取伤亡人员医疗档案资料，核定救治费用。

第三十八条 对事故造成的伤亡人员，现场指挥部应当在积极组织施救的同时，负责协调落实伤亡人员的救治、丧葬等临时费用，待事故责任认定后，由事故责任方承担。

第三十九条 事故造成人员死亡的，应当由急救、医疗卫生部门或者法医出具死亡证明，尸体由其家属或者铁路运输企业存放于殡葬服务单位，或者存放于有条件的急救、医疗卫生部门。尸体检验完成后，由事故善后处理工作组通知死者家属在10日内办理丧葬事宜。对未知名尸体，由法医检验后填写《未知名尸体信息登记表》。经核查无法确认死者身份的，经事故善后处理工作组负责人批准，刊登认尸启事，刊登后10日无人认领的，由县级或者相当于县级以上的公安机关批准处理尸体。

第四十条 事故造成境外来华人员死亡的，事故善后处理工作组应当通知死者亲属或者所属国家驻华使（领）馆，尸体处置事宜按照我国有关规定办理。

第四十一条 对事故现场遗留的财物，事故善后处理工作组或者公安部门应当进行清点、登记并妥善保管。

第四十二条 对事故造成的人员伤亡、财产损失以及事故应急救援费用等应当进行统计。借用有关单位和个人的设备设施和其他物资，使用完毕后应当及时归还并适当支付费用，丢失或者损坏的应当合理赔偿。

第四十三条 对事故造成的人员伤亡和财产损失，按照国家有关法律、法规和《铁路交通事故应急救援和调查处理条例》有关规定给予赔偿。

事故当事人对损害赔偿有争议时，可以协商解决，或者请求组织事故调查组的机构进行调解，也可以直接提起民事诉讼。

第四十四条 属于肇事方责任给铁路运输企业造成损失的，应当按照事故认定书由肇事方赔偿。

第四十五条 因设备质量或者施工质量造成事故损失的，铁路运输企业有权依据事故认定书向有关责任方追偿损失。

第四十六条 事故应急救援工作结束后，现场指挥部应当对事故应急救援工作进行总结，于5日内形成书面报告，并附事故应急救援有关证据材料，按事故等级报铁道部事故应急救援领导小组或者安全监管办备案。由铁道部事故应急救援领导小组或者安全监管办组织进行全面总结分析，对事故应急救援的组织工作进行评价认定，总结经验教训，制定整改措施，修改完善应急预案及有关制度办法。

第七章 罚 则

第四十七条 铁路运输企业及其职工违反本规则规定，不立即组织事故应急救援或者迟报、漏报、瞒报、谎报事故等延误救援的，由铁道部或者安全监管办对责任单位处10万元以上50万元以下的罚款，对责任人处4000元以上2万元以下的罚款。

第四十八条 铁道部、安全监管办等国家工作人员以及其他人员违反本规则规定，未立即启动应急预案或者迟报、漏报、瞒报、谎报事故等延误救援的，对主管负责人和其他直接责任人依法给予行政处分。涉嫌犯罪的，依照有关规定移送司法机关处理。

第四十九条 违反本规则规定，干扰、阻碍事故应急救援的，由铁道部或者安全监管办对责任单位处4万元以上20万元以下的罚款，对责任人处2000元以上1万元以下的罚款。情节严重的，对责任单位处20万元以上100万元以下的罚款，对责任人处1万元以上5万元以下的罚款。属于国家工作人员的，依法给予行政处分。违反治安管理规定的，由公安机关依法给予治安管理处罚。涉嫌犯罪的，依照有关规定移送司法机关处理。

第八章 附 则

第五十条 本规则由铁道部负责解释。

第五十一条 本规则自2007年9月1日起施行，铁道部原发《铁路行车事故救援规则》（铁运〔1999〕118号）同时废止。

城市轨道交通运营突发事件应急演练管理办法

（2024年7月31日 交运规〔2024〕5号）

第一条 为规范城市轨道交通运营突发事件（以下简称运营突发事件）应急演练管理，提升应急处置能力，根据《中华人民共和国安全生产法》《中华人民共和国突发事件应对法》《生产安全事故应急条例》《突发事件应急预案管理办法》《国务院办公厅关于保障城市轨道交通安全运行的意见》《国家城市轨道交通运营突发事件应急预案》《城市轨道交通运营管理规定》等有关要求，制定本办法。

第二条 城市轨道交通运营过程中发生的因列车冲突、撞击、脱轨，设施设备故障、损毁，以及突发大客流等情况造成人员伤亡、行车中断、财产损失的突发事件应急演练工作适用本办法。

第三条 运营突发事件应急演练应遵循全面覆盖、总专结合、协同联动、有效融合的原则。

第四条 城市轨道交通所在地城市交通运输主管部门或者城市人民政府指定的城市轨道交通运营主管部门（以下统称城市轨道交通运营主管部门）在本级人民政府领导下负责组织实施本行政区域运营突发事件应急演练的监督管理工作。

对跨城市运营的城市轨道交通线路，线路所在城市的城市轨道交通运营主管部门应联合建立运营突发事件应急演练协调机制。

交通运输部、省级交通运输主管部门依照职责指导运营突发事件应急演练工作。

第五条 城市轨道交通运营主管部门应根据城市总体应急预案、城市轨道交通专项应急预案和部门应急预案，组织完善运营突发事件应急处置体系，协调建立健全部门间应急处置联动机制，并细化行业内部的职责分工和工作要求。城市轨道交通运营主管部门应指导城市轨道交通运营单位（以下简称运营单位）强化与街道、社区间的应急协调联动。

运营单位应建立城市轨道交通运营突发事件综合应急预案、专项应急预案和现场处置方案。运营单位综合应急预案、专项应急预案和现场处置方案应报城市轨道交通运营主管部门备案。新编制或修订的，应在预案生效20个工作日内报城市轨道交通运营主管部门。

第六条 运营单位综合应急预案应与政府层面的专项应急预案相衔接，总体阐述本单位运营突发事件的应急工作原则、应急组织机构及职责、专项应急预案体系、预警及信息报告、应急响应及保障措施等内容。

第七条 运营单位专项应急预案应针对重大风险、关键设施设备故障等某一类型或某几种类型的运营突发事件，明确风险分析、应急指挥机构及职责、处置程序和措施等内容。专项应急预案应至少涵盖以下重点内容，并开展演练：

（一）列车脱轨、撞击、冲突、挤岔。

（二）结构病害和受损、轨道线路故障。

（三）异物侵限、淹水倒灌。

（四）车辆故障、供电中断、通信中断、信号系统故障。

（五）突发大客流、客伤、区间疏散。

（六）列车、车站公共区、区间及主要设备房等区域火灾。

（七）网络安全事件。

第八条 运营单位现场处置方案应根据不同运营突发事件类型，针对具体的场所、岗位、设施设备、应急场景等明确现场作业人员的应急处置流程、处置措施、安全注意事项等内容。关键岗位的现场处置方案应至少涵盖以下重点内容，并开展经常性演练：

（一）行车调度员：列车事故/故障、列车降级运行、列车区间阻塞、设施设备故障清客、火灾、区间积水、车站淹水倒灌、列车打滑、临时调整行车交路、线路运营调整及故障抢修、道岔失表、乘客疏散等。

（二）电力调度员：大面积停电、供电区段失电、电力监控系统离线、火灾、区间积水、车站淹水倒灌等。

（三）环控调度员：火灾、区间积水、车站淹水倒灌等。

（四）列车驾驶员：列车事故/故障、列车降级运行、乘客疏散、列车连挂救援、非正常交路行车、区间积水、车站淹水倒灌、列车打滑、列车挤岔、车门和站台门故障等。

（五）行车值班员：信号故障等非正常情况下的行车进路办理和列车接发作业、道岔失表、乘客疏散、抢修作业办理、火灾、区间积水、车站淹水倒灌、客伤等。

（六）车站服务人员：大客流组织、乘客疏散、区间积水、车站淹水倒灌、火灾、客伤、车门和站台门故障等。

（七）设施设备维护人员：土建结构、轨道线路、车辆、供电、通信、信号等关键设施设备故障抢修。

第九条 城市轨道交通运营主管部门应在城市人民政府领导下，会同公安、应急管理、卫生健康、消防救援机构等部门及单位开展专项应急预案演练、部门应急预案演练。演练应设置具体场景，每年至少组织一次实战演练，重点磨合和检验各单位和部门间的协同联动机制等，专项应急预案演练与部门应急预案演练可合并开展。

对跨城市运营的城市轨道交通线路，线路所在城市的城市轨道交通运营主管部门每3年至少组织一次联合实战应急预案演练。

城市轨道交通车站与铁路客运站、机场等枢纽在同一综合体内存在客流直接换乘衔接的，所在省级交通运输主管部门应推动铁路客运站、机场等枢纽经营主体与运营单位定期开展联合实战应急预案演练。

第十条 运营单位综合应急预案演练应依托运营单位专项应急预案，每半年至少组织一次实战演练，重点检验运营单位各部门、应急救援组织及相关单位间的协同配合、信息报告和联动机制。城市内有多家运营单位的，存在换乘线路的运营单位之间应每年至少组织一次联合实战应急预案演练。

运营单位每半年至少组织一次专项应急预案演练。每个专项应急预案每3年至少演练一次。鼓励采用事前不通知演练时间、地点和内容的突击式演练，鼓励开展多点位多事件的复合性演练。

运营单位应结合线路特征、设备性能、应急能力、行业发生的事故事件案例等因素，制定综合和专项年度应急演练计划，其中实战演练比例不得低于70%。运营单位综合和专项年度应急演练计划应在确定后的20个工作日内报城市轨道交通运营主管部门。

第十一条 运营单位应根据岗位特点和运营需要，有针对性地加强重点岗位、重点内容的演练，磨合和检验作业人员现场处置能力。现场处置方案演练应纳入日常工作常态化开展，每个班组每年应将有关的现场处置方案至少全部演练一次，不同现场处置方案的演练可合并开展。

鼓励在收车阶段开展列车降级运行演练；在运营结束后开展列车区间阻塞、列车故障救援、列车火灾、车站火灾、站台门及车门故障等演练。

全自动运行系统线路还应结合系统联动功能调整、控制模式变化等开展针对性应急演练。

第十二条 运营单位应根据演练计划统筹安排应急演练经费，并纳入本单位安全生产费用，做好人员、场地、物资器材的筹备保障和有关沟通协调工作，确保应急演练工作安全有序开展。

涉及可能对社会公众和正常运营造成影响的演练，运营单位要提前评估，落实安全防护措施，并提前对外发布宣传告知信息。

第十三条 在演练过程中，城市轨道交通运营主管部门和运营单位（以下统称演练组织部门）应注重发挥智能管理系统应急指挥协同作用，加强信息获取和传递的时效性。

鼓励邀请"常乘客"、志愿者等社会公众参与应急演练，对参与应急演练的社会公众，应提供必要的培训和安全防护。

第十四条 交通运输部在具备条件的运营单位、科研院所、职业院校等单位，分区域组织设立国家级城市轨道交通应急演练中心。

国家级城市轨道交通应急演练中心应具备开展运营突发事件应急演练的线路、站场、相关专业设施设备系统、应急物资和安全防护设施等基础条件，具有采用三维场景构建、虚拟现实技术等建立的应急演练专用仿真系统。

第十五条 鼓励运营单位在国家级城市轨道交通应急演练中心组织开展拉练式实战演练，特别是针对列车脱轨、列车冲突、列车撞击、接触网事故、列车火灾、淹水倒灌、雨雪冰冻等具有破坏性的、巨灾情景的、运营单位不具备开展实战演练条件的专项演练项目。

交通运输部适时组织区域内不同运营单位开展运营突发事件应急演练交流。

第十六条 演练组织部门应当建立健全应急演练评估工作机制，全面评估应急演练工作，及时总结经验教训。

政府专项、部门应急预案演练和运营单位综合、专项应急预案演练应形成演练评估报告。运营单位现场处置方案演练可通过现场总结和点评的方式开展评估。

鼓励邀请行业专家或委托第三方机构开展演练评估工作。运营单位应对行业专家或第三方机构评估人员开展工作提供便利及必要的安全保障措施。

第十七条 评估人员应当具备相应专业技能和工作经验，提前熟悉相关应急预案、演练实施方案和管理制度，全程观察研判应急演练开展情况，独立、客观地开展评估工作。

第十八条 演练评估内容应包括演练准备、组织与实施的效果、演练主要经验、演练中发现的问题和意见建议等，重点包括应急预案是否科学、联动组织是否高效、人员操作是否熟练、应急保障是否充分等。

第十九条 演练组织部门应将评估报告向参演人员和相关单位公布，反馈演练中发现的问题并及时整改。涉及应急处置机制、作业标准、操作规程和管理规定等有缺陷的，城市轨道交通运营主管部门和运营单位应在3个月内修订完善相关预案和制度。

评估报告中涉及其他单位、部门的应急预案及应急准备完善建议，应及时反馈相关单位和部门。

第二十条 演练组织部门应当建立应急演练档案库，以电子文档等方式妥善保存演练工作计划、实施方案、记录材料、评估报告等资料。

第二十一条 运营单位应在年度演练计划周期结束后 20 个工作日内,将演练总结报告报送城市轨道交通运营主管部门。演练总结报告应包括演练计划完成情况、演练总体评估情况及整改情况等内容。

城市轨道交通运营主管部门应对运营单位应急演练工作情况开展监督,重点检查运营单位演练计划落实情况、演练记录、演练评估和整改情况等,对于未按规定开展应急演练、演练流于形式或弄虚作假的,要及时督促整改并纳入相关考核。

第二十二条 本办法自印发之日起施行。《交通运输部关于印发〈城市轨道交通运营突发事件应急演练管理办法〉的通知》(交运规〔2019〕9 号)同时废止。

4. 应急预案

国家城市轨道交通运营突发事件应急预案

(2015 年 4 月 30 日 国办函〔2015〕32 号)

1 总 则

1.1 编制目的

建立健全城市轨道交通运营突发事件(以下简称运营突发事件)处置工作机制,科学有序高效应对运营突发事件,最大程度减少人员伤亡和财产损失,维护社会正常秩序。

1.2 编制依据

依据《中华人民共和国突发事件应对法》、《中华人民共和国安全生产法》、《生产安全事故报告和调查处理条例》、《国家突发公共事件总体应急预案》及相关法律法规等,制定本预案。

1.3 适用范围

本预案适用于城市轨道交通运营过程中发生的因列车撞击、脱轨,设施设备故障、损毁,以及大客流等情况,造成人员伤亡、行车中断、财产损失的突发事件应对工作。

因地震、洪涝、气象灾害等自然灾害和恐怖袭击、刑事案件等社会安全事件以及其他因素影响或可能影响城市轨道交通正常运营时,依据国家相关预案执行,同时参照本预案组织做好监测预警、信息报告、应急响应、后期处置等相关应对工作。

1.4 工作原则

运营突发事件应对工作坚持统一领导、属地负责,条块结合、协调联动,快速反应、科学处置的原则。运营突发事件发生后,城市轨道交通所在地城市及以上地方各级人民政府和有关部门、城市轨道交通运营单位(以下简称运营单位)应立即按照职责分工和相关预案开展处置工作。

1.5 事件分级

按照事件严重性和受影响程度,运营突发事件分为特别重大、重大、较大和一般四级。事件分级标准见附则。

2 组织指挥体系

2.1 国家层面组织指挥机构

交通运输部负责运营突发事件应对工作的指导协调和监督管理。根据运营突发事件的发展态势和影响,交通运输部或事发地省级人民政府可报请国务院批准,或根据国务院领导同志指示,成立国务院工作组,负责指导、协调、支持有关地方人民政府开展运营突发事件应对工作。必要时,由国务院或国务院授权交通运输部成立国家城市轨道交通应急指挥部,统一领导、组织和指挥运营突发事件应急处置工作。

2.2 地方层面组织指挥机构

城市轨道交通所在地城市及以上地方各级人民政府负责本行政区域内运营突发事件应对工作,要明确相应组织指挥机构。地方有关部门按照职责分工,密切配合,共同做好运营突发事件的应对工作。

对跨城市运营的城市轨道交通线路,有关城市人民政府应建立跨区域运营突发事件应急合作机制。

2.3 现场指挥机构

负责运营突发事件处置的人民政府根据需要成立现场指挥部,负责现场组织指挥工作。参与现场处置的有关单位和人员应服从现场指挥部的统一指挥。

2.4 运营单位

运营单位是运营突发事件应对工作的责任主体,要建立健全应急指挥机制,针对可能发生的运营突发事件完善应急预案体系,建立与相关单位的信息共享和应急联动机制。

515

2.5 专家组

各级组织指挥机构及运营单位根据需要设立运营突发事件处置专家组，由线路、轨道、结构工程、车辆、供电、通信、信号、环境与设备监控、运输组织等方面的专家组成，对运营突发事件处置工作提供技术支持。

3 监测预警和信息报告

3.1 监测和风险分析

运营单位应当建立健全城市轨道交通运营监测体系，根据运营突发事件的特点和规律，加大对线路、轨道、结构工程、车辆、供电、通信、信号、消防、特种设备、应急照明等设施设备和环境状态以及客流情况等的监测力度，定期排查安全隐患，开展风险评估，健全风险防控措施。当城市轨道交通正常运营可能受到影响时，要及时将有关情况报告当地城市轨道交通运营主管部门。

城市轨道交通所在地城市及以上地方各级人民政府城市轨道交通运营主管部门，应加强对本行政区域内城市轨道交通安全运营情况的日常监测，会同公安、国土资源、住房城乡建设、水利、安全监管、地震、气象、铁路、武警等部门（单位）和运营单位建立健全定期会商和信息共享机制，加强对突发大客流和洪涝、气象灾害、地质灾害、地震等信息的收集，对各类风险信息进行分析研判，并及时将可能导致运营突发事件的信息告知运营单位。有关部门应及时将可能影响城市轨道交通正常运营的信息通报同级城市轨道交通运营主管部门。

3.2 预警

3.2.1 预警信息发布

运营单位要及时对可能导致运营突发事件的风险信息进行分析研判，预估可能造成影响的范围和程度。城市轨道交通系统内设施设备及环境状态异常可能导致运营突发事件时，要及时向相关岗位专业人员发出预警；因突发大客流、自然灾害等原因可能影响城市轨道交通正常运营时，要及时报请当地城市轨道交通运营主管部门，通过电视、广播、报纸、互联网、手机短信、楼宇或移动电子屏幕、当面告知等渠道向公众发布预警信息。

3.2.2 预警行动

研判可能发生运营突发事件时，运营单位视情采取以下措施：

（1）防范措施

对于城市轨道交通系统内设施设备及环境状态预警，要组织专业人员迅速对相关设施设备状态进行检查确认，排除故障，并做好故障排除前的各项防范工作。

对于突发大客流预警，要及时调整运营组织方案，加强客流情况监测，在重点车站增派人员加强值守，做好客流疏导，视情采取限流、封站等控制措施，必要时申请启动地面公共交通接驳疏运。城市轨道交通运营主管部门要及时协调组织运力疏导客流。

对于自然灾害预警，要加强对地面线路、设备间、车站出入口等重点区域的检查巡视，加强对重点设施设备的巡检紧固和对重点区段设施设备的值守监测，做好相关设施设备停用和相关线路列车限速、停运准备。

（2）应急准备

责令应急救援队伍和人员进入待命状态，动员后备人员做好参加应急救援和处置工作准备，并调集运营突发事件应急所需物资、装备和设备，做好应急保障工作。

（3）舆论引导

预警信息发布后，及时公布咨询电话，加强相关舆情监测，主动回应社会公众关注的问题，及时澄清谣言传言，做好舆论引导工作。

3.2.3 预警解除

运营单位研判可能引发运营突发事件的危险已经消除时，宣布解除预警，适时终止相关措施。

3.3 信息报告

运营突发事件发生后，运营单位应当立即向当地城市轨道交通运营主管部门和相关部门报告，同时通告可能受到影响的单位和乘客。

事发地城市轨道交通运营主管部门接到运营突发事件信息报告或者监测到相关信息后，应当立即进行核实，对运营突发事件的性质和类别作出初步认定，按照国家规定的时限、程序和要求向上级城市轨道交通运营主管部门和同级人民政府报告，并通报同级其他相关部门和单位。运营突发事件已经或者可能涉及相邻行政区域的，事发地城市轨道交通运营主管部门应当及时通报相邻区域城市轨道交通运营主管部门。事发地城市及以上地方各级人民政府、城市轨道交通运营主管部门应当按照有关规定逐级上报，必要时可越级上报。对初判为重大以上的运营突发事件，省级人民政府和交通运输部要立即向国务院报告。

4 应急响应

4.1 响应分级

根据运营突发事件的严重程度和发展态势，将应急响应设定为Ⅰ级、Ⅱ级、Ⅲ级、Ⅳ级四个等级。初判发生特别重大、重大运营突发事件时，分别启动Ⅰ级、Ⅱ级应急响应，由事发地省级人民政府负责应对工作；初判发生较大、一般运营突发事件时，分别启动Ⅲ级、Ⅳ级应急响应，由事发地城市人民政府负责应对工作。对跨城市运营的城市轨道交通线路，有关城市人民政府在建立跨区域运营突发事件应急合作机制时应明确各级应急响应的责任主体。

对需要国家层面协调处置的运营突发事件，由有关省级人民政府向国务院或由有关省级城市轨道交通运营主管部门向交通运输部提出请求。

运营突发事件发生在易造成重大影响的地区或重要时段时，可适当提高响应级别。应急响应启动后，可视事件造成损失情况及其发展趋势调整响应级别，避免响应不足或响应过度。

4.2 响应措施

运营突发事件发生后，运营单位必须立即实施先期处置，全力控制事件发展态势。各有关地方、部门和单位根据工作需要，组织采取以下措施。

4.2.1 人员搜救

调派专业力量和装备，在运营突发事件现场开展以抢救人员生命为主的应急救援工作。现场救援队伍之间要加强衔接和配合，做好自身安全防护。

4.2.2 现场疏散

按照预先制订的紧急疏导疏散方案，有组织、有秩序地迅速引导现场人员撤离事发地点，疏散受影响城市轨道交通沿线站点乘客至城市轨道交通车站出口；对城市轨道交通线路实施分区封控、警戒，阻止乘客及无关人员进入。

4.2.3 乘客转运

根据疏散乘客数量和发生运营突发事件的城市轨道交通线路运行方向，及时调整城市公共交通路网客运组织，利用城市轨道交通其余正常运营线路，调配地面公共交通车辆运输，加大发车密度，做好乘客的转运工作。

4.2.4 交通疏导

设置交通封控区，对事发地点周边交通秩序进行维护疏导，防止发生大范围交通瘫痪；开通绿色通道，为应急车辆提供通行保障。

4.2.5 医学救援

迅速组织当地医疗资源和力量，对伤病员进行诊断治疗，根据需要及时、安全地将重症伤病员转运到有条件的医疗机构加强救治。视情增派医疗卫生专家和卫生应急队伍、调配急需医药物资，支持事发地的医学救援工作。提出保护公众健康的措施建议，做好伤病员的心理援助。

4.2.6 抢修抢险

组织相关专业技术力量，开展设施设备等抢修作业，及时排除故障；组织土建线路抢险队伍，开展土建设施、轨道线路等抢险作业；组织车辆抢险队伍，开展列车抢险作业；组织机电设备抢险队伍，开展供电、通信、信号等抢险作业。

4.2.7 维护社会稳定

根据事件影响范围、程度，划定警戒区，做好事发现场及周边环境的保护和警戒，维护治安秩序；严厉打击借机传播谣言制造社会恐慌等违法犯罪行为；做好各类矛盾纠纷化解和法律服务工作，防止出现群体性事件，维护社会稳定。

4.2.8 信息发布和舆论引导

通过政府授权发布、发新闻稿、接受记者采访、举行新闻发布会、组织专家解读等方式，借助电视、广播、报纸、互联网等多种途径，运用微博、微信、手机应用程序（APP）客户端等新媒体平台，主动、及时、准确、客观向社会持续动态发布运营突发事件和应对工作信息，回应社会关切，澄清不实信息，正确引导社会舆论。信息发布内容包括事件时间、地点、原因、性质、伤亡情况、应对措施、救援进展、公众需要配合采取的措施、事件区域交通管制情况和临时交通措施等。

4.2.9 运营恢复

在运营突发事件现场处理完毕、次生灾害后果基本消除后，及时组织评估；当确认具备运营条件后，运营单位应尽快恢复正常运营。

4.3 国家层面应对工作

4.3.1 部门工作组应对

初判发生重大以上运营突发事件时，交通运输部立即派出工作组赴现场指导督促当地开展应急处置、原因调查、运营恢复等工作，并根据需要协调有关方面提供队伍、物资、技术等支持。

4.3.2 国务院工作组应对

当需要国务院协调处置时，成立国务院工作组。主要开展以下工作：

（1）传达国务院领导同志指示批示精神，督促地方政府和有关部门贯彻落实；

（2）了解事件基本情况、造成的损失和影响、应急处置进展及当地需求等；

（3）赶赴现场指导地方开展应急处置工作；

（4）根据地方请求，协调有关方面派出应急队伍、调运应急物资和装备、安排专家和技术人员等，为应急处置提供支援和技术支持；

（5）指导开展事件原因调查工作；
（6）及时向国务院报告相关情况。

4.3.3　国家城市轨道交通应急指挥部应对

根据事件应对工作需要和国务院决策部署，成立国家城市轨道交通应急指挥部，统一领导、组织和指挥运营突发事件应急处置工作。主要开展以下工作：

（1）组织有关部门和单位、专家组进行会商，研究分析事态，部署应急处置工作；

（2）根据需要赴事发现场，或派出前方工作组赴事发现场，协调开展应对工作；

（3）研究决定地方人民政府和有关部门提出的请求事项，重要事项报国务院决策；

（4）统一组织信息发布和舆论引导工作；

（5）对事件处置工作进行总结并报告国务院。

5　后 期 处 置

5.1　善后处置

城市轨道交通所在地城市人民政府要及时组织制订补助、补偿、抚慰、抚恤、安置和环境恢复等善后工作方案并组织实施。组织保险机构及时开展相关理赔工作，尽快消除运营突发事件的影响。

5.2　事件调查

运营突发事件发生后，按照《生产安全事故报告和调查处理条例》等有关规定成立调查组，查明事件原因、性质、人员伤亡、影响范围、经济损失等情况，提出防范、整改措施和处理建议。

5.3　处置评估

运营突发事件响应终止后，履行统一领导职责的人民政府要及时组织对事件处置过程进行评估，总结经验教训，分析查找问题，提出改进措施，形成应急处置评估报告。

6　保 障 措 施

6.1　通信保障

城市轨道交通所在地城市及以上地方人民政府、通信主管部门要建立健全运营突发事件应急通信保障体系，形成可靠的通信保障能力，确保应急期间通信联络和信息传递需要。

6.2　队伍保障

运营单位要建立健全运营突发事件专业应急救援队伍，加强人员设备维护和应急抢修能力培训，定期开展应急演练，提高应急救援能力。公安消防、武警部队等要做好应急力量支援保障。根据需要动员和组织志愿者等社会力量参与运营突发事件防范和处置工作。

6.3　装备物资保障

城市轨道交通所在地城市及以上地方人民政府和有关部门、运营单位要加强应急装备物资储备，鼓励支持社会化储备。城市轨道交通运营主管部门、运营单位要加强对城市轨道交通应急装备物资储备信息的动态管理。

6.4　技术保障

支持运营突发事件应急处置先进技术、装备的研发。建立城市轨道交通应急管理技术平台，实现信息综合集成、分析处理、风险评估的智能化和数字化。

6.5　交通运输保障

交通运输部门要健全道路紧急运输保障体系，保障应急响应所需人员、物资、装备、器材等的运输，保障人员疏散。公安部门要加强应急交通管理，保障应急救援车辆优先通行，做好人员疏散路线的交通疏导。

6.6　资金保障

运营突发事件应急处置所需经费首先由事件责任单位承担。城市轨道交通所在地城市及以上地方人民政府要对运营突发事件处置工作提供资金保障。

7　附　　则

7.1　术语解释

城市轨道交通是指采用专用轨道导向运行的城市公共客运交通系统，包括地铁系统、轻轨系统、单轨系统、有轨电车、磁浮系统、自动导向轨道交通系统、市域快速轨道系统等。

7.2　事件分级标准

（1）特别重大运营突发事件：造成30人以上死亡，或者100人以上重伤，或者直接经济损失1亿元以上的。

（2）重大运营突发事件：造成10人以上30人以下死亡，或者50人以上100人以下重伤，或者直接经济损失5000万元以上1亿元以下，或者连续中断行车24小时以上的。

（3）较大运营突发事件：造成3人以上10人以下死亡，或者10人以上50人以下重伤，或者直接经济损失1000万元以上5000万元以下，或者连续中断行车6小时以上24小时以下的。

（4）一般运营突发事件：造成3人以下死亡，或者10人以下重伤，或者直接经济损失50万元以上1000万元以下，或者连续中断行车2小时以上6小时以下的。

上述分级标准有关数量的表述中，"以上"含本数，"以下"不含本数。

7.3 预案管理

预案实施后，交通运输部要会同有关部门组织预案宣传、培训和演练，并根据实际情况，适时组织评估和修订。城市轨道交通所在地城市及以上地方人民政府要结合当地实际制定或修订本级运营突发事件应急预案。

7.4 预案解释

本预案由交通运输部负责解释。

7.5 预案实施时间

本预案自印发之日起实施。

附件：有关部门和单位职责

附件：

有关部门和单位职责

城市轨道交通运营突发事件（以下简称运营突发事件）应急组织指挥机构成员单位主要包括城市轨道交通运营主管部门、公安、安全监管、住房城乡建设、卫生计生、质检、新闻宣传、通信、武警等部门和单位。各有关部门和单位具体职责如下：

城市轨道交通运营主管部门负责指导、协调、组织运营突发事件监测、预警及应对工作，负责运营突发事件应急工作的监督管理；牵头组织完善城市轨道交通应急救援保障体系，协调建立健全应急处置联动机制；指导运营单位制订城市轨道交通应急疏散保障方案；指定或协调应急救援运输保障单位，组织事故现场人员和物资的运送；参与事件原因分析、调查与处理工作。

公安部门负责维护现场治安秩序和交通秩序；参与抢险救援，协助疏散乘客；监督指导重要目标、重点部位治安保卫工作；依法查处有关违法犯罪活动；负责组织消防力量扑灭事故现场火灾；参与相关事件原因分析、调查与处理工作。

安全监管部门负责组织指挥专业抢险队伍对运营突发事件中涉及的危险化学品泄漏事故进行处置；负责组织安全生产专家组对涉及危险化学品的运营突发事件提出相应处置意见；牵头负责事件原因分析、调查与处理工作。

住房城乡建设部门负责组织协调建设工程抢险队伍，配合运营单位专业抢险队伍开展工程抢险救援；对事后城市轨道交通工程质量检测工作进行监督；参与相关事件原因分析、调查与处理工作。

卫生计生部门负责组织协调医疗卫生资源，开展伤病员现场救治、转运和医院收治工作，统计医疗机构接诊救治伤病员情况；根据需要做好卫生防病工作，视情提出保护公众健康的措施建议，做好伤病员的心理援助。

质检部门负责牵头特种设备事故调查处理，参与相关事件原因分析、调查与处理工作。

新闻宣传部门负责组织、协调运营突发事件的宣传报道、事件处置情况的新闻发布、舆情收集和舆论引导工作，组织新闻媒体和网站宣传运营突发事件相关知识，加强对互联网信息的管理。各处置部门负责发布职责范围内的工作信息，处置工作牵头部门统筹发布抢险处置综合信息。

通信部门负责组织协调基础电信运营单位做好运营突发事件的应急通信保障工作；参与相关事件原因分析、调查与处理工作。

武警部队负责协同有关方面保卫重要目标，制止违法行为，搜查、抓捕犯罪分子，开展人员搜救、维护社会治安和疏散转移群众等工作。

其他有关部门应组织协调供电、水务、燃气等单位做好运营突发事件的应急供电保障，开展供水管道和燃气管道等地下管网抢修；视情参与相关事件原因分析、调查与处理工作等。

各地区可根据实际情况对成员单位组成及职责作适当调整。必要时可在指挥机构中设置工作组，协同做好应急处置工作。

（四）水上交通安全

1. 法律法规

中华人民共和国海上交通安全法

（1983年9月2日第六届全国人民代表大会常务委员会第二次会议通过 根据2016年11月7日第十二届全国人民代表大会常务委员会第二十四次会议《关于修改〈中华人民共和国对外贸易法〉等十二部法律的决定》修正 2021年4月29日第十三届全国人民代表大会常务委员会第二十八次会议修订 2021年4月29日中华人民共和国主席令第79号公布 自2021年9月1日起施行）

第一章 总 则

第一条 为了加强海上交通管理，维护海上交通秩序，保障生命财产安全，维护国家权益，制定本法。

第二条 在中华人民共和国管辖海域内从事航行、停泊、作业以及其他与海上交通安全相关的活动，适用本法。

第三条 国家依法保障交通用海。

海上交通安全工作坚持安全第一、预防为主、便利通行、依法管理的原则，保障海上交通安全、有序、畅通。

第四条 国务院交通运输主管部门主管全国海上交通安全工作。

国家海事管理机构统一负责海上交通安全监督管理工作，其他各级海事管理机构按照职责具体负责辖区内的海上交通安全监督管理工作。

第五条 各级人民政府及有关部门应当支持海上交通安全工作，加强海上交通安全的宣传教育，提高全社会的海上交通安全意识。

第六条 国家依法保障船员的劳动安全和职业健康，维护船员的合法权益。

第七条 从事船舶、海上设施航行、停泊、作业以及其他与海上交通相关活动的单位、个人，应当遵守有关海上交通安全的法律、行政法规、规章以及强制性标准和技术规范；依法享有获得航海保障和海上救助的权利，承担维护海上交通安全和保护海洋生态环境的义务。

第八条 国家鼓励和支持先进科学技术在海上交通安全工作中的应用，促进海上交通安全现代化建设，提高海上交通安全科学技术水平。

第二章 船舶、海上设施和船员

第九条 中国籍船舶、在中华人民共和国管辖海域设置的海上设施、船运集装箱，以及国家海事管理机构确定的关系海上交通安全的重要船用设备、部件和材料，应当符合有关法律、行政法规、规章以及强制性标准和技术规范的要求，经船舶检验机构检验合格，取得相应证书、文书。证书、文书的清单由国家海事管理机构制定并公布。

设立船舶检验机构应当经国家海事管理机构许可。船舶检验机构设立条件、程序及其管理等依照有关船舶检验的法律、行政法规的规定执行。

持有相关证书、文书的单位应当按照规定的用途使用船舶、海上设施、船运集装箱以及重要船用设备、部件和材料，并应当依法定期进行安全技术检验。

第十条 船舶依照有关船舶登记的法律、行政法规的规定向海事管理机构申请船舶国籍登记、取得国籍证书后，方可悬挂中华人民共和国国旗航行、停泊、作业。

中国籍船舶灭失或者报废的，船舶所有人应当在国务院交通运输主管部门规定的期限内申请办理注销国籍登记；船舶所有人逾期不申请注销国籍登记的，海事管理机构可以发布关于拟强制注销船舶国籍登记的公告。船舶所有人自公告发布之日起六十日内未提出异议的，海事管理机构可以注销该船舶的国籍登记。

第十一条 中国籍船舶所有人、经营人或者管理人应当建立并运行安全营运和防治船舶污染管理体系。

海事管理机构经对前款规定的管理体系审核合格的，发给符合证明和相应的船舶安全管理证书。

第十二条　中国籍国际航行船舶的所有人、经营人或者管理人应当依照国务院交通运输主管部门的规定建立船舶保安制度，制定船舶保安计划，并按照船舶保安计划配备船舶保安设备，定期开展演练。

第十三条　中国籍船员和海上设施上的工作人员应当接受海上交通安全以及相应岗位的专业教育、培训。

中国籍船员应当依照有关船员管理的法律、行政法规的规定向海事管理机构申请取得船员适任证书，并取得健康证明。

外国籍船员在中国籍船舶上工作的，按照有关船员管理的法律、行政法规的规定执行。

船员在船舶上工作，应当符合船员适任证书载明的船舶、航区、职务的范围。

第十四条　中国籍船舶的所有人、经营人或者管理人应当为其国际航行船舶向海事管理机构申请取得海事劳工证书。船舶取得海事劳工证书应当符合下列条件：

（一）所有人、经营人或者管理人依法招用船员，与其签订劳动合同或者就业协议，并为船舶配备符合要求的船员；

（二）所有人、经营人或者管理人已保障船员在船舶上的工作环境、职业健康保障和安全防护、工作和休息时间、工资报酬、生活条件、医疗条件、社会保险等符合国家有关规定；

（三）所有人、经营人或者管理人已建立符合要求的船员投诉和处理机制；

（四）所有人、经营人或者管理人已就船员遣返费用以及在船就业期间发生伤害、疾病或者死亡依法应当支付的费用提供相应的财务担保或者投保相应的保险。

海事管理机构商人力资源社会保障行政部门，按照各自职责对申请人及其船舶是否符合前款规定条件进行审核。经审核符合规定条件的，海事管理机构应当自受理申请之日起十个工作日内颁发海事劳工证书；不符合规定条件的，海事管理机构应当告知申请人并说明理由。

海事劳工证书颁发及监督检查的具体办法由国务院交通运输主管部门会同国务院人力资源社会保障行政部门制定并公布。

第十五条　海事管理机构依照有关船员管理的法律、行政法规的规定，对单位从事海船船员培训业务进行管理。

第十六条　国务院交通运输主管部门和其他有关部门、有关县级以上地方人民政府应当建立健全船员境外突发事件预警和应急处置机制，制定船员境外突发事件应急预案。

船员境外突发事件应急处置由船员派出单位所在地的省、自治区、直辖市人民政府负责，船员户籍所在地的省、自治区、直辖市人民政府予以配合。

中华人民共和国驻外国使馆、领馆和相关海事管理机构应当协助处置船员境外突发事件。

第十七条　本章第九条至第十二条、第十四条规定适用的船舶范围由有关法律、行政法规具体规定，或者由国务院交通运输主管部门拟定并报国务院批准后公布。

第三章　海上交通条件和航行保障

第十八条　国务院交通运输主管部门统筹规划和管理海上交通资源，促进海上交通资源的合理开发和有效利用。

海上交通资源规划应当符合国土空间规划。

第十九条　海事管理机构根据海域的自然状况、海上交通状况以及海上交通安全管理的需要，划定、调整并及时公布船舶定线区、船舶报告区、交通管制区、禁航区、安全作业区和港外锚地等海上交通功能区域。

海事管理机构划定或者调整船舶定线区、港外锚地以及对其他海洋功能区域或者用海活动造成影响的安全作业区，应当征求渔业渔政、生态环境、自然资源等有关部门的意见。为了军事需要划定、调整禁航区的，由负责划定、调整禁航区的军事机关作出决定，海事管理机构予以公布。

第二十条　建设海洋工程、海岸工程影响海上交通安全的，应当根据情况配备防止船舶碰撞的设施、设备并设置专用航标。

第二十一条　国家建立完善船舶定位、导航、授时、通信和远程监测等海上交通支持服务系统，为船舶、海上设施提供信息服务。

第二十二条　任何单位、个人不得损坏海上交通支持服务系统或者妨碍其工作效能。建设建筑物、构筑物，使用设施设备可能影响海上交通支持服务系统正常使用的，建设单位、所有人或者使用人应当与相关海上交通支持服务系统的管理单位协商，作出妥善安排。

第二十三条　国务院交通运输主管部门应当采取必要的措施，保障海上交通安全无线电通信设施的合理布局和有效覆盖，规划本系统（行业）海上无线电台（站）的建设布局和台址，核发船舶制式无线电台执照及电台识别码。

国务院交通运输主管部门组织本系统（行业）的海上无线电监测系统建设并对其无线电信号实施监测，会同国家无线电管理机构维护海上无线电波秩序。

第二十四条　船舶在中华人民共和国管辖海域内通信需要使用岸基无线电台（站）转接的，应当通过依法设置的境内海岸无线电台（站）或者卫星关口站进行转接。

承担无线电通信任务的船员和岸基无线电台（站）的工作人员应当遵守海上无线电通信规则，保持海上交通安全通信频道的值守和畅通，不得使用海上交通安全通信频率交流与海上交通安全无关的内容。

任何单位、个人不得违反国家有关规定使用无线电台识别码，影响海上搜救的身份识别。

第二十五条　天文、气象、海洋等有关单位应当及时预报、播发和提供航海天文、世界时、海洋气象、海浪、海流、潮汐、冰情等信息。

第二十六条　国务院交通运输主管部门统一布局、建设和管理公用航标。海洋工程、海岸工程的建设单位、所有人或者经营人需要设置、撤除专用航标，移动专用航标位置或者改变航标灯光、功率等的，应当报经海事管理机构同意。需要设置临时航标的，应当符合海事管理机构确定的航标设置点。

自然资源主管部门依法保障航标设施和装置的用地、用海、用岛，并依法为其办理有关手续。

航标的建设、维护、保养应当符合有关强制性标准和技术规范的要求。航标维护单位和专用航标的所有人应当对航标进行巡查和维护保养，保证航标处于良好适用状态。航标发生位移、损坏、灭失的，航标维护单位或者专用航标的所有人应当及时予以恢复。

第二十七条　任何单位、个人发现下列情形之一的，应当立即向海事管理机构报告；涉及航道管理机构职责或者专用航标的，海事管理机构应当及时通报航道管理机构或者专用航标的所有人：

（一）助航标志或者导航设施位移、损坏、灭失；

（二）有妨碍海上交通安全的沉没物、漂浮物、搁浅物或者其他碍航物；

（三）其他妨碍海上交通安全的异常情况。

第二十八条　海事管理机构应当依据海上交通安全管理的需要，就具有紧迫性、危险性的情况发布航行警告，就其他影响海上交通安全的情况发布航行通告。

海事管理机构应当将航行警告、航行通告，以及船舶定线区的划定、调整情况通报海军航海保证部门，并及时提供有关资料。

第二十九条　海事管理机构应当及时向船舶、海上设施播发海上交通安全信息。

船舶、海上设施在定线区、交通管制区或者通航船舶密集的区域航行、停泊、作业时，海事管理机构应当根据其请求提供相应的安全信息服务。

第三十条　下列船舶在国务院交通运输主管部门划定的引航区内航行、停泊或者移泊的，应当向引航机构申请引航：

（一）外国籍船舶，但国务院交通运输主管部门经报国务院批准后规定可以免除的除外；

（二）核动力船舶、载运放射性物质的船舶、超大型油轮；

（三）可能危及港口安全的散装液化气船、散装危险化学品船；

（四）长、宽、高接近相应航道通航条件限值的船舶。

前款第三项、第四项船舶的具体标准，由有关海事管理机构根据港口实际情况制定并公布。

船舶自愿申请引航的，引航机构应当提供引航服务。

第三十一条　引航机构应当及时派遣具有相应能力、经验的引航员为船舶提供引航服务。

引航员应当根据引航机构的指派，在规定的水域登离被引领船舶，安全谨慎地执行船舶引航任务。被引领船舶应当配备符合规定的登离装置，并保障引航员在登离船舶及在船上引航期间的安全。

引航员引领船舶时，不解除船长指挥和管理船舶的责任。

第三十二条　国务院交通运输主管部门根据船舶、海上设施和港口面临的保安威胁情形，确定并及时发布保安等级。船舶、海上设施和港口应当根据保安等级采取相应的保安措施。

第四章　航行、停泊、作业

第三十三条　船舶航行、停泊、作业，应当持有有效的船舶国籍证书及其他法定证书、文书，配备依照有关规定出版的航海图书资料，悬挂相关国家、地区或者组织的旗帜，标明船名、船舶识别号、船籍港、载重线标志。

船舶应当满足最低安全配员要求，配备持有合格有效证书的船员。

海上设施停泊、作业，应当持有法定证书、文书，并按规定配备掌握避碰、信号、通信、消防、救生等专业技能的人员。

第三十四条 船长应当在船舶开航前检查并在开航时确认船员适任、船舶适航、货物适载，并了解气象和海况信息以及海事管理机构发布的航行通告、航行警告及其他警示信息，落实相应的应急措施，不得冒险开航。

船舶所有人、经营人或者管理人不得指使、强令船员违章冒险操作、作业。

第三十五条 船舶应当在其船舶检验证书载明的航区内航行、停泊、作业。

船舶航行、停泊、作业时，应当遵守相关航行规则，按照有关规定显示信号、悬挂标志，保持足够的富余水深。

第三十六条 船舶在航行中应当按照有关规定开启船舶的自动识别、航行数据记录、远程识别和跟踪、通信等与航行安全、保安、防治污染相关的装置，并持续进行显示和记录。

任何单位、个人不得拆封、拆解、初始化、再设置航行数据记录装置或者读取其记录的信息，但法律、行政法规另有规定的除外。

第三十七条 船舶应当配备航海日志、轮机日志、无线电记录簿等航行记录，按照有关规定全面、真实、及时记录涉及海上交通安全的船舶操作以及船舶航行、停泊、作业中的重要事件，并妥善保管相关记录簿。

第三十八条 船长负责管理和指挥船舶。在保障海上生命安全、船舶保安和防治船舶污染方面，船长有权独立作出决定。

船长应当采取必要的措施，保护船舶、在船人员、船舶航行文件、货物以及其他财产的安全。船长在其职权范围内发布的命令，船员、乘客及其他在船人员应当执行。

第三十九条 为了保障船舶和在船人员的安全，船长有权在职责范围内对涉嫌在船上进行违法犯罪活动的人员采取禁闭或者其他必要的限制措施，并防止其隐匿、毁灭、伪造证据。

船长采取前款措施，应当制作案情报告书，由其和两名以上在船人员签字。中国籍船舶抵达我国港口后，应当及时将相关人员移送有关主管部门。

第四十条 发现在船人员患有或者疑似患有严重威胁他人健康的传染病的，船长应当立即启动相应的应急预案，在职责范围内对相关人员采取必要的隔离措施，并及时报告有关主管部门。

第四十一条 船长在航行中死亡或者因故不能履行职责的，应当由驾驶员中职务最高的人代理船长职务；船舶在下一个港口开航前，其所有人、经营人或者管理人应当指派新船长接任。

第四十二条 船员应当按照有关航行、值班的规章制度和操作规程以及船长的指令操纵、管理船舶，保持安全值班，不得擅离职守。船员履行在船值班职责前和值班期间，不得摄入可能影响安全值班的食品、药品或者其他物品。

第四十三条 船舶进出港口、锚地或者通过桥区水域、海峡、狭水道、重要渔业水域、通航船舶密集的区域、船舶定线区、交通管制区，应当加强瞭望、保持安全航速，并遵守前述区域的特殊航行规则。

前款所称重要渔业水域由国务院渔业渔政主管部门征求国务院交通运输主管部门意见后划定并公布。

船舶穿越航道不得妨碍航道内船舶的正常航行，不得抢越他船船艏。超过桥梁通航尺度的船舶禁止进入桥区水域。

第四十四条 船舶不得违反规定进入或者穿越禁航区。

船舶进出船舶报告区，应当向海事管理机构报告船位和动态信息。

在安全作业区、港外锚地范围内，禁止从事养殖、种植、捕捞以及其他影响海上交通安全的作业或者活动。

第四十五条 船舶载运或者拖带超长、超高、超宽、半潜的船舶、海上设施或者其他物体航行，应当采取拖拽部位加强、护航等特殊的安全保障措施，在开航前向海事管理机构报告航行计划，并按有关规定显示信号、悬挂标志；拖带移动式平台、浮船坞等大型海上设施的，还应当依法交验船舶检验机构出具的拖航检验证书。

第四十六条 国际航行船舶进出口岸，应当依法向海事管理机构申请许可并接受海事管理机构及其他口岸查验机构的监督检查。海事管理机构应当自受理申请之日起五个工作日内作出许可或者不予许可的决定。

外国籍船舶临时进入非对外开放水域，应当依照国务院关于船舶进出口岸的规定取得许可。

国内航行船舶进出港口、港外装卸站，应当向海事管理机构报告船舶的航次计划、适航状态、船员配备和客货载运等情况。

第四十七条 船舶应当在符合安全条件的码头、泊位、装卸站、锚地、安全作业区停泊。船舶停泊不得危及其他船舶、海上设施的安全。

船舶进出港口、港外装卸站，应当符合靠泊条件和关于潮汐、气象、海况等航行条件的要求。

超长、超高、超宽的船舶或者操纵能力受到限制的船舶进出港口、港外装卸站可能影响海上交通安全的，海事管理机构应当对船舶进出港安全条件进行核查，并可以要求船舶采取加配拖轮、乘潮进港等相应的安全措施。

第四十八条 在中华人民共和国管辖海域内进行施工作业，应当经海事管理机构许可，并核定相应安全作业区。取得海上施工作业许可，应当符合下列条件：

（一）施工作业的单位、人员、船舶、设施符合安全航行、停泊、作业的要求；

（二）有施工作业方案；

（三）有符合海上交通安全和防治船舶污染海洋环境要求的保障措施、应急预案和责任制度。

从事施工作业的船舶应当在核定的安全作业区内作业，并落实海上交通安全管理措施。其他无关船舶、海上设施不得进入安全作业区。

在港口水域内进行采掘、爆破等可能危及港口安全的作业，适用港口管理的法律规定。

第四十九条 从事体育、娱乐、演练、试航、科学观测等水上水下活动，应当遵守海上交通安全管理规定；可能影响海上交通安全的，应当提前十个工作日将活动涉及的海域范围报告海事管理机构。

第五十条 海上施工作业或者水上水下活动结束后，有关单位、个人应当及时消除可能妨碍海上交通安全的隐患。

第五十一条 碍航物的所有人、经营人或者管理人应当按照有关强制性标准和技术规范的要求及时设置警示标志，向海事管理机构报告碍航物的名称、形状、尺寸、位置和深度，并在海事管理机构限定的期限内打捞清除。碍航物的所有人放弃所有权的，不免除其打捞清除义务。

不能确定碍航物的所有人、经营人或者管理人的，海事管理机构应当组织设置标志、打捞或者采取相应措施，发生的费用纳入部门预算。

第五十二条 有下列情形之一，对海上交通安全有较大影响的，海事管理机构应当根据具体情况采取停航、限速或者划定交通管制区等相应交通管制措施并向社会公告：

（一）天气、海况恶劣；

（二）发生影响航行的海上险情或者海上交通事故；

（三）进行军事训练、演习或者其他相关活动；

（四）开展大型水上水下活动；

（五）特定海域通航密度接近饱和；

（六）其他对海上交通安全有较大影响的情形。

第五十三条 国务院交通运输主管部门为维护海上交通安全、保护海洋环境，可以会同有关主管部门采取必要措施，防止和制止外国籍船舶在领海的非无害通过。

第五十四条 下列外国籍船舶进出中华人民共和国领海，应当向海事管理机构报告：

（一）潜水器；

（二）核动力船舶；

（三）载运放射性物质或者其他有毒有害物质的船舶；

（四）法律、行政法规或者国务院规定的可能危及中华人民共和国海上交通安全的其他船舶。

前款规定的船舶通过中华人民共和国领海，应当持有有关证书，采取符合中华人民共和国法律、行政法规和规章规定的特别预防措施，并接受海事管理机构的指令和监督。

第五十五条 除依照本法规定获得进入口岸许可外，外国籍船舶不得进入中华人民共和国内水；但是，因人员病急、机件故障、遇难、避风等紧急情况未及获得许可的可以进入。

外国籍船舶因前款规定的紧急情况进入中华人民共和国内水的，应当在进入的同时向海事管理机构紧急报告，接受海事管理机构的指令和监督。海事管理机构应当及时通报管辖海域的海警机构、就近的出入境边防检查机关和当地公安机关、海关等其他主管部门。

第五十六条 中华人民共和国军用船舶执行军事任务、公务船舶执行公务，遇有紧急情况，在保证海上交通安全的前提下，可以不受航行、停泊、作业有关规则的限制。

第五章 海上客货运输安全

第五十七条 除进行抢险或者生命救助外，客船应当按照船舶检验证书核定的载客定额载运乘客，货船载运货物应当符合船舶检验证书核定的载重线和载货种类，不得载运乘客。

第五十八条 客船载运乘客不得同时载运危险货物。

乘客不得随身携带或者在行李中夹带法律、行政法规或者国务院交通运输主管部门规定的危险物品。

第五十九条 客船应当在显著位置向乘客明示安全须知，设置安全标志和警示，并向乘客介绍救生用具的使用方法以及在紧急情况下应当采取的应急措施。乘客应当遵守安全乘船要求。

第六十条 海上渡口所在地的县级以上地方人民政府应当建立健全渡口安全管理责任制，制定海上渡口的安全管理办法，监督、指导海上渡口经营者落实安全主体责任，维护渡运秩序，保障渡运安全。

海上渡口的渡运线路由渡口所在地的县级以上地方人民政府交通运输主管部门会同海事管理机构划定。渡船应当按照划定的线路安全渡运。

遇有恶劣天气、海况，县级以上地方人民政府或者其指定的部门应当发布停止渡运的公告。

第六十一条 船舶载运货物，应当按照有关法律、行政法规、规章以及强制性标准和技术规范的要求安全装卸、积载、隔离、系固和管理。

第六十二条 船舶载运危险货物，应当持有有效的危险货物适装证书，并根据危险货物的特性和应急措施的要求，编制危险货物应急处置预案，配备相应的消防、应急设备和器材。

第六十三条 托运人托运危险货物，应当将其正式名称、危险性质以及应当采取的防护措施通知承运人，并按照有关法律、行政法规、规章以及强制性标准和技术规范的要求妥善包装，设置明显的危险品标志和标签。

托运人不得在托运的普通货物中夹带危险货物或者将危险货物谎报为普通货物托运。

托运人托运的货物为国际海上危险货物运输规则和国家危险货物品名表上未列明但具有危险特性的货物的，托运人还应当提交有关专业机构出具的表明该货物危险特性以及应当采取的防护措施等情况的文件。

货物危险特性的判断标准由国家海事管理机构制定并公布。

第六十四条 船舶载运危险货物进出港口，应当符合下列条件，经海事管理机构许可，并向海事管理机构报告进出港口和停留的时间等事项：

（一）所载运的危险货物符合海上安全运输要求；

（二）船舶的装载符合所持有的证书、文书的要求；

（三）拟靠泊或者进行危险货物装卸作业的港口、码头、泊位具备有关法律、行政法规规定的危险货物作业经营资质。

海事管理机构应当自收到申请之时起二十四小时内作出许可或者不予许可的决定。

定船舶、定航线并且定货种的船舶可以申请办理一定期限内多次进出港口许可，期限不超过三十日。海事管理机构应当自收到申请之日起五个工作日内作出许可或者不予许可的决定。

海事管理机构予以许可的，应当通报港口行政管理部门。

第六十五条 船舶、海上设施从事危险货物运输或者装卸、过驳作业，应当编制作业方案，遵守有关强制性标准和安全作业操作规程，采取必要的预防措施，防止发生安全事故。

在港口水域外从事散装液体危险货物过驳作业的，还应当符合下列条件，经海事管理机构许可并核定安全作业区：

（一）拟进行过驳作业的船舶或者海上设施符合海上交通安全与防治船舶污染海洋环境的要求；

（二）拟过驳的货物符合安全过驳要求；

（三）参加过驳作业的人员具备法律、行政法规规定的过驳作业能力；

（四）拟作业水域及其底质、周边环境适宜开展过驳作业；

（五）过驳作业对海洋资源以及附近的军事目标、重要民用目标不构成威胁；

（六）有符合安全要求的过驳作业方案、安全保障措施和应急预案。

对单航次作业的船舶，海事管理机构应当自收到申请之时起二十四小时内作出许可或者不予许可的决定；对在特定水域多航次作业的船舶，海事管理机构应当自收到申请之日起五个工作日内作出许可或者不予许可的决定。

第六章　海上搜寻救助

第六十六条 海上遇险人员依法享有获得生命救助的权利。生命救助优先于环境和财产救助。

第六十七条 海上搜救工作应当坚持政府领导、统一指挥、属地为主、专群结合、就近快速的原则。

第六十八条 国家建立海上搜救协调机制，统筹全国海上搜救应急反应工作，研究解决海上搜救工作中的重大问题，组织协调重大海上搜救应急行动。协调机制由国务院有关部门、单位和有关军事机关组成。

中国海上搜救中心和有关地方人民政府设立的海上搜救中心或者指定的机构（以下统称海上搜救中心）负责海上搜救的组织、协调、指挥工作。

第六十九条　沿海县级以上地方人民政府应当安排必要的海上搜救资金，保障搜救工作的正常开展。

第七十条　海上搜救中心各成员单位应当在海上搜救中心统一组织、协调、指挥下，根据各自职责，承担海上搜救应急、抢险救灾、支持保障、善后处理等工作。

第七十一条　国家设立专业海上搜救队伍，加强海上搜救力量建设。专业海上搜救队伍应当配备专业搜救装备，建立定期演练和日常培训制度，提升搜救水平。

国家鼓励社会力量建立海上搜救队伍，参与海上搜救行动。

第七十二条　船舶、海上设施、航空器及人员在海上遇险的，应当立即报告海上搜救中心，不得瞒报、谎报海上险情。

船舶、海上设施、航空器及人员误发遇险报警信号的，除立即向海上搜救中心报告外，还应当采取必要措施消除影响。

其他任何单位、个人发现或者获悉海上险情的，应当立即报告海上搜救中心。

第七十三条　发生碰撞事故的船舶、海上设施，应当互通名称、国籍和登记港，在不严重危及自身安全的情况下尽力救助对方人员，不得擅自离开事故现场水域或者逃逸。

第七十四条　遇险的船舶、海上设施及其所有人、经营人或者管理人应当采取有效措施防止、减少生命财产损失和海洋环境污染。

船舶遇险时，乘客应当服从船长指挥，配合采取相关应急措施。乘客有权获知必要的险情信息。

船长决定弃船时，应当组织乘客、船员依次离船，并尽力抢救法定航行资料。船长应当最后离船。

第七十五条　船舶、海上设施、航空器收到求救信号或者发现有人遭遇生命危险的，在不严重危及自身安全的情况下，应当尽力救助遇险人员。

第七十六条　海上搜救中心接到险情报告后，应当立即进行核实，及时组织、协调、指挥政府有关部门、专业搜救队伍、社会有关单位等各方力量参加搜救，并指定现场指挥。参加搜救的船舶、海上设施、航空器及人员应当服从现场指挥，及时报告搜救动态和搜救结果。

搜救行动的中止、恢复、终止决定由海上搜救中心作出。未经海上搜救中心同意，参加搜救的船舶、海上设施、航空器及人员不得擅自退出搜救行动。

军队参加海上搜救，依照有关法律、行政法规的规定执行。

第七十七条　遇险船舶、海上设施、航空器或者遇险人员应当服从海上搜救中心和现场指挥的指令，及时接受救助。

遇险船舶、海上设施、航空器不配合救助的，现场指挥根据险情危急情况，可以采取相应救助措施。

第七十八条　海上事故或者险情发生后，有关地方人民政府应当及时组织医疗机构为遇险人员提供紧急医疗救助，为获救人员提供必要的生活保障，并组织有关方面采取善后措施。

第七十九条　在中华人民共和国缔结或者参加的国际条约规定由我国承担搜救义务的海域内开展搜救，依照本章规定执行。

中国籍船舶在中华人民共和国管辖海域以及海上搜救责任区域以外的其他海域发生险情的，中国海上搜救中心接到信息后，应当依据中华人民共和国缔结或者参加的国际条约的规定开展国际协作。

第七章　海上交通事故调查处理

第八十条　船舶、海上设施发生海上交通事故，应当及时向海事管理机构报告，并接受调查。

第八十一条　海上交通事故根据造成的损害后果分为特别重大事故、重大事故、较大事故和一般事故。事故等级划分的人身伤亡标准依照有关安全生产的法律、行政法规的规定确定；事故等级划分的直接经济损失标准，由国务院交通运输主管部门会同国务院有关部门根据海上交通事故中的特殊情况确定，报国务院批准后公布施行。

第八十二条　特别重大海上交通事故由国务院或者国务院授权的部门组织事故调查组进行调查，海事管理机构应当参与或者配合开展调查工作。

其他海上交通事故由海事管理机构组织事故调查组进行调查，有关部门予以配合。国务院认为有必要的，可以直接组织或者授权有关部门组织事故调查组进行调查。

海事管理机构进行事故调查，事故涉及执行军事运输任务的，应当会同有关军事机关进行调查；涉及渔业船舶的，渔业渔政主管部门、海警机构应当参与调查。

第八十三条　调查海上交通事故，应当全面、客观、公正、及时，依法查明事故事实和原因，认定事故责任。

第八十四条　海事管理机构可以根据事故调查处理需要拆封、拆解当事船舶的航行数据记录装置或者读取其记录的信息，要求船舶驶向指定地点或者禁止其离港，扣留船舶或者海上设施的证书、文书、物品、资料等并妥善保管。有关人员应当配合事故调查。

第八十五条　海上交通事故调查组应当自事故发生之日起九十日内提交海上交通事故调查报告；特殊情况下，经负责组织事故调查组的部门负责人批准，提交事故调查报告的期限可以适当延长，但延长期限最长不得超过九十日。事故技术鉴定所需时间不计入事故调查期限。

海事管理机构应当自收到海上交通事故调查报告之日起十五个工作日内作出事故责任认定书，作为处理海上交通事故的证据。

事故损失较小、事实清楚、责任明确的，可以依照国务院交通运输主管部门的规定适用简易调查程序。

海上交通事故调查报告、事故责任认定书应当依照有关法律、行政法规的规定向社会公开。

第八十六条　中国籍船舶在中华人民共和国管辖海域外发生海上交通事故的，应当及时向海事管理机构报告事故情况并接受调查。

外国籍船舶在中华人民共和国管辖海域外发生事故，造成中国公民重伤或者死亡的，海事管理机构根据中华人民共和国缔结或者参加的国际条约的规定参与调查。

第八十七条　船舶、海上设施在海上遭遇恶劣天气、海况以及意外事故，造成或者可能造成损害，需要说明并记录时间、海域以及所采取的应对措施等具体情况的，可以向海事管理机构申请办理海事声明签注。海事管理机构应当依照规定提供签注服务。

第八章　监督管理

第八十八条　海事管理机构对在中华人民共和国管辖海域内从事航行、停泊、作业以及其他与海上交通安全相关的活动，依法实施监督检查。

海事管理机构依照中华人民共和国法律、行政法规以及中华人民共和国缔结或者参加的国际条约对外国籍船舶实施港口国、沿岸国监督检查。

海事管理机构工作人员执行公务时，应当按照规定着装，佩戴职衔标志，出示执法证件，并自觉接受监督。

海事管理机构依法履行监督检查职责，有关单位、个人应当予以配合，不得拒绝、阻碍依法实施的监督检查。

第八十九条　海事管理机构实施监督检查可以采取登船检查、查验证书、现场检查、询问有关人员、电子监控等方式。

载运危险货物的船舶涉嫌存在瞒报、谎报危险货物等情况的，海事管理机构可以采取开箱查验等方式进行检查。海事管理机构应当将开箱查验情况通报有关部门。港口经营人和有关单位、个人应当予以协助。

第九十条　海事管理机构对船舶、海上设施实施监督检查时，应当避免、减少对其正常作业的影响。

除法律、行政法规另有规定或者不立即实施监督检查可能造成严重后果外，不得拦截正在航行中的船舶进行检查。

第九十一条　船舶、海上设施对港口安全具有威胁的，海事管理机构应当责令立即或者限期改正、限制操作，责令驶往指定地点、禁止进港或者将其驱逐出港。

船舶、海上设施处于不适航或者不适拖状态，船员、海上设施上的相关人员未持有有效的法定证书、文书，或者存在其他严重危害海上交通安全、污染海洋环境的隐患的，海事管理机构应当根据情况禁止有关船舶、海上设施进出港，暂扣有关证书、文书或者责令其停航、改航、驶往指定地点或者停止作业。船舶超载的，海事管理机构可以依法对船舶进行强制减载。因强制减载发生的费用由违法船舶所有人、经营人或者管理人承担。

船舶、海上设施发生海上交通事故、污染事故，未结清国家规定的税费、滞纳金且未提供担保或者未履行其他法定义务的，海事管理机构应当责令改正，并可以禁止其离港。

第九十二条　外国籍船舶可能威胁中华人民共和国内水、领海安全的，海事管理机构有权责令其离开。

外国籍船舶违反中华人民共和国海上交通安全或者防治船舶污染的法律、行政法规的，海事管理机构可以依法行使紧追权。

第九十三条　任何单位、个人有权向海事管理机构举报妨碍海上交通安全的行为。海事管理机构接到举报后，应当及时进行核实、处理。

527

第九十四条 海事管理机构在监督检查中，发现船舶、海上设施有违反其他法律、行政法规行为的，应当依法及时通报或者移送有关主管部门处理。

第九章 法律责任

第九十五条 船舶、海上设施未持有有效的证书、文书的，由海事管理机构责令改正，对违法船舶或者海上设施的所有人、经营人或者管理人处三万元以上三十万元以下的罚款，对船长和有关责任人员处三千元以上三万元以下的罚款；情节严重的，暂扣船长、责任船员的船员适任证书十八个月至三十个月，直至吊销船员适任证书；对船舶持有的伪造、变造证书、文书，予以没收；对存在严重安全隐患的船舶，可以依法予以没收。

第九十六条 船舶或者海上设施有下列情形之一的，由海事管理机构责令改正，对违法船舶或者海上设施的所有人、经营人或者管理人处二万元以上二十万元以下的罚款，对船长和有关责任人员处二千元以上二万元以下的罚款；情节严重的，吊销违法船舶所有人、经营人或者管理人的有关证书、文书，暂扣船长、责任船员的船员适任证书十二个月至二十四个月，直至吊销船员适任证书：

（一）船舶、海上设施的实际状况与持有的证书、文书不符；

（二）船舶未依法悬挂国旗，或者违法悬挂其他国家、地区或者组织的旗帜；

（三）船舶未按规定标明船名、船舶识别号、船籍港、载重线标志；

（四）船舶、海上设施的配员不符合最低安全配员要求。

第九十七条 在船舶上工作未持有船员适任证书、船员健康证明或者所持船员适任证书、健康证明不符合要求的，由海事管理机构对船舶的所有人、经营人或者管理人处一万元以上十万元以下的罚款，对责任船员处三千元以上三万元以下的罚款；情节严重的，对船舶的所有人、经营人或者管理人处三万元以上三十万元以下的罚款，暂扣责任船员的船员适任证书六个月至十二个月，直至吊销船员适任证书。

第九十八条 以欺骗、贿赂等不正当手段为中国籍船舶取得相关证书、文书的，由海事管理机构撤销有关许可，没收相关证书、文书，对船舶所有人、经营人或者管理人处四万元以上四十万元以下的罚款。

以欺骗、贿赂等不正当手段取得船员适任证书的，由海事管理机构撤销有关许可，没收船员适任证书，对责任人员处五千元以上五万元以下的罚款。

第九十九条 船员未保持安全值班，违反规定摄入可能影响安全值班的食品、药品或者其他物品，或者有其他违反海上船员值班规则的行为的，由海事管理机构对船长、责任船员处一千元以上一万元以下的罚款，或者暂扣船员适任证书三个月至十二个月；情节严重的，吊销船长、责任船员的船员适任证书。

第一百条 有下列情形之一的，由海事管理机构责令改正；情节严重的，处三万元以上十万元以下的罚款：

（一）建设海洋工程、海岸工程未按规定配备相应的防止船舶碰撞的设施、设备并设置专用航标；

（二）损坏海上交通支持服务系统或者妨碍其工作效能；

（三）未经海事管理机构同意设置、撤除专用航标，移动专用航标位置或者改变航标灯光、功率等其他状况，或者设置临时航标不符合海事管理机构确定的航标设置点；

（四）在安全作业区、港外锚地范围内从事养殖、种植、捕捞以及其他影响海上交通安全的作业或者活动。

第一百零一条 有下列情形之一的，由海事管理机构责令改正，对有关责任人员处三万元以下的罚款；情节严重的，处三万元以上十万元以下的罚款，并暂扣责任船员的船员适任证书一个月至三个月：

（一）承担无线电通信任务的船员和岸基无线电台（站）的工作人员未保持海上交通安全通信频道的值守和畅通，或者使用海上交通安全通信频率交流与海上交通安全无关的内容；

（二）违反国家有关规定使用无线电台识别码，影响海上搜救的身份识别；

（三）其他违反海上无线电通信规则的行为。

第一百零二条 船舶未依照本法规定申请引航的，由海事管理机构对违法船舶的所有人、经营人或者管理人处五万元以上五十万元以下的罚款，对船长处一千元以上一万元以下的罚款；情节严重的，暂扣有关船舶证书三个月至十二个月，暂扣船长的船员适任证书一个月至三个月。

引航机构派遣引航员存在过失，造成船舶损失的，由海事管理机构对引航机构处三万元以上三十万元以下的罚款。

未经引航机构指派擅自提供引航服务的，由海事管理机构对引领船舶的人员处三千元以上三万元以下的罚款。

第一百零三条 船舶在海上航行、停泊、作业，有下列情形之一的，由海事管理机构责令改正，对违法船舶的所有人、经营人或者管理人处二万元以上二十万元以下的罚款，对船长、责任船员处二千元以上二万元以下的罚款，暂扣船员适任证书三个月至十二个月；情节严重的，吊销船长、责任船员的船员适任证书：

（一）船舶进出港口、锚地或者通过桥区水域、海峡、狭水道、重要渔业水域、通航船舶密集的区域、船舶定线区、交通管制区时，未加强瞭望、保持安全航速并遵守前述区域的特殊航行规则；

（二）未按照有关规定显示信号、悬挂标志或者保持足够的富余水深；

（三）不符合安全开航条件冒险开航，违章冒险操作、作业，或者未按照船舶检验证书载明的航区航行、停泊、作业；

（四）未按照有关规定开启船舶的自动识别、航行数据记录、远程识别和跟踪、通信等与航行安全、保安、防治污染相关的装置，并持续进行显示和记录；

（五）擅自拆封、拆解、初始化、再设置航行数据记录装置或者读取其记录的信息；

（六）船舶穿越航道妨碍航道内船舶的正常航行，抢越他船船艏或者超过桥梁通航尺度进入桥区水域；

（七）船舶违反规定进入或者穿越禁航区；

（八）船舶载运或者拖带超长、超高、超宽、半潜的船舶、海上设施或者其他物体航行，未采取特殊的安全保障措施，未在开航前向海事管理机构报告航行计划，未按规定显示信号、悬挂标志，或者拖带移动式平台、浮船坞等大型海上设施未依法交验船舶检验机构出具的拖航检验证书；

（九）船舶在不符合安全条件的码头、泊位、装卸站、锚地、安全作业区停泊，或者停泊危及其他船舶、海上设施的安全；

（十）船舶违反规定超过检验证书核定的载客定额、载重线、载货种类载运乘客、货物，或者客船载运乘客同时载运危险货物；

（十一）客船未向乘客明示安全须知、设置安全标志和警示；

（十二）未按照有关法律、行政法规、规章以及强制性标准和技术规范的要求安全装卸、积载、隔离、系固和管理货物；

（十三）其他违反海上航行、停泊、作业规则的行为。

第一百零四条 国际航行船舶未经许可进出口岸的，由海事管理机构对违法船舶的所有人、经营人或者管理人处三千元以上三万元以下的罚款，对船长、责任船员或者其他责任人员，处二千元以上二万元以下的罚款；情节严重的，吊销船长、责任船员的船员适任证书。

国内航行船舶进出港口、港外装卸站未依法向海事管理机构报告的，由海事管理机构对违法船舶的所有人、经营人或者管理人处三千元以上三万元以下的罚款，对船长、责任船员或者其他责任人员处五百元以上五千元以下的罚款。

第一百零五条 船舶、海上设施未经许可从事海上施工作业，或者未按照许可要求、超出核定的安全作业区进行作业的，由海事管理机构责令改正，对违法船舶、海上设施的所有人、经营人或者管理人处三万元以上三十万元以下的罚款，对船长、责任船员处三千元以上三万元以下的罚款，或者暂扣船员适任证书六个月至十二个月；情节严重的，吊销船长、责任船员的船员适任证书。

从事可能影响海上交通安全的水上水下活动，未按规定提前报告海事管理机构的，由海事管理机构对违法船舶、海上设施的所有人、经营人或者管理人处一万元以上三万元以下的罚款，对船长、责任船员处二千元以上二万元以下的罚款。

第一百零六条 碍航物的所有人、经营人或者管理人有下列情形之一的，由海事管理机构责令改正，处二万元以上二十万元以下的罚款；逾期未改正的，海事管理机构有权依法实施代履行，代履行的费用由碍航物的所有人、经营人或者管理人承担：

（一）未按照有关强制性标准和技术规范的要求及时设置警示标志；

（二）未向海事管理机构报告碍航物的名称、形状、尺寸、位置和深度；

（三）未在海事管理机构限定的期限内打捞清除碍航物。

第一百零七条 外国籍船舶进出中华人民共和国内水、领海违反本法规定的，由海事管理机构对违法船舶的所有人、经营人或者管理人处五万元以上五十万元以下的罚款，对船长处一万元以上三万元以下的罚款。

第一百零八条 载运危险货物的船舶有下列情形之一的，海事管理机构应当责令改正，对违法船舶的所有人、经营人或者管理人处五万元以上五十万元以下的罚款，对船长、责任船员或者其他责任人员，处五千元以上五万元以下的罚款；情节严重的，责令停止作业或者航行，暂扣船长、责任船员的船员适任证书六个月至十二个月，直至吊销船员适任证书：

（一）未经许可进出港口或者从事散装液体危险货物过驳作业；

（二）未按规定编制相应的应急处置预案，配备相应的消防、应急设备和器材；

（三）违反有关强制性标准和安全作业操作规程的要求从事危险货物装卸、过驳作业。

第一百零九条 托运人托运危险货物，有下列情形之一的，由海事管理机构责令改正，处五万元以上三十万元以下的罚款：

（一）未将托运的危险货物的正式名称、危险性质以及应当采取的防护措施通知承运人；

（二）未按照有关法律、行政法规、规章以及强制性标准和技术规范的要求对危险货物妥善包装，设置明显的危险品标志和标签；

（三）在托运的普通货物中夹带危险货物或者将危险货物谎报为普通货物托运；

（四）未依法提交有关专业机构出具的表明该货物危险特性以及应当采取的防护措施等情况的文件。

第一百一十条 船舶、海上设施遇险或者发生海上交通事故后未履行报告义务，或者存在瞒报、谎报情形的，由海事管理机构对违法船舶、海上设施的所有人、经营人或者管理人处三千元以上三万元以下的罚款，对船长、责任船员处二千元以上二万元以下的罚款，暂扣船员适任证书六个月至二十四个月；情节严重的，对违法船舶、海上设施的所有人、经营人或者管理人处一万元以上十万元以下的罚款，吊销船长、责任船员的船员适任证书。

第一百一十一条 船舶发生海上交通事故后逃逸的，由海事管理机构对违法船舶的所有人、经营人或者管理人处十万元以上五十万元以下的罚款，对船长、责任船员处五千元以上五万元以下的罚款并吊销船员适任证书，受处罚者终身不得重新申请。

第一百一十二条 船舶、海上设施不依法履行海上救助义务，不服从海上搜救中心指挥的，由海事管理机构对船舶、海上设施的所有人、经营人或者管理人处三万元以上三十万元以下的罚款，暂扣船长、责任船员的船员适任证书六个月至十二个月，直至吊销船员适任证书。

第一百一十三条 有关单位、个人拒绝、阻碍海事管理机构监督检查，或者在接受监督检查时弄虚作假的，由海事管理机构处二千元以上二万元以下的罚款，暂扣船长、责任船员的船员适任证书六个月至二十四个月，直至吊销船员适任证书。

第一百一十四条 交通运输主管部门、海事管理机构及其他有关部门的工作人员违反本法规定，滥用职权、玩忽职守、徇私舞弊的，依法给予处分。

第一百一十五条 因海上交通事故引发民事纠纷的，当事人可以依法申请仲裁或者向人民法院提起诉讼。

第一百一十六条 违反本法规定，构成违反治安管理行为的，依法给予治安管理处罚；造成人身、财产损害的，依法承担民事责任；构成犯罪的，依法追究刑事责任。

第十章 附 则

第一百一十七条 本法下列用语的含义是：

船舶，是指各类排水或者非排水的船、艇、筏、水上飞行器、潜水器、移动式平台以及其他移动式装置。

海上设施，是指水上水下各种固定或者浮动建筑、装置和固定平台，但是不包括码头、防波堤等港口设施。

内水，是指中华人民共和国领海基线向陆地一侧至海岸线的海域。

施工作业，是指勘探、采掘、爆破、构筑、维修、拆除水上水下构筑物或者设施，航道建设、疏浚（航道养护疏浚除外）作业，打捞沉船沉物。

海上交通事故，是指船舶、海上设施在航行、停泊、作业过程中发生的，由于碰撞、搁浅、触礁、触碰、火灾、风灾、浪损、沉没等原因造成人员伤亡或者财产损失的事故。

海上险情，是指对海上生命安全、水域环境构成威胁，需立即采取措施规避、控制、减轻和消除的各种情形。

危险货物，是指国际海上危险货物运输规则和国家危险货物品名表上列明的，易燃、易爆、有毒、有腐蚀性、有放射性、有污染危害性等，在船舶载运过程中可能造成人身伤害、财产损失或者环境污染而需要采取特别防护措施的货物。

海上渡口，是指海上岛屿之间、海上岛屿与大陆之间，以及隔海相望的大陆与大陆之间，专用于渡船渡运人员、行李、车辆的交通基础设施。

第一百一十八条 公务船舶检验、船员配备的具体办法由国务院交通运输主管部门会同有关主管部门另行制定。

体育运动船舶的登记、检验办法由国务院体育主管部门另行制定。训练、比赛期间的体育运动船舶的海上交通安全监督管理由体育主管部门负责。

渔业船员、渔业无线电、渔业航标的监督管理，渔业船舶的登记管理，渔港水域内的海上交通安全管理，渔业船舶（含外国籍渔业船舶）之间交通事故的调查处理，由县级以上人民政府渔业渔政主管部门负责。法律、行政法规或者国务院对渔业船舶之间交通事故的调查处理另有规定的，从其规定。

除前款规定外，渔业船舶的海上交通安全管理由海事管理机构负责。渔业船舶的检验及其监督管理，由海事管理机构依照有关法律、行政法规的规定执行。

浮式储油装置等海上石油、天然气生产设施的检验适用有关法律、行政法规的规定。

第一百一十九条 海上军事管辖区和军用船舶、海上设施的内部海上交通安全管理，军用航标的设立和管理，以及为军事目的进行作业或者水上水下活动的管理，由中央军事委员会另行制定管理办法。

划定、调整海上交通功能区或者领海内特定水域，划定海上渡口的渡运线路，许可海上施工作业，可能对军用船舶的战备、训练、执勤等行动造成影响的，海事管理机构应当事先征求有关军事机关的意见。

执行军事运输任务有特殊需要的，有关军事机关应当及时向海事管理机构通报相关信息。海事管理机构应当给予必要的便利。

海上交通安全管理涉及国防交通、军事设施保护的，依照有关法律的规定执行。

第一百二十条 外国籍公务船舶在中华人民共和国领海航行、停泊、作业，违反中华人民共和国法律、行政法规的，依照有关法律、行政法规的规定处理。

在中华人民共和国管辖海域内的外国籍军用船舶的管理，适用有关法律的规定。

第一百二十一条 中华人民共和国缔结或者参加的国际条约同本法有不同规定的，适用国际条约的规定，但中华人民共和国声明保留的条款除外。

第一百二十二条 本法自2021年9月1日起施行。

中华人民共和国海上交通事故调查处理条例

(1990年1月11日国务院批准 1990年3月3日交通部令第14号发布 自发布之日起施行)

第一章 总 则

第一条 为了加强海上交通安全管理，及时调查处理海上交通事故，根据《中华人民共和国海上交通安全法》的有关规定，制定本条例。

第二条 中华人民共和国港务监督机构是本条例的实施机关。

第三条 本条例适用于船舶、设施在中华人民共和国沿海水域内发生的海上交通事故。

以渔业为主的渔港水域内发生的海上交通事故和沿海水域内渔业船舶之间、军用船舶之间发生的海上交通事故的调查处理，国家法律、行政法规另有专门规定的，从其规定。

第四条 本条例所称海上交通事故是指船舶、设施发生的下列事故：

（一）碰撞、触碰或浪损；

（二）触礁或搁浅；

（三）火灾或爆炸；

（四）沉没；

（五）在航行中发生影响适航性能的机件或重要属具的损坏或灭失；

（六）其他引起财产损失和人身伤亡的海上交通事故。

第二章 报 告

第五条 船舶、设施发生海上交通事故，必须立即用甚高频电话、无线电报或其他有效手段向就近港口的港务监督报告。报告的内容应当包括：船舶或设施的名称、呼号、国籍、起迄港，船舶或设施的所有人或经营人名称，事故发生的时间、地点、海况以及船舶、设施的损害程度、救助要求等。

第六条 船舶、设施发生海上交通事故，除应按第五条规定立即提出扼要报告外，还必须按下列规定向港务监督提交《海上交通事故报告书》和必要的文书资料：

（一）船舶、设施在港区水域内发生海上交通事故，必须在事故发生后24小时内向当地港务监督提交。

（二）船舶、设施在港区水域以外的沿海水域发生海上交通事故，船舶必须在到达中华人民共和国的第一个港口后 48 小时内向港务监督提交；设施必须在事故发生后 48 小时内用电报向就近港口的港务监督报告《海上交通事故报告书》要求的内容。

（三）引航员在引领船舶的过程中发生海上交通事故，应当在返港后 24 小时内向当地港务监督提交《海上交通事故报告书》。

前款（一）、（二）项因特殊情况不能按规定时间提交《海上交通事故报告书》的，在征得港务监督同意后可予以适当延迟。

第七条　《海上交通事故报告书》应当如实写明下列情况：

（一）船舶、设施概况和主要性能数据；

（二）船舶、设施所有人或经营人的名称、地址；

（三）事故发生的时间和地点；

（四）事故发生时的气象和海况；

（五）事故发生的详细经过（碰撞事故应附相对运动示意图）；

（六）损害情况（附船舶、设施受损部位简图。难以在规定时间内查清的，应于检验后补报）；

（七）船舶、设施沉没的，其沉没概位；

（八）与事故有关的其他情况。

第八条　海上交通事故报告必须真实，不得隐瞒或捏造。

第九条　因海上交通事故致使船舶、设施发生损害，船长、设施负责人应申请中国当地或船舶第一到达港地的检验部门进行检验或鉴定，并应将检验报告副本送交港务监督备案。

前款检验、鉴定事项，港务监督可委托有关单位或部门进行，其费用由船舶、设施所有人或经营人承担。

船舶、设施发生火灾、爆炸等事故，船长、设施负责人必须申请公安消防监督机关鉴定，并将鉴定书副本送交港务监督备案。

第三章　调　查

第十条　在港区水域内发生的海上交通事故，由港区地的港务监督进行调查。

在港区水域外发生的海上交通事故，由就近港口的港务监督或船舶到达的中华人民共和国的第一个港口的港务监督进行调查。必要时，由中华人民共和国港务监督局指定的港务监督进行调查。

港务监督认为必要时，可以通知有关机关和社会组织参加事故调查。

第十一条　港务监督在接到事故报告后，应及时进行调查。调查应客观、全面，不受事故当事人提供材料的限制。根据调查工作的需要，港务监督有权：

（一）询问有关人员；

（二）要求被调查人员提供书面材料和证明；

（三）要求有关当事人提供航海日志、轮机日志、车钟记录、报务日志、航向记录、海图、船舶资料、航行设备仪器的性能以及其他必要的原始文书资料；

（四）检查船舶、设施及有关设备的证书、人员证书和核实事故发生前船舶的适航状态、设施的技术状态；

（五）检查船舶、设施及其货物的损害情况和人员伤亡情况；

（六）勘查事故现场，搜集有关物证。

港务监督在调查中，可以使用录音、照相、录相等设备，并可采取法律允许的其他调查手段。

第十二条　被调查人必须接受调查，如实陈述事故的有关情节，并提供真实的文书资料。

港务监督人员在执行调查任务时，应当向被调查人员出示证件。

第十三条　港务监督因调查海上交通事故的需要，可以令当事船舶驶抵指定地点接受调查。当事船舶在不危及自身安全的情况下，未经港务监督同意，不得离开指定地点。

第十四条　港务监督的海上交通事故调查材料，公安机关、国家安全机关、监察机关、检察机关、审判机关和海事仲裁委员会及法律规定的其他机关和人员因办案需要可以查阅、摘录或复制，审判机关确因开庭需要可以借用。

第四章　处　理

第十五条　港务监督应当根据对海上交通事故的调查，作出《海上交通事故调查报告书》，查明事故发生的原因，判明当事人的责任；构成重大事故的，通报当地检察机关。

第十六条　《海上交通事故调查报告书》应包括以下内容：

（一）船舶、设施的概况和主要数据；

（二）船舶、设施所有人或经营人的名称和地址；

（三）事故发生的时间、地点、过程、气象海况、损害情况等；

（四）事故发生的原因及依据；
（五）当事人各方的责任及依据；
（六）其他有关情况。

第十七条 对海上交通事故的发生负有责任的人员，港务监督可以根据其责任的性质和程度依法给予下列处罚：

（一）对中国籍船员、引航员或设施上的工作人员，可以给予警告、罚款或扣留、吊销职务证书；

（二）对外国籍船员或设施上的工作人员，可以给予警告、罚款或将其过失通报其所属国家的主管机关。

第十八条 对海上交通事故的发生负有责任的人员及船舶、设施的所有人或经营人，需要追究其行政责任的，由港务监督提交其主管机关或行政监察机关处理；构成犯罪的，由司法机关依法追究刑事责任。

第十九条 根据海上交通事故发生的原因，港务监督可责令有关船舶、设施的所有人、经营人限期加强对所属船舶、设施的安全管理。对拒不加强安全管理或在限期内达不到安全要求的，港务监督有权责令其停航、改航、停止作业，并可采取其他必要的强制性处置措施。

第五章 调 解

第二十条 对船舶、设施发生海上交通事故引起的民事侵权赔偿纠纷，当事人可以申请港务监督调解。

调解必须遵循自愿、公平的原则，不得强迫。

第二十一条 前条民事纠纷，凡已向海事法院起诉或申请海事仲裁机构仲裁的，当事人不得再申请港务监督调解。

第二十二条 调解由当事人各方在事故发生之日起30日内向负责该事故调查的港务监督提交书面申请。港务监督要求提供担保的，当事人应附经济赔偿担保证明文件。

第二十三条 经调解达成协议的，港务监督应制作调解书。调解书应当写明当事人的姓名或名称、住所、法定代表人或代理人的姓名及职务、纠纷的主要事实、当事人的责任、协议的内容、调解费的承担、调解协议履行的期限。调解书由当事人各方共同签字，并经港务监督盖印确认。调解书应交当事方各持1份，港务监督留存1份。

第二十四条 调解达成协议的，当事人各方应当自动履行。达成协议后当事人翻悔的或逾期不履行协议的，视为调解不成。

第二十五条 凡向港务监督申请调解的民事纠纷，当事人中途不愿调解的，应当向港务监督递交撤销调解的书面申请，并通知对方当事人。

第二十六条 港务监督自收到调解申请书之日起3个月内未能使当事人各方达成调解协议的，可以宣布调解不成。

第二十七条 不愿意调解或调解不成的，当事人可以向海事法院起诉或申请海事仲裁机构仲裁。

第二十八条 凡申请港务监督调解的，应向港务监督缴纳调解费。调解的收费标准，由交通部会同国家物价局、财政部制定。

经调解达成协议的，调解费用按当事人过失比例或约定的数额分摊；调解不成的，由当事人各方平均分摊。

第六章 罚 则

第二十九条 违反本条例规定，有下列行为之一的，港务监督可视情节对有关当事人（自然人）处以警告或者200元以下罚款；对船舶所有人、经营人处以警告或者5000元以下罚款：

（一）未按规定的时间向港务监督报告事故或提交《海上交通事故报告书》或本条例第三十二条要求的判决书、裁决书、调解书的副本的；

（二）未按港务监督要求驶往指定地点，或在未出现危及船舶安全的情况下未经港务监督同意擅自驶离指定地点的；

（三）事故报告或《海上交通事故报告书》的内容不符合规定要求或不真实，影响调查工作进行或给有关部门造成损失的；

（四）违反第九条规定，影响事故调查的；

（五）拒绝接受调查或无理阻挠、干扰港务监督进行调查的；

（六）在受调查时故意隐瞒事实或提供虚假证明的。

前款第（五）、（六）项行为构成犯罪的，由司法机关依法追究刑事责任。

第三十条 对违反本条例规定，玩忽职守、滥用职权、营私舞弊、索贿受贿的港务监督人员，由行政监察机关或其所在单位给予行政处分；构成犯罪的，由司法机关依法追究刑事责任。

第三十一条 当事人对港务监督依据本条例给予的处罚不服的，可以依法向人民法院提起行政诉讼。

第七章 特别规定

第三十二条 中国籍船舶在中华人民共和国沿

533

海水域以外发生的海上交通事故，其所有人或经营人应当向船籍港的港务监督报告，并于事故发生之日起60日内提交《海上交通事故报告书》。如果事故在国外诉讼、仲裁或调解，船舶所有人或经营人应在诉讼、仲裁或调解结束后60日内将判决书、裁决书或调解书的副本或影印件报船籍港的港务监督备案。

第三十三条　派往外国籍船舶任职的持有中华人民共和国船员职务证书的中国籍船员对海上交通事故的发生负有责任的，其派出单位应当在事故发生之日起60日内向签发该职务证书的港务监督提交《海上交通事故报告书》。

本条第一款和第三十二条的海上交通事故的调查处理，按本条例的有关规定办理。

第八章　附　则

第三十四条　对违反海上交通安全管理法规进行违章操作，虽未造成直接的交通事故，但构成重大潜在事故隐患的，港务监督可以依据本条例进行调查和处罚。

第三十五条　因海上交通事故产生的海洋环境污染，按照我国海洋环境保护的有关法律、法规处理。

第三十六条　本条例由交通部负责解释。

第三十七条　本条例自发布之日起施行。

中华人民共和国内河交通安全管理条例

（2002年6月28日中华人民共和国国务院令第355号公布　根据2011年1月8日《国务院关于废止和修改部分行政法规的决定》第一次修订　根据2017年3月1日《国务院关于修改和废止部分行政法规的决定》第二次修订　根据2019年3月2日《国务院关于修改部分行政法规的决定》第三次修订）

第一章　总　则

第一条　为了加强内河交通安全管理，维护内河交通秩序，保障人民群众生命、财产安全，制定本条例。

第二条　在中华人民共和国内河通航水域从事航行、停泊和作业以及与内河交通安全有关的活动，必须遵守本条例。

第三条　内河交通安全管理遵循安全第一、预防为主、方便群众、依法管理的原则，保障内河交通安全、有序、畅通。

第四条　国务院交通主管部门主管全国内河交通安全管理工作。国家海事管理机构在国务院交通主管部门的领导下，负责全国内河交通安全监督管理工作。

国务院交通主管部门在中央管理水域设立的海事管理机构和省、自治区、直辖市人民政府在中央管理水域以外的其他水域设立的海事管理机构（以下统称海事管理机构）依据各自的职责权限，对所辖内河通航水域实施水上交通安全监督管理。

第五条　县级以上地方各级人民政府应当加强本行政区域内的内河交通安全管理工作，建立、健全内河交通安全管理责任制。

乡（镇）人民政府对本行政区域内的内河交通安全管理履行下列职责：

（一）建立、健全行政村和船主的船舶安全责任制；

（二）落实渡口船舶、船员、旅客定额的安全管理责任制；

（三）落实船舶水上交通安全管理的专门人员；

（四）督促船舶所有人、经营人和船员遵守有关内河交通安全的法律、法规和规章。

第二章　船舶、浮动设施和船员

第六条　船舶具备下列条件，方可航行：

（一）经海事管理机构认可的船舶检验机构依法检验并持有合格的船舶检验证书；

（二）经海事管理机构依法登记并持有船舶登记证书；

（三）配备符合国务院交通主管部门规定的船员；

（四）配备必要的航行资料。

第七条　浮动设施具备下列条件，方可从事有关活动：

（一）经海事管理机构认可的船舶检验机构依法检验并持有合格的检验证书；

（二）经海事管理机构依法登记并持有登记证书；

（三）配备符合国务院交通主管部门规定的掌握水上交通安全技能的船员。

第八条　船舶、浮动设施应当保持适于安全航行、停泊或者从事有关活动的状态。

船舶、浮动设施的配载和系固应当符合国家安全技术规范。

第九条 船员经水上交通安全专业培训，其中客船和载运危险货物船舶的船员还应当经相应的特殊培训，并经海事管理机构考试合格，取得相应的适任证书或者其他适任证件，方可担任船员职务。严禁未取得适任证书或者其他适任证件的船员上岗。

船员应当遵守职业道德，提高业务素质，严格依法履行职责。

第十条 船舶、浮动设施的所有人或者经营人，应当加强对船舶、浮动设施的安全管理，建立、健全相应的交通安全管理制度，并对船舶、浮动设施的交通安全负责；不得聘用无适任证书或者其他适任证件的人员担任船员；不得指使、强令船员违章操作。

第十一条 船舶、浮动设施的所有人或者经营人，应当根据船舶、浮动设施的技术性能、船员状况、水域和水文气象条件，合理调度船舶或者使用浮动设施。

第十二条 按照国家规定必须取得船舶污染损害责任、沉船打捞责任的保险文书或者财务保证书的船舶，其所有人或者经营人必须取得相应的保险文书或者财务担保证明，并随船携带其副本。

第十三条 禁止伪造、变造、买卖、租借、冒用船舶检验证书、船舶登记证书、船员适任证书或者其他适任证件。

第三章　航行、停泊和作业

第十四条 船舶在内河航行，应当悬挂国旗，标明船名、船籍港、载重线。

按照国家规定应当报废的船舶、浮动设施，不得航行或者作业。

第十五条 船舶在内河航行，应当保持瞭望，注意观察，并采用安全航速航行。船舶安全航速应当根据能见度、通航密度、船舶操纵性能和风、浪、水流、航路状况以及周围环境等主要因素决定。使用雷达的船舶，还应当考虑雷达设备的特性、效率和局限性。

船舶在限制航速的区域和汛期高水位期间，应当按照海事管理机构规定的航速航行。

第十六条 船舶在内河航行时，上行船舶应当沿缓流或者航路一侧航行，下行船舶应当沿主流或者航路中间航行；在潮流河段、湖泊、水库、平流区域，应当尽可能沿本船右舷一侧航路航行。

第十七条 船舶在内河航行时，应当谨慎驾驶，保障安全；对来船动态不明、声号不统一或者遇有紧迫情况时，应当减速、停车或者倒车，防止碰撞。

船舶相遇，各方应当注意避让。按照船舶航行规则应当让路的船舶，必须主动避让被让路船舶；被让路船舶应当注意让路船舶的行动，并适时采取措施，协助避让。

船舶避让时，各方避让意图经统一后，任何一方不得擅自改变避让行动。

船舶航行、避让和信号显示的具体规则，由国务院交通主管部门制定。

第十八条 船舶进出内河港口，应当向海事管理机构报告船舶的航次计划、适航状态、船员配备和载货载客等情况。

第十九条 下列船舶在内河航行，应当向引航机构申请引航：

（一）外国籍船舶；

（二）1000总吨以上的海上机动船舶，但船长驾驶同一类型的海上机动船舶在同一内河通航水域航行与上一航次间隔2个月以内的除外；

（三）通航条件受限制的船舶；

（四）国务院交通主管部门规定应当申请引航的客船、载运危险货物的船舶。

第二十条 船舶进出港口和通过交通管制区、通航密集区或者航行条件受限制的区域，应当遵守海事管理机构发布的有关通航规定。

任何船舶不得擅自进入或者穿越海事管理机构公布的禁航区。

第二十一条 从事货物或者旅客运输的船舶，必须符合船舶强度、稳性、吃水、消防和救生等安全技术要求和国务院交通主管部门规定的载货或者载客条件。

任何船舶不得超载运输货物或者旅客。

第二十二条 船舶在内河通航水域载运或者拖带超重、超长、超高、超宽、半潜的物体，必须在装船或者拖带前24小时报海事管理机构核定拟航行的航路、时间，并采取必要的安全措施，保障船舶载运或者拖带安全。船舶需要护航的，应当向海事管理机构申请护航。

第二十三条 遇有下列情形之一时，海事管理机构可以根据情况采取限时航行、单航、封航等临时性限制、疏导交通的措施，并予公告：

（一）恶劣天气；

（二）大范围水上施工作业；

（三）影响航行的水上交通事故；

（四）水上大型群众性活动或者体育比赛；

（五）对航行安全影响较大的其他情形。

第二十四条　船舶应当在码头、泊位或者依法公布的锚地、停泊区、作业区停泊；遇有紧急情况，需要在其他水域停泊的，应当向海事管理机构报告。

船舶停泊，应当按照规定显示信号，不得妨碍或者危及其他船舶航行、停泊或者作业的安全。

船舶停泊，应当留有足以保证船舶安全的船员值班。

第二十五条　在内河通航水域或者岸线上进行下列可能影响通航安全的作业或者活动的，应当在进行作业或者活动前报海事管理机构批准：

（一）勘探、采掘、爆破；
（二）构筑、设置、维修、拆除水上水下构筑物或者设施；
（三）架设桥梁、索道；
（四）铺设、检修、拆除水上水下电缆或者管道；
（五）设置系船浮筒、浮趸、缆桩等设施；
（六）航道建设，航道、码头前沿水域疏浚；
（七）举行大型群众性活动、体育比赛。

进行前款所列作业或者活动，需要进行可行性研究的，在进行可行性研究时应当征求海事管理机构的意见；依照法律、行政法规的规定，需经其他有关部门审批的，还应当依法办理有关审批手续。

第二十六条　海事管理机构审批本条例第二十五条规定的作业或者活动，应当自收到申请之日起30日内作出批准或者不批准的决定，并书面通知申请人。

遇有紧急情况，需要对航道进行修复或者对航道、码头前沿水域进行疏浚的，作业人可以边申请边施工。

第二十七条　航道内不得养殖、种植植物、水生物和设置永久性固定设施。

划定航道，涉及水产养殖区的，航道主管部门应当征求渔业行政主管部门的意见；设置水产养殖区，涉及航道的，渔业行政主管部门应当征求航道主管部门和海事管理机构的意见。

第二十八条　在内河通航水域进行下列可能影响通航安全的作业，应当在进行作业前向海事管理机构备案：

（一）气象观测、测量、地质调查；
（二）航道日常养护；
（三）大面积清除水面垃圾；
（四）可能影响内河通航水域交通安全的其他行为。

第二十九条　进行本条例第二十五条、第二十八条规定的作业或者活动时，应当在作业或者活动区域设置标志和显示信号，并按照海事管理机构的规定，采取相应的安全措施，保障通航安全。

前款作业或者活动完成后，不得遗留任何妨碍航行的物体。

第四章　危险货物监管

第三十条　从事危险货物装卸的码头、泊位，必须符合国家有关安全规范要求，并征求海事管理机构的意见，经验收合格后，方可投入使用。

禁止在内河运输法律、行政法规以及国务院交通主管部门规定禁止运输的危险货物。

第三十一条　载运危险货物的船舶，必须持有经海事管理机构认可的船舶检验机构依法检验并颁发的危险货物适装证书，并按照国家有关危险货物运输的规定和安全技术规范进行配载和运输。

第三十二条　船舶装卸、过驳危险货物或者载运危险货物进出港口，应当将危险货物的名称、特性、包装、装卸或者过驳的时间、地点以及进出港时间等事项，事先报告海事管理机构和港口管理机构，经其同意后，方可进行装卸、过驳作业或者进出港口；但是，定船、定线、定货的船舶可以定期报告。

第三十三条　载运危险货物的船舶，在航行、装卸或者停泊时，应当按照规定显示信号；其他船舶应当避让。

第三十四条　从事危险货物装卸的码头、泊位和载运危险货物的船舶，必须编制危险货物事故应急预案，并配备相应的应急救援设备和器材。

第五章　渡口管理

第三十五条　设置或者撤销渡口，应当经渡口所在地的县级人民政府审批；县级人民政府审批前，应当征求当地海事管理机构的意见。

第三十六条　渡口的设置应当具备下列条件：

（一）选址应当在水流平缓、水深足够、坡岸稳定、视野开阔、适宜船舶停靠的地点，并远离危险物品生产、堆放场所；
（二）具备货物装卸、旅客上下的安全设施；
（三）配备必要的救生设备和专门管理人员。

第三十七条　渡口经营者应当在渡口设置明显的标志，维护渡运秩序，保障渡运安全。

渡口所在地县级人民政府应当建立、健全渡口安全管理责任制，指定有关部门负责对渡口和渡运安全实施监督检查。

第三十八条 渡口工作人员应当经培训、考试合格，并取得渡口所在地县级人民政府指定的部门颁发的合格证书。

渡口船舶应当持有合格的船舶检验证书和船舶登记证书。

第三十九条 渡口载客船舶应当有符合国家规定的识别标志，并在明显位置标明载客定额、安全注意事项。

渡口船舶应当按照渡口所在地的县级人民政府核定的路线渡运，并不得超载；渡运时，应当注意避让过往船舶，不得抢航或者强行横越。

遇有洪水或者大风、大雾、大雪等恶劣天气，渡口应当停止渡运。

第六章 通 航 保 障

第四十条 内河通航水域的航道、航标和其他标志的规划、建设、设置、维护，应当符合国家规定的通航安全要求。

第四十一条 内河航道发生变迁，水深、宽度发生变化，或者航标发生位移、损坏、灭失，影响通航安全的，航道、航标主管部门必须及时采取措施，使航道、航标保持正常状态。

第四十二条 内河通航水域内可能影响航行安全的沉没物、漂流物、搁浅物，其所有人和经营人，必须按照国家有关规定设置标志，向海事管理机构报告，并在海事管理机构限定的时间内打捞清除；没有所有人或者经营人的，由海事管理机构打捞清除或者采取其他相应措施，保障通航安全。

第四十三条 在内河通航水域中拖放竹、木等物体，应当在拖放前24小时报经海事管理机构同意，按照核定的时间、路线拖放，并采取必要的安全措施，保障拖放安全。

第四十四条 任何单位和个人发现下列情况，应当迅速向海事管理机构报告：

（一）航道变迁，航道水深、宽度发生变化；

（二）妨碍通航安全的物体；

（三）航标发生位移、损坏、灭失；

（四）妨碍通航安全的其他情况。

海事管理机构接到报告后，应当根据情况发布航行通告或者航行警告，并通知航道、航标主管部门。

第四十五条 海事管理机构划定或者调整禁航区、交通管制区、港区外锚地、停泊区和安全作业区，以及对进行本条例第二十五条、第二十八条规定的作业或者活动，需要发布航行通告、航行警告的，应当及时发布。

第七章 救 助

第四十六条 船舶、浮动设施遇险，应当采取一切有效措施进行自救。

船舶、浮动设施发生碰撞等事故，任何一方应当在不危及自身安全的情况下，积极救助遇险的他方，不得逃逸。

船舶、浮动设施遇险，必须迅速将遇险的时间、地点、遇险状况、遇险原因、救助要求，向遇险地海事管理机构以及船舶、浮动设施所有人、经营人报告。

第四十七条 船员、浮动设施上的工作人员或者其他人员发现其他船舶、浮动设施遇险，或者收到求救信号后，必须尽力救助遇险人员，并将有关情况及时向遇险地海事管理机构报告。

第四十八条 海事管理机构收到船舶、浮动设施遇险求救信号或者报告后，必须立即组织力量救助遇险人员，同时向遇险地县级以上地方人民政府和上级海事管理机构报告。

遇险地县级以上地方人民政府收到海事管理机构的报告后，应当对救助工作进行领导和协调，动员各方力量积极参与救助。

第四十九条 船舶、浮动设施遇险时，有关部门和人员必须积极协助海事管理机构做好救助工作。

遇险现场和附近的船舶、人员，必须服从海事管理机构的统一调度和指挥。

第八章 事故调查处理

第五十条 船舶、浮动设施发生交通事故，其所有人或者经营人必须立即向交通事故发生地海事管理机构报告，并做好现场保护工作。

第五十一条 海事管理机构接到内河交通事故报告后，必须立即派员前往现场，进行调查和取证。

海事管理机构进行内河交通事故调查和取证，应当全面、客观、公正。

第五十二条 接受海事管理机构调查、取证的有关人员，应当如实提供有关情况和证据，不得谎报或者隐匿、毁灭证据。

第五十三条 海事管理机构应当在内河交通事故调查、取证结束后30日内，依据调查事实和证据作出调查结论，并书面告知内河交通事故当事人。

第五十四条 海事管理机构在调查处理内河交通事故过程中，应当采取有效措施，保证航路畅通，防止发生其他事故。

第五十五条 地方人民政府应当依照国家有关

规定积极做好内河交通事故的善后工作。

第五十六条 特大内河交通事故的报告、调查和处理,按照国务院有关规定执行。

第九章 监督检查

第五十七条 在旅游、交通运输繁忙的湖泊、水库,在气候恶劣的季节,在法定或者传统节日、重大集会、集市、农忙、学生放学放假等交通高峰期间,县级以上地方各级人民政府应当加强对维护内河交通安全的组织、协调工作。

第五十八条 海事管理机构必须建立、健全内河交通安全监督检查制度,并组织落实。

第五十九条 海事管理机构必须依法履行职责,加强对船舶、浮动设施、船员和通航安全环境的监督检查。发现内河交通安全隐患时,应当责令有关单位和个人立即消除或者限期消除;有关单位和个人不立即消除或者逾期不消除的,海事管理机构必须采取责令其临时停航、停止作业,禁止进港、离港等强制性措施。

第六十条 对内河交通密集区域、多发事故水域以及货物装卸、乘客上下比较集中的港口,对客渡船、滚装客船、高速客轮、旅游船和载运危险货物的船舶,海事管理机构必须加强安全巡查。

第六十一条 海事管理机构依照本条例实施监督检查时,可以根据情况对违反本条例有关规定的船舶,采取责令临时停航、驶向指定地点,禁止进港、离港,强制卸载、拆除动力装置、暂扣船舶等保障通航安全的措施。

第六十二条 海事管理机构的工作人员依法在内河通航水域对船舶、浮动设施进行内河交通安全监督检查,任何单位和个人不得拒绝或者阻挠。

有关单位或者个人应当接受海事管理机构依法实施的安全监督检查,并为其提供方便。

海事管理机构的工作人员依照本条例实施监督检查时,应当出示执法证件,表明身份。

第十章 法律责任

第六十三条 违反本条例的规定,应当报废的船舶、浮动设施在内河航行或者作业的,由海事管理机构责令停航或者停止作业,并对船舶、浮动设施予以没收。

第六十四条 违反本条例的规定,船舶、浮动设施未持有合格的检验证书、登记证书或者船舶未持有必要的航行资料,擅自航行或者作业的,由海事管理机构责令停止航行或者作业;拒不停止的,暂扣船舶、浮动设施;情节严重的,予以没收。

第六十五条 违反本条例的规定,船舶未按照国务院交通主管部门的规定配备船员擅自航行,或者浮动设施未按照国务院交通主管部门的规定配备掌握水上交通安全技能的船员擅自作业的,由海事管理机构责令限期改正,对船舶、浮动设施所有人或者经营人处 1 万元以上 10 万元以下的罚款;逾期不改正的,责令停航或者停止作业。

第六十六条 违反本条例的规定,未经考试合格并取得适任证书或者其他适任证件的人员擅自从事船舶航行的,由海事管理机构责令其立即离岗,对直接责任人员处 2000 元以上 2 万元以下的罚款,并对聘用单位处 1 万元以上 10 万元以下的罚款。

第六十七条 违反本条例的规定,按照国家规定必须取得船舶污染损害责任、沉船打捞责任的保险文书或者财务保证书的船舶的所有人或者经营人,未取得船舶污染损害责任、沉船打捞责任保险文书或者财务担保证明的,由海事管理机构责令限期改正;逾期不改正的,责令停航,并处 1 万元以上 10 万元以下的罚款。

第六十八条 违反本条例的规定,船舶在内河航行时,有下列情形之一的,由海事管理机构责令改正,处 5000 元以上 5 万元以下的罚款;情节严重的,禁止船舶进出港口或者责令停航,并可以对责任船员给予暂扣适任证书或者其他适任证件 3 个月至 6 个月的处罚:

(一)未按照规定悬挂国旗,标明船名、船籍港、载重线的;

(二)未按照规定向海事管理机构报告船舶的航次计划、适航状态、船员配备和载货载客等情况的;

(三)未按照规定申请引航的;

(四)擅自进出内河港口,强行通过交通管制区、通航密集区、航行条件受限制区域或者禁航区的;

(五)载运或者拖带超重、超长、超高、超宽、半潜的物体,未申请或者未按照核定的航路、时间航行的。

第六十九条 违反本条例的规定,船舶未在码头、泊位或者依法公布的锚地、停泊区、作业区停泊的,由海事管理机构责令改正;拒不改正的,予以强行拖离,因拖离发生的费用由船舶所有人或者经营人承担。

第七十条 违反本条例的规定,在内河通航水域或者岸线上进行有关作业或者活动未经批准或者备案,或者未设置标志、显示信号的,由海事管理机构责令改正，处 5000 元以上 5 万元以下的罚款。

第七十一条　违反本条例的规定，从事危险货物作业，有下列情形之一的，由海事管理机构责令停止作业或者航行，对负有责任的主管人员或者其他直接责任人员处 2 万元以上 10 万元以下的罚款；属于船员的，并给予暂扣适任证书或者其他适任证件 6 个月以上直至吊销适任证书或者其他适任证件的处罚：

（一）从事危险货物运输的船舶，未编制危险货物事故应急预案或者未配备相应的应急救援设备和器材的；

（二）船舶装卸、过驳危险货物或者载运危险货物进出港口未经海事管理机构、港口管理机构同意的。

未持有危险货物适装证书擅自载运危险货物或者未按照安全技术规范进行配载和运输的，依照《危险化学品安全管理条例》的规定处罚。

第七十二条　违反本条例的规定，未经批准擅自设置或者撤销渡口的，由渡口所在地县级人民政府指定的部门责令限期改正；逾期不改正的，予以强制拆除或者恢复，因强制拆除或者恢复发生的费用分别由设置人、撤销人承担。

第七十三条　违反本条例的规定，渡口船舶未标明识别标志、载客定额、安全注意事项的，由渡口所在地县级人民政府指定的部门责令改正，处 2000 元以上 1 万元以下的罚款；逾期不改正的，责令停航。

第七十四条　违反本条例的规定，在内河通航水域的航道内养殖、种植植物、水生物或者设置永久性固定设施的，由海事管理机构责令限期改正；逾期不改正的，予以强制清除，因清除发生的费用由其所有人或者经营人承担。

第七十五条　违反本条例的规定，内河通航水域中的沉没物、漂流物、搁浅物的所有人或者经营人，未按照国家有关规定设置标志或者未在规定的时间内打捞清除的，由海事管理机构责令限期改正；逾期不改正的，海事管理机构强制设置标志或者组织打捞清除；需要立即组织打捞清除的，海事管理机构应当及时组织打捞清除。海事管理机构因设置标志或者打捞清除发生的费用，由沉没物、漂流物、搁浅物的所有人或者经营人承担。

第七十六条　违反本条例的规定，船舶、浮动设施遇险后未履行报告义务或者不积极施救的，由海事管理机构给予警告，并可以对责任船员给予暂扣适任证书或者其他适任证件 3 个月至 6 个月直至吊销适任证书或者其他适任证件的处罚。

第七十七条　违反本条例的规定，船舶、浮动设施发生内河交通事故的，除依法承担相应的法律责任外，由海事管理机构根据调查结论，对责任船员给予暂扣适任证书或者其他适任证件 6 个月以上直至吊销适任证书或者其他适任证件的处罚。

第七十八条　违反本条例的规定，遇险现场和附近的船舶、船员不服从海事管理机构的统一调度和指挥的，由海事管理机构给予警告，并可以对责任船员给予暂扣适任证书或者其他适任证件 3 个月至 6 个月直至吊销适任证书或者其他适任证件的处罚。

第七十九条　违反本条例的规定，伪造、变造、买卖、转借、冒用船舶检验证书、船舶登记证书、船员适任证书或者其他适任证件的，由海事管理机构没收有关的证书或者证件；有违法所得的，没收违法所得，并处违法所得 2 倍以上 5 倍以下的罚款；没有违法所得或者违法所得不足 2 万元的，处 1 万元以上 5 万元以下的罚款；触犯刑律的，依照刑法关于伪造、变造、买卖国家机关公文、证件罪或者其他罪的规定，依法追究刑事责任。

第八十条　违反本条例的规定，船舶、浮动设施的所有人或者经营人指使、强令船员违章操作的，由海事管理机构给予警告，处 1 万元以上 5 万元以下的罚款，并可以责令停航或者停止作业；造成重大伤亡事故或者严重后果的，依照刑法关于重大责任事故罪或者其他罪的规定，依法追究刑事责任。

第八十一条　违反本条例的规定，船舶在内河航行、停泊或者作业，不遵守航行、避让和信号显示规则的，由海事管理机构责令改正，处 1000 元以上 1 万元以下的罚款；情节严重的，对责任船员给予暂扣适任证书或者其他适任证件 3 个月至 6 个月直至吊销适任证书或者其他适任证件的处罚；造成重大内河交通事故的，依照刑法关于交通肇事罪或者其他罪的规定，依法追究刑事责任。

第八十二条　违反本条例的规定，船舶不具备安全技术条件从事货物、旅客运输，或者超载运输货物、旅客的，由海事管理机构责令改正，处 2 万元以上 10 万元以下的罚款，可以对责任船员给予暂扣适任证书或者其他适任证件 6 个月以上直至吊销适任证书或者其他适任证件的处罚，并对超载运输的船舶强制卸载，因卸载而发生的卸货费、存货费、旅客安置费和船舶监管费由船舶所有人或者经营人承担；发生重大伤亡事故或者造成其他严重后果的，依照刑法关于重大劳动安全事故罪或者其他罪的规定，依法追究刑事责任。

第八十三条 违反本条例的规定，船舶、浮动设施发生内河交通事故后逃逸的，由海事管理机构对责任船员给予吊销适任证书或者其他适任证件的处罚；证书或者证件吊销后，5年内不得重新从业；触犯刑律的，依照刑法关于交通肇事罪或者其他罪的规定，依法追究刑事责任。

第八十四条 违反本条例的规定，阻碍、妨碍内河交通事故调查取证，或者谎报、隐匿、毁灭证据的，由海事管理机构给予警告，并对直接责任人员处1000元以上1万元以下的罚款；属于船员的，并给予暂扣适任证书或者其他适任证件12个月以上直至吊销适任证书或者其他适任证件的处罚；以暴力、威胁方法阻碍内河交通事故调查取证的，依照刑法关于妨害公务罪的规定，依法追究刑事责任。

第八十五条 违反本条例的规定，海事管理机构不依据法定的安全条件进行审批、许可的，对负有责任的主管人员和其他直接责任人员根据不同情节，给予降级或者撤职的行政处分；造成重大内河交通事故或者致使公共财产、国家和人民利益遭受重大损失的，依照刑法关于滥用职权罪、玩忽职守罪或者其他罪的规定，依法追究刑事责任。

第八十六条 违反本条例的规定，海事管理机构对审批、许可的安全事项不实施监督检查的，对负有责任的主管人员和其他直接责任人员根据不同情节，给予记大过、降级或者撤职的行政处分；造成重大内河交通事故或者致使公共财产、国家和人民利益遭受重大损失的，依照刑法关于滥用职权罪、玩忽职守罪或者其他罪的规定，依法追究刑事责任。

第八十七条 违反本条例的规定，海事管理机构发现船舶、浮动设施不再具备安全航行、停泊、作业条件而不及时撤销批准或者许可并予以处理的，对负有责任的主管人员和其他直接责任人员根据不同情节，给予记大过、降级或者撤职的行政处分；造成重大内河交通事故或者致使公共财产、国家和人民利益遭受重大损失的，依照刑法关于滥用职权罪、玩忽职守罪或者其他罪的规定，依法追究刑事责任。

第八十八条 违反本条例的规定，海事管理机构对未经审批、许可擅自从事旅客、危险货物运输的船舶不实施监督检查，或者发现内河交通安全隐患不及时依法处理，或者对违法行为不依法予以处罚的，对负有责任的主管人员和其他直接责任人员根据不同情节，给予降级或者撤职的行政处分；造成重大内河交通事故或者致使公共财产、国家和人民利益遭受重大损失的，依照刑法关于滥用职权罪、玩忽职守罪或者其他罪的规定，依法追究刑事责任。

第八十九条 违反本条例的规定，渡口所在地县级人民政府指定的部门，有下列情形之一的，根据不同情节，对负有责任的主管人员和其他直接责任人员，给予降级或者撤职的行政处分；造成重大内河交通事故或者致使公共财产、国家和人民利益遭受重大损失的，依照刑法关于滥用职权罪、玩忽职守罪或者其他罪的规定，依法追究刑事责任：

（一）对县级人民政府批准的渡口不依法实施监督检查的；

（二）对未经县级人民政府批准擅自设立的渡口不予以查处的；

（三）对渡船超载、人与大牲畜混载、人与爆炸品、压缩气体和液化气体、易燃液体、易燃固体、自燃物品和遇湿易燃物品、氧化剂和有机过氧化物、有毒品和腐蚀品等危险品混载以及其他危及安全的行为不及时纠正并依法处理的。

第九十条 违反本条例的规定，触犯《中华人民共和国治安管理处罚法》，构成违反治安管理行为的，由公安机关给予治安管理处罚。

第十一章 附 则

第九十一条 本条例下列用语的含义：

（一）内河通航水域，是指由海事管理机构认定的可供船舶航行的江、河、湖泊、水库、运河等水域。

（二）船舶，是指各类排水或者非排水的船、艇、筏、水上飞行器、潜水器、移动式平台以及其他水上移动装置。

（三）浮动设施，是指采用缆绳或者锚链等非刚性固定方式系固并漂浮或者潜于水中的建筑、装置。

（四）交通事故，是指船舶、浮动设施在内河通航水域发生的碰撞、触碰、触礁、浪损、搁浅、火灾、爆炸、沉没等引起人身伤亡和财产损失的事件。

第九十二条 军事船舶在内河通航水域航行，应当遵守内河航行、避让和信号显示规则。军事船舶的检验、登记和船员的考试、发证等管理办法，按照国家有关规定执行。

第九十三条 渔船的登记以及进出渔港报告、渔船船员的考试、发证，渔船之间交通事故的调查处理，以及渔港水域内渔船的交通安全管理办法，由国务院渔业行政主管部门依据本条例另行规定。

渔业船舶的检验及相关监督管理，由国务院交通运输主管部门按照相关渔业船舶检验的行政法规执行。

第九十四条 城市园林水域水上交通安全管理的具体办法，由省、自治区、直辖市人民政府制定；但是，有关船舶检验、登记和船员管理，依照国家有关规定执行。

第九十五条 本条例自 2002 年 8 月 1 日起施行。1986 年 12 月 16 日国务院发布的《中华人民共和国内河交通安全管理条例》同时废止。

中华人民共和国渔港水域交通安全管理条例

（1989 年 7 月 3 日中华人民共和国国务院令第 38 号发布 根据 2011 年 1 月 8 日《国务院关于废止和修改部分行政法规的决定》第一次修订 根据 2017 年 10 月 7 日《国务院关于修改部分行政法规的决定》第二次修订 根据 2019 年 3 月 2 日《国务院关于修改部分行政法规的决定》第三次修订）

第一条 根据《中华人民共和国海上交通安全法》第四十八条的规定，制定本条例。

第二条 本条例适用于在中华人民共和国沿海以渔业为主的渔港和渔港水域（以下简称"渔港"和"渔港水域"）航行、停泊、作业的船舶、设施和人员以及船舶、设施的所有者、经营者。

第三条 中华人民共和国渔政渔港监督管理机关是对渔港水域交通安全实施监督管理的主管机关，并负责沿海水域渔业船舶之间交通事故的调查处理。

第四条 本条例下列用语的含义是：

渔港是指主要为渔业生产服务和供渔业船舶停泊、避风、装卸渔获物和补充渔需物资的人工港口或者自然港湾。

渔港水域是指渔港的港池、锚地、避风湾和航道。

渔业船舶是指从事渔业生产的船舶以及属于水产系统为渔业生产服务的船舶，包括捕捞船、养殖船、水产运销船、冷藏加工船、油船、供应船、渔业指导船、科研调查船、教学实习船、渔港工程船、拖轮、交通船、驳船、渔政船和渔监船。

第五条 对渔港认定有不同意见的，依照港口隶属关系由县级以上人民政府确定。

第六条 船舶进出渔港必须遵守渔港管理章程以及国际海上避碰规则，并依照规定向渔政渔港监督管理机关报告，接受安全检查。

渔港内的船舶必须服从渔政渔港监督管理机关对水域交通安全秩序的管理。

第七条 船舶在渔港内停泊、避风和装卸物资，不得损坏渔港的设施装备；造成损坏的应当向渔政渔港监督管理机关报告，并承担赔偿责任。

第八条 船舶在渔港内装卸易燃、易爆、有毒等危险货物，必须遵守国家关于危险货物管理的规定，并事先向渔政渔港监督管理机关提出申请，经批准后在指定的安全地点装卸。

第九条 在渔港内新建、改建、扩建各种设施，或者进行其他水上、水下施工作业，除依照国家规定履行审批手续外，应当报请渔政渔港监督管理机关批准。渔政渔港监督管理机关批准后，应当事先发布航行通告。

第十条 在渔港内的航道、港池、锚地和停泊区，禁止从事有碍海上交通安全的捕捞、养殖等生产活动。

第十一条 国家公务船舶在执行公务时进出渔港，经通报渔政渔港监督管理机关，可免于检查。渔政渔港监督管理机关应当对执行海上巡视任务的国家公务船舶的靠岸、停泊和补给提供方便。

第十二条 渔业船舶在向渔政渔港监督管理机关申请船舶登记，并取得渔业船舶国籍证书或者渔业船舶登记证书后，方可悬挂中华人民共和国国旗航行。

第十三条 渔业船舶必须经船舶检验部门检验合格，取得船舶技术证书，方可从事渔业生产。

第十四条 渔业船舶的船长、轮机长、驾驶员、轮机员、电机员、无线电报务员、话务员，必须经渔政渔港监督管理机关考核合格，取得职务证书，其他人员应当经过相应的专业训练。

第十五条 地方各级人民政府应当加强本行政区域内渔业船舶船员的技术培训工作。国营、集体所有的渔业船舶，其船员的技术培训由渔业船舶所属单位负责；个人所有的渔业船舶，其船员的技术培训由当地人民政府渔业行政主管部门负责。

第十六条 渔业船舶之间发生交通事故，应当向就近的渔政渔港监督管理机关报告，并在进入第一个港口 48 小时之内向渔政渔港监督管理机关递交事故报告书和有关材料，接受调查处理。

第十七条 渔政渔港监督管理机关对渔港水域内的交通事故和其他沿海水域渔业船舶之间的交通事故，应当及时查明原因，判明责任，作出处理决定。

第十八条 渔港内的船舶、设施有下列情形之

541

一的，渔政渔港监督管理机关有权禁止其离港，或者令其停航、改航、停止作业：

（一）违反中华人民共和国法律、法规或者规章的；

（二）处于不适航或者不适拖状态的；

（三）发生交通事故，手续未清的；

（四）未向渔政渔港监督管理机关或者有关部门交付应当承担的费用，也未提供担保的；

（五）渔政渔港监督管理机关认为有其他妨害或者可能妨害海上交通安全的。

第十九条 渔港内的船舶、设施发生事故，对海上交通安全造成或者可能造成危害，渔政渔港监督管理机关有权对其采取强制性处置措施。

第二十条 船舶进出渔港依照规定应当向渔政渔港监督管理机关报告而未报告的，或者在渔港内不服从渔政渔港监督管理机关对水域交通安全秩序管理的，由渔政渔港监督管理机关责令改正，可以并处警告、罚款；情节严重的，扣留或者吊销船长职务证书（扣留职务证书时间最长不超过6个月，下同）。

第二十一条 违反本条例规定，有下列行为之一的，由渔政渔港监督管理机关责令停止违法行为，可以并处警告、罚款；造成损失的，应当承担赔偿责任；对直接责任人员由其所在单位或者上级主管机关给予行政处分：

（一）未经渔政渔港监督管理机关批准或者未按照批准文件的规定，在渔港内装卸易燃、易爆、有毒等危险货物的；

（二）未经渔政渔港监督管理机关批准，在渔港内新建、改建、扩建各种设施或者进行其他水上、水下施工作业的；

（三）在渔港内的航道、港池、锚地和停泊区从事有碍海上交通安全的捕捞、养殖等生产活动的。

第二十二条 违反本条例规定，未持有船舶证书或者未配齐船员的，由渔政渔港监督管理机关责令改正，可以并处罚款。

第二十三条 违反本条例规定，不执行渔政渔港监督管理机关作出的离港、停航、改航、停止作业的决定，或者在执行中违反上述决定的，由渔政渔港监督管理机关责令改正，可以并处警告、罚款；情节严重的，扣留或者吊销船长职务证书。

第二十四条 当事人对渔政渔港监督管理机关作出的行政处罚决定不服的，可以在接到处罚通知之日起15日内向人民法院起诉；期满不起诉又不履行的，由渔政渔港监督管理机关申请人民法院强制执行。

第二十五条 因渔港水域内发生的交通事故或者其他沿海水域发生的渔业船舶之间的交通事故引起的民事纠纷，可以由渔政渔港监督管理机关调解处理；调解不成或者不愿意调解的，当事人可以向人民法院起诉。

第二十六条 拒绝、阻碍渔政渔港监督管理工作人员依法执行公务，应当给予治安管理处罚的，由公安机关依照《中华人民共和国治安管理处罚法》有关规定处罚；构成犯罪的，由司法机关依法追究刑事责任。

第二十七条 渔政渔港监督管理工作人员，在渔港和渔港水域交通安全监督管理工作中，玩忽职守、滥用职权、徇私舞弊的，由其所在单位或者上级主管机关给予行政处分；构成犯罪的，由司法机关依法追究刑事责任。

第二十八条 本条例实施细则由农业农村部制定。

第二十九条 本条例自1989年8月1日起施行。

2. 国务院文件

国务院办公厅关于加强水上搜救工作的通知

（2019年10月31日 国办函〔2019〕109号）

各省、自治区、直辖市人民政府，国务院有关部门：

水上搜救是国家突发事件应急体系的重要组成部分，是我国履行国际公约的重要内容，对保障人民群众生命财产安全、保护海洋生态环境、服务国家发展战略、提升国际影响力具有重要作用。改革开放特别是党的十八大以来，我国充分发挥国家海上搜救体制机制优势，稳步推进水上搜救体系建设，管理运行制度化、队伍装备正规化、决策指挥科学化、理念视野国际化、内部管理窗口化建设均取得显著成效，水上搜救能力和水平有了长足进步。但与此同时，水上搜救工作仍存在责任落实不到位、法规标准不健全、保障能力不适应等突出问题，难以满足新时代经济社会发展需要和人民群众期盼。为加强水上搜救工作，经国务院同意，现将有关事项通知如下：

一、健全水上搜救体制。国家海上搜救机构要做好全国海上搜救和船舶污染应急工作的统一组织、协调，制定完善工作预案和规章制度，指导地方开展有关工作。地方各级人民政府要落实预防与应对水上突发事件的属地责任，建立健全水上搜救组织、协调、指挥和保障体系，水上搜救所需经费要纳入同级财政预算，确保水上搜救机构高效有序运行。

二、完善联席会议制度。国家海上搜救部际联席会议要统筹全国海上搜救和船舶污染应急反应工作，发挥好联席会议、联络员会议、紧急会商、联合演习、专家咨询等优势。交通运输部要发挥好国家海上搜救部际联席会议牵头单位作用，完善综合协调机制，加强督促指导。地方各级人民政府要根据本地区实际建立水上搜救联席会议制度，形成"政府领导、统一指挥、属地为主、专群结合、就近就便、快速高效"的工作格局。

三、注重内河水上搜救协同。地方各级人民政府要根据实际建立适应需求、科学部署的应急值守动态调整机制，区域联动、行业协同的联合协作机制，加快推进内河巡航救助一体化建设，加强公务船艇日常巡航，强化执法和救助功能。非水网地区属地政府要建设辖区水上救援力量，加强应急物资储备，强化协调联动，不断提升内陆湖泊、水库等水上搜救能力。

四、加强信息资源共享。国家海上搜救部际联席会议、地方各级水上搜救联席会议的成员单位，要充分利用交通运输、工业和信息化、自然资源、水利、应急管理、气象等部门资源，提升预测预防预警能力，切实履行好水上搜救反应、抢险救灾、支持保障、善后处置等职责。

五、完善水上搜救规划和预案体系。抓好国家水上交通安全监管和救助系统布局规划、国家重大海上溢油应急能力建设规划的落实。加强国家海上搜救应急预案和国家重大海上溢油应急处置预案的宣贯落实，及时更新配套预案和操作手册，定期组织应急演练。根据工作实际编制水上搜救能力建设专项规划，优化搜救基地布局和装备配置，推进水域救援、巡航救助、水上医学救援、航空救助等基地建设。

六、加强法规和标准体系建设。国家海上搜救部际联席会议要推动完善海上搜救相关法规规章，明确海上搜救工作责任，指导各级水上搜救机构制定和完善水上搜救值班值守、平台建设、搜救指挥、装备配备、险情处置等工作标准，形成全流程、全业务链的标准体系，实现水上搜救工作规范化、科学化。

七、注重装备研发配备和技术应用。加强深远海救助打捞关键技术及装备研发应用，提升深远海和夜航搜救能力。加强内陆湖泊、水库等水域救援和深水救捞装备建设，实现深潜装备轻型化远程投送，提升长江等内河应急搜救能力。推动人工智能、新一代信息技术、卫星通信等在水上搜救工作中的应用，实现"12395"水上遇险求救电话全覆盖。科学布局建设船舶溢油应急物资设备库并定期维护保养，加强日常演习演练，提升船舶污染和重大海上溢油的应急处置能力。

八、建设现代化水上搜救人才队伍。加强国家专业救助打捞队伍和国家海上搜救部际联席会议成员单位所属水上搜救、水域救援力量建设，开放共享训练条件，强化搜救培训教育。充分发挥商船、渔船、社会志愿者等社会力量的作用，鼓励引导社会搜救队伍和志愿者队伍有序发展。组建跨地区、跨部门、多专业的水上搜救专家队伍，建立相对稳定的应急专家库，为做好有关工作提供技术支撑。

九、加强水上搜救交流与合作。国家海上搜救机构要弘扬国际人道主义精神，按照有关国际公约认真履行国际搜救义务，加强国内外重大事故应急案例研究，积极参与国际救援行动，树立负责任大国形象。加强区域与国际交流合作，学习借鉴国际先进的理念、技术和经验，提高我国海上搜救履职能力和国际影响力。

十、推广普及水上搜救文化。牢固树立生命至上、安全第一的思想，组织开展形式多样、生动活泼的宣传教育活动，提升全社会水上安全意识。建立激励机制，加大先进人物、感人事迹宣传力度，提升从业人员社会认同感、职业自豪感和工作积极性，为做好水上搜救工作创造良好氛围。

3. 部门规范性文件

交通运输部等二十三个部门和单位关于进一步加强海上搜救应急能力建设的意见

（2022年9月16日　交搜救发〔2022〕94号）

各省、自治区、直辖市人民政府，国务院各部委、各直属机构，中央军委联合参谋部，中国石油天然气集团有限公司，中国石油化工集团有限公司，中国海洋石油集团有限公司，中国远洋海运集团有限公司，招商局集团有限公司：

为贯彻落实《中华人民共和国海上交通安全法》，进一步加强海上搜救应急能力建设，经国务院同意，现提出如下意见。

一、总体要求

（一）指导思想。

以习近平新时代中国特色社会主义思想为指导，全面贯彻党的十九大和十九届历次全会精神，认真落实党中央、国务院决策部署，充分发挥中央和地方两个积极性，坚持底线思维、系统观念，统筹发展和安全，聚焦海上搜救应急能力提升，着力构建决策科学、指挥有力、全面覆盖、布局合理、专常兼备、本领高强，反应灵敏、快速高效的海上搜救应急能力体系，最大程度减少海上人员伤亡、海洋环境污染和财产损失，为经济社会发展提供坚实保障。

（二）基本原则。

坚持人民至上、服务大局。践行以人民为中心的发展思想，始终把保障人民群众生命财产安全摆在首要位置，筑牢海上安全最后一道防线，让人民群众安全感更有保障。

坚持政府主导、多方参与。发挥国家海上搜救和重大海上溢油应急处置部际联席会议（以下简称部际联席会议）作用，落实地方人民政府预防与应对海上突发事件的属地责任，强化部门联动、军地协同、社会参与，全面提升海上搜救应急能力。

坚持规划引领、共建共享。根据区域特点，着眼处置需求，科学谋划、分级加强海上搜救应急能力建设，精准定位、分类强化、协同发展、优势互补，形成合力。

（三）发展目标。

到2025年，我国海上搜救应急能力显著增强，实现我国海上搜救责任区有效覆盖、高效处置，基本适应交通强国、海洋强国建设需求。

到2035年，我国海上搜救应急能力全面提升，保障人民群众生命财产安全更加充分，基本适应社会主义现代化建设需求。

二、主要任务

（一）优化指挥体系。

部际联席会议统筹全国海上搜救应急反应工作，组织协调重大海上搜救应急行动，加强对地方人民政府、相关企业的指导监督。（部际联席会议负责）

沿海县级以上地方人民政府强化属地责任落实，健全完善海上搜救应急组织、协调、指挥和保障体系，确保海上搜救应急工作有序开展。（沿海县级以上地方人民政府负责）

中国海上搜救中心和有关地方人民政府设立的海上搜救中心或指定的机构（以下统称海上搜救中心），按职责划定海上搜救责任区，实施统一指挥、分级响应、科学应对，构建权威高效的决策指挥体系。（海上搜救中心负责）

（二）完善法规预案制度。

加快《中华人民共和国海上交通安全法》配套法规建设，健全系统完备、有效衔接相关国际公约的海上搜救应急法律法规制度体系。（交通运输部和沿海省级地方人民政府按职责分工负责）

完善海上搜救应急预案，加强动态管理，编制配套手册，常态化组织演习演练，提升预案的实用性和可操作性。（交通运输部等部际联席会议有关成员单位和沿海县级以上地方人民政府按职责分工负责）

健全海上搜救应急评价指标体系，完善决策程序，提升科学搜救应急水平。（海上搜救中心负责）

（三）发挥规划引领作用。

聚焦服务国家战略实施，突出重点水域、重要通道保障，编制实施国家水上交通安全监管和救助系统布局规划。聚焦区域海上重大风险隐患，突出补短板、强弱项，编制实施省级海上搜救应急能力建设规划。聚焦多维衔接、兜底保障，突出全域覆盖、快速响应，编制实施地市级海上搜救应急能力建设规划。沿海县级人民政府可结合实际，编制实施本级海上搜救应急能力建设规划。规划编制要统筹衔接、各有侧重、适度超前。（交通运输部、国家发展改革委和沿海县级以上地方人民政府按职责分工负责）

（四）防范化解安全风险。

坚持从源头上防范化解重大安全风险，加强对海上运输、施工作业、休闲旅游、体育赛事和渔业生产、资源开发等重点领域的安全风险隐患排查化解，强化事前预防和源头管控。（交通运输部、自然资源部、农业农村部、文化和旅游部、应急管理部、国家体育总局、国家能源局等和沿海县级以上地方人民政府按职责分工负责）

提高气象、地震、海洋灾害全天候、高机动、高精度的综合立体监测能力，强化监测信息协同共享，完善广覆盖、立体化的预警信息发布手段，强化精准靶向预警发布能力。（自然资源部、工业和信息化部、国家广播电视总局、中国气象局、中国地震局等按职责分工负责）

（五）加强海上人命搜救能力建设。

加快构建"陆海空天"一体化感知系统，提升海上目标自动感知和动态跟踪监测能力。加强海上搜救基地、应急值守待命点建设和布局优化，提升多层次、全覆盖、全天候的近海快速反应能力。加强深潜水装备、大型深远海多功能救助船、中远程固定翼飞机和大中型直升机等先进适用装备配备，加强专业救助航空器夜航、船机协同搜救、远程救援装备投送等训练，完善海上搜救应急空域保障机制，提升中远海快速反应能力。（交通运输部、科技部、工业和信息化部、自然资源部、中国气象局、国家国防科技工业局、中国民用航空局、中央军委联合参谋部等和沿海县级以上地方人民政府按职责分工负责）

（六）加强海上溢油应急能力建设。

构建海上溢油一体化监视监测体系，强化分析和研判，提升海上溢油预警能力。加强溢油源封堵、海上溢油清除、沉船存油抽取、油污回收处置等实用技术研发，加快大型溢油回收船等关键装备研发配备。鼓励各地以委托代建代管、购买服务等形式，加强海上溢油、岸线油污清除应急能力建设，完善海上溢油应急设备库建管养用机制。（交通运输部、科技部、自然资源部、生态环境部、应急管理部、中国气象局、国家能源局、中国石油天然气集团有限公司、中国石油化工集团有限公司、中国海洋石油集团有限公司等和沿海县级以上地方人民政府按职责分工负责）

（七）加强船载危险化学品险情应急能力建设。

强化从业人员教育培训，提升先期处置能力。建立健全危险化学品生产经营企业支持船载危险化学品险情应急救援机制。完善船载危险化学品险情应急处置预案，规范险情应急处置程序。加强船载危险化学品应急救援力量建设和救援装备配备，加大救援技术人才培养力度。（交通运输部、自然资源部、应急管理部、中国远洋海运集团有限公司、招商局集团有限公司等和沿海县级以上地方人民政府按职责分工负责）

（八）加强船舶火灾救援能力建设。

强化国家救助打捞队伍的船舶火灾救援能力建设，提升船舶火灾救援装备现代化水平。指导主要港口依法建立单位专职灭火队伍，配备必要的消防船艇、装备、器材，根据需要支援船舶火灾救援。新建大中型公务船艇应配备支援火灾救援的装备设施。（交通运输部、工业和信息化部等部际联席会议有关成员单位和沿海县级以上地方人民政府按职责分工负责）

（九）建强专业力量。

国家救助打捞队伍是执行海上搜救应急任务的国家专业力量，要突出专业化、职业化、现代化建设，不断提高海上防大灾、救大灾的能力。聚焦急难险重任务需求，加快先进装备配备和技术迭代升级，加强实战化训练，提升大规模人员搜救、大深度饱和潜水、翻扣船舶被困人员快速救援等核心能力。优化力量调动程序，提升跨区域快速调动、应急联动能力。加强队伍建设、强化高层次专业人才引进和高技能人才培养。按照国家有关规定，建立健全适应海上搜救应急特点的保障政策、荣誉体系、优待机制。（交通运输部、国家发展改革委、人力资源社会保障部等按职责分工负责）

各地结合辖区涉海产业布局实际，建立适应需求、特色鲜明的地方专业海上搜救应急队伍。（沿海县级以上地方人民政府负责）

（十）统筹协同力量。

军队和政府部门所属涉海有关力量是执行海上搜救应急任务的协同力量，要突出标准化、规范化建设。聚焦协同应对需求，制定实施协同力量海上搜救应急装备配备指南、搜救应急能力培训大纲等，强化装备配备和队伍专业技能训练。健全应急响应、协同联动机制，规范力量调动及支持保障工作程序，高效参与海上险情处置。发挥协同力量装备队伍优势，在日常巡航、执法、训练等任务中有效兼顾海上搜救应急任务。充分运用现有军地决策议事协调机制，深化海上搜救应急领域军民融合发展，推动形成各司其职、各守一方、密切配合、高效联动的工作格局。（部际联席会议有关成员单位和沿海县级以上地方人民政府按职责分工负责）

（十一）壮大社会力量。

从事涉海活动的各类企业及有关社会组织等是参与海上搜救应急行动的社会力量，要突出规范化、社会化建设。聚焦就近就便、快速响应等需求，制定鼓励社会力量建立海上搜救应急队伍、参与海上搜救应急行动的相关政策，支持渔船渔民自救互救。推动依法成立海上搜救领域社会组织，支持社会力量健康有序发展。健全社会力量建设标准、管理制度，完善属地为主的力量调用机制，强化对社会力量参与海上搜救应急的业务指导。加大海上搜救应急实训设施向社会力量开放共享力度。（部际联席会议有关成员单位和沿海县级以上地方人民政府按职责分工负责）

（十二）加强海上搜救交流合作。

积极履行国际搜救义务，建立健全海上搜救应急队伍管理运行机制，畅通国际海上搜救应急渠道，提升参与境外海上搜救应急任务能力。深化与周边国家和地区、海上丝绸之路沿线国家等海上搜救应急合作，保障我国际航行船舶、船员安全。（交通运输部、外交部、中央军委联合参谋部等按职责分工负责）

（十三）提高医学救援和善后处理效能。

统筹优化沿海紧急医学救援基地建设和布局，加强快速转运通道建设，强化赴现场实施海上医疗救援人员的技能培训，完善远程海上医疗咨询、医疗指导、涉疫海上突发事件处置等机制。健全完善获救人员临时安置、基本生活救助等善后机制，依规处置海上遇难人员遗体，妥善解决相关矛盾纠纷。（国家卫生健康委、民政部、外交部、公安部等和沿海县级以上地方人民政府按职责分工负责）

三、保障措施

（一）加强组织领导。

沿海县级以上地方人民政府要加强对海上搜救应急能力建设的组织领导，将海上搜救应急能力建设纳入重要议事日程，及时研究解决工作中遇到的困难和问题，推动各项部署落实到位。部际联席会议各成员单位要将海上搜救应急能力建设纳入本单位工作，同步规划、同步部署、同步落实。

（二）加大资金保障。

有效落实中央与地方在海上搜救应急领域财政事权和支出责任，保障海上搜救应急能力建设。充分发挥有关专项基金作用。鼓励公民、法人和其他组织以捐赠、资助等形式，支持海上搜救应急能力建设。

（三）强化宣传引导。

加大海上安全知识宣传力度，不断提升群众自救互救意识和能力。进一步加强海上搜救应急文化建设，及时总结推广典型经验做法，积极营造全社会关心支持海上搜救应急发展的良好氛围，提升从业人员社会认同感和职业自豪感。

各级地方人民政府可参照本意见，结合区域实际加强内河水域搜救应急能力建设。

（五）航空安全

法律法规

中华人民共和国民用航空法

（1995年10月30日第八届全国人民代表大会常务委员会第十六次会议通过 根据2009年8月27日第十一届全国人民代表大会常务委员会第十次会议《关于修改部分法律的决定》第一次修正 根据2015年4月24日第十二届全国人民代表大会常务委员会第十四次会议《关于修改〈中华人民共和国计量法〉等五部法律的决定》第二次修正 根据2016年11月7日第十二届全国人民代表大会常务委员会第二十四次会议《关于修改〈中华人民共和国对外贸易法〉等十二部法律的决定》第三次修正 根据2017年11月4日第十二届全国人民代表大会常务委员会第三十次会议《关于修改〈中华人民共和国会计法〉等十一部法律的决定》第四次修正 根据2018年12月29日第十三届全国人民代表大会常务委员会第七次会议《关于修改〈中华人民共和国劳动法〉等七部法律的决定》第五次修正 根据2021年4月29日第十三届全国人民代表大会常务委员会第二十八次会议《关于修改〈中华人民共和国道路交通安全法〉等八部法律的决定》第六次修正）

第一章 总 则

第一条 为了维护国家的领空主权和民用航空权利，保障民用航空活动安全和有秩序地进行，保护民用航空活动当事人各方的合法权益，促进民用航空事业的发展，制定本法。

第二条 中华人民共和国的领陆和领水之上的空域为中华人民共和国领空。中华人民共和国对领空享有完全的、排他的主权。

第三条 国务院民用航空主管部门对全国民用航空活动实施统一监督管理；根据法律和国务院的决定，在本部门的权限内，发布有关民用航空活动的规定、决定。

国务院民用航空主管部门设立的地区民用航空管理机构依照国务院民用航空主管部门的授权，监督管理各该地区的民用航空活动。

第四条 国家扶持民用航空事业的发展，鼓励和支持发展民用航空的科学研究和教育事业，提高民用航空科学技术水平。

国家扶持民用航空器制造业的发展，为民用航空活动提供安全、先进、经济、适用的民用航空器。

第二章 民用航空器国籍

第五条 本法所称民用航空器，是指除用于执行军事、海关、警察飞行任务外的航空器。

第六条 经中华人民共和国国务院民用航空主管部门依法进行国籍登记的民用航空器，具有中华人民共和国国籍，由国务院民用航空主管部门发给国籍登记证书。

国务院民用航空主管部门设立中华人民共和国民用航空器国籍登记簿，统一记载民用航空器的国籍登记事项。

第七条 下列民用航空器应当进行中华人民共和国国籍登记：

（一）中华人民共和国国家机构的民用航空器；

（二）依照中华人民共和国法律设立的企业法人的民用航空器；企业法人的注册资本中有外商出资的，其机构设置、人员组成和中方投资人的出资比例，应当符合行政法规的规定；

（三）国务院民用航空主管部门准予登记的其他民用航空器。

自境外租赁的民用航空器，承租人符合前款规定，该民用航空器的机组人员由承租人配备的，可以申请登记中华人民共和国国籍，但是必须先予注销该民用航空器原国籍登记。

第八条 依法取得中华人民共和国国籍的民用航空器，应当标明规定的国籍标志和登记标志。

第九条 民用航空器不得具有双重国籍。未注销外国国籍的民用航空器不得在中华人民共和国申请国籍登记。

第三章　民用航空器权利

第一节　一般规定

第十条　本章规定的对民用航空器的权利，包括对民用航空器构架、发动机、螺旋桨、无线电设备和其他一切为了在民用航空器上使用的，无论安装于其上或者暂时拆离的物品的权利。

第十一条　民用航空器权利人应当就下列权利分别向国务院民用航空主管部门办理权利登记：

（一）民用航空器所有权；

（二）通过购买行为取得并占有民用航空器的权利；

（三）根据租赁期限为六个月以上的租赁合同占有民用航空器的权利；

（四）民用航空器抵押权。

第十二条　国务院民用航空主管部门设立民用航空器权利登记簿。同一民用航空器的权利登记事项应当载于同一权利登记簿中。

民用航空器权利登记事项，可以供公众查询、复制或者摘录。

第十三条　除民用航空器经依法强制拍卖外，在已经登记的民用航空器权利得到补偿或者民用航空器权利人同意之前，民用航空器的国籍登记或者权利登记不得转移至国外。

第二节　民用航空器所有权和抵押权

第十四条　民用航空器所有权的取得、转让和消灭，应当向国务院民用航空主管部门登记；未经登记的，不得对抗第三人。

民用航空器所有权的转让，应当签订书面合同。

第十五条　国家所有的民用航空器，由国家授予法人经营管理或者使用的，本法有关民用航空器所有人的规定适用于该法人。

第十六条　设定民用航空器抵押权，由抵押权人和抵押人共同向国务院民用航空主管部门办理抵押权登记；未经登记的，不得对抗第三人。

第十七条　民用航空器抵押权设定后，未经抵押权人同意，抵押人不得将被抵押民用航空器转让他人。

第三节　民用航空器优先权

第十八条　民用航空器优先权，是指债权人依照本法第十九条规定，向民用航空器所有人、承租人提出赔偿请求，对产生该赔偿请求的民用航空器具有优先受偿的权利。

第十九条　下列各项债权具有民用航空器优先权：

（一）援救该民用航空器的报酬；

（二）保管维护该民用航空器的必需费用。

前款规定的各项债权，后发生的先受偿。

第二十条　本法第十九条规定的民用航空器优先权，其债权人应当自援救或者保管维护工作终了之日起三个月内，就其债权向国务院民用航空主管部门登记。

第二十一条　为了债权人的共同利益，在执行人民法院判决以及拍卖过程中产生的费用，应当从民用航空器拍卖所得价款中先行拨付。

第二十二条　民用航空器优先权先于民用航空器抵押权受偿。

第二十三条　本法第十九条规定的债权转移的，其民用航空器优先权随之转移。

第二十四条　民用航空器优先权应当通过人民法院扣押产生优先权的民用航空器行使。

第二十五条　民用航空器优先权自援救或者保管维护工作终了之日起满三个月时终止；但是，债权人就其债权已经依照本法第二十条规定登记，并具有下列情形之一的除外：

（一）债权人、债务人已经就此项债权的金额达成协议；

（二）有关此项债权的诉讼已经开始。

民用航空器优先权不因民用航空器所有权的转让而消灭；但是，民用航空器经依法强制拍卖的除外。

第四节　民用航空器租赁

第二十六条　民用航空器租赁合同，包括融资租赁合同和其他租赁合同，应当以书面形式订立。

第二十七条　民用航空器的融资租赁，是指出租人按照承租人对供货方和民用航空器的选择，购得民用航空器，出租给承租人使用，由承租人定期交纳租金。

第二十八条　融资租赁期间，出租人依法享有民用航空器所有权，承租人依法享有民用航空器的占有、使用、收益权。

第二十九条　融资租赁期间，出租人不得干扰承租人依法占有、使用民用航空器；承租人应当适当地保管民用航空器，使之处于原交付时的状态，但是合理损耗和经出租人同意的对民用航空器的改变除外。

第三十条　融资租赁期满，承租人应当将符合本法第二十九条规定状态的民用航空器退还出租人；但是，承租人依照合同行使购买民用航空器的权利或者为继续租赁而占有民用航空器的除外。

第三十一条　民用航空器融资租赁中的供货方，不就同一损害同时对出租人和承租人承担责任。

第三十二条　融资租赁期间，经出租人同意，在不损害第三人利益的情况下，承租人可以转让其对民用航空器的占有权或者租赁合同约定的其他权利。

第三十三条　民用航空器的融资租赁和租赁期限为六个月以上的其他租赁，承租人应当就其对民用航空器的占有权向国务院民用航空主管部门办理登记；未经登记的，不得对抗第三人。

第四章　民用航空器适航管理

第三十四条　设计民用航空器及其发动机、螺旋桨和民用航空器上设备，应当向国务院民用航空主管部门申请领取型号合格证书。经审查合格的，发给型号合格证书。

第三十五条　生产、维修民用航空器及其发动机、螺旋桨和民用航空器上设备，应当向国务院民用航空主管部门申请领取生产许可证书、维修许可证书。经审查合格的，发给相应的证书。

第三十六条　外国制造人生产的任何型号的民用航空器及其发动机、螺旋桨和民用航空器上设备，首次进口中国的，该外国制造人应当向国务院民用航空主管部门申请领取型号认可证书。经审查合格的，发给型号认可证书。

已取得外国颁发的型号合格证书的民用航空器及其发动机、螺旋桨和民用航空器上设备，首次在中国境内生产的，该型号合格证书的持有人应当向国务院民用航空主管部门申请领取型号认可证书。经审查合格的，发给型号认可证书。

第三十七条　具有中华人民共和国国籍的民用航空器，应当持有国务院民用航空主管部门颁发的适航证书，方可飞行。

出口民用航空器及其发动机、螺旋桨和民用航空器上设备，制造人应当向国务院民用航空主管部门申请领取出口适航证书。经审查合格的，发给出口适航证书。

租用的外国民用航空器，应当经国务院民用航空主管部门对其原国籍登记国发给的适航证书审查认可或者另发适航证书，方可飞行。

民用航空器适航管理规定，由国务院制定。

第三十八条　民用航空器的所有人或者承租人应当按照适航证书规定的使用范围使用民用航空器，做好民用航空器的维修保养工作，保证民用航空器处于适航状态。

第五章　航　空　人　员

第一节　一　般　规　定

第三十九条　本法所称航空人员，是指下列从事民用航空活动的空勤人员和地面人员：

（一）空勤人员，包括驾驶员、飞行机械人员、乘务员；

（二）地面人员，包括民用航空器维修人员、空中交通管制员、飞行签派员、航空电台通信员。

第四十条　航空人员应当接受专门训练，经考核合格，取得国务院民用航空主管部门颁发的执照，方可担任其执照载明的工作。

空勤人员和空中交通管制员在取得执照前，还应当接受国务院民用航空主管部门认可的体格检查单位的检查，并取得国务院民用航空主管部门颁发的体格检查合格证书。

第四十一条　空勤人员在执行飞行任务时，应当随身携带执照和体格检查合格证书，并接受国务院民用航空主管部门的查验。

第四十二条　航空人员应当接受国务院民用航空主管部门定期或者不定期的检查和考核；经检查、考核合格的，方可继续担任其执照载明的工作。

空勤人员还应当参加定期的紧急程序训练。

空勤人员间断飞行的时间超过国务院民用航空主管部门规定时限的，应当经过检查和考核；乘务员以外的空勤人员还应当经过带飞。经检查、考核、带飞合格的，方可继续担任其执照载明的工作。

第二节　机　　组

第四十三条　民用航空器机组由机长和其他空勤人员组成。机长应当由具有独立驾驶该型号民用航空器的技术和经验的驾驶员担任。

机组的组成和人员数额，应当符合国务院民用航空主管部门的规定。

第四十四条　民用航空器的操作由机长负责，机长应当严格履行职责，保护民用航空器及其所载人员和财产的安全。

机长在其职权范围内发布的命令，民用航空器所载人员都应当执行。

第四十五条　飞行前，机长应当对民用航空器实施必要的检查；未经检查，不得起飞。

机长发现民用航空器、机场、气象条件等不符合规定，不能保证飞行安全的，有权拒绝起飞。

第四十六条 飞行中，对于任何破坏民用航空器、扰乱民用航空器内秩序、危害民用航空器所载人员或者财产安全以及其他危及飞行安全的行为，在保证安全的前提下，机长有权采取必要的适当措施。

飞行中，遇到特殊情况时，为保证民用航空器及其所载人员的安全，机长有权对民用航空器作出处置。

第四十七条 机长发现机组人员不适宜执行飞行任务的，为保证飞行安全，有权提出调整。

第四十八条 民用航空器遇险时，机长有权采取一切必要措施，并指挥机组人员和航空器上其他人员采取抢救措施。在必须撤离遇险民用航空器的紧急情况下，机长必须采取措施，首先组织旅客安全离开民用航空器；未经机长允许，机组人员不得擅自离开民用航空器；机长应当最后离开民用航空器。

第四十九条 民用航空器发生事故，机长应当直接或者通过空中交通管制单位，如实将事故情况及时报告国务院民用航空主管部门。

第五十条 机长收到船舶或者其他航空器的遇险信号，或者发现遇险的船舶、航空器及其人员，应当将遇险情况及时报告就近的空中交通管制单位并给予可能的合理的援助。

第五十一条 飞行中，机长因故不能履行职务的，由仅次于机长职务的驾驶员代理机长；在下一个经停地起飞前，民用航空器所有人或者承租人应当指派新机长接任。

第五十二条 只有一名驾驶员，不需配备其他空勤人员的民用航空器，本节对机长的规定，适用于该驾驶员。

第六章 民用机场

第五十三条 本法所称民用机场，是指专供民用航空器起飞、降落、滑行、停放以及进行其他活动使用的划定区域，包括附属的建筑物、装置和设施。

本法所称民用机场不包括临时机场。

军民合用机场由国务院、中央军事委员会另行制定管理办法。

第五十四条 民用机场的建设和使用应当统筹安排、合理布局，提高机场的使用效率。

全国民用机场的布局和建设规划，由国务院民用航空主管部门会同国务院其他有关部门制定，并按照国家规定的程序，经批准后组织实施。

省、自治区、直辖市人民政府应当根据全国民用机场的布局和建设规划，制定本行政区域内的民用机场建设规划，并按照国家规定的程序报经批准后，将其纳入本级国民经济和社会发展规划。

第五十五条 民用机场建设规划应当与城市建设规划相协调。

第五十六条 新建、改建和扩建民用机场，应当符合依法制定的民用机场布局和建设规划，符合民用机场标准，并按照国家规定报经有关主管机关批准并实施。

不符合依法制定的民用机场布局和建设规划的民用机场建设项目，不得批准。

第五十七条 新建、扩建民用机场，应当由民用机场所在地县级以上地方人民政府发布公告。

前款规定的公告应当在当地主要报纸上刊登，并在拟新建、扩建机场周围地区张贴。

第五十八条 禁止在依法划定的民用机场范围内和按照国家规定划定的机场净空保护区域内从事下列活动：

（一）修建可能在空中排放大量烟雾、粉尘、火焰、废气而影响飞行安全的建筑物或者设施；

（二）修建靶场、强烈爆炸物仓库等影响飞行安全的建筑物或者设施；

（三）修建不符合机场净空要求的建筑物或者设施；

（四）设置影响机场目视助航设施使用的灯光、标志或者物体；

（五）种植影响飞行安全或者影响机场助航设施使用的植物；

（六）饲养、放飞影响飞行安全的鸟类动物和其他物体；

（七）修建影响机场电磁环境的建筑物或者设施。

禁止在依法划定的民用机场范围内放养牲畜。

第五十九条 民用机场新建、扩建的公告发布前，在依法划定的民用机场范围内和按照国家规定划定的机场净空保护区域内存在的可能影响飞行安全的建筑物、构筑物、树木、灯光和其他障碍物体，应当在规定的期限内清除；对由此造成的损失，应当给予补偿或者依法采取其他补救措施。

第六十条 民用机场新建、扩建的公告发布后，任何单位和个人违反本法和有关行政法规的规定，在依法划定的民用机场范围内和按照国家规定划定的机场净空保护区域内修建、种植或者设置影响飞行安全的建筑物、构筑物、树木、灯光和其他障碍物体的，由机场所在地县级以上地方人民政府责令清除；由此造成的损失，由修建、种植或者设置该障碍物体的人承担。

第六十一条　在民用机场及其按照国家规定划定的净空保护区域以外，对可能影响飞行安全的高大建筑物或者设施，应当按照国家有关规定设置飞行障碍灯和标志，并使其保持正常状态。

第六十二条　国务院民用航空主管部门规定的对公众开放的民用机场应当取得机场使用许可证，方可开放使用。其他民用机场应当按照国务院民用航空主管部门的规定进行备案。

申请取得机场使用许可证，应当具备下列条件，并按照国家规定经验收合格：

（一）具备与其运营业务相适应的飞行区、航站区、工作区以及服务设施和人员；

（二）具备能够保障飞行安全的空中交通管制、通信导航、气象等设施和人员；

（三）具备符合国家规定的安全保卫条件；

（四）具备处理特殊情况的应急计划以及相应的设施和人员；

（五）具备国务院民用航空主管部门规定的其他条件。

国际机场还应当具备国际通航条件，设立海关和其他口岸检查机关。

第六十三条　民用机场使用许可证由机场管理机构向国务院民用航空主管部门申请，经国务院民用航空主管部门审查批准后颁发。

第六十四条　设立国际机场，由机场所在地省级人民政府报请国务院审查批准。

国际机场的开放使用，由国务院民用航空主管部门对外公告；国际机场资料由国务院民用航空主管部门统一对外提供。

第六十五条　民用机场应当按照国务院民用航空主管部门的规定，采取措施，保证机场内人员和财产的安全。

第六十六条　供运输旅客或者货物的民用航空器使用的民用机场，应当按照国务院民用航空主管部门规定的标准，设置必要设施，为旅客和货物托运人、收货人提供良好服务。

第六十七条　民用机场管理机构应当依照环境保护法律、行政法规的规定，做好机场环境保护工作。

第六十八条　民用航空器使用民用机场及其助航设施的，应当缴纳使用费、服务费；使用费、服务费的收费标准，由国务院民用航空主管部门制定。

第六十九条　民用机场废弃或者改作他用，民用机场管理机构应当依照国家规定办理报批手续。

第七章　空中航行

第一节　空域管理

第七十条　国家对空域实行统一管理。

第七十一条　划分空域，应当兼顾民用航空和国防安全的需要以及公众的利益，使空域得到合理、充分、有效的利用。

第七十二条　空域管理的具体办法，由国务院、中央军事委员会制定。

第二节　飞行管理

第七十三条　在一个划定的管制空域内，由一个空中交通管制单位负责该空域内的航空器的空中交通管制。

第七十四条　民用航空器在管制空域内进行飞行活动，应当取得空中交通管制单位的许可。

第七十五条　民用航空器应当按照空中交通管制单位指定的航路和飞行高度飞行；因故确需偏离指定的航路或者改变飞行高度飞行的，应当取得空中交通管制单位的许可。

第七十六条　在中华人民共和国境内飞行的航空器，必须遵守统一的飞行规则。

进行目视飞行的民用航空器，应当遵守目视飞行规则，并与其他航空器、地面障碍物体保持安全距离。

进行仪表飞行的民用航空器，应当遵守仪表飞行规则。

飞行规则由国务院、中央军事委员会制定。

第七十七条　民用航空器机组人员的飞行时间、执勤时间不得超过国务院民用航空主管部门规定的时限。

民用航空器机组人员受到酒类饮料、麻醉剂或者其他药物的影响，损及工作能力的，不得执行飞行任务。

第七十八条　民用航空器除按照国家规定经特别批准外，不得飞入禁区；除遵守规定的限制条件外，不得飞入限制区。

前款规定的禁区和限制区，依照国家规定划定。

第七十九条　民用航空器不得飞越城市上空；但是，有下列情形之一的除外：

551

（一）起飞、降落或者指定的航路所必需的；
（二）飞行高度足以使该航空器在发生紧急情况时离开城市上空，而不致危及地面上的人员、财产安全的；
（三）按照国家规定的程序获得批准的。

第八十条 飞行中，民用航空器不得投掷物品；但是，有下列情形之一的除外：
（一）飞行安全所必需的；
（二）执行救助任务或者符合社会公共利益的其他飞行任务所必需的。

第八十一条 民用航空器未经批准不得飞出中华人民共和国领空。

对未经批准正在飞离中华人民共和国领空的民用航空器，有关部门有权根据具体情况采取必要措施，予以制止。

第三节 飞行保障

第八十二条 空中交通管制单位应当为飞行中的民用航空器提供空中交通服务，包括空中交通管制服务、飞行情报服务和告警服务。

提供空中交通管制服务，旨在防止民用航空器同航空器、民用航空器同障碍物体相撞，维持并加速空中交通的有秩序的活动。

提供飞行情报服务，旨在提供有助于安全和有效地实施飞行的情报和建议。

提供告警服务，旨在当民用航空器需要搜寻援救时，通知有关部门，并根据要求协助该有关部门进行搜寻援救。

第八十三条 空中交通管制单位发现民用航空器偏离指定航路、迷失航向时，应当迅速采取一切必要措施，使其回归航路。

第八十四条 航路上应当设置必要的导航、通信、气象和地面监视设备。

第八十五条 航路上影响飞行安全的自然障碍物体，应当在航图上标明；航路上影响飞行安全的人工障碍物体，应当设置飞行障碍灯和标志，并使其保持正常状态。

第八十六条 在距离航路边界三十公里以内的地带，禁止修建靶场和其他可能影响飞行安全的设施；但是，平射轻武器靶场除外。

在前款规定地带以外修建固定的或者临时性对空发射场，应当按照国家规定获得批准；对空发射场的发射方向，不得与航路交叉。

第八十七条 任何可能影响飞行安全的活动，应当依法获得批准，并采取确保飞行安全的必要措施，方可进行。

第八十八条 国务院民用航空主管部门应当依法对民用航空无线电台和分配给民用航空系统使用的专用频率实施管理。

任何单位或者个人使用的无线电台和其他仪器、装置，不得妨碍民用航空无线电专用频率的正常使用。对民用航空无线电专用频率造成有害干扰的，有关单位或者个人应当迅速排除干扰；未排除干扰前，应当停止使用该无线电台或者其他仪器、装置。

第八十九条 邮电通信企业应当对民用航空电信传递优先提供服务。

国家气象机构应当对民用航空气象机构提供必要的气象资料。

第四节 飞行必备文件

第九十条 从事飞行的民用航空器，应当携带下列文件：
（一）民用航空器国籍登记证书；
（二）民用航空器适航证书；
（三）机组人员相应的执照；
（四）民用航空器航行记录簿；
（五）装有无线电设备的民用航空器，其无线电台执照；
（六）载有旅客的民用航空器，其所载旅客姓名及其出发地点和目的地点的清单；
（七）载有货物的民用航空器，其所载货物的舱单和明细的申报单；
（八）根据飞行任务应当携带的其他文件。

民用航空器未按规定携带前款所列文件的，国务院民用航空主管部门或者其授权的地区民用航空管理机构可以禁止该民用航空器起飞。

第八章 公共航空运输企业

第九十一条 公共航空运输企业，是指以营利为目的，使用民用航空器运送旅客、行李、邮件或者货物的企业法人。

第九十二条 企业从事公共航空运输，应当向国务院民用航空主管部门申请领取经营许可证。

第九十三条 取得公共航空运输经营许可，应当具备下列条件：
（一）有符合国家规定的适应保证飞行安全要求的民用航空器；
（二）有必需的依法取得执照的航空人员；
（三）有不少于国务院规定的最低限额的注册资本；

（四）法律、行政法规规定的其他条件。

第九十四条 公共航空运输企业的组织形式、组织机构适用公司法的规定。

本法施行前设立的公共航空运输企业，其组织形式、组织机构不完全符合公司法规定的，可以继续沿用原有的规定，适用前款规定的日期由国务院规定。

第九十五条 公共航空运输企业应当以保证飞行安全和航班正常，提供良好服务为准则，采取有效措施，提高运输服务质量。

公共航空运输企业应当教育和要求本企业职工严格履行职责，以文明礼貌、热情周到的服务态度，认真做好旅客和货物运输的各项服务工作。

旅客运输航班延误的，应当在机场内及时通告有关情况。

第九十六条 公共航空运输企业申请经营定期航班运输（以下简称航班运输）的航线，暂停、终止经营航线，应当报经国务院民用航空主管部门批准。

公共航空运输企业经营航班运输，应当公布班期时刻。

第九十七条 公共航空运输企业的营业收费项目，由国务院民用航空主管部门确定。

国内航空运输的运价管理办法，由国务院民用航空主管部门会同国务院物价主管部门制定，报国务院批准后执行。

国际航空运输运价的制定按照中华人民共和国政府与外国政府签订的协定、协议的规定执行；没有协定、协议的，参照国际航空运输市场价格确定。

第九十八条 公共航空运输企业从事不定期运输，应当经国务院民用航空主管部门批准，并不得影响航班运输的正常经营。

第九十九条 公共航空运输企业应当依照国务院制定的公共航空运输安全保卫规定，制定安全保卫方案，并报国务院民用航空主管部门备案。

第一百条 公共航空运输企业不得运输法律、行政法规规定的禁运物品。

公共航空运输企业未经国务院民用航空主管部门批准，不得运输作战军火、作战物资。

禁止旅客随身携带法律、行政法规规定的禁运物品乘坐民用航空器。

第一百零一条 公共航空运输企业运输危险品，应当遵守国家有关规定。

禁止以非危险品品名托运危险品。

禁止旅客随身携带危险品乘坐民用航空器。除因执行公务并按照国家规定经过批准外，禁止旅客携带枪支、管制刀具乘坐民用航空器。禁止违反国务院民用航空主管部门的规定将危险品作为行李托运。

危险品品名由国务院民用航空主管部门规定并公布。

第一百零二条 公共航空运输企业不得运输拒绝接受安全检查的旅客，不得违反国家规定运输未经安全检查的行李。

公共航空运输企业必须按照国务院民用航空主管部门的规定，对承运的货物进行安全检查或者采取其他保证安全的措施。

第一百零三条 公共航空运输企业从事国际航空运输的民用航空器及其所载人员、行李、货物应当接受边防、海关等主管部门的检查；但是，检查时应当避免不必要的延误。

第一百零四条 公共航空运输企业应当依照有关法律、行政法规的规定优先运输邮件。

第一百零五条 公共航空运输企业应当投保地面第三人责任险。

第九章 公共航空运输

第一节 一般规定

第一百零六条 本章适用于公共航空运输企业使用民用航空器经营的旅客、行李或者货物的运输，包括公共航空运输企业使用民用航空器办理的免费运输。

本章不适用于使用民用航空器办理的邮件运输。

对多式联运方式的运输，本章规定适用于其中的航空运输部分。

第一百零七条 本法所称国内航空运输，是指根据当事人订立的航空运输合同，运输的出发地点、约定的经停地点和目的地点均在中华人民共和国境内的运输。

本法所称国际航空运输，是指根据当事人订立的航空运输合同，无论运输有无间断或者有无转运，运输的出发地点、目的地点或者约定的经停地点之一不在中华人民共和国境内的运输。

第一百零八条 航空运输合同各方认为几个连续的航空运输承运人办理的运输是一项单一业务活动的，无论其形式是以一个合同订立或者数个合同订立，应当视为一项不可分割的运输。

第二节 运输凭证

第一百零九条 承运人运送旅客，应当出具客票。旅客乘坐民用航空器，应当交验有效客票。

第一百一十条 客票应当包括的内容由国务院民用航空主管部门规定，至少应当包括以下内容：

（一）出发地点和目的地点；

（二）出发地点和目的地点均在中华人民共和国境内，而在境外有一个或者数个约定的经停地点的，至少注明一个经停地点；

（三）旅客航程的最终目的地点、出发地点或者约定的经停地点之一不在中华人民共和国境内，依照所适用的国际航空运输公约的规定，应当在客票上声明此项运输适用该公约的，客票上应当载有该项声明。

第一百一十一条 客票是航空旅客运输合同订立和运输合同条件的初步证据。

旅客未能出示客票、客票不符合规定或者客票遗失，不影响运输合同的存在或者有效。

在国内航空运输中，承运人同意旅客不经其出票而乘坐民用航空器的，承运人无权援用本法第一百二十八条有关赔偿责任限制的规定。

在国际航空运输中，承运人同意旅客不经其出票而乘坐民用航空器的，或者客票上未依照本法第一百一十条第（三）项的规定声明的，承运人无权援用本法第一百二十九条有关赔偿责任限制的规定。

第一百一十二条 承运人载运托运行李时，行李票可以包含在客票之内或者与客票相结合。除本法第一百一十条的规定外，行李票还应当包括下列内容：

（一）托运行李的件数和重量；

（二）需要声明托运行李在目的地点交付时的利益的，注明声明金额。

行李票是行李托运和运输合同条件的初步证据。

旅客未能出示行李票、行李票不符合规定或者行李票遗失，不影响运输合同的存在或者有效。

在国内航空运输中，承运人载运托运行李而不出具行李票的，承运人无权援用本法第一百二十八条有关赔偿责任限制的规定。

在国际航空运输中，承运人载运托运行李而不出具行李票的，或者行李票上未依照本法第一百一十条第（三）项的规定声明的，承运人无权援用本法第一百二十九条有关赔偿责任限制的规定。

第一百一十三条 承运人有权要求托运人填写航空货运单，托运人有权要求承运人接受该航空货运单。托运人未能出示航空货运单、航空货运单不符合规定或者航空货运单遗失，不影响运输合同的存在或者有效。

第一百一十四条 托运人应当填写航空货运单正本一式三份，连同货物交给承运人。

航空货运单第一份注明"交承运人"，由托运人签字、盖章；第二份注明"交收货人"，由托运人和承运人签字、盖章；第三份由承运人在接受货物后签字、盖章，交给托运人。

承运人根据托运人的请求填写航空货运单的，在没有相反证据的情况下，应当视为代托运人填写。

第一百一十五条 航空货运单应当包括的内容由国务院民用航空主管部门规定，至少应当包括以下内容：

（一）出发地点和目的地点；

（二）出发地点和目的地点均在中华人民共和国境内，而在境外有一个或者数个约定的经停地点的，至少注明一个经停地点；

（三）货物运输的最终目的地点、出发地点或者约定的经停地点之一不在中华人民共和国境内，依照所适用的国际航空运输公约的规定，应当在货运单上声明此项运输适用该公约的，货运单上应当载有该项声明。

第一百一十六条 在国内航空运输中，承运人同意未经填具航空货运单而载运货物的，承运人无权援用本法第一百二十八条有关赔偿责任限制的规定。

在国际航空运输中，承运人同意未经填具航空货运单而载运货物的，或者航空货运单上未依照本法第一百一十五条第（三）项的规定声明的，承运人无权援用本法第一百二十九条有关赔偿责任限制的规定。

第一百一十七条 托运人应当对航空货运单上所填关于货物的说明和声明的正确性负责。

因航空货运单上所填的说明和声明不符合规定、不正确或者不完全，给承运人或者承运人对之负责的其他人造成损失的，托运人应当承担赔偿责任。

第一百一十八条 航空货运单是航空货物运输合同订立和运输条件以及承运人接受货物的初步证据。

航空货运单上关于货物的重量、尺寸、包装和包装件数的说明具有初步证据的效力。除经过承运人和托运人当面查对并在航空货运单上注明经过查对或者书写关于货物的外表情况的说明外，航空货运单上关于货物的数量、体积和情况的说明不能构成不利于承运人的证据。

第一百一十九条 托运人在履行航空货物运输合同规定的义务的条件下，有权在出发地机场或者目的地机场将货物提回，或者在途中经停时中止运输，或者在目的地点或者途中要求将货物交给非航空货运单上指定的收货人，或者要求将货物运回出发地机场；但是，托运人不得因行使此种权利而使承运人或者其他托运人遭受损失，并应当偿付由此产生的费用。

托运人的指示不能执行的，承运人应当立即通知托运人。

承运人按照托运人的指示处理货物，没有要求托运人出示其所收执的航空货运单，给该航空货运单的合法持有人造成损失的，承运人应当承担责任，但是不妨碍承运人向托运人追偿。

收货人的权利依照本法第一百二十条规定开始时，托运人的权利即告终止；但是，收货人拒绝接受航空货运单或者货物，或者承运人无法同收货人联系的，托运人恢复其对货物的处置权。

第一百二十条 除本法第一百一十九条所列情形外，收货人于货物到达目的地点，并在缴付应付款项和履行航空货运单上所列运输条件后，有权要求承运人移交航空货运单并交付货物。

除另有约定外，承运人应当在货物到达后立即通知收货人。

承运人承认货物已经遗失，或者货物在应当到达之日起七日后仍未到达的，收货人有权向承运人行使航空货物运输合同所赋予的权利。

第一百二十一条 托运人和收货人在履行航空货物运输合同规定的义务的条件下，无论为本人或者他人的利益，可以以本人的名义分别行使本法第一百一十九条和第一百二十条所赋予的权利。

第一百二十二条 本法第一百一十九条、第一百二十条和第一百二十一条的规定，不影响托运人同收货人之间的相互关系，也不影响从托运人或者收货人获得权利的第三人之间的关系。

任何与本法第一百一十九条、第一百二十条和第一百二十一条规定不同的合同条款，应当在航空货运单上载明。

第一百二十三条 托运人应当提供必需的资料和文件，以便在货物交付收货人前完成法律、行政法规规定的有关手续；因没有此种资料、文件，或者此种资料、文件不充足或者不符合规定造成的损失，除由于承运人或者其受雇人、代理人的过错造成的外，托运人应当对承运人承担责任。

除法律、行政法规另有规定外，承运人没有对前款规定的资料或者文件进行检查的义务。

第三节 承运人的责任

第一百二十四条 因发生在民用航空器上或者在旅客上、下民用航空器过程中的事件，造成旅客人身伤亡的，承运人应当承担责任；但是，旅客的人身伤亡完全是由于旅客本人的健康状况造成的，承运人不承担责任。

第一百二十五条 因发生在民用航空器上或者在旅客上、下民用航空器过程中的事件，造成旅客随身携带物品毁灭、遗失或者损坏的，承运人应当承担责任。因发生在航空运输期间的事件，造成旅客的托运行李毁灭、遗失或者损坏的，承运人应当承担责任。

旅客随身携带物品或者托运行李的毁灭、遗失或者损坏完全是由于行李本身的自然属性、质量或者缺陷造成的，承运人不承担责任。

本章所称行李，包括托运行李和旅客随身携带的物品。

因发生在航空运输期间的事件，造成货物毁灭、遗失或者损坏的，承运人应当承担责任；但是，承运人证明货物的毁灭、遗失或者损坏完全是由于下列原因之一造成的，不承担责任：

（一）货物本身的自然属性、质量或者缺陷；

（二）承运人或者其受雇人、代理人以外的人包装货物的，货物包装不良；

（三）战争或者武装冲突；

（四）政府有关部门实施的与货物入境、出境或者过境有关的行为。

本条所称航空运输期间，是指在机场内、民用航空器上或者机场外降落的任何地点，托运行李、货物处于承运人掌管之下的全部期间。

航空运输期间，不包括机场外的任何陆路运输、海上运输、内河运输过程；但是，此种陆路运输、海上运输、内河运输是为了履行航空运输合同而装载、交付或者转运，在没有相反证据的情况下，所发生的损失视为在航空运输期间发生的损失。

第一百二十六条 旅客、行李或者货物在航空运输中因延误造成的损失，承运人应当承担责任；但是，承运人证明本人或者其受雇人、代理人为了避免损失的发生，已经采取一切必要措施或者不可能采取此种措施的，不承担责任。

第一百二十七条 在旅客、行李运输中，经承运人证明，损失是由索赔人的过错造成或者促成的，应当根据造成或者促成此种损失的过错的程度，相应免除或者减轻承运人的责任。旅客以外的其他人就旅客死亡或者受伤提出赔偿请求时，经承运人证明，死亡或者受伤是旅客本人的过错造成或者促成的，同样应当根据造成或者促成此种损失的过错的

555

程度，相应免除或者减轻承运人的责任。

在货物运输中，经承运人证明，损失是由索赔人或者代行权利人的过错造成或者促成的，应当根据造成或者促成此种损失的过错的程度，相应免除或者减轻承运人的责任。

第一百二十八条 国内航空运输承运人的赔偿责任限额由国务院民用航空主管部门制定，报国务院批准后公布执行。

旅客或者托运人在交运托运行李或者货物时，特别声明在目的地点交付时的利益，并在必要时支付附加费的，除承运人证明旅客或者托运人声明的金额高于托运行李或者货物在目的地点交付时的实际利益外，承运人应当在声明金额范围内承担责任；本法第一百二十九条的其他规定，除赔偿责任限额外，适用于国内航空运输。

第一百二十九条 国际航空运输承运人的赔偿责任限额按照下列规定执行：

（一）对每名旅客的赔偿责任限额为16600计算单位；但是，旅客可以同承运人书面约定高于本项规定的赔偿责任限额。

（二）对托运行李或者货物的赔偿责任限额，每公斤为17计算单位。旅客或者托运人在交运托运行李或者货物时，特别声明在目的地点交付时的利益，并在必要时支付附加费的，除承运人证明旅客或者托运人声明的金额高于托运行李或者货物在目的地点交付时的实际利益外，承运人应当在声明金额范围内承担责任。

托运行李或者货物的一部分或者托运行李、货物中的任何物件毁灭、遗失、损坏或者延误的，用以确定承运人赔偿责任限额的重量，仅为该一包件或者数包件的总重量；但是，因托运行李或者货物的一部分或者托运行李、货物中的任何物件的毁灭、遗失、损坏或者延误，影响同一份行李票或者同一份航空货运单所列其他包件的价值的，确定承运人的赔偿责任限额时，此种包件的总重量也应当考虑在内。

（三）对每名旅客随身携带的物品的赔偿责任限额为332计算单位。

第一百三十条 任何旨在免除本法规定的承运人责任或者降低本法规定的赔偿责任限额的条款，均属无效；但是，此种条款的无效，不影响整个航空运输合同的效力。

第一百三十一条 有关航空运输中发生的损失的诉讼，不论其根据如何，只能依照本法规定的条件和赔偿责任限额提出，但是不妨碍谁有权提起诉讼以及他们各自的权利。

第一百三十二条 经证明，航空运输中的损失是由于承运人或者其受雇人、代理人的故意或者明知可能造成损失而轻率地作为或者不作为造成的，承运人无权援用本法第一百二十八条、第一百二十九条有关赔偿责任限制的规定；证明承运人的受雇人、代理人有此种作为或者不作为的，还应当证明该受雇人、代理人是在受雇、代理范围内行事。

第一百三十三条 就航空运输中的损失向承运人的受雇人、代理人提起诉讼时，该受雇人、代理人证明他是在受雇、代理范围内行事的，有权援用本法第一百二十八条、第一百二十九条有关赔偿责任限制的规定。

在前款规定情形下，承运人及其受雇人、代理人的赔偿总额不得超过法定的赔偿责任限额。

经证明，航空运输中的损失是由于承运人的受雇人、代理人的故意或者明知可能造成损失而轻率地作为或者不作为造成的，不适用本条第一款和第二款的规定。

第一百三十四条 旅客或者收货人收受托运行李或者货物而未提出异议，为托运行李或者货物已经完好交付并与运输凭证相符的初步证据。

托运行李或者货物发生损失的，旅客或者收货人应当在发现损失后向承运人提出异议。托运行李发生损失的，至迟应当自收到托运行李之日起七日内提出；货物发生损失的，至迟应当自收到货物之日起十四日内提出。托运行李或者货物发生延误的，至迟应当自托运行李或者货物交付旅客或者收货人处置之日起二十一日内提出。

任何异议均应当在前款规定的期间内写在运输凭证上或者另以书面提出。

除承运人有欺诈行为外，旅客或者收货人未在本条第二款规定的期间内提出异议的，不能向承运人提出索赔诉讼。

第一百三十五条 航空运输的诉讼时效期间为二年，自民用航空器到达目的地点、应当到达目的地点或者运输终止之日起计算。

第一百三十六条 由几个航空承运人办理的连续运输，接受旅客、行李或者货物的每一个承运人应当受本法规定的约束，并就其根据合同办理的运输区段作为运输合同的订约一方。

对前款规定的连续运输，除合同明文约定第一承运人应当对全程运输承担责任外，旅客或者其继承人只能对发生事故或者延误的运输区段的承运人提起诉讼。

托运行李或者货物的毁灭、遗失、损坏或者延误，旅客或者托运人有权对第一承运人提起诉讼，旅客或者收货人有权对最后承运人提起诉讼，旅客、托运人和收货人均可以对发生毁灭、遗失、损坏或者延误的运输区段的承运人提起诉讼。上述承运人应当对旅客、托运人或者收货人承担连带责任。

第四节 实际承运人履行航空运输的特别规定

第一百三十七条 本节所称缔约承运人，是指以本人名义与旅客或者托运人，或者与旅客或者托运人的代理人，订立本章调整的航空运输合同的人。

本节所称实际承运人，是指根据缔约承运人的授权，履行前款全部或者部分运输的人，不是指本章规定的连续承运人；在没有相反证明时，此种授权被认为是存在的。

第一百三十八条 除本节另有规定外，缔约承运人和实际承运人都应当受本章规定的约束。缔约承运人应当对合同约定的全部运输负责。实际承运人应当对其履行的运输负责。

第一百三十九条 实际承运人的作为和不作为，实际承运人的受雇人、代理人在受雇、代理范围内的作为和不作为，关系到实际承运人履行的运输的，应当视为缔约承运人的作为和不作为。

缔约承运人的作为和不作为，缔约承运人的受雇人、代理人在受雇、代理范围内的作为和不作为，关系到实际承运人履行的运输的，应当视为实际承运人的作为和不作为；但是，实际承运人承担的责任不因此种作为或者不作为而超过法定的赔偿责任限额。

任何有关缔约承运人承担本章未规定的义务或者放弃本章赋予的权利的特别协议，或者任何有关依照本法第一百二十八条、第一百二十九条规定所作的在目的地点交付时利益的特别声明，除经实际承运人同意外，均不得影响实际承运人。

第一百四十条 依照本章规定提出的索赔或者发出的指示，无论是向缔约承运人还是向实际承运人提出或者发出的，具有同等效力；但是，本法第一百一十九条规定的指示，只在向缔约承运人发出时，方有效。

第一百四十一条 实际承运人的受雇人、代理人或者缔约承运人的受雇人、代理人，证明他是在受雇、代理范围内行事的，就实际承运人履行的运输而言，有权援用本法第一百二十八条、第一百二十九条有关赔偿责任限制的规定，但是依照本法规定不得援用赔偿责任限制规定的除外。

第一百四十二条 对于实际承运人履行的运输，实际承运人、缔约承运人以及他们的在受雇、代理范围内行事的受雇人、代理人的赔偿总额不得超过依照本法得以从缔约承运人或者实际承运人获得赔偿的最高数额；但是，其中任何人都不承担超过对他适用的赔偿责任限额。

第一百四十三条 对实际承运人履行的运输提起的诉讼，可以分别对实际承运人或者缔约承运人提起，也可以同时对实际承运人和缔约承运人提起；被提起诉讼的承运人有权要求另一承运人参加应诉。

第一百四十四条 除本法第一百四十三条规定外，本节规定不影响实际承运人和缔约承运人之间的权利、义务。

第十章 通 用 航 空

第一百四十五条 通用航空，是指使用民用航空器从事公共航空运输以外的民用航空活动，包括从事工业、农业、林业、渔业和建筑业的作业飞行以及医疗卫生、抢险救灾、气象探测、海洋监测、科学实验、教育训练、文化体育等方面的飞行活动。

第一百四十六条 从事通用航空活动，应当具备下列条件：

（一）有与所从事的通用航空活动相适应，符合保证飞行安全要求的民用航空器；

（二）有必需的依法取得执照的航空人员；

（三）符合法律、行政法规规定的其他条件。

从事经营性通用航空，限于企业法人。

第一百四十七条 从事非经营性通用航空的，应当向国务院民用航空主管部门备案。

从事经营性通用航空的，应当向国务院民用航空主管部门申请领取通用航空经营许可证。

第一百四十八条 通用航空企业从事经营性通用航空活动，应当与用户订立书面合同，但是紧急情况下的救护或者救灾飞行除外。

第一百四十九条 组织实施作业飞行时，应当采取有效措施，保证飞行安全，保护环境和生态平衡，防止对环境、居民、作物或者牲畜等造成损害。

第一百五十条 从事通用航空活动的，应当投保地面第三人责任险。

第十一章 搜寻援救和事故调查

第一百五十一条 民用航空器遇到紧急情况时，应当发送信号，并向空中交通管制单位报告，提出援救请求；空中交通管制单位应当立即通知搜寻援

557

救协调中心。民用航空器在海上遇到紧急情况时，还应当向船舶和国家海上搜寻援救组织发送信号。

第一百五十二条 发现民用航空器遇到紧急情况或者收听到民用航空器遇到紧急情况的信号的单位或者个人，应当立即通知有关的搜寻援救协调中心、海上搜寻援救组织或者当地人民政府。

第一百五十三条 收到通知的搜寻援救协调中心、地方人民政府和海上搜寻援救组织，应当立即组织搜寻援救。

收到通知的搜寻援救协调中心，应当设法将已经采取的搜寻援救措施通知遇到紧急情况的民用航空器。

搜寻援救民用航空器的具体办法，由国务院规定。

第一百五十四条 执行搜寻援救任务的单位或者个人，应当尽力抢救民用航空器所载人员，按照规定对民用航空器采取抢救措施并保护现场，保存证据。

第一百五十五条 民用航空器事故的当事人以及有关人员在接受调查时，应当如实提供现场情况和与事故有关的情节。

第一百五十六条 民用航空器事故调查的组织和程序，由国务院规定。

第十二章　对地面第三人损害的赔偿责任

第一百五十七条 因飞行中的民用航空器或者从飞行中的民用航空器上落下的人或者物，造成地面（包括水面，下同）上的人身伤亡或者财产损害的，受害人有权获得赔偿；但是，所受损害并非造成损害的事故的直接后果，或者所受损害仅是民用航空器依照国家有关的空中交通规则在空中通过造成的，受害人无权要求赔偿。

前款所称飞行中，是指自民用航空器为实际起飞而使用动力时起至着陆冲程终了时止；就轻于空气的民用航空器而言，飞行中是指自其离开地面时起至其重新着地时止。

第一百五十八条 本法第一百五十七条规定的赔偿责任，由民用航空器的经营人承担。

前款所称经营人，是指损害发生时使用民用航空器的人。民用航空器的使用权已经直接或者间接地授予他人，本人保留对该民用航空器的航行控制权的，本人仍被视为经营人。

经营人的受雇人、代理人在受雇、代理过程中使用民用航空器，无论是否在其受雇、代理范围内行事，均视为经营人使用民用航空器。

民用航空器登记的所有人应当被视为经营人，并承担经营人的责任；除非在判定其责任的诉讼中，所有人证明经营人是他人，并在法律程序许可的范围内采取适当措施使该人成为诉讼当事人之一。

第一百五十九条 未经对民用航空器有航行控制权的人同意而使用民用航空器，对地面第三人造成损害的，有航行控制权的人除证明本人已经适当注意防止此种使用外，应当与该非法使用人承担连带责任。

第一百六十条 损害是武装冲突或者骚乱的直接后果，依照本章规定应当承担责任的人不承担责任。

依照本章规定应当承担责任的人对民用航空器的使用权业经国家机关依法剥夺的，不承担责任。

第一百六十一条 依照本章规定应当承担责任的人证明损害是完全由于受害人或者其受雇人、代理人的过错造成的，免除其赔偿责任；应当承担责任的人证明损害是部分由于受害人或者其受雇人、代理人的过错造成的，相应减轻其赔偿责任。但是，损害是由于受害人的受雇人、代理人的过错造成时，受害人证明其受雇人、代理人的行为超出其所授权的范围的，不免除或者不减轻应当承担责任的人的赔偿责任。

一人对另一人的死亡或者伤害提起诉讼，请求赔偿时，损害是该另一人或者其受雇人、代理人的过错造成的，适用前款规定。

第一百六十二条 两个以上的民用航空器在飞行中相撞或者相扰，造成本法第一百五十七条规定的应当赔偿的损害，或者两个以上的民用航空器共同造成此种损害的，各有关民用航空器均应当被认为已经造成此种损害，各有关民用航空器的经营人均应当承担责任。

第一百六十三条 本法第一百五十八条第四款和第一百五十九条规定的人，享有依照本章规定经营人所能援用的抗辩权。

第一百六十四条 除本章有明确规定外，经营人、所有人和本法第一百五十九条规定的应当承担责任的人，以及他们的受雇人、代理人，对于飞行中的民用航空器或者从飞行中的民用航空器上落下的人或者物造成的地面上的损害不承担责任，但是故意造成此种损害的人除外。

第一百六十五条 本章不妨碍依照本章规定应当对损害承担责任的人向他人追偿的权利。

第一百六十六条 民用航空器的经营人应当投保地面第三人责任险或者取得相应的责任担保。

第一百六十七条 保险人和担保人除享有与经

营人相同的抗辩权，以及对伪造证件进行抗辩的权利外，对依照本章规定提出的赔偿请求只能进行下列抗辩：

（一）损害发生在保险或者担保终止有效后；然而保险或者担保在飞行中期满的，该项保险或者担保在飞行计划中所载下一次降落前继续有效，但是不得超过二十四小时；

（二）损害发生在保险或者担保所指定的地区范围外，除非飞行超出该范围是由于不可抗力、援助他人所必需，或者驾驶、航行或者领航上的差错造成的。

前款关于保险或者担保继续有效的规定，只在对受害人有利时适用。

第一百六十八条 仅在下列情形下，受害人可以直接对保险人或者担保人提起诉讼，但是不妨碍受害人根据有关保险合同或者担保合同的法律规定提起直接诉讼的权利：

（一）根据本法第一百六十七条第（一）项、第（二）项规定，保险或者担保继续有效的；

（二）经营人破产的。

除本法第一百六十七条第一款规定的抗辩权，保险人或者担保人对受害人依照本章规定提起的直接诉讼不得以保险或者担保的无效或者追溯力终止为由进行抗辩。

第一百六十九条 依照本法第一百六十六条规定提供的保险或者担保，应当被专门指定优先支付本章规定的赔偿。

第一百七十条 保险人应当支付给经营人的款项，在本章规定的第三人的赔偿请求未满足前，不受经营人的债权人的扣留和处理。

第一百七十一条 地面第三人损害赔偿的诉讼时效期间为二年，自损害发生之日起计算；但是，在任何情况下，时效期间不得超过自损害发生之日起三年。

第一百七十二条 本章规定不适用于下列损害：

（一）对飞行中的民用航空器或者对该航空器上的人或者物造成的损害；

（二）为受害人同经营人或者同发生损害时对民用航空器有使用权的人订立的合同所约束，或者为适用两方之间的劳动合同的法律有关职工赔偿的规定所约束的损害；

（三）核损害。

第十三章 对外国民用航空器的特别规定

第一百七十三条 外国人经营的外国民用航空器，在中华人民共和国境内从事民用航空活动，适用本章规定；本章没有规定的，适用本法其他有关规定。

第一百七十四条 外国民用航空器根据其国籍登记国政府与中华人民共和国政府签订的协定、协议的规定，或者经中华人民共和国国务院民用航空主管部门批准或者接受，方可飞入、飞出中华人民共和国领空和在中华人民共和国境内飞行、降落。

对不符合前款规定，擅自飞入、飞出中华人民共和国领空的外国民用航空器，中华人民共和国有关机关有权采取必要措施，令其在指定的机场降落；对虽然符合前款规定，但是有合理的根据认为需要对其进行检查的，有关机关有权令其在指定的机场降落。

第一百七十五条 外国民用航空器飞入中华人民共和国领空，其经营人应当提供有关证明书，证明其已经投保地面第三人责任险或者已经取得相应的责任担保；其经营人未提供有关证明书的，中华人民共和国国务院民用航空主管部门有权拒绝其飞入中华人民共和国领空。

第一百七十六条 外国民用航空器的经营人经其本国政府指定，并取得中华人民共和国国务院民用航空主管部门颁发的经营许可证，方可经营中华人民共和国政府与该外国政府签订的协定、协议规定的国际航班运输；外国民用航空器的经营人经其本国政府批准，并获得中华人民共和国国务院民用航空主管部门批准，方可经营中华人民共和国境内一地和境外一地之间的不定期航空运输。

前款规定的外国民用航空器经营人，应当依照中华人民共和国法律、行政法规的规定，制定相应的安全保卫方案，报中华人民共和国国务院民用航空主管部门备案。

第一百七十七条 外国民用航空器的经营人，不得经营中华人民共和国境内两点之间的航空运输。

第一百七十八条 外国民用航空器，应当按照中华人民共和国国务院民用航空主管部门批准的班期时刻或者飞行计划飞行；变更班期时刻或者飞行计划的，其经营人应当获得中华人民共和国国务院民用航空主管部门的批准；因故变更或者取消飞行的，其经营人应当及时报告中华人民共和国国务院民用航空主管部门。

第一百七十九条 外国民用航空器应当在中华人民共和国国务院民用航空主管部门指定的设关机场起飞或者降落。

第一百八十条 中华人民共和国国务院民用航

空主管部门和其他主管机关，有权在外国民用航空器降落或者飞出时查验本法第九十条规定的文件。

外国民用航空器及其所载人员、行李、货物，应当接受中华人民共和国有关主管机关依法实施的入境出境、海关、检疫等检查。

实施前两款规定的查验、检查，应当避免不必要的延误。

第一百八十一条　外国民用航空器国籍登记国发给或者核准的民用航空器适航证书、机组人员合格证书和执照，中华人民共和国政府承认其有效；但是，发给或者核准此项证书或者执照的要求，应当等于或者高于国际民用航空组织制定的最低标准。

第一百八十二条　外国民用航空器在中华人民共和国搜寻援救区内遇险，其所有人或者国籍登记国参加搜寻援救工作，应当经中华人民共和国国务院民用航空主管部门批准或者按照两国政府协议进行。

第一百八十三条　外国民用航空器在中华人民共和国境内发生事故，其国籍登记国和其他有关国家可以指派观察员参加事故调查。事故调查报告和调查结果，由中华人民共和国国务院民用航空主管部门告知该外国民用航空器的国籍登记国和其他有关国家。

第十四章　涉外关系的法律适用

第一百八十四条　中华人民共和国缔结或者参加的国际条约同本法有不同规定的，适用国际条约的规定；但是，中华人民共和国声明保留的条款除外。

中华人民共和国法律和中华人民共和国缔结或者参加的国际条约没有规定的，可以适用国际惯例。

第一百八十五条　民用航空器所有权的取得、转让和消灭，适用民用航空器国籍登记国法律。

第一百八十六条　民用航空器抵押权适用民用航空器国籍登记国法律。

第一百八十七条　民用航空器优先权适用受理案件的法院所在地法律。

第一百八十八条　民用航空运输合同当事人可以选择合同适用的法律，但是法律另有规定的除外；合同当事人没有选择的，适用与合同有最密切联系的国家的法律。

第一百八十九条　民用航空器对地面第三人的损害赔偿，适用侵权行为地法律。

民用航空器在公海上空对水面第三人的损害赔偿，适用受理案件的法院所在地法律。

第一百九十条　依照本章规定适用外国法律或者国际惯例，不得违背中华人民共和国的社会公共利益。

第十五章　法律责任

第一百九十一条　以暴力、胁迫或者其他方法劫持航空器的，依照刑法有关规定追究刑事责任。

第一百九十二条　对飞行中的民用航空器上的人员使用暴力，危及飞行安全的，依照刑法有关规定追究刑事责任。

第一百九十三条　违反本法规定，隐匿携带炸药、雷管或者其他危险品乘坐民用航空器，或者以非危险品品名托运危险品的，依照刑法有关规定追究刑事责任。

企业事业单位犯前款罪的，判处罚金，并对直接负责的主管人员和其他直接责任人员依照前款规定追究刑事责任。

隐匿携带枪支子弹、管制刀具乘坐民用航空器的，依照刑法有关规定追究刑事责任。

第一百九十四条　公共航空运输企业违反本法第一百零一条的规定运输危险品的，由国务院民用航空主管部门没收违法所得，可以并处违法所得一倍以下的罚款。

公共航空运输企业有前款行为，导致发生重大事故的，没收违法所得，判处罚金；并对直接负责的主管人员和其他直接责任人员依照刑法有关规定追究刑事责任。

第一百九十五条　故意在使用中的民用航空器上放置危险品或者唆使他人放置危险品，足以毁坏该民用航空器，危及飞行安全的，依照刑法有关规定追究刑事责任。

第一百九十六条　故意传递虚假情报，扰乱正常飞行秩序，使公私财产遭受重大损失的，依照刑法有关规定追究刑事责任。

第一百九十七条　盗窃或者故意损毁、移动使用中的航行设施，危及飞行安全，足以使民用航空器发生坠落、毁坏危险的，依照刑法有关规定追究刑事责任。

第一百九十八条　聚众扰乱民用机场秩序的，依照刑法有关规定追究刑事责任。

第一百九十九条　航空人员玩忽职守，或者违反规章制度，导致发生重大飞行事故，造成严重后果的，依照刑法有关规定追究刑事责任。

第二百条　违反本法规定，尚不够刑事处罚，应当给予治安管理处罚的，依照治安管理处罚法的规定处罚。

第二百零一条 违反本法第三十七条的规定，民用航空器无适航证书而飞行，或者租用的外国民用航空器未经国务院民用航空主管部门对其原国籍登记国发给的适航证书审查认可或者另发适航证书而飞行的，由国务院民用航空主管部门责令停止飞行，没收违法所得，可以并处违法所得一倍以上五倍以下的罚款；没有违法所得的，处以十万元以上一百万元以下的罚款。

适航证书失效或者超过适航证书规定范围飞行的，依照前款规定处罚。

第二百零二条 违反本法第三十四条、第三十六条第二款的规定，将未取得型号合格证书、型号认可证书的民用航空器及其发动机、螺旋桨或者民用航空器上的设备投入生产的，由国务院民用航空主管部门责令停止生产，没收违法所得，可以并处违法所得一倍以下的罚款；没有违法所得的，处以五万元以上五十万元以下的罚款。

第二百零三条 违反本法第三十五条的规定，未取得生产许可证书、维修许可证书而从事生产、维修活动的，违反本法第九十二条、第一百四十七条第二款的规定，未取得公共航空运输经营许可证或者通用航空经营许可证而从事公共航空运输或者从事经营性通用航空的，国务院民用航空主管部门可以责令停止生产、维修或者经营活动。

第二百零四条 已取得本法第三十五条规定的生产许可证书、维修许可证书的企业，因生产、维修的质量问题造成严重事故的，国务院民用航空主管部门可以吊销其生产许可证书或者维修许可证书。

第二百零五条 违反本法第四十条的规定，未取得航空人员执照、体格检查合格证书而从事相应的民用航空活动的，由国务院民用航空主管部门责令停止民用航空活动，在国务院民用航空主管部门规定的限期内不得申领有关执照和证书，对其所在单位处以二十万元以下的罚款。

第二百零六条 有下列违法情形之一的，由国务院民用航空主管部门对民用航空器的机长给予警告或者吊扣执照一个月至六个月的处罚，情节较重的，可以给予吊销执照的处罚：

（一）机长违反本法第四十五条第一款的规定，未对民用航空器实施检查而起飞的；

（二）民用航空器违反本法第七十五条的规定，未按照空中交通管制单位指定的航路和飞行高度飞行，或者违反本法第七十九条的规定飞越城市上空的。

第二百零七条 违反本法第七十四条的规定，民用航空器未经空中交通管制单位许可进行飞行活动的，由国务院民用航空主管部门责令停止飞行，对该民用航空器所有人或者承租人处以一万元以上十万元以下的罚款；对该民用航空器的机长给予警告或者吊扣执照一个月至六个月的处罚，情节较重的，可以给予吊销执照的处罚。

第二百零八条 民用航空器的机长或者机组其他人员有下列行为之一的，由国务院民用航空主管部门给予警告或者吊扣执照一个月至六个月的处罚；有第（二）项或者第（三）项所列行为的，可以给予吊销执照的处罚：

（一）在执行飞行任务时，不按照本法第四十一条的规定携带执照和体格检查合格证书的；

（二）民用航空器遇险时，违反本法第四十八条的规定离开民用航空器的；

（三）违反本法第七十七条第二款的规定执行飞行任务的。

第二百零九条 违反本法第八十条的规定，民用航空器在飞行中投掷物品的，由国务院民用航空主管部门给予警告，可以对直接责任人员处以二千元以上二万元以下的罚款。

第二百一十条 违反本法第六十二条的规定，未取得机场使用许可证开放使用民用机场的，由国务院民用航空主管部门责令停止开放使用；没收违法所得，可以并处违法所得一倍以下的罚款。

第二百一十一条 公共航空运输企业、通用航空企业违反本法规定，情节较重的，除依照本法规定处罚外，国务院民用航空主管部门可以吊销其经营许可证。

从事非经营性通用航空未向国务院民用航空主管部门备案的，由国务院民用航空主管部门责令改正；逾期未改正的，处三万元以下罚款。

第二百一十二条 国务院民用航空主管部门和地区民用航空管理机构的工作人员，玩忽职守、滥用职权、徇私舞弊，构成犯罪的，依法追究刑事责任；尚不构成犯罪的，依法给予行政处分。

第十六章 附 则

第二百一十三条 本法所称计算单位，是指国际货币基金组织规定的特别提款权；其人民币数额为法院判决之日、仲裁机构裁决之日或者当事人协议之日，按照国家外汇主管机关规定的国际货币基金组织的特别提款权对人民币的换算办法计算得出的人民币数额。

第二百一十四条　国务院、中央军事委员会对无人驾驶航空器的管理另有规定的，从其规定。

第二百一十五条　本法自1996年3月1日起施行。

中华人民共和国搜寻援救民用航空器规定

（1992年12月8日国务院批准　1992年12月28日中国民用航空局令第29号发布　自发布之日起施行）

第一章　总　　则

第一条　为了及时有效地搜寻援救遇到紧急情况的民用航空器，避免或者减少人员伤亡和财产损失，制定本规定。

第二条　本规定适用于中华人民共和国领域内以及中华人民共和国缔结或者参加的国际条约规定由中国承担搜寻援救工作的公海区域内搜寻援救民用航空器的活动。

第三条　海上搜寻援救民用航空器，除适用本规定外，并应当遵守国务院有关海上搜寻援救的规定。

第四条　搜寻援救民用航空器按照下列规定分工负责：

（一）中国民用航空局（以下简称民航局）负责统一指导全国范围的搜寻援救民用航空器的工作；

（二）省、自治区、直辖市人民政府负责本行政区域内陆地搜寻援救民用航空器的工作，民用航空地区管理局（以下简称地区管理局）予以协助；

（三）国家海上搜寻援救组织负责海上搜寻援救民用航空器工作，有关部门予以配合。

第五条　民航局搜寻援救协调中心和地区管理局搜寻援救协调中心承担陆上搜寻援救民用航空器的协调工作。

第六条　中华人民共和国领域内以及中华人民共和国缔结或者参加的国际条约规定由中国承担搜寻援救工作的公海区域内为中华人民共和国民用航空搜寻援救区，该区域内划分若干地区民用航空搜寻援救区，具体地区划分范围由民航局公布。

第七条　使用航空器执行搜寻援救任务，以民用航空力量为主，民用航空搜寻援救力量不足的，由军队派出航空器给予支援。

第八条　为执行搜寻援救民用航空器的紧急任务，有关地方、部门、单位和人员必须积极行动，互相配合，努力完成任务；对执行搜寻援救任务成绩突出的单位和个人，由其上级机关给予奖励。

第二章　搜寻援救的准备

第九条　各地区管理局应当拟定在陆上使用航空器搜寻援救民用航空器的方案，经民航局批准后，报有关省、自治区、直辖市人民政府备案。

第十条　沿海省、自治区、直辖市海上搜寻援救组织，应当拟定在海上使用船舶、航空器搜寻援救民用航空器的方案，经国家海上搜寻援救组织批准后，报省、自治区、直辖市人民政府和民航局备案，同时抄送有关地区管理局。

第十一条　搜寻援救民用航空器方案应当包括下列内容：

（一）使用航空器、船舶执行搜寻援救任务的单位，航空器、船舶的类型，以及日常准备工作的规定；

（二）航空器使用的机场和船舶使用的港口，担任搜寻援救的区域和有关保障工作方面的规定；

（三）执行海上搜寻援救任务的船舶、航空器协同配合方面的规定；

（四）民用航空搜寻援救力量不足的，商请当地驻军派出航空器、舰艇支援的规定。

第十二条　地区管理局和沿海省、自治区、直辖市海上搜寻援救组织应当按照批准的方案定期组织演习。

第十三条　搜寻援救民用航空器的通信联络，应当符合下列规定：

（一）民用航空空中交通管制单位和担任搜寻援救任务的航空器，应当配备121.5兆赫航空紧急频率的通信设备，并逐步配备243兆赫航空紧急频率的通信设备；

（二）担任海上搜寻援救任务的航空器，应当配备2182千赫海上遇险频率的通信设备；

（三）担任搜寻援救任务的部分航空器，应当配备能够向遇险民用航空器所发出的航空器紧急示位信标归航设备，以及在156.8兆赫（调频）频率上同搜寻援救船舶联络的通信设备。

第十四条　地区管理局搜寻援救协调中心应当同有关省、自治区、直辖市海上搜寻援救组织建立直接的通信联络。

第十五条　向遇险待救人员空投救生物品，由执行搜寻援救任务的单位按照下列规定负责准备：

（一）药物和急救物品为红色；

（二）食品和水为蓝色；

（三）防护服装和毯子为黄色；

（四）其他物品为黑色；
（五）一个容器或者包装内，装有上述多种物品时为混合色。

每一容器或者包装内，应当装有用汉语、英语和另选一种语言的救生物品使用说明。

第三章 搜寻援救的实施

第十六条 发现或者收听到民用航空器遇到紧急情况的单位或者个人，应当立即通知有关地区管理局搜寻援救协调中心；发现失事的民用航空器，其位置在陆地的，并应当同时通知当地政府；其位置在海上的，并应当同时通知当地海上搜寻援救组织。

第十七条 地区管理局搜寻援救协调中心收到民用航空器紧急情况的信息后，必须立即做出判断，分别按照本规定第十九条、第二十条、第二十一条的规定，采取搜寻援救措施，并及时向民航局搜寻援救协调中心以及有关单位报告或者通报。

第十八条 本规定所指民用航空器的紧急情况分为以下三个阶段：

（一）情况不明阶段是指民用航空器的安全出现下列令人疑虑的情况：

1. 空中交通管制部门在规定的时间内同民用航空器没有取得联络；

2. 民用航空器在规定的时间内没有降落，并且没有其他信息。

（二）告警阶段是指民用航空器的安全出现下列令人担忧的情况：

1. 对情况不明阶段的民用航空器，仍然不能同其沟通联络；

2. 民用航空器的飞行能力受到损害，但是尚未达到迫降的程度；

3. 与已经允许降落的民用航空器失去通信联络，并且该民用航空器在预计降落时间后五分钟内没有降落。

（三）遇险阶段是指确信民用航空器遇到下列紧急和严重危险，需要立即进行援救的情况：

1. 根据油量计算，告警阶段的民用航空器难以继续飞行；

2. 民用航空器的飞行能力受到严重损害，达到迫降程度；

3. 民用航空器已经迫降或者坠毁。

第十九条 对情况不明阶段的民用航空器，地区管理局搜寻援救协调中心应当：

（一）根据具体情况，确定搜寻的区域；

（二）通知开放有关的航空电台、导航台、定向台和雷达等设施，搜寻掌握该民用航空器的空中位置；

（三）尽速同该民用航空器沟通联络，进行有针对性的处置。

第二十条 对告警阶段的民用航空器，地区管理局搜寻援救协调中心应当：

（一）立即向有关单位发出告警通知；

（二）要求担任搜寻援救任务的航空器、船舶立即进入待命执行任务状态；

（三）督促检查各种电子设施，对情况不明的民用航空器继续进行联络和搜寻；

（四）根据该民用航空器飞行能力受损情况和机长的意见，组织引导其在就近机场降落；

（五）会同接受降落的机场，迅速查明预计降落时间后5分钟内还没有降落的民用航空器的情况并进行处理。

第二十一条 对遇险阶段的民用航空器，地区管理局搜寻援救协调中心应当：

（一）立即向有关单位发出民用航空器遇险的通知；

（二）对燃油已尽，位置仍然不明的民用航空器，分析其可能遇险的区域，并通知搜寻援救单位派人或者派航空器、船舶，立即进行搜寻援救；

（三）对飞行能力受到严重损害、达到迫降程度的民用航空器，通知搜寻援救单位派航空器进行护航，或者根据预定迫降地点，派人或者派航空器、船舶前往援救；

（四）对已经迫降或者失事的民用航空器，其位置在陆地的，立即报告省、自治区、直辖市人民政府；其位置在海上的，立即通报沿海有关省、自治区、直辖市的海上搜寻援救组织。

第二十二条 省、自治区、直辖市人民政府或者沿海省、自治区、直辖市海上搜寻援救组织收到关于民用航空器迫降或者失事的报告或者通报后，应当立即组织有关方面和当地驻军进行搜寻援救，并指派现场负责人。

第二十三条 现场负责人的主要职责是：

（一）组织抢救幸存人员；

（二）对民用航空器采取措施防火、灭火；

（三）保护好民用航空器失事现场；为抢救人员或者灭火必须变动现场时，应当进行拍照或者录相；

（四）保护好失事的民用航空器及机上人员的财物。

第二十四条 指派的现场负责人未到达现场的，由第一个到达现场的援救单位的有关人员担任现场临时负责人，行使本规定第二十三条规定的职责，并负责向到达后的现场负责人移交工作。

第二十五条 对处于紧急情况下的民用航空器，地区管理局搜寻援救协调中心应当设法将已经采取的援救措施通报该民用航空器机组。

第二十六条 执行搜寻援救任务的航空器与船舶、遇险待救人员、搜寻援救工作组之间，应当使用无线电进行联络。条件不具备或者无线电联络失效的，应当依照本规定附录规定的国际通用的《搜寻援救的信号》进行联络。

第二十七条 民用航空器的紧急情况已经不存在或者可以结束搜寻援救工作的，地区管理局搜寻援救协调中心应当按照规定程序及时向有关单位发出解除紧急情况的通知。

第四章 罚 则

第二十八条 对违反本规定，有下列行为之一的人员，由其所在单位或者上级机关给予行政处分；构成犯罪的，依法追究刑事责任：

（一）不积极行动配合完成搜寻援救任务，造成重大损失的；

（二）不积极履行职责或者不服从指挥，致使损失加重的；

（三）玩忽职守，对民用航空器紧急情况判断、处置不当，贻误时机，造成损失的。

第五章 附 则

第二十九条 航空器执行搜寻援救任务所需经费，国家可以给予一定补贴。具体补贴办法由有关部门会同财政部门协商解决。

第三十条 本规定由民航局负责解释。

第三十一条 本规定自发布之日起施行。

六、生态环境安全

1. 法　规

核电厂核事故应急管理条例

（1993年8月4日中华人民共和国国务院令第124号发布　根据2011年1月8日《国务院关于废止和修改部分行政法规的决定》修订）

第一章　总　则

第一条　为了加强核电厂核事故应急管理工作，控制和减少核事故危害，制定本条例。

第二条　本条例适用于可能或者已经引起放射性物质释放、造成重大辐射后果的核电厂核事故（以下简称核事故）应急管理工作。

第三条　核事故应急管理工作实行常备不懈，积极兼容，统一指挥，大力协同，保护公众，保护环境的方针。

第二章　应急机构及其职责

第四条　全国的核事故应急管理工作由国务院指定的部门负责，其主要职责是：

（一）拟定国家核事故应急工作政策；

（二）统一协调国务院有关部门、军队和地方人民政府的核事故应急工作；

（三）组织制定和实施国家核事故应急计划，审查批准场外核事故应急计划；

（四）适时批准进入和终止场外应急状态；

（五）提出实施核事故应急响应行动的建议；

（六）审查批准核事故公报、国际通报，提出请求国际援助的方案。

必要时，由国务院领导、组织、协调全国的核事故应急管理工作。

第五条　核电厂所在地的省、自治区、直辖市人民政府指定的部门负责本行政区域内的核事故应急管理工作，其主要职责是：

（一）执行国家核事故应急工作的法规和政策；

（二）组织制定场外核事故应急计划，做好核事故应急准备工作；

（三）统一指挥场外核事故应急响应行动；

（四）组织支援核事故应急响应行动；

（五）及时向相邻的省、自治区、直辖市通报核事故情况。

必要时，由省、自治区、直辖市人民政府领导、组织、协调本行政区域内的核事故应急管理工作。

第六条　核电厂的核事故应急机构的主要职责是：

（一）执行国家核事故应急工作的法规和政策；

（二）制定场内核事故应急计划，做好核事故应急准备工作；

（三）确定核事故应急状态等级，统一指挥本单位的核事故应急响应行动；

（四）及时向上级主管部门、国务院核安全部门和省级人民政府指定的部门报告事故情况，提出进入场外应急状态和采取应急防护措施的建议；

（五）协助和配合省级人民政府指定的部门做好核事故应急管理工作。

第七条　核电厂的上级主管部门领导核电厂的核事故应急工作。

国务院核安全部门、环境保护部门和卫生部门等有关部门在各自的职责范围内做好相应的核事故应急工作。

第八条　中国人民解放军作为核事故应急工作的重要力量，应当在核事故应急响应中实施有效的支援。

第三章　应急准备

第九条　针对核电厂可能发生的核事故，核电厂的核事故应急机构、省级人民政府指定的部门和国务院指定的部门应当预先制定核事故应急计划。

核事故应急计划包括场内核事故应急计划、场外核事故应急计划和国家核事故应急计划。各级核事故应急计划应当相互衔接、协调一致。

第十条　场内核事故应急计划由核电厂核事故应急机构制定，经其主管部门审查后，送国务院核安全部门审评并报国务院指定的部门备案。

第十一条　场外核事故应急计划由核电厂所在

地的省级人民政府指定的部门组织制定，报国务院指定的部门审查批准。

第十二条 国家核事故应急计划由国务院指定的部门组织制定。

国务院有关部门和中国人民解放军总部应当根据国家核事故应急计划，制定相应的核事故应急方案，报国务院指定的部门备案。

第十三条 场内核事故应急计划、场外核事故应急计划应当包括下列内容：

（一）核事故应急工作的基本任务；
（二）核事故应急响应组织及其职责；
（三）烟羽应急计划区和食入应急计划区的范围；
（四）干预水平和导出干预水平；
（五）核事故应急准备和应急响应的详细方案；
（六）应急设施、设备、器材和其他物资；
（七）核电厂核事故应急机构同省级人民政府指定的部门之间以及同其他有关方面相互配合、支援的事项及措施。

第十四条 有关部门在进行核电厂选址和设计工作时，应当考虑核事故应急工作的要求。

新建的核电厂必须在其场内和场外核事故应急计划审查批准后，方可装料。

第十五条 国务院指定的部门、省级人民政府指定的部门和核电厂的核事故应急机构应当具有必要的应急设施、设备和相互之间快速可靠的通讯联络系统。

核电厂的核事故应急机构和省级人民政府指定的部门应当具有辐射监测系统、防护器材、药械和其他物资。

用于核事故应急工作的设施、设备和通讯联络系统、辐射监测系统以及防护器材、药械等，应当处于良好状态。

第十六条 核电厂应当对职工进行核安全、辐射防护和核事故应急知识的专门教育。

省级人民政府指定的部门应当在核电厂的协助下对附近的公众进行核安全、辐射防护和核事故应急知识的普及教育。

第十七条 核电厂的核事故应急机构和省级人民政府指定的部门应当对核事故应急工作人员进行培训。

第十八条 核电厂的核事故应急机构和省级人民政府指定的部门应当适时组织不同专业和不同规模的核事故应急演习。

在核电厂首次装料前，核电厂的核事故应急机构和省级人民政府指定的部门应当组织场内、场外核事故应急演习。

第四章 应急对策和应急防护措施

第十九条 核事故应急状态分为下列四级：

（一）应急待命。出现可能导致危及核电厂核安全的某些特定情况或者外部事件，核电厂有关人员进入戒备状态。

（二）厂房应急。事故后果仅限于核电厂的局部区域，核电厂人员按照场内核事故应急计划的要求采取核事故应急响应行动，通知厂外有关核事故应急响应组织。

（三）场区应急。事故后果蔓延至整个场区，场区内的人员采取核事故应急响应行动，通知省级人民政府指定的部门，某些厂外核事故应急响应组织可能采取核事故应急响应行动。

（四）场外应急。事故后果超越场区边界，实施场内和场外核事故应急计划。

第二十条 当核电厂进入应急待命状态时，核电厂核事故应急机构应当及时向核电厂的上级主管部门和国务院核安全部门报告情况，并视情况决定是否向省级人民政府指定的部门报告。当出现可能或者已经有放射性物质释放的情况时，应当根据情况，及时决定进入厂房应急或者场区应急状态，并迅速向核电厂的上级主管部门、国务院核安全部门和省级人民政府指定的部门报告情况；在放射性物质可能或者已经扩散到核电厂场区以外时，应当迅速向省级人民政府指定的部门提出进入场外应急状态并采取应急防护措施的建议。

省级人民政府指定的部门接到核电厂核事故应急机构的事故情况报告后，应当迅速采取相应的核事故应急对策和应急防护措施，并及时向国务院指定的部门报告情况。需要决定进入场外应急状态时，应当经国务院指定的部门批准；在特殊情况下，省级人民政府指定的部门可以先行决定进入场外应急状态，但是应当立即向国务院指定的部门报告。

第二十一条 核电厂的核事故应急机构和省级人民政府指定的部门应当做好核事故后果预测与评价以及环境放射性监测等工作，为采取核事故应急对策和应急防护措施提供依据。

第二十二条 省级人民政府指定的部门应当适时选用隐蔽、服用稳定性碘制剂、控制通道、控制食物和水源、撤离、迁移、对受影响的区域去污等应急防护措施。

第二十三条 省级人民政府指定的部门在核事故应急响应过程中应当将必要的信息及时地告知当地公众。

第二十四条　在核事故现场，各核事故应急响应组织应当实行有效的剂量监督。现场核事故应急响应人员和其他人员都应当在辐射防护人员的监督和指导下活动，尽量防止接受过大剂量的照射。

第二十五条　核电厂的核事故应急机构和省级人民政府指定的部门应当做好核事故现场接受照射人员的救护、洗消、转运和医学处置工作。

第二十六条　在核事故应急进入场外应急状态时，国务院指定的部门应当及时派出人员赶赴现场，指导核事故应急响应行动，必要时提出派出救援力量的建议。

第二十七条　因核事故应急响应需要，可以实行地区封锁。省、自治区、直辖市行政区域内的地区封锁，由省、自治区、直辖市人民政府决定；跨省、自治区、直辖市的地区封锁，以及导致中断干线交通或者封锁国境的地区封锁，由国务院决定。

地区封锁的解除，由原决定机关宣布。

第二十八条　有关核事故的新闻由国务院授权的单位统一发布。

第五章　应急状态的终止和恢复措施

第二十九条　场外应急状态的终止由省级人民政府指定的部门会同核电厂核事故应急机构提出建议，报国务院指定的部门批准，由省级人民政府指定的部门发布。

第三十条　省级人民政府指定的部门应当根据受影响地区的放射性水平，采取有效的恢复措施。

第三十一条　核事故应急状态终止后，核电厂核事故应急机构应当向国务院指定的部门、核电厂的上级主管部门、国务院核安全部门和省级人民政府指定的部门提交详细的事故报告；省级人民政府指定的部门应当向国务院指定的部门提交场外核事故应急工作的总结报告。

第三十二条　核事故使核安全重要物项的安全性能达不到国家标准时，核电厂的重新起动计划应当按照国家有关规定审查批准。

第六章　资金和物资保障

第三十三条　国务院有关部门、军队、地方各级人民政府和核电厂在核事故应急准备工作中应当充分利用现有组织机构、人员、设施和设备等，努力提高核事故应急准备资金和物资的使用效益，并使核事故应急准备工作与地方和核电厂的发展规划相结合。各有关单位应当提供支援。

第三十四条　场内核事故应急准备资金由核电厂承担，列入核电厂工程项目投资概算和运行成本。

场外核事故应急准备资金由核电厂和地方人民政府共同承担，资金数额由国务院指定的部门会同有关部门审定。核电厂承担的资金，在投产前根据核电厂容量、在投产后根据实际发电量确定一定的比例交纳，由国务院计划部门综合平衡后用于地方场外核事故应急准备工作；其余部分由地方人民政府解决。具体办法由国务院指定的部门会同国务院计划部门和国务院财政部门规定。

国务院有关部门和军队所需的核事故应急准备资金，根据各自在核事故应急工作中的职责和任务，充分利用现有条件进行安排，不足部分按照各自的计划和资金渠道上报。

第三十五条　国家的和地方的物资供应部门及其他有关部门应当保证供给核事故应急所需的设备、器材和其他物资。

第三十六条　因核电厂核事故应急响应需要，执行核事故应急响应行动的行政机关有权征用非用于核事故应急响应的设备、器材和其他物资。

对征用的设备、器材和其他物资，应当予以登记并在使用后及时归还；造成损坏的，由征用单位补偿。

第七章　奖励与处罚

第三十七条　在核事故应急工作中有下列事迹之一的单位和个人，由主管部门或者所在单位给予表彰或者奖励：

（一）完成核事故应急响应任务的；

（二）保护公众安全和国家的、集体的和公民的财产，成绩显著的；

（三）对核事故应急准备与响应提出重大建议，实施效果显著的；

（四）辐射、气象预报和测报准确及时，从而减轻损失的；

（五）有其他特殊贡献的。

第三十八条　有下列行为之一的，对有关责任人员视情节和危害后果，由其所在单位或者上级机关给予行政处分；属于违反治安管理行为的，由公安机关依照治安管理处罚法的规定予以处罚；构成犯罪的，由司法机关依法追究刑事责任：

（一）不按照规定制定核事故应急计划，拒绝承担核事故应急准备义务的；

（二）玩忽职守，引起核事故发生的；

（三）不按照规定报告、通报核事故真实情况的；

（四）拒不执行核事故应急计划，不服从命令和指挥，或者在核事故应急响应时临阵脱逃的；

（五）盗窃、挪用、贪污核事故应急工作所用资金或者物资的；

（六）阻碍核事故应急工作人员依法执行职务或者进行破坏活动的；

（七）散布谣言，扰乱社会秩序的；

（八）有其他对核事故应急工作造成危害的行为的。

第八章 附 则

第三十九条 本条例中下列用语的含义：

（一）核事故应急，是指为了控制或者缓解核事故、减轻核事故后果而采取的不同于正常秩序和正常工作程序的紧急行动。

（二）场区，是指由核电厂管理的区域。

（三）应急计划区，是指在核电厂周围建立的、制定有核事故应急计划、并预计采取核事故应急对策和应急防护措施的区域。

（四）烟羽应急计划区，是指针对放射性烟云引起的照射而建立的应急计划区。

（五）食入应急计划区，是指针对食入放射性污染的水或者食物引起照射而建立的应急计划区。

（六）干预水平，是指预先规定的用于在异常状态下确定需要对公众采取应急防护措施的剂量水平。

（七）导出干预水平，是指由干预水平推导得出的放射性物质在环境介质中的浓度或者水平。

（八）应急防护措施，是指在核事故情况下用于控制工作人员和公众所接受的剂量而采取的保护措施。

（九）核安全重要物项，是指对核电厂安全有重要意义的建筑物、构筑物、系统、部件和设施等。

第四十条 除核电厂外，其他核设施的核事故应急管理，可以根据具体情况，参照本条例的有关规定执行。

第四十一条 对可能或者已经造成放射性物质释放超越国界的核事故应急，除执行本条例的规定外，并应当执行中华人民共和国缔结或者参加的国际条约的规定，但是中华人民共和国声明保留的条款除外。

第四十二条 本条例自发布之日起施行。

2. 规章及部门规范性文件

突发环境事件应急管理办法

（2015年4月16日环境保护部令第34号公布 自2015年6月5日起施行）

第一章 总 则

第一条 为预防和减少突发环境事件的发生，控制、减轻和消除突发环境事件引起的危害，规范突发环境事件应急管理工作，保障公众生命安全、环境安全和财产安全，根据《中华人民共和国环境保护法》《中华人民共和国突发事件应对法》《国家突发环境事件应急预案》及相关法律法规，制定本办法。

第二条 各级环境保护主管部门和企业事业单位组织开展的突发环境事件风险控制、应急准备、应急处置、事后恢复等工作，适用本办法。

本办法所称突发环境事件，是指由于污染物排放或者自然灾害、生产安全事故等因素，导致污染物或者放射性物质等有毒有害物质进入大气、水体、土壤等环境介质，突然造成或者可能造成环境质量下降，危及公众身体健康和财产安全，或者造成生态环境破坏，或者造成重大社会影响，需要采取紧急措施予以应对的事件。

突发环境事件按照事件严重程度，分为特别重大、重大、较大和一般四级。

核设施及有关核活动发生的核与辐射事故造成的辐射污染事件按照核与辐射相关规定执行。重污染天气应对工作按照《大气污染防治行动计划》等有关规定执行。

造成国际环境影响的突发环境事件的涉外应急通报和处置工作，按照国家有关国际合作的相关规定执行。

第三条 突发环境事件应急管理工作坚持预防为主、预防与应急相结合的原则。

第四条 突发环境事件应对，应当在县级以上地方人民政府的统一领导下，建立分类管理、分级负责、属地管理为主的应急管理体制。

县级以上环境保护主管部门应当在本级人民政府的统一领导下，对突发环境事件应急管理日常工作实施监督管理，指导、协助、督促下级人民政府及其有关部门做好突发环境事件应对工作。

第五条 县级以上地方环境保护主管部门应当按照本级人民政府的要求，会同有关部门建立健全突发环境事件应急联动机制，加强突发环境事件应急管理。

相邻区域地方环境保护主管部门应当开展跨行政区域的突发环境事件应急合作，共同防范、互通信息，协力应对突发环境事件。

第六条 企业事业单位应当按照相关法律法规和标准规范的要求，履行下列义务：

（一）开展突发环境事件风险评估；
（二）完善突发环境事件风险防控措施；
（三）排查治理环境安全隐患；
（四）制定突发环境事件应急预案并备案、演练；
（五）加强环境应急能力保障建设。

发生或者可能发生突发环境事件时，企业事业单位应当依法进行处理，并对所造成的损害承担责任。

第七条 环境保护主管部门和企业事业单位应当加强突发环境事件应急管理的宣传和教育，鼓励公众参与，增强防范和应对突发环境事件的知识和意识。

第二章 风险控制

第八条 企业事业单位应当按照国务院环境保护主管部门的有关规定开展突发环境事件风险评估，确定环境风险防范和环境安全隐患排查治理措施。

第九条 企业事业单位应当按照环境保护主管部门的有关要求和技术规范，完善突发环境事件风险防控措施。

前款所指的突发环境事件风险防控措施，应当包括有效防止泄漏物质、消防水、污染雨水等扩散至外环境的收集、导流、拦截、降污等措施。

第十条 企业事业单位应当按照有关规定建立健全环境安全隐患排查治理制度，建立隐患排查治理档案，及时发现并消除环境安全隐患。

对于发现后能够立即治理的环境安全隐患，企业事业单位应当立即采取措施，消除环境安全隐患。对于情况复杂、短期内难以完成治理，可能产生较大环境危害的环境安全隐患，应当制定隐患治理方案，落实整改措施、责任、资金、时限和现场应急预案，及时消除隐患。

第十一条 县级以上地方环境保护主管部门应当按照本级人民政府的统一要求，开展本行政区域突发环境事件风险评估工作，分析可能发生的突发环境事件，提高区域环境风险防范能力。

第十二条 县级以上地方环境保护主管部门应当对企业事业单位环境风险防范和环境安全隐患排查治理工作进行抽查或者突击检查，将存在重大环境安全隐患且整治不力的企业信息纳入社会诚信档案，并可以通报行业主管部门、投资主管部门、证券监督管理机构以及有关金融机构。

第三章 应急准备

第十三条 企业事业单位应当按照国务院环境保护主管部门的规定，在开展突发环境事件风险评估和应急资源调查的基础上制定突发环境事件应急预案，并按照分类分级管理的原则，报县级以上环境保护主管部门备案。

第十四条 县级以上地方环境保护主管部门应当根据本级人民政府突发环境事件专项应急预案，制定本部门的应急预案，报本级人民政府和上级环境保护主管部门备案。

第十五条 突发环境事件应急预案制定单位应当定期开展应急演练，撰写演练评估报告，分析存在问题，并根据演练情况及时修改完善应急预案。

第十六条 环境污染可能影响公众健康和环境安全时，县级以上地方环境保护主管部门可以建议本级人民政府依法及时公布环境污染公共监测预警信息，启动应急措施。

第十七条 县级以上地方环境保护主管部门应当建立本行政区域突发环境事件信息收集系统，通过"12369"环保举报热线、新闻媒体等多种途径收集突发环境事件信息，并加强跨区域、跨部门突发环境事件信息交流与合作。

第十八条 县级以上地方环境保护主管部门应当建立健全环境应急值守制度，确定应急值守负责人和应急联络员并报上级环境保护主管部门。

第十九条 企业事业单位应当将突发环境事件应急培训纳入单位工作计划，对从业人员定期进行突发环境事件应急知识和技能培训，并建立培训档案，如实记录培训的时间、内容、参加人员等信息。

第二十条 县级以上环境保护主管部门应当定期对从事突发环境事件应急管理工作的人员进行培训。

省级环境保护主管部门以及具备条件的市、县级环境保护主管部门应当设立环境应急专家库。

县级以上地方环境保护主管部门和企业事业单位应当加强环境应急处置救援能力建设。

第二十一条 县级以上地方环境保护主管部门应当加强环境应急能力标准化建设，配备应急监测仪器设备和装备，提高重点流域区域水、大气突发环境事件预警能力。

第二十二条 县级以上地方环境保护主管部门可以根据本行政区域的实际情况，建立环境应急物资储备信息库，有条件的地区可以设立环境应急物资储备库。

企业事业单位应当储备必要的环境应急装备和物资，并建立完善相关管理制度。

第四章 应急处置

第二十三条 企业事业单位造成或者可能造成突发环境事件时，应当立即启动突发环境事件应急预案，采取切断或者控制污染源以及其他防止危害扩大的必要措施，及时通报可能受到危害的单位和居民，并向事发地县级以上环境保护主管部门报告，接受调查处理。

应急处置期间，企业事业单位应当服从统一指挥，全面、准确地提供本单位与应急处置相关的技术资料，协助维护应急现场秩序，保护与突发环境事件相关的各项证据。

第二十四条 获知突发环境事件信息后，事件发生地县级以上地方环境保护主管部门应当按照《突发环境事件信息报告办法》规定的时限、程序和要求，向同级人民政府和上级环境保护主管部门报告。

第二十五条 突发环境事件已经或者可能涉及相邻行政区域的，事件发生地环境保护主管部门应当及时通报相邻区域同级环境保护主管部门，并向本级人民政府提出向相邻区域人民政府通报的建议。

第二十六条 获知突发环境事件信息后，县级以上地方环境保护主管部门应当立即组织排查污染源，初步查明事件发生的时间、地点、原因、污染物质及数量、周边环境敏感区等情况。

第二十七条 获知突发环境事件信息后，县级以上地方环境保护主管部门应当按照《突发环境事件应急监测技术规范》开展应急监测，及时向本级人民政府和上级环境保护主管部门报告监测结果。

第二十八条 应急处置期间，事发地县级以上地方环境保护主管部门应当组织开展事件信息的分析、评估，提出应急处置方案和建议报本级人民政府。

第二十九条 突发环境事件的威胁和危害得到控制或者消除后，事发地县级以上地方环境保护主管部门应当根据本级人民政府的统一部署，停止应急处置措施。

第五章 事后恢复

第三十条 应急处置工作结束后，县级以上地方环境保护主管部门应当及时总结、评估应急处置工作情况，提出改进措施，并向上级环境保护主管部门报告。

第三十一条 县级以上地方环境保护主管部门应当在本级人民政府的统一部署下，组织开展突发环境事件环境影响和损失等评估工作，并依法向有关人民政府报告。

第三十二条 县级以上环境保护主管部门应当按照有关规定开展事件调查，查清突发环境事件原因，确认事件性质，认定事件责任，提出整改措施和处理意见。

第三十三条 县级以上地方环境保护主管部门应当在本级人民政府的统一领导下，参与制定环境恢复工作方案，推动环境恢复工作。

第六章 信息公开

第三十四条 企业事业单位应当按照有关规定，采取便于公众知晓和查询的方式公开本单位环境风险防范工作开展情况、突发环境事件应急预案及演练情况、突发环境事件发生及处置情况，以及落实整改要求情况等环境信息。

第三十五条 突发环境事件发生后，县级以上地方环境保护主管部门应当认真研判事件影响和等级，及时向本级人民政府提出信息发布建议。履行统一领导职责或者组织处置突发事件的人民政府，应当按照有关规定统一、准确、及时发布有关突发事件事态发展和应急处置工作的信息。

第三十六条 县级以上环境保护主管部门应当在职责范围内向社会公开有关突发环境事件应急管理的规定和要求，以及突发环境事件应急预案及演练情况等环境信息。

县级以上地方环境保护主管部门应当对本行政区域内突发环境事件进行汇总分析，定期向社会公开突发环境事件的数量、级别，以及事件发生的时间、地点、应急处置概况等信息。

第七章 罚 则

第三十七条 企业事业单位违反本办法规定，导致发生突发环境事件，《中华人民共和国突发事件应对法》《中华人民共和国水污染防治法》《中华人民共和国大气污染防治法》《中华人民共和国固体废物污染环境防治法》等法律法规已有相关处罚规定的，依照有关法律法规执行。

较大、重大和特别重大突发环境事件发生后，企业事业单位未按要求执行停产、停排措施，继续违反法律法规规定排放污染物的，环境保护主管部门应当依法对造成污染物排放的设施、设备实施查封、扣押。

第三十八条 企业事业单位有下列情形之一的，由县级以上环境保护主管部门责令改正，可以处一万元以上三万元以下罚款：

（一）未按规定开展突发环境事件风险评估工作，确定风险等级的；

（二）未按规定开展环境安全隐患排查治理工作，建立隐患排查治理档案的；

（三）未按规定将突发环境事件应急预案备案的；

（四）未按规定开展突发环境事件应急培训，如实记录培训情况的；

（五）未按规定储备必要的环境应急装备和物资的；

（六）未按规定公开突发环境事件相关信息的。

第八章 附 则

第三十九条 本办法由国务院环境保护主管部门负责解释。

第四十条 本办法自 2015 年 6 月 5 日起施行。

中华人民共和国船舶污染海洋环境应急防备和应急处置管理规定

（2011 年 1 月 27 日交通运输部令 2011 年第 4 号 根据 2013 年 12 月 24 日《交通运输部关于修改〈中华人民共和国船舶污染海洋环境应急防备和应急处置管理规定〉的决定》第一次修订 根据 2014 年 9 月 5 日《交通运输部关于修改〈中华人民共和国船舶污染海洋环境应急防备和应急处置管理规定〉的决定》第二次修订 根据 2015 年 5 月 12 日《交通运输部关于修改〈中华人民共和国船舶污染海洋环境应急防备和应急处置管理规定〉的决定》第三次修订 根据 2016 年 12 月 13 日《交通运输部关于修改〈中华人民共和国船舶污染海洋环境应急防备和应急处置管理规定〉的决定》第四次修订 根据 2018 年 9 月 27 日《交通运输部关于修改〈中华人民共和国船舶污染海洋环境应急防备和应急处置管理规定〉的决定》第五次修订 根据 2019 年 11 月 28 日《交通运输部关于修改〈中华人民共和国船舶污染海洋环境应急防备和应急处置管理规定〉的决定》第六次修订）

第一章 总 则

第一条 为提高船舶污染事故应急处置能力，控制、减轻、消除船舶污染事故造成的海洋环境污染损害，依据《中华人民共和国防治船舶污染海洋环境管理条例》等有关法律、行政法规和中华人民共和国缔结或者加入的有关国际条约，制定本规定。

第二条 在中华人民共和国管辖海域内，防治船舶及其有关作业活动污染海洋环境的应急防备和应急处置，适用本规定。

船舶在中华人民共和国管辖海域外发生污染事故，造成或者可能造成中华人民共和国管辖海域污染的，其应急防备和应急处置，也适用本规定。

本规定所称"应急处置"是指在发生或者可能发生船舶污染事故时，为控制、减轻、消除船舶造成海洋环境污染损害而采取的响应行动；"应急防备"是指为应急处置的有效开展而预先采取的相关准备工作。

第三条 交通运输部主管全国防治船舶及其有关作业活动污染海洋环境的应急防备和应急处置工作。

国家海事管理机构负责统一实施船舶及其有关作业活动污染海洋环境应急防备和应急处置工作。

沿海各级海事管理机构依照各自职责负责具体实施防治船舶及其有关作业活动污染海洋环境的应急防备和应急处置工作。

第四条 船舶及其有关作业活动污染海洋环境应急防备和应急处置工作应当遵循统一领导、综合协调、分级负责、属地管理、责任共担的原则。

第二章 应急能力建设和应急预案

第五条 国家防治船舶及其有关作业活动污染海洋环境应急能力建设规划，应当根据全国防治船舶及其有关作业活动污染海洋环境的需要，由国务院交通运输主管部门组织编制，报国务院批准后公布实施。

沿海省级防治船舶及其有关作业活动污染海洋环境应急能力建设规划，应当根据国家防治船舶及其有关作业活动污染海洋环境应急能力建设规划和本地实际情况，由沿海省、自治区、直辖市人民政府组织编制并公布实施。

沿海市级防治船舶及其有关作业活动污染海洋环境应急能力建设规划，应当根据所在地省级人民政府防治船舶及其有关作业活动污染海洋环境应急能力建设规划和本地实际情况，由沿海设区的市级人民政府组织编制并公布实施。

编制防治船舶及其有关作业活动污染海洋环境应急能力建设规划，应当对污染风险和应急防备需求进行评估，合理规划应急力量建设布局。

沿海各级海事管理机构应当积极协助、配合相关地方人民政府完成应急能力建设规划的编制工作。

第六条 交通运输部、沿海设区的市级以上地方人民政府应当根据相应的防治船舶及其有关作业活动污染海洋环境应急能力建设规划，建立健全船舶污染事故应急防备和应急反应机制，建立专业应急队伍，建设船舶污染应急专用设施、设备和器材储备库。

第七条 沿海各级海事管理机构应当根据防治船舶及其有关作业活动污染海洋环境的需要，会同海洋主管部门建立健全船舶及其有关作业活动污染海洋环境的监测、监视机制，加强对船舶及其有关作业活动污染海洋环境的监测、监视。

港口、码头、装卸站以及从事船舶修造的单位应当配备与其装卸货物种类和吞吐能力或者修造船舶能力相适应的污染监视设施和污染物接收设施，并使其处于良好状态。

第八条 港口、码头、装卸站以及从事船舶修造、打捞、拆解等作业活动的单位应当按照交通运输部的要求制定有关安全营运和防治污染的管理制度，按照国家有关防治船舶及其有关作业活动污染海洋环境的规范和标准，配备必须的防治污染设备和器材，确保防治污染设备和器材符合防治船舶及其有关作业活动污染海洋环境的要求。

第九条 港口、码头、装卸站以及从事船舶修造、打捞、拆解等作业活动的单位应当编写报告，评价其具备的船舶污染防治能力是否与其装卸货物种类、吞吐能力或者船舶修造、打捞、拆解活动所必需的污染监视监测能力、船舶污染物接收处理能力以及船舶污染事故应急处置能力相适应。

交通运输主管部门依法开展港口、码头、装卸站的验收工作时应当对评价报告进行审查，确认其具备与其所从事的作业相应的船舶污染防治能力。

第十条 交通运输部应当根据国家突发公共事件总体应急预案，制定国家防治船舶及其有关作业活动污染海洋环境的专项应急预案。

沿海省、自治区、直辖市人民政府应当根据国家防治船舶及其有关作业活动污染海洋环境的专项应急预案，制定省级防治船舶及其有关作业活动污染海洋环境应急预案。

沿海设区的市级人民政府应当根据所在地省级防治船舶及其有关作业活动污染海洋环境的应急预案，制定市级防治船舶及其有关作业活动污染海洋环境应急预案。

交通运输部、沿海设区的市级以上地方人民政府应当定期组织防治船舶及其有关作业活动污染海洋环境应急预案的演练。

第十一条 中国籍船舶所有人、经营人、管理人应当按照国家海事管理机构制定的应急预案编制指南，制定或者修订防治船舶及其有关作业活动污染海洋环境的应急预案，并报海事管理机构备案。

港口、码头、装卸站的经营人以及有关作业单位应当制定防治船舶及其有关作业活动污染海洋环境的应急预案，并报海事管理机构和环境保护主管部门备案。

船舶以及有关作业单位应当按照制定的应急预案定期组织应急演练，根据演练情况对应急预案进行评估，按照实际需要和情势变化，适时修订应急预案，并对应急预案的演练情况、评估结果和修订情况如实记录。

第十二条 中国籍船舶防治污染设施、设备和器材应当符合国家有关标准，并按照国家有关要求通过型式和使用性能检验。

第三章 船舶污染清除单位

第十三条 船舶污染清除单位是指具备相应污染清除能力，为船舶提供污染事故应急防备和应急处置服务的单位。

根据服务区域和污染清除能力的不同，船舶污染清除单位的能力等级由高到低分为四级，其中：

（一）一级单位能够在我国管辖海域为船舶提供溢油和其它散装液体污染危害性货物泄漏污染事故应急服务；

（二）二级单位能够在距岸20海里以内的我国管辖海域为船舶提供溢油和其它散装液体污染危害性货物泄漏污染事故应急服务；

（三）三级单位能够在港区水域为船舶提供溢油应急服务；

（四）四级单位能够在港区水域内的一个作业区、独立码头附近水域为船舶提供溢油应急服务。

第十四条 从事船舶污染清除的单位应当具备以下条件，并接受海事管理机构的监督检查：

（一）应急清污能力符合《船舶污染清除单位应急清污能力要求》（见附件）的规定；

（二）制定的污染清除作业方案符合防治船舶及其有关作业活动污染海洋环境的要求；

（三）污染物处理方案符合国家有关防治污染规定。

第十五条 船舶污染清除单位应当将下列情况

向社会公布，并报送服务区域所在地的海事管理机构：

（一）本单位的污染清除能力符合《船舶污染清除单位应急清污能力要求》相应能力等级和服务区域的报告；

（二）污染清除作业方案；

（三）污染物处理方案；

（四）船舶污染清除设施、设备、器材和应急人员情况；

（五）船舶污染清除协议的签订和履行情况以及参与船舶污染事故应急处置工作情况。

船舶污染清除单位的污染清除能力和服务区域发生变更的，应当及时将变更情况向社会公布，并报送服务区域所在地的海事管理机构。

第四章　船舶污染清除协议的签订

第十六条　载运散装油类货物的船舶，其经营人应当在船舶进港前或者港外装卸、过驳作业前，按照以下要求与相应的船舶污染清除单位签订船舶污染清除协议：

（一）600总吨以下仅在港区水域航行或作业的船舶，应当与四级以上等级的船舶污染清除单位签订船舶污染清除协议；

（二）600总吨以上2000总吨以下仅在港区水域航行或作业的船舶，应当与三级以上等级的船舶污染清除单位签订船舶污染清除协议；

（三）2000总吨以上仅在港区水域航行或作业的船舶以及所有进出港口和从事过驳作业的船舶应当与二级以上等级的船舶污染清除单位签订船舶污染清除协议。

第十七条　载运油类之外的其他散装液体污染危害性货物的船舶，其经营人应当在船舶进港前或者港外装卸、过驳作业前，按照以下要求与相应的船舶污染清除单位签订船舶污染清除协议：

（一）进出港口的船舶以及在距岸20海里之内的我国管辖水域从事过驳作业的船舶应当与二级以上等级的船舶污染清除单位签订船舶污染清除协议；

（二）在距岸20海里以外的我国管辖水域从事过驳作业的载运其他散装液体污染危害性货物的船舶应当与一级以上等级的船舶污染清除单位签订船舶污染清除协议。

第十八条　1万总吨以上的载运非散装液体污染危害性货物的船舶，其经营人应当在船舶进港前或者港外装卸、过驳作业前，按照以下要求与相应的船舶污染清除单位签订船舶污染清除协议：

（一）进出港口的2万总吨以下的船舶应当与四级以上等级的船舶污染清除单位签订船舶污染清除协议；

（二）进出港口的2万总吨以上3万总吨以下的船舶应当与三级以上等级的船舶污染清除单位签订船舶污染清除协议；

（三）进出港口的3万总吨以上的船舶以及在我国管辖水域从事过驳作业的船舶应当与二级以上等级的船舶污染清除单位签订船舶污染清除协议。

第十九条　与一级、二级船舶污染清除单位签订污染清除协议的船舶划分标准由国家海事管理机构确定。

第二十条　国家海事管理机构应当制定并公布船舶污染清除协议样本，明确协议双方的权利和义务。

船舶和污染清除单位应当按照国家海事管理机构公布的协议样本签订船舶污染清除协议。

第二十一条　船舶应当将所签订的船舶污染清除协议留船备查，并在办理船舶进出港口手续或者作业申请时向海事管理机构出示。

船舶发现船舶污染清除单位存在违反本规定的行为，或者未履行船舶污染清除协议的，应当向船舶污染清除单位所在地的直属海事管理机构报告。

第五章　应　急　处　置

第二十二条　船舶发生污染事故或者可能造成海洋环境污染的，船舶及有关作业单位应当立即启动相应的应急预案，按照有关规定的要求就近向海事管理机构报告，通知签订船舶污染清除协议的船舶污染清除单位，并根据应急预案采取污染控制和清除措施。

船舶在终止清污行动前应当向海事管理机构报告，经海事管理机构同意后方可停止应急处置措施。

第二十三条　船舶污染清除单位接到船舶污染事故通知后，应当根据船舶污染清除协议及时开展污染控制和清除作业，并及时向海事管理机构报告污染控制和清除工作的进展情况。

第二十四条　接到船舶造成或者可能造成海洋环境污染的报告后，海事管理机构应当立即核实有关情况，并加强监测、监视。

发生船舶污染事故的，海事管理机构应当立即组织对船舶污染事故的等级进行评估，并按照应急预案的要求进行报告和通报。

第二十五条　发生船舶污染事故后，应当根据《中华人民共和国防治船舶污染海洋环境管理条例》

的规定，成立事故应急指挥机构。事故应急指挥机构应当根据船舶污染事故的等级和特点，启动相应的应急预案，有关部门、单位应当在事故应急指挥机构的统一组织和指挥下，按照应急预案的分工，开展相应的应急处置工作。

第二十六条 发生船舶污染事故或者船舶沉没，可能造成中华人民共和国管辖海域污染的，有关沿海设区的市级以上地方人民政府、海事管理机构根据应急处置的需要，可以征用有关单位和个人的船舶、防治污染设施、设备、器材以及其他物资。有关单位和个人应当予以配合。

有关单位和个人所提供的船舶和防治污染设施、设备、器材应当处于良好可用状态，有关物资质量符合国家有关技术标准、规范的要求。

被征用的船舶和防治污染设施、设备、器材以及其他物资使用完毕或者应急处置工作结束，应当及时返还。船舶和防治污染设施、设备、器材以及其他物资被征用或者征用后毁损、灭失，应当给予补偿。

第二十七条 发生船舶污染事故，海事管理机构可以组织并采取海上交通管制、清除、打捞、拖航、引航、护航、过驳、水下抽油、爆破等必要措施。采取上述措施的相关费用由造成海洋环境污染的船舶、有关作业单位承担。

需要承担前款规定费用的船舶，应当在开航前缴清有关费用或者提供相应的财务担保。

本条规定的财务担保应当由境内银行或者境内保险机构出具。

第二十八条 船舶发生事故有沉没危险时，船员离船前，应当按照规定采取防止溢油措施，尽可能关闭所有货舱（柜）、油舱（柜）管系的阀门，堵塞货舱（柜）、油舱（柜）通气孔。

船舶沉没的，其所有人、经营人或者管理人应当及时向海事管理机构报告船舶燃油、污染危害性货物以及其他污染物的性质、数量、种类及装载位置等情况，采取或者委托有能力的单位采取污染监视和控制措施，并在必要的时候采取抽出、打捞等措施。

第二十九条 船舶应当在污染事故清除作业结束后，对污染清除行动进行评估，并将评估报告报送当地直属海事管理机构，评估报告至少应当包括下列内容：

（一）事故概况和应急处置情况；
（二）设施、设备、器材以及人员的使用情况；
（三）回收污染物的种类、数量以及处置情况；
（四）污染损害情况；
（五）船舶污染应急预案存在的问题和修改情况。

事故应急指挥机构应当在污染事故清除作业结束后，组织对污染清除作业的总体效果和污染损害情况进行评估，并根据评估结果和实际需要修订相应的应急预案。

第六章　法律责任

第三十条 海事管理机构应当建立、健全防治船舶污染应急防备和处置的监督检查制度，对船舶以及有关作业单位的防治船舶污染能力以及污染清除作业实施监督检查，并对监督检查情况予以记录。

海事管理机构实施监督检查时，有关单位和个人应当予以协助和配合，不得拒绝、妨碍或者阻挠。

第三十一条 海事管理机构发现船舶及其有关作业单位和个人存在违反本规定行为的，应当责令改正；拒不改正的，海事管理机构可以责令停止作业、强制卸载，禁止船舶进出港口、靠泊、过境停留，或者责令停航、改航、离境、驶向指定地点。

第三十二条 违反本规定，船舶未制定防治船舶及其有关作业活动污染海洋环境应急预案并报海事管理机构备案的，由海事管理机构责令限期改正；港口、码头、装卸站的经营人未制定防治船舶及其有关作业活动污染海洋环境应急预案的，由海事管理机构责令限期改正。

第三十三条 违反本规定，船舶和有关作业单位未配备防污设施、设备、器材的，或者配备的防污设施、设备、器材不符合国家有关规定和标准的，由海事管理机构予以警告，或者处 2 万元以上 10 万元以下的罚款。

第三十四条 违反本规定，有下列情形之一的，由海事管理机构处 1 万元以上 5 万元以下的罚款：

（一）载运散装液体污染危害性货物的船舶和 1 万总吨以上的其他船舶，其经营人未按照规定签订污染清除作业协议的；
（二）污染清除作业单位不符合国家有关技术规范从事污染清除作业的。

第三十五条 违反本规定，有下列情形之一的，由海事管理机构处 2 万元以上 10 万元以下的罚款：

（一）船舶沉没后，其所有人、经营人未及时向海事管理机构报告船舶燃油、污染危害性货物以及其他污染物的性质、数量、种类及装载位置等情况的；
（二）船舶沉没后，其所有人、经营人未及时采取措施清除船舶燃油、污染危害性货物以及其他污染物的。

第三十六条 违反本规定，发生船舶污染事故，船舶、有关作业单位迟报、漏报事故的，对船舶、有关作业单位，由海事管理机构处 5 万元以上 25 万元以下的罚款；对直接负责的主管人员和其他直接责任人员，由海事管理机构处 1 万元以上 5 万元以下的罚款；直接负责的主管人员和其他直接责任人员属于船员的，给予暂扣适任证书或者其他有关证件 3 个月至 6 个月的处罚。瞒报、谎报事故的，对船舶、有关作业单位，由海事管理机构处 25 万元以上 50 万元以下的罚款；对直接负责的主管人员和其他直接责任人员，由海事管理机构处 5 万元以上 10 万元以下的罚款；直接负责的主管人员和其他直接责任人员属于船员的，并处给予吊销适任证书或者其他有关证件的处罚。

第三十七条 违反本规定，发生船舶污染事故，船舶、有关作业单位未立即启动应急预案的，对船舶、有关作业单位，由海事管理机构处 2 万元以上 10 万元以下的罚款；对直接负责的主管人员和其他直接责任人员，由海事管理机构处 1 万元以上 2 万元以下的罚款；直接负责的主管人员和其他直接责任人员属于船员的，并处给予暂扣适任证书或者其他适任证件 1 个月至 3 个月的处罚。

第七章 附　则

第三十八条 本规定所称"以上""以内"包括本数，"以下""以外"不包括本数。

第三十九条 本规定自 2011 年 6 月 1 日起施行。

附件 船舶污染清除单位应急清污能力要求（略）

重特大突发环境事件空气应急监测工作规程

（2022 年 6 月 9 日　环办监测函〔2022〕231 号）

为有效应对火灾、爆炸、泄漏等引发的重特大突发环境事件空气污染，坚持"人民至上、生命至上"的理念，以准确掌握事发地周边及附近敏感点空气污染状况为目标，按照快速及时、准确可靠、数据说话、支撑决策的原则，制定本规程。

本规程适用于因生产、经营、储存、运输、使用和处置危险化学品、危险废物等，以及意外因素或不可抗拒的自然灾害等原因引发的重特大火灾、爆炸、泄漏等突发环境事件的空气应急监测。

不适用于涉及军事设施、核设施等火灾、爆炸、泄漏等事故。

一、应急监测工作组织

突发环境事件空气应急监测坚持国家指导、省级统筹、属地管理的原则。

事发地生态环境监测部门接到事件通知后，应第一时间启动应急监测预案，组织人员、调集应急监测设备赶赴现场开展应急监测，并将监测结果上报本级生态环境部门和上级生态环境监测部门。

根据突发环境事件等级、影响程度和生态环境应急监测预案要求，由本级（或上级）人民政府或生态环境部门成立应急组织指挥机构，并以本级或上级生态环境监测部门为主要力量组建应急监测组。

省级生态环境部门统筹本行政区域内环境应急监测工作。事发地预判应急监测任务难以独立承担时，应及时报告省级生态环境部门，由省级生态环境部门组织本行政区域内监测力量支援。

生态环境部指导督促省级生态环境部门开展应急监测，根据需要安排中国环境监测总站参与应急监测工作，必要时调集相关生态环境监测部门或社会环境检测机构的人员、物资、设备进行支援。

二、应急监测方案制定

（一）点位布设原则

点位布设参照《突发环境事件应急监测技术规范》《环境空气质量手工监测技术规范》执行，以掌握污染物对环境空气质量的影响及扩散趋势为重点，研判污染物对人体健康的影响。在厂界或事故点周边及扩散影响区域合理布设监测或采样点位，判断污染团位置，掌握污染物浓度及扩散趋势，研判应急处置效果，为人员疏散等应急决策提供支撑。

事故初期，为摸清污染物最大落地浓度和削减规律，以事故点为中心，在厂界或事故点周边主导风向的下风向布设点位，原则上按照 500 米、1000 米、2000 米、3000 米、5000 米间隔的扇形布设点位；无明显主导风向，以敏感点所在方向为重点按圆形布设点位。有敏感点时，在敏感点内部按 500～1000 米间隔增设监测点位。可在事故点上风向布设对照点位。点位布设示意图如附图 1 所示。

确定特征污染物扩散趋势后，重点围绕敏感点布设点位，并根据风向变化及时调整。点位布设应充分考虑交通状况、气象条件和人员安全。

（二）监测频次的确定

监测频次以掌握特征污染物扩散特点、浓度水平和变化趋势为目的。原则上，事故初期每 1～2 小时监测 1 次；确定特征污染物扩散趋势后，重点围绕敏感点每 1~2 小时监测 1 次；事故现场无明火、浓烟、异味，受影响人员无明显不良反应等情况时，每天监测 1~3 次，或根据应急组织指挥机构部署确定监测频次；各点位应同步开展监测。

（三）人员配置要求

1. 现场监测：原则上，每个监测点位配备 2~3 组现场监测人员，每组 2~3 人，24 小时轮流值班。

2. 样品运输：根据现场需要，每个监测点位配备 2~3 组送样人员，每组 2~3 人，24 小时轮流值班。

3. 实验室分析：根据监测项目配备分析人员，原则上，每个项目配备 2~3 组人员，根据前处理复杂程度每组配备 2~3 人，24 小时轮流值班。多项目同时测定的可酌情减少分析人员。

4. 报告编制：原则上，报告编制配备 2~3 组人员，每组 2~3 人，分别负责方案编制、数据收集、数据分析、报告编制等。若事故除涉及空气外，还涉及水质等其他环境要素，报告编制人员可综合考虑，合理配备。

注意事项：人员不足时可以协调社会环境检测机构进行补充；对于交通不便的采样点位，可根据实际情况适当增加采样人员及样品运输车辆，确保采样人员及车辆安全；各点位的采样工作应同步开展；采样人员应拍照记录采样点位经纬度位置、采样时间和周边情况等，并在现场如实规范完成采样记录。

（四）防护及保障

应急监测人员及监测设备需做好安全防护，确保监测人员安全和设备安全；监测人员应做好防毒、防爆等安全防护措施。应做好后勤保障工作，确保应急监测试剂、车辆以及应急监测人员的基本生活得到有效保障。

三、应急监测技术要求

（一）应急监测方法的选用

突发环境事件空气应急监测应以现场监测为主。特别是应急监测初始阶段为确保快速、及时、准确掌握污染情况和污染团移动情况，应优先选择便携式、直读式等现场快速监测方法，以及空气走航监测和无人机巡航监测。当现场监测方法不能准确测定污染物浓度或无法准确定性或定量分析时，为精准掌握污染物浓度，研判污染物扩散态势，应选实验室手工监测或其他高精度监测方法，样品采集要求及采样量根据分析项目及分析方法确定。

建议参照《生态环境应急监测方法选用指南》选用合适的监测方法。

注意事项：采用便携式仪器现场快速监测、空气走航监测、无人机巡航监测、实验室手工监测等多种监测方法时，需开展方法比对，确保监测数据的可比性，测定结果变化趋势应保持一致。当测定结果偏差过大或变化趋势不一致时，确因便携式、直读式等现场快速监测方法导致数据偏差过大的，以标准方法或实验室手工监测方法为准。

（二）应急监测仪器的选用

现场监测仪器装备的选用应以便携式、直读式、多参数的现场监测仪器为主，要求能够通过定性半定量的监测结果对污染物进行快速鉴别、筛查及监测。有条件的可使用空气应急监测车、空气走航监测车和无人机等设备。便携式仪器适用于厂界或事故周边及敏感点现场快速监测；空气走航监测车适用于具备交通条件的厂界或事故周边及敏感点的走航监测；无人机适用于事故现场大范围的立体监测。

可参照《生态环境应急监测能力建设指南》选择合适的应急监测设备。

注意事项：各类应急监测仪器要加强检定和校准工作，做好日常维护。可参考《生态环境应急监测仪器核查检查规程编制指南（试行）》进行检定、校准、核查、检查，保证应急监测仪器性能正常。各类应急监测仪器需提前做好适用性评估，做好防爆处理，避免出现因监测仪器导致的二次危险危害发生。

（三）污染物筛查的要求

发生火灾、爆炸、未知气体泄漏时，可对气态污染物中无机和有机污染物分别进行筛查以确定特征污染物。无机污染物筛查，可结合现场刺激性气味、颜色等特点综合研判，利用电化学传感器、检测管等筛查；有机污染物筛查，可监测非甲烷总烃或总挥发性有机物，再利用便携式气质联用仪等筛查挥发性有机物成分。其中，化工企业等火灾、爆炸时，可结合行业、工艺特点和主要产品、中间产品、原辅材料、环评报告等研判可能出现的特征污染物。

发生已知气体泄漏时，按照具体泄漏物质及可能的次生产物确定特征污染物。

特征污染物，一般是指事件中排放量较大或超标倍数较高、对人体健康及周边生态环境影响较大，可表征事态发展的污染物。特征污染物的筛查，建议相关领域专家及时给予支持和指导。

（四）应急监测报告的编制要点

应急监测报告主要内容应包括主要污染物、厂界或事故周边及敏感点污染物浓度、污染程度、污染范围、污染扩散情况等，分析研判污染扩散趋势和对敏感点的影响。

报告中的数据表征应包括污染物浓度的空间变化趋势图（同一时间不同点位污染物浓度的空间变化趋势）和时间变化趋势图（同一点位污染物浓度的时间变化趋势），趋势图中应显示污染物的标准限值。趋势图一般以折线图表示，每个趋势图中可包括一条或多条折线。

监测结果的评价，敏感点优先执行地方环境质量标准，无地方环境质量标准的，可执行《环境空气质量标准》（GB 3095）或《环境影响评价技术导则 大气环境》（HJ 2.2）附录 D。前述标准未涵盖的项目，可参考前苏联《居民区大气中有害物质的最大允许浓度》等。其他项目评价可参考上风向或背景点浓度。厂界或事故点周边优先执行污染物排放的地方标准和行业标准，无相关前述标准的，可执行《大气污染物综合排放标准》（GB 16297）及《恶臭污染物排放标准》（GB 14554）。前述标准未涵盖的污染物，评价可参考上风向或背景点。涉及人员疏散等应急决策时，可参考《化工企业定量风险评价导则》（AQ/T 3046）附录 H。

四、应急监测终止

当事件条件已经排除、最近一次应急监测方案中全部监测点位特征污染物的连续 3 次以上监测结果已降至规定限值以内、所造成的危害基本消除时，由应急监测组向应急组织指挥机构提出应急监测终止建议，应急组织指挥机构确定是否终止应急监测。

应急监测终止后，可参照相关技术规范或标准开展后续监测。

附图 1：监测点位布设示意图（略）
附图 2：重特大突发环境事件空气应急监测工作流程图（略）

3. 应急预案

国家突发环境事件应急预案

（2014 年 12 月 29 日　国办函〔2014〕119 号）

1　总　　则

1.1　编制目的

健全突发环境事件应对工作机制，科学有序高效应对突发环境事件，保障人民群众生命财产安全和环境安全，促进社会全面、协调、可持续发展。

1.2　编制依据

依据《中华人民共和国环境保护法》、《中华人民共和国突发事件应对法》、《中华人民共和国放射性污染防治法》、《国家突发公共事件总体应急预案》及相关法律法规等，制定本预案。

1.3　适用范围

本预案适用于我国境内突发环境事件应对工作。

突发环境事件是指由于污染物排放或自然灾害、生产安全事故等因素，导致污染物或放射性物质等有毒有害物质进入大气、水体、土壤等环境介质，突然造成或可能造成环境质量下降，危及公众身体健康和财产安全，或造成生态环境破坏，或造成重大社会影响，需要采取紧急措施予以应对的事件，主要包括大气污染、水体污染、土壤污染等突发性环境污染事件和辐射污染事件。

核设施及有关核活动发生的核事故所造成的辐射污染事件、海上溢油事件、船舶污染事件的应对工作按照其他相关应急预案规定执行。重污染天气应对工作按照国务院《大气污染防治行动计划》等有关规定执行。

1.4　工作原则

突发环境事件应对工作坚持统一领导、分级负责，属地为主、协调联动，快速反应、科学处置，资源共享、保障有力的原则。突发环境事件发生后，地方人民政府和有关部门立即自动按照职责分工和相关预案开展应急处置工作。

1.5　事件分级

按照事件严重程度，突发环境事件分为特别重大、重大、较大和一般四级。突发环境事件分级标准见附件 1。

2　组织指挥体系

2.1　国家层面组织指挥机构

环境保护部负责重特大突发环境事件应对的指导协调和环境应急的日常监督管理工作。根据突发环境事件的发展态势及影响，环境保护部或省级人民政府可报请国务院批准，或根据国务院领导同志指示，成立国务院工作组，负责指导、协调、督促有关地区和部门开展突发环境事件应对工作。必要时，成立国家环境应急指挥部，由国务院领导同志担任总指挥，统一领导、组织和指挥应急处置工作；国务院办公厅履行信息汇总和综合协调职责，发挥运转枢纽作用。国家环境应急指挥部组成及工作组职责见附件2。

2.2 地方层面组织指挥机构

县级以上地方人民政府负责本行政区域内的突发环境事件应对工作，明确相应组织指挥机构。跨行政区域的突发环境事件应对工作，由各有关行政区域人民政府共同负责，或由有关行政区域共同的上一级地方人民政府负责。对需要国家层面协调处置的跨省级行政区域突发环境事件，由有关省级人民政府向国务院提出请求，或由有关省级环境保护主管部门向环境保护部提出请求。

地方有关部门按照职责分工，密切配合，共同做好突发环境事件应对工作。

2.3 现场指挥机构

负责突发环境事件应急处置的人民政府根据需要成立现场指挥部，负责现场组织指挥工作。参与现场处置的有关单位和人员要服从现场指挥部的统一指挥。

3 监测预警和信息报告

3.1 监测和风险分析

各级环境保护主管部门及其他有关部门要加强日常环境监测，并对可能导致突发环境事件的风险信息加强收集、分析和研判。安全监管、交通运输、公安、住房城乡建设、水利、农业、卫生计生、气象等有关部门按照职责分工，应当及时将可能导致突发环境事件的信息通报同级环境保护主管部门。

企业事业单位和其他生产经营者应当落实环境安全主体责任，定期排查环境安全隐患，开展环境风险评估，健全风险防控措施。当出现可能导致突发环境事件的情况时，要立即报告当地环境保护主管部门。

3.2 预警

3.2.1 预警分级

对可以预警的突发环境事件，按照事件发生的可能性大小、紧急程度和可能造成的危害程度，将预警分为四级，由低到高依次用蓝色、黄色、橙色和红色表示。

预警级别的具体划分标准，由环境保护部制定。

3.2.2 预警信息发布

地方环境保护主管部门研判可能发生突发环境事件时，应当及时向本级人民政府提出预警信息发布建议，同时通报同级相关部门和单位。地方人民政府或其授权的相关部门，及时通过电视、广播、报纸、互联网、手机短信、当面告知等渠道或方式向本行政区域公众发布预警信息，并通报可能影响到的相关地区。

上级环境保护主管部门要将监测到的可能导致突发环境事件的有关信息，及时通报可能受影响地区的下一级环境保护主管部门。

3.2.3 预警行动

预警信息发布后，当地人民政府及其有关部门视情采取以下措施：

（1）分析研判。组织有关部门和机构、专业技术人员及专家，及时对预警信息进行分析研判，预估可能的影响范围和危害程度。

（2）防范处置。迅速采取有效处置措施，控制事件苗头。在涉险区域设置注意事项提示或事件危害警告标志，利用各种渠道增加宣传频次，告知公众避险和减轻危害的常识、需采取的必要的健康防护措施。

（3）应急准备。提前疏散、转移可能受到危害的人员，并进行妥善安置。责令应急救援队伍、负有特定职责的人员进入待命状态，动员后备人员做好参加应急救援和处置工作的准备，并调集应急所需物资和设备，做好应急保障工作。对可能导致突发环境事件发生的相关企业事业单位和其他生产经营者加强环境监管。

（4）舆论引导。及时准确发布事态最新情况，公布咨询电话，组织专家解读。加强相关舆情监测，做好舆论引导工作。

3.2.4 预警级别调整和解除

发布突发环境事件预警信息的地方人民政府或有关部门，应当根据事态发展情况和采取措施的效果适时调整预警级别；当判断不可能发生突发环境事件或者危险已经消除时，宣布解除预警，适时终止相关措施。

3.3 信息报告与通报

突发环境事件发生后，涉事企业事业单位或其他生产经营者必须采取应对措施，并立即向当地环境保护主管部门和相关部门报告，同时通报可能受到污染危害的单位和居民。因生产安全事故导致突发环境事件的，安全监管等有关部门应当及时通报同级环境保护主管部门。环境保护主管部门通过互联网信息监测、环境污染举报热线等多种渠道，加强对突发环境事件的信息收集，及时掌握突发环境事件发生情况。

事发地环境保护主管部门接到突发环境事件信息报告或监测到相关信息后，应当立即进行核实，对突发环境事件的性质和类别作出初步认定，按照国家规定的时限、程序和要求向上级环境保护主管部门和同级人民政府报告，并通报同级其他相关部门。突发环境事件已经或者可能涉及相邻行政区域的，事发地人民政府或环境保护主管部门应当及时通报相邻行政区域同级人民政府或环境保护主管部门。地方各级人民政府及其环境保护主管部门应当按照有关规定逐级上报，必要时可越级上报。

接到已经发生或者可能发生跨省级行政区域突发环境事件信息时，环境保护部要及时通报相关省级环境保护主管部门。

对以下突发环境事件信息，省级人民政府和环境保护部应当立即向国务院报告：

（1）初判为特别重大或重大突发环境事件；
（2）可能或已引发大规模群体性事件的突发环境事件；
（3）可能造成国际影响的境内突发环境事件；
（4）境外因素导致或可能导致我境内突发环境事件；
（5）省级人民政府和环境保护部认为有必要报告的其他突发环境事件。

4 应急响应

4.1 响应分级

根据突发环境事件的严重程度和发展态势，将应急响应设定为Ⅰ级、Ⅱ级、Ⅲ级和Ⅳ级四个等级。初判发生特别重大、重大突发环境事件，分别启动Ⅰ级、Ⅱ级应急响应，由事发地省级人民政府负责应对工作；初判发生较大突发环境事件，启动Ⅲ级应急响应，由事发地设区的市人民政府负责应对工作；初判发生一般突发环境事件，启动Ⅳ级应急响应，由事发地县级人民政府负责应对工作。

突发环境事件发生在易造成重大影响的地区或重要时段时，可适当提高响应级别。应急响应启动后，可视事件损失情况及其发展趋势调整响应级别，避免响应不足或响应过度。

4.2 响应措施

突发环境事件发生后，各有关地方、部门和单位根据工作需要，组织采取以下措施：

4.2.1 现场污染处置

涉事企业事业单位或其他生产经营者要立即采取关闭、停产、封堵、围挡、喷淋、转移等措施，切断和控制污染源，防止污染蔓延扩散。做好有毒有害物质和消防废水、废液等的收集、清理和安全处置工作。当涉事企业事业单位或其他生产经营者不明时，由当地环境保护主管部门组织对污染来源开展调查，查明涉事单位，确定污染物种类和污染范围，切断污染源。

事发地人民政府应组织制订综合治污方案，采用监测和模拟等手段追踪污染气体扩散途径和范围；采取拦截、导流、疏浚等形式防止水体污染扩大；采取隔离、吸附、打捞、氧化还原、中和、沉淀、消毒、去污洗消、临时收贮、微生物消解、调水稀释、转移异地处置、临时改造污染处置工艺或临时建设污染处置工程等方法处置污染物。必要时，要求其他排污单位停产、限产、限排，减轻环境污染负荷。

4.2.2 转移安置人员

根据突发环境事件影响及事发当地的气象、地理环境、人员密集度等，建立现场警戒区、交通管制区域和重点防护区域，确定受威胁人员疏散的方式和途径，有组织、有秩序地及时疏散转移受威胁人员和可能受影响地区居民，确保生命安全。妥善做好转移人员安置工作，确保有饭吃、有水喝、有衣穿、有住处和必要医疗条件。

4.2.3 医学救援

迅速组织当地医疗资源和力量，对伤病员进行诊断治疗，根据需要及时、安全地将重症伤病员转运到有条件的医疗机构加强救治。指导和协助开展受污染人员的去污洗消工作，提出保护公众健康的措施建议。视情增派医疗卫生专家和卫生应急队伍、调配急需医药物资，支持事发地医学救援工作。做好受影响人员的心理援助。

4.2.4 应急监测

加强大气、水体、土壤等应急监测工作，根据突发环境事件的污染物种类、性质以及当地自然、社会环境状况等，明确相应的应急监测方案及监测方法，确定监测的布点和频次，调配应急监测设备、车辆，及时准确监测，为突发环境事件应急决策提供依据。

4.2.5 市场监管和调控

密切关注受事件影响地区市场供应情况及公众反应，加强对重要生活必需品等商品的市场监管和调控。禁止或限制受污染食品和饮用水的生产、加工、流通和食用，防范因突发环境事件造成的集体中毒等。

4.2.6 信息发布和舆论引导

通过政府授权发布、发新闻稿、接受记者采访、举行新闻发布会、组织专家解读等方式，借助电视、广播、报纸、互联网等多种途径，主动、及时、准确、客观向社会发布突发环境事件和应对工作信息，回应社会关切，澄清不实信息，正确引导社会舆论。信息发布内容包括事件原因、污染程度、影响范围、应对措施、需要公众配合采取的措施、公众防范常识和事件调查处理进展情况等。

4.2.7 维护社会稳定

加强受影响地区社会治安管理，严厉打击借机传播谣言制造社会恐慌、哄抢救灾物资等违法犯罪行为；加强转移人员安置点、救灾物资存放点等重点地区治安管控；做好受影响人员与涉事单位、地方人民政府及有关部门矛盾纠纷化解和法律服务工作，防止出现群体性事件，维护社会稳定。

4.2.8 国际通报和援助

如需向国际社会通报或请求国际援助时，环境保护部商外交部、商务部提出需要通报或请求援助的国家（地区）和国际组织、事项内容、时机等，按照有关规定由指定机构向国际社会发出通报或呼吁信息。

4.3 国家层面应对工作

4.3.1 部门工作组应对

初判发生重大以上突发环境事件或事件情况特殊时，环境保护部立即派出工作组赴现场指导督促当地开展应急处置、应急监测、原因调查等工作，并根据需要协调有关方面提供队伍、物资、技术等支持。

4.3.2 国务院工作组应对

当需要国务院协调处置时，成立国务院工作组。主要开展以下工作：

（1）了解事件情况、影响、应急处置进展及当地需求等；

（2）指导地方制订应急处置方案；

（3）根据地方请求，组织协调相关应急队伍、物资、装备等，为应急处置提供支援和技术支持；

（4）对跨省级行政区域突发环境事件应对工作进行协调；

（5）指导开展事件原因调查及损害评估工作。

4.3.3 国家环境应急指挥部应对

根据事件应对工作需要和国务院决策部署，成立国家环境应急指挥部。主要开展以下工作：

（1）组织指挥部成员单位、专家组进行会商，研究分析事态，部署应急处置工作；

（2）根据需要赴事发现场或派出前方工作组赴事发现场协调开展应对工作；

（3）研究决定地方人民政府和有关部门提出的请求事项；

（4）统一组织信息发布和舆论引导；

（5）视情向国际通报，必要时与相关国家和地区、国际组织领导人通电话；

（6）组织开展事件调查。

4.4 响应终止

当事件条件已经排除、污染物质已降至规定限值以内、所造成的危害基本消除时，由启动响应的人民政府终止应急响应。

5 后期工作

5.1 损害评估

突发环境事件应急响应终止后，要及时组织开展污染损害评估，并将评估结果向社会公布。评估结论作为事件调查处理、损害赔偿、环境修复和生态恢复重建的依据。

突发环境事件损害评估办法由环境保护部制定。

5.2 事件调查

突发环境事件发生后，根据有关规定，由环境保护主管部门牵头，可会同监察机关及相关部门，组织开展事件调查，查明事件原因和性质，提出整改防范措施和处理建议。

5.3 善后处置

事发地人民政府要及时组织制订补助、补偿、抚慰、抚恤、安置和环境恢复等善后工作方案并组织实施。保险机构要及时开展相关理赔工作。

6 应急保障

6.1 队伍保障

国家环境应急监测队伍、公安消防部队、大型国有骨干企业应急救援队伍及其他相关方面应急救援队伍等力量，要积极参加突发环境事件应急监测、应急处置与救援、调查处理等工作任务。发挥国家环境应急专家组作用，为重特大突发环境事件应急处置方案制订、污染损害评估和调查处理工作提供决策建议。县级以上地方人民政府要强化环境应急救援队伍能力建设，加强环境应急专家队伍管理，提高突发环境事件快速响应及应急处置能力。

6.2 物资与资金保障

国务院有关部门按照职责分工，组织做好环境应急救援物资紧急生产、储备调拨和紧急配送工作，保障支援突发环境事件应急处置和环境恢复治理工作的需要。县级以上地方人民政府及其有关部门要加强应急物资储备，鼓励支持社会化应急物资储备，保障应急物资、生活必需品的生产和供给。环境保护主管部门要加强对当地环境应急物资储备信息的动态管理。

突发环境事件应急处置所需经费首先由事件责任单位承担。县级以上地方人民政府对突发环境事件应急处置工作提供资金保障。

6.3 通信、交通与运输保障

地方各级人民政府及其通信主管部门要建立健全突发环境事件应急通信保障体系，确保应急期间通信联络和信息传递需要。交通运输部门要健全公路、铁路、航空、水运紧急运输保障体系，保障应急响应所需人员、物资、装备、器材等的运输。公安部门要加强应急交通管理，保障运送伤病员、应急救援人员、物资、装备、器材车辆的优先通行。

6.4 技术保障

支持突发环境事件应急处置和监测先进技术、装备的研发。依托环境应急指挥技术平台，实现信息综合集成、分析处理、污染损害评估的智能化和数字化。

7 附 则

7.1 预案管理

预案实施后，环境保护部要会同有关部门组织预案宣传、培训和演练，并根据实际情况，适时组织评估和修订。地方各级人民政府要结合当地实际制定或修订突发环境事件应急预案。

7.2 预案解释

本预案由环境保护部负责解释。

7.3 预案实施时间

本预案自印发之日起实施。

附件：1. 突发环境事件分级标准
2. 国家环境应急指挥部组成及工作组职责

附件1

突发环境事件分级标准

一、特别重大突发环境事件

凡符合下列情形之一的，为特别重大突发环境事件：

1. 因环境污染直接导致30人以上死亡或100人以上中毒或重伤的；
2. 因环境污染疏散、转移人员5万人以上的；
3. 因环境污染造成直接经济损失1亿元以上的；
4. 因环境污染造成区域生态功能丧失或该区域国家重点保护物种灭绝的；
5. 因环境污染造成设区的市级以上城市集中式饮用水水源地取水中断的；
6. Ⅰ、Ⅱ类放射源丢失、被盗、失控并造成大范围严重辐射污染后果的；放射性同位素和射线装置失控导致3人以上急性死亡的；放射性物质泄漏，造成大范围辐射污染后果的；
7. 造成重大跨国境影响的境内突发环境事件。

二、重大突发环境事件

凡符合下列情形之一的，为重大突发环境事件：

1. 因环境污染直接导致10人以上30人以下死亡或50人以上100人以下中毒或重伤的；
2. 因环境污染疏散、转移人员1万人以上5万人以下的；
3. 因环境污染造成直接经济损失2000万元以上1亿元以下的；
4. 因环境污染造成区域生态功能部分丧失或该区域国家重点保护野生动植物种群大批死亡的；
5. 因环境污染造成县级城市集中式饮用水水源地取水中断的；
6. Ⅰ、Ⅱ类放射源丢失、被盗的；放射性同位素和射线装置失控导致3人以下急性死亡或者10人以上急性重度放射病、局部器官残疾的；放射性物质泄漏，造成较大范围辐射污染后果的；
7. 造成跨省级行政区域影响的突发环境事件。

三、较大突发环境事件

凡符合下列情形之一的，为较大突发环境事件：

1. 因环境污染直接导致3人以上10人以下死亡或10人以上50人以下中毒或重伤的；
2. 因环境污染疏散、转移人员5000人以上1万人以下的；
3. 因环境污染造成直接经济损失500万元以上2000万元以下的；
4. 因环境污染造成国家重点保护的动植物物种受到破坏的；
5. 因环境污染造成乡镇集中式饮用水水源地取水中断的；
6. Ⅲ类放射源丢失、被盗的；放射性同位素和射线装置失控导致10人以下急性重度放射病、局部器官残疾的；放射性物质泄漏，造成小范围辐射污染后果的；

7. 造成跨设区的市级行政区域影响的突发环境事件。

四、一般突发环境事件

凡符合下列情形之一的，为一般突发环境事件：

1. 因环境污染直接导致3人以下死亡或10人以下中毒或重伤的；

2. 因环境污染疏散、转移人员5000人以下的；

3. 因环境污染造成直接经济损失500万元以下的；

4. 因环境污染造成跨县级行政区域纠纷，引起一般性群体影响的；

5. Ⅳ、Ⅴ类放射源丢失、被盗的；放射性同位素和射线装置失控导致人员受到超过年剂量限值的照射的；放射性物质泄漏，造成厂区内或设施内局部辐射污染后果的；铀矿冶、伴生矿超标排放，造成环境辐射污染后果的；

6. 对环境造成一定影响，尚未达到较大突发环境事件级别的。

上述分级标准有关数量的表述中，"以上"含本数，"以下"不含本数。

附件2

国家环境应急指挥部组成及工作组职责

国家环境应急指挥部主要由环境保护部、中央宣传部（国务院新闻办）、中央网信办、外交部、发展改革委、工业和信息化部、公安部、民政部、财政部、住房城乡建设部、交通运输部、水利部、农业部、商务部、卫生计生委、新闻出版广电总局、安全监管总局、食品药品监管总局、林业局、气象局、海洋局、测绘地信局、铁路局、民航局、总参作战部、总后基建营房部、武警总部、中国铁路总公司等部门和单位组成，根据应对工作需要，增加有关地方人民政府和其他有关部门。

国家环境应急指挥部设立相应工作组，各工作组组成及职责分工如下：

一、污染处置组。由环境保护部牵头，公安部、交通运输部、水利部、农业部、安全监管总局、林业局、海洋局、总参作战部、武警总部等参加。

主要职责：收集汇总相关数据，组织进行技术研判，开展事态分析；迅速组织切断污染源，分析污染途径，明确防止污染物扩散的程序；组织采取有效措施，消除或减轻已经造成的污染；明确不同情况下的现场处置人员须采取的个人防护措施；组织建立现场警戒区和交通管制区域，确定重点防护区域，确定受威胁人员疏散的方式和途径，疏散转移受威胁人员至安全紧急避险场所；协调军队、武警有关力量参与应急处置。

二、应急监测组。由环境保护部牵头，住房城乡建设部、水利部、农业部、气象局、海洋局、总参作战部、总后基建营房部等参加。

主要职责：根据突发环境事件的污染物种类、性质以及当地气象、自然、社会环境状况等，明确相应的应急监测方案及监测方法；确定污染物扩散范围，明确监测的布点和频次，做好大气、水体、土壤等应急监测，为突发环境事件应急决策提供依据；协调军队力量参与应急监测。

三、医学救援组。由卫生计生委牵头，环境保护部、食品药品监管总局等参加。

主要职责：组织开展伤病员医疗救治、应急心理援助；指导和协助开展受污染人员的去污洗消工作；提出保护公众健康的措施建议；禁止或限制受污染食品和饮用水的生产、加工、流通和食用，防范因突发环境事件造成集体中毒等。

四、应急保障组。由发展改革委牵头，工业和信息化部、公安部、民政部、财政部、环境保护部、住房城乡建设部、交通运输部、水利部、商务部、测绘地信局、铁路局、民航局、中国铁路总公司等参加。

主要职责：指导做好事件影响区域有关人员的紧急转移和临时安置工作；组织做好环境应急救援物资及临时安置重要物资的紧急生产、储备调拨和紧急配送工作；及时组织调运重要生活必需品，保障群众基本生活和市场供应；开展应急测绘。

五、新闻宣传组。由中央宣传部（国务院新闻办）牵头，中央网信办、工业和信息化部、环境保护部、新闻出版广电总局等参加。

主要职责：组织开展事件进展、应急工作情况等权威信息发布，加强新闻宣传报道；收集分析国内外舆情和社会公众动态，加强媒体、电信和互联网管理，正确引导舆论；通过多种方式，通俗、权威、全面、前瞻地做好相关知识普及；及时澄清不实信息，回应社会关切。

六、社会稳定组。由公安部牵头，中央网信办、工业和信息化部、环境保护部、商务部等参加。

主要职责：加强受影响地区社会治安管理，严厉打击借机传播谣言制造社会恐慌、哄抢物资等违法犯罪行为；加强转移人员安置点、救灾物资存放点等重点地区治安管控；做好受影响人员与涉事单位、地方人民政府及有关部门矛盾纠纷化解和法律服务工作，防止出现群体性事件，维护社会稳定；加强对重要生活必需品等商品的市场监管和调控，打击囤积居奇行为。

七、涉外事务组。由外交部牵头，环境保护部、商务部、海洋局等参加。

主要职责：根据需要向有关国家和地区、国际组织通报突发环境事件信息，协调处理对外交涉、污染检测、危害防控、索赔等事宜，必要时申请、接受国际援助。

工作组设置、组成和职责可根据工作需要作适当调整。

国家核应急预案

（2013 年 6 月 30 日）

1　总　则

1.1　编制目的

依法科学统一、及时有效应对处置核事故，最大程度控制、减轻或消除事故及其造成的人员伤亡和财产损失，保护环境，维护社会正常秩序。

1.2　编制依据

《中华人民共和国突发事件应对法》、《中华人民共和国放射性污染防治法》、《核电厂核事故应急管理条例》、《放射性物品运输安全管理条例》、《国家突发公共事件总体应急预案》和相关国际公约等。

1.3　适用范围

本预案适用于我国境内核设施及有关核活动已经或可能发生的核事故。境外发生的对我国大陆已经或可能造成影响的核事故应对工作参照本预案进行响应。

1.4　工作方针和原则

国家核应急工作贯彻执行常备不懈、积极兼容、统一指挥、大力协同、保护公众、保护环境的方针；坚持统一领导、分级负责、条块结合、快速反应、科学处置的工作原则。核事故发生后，核设施营运单位、地方政府及其有关部门和国家核事故应急协调委员会（以下简称国家核应急协调委）成员单位立即自动按照职责分工和相关预案开展前期处置工作。核设施营运单位是核事故场内应急工作的主体，省级人民政府是本行政区域核事故场外应急工作的主体。国家根据核应急工作需要给予必要的协调和支持。

2　组 织 体 系

2.1　国家核应急组织

国家核应急协调委负责组织协调全国核事故应急准备和应急处置工作。国家核应急协调委主任委员由工业和信息化部部长担任。日常工作由国家核事故应急办公室（以下简称国家核应急办）承担。必要时，成立国家核事故应急指挥部，统一领导、组织、协调全国的核事故应对工作。指挥部总指挥由国务院领导同志担任。视情成立前方工作组，在国家核事故应急指挥部的领导下开展工作。

国家核应急协调委设立专家委员会，由核工程与核技术、核安全、辐射监测、辐射防护、环境保护、交通运输、医学、气象学、海洋学、应急管理、公共宣传等方面专家组成，为国家核应急工作重大决策和重要规划以及核事故应对工作提供咨询和建议。

国家核应急协调委设立联络员组，由成员单位司、处级和核设施营运单位所属集团公司（院）负责同志组成，承担国家核应急协调委交办的事项。

2.2　省（自治区、直辖市）核应急组织

省级人民政府根据有关规定和工作需要成立省（自治区、直辖市）核应急委员会（以下简称省核应急委），由有关职能部门、相关市县、核设施营运单位的负责同志组成，负责本行政区域核事故应急准备与应急处置工作，统一指挥本行政区域核事故场外应急响应行动。省核应急委设立专家组，提供决策咨询；设立省核事故应急办公室（以下简称省核应急办），承担省核应急委的日常工作。

未成立核应急委的省级人民政府指定部门负责本行政区域核事故应急准备与应急处置工作。

必要时，由省级人民政府直接领导、组织、协调本行政区域场外核应急工作，支援核事故场内核应急响应行动。

2.3　核设施营运单位核应急组织

核设施营运单位核应急指挥部负责组织场内核应急准备与应急处置工作，统一指挥本单位的核应急响应行动，配合和协助做好场外核应急准备与响应工作，及时提出进入场外应急状态和采取场外应急防护措施的建议。核设施营运单位所属集团公司（院）负责领导协调核设施营运单位核应急准备工作，事故情况下负责调配其应急资源和力量，支援核设施营运单位的响应行动。

583

3 核设施核事故应急响应

3.1 响应行动

核事故发生后，各级核应急组织根据事故的性质和严重程度，实施以下全部或部分响应行动。

3.1.1 事故缓解和控制

迅速组织专业力量、装备和物资等开展工程抢险，缓解并控制事故，使核设施恢复到安全状态，最大程度防止、减少放射性物质向环境释放。

3.1.2 辐射监测和后果评价

开展事故现场和周边环境（包括空中、陆地、水体、大气、农作物、食品和饮水等）放射性监测，以及应急工作人员和公众受照剂量的监测等。实时开展气象、水文、地质、地震等观（监）测预报；开展事故工况诊断和释放源项分析，研判事故发展趋势，评价辐射后果，判定受影响区域范围，为应急决策提供技术支持。

3.1.3 人员放射性照射防护

当事故已经或可能导致碘放射性同位素释放的情况下，按照辐射防护原则及管理程序，及时组织有关工作人员和公众服用稳定碘，减少甲状腺的受照剂量。根据公众可能接受的辐射剂量和保护公众的需要，组织放射性烟羽区有关人员隐蔽；组织受影响地区居民向安全地区撤离。根据受污染地区实际情况，组织居民从受污染地区临时迁出或永久迁出，异地安置，避免或减少地面放射性沉积物的长期照射。

3.1.4 去污洗消和医疗救治

去除或降低人员、设备、场所、环境等的放射性污染；组织对辐射损伤人员和非辐射损伤人员实施医学诊断及救治，包括现场救治、地方救治和专科救治。

3.1.5 出入通道和口岸控制

根据受事故影响区域具体情况，划定警戒区，设定出入通道，严格控制各类人员、车辆、设备和物资出入。对出入境人员、交通工具、集装箱、货物、行李物品、邮包快件等实施放射性污染检测与控制。

3.1.6 市场监管和调控

针对受事故影响地区市场供应及公众心理状况，及时进行重要生活必需品的市场监管和调控。禁止或限制受污染食品和饮水的生产、加工、流通和食用，避免或减少放射性物质摄入。

3.1.7 维护社会治安

严厉打击借机传播谣言制造恐慌等违法犯罪行为；在群众安置点、抢险救援物资存放点等重点地区，增设临时警务站，加强治安巡逻；强化核事故现场等重要场所警戒保卫，根据需要做好周边地区交通管制等工作。

3.1.8 信息报告和发布

按照核事故应急报告制度的有关规定，核设施营运单位及时向国家核应急办、省核应急办、核电主管部门、核安全监管部门、所属集团公司（院）报告、通报有关核事故及核应急响应情况；接到事故报告后，国家核应急协调委、核事故发生地省级人民政府要及时、持续向国务院报告有关情况。第一时间发布准确、权威信息。核事故信息发布办法由国家核应急协调委另行制订，报国务院批准后实施。

3.1.9 国际通报和援助

国家核应急协调委统筹协调核应急国际通报与国际援助工作。按照《及早通报核事故公约》的要求，当核事故造成或可能造成超越国界的辐射影响时，国家核应急协调委通过核应急国家联络点向国际原子能机构通报。向有关国家和地区的通报工作，由外交部按照双边或多边核应急合作协议办理。

必要时，国家核应急协调委提出请求国际援助的建议，报请国务院批准后，由国家原子能机构会同外交部按照《核事故或辐射紧急情况援助公约》的有关规定办理。

3.2 指挥和协调

根据核事故性质、严重程度及辐射后果影响范围，核设施核事故应急状态分为应急待命、厂房应急、场区应急、场外应急（总体应急），分别对应Ⅳ级响应、Ⅲ级响应、Ⅱ级响应、Ⅰ级响应。

3.2.1 Ⅳ级响应

3.2.1.1 启动条件

当出现可能危及核设施安全运行的工况或事件，核设施进入应急待命状态，启动Ⅳ级响应。

3.2.1.2 应急处置

（1）核设施营运单位进入戒备状态，采取预防或缓解措施，使核设施保持或恢复到安全状态，并及时向国家核应急办、省核应急办、核电主管部门、核安全监管部门、所属集团公司（院）提出相关建议；对事故的性质及后果进行评价。

（2）省核应急组织密切关注事态发展，保持核应急通信渠道畅通；做好公众沟通工作，视情组织本省部分核应急专业力量进入待命状态。

（3）国家核应急办研究决定启动Ⅳ级响应，加强与相关省核应急组织和核设施营运单位及其所属集团公司（院）的联络沟通，密切关注事态发展，及时向国家核应急协调委成员单位通报情况。各成员单位做好相关应急准备。

3.2.1.3 响应终止

核设施营运单位组织评估，确认核设施已处于安全状态后，提出终止应急响应建议报国家和省核应急办，国家核应急办研究决定终止Ⅳ级响应。

3.2.2 Ⅲ级响应

3.2.2.1 启动条件

当核设施出现或可能出现放射性物质释放，事故后果影响范围仅限于核设施场区局部区域，核设施进入厂房应急状态，启动Ⅲ级响应。

3.2.2.2 应急处置

在Ⅳ级响应的基础上，加强以下应急措施：

（1）核设施营运单位采取控制事故措施，开展应急辐射监测和气象观测，采取保护工作人员的辐射防护措施；加强信息报告工作，及时提出相关建议；做好公众沟通工作。

（2）省核应急委组织相关成员单位、专家组会商，研究核应急工作措施；视情组织本省核应急专业力量开展辐射监测和气象观测。

（3）国家核应急协调委研究决定启动Ⅲ级响应，组织国家核应急协调委有关成员单位及专家委员会开展趋势研判、公众沟通等工作；协调、指导地方和核设施营运单位做好核应急有关工作。

3.2.2.3 响应终止

核设施营运单位组织评估，确认核设施已处于安全状态后，提出终止应急响应建议报国家核应急协调委和省核应急委，国家核应急协调委研究决定终止Ⅲ级响应。

3.2.3 Ⅱ级响应

3.2.3.1 启动条件

当核设施出现或可能出现放射性物质释放，事故后果影响扩大到整个场址区域（场内），但尚未对场址区域外公众和环境造成严重影响，核设施进入场区应急状态，启动Ⅱ级响应。

3.2.3.2 应急处置

在Ⅲ级响应的基础上，加强以下应急措施：

（1）核设施营运单位组织开展工程抢险；撤离非应急人员，控制应急人员辐射照射；进行污染区标识或场区警戒，对出入场区人员、车辆等进行污染监测；做好与外部救援力量的协同准备。

（2）省核应急委组织实施气象观测预报、辐射监测，组织专家分析研判趋势；及时发布通告，视情采取交通管制、控制出入通道、心理援助等措施；根据信息发布办法的有关规定，做好信息发布工作，协调调配本行政区域核应急资源给予核设施营运单位必要的支援，做好医疗救治准备等工作。

（3）国家核应急协调委研究决定启动Ⅱ级响应，组织国家核应急协调委相关成员单位、专家委员会会商，开展综合研判；按照有关规定组织权威信息发布，稳定社会秩序；根据有关省级人民政府、省核应急委或核设施营运单位的请求，为事故缓解和救援行动提供必要的支持；视情组织国家核应急力量指导开展辐射监测、气象观测预报、医疗救治等工作。

3.2.3.3 响应终止

核设施营运单位组织评估，确认核设施已处于安全状态后，提出终止应急响应建议报国家核应急协调委和省核应急委，国家核应急协调委研究决定终止Ⅱ级响应。

3.2.4 Ⅰ级响应

3.2.4.1 启动条件

当核设施出现或可能出现向环境释放大量放射性物质，事故后果超越场区边界，可能严重危及公众健康和环境安全，进入场外应急状态，启动Ⅰ级响应。

3.2.4.2 应急处置

（1）核设施营运单位组织工程抢险，缓解、控制事故，开展事故工况诊断、应急辐射监测；采取保护场内工作人员的防护措施，撤离非应急人员，控制应急人员辐射照射，对受伤或受照人员进行医疗救治；标识污染区，实施场区警戒，对出入场区人员、车辆等进行放射性污染监测；及时提出公众防护行动建议；对事故的性质及后果进行评价；协同外部救援力量做好抢险救援等工作；配合国家核应急协调委和省核应急委做好公众沟通和信息发布等工作。

（2）省核应急委组织实施场外应急辐射监测、气象观测预报，组织专家进行趋势分析研判，协调、调配本行政区域内核应急资源，向核设施营运单位提供必要的交通、电力、水源、通信等保障条件支援；及时发布通告，视情采取交通管制、发放稳定碘、控制出入通道、控制食品和饮水、医疗救治、心理援助、去污洗消等措施，适时组织实施受影响区域公众的隐蔽、撤离、临时避迁、永久再定居；根据信息发布办法的有关规定，做好信息发布工作，组织开展公众沟通等工作；及时向事故后果影响或可能影响的邻近省（自治区、直辖市）通报事故情况，提出相应建议。

（3）国家核应急协调委向国务院提出启动Ⅰ级

响应建议，国务院决定启动Ⅰ级响应。国家核应急协调委组织协调核应急处置工作。必要时，国务院成立国家核事故应急指挥部，统一领导、组织、协调全国核应急处置工作。国家核事故应急指挥部根据工作需要设立事故抢险、辐射监测、医学救援、放射性污染物处置、群众生活保障、信息发布和宣传报道、涉外事务、社会稳定、综合协调等工作组。

国家核事故应急指挥部或国家核应急协调委对以下任务进行部署，并组织协调有关地区和部门实施：

①组织国家核应急协调委相关成员单位、专家委员会会商，开展事故工况诊断、释放源项分析、辐射后果预测评价等，科学研判趋势，决定核应急对策措施。

②派遣国家核应急专业救援队伍，调配专业核应急装备参与事故抢险工作，抑制或缓解事故、防止或控制放射性污染等。

③组织协调国家和地方辐射监测力量对已经或可能受核辐射影响区域的环境（包括空中、陆地、水体、大气、农作物、食品和饮水等）进行放射性监测。

④组织协调国家和地方医疗卫生力量和资源，指导和支援受影响地区开展辐射损伤人员医疗救治、心理援助，以及去污洗消、污染物处置等工作。

⑤统一组织核应急信息发布。

⑥跟踪重要生活必需品的市场供求信息，开展市场监管和调控。

⑦组织实施农产品出口管制，对出境人员、交通工具、集装箱、货物、行李物品、邮包快件等进行放射性沾污检测与控制。

⑧按照有关规定和国际公约的要求，做好向国际原子能机构、有关国家和地区的国际通报工作；根据需要提出国际援助请求。

⑨其他重要事项。

3.2.4.3 响应终止

当核事故已得到有效控制，放射性物质的释放已经停止或者已经控制到可接受的水平，核设施基本恢复到安全状态，由国家核应急协调委提出终止Ⅰ级响应建议，报国务院批准。视情成立的国家核事故应急指挥部在应急响应终止后自动撤销。

4 核设施核事故后恢复行动

应急响应终止后，省级人民政府及其有关部门、核设施营运单位等立即按照职责分工组织开展恢复行动。

4.1 场内恢复行动

核设施营运单位负责场内恢复行动，并制订核设施恢复规划方案，按有关规定报上级有关部门审批，报国家核应急协调委和省核应急委备案。国家核应急协调委、省核应急委、有关集团公司（院）视情对场内恢复行动提供必要的指导和支持。

4.2 场外恢复行动

省核应急委负责场外恢复行动，并制订场外恢复规划方案，经国家核应急协调委核准后报国务院批准。场外恢复行动主要任务包括：全面开展环境放射性水平调查和评价，进行综合性恢复整治；解除紧急防护行动措施，尽快恢复受影响地区生产生活等社会秩序，进一步做好转移居民的安置工作；对工作人员和公众进行剂量评估，开展科普宣传，提供咨询和心理援助等。

5 其他核事故应急响应

对乏燃料运输事故、涉核航天器坠落事故等，根据其可能产生的辐射后果及影响范围，国家和受影响省（自治区、直辖市）核应急组织及营运单位进行必要的响应。

5.1 乏燃料运输事故

乏燃料运输事故发生后，营运单位应在第一时间报告所属集团公司（院）、事故发生地省级人民政府有关部门和县级以上人民政府环境保护部门、国家核应急协调委，并按照本预案和乏燃料运输事故应急预案立即组织开展应急处置工作。必要时，国家核应急协调委组织有关成员单位予以支援。

5.2 台湾地区核事故

台湾地区发生核事故可能或已经对大陆造成辐射影响时，参照本预案组织应急响应。台办会同国家核应急办向台湾有关方面了解情况和对大陆的需求，上报国务院。国务院根据情况，协调调派国家核应急专业力量协助救援。

5.3 其他国家核事故

其他国家发生核事故已经或可能对我国产生影响时，由国家核应急协调委参照本预案统一组织开展信息收集与发布、辐射监测、部门会商、分析研判、口岸控制、市场调控、国际通报及援助等工作。必要时，成立国家核事故应急指挥部，统一领导、组织、协调核应急响应工作。

5.4 涉核航天器坠落事故

涉核航天器坠落事故已经或可能对我国局部区域产生辐射影响时，由国家核应急协调委参照本预案组织开展涉核航天器污染碎片搜寻与收集、辐射监测、环境去污、分析研判、信息通报等工作。

6 应急准备和保障措施

6.1 技术准备

国家核应急协调委依托各成员单位、相关集团公司（院）和科研院所现有能力，健全完善辐射监测、航空监测、气象监测预报、地震监测、海洋监测、辐射防护、医学应急等核应急专业技术支持体系，组织开展核应急技术研究、标准制定、救援专用装备设备以及后果评价系统和决策支持系统等核应急专用软硬件研发，指导省核应急委、核设施营运单位做好相关技术准备。省核应急委、核设施营运单位按照本预案和本级核应急预案的要求，加强有关核应急技术准备工作。

6.2 队伍准备

国家核应急协调委依托各成员单位、相关集团公司（院）和科研院所现有能力，加强突击抢险、辐射监测、去污洗消、污染控制、辐射防护、医学救援等专业救援队伍建设，配备必要的专业物资装备，强化专业培训和应急演习。省核应急委、核设施营运单位及所属集团公司（院），按照职责分工加强相关核应急队伍建设，强化日常管理和培训，切实提高应急处置能力。国家、省、核设施运营单位核应急组织加强核应急专家队伍建设，为应急指挥辅助决策、工程抢险、辐射监测、医学救治、科普宣传等提供人才保障。

6.3 物资保障

国家、省核应急组织及核设施营运单位建立健全核应急器材装备的研发、生产和储备体系，保障核事故应对工作需要。国家核应急协调委完善辐射监测与防护、医疗救治、气象监测、事故抢险、去污洗消以及动力、通信、交通运输等方面器材物资的储备机制和生产商登记机制，做好应急物资调拨及紧急配送工作方案。省核应急委储备必要的应急物资，重点加强实施场外应急所需的辐射监测、医疗救治、人员安置和供电、供水、交通运输、通信等方面物资的储备。核设施营运单位及其所属集团公司（院）重点加强缓解事故、控制事故、工程抢险所需的移动电源、供水、管线、辐射防护器材、专用工具设备等储备。

6.4 资金保障

国家、省核应急准备所需资金分别由中央财政和地方财政安排。核电厂的核应急准备所需资金由核电厂自行筹措。其他核设施的核应急准备资金按照现有资金渠道筹措。

6.5 通信和运输保障

国家、省核应急组织、核设施营运单位及其所属集团公司（院）加强核应急通信与网络系统建设，形成可靠的通信保障能力，确保核应急期间通信联络和信息传递需要。交通运输、公安等部门健全公路、铁路、航空、水运紧急运输保障体系，完善应急联动工作机制，保障应急响应所需人员、物资、装备、器材等的运输。

6.6 培训和演习

6.6.1 培训

各级核应急组织建立培训制度，定期对核应急管理人员和专业队伍进行培训。国家核应急办负责国家核应急协调委成员单位、省核应急组织和核设施营运单位核应急组织负责人及骨干的培训。省核应急组织和核设施营运单位负责各自核应急队伍专业技术培训，国家核应急办及国家核应急协调委有关成员单位给予指导。

6.6.2 演习

各级核应急组织应当根据实际情况采取桌面推演、实战演习等方式，经常开展应急演习，以检验、保持和提高核应急响应能力。国家级核事故应急联合演习由国家核应急协调委组织实施，一般3至5年举行一次；国家核应急协调委成员单位根据需要分别组织单项演练。省级核应急联合演习，一般2至4年举行一次，由省核应急委组织，核设施营运单位参加。核设施营运单位综合演习每2年组织1次，拥有3台以上运行机组的，综合演习频度适当增加。核电厂首次装投料前，由省核应急委组织场内外联合演习，核设施营运单位参加。

7 附 则

7.1 奖励和责任

对在核应急工作中作出突出贡献的先进集体和个人，按照国家有关规定给予表彰和奖励；对在核应急工作中玩忽职守造成损失的，虚报、瞒报核事故情况的，依据国家有关法律法规追究当事人的责任，构成犯罪的，依法追究其刑事责任。

7.2 预案管理

国家核应急协调委负责本预案的制订工作，报国务院批准后实施，并要在法律、行政法规、国际公约、组织指挥体系、重要应急资源等发生变化后，或根据实际应对、实战演习中发现的重大问题，及时修订完善本预案。预案实施后，国家核应急协调委组织预案宣传、培训和演习。

国家核应急协调委成员单位和省核应急委、核设施营运单位，结合各自职责和实际情况，制定本部门、本行政区域和本单位的核应急预案。省核应急预案要按有关规定报国家核应急协调委审查批准。国家核应急协调委成员单位和核设施营运单位预案报国家核应急协调委备案。

7.3 预案解释

本预案由国务院办公厅负责解释。

7.4 预案实施

本预案自印发之日起实施。

国家重大海上溢油应急处置预案

（2018年3月8日　交溢油函〔2018〕121号）

1 总 则

1.1 编制目的

建立健全国家重大海上溢油应急处置工作程序，依法科学统一、有力有序有效地实施国家重大海上溢油应急处置行动，最大程度减少海上溢油造成的环境和财产损失，保障公众健康、环境安全和社会稳定。

1.2 编制依据

《中华人民共和国海洋环境保护法》《中华人民共和国突发事件应对法》《防治船舶污染海洋管理条例》《中华人民共和国海洋石油勘探开发环境保护管理条例》《突发事件应急预案管理办法》《国家突发公共事件总体应急预案》，我国已经加入或者缔结的溢油应急国际公约或地区性协议，以及《国务院关于同意建立国家重大海上溢油应急处置部际联席会议制度的批复》（国函〔2012〕167号），中央机构编制委员会办公室《关于重大海上溢油应急处置牵头部门和职责分工的通知》（中央编办发〔2010〕203号）等。

1.3 适用范围

本预案适用于造成或者可能造成我国管辖海域污染的重大海上溢油的应急处置工作。

1.4 工作原则

国家重大海上溢油应急处置工作坚持统一领导、综合协调、军地联动、分级负责、属地为主、以人为本、科学快速、资源共享的工作原则。

地方人民政府对本行政区域内突发事件的应对工作负责，重大海上溢油发生后，相关省级人民政府、行业行政主管部门、相关企事业单位应当立即按照职责分工和相关预案开展前期处置工作。

必要时，国家重大海上溢油应急处置部际联席会议根据重大海上溢油应急处置行动的需要，给予相应的支持和协调。

1.5 国家重大海上溢油

国家重大海上溢油是指海上溢油的规模或者对环境可能造成的损害程度，超出了省级行政区域的应急能力或范围，或者超出了行业行政主管部门可以应对的规模或范围，而需要启动应急响应予以协助的海上溢油事件。

凡符合下列情形之一的，可判断为国家重大海上溢油：

（1）预计溢油量超过500吨，且可能受污染的海域位于敏感区域；或者可能造成重大国际影响；或者造成了重大社会影响的。

（2）预计溢油量在1000吨以上的。

2 组织指挥体系

2.1 国家重大海上溢油应急处置部际联席会议

国家重大海上溢油应急处置部际联席会议负责组织、指导全国重大海上溢油应急处置工作。启动应急响应后，国家重大海上溢油应急处置部际联席会议负责组织协调有关力量，开展国家重大海上溢油应急处置工作。

由国务院统一组织开展的海上溢油应急处置行动，按照有关要求执行。

国家重大海上溢油应急处置部际联席会议的主要工作职责如下：

（1）负责传达和贯彻落实党中央、国务院、中央军委的指示，负责向国务院汇报应急行动进展和其他重大事项。

（2）负责协调安排成员单位的工作任务（成员单位的职责及分工详见附件1），协调解决应急过程中遇到的重大问题，遇有不能决策的事项，负责向国务院请示。

（3）负责根据有关方面的请求及事态发展的需要，协调合理范围内的海上溢油应急力量和综合保障力量，对国家重大海上溢油事件的应急处置给予协助和支持。

（4）负责组织、协调、指挥跨省级人民政府管辖区域的国家重大海上溢油应急行动；负责协调军队和武警部队参与应急行动。

（5）负责协调与海上溢油应急相关的涉外事务和国际援助；负责其他特别状态下的海上溢油应急工作的协调。

（6）负责监督参与国家重大海上溢油应急处置行动的有关单位执行本预案的情况。

（7）负责或者授权相关部门和单位进行信息发布、宣传等工作。

2.2 相关部门和单位

相关行业行政主管部门和有关企事业单位应当按照本预案要求,在其职责范围内协调有关力量,核实海上溢油情况,评估事件规模,并及时通报中国海上溢油应急中心和其他有关单位。

启动应急响应后,相关行业行政主管部门和有关企事业单位应当根据本预案的要求,组织协调本部门、本单位有关力量开展应急处置工作。

2.3 中国海上溢油应急中心

中国海上溢油应急中心是国家重大海上溢油应急处置部际联席会议的日常办事机构,负责与成员单位和地方人民政府的沟通联络,其工作职责如下:

(1) 承担国家重大海上溢油应急处置部际联席会议的日常工作。

(2) 负责接收国家重大海上溢油报告,并向国家重大海上溢油应急处置部际联席会议各成员单位通报有关情况。

(3) 负责临时召开全体或者部分国家重大海上溢油应急处置部际联席会议成员单位联络员会议。

(4) 负责协调核实重大海上溢油情况,组织开展预评估。

(5) 执行国家重大海上溢油应急处置部际联席会议的指令,开展国家重大海上溢油应急组织协调工作。

(6) 负责跟踪国家重大海上溢油后续处置工作。

(7) 负责组织国家重大海上溢油应急处置的后评估工作。

(8) 负责建立海上溢油应急联动协调机制。

(9) 制定国家重大海上溢油应急培训与演练计划,并定期组织应急预案框架下的培训和演练。

(10) 提出国家重大海上溢油应急处置预案修订建议。

(11) 承办党中央、国务院、中央军委及国家重大海上溢油应急处置部际联席会议交办的其他重大海上溢油应急处置事项。

2.4 联合指挥部

国家重大海上溢油应急处置部际联席会议可以根据应急处置工作需要成立联合指挥部,负责部际层面的组织协调指挥工作。

联合指挥部可以下设综合协调组、应急行动组、医疗救护组、综合保障组、信息发布与宣传组、治安保障组等(各组成员与职责见附件2)。各工作组组长由该组牵头单位的负责人担任,组员由参加单位的相关人员组成。必要时,联合指挥部可以派出现场工作组,协助现场指挥部开展工作。

2.5 现场指挥部

启动应急响应后,事发地或受海上溢油影响的省级人民政府或者相关单位成立现场指挥部,驻地军队、武警部队参加,负责牵头组织海上溢油的现场处置工作。

现场指挥部工作职责如下:

(1) 负责协调组织地方政府相关部门、驻地相关单位、驻地军事部门的有关力量,开展现场应急行动。

(2) 负责统一指挥和调度由国家重大海上溢油应急处置部际联席会议协调的相关应急力量。

(3) 负责监督、跟踪、评估海上溢油事件和应急行动进展,及时收集汇总相关信息,向国家重大海上溢油应急处置部际联席会议(中国海上溢油应急中心)报告。

(4) 负责在国家应急响应行动终止后继续完成后续工作,并将后期处置情况及时通报中国海上溢油应急中心。

(5) 负责完成国家重大海上溢油应急处置部际联席会议交办的其他任务。

对于事发地或受影响的海域超出省级人民政府管辖范围或者管辖权有争议的,由国家重大海上溢油应急处置部际联席会议请示国务院,确定现场指挥部和现场总指挥。

2.6 专家组

国家重大海上溢油应急处置部际联席会议设立国家重大海上溢油应急处置专家组,由国家重大海上溢油应急处置部际联席会议成员单位推荐的专家担任。其工作职责如下:

(1) 参与预评估工作。

(2) 负责为国家重大海上溢油应急处置部际联席会议提供法律、财务、外交、技术等相关领域的咨询和建议。

(3) 根据其专业分工,参与各相关应急工作组的讨论和方案制定。

(4) 负责为海上溢油应急决策提供相应的技术支持。

(5) 负责协助中国海上溢油应急中心开展日常技术指导工作。

国务院行业行政主管部门和省级人民政府可根据需要,自行设立专家组。

3 监测预警和信息报告

3.1 监测和风险分析

相关企事业单位和其他生产经营者应当根据行

业特点和规律，建立健全海上溢油监测体系，加大对生产经营过程中海上溢油的监测力度，定期排查海上溢油风险隐患，开展海上溢油风险评估，健全风险防控措施。当出现可能导致国家重大海上溢油的情况时，要及时将有关情况报告当地人民政府和行业行政主管部门。

省级人民政府和行业行政主管部门按照职责分工，加强对管辖区域内潜在海上溢油风险源的日常监测，建立健全定期会商和信息共享机制，对可能导致国家重大海上溢油的风险信息加强收集、分析和研判。

3.2 预警

3.2.1 预警信息发布

相关省级人民政府和行业行政主管部门研判可能发生国家重大海上溢油时，应当及时通过国家预警发布系统、电视、广播、报纸、互联网、手机短信、当面告知等渠道或方式向管辖区域公众发布预警信息，通报海上溢油可能影响到的相关地区，并报告中国海上溢油应急中心。

3.2.2 预警行动

中国海上溢油应急中心接到国家重大海上溢油的预警报告后，应当立即采取预警行动，视具体情况可以要求有关省级人民政府或者国务院行业行政主管部门配合采取以下措施：

（1）信息核实。包括核实溢油源位置及周边的气象条件、流场和海况条件、溢油原因、溢油源的类型、泄漏油品的种类和已造成的污染情况等。

（2）预评估。包括预估溢油量，预测海上溢油的扩展态势和可能对生态环境、社会财产造成的损害；评估海上溢油引发火灾、爆炸及其他次生事故的风险以及可能对人身安全、公众健康造成的损害等。

（3）应急行动准备。临时召开全体或者部分国家重大海上溢油应急处置部际联席会议成员单位联络员会议，邀请相关专家参加，初步确定事件等级；将相关信息报告国务院和国家重大海上溢油应急处置部际联席会议召集人，通报国家重大海上溢油应急处置部际联席会议各成员单位。通知国家重大海上溢油应急处置部际联席会议有关成员单位和事发地或者可能受影响地区的省级人民政府，做好应急人员、物资、装备的准备工作。

（4）舆论引导。及时准确发布事态最新情况，加强舆情监测，组织专家解读，做好舆论引导工作。

3.2.3 预警解除

相关省级人民政府和行业行政主管部门经研判引发国家重大海上溢油的可能性已经消除时，应当在报告中国海上溢油应急中心后，宣布解除预警，并适时终止相关措施。

3.3 信息报告

3.3.1 信息报告程序

发现海上溢油后，相关单位和个人有义务采取适当的形式向有关单位报告基本情况；接报的单位应当根据相关预案规定，立即向海上溢油应急组织指挥机构报告相关信息。

接报的海上溢油应急组织指挥机构应当立即核实情况，收集、汇总、分析相关信息，并做好信息报送及部门间的信息共享工作。

经核实和分析后，对于可能发生的国家重大海上溢油事件，省级行业行政主管部门应当立即向中国海上溢油应急中心和省级人民政府报告，中国海上溢油应急中心和省级人民政府按照有关规定及时向国务院报告。中国海上溢油应急中心可以要求有关省级人民政府或者行业行政主管部门做出补充报告。

3.3.2 信息报告内容

信息报告内容应尽量详尽，包括海上溢油事件的发生时间、地点、信息来源、起因和性质、基本过程、海上溢油种类和数量、人员受害情况、环境敏感点受影响情况、发展趋势、处置情况、拟采取的措施以及下一步工作建议等情况。

3.3.3 信息报告方式

海上溢油事件信息应当采用传真、网络等方式书面报告；必要时，可通过电话报告，并及时补充书面报告。书面报告应注明报告单位、签发人、联系人及联系方式等内容。

4 应急响应和处置

4.1 应急响应启动条件

（1）预警阶段评估结果为国家重大海上溢油，且经国家重大海上溢油应急处置部际联席会议会商同意，或者报请国务院同意，认为应当按照预案要求启动应急响应。

（2）应国家重大海上溢油应急处置部际联席会议成员单位或者省级人民政府请求，且经国家重大海上溢油应急处置部际联席会议会商同意，认为应当按照预案要求启动应急响应。

符合上述条件之一时，应当由国家重大海上溢油应急处置部际联席会议召集人或其授权人宣布启动应急响应，采取相关应急措施。国务院可以直接决定启动应急响应。

4.2 国家响应措施

启动应急响应后，国家重大海上溢油应急处置部际联席会议实施国家响应措施，组织、协调、指挥国家重大海上溢油的应急处置工作，主要包括：

（1）指导现场指挥部制定海上溢油应急处置方案；根据事态发展，派出现场工作组，指导和监督现场应急处置工作。

（2）应现场指挥部或者国务院行业行政主管部门的请求，协调各成员单位及其他有关力量参加监视监测、污染清除等海上溢油应急处置工作。

（3）应现场指挥部请求，协调车辆、船舶、飞机等交通运输工具，以及场地、码头、油污储运等设施，用于应急人员和物资的运输、回收的油类和油污废弃物的储存运输和处置；协调通信设备设施和通信渠道。

（4）应现场指挥部请求，协调安排生活物资和医疗卫生队伍支援，并提供气象信息及物资通关、治安、人员出入境等各项保障。

（5）应现场指挥部请求，协调有关力量，对可能受海上溢油污染的动植物、重要敏感区域等目标进行保护，对已受到污染的目标进行重点清理或者开展清洗、救助、转移等工作。

（6）负责统一发布或者授权有关单位发布海上溢油相关信息；收集分析舆情，协调、指导海上溢油应急处置宣传报道工作。

（7）应现场指挥部请求或者根据事态发展需要，组织、协调或者决定国家重大海上溢油应急处置中的其他重大事项。

（8）需要国际援助时，应当按照我国已经加入或者缔结的溢油应急国际公约或地区性协议，协调相关国家和地区的力量、资源参与应急。

4.3 地方响应措施

海上溢油事件发生后，相关单位和地方人民政府应当依据有关预案，先行对海上溢油事件进行处置，并及时向上级单位报告相关信息。

现场指挥部负责组织开展海上溢油评估、监视监测、重要目标保护、溢油源的封堵和控制、溢油围控与清除、油污储运与处置等应急响应措施。必要时，请求国家重大海上溢油应急处置部际联席会议提供指导和支援。

4.3.1 海上溢油评估

现场指挥部负责组织开展海上溢油评估工作，评估内容包括查明溢油源、海上溢油量，预测海上溢油扩散范围、评估海上溢油损害等，并适时组织相关单位评估海上溢油应急所需物资、装备、人员等，及时报告国家重大海上溢油应急处置部际联席会议。

4.3.2 海上溢油监视监测

现场指挥部负责组织开展海上溢油监视监测工作，及时向国家重大海上溢油应急处置部际联席会议通报海上溢油污染的有关情况。

事发地或者可能受污染海域的地方人民政府及相关力量应当充分利用各自监视监测网络，对其管辖海域、岸滩等进行监视监测，并及时向现场指挥部通报相关信息。

4.3.3 重要目标保护

现场指挥部负责组织力量，保护可能受海上溢油影响的核设施、易受损资源和其他敏感区域等，救助、清洗或转移受到海上溢油污染的动植物及其他重要目标，并及时向可能受影响的敏感区域的管理单位或者其他机构通报有关信息。

4.3.4 海上溢油围控与清除

现场指挥部应当根据海上溢油评估结果，制定海上溢油应急行动方案，组织相关应急力量，开展海上溢油的围控、回收、清除、焚烧和岸线油污清理、船体油污清洗、回收油及油污废弃物的临时储存与转运，以及其他相关应急处置工作。

4.3.5 应急行动的管理、控制与信息发布

现场指挥部应当对海上溢油应急处置行动的全过程进行管理与控制。

现场应急处置方案制定后，应当做书面记录；参与现场应急行动的有关单位应当保留应急行动全过程的相关影像或者文字记录。

现场指挥部应当派遣指挥人员赴现场监督指导应急行动，督促落实现场指挥部指令，并保留相关影像和文字记录。

现场指挥部负责收集海上溢油应急相关信息，分析地方相关舆情，并及时报告国家重大海上溢油应急处置部际联席会议；受国家重大海上溢油应急处置部际联席会议委托，现场指挥部负责协调、沟通相关媒体，发布相关信息。

4.4 国家应急响应的终止

经现场指挥部评估认为海上溢油已经得到有效控制和清除，不再需要国家层面支持，请求终止国家应急响应，国家重大海上溢油应急处置部际联席会议可在专家组评估后，终止国家应急响应。

国家重大海上溢油应急处置部际联席会议可自行组织评估，认为海上溢油已经得到有效控制和清除的，也可终止国家应急响应。

地方人民政府及相关单位应当在国家应急响应终止后，继续组织开展后续工作。

4.5 国家应急响应工作流程图

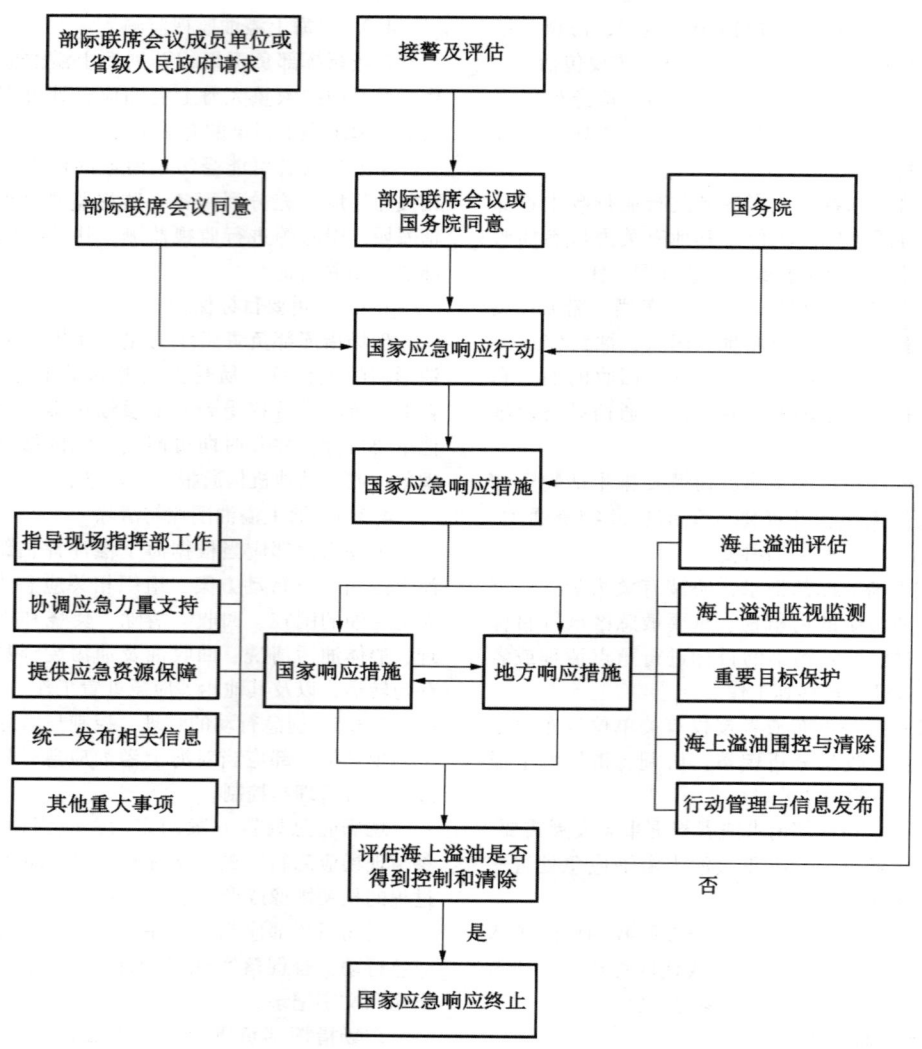

5 后期处置

5.1 回收油、油污和废弃物的处置

现场指挥部应当妥善处置清污作业中回收的海上溢油、油污及其他固体、液体废弃物，避免造成二次污染和次生灾害。必要时，可以通过地方人民政府向上级人民政府申请相关支援。

5.2 海上溢油应急处置行动后评估

海上溢油应急处置行动结束后，由部际联席会议委托或者组织相关单位，就事件造成的人员及财产损失、环境污染损害、应急资源投入和使用状况、应急组织与命令执行情况、综合保障情况、应急效果等开展后评估。受委托的单位应当向国家重大海上溢油应急处置部际联席会议提交评估报告。

5.3 恢复与重建

海上溢油应急处置工作结束后，受影响地区所在省级人民政府或者国务院行业行政主管部门应当立即组织对事件造成的损失进行评估，制订恢复重建方案，做好清污费用结算与发放、污染损害补偿、环境修复与生态恢复等工作，尽快恢复当地生产生活和社会秩序。必要时，相关省级人民政府或者国务院行业行政主管部门可以请求国家重大海上溢油应急处置部际联席会议支援和协助。

5.4 奖惩机制

依据有关规定，对海上溢油应急处置工作中贡献突出的先进集体和个人，给予表彰；对在海上溢油应急工作中玩忽职守、虚报瞒报、拒不执行应急指挥命令的人员或者单位，依法追究当事人的责任；构成犯罪的，追究其刑事责任；对负伤和牺牲的人员，按有关规定予以补偿或者追授。

6 综合保障

6.1 人力资源保障

海上溢油应急队伍主要由政府应急队伍、相关企业应急队伍和军队、武警部队、民兵组织等组成。国务院有关部门和相关地方人民政府应当根据海上溢油应急工作的需要加强政府所属的溢油应急专业队伍、公用事业队伍及相关专家库的建设，形成政府综合性溢油应急队伍。专业清污单位、船舶污染物接收处理单位、港航企业和大型石油公司是社会应急队伍的骨干。政府机构应当建立广泛参与的岸线清污社会动员机制。必要时，可以请求军队、武警部队和民兵组织参与国家重大海上溢油应急处置工作。

6.2 应急资金保障

国家重大海上溢油应急处置中所需的应急资金应当由海上溢油事件相关责任方承担。对于无法找到或追索相关责任方，需要由财政经费负担的，应当按照事权划分原则，依法依规分级负担。各级人民政府应当协调解决重大海上溢油应急处置工作中的临时资金需求，保障海上溢油应急所需经费足额到位。

6.3 技术与装备保障

国家重大海上溢油应急处置部际联席会议成员单位应当建立健全海上溢油应急物资储备制度和调拨及紧急配送体系，保障海上溢油应急所需的相关物资、装备、材料的供应和生产。地方政府和相关企事业单位应当依法依责做好海上溢油应急物资的储备工作，并通过与有关生产经营企业签订协议等方式，保障应急物资和生活必需品的生产供应。

国家重大海上溢油应急处置部际联席会议成员单位应当鼓励和扶持科研机构有针对性地研发海上溢油应急相关技术，扶持在海上溢油应急技术领域拥有自主知识产权和核心技术的企业，增强海上溢油应急关键技术研发能力，推广先进科研成果。

6.4 通信保障

交通运输部、工业和信息化部应当会同有关部门，建立健全海上溢油应急通讯保障体系，综合利用各种定位、通信和动态监管手段，确保船舶与船舶、岸船、机船、平台与陆地之间的通信畅通。

必要时，可按照相关通信保障应急预案的要求予以支持。

6.5 医疗卫生救援保障

卫生计生委应当会同有关部门按照相关应急预案组织开展重大海上溢油伤员医疗救治和心理干预工作，为处置海上溢油作业人员提供医疗卫生保障，并提出重大海上溢油可能造成的公共卫生危害和防护建议，减少对公众和作业人员身心健康造成的损害。

6.6 决策支持保障

交通运输部应当会同有关部门和地方人民政府、相关企事业单位，依托现有资源，整合各方力量，建立国家海上溢油信息共享平台，实现信息汇集与传输、信息存储与管理、分析预测与决策支持等。

6.7 交通运输保障

启动应急响应后，现场指挥部负责协调政府部门、企事业单位等所属的交通运输工具，保障应急人员、装备物资、回收油和油污废弃物等的快速、安全运输。现场指挥部根据应急需要协调当地交通运输、公安等部门，制定应急运输路线，优先保障应急运输物资的通过。必要时，由国家重大海上溢油应急处置部际联席会议调动成员单位和其他地区、大型企事业单位的运输工具和人员予以支援。

6.8 应急资源的临时征用

根据国家重大海上溢油应急处置工作的需要，现场指挥部可以依据有关法律法规向相关企事业单位和个人临时征用应急救援所需设备、设施、场地、交通工具和其他物资。被征用的财产在使用完毕或者国家重大海上溢油应急处置工作结束后应当及时返还。财产被征用或者征用后毁损、灭失的，征用方应当给予补偿。

6.9 治安保障

现场指挥部应当划分治安区域，保护应急人员和物资安全，维护应急现场和相关区域内的治安环境；组织实施重点单位、重要部位和重要基础设施的安全保卫工作。协调和调解因国家重大海上溢油造成的运输企业、船东、捕捞渔民、养殖户、相关企业的矛盾或者纠纷，维护社会稳定。必要时，由国家重大海上溢油应急处置部际联席会议协调周边地区公安、武警等力量予以支援。

6.10 宣传、培训与演练

国务院有关部门、相关地方人民政府和企事业单位应当建立健全海上溢油应急管理和培训制度；加强海上溢油应急宣教和专业人才培养。国家重大海上溢油应急处置部际联席会议成员单位按照职责分工，负责组织预案的宣传，定期开展海上溢油应急演练，并负责组织对从事海上溢油应急管理和作业的人员进行海上溢油应急管理和技术培训。

6.11 其他保障

现场指挥部应当协调相关政府部门和企事业单

位，为应急人员和受灾群众提供基本生活保障，为清污力量提供物资补给；应当协调有关部门，监督各方力量按照现场指挥部的指令开展应急行动，并开展记录取证工作。必要时，现场指挥部可以请求国家重大海上溢油应急处置部际联席会议给予其他相关支援。

7 附 则

7.1 名词、术语和定义

7.1.1 海上溢油

是指通过任何方式溢出并进入海洋的任何形式的油类，包括原油、燃料油、润滑油、油泥、油渣和炼制品等。

7.1.2 海上溢油应急处置

是指发生海上溢油后，为控制、减轻、消除溢出的油类物质造成海洋环境污染损害而采取的应急行动的总称（不含预防等过程）。包括任何旨在防止、减缓、清除、监视、预测或者其他抵御溢出的油类污染所采取的任何行动，也包含为降低海上溢油影响而采取的宣传、戒严、疏散和外交等相关行动。

7.1.3 省级相关预案

是指由省级人民政府编制或者发布的，与海上溢油应急处置相关的预案，包括省级的专项预案和部门预案。

7.1.4 敏感区域

本预案所称之敏感区域是指在遭受海上溢油污染之后，易在政治、经济、文化、旅游等方面，或者在外交、社会舆论、生态环境等领域，引起较大的不良影响的海域，也包括其他依法设立的涉海的敏感区域。

7.1.5 以上、以下的含义

本预案所称的以上包括本数，以下不包括本数。

7.2 预案的管理与更新

各相关部门和省级人民政府应根据本预案和所承担的应急处置任务，制定相应的应急预案。各相关部门预案及省级预案应当与本预案衔接。本预案应当根据实际情况适时组织评估和修订。

7.3 预案的解释

本预案由国家重大海上溢油应急处置部际联席会议负责解释。

7.4 预案实施时间

本预案自发布之日起实施。

七、公共卫生安全

1. 法　规

突发公共卫生事件应急条例

（2003年5月9日中华人民共和国国务院令第376号公布　根据2011年1月8日《国务院关于废止和修改部分行政法规的决定》修订）

第一章　总　则

第一条　为了有效预防、及时控制和消除突发公共卫生事件的危害，保障公众身体健康与生命安全，维护正常的社会秩序，制定本条例。

第二条　本条例所称突发公共卫生事件（以下简称突发事件），是指突然发生，造成或者可能造成社会公众健康严重损害的重大传染病疫情、群体性不明原因疾病、重大食物和职业中毒以及其他严重影响公众健康的事件。

第三条　突发事件发生后，国务院设立全国突发事件应急处理指挥部，由国务院有关部门和军队有关部门组成，国务院主管领导人担任总指挥，负责对全国突发事件应急处理的统一领导、统一指挥。

国务院卫生行政主管部门和其他有关部门，在各自的职责范围内做好突发事件应急处理的有关工作。

第四条　突发事件发生后，省、自治区、直辖市人民政府成立地方突发事件应急处理指挥部，省、自治区、直辖市人民政府主要领导人担任总指挥，负责领导、指挥本行政区域内突发事件应急处理工作。

县级以上地方人民政府卫生行政主管部门，具体负责组织突发事件的调查、控制和医疗救治工作。

县级以上地方人民政府有关部门，在各自的职责范围内做好突发事件应急处理的有关工作。

第五条　突发事件应急工作，应当遵循预防为主、常备不懈的方针，贯彻统一领导、分级负责、反应及时、措施果断、依靠科学、加强合作的原则。

第六条　县级以上各级人民政府应当组织开展防治突发事件相关科学研究，建立突发事件应急流行病学调查、传染源隔离、医疗救护、现场处置、监督检查、监测检验、卫生防护等有关物资、设备、设施、技术与人才资源储备，所需经费列入本级政府财政预算。

国家对边远贫困地区突发事件应急工作给予财政支持。

第七条　国家鼓励、支持开展突发事件监测、预警、反应处理有关技术的国际交流与合作。

第八条　国务院有关部门和县级以上地方人民政府及其有关部门，应当建立严格的突发事件防范和应急处理责任制，切实履行各自的职责，保证突发事件应急处理工作的正常进行。

第九条　县级以上各级人民政府及其卫生行政主管部门，应当对参加突发事件应急处理的医疗卫生人员，给予适当补助和保健津贴；对参加突发事件应急处理作出贡献的人员，给予表彰和奖励；对因参与应急处理工作致病、致残、死亡的人员，按照国家有关规定，给予相应的补助和抚恤。

第二章　预防与应急准备

第十条　国务院卫生行政主管部门按照分类指导、快速反应的要求，制定全国突发事件应急预案，报请国务院批准。

省、自治区、直辖市人民政府根据全国突发事件应急预案，结合本地实际情况，制定本行政区域的突发事件应急预案。

第十一条　全国突发事件应急预案应当包括以下主要内容：

（一）突发事件应急处理指挥部的组成和相关部门的职责；

（二）突发事件的监测与预警；

（三）突发事件信息的收集、分析、报告、通报制度；

（四）突发事件应急处理技术和监测机构及其任务；

（五）突发事件的分级和应急处理工作方案；

（六）突发事件预防、现场控制，应急设施、设备、救治药品和医疗器械以及其他物资和技术的储备与调度；

（七）突发事件应急处理专业队伍的建设和培训。

第十二条 突发事件应急预案应当根据突发事件的变化和实施中发现的问题及时进行修订、补充。

第十三条 地方各级人民政府应当依照法律、行政法规的规定，做好传染病预防和其他公共卫生工作，防范突发事件的发生。

县级以上各级人民政府卫生行政主管部门和其他有关部门，应当对公众开展突发事件应急知识的专门教育，增强全社会对突发事件的防范意识和应对能力。

第十四条 国家建立统一的突发事件预防控制体系。

县级以上地方人民政府应当建立和完善突发事件监测与预警系统。

县级以上各级人民政府卫生行政主管部门，应当指定机构负责开展突发事件的日常监测，并确保监测与预警系统的正常运行。

第十五条 监测与预警工作应当根据突发事件的类别，制定监测计划，科学分析、综合评价监测数据。对早期发现的潜在隐患以及可能发生的突发事件，应当依照本条例规定的报告程序和时限及时报告。

第十六条 国务院有关部门和县级以上地方人民政府及其有关部门，应当根据突发事件应急预案的要求，保证应急设施、设备、救治药品和医疗器械等物资储备。

第十七条 县级以上各级人民政府应当加强急救医疗服务网络的建设，配备相应的医疗救治药物、技术、设备和人员，提高医疗卫生机构应对各类突发事件的救治能力。

设区的市级以上地方人民政府应当设置与传染病防治工作需要相适应的传染病专科医院，或者指定具备传染病防治条件和能力的医疗机构承担传染病防治任务。

第十八条 县级以上地方人民政府卫生行政主管部门，应当定期对医疗卫生机构和人员开展突发事件应急处理相关知识、技能的培训，定期组织医疗卫生机构进行突发事件应急演练，推广最新知识和先进技术。

第三章 报告与信息发布

第十九条 国家建立突发事件应急报告制度。

国务院卫生行政主管部门制定突发事件应急报告规范，建立重大、紧急疫情信息报告系统。

有下列情形之一的，省、自治区、直辖市人民政府应当在接到报告1小时内，向国务院卫生行政主管部门报告：

（一）发生或者可能发生传染病暴发、流行的；

（二）发生或者发现不明原因的群体性疾病的；

（三）发生传染病菌种、毒种丢失的；

（四）发生或者可能发生重大食物和职业中毒事件的。

国务院卫生行政主管部门对可能造成重大社会影响的突发事件，应当立即向国务院报告。

第二十条 突发事件监测机构、医疗卫生机构和有关单位发现有本条例第十九条规定情形之一的，应当在2小时内向所在地县级人民政府卫生行政主管部门报告；接到报告的卫生行政主管部门应当在2小时内向本级人民政府报告，并同时向上级人民政府卫生行政主管部门和国务院卫生行政主管部门报告。

县级人民政府应当在接到报告后2小时内向设区的市级人民政府或者上一级人民政府报告；设区的市级人民政府应当在接到报告后2小时内向省、自治区、直辖市人民政府报告。

第二十一条 任何单位和个人对突发事件，不得隐瞒、缓报、谎报或者授意他人隐瞒、缓报、谎报。

第二十二条 接到报告的地方人民政府、卫生行政主管部门依照本条例规定报告的同时，应当立即组织力量对报告事项调查核实、确证，采取必要的控制措施，并及时报告调查情况。

第二十三条 国务院卫生行政主管部门应当根据发生突发事件的情况，及时向国务院有关部门和各省、自治区、直辖市人民政府卫生行政主管部门以及军队有关部门通报。

突发事件发生地的省、自治区、直辖市人民政府卫生行政主管部门，应当及时向毗邻省、自治区、直辖市人民政府卫生行政主管部门通报。

接到通报的省、自治区、直辖市人民政府卫生行政主管部门，必要时应当及时通知本行政区域内的医疗卫生机构。

县级以上地方人民政府有关部门，已经发生或者发现可能引起突发事件的情形时，应当及时向同级人民政府卫生行政主管部门通报。

第二十四条 国家建立突发事件举报制度，公布统一的突发事件报告、举报电话。

任何单位和个人有权向人民政府及其有关部门报告突发事件隐患，有权向上级人民政府及其有关部门举报地方人民政府及其有关部门不履行突发事件应急处理职责，或者不按照规定履行职责的情况。接到报告、举报的有关人民政府及其有关部门，应当立即组织对突发事件隐患、不履行或者不按照规定履行突发事件应急处理职责的情况进行调查处理。

对举报突发事件有功的单位和个人，县级以上各级人民政府及其有关部门应当予以奖励。

第二十五条 国家建立突发事件的信息发布制度。

国务院卫生行政主管部门负责向社会发布突发事件的信息。必要时，可以授权省、自治区、直辖市人民政府卫生行政主管部门向社会发布本行政区域内突发事件的信息。

信息发布应当及时、准确、全面。

第四章 应急处理

第二十六条 突发事件发生后，卫生行政主管部门应当组织专家对突发事件进行综合评估，初步判断突发事件的类型，提出是否启动突发事件应急预案的建议。

第二十七条 在全国范围内或者跨省、自治区、直辖市范围内启动全国突发事件应急预案，由国务院卫生行政主管部门报国务院批准后实施。省、自治区、直辖市启动突发事件应急预案，由省、自治区、直辖市人民政府决定，并向国务院报告。

第二十八条 全国突发事件应急处理指挥部对突发事件应急处理工作进行督察和指导，地方各级人民政府及其有关部门应当予以配合。

省、自治区、直辖市突发事件应急处理指挥部对本行政区域内突发事件应急处理工作进行督察和指导。

第二十九条 省级以上人民政府卫生行政主管部门或者其他有关部门指定的突发事件应急处理专业技术机构，负责突发事件的技术调查、确证、处置、控制和评价工作。

第三十条 国务院卫生行政主管部门对新发现的突发传染病，根据危害程度、流行强度，依照《中华人民共和国传染病防治法》的规定及时宣布为法定传染病；宣布为甲类传染病的，由国务院决定。

第三十一条 应急预案启动前，县级以上各级人民政府有关部门应当根据突发事件的实际情况，做好应急处理准备，采取必要的应急措施。

应急预案启动后，突发事件发生地的人民政府有关部门，应当根据预案规定的职责要求，服从突发事件应急处理指挥部的统一指挥，立即到达规定岗位，采取有关的控制措施。

医疗卫生机构、监测机构和科学研究机构，应当服从突发事件应急处理指挥部的统一指挥，相互配合、协作，集中力量开展相关的科学研究工作。

第三十二条 突发事件发生后，国务院有关部门和县级以上地方人民政府及其有关部门，应当保证突发事件应急处理所需的医疗救护设备、救治药品、医疗器械等物资的生产、供应；铁路、交通、民用航空行政主管部门应当保证及时运送。

第三十三条 根据突发事件应急处理的需要，突发事件应急处理指挥部有权紧急调集人员、储备的物资、交通工具以及相关设施、设备；必要时，对人员进行疏散或者隔离，并可以依法对传染病疫区实行封锁。

第三十四条 突发事件应急处理指挥部根据突发事件应急处理的需要，可以对食物和水源采取控制措施。

县级以上地方人民政府卫生行政主管部门应当对突发事件现场等采取控制措施，宣传突发事件防治知识，及时对易受感染的人群和其他易受损害的人群采取应急接种、预防性投药、群体防护等措施。

第三十五条 参加突发事件应急处理的工作人员，应当按照预案的规定，采取卫生防护措施，并在专业人员的指导下进行工作。

第三十六条 国务院卫生行政主管部门或者其他有关部门指定的专业技术机构，有权进入突发事件现场进行调查、采样、技术分析和检验，对地方突发事件的应急处理工作进行技术指导，有关单位和个人应当予以配合；任何单位和个人不得以任何理由予以拒绝。

第三十七条 对新发现的突发传染病、不明原因的群体性疾病、重大食物和职业中毒事件，国务院卫生行政主管部门应当尽快组织力量制定相关的技术标准、规范和控制措施。

第三十八条 交通工具上发现根据国务院卫生行政主管部门的规定需要采取应急控制措施的传染病病人、疑似传染病病人，其负责人应当以最快的方式通知前方停靠点，并向交通工具的营运单位报告。交通工具的前方停靠点和营运单位应当立即向交通工具营运单位行政主管部门和县级以上地方人民政府卫生行政主管部门报告。卫生行政主管部门接到报告后，应当立即组织有关人员采取相应的医学处置措施。

交通工具上的传染病病人密切接触者，由交通工具停靠点的县级以上各级人民政府卫生行政主管部门或者铁路、交通、民用航空行政主管部门，根据各自的职责，依照传染病防治法律、行政法规的规定，采取控制措施。

涉及国境口岸和入出境的人员、交通工具、货物、集装箱、行李、邮包等需要采取传染病应急控制措施的，依照国境卫生检疫法律、行政法规的规定办理。

第三十九条 医疗卫生机构应当对因突发事件致病的人员提供医疗救护和现场救援，对就诊病人必须接诊治疗，并书写详细、完整的病历记录；对需要转送的病人，应当按照规定将病人及其病历记录的复印件转送至接诊的或者指定的医疗机构。

医疗卫生机构内应当采取卫生防护措施，防止交叉感染和污染。

医疗卫生机构应当对传染病病人密切接触者采取医学观察措施，传染病病人密切接触者应当予以配合。

医疗机构收治传染病病人、疑似传染病病人，应当依法报告所在地的疾病预防控制机构。接到报告的疾病预防控制机构应当立即对可能受到危害的人员进行调查，根据需要采取必要的控制措施。

第四十条 传染病暴发、流行时，街道、乡镇以及居民委员会、村民委员会应当组织力量，团结协作，群防群治，协助卫生行政主管部门和其他有关部门、医疗卫生机构做好疫情信息的收集和报告、人员的分散隔离、公共卫生措施的落实工作，向居民、村民宣传传染病防治的相关知识。

第四十一条 对传染病暴发、流行区域内流动人口，突发事件发生地的县级以上地方人民政府应当做好预防工作，落实有关卫生控制措施；对传染病病人和疑似传染病病人，应当采取就地隔离、就地观察、就地治疗的措施。对需要治疗和转诊的，应当依照本条例第三十九条第一款的规定执行。

第四十二条 有关部门、医疗卫生机构应当对传染病做到早发现、早报告、早隔离、早治疗，切断传播途径，防止扩散。

第四十三条 县级以上各级人民政府应当提供必要资金，保障因突发事件致病、致残的人员得到及时、有效的救治。具体办法由国务院财政部门、卫生行政主管部门和劳动保障行政主管部门制定。

第四十四条 在突发事件中需要接受隔离治疗、医学观察措施的病人、疑似病人和传染病病人密切接触者在卫生行政主管部门或者有关机构采取医学措施时应当予以配合；拒绝配合的，由公安机关依法协助强制执行。

第五章 法律责任

第四十五条 县级以上地方人民政府及其卫生行政主管部门未依照本条例的规定履行报告职责，对突发事件隐瞒、缓报、谎报或者授意他人隐瞒、缓报、谎报的，对政府主要领导人及其卫生行政主管部门主要负责人，依法给予降级或者撤职的行政处分；造成传染病传播、流行或者对社会公众健康造成其他严重危害后果的，依法给予开除的行政处分；构成犯罪的，依法追究刑事责任。

第四十六条 国务院有关部门、县级以上地方人民政府及其有关部门未依照本条例的规定，完成突发事件应急处理所需要的设施、设备、药品和医疗器械等物资的生产、供应、运输和储备的，对政府主要领导人和政府部门主要负责人依法给予降级或者撤职的行政处分；造成传染病传播、流行或者对社会公众健康造成其他严重危害后果的，依法给予开除的行政处分；构成犯罪的，依法追究刑事责任。

第四十七条 突发事件发生后，县级以上地方人民政府及其有关部门对上级人民政府有关部门的调查不予配合，或者采取其他方式阻碍、干涉调查的，对政府主要领导人和政府部门主要负责人依法给予降级或者撤职的行政处分；构成犯罪的，依法追究刑事责任。

第四十八条 县级以上各级人民政府卫生行政主管部门和其他有关部门在突发事件调查、控制、医疗救治工作中玩忽职守、失职、渎职的，由本级人民政府或者上级人民政府有关部门责令改正、通报批评、给予警告；对主要负责人、负有责任的主管人员和其他责任人员依法给予降级、撤职的行政处分；造成传染病传播、流行或者对社会公众健康造成其他严重危害后果的，依法给予开除的行政处分；构成犯罪的，依法追究刑事责任。

第四十九条 县级以上各级人民政府有关部门拒不履行应急处理职责的，由同级人民政府或者上级人民政府有关部门责令改正、通报批评、给予警告；对主要负责人、负有责任的主管人员和其他责任人员依法给予降级、撤职的行政处分；造成传染病传播、流行或者对社会公众健康造成其他严重危害后果的，依法给予开除的行政处分；构成犯罪的，依法追究刑事责任。

第五十条 医疗卫生机构有下列行为之一的，由卫生行政主管部门责令改正、通报批评、给予警告；情节严重的，吊销《医疗机构执业许可证》；对主要负责人、负有责任的主管人员和其他直接责任人员依法给予降级或者撤职的纪律处分；造成传染病传播、流行或者对社会公众健康造成其他严重危害后果，构成犯罪的，依法追究刑事责任：

（一）未依照本条例的规定履行报告职责，隐瞒、缓报或者谎报的；

（二）未依照本条例的规定及时采取控制措施的；

（三）未依照本条例的规定履行突发事件监测职责的；

（四）拒绝接诊病人的；

（五）拒不服从突发事件应急处理指挥部调度的。

第五十一条 在突发事件应急处理工作中，有关单位和个人未依照本条例的规定履行报告职责，隐瞒、缓报或者谎报，阻碍突发事件应急处理工作人员执行职务，拒绝国务院卫生行政主管部门或者其他有关部门指定的专业技术机构进入突发事件现场，或者不配合调查、采样、技术分析和检验的，对有关责任人员依法给予行政处分或者纪律处分；触犯《中华人民共和国治安管理处罚法》，构成违反治安管理行为的，由公安机关依法予以处罚；构成犯罪的，依法追究刑事责任。

第五十二条 在突发事件发生期间，散布谣言、哄抬物价、欺骗消费者、扰乱社会秩序、市场秩序的，由公安机关或者工商行政管理部门依法给予行政处罚；构成犯罪的，依法追究刑事责任。

第六章 附 则

第五十三条 中国人民解放军、武装警察部队医疗卫生机构参与突发事件应急处理的，依照本条例的规定和军队的相关规定执行。

第五十四条 本条例自公布之日起施行。

重大动物疫情应急条例

(2005年11月18日中华人民共和国国务院令第450号发布 根据2017年10月7日《国务院关于修改部分行政法规的决定》修订)

第一章 总 则

第一条 为了迅速控制、扑灭重大动物疫情，保障养殖业生产安全，保护公众身体健康与生命安全，维护正常的社会秩序，根据《中华人民共和国动物防疫法》，制定本条例。

第二条 本条例所称重大动物疫情，是指高致病性禽流感等发病率或者死亡率高的动物疫病突然发生，迅速传播，给养殖业生产安全造成严重威胁、危害，以及可能对公众身体健康与生命安全造成危害的情形，包括特别重大动物疫情。

第三条 重大动物疫情应急工作应当坚持加强领导、密切配合，依靠科学、依法防治，群防群控、果断处置的方针，及时发现，快速反应，严格处理，减少损失。

第四条 重大动物疫情应急工作按照属地管理的原则，实行政府统一领导、部门分工负责，逐级建立责任制。

县级以上人民政府兽医主管部门具体负责组织重大动物疫情的监测、调查、控制、扑灭等应急工作。

县级以上人民政府林业主管部门、兽医主管部门按照职责分工，加强对陆生野生动物疫源疫病的监测。

县级以上人民政府其他有关部门在各自的职责范围内，做好重大动物疫情的应急工作。

第五条 出入境检验检疫机关应当及时收集境外重大动物疫情信息，加强进出境动物及其产品的检验检疫工作，防止动物疫病传入和传出。兽医主管部门要及时向出入境检验检疫机关通报国内重大动物疫情。

第六条 国家鼓励、支持开展重大动物疫情监测、预防、应急处理等有关技术的科学研究和国际交流与合作。

第七条 县级以上人民政府应当对参加重大动物疫情应急处理的人员给予适当补助，对作出贡献的人员给予表彰和奖励。

第八条 对不履行或者不按照规定履行重大动物疫情应急处理职责的行为，任何单位和个人有权检举控告。

第二章 应 急 准 备

第九条 国务院兽医主管部门应当制定全国重大动物疫情应急预案，报国务院批准，并按照不同动物疫病病种及其流行特点和危害程度，分别制定实施方案，报国务院备案。

县级以上地方人民政府根据本地区的实际情况，制定本行政区域的重大动物疫情应急预案，报上一级人民政府兽医主管部门备案。县级以上地方人民政府兽医主管部门，应当按照不同动物疫病病种及其流行特点和危害程度，分别制定实施方案。

重大动物疫情应急预案及其实施方案应当根据疫情的发展变化和实施情况，及时修改、完善。

第十条 重大动物疫情应急预案主要包括下列内容：

（一）应急指挥部的职责、组成以及成员单位的分工；

（二）重大动物疫情的监测、信息收集、报告和通报；

（三）动物疫病的确认、重大动物疫情的分级和相应的应急处理工作方案；

（四）重大动物疫情疫源的追踪和流行病学调查分析；

（五）预防、控制、扑灭重大动物疫情所需资金的来源、物资和技术的储备与调度；

（六）重大动物疫情应急处理设施和专业队伍建设。

第十一条 国务院有关部门和县级以上地方人民政府及其有关部门，应当根据重大动物疫情应急预案的要求，确保应急处理所需的疫苗、药品、设施设备和防护用品等物资的储备。

第十二条 县级以上人民政府应当建立和完善重大动物疫情监测网络和预防控制体系，加强动物防疫基础设施和乡镇动物防疫组织建设，并保证其正常运行，提高对重大动物疫情的应急处理能力。

第十三条 县级以上地方人民政府根据重大动物疫情应急需要，可以成立应急预备队，在重大动物疫情应急指挥部的指挥下，具体承担疫情的控制和扑灭任务。

应急预备队由当地兽医行政管理人员、动物防疫工作人员、有关专家、执业兽医等组成；必要时，可以组织动员社会上有一定专业知识的人员参加。公安机关、中国人民武装警察部队应当依法协助其执行任务。

应急预备队应当定期进行技术培训和应急演练。

第十四条 县级以上人民政府及其兽医主管部门应当加强对重大动物疫情应急知识和重大动物疫病科普知识的宣传，增强全社会的重大动物疫情防范意识。

第三章 监测、报告和公布

第十五条 动物防疫监督机构负责重大动物疫情的监测，饲养、经营动物和生产、经营动物产品的单位和个人应当配合，不得拒绝和阻碍。

第十六条 从事动物隔离、疫情监测、疫病研究与诊疗、检验检疫以及动物饲养、屠宰加工、运输、经营等活动的有关单位和个人，发现动物出现群体发病或者死亡的，应当立即向所在地的县（市）动物防疫监督机构报告。

第十七条 县（市）动物防疫监督机构接到报告后，应当立即赶赴现场调查核实。初步认为属于重大动物疫情的，应当在 2 小时内将情况逐级报省、自治区、直辖市动物防疫监督机构，并同时报所在地人民政府兽医主管部门；兽医主管部门应当及时通报同级卫生主管部门。

省、自治区、直辖市动物防疫监督机构应当在接到报告后 1 小时内，向省、自治区、直辖市人民政府兽医主管部门和国务院兽医主管部门所属的动物防疫监督机构报告。

省、自治区、直辖市人民政府兽医主管部门应当在接到报告后 1 小时内报本级人民政府和国务院兽医主管部门。

重大动物疫情发生后，省、自治区、直辖市人民政府和国务院兽医主管部门应当在 4 小时内向国务院报告。

第十八条 重大动物疫情报告包括下列内容：

（一）疫情发生的时间、地点；

（二）染疫、疑似染疫动物种类和数量、同群动物数量、免疫情况、死亡数量、临床症状、病理变化、诊断情况；

（三）流行病学和疫源追踪情况；

（四）已采取的控制措施；

（五）疫情报告的单位、负责人、报告人及联系方式。

第十九条 重大动物疫情由省、自治区、直辖市人民政府兽医主管部门认定；必要时，由国务院兽医主管部门认定。

第二十条 重大动物疫情由国务院兽医主管部门按照国家规定的程序，及时准确公布；其他任何单位和个人不得公布重大动物疫情。

第二十一条 重大动物疫病应当由动物防疫监督机构采集病料。其他单位和个人采集病料的，应当具备以下条件：

（一）重大动物疫病病料采集目的、病原微生物的用途应当符合国务院兽医主管部门的规定；

（二）具有与采集病料相适应的动物病原微生物实验室条件；

（三）具有与采集病料所需要的生物安全防护水平相适应的设备，以及防止病原感染和扩散的有效措施。

从事重大动物疫病病原分离的，应当遵守国家有关生物安全管理规定，防止病原扩散。

第二十二条 国务院兽医主管部门应当及时向

国务院有关部门和军队有关部门以及各省、自治区、直辖市人民政府兽医主管部门通报重大动物疫情的发生和处理情况。

第二十三条 发生重大动物疫情可能感染人群时，卫生主管部门应当对疫区内易受感染的人群进行监测，并采取相应的预防、控制措施。卫生主管部门和兽医主管部门应当及时相互通报情况。

第二十四条 有关单位和个人对重大动物疫情不得瞒报、谎报、迟报，不得授意他人瞒报、谎报、迟报，不得阻碍他人报告。

第二十五条 在重大动物疫情报告期间，有关动物防疫监督机构应当立即采取临时隔离控制措施；必要时，当地县级以上地方人民政府可以作出封锁决定并采取扑杀、销毁等措施。有关单位和个人应当执行。

第四章 应急处理

第二十六条 重大动物疫情发生后，国务院和有关地方人民政府设立的重大动物疫情应急指挥部统一领导、指挥重大动物疫情应急工作。

第二十七条 重大动物疫情发生后，县级以上地方人民政府兽医主管部门应当立即划定疫点、疫区和受威胁区，调查疫源，向本级人民政府提出启动重大动物疫情应急指挥系统、应急预案和对疫区实行封锁的建议，有关人民政府应当立即作出决定。

疫点、疫区和受威胁区的范围应当按照不同动物疫病病种及其流行特点和危害程度划定，具体划定标准由国务院兽医主管部门制定。

第二十八条 国家对重大动物疫情应急处理实行分级管理，按照应急预案确定的疫情等级，由有关人民政府采取相应的应急控制措施。

第二十九条 对疫点应当采取下列措施：

（一）扑杀并销毁染疫动物和易感染的动物及其产品；

（二）对病死的动物、动物排泄物、被污染饲料、垫料、污水进行无害化处理；

（三）对被污染的物品、用具、动物圈舍、场地进行严格消毒。

第三十条 对疫区应当采取下列措施：

（一）在疫区周围设置警示标志，在出入疫区的交通路口设置临时动物检疫消毒站，对出入的人员和车辆进行消毒；

（二）扑杀并销毁染疫和疑似染疫动物及其同群动物，销毁染疫和疑似染疫的动物产品，对其他易感染的动物实行圈养或者在指定地点放养，役用动物限制在疫区内使役；

（三）对易感染的动物进行监测，并按照国务院兽医主管部门的规定实施紧急免疫接种，必要时对易感染的动物进行扑杀；

（四）关闭动物及动物产品交易市场，禁止动物进出疫区和动物产品运出疫区；

（五）对动物圈舍、动物排泄物、垫料、污水和其他可能受污染的物品、场地，进行消毒或者无害化处理。

第三十一条 对受威胁区应当采取下列措施：

（一）对易感染的动物进行监测；

（二）对易感染的动物根据需要实施紧急免疫接种。

第三十二条 重大动物疫情应急处理中设置临时动物检疫消毒站以及采取隔离、扑杀、销毁、消毒、紧急免疫接种等控制、扑灭措施的，由有关重大动物疫情应急指挥部决定，有关单位和个人必须服从；拒不服从的，由公安机关协助执行。

第三十三条 国家对疫区、受威胁区内易感染的动物免费实施紧急免疫接种；对因采取扑杀、销毁等措施给当事人造成的已经证实的损失，给予合理补偿。紧急免疫接种和补偿所需费用，由中央财政和地方财政分担。

第三十四条 重大动物疫情应急指挥部根据应急处理需要，有权紧急调集人员、物资、运输工具以及相关设施、设备。

单位和个人的物资、运输工具以及相关设施、设备被征集使用的，有关人民政府应当及时归还并给予合理补偿。

第三十五条 重大动物疫情发生后，县级以上人民政府兽医主管部门应当及时提出疫点、疫区、受威胁区的处理方案，加强疫情监测、流行病学调查、疫源追踪工作，对染疫和疑似染疫动物及其同群动物和其他易感染动物的扑杀、销毁进行技术指导，并组织实施检验检疫、消毒、无害化处理和紧急免疫接种。

第三十六条 重大动物疫情应急处理中，县级以上人民政府有关部门应当在各自的职责范围内，做好重大动物疫情应急所需的物资紧急调度和运输、应急经费安排、疫区群众救济、人的疫病防治、肉食品供应、动物及其产品市场监管、出入境检验检疫和社会治安维护等工作。

中国人民解放军、中国人民武装警察部队应当支持配合驻地人民政府做好重大动物疫情的应急工作。

第三十七条　重大动物疫情应急处理中，乡镇人民政府、村民委员会、居民委员会应当组织力量，向村民、居民宣传动物疫病防治的相关知识，协助做好疫情信息的收集、报告和各项应急处理措施的落实工作。

第三十八条　重大动物疫情发生地的人民政府和毗邻地区的人民政府应当通力合作，相互配合，做好重大动物疫情的控制、扑灭工作。

第三十九条　有关人民政府及其有关部门对参加重大动物疫情应急处理的人员，应当采取必要的卫生防护和技术指导等措施。

第四十条　自疫区内最后一头（只）发病动物及其同群动物处理完毕起，经过一个潜伏期以上的监测，未出现新的病例的，彻底消毒后，经上一级动物防疫监督机构验收合格，由原发布封锁令的人民政府宣布解除封锁，撤销疫区；由原批准机关撤销在该疫区设立的临时动物检疫消毒站。

第四十一条　县级以上人民政府应当将重大动物疫情确认、疫区封锁、扑杀及其补偿、消毒、无害化处理、疫源追踪、疫情监测以及应急物资储备等应急经费列入本级财政预算。

第五章　法　律　责　任

第四十二条　违反本条例规定，兽医主管部门及其所属的动物防疫监督机构有下列行为之一的，由本级人民政府或者上级人民政府有关部门责令立即改正、通报批评、给予警告；对主要负责人、负有责任的主管人员和其他责任人员，依法给予记大过、降级、撤职直至开除的行政处分；构成犯罪的，依法追究刑事责任：

（一）不履行疫情报告职责，瞒报、谎报、迟报或者授意他人瞒报、谎报、迟报，阻碍他人报告重大动物疫情的；

（二）在重大动物疫情报告期间，不采取临时隔离控制措施，导致动物疫情扩散的；

（三）不及时划定疫点、疫区和受威胁区，不及时向本级人民政府提出应急处理建议，或者不按照规定对疫点、疫区和受威胁区采取预防、控制、扑灭措施的；

（四）不向本级人民政府提出启动应急指挥系统、应急预案和对疫区的封锁建议的；

（五）对动物扑杀、销毁不进行技术指导或者指导不力，或者不组织实施检验检疫、消毒、无害化处理和紧急免疫接种的；

（六）其他不履行本条例规定的职责，导致动物疫病传播、流行，或者对养殖业生产安全和公众身体健康与生命安全造成严重危害的。

第四十三条　违反本条例规定，县级以上人民政府有关部门不履行应急处理职责，不执行对疫点、疫区和受威胁区采取的措施，或者对上级人民政府有关部门的疫情调查不予配合或者阻碍、拒绝的，由本级人民政府或者上级人民政府有关部门责令立即改正、通报批评、给予警告；对主要负责人、负有责任的主管人员和其他责任人员，依法给予记大过、降级、撤职直至开除的行政处分；构成犯罪的，依法追究刑事责任。

第四十四条　违反本条例规定，有关地方人民政府阻碍报告重大动物疫情，不履行应急处理职责，不按照规定对疫点、疫区和受威胁区采取预防、控制、扑灭措施，或者对上级人民政府有关部门的疫情调查不予配合或者阻碍、拒绝的，由上级人民政府责令立即改正、通报批评、给予警告；对政府主要领导人依法给予记大过、降级、撤职直至开除的行政处分；构成犯罪的，依法追究刑事责任。

第四十五条　截留、挪用重大动物疫情应急经费，或者侵占、挪用应急储备物资的，按照《财政违法行为处罚处分条例》的规定处理；构成犯罪的，依法追究刑事责任。

第四十六条　违反本条例规定，拒绝、阻碍动物防疫监督机构进行重大动物疫情监测，或者发现动物出现群体发病或者死亡，不向当地动物防疫监督机构报告的，由动物防疫监督机构给予警告，并处2000元以上5000元以下的罚款；构成犯罪的，依法追究刑事责任。

第四十七条　违反本条例规定，不符合相应条件采集重大动物疫病病料，或者在重大动物疫病病原分离时不遵守国家有关生物安全管理规定的，由动物防疫监督机构给予警告，并处5000元以下的罚款；构成犯罪的，依法追究刑事责任。

第四十八条　在重大动物疫情发生期间，哄抬物价、欺骗消费者，散布谣言、扰乱社会秩序和市场秩序的，由价格主管部门、工商行政管理部门或者公安机关依法给予行政处罚；构成犯罪的，依法追究刑事责任。

第六章　附　　则

第四十九条　本条例自公布之日起施行。

2. 国务院文件

国务院办公厅关于建立疾病应急救助制度的指导意见

(2013年2月22日 国办发〔2013〕15号)

各省、自治区、直辖市人民政府，国务院各部委、各直属机构：

近年来，随着基本医保覆盖面的扩大和保障水平的提升，人民群众看病就医得到了基本保障，但仍有极少数需要急救的患者因身份不明、无能力支付医疗费用等原因，得不到及时有效的治疗，造成了不良后果。建立疾病应急救助制度，解决这部分患者的急救保障问题，是健全多层次医疗保障体系的重要内容，是解决人民群众实际困难的客观要求，是坚持以人为本、构建和谐社会的具体体现。根据《"十二五"期间深化医药卫生体制改革规划暨实施方案》，经国务院同意，现就建立疾病应急救助制度提出以下指导意见。

一、设立疾病应急救助基金

（一）分级设立疾病应急救助基金。设立疾病应急救助基金是建立疾病应急救助制度的重要内容和保障。各省（区、市）、市（地）政府组织设立本级疾病应急救助基金。省级基金主要承担募集资金、向市（地）级基金拨付应急救助资金的功能。市（地）级基金主要承担募集资金、向医疗机构支付疾病应急救治医疗费用的功能。直辖市可只设本级基金，由其承担募集资金、向医疗机构支付疾病应急救治医疗费用的功能。副省级市参照市（地）设立疾病应急救助基金。

（二）多渠道筹集资金。疾病应急救助基金通过财政投入和社会各界捐助等多渠道筹集。省（区、市）、市（地）政府要将疾病应急救助基金补助资金纳入财政预算安排，资金规模原则上参照当地人口规模、上一年度本行政区域内应急救治发生情况等因素确定。中央财政对财力困难地区给予补助，并纳入财政预算安排。鼓励社会各界向疾病应急救助基金捐赠资金。境内企业、个体工商户、自然人捐赠的资金按规定享受所得税优惠政策。

二、疾病应急救助的对象和范围

（一）救助对象。在中国境内发生急重危伤病、需要急救但身份不明确或无力支付相应费用的患者为救助对象。医疗机构对其紧急救治所发生的费用，可向疾病应急救助基金申请补助。

（二）救助基金支付范围。1. 无法查明身份患者所发生的急救费用。2. 身份明确但无力缴费的患者所拖欠的急救费用。先由责任人、工伤保险和基本医疗保险等各类保险、公共卫生经费，以及医疗救助基金、道路交通事故社会救助基金等渠道支付。无上述渠道或上述渠道费用支付有缺口，由疾病应急救助基金给予补助。疾病应急救助基金不得用于支付有负担能力但拒绝付费患者的急救医疗费用。

各地区应结合实际明确、细化疾病应急救助对象身份确认办法和疾病应急救助基金具体支付范围等。

三、疾病应急救助基金管理

（一）基金管理。疾病应急救助基金由当地卫生部门管理，具体由地方政府确定。基金管理遵循公开、透明、专业化、规范化的原则，管理办法由卫生部门商财政部门制定。

（二）基金监管。成立由当地政府卫生、财政部门组织，有关部门代表、人大代表、政协委员、医学专家、捐赠人、媒体人士等参加的基金监督委员会，负责审议疾病应急救助基金的管理制度及财务预决算等重大事项、监督基金运行等。基金独立核算，并进行外部审计。基金使用、救助的具体事例、费用以及审计报告等向社会公示，接受社会监督。

四、建立多方联动的工作机制

（一）部门职责。卫生部门牵头组织专家制定需紧急救治的急重危伤病的标准和急救规范；监督医疗机构及其工作人员无条件对救助对象进行急救，对拒绝、推诿或拖延救治的，要依法依规严肃处理；查处医疗机构及其工作人员虚报信息套取基金、过度医疗等违法行为。基本医保管理部门要保障参保患者按规定享受基本医疗保险待遇。民政部门要协助基金管理机构共同做好对患者有无负担能力的鉴别工作；进一步完善现行医疗救助制度，将救助关口前移，加强与医疗机构的衔接，主动按规定对符合条件的患者进行救助，做到应救尽救。公安机关要积极协助医疗机构和基金管理机构核查患者的身份。对未履行职责的，由本级政府和上级主管部门予以纠正。

（二）医疗机构职责。1. 各级各类医疗机构及其工作人员必须及时、有效地对急重危伤患者施救，不得以任何理由拒绝、推诿或拖延救治。2. 对救助对象急救后发生的欠费，应设法查明欠费患者身份；对已明确身份的患者，要尽责追讨欠费。3. 及时将收治的无负担能力患者情况及发生的费用向相关部门报告，并请相关部门协助追讨欠费。4. 公立医院要进一步完善内部控制机制，通过列支坏账准备等方式，核销救助对象发生的部分急救欠费。5. 鼓励非公立医院主动核销救助对象的救治费用。6. 对救助对象急救的后续治疗发生的救治费用，医疗机构应及时协助救助对象按程序向医疗救助机构等申请救助。

（三）基金管理机构职责。1. 负责社会资金募集、救助资金核查与拨付，以及其他基金管理日常工作等。2. 主动开展各类募捐活动，积极向社会募集资金。3. 充分利用筹集资金，定期足额向医疗机构支付疾病应急救治医疗费用，对经常承担急救工作的定点医疗机构，可采取先部分预拨后结算的办法减轻医疗机构的垫资负担。

（四）建立联动机制。各有关部门、机构要按照分工落实责任，加强协作，建立责任共担、多方联动的机制。卫生、财政等部门要加强沟通协调，共同做好有关重大政策研究制定及推动落实等工作。

五、做好组织实施工作

各地区、各有关部门要充分认识建立疾病应急救助制度的重要性，结合实际，研究制定具体办法。已经开展应急救助的地区，要进一步完善现行政策，做好疾病应急救助制度与基本医疗保险制度、大病保险制度和医疗救助制度的衔接。要把握好政府引导与发展社会医疗慈善、基金管理与利用第三方专业化服务的关系，不断提高服务水平。深化公立医院改革，保障基本医疗服务需求，进一步提升服务质量。要注意总结经验，及时研究解决发现的问题，逐步完善疾病应急救助制度。

3. 部门规范性文件

突发事件医疗应急工作管理办法（试行）

（2023年12月8日　国卫医急发〔2023〕37号）

第一章　总　则

第一条　为明确突发事件医疗应急工作机制与流程，规范、高效做好各类突发事件紧急医学救援，避免和减少人员伤亡，保障人民群众生命安全和身体健康，依据《中华人民共和国突发事件应对法》《中华人民共和国基本医疗卫生与促进法》《突发公共卫生事件应急条例》《国家突发公共事件总体应急预案》《国家突发公共卫生事件应急预案》《国家突发公共事件医疗卫生救援应急预案》等国家有关法律法规、规章制度和工作预案，制定本办法。

第二条　按照"人民至上、生命至上、报告及时、快速处置、分级响应、平急结合"的原则，以高度负责的精神，做到早发现、早报告、早处置，拓宽信息渠道，及时、准确、全面报告突发事件信息，有力、有序、有效开展医疗应急工作。

第三条　本办法所称突发事件，是指突然发生，造成或者可能造成严重社会危害，需要采取应急处置措施予以应对的自然灾害、事故灾难、公共卫生事件和社会安全事件。

第四条　本办法适用于国家突发事件医疗应急管理，地方各级卫生健康行政部门可参照本办法制定本级突发事件医疗应急管理办法或规定。

第二章　突发事件医疗应急信息的发现和报告

第五条　突发事件医疗应急相关信息的发现途径包括：

（一）各地、各有关单位报告的信息。地方各级卫生健康行政部门要重视发挥院前医疗急救网络作用。相关医疗机构获悉事发地人员伤亡情况后，应第一时间向属地卫生健康行政部门报告信息。

（二）新闻媒体报道中涉及的信息、社会公众报告、其他部门通报和上级部门反馈等。建立健全与应急管理、市场监管等部门的信息报送机制，及时共享突发事件信息。

要加强应急值守，保持通讯24小时畅通，提高信息报告人员素质，提升信息时效和质量，力争第一时间获取有效信息，为保障人民群众身体健康赢得宝贵时间。

第六条 任何单位和个人均有权向所在地人民政府、有关主管部门或者指定的专业机构报告突发事件及其隐患。县级以上卫生健康行政部门、各级各类医疗卫生机构及卫生健康行政部门指定的突发事件监测机构等为突发事件医疗应急信息责任报告单位，应依据各自职责和相关要求向地方人民政府和（或）卫生健康行政部门报告。

第七条 责任报告单位应当按照有关规定及时报告突发事件及其处置情况。获得突发事件相关信息，责任报告单位应当在2小时内向属地卫生健康行政部门报告。属地卫生健康行政部门应当尽快组织现场医疗应急处置，同时进行信息报告；接到突发事件相关信息报告的卫生健康行政部门，应根据事件的不同级别，采取相应的应对措施，并在2小时内同时向本级人民政府和上一级卫生健康行政部门报告。如尚未达到突发事件标准，应当密切跟踪事态发展，及时报告事态变化。

对死亡和危重病例超过5例的重大及以上级别突发事件，或可能引发重大及以上级别突发事件的，省级卫生健康行政部门接到报告2小时内报告国家卫生健康委，伤亡情况暂时不清时先报告事件情况，伤亡情况通过进展报告报送，省级以下卫生健康行政部门可直接上报国家卫生健康委，同时抄送上级卫生健康行政部门，国家卫生健康委接到报告后应当及时向国务院报告。

第八条 根据事件发生、发展、控制过程分为初次报告、进展报告、结案报告。初次报告一般应包括以下内容：事件发生或发现时间、地点、事件类型、已造成人员伤亡情况、伤病员检伤分类、初步诊断；调派医务人员、救护车、医疗应急队伍和省、市专家等医疗资源情况；卫生健康系统受损情况、拟进一步采取的医疗应急措施以及请求支援事项。进展报告应包括已实施的救治策略和方案，后续医疗救治方案，并及时更新伤病员救援、医疗救治和病情转归进展等。结案报告应包括伤病员死亡情况、治愈情况等，对突发事件医疗救治工作进行总结分析。

对重大及以上级别突发事件，省级卫生健康行政部门应由专人对接各救治医疗机构，实时掌握伤病员救治情况，与国家卫生健康委保持24小时信息畅通；特别重大事件每日报告，重大事件隔日报告。

第九条 建立倒查追究制度。加强检查指导，努力提高信息报告的时效性和准确性。对迟报、漏报、谎报、瞒报的单位，坚决按照相关规定，依法依规追究相关人员责任。地方各级卫生健康行政部门应每年对各地突发事件信息报送工作进行评估。任何单位和个人均有权向政府部门举报不履行或不按规定履行突发事件医疗应急职责的部门、单位及个人。

第三章 突发事件医疗应急处置

第十条 突发事件医疗应急处置遵循分级负责、属地管理为主的原则，地方各级卫生健康行政部门应当建立突发事件的应急响应机制，根据突发事件类型，启动应急响应，在属地党委和人民政府领导下，加强部门协同，完善应急力量，快速反应、高效应对各类突发事件，开展医疗救援。

第十一条 卫生健康行政部门根据现场医疗救治需求，按照预案要求制订医疗救援方案，统一指挥调动医疗资源，迅速开展医疗救援工作。对伤病员进行检伤分类，开展现场救治、合理转运，分级分类开展救治，危险化学品、核辐射事件的伤病员应及时转运到专业医疗机构救治。

重大及以上级别突发事件，应统筹组织本省域医疗资源，开展现场救治和转运等工作。国家卫生健康委派出相关领域专家指导医疗救治工作，必要时调派医疗应急队伍予以支援。相邻省份应做好本省份国家、省级医疗应急队伍支援准备工作，随时接受调派。

第十二条 医务人员应当按照相关规范和标准对伤病员进行初次检伤分类、持续评估，分别用绿、黄、红、黑四种颜色，对轻、重、危重伤病员和死亡人员进行分类，标记在伤病员或死亡人员的手腕或脚踝等明显部位，以便按照类别开展处置。危重症患者标红色标，应第一优先处置、转送；重症患者标黄色标，第二优先处置、转送；轻症患者标绿色标，可第三优先处置、转送；死亡者标黑色标。

第十三条 在确保安全的前提下，按照"最快到达"原则将伤病员迅速转送至具备治疗条件的医疗机构，对于传染病患者，应根据《中华人民共和国传染病防治法》等相关法律法规要求转送至指定的救治医疗机构。在医疗应急救援中，应综合考虑伤病员情况、地理环境、医疗救治条件和能力等因素，科学选择转运方式和收治医院。需要远距离转运的，协调民航、铁路、交通等部门协助解决医疗救援有关交通事宜。伤病员现场经治的医疗文书要与接纳后送伤病员的医疗机构做好交接。

第十四条 伤病员救治应按照集中资源、集中专家、集中伤病员、集中救治的"四集中"原则，首选收治在医疗救治能力和综合水平强的二级以上综合医院、中医医院和中西医结合医院，成立医疗救治工作组，统一指挥、统一部署、统筹资源开展医疗救治工作。根据分级分层分类救治的原则，相应的卫生健康行政部门组织成立专家组，对伤病员病情进行评估，重症患者应按照"一人一策"原则进行救治，必要时开展多学科会诊和远程会诊，保证救治质量。同时，做好伤病员及家属、相关工作人员等重点人群以及公众的心理援助工作。特别重大、重大和较大突发事件伤病员集中收治工作完成、批量伤病员得到有效救治、结束集中收治工作后，对医疗应急工作进行总结，提出工作建议。

第四章 突发事件医疗应急保障

第十五条 各级卫生健康行政部门应当按照"统一组织、平急结合、因地制宜、分类管理、分级负责、协调运转"的原则，根据灾害灾难、传染病疫情、中毒、核辐射等不同类别的紧急医学救援组建医疗应急队伍，以有效应对辖区内发生的突发事件，必要时根据有关指令开展辖区外处置支援。各级各类医疗机构根据本单位的职能，成立相应的应急队伍。医疗应急队伍以现场救援、转运后送、院内救治为主要任务。

（一）队员组成。队伍成员应根据应对事件的不同类型，从医疗卫生机构等选择政治合格、年富力强、有实践经验的人员组成。

（二）队伍装备。队伍装备应实现集成化和自我保障化，分为通用性和专业类装备。通用性保障装备主要包括个人生活用品（携行）、后勤保障装备、指挥通讯装备、办公装备、徽章标志和交通装备等；医疗救治专业类装备根据重大灾害、传染病、中毒、核辐射等不同事件类别配备，主要包括救治设备、防护装备、诊断、检测装备，现场处置类装备，药品器材等。

（三）队伍管理。国家医疗应急队伍的建设和管理具体按照《国家卫生应急队伍管理办法（试行）》执行，地方各级医疗应急队伍管理参照执行。各级卫生健康行政部门可依托"医疗应急指挥信息系统"建立队伍成员和装备资料库，实行信息化管理，及时更新信息资料。

第十六条 各级卫生健康行政部门要依托综合实力强的医疗机构加强紧急医学救援基地、重大传染病防治基地的建设和管理，提高大规模收治伤病员能力和医疗应急演训、科研、物资储备能力。

第十七条 各级卫生健康行政部门建立辖区内的医疗应急专家库，负责更新本级医疗应急专家库。发生突发事件时，卫生健康行政部门应及时从专家库调用专家，书面通知派出人员所在单位，紧急情况下可先电话通知。

（一）专家遴选。政治合格，在临床医学、灾害管理学、法学等领域工作5年以上，具有一定专业学术地位或影响和应对突发事件处置经验并具备副高级及其以上专业职称，年龄在65周岁以下、身体健康、能够胜任相关工作的，经推荐审核后可作为医疗应急专家，入选医疗应急专家库。医疗应急专家推荐与审核按照突发事件类别和所需相关专业进行推荐，包括医疗救治、卫生管理、危机管理、心理学、社会学等专业专家。

（二）专家库管理。医疗应急专家库按国家、省、地市三级分级管理、动态维护、实时更新。国家卫生健康委依托国家突发事件医疗应急指挥信息系统，建立和维护医疗应急专家库，指导省级专家库系统管理。省级卫生健康行政部门负责省级医疗应急专家库的建立、管理，按要求推荐国家级专家，指导省级以下医疗应急专家库管理。

第十八条 各级卫生健康行政部门和医疗机构根据突发事件风险评估制定相应的医疗应急预案，针对预案定期开展医疗应急演练，并根据形势变化、预案实施和演练中发现的问题及时修订。

第十九条 各级卫生健康行政部门按照突发事件情况和生产供应情况科学制定医疗应急医药储备目录。储备物资类别包括突发事件医疗救治、现场处置所需的有关药品、疫苗、诊断试剂和器械、防护用品、消毒剂等。医疗机构应本着"自用自储"的原则制定日常应急物资储备计划，国家医学中心、区域医疗中心和重大疫情救治基地、紧急医学救援基地、医疗应急队伍所依托的医疗机构要加强相关医疗救治设备配备并保留一定的备份量，负责区域突发事件快速反应支持。发生灾情、疫情等突发事件时，卫生健康行政部门需要调用医药储备的，原则上先向地方相关部门申请调用地方医药储备，地方医药储备不能满足需求时，可申请调用中央医药储备。

第二十条 各级卫生健康行政部门负责医疗应急培训，包括制订和组织实施培训规划，并进行绩效评估。坚持"预防为主、平急结合、突出重点、学以致用"的原则,根据实际需要,充分利用广播电视、远程教育等先进手段,辅以情景模拟、案例分析等方法,采取多种形式开展培训。

（一）组织实施。依据分级管理、逐级培训的原则,国家卫生健康委组织对省级、地方各级卫生健康行政部门组织本级及下一级师资和技术骨干的培训,做到全员培训和重点提高相结合,现场处置培训与理论培训相结合,地区交流与出国培训相结合。

（二）培训对象和主要内容：

1. 医疗应急管理干部培训。重点是增强应急管理意识和公共安全意识,掌握相关法律、法规、预案和工作制度,提高医疗应急常态化管理水平、组织协调和指挥处置突发事件能力。

2. 医疗应急专业队伍培训。重点掌握医疗应急预案、技术规范和标准,精通医疗应急专业知识和技能,提高现场处置能力。以重点突发急性传染病、中毒、核和辐射损伤、各类重大突发事故和自然灾害等突发事件的医疗应急工作相关专业知识、理论、技能和应急处理程序、救治方法、安全防护为重点内容。

3. 医务人员培训。重点掌握应急预案以及重点急性传染病、新发传染病、不明原因疾病、中毒、核和辐射损伤等诊断治疗技术和安全防护技能,熟练掌握各类突发事件中伤病员的急救处理技术,提高应对各类突发事件的发现报告、现场处置、医疗救援及与疾控机构协同处置能力。

4. 相关部门医疗应急管理干部培训。重点掌握国家医疗应急相关法律、法规和预案以及《国际卫生条例》等,熟悉本部门突发事件医疗应急处置职责,了解突发公共卫生事件的报告标准和程序、应急措施、事后恢复重建以及能力评估等。

5. 医疗应急救援志愿者培训。重点是掌握医疗应急救援及自救、互救、个人防护的技能以及协助专业救援队伍参与医疗应急处置的能力。

第二十一条 各级卫生健康行政部门根据实际情况和医疗应急工作需要,结合预案制定年度演练计划,采取桌面和实战演练、功能和全面演练等形式,重点演练突发事件医疗应急组织管理、快速反应、技术规范、物资储备、部门协调、媒体沟通等。

第二十二条 加强医疗应急科普宣教,利用广播、电视、报纸和网络等大众媒体,及时将宣传信息传递到有关目标人群,将切合实际的有关自救互救等知识反复向公众宣传,通过开展医疗应急科普知识进企业、进农村、进社区、进学校、进家庭等活动,倡导卫生行为,群策、群防、群控,提高公众突发事件医疗应急意识和能力。

第二十三条 加强医疗应急科技交流与合作,有计划地开展应对突发事件医疗应急相关的科学研究,探索事件发生、发展的规律。加强医疗应急工作的法制、体制、机制和预案建设的相关政策研究,应急指挥平台的开发应用,现场应急处置相关技术,应急能力评估,社会经济评价,队伍装备标准,应急物资储备,现场快速检测技术和实验室诊断方法等医疗应急科研成果的综合评价和推广应用工作。

第二十四条 各地按规定落实参加突发事件应急处置的医疗卫生人员补助,为参与突发事件处置的专业应急救援人员购买人身意外伤害保险。

第二十五条 对突发事件医疗应急救援作出突出贡献的单位和个人,按照国家有关规定给予表彰。对在参与突发事件医疗卫生救援工作中致伤、致残、死亡的人员,按照国家有关规定给予相应的补助和抚恤。对工作消极、失职、渎职的有关责任人,依据有关规定严肃追究责任,构成犯罪的,依法追究刑事责任。

第二十六条 本办法自发布之日起施行。

关于进一步完善院前医疗急救服务的指导意见

（2020年9月17日　国卫医发〔2020〕19号）

院前医疗急救是卫生健康事业的重要组成部分,在医疗急救、重大活动保障、突发公共事件紧急救援等方面发挥了重要作用。为更好地满足人民群众对院前医疗急救的需求,提高院前医疗急救服务能力,现提出如下意见。

一、总体要求

（一）指导思想。以习近平新时代中国特色社会主义思想为指导,全面贯彻党的十九大和十九届二中、三中、四中全会精神,落实新形势下卫生与健康工作方针,以提高人民健康水平为核心,以满足人民群众需求为目标,大力推进院前医疗急救网络建设,逐步加强院前医疗急救人才队伍建设,有效提升院前医疗急救服务能力,加快建设与经济社会发展水平及人民健康需求相适应的院前医疗急救服务体系。

（二）基本原则。

政府主导、保障基本。落实各级政府责任,坚持属地管理,分级负责,进一步加大政府对院前医疗急救事业的投入，完善急救资源配置，满足实际工作需要，保障人民群众对院前医疗急救的基本需求，切实体现院前医疗急救事业的公益性，助力健康中国建设。

科学规划、持续发展。根据院前医疗急救服务需求，科学布局、统筹规划院前医疗急救体系建设，明确各级院前医疗急救机构功能定位，建立长效运行与协作机制，促进城乡院前医疗急救体系一体化发展和区域平衡，全面提升院前医疗急救机构的服务能力和技术水平。

以人为本、注重实效。始终将院前医疗急救专业人才队伍建设作为推动体系发展的关键环节，从人才培养、职业发展、薪酬待遇、人员转归等方面统筹谋划，切实加强专业人才队伍建设，提高院前医疗急救质量与效率，促进院前医疗急救事业健康可持续发展。

软硬结合、全面提升。加强院前医疗急救基础设施、车辆装备、配套设备等硬件建设，提升信息化水平，逐步实现院前医疗急救机构精细化管理，注重院前医疗急救学科、服务、管理等内涵建设，持续提升人民群众对医疗急救服务满意度。

（三）主要目标。到2025年，建成与我国社会经济发展水平相适应的政府主导、覆盖城乡、运行高效、服务优质的省、地市、县三级院前医疗急救服务体系，院前医疗急救人才队伍长足发展，服务保障能力全面提升，社会公众急救技能广泛普及，急救相关产业健康发展，全社会关心支持急救事业发展的氛围基本形成。

具体指标：

——地市级以上城市和有条件的县及县级市设置急救中心（站）。

——合理布局院前医疗急救网络，城市地区服务半径不超过5公里，农村地区服务半径10-20公里。

——以地级市为单位，按照每3万人口配置1辆救护车，以县域为单位，根据县域人口的300%估算人口基数，按照每3万人口1辆的标准配备救护车。根据院前医疗急救服务需求合理配置救护车类型，其中至少40%为负压救护车。平均急救呼叫满足率达到95%。

——全国120急救电话开通率达到100%。120呼救电话10秒内接听比例达到95%，3分钟出车率达到95%。院前急救病例书写率达到100%。危急重症现场医疗监护或抢救措施实施率达到98%。

——地市级以上急救中心设立统一指挥调度信息化平台。与本级区域健康信息平台、二级以上综合医院信息系统实现数据共享。

——独立设置的急救中心（站）急救医师数量满足服务需求。

二、加强院前医疗急救网络建设

（四）推进急救中心（站）建设。地市级以上城市和有条件的县及县级市设置急救中心（站），条件尚不完备的县及县级市依托区域内综合水平较高的医疗机构设置县级急救中心（站）。各地要按照《医疗机构基本标准（试行）》（卫医发〔1994〕30号）和《急救中心建设标准》（建标〔2016〕268号）的相关要求，加强对急救中心（站）建设的投入和指导，确保急救中心（站）建设符合标准。有条件的市级急救中心建设设急救培训基地，配备必要的培训设施，以满足院前医疗急救专业人员及社会公众急救技能培训需求。

（五）加强急救车辆等急救运载工具和装备配置。各地要根据业务工作需要、厉行节约原则，合理配置急救中心（站）救护车数量，偏远地区可根据实际情况增加配置数量。遵循合理、必须、均衡原则，完善不同用途和性能救护车配备。有条件的地区可根据需要购置或采取签订服务协议的方式配备水上、空中急救运载工具。车辆、担架等运载工具及装载的医疗、通讯设备符合国家、行业标准和有关规定，满足院前医疗急救服务需求，提高装备智能化、信息化水平。救护车等急救运载工具以及人员着装统一标识，统一标注急救中心（站）名称和院前医疗急救呼叫号码。

（六）规划院前医疗急救网络布局。各地要结合城乡功能布局、人口规模、服务需求，科学编制辖区院前医疗急救站点设置规划。城市地区不断完善以急救中心为主体，二级以上医院为支撑的城市院前医疗急救网络，有条件的大型城市可以在急救中心下设急救分中心或急救站，合理布局，满足群众院前医疗急救服务需求。农村地区建立县级急救中心-中心乡镇卫生院-乡镇卫生院三级急救网络，加强对乡村医生的培训，充分发挥乡村医生在院前医疗急救中的作用。地市级以上急救中心要加强对县级院前医疗急救网络的指导和调度。有条件的地区要积极开展航空医疗救护，在确保安全的前提下，探索完善航空医疗救护管理标准和服务规范，构建陆空立体急救网络和空地协同机制。

三、加强院前医疗急救人才培养和队伍建设

（七）加强院前医疗急救专业人才培养。加强医教协同，加强急诊专业住院医师规范化培训力度，强化院前医疗急救能力培训。完善院前医疗急救医师继续医学教育制度，组织急救中心医师定期到二级以上医疗机构接受急诊、重症监护、麻醉等临床技能培训，并采取多种手段拓展院前医疗急救医师继续教育形式和内涵。

（八）强化院前医疗急救队伍建设。各地应当根据急救网络规划，合理配置院前医疗急救专业人员和其他工作人员，创新院前医疗急救医师和护士招聘引进举措，确保满足服务要求。规范开展院前医疗急救专业人员岗前培训和在岗培训，加强调度员、驾驶员、担架员业务培训，完善考核管理。

四、提升院前医疗急救服务能力

（九）加强院前医疗急救信息化建设。建立健全全国院前医疗急救工作信息管理系统，加强急救相关信息管理，健全急救系统监测预警水平。提高院前医疗急救信息化水平，推动院前医疗急救网络与医院信息系统连接贯通，推动急救调度信息与电信、公安、交通、应急管理等部门及消防救援机构的信息共享与联动，探索并推广急救呼叫定位，探索居民健康档案与调度平台有效对接，提高指挥调度和信息分析处理能力。

（十）加强科学调度水平。全国统一院前医疗急救呼叫号码为"120"。地市级以上急救中心建立院前医疗急救指挥调度信息化平台，遵循就近、就急、就专科的原则，实现急救呼叫统一受理、车辆人员统一调度。地域偏远或交通不便的县及县级市应当设置独立急救中心（站）或依托综合水平较高的医疗机构，建立指挥调度信息化平台，根据实际情况，实现市级统一受理、二级调度或县级统一受理、调度，提高调度效率。加强院前医疗急救接报调度能力建设，鼓励有条件的地区根据实际情况创新调度方式，科学合理调派急救资源。

（十一）提升院前医疗急救服务质量。各地要进一步完善院前医疗急救工作相关规章制度，提高管理水平。加强院前医疗急救质量控制，完善院前医疗急救标准、流程和考核指标，不断提升院前医疗急救服务质量。急救中心要加强业务培训和管理，不断提高呼叫响应水平、全程转运速度和患者处置能力。

（十二）完善院前院内急救衔接机制。推动院前医疗急救网络与院内急诊有效衔接，落实医院首诊负责制，规范院前院内工作交接程序，整合相关科室，建立院前院内一体化绿色通道，提高救治效率。有条件的地区可建设院前医疗急救机构和胸痛中心、卒中中心、创伤中心、危重孕产妇救治中心、危重儿童和新生儿救治中心实时交互智能平台，推行急诊急救一体化建设。

（十三）提升公众急救技能。各地要建立辖区公众急救培训管理体系，制定培训计划，统一培训内容，整合急救中心、红十字会、公立医院及社会化培训机构等多方力量，开展针对社会公众的心肺复苏等基本急救技能培训。探索将急救常识和基本急救技能培训内容纳入公安民警、消防救援人员、公共交通工作人员等重点人群在岗培训。积极开展中小学急救常识普及，推广高中生、大学生基本急救技能培训，有效提升全人群自救互救能力。

五、加强政策保障

（十四）推进标准化建设。逐步完善院前医疗急救相关标准规范，统一院前医疗急救运载工具、装备标识和着装标准，规范急救运载工具、装备配置标准，制定院前医疗急救流程和技术规范，加强院前医疗急救服务质量控制，有效规范院前医疗急救行为。逐步建立统一的公众急救培训体系，提高自动体外除颤仪（AED）配置水平，完善公众急救支持性环境。

（十五）拓展人才发展平台。进一步完善卫生专业技术资格考试急诊医学（中级）专业考试大纲，兼顾院前医疗急救工作特点，职称晋升中侧重考查专业性、创新性和院前临床综合服务能力。鼓励各地推动急救中心（站）与医疗机构建立合作，探索建立院前急救医师转岗机制。

（十六）完善价格体系。规范院前医疗急救收费项目，科学核算服务成本，与财政补助相衔接，合理制定和动态调整医疗服务价格，合理回收部分成本，保障院前医疗急救机构运行，引导公众合理急救需求。将符合条件的院前医疗服务收费项目纳入医保支付范围。

（十七）调动人员积极性。强化内部运行机制、人事管理制度改革，建立健全适应院前医疗急救行业特点的绩效评估指标体系，将考核结果与岗位聘用、职称晋升、绩效分配挂钩。充分考虑单位属性、行业特点、资金保障能力等因素，合理核定院前医疗急救机构绩效工资总量，在内部分配时重点向一线岗位、业务骨干倾斜。

（十八）保障救护车辆权利。救护车在执行急救任务时，在确保安全的前提下，不受行驶路线、行驶方向、行驶速度和信号灯的限制。为救护车免费安装ETC车载装置，保障其不停车快捷通过高速公路收费站。

六、组织实施

（十九）加强组织领导。各地要高度重视院前医疗急救工作,将院前医疗急救事业纳入本级卫生事业发展规划,切实加强组织领导,明确部门分工,强化政策协调衔接,统筹推进各项工作。各地要在2020年11月底前,制定完善院前医疗急救服务的具体实施方案,确保各项政策措施取得实效。

(二十)强化部门协作。卫生健康行政部门要科学规划院前医疗急救网络布局,加强院前医疗急救人才培养,加强行业监管,确保院前医疗急救服务质量和安全。发展改革部门要积极改善院前医疗急救相关基础设施建设。教育部门要积极开展急救常识普及教育。电信管理部门、应急管理部门及消防救援机构要稳步推进与院前医疗急救调度系统的信息共享与联动,缩短响应时间。人力资源社会保障部门要会同卫生健康等部门保障急救中心（站）合理待遇。交通部门要制定完善保障急救车辆权利的相关政策。医疗保障部门负责统筹完善院前医疗急救服务价格和医保支付政策。

(二十一)开展社会宣传。各地要利用多种媒体形式,广泛宣传普及急诊急救知识,提高公众自救互救意识和能力。引导公众形成正确急救需求观念,合理利用院前医疗急救资源。树立、宣传先进人物和典型事迹,展现院前医疗急救工作者积极健康、无私奉献的精神风貌,营造全社会关心支持院前医疗急救发展的良好氛围。

(二十二)开展考核指导。各地区要加强对辖区内完善院前医疗急救服务实施情况监督检查,以问题为导向,综合评价辖区内院前医疗急救工作的进展和成效。国家卫生健康委要会同相关部门建立重点工作跟踪和定期监督制度,强化政策指导和督促检查,及时总结经验并定期通报工作进展。

国家卫生应急队伍管理办法

(2024年3月19日 国卫医急发〔2024〕11号)

第一章 总 则

第一条 为加强和规范国家卫生应急队伍建设与管理,全面提升国家卫生应急队伍的应急处置能力和水平,依据《中华人民共和国突发事件应对法》《突发公共卫生事件应急条例》等法律法规,以及《国家突发公共卫生事件应急预案》《国家突发公共事件医疗卫生救援应急预案》等预案,制定本办法。

第二条 本办法所称国家卫生应急队伍（含国家卫生应急移动处置中心）,是指由国务院卫生健康行政部门（国务院中医药主管部门、国务院疾控主管部门）建设与管理,参与特别重大及其他需要响应的突发事件现场卫生应急处置的专业医疗卫生救援队伍。国家卫生应急队伍主要分为紧急医学救援类、重大疫情医疗应急类、突发中毒事件处置类、核和辐射突发事件卫生应急类（上述4类队伍由国务院卫生健康行政部门负责建设管理）、中医应急医疗类（国务院中医药主管部门负责建设管理）、突发急性传染病防控类（国务院疾控主管部门负责建设管理）。国家卫生应急队伍成员（以下简称队员）来自医疗卫生等机构,平时承担所在单位日常工作,应急时承担卫生应急处置任务。

第三条 省级、地市级和县级卫生健康行政部门（中医药主管部门、疾控主管部门）要根据突发事件风险评估,加强地方卫生应急队伍建设,原则上所有医疗卫生机构均应具备卫生应急处置能力,形成完善的卫生应急队伍体系。

第四条 卫生应急队伍建设与管理坚持以习近平新时代中国特色社会主义思想为指导,全面贯彻党中央、国务院的决策部署;坚持"人民至上、生命至上",始终把人民群众生命安全放在首位;按照"统一指挥、纪律严明、反应迅速、处置高效、平战结合、布局合理、立足国内、面向国际"的原则,根据地域和突发事件等特点,统筹建设和管理卫生应急队伍。各地要强化队伍指挥调度、组织协同,开展实战化训练演练,注重提高信息化、智能化水平,着力提升队伍突发事件应对能力和社会参与程度。

第五条 卫生应急队伍要贯彻"以健康为中心"的原则,加强医防协同,强化公共卫生人员配备,完善医防协同机制,加强突发公共卫生事件研判评估、流行病学调查和溯源等培训,有效减少突发公共卫生事件发生和传播,保障公共卫生安全。

第六条 本办法适用于国家卫生应急队伍的建设和管理（突发急性传染病防控类队伍管理办法由国务院疾控主管部门另行制定,以下所称国家卫生应急队伍均不含突发急性传染病防控类队伍）。地方各级卫生健康行政部门（中医药主管部门）参照本办法制定本级卫生应急队伍管理办法或规定。

第二章 队伍建设

第七条 国务院卫生健康行政部门（国务院中医药主管部门）负责国家卫生应急队伍的总体规划、建设和管理,并委托省级卫生健康行政部门和中医药主管部门（以下简称委托建设单位）具体承担国家卫生应急队伍组建和管理工作；国家卫生应急队伍所在单位（以下简称承建单位）具体承担国家卫生应急队伍的组建和日常管理工作。紧急医学救援类、重大疫情医疗应急类、中医应急医疗类国家卫生应急队伍承建单位须为三级甲等医院，国家医学中心、国家区域医疗中心和国家临床重点专科所在单位优先。

国家卫生应急队伍由国务院卫生健康行政部门（国务院中医药主管部门）负责组织评估确认，符合国家卫生应急队伍条件的，承担国家卫生应急任务并履行相应职责。

第八条 国家卫生应急队伍主要由卫生应急管理人员、医疗卫生专业人员、技术保障和后勤保障人员构成。应急管理和医疗卫生专业人员每队30人以上，设队长1名，副队长2~3名，每支队伍配30人以上的后备人员（国家卫生应急队伍人员构成要求见附件1）。

第九条 队员遴选条件：

（一）政治坚定过硬，热爱卫生应急事业，忠实履行职责和义务；具有奉献、敬业、团队合作精神；

（二）身体健康，年龄原则上不超过50周岁；

（三）熟练掌握相关专业知识和技能；

（四）接受过卫生应急培训或参与过突发事件卫生应急处置工作者优先考虑。

（五）在同等条件下，外语沟通能力强的优先考虑。

第十条 队员的遴选按照本人自愿申请，承建单位推荐，委托建设单位审定，报国务院卫生健康行政部门（国务院中医药主管部门）备案的程序进行（队员审批表见附件2）。对于超龄（大于60周岁）或者身体状况不满足应急救援任务的队员应准予退出队伍，承建单位报告委托建设单位核准终止任用，并报国务院卫生健康行政部门（国务院中医药主管部门）备案。

第十一条 队伍应加强装备建设和各项应急预案、标准操作指南制定，队伍功能应满足以下最低标准：

紧急医学救援类：每天能开展20台损伤控制手术，每天能接诊200名急诊和门诊患者，开设20张留观病床，重点加强创伤处理能力；实现14天自我保障。

重大疫情医疗应急类：每天能完成1000人次以上的实验室检测，每天能接诊200名门诊患者，具备5例以上重症传染性疾病患者的紧急处置能力；具备隔离转运能力和流行病学调查能力；能实现10天自我保障。

突发中毒事件处置类：能够开展现场流行病学调查、应急监测与风险评估、毒物采样与快速检测、中毒救治指导、健康监护等，实现7天自我保障。

核和辐射突发事件卫生应急类：能够开展伤员体表放射性污染检测、局部和全身去污洗消、内外照射患者剂量估算和医学救治、食品和饮用水放射性监测、健康教育和现场心理救援等，实现7天自我保障。

中医应急医疗类：具备传染病检测、应急处置和转运能力，每天能接收200名门诊和急诊患者，可开展损伤控制手术3~5台，重点开展突发事件相关疾病的中医和中西医结合救治；实现7天自我保障。

第十二条 队伍应强化信息化建设，实现队伍与后方指挥部的联通，加强队伍人员、装备的信息化和智能化管理。

第三章 职责、权利和义务

第十三条 国务院卫生健康行政部门履行以下职责：

（一）负责紧急医学救援、重大疫情医疗应急、突发中毒事件处置、核和辐射突发事件卫生应急四类国家卫生应急队伍总体规划布局，指导四类队伍建设和管理工作；

（二）统一指挥和调度紧急医学救援、重大疫情医疗应急、突发中毒事件处置、核和辐射突发事件卫生应急四类国家卫生应急队伍；

（三）组织指导紧急医学救援、重大疫情医疗应急、突发中毒事件处置、核和辐射突发事件卫生应急四类国家卫生应急队伍的培训和演练工作。

国务院中医药主管部门履行以下职责：

（一）负责国家中医应急医疗队伍的总体规划布局，指导国家中医应急医疗队伍建设和管理工作；

（二）与国务院卫生健康行政部门建立协调联动机制，统一指挥和调度国家中医应急医疗队伍，确保中医药第一时间参与新发突发传染病防治和突发事件卫生应急救治工作；

（三）组织开展中医应急救治专项培训，并根据情况适时组织跨地区联合演练。

第十四条 委托建设单位履行以下职责：

（一）负责国家卫生应急队伍的组建、组织、协调和指导承建单位做好国家卫生应急队伍日常管理；

（二）指导承建单位开展国家卫生应急队伍的培训和演练；

（三）制订国家卫生应急队伍具体管理方案。

第十五条　承建单位履行以下职责：
（一）积极支持队员参与国家卫生应急工作，不得以任何理由推诿、拖延、妨碍队员参加卫生应急工作；
（二）保障队员在执行卫生应急任务期间及演训练期间的工资、津贴、奖金及其他福利待遇。保障队员在执行卫生应急任务期间及演训练期间的生命健康安全，为队员购置保险；
（三）负责国家卫生应急队伍的组建和日常管理；
（四）具体组织实施国家卫生应急队伍的培训和演练。

第十六条　国家卫生应急队伍履行以下职责：
（一）按照国务院卫生健康行政部门（国务院中医药主管部门）的调遣，参加卫生应急行动；
（二）向国务院卫生健康行政部门（国务院中医药主管部门）和委托建设单位提出有关卫生应急工作建议；
（三）参与研究、制订卫生应急队伍的建设、发展计划和技术方案；
（四）加强培训、演练，形成实战能力；
（五）向公众普及紧急医学救援知识和技能；
（六）承担国务院卫生健康行政部门（国务院中医药主管部门）委托的其他工作。

第十七条　队员享有以下权利：
（一）享有执行卫生应急任务的知情权；
（二）享受执行卫生应急任务的加班、高风险、特殊地区等国家规定的各项工资福利待遇的权利；
（三）享有执行卫生应急任务期间队伍所在单位按规定购置人身意外伤害保险的权利；
（四）享受接受卫生应急专业培训和演练的权利；
（五）享受优先获取卫生应急相关工作资料的权利；
（六）享有卫生应急工作建议权。

第十八条　队员应承担以下义务：
（一）服从上级的统一领导，服从工作安排，遵守纪律，保守国家秘密；
（二）及时报告在执行卫生应急任务中发现的特殊情况；
（三）提出卫生应急工作建议；
（四）做好卫生应急响应准备，参加卫生应急相关培训和演练，随时听候调派实施现场医疗卫生救援、伤病员救治；
（五）参与对省级及以下卫生应急队伍的业务培训、提供技术咨询和相关工作指导。

第四章　队伍管理

第十九条　队员原则上3年进行一次调整，符合条件的可继续留任。因健康、出国（1年以上）或其他原因不能履行其职责和义务者，经委托建设单位核准终止任用，遴选其他符合条件者增补至队伍，并及时报国务院卫生健康行政部门（国务院中医药主管部门）备案。

第二十条　承建单位建立应急值守制度，队员要保持通讯畅通；当联系方式变更时，应第一时间告知队长，及时报告委托建设单位更新相关信息，确保国家卫生应急队伍数据库信息准确。

第二十一条　委托建设单位应当按照《突发事件医疗应急工作管理办法（试行）》等相关要求，根据国务院卫生健康行政部门（国务院中医药主管部门）统一安排，制订国家卫生应急队伍年度培训和演练计划，开展相关活动，鼓励队伍开展巡诊义诊、紧急医学救援知识和技能普及"进企业、进社区、进学校、进农村、进家庭"等平急结合活动。

第二十二条　国家卫生应急队伍（不包括军队和武警卫生应急队伍）由国务院卫生健康行政部门（国务院中医药主管部门）指挥调度，国务院卫生健康行政部门（国务院中医药主管部门）向委托建设单位发出调用函，委托建设单位督促承建单位接到命令后2小时内完成各项准备随时出发，前往突发事件现场开展卫生应急救援；紧急情况下，可采取先调用、后补手续的方式。委托建设单位可经国务院卫生健康行政部门（国务院中医药主管部门）同意调遣国家卫生应急队伍；执行援外任务时，应由国务院卫生健康行政部门（国务院中医药主管部门）统一指挥调度。应急队伍执行任务时，国务院卫生健康行政部门（国务院中医药主管部门）或委托建设单位应协调受援当地政府提供支持。

第二十三条　国家卫生应急队伍在开展现场卫生应急处置工作时，接受突发事件现场指挥部指挥，加强与在现场参与突发事件处置工作其他应急队伍的信息沟通与协调，并遵守现场管理规定和相关工作规范等，定期向国务院卫生健康行政部门（国务院中医药主管部门）和委托建设单位报告工作进展，遇特殊情况随时上报。地方卫生健康行政部门（中医药主管部门）、医疗卫生机构提供必要的工作支持，协助国家卫生应急队伍完成相关工作。

现场卫生应急处置工作实行队长负责制，队员要服从队长指令，履行各自分工和职责。

第二十四条　队伍完成卫生应急任务后，由国务院卫生健康行政部门（国务院中医药主管部门）通知委托建设单位实施撤离，并由队长负责按要求提交卫生应急处置工作总结报告和相关文字、影像等资料。

第二十五条 执行国际医疗卫生救援任务时，应当遵循通行的国际惯例，遵守所在国的法律法规，尊重当地风俗习惯，维护国家尊严和形象。

第五章 装备物资管理

第二十六条 承建单位参照《卫生应急队伍装备参考目录（试行）》，对国家卫生应急队伍进行装备，并制定相应的管理制度；参照《国家卫生应急队伍标识（试行）》要求，规范使用标识的内容、样式、颜色、比例。按照政府采购法律规定开展采购活动，队伍装备纳入承建单位固定资产管理。

第二十七条 委托建设单位应指导承建单位建立仓储管理制度，定期对装备物资进行维护和更新工作，保证队伍装备物资状况良好，运行正常。

第二十八条 在卫生应急行动中，国务院卫生健康行政部门（国务院中医药主管部门）可以根据需要，对国家卫生应急队伍装备物资进行统一调配。

第二十九条 中央财政对国家卫生应急队伍装备、培训和演练等经费给予必要支持，任何单位或个人不得克扣、挪用或变相克扣、挪用国家卫生应急队伍装备、培训和演练等经费。

第六章 奖励与处罚

第三十条 国家卫生应急队员现场工作表现突出者、委托建设单位或承建单位完成国家卫生应急任务出色者，根据国家有关规定予以表彰或奖励。

第三十一条 国家卫生应急队员或其所在单位，在卫生应急行动中不服从调派、不认真履职、违反相关制度和纪律者，经委托建设单位核实，报由国务院卫生健康行政部门（国务院中医药主管部门）审核确认，对队员予以除名，并对其所在单位予以内部通报。如因失职等原因造成突发事件危害扩大，产生严重后果的，依法追究相关单位和当事人责任。

第三十二条 本办法自印发之日起施行，《国家卫生应急队伍管理办法（试行）》（卫办应急发〔2010〕183号）同时废止。

附件：1. 国家卫生应急队伍人员构成要求（略）
2. 国家卫生应急队员推荐审批表（略）
3. 国家卫生应急队员誓言（略）

4. 应急预案

国家突发公共卫生事件应急预案

（2006年2月26日）

1 总 则

1.1 编制目的

有效预防、及时控制和消除突发公共卫生事件及其危害，指导和规范各类突发公共卫生事件的应急处理工作，最大程度地减少突发公共卫生事件对公众健康造成的危害，保障公众身心健康与生命安全。

1.2 编制依据

依据《中华人民共和国传染病防治法》、《中华人民共和国食品卫生法》、《中华人民共和国职业病防治法》、《中华人民共和国国境卫生检疫法》、《突发公共卫生事件应急条例》、《国内交通卫生检疫条例》和《国家突发公共事件总体应急预案》，制定本预案。

1.3 突发公共卫生事件的分级

根据突发公共卫生事件性质、危害程度、涉及范围，突发公共卫生事件划分为特别重大（Ⅰ级）、重大（Ⅱ级）、较大（Ⅲ级）和一般（Ⅳ级）四级。

其中，特别重大突发公共卫生事件主要包括：

（1）肺鼠疫、肺炭疽在大、中城市发生并有扩散趋势，或肺鼠疫、肺炭疽疫情波及2个以上的省份，并有进一步扩散趋势。

（2）发生传染性非典型肺炎、人感染高致病性禽流感病例，并有扩散趋势。

（3）涉及多个省份的群体性不明原因疾病，并有扩散趋势。

（4）发生新传染病或我国尚未发现的传染病发生或传入，并有扩散趋势，或发现我国已消灭的传染病重新流行。

（5）发生烈性病菌株、毒株、致病因子等丢失事件。

（6）周边以及与我国通航的国家和地区发生特大传染病疫情，并出现输入性病例，严重危及我国公共卫生安全的事件。

（7）国务院卫生行政部门认定的其他特别重大突发公共卫生事件。

1.4 适用范围

本预案适用于突然发生，造成或者可能造成社会公众身心健康严重损害的重大传染病、群体性不明原因疾病、重大食物和职业中毒以及因自然灾害、事故灾难或社会安全等事件引起的严重影响公众身心健康的公共卫生事件的应急处理工作。

其他突发公共事件中涉及的应急医疗救援工作，另行制定有关预案。

1.5 工作原则

（1）预防为主，常备不懈。提高全社会对突发公共卫生事件的防范意识，落实各项防范措施，做好人员、技术、物资和设备的应急储备工作。对各类可能引发突发公共卫生事件的情况要及时进行分析、预警，做到早发现、早报告、早处理。

（2）统一领导，分级负责。根据突发公共卫生事件的范围、性质和危害程度，对突发公共卫生事件实行分级管理。各级人民政府负责突发公共卫生事件应急处理的统一领导和指挥，各有关部门按照预案规定，在各自的职责范围内做好突发公共卫生事件应急处理的有关工作。

（3）依法规范，措施果断。地方各级人民政府和卫生行政部门要按照相关法律、法规和规章的规定，完善突发公共卫生事件应急体系，建立健全系统、规范的突发公共卫生事件应急处理工作制度，对突发公共卫生事件和可能发生的公共卫生事件做出快速反应，及时、有效开展监测、报告和处理工作。

（4）依靠科学，加强合作。突发公共卫生事件应急工作要充分尊重和依靠科学，要重视开展防范和处理突发公共卫生事件的科研和培训，为突发公共卫生事件应急处理提供科技保障。各有关部门和单位要通力合作、资源共享，有效应对突发公共卫生事件。要广泛组织、动员公众参与突发公共卫生事件的应急处理。

2 应急组织体系及职责

2.1 应急指挥机构

卫生部依照职责和本预案的规定，在国务院统一领导下，负责组织、协调全国突发公共卫生事件应急处理工作，并根据突发公共卫生事件应急处理工作的实际需要，提出成立全国突发公共卫生事件应急指挥部。

地方各级人民政府卫生行政部门依照职责和本预案的规定，在本级人民政府统一领导下，负责组织、协调本行政区域内突发公共卫生事件应急处理工作，并根据突发公共卫生事件应急处理工作的实际需要，向本级人民政府提出成立地方突发公共卫生事件应急指挥部的建议。

各级人民政府根据本级人民政府卫生行政部门的建议和实际工作需要，决定是否成立国家和地方应急指挥部。

地方各级人民政府及有关部门和单位要按照属地管理的原则，切实做好本行政区域内突发公共卫生事件应急处理工作。

2.1.1 全国突发公共卫生事件应急指挥部的组成和职责

全国突发公共卫生事件应急指挥部负责对特别重大突发公共卫生事件的统一领导、统一指挥，作出处理突发公共卫生事件的重大决策。指挥部成员单位根据突发公共卫生事件的性质和应急处理的需要确定。

2.1.2 省级突发公共卫生事件应急指挥部的组成和职责

省级突发公共卫生事件应急指挥部由省级人民政府有关部门组成，实行属地管理的原则，负责对本行政区域内突发公共卫生事件应急处理的协调和指挥，作出处理本行政区域内突发公共卫生事件的决策，决定要采取的措施。

2.2 日常管理机构

国务院卫生行政部门设立卫生应急办公室（突发公共卫生事件应急指挥中心），负责全国突发公共卫生事件应急处理的日常管理工作。

各省、自治区、直辖市人民政府卫生行政部门及军队、武警系统要参照国务院卫生行政部门突发公共卫生事件日常管理机构的设置及职责，结合各自实际情况，指定突发公共卫生事件的日常管理机构，负责本行政区域或本系统内突发公共卫生事件应急的协调、管理工作。

各市（地）级、县级卫生行政部门要指定机构负责本行政区域内突发公共卫生事件应急的日常管理工作。

2.3 专家咨询委员会

国务院卫生行政部门和省级卫生行政部门负责组建突发公共卫生事件专家咨询委员会。

市（地）级和县级卫生行政部门可根据本行政区域内突发公共卫生事件应急工作需要，组建突发公共卫生事件应急处理专家咨询委员会。

2.4 应急处理专业技术机构

医疗机构、疾病预防控制机构、卫生监督机构、出入境检验检疫机构是突发公共卫生事件应急处理的专业技术机构。应急处理专业技术机构要结合本单位职责开展专业技术人员处理突发公共卫生事件能力培训，提高快速应对能力和技术水平，在发生突发公共卫生事件时，要服从卫生行政部门的统一指挥和安排，开展应急处理工作。

3 突发公共卫生事件的监测、预警与报告

3.1 监测

国家建立统一的突发公共卫生事件监测、预警与报告网络体系。各级医疗、疾病预防控制、卫生监督和出入境检疫机构负责开展突发公共卫生事件的日常监测工作。

省级人民政府卫生行政部门要按照国家统一规定和要求，结合实际，组织开展重点传染病和突发公共卫生事件的主动监测。

国务院卫生行政部门和地方各级人民政府卫生行政部门要加强对监测工作的管理和监督，保证监测质量。

3.2 预警

各级人民政府卫生行政部门根据医疗机构、疾病预防控制机构、卫生监督机构提供的监测信息，按照公共卫生事件的发生、发展规律和特点，及时分析其对公众身心健康的危害程度、可能的发展趋势，及时做出预警。

3.3 报告

任何单位和个人都有权向国务院卫生行政部门和地方各级人民政府及其有关部门报告突发公共卫生事件及其隐患，也有权向上级政府部门举报不履行或者不按照规定履行突发公共卫生事件应急处理职责的部门、单位及个人。

县级以上各级人民政府卫生行政部门指定的突发公共卫生事件监测机构、各级各类医疗卫生机构、卫生行政部门、县级以上地方人民政府和检验检疫机构、食品药品监督管理机构、环境保护监测机构、教育机构等有关单位为突发公共卫生事件的责任报告单位。执行职务的各级各类医疗卫生机构的医疗卫生人员、个体开业医生为突发公共卫生事件的责任报告人。

突发公共卫生事件责任报告单位要按照有关规定及时、准确地报告突发公共卫生事件及其处置情况。

4 突发公共卫生事件的应急反应和终止

4.1 应急反应原则

发生突发公共卫生事件时，事发地的县级、市（地）级、省级人民政府及其有关部门按照分级响应的原则，作出相应级别应急反应。同时，要遵循突发公共卫生事件发生发展的客观规律，结合实际情况和预防控制工作的需要，及时调整预警和反应级别，以有效控制事件，减少危害和影响。要根据不同类别突发公共卫生事件的性质和特点，注重分析事件的发展趋势，对事态和影响不断扩大的事件，应及时升级预警和反应级别；对范围局限、不会进一步扩散的事件，应相应降低反应级别，及时撤销预警。

国务院有关部门和地方各级人民政府及有关部门对在学校、区域性或全国性重要活动期间等发生的突发公共卫生事件，要高度重视，可相应提高报告和反应级别，确保迅速、有效控制突发公共卫生事件，维护社会稳定。

突发公共卫生事件应急处理要采取边调查、边处理、边抢救、边核实的方式，以有效措施控制事态发展。

事发地之外的地方各级人民政府卫生行政部门接到突发公共卫生事件情况通报后，要及时通知相应的医疗卫生机构，组织做好应急处理所需的人员与物资准备，采取必要的预防控制措施，防止突发公共卫生事件在本行政区域内发生，并服从上一级人民政府卫生行政部门的统一指挥和调度，支援突发公共卫生事件发生地区的应急处理工作。

4.2 应急反应措施

4.2.1 各级人民政府

（1）组织协调有关部门参与突发公共卫生事件的处理。

（2）根据突发公共卫生事件处理需要，调集本行政区域内各类人员、物资、交通工具和相关设施、设备参加应急处理工作。涉及危险化学品管理和运输安全的，有关部门要严格执行相关规定，防止事故发生。

（3）划定控制区域：甲类、乙类传染病暴发、流行时，县级以上地方人民政府报经上一级地方人民政府决定，可以宣布疫区范围；经省、自治区、直辖市人民政府决定，可以对本行政区域内甲类传染病疫区实施封锁；封锁大、中城市的疫区或者封

锁跨省（区、市）的疫区，以及封锁疫区导致中断干线交通或者封锁国境的，由国务院决定。对重大食物中毒和职业中毒事故，根据污染食品扩散和职业危害因素波及的范围，划定控制区域。

（4）疫情控制措施：当地人民政府可以在本行政区域内采取限制或者停止集市、集会、影剧院演出，以及其他人群聚集的活动；停工、停业、停课；封闭或者封存被传染病病原体污染的公共饮用水源、食品以及相关物品等紧急措施；临时征用房屋、交通工具以及相关设施和设备。

（5）流动人口管理：对流动人口采取预防工作，落实控制措施，对传染病病人、疑似病人采取就地隔离、就地观察、就地治疗的措施，对密切接触者根据情况采取集中或居家医学观察。

（6）实施交通卫生检疫：组织铁路、交通、民航、质检等部门在交通站点和出入境口岸设置临时交通卫生检疫站，对出入境、进出疫区和运行中的交通工具及其乘运人员和物资、宿主动物进行检疫查验，对病人、疑似病人及其密切接触者实施临时隔离、留验和向地方卫生行政部门指定的机构移交。

（7）信息发布：突发公共卫生事件发生后，有关部门要按照有关规定作好信息发布工作，信息发布要及时主动、准确把握，实事求是，正确引导舆论，注重社会效果。

（8）开展群防群治：街道、乡（镇）以及居委会、村委会协助卫生行政部门和其他部门、医疗机构，做好疫情信息的收集、报告、人员分散隔离及公共卫生措施的实施工作。

（9）维护社会稳定：组织有关部门保障商品供应，平抑物价，防止哄抢；严厉打击造谣传谣、哄抬物价、囤积居奇、制假售假等违法犯罪和扰乱社会治安的行为。

4.2.2 卫生行政部门

（1）组织医疗机构、疾病预防控制机构和卫生监督机构开展突发公共卫生事件的调查与处理。

（2）组织突发公共卫生事件专家咨询委员会对突发公共卫生事件进行评估，提出启动突发公共卫生事件应急处理的级别。

（3）应急控制措施：根据需要组织开展应急疫苗接种、预防服药。

（4）督导检查：国务院卫生行政部门组织对全国或重点地区的突发公共卫生事件应急处理工作进行督导和检查。省、市（地）级以及县级卫生行政部门负责对本行政区域内的应急处理工作进行督察和指导。

（5）发布信息与通报：国务院卫生行政部门或经授权的省、自治区、直辖市人民政府卫生行政部门及时向社会发布突发公共卫生事件的信息或公告。国务院卫生行政部门及时向国务院各有关部门和各省、自治区、直辖市卫生行政部门以及军队有关部门通报突发公共卫生事件情况。对涉及跨境的疫情线索，由国务院卫生行政部门向有关国家和地区通报情况。

（6）制订技术标准和规范：国务院卫生行政部门对新发现的突发传染病、不明原因的群体性疾病、重大中毒事件，组织力量制订技术标准和规范，及时组织全国培训。地方各级卫生行政部门开展相应的培训工作。

（7）普及卫生知识。针对事件性质，有针对性地开展卫生知识宣教，提高公众健康意识和自我防护能力，消除公众心理障碍，开展心理危机干预工作。

（8）进行事件评估：组织专家对突发公共卫生事件的处理情况进行综合评估，包括事件概况、现场调查处理概况、病人救治情况、所采取的措施、效果评价等。

4.2.3 医疗机构

（1）开展病人接诊、收治和转运工作，实行重症和普通病人分开管理，对疑似病人及时排除或确诊。

（2）协助疾控机构人员开展标本的采集、流行病学调查工作。

（3）做好医院内现场控制、消毒隔离、个人防护、医疗垃圾和污水处理工作，防止院内交叉感染和污染。

（4）做好传染病和中毒病人的报告。对因突发公共卫生事件而引起身体伤害的病人，任何医疗机构不得拒绝接诊。

（5）对群体性不明原因疾病和新发传染病做好病例分析与总结，积累诊断治疗的经验。重大中毒事件，按照现场救援、病人转运、后续治疗相结合的原则进行处置。

（6）开展科研与国际交流：开展与突发事件相关的诊断试剂、药品、防护用品等方面的研究。开展国际合作，加快病源查寻和病因诊断。

4.2.4 疾病预防控制机构

（1）突发公共卫生事件信息报告：国家、省、市（地）、县级疾控机构做好突发公共卫生事件的信息收集、报告与分析工作。

（2）开展流行病学调查：疾控机构人员到达现场后，尽快制订流行病学调查计划和方案，地方专业技术人员按照计划和方案，开展对突发事件累及人群的发病情况、分布特点进行调查分析，提出并实施有针对性的预防控制措施；对传染病病人、疑似病人、病原携带者及其密切接触者进行追踪调查，查明传播链，并向相关地方疾病预防控制机构通报情况。

（3）实验室检测：中国疾病预防控制中心和省级疾病预防控制机构指定的专业技术机构在地方专业机构的配合下，按有关技术规范采集足量、足够的标本，分送省级和国家应急处理功能网络实验室检测，查找致病原因。

（4）开展科研与国际交流：开展与突发事件相关的诊断试剂、疫苗、消毒方法、医疗卫生防护用品等方面的研究。开展国际合作，加快病源查寻和病因诊断。

（5）制订技术标准和规范：中国疾病预防控制中心协助卫生行政部门制订全国新发现的突发传染病、不明原因的群体性疾病、重大中毒事件的技术标准和规范。

（6）开展技术培训：中国疾病预防控制中心具体负责全国省级疾病预防控制中心突发公共卫生事件应急处理专业技术人员的应急培训。各省级疾病预防控制中心负责县级以上疾病预防控制机构专业技术人员的培训工作。

4.2.5　卫生监督机构

（1）在卫生行政部门的领导下，开展对医疗机构、疾病预防控制机构突发公共卫生事件应急处理各项措施落实情况的督导、检查。

（2）围绕突发公共卫生事件应急处理工作，开展食品卫生、环境卫生、职业卫生等的卫生监督和执法稽查。

（3）协助卫生行政部门依据《突发公共卫生事件应急条例》和有关法律法规，调查处理突发公共卫生事件应急工作中的违法行为。

4.2.6　出入境检验检疫机构

（1）突发公共卫生事件发生时，调动出入境检验检疫机构技术力量，配合当地卫生行政部门做好口岸的应急处理工作。

（2）及时上报口岸突发公共卫生事件信息和情况变化。

4.2.7　非事件发生地区的应急反应措施

未发生突发公共卫生事件的地区应根据其他地区发生事件的性质、特点、发生区域和发展趋势，分析本地区受波及的可能性和程度，重点做好以下工作：

（1）密切保持与事件发生地区的联系，及时获取相关信息。

（2）组织做好本行政区域应急处理所需的人员与物资准备。

（3）加强相关疾病与健康监测和报告工作，必要时，建立专门报告制度。

（4）开展重点人群、重点场所和重点环节的监测和预防控制工作，防患于未然。

（5）开展防治知识宣传和健康教育，提高公众自我保护意识和能力。

（6）根据上级人民政府及其有关部门的决定，开展交通卫生检疫等。

4.3　突发公共卫生事件的分级反应

特别重大突发公共卫生事件（具体标准见 1.3）应急处理工作由国务院或国务院卫生行政部门和有关部门组织实施，开展突发公共卫生事件的医疗卫生应急、信息发布、宣传教育、科研攻关、国际交流与合作、应急物资与设备的调集、后勤保障以及督导检查等工作。国务院可根据突发公共卫生事件性质和应急处置工作，成立全国突发公共卫生事件应急处理指挥部，协调指挥应急处置工作。事发地省级人民政府应按照国务院或国务院有关部门的统一部署，结合本地区实际情况，组织协调市（地）、县（市）人民政府开展突发公共事件的应急处理工作。

特别重大级别以下的突发公共卫生事件应急处理工作由地方各级人民政府负责组织实施。超出本级应急处置能力时，地方各级人民政府要及时报请上级人民政府和有关部门提供指导和支持。

4.4　突发公共卫生事件应急反应的终止

突发公共卫生事件应急反应的终止需符合以下条件：突发公共卫生事件隐患或相关危险因素消除，或末例传染病病例发生后经过最长潜伏期无新的病例出现。

特别重大突发公共卫生事件由国务院卫生行政部门组织有关专家进行分析论证，提出终止应急反应的建议，报国务院或全国突发公共卫生事件应急指挥部批准后实施。

特别重大以下突发公共卫生事件由地方各级人民政府卫生行政部门组织专家进行分析论证，提出终止应急反应的建议，报本级人民政府批准后实施，并向上一级人民政府卫生行政部门报告。

上级人民政府卫生行政部门要根据下级人民政府卫生行政部门的请求，及时组织专家对突发公共卫生事件应急反应的终止的分析论证提供技术指导和支持。

5 善后处理

5.1 后期评估

突发公共卫生事件结束后，各级卫生行政部门应在本级人民政府的领导下，组织有关人员对突发公共卫生事件的处理情况进行评估。评估内容主要包括事件概况、现场调查处理概况、病人救治情况、所采取措施的效果评价、应急处理过程中存在的问题和取得的经验及改进建议。评估报告上报本级人民政府和上一级人民政府卫生行政部门。

5.2 奖励

县级以上人民政府人事部门和卫生行政部门对参加突发公共卫生事件应急处理作出贡献的先进集体和个人进行联合表彰；民政部门对在突发公共卫生事件应急处理工作中英勇献身的人员，按有关规定追认为烈士。

5.3 责任

对在突发公共卫生事件的预防、报告、调查、控制和处理过程中，有玩忽职守、失职、渎职等行为的，依据《突发公共卫生事件应急条例》及有关法律法规追究当事人的责任。

5.4 抚恤和补助

地方各级人民政府要组织有关部门对因参与应急处理工作致病、致残、死亡的人员，按照国家有关规定，给予相应的补助和抚恤；对参加应急处理一线工作的专业技术人员应根据工作需要制订合理的补助标准，给予补助。

5.5 征用物资、劳务的补偿

突发公共卫生事件应急工作结束后，地方各级人民政府应组织有关部门对应急处理期间紧急调集、征用有关单位、企业、个人的物资和劳务进行合理评估，给予补偿。

6 突发公共卫生事件应急处置的保障

突发公共卫生事件应急处理应坚持预防为主，平战结合，国务院有关部门、地方各级人民政府和卫生行政部门应加强突发公共卫生事件的组织建设，组织开展突发公共卫生事件的监测和预警工作，加强突发公共卫生事件应急处理队伍建设和技术研究，建立健全国家统一的突发公共卫生事件预防控制体系，保证突发公共卫生事件应急处理工作的顺利开展。

6.1 技术保障

6.1.1 信息系统

国家建立突发公共卫生事件应急决策指挥系统的信息、技术平台，承担突发公共卫生事件及相关信息收集、处理、分析、发布和传递等工作，采取分级负责的方式进行实施。

要在充分利用现有资源的基础上建设医疗救治信息网络，实现卫生行政部门、医疗救治机构与疾病预防控制机构之间的信息共享。

6.1.2 疾病预防控制体系

国家建立统一的疾病预防控制体系。各省（区、市）、市（地）、县（市）要加快疾病预防控制机构和基层预防保健组织建设，强化医疗卫生机构疾病预防控制的责任；建立功能完善、反应迅速、运转协调的突发公共卫生事件应急机制；健全覆盖城乡、灵敏高效、快速畅通的疫情信息网络；改善疾病预防控制机构基础设施和实验室设备条件；加强疾病控制专业队伍建设，提高流行病学调查、现场处置和实验室检测检验能力。

6.1.3 应急医疗救治体系

按照"中央指导、地方负责、统筹兼顾、平战结合、因地制宜、合理布局"的原则，逐步在全国范围内建成包括急救机构、传染病救治机构和化学中毒与核辐射救治基地在内的，符合国情、覆盖城乡、功能完善、反应灵敏、运转协调、持续发展的医疗救治体系。

6.1.4 卫生执法监督体系

国家建立统一的卫生执法监督体系。各级卫生行政部门要明确职能，落实责任，规范执法监督行为，加强卫生执法监督队伍建设。对卫生监督人员实行资格准入制度和在岗培训制度，全面提高卫生执法监督的能力和水平。

6.1.5 应急卫生救治队伍

各级人民政府卫生行政部门按照"平战结合、因地制宜，分类管理、分级负责，统一管理、协调运转"的原则建立突发公共卫生事件应急救治队伍，并加强管理和培训。

6.1.6 演练

各级人民政府卫生行政部门要按照"统一规划、分类实施、分级负责、突出重点、适应需求"的原则，采取定期和不定期相结合的形式，组织开展突发公共卫生事件的应急演练。

6.1.7 科研和国际交流

国家有计划地开展应对突发公共卫生事件相关的防治科学研究，包括现场流行病学调查方法、实验室病因检测技术、药物治疗、疫苗和应急反应装备、中医药及中西医结合防治等，尤其是开展新发、罕见传染病快速诊断方法、诊断试剂以及相关的疫苗研究，做到技术上有所储备。同时，开展应对突发公共卫生事件应急处理技术的国际交流与合作，引进国外的先进技术、装备和方法，提高我国应对突发公共卫生事件的整体水平。

6.2 物资、经费保障

6.2.1 物资储备

各级人民政府要建立处理突发公共卫生事件的物资和生产能力储备。发生突发公共卫生事件时，应根据应急处理工作需要调用储备物资。卫生应急储备物资使用后要及时补充。

6.2.2 经费保障

应保障突发公共卫生事件应急基础设施项目建设经费，按规定落实对突发公共卫生事件应急处理专业技术机构的财政补助政策和突发公共卫生事件应急处理经费。应根据需要对边远贫困地区突发公共卫生事件应急工作给予经费支持。国务院有关部门和地方各级人民政府应积极通过国际、国内等多渠道筹集资金，用于突发公共卫生事件应急处理工作。

6.3 通信与交通保障

各级应急医疗卫生救治队伍要根据实际工作需要配备通信设备和交通工具。

6.4 法律保障

国务院有关部门应根据突发公共卫生事件应急处理过程中出现的新问题、新情况，加强调查研究，起草和制订并不断完善应对突发公共卫生事件的法律、法规和规章制度，形成科学、完整的突发公共卫生事件应急法律和规章体系。

国务院有关部门和地方各级人民政府及有关部门要严格执行《突发公共卫生事件应急条例》等规定，根据本预案要求，严格履行职责，实行责任制。对履行职责不力，造成工作损失的，要追究有关当事人的责任。

6.5 社会公众的宣传教育

县级以上人民政府要组织有关部门利用广播、影视、报刊、互联网、手册等多种形式对社会公众广泛开展突发公共卫生事件应急知识的普及教育，宣传卫生科普知识，指导群众以科学的行为和方式对待突发公共卫生事件。要充分发挥有关社会团体在普及卫生应急知识和卫生科普知识方面的作用。

7 预案管理与更新

根据突发公共卫生事件的形势变化和实施中发现的问题及时进行更新、修订和补充。

国务院有关部门根据需要和本预案的规定，制定本部门职责范围内的具体工作预案。

县级以上地方人民政府根据《突发公共卫生事件应急条例》的规定，参照本预案并结合本地区实际情况，组织制定本地区突发公共卫生事件应急预案。

8 附 则

8.1 名词术语

重大传染病疫情是指某种传染病在短时间内发生、波及范围广泛，出现大量的病人或死亡病例，其发病率远远超过常年的发病率水平的情况。

群体性不明原因疾病是指在短时间内，某个相对集中的区域内同时或者相继出现具有共同临床表现病人，且病例不断增加，范围不断扩大，又暂时不能明确诊断的疾病。

重大食物和职业中毒是指由于食品污染和职业危害的原因而造成的人数众多或者伤亡较重的中毒事件。

新传染病是指全球首次发现的传染病。

我国尚未发现传染病是指埃博拉、猴痘、黄热病、人变异性克雅氏病等在其他国家和地区已经发现，在我国尚未发现过的传染病。

我国已消灭传染病是指天花、脊髓灰质炎等传染病。

8.2 预案实施时间

本预案自印发之日起实施。

国家突发公共事件医疗卫生救援应急预案

（2006年2月26日）

1 总 则

1.1 编制目的

保障自然灾害、事故灾难、公共卫生、社会安全事件等突发公共事件（以下简称突发公共事件）发生后，各项医疗卫生救援工作迅速、高效、有序地进行，提高卫生部门应对各类突发公共事件的应急反应能力和医疗卫生救援水平，最大程度地减少人员伤亡和健康危害，保障人民群众身体健康和生命安全，维护社会稳定。

1.2 编制依据

依据《中华人民共和国传染病防治法》、《中华人民共和国食品卫生法》、《中华人民共和国职业病防治法》、《中华人民共和国放射性污染防治法》、

《中华人民共和国安全生产法》以及《突发公共卫生事件应急条例》、《医疗机构管理条例》、《核电厂核事故应急管理条例》和《国家突发公共事件总体应急预案》，制定本预案。

1.3 适用范围

本预案适用于突发公共事件所导致的人员伤亡、健康危害的医疗卫生救援工作。突发公共卫生事件应急工作按照《国家突发公共卫生事件应急预案》的有关规定执行。

1.4 工作原则

统一领导、分级负责；属地管理、明确职责；依靠科学、依法规范；反应及时、措施果断；整合资源、信息共享；平战结合、常备不懈；加强协作、公众参与。

2 医疗卫生救援的事件分级

根据突发公共事件导致人员伤亡和健康危害情况将医疗卫生救援事件分为特别重大（Ⅰ级）、重大（Ⅱ级）、较大（Ⅲ级）和一般（Ⅳ级）四级。

2.1 特别重大事件（Ⅰ级）

（1）一次事件出现特别重大人员伤亡，且危重人员多，或者核事故和突发放射事件、化学品泄漏事故导致大量人员伤亡，事件发生地省级人民政府或有关部门请求国家在医疗卫生救援工作上给予支持的突发公共事件。

（2）跨省（区、市）的有特别严重人员伤亡的突发公共事件。

（3）国务院及其有关部门确定的其他需要开展医疗卫生救援工作的特别重大突发公共事件。

2.2 重大事件（Ⅱ级）

（1）一次事件出现重大人员伤亡，其中，死亡和危重病例超过5例的突发公共事件。

（2）跨市（地）的有严重人员伤亡的突发公共事件。

（3）省级人民政府及其有关部门确定的其他需要开展医疗卫生救援工作的重大突发公共事件。

2.3 较大事件（Ⅲ级）

（1）一次事件出现较大人员伤亡，其中，死亡和危重病例超过3例的突发公共事件。

（2）市（地）级人民政府及其有关部门确定的其他需要开展医疗卫生救援工作的较大突发公共事件。

2.4 一般事件（Ⅳ级）

（1）一次事件出现一定数量人员伤亡，其中，死亡和危重病例超过1例的突发公共事件。

（2）县级人民政府及其有关部门确定的其他需要开展医疗卫生救援工作的一般突发公共事件。

3 医疗卫生救援组织体系

各级卫生行政部门要在同级人民政府或突发公共事件应急指挥机构的统一领导、指挥下，与有关部门密切配合、协调一致，共同应对突发公共事件，做好突发公共事件的医疗卫生救援工作。

医疗卫生救援组织机构包括：各级卫生行政部门成立的医疗卫生救援领导小组、专家组和医疗卫生救援机构［指各级各类医疗机构，包括医疗急救中心（站）、综合医院、专科医院、化学中毒和核辐射事故应急医疗救治专业机构、疾病预防控制机构和卫生监督机构］、现场医疗卫生救援指挥部。

3.1 医疗卫生救援领导小组

国务院卫生行政部门成立突发公共事件医疗卫生救援领导小组，领导、组织、协调、部署特别重大突发公共事件的医疗卫生救援工作。国务院卫生行政部门卫生应急办公室负责日常工作。

省、市（地）、县级卫生行政部门成立相应的突发公共事件医疗卫生救援领导小组，领导本行政区域内突发公共事件医疗卫生救援工作，承担各类突发公共事件医疗卫生救援的组织、协调任务，并指定机构负责日常工作。

3.2 专家组

各级卫生行政部门应组建专家组，对突发公共事件医疗卫生救援工作提供咨询建议、技术指导和支持。

3.3 医疗卫生救援机构

各级各类医疗机构承担突发公共事件的医疗卫生救援任务。其中，各级医疗急救中心（站）、化学中毒和核辐射事故应急医疗救治专业机构承担突发公共事件现场医疗卫生救援和伤员转送；各级疾病预防控制机构和卫生监督机构根据各自职能做好突发公共事件中的疾病预防控制和卫生监督工作。

3.4 现场医疗卫生救援指挥部

各级卫生行政部门根据实际工作需要在突发公共事件现场设立现场医疗卫生救援指挥部，统一指挥、协调现场医疗卫生救援工作。

4 医疗卫生救援应急响应和终止

4.1 医疗卫生救援应急分级响应

4.1.1 Ⅰ级响应

（1）Ⅰ级响应的启动

符合下列条件之一者，启动医疗卫生救援应急的Ⅰ级响应：

a. 发生特别重大突发公共事件，国务院启动国家突发公共事件总体应急预案。

b. 发生特别重大突发公共事件，国务院有关部门启动国家突发公共事件专项应急预案。

c. 其他符合医疗卫生救援特别重大事件（Ⅰ级）级别的突发公共事件。

（2）Ⅰ级响应行动

国务院卫生行政部门接到关于医疗卫生救援特别重大事件的有关指示、通报或报告后，应立即启动医疗卫生救援领导小组工作，组织专家对伤病员及救治情况进行综合评估，组织和协调医疗卫生救援机构开展现场医疗卫生救援，指导和协调落实医疗救治等措施，并根据需要及时派出专家和专业队伍支援地方，及时向国务院和国家相关突发公共事件应急指挥机构报告和反馈有关处理情况。凡属启动国家总体应急预案和专项应急预案的响应，医疗卫生救援领导小组按相关规定启动工作。

事件发生地的省（区、市）人民政府卫生行政部门在国务院卫生行政部门的指挥下，结合本行政区域的实际情况，组织、协调开展突发公共事件的医疗卫生救援。

4.1.2 Ⅱ级响应

（1）Ⅱ级响应的启动

符合下列条件之一者，启动医疗卫生救援应急的Ⅱ级响应：

a. 发生重大突发公共事件，省级人民政府启动省级突发公共事件应急预案。

b. 发生重大突发公共事件，省级有关部门启动省级突发公共事件专项应急预案。

c. 其他符合医疗卫生救援重大事件（Ⅱ级）级别的突发公共事件。

（2）Ⅱ级响应行动

省级卫生行政部门接到关于医疗卫生救援重大事件的有关指示、通报或报告后，应立即启动医疗卫生救援领导小组工作，组织专家对伤病员及救治情况进行综合评估。同时，迅速组织医疗卫生救援应急队伍和有关人员到达突发公共事件现场，组织开展医疗救治，并分析突发公共事件的发展趋势，提出应急处理工作建议，及时向本级人民政府和突发公共事件应急指挥机构报告有关处理情况。凡属启动省级应急预案和省级专项应急预案的响应，医疗卫生救援领导小组按相关规定启动工作。

国务院卫生行政部门对省级卫生行政部门负责的突发公共事件医疗卫生救援工作进行督导，根据需要和事件发生地省级人民政府和有关部门的请求，组织国家医疗卫生救援应急队伍和有关专家进行支援，并及时向有关省份通报情况。

4.1.3 Ⅲ级响应

（1）Ⅲ级响应的启动

符合下列条件之一者，启动医疗卫生救援应急的Ⅲ级响应：

a. 发生较大突发公共事件，市（地）级人民政府启动市（地）级突发公共事件应急预案。

b. 其他符合医疗卫生救援较大事件（Ⅲ级）级别的突发公共事件。

（2）Ⅲ级响应行动

市（地）级卫生行政部门接到关于医疗卫生救援较大事件的有关指示、通报或报告后，应立即启动医疗卫生救援领导小组工作，组织专家对伤病员及救治情况进行综合评估。同时，迅速组织开展现场医疗卫生救援工作，并及时向本级人民政府和突发公共事件应急指挥机构报告有关处理情况。凡属启动市（地）级应急预案的响应，医疗卫生救援领导小组按相关规定启动工作。

省级卫生行政部门接到医疗卫生救援较大事件报告后，要对事件发生地突发公共事件医疗卫生救援工作进行督导，必要时组织专家提供技术指导和支持，并适时向本省（区、市）有关地区发出通报。

4.1.4 Ⅳ级响应

（1）Ⅳ级响应的启动

符合下列条件之一者，启动医疗卫生救援应急的Ⅳ级响应：

a. 发生一般突发公共事件，县级人民政府启动县级突发公共事件应急预案。

b. 其他符合医疗卫生救援一般事件（Ⅳ级）级别的突发公共事件。

（2）Ⅳ级响应行动

县级卫生行政部门接到关于医疗卫生救援一般事件的有关指示、通报或报告后，应立即启动医疗卫生救援领导小组工作，组织医疗卫生救援机构开展突发公共事件的现场处理工作，组织专家对伤病员及救治情况进行调查、确认和评估，同时向本级人民政府和突发公共事件应急指挥机构报告有关处理情况。凡属启动县级应急预案的响应，医疗卫生救援领导小组按相关规定启动工作。

市（地）级卫生行政部门在必要时应当快速组织专家对突发公共事件医疗卫生救援进行技术指导。

4.2 现场医疗卫生救援及指挥

医疗卫生救援应急队伍在接到救援指令后要及

时赶赴现场，并根据现场情况全力开展医疗卫生救援工作。在实施医疗卫生救援的过程中，既要积极开展救治，又要注重自我防护，确保安全。

为了及时准确掌握现场情况，做好现场医疗卫生救援指挥工作，使医疗卫生救援工作紧张有序地进行，有关卫生行政部门应在事发现场设置现场医疗卫生救援指挥部，主要或分管领导同志要亲临现场，靠前指挥，减少中间环节，提高决策效率，加快抢救进程。现场医疗卫生救援指挥部要接受突发公共事件现场处置指挥机构的领导，加强与现场各救援部门的沟通与协调。

4.2.1 现场抢救

到达现场的医疗卫生救援应急队伍，要迅速将伤员转送出危险区，本着"先救命后治伤、先救重后救轻"的原则开展工作，按照国际统一的标准对伤病员进行检伤分类，分别用蓝、黄、红、黑四种颜色，对轻、重、危重伤病员和死亡人员作出标志（分类标记用塑料材料制成腕带），扣在伤病员或死亡人员的手腕或脚踝部位，以便后续救治辨认或采取相应的措施。

4.2.2 转送伤员

当现场环境处于危险或在伤病员情况允许时，要尽快将伤病员转送并做好以下工作：

（1）对已经检伤分类待送的伤病员进行复检。对有活动性大出血或转运途中有生命危险的急危重症者，应就地先予抢救、治疗，做必要的处理后再进行监护下转运。

（2）认真填写转运卡提交接纳的医疗机构，并报现场医疗卫生救援指挥部汇总。

（3）在转运中，医护人员必须在医疗仓内密切观察伤病员病情变化，并确保治疗持续进行。

（4）在转运过程中要科学搬运，避免造成二次损伤。

（5）合理分流伤病员或按现场医疗卫生救援指挥部指定的地点转送，任何医疗机构不得以任何理由拒诊、拒收伤病员。

4.3 疾病预防控制和卫生监督工作

突发公共事件发生后，有关卫生行政部门要根据情况组织疾病预防控制和卫生监督等有关专业机构和人员，开展卫生学调查和评价、卫生执法监督，采取有效的预防控制措施，防止各类突发公共事件造成的次生或衍生突发公共卫生事件的发生，确保大灾之后无大疫。

4.4 信息报告和发布

医疗急救中心（站）和其他医疗机构接到突发公共事件的报告后，在迅速开展应急医疗卫生救援工作的同时，立即将人员伤亡、抢救等情况报告现场医疗卫生救援指挥部或当地卫生行政部门。

现场医疗卫生救援指挥部、承担医疗卫生救援任务的医疗机构要每日向上级卫生行政部门报告伤病员情况、医疗救治进展等，重要情况要随时报告。有关卫生行政部门要及时向本级人民政府和突发公共事件应急指挥机构报告有关情况。

各级卫生行政部门要认真做好突发公共事件医疗卫生救援信息发布工作。

4.5 医疗卫生救援应急响应的终止

突发公共事件现场医疗卫生救援工作完成，伤病员在医疗机构得到救治，经本级人民政府或同级突发公共事件应急指挥机构批准，或经同级卫生行政部门批准，医疗卫生救援领导小组可宣布医疗卫生救援应急响应终止，并将医疗卫生救援应急响应终止的信息报告上级卫生行政部门。

5 医疗卫生救援的保障

突发公共事件应急医疗卫生救援机构和队伍的建设，是国家突发公共卫生事件预防控制体系建设的重要组成部分，各级卫生行政部门应遵循"平战结合、常备不懈"的原则，加强突发公共事件医疗卫生救援工作的组织和队伍建设，组建医疗卫生救援应急队伍，制订各种医疗卫生救援应急技术方案，保证突发公共事件医疗卫生救援工作的顺利开展。

5.1 信息系统

在充分利用现有资源的基础上建设医疗救治信息网络，实现医疗机构与卫生行政部门之间，以及卫生行政部门与相关部门间的信息共享。

5.2 急救机构

各直辖市、省会城市可根据服务人口和医疗救治的需求，建立一个相应规模的医疗急救中心（站），并完善急救网络。每个市（地）、县（市）可依托综合力量较强的医疗机构建立急救机构。

5.3 化学中毒与核辐射医疗救治机构

按照"平战结合"的原则，依托专业防治机构或综合医院建立化学中毒医疗救治和核辐射应急医疗救治专业机构，依托实力较强的综合医院建立化学中毒、核辐射应急医疗救治专业科室。

5.4 医疗卫生救援应急队伍

各级卫生行政部门组建综合性医疗卫生救援应急队伍，并根据需要建立特殊专业医疗卫生救援应急队伍。

各级卫生行政部门要保证医疗卫生救援工作队

伍的稳定，严格管理，定期开展培训和演练，提高应急救治能力。

医疗卫生救援演练需要公众参与的，必须报经本级人民政府同意。

5.5 物资储备

卫生行政部门提出医疗卫生救援应急药品、医疗器械、设备、快速检测器材和试剂、卫生防护用品等物资的储备计划建议。发展改革部门负责组织应急物资的生产、储备和调运，保证供应，维护市场秩序，保持物价稳定。应急储备物资使用后要及时补充。

5.6 医疗卫生救援经费

财政部门负责安排应由政府承担的突发公共事件医疗卫生救援所必需的经费，并做好经费使用情况监督工作。

自然灾害导致的人员伤亡，各级财政按照有关规定承担医疗救治费用或给予补助。

安全生产事故引起的人员伤亡，事故发生单位应向医疗急救中心（站）或相关医疗机构支付医疗卫生救援过程中发生的费用，有关部门应负责督促落实。

社会安全突发事件中发生的人员伤亡，由有关部门确定的责任单位或责任人承担医疗救治费用，有关部门应负责督促落实。各级财政可根据有关政策规定或本级人民政府的决定对医疗救治费用给予补助。

各类保险机构要按照有关规定对参加人身、医疗、健康等保险的伤亡人员，做好理赔工作。

5.7 医疗卫生救援的交通运输保障

各级医疗卫生救援应急队伍要根据实际工作需要配备救护车辆、交通工具和通讯设备。

铁路、交通、民航、公安（交通管理）等有关部门，要保证医疗卫生救援人员和物资运输的优先安排、优先调度、优先放行，确保运输安全畅通。情况特别紧急时，对现场及相关通道实行交通管制，开设应急救援"绿色通道"，保证医疗卫生救援工作的顺利开展。

5.8 其他保障

公安机关负责维护突发公共事件现场治安秩序，保证现场医疗卫生救援工作的顺利进行。

科技部门制定突发公共事件医疗卫生救援应急技术研究方案，组织科研力量开展医疗卫生救援应急技术科研攻关，统一协调、解决检测技术及药物研发和应用中的科技问题。

海关负责突发公共事件医疗卫生救援急需进口特殊药品、试剂、器材的优先通关验放工作。

食品药品监管部门负责突发公共事件医疗卫生救援药品、医疗器械和设备的监督管理，参与组织特殊药品的研发和生产，并组织对特殊药品进口的审批。

红十字会按照《中国红十字会总会自然灾害与突发公共事件应急预案》，负责组织群众开展现场自救和互救，做好相关工作。并根据突发公共事件的具体情况，向国内外发出呼吁，依法接受国内外组织和个人的捐赠，提供急需的人道主义援助。

总后卫生部负责组织军队有关医疗卫生技术人员和力量，支持和配合突发公共事件医疗卫生救援工作。

6 医疗卫生救援的公众参与

各级卫生行政部门要做好突发公共事件医疗卫生救援知识普及的组织工作；中央和地方广播、电视、报刊、互联网等媒体要扩大对社会公众的宣传教育；各部门、企事业单位、社会团体要加强对所属人员的宣传教育；各医疗卫生机构要做好宣传资料的提供和师资培训工作。在广泛普及医疗卫生救援知识的基础上逐步组建以公安干警、企事业单位安全员和卫生员为骨干的群众性救助网络，经过培训和演练提高其自救、互救能力。

7 附 则

7.1 责任与奖惩

突发公共事件医疗卫生救援工作实行责任制和责任追究制。

各级卫生行政部门，对突发公共事件医疗卫生救援工作作出贡献的先进集体和个人要给予表彰和奖励。对失职、渎职的有关责任人，要依据有关规定严肃追究责任，构成犯罪的，依法追究刑事责任。

7.2 预案制定与修订

本预案由国务院卫生行政部门组织制定并报国务院审批发布。各地区可结合实际制定本地区的突发公共事件医疗卫生救援应急预案。

本预案定期进行评审，根据突发公共事件医疗卫生救援实施过程中发现的问题及时进行修订和补充。

7.3 预案实施时间

本预案自印发之日起实施。

国家食品安全事故应急预案

(2011 年 10 月 5 日)

1 总则

1.1 编制目的

建立健全应对食品安全事故运行机制，有效预防、积极应对食品安全事故，高效组织应急处置工作，最大限度地减少食品安全事故的危害，保障公众健康与生命安全，维护正常的社会经济秩序。

1.2 编制依据

依据《中华人民共和国突发事件应对法》、《中华人民共和国食品安全法》、《中华人民共和国农产品质量安全法》、《中华人民共和国食品安全法实施条例》、《突发公共卫生事件应急条例》和《国家突发公共事件总体应急预案》，制定本预案。

1.3 事故分级

食品安全事故，指食物中毒、食源性疾病、食品污染等源于食品，对人体健康有危害或者可能有危害的事故。食品安全事故共分四级，即特别重大食品安全事故、重大食品安全事故、较大食品安全事故和一般食品安全事故。事故等级的评估核定，由卫生行政部门会同有关部门依照有关规定进行。

1.4 事故处置原则

（1）以人为本，减少危害。把保障公众健康和生命安全作为应急处置的首要任务，最大限度减少食品安全事故造成的人员伤亡和健康损害。

（2）统一领导，分级负责。按照"统一领导、综合协调、分类管理、分级负责、属地管理为主"的应急管理体制，建立快速反应、协同应对的食品安全事故应急机制。

（3）科学评估，依法处置。有效使用食品安全风险监测、评估和预警等科学手段；充分发挥专业队伍的作用，提高应对食品安全事故的水平和能力。

（4）居安思危，预防为主。坚持预防与应急相结合，常态与非常态相结合，做好应急准备，落实各项防范措施，防患于未然。建立健全日常管理制度，加强食品安全风险监测、评估和预警；加强宣教培训，提高公众自我防范和应对食品安全事故的意识和能力。

2 组织机构及职责

2.1 应急机制启动

食品安全事故发生后，卫生行政部门依法组织对事故进行分析评估，核定事故级别。特别重大食品安全事故，由卫生部会同食品安全办向国务院提出启动Ⅰ级响应的建议，经国务院批准后，成立国家特别重大食品安全事故应急处置指挥部（以下简称指挥部），统一领导和指挥事故应急处置工作；重大、较大、一般食品安全事故，分别由事故所在地省、市、县级人民政府组织成立相应应急处置指挥机构，统一组织开展本行政区域事故应急处置工作。

2.2 指挥部设置

指挥部成员单位根据事故的性质和应急处置工作的需要确定，主要包括卫生部、农业部、商务部、工商总局、质检总局、食品药品监管局、铁道部、粮食局、中央宣传部、教育部、工业和信息化部、公安部、监察部、民政部、财政部、环境保护部、交通运输部、海关总署、旅游局、新闻办、民航局和食品安全办等部门以及相关行业协会组织。当事故涉及国外、港澳台时，增加外交部、港澳办、台办等部门为成员单位。由卫生部、食品安全办等有关部门人员组成指挥部办公室。

2.3 指挥部职责

指挥部负责统一领导事故应急处置工作；研究重大应急决策和部署；组织发布事故的重要信息；审议批准指挥部办公室提交的应急处置工作报告；应急处置的其他工作。

2.4 指挥部办公室职责

指挥部办公室承担指挥部的日常工作，主要负责贯彻落实指挥部的各项部署，组织实施事故应急处置工作；检查督促相关地区和部门做好各项应急处置工作，及时有效地控制事故，防止事态蔓延扩大；研究协调解决事故应急处理工作中的具体问题；向国务院、指挥部及其成员单位报告、通报事故应急处置的工作情况；组织信息发布。指挥部办公室建立会商、发文、信息发布和督查等制度，确保快速反应、高效处置。

2.5 成员单位职责

各成员单位在指挥部统一领导下开展工作，加强对事故发生地人民政府有关部门工作的督促、指导，积极参与应急救援工作。

2.6 工作组设置及职责

根据事故处置需要，指挥部可下设若干工作组，分别开展相关工作。各工作组在指挥部的统一指挥下开展工作，并随时向指挥部办公室报告工作开展情况。

（1）事故调查组

由卫生部牵头，会同公安部、监察部及相关部门负责调查事故发生原因，评估事故影响，尽快查明致病原因，作出调查结论，提出事故防范意见；对涉嫌犯罪的，由公安部负责，督促、指导涉案地公安机关立案侦办，查清事实，依法追究刑事责任；对监管部门及其他机关工作人员的失职、渎职等行为进行调查。根据实际需要，事故调查组可以设置在事故发生地或派出部分人员赴现场开展事故调查（简称前方工作组）。

（2）危害控制组

由事故发生环节的具体监管职能部门牵头，会同相关监管部门监督、指导事故发生地政府职能部门召回、下架、封存有关食品、原料、食品添加剂及食品相关产品，严格控制流通渠道，防止危害蔓延扩大。

（3）医疗救治组

由卫生部负责，结合事故调查组的调查情况，制定最佳救治方案，指导事故发生地人民政府卫生部门对健康受到危害的人员进行医疗救治。

（4）检测评估组

由卫生部牵头，提出检测方案和要求，组织实施相关检测，综合分析各方检测数据，查找事故原因和评估事故发展趋势，预测事故后果，为制定现场抢救方案和采取控制措施提供参考。检测评估结果要及时报告指挥部办公室。

（5）维护稳定组

由公安部牵头，指导事故发生地人民政府公安机关加强治安管理，维护社会稳定。

（6）新闻宣传组

由中央宣传部牵头，会同新闻办、卫生部等部门组织事故处置宣传报道和舆论引导，并配合相关部门做好信息发布工作。

（7）专家组

指挥部成立由有关方面专家组成的专家组，负责对事故进行分析评估，为应急响应的调整和解除以及应急处置工作提供决策建议，必要时参与应急处置。

2.7 应急处置专业技术机构

医疗、疾病预防控制以及各有关部门的食品安全相关技术机构作为食品安全事故应急处置专业技术机构，应当在卫生行政部门及有关食品安全监管部门组织领导下开展应急处置相关工作。

3 应急保障

3.1 信息保障

卫生部会同国务院有关监管部门建立国家统一的食品安全信息网络体系，包含食品安全监测、事故报告与通报、食品安全事故隐患预警等内容；建立健全医疗救治信息网络，实现信息共享。卫生部负责食品安全信息网络体系的统一管理。

有关部门应当设立信息报告和举报电话，畅通信息报告渠道，确保食品安全事故的及时报告与相关信息的及时收集。

3.2 医疗保障

卫生行政部门建立功能完善、反应灵敏、运转协调、持续发展的医疗救治体系，在食品安全事故造成人员伤害时迅速开展医疗救治。

3.3 人员及技术保障

应急处置专业技术机构要结合本机构职责开展专业技术人员食品安全事故应急处置能力培训，加强应急处置力量建设，提高快速应对能力和技术水平。健全专家队伍，为事故核实、级别核定、事故隐患预警及应急响应等相关技术工作提供人才保障。国务院有关部门加强食品安全事故监测、预警、预防和应急处置等技术研发，促进国内外交流与合作，为食品安全事故应急处置提供技术保障。

3.4 物资与经费保障

食品安全事故应急处置所需设施、设备和物资的储备与调用应当得到保障；使用储备物资后须及时补充；食品安全事故应急处置、产品抽样及检验等所需经费应当列入年度财政预算，保障应急资金。

3.5 社会动员保障

根据食品安全事故应急处置的需要，动员和组织社会力量协助参与应急处置，必要时依法调用企业及个人物资。在动用社会力量或企业、个人物资进行应急处置后，应当及时归还或给予补偿。

3.6 宣教培训

国务院有关部门应当加强对食品安全专业人员、食品生产经营者及广大消费者的食品安全知识宣传、教育与培训，促进专业人员掌握食品安全相关工作技能，增强食品生产经营者的责任意识，提高消费者的风险意识和防范能力。

4 监测预警、报告与评估

4.1 监测预警

卫生部会同国务院有关部门根据国家食品安全风险监测工作需要，在综合利用现有监测机构能力的基础上，制定和实施加强国家食品安全风险监测能力建设规划，建立覆盖全国的食源性疾病、食品污染和食品中有害因素监测体系。卫生部根据食品安全风险监测结果，对食品安全状况进行综合分析，对可能具有较高程度安全风险的食品，提出并公布食品安全风险警示信息。

有关监管部门发现食品安全隐患或问题，应及时通报卫生行政部门和有关方面，依法及时采取有效控制措施。

4.2 事故报告

4.2.1 事故信息来源

（1）食品安全事故发生单位与引发食品安全事故食品的生产经营单位报告的信息；
（2）医疗机构报告的信息；
（3）食品安全相关技术机构监测和分析结果；
（4）经核实的公众举报信息；
（5）经核实的媒体披露与报道信息；
（6）世界卫生组织等国际机构、其他国家和地区通报我国信息。

4.2.2 报告主体和时限

（1）食品生产经营者发现其生产经营的食品造成或者可能造成公众健康损害的情况和信息，应当在2小时内向所在地县级卫生行政部门和负责本单位食品安全监管工作的有关部门报告。
（2）发生可能与食品有关的急性群体性健康损害的单位，应当在2小时内向所在地县级卫生行政部门和有关监管部门报告。
（3）接收食品安全事故病人治疗的单位，应当按照卫生部有关规定及时向所在地县级卫生行政部门和有关监管部门报告。
（4）食品安全相关技术机构、有关社会团体及个人发现食品安全事故相关情况，应当及时向县级卫生行政部门和有关监管部门报告或举报。
（5）有关监管部门发现食品安全事故或接到食品安全事故报告或举报，应当立即通报同级卫生行政部门和其他有关部门，经初步核实后，要继续收集相关信息，并及时将有关情况进一步向卫生行政部门和其他有关监管部门通报。
（6）经初步核实为食品安全事故且需要启动应急响应的，卫生行政部门应当按规定向本级人民政府及上级人民政府卫生行政部门报告；必要时，可直接向卫生部报告。

4.2.3 报告内容

食品生产经营者、医疗、技术机构和社会团体、个人向卫生行政部门和有关监管部门报告疑似食品安全事故信息时，应当包括事故发生时间、地点和人数等基本情况。

有关监管部门报告食品安全事故信息时，应当包括事故发生单位、时间、地点、危害程度、伤亡人数、事故报告单位信息（含报告时间、报告单位联系人员及联系方式）、已采取措施、事故简要经过等内容；并随时通报或者补报工作进展。

4.3 事故评估

4.3.1 有关监管部门应当按有关规定及时向卫生行政部门提供相关信息和资料，由卫生行政部门统一组织协调开展食品安全事故评估。

4.3.2 食品安全事故评估是为核定食品安全事故级别和确定应采取的措施而进行的评估。评估内容包括：

（1）污染食品可能导致的健康损害及所涉及的范围，是否已造成健康损害后果及严重程度；
（2）事故的影响范围及严重程度；
（3）事故发展蔓延趋势。

5 应急响应

5.1 分级响应

根据食品安全事故分级情况，食品安全事故应急响应分为Ⅰ级、Ⅱ级、Ⅲ级和Ⅳ级响应。核定为特别重大食品安全事故，报经国务院批准并宣布启动Ⅰ级响应后，指挥部立即成立运行，组织开展应急处置。重大、较大、一般食品安全事故分别由事故发生地的省、市、县级人民政府启动相应级别响应，成立食品安全事故应急处置指挥机构进行处置。必要时上级人民政府派出工作组指导、协助事故应急处置工作。

启动食品安全事故Ⅰ级响应期间，指挥部成员单位在指挥部的统一指挥与调度下，按相应职责做好事故应急处置相关工作。事发地省级人民政府按照指挥部的统一部署，组织协调地市级、县级人民政府全力开展应急处置，并及时报告相关工作进展情况。事故发生单位按照相应的处置方案开展先期处置，并配合卫生行政部门及有关部门做好食品安全事故的应急处置。

食源性疾病中涉及传染病疫情的，按照《中华人民共和国传染病防治法》和《国家突发公共卫生事件应急预案》等相关规定开展疫情防控和应急处置。

5.2 应急处置措施

事故发生后，根据事故性质、特点和危害程度，立即组织有关部门，依照有关规定采取下列应急处置措施，以最大限度减轻事故危害：

（1）卫生行政部门有效利用医疗资源，组织指导医疗机构开展食品安全事故患者的救治。
（2）卫生行政部门及时组织疾病预防控制机构开展流行病学调查与检测，相关部门及时组织检验机构开展抽样检验，尽快查找食品安全事故发生的原因。对涉嫌犯罪的，公安机关及时介入，开展相关违法犯罪行为侦破工作。

（3）农业行政、质量监督、检验检疫、工商行政管理、食品药品监管、商务等有关部门应当依法强制性就地或异地封存事故相关食品及原料和被污染的食品用工具及用具，待卫生行政部门查明导致食品安全事故的原因后，责令食品生产经营者彻底清洗消毒被污染的食品用工具及用具，消除污染。

（4）对确认受到有毒有害物质污染的相关食品及原料，农业行政、质量监督、工商行政管理、食品药品监管等有关监管部门应当依法责令生产经营者召回、停止经营及进出口并销毁。检验后确认未被污染的应当予以解封。

（5）及时组织研判事故发展态势，并向事故可能蔓延到的地方人民政府通报信息，提醒做好应对准备。事故可能影响到国（境）外时，及时协调有关涉外部门做好相关通报工作。

5.3 检测分析评估

应急处置专业技术机构应当对引发食品安全事故的相关危险因素及时进行检测，专家组对检测数据进行综合分析和评估，分析事故发展趋势、预测事故后果，为制定事故调查和现场处置方案提供参考。有关部门对食品安全事故相关危险因素消除或控制，事故中伤病人员救治，现场、受污染食品控制，食品与环境，次生、衍生事故隐患消除等情况进行分析评估。

5.4 响应级别调整及终止

在食品安全事故处置过程中，要遵循事故发生发展的客观规律，结合实际情况和防控工作需要，根据评估结果及时调整应急响应级别，直至响应终止。

5.4.1 响应级别调整及终止条件

（1）级别提升

当事故进一步加重，影响和危害扩大，并有蔓延趋势，情况复杂难以控制时，应当及时提升响应级别。

当学校或托幼机构、全国性或区域性重要活动期间发生食品安全事故时，可相应提高响应级别，加大应急处置力度，确保迅速、有效控制食品安全事故，维护社会稳定。

（2）级别降低

事故危害得到有效控制，且经研判认为事故危害降低到原级别评估标准以下或无进一步扩散趋势的，可降低应急响应级别。

（3）响应终止

当食品安全事故得到控制，并达到以下两项要求，经分析评估认为可解除响应的，应当及时终止响应：

——食品安全事故伤病员全部得到救治，原患者病情稳定24小时以上，且无新的急性病症患者出现，食源性感染性疾病在末例患者后经过最长潜伏期无新病例出现；

——现场、受污染食品得以有效控制，食品与环境污染得到有效清理并符合相关标准，次生、衍生事故隐患消除。

5.4.2 响应级别调整及终止程序

指挥部组织对事故进行分析评估论证。评估认为符合级别调整条件的，指挥部提出调整应急响应级别建议，报同级人民政府批准后实施。应急响应级别调整后，事故相关地区人民政府应当结合调整后级别采取相应措施。评估认为符合响应终止条件时，指挥部提出终止响应的建议，报同级人民政府批准后实施。

上级人民政府有关部门应当根据下级人民政府有关部门的请求，及时组织专家为食品安全事故响应级别调整和终止的分析论证提供技术支持与指导。

5.5 信息发布

事故信息发布由指挥部或其办公室统一组织，采取召开新闻发布会、发布新闻通稿等多种形式向社会发布，做好宣传报道和舆论引导。

6 后期处置

6.1 善后处置

事发地人民政府及有关部门要积极稳妥、深入细致地做好善后处置工作，消除事故影响，恢复正常秩序。完善相关政策，促进行业健康发展。

食品安全事故发生后，保险机构应当及时开展应急救援人员保险受理和受灾人员保险理赔工作。

造成食品安全事故的责任单位和责任人应当按照有关规定对受害人给予赔偿，承担受害人后续治疗及保障等相关费用。

6.2 奖惩

6.2.1 奖励

对在食品安全事故应急管理和处置工作中作出突出贡献的先进集体和个人，应当给予表彰和奖励。

6.2.2 责任追究

对迟报、谎报、瞒报和漏报食品安全事故重要情况或者应急管理工作中有其他失职、渎职行为的，依法追究有关责任单位或责任人的责任；构成犯罪的，依法追究刑事责任。

6.3 总结

食品安全事故善后处置工作结束后，卫生行政部门应当组织有关部门及时对食品安全事故和应急处置工作进行总结，分析事故原因和影响因素，评估应急处置工作开展情况和效果，提出对类似事故的防范和处置建议，完成总结报告。

7 附 则

7.1 预案管理与更新

与食品安全事故处置有关的法律法规被修订，部门职责或应急资源发生变化，应急预案在实施过程中出现新情况或新问题时，要结合实际及时修订与完善本预案。

国务院有关食品安全监管部门、地方各级人民政府参照本预案，制定本部门和地方食品安全事故应急预案。

7.2 演习演练

国务院有关部门要开展食品安全事故应急演练，以检验和强化应急准备和应急响应能力，并通过对演习演练的总结评估，完善应急预案。

7.3 预案实施

本预案自发布之日起施行。

国家突发重大动物疫情应急预案

（2006年2月27日）

1 总 则

1.1 编制目的

及时、有效地预防、控制和扑灭突发重大动物疫情，最大程度地减轻突发重大动物疫情对畜牧业及公众健康造成的危害，保持经济持续稳定健康发展，保障人民身体健康安全。

1.2 编制依据

依据《中华人民共和国动物防疫法》、《中华人民共和国进出境动植物检疫法》和《国家突发公共事件总体应急预案》，制定本预案。

1.3 突发重大动物疫情分级

根据突发重大动物疫情的性质、危害程度、涉及范围，将突发重大动物疫情划分为特别重大（Ⅰ级）、重大（Ⅱ级）、较大（Ⅲ级）和一般（Ⅳ级）四级。

1.4 适用范围

本预案适用于突然发生，造成或者可能造成畜牧业生产严重损失和社会公众健康严重损害的重大动物疫情的应急处理工作。

1.5 工作原则

（1）统一领导，分级管理。各级人民政府统一领导和指挥突发重大动物疫情应急处理工作；疫情应急处理工作实行属地管理；地方各级人民政府负责扑灭本行政区域内的突发重大动物疫情，各有关部门按照预案规定，在各自的职责范围内做好疫情应急处理的有关工作。根据突发重大动物疫情的范围、性质和危害程度，对突发重大动物疫情实行分级管理。

（2）快速反应，高效运转。各级人民政府和兽医行政管理部门要依照有关法律、法规，建立和完善突发重大动物疫情应急体系、应急反应机制和应急处置制度，提高突发重大动物疫情应急处理能力；发生突发重大动物疫情时，各级人民政府要迅速作出反应，采取果断措施，及时控制和扑灭突发重大动物疫情。

（3）预防为主，群防群控。贯彻预防为主的方针，加强防疫知识的宣传，提高全社会防范突发重大动物疫情的意识；落实各项防范措施，做好人员、技术、物资和设备的应急储备工作，并根据需要定期开展技术培训和应急演练；开展疫情监测和预警预报，对各类可能引发突发重大动物疫情的情况要及时分析、预警，做到疫情早发现、快行动、严处理。突发重大动物疫情应急处理工作要依靠群众，全民防疫，动员一切资源，做到群防群控。

2 应急组织体系及职责

2.1 应急指挥机构

农业部在国务院统一领导下，负责组织、协调全国突发重大动物疫情应急处理工作。

县级以上地方人民政府兽医行政管理部门在本级人民政府统一领导下，负责组织、协调本行政区域内突发重大动物疫情应急处理工作。

国务院和县级以上地方人民政府根据本级人民政府兽医行政管理部门的建议和实际工作需要，决定是否成立全国和地方应急指挥部。

2.1.1 全国突发重大动物疫情应急指挥部的职责

国务院主管领导担任全国突发重大动物疫情应急指挥部总指挥，国务院办公厅负责同志、农业部部长担任副总指挥，全国突发重大动物疫情应急指挥部负责对特别重大突发动物疫情应急处理的统一领导、统一指挥，作出处理突发重大动物疫情的重大决策。指挥部成员单位根据突发重大动物疫情的性质和应急处理的需要确定。

指挥部下设办公室，设在农业部。负责按照指挥部要求，具体制定防治政策，部署扑灭重大动物疫情工作，并督促各地各有关部门按要求落实各项防治措施。

2.1.2 省级突发重大动物疫情应急指挥部的职责

省级突发重大动物疫情应急指挥部由省级人民政府有关部门组成，省级人民政府主管领导担任总指挥。省级突发重大动物疫情应急指挥部统一负责对本行政区域内突发重大动物疫情应急处理的指挥，作出处理本行政区域内突发重大动物疫情的决策，决定要采取的措施。

2.2 日常管理机构

农业部负责全国突发重大动物疫情应急处理的日常管理工作。

省级人民政府兽医行政管理部门负责本行政区域内突发重大动物疫情应急的协调、管理工作。

市（地）级、县级人民政府兽医行政管理部门负责本行政区域内突发重大动物疫情应急处置的日常管理工作。

2.3 专家委员会

农业部和省级人民政府兽医行政管理部门组建突发重大动物疫情专家委员会。

市（地）级和县级人民政府兽医行政管理部门可根据需要，组建突发重大动物疫情应急处理专家委员会。

2.4 应急处理机构

2.4.1 动物防疫监督机构：主要负责突发重大动物疫情报告，现场流行病学调查，开展现场临床诊断和实验室检测，加强疫病监测，对封锁、隔离、紧急免疫、扑杀、无害化处理、消毒等措施的实施进行指导、落实和监督。

2.4.2 出入境检验检疫机构：负责加强对出入境动物及动物产品的检验检疫、疫情报告、消毒处理、流行病学调查和宣传教育等。

3 突发重大动物疫情的监测、预警与报告

3.1 监测

国家建立突发重大动物疫情监测、报告网络体系。农业部和地方各级人民政府兽医行政管理部门要加强对监测工作的管理和监督，保证监测质量。

3.2 预警

各级人民政府兽医行政管理部门根据动物防疫监督机构提供的监测信息，按照重大动物疫情的发生、发展规律和特点，分析其危害程度、可能的发展趋势，及时做出相应级别的预警，依次用红色、橙色、黄色和蓝色表示特别严重、严重、较重和一般四个预警级别。

3.3 报告

任何单位和个人有权向各级人民政府及其有关部门报告突发重大动物疫情及其隐患，有权向上级政府部门举报不履行或者不按照规定履行突发重大动物疫情应急处理职责的部门、单位及个人。

3.3.1 责任报告单位和责任报告人

（1）责任报告单位

a. 县级以上地方人民政府所属动物防疫监督机构；

b. 各动物疫病国家参考实验室和相关科研院校；

c. 出入境检验检疫机构；

d. 兽医行政管理部门；

e. 县级以上地方人民政府；

f. 有关动物饲养、经营和动物产品生产、经营的单位，各类动物诊疗机构等相关单位。

（2）责任报告人

执行职务的各级动物防疫监督机构、出入境检验检疫机构的兽医人员；各类动物诊疗机构的兽医；饲养、经营动物和生产、经营动物产品的人员。

3.3.2 报告形式

各级动物防疫监督机构应按国家有关规定报告疫情；其他责任报告单位和个人以电话或书面形式报告。

3.3.3 报告时限和程序

发现可疑动物疫情时，必须立即向当地县（市）动物防疫监督机构报告。县（市）动物防疫监督机构接到报告后，应当立即赶赴现场诊断，必要时可请省级动物防疫监督机构派人协助进行诊断，认定为疑似重大动物疫情的，应当在2小时内将疫情逐级报至省级动物防疫监督机构，并同时报所在地人民政府兽医行政管理部门。省级动物防疫监督机构应当在接到报告后1小时内，向省级兽医行政管理部门和农业部报告。省级兽医行政管理部门应当在接到报告后的1小时内报省级人民政府。特别重大、重大动物疫情发生后，省级人民政府、农业部应当在4小时内向国务院报告。

认定为疑似重大动物疫情的应立即按要求采集病料样品送省级动物防疫监督机构实验室确诊，省级动物防疫监督机构不能确诊的，送国家参考实验室确诊。确诊结果应立即报农业部，并抄送省级兽

医行政管理部门。

3.3.4 报告内容

疫情发生的时间、地点、发病的动物种类和品种、动物来源、临床症状、发病数量、死亡数量、是否有人员感染、已采取的控制措施、疫情报告的单位和个人、联系方式等。

4 突发重大动物疫情的应急响应和终止

4.1 应急响应的原则

发生突发重大动物疫情时，事发地的县级、市（地）级、省级人民政府及其有关部门按照分级响应的原则作出应急响应。同时，要遵循突发重大动物疫情发生发展的客观规律，结合实际情况和预防控制工作的需要，及时调整预警和响应级别。要根据不同动物疫病的性质和特点，注重分析疫情的发展趋势，对势态和影响不断扩大的疫情，应及时升级预警和响应级别；对范围局限、不会进一步扩散的疫情，应相应降低响应级别，及时撤销预警。

突发重大动物疫情应急处理要采取边调查、边处理、边核实的方式，有效控制疫情发展。

未发生突发重大动物疫情的地方，当地人民政府兽医行政管理部门接到疫情通报后，要组织做好人员、物资等应急准备工作，采取必要的预防控制措施，防止突发重大动物疫情在本行政区域内发生，并服从上一级人民政府兽医行政管理部门的统一指挥，支援突发重大动物疫情发生地的应急处理工作。

4.2 应急响应

4.2.1 特别重大突发动物疫情（Ⅰ级）的应急响应

确认特别重大突发动物疫情后，按程序启动本预案。

（1）县级以上地方各级人民政府

a. 组织协调有关部门参与突发重大动物疫情的处理。

b. 根据突发重大动物疫情处理需要，调集本行政区域内各类人员、物资、交通工具和相关设施、设备参加应急处理工作。

c. 发布封锁令，对疫区实施封锁。

d. 在本行政区域内采取限制或者停止动物及动物产品交易、扑杀染疫或相关动物，临时征用房屋、场所、交通工具；封闭被动物疫病病原体污染的公共饮用水源等紧急措施。

e. 组织铁路、交通、民航、质检等部门依法在交通站点设置临时动物防疫监督检查站，对进出疫区、出入境的交通工具进行检查和消毒。

f. 按国家规定做好信息发布工作。

g. 组织乡镇、街道、社区以及居委会、村委会，开展群防群控。

h. 组织有关部门保障商品供应，平抑物价，严厉打击造谣传谣、制假售假等违法犯罪和扰乱社会治安的行为，维护社会稳定。

必要时，可请求中央予以支持，保证应急处理工作顺利进行。

（2）兽医行政管理部门

a. 组织动物防疫监督机构开展突发重大动物疫情的调查与处理；划定疫点、疫区、受威胁区。

b. 组织突发重大动物疫情专家委员会对突发重大动物疫情进行评估，提出启动突发重大动物疫情应急响应的级别。

c. 根据需要组织开展紧急免疫和预防用药。

d. 县级以上人民政府兽医行政管理部门负责对本行政区域内应急处理工作的督导和检查。

e. 对新发现的动物疫病，及时按照国家规定，开展有关技术标准和规范的培训工作。

f. 有针对性地开展动物防疫知识宣教，提高群众防控意识和自我防护能力。

g. 组织专家对突发重大动物疫情的处理情况进行综合评估。

（3）动物防疫监督机构

a. 县级以上动物防疫监督机构做好突发重大动物疫情的信息收集、报告与分析工作。

b. 组织疫病诊断和流行病学调查。

c. 按规定采集病料，送省级实验室或国家参考实验室确诊。

d. 承担突发重大动物疫情应急处理人员的技术培训。

（4）出入境检验检疫机构

a. 境外发生重大动物疫情时，会同有关部门停止从疫区国家或地区输入相关动物及其产品；加强对来自疫区运输工具的检疫和防疫消毒；参与打击非法走私入境动物或动物产品等违法活动。

b. 境内发生重大动物疫情时，加强出口货物的查验，会同有关部门停止疫区和受威胁区的相关动物及其产品的出口；暂停使用位于疫区内的依法设立的出入境相关动物临时隔离检疫场。

c. 出入境检验检疫工作中发现重大动物疫情或者疑似重大动物疫情时，立即向当地兽医行政管理部门报告，并协助当地动物防疫监督机构做好疫情控制和扑灭工作。

4.2.2 重大突发动物疫情（Ⅱ级）的应急响应

确认重大突发动物疫情后，按程序启动省级疫情应急响应机制。

（1）省级人民政府

省级人民政府根据省级人民政府兽医行政管理部门的建议，启动应急预案，统一领导和指挥本行政区域内突发重大动物疫情应急处理工作。组织有关部门和人员扑疫；紧急调集各种应急处理物资、交通工具和相关设施设备；发布或督导发布封锁令，对疫区实施封锁；依法设置临时动物防疫监督检查站查堵疫源；限制或停止动物及动物产品交易、扑杀染疫或相关动物；封锁被动物疫源污染的公共饮用水源等；按国家规定做好信息发布工作；组织乡镇、街道、社区及居委会、村委会，开展群防群控；组织有关部门保障商品供应，平抑物价，维护社会稳定。必要时，可请求中央予以支持，保证应急处理工作顺利进行。

（2）省级人民政府兽医行政管理部门

重大突发动物疫情确认后，向农业部报告疫情。必要时，提出省级人民政府启动应急预案的建议。同时，迅速组织有关单位开展疫情应急处置工作。组织开展突发重大动物疫情的调查与处理；划定疫点、疫区、受威胁区；组织对突发重大动物疫情应急处理的评估；负责对本行政区域内应急处理工作的督导和检查；开展有关技术培训工作；有针对性地开展动物防疫知识宣教，提高群众防控意识和自我防护能力。

（3）省级以下地方人民政府

疫情发生地人民政府及有关部门在省级人民政府或省级突发重大动物疫情应急指挥部的统一指挥下，按照要求认真履行职责，落实有关控制措施。具体组织实施突发重大动物疫情应急处理工作。

（4）农业部

加强对省级兽医行政管理部门应急处理突发重大动物疫情工作的督导，根据需要组织有关专家协助疫情应急处置；并及时向有关省份通报情况。必要时，建议国务院协调有关部门给予必要的技术和物资支持。

4.2.3 较大突发动物疫情（Ⅲ级）的应急响应

（1）市（地）级人民政府

市（地）级人民政府根据本级人民政府兽医行政管理部门的建议，启动应急预案，采取相应的综合应急措施。必要时，可向上级人民政府申请资金、物资和技术援助。

（2）市（地）级人民政府兽医行政管理部门

对较大突发动物疫情进行确认，并按照规定向当地人民政府、省级兽医行政管理部门和农业部报告调查处理情况。

（3）省级人民政府兽医行政管理部门

省级兽医行政管理部门要加强对疫情发生地疫情应急处理工作的督导，及时组织专家对地方疫情应急处理工作提供技术指导和支持，并向本省有关地区发出通报，及时采取预防控制措施，防止疫情扩散蔓延。

4.2.4 一般突发动物疫情（Ⅳ级）的应急响应

县级地方人民政府根据本级人民政府兽医行政管理部门的建议，启动应急预案，组织有关部门开展疫情应急处置工作。

县级人民政府兽医行政管理部门对一般突发重大动物疫情进行确认，并按照规定向本级人民政府和上一级兽医行政管理部门报告。

市（地）级人民政府兽医行政管理部门应组织专家对疫情应急处理进行技术指导。

省级人民政府兽医行政管理部门应根据需要提供技术支持。

4.2.5 非突发重大动物疫情发生地区的应急响应

应根据发生疫情地区的疫情性质、特点、发生区域和发展趋势，分析本地区受波及的可能性和程度，重点做好以下工作：

（1）密切保持与疫情发生地的联系，及时获取相关信息。

（2）组织做好本区域应急处理所需的人员与物资准备。

（3）开展对养殖、运输、屠宰和市场环节的动物疫情监测和防控工作，防止疫病的发生、传入和扩散。

（4）开展动物防疫知识宣传，提高公众防护能力和意识。

（5）按规定做好公路、铁路、航空、水运交通的检疫监督工作。

4.3 应急处理人员的安全防护

要确保参与疫情应急处理人员的安全。针对不同的重大动物疫病，特别是一些重大人畜共患病，应急处理人员还应采取特殊的防护措施。

4.4 突发重大动物疫情应急响应的终止

突发重大动物疫情应急响应的终止需符合以下条件：疫区内所有的动物及其产品按规定处理后，经过该疫病的至少一个最长潜伏期无新的病例出现。

特别重大突发动物疫情由农业部对疫情控制情况进行评估，提出终止应急措施的建议，按程序报批宣布。

重大突发动物疫情由省级人民政府兽医行政管理部门对疫情控制情况进行评估,提出终止应急措施的建议,按程序报批宣布,并向农业部报告。

较大突发动物疫情由市(地)级人民政府兽医行政管理部门对疫情控制情况进行评估,提出终止应急措施的建议,按程序报批宣布,并向省级人民政府兽医行政管理部门报告。

一般突发动物疫情,由县级人民政府兽医行政管理部门对疫情控制情况进行评估,提出终止应急措施的建议,按程序报批宣布,并向上一级和省级人民政府兽医行政管理部门报告。

上级人民政府兽医行政管理部门及时组织专家对突发重大动物疫情应急措施终止的评估提供技术指导和支持。

5 善后处理

5.1 后期评估
突发重大动物疫情扑灭后,各级兽医行政管理部门应在本级政府的领导下,组织有关人员对突发重大动物疫情的处理情况进行评估,提出改进建议和应对措施。

5.2 奖励
县级以上人民政府对参加突发重大动物疫情应急处理作出贡献的先进集体和个人,进行表彰;对在突发重大动物疫情应急处理工作中英勇献身的人员,按有关规定追认为烈士。

5.3 责任
对在突发重大动物疫情的预防、报告、调查、控制和处理过程中,有玩忽职守、失职、渎职等违纪违法行为的,依据有关法律法规追究当事人的责任。

5.4 灾害补偿
按照各种重大动物疫病灾害补偿的规定,确定数额等级标准,按程序进行补偿。

5.5 抚恤和补助
地方各级人民政府要组织有关部门对因参与应急处理工作致病、致残、死亡的人员,按照国家有关规定,给予相应的补助和抚恤。

5.6 恢复生产
突发重大动物疫情扑灭后,取消贸易限制及流通控制等限制性措施。根据各种重大动物疫病的特点,对疫点和疫区进行持续监测,符合要求的,方可重新引进动物,恢复畜牧业生产。

5.7 社会救助
发生重大动物疫情后,国务院民政部门应按《中华人民共和国公益事业捐赠法》和《救灾救济捐赠管理暂行办法》及国家有关政策规定,做好社会各界向疫区提供的救援物资及资金的接收,分配和使用工作。

6 突发重大动物疫情应急处置的保障

突发重大动物疫情发生后,县级以上地方人民政府应积极协调有关部门,做好突发重大动物疫情处理的应急保障工作。

6.1 通信与信息保障
县级以上指挥部应将车载电台、对讲机等通讯工具纳入紧急防疫物资储备范畴,按照规定做好储备保养工作。

根据国家有关法规对紧急情况下的电话、电报、传真、通讯频率等予以优先待遇。

6.2 应急资源与装备保障

6.2.1 应急队伍保障
县级以上各级人民政府要建立突发重大动物疫情应急处理预备队伍,具体实施扑杀、消毒、无害化处理等疫情处理工作。

6.2.2 交通运输保障
运输部门要优先安排紧急防疫物资的调运。

6.2.3 医疗卫生保障
卫生部门负责开展重大动物疫病(人畜共患病)的人间监测,作好有关预防保障工作。各级兽医行政管理部门在做好疫情处理的同时应及时通报疫情,积极配合卫生部门开展工作。

6.2.4 治安保障
公安部门、武警部队要协助做好疫区封锁和强制扑杀工作,做好疫区安全保卫和社会治安管理。

6.2.5 物资保障
各级兽医行政管理部门应按照计划建立紧急防疫物资储备库,储备足够的药品、疫苗、诊断试剂、器械、防护用品、交通及通信工具等。

6.2.6 经费保障
各级财政部门为突发重大动物疫病防治工作提供合理而充足的资金保障。

各级财政在保证防疫经费及时、足额到位的同时,要加强对防疫经费使用的管理和监督。

各级政府应积极通过国际、国内等多渠道筹集资金,用于突发重大动物疫情应急处理工作。

6.3 技术储备与保障
建立重大动物疫病防治专家委员会,负责疫病防控策略和方法的咨询,参与防控技术方案的策划、制定和执行。

设置重大动物疫病的国家参考实验室，开展动物疫病诊断技术、防治药物、疫苗等的研究，作好技术和相关储备工作。

6.4 培训和演习

各级兽医行政管理部门要对重大动物疫情处理预备队成员进行系统培训。

在没有发生突发重大动物疫情状态下，农业部每年要有计划地选择部分地区举行演练，确保预备队扑灭疫情的应急能力。地方政府可根据资金和实际需要的情况，组织训练。

6.5 社会公众的宣传教育

县级以上地方人民政府应组织有关部门利用广播、影视、报刊、互联网、手册等多种形式对社会公众广泛开展突发重大动物疫情应急知识的普及教育，宣传动物防疫科普知识，指导群众以科学的行为和方式对待突发重大动物疫情。要充分发挥有关社会团体在普及动物防疫应急知识、科普知识方面的作用。

7 各类具体工作预案的制定

农业部应根据本预案，制定各种不同重大动物疫病应急预案，并根据形势发展要求，及时进行修订。

国务院有关部门根据本预案的规定，制定本部门职责范围内的具体工作方案。

县级以上地方人民政府根据有关法律法规的规定，参照本预案并结合本地区实际情况，组织制定本地区突发重大动物疫情应急预案。

8 附 则

8.1 名词术语和缩写语的定义与说明

重大动物疫情：是指陆生、水生动物突然发生重大疫病，且迅速传播，导致动物发病率或者死亡率高，给养殖业生产安全造成严重危害，或者可能对人民身体健康与生命安全造成危害的，具有重要经济社会影响和公共卫生意义。

我国尚未发现的动物疫病：是指疯牛病、非洲猪瘟、非洲马瘟等在其他国家和地区已经发现，在我国尚未发生过的动物疫病。

我国已消灭的动物疫病：是指牛瘟、牛肺疫等在我国曾发生过，但已扑灭净化的动物疫病。

暴发：是指一定区域，短时间内发生波及范围广泛、出现大量患病动物或死亡病例，其发病率远远超过常年的发病水平。

疫点：患病动物所在的地点划定为疫点，疫点一般是指患病禽类所在的禽场（户）或其他有关屠宰、经营单位。

疫区：以疫点为中心的一定范围内的区域划定为疫区，疫区划分时注意考虑当地的饲养环境、天然屏障（如河流、山脉）和交通等因素。

受威胁区：疫区外一定范围内的区域划定为受威胁区。

本预案有关数量的表述中，"以上"含本数，"以下"不含本数。

8.2 预案管理与更新

预案要定期评审，并根据突发重大动物疫情的形势变化和实施中发现的问题及时进行修订。

8.3 预案实施时间

本预案自印发之日起实施。

国家鼠疫控制应急预案

（2007年6月26日 国办发〔2007〕46号）

1 总 则

1.1 编制目的

有效预防和快速应对、及时控制鼠疫疫情的暴发和流行，最大限度地减轻鼠疫造成的危害，保障公众身体健康与生命安全，维护社会稳定。

1.2 编制依据

《中华人民共和国传染病防治法》、《中华人民共和国国境卫生检疫法》、《国内交通卫生检疫条例》、《突发公共卫生事件应急条例》、《国家突发公共事件总体应急预案》、《国家突发公共卫生事件应急预案》等法律法规和相关预案。

1.3 工作原则

鼠疫疫情应急处理工作要坚持以人为本、预防为主；依法规范、科学防控；政府负责、部门配合；社会参与、加强宣传；强化监测、综合治理；快速反应、有效处置的原则。

1.4 鼠疫疫情分级

根据鼠疫发生地点、病型、例数、流行范围和趋势及对社会危害程度，将人间鼠疫疫情划分为特别重大（Ⅰ级）、重大（Ⅱ级）、较大（Ⅲ级）和一般（Ⅳ级）四级。

1.4.1 特别重大鼠疫疫情（Ⅰ级）

有下列情形之一的为特别重大鼠疫疫情（Ⅰ级）：

（1）肺鼠疫在大、中城市发生，并有扩散趋势；

（2）相关联的肺鼠疫疫情波及2个以上的省份，

并有进一步扩散趋势；

（3）发生鼠疫菌强毒株丢失事件。

1.4.2 重大鼠疫疫情（Ⅱ级）

有下列情形之一的为重大鼠疫疫情（Ⅱ级）：

（1）在1个县（市）行政区域内，1个平均潜伏期内（6天，下同）发生5例以上肺鼠疫或败血症鼠疫病例；

（2）相关联的肺鼠疫疫情波及2个以上县（市），并有进一步扩散趋势；

（3）在1个县（市）行政区域内发生腺鼠疫流行，1个平均潜伏期内多点连续发生20例以上，或流行范围波及2个以上市（地）。

1.4.3 较大鼠疫疫情（Ⅲ级）

有下列情形之一的为较大鼠疫疫情（Ⅲ级）：

（1）在1个县（市）行政区域内，1个平均潜伏期内发生肺鼠疫或败血症鼠疫病例数1~4例；

（2）在1个县（市）行政区域内发生腺鼠疫流行，1个平均潜伏期内连续发病10~19例，或流行范围波及2个以上县（市）。

1.4.4 一般鼠疫疫情（Ⅳ级）

腺鼠疫在1个县（市）行政区域内发生，1个平均潜伏期内病例数1~9例。

2 应急组织体系及职责

2.1 应急指挥机构

卫生部依照职责和本预案的规定，在国务院统一领导下，负责组织、协调全国鼠疫疫情应急处理工作，并根据特别重大鼠疫疫情应急处理工作的实际需要，向国务院提出成立国家鼠疫应急指挥部的建议。

地方各级人民政府卫生行政部门依照职责和本预案的规定，在本级人民政府统一领导下，负责组织、协调本行政区域内鼠疫疫情应急处理工作，并根据鼠疫疫情应急处理工作的实际需要，向本级人民政府提出成立地方鼠疫应急指挥部的建议。

国务院和地方各级人民政府根据本级人民政府卫生行政部门的建议和实际工作需要，决定是否成立国家和地方鼠疫应急指挥部。

地方各级人民政府及有关部门和单位要按照属地管理的原则，切实做好本行政区域内鼠疫疫情应急处理工作。

2.1.1 国家鼠疫应急指挥部的组成和职责

国务院分管卫生工作的领导同志担任国家鼠疫应急指挥部总指挥，卫生部部长担任副总指挥，负责对特别重大鼠疫疫情应急处理工作的统一领导、统一指挥，做出处理鼠疫疫情的重大决策。指挥部成员单位根据鼠疫疫情应急处理的需要确定，主要有卫生部、外交部、发展改革委、教育部、科技部、公安部、财政部、民政部、铁道部、交通部、信息产业部、农业部、商务部、质检总局、环保总局、民航总局、工商总局、林业局、食品药品监管局、旅游局、新闻办、红十字总会、中央宣传部、总后卫生部、武警总部等。

指挥部各成员单位职责如下：

卫生部：负责组织制订鼠疫防治技术方案，统一组织实施鼠疫应急医疗救治工作和各项预防控制措施，并进行检查、督导；开展疫区卫生处理，对疫情做出全面评估，根据鼠疫防控工作需要，依法提出隔离、封锁鼠疫疫区的建议，制订鼠疫疫情信息发布标准，授权有关单位对外及时发布鼠疫疫情信息，负责组织全社会开展爱国卫生运动。

发展改革委：紧急动用国家医药储备，迅速向疫区提供预防、控制疫情和治疗患者以及消毒等方面的储备药品和器械；及时组织调运疫区人民生产、生活所必需的物资。

外交部：做好鼠疫应急处理的有关涉外事务，协助职能部门向相关国际组织及有关国家通报情况、接待国际组织考察、争取国际援助等方面工作。

交通部、铁道部、民航总局：按《国内交通卫生检疫条例》及其实施办法，负责各自职责范围内的交通卫生检疫工作，优先运送疫情处理人员、药品器械和有关物资。

质检总局：涉及国境卫生检疫时，按《中华人民共和国国境卫生检疫法》及其实施细则的规定办理。

农业部：负责做好疫区家畜的鼠疫动物病防疫和动物防疫监督工作。

商务部：负责疫区重要生活必需品的应急供应工作。

林业局：负责疫区野生动物异常情况的监测，并在疫情发生时，协助做好疫情发生地的隔离工作。

公安部：协助做好鼠疫疫区封锁，加强疫区治安管理和安全保卫工作。

工商总局：加强市场监管，严把市场主体准入关，严厉查处集贸市场上非法收购、出售和加工旱獭等鼠疫宿主动物及其产品的单位、个人。指导集贸市场开办者和有关动物及产品经营者搞好自律管理。

财政部：做好鼠疫控制应急资金的安排并及时拨付，加强资金管理监督。

民政部：对符合救助条件的鼠疫患者提供医疗、生活救助。

科技部：协助提供鼠疫疫区处理所需技术，支持相关科学技术研究。

教育部：对学生进行鼠疫防治知识宣传教育。

中央宣传部、新闻办：按照疫情控制的统一部署和有关部门、地方的请求，做好疫情处理的宣传报道。宣传鼠疫防治知识，提高公众防疫与保健意识。

信息产业部：组织和协调各基础电信运营企业予以积极配合，保障疫情控制期间疫区的通信畅通。

旅游局：组织旅游全行业认真做好鼠疫疫情的预防和应急处理工作。

红十字总会：充分发挥志愿者作用，协助相关部门在企业、社区、乡村、学校等广泛开展鼠疫预防知识的宣传普及工作，提高公众的防护意识。

中国人民解放军和武装警察部队应完成营区内的疫情处理任务，并协助和支持地方做好疫情控制工作。

其他有关部门根据本部门职责和鼠疫应急处理的需要，组织做好紧急物资的进口、市场监管、污染扩散的控制及国家鼠疫应急指挥部交办的相关工作等。

2.1.2 地方鼠疫应急指挥部的组成和职责

地方鼠疫应急指挥部由相应级别人民政府有关部门组成，地方各级人民政府分管卫生工作的负责人担任总指挥，负责对本行政区域内鼠疫疫情应急处理的协调和指挥，做出本行政区域内鼠疫疫情处理的决策，决定拟采取的重大措施等事项。相应职责如下：

（1）组织协调有关部门参与鼠疫应急处理工作。

（2）根据鼠疫应急处理工作需要，调集本行政区域内各类人员、物资、交通工具和相关设施、设备投入疫情防控工作。

（3）划定控制区域：发生鼠疫疫情时，县级以上地方人民政府报经上一级人民政府决定，可以宣布疫区范围；经省、自治区、直辖市人民政府核准，可以对本行政区域内疫区实施封锁；封锁大、中城市的疫区或者封锁跨省、自治区、直辖市的疫区，以及封锁疫区导致中断干线交通或者封锁国境的，由国务院决定。

（4）人群聚集活动控制：当地人民政府可以在本行政区域内采取限制或者停工、停业、停课，停止集市、集会，以及其他人群聚集的活动。

（5）流动人口管理：对流动人口采取预防管理措施，对鼠疫患者、疑似鼠疫患者采取就地隔离、就地观察、就地治疗等措施，对密切接触者视情况采取集中或居家医学观察。

（6）交通卫生检疫：省、自治区、直辖市人民政府组织铁路、交通、民航、质检等部门在交通站点和出入境口岸设置临时交通卫生检疫站，对出入境、进出疫区和运行中的交通工具及其乘运人员和物资、宿主动物进行检疫查验，对病人、疑似病人及其密切接触者实施临时隔离、留验和向地方卫生行政部门指定的医疗卫生机构移交。

（7）信息发布：鼠疫事件发生后，地方人民政府有关部门要按照规定做好信息发布工作。信息发布要及时、准确、客观、全面。

（8）开展群防群控：街道、乡（镇）以及居委会、村委会应协助卫生行政部门、医疗卫生机构和其他有关部门，做好疫情信息的收集、报告、人员转移或隔离及公共卫生措施的实施。

2.2 日常管理机构

卫生部卫生应急办公室（突发公共卫生事件应急指挥中心）负责全国鼠疫疫情应急处理的日常管理工作。各省、自治区、直辖市人民政府卫生行政部门及军队、武警系统突发公共卫生事件日常管理机构，负责本行政区域或本系统内鼠疫疫情日常管理协调工作。

2.3 鼠疫应急处理专业机构和救治机构及其任务

2.3.1 应急处理专业机构：各级疾病预防控制机构或鼠疫防治的专门机构是鼠疫应急处理的专业机构。

具体任务：

（1）负责鼠疫疫情的监测，做好疫情信息收集、报告与分析工作，为预警提供依据。

（2）制订流行病学调查计划和疫情控制的技术方案；开展对鼠疫病人、疑似病人、病原携带者及其密切接触者的追踪调查；对人群发病情况、分布特点进行调查与分析；查明传染源和传播途径，提出并实施有针对性的预防控制措施；及时向本级人民政府卫生行政部门和上级疾病预防控制机构报告情况。

（3）对鼠疫样本进行实验室检测、复核、确定并上报实验室诊断结果。

（4）国家疾病预防控制机构负责省级疾病预防控制机构专业技术人员的应急培训和全国鼠疫疫情处理的技术指导及专业支持；省级疾病预防控制机构负责辖区内疾病预防控制机构专业技术人员的应

急培训和技术支援。

2.3.2 应急处理救治机构：各级医疗机构是鼠疫应急处理的救治机构，省级卫生行政部门可根据当地情况，确定重点救治机构。

具体任务：

（1）开展病人接诊、隔离、治疗和转运工作；对疑似病人及时排除或确诊；对密切接触者实施医学观察和预防性治疗等。

（2）及时报告疫情，协助疾病预防控制机构人员完成标本的采集、流行病学调查工作。

（3）做好医院内的感染控制工作，实施消毒隔离和个人防护，防止出现院内交叉感染；严格处理医疗垃圾和污水，避免环境污染。

（4）负责或协助完成鼠疫患者死亡后尸体的解剖、消毒、焚烧等处理工作。

3 监测与预警

3.1 建立国家、省、市（地）、县四级鼠疫监测体系。国家疾病预防控制中心负责制定《全国鼠疫监测方案》，并指导各地实施。鼠疫疫源省（区、市）及监测省（区、市）各级疾病预防控制机构或鼠疫防治专业机构，按照《全国鼠疫监测方案》要求开展鼠疫日常监测工作。必要时，在疫源不明地区或新发现的鼠疫疫源地区开展鼠疫自然疫源地调查工作。

3.2 省级卫生行政部门要按照全国的统一规定和要求，结合本省（区、市）实际情况，组织开展鼠疫的主动监测，并加强鼠疫监测工作的管理和监督，保证监测质量。

3.3 各级卫生行政部门要对鼠疫监测、动物鼠疫疫情处理及鼠疫自然疫源地调查工作给予必要的经费支持。

3.4 各级卫生行政部门应根据报告的鼠疫疫情危害性和紧急程度，及时发布、调整和解除预警信息。预警信息包括鼠疫型别、预警级别、起始时间、警示事项、应采取的措施和发布机关等。

3.4.1 预警信息的发布单位：Ⅰ级为卫生部，Ⅱ级为省级卫生行政部门，Ⅲ级为市（地）级卫生行政部门，Ⅳ级为县级卫生行政部门。

3.4.2 按本预案鼠疫疫情分级，预警级别对应如下：特别重大鼠疫疫情（Ⅰ级）、重大鼠疫疫情（Ⅱ级）为Ⅰ级预警，较大鼠疫疫情（Ⅲ级）为Ⅱ级预警，一般鼠疫疫情（Ⅳ级）为Ⅲ级预警，动物间鼠疫疫情达到下列强度时为Ⅳ级预警：在某一类型鼠疫疫源地发生动物鼠疫大流行（黄鼠疫源地流行范围≥200km²，黄胸鼠、齐氏姬鼠疫源地流行范围≥500km²，沙鼠、田鼠、旱獭疫源地流行范围≥1000km²）；或局部地区出现动物鼠疫暴发流行，且波及到县级以上城市；或动物鼠疫发生在交通便利、人口稠密地区，对人群构成严重威胁。

4 信息管理与报告

4.1 信息管理

4.1.1 完善国家鼠疫防治信息管理系统，构建覆盖全国的国家、省、市（地）、县（市）疾病预防控制机构或鼠疫防治专门机构的信息网络，承担鼠疫疫情相关信息收集、处理、分析、报告等工作。

4.1.2 各级卫生行政部门负责辖区内鼠疫防治管理信息工作的组织实施、管理和平台建设，不断完善本辖区内鼠疫防治信息管理系统，为系统的正常运行提供必要的保障条件。

4.1.3 各级疾病预防控制机构或鼠疫防治机构承担责任范围内鼠疫疫情监测、信息报告与管理，负责收集、分析核实辖区内疫情信息和其他相关信息资料。

4.2 信息报告

4.2.1 执行职务的各级各类医疗卫生人员是人间鼠疫疫情的责任报告人；各级疾病预防控制机构和鼠疫防治专门机构为网络直报的责任报告单位。

4.2.2 医疗机构发现疑似鼠疫病例，应立即向所在地的疾病预防控制机构或鼠疫防治专业机构报告；疾病预防控制机构或鼠疫防治专业机构在判定人间鼠疫或疑似人间鼠疫疫情后，按规定时限在2小时内进行网络直报。

4.2.3 地方疾病预防控制机构和鼠疫防治专业机构是动物鼠疫疫情的责任报告单位。在判定发生动物鼠疫疫情后，责任报告单位在2小时内，进行网络直报。

4.2.4 在开展鼠疫疫情监测期间，鼠疫监测数据由县级鼠疫防治机构随时报告，或按规定报告阶段性鼠疫监测数据，并视监测情况随时进行网络直报，报告间隔最长不得超过4个监测周期（28天）。发现异常情况时，相关数据及时进行网络直报。

5 鼠疫疫情的分级反应

发生人间或动物间鼠疫疫情时，疫情发生地的县级、市（地）级、省级人民政府及其有关部门按照分级响应的原则，做出相应级别应急反应。同时，根据鼠疫疫情发展趋势和防控工作的需要，及时调整反应级别，以有效控制鼠疫疫情和减少危害，维护正常的生产、生活秩序。

5.1 特别重大鼠疫疫情（Ⅰ级）的应急反应

5.1.1 特别重大鼠疫疫情应急处理工作由国务院统一领导。卫生部接到特别重大鼠疫疫情报告后，应立即组织专家调查确认，并对疫情进行综合评估，必要时，向国务院提出成立国家鼠疫应急指挥部的建议。国务院根据卫生部的建议和鼠疫疫情处理的需要，决定是否成立国家鼠疫应急指挥部，指挥部成立后即按职责开展工作。

5.1.2 协调和指导疫区防控工作，负责分析疫情发展趋势，提出应急处理工作的建议报告国务院，并及时向国务院有关部门、军队相应机关通报。

5.1.3 国务院有关部门设立临时性鼠疫应急处理机构，负责部门之间以及与地方政府之间的协调，开展职责范围内的应急处理工作。

5.1.4 疫区省、自治区、直辖市人民政府按照国务院或国务院有关部门的统一部署，结合本地区实际情况，负责组织协调市（地）、县（市）人民政府开展鼠疫疫情的应急处理工作。

5.2 重大鼠疫疫情（Ⅱ级）的应急反应

5.2.1 重大鼠疫疫情应急处理工作由疫情发生地省级人民政府组织领导。根据省级卫生行政部门的建议和疫情处理的需要，省级人民政府成立地方鼠疫应急指挥部，迅速掌握疫情态势并控制疫情，确定应急工作内容并组织实施；及时将疫情变化和工作进展情况报告国务院并抄送国务院有关部门，同时通报当地驻军领导机关和国境卫生检疫机关。

5.2.2 省级卫生行政部门迅速了解疫情发生的时间、地点、传染源和病例情况，确定疫情严重程度，分析疫情发展趋势，及时提出应急工作建议，负责向当地人民政府报告和通报政府有关部门，同时报国务院卫生行政部门。

5.2.3 卫生部承担协调和指导疫情防控工作，及时派遣专家，组织分析疫情趋势，提出应急处理工作的建议报告国务院，并及时抄送国务院有关部门；根据疫情变化和工作进展，适时建议国务院召集有关部门通报疫情和疫区控制情况，研究后续的应急处理对策。

5.2.4 国务院根据疫情和疫区省级人民政府的请求，确定对疫区进行紧急支援的任务和时限。

5.3 较大鼠疫疫情（Ⅲ级）应急反应

5.3.1 较大鼠疫疫情应急处理工作由疫情发生地市（地）级人民政府组织领导。根据市（地）级卫生行政部门的建议和疫情处理的需要，成立鼠疫应急指挥部，掌握和分析疫情态势，确定应急工作任务并组织实施，及时将疫情变化和工作进展情况报告省级人民政府。

5.3.2 市（地）级卫生行政部门迅速了解疫情发生的时间、地点、传染源、发病情况，确定疫情严重程度，分析疫情发展趋势和提出应急工作建议，及时向当地人民政府报告，同时报省级卫生行政部门。

5.3.3 省级卫生行政部门负责协调和指导疫情控制工作，派遣专家协助开展防治工作，提出应急处理工作的建议。省级人民政府根据疫情和市（地）级人民政府的请求，确定对疫区进行紧急支援的任务和时限。

5.3.4 卫生部根据省级卫生行政部门的请求，给予必要的技术和物资支持。

5.4 一般鼠疫疫情（Ⅳ级）的应急反应

5.4.1 一般鼠疫疫情应急处理工作由县级人民政府组织领导。根据县级卫生行政部门的建议和疫情处理的需要，县级人民政府成立鼠疫应急指挥部，组织有关部门密切配合，采取紧急处理措施，救治鼠疫患者，控制传染源，切断传播途径，做好疫区内生产、生活安排，保证疫情控制工作顺利进行。

5.4.2 县级卫生行政部门和医疗卫生机构，要及时了解疫情态势，确定疫情严重程度，提出控制措施建议，及时向当地人民政府报告并通报当地驻军领导机关，同时上报市（地）级卫生行政部门。遇有紧急情况，可同时报告省级卫生行政部门，直至国务院卫生行政部门。

5.4.3 市（地）级卫生行政部门负责协调和指导疫区控制工作，协助分析疫情趋势，提出应急处理工作的建议。市（地）级人民政府根据疫情和县级人民政府请求，确定对疫区进行紧急支援的任务和时限。

5.4.4 省级卫生行政部门根据市（地）级卫生行政部门请求，给予必要的技术和物资支持。

5.5 Ⅳ级预警（即动物间鼠疫疫情发生）后应采取的控制措施

5.5.1 县级卫生行政部门建立疫区处理组织。县级卫生行政部门要迅速了解情况，掌握疫情态势，确定疫情严重程度，提出控制措施建议，立即向当地人民政府报告并通报当地驻军领导机关。同时迅速逐级上报上级卫生行政部门，直至国务院卫生行政部门。

5.5.2 市（地）级卫生行政部门协调和指导疫区控制工作，分析疫情趋势，提出应急处理工作的建议。市（地）级人民政府根据疫情和县级人民政府请求，对疫区做出应急反应。

5.5.3 省级卫生行政部门根据市（地）级或县级卫生行政部门请求，给予必要的人力和物资支持。

5.6 毗邻地区的应急反应

发生鼠疫疫情地区的卫生行政部门要及时向毗邻地区卫生行政部门通报疫情和已采取的措施。

与发生鼠疫疫情相毗邻的地区，应根据疫情特点、发生区域和发展趋势，主动分析本地区受波及的可能性和程度，重点做好以下工作：密切保持与鼠疫发生地区的联系，及时获取相关信息；组织做好本行政区域应急处理所需的人员与物资准备；加强鼠疫监测和报告工作；开展鼠疫防治知识宣传和健康教育，提高公众自我保护意识和能力；根据上级人民政府及其有关部门的决定，开展联防联控和提供技术、物资支援。

6 应急反应等级的确认、终止及评估

6.1 鼠疫应急反应等级的确认

按本方案 1.4 分级原则，特别重大鼠疫疫情（Ⅰ级），由卫生部予以确认；重大鼠疫疫情（Ⅱ级）由省级以上卫生行政部门予以确认；较大鼠疫疫情（Ⅲ级）由市（地）级以上卫生行政部门予以确认；一般鼠疫疫情（Ⅳ级），由县级以上卫生行政部门予以确认。

6.2 鼠疫应急反应的终止

鼠疫疫区控制工作按中华人民共和国国家标准《人间鼠疫疫区处理标准及原则 GB15978—1995》的要求全部完成相应应急处置工作，经验收大、小隔离圈内已达到灭鼠灭蚤标准及环境卫生标准，连续 9 天内无继发病例，疫区疫情控制临时指挥部可提交解除疫区封锁申请。

特别重大鼠疫疫情（Ⅰ级）由卫生部组织有关专家进行分析论证，提出终止应急反应的建议，报国务院或国家鼠疫应急指挥部批准后执行。

重大鼠疫疫情（Ⅱ级）、较大鼠疫疫情（Ⅲ级）、一般鼠疫疫情（Ⅳ级）分别由省、市（地）、县级卫生行政部门组织有关专家进行分析论证，提出终止应急反应的建议，报本级人民政府或本级鼠疫应急指挥部批准后执行，并向上一级卫生行政部门报告。

6.3 鼠疫疫情处理工作评估

6.3.1 评估人员组织

对特别重大鼠疫疫情（Ⅰ级）、重大鼠疫疫情（Ⅱ级）、较大鼠疫疫情（Ⅲ级）、一般鼠疫疫情（Ⅳ级）处理情况的评估，分别由卫生部和省、市（地）、县级卫生行政部门组织相关人员组成评估小组，开展评估工作。

6.3.2 评估内容主要包括：疫区自然地理概况，发生疫情的原因，传染源、传播途径和流行因素，疫情发生、发展和控制过程，患者构成，治疗效果，染疫动物、蚤种类的分布，染疫动物密度和蚤指数，所采取措施的效果评价、应急处理过程中存在的问题和取得的经验及改进建议。评估报告报本级人民政府和上一级卫生行政部门。

7 保障措施

7.1 技术保障

7.1.1 完善国家、省、市（地）、县四级鼠疫监测体系，制订国家级和省级鼠疫监测点的能力标准。国家级鼠疫监测点实行系统监测，积累资料并开展应用性科研。有鼠疫自然疫源分布的县（市、旗），要按照因地制宜、固定与流动监测相结合、以流动监测为主的原则，合理设置监测点，扩大监测覆盖范围。各级医疗机构应开展鼠疫防治知识培训工作，对鼠疫病例（含疑似病例）实行"首诊医生责任制"。

7.1.2 提高鼠疫的应急反应能力。制订我国统一的"鼠疫应急装备标准"，规范各地鼠疫应急队伍、装备和应急物资储备。制订各级疾病预防控制机构"鼠疫实验室建筑规范"和"鼠疫实验室装备规范"，改善疾病预防控制机构或鼠疫防治专业机构的基础设施和实验室设备条件。加强鼠疫防治专业队伍建设，提高流行病学调查、现场处置和实验室检测检验能力，通过培训和应急演练提高应急队伍的反应水平和能力。

7.1.3 改进鼠疫监测实验室检验技术和方法。实行核酸序列检测、抗原快速检测、酶联免疫吸附实验等检验技术，改善鼠疫监测常规检验检测方法，提高检验水平。

7.2 物资、经费保障

7.2.1 物资储备：各级人民政府要根据实际情况，建立鼠疫应急物资储备机制。发生鼠疫疫情时，应根据应急处理工作需要调用储备物资。卫生应急储备物资使用后要及时补充，短时效和过期物品要及时更换。

7.2.2 经费保障：各级人民政府应保障鼠疫防治基础设施项目建设经费，按规定落实鼠疫防治和疫情应急处理经费，确保鼠疫防治和应急处理工作的顺利开展。

8 预案的制订

8.1 本预案由卫生部组织制订，并定期进行评

估，根据鼠疫疫情形势变化和实施中发现的问题及时进行更新、修订和补充，并由卫生部按规定公布。

8.2 可能发生鼠疫流行地区的卫生行政部门要根据本预案的规定，结合当地实际情况，组织制订本地区鼠疫应急预案。

9 预案解释部门

本预案由卫生部负责解释。

10 预案实施时间

本预案自印发之日起实施。

群体性不明原因疾病应急处置方案（试行）

(2007 年 1 月 16 日 卫应急发〔2007〕21 号)

1 总 则

1.1 编制目的

为及时发现、有效控制群体性不明原因疾病，规范群体性不明原因疾病发生后的报告、诊治、调查和控制等应急处置技术，指导群体性不明原因疾病事件的应急处置工作，保障人民群众身体健康，维护社会稳定和经济发展。

1.2 编制依据

依据《中华人民共和国传染病防治法》、《突发公共卫生事件应急条例》、《国家突发公共事件总体应急预案》和《国家突发公共卫生事件应急预案》等法律法规和预案，制定本方案。

1.3 适用范围

本方案适用在中华人民共和国境内发生的，造成或者可能造成社会公众身心健康严重损害的群体性不明原因疾病事件的应急处置工作。

1.4 群体性不明原因疾病定义和群体性不明原因疾病事件分级

1.4.1 定义

群体性不明原因疾病是指一定时间内（通常是指2周内），在某个相对集中的区域（如同一个医疗机构、自然村、社区、建筑工地、学校等集体单位）内同时或者相继出现 3 例及以上相同临床表现，经县级及以上医院组织专家会诊，不能诊断或解释病因，有重症病例或死亡病例发生的疾病。

群体性不明原因疾病具有临床表现相似性、发病人群聚集性、流行病学关联性、健康损害严重性的特点。这类疾病可能是传染病（包括新发传染病）、中毒或其他未知因素引起的疾病。

1.4.2 分级

Ⅰ级 特别重大群体性不明原因疾病事件：在一定时间内，发生涉及两个及以上省份的群体性不明原因疾病，并有扩散趋势；或由国务院卫生行政部门认定的相应级别的群体性不明原因疾病事件。

Ⅱ级 重大群体性不明原因疾病事件：一定时间内，在一个省多个县（市）发生群体性不明原因疾病；或由省级卫生行政部门认定的相应级别的群体性不明原因疾病事件。

Ⅲ级 较大群体性不明原因疾病事件：一定时间内，在一个省的一个县（市）行政区域内发生群体性不明原因疾病；或由地市级卫生行政部门认定的相应级别的群体性不明原因疾病事件。

1.5 工作原则

1.5.1 统一领导、分级响应的原则

发生群体性不明原因疾病事件时，事发地的县级、市（地）级、省级人民政府及其有关部门按照分级响应的原则，启动相应工作方案，作出相应级别的应急反应，并按事件发展的进程，随时进行调整。

特别重大群体性不明原因疾病事件的应急处置工作由国务院或国务院卫生行政部门和有关部门组织实施，开展相应的医疗卫生应急、信息发布、宣传教育、科研攻关、国际交流与合作、应急物资与设备的调集、后勤保障以及督导检查等工作。事发地省级人民政府应按照国务院或国务院有关部门的统一部署，结合本地区实际情况，组织协调市（地）、县（市）人民政府开展群体性不明原因疾病事件的应急处置工作。

特别重大级别以下的群体性不明原因疾病事件的应急处置工作由地方各级人民政府负责组织实施。超出本级应急处置能力时，地方各级人民政府要及时报请上级人民政府和有关部门提供指导和支持。

1.5.2 及时报告的原则

报告单位和责任报告人应在发现群体性不明原因疾病 2 小时内以电话或传真等方式向属地卫生行政部门或其指定的专业机构报告，具备网络直报条件的机构应立即进行网络直报（参照《国家突发公共卫生事件相关信息报告管理工作规范》）。

1.5.3 调查与控制并举的原则

对群体性不明原因疾病事件的现场处置，应坚持调查和控制并举的原则。在事件的不同阶段，根据事件的变化调整调查和控制的侧重点。若流行病

学病因（主要指传染源或污染来源、传播途径或暴露方式、易感人群或高危人群）不明，应以调查为重点，尽快查清事件的原因。对有些群体性不明原因疾病，特别是新发传染病暴发时，很难在短时间内查明病原的，应尽快查明传播途径及主要危险因素（流行病学病因），立即采取针对性的控制措施，以控制疫情蔓延。

1.5.4 分工合作、联防联控原则

各级业务机构对于群体性不明原因疾病事件的调查、处置实行区域联手、分工合作。在事件性质尚不明确时，疾病预防控制机构负责进行事件的流行病学调查，提出疾病预防控制措施，开展实验室检测；卫生监督机构负责收集有关证据，追究违法者法律责任；医疗机构负责积极救治患者；有关部门（如农业部门、食品药品监督管理部门、安全生产监督管理部门等）应在各级人民政府的领导和各级卫生行政部门的指导下，各司其职，积极配合有关业务机构开展现场的应急处置工作；同时对于涉及跨区域的群体性不明原因疾病事件，要加强区域合作。一旦事件性质明确，各相关部门应按职责分工开展各自职责范围内的工作。

1.5.5 信息互通、及时发布原则

各级业务机构对于群体性不明原因疾病事件的报告、调查、处置的相关信息应建立信息交换渠道。在调查处置过程中，发现属非本机构职能范围的，应及时将调查信息移交相应的责任机构；按规定权限，及时公布事件有关信息，并通过专家利用媒体向公众宣传防病知识，传达政府对群众的关心，正确引导群众积极参与疾病预防和控制工作。在调查处置结束后，应将调查结果相互通报。

2 应急处置的组织体系及职责

2.1 应急指挥机构

为了有效处置群体性不明原因疾病事件，卫生部按照《国家突发公共卫生事件应急预案》等的规定，在国务院统一领导下，负责组织、协调全国群体性不明原因疾病事件的应急处置工作，并根据实际需要，提出成立全国群体性不明原因疾病事件应急指挥部。

地方各级人民政府卫生行政部门依照职责和本方案的规定，在本级人民政府统一领导下，负责组织、协调本行政区域内群体性不明原因疾病事件的应急处置工作，并根据实际需要，向本级人民政府提出成立地方群体性不明原因疾病事件应急指挥部的建议。

各级人民政府根据本级人民政府卫生行政部门的建议和实际工作需要，决定是否成立地方应急指挥部。

地方各级人民政府及有关部门和单位要按照属地管理的原则，切实做好本行政区域内群体性不明原因疾病事件的应急处置工作。

2.1.1 全国群体性不明原因疾病事件应急指挥部的组成和职责

全国群体性不明原因疾病事件应急指挥部负责对特别重大群体性不明原因疾病事件的统一领导、统一指挥，作出处置群体性不明原因疾病事件的重大决策。指挥部成员单位根据事件的性质和应急处置工作的需要确定。

2.1.2 地方群体性不明原因疾病事件应急指挥部的组成和职责

地方群体性不明原因疾病事件应急指挥部由各级人民政府有关部门组成，实行属地管理的原则，负责对本行政区域内群体性不明原因疾病事件的应急处置的协调和指挥，做出处置本行政区域内群体性不明原因疾病事件的决策，决定要采取的措施。

2.1.3 专家组的组成和职责

专家组由传染病学、临床医学、流行病学、食品卫生、职业卫生、免疫规划、卫生管理、健康教育、医学检验等相关领域具有高级职称的专家组成。根据需要，在专家组中可分设专业组，如传染病防控组、中毒处置组、核与放射处置组、医疗救治组和预测预警组等。其主要职责是：

（1）对群体性不明原因疾病的调查和采取的控制措施提出建议；

（2）对确定群体性不明原因疾病原因和事件相应的级别提出建议；

（3）对群体性不明原因疾病事件的发展趋势进行评估和预测；

（4）对群体性不明原因疾病事件应急反应的终止、后期评估提出建议；

（5）承担群体性不明原因疾病事件应急指挥部交办的其他工作。

2.2 医疗卫生专业机构的职责和分工

2.2.1 医疗机构主要负责病例（疫情）的诊断和报告，并开展临床救治。有条件的医疗机构应及时进行网络直报，并上报所在辖区内的疾病预防控制机构。同时，医疗机构应主动配合疾病预防控制机构开展事件的流行病学和卫生学调查、实验室检测样本的采集等工作，落实医院内的各项疾病预防控制措施；并按照可能的病因假设采取针对性的治疗措施，积极抢救危重病例，尽可能减少并发症，降低病死率；一旦有明确的实验室检测结果，医疗机构应及时调整治疗方案，做好病例尤其是危重病例的救治工作。

2.2.2 疾病预防控制机构主要负责进行群体性不明原因疾病事件的流行病学和卫生学调查、实验室检测样本的采集和检测，同时要提出具体的疾病预防控制措施（如消毒、隔离、医学观察等），并指导相关单位加以落实。

2.2.3 卫生监督机构主要协助卫生行政部门对事件发生地区的食品卫生、环境卫生以及医疗卫生机构的疫情报告、医疗救治、传染病防治等进行卫生监督和执法稽查。

3 监测与报告

3.1 监测

3.1.1 监测网络和体系

国家将群体性不明原因疾病监测工作纳入全国疾病监测网络。各级医疗机构、疾病预防控制机构、卫生监督机构负责开展群体性不明原因疾病的日常监测工作。上述机构应及时对群体性不明原因疾病的资料进行收集汇总、科学分析、综合评估，早期发现不明原因疾病的苗头。

省级人民政府卫生行政部门要按照国家统一规定和要求，结合实际，建立由省、市、县（市、区）级和乡镇卫生院或社区卫生服务中心（站）及村卫生室组成的监测网络，积极开展不明原因疾病的监测。

3.1.2 监测资料的收集、整理和分析

（1）疾病预防控制机构对各种已有的监测资料进行收集、整理和分析，早期发现群体性不明原因疾病。

对上报的有相似症状的不明原因疾病资料进行汇总，及时分析不明原因疾病的分布、关联性、聚集性及发展趋势，寻找和发现异常情况。

在现有监测的基础上，根据需要扩大监测的内容和方式，如缺勤报告监测、社区监测、药店监测、电话咨询监测、症状监测等，以互相印证，提高监测的敏感性。

（2）医疗机构医务人员接诊不明原因疾病患者，具有相似临床症状，并在发病时间、地点、人群上有关联性的要及时报告。

3.2 报告

3.2.1 责任单位和责任报告人

县级以上各级人民政府卫生行政部门指定的突发公共卫生事件监测机构、各级各类医疗卫生机构为群体性不明原因疾病事件的责任报告单位；执行职务的各级各类医疗卫生机构的医疗卫生人员、个体开业医生为责任报告人。此外，任何单位和个人均可向国务院卫生行政部门和地方各级人民政府及其有关部门报告群体性不明原因疾病事件。

任何单位和个人都可以向国务院卫生行政部门和地方各级人民政府及其有关部门举报群体性不明原因疾病事件。

3.2.2 报告内容

各级卫生行政部门指定的责任报告单位，在接到群体性不明原因疾病报告后，要详细询问事件名称、事件类别、发生时间、地点、涉及的地域范围、人数、主要症状与体征、可能的原因、已经采取的措施、事件的发展趋势、下步工作计划等。并按事件发生、发展和控制的过程，收集相关信息，做好初次报告、进程报告、结案报告。

（1）初次报告。

报告内容包括事件名称、初步判定的事件类别和性质、发生地点、波及范围、发生时间、涉及发病人数、死亡人数、主要的临床症状、可能原因、已采取的措施、报告单位、报告人员及通讯方式等。

（2）进程报告。

应报告事件的发展趋势与变化、处置进程、事件的诊断和原因或可能因素，势态评估、控制措施等内容。同时，对初次报告的内容进行补充和修正。

重大及特别重大群体性不明原因疾病事件至少应按日进行进程报告。

（3）结案报告。

事件终止应有结案报告，凡达到《国家突发公共卫生事件应急预案》分级标准的群体性不明原因疾病事件结束后，均应由相应级别卫生行政部门组织评估。在确认事件终止后2周内，对事件的发生和处理情况进行总结，分析其原因和影响因素，并提出今后对类似事件的防范和处置建议。结案报告的具体内容应包括整个事件发生、发展的全过程，包括事件接报情况、事件概况、背景资料（包括事件发生地的地理、气候、人文等一般情况）、描述流行病学分析、病因假设及验证、讨论、结论和建议等。

3.2.3 报告时限与程序

发现群体性不明原因疾病的责任报告单位和报告人，应在2小时内以电话或传真等方式向属地卫生行政部门或其指定的专业机构报告，具备网络直报条件的机构在核实应立即进行网络直报。不具备网络直报条件的责任报告单位和责任报告人，应采用最快的通讯方式将《突发公共卫生事件相关信息报告卡》报送属地卫生行政部门指定的专业机构。接到群体性不明原因疾病报告的专业机构，应对信息进行审核，确定真实性，2小时内进行网络直报，同时以电话或传真等方式报告同级卫生行政部门。具体要求按照《国家突发公共卫生事件相关信息报告管理工作规范（试行）》执行。

3.2.4 通报制度

群体性不明原因疾病发生地的上级卫生行政部门应根据防控工作的需要，将疫情及时通报相邻地区的卫生行政部门。

4 专家会商与指挥决策

4.1 专家会商

卫生行政部门接到群体性不明原因疾病报告并核实后，迅速组织群体性不明原因疾病专家组赴事发地现场会商。专家会商的主要内容是：在查看病例及其临床资料的基础上，核实前期流行病学调查资料等内容，重点讨论报告病例是否属不明原因疾病（病例的临床表现与报告情况是否相符、诊断是否正确、治疗方法是否适当）；病例之间是否有关联性，事件的危害性。

经专家会商后应撰写会商报告，主要包括如下内容：

（1）报告病例的三间分布、病情进展及临床治疗情况；

（2）确诊病例、临床诊断病例、疑似病例、密切接触者、一般接触者、监测病例的定义；

（3）病人救治方案，治愈与出院标准；

（4）事件的初步判断，包括事件的性质、可能的病因、传播（污染）途径、潜伏期及趋势分析；

（5）对控制措施和事件分级的建议，疫点、疫区的划定。

首次会商会后，要根据病例病情进展情况及病因调查情况，不定期召开专家会商会，以及时调整病例定义和工作方案。

4.2 指挥决策

（1）卫生行政部门根据专家会商结果，报告同级人民政府和上一级卫生行政部门，拟定《群体性不明原因疾病应急处置工作方案》，报同级人民政府批准下发到相关部门和单位实施。

（2）总结分析。定期召开工作例会，汇总工作进展情况，及时分析事件的发展动向、存在的问题及下一步工作安排。

（3）下达指令。根据工作组例会分析情况和上级指示，及时以公文等形式下达相关指令，并督办落实。

（4）社会动员。根据应急处置工作的需要，及时动员社会各界共同参与应急处置工作。同时，组织开展爱国卫生运动，宣传卫生防病知识，提高群众自我保护意识。

（5）舆论引导。适时公布事件相关信息。加强媒体监测，收集与事件相关的报道及网络上的相关信息，正确引导舆论。

（6）资源调度。根据事件处置工作需要，及时调集技术力量、应急物资和资金。

5 现场调查与病因分析

群体性不明原因疾病发生后，首先应根据已经掌握的情况，尽快组织力量开展调查，分析，查找病因。

若流行病学病因（主要是传染源、传播途径或暴露方式、易感人群）不明，应以现场流行病学调查为重点，尽快查清事件的原因。在流行病学病因查清后，应立即实行有针对性的控制措施。

若怀疑为中毒事件时，在采取适当救治措施的同时，要尽快查明中毒原因。查清中毒原因后，给予特异、针对性的治疗，并注意保护高危人群。

若病因在短时间内难以查清，或即使初步查明了病原，但无法于短期内找到有效控制措施的，应以查明的传播途径及主要危险因素（流行性病因）制定有针对性的预防控制措施。

5.1 群体性不明原因疾病的核实与判断

5.1.1 核实

卫生行政部门接到报告后应立即派出专业人员（包括流行病学或卫生学、临床、检验等专业人员）对不明原因疾病进行初步核实，核实内容主要包括：

（1）病例的临床特征、诊断、治疗方法和效果；

（2）发病经过和特点：发病数、死亡数及三间分布等；

（3）样本采集种类、方式、时间及保存、运输方法等；

（4）实验室检测方法、仪器、试剂、质控和结果；

（5）危及人群的范围和大小；

（6）不明原因疾病性质的初步判断及其依据；

（7）目前采取的措施和效果；

（8）目前的防治需求。

5.1.2 判断

根据核实结果进行综合分析，初步判断群体性不明原因疾病是否存在，若确认疫情存在，应对群体性不明原因疾病的性质、规模、种类、严重程度、高危人群、发展阶段和趋势进行初步判断，并制定初步的调查方案和控制措施。

5.2 病例调查及分析

5.2.1 病例搜索

根据病例定义的内容，在一定的时间、范围内搜索类似病例并开展个案调查、入户调查和社区调查。设计调查表，培训调查人员，统一调查内容和方法。调查表参照附录2~4。

5.2.2 初步分析

统计病例的发病数、死亡数、病死率、病程等指标，描述病例的三间分布及特征，进行关联性分析。

5.3 提出病因假设

5.3.1 从临床、流行病学基本资料入手，寻找病因线索

根据病例的临床表现、病情进展情况、严重程度、病程变化，先按感染性与非感染性两类查找病因线索，然后逐步细化。根据患者的临床症状、体征、常规实验室检测结果、临床治疗及转归和初步的流行病学资料进行分析，判定疾病主要影响的器官、病原种类、影响流行的环节等，做出初步诊断。

分析思路：首先考虑常见病、多发病，再考虑少见病、罕见病，最后考虑新出现的疾病。如果初步判定是化学中毒，首先考虑常见的毒物，再考虑少见毒物（见附录5）。

（1）根据临床表现（发热、咳嗽、腹泻、皮疹等）、病情进展、常规检验结果，以及基本的流行病学调查（个人史、家族史、职业暴露史等），初步判定是感染性疾病还是非感染性疾病；如果为感染性疾病，需考虑是否具有传染性。

若判定为感染性疾病可能性大，可根据患者的症状、体征、实验室检测结果，以及试验性治疗效果，判定是细菌性、病毒性，还是其他病原微生物的感染。根据临床主要特征提出病因假设（见附表1）。

（2）如考虑为非感染性疾病，需先判定是否中毒，再考虑是否心因性、过敏性、放射性（辐射）或其他的原因引起的疾病。

①结合进食史、职业暴露史、临床症状和体征、发病过程等，判定是否中毒，以及可能引起的中毒物（见附表2）。

②结合患者的临床表现、周围人群特征等，判定是否心因性疾病。

③结合进食史、用药史、生活或职业暴露史、临床症状和体征、发病过程等，判定是否是过敏性疾病（如药物疹等）。

④结合生活或职业暴露史、临床症状和体征、发病过程等，判定是否辐射病。

5.3.2 从流行病学特征入手，建立病因假设

（1）掌握背景资料：现场环境、当地生活习惯、方式、嗜好、当地动物发病情况以及其他可能影响疾病发生、发展、变化的因素。

（2）归纳疾病分布特征，形成病因假设：通过三间分布，提出病因假设，包括致病因子、危险因素及其来源、传播方式（或载体）、高危人群等。

提出可能的病因假设，可以不止1个假设，适宜的病因假设包括导致暴发、流行的疾病、传染源及传播途径、传播方式、高危人群，提出病因假设后，在验证假设的同时，应尽快实施有针对性的预防和控制措施。

5.4 验证病因

5.4.1 流行病学病因验证
根据病因假设，通过病例-对照研究、队列研究等分析性流行病学方法进行假设验证。在进行病因推断时，应注意以下原则：

（1）根据患者暴露在可疑因素中的时间关系，确定暴露因素与疾病联系的时间先后顺序。

（2）如果可疑因素可按剂量进行分级，了解该疾病病情的严重程度与某种暴露因素的数量间的关系。

（3）根据疾病地区、时间分布特征，分析疾病病因分布与疾病的地区、时间分布关系。

（4）观察不同的人群、不同的地区和不同的时间，判定暴露因素与疾病可重复性联系。

（5）根据所掌握的生物医学等现代科学知识，合理地解释暴露与疾病的因果关系。

（6）观察暴露因素与疾病的关系，判定是否存在着一对一的关系，或其他关系。

（7）观察可疑致病因素的变化（增加、减少或去除）和疾病发生率变化（升高或下降）关系，进一步确定暴露因素与疾病的因果联系。

5.4.2 实验室证据
收集样本（血、咽拭子、痰、大便、尿、脑脊液、尸解组织等），通过实验室检测验证假设。

5.4.3 干预（控制）措施效果评价
针对病原学病因假设进行临床试验性治疗；根据流行病学病因假设，提出初步的控制措施，包括消除传染源或污染源、减少暴露或防止进一步暴露、保护易感或高危人群。通过对所采取的初步干预（控制）措施

的效果评价也可验证病因假设，并为进一步改进和完善控制措施提供依据。

5.4.4 如果通过验证假设无法成立，则必须重新考虑或修订假设，根据新的线索制定新的方案，有的群体性不明原因疾病可能需要反复多次的验证，方能找到明确原因。

5.5 判断和预测

综合分析调查结果，对群体性不明原因疾病的病因、目前所处阶段、影响范围、病人救治和干预（控制）措施的效果等方面进行描述和分析，得出初步结论，同时对病人的预后、群体性不明原因疾病发展趋势及其影响进行分析和预测，并对下一步工作提出建议。

6 现场控制措施

应急处置中的预防控制措施需要根据疾病的传染源或危害源、传播或危害途径以及疾病的特征来确定。不明原因疾病的诊断需要在调查过程中逐渐明确疾病发生的原因。因此，在采取控制措施上，需要根据疾病的性质，决定应该采取的控制策略和措施，并随着调查的深入，不断修正、补充和完善控制策略与措施，遵循边控制、边调查、边完善的原则，力求最大限度地降低不明原因疾病的危害。

6.1 无传染性的不明原因疾病

（1）积极救治病人，减少死亡（详见附录6）。

（2）对共同暴露者进行医学观察，一旦发现符合本次事件病例定义的病人，立即开展临床救治。

（3）移除可疑致病源。如怀疑为食物中毒，应立即封存可疑食物和制作原料，职业中毒应立即关闭作业场所，怀疑为过敏性、放射性的，应立即采取措施移除或隔开可疑的过敏原、放射源。

（4）尽快疏散可能继续受到病源威胁的群众。

（5）在对易感者采取有针对性保护措施时，应优先考虑高危人群。

（6）开展健康教育，提高居民自我保护意识，群策群力、群防群控。

6.2 有传染性的不明原因疾病

（1）现场处置人员进入疫区时，应采取保护性预防措施。

（2）隔离治疗患者。根据疾病的分类，按照呼吸道传染病、肠道传染病、虫媒传染病隔离病房要求，对病人进行隔离治疗。重症病人立即就地治疗，症状好转后转送隔离医院。病人在转运中要注意采取有效的防护措施。治疗前注意采集有关标本。出院标准由卫生行政部门组织流行病学、临床医学、实验室技术等多方面的专家共同制定，患者达到出院标准方可出院。

（3）如果有暴发或者扩散的可能，符合封锁标准的，要向当地政府提出封锁建议，封锁的范围根据流行病学调查结果来确定。发生在学校、工厂等人群密集区域的，如有必要应建议停课、停工、停业。

（4）对病人家属和密切接触者进行医学观察，观察期限根据流行病学调查的潜伏期和最后接触日期决定。

（5）严格实施消毒，按照《中华人民共和国传染病防治法》要求处理人、畜尸体，并按照《传染病病人或疑似传染病病人尸体解剖查验规定》开展尸检并采集相关样本。

（6）对可能被污染的物品、场所、环境、动植物等进行消毒、杀虫、灭鼠等卫生学处理。疫区内重点部位要开展经常性消毒。

（7）疫区内家禽、家畜应实行圈养。如有必要，报经当地政府同意后，对可能染疫的野生动物、家禽家畜进行控制或捕杀。

（8）开展健康教育，提高居民自我保护意识，做到群防群治。

（9）现场处理结束时要对疫源地进行终末消毒，妥善处理医疗废物和临时隔离点的物品。

根据对控制措施效果评价，以及疾病原因的进一步调查结果，及时改进、补充和完善各项控制措施。一旦明确病因，即按照相关疾病的处置规范开展工作，暂时无规范的，应尽快组织人员制定。

7 样本采集和实验室检测

7.1 感染性疾病标本：标本采集应依据疾病的不同进程，进行多部位、多频次采集标本，对病死患者要求进行尸体解剖。所有的标本采集工作应遵循无菌操作的原则。标本采集及运输时应严格按照相关生物安全规定进行（见附表3）。

7.1.1 标本种类

（1）血标本。

①血清：需采集多份血清标本。至少于急性期（发病7天内或发现时、最好是在使用抗生素之前）、中期（发病后第10~14天）、恢复期（发病后22~50天）分别采集外周静脉血各5~6ml，分离后的血清分装于3个塑料螺口血清管中，如需要可收集血块标本。

②抗凝血：于急性期（发病3天内或发现时、最好是在使用抗生素之前）采集10ml全血，分装于3个塑料螺口试管中，抗凝剂不能够使用肝素，推荐

使用枸橼酸盐。

③其它血标本：根据实验室检测的需要可以采集其它血标本，如血涂片等。

（2）呼吸道标本。

①上呼吸道标本：包括咽拭子、鼻拭子、鼻咽抽取物、咽漱液、痰液。

②下呼吸道标本：包括呼吸道抽取物、支气管灌洗液、胸水、肺组织活检标本。

呼吸道标本应于发病早期即开始采集，根据病程决定采集的频次，采好的标本分装于3个螺口塑料试管中。

（3）消化道标本。

包括患者的呕吐物、粪便和肛拭子，应于发病早期即开始采集，根据病程决定采集的频次，采好的标本分装于3个螺口塑料试管中。

（4）尿液。

尿液采集中段尿，一般于发病早期采集，根据疾病的发展也可以进行多次采集，采集好的标本分装于3个螺口塑料试管中，取尿液或者沉淀物进行检测。

（5）其它人体标本。

包括脑脊液、疱疹液、淋巴结穿刺液、溃破组织、皮肤焦痂等。采集好的标本分装于3个螺口塑料试管中。

（6）尸体解剖。

对所有群体性不明原因疾病的死亡病例都应由当地卫生行政部门出面积极争取尸体解剖，尽可能采集死亡病例的所有组织器官，如果无法采集所有组织，则应根据疾病的临床表现，采集与疾病有关的重点组织器官标本（如肺、肝穿刺），以助病因诊断和临床救治。

对于可能具有传染性的疾病，尸解时应根据可能的传播途径采取严格的防护措施。做病原学研究的组织标本采集得越早越好，疑似病毒性疾病的标本采集时间最好不超过死后6小时，疑似细菌性疾病不超过6小时，病理检查的标本不超过24小时。如果采样的时间和条件合适，应同种组织每一部位至少采集3份标本，1份用于病原学研究（无菌采集），1份用于病理学研究（固定于福尔马林中），1份用于电镜检查（固定于电镜标本保存液中）。重要的组织器官应多部位同时采集标本。

（7）媒介和动物标本。

在调查中如果怀疑所发生的不明原因疾病是虫媒传染病或动物源性传染病的，应同时采集相关媒介和动物标本。

7.1.2 标本保存

血清可在4℃存放3天、−20℃以下长期保存。用于病毒等病原分离和核酸检测的标本应尽快进行检测，24小时内能检测的标本可置于4℃保存，24小时内无法检测的标本则应置于−70℃或以下保存。用于细菌等病原分离和核酸检测的标本一般4℃保存，检测一些特殊的病原体标本需要特殊条件保存标本。标本运送期间应避免反复冻融。

7.1.3 标本运送

群体性不明原因标本的运送要严格做到生物安全。依据病因分析的病原体分类，如果为高致病性病原微生物，应严格按照《病原微生物实验室生物安全管理条例》（国务院424号令）和《可感染人类的高致病性病原微生物菌（毒）种或样本运输管理规定》（中华人民共和国卫生部第45号令）等有关规定执行。

7.2 **非感染性疾病**

7.2.1 食物中毒

在用药前采集病人的血液、尿液、呕吐物、粪便，以及剩余食物、食物原料、餐具、死者的胃、肠内容物等。尸体解剖：重点采集肝、胃、肠、肾、心等。

7.2.2 职业中毒

采集中毒者的血液、尿液，以及空气、水、土壤等环境标本。尸体解剖：采集标本应根据毒物入侵途径和主要受损部位等，采集血液、肝、肾、骨等。

7.3 **实验室检测**

（1）感染性疾病：一般进行抗体检测、抗原检测、核酸检测、病原分离、形态学检测等检测项目，依据病原体的特殊性可以开展一些特殊的检测项目。

（2）非感染性疾病：依据病因分析的要求开展相应的检测项目。

8 防护措施

8.1 防护原则

在群体性不明原因疾病的处置早期，需要根据疾病的临床特点、流行病学特征以及实验室检测结果，鉴别有无传染性、确定危害程度和范围等，对可能的原因进行判断，以便采取相应的防护措施。对于原因尚难判断的情况，应该由现场的疾控专家根据其可能的危害水平，决定防护等级。

一般来说，在群体性不明原因疾病的处置初期，如危害因素不明或其浓度、存在方式不详，应按照类似事件最严重性质的要求进行防护。防护服应为衣裤连体，具有高效的液体阻隔（防化学物）性能、过滤效率高、防静电性能好等。一旦明确病原学，应按相应的防护级别进行防护。

8.2 防护服的分类

防护服由上衣、裤、帽等组成，按其防护性能可分为四级：

（1）A级防护：能对周围环境中的气体与液体提供最完善保护。

（2）B级防护：适用于环境中的有毒气体（或蒸汽）或其他物质对皮肤危害不严重时。

（3）C级防护：适用于低浓度污染环境或现场支持作业区域。

（4）D级防护：适用于现场支持性作业人员。

8.2.1 疑似传染病疫情现场和患者救治中的应急处置防护

（1）配备符合中华人民共和国国家标准《医用一次性防护服技术要求》（GB 19082-2003）要求的防护服，且应满足穿着舒适、对颗粒物有一定隔离效率，符合防水性、透湿量、抗静电性、阻燃性等方面的要求。

（2）配备达到N95标准的口罩。

（3）工作中可能接触各种危害因素的现场调查处理人员、实验室工作人员、医院传染科医护人员等，必须采取局部保护措施，戴防护眼镜，双层橡胶手套，防护鞋靴。

8.2.2 疑似放射性尘埃导致疾病的应急处置防护

多数情况下使用一次性医用防护服即可，也可选用其他防护服。防护服应穿着舒适、对颗粒物有一定的隔离效率，表面光滑、皱褶少，具有较高的防水性、透湿量、抗静电性和阻燃性。根据放射性污染源的种类和存在方式以及污染浓度，对各种防护服的防护参数有不同的具体要求。此类防护服要求帽子、上衣和裤子联体，袖口和裤脚口应采用弹性收口。

如群体性不明原因疾病现场存在气割等产生的有害光线时，工作人员应配备相应功能的防护眼镜或面盾。

8.2.3 疑似化学物泄漏和中毒导致疾病的应急处置防护

根据可能的毒源类型和环境状况，选用不同的防护装备。化学物泄露和化学中毒事件将现场分成热区、温区或冷区。不同区域所需的防护各异，一个区域内使用的防护服不适合在另一区域内使用。在对生命及健康可能有即刻危险的环境（即在30分钟内可对人体产生不可修复或不可逆转损害的区域）以及到发生化学事故的中心地带参加救援的人员（或其他进入此区域的人员），均需按A级（窒息性或刺激性气态毒物等）或B级（非挥发性有毒固体或液体）防护要求。

9 事件终止及评估

9.1 应急反应的终止

群体性不明原因疾病事件应急反应的终止需符合以下条件：群体性不明原因疾病事件隐患或相关危险因素消除，经过一段时间后无新的病例出现。

特别重大群体性不明原因疾病事件由国务院卫生行政部门组织有关专家进行分析论证，提出终止应急反应的建议，报国务院或全国群体性不明原因疾病事件应急指挥部批准后实施。

特别重大以下群体性不明原因疾病事件由地方各级人民政府卫生行政部门组织专家进行分析论证，提出终止应急反应的建议，报本级人民政府批准后实施，并向上一级人民政府卫生行政部门报告。

上级人民政府卫生行政部门，根据下级人民政府卫生行政部门的请求，及时组织专家对群体性不明原因疾病事件应急反应终止的分析论证提供技术指导和支持。

9.2 事后评估

9.2.1 评估资料的收集

首先要有完善的群体性不明原因疾病暴发调查的程序和完整的工作记录，并及时将调查所得的资料进行整理归档，包括：报告记录；应急处置机构组织形式及成员单位名单；调查处理方案；调查及检验、诊断记录和结果材料；控制措施及效果评价材料；总结及其它调查结案材料等。

9.2.2 评估的内容

应急处置综合评估，包括事件概况、现场调查处理概况、患者救治概况、所采取的措施、效果评价和社会心理评估等，总结经验、发现调查中存在的不足，提高以后类似事件的应急处置能力，并为指导其他地区开展类似防制工作提供有益的经验。

10 保 障

10.1 技术保障

10.1.1 群体性不明原因疾病专家组

各级卫生行政部门应成立群体性不明原因疾病专家组，成员由流行病学、传染病、呼吸道疾病、食品卫生、职业卫生、病原学检验和媒介生物学、行政管理学等方面的专家组成。

10.1.2 应急处置的医疗卫生队伍

各级卫生行政部门均应建立相应的群体性不明原因疾病应急处置医疗卫生队伍，队伍由疾病预防控制、医疗、卫生监督、检验等专业技术人员组成。

10.1.3 医疗救治网络

针对可能发生的不同类别群体性不明原因疾病，指定不同的医疗机构进行救治。医疗救治网络各组成部分之间建立有效的横向、纵向信息连接，实现信息共享。

10.2 后勤保障

10.2.1 物资储备

各级卫生行政部门，建立处置群体性不明原因疾病的医药器械应急物资储备。物资储备种类包括药品、疫苗、医疗器械、快速检验检测技术和试剂、传染源隔离、卫生防护用品等应急物资和设施。

10.2.2 经费保障

各级卫生行政部门要合理安排处置群体性不明原因疾病所需资金，保证医疗救治和应急处理工作的开展。

附表1 按临床综合征划分的疾病特征（略）

附表2 急性不明原因中毒相关体征的甄别（略）

附表3 不明原因疾病样本采集表（略）

附录1 群体性不明原因疾病应急处置技术流程图（略）

附录2 群体性不明原因疾病个案调查表（略）

附录3 群体性不明原因疾病入户调查表（供参考）（略）

附录4 群体性不明原因疾病发病点调查表（供参考）（略）

附录5 从临床症状入手寻找病因线索的步骤（略）

附录6 临床救治原则（略）

八、特种设备安全

1. 法律法规

中华人民共和国特种设备安全法

（2013年6月29日第十二届全国人民代表大会常务委员会第三次会议通过 2013年6月29日中华人民共和国主席令第4号公布 自2014年1月1日起施行）

第一章 总 则

第一条 为了加强特种设备安全工作，预防特种设备事故，保障人身和财产安全，促进经济社会发展，制定本法。

第二条 特种设备的生产（包括设计、制造、安装、改造、修理）、经营、使用、检验、检测和特种设备安全的监督管理，适用本法。

本法所称特种设备，是指对人身和财产安全有较大危险性的锅炉、压力容器（含气瓶）、压力管道、电梯、起重机械、客运索道、大型游乐设施、场（厂）内专用机动车辆，以及法律、行政法规规定适用本法的其他特种设备。

国家对特种设备实行目录管理。特种设备目录由国务院负责特种设备安全监督管理的部门制定，报国务院批准后执行。

第三条 特种设备安全工作应当坚持安全第一、预防为主、节能环保、综合治理的原则。

第四条 国家对特种设备的生产、经营、使用，实施分类的、全过程的安全监督管理。

第五条 国务院负责特种设备安全监督管理的部门对全国特种设备安全实施监督管理。县级以上地方各级人民政府负责特种设备安全监督管理的部门对本行政区域内特种设备安全实施监督管理。

第六条 国务院和地方各级人民政府应当加强对特种设备安全工作的领导，督促各有关部门依法履行监督管理职责。

县级以上地方各级人民政府应当建立协调机制，及时协调、解决特种设备安全监督管理中存在的问题。

第七条 特种设备生产、经营、使用单位应当遵守本法和其他有关法律、法规，建立、健全特种设备安全和节能责任制度，加强特种设备安全和节能管理，确保特种设备生产、经营、使用安全，符合节能要求。

第八条 特种设备生产、经营、使用、检验、检测应当遵守有关特种设备安全技术规范及相关标准。

特种设备安全技术规范由国务院负责特种设备安全监督管理的部门制定。

第九条 特种设备行业协会应当加强行业自律，推进行业诚信体系建设，提高特种设备安全管理水平。

第十条 国家支持有关特种设备安全的科学技术研究，鼓励先进技术和先进管理方法的推广应用，对做出突出贡献的单位和个人给予奖励。

第十一条 负责特种设备安全监督管理的部门应当加强特种设备安全宣传教育，普及特种设备安全知识，增强社会公众的特种设备安全意识。

第十二条 任何单位和个人有权向负责特种设备安全监督管理的部门和有关部门举报涉及特种设备安全的违法行为，接到举报的部门应当及时处理。

第二章 生产、经营、使用

第一节 一般规定

第十三条 特种设备生产、经营、使用单位及其主要负责人对其生产、经营、使用的特种设备安全负责。

特种设备生产、经营、使用单位应当按照国家有关规定配备特种设备安全管理人员、检测人员和作业人员，并对其进行必要的安全教育和技能培训。

第十四条 特种设备安全管理人员、检测人员和作业人员应当按照国家有关规定取得相应资格，方可从事相关工作。特种设备安全管理人员、检测人员和作业人员应当严格执行安全技术规范和管理制度，保证特种设备安全。

第十五条 特种设备生产、经营、使用单位对其生产、经营、使用的特种设备应当进行自行检测和维护保养，对国家规定实行检验的特种设备应当及时申报并接受检验。

第十六条 特种设备采用新材料、新技术、新工艺，与安全技术规范的要求不一致，或者安全技术规范未作要求、可能对安全性能有重大影响的，应当向国务院负责特种设备安全监督管理的部门申报，由国务院负责特种设备安全监督管理的部门及时委托安全技术咨询机构或者相关专业机构进行技术评审，评审结果经国务院负责特种设备安全监督管理的部门批准，方可投入生产、使用。

国务院负责特种设备安全监督管理的部门应当将允许使用的新材料、新技术、新工艺的有关技术要求，及时纳入安全技术规范。

第十七条 国家鼓励投保特种设备安全责任保险。

第二节 生 产

第十八条 国家按照分类监督管理的原则对特种设备生产实行许可制度。特种设备生产单位应当具备下列条件，并经负责特种设备安全监督管理的部门许可，方可从事生产活动：

（一）有与生产相适应的专业技术人员；

（二）有与生产相适应的设备、设施和工作场所；

（三）有健全的质量保证、安全管理和岗位责任等制度。

第十九条 特种设备生产单位应当保证特种设备生产符合安全技术规范及相关标准的要求，对其生产的特种设备的安全性能负责。不得生产不符合安全性能要求和能效指标以及国家明令淘汰的特种设备。

第二十条 锅炉、气瓶、氧舱、客运索道、大型游乐设施的设计文件，应当经负责特种设备安全监督管理的部门核准的检验机构鉴定，方可用于制造。

特种设备产品、部件或者试制的特种设备新产品、新部件以及特种设备采用的新材料，按照安全技术规范的要求需要通过型式试验进行安全性验证的，应当经负责特种设备安全监督管理的部门核准的检验机构进行型式试验。

第二十一条 特种设备出厂时，应当随附安全技术规范要求的设计文件、产品质量合格证明、安装及使用维护保养说明、监督检验证明等相关技术资料和文件，并在特种设备显著位置设置产品铭牌、安全警示标志及其说明。

第二十二条 电梯的安装、改造、修理，必须由电梯制造单位或者其委托的依照本法取得相应许可的单位进行。电梯制造单位委托其他单位进行电梯安装、改造、修理的，应当对其安装、改造、修理进行安全指导和监控，并按照安全技术规范的要求进行校验和调试。电梯制造单位对电梯安全性能负责。

第二十三条 特种设备安装、改造、修理的施工单位应当在施工前将拟进行的特种设备安装、改造、修理情况书面告知直辖市或者设区的市级人民政府负责特种设备安全监督管理的部门。

第二十四条 特种设备安装、改造、修理竣工后，安装、改造、修理的施工单位应当在验收后三十日内将相关技术资料和文件移交特种设备使用单位。特种设备使用单位应当将其存入该特种设备的安全技术档案。

第二十五条 锅炉、压力容器、压力管道元件等特种设备的制造过程和锅炉、压力容器、压力管道、电梯、起重机械、客运索道、大型游乐设施的安装、改造、重大修理过程，应当经特种设备检验机构按照安全技术规范的要求进行监督检验；未经监督检验或者监督检验不合格的，不得出厂或者交付使用。

第二十六条 国家建立缺陷特种设备召回制度。因生产原因造成特种设备存在危及安全的同一性缺陷的，特种设备生产单位应当立即停止生产，主动召回。

国务院负责特种设备安全监督管理的部门发现特种设备存在应当召回而未召回的情形时，应当责令特种设备生产单位召回。

第三节 经 营

第二十七条 特种设备销售单位销售的特种设备，应当符合安全技术规范及相关标准的要求，其设计文件、产品质量合格证明、安装及使用维护保养说明、监督检验证明等相关技术资料和文件应当齐全。

特种设备销售单位应当建立特种设备检查验收和销售记录制度。

禁止销售未取得许可生产的特种设备，未经检验和检验不合格的特种设备，或者国家明令淘汰和已经报废的特种设备。

第二十八条 特种设备出租单位不得出租未取

得许可生产的特种设备或者国家明令淘汰和已经报废的特种设备，以及未按照安全技术规范的要求进行维护保养和未经检验或者检验不合格的特种设备。

第二十九条 特种设备在出租期间的使用管理和维护保养义务由特种设备出租单位承担，法律另有规定或者当事人另有约定的除外。

第三十条 进口的特种设备应当符合我国安全技术规范的要求，并经检验合格；需要取得我国特种设备生产许可的，应当取得许可。

进口特种设备随附的技术资料和文件应当符合本法第二十一条的规定，其安装及使用维护保养说明、产品铭牌、安全警示标志及其说明应当采用中文。

特种设备的进出口检验，应当遵守有关进出口商品检验的法律、行政法规。

第三十一条 进口特种设备，应当向进口地负责特种设备安全监督管理的部门履行提前告知义务。

第四节 使 用

第三十二条 特种设备使用单位应当使用取得许可生产并经检验合格的特种设备。

禁止使用国家明令淘汰和已经报废的特种设备。

第三十三条 特种设备使用单位应当在特种设备投入使用前或者投入使用后三十日内，向负责特种设备安全监督管理的部门办理使用登记，取得使用登记证书。登记标志应当置于该特种设备的显著位置。

第三十四条 特种设备使用单位应当建立岗位责任、隐患治理、应急救援等安全管理制度，制定操作规程，保证特种设备安全运行。

第三十五条 特种设备使用单位应当建立特种设备安全技术档案。安全技术档案应当包括以下内容：

（一）特种设备的设计文件、产品质量合格证明、安装及使用维护保养说明、监督检验证明等相关技术资料和文件；

（二）特种设备的定期检验和定期自行检查记录；

（三）特种设备的日常使用状况记录；

（四）特种设备及其附属仪器仪表的维护保养记录；

（五）特种设备的运行故障和事故记录。

第三十六条 电梯、客运索道、大型游乐设施等为公众提供服务的特种设备的运营使用单位，应当对特种设备的使用安全负责，设置特种设备安全管理机构或者配备专职的特种设备安全管理人员；其他特种设备使用单位，应当根据情况设置特种设备安全管理机构或者配备专职、兼职的特种设备安全管理人员。

第三十七条 特种设备的使用应当具有规定的安全距离、安全防护措施。

与特种设备安全相关的建筑物、附属设施，应当符合有关法律、行政法规的规定。

第三十八条 特种设备属于共有的，共有人可以委托物业服务单位或者其他管理人管理特种设备，受托人履行本法规定的特种设备使用单位的义务，承担相应责任。共有人未委托的，由共有人或者实际管理人履行管理义务，承担相应责任。

第三十九条 特种设备使用单位应当对其使用的特种设备进行经常性维护保养和定期自行检查，并作出记录。

特种设备使用单位应当对其使用的特种设备的安全附件、安全保护装置进行定期校验、检修，并作出记录。

第四十条 特种设备使用单位应当按照安全技术规范的要求，在检验合格有效期届满前一个月向特种设备检验机构提出定期检验要求。

特种设备检验机构接到定期检验要求后，应当按照安全技术规范的要求及时进行安全性能检验。特种设备使用单位应当将定期检验标志置于该特种设备的显著位置。

未经定期检验或者检验不合格的特种设备，不得继续使用。

第四十一条 特种设备安全管理人员应当对特种设备使用状况进行经常性检查，发现问题应当立即处理；情况紧急时，可以决定停止使用特种设备并及时报告本单位有关负责人。

特种设备作业人员在作业过程中发现事故隐患或者其他不安全因素，应当立即向特种设备安全管理人员和单位有关负责人报告；特种设备运行不正常时，特种设备作业人员应当按照操作规程采取有效措施保证安全。

第四十二条 特种设备出现故障或者发生异常情况，特种设备使用单位应当对其进行全面检查，消除事故隐患，方可继续使用。

第四十三条 客运索道、大型游乐设施在每日投入使用前，其运营使用单位应当进行试运行和例行安全检查，并对安全附件和安全保护装置进行检查确认。

电梯、客运索道、大型游乐设施的运营使用单位应当将电梯、客运索道、大型游乐设施的安全使用说明、安全注意事项和警示标志置于易于为乘客注意的显著位置。

公众乘坐或者操作电梯、客运索道、大型游乐设施，应当遵守安全使用说明和安全注意事项的要求，服从有关工作人员的管理和指挥；遇有运行不正常时，应当按照安全指引，有序撤离。

第四十四条 锅炉使用单位应当按照安全技术规范的要求进行锅炉水（介）质处理，并接受特种设备检验机构的定期检验。

从事锅炉清洗，应当按照安全技术规范的要求进行，并接受特种设备检验机构的监督检验。

第四十五条 电梯的维护保养应当由电梯制造单位或者依照本法取得许可的安装、改造、修理单位进行。

电梯的维护保养单位应当在维护保养中严格执行安全技术规范的要求，保证其维护保养的电梯的安全性能，并负责落实现场安全防护措施，保证施工安全。

电梯的维护保养单位应当对其维护保养的电梯的安全性能负责；接到故障通知后，应当立即赶赴现场，并采取必要的应急救援措施。

第四十六条 电梯投入使用后，电梯制造单位应当对其制造的电梯的安全运行情况进行跟踪调查和了解，对电梯的维护保养单位或者使用单位在维护保养和安全运行方面存在的问题，提出改进建议，并提供必要的技术帮助；发现电梯存在严重事故隐患时，应当及时告知电梯使用单位，并向负责特种设备安全监督管理的部门报告。电梯制造单位对调查和了解的情况，应当作出记录。

第四十七条 特种设备进行改造、修理，按照规定需要变更使用登记的，应当办理变更登记，方可继续使用。

第四十八条 特种设备存在严重事故隐患，无改造、修理价值，或者达到安全技术规范规定的其他报废条件的，特种设备使用单位应当依法履行报废义务，采取必要措施消除该特种设备的使用功能，并向原登记的负责特种设备安全监督管理的部门办理使用登记证书注销手续。

前款规定报废条件以外的特种设备，达到设计使用年限可以继续使用的，应当按照安全技术规范的要求通过检验或者安全评估，并办理使用登记证书变更，方可继续使用。允许继续使用的，应当采取加强检验、检测和维护保养等措施，确保使用安全。

第四十九条 移动式压力容器、气瓶充装单位，应当具备下列条件，并经负责特种设备安全监督管理的部门许可，方可从事充装活动：

（一）有与充装和管理相适应的管理人员和技术人员；

（二）有与充装和管理相适应的充装设备、检测手段、场地厂房、器具、安全设施；

（三）有健全的充装管理制度、责任制度、处理措施。

充装单位应当建立充装前后的检查、记录制度，禁止对不符合安全技术规范要求的移动式压力容器和气瓶进行充装。

气瓶充装单位应当向气体使用者提供符合安全技术规范要求的气瓶，对气体使用者进行气瓶安全使用指导，并按照安全技术规范的要求办理气瓶使用登记，及时申报定期检验。

第三章 检验、检测

第五十条 从事本法规定的监督检验、定期检验的特种设备检验机构，以及为特种设备生产、经营、使用提供检测服务的特种设备检测机构，应当具备下列条件，并经负责特种设备安全监督管理的部门核准，方可从事检验、检测工作：

（一）有与检验、检测工作相适应的检验、检测人员；

（二）有与检验、检测工作相适应的检验、检测仪器和设备；

（三）有健全的检验、检测管理制度和责任制度。

第五十一条 特种设备检验、检测机构的检验、检测人员应当经考核，取得检验、检测人员资格，方可从事检验、检测工作。

特种设备检验、检测机构的检验、检测人员不得同时在两个以上检验、检测机构中执业；变更执业机构的，应当依法办理变更手续。

第五十二条 特种设备检验、检测工作应当遵守法律、行政法规的规定，并按照安全技术规范的要求进行。

特种设备检验、检测机构及其检验、检测人员应当依法为特种设备生产、经营、使用单位提供安全、可靠、便捷、诚信的检验、检测服务。

第五十三条 特种设备检验、检测机构及其检验、检测人员应当客观、公正、及时地出具检验、检测报告，并对检验、检测结果和鉴定结论负责。

特种设备检验、检测机构及其检验、检测人员在检验、检测中发现特种设备存在严重事故隐患时，应当及时告知相关单位，并立即向负责特种设备安全监督管理的部门报告。

负责特种设备安全监督管理的部门应当组织对特种设备检验、检测机构的检验、检测结果和鉴定结论进行监督抽查，但应当防止重复抽查。监督抽查结果应当向社会公布。

第五十四条 特种设备生产、经营、使用单位应当按照安全技术规范的要求向特种设备检验、检测机构及其检验、检测人员提供特种设备相关资料和必要的检验、检测条件，并对资料的真实性负责。

第五十五条 特种设备检验、检测机构及其检验、检测人员对检验、检测过程中知悉的商业秘密，负有保密义务。

特种设备检验、检测机构及其检验、检测人员不得从事有关特种设备的生产、经营活动，不得推荐或者监制、监销特种设备。

第五十六条 特种设备检验机构及其检验人员利用检验工作故意刁难特种设备生产、经营、使用单位的，特种设备生产、经营、使用单位有权向负责特种设备安全监督管理的部门投诉，接到投诉的部门应当及时进行调查处理。

第四章 监督管理

第五十七条 负责特种设备安全监督管理的部门依照本法规定，对特种设备生产、经营、使用单位和检验、检测机构实施监督检查。

负责特种设备安全监督管理的部门应当对学校、幼儿园以及医院、车站、客运码头、商场、体育场馆、展览馆、公园等公众聚集场所的特种设备，实施重点安全监督检查。

第五十八条 负责特种设备安全监督管理的部门实施本法规定的许可工作，应当依照本法和其他有关法律、行政法规规定的条件和程序以及安全技术规范的要求进行审查；不符合规定的，不得许可。

第五十九条 负责特种设备安全监督管理的部门在办理本法规定的许可时，其受理、审查、许可的程序必须公开，并应当自受理申请之日起三十日内，作出许可或者不予许可的决定；不予许可的，应当书面向申请人说明理由。

第六十条 负责特种设备安全监督管理的部门对依法办理使用登记的特种设备应当建立完整的监督管理档案和信息查询系统；对达到报废条件的特种设备，应当及时督促特种设备使用单位依法履行报废义务。

第六十一条 负责特种设备安全监督管理的部门在依法履行监督检查职责时，可以行使下列职权：

（一）进入现场进行检查，向特种设备生产、经营、使用单位和检验、检测机构的主要负责人和其他有关人员调查、了解有关情况；

（二）根据举报或者取得的涉嫌违法证据，查阅、复制特种设备生产、经营、使用单位和检验、检测机构的有关合同、发票、账簿以及其他有关资料；

（三）对有证据表明不符合安全技术规范要求或者存在严重事故隐患的特种设备实施查封、扣押；

（四）对流入市场的达到报废条件或者已经报废的特种设备实施查封、扣押；

（五）对违反本法规定的行为作出行政处罚决定。

第六十二条 负责特种设备安全监督管理的部门在依法履行职责过程中，发现违反本法规定和安全技术规范要求的行为或者特种设备存在事故隐患时，应当以书面形式发出特种设备安全监察指令，责令有关单位及时采取措施予以改正或者消除事故隐患。紧急情况下要求有关单位采取紧急处置措施的，应当随后补发特种设备安全监察指令。

第六十三条 负责特种设备安全监督管理的部门在依法履行职责过程中，发现重大违法行为或者特种设备存在严重事故隐患时，应当责令有关单位立即停止违法行为、采取措施消除事故隐患，并及时向上级负责特种设备安全监督管理的部门报告。接到报告的负责特种设备安全监督管理的部门应当采取必要措施，及时予以处理。

对违法行为、严重事故隐患的处理需要当地人民政府和有关部门的支持、配合时，负责特种设备安全监督管理的部门应当报告当地人民政府，并通知其他有关部门。当地人民政府和其他有关部门应当采取必要措施，及时予以处理。

第六十四条 地方各级人民政府负责特种设备安全监督管理的部门不得要求已经依照本法规定在其他地方取得许可的特种设备生产单位重复取得许可，不得要求对已经依照本法规定在其他地方检验合格的特种设备重复进行检验。

第六十五条 负责特种设备安全监督管理的部门的安全监察人员应当熟悉相关法律、法规，具有相应的专业知识和工作经验，取得特种设备安全行政执法证件。

特种设备安全监察人员应当忠于职守、坚持原则、秉公执法。

负责特种设备安全监督管理的部门实施安全监督检查时，应当有二名以上特种设备安全监察人员参加，并出示有效的特种设备安全行政执法证件。

第六十六条 负责特种设备安全监督管理的部门对特种设备生产、经营、使用单位和检验、检测机构实施监督检查，应当对每次监督检查的内容、发现的问题及处理情况作出记录，并由参加监督检查的特种设备安全监察人员和被检查单位的有关负责人签字后归档。被检查单位的有关负责人拒绝签字的，特种设备安全监察人员应当将情况记录在案。

第六十七条 负责特种设备安全监督管理的部门及其工作人员不得推荐或者监制、监销特种设备；对履行职责过程中知悉的商业秘密负有保密义务。

第六十八条 国务院负责特种设备安全监督管理的部门和省、自治区、直辖市人民政府负责特种设备安全监督管理的部门应当定期向社会公布特种设备安全总体状况。

第五章 事故应急救援与调查处理

第六十九条 国务院负责特种设备安全监督管理的部门应当依法组织制定特种设备重特大事故应急预案，报国务院批准后纳入国家突发事件应急预案体系。

县级以上地方各级人民政府及其负责特种设备安全监督管理的部门应当依法组织制定本行政区域内特种设备事故应急预案，建立或者纳入相应的应急处置与救援体系。

特种设备使用单位应当制定特种设备事故应急专项预案，并定期进行应急演练。

第七十条 特种设备发生事故后，事故发生单位应当按照应急预案采取措施，组织抢救，防止事故扩大，减少人员伤亡和财产损失，保护事故现场和有关证据，并及时向事故发生地县级以上人民政府负责特种设备安全监督管理的部门和有关部门报告。

县级以上人民政府负责特种设备安全监督管理的部门接到事故报告，应当尽快核实情况，立即向本级人民政府报告，并按照规定逐级上报。必要时，负责特种设备安全监督管理的部门可以越级上报事故情况。对特别重大事故、重大事故，国务院负责特种设备安全监督管理的部门应当立即报告国务院并通报国务院安全生产监督管理部门等有关部门。

与事故相关的单位和人员不得迟报、谎报或者瞒报事故情况，不得隐匿、毁灭有关证据或者故意破坏事故现场。

第七十一条 事故发生地人民政府接到事故报告，应当依法启动应急预案，采取应急处置措施，组织应急救援。

第七十二条 特种设备发生特别重大事故，由国务院或者国务院授权有关部门组织事故调查组进行调查。

发生重大事故，由国务院负责特种设备安全监督管理的部门会同有关部门组织事故调查组进行调查。

发生较大事故，由省、自治区、直辖市人民政府负责特种设备安全监督管理的部门会同有关部门组织事故调查组进行调查。

发生一般事故，由设区的市级人民政府负责特种设备安全监督管理的部门会同有关部门组织事故调查组进行调查。

事故调查组应当依法、独立、公正开展调查，提出事故调查报告。

第七十三条 组织事故调查的部门应当将事故调查报告报本级人民政府，并报上一级人民政府负责特种设备安全监督管理的部门备案。有关部门和单位应当依照法律、行政法规的规定，追究事故责任单位和人员的责任。

事故责任单位应当依法落实整改措施，预防同类事故发生。事故造成损害的，事故责任单位应当依法承担赔偿责任。

第六章 法律责任

第七十四条 违反本法规定，未经许可从事特种设备生产活动的，责令停止生产，没收违法制造的特种设备，处十万元以上五十万元以下罚款；有违法所得的，没收违法所得；已经实施安装、改造、修理的，责令恢复原状或者责令限期由取得许可的单位重新安装、改造、修理。

第七十五条 违反本法规定，特种设备的设计文件未经鉴定，擅自用于制造的，责令改正，没收违法制造的特种设备，处五万元以上五十万元以下罚款。

第七十六条 违反本法规定，未进行型式试验的，责令限期改正；逾期未改正的，处三万元以上三十万元以下罚款。

第七十七条 违反本法规定，特种设备出厂时，未按照安全技术规范的要求随附相关技术资料和文件的，责令限期改正；逾期未改正的，责令停止制造、销售，处二万元以上二十万元以下罚款；有违法所得的，没收违法所得。

第七十八条　违反本法规定，特种设备安装、改造、修理的施工单位在施工前未书面告知负责特种设备安全监督管理的部门即行施工的，或者在验收后三十日内未将相关技术资料和文件移交特种设备使用单位的，责令限期改正；逾期未改正的，处一万元以上十万元以下罚款。

第七十九条　违反本法规定，特种设备的制造、安装、改造、重大修理以及锅炉清洗过程，未经监督检验的，责令限期改正；逾期未改正的，处五万元以上二十万元以下罚款；有违法所得的，没收违法所得；情节严重的，吊销生产许可证。

第八十条　违反本法规定，电梯制造单位有下列情形之一的，责令限期改正；逾期未改正的，处一万元以上十万元以下罚款：

（一）未按照安全技术规范的要求对电梯进行校验、调试的；

（二）对电梯的安全运行情况进行跟踪调查和了解时，发现存在严重事故隐患，未及时告知电梯使用单位并向负责特种设备安全监督管理的部门报告的。

第八十一条　违反本法规定，特种设备生产单位有下列行为之一的，责令限期改正；逾期未改正的，责令停止生产，处五万元以上五十万元以下罚款；情节严重的，吊销生产许可证：

（一）不再具备生产条件、生产许可证已经过期或者超出许可范围生产的；

（二）明知特种设备存在同一性缺陷，未立即停止生产并召回的。

违反本法规定，特种设备生产单位生产、销售、交付国家明令淘汰的特种设备的，责令停止生产、销售，没收违法生产、销售、交付的特种设备，处三万元以上三十万元以下罚款；有违法所得的，没收违法所得。

特种设备生产单位涂改、倒卖、出租、出借生产许可证的，责令停止生产，处五万元以上五十万元以下罚款；情节严重的，吊销生产许可证。

第八十二条　违反本法规定，特种设备经营单位有下列行为之一的，责令停止经营，没收违法经营的特种设备，处三万元以上三十万元以下罚款；有违法所得的，没收违法所得：

（一）销售、出租未取得许可生产，未经检验或者检验不合格的特种设备的；

（二）销售、出租国家明令淘汰、已经报废的特种设备，或者未按照安全技术规范的要求进行维护保养的特种设备的。

违反本法规定，特种设备销售单位未建立检查验收和销售记录制度，或者进口特种设备未履行提前告知义务的，责令改正，处一万元以上十万元以下罚款。

特种设备生产单位销售、交付未经检验或者检验不合格的特种设备的，依照本条第一款规定处罚；情节严重的，吊销生产许可证。

第八十三条　违反本法规定，特种设备使用单位有下列行为之一的，责令限期改正；逾期未改正的，责令停止使用有关特种设备，处一万元以上十万元以下罚款：

（一）使用特种设备未按照规定办理使用登记的；

（二）未建立特种设备安全技术档案或者安全技术档案不符合规定要求，或者未依法设置使用登记标志、定期检验标志的；

（三）未对其使用的特种设备进行经常性维护保养和定期自行检查，或者未对其使用的特种设备的安全附件、安全保护装置进行定期校验、检修，并作出记录的；

（四）未按照安全技术规范的要求及时申报并接受检验的；

（五）未按照安全技术规范的要求进行锅炉水（介）质处理的；

（六）未制定特种设备事故应急专项预案的。

第八十四条　违反本法规定，特种设备使用单位有下列行为之一的，责令停止使用有关特种设备，处三万元以上三十万元以下罚款：

（一）使用未取得许可生产，未经检验或者检验不合格的特种设备，或者国家明令淘汰、已经报废的特种设备的；

（二）特种设备出现故障或者发生异常情况，未对其进行全面检查、消除事故隐患，继续使用的；

（三）特种设备存在严重事故隐患，无改造、修理价值，或者达到安全技术规范规定的其他报废条件，未依法履行报废义务，并办理使用登记证书注销手续的。

第八十五条　违反本法规定，移动式压力容器、气瓶充装单位有下列行为之一的，责令改正，处二万元以上二十万元以下罚款；情节严重的，吊销充装许可证：

（一）未按照规定实施充装前后的检查、记录制度的；

（二）对不符合安全技术规范要求的移动式压力容器和气瓶进行充装的。

违反本法规定，未经许可，擅自从事移动式压力容器或者气瓶充装活动的，予以取缔，没收违法充装的气瓶，处十万元以上五十万元以下罚款；有违法所得的，没收违法所得。

第八十六条　违反本法规定，特种设备生产、经营、使用单位有下列情形之一的，责令限期改正；逾期未改正的，责令停止使用有关特种设备或者停产停业整顿，处一万元以上五万元以下罚款：

（一）未配备具有相应资格的特种设备安全管理人员、检测人员和作业人员的；

（二）使用未取得相应资格的人员从事特种设备安全管理、检测和作业的；

（三）未对特种设备安全管理人员、检测人员和作业人员进行安全教育和技能培训的。

第八十七条　违反本法规定，电梯、客运索道、大型游乐设施的运营使用单位有下列情形之一的，责令限期改正；逾期未改正的，责令停止使用有关特种设备或者停产停业整顿，处二万元以上十万元以下罚款：

（一）未设置特种设备安全管理机构或者配备专职的特种设备安全管理人员的；

（二）客运索道、大型游乐设施每日投入使用前，未进行试运行和例行安全检查，未对安全附件和安全保护装置进行检查确认的；

（三）未将电梯、客运索道、大型游乐设施的安全使用说明、安全注意事项和警示标志置于易于为乘客注意的显著位置的。

第八十八条　违反本法规定，未经许可，擅自从事电梯维护保养的，责令停止违法行为，处一万元以上十万元以下罚款；有违法所得的，没收违法所得。

电梯的维护保养单位未按照本法规定以及安全技术规范的要求，进行电梯维护保养的，依照前款规定处罚。

第八十九条　发生特种设备事故，有下列情形之一的，对单位处五万元以上二十万元以下罚款；对主要负责人处一万元以上五万元以下罚款；主要负责人属于国家工作人员的，并依法给予处分：

（一）发生特种设备事故时，不立即组织抢救或者在事故调查处理期间擅离职守或者逃匿的；

（二）对特种设备事故迟报、谎报或者瞒报的。

第九十条　发生事故，对负有责任的单位除要求其依法承担相应的赔偿等责任外，依照下列规定处以罚款：

（一）发生一般事故，处十万元以上二十万元以下罚款；

（二）发生较大事故，处二十万元以上五十万元以下罚款；

（三）发生重大事故，处五十万元以上二百万元以下罚款。

第九十一条　对事故发生负有责任的单位的主要负责人未依法履行职责或者负有领导责任的，依照下列规定处以罚款；属于国家工作人员的，并依法给予处分：

（一）发生一般事故，处上一年年收入百分之三十的罚款；

（二）发生较大事故，处上一年年收入百分之四十的罚款；

（三）发生重大事故，处上一年年收入百分之六十的罚款。

第九十二条　违反本法规定，特种设备安全管理人员、检测人员和作业人员不履行岗位职责，违反操作规程和有关安全规章制度，造成事故的，吊销相关人员的资格。

第九十三条　违反本法规定，特种设备检验、检测机构及其检验、检测人员有下列行为之一的，责令改正，对机构处五万元以上二十万元以下罚款，对直接负责的主管人员和其他直接责任人员处五千元以上五万元以下罚款；情节严重的，吊销机构资质和有关人员的资格：

（一）未经核准或者超出核准范围、使用未取得相应资格的人员从事检验、检测的；

（二）未按照安全技术规范的要求进行检验、检测的；

（三）出具虚假的检验、检测结果和鉴定结论或者检验、检测结果和鉴定结论严重失实的；

（四）发现特种设备存在严重事故隐患，未及时告知相关单位，并立即向负责特种设备安全监督管理的部门报告的；

（五）泄露检验、检测过程中知悉的商业秘密的；

（六）从事有关特种设备的生产、经营活动的；

（七）推荐或者监制、监销特种设备的；

（八）利用检验工作故意刁难相关单位的。

违反本法规定，特种设备检验、检测机构的检验、检测人员同时在两个以上检验、检测机构中执业的，处五千元以上五万元以下罚款；情节严重的，吊销其资格。

第九十四条　违反本法规定，负责特种设备安全监督管理的部门及其工作人员有下列行为之一的，由上级机关责令改正；对直接负责的主管人员和其他直接责任人员，依法给予处分：

（一）未依照法律、行政法规规定的条件、程序实施许可的；

（二）发现未经许可擅自从事特种设备的生产、使用或者检验、检测活动不予取缔或者不依法予以处理的；

（三）发现特种设备生产单位不再具备本法规定的条件而不吊销其许可证，或者发现特种设备生产、经营、使用违法行为不予查处的；

（四）发现特种设备检验、检测机构不再具备本法规定的条件而不撤销其核准，或者对其出具虚假的检验、检测结果和鉴定结论或者检验、检测结果和鉴定结论严重失实的行为不予查处的；

（五）发现违反本法规定和安全技术规范要求的行为或者特种设备存在事故隐患，不立即处理的；

（六）发现重大违法行为或者特种设备存在严重事故隐患，未及时向上级负责特种设备安全监督管理的部门报告，或者接到报告的负责特种设备安全监督管理的部门不立即处理的；

（七）要求已经依照本法规定在其他地方取得许可的特种设备生产单位重复取得许可，或者要求对已经依照本法规定在其他地方检验合格的特种设备重复进行检验的；

（八）推荐或者监制、监销特种设备的；

（九）泄露履行职责过程中知悉的商业秘密的；

（十）接到特种设备事故报告未立即向本级人民政府报告，并按照规定上报的；

（十一）迟报、漏报、谎报或者瞒报事故的；

（十二）妨碍事故救援或者事故调查处理的；

（十三）其他滥用职权、玩忽职守、徇私舞弊的行为。

第九十五条　违反本法规定，特种设备生产、经营、使用单位或者检验、检测机构拒不接受负责特种设备安全监督管理的部门依法实施的监督检查的，责令限期改正；逾期未改正的，责令停产停业整顿，处二万元以上二十万元以下罚款。

特种设备生产、经营、使用单位擅自动用、调换、转移、损毁被查封、扣押的特种设备或者其主要部件的，责令改正，处五万元以上二十万元以下罚款；情节严重的，吊销生产许可证，注销特种设备使用登记证书。

第九十六条　违反本法规定，被依法吊销许可证的，自吊销许可证之日起三年内，负责特种设备安全监督管理的部门不予受理其新的许可申请。

第九十七条　违反本法规定，造成人身、财产损害的，依法承担民事责任。

违反本法规定，应当承担民事赔偿责任和缴纳罚款、罚金，其财产不足以同时支付时，先承担民事赔偿责任。

第九十八条　违反本法规定，构成违反治安管理行为的，依法给予治安管理处罚；构成犯罪的，依法追究刑事责任。

第七章　附　　则

第九十九条　特种设备行政许可、检验的收费，依照法律、行政法规的规定执行。

第一百条　军事装备、核设施、航空航天器使用的特种设备安全的监督管理不适用本法。

铁路机车、海上设施和船舶、矿山井下使用的特种设备以及民用机场专用设备安全的监督管理，房屋建筑工地、市政工程工地用起重机械和场（厂）内专用机动车辆的安装、使用的监督管理，由有关部门依照本法和其他有关法律的规定实施。

第一百零一条　本法自2014年1月1日起施行。

特种设备安全监察条例

（2003年3月11日中华人民共和国国务院令第373号公布　根据2009年1月24日《国务院关于修改〈特种设备安全监察条例〉的决定》修订）

第一章　总　　则

第一条　为了加强特种设备的安全监察，防止和减少事故，保障人民群众生命和财产安全，促进经济发展，制定本条例。

第二条　本条例所称特种设备是指涉及生命安全、危险性较大的锅炉、压力容器（含气瓶，下同）、压力管道、电梯、起重机械、客运索道、大型游乐设施和场（厂）内专用机动车辆。

前款特种设备的目录由国务院负责特种设备安全监督管理的部门（以下简称国务院特种设备安全监督管理部门）制订，报国务院批准后执行。

第三条　特种设备的生产（含设计、制造、安装、改造、维修，下同）、使用、检验检测及其监督检查，应当遵守本条例，但本条例另有规定的除外。

军事装备、核设施、航空航天器、铁路机车、海上设施和船舶以及矿山井下使用的特种设备、民用机场专用设备的安全监察不适用本条例。

房屋建筑工地和市政工程工地用起重机械、场（厂）内专用机动车辆的安装、使用的监督管理，由建设行政主管部门依照有关法律、法规的规定执行。

第四条 国务院特种设备安全监督管理部门负责全国特种设备的安全监察工作，县以上地方负责特种设备安全监督管理的部门对本行政区域内特种设备实施安全监察（以下统称特种设备安全监督管理部门）。

第五条 特种设备生产、使用单位应当建立健全特种设备安全、节能管理制度和岗位安全、节能责任制度。

特种设备生产、使用单位的主要负责人应当对本单位特种设备的安全和节能全面负责。

特种设备生产、使用单位和特种设备检验检测机构，应当接受特种设备安全监督管理部门依法进行的特种设备安全监察。

第六条 特种设备检验检测机构，应当依照本条例规定，进行检验检测工作，对其检验检测结果、鉴定结论承担法律责任。

第七条 县级以上地方人民政府应当督促、支持特种设备安全监督管理部门依法履行安全监察职责，对特种设备安全监察中存在的重大问题及时予以协调、解决。

第八条 国家鼓励推行科学的管理方法，采用先进技术，提高特种设备安全性能和管理水平，增强特种设备生产、使用单位防范事故的能力，对取得显著成绩的单位和个人，给予奖励。

国家鼓励特种设备节能技术的研究、开发、示范和推广，促进特种设备节能技术创新和应用。

特种设备生产、使用单位和特种设备检验检测机构，应当保证必要的安全和节能投入。

国家鼓励实行特种设备责任保险制度，提高事故赔付能力。

第九条 任何单位和个人对违反本条例规定的行为，有权向特种设备安全监督管理部门和行政监察等有关部门举报。

特种设备安全监督管理部门应当建立特种设备安全监察举报制度，公布举报电话、信箱或者电子邮件地址，受理对特种设备生产、使用和检验检测违法行为的举报，并及时予以处理。

特种设备安全监督管理部门和行政监察等有关部门应当为举报人保密，并按照国家有关规定给予奖励。

第二章 特种设备的生产

第十条 特种设备生产单位，应当依照本条例规定以及国务院特种设备安全监督管理部门制订并公布的安全技术规范（以下简称安全技术规范）的要求，进行生产活动。

特种设备生产单位对其生产的特种设备的安全性能和能效指标负责，不得生产不符合安全性能要求和能效指标的特种设备，不得生产国家产业政策明令淘汰的特种设备。

第十一条 压力容器的设计单位应当经国务院特种设备安全监督管理部门许可，方可从事压力容器的设计活动。

压力容器的设计单位应当具备下列条件：

（一）有与压力容器设计相适应的设计人员、设计审核人员；

（二）有与压力容器设计相适应的场所和设备；

（三）有与压力容器设计相适应的健全的管理制度和责任制度。

第十二条 锅炉、压力容器中的气瓶（以下简称气瓶）、氧舱和客运索道、大型游乐设施以及高耗能特种设备的设计文件，应当经国务院特种设备安全监督管理部门核准的检验检测机构鉴定，方可用于制造。

第十三条 按照安全技术规范的要求，应当进行型式试验的特种设备产品、部件或者试制特种设备新产品、新部件、新材料，必须进行型式试验和能效测试。

第十四条 锅炉、压力容器、电梯、起重机械、客运索道、大型游乐设施及其安全附件、安全保护装置的制造、安装、改造单位，以及压力管道用管子、管件、阀门、法兰、补偿器、安全保护装置等（以下简称压力管道元件）的制造单位和场（厂）内专用机动车辆的制造、改造单位，应当经国务院特种设备安全监督管理部门许可，方可从事相应的活动。

前款特种设备的制造、安装、改造单位应当具备下列条件：

（一）有与特种设备制造、安装、改造相适应的专业技术人员和技术工人；

（二）有与特种设备制造、安装、改造相适应的生产条件和检测手段；

（三）有健全的质量管理制度和责任制度。

第十五条 特种设备出厂时，应当附有安全技术规范要求的设计文件、产品质量合格证明、安装及使用维修说明、监督检验证明等文件。

第十六条 锅炉、压力容器、电梯、起重机械、客运索道、大型游乐设施、场（厂）内专用机动车辆的维修单位，应当有与特种设备维修相适应的专业技术人员和技术工人以及必要的检测手段，并经省、自治区、直辖市特种设备安全监督管理部门许可，方可从事相应的维修活动。

第十七条 锅炉、压力容器、起重机械、客运索道、大型游乐设施的安装、改造、维修以及场（厂）内专用机动车辆的改造、维修，必须由依照本条例取得许可的单位进行。

电梯的安装、改造、维修，必须由电梯制造单位或者其通过合同委托、同意的依照本条例取得许可的单位进行。电梯制造单位对电梯质量以及安全运行涉及的质量问题负责。

特种设备安装、改造、维修的施工单位应当在施工前将拟进行的特种设备安装、改造、维修情况书面告知直辖市或者设区的市的特种设备安全监督管理部门，告知后即可施工。

第十八条 电梯井道的土建工程必须符合建筑工程质量要求。电梯安装施工过程中，电梯安装单位应当遵守施工现场的安全生产要求，落实现场安全防护措施。电梯安装施工过程中，施工现场的安全生产监督，由有关部门依照有关法律、行政法规的规定执行。

电梯安装施工过程中，电梯安装单位应当服从建筑施工总承包单位对施工现场的安全生产管理，并订立合同，明确各自的安全责任。

第十九条 电梯的制造、安装、改造和维修活动，必须严格遵守安全技术规范的要求。电梯制造单位委托或者同意其他单位进行电梯安装、改造、维修活动的，应当对其安装、改造、维修活动进行安全指导和监控。电梯的安装、改造、维修活动结束后，电梯制造单位应当按照安全技术规范的要求对电梯进行校验和调试，并对校验和调试的结果负责。

第二十条 锅炉、压力容器、电梯、起重机械、客运索道、大型游乐设施的安装、改造、维修以及场（厂）内专用机动车辆的改造、维修竣工后，安装、改造、维修的施工单位应当在验收后30日内将有关技术资料移交使用单位，高耗能特种设备还应当按照安全技术规范的要求提交能效测试报告。使用单位应当将其存入该特种设备的安全技术档案。

第二十一条 锅炉、压力容器、压力管道元件、起重机械、大型游乐设施的制造过程和锅炉、压力容器、电梯、起重机械、客运索道、大型游乐设施的安装、改造、重大维修过程，必须经国务院特种设备安全监督管理部门核准的检验检测机构按照安全技术规范的要求进行监督检验；未经监督检验合格的不得出厂或者交付使用。

第二十二条 移动式压力容器、气瓶充装单位应当经省、自治区、直辖市的特种设备安全监督管理部门许可，方可从事充装活动。

充装单位应当具备下列条件：

（一）有与充装和管理相适应的管理人员和技术人员；

（二）有与充装和管理相适应的充装设备、检测手段、场地厂房、器具、安全设施；

（三）有健全的充装管理制度、责任制度、紧急处理措施。

气瓶充装单位应当向气体使用者提供符合安全技术规范要求的气瓶，对使用者进行气瓶安全使用指导，并按照安全技术规范的要求办理气瓶使用登记，提出气瓶的定期检验要求。

第三章 特种设备的使用

第二十三条 特种设备使用单位，应当严格执行本条例和有关安全生产的法律、行政法规的规定，保证特种设备的安全使用。

第二十四条 特种设备使用单位应当使用符合安全技术规范要求的特种设备。特种设备投入使用前，使用单位应当核对其是否附有本条例第十五条规定的相关文件。

第二十五条 特种设备在投入使用前或者投入使用后30日内，特种设备使用单位应当向直辖市或者设区的市的特种设备安全监督管理部门登记。登记标志应当置于或者附着于该特种设备的显著位置。

第二十六条 特种设备使用单位应当建立特种设备安全技术档案。安全技术档案应当包括以下内容：

（一）特种设备的设计文件、制造单位、产品质量合格证明、使用维护说明等文件以及安装技术文件和资料；

（二）特种设备的定期检验和定期自行检查的记录；

（三）特种设备的日常使用状况记录；

（四）特种设备及其安全附件、安全保护装置、测量调控装置及有关附属仪器仪表的日常维护保养记录；

（五）特种设备运行故障和事故记录；

（六）高耗能特种设备的能效测试报告、能耗状况记录以及节能改造技术资料。

第二十七条 特种设备使用单位应当对在用特

种设备进行经常性日常维护保养，并定期自行检查。

特种设备使用单位对在用特种设备应当至少每月进行一次自行检查，并作出记录。特种设备使用单位在对在用特种设备进行自行检查和日常维护保养时发现异常情况的，应当及时处理。

特种设备使用单位应当对在用特种设备的安全附件、安全保护装置、测量调控装置及有关附属仪器仪表进行定期校验、检修，并作出记录。

锅炉使用单位应当按照安全技术规范的要求进行锅炉水（介）质处理，并接受特种设备检验检测机构实施的水（介）质处理定期检验。

从事锅炉清洗的单位，应当按照安全技术规范的要求进行锅炉清洗，并接受特种设备检验检测机构实施的锅炉清洗过程监督检验。

第二十八条 特种设备使用单位应当按照安全技术规范的定期检验要求，在安全检验合格有效期届满前1个月向特种设备检验检测机构提出定期检验要求。

检验检测机构接到定期检验要求后，应当按照安全技术规范的要求及时进行安全性能检验和能效测试。

未经定期检验或者检验不合格的特种设备，不得继续使用。

第二十九条 特种设备出现故障或者发生异常情况，使用单位应当对其进行全面检查，消除事故隐患后，方可重新投入使用。

特种设备不符合能效指标的，特种设备使用单位应当采取相应措施进行整改。

第三十条 特种设备存在严重事故隐患，无改造、维修价值，或者超过安全技术规范规定使用年限，特种设备使用单位应当及时予以报废，并应当向原登记的特种设备安全监督管理部门办理注销。

第三十一条 电梯的日常维护保养必须由依照本条例取得许可的安装、改造、维修单位或者电梯制造单位进行。

电梯应当至少每15日进行一次清洁、润滑、调整和检查。

第三十二条 电梯的日常维护保养单位应当在维护保养中严格执行国家安全技术规范的要求，保证其维护保养的电梯的安全技术性能，并负责落实现场安全防护措施，保证施工安全。

电梯的日常维护保养单位，应当对其维护保养的电梯的安全性能负责。接到故障通知后，应当立即赶赴现场，并采取必要的应急救援措施。

第三十三条 电梯、客运索道、大型游乐设施等为公众提供服务的特种设备运营使用单位，应当设置特种设备安全管理机构或者配备专职的安全管理人员；其他特种设备使用单位，应当根据情况设置特种设备安全管理机构或者配备专职、兼职的安全管理人员。

特种设备的安全管理人员应当对特种设备使用状况进行经常性检查，发现问题的应当立即处理；情况紧急时，可以决定停止使用特种设备并及时报告本单位有关负责人。

第三十四条 客运索道、大型游乐设施的运营使用单位在客运索道、大型游乐设施每日投入使用前，应当进行试运行和例行安全检查，并对安全装置进行检查确认。

电梯、客运索道、大型游乐设施的运营使用单位应当将电梯、客运索道、大型游乐设施的安全注意事项和警示标志置于易为乘客注意的显著位置。

第三十五条 客运索道、大型游乐设施的运营使用单位的主要负责人应当熟悉客运索道、大型游乐设施的相关安全知识，并全面负责客运索道、大型游乐设施的安全使用。

客运索道、大型游乐设施的运营使用单位的主要负责人至少应当每月召开一次会议，督促、检查客运索道、大型游乐设施的安全使用工作。

客运索道、大型游乐设施的运营使用单位，应当结合本单位的实际情况，配备相应数量的营救装备和急救物品。

第三十六条 电梯、客运索道、大型游乐设施的乘客应当遵守使用安全注意事项的要求，服从有关工作人员的指挥。

第三十七条 电梯投入使用后，电梯制造单位应当对其制造的电梯的安全运行情况进行跟踪调查和了解，对电梯的日常维护保养单位或者电梯的使用单位在安全运行方面存在的问题，提出改进建议，并提供必要的技术帮助。发现电梯存在严重事故隐患的，应当及时向特种设备安全监督管理部门报告。电梯制造单位对调查和了解的情况，应当作出记录。

第三十八条 锅炉、压力容器、电梯、起重机械、客运索道、大型游乐设施、场（厂）内专用机动车辆的作业人员及其相关管理人员（以下统称特种设备作业人员），应当按照国家有关规定经特种设备安全监督管理部门考核合格，取得国家统一格式的特种作业人员证书，方可从事相应的作业或者管理工作。

第三十九条 特种设备使用单位应当对特种设备作业人员进行特种设备安全、节能教育和培训，保证特种设备作业人员具备必要的特种设备安全、节能知识。

特种设备作业人员在作业中应当严格执行特种设备的操作规程和有关的安全规章制度。

第四十条 特种设备作业人员在作业过程中发现事故隐患或者其他不安全因素，应当立即向现场安全管理人员和单位有关负责人报告。

第四章 检 验 检 测

第四十一条 从事本条例规定的监督检验、定期检验、型式试验以及专门为特种设备生产、使用、检验检测提供无损检测服务的特种设备检验检测机构，应当经国务院特种设备安全监督管理部门核准。

特种设备使用单位设立的特种设备检验检测机构，经国务院特种设备安全监督管理部门核准，负责本单位核准范围内的特种设备定期检验工作。

第四十二条 特种设备检验检测机构，应当具备下列条件：

（一）有与所从事的检验检测工作相适应的检验检测人员；

（二）有与所从事的检验检测工作相适应的检验检测仪器和设备；

（三）有健全的检验检测管理制度、检验检测责任制度。

第四十三条 特种设备的监督检验、定期检验、型式试验和无损检测应当由依照本条例经核准的特种设备检验检测机构进行。

特种设备检验检测工作应当符合安全技术规范的要求。

第四十四条 从事本条例规定的监督检验、定期检验、型式试验和无损检测的特种设备检验检测人员应当经国务院特种设备安全监督管理部门组织考核合格，取得检验检测人员证书，方可从事检验检测工作。

检验检测人员从事检验检测工作，必须在特种设备检验检测机构执业，但不得同时在两个以上检验检测机构中执业。

第四十五条 特种设备检验检测机构和检验检测人员进行特种设备检验检测，应当遵循诚信原则和方便企业的原则，为特种设备生产、使用单位提供可靠、便捷的检验检测服务。

特种设备检验检测机构和检验检测人员对涉及的被检验检测单位的商业秘密，负有保密义务。

第四十六条 特种设备检验检测机构和检验检测人员应当客观、公正、及时地出具检验检测结果、鉴定结论。检验检测结果、鉴定结论经检验检测人员签字后，由检验检测机构负责人签署。

特种设备检验检测机构和检验检测人员对检验检测结果、鉴定结论负责。

国务院特种设备安全监督管理部门应当组织对特种设备检验检测机构的检验检测结果、鉴定结论进行监督抽查。县以上地方负责特种设备安全监督管理的部门在本行政区域内也可以组织监督抽查，但是要防止重复抽查。监督抽查结果应当向社会公布。

第四十七条 特种设备检验检测机构和检验检测人员不得从事特种设备的生产、销售，不得以其名义推荐或者监制、监销特种设备。

第四十八条 特种设备检验检测机构进行特种设备检验检测，发现严重事故隐患或者能耗严重超标的，应当及时告知特种设备使用单位，并立即向特种设备安全监督管理部门报告。

第四十九条 特种设备检验检测机构和检验检测人员利用检验检测工作故意刁难特种设备生产、使用单位，特种设备生产、使用单位有权向特种设备安全监督管理部门投诉，接到投诉的特种设备安全监督管理部门应当及时进行调查处理。

第五章 监 督 检 查

第五十条 特种设备安全监督管理部门依照本条例规定，对特种设备生产、使用单位和检验检测机构实施安全监察。

对学校、幼儿园以及车站、客运码头、商场、体育场馆、展览馆、公园等公众聚集场所的特种设备，特种设备安全监督管理部门应当实施重点安全监察。

第五十一条 特种设备安全监督管理部门根据举报或者取得的涉嫌违法证据，对涉嫌违反本条例规定的行为进行查处时，可以行使下列职权：

（一）向特种设备生产、使用单位和检验检测机构的法定代表人、主要负责人和其他有关人员调查、了解与涉嫌从事违反本条例的生产、使用、检验检测有关的情况；

（二）查阅、复制特种设备生产、使用单位和检验检测机构的有关合同、发票、账簿以及其他有关资料；

（三）对有证据表明不符合安全技术规范要求的或者有其他严重事故隐患、能耗严重超标的特种设备，予以查封或者扣押。

第五十二条 依照本条例规定实施许可、核准、登记的特种设备安全监督管理部门，应当严格依照本条例规定条件和安全技术规范要求对有关事项进行审查；不符合本条例规定条件和安全技术规范要求的，不得许可、核准、登记；在申请办理许可、核准期间，特种设备安全监督管理部门发现申请人未经许可从事特种设备相应活动或者伪造许可、核准证书的，不予受理或者不予许可、核准，并在1年内不再受理其新的许可、核准申请。

未依法取得许可、核准、登记的单位擅自从事特种设备的生产、使用或者检验检测活动的，特种设备安全监督管理部门应当依法予以处理。

违反本条例规定，被依法撤销许可的，自撤销许可之日起3年内，特种设备安全监督管理部门不予受理其新的许可申请。

第五十三条 特种设备安全监督管理部门在办理本条例规定的有关行政审批事项时，其受理、审查、许可、核准的程序必须公开，并应当自受理申请之日起30日内，作出许可、核准或者不予许可、核准的决定；不予许可、核准的，应当书面向申请人说明理由。

第五十四条 地方各级特种设备安全监督管理部门不得以任何形式进行地方保护和地区封锁，不得对已经依照本条例规定在其他地方取得许可的特种设备生产单位重复进行许可，也不得要求对依照本条例规定在其他地方检验检测合格的特种设备，重复进行检验检测。

第五十五条 特种设备安全监督管理部门的安全监察人员（以下简称特种设备安全监察人员）应当熟悉相关法律、法规、规章和安全技术规范，具有相应的专业知识和工作经验，并经国务院特种设备安全监督管理部门考核，取得特种设备安全监察人员证书。

特种设备安全监察人员应当忠于职守、坚持原则、秉公执法。

第五十六条 特种设备安全监督管理部门对特种设备生产、使用单位和检验检测机构实施安全监察时，应当有两名以上特种设备安全监察人员参加，并出示有效的特种设备安全监察人员证件。

第五十七条 特种设备安全监督管理部门对特种设备生产、使用单位和检验检测机构实施安全监察，应当对每次安全监察的内容、发现的问题及处理情况，作出记录，并由参加安全监察的特种设备安全监察人员和被检查单位的有关负责人签字后归档。被检查单位的有关负责人拒绝签字的，特种设备安全监察人员应当将情况记录在案。

第五十八条 特种设备安全监督管理部门对特种设备生产、使用单位和检验检测机构进行安全监察时，发现有违反本条例规定和安全技术规范要求的行为或者在用的特种设备存在事故隐患、不符合能效指标的，应当以书面形式发出特种设备安全监察指令，责令有关单位及时采取措施，予以改正或者消除事故隐患。紧急情况下需要采取紧急处置措施的，应当随后补发书面通知。

第五十九条 特种设备安全监督管理部门对特种设备生产、使用单位和检验检测机构进行安全监察，发现重大违法行为或者严重事故隐患时，应当在采取必要措施的同时，及时向上级特种设备安全监督管理部门报告。接到报告的特种设备安全监督管理部门应当采取必要措施，及时予以处理。

对违法行为、严重事故隐患或者不符合能效指标的处理需要当地人民政府和有关部门的支持、配合时，特种设备安全监督管理部门应当报告当地人民政府，并通知其他有关部门。当地人民政府和其他有关部门应当采取必要措施，及时予以处理。

第六十条 国务院特种设备安全监督管理部门和省、自治区、直辖市特种设备安全监督管理部门应当定期向社会公布特种设备安全以及能效状况。

公布特种设备安全以及能效状况，应当包括下列内容：

（一）特种设备质量安全状况；

（二）特种设备事故的情况、特点、原因分析、防范对策；

（三）特种设备能效状况；

（四）其他需要公布的情况。

第六章 事故预防和调查处理

第六十一条 有下列情形之一的，为特别重大事故：

（一）特种设备事故造成30人以上死亡，或者100人以上重伤（包括急性工业中毒，下同），或者1亿元以上直接经济损失的；

（二）600兆瓦以上锅炉爆炸的；

（三）压力容器、压力管道有毒介质泄漏，造成15万人以上转移的；

（四）客运索道、大型游乐设施高空滞留100人以上并且时间在48小时以上的。

第六十二条 有下列情形之一的，为重大事故：

（一）特种设备事故造成10人以上30人以下死亡，或者50人以上100人以下重伤，或者5000万元以上1亿元以下直接经济损失的；

（二）600 兆瓦以上锅炉因安全故障中断运行 240 小时以上的；

（三）压力容器、压力管道有毒介质泄漏，造成 5 万人以上 15 万人以下转移的；

（四）客运索道、大型游乐设施高空滞留 100 人以上并且时间在 24 小时以上 48 小时以下的。

第六十三条 有下列情形之一的，为较大事故：

（一）特种设备事故造成 3 人以上 10 人以下死亡，或者 10 人以上 50 人以下重伤，或者 1000 万元以上 5000 万元以下直接经济损失的；

（二）锅炉、压力容器、压力管道爆炸的；

（三）压力容器、压力管道有毒介质泄漏，造成 1 万人以上 5 万人以下转移的；

（四）起重机械整体倾覆的；

（五）客运索道、大型游乐设施高空滞留人员 12 小时以上的。

第六十四条 有下列情形之一的，为一般事故：

（一）特种设备事故造成 3 人以下死亡，或者 10 人以下重伤，或者 1 万元以上 1000 万元以下直接经济损失的；

（二）压力容器、压力管道有毒介质泄漏，造成 500 人以上 1 万人以下转移的；

（三）电梯轿厢滞留人员 2 小时以上的；

（四）起重机械主要受力结构件折断或者起升机构坠落的；

（五）客运索道高空滞留人员 3.5 小时以上 12 小时以下的；

（六）大型游乐设施高空滞留人员 1 小时以上 12 小时以下的。

除前款规定外，国务院特种设备安全监督管理部门可以对一般事故的其他情形做出补充规定。

第六十五条 特种设备安全监督管理部门应当制定特种设备应急预案。特种设备使用单位应当制定事故应急专项预案，并定期进行事故应急演练。

压力容器、压力管道发生爆炸或者泄漏，在抢险救援时应当区分介质特性，严格按照相关预案规定程序处理，防止二次爆炸。

第六十六条 特种设备事故发生后，事故发生单位应当立即启动事故应急预案，组织抢救，防止事故扩大，减少人员伤亡和财产损失，并及时向事故发生地县以上特种设备安全监督管理部门和有关部门报告。

县以上特种设备安全监督管理部门接到事故报告，应当尽快核实有关情况，立即向所在地人民政府报告，并逐级上报事故情况。必要时，特种设备安全监督管理部门可以越级上报事故情况。对特别重大事故、重大事故，国务院特种设备安全监督管理部门应当立即报告国务院并通报国务院安全生产监督管理部门等有关部门。

第六十七条 特别重大事故由国务院或者国务院授权有关部门组织事故调查组进行调查。

重大事故由国务院特种设备安全监督管理部门会同有关部门组织事故调查组进行调查。

较大事故由省、自治区、直辖市特种设备安全监督管理部门会同有关部门组织事故调查组进行调查。

一般事故由设区的市的特种设备安全监督管理部门会同有关部门组织事故调查组进行调查。

第六十八条 事故调查报告应当由负责组织事故调查的特种设备安全监督管理部门的所在地人民政府批复，并报上一级特种设备安全监督管理部门备案。

有关机关应当按照批复，依照法律、行政法规规定的权限和程序，对事故责任单位和有关人员进行行政处罚，对负有事故责任的国家工作人员进行处分。

第六十九条 特种设备安全监督管理部门应当在有关地方人民政府的领导下，组织开展特种设备事故调查处理工作。

有关地方人民政府应当支持、配合上级人民政府或者特种设备安全监督管理部门的事故调查处理工作，并提供必要的便利条件。

第七十条 特种设备安全监督管理部门应当对发生事故的原因进行分析，并根据特种设备的管理和技术特点、事故情况对相关安全技术规范进行评估；需要制定或者修订相关安全技术规范的，应当及时制定或者修订。

第七十一条 本章所称的"以上"包括本数，所称的"以下"不包括本数。

第七章 法律责任

第七十二条 未经许可，擅自从事压力容器设计活动的，由特种设备安全监督管理部门予以取缔，处 5 万元以上 20 万元以下罚款；有违法所得的，没收违法所得；触犯刑律的，对负有责任的主管人员和其他直接责任人员依照刑法关于非法经营罪或者其他罪的规定，依法追究刑事责任。

第七十三条 锅炉、气瓶、氧舱和客运索道、大型游乐设施以及高耗能特种设备的设计文件，未经国务院特种设备安全监督管理部门核准的检验检测机构鉴定，擅自用于制造的，由特种设备安全监督管理部门责令改正，没收非法制造的产品，处5万元以上20万元以下罚款；触犯刑律的，对负有责任的主管人员和其他直接责任人员依照刑法关于生产、销售伪劣产品罪、非法经营罪或者其他罪的规定，依法追究刑事责任。

第七十四条 按照安全技术规范的要求应当进行型式试验的特种设备产品、部件或者试制特种设备新产品、新部件，未进行整机或者部件型式试验的，由特种设备安全监督管理部门责令限期改正；逾期未改正的，处2万元以上10万元以下罚款。

第七十五条 未经许可，擅自从事锅炉、压力容器、电梯、起重机械、客运索道、大型游乐设施、场（厂）内专用机动车辆及其安全附件、安全保护装置的制造、安装、改造以及压力管道元件的制造活动的，由特种设备安全监督管理部门予以取缔，没收非法制造的产品，已经实施安装、改造的，责令恢复原状或者责令限期由取得许可的单位重新安装、改造，处10万元以上50万元以下罚款；触犯刑律的，对负有责任的主管人员和其他直接责任人员依照刑法关于生产、销售伪劣产品罪、非法经营罪、重大责任事故罪或者其他罪的规定，依法追究刑事责任。

第七十六条 特种设备出厂时，未按照安全技术规范的要求附有设计文件、产品质量合格证明、安装及使用维修说明、监督检验证明等文件的，由特种设备安全监督管理部门责令改正；情节严重的，责令停止生产、销售，处违法生产、销售货值金额30%以下罚款；有违法所得的，没收违法所得。

第七十七条 未经许可，擅自从事锅炉、压力容器、电梯、起重机械、客运索道、大型游乐设施、场（厂）内专用机动车辆的维修或者日常维护保养的，由特种设备安全监督管理部门予以取缔，处1万元以上5万元以下罚款；有违法所得的，没收违法所得；触犯刑律的，对负有责任的主管人员和其他直接责任人员依照刑法关于非法经营罪、重大责任事故罪或者其他罪的规定，依法追究刑事责任。

第七十八条 锅炉、压力容器、电梯、起重机械、客运索道、大型游乐设施的安装、改造、维修的施工单位以及场（厂）内专用机动车辆的改造、维修单位，在施工前未将拟进行的特种设备安装、改造、维修情况书面告知直辖市或者设区的市的特种设备安全监督管理部门即行施工的，或者在验收后30日内未将有关技术资料移交锅炉、压力容器、电梯、起重机械、大型游乐设施的使用单位的，由特种设备安全监督管理部门责令限期改正；逾期未改正的，处2000元以上1万元以下罚款。

第七十九条 锅炉、压力容器、压力管道元件、起重机械、大型游乐设施的制造过程和锅炉、压力容器、电梯、起重机械、客运索道、大型游乐设施的安装、改造、重大维修过程，以及锅炉清洗过程，未经国务院特种设备安全监督管理部门核准的检验检测机构按照安全技术规范的要求进行监督检验的，由特种设备安全监督管理部门责令改正，已经出厂的，没收违法生产、销售的产品，已经实施安装、改造、重大维修或者清洗的，责令限期进行监督检验，处5万元以上20万元以下罚款；有违法所得的，没收违法所得；情节严重的，撤销制造、安装、改造或者维修单位已经取得的许可，并由工商行政管理部门吊销其营业执照；触犯刑律的，对负有责任的主管人员和其他直接责任人员依照刑法关于生产、销售伪劣产品罪或者其他罪的规定，依法追究刑事责任。

第八十条 未经许可，擅自从事移动式压力容器或者气瓶充装活动的，由特种设备安全监督管理部门予以取缔，没收违法充装的气瓶，处10万元以上50万元以下罚款；有违法所得的，没收违法所得；触犯刑律的，对负有责任的主管人员和其他直接责任人员依照刑法关于非法经营罪或者其他罪的规定，依法追究刑事责任。

移动式压力容器、气瓶充装单位未按照安全技术规范的要求进行充装活动的，由特种设备安全监督管理部门责令改正，处2万元以上10万元以下罚款；情节严重的，撤销其充装资格。

第八十一条 电梯制造单位有下列情形之一的，由特种设备安全监督管理部门责令限期改正；逾期未改正的，予以通报批评：

（一）未依照本条例第十九条的规定对电梯进行校验、调试的；

（二）对电梯的安全运行情况进行跟踪调查和了解时，发现存在严重事故隐患，未及时向特种设备安全监督管理部门报告的。

第八十二条 已经取得许可、核准的特种设备生产单位、检验检测机构有下列行为之一的，由特种设备安全监督管理部门责令改正，处2万元以上10万元以下罚款；情节严重的，撤销其相应资格：

（一）未按照安全技术规范的要求办理许可证变更手续的；

（二）不再符合本条例规定或者安全技术规范要

求的条件，继续从事特种设备生产、检验检测的；

（三）未依照本条例规定或者安全技术规范要求进行特种设备生产、检验检测的；

（四）伪造、变造、出租、出借、转让许可证书或者监督检验报告的。

第八十三条 特种设备使用单位有下列情形之一的，由特种设备安全监督管理部门责令限期改正；逾期未改正的，处 2000 元以上 2 万元以下罚款；情节严重的，责令停止使用或者停产停业整顿：

（一）特种设备投入使用前或者投入使用后 30 日内，未向特种设备安全监督管理部门登记，擅自将其投入使用的；

（二）未依照本条例第二十六条的规定，建立特种设备安全技术档案的；

（三）未依照本条例第二十七条的规定，对在用特种设备进行经常性日常维护保养和定期自行检查的，或者对在用特种设备的安全附件、安全保护装置、测量调控装置及有关附属仪器仪表进行定期校验、检修，并作出记录的；

（四）未按照安全技术规范的定期检验要求，在安全检验合格有效期届满前 1 个月向特种设备检验检测机构提出定期检验要求的；

（五）使用未经定期检验或者检验不合格的特种设备的；

（六）特种设备出现故障或者发生异常情况，未对其进行全面检查、消除事故隐患，继续投入使用的；

（七）未制定特种设备事故应急专项预案的；

（八）未依照本条例第三十一条第二款的规定，对电梯进行清洁、润滑、调整和检查的；

（九）未按照安全技术规范要求进行锅炉水（介）质处理的；

（十）特种设备不符合能效指标，未及时采取相应措施进行整改的。

特种设备使用单位使用未取得生产许可的单位生产的特种设备或者将非承压锅炉、非压力容器作为承压锅炉、压力容器使用的，由特种设备安全监督管理部门责令停止使用，予以没收，处 2 万元以上 10 万元以下罚款。

第八十四条 特种设备存在严重事故隐患，无改造、维修价值，或者超过安全技术规范规定的使用年限，特种设备使用单位未予以报废，并向原登记的特种设备安全监督管理部门办理注销的，由特种设备安全监督管理部门责令限期改正；逾期未改正的，处 5 万元以上 20 万元以下罚款。

第八十五条 电梯、客运索道、大型游乐设施的运营使用单位有下列情形之一的，由特种设备安全监督管理部门责令限期改正；逾期未改正的，责令停止使用或者停产停业整顿，处 1 万元以上 5 万元以下罚款：

（一）客运索道、大型游乐设施每日投入使用前，未进行试运行和例行安全检查，并对安全装置进行检查确认的；

（二）未将电梯、客运索道、大型游乐设施的安全注意事项和警示标志置于易于为乘客注意的显著位置的。

第八十六条 特种设备使用单位有下列情形之一的，由特种设备安全监督管理部门责令限期改正；逾期未改正的，责令停止使用或者停产停业整顿，处 2000 元以上 2 万元以下罚款：

（一）未依照本条例规定设置特种设备安全管理机构或者配备专职、兼职的安全管理人员的；

（二）从事特种设备作业的人员，未取得相应特种作业人员证书，上岗作业的；

（三）未对特种设备作业人员进行特种设备安全教育和培训的。

第八十七条 发生特种设备事故，有下列情形之一的，对单位，由特种设备安全监督管理部门处 5 万元以上 20 万元以下罚款；对主要负责人，由特种设备安全监督管理部门处 4000 元以上 2 万元以下罚款；属于国家工作人员的，依法给予处分；触犯刑律的，依照刑法关于重大责任事故罪或者其他罪的规定，依法追究刑事责任：

（一）特种设备使用单位的主要负责人在本单位发生特种设备事故时，不立即组织抢救或者在事故调查处理期间擅离职守或者逃匿的；

（二）特种设备使用单位的主要负责人对特种设备事故隐瞒不报、谎报或者拖延不报的。

第八十八条 对事故发生负有责任的单位，由特种设备安全监督管理部门依照下列规定处以罚款：

（一）发生一般事故的，处 10 万元以上 20 万元以下罚款；

（二）发生较大事故的，处 20 万元以上 50 万元以下罚款；

（三）发生重大事故的，处 50 万元以上 200 万元以下罚款。

第八十九条 对事故发生负有责任的单位的主要负责人未依法履行职责，导致事故发生的，由特种设备安全监督管理部门依照下列规定处以罚款；属于国家工作人员的，并依法给予处分；触犯刑律的，依照刑法关于重大责任事故罪或者其他罪的规定，依法追究刑事责任：

（一）发生一般事故的，处上一年年收入30%的罚款；

（二）发生较大事故的，处上一年年收入40%的罚款；

（三）发生重大事故的，处上一年年收入60%的罚款。

第九十条 特种设备作业人员违反特种设备的操作规程和有关的安全规章制度操作，或者在作业过程中发现事故隐患或者其他不安全因素，未立即向现场安全管理人员和单位有关负责人报告的，由特种设备使用单位给予批评教育、处分；情节严重的，撤销特种设备作业人员资格；触犯刑律的，依照刑法关于重大责任事故罪或者其他罪的规定，依法追究刑事责任。

第九十一条 未经核准，擅自从事本条例所规定的监督检验、定期检验、型式试验以及无损检测等检验检测活动的，由特种设备安全监督管理部门予以取缔，处5万元以上20万元以下罚款；有违法所得的，没收违法所得；触犯刑律的，对负有责任的主管人员和其他直接责任人员依照刑法关于非法经营罪或者其他罪的规定，依法追究刑事责任。

第九十二条 特种设备检验检测机构，有下列情形之一的，由特种设备安全监督管理部门处2万元以上10万元以下罚款；情节严重的，撤销其检验检测资格：

（一）聘用未经特种设备安全监督管理部门组织考核合格并取得检验检测人员证书的人员，从事相关检验检测工作的；

（二）在进行特种设备检验检测中，发现严重事故隐患或者能耗严重超标，未及时告知特种设备使用单位，并立即向特种设备安全监督管理部门报告的。

第九十三条 特种设备检验检测机构和检验检测人员，出具虚假的检验检测结果、鉴定结论或者检验检测结果、鉴定结论严重失实的，由特种设备安全监督管理部门对检验检测机构没收违法所得，处5万元以上20万元以下罚款，情节严重的，撤销其检验检测资格；对检验检测人员处5000元以上5万元以下罚款，情节严重的，撤销其检验检测资格；触犯刑律的，依照刑法关于中介组织人员提供虚假证明文件罪、中介组织人员出具证明文件重大失实罪或者其他罪的规定，依法追究刑事责任。

特种设备检验检测机构和检验检测人员，出具虚假的检验检测结果、鉴定结论或者检验检测结果、鉴定结论严重失实，造成损害的，应当承担赔偿责任。

第九十四条 特种设备检验检测机构或者检验检测人员从事特种设备的生产、销售，或者以其名义推荐或者监制、监销特种设备的，由特种设备安全监督管理部门撤销特种设备检验检测机构和检验检测人员的资格，处5万元以上20万元以下罚款；有违法所得的，没收违法所得。

第九十五条 特种设备检验检测机构和检验检测人员利用检验检测工作故意刁难特种设备生产、使用单位，由特种设备安全监督管理部门责令改正；拒不改正的，撤销其检验检测资格。

第九十六条 检验检测人员，从事检验检测工作，不在特种设备检验检测机构执业或者同时在两个以上检验检测机构中执业的，由特种设备安全监督管理部门责令改正，情节严重的，给予停止执业6个月以上2年以下的处罚；有违法所得的，没收违法所得。

第九十七条 特种设备安全监督管理部门及其特种设备安全监察人员，有下列违法行为之一的，对直接负责的主管人员和其他直接责任人员，依法给予降级或者撤职的处分；触犯刑律的，依照刑法关于受贿罪、滥用职权罪、玩忽职守罪或者其他罪的规定，依法追究刑事责任：

（一）不按照本条例规定的条件和安全技术规范要求，实施许可、核准、登记的；

（二）发现未经许可、核准、登记擅自从事特种设备的生产、使用或者检验检测活动不予取缔或者不依法予以处理的；

（三）发现特种设备生产、使用单位不再具备本条例规定的条件而不撤销其原许可，或者发现特种设备生产、使用违法行为不予查处的；

（四）发现特种设备检验检测机构不再具备本条例规定的条件而不撤销其原核准，或者对其出具虚假的检验检测结果、鉴定结论或者检验检测结果、鉴定结论严重失实的行为不予查处的；

（五）对依照本条例规定在其他地方取得许可的特种设备生产单位重复进行许可，或者对依照本条例规定在其他地方检验检测合格的特种设备，重复进行检验检测的；

（六）发现有违反本条例和安全技术规范的行为或者在用的特种设备存在严重事故隐患，不立即处理的；

（七）发现重大的违法行为或者严重事故隐患，

未及时向上级特种设备安全监督管理部门报告，或者接到报告的特种设备安全监督管理部门不立即处理的；

（八）迟报、漏报、瞒报或者谎报事故的；

（九）妨碍事故救援或者事故调查处理的。

第九十八条 特种设备的生产、使用单位或者检验检测机构，拒不接受特种设备安全监督管理部门依法实施的安全监察的，由特种设备安全监督管理部门责令限期改正；逾期未改正的，责令停产停业整顿，处2万元以上10万元以下罚款；触犯刑律的，依照刑法关于妨害公务罪或者其他罪的规定，依法追究刑事责任。

特种设备生产、使用单位擅自动用、调换、转移、损毁被查封、扣押的特种设备或者其主要部件的，由特种设备安全监督管理部门责令改正，处5万元以上20万元以下罚款；情节严重的，撤销其相应资格。

第八章 附　则

第九十九条 本条例下列用语的含义是：

（一）锅炉，是指利用各种燃料、电或者其他能源，将所盛装的液体加热到一定的参数，并对外输出热能的设备，其范围规定为容积大于或者等于30L的承压蒸汽锅炉；出口水压大于或者等于0.1MPa（表压），且额定功率大于或者等于0.1MW的承压热水锅炉；有机热载体锅炉。

（二）压力容器，是指盛装气体或者液体，承载一定压力的密闭设备，其范围规定为最高工作压力大于或者等于0.1MPa（表压），且压力与容积的乘积大于或者等于2.5MPa·L的气体、液化气体和最高工作温度高于或者等于标准沸点的液体的固定式容器和移动式容器；盛装公称工作压力大于或者等于0.2MPa（表压），且压力与容积的乘积大于或者等于1.0MPa·L的气体、液化气体和标准沸点等于或者低于60℃液体的气瓶；氧舱等。

（三）压力管道，是指利用一定的压力，用于输送气体或者液体的管状设备，其范围规定为最高工作压力大于或者等于0.1MPa（表压）的气体、液化气体、蒸汽介质或者可燃、易爆、有毒、有腐蚀性、最高工作温度高于或者等于标准沸点的液体介质，且公称直径大于25mm的管道。

（四）电梯，是指动力驱动，利用沿刚性导轨运行的箱体或者沿固定线路运行的梯级（踏步），进行升降或者平行运送人、货物的机电设备，包括载人（货）电梯、自动扶梯、自动人行道等。

（五）起重机械，是指用于垂直升降或者垂直升降并水平移动重物的机电设备，其范围规定为额定起重量大于或者等于0.5t的升降机；额定起重量大于或者等于1t，且提升高度大于或者等于2m的起重机和承重形式固定的电动葫芦等。

（六）客运索道，是指动力驱动，利用柔性绳索牵引箱体等运载工具运送人员的机电设备，包括客运架空索道、客运缆车、客运拖牵索道等。

（七）大型游乐设施，是指用于经营目的，承载乘客游乐的设施，其范围规定为设计最大运行线速度大于或者等于2m/s，或者运行高度距地面高于或者等于2m的载人大型游乐设施。

（八）场（厂）内专用机动车辆，是指除道路交通、农用车辆以外仅在工厂厂区、旅游景区、游乐场所等特定区域使用的专用机动车辆。

特种设备包括其所用的材料、附属的安全附件、安全保护装置和与安全保护装置相关的设施。

第一百条 压力管道设计、安装、使用的安全监督管理办法由国务院另行制定。

第一百零一条 国务院特种设备安全监督管理部门可以授权省、自治区、直辖市特种设备安全监督管理部门负责本条例规定的特种设备行政许可工作，具体办法由国务院特种设备安全监督管理部门制定。

第一百零二条 特种设备行政许可、检验检测，应当按照国家有关规定收取费用。

第一百零三条 本条例自2003年6月1日起施行。1982年2月6日国务院发布的《锅炉压力容器安全监察暂行条例》同时废止。

2. 应急预案

市场监管总局特种设备突发事件应急预案

（2024年4月11日 国市监特设发〔2024〕41号）

1 总　　则

1.1 编制目的

为提高国家市场监督管理总局（以下简称市场监管总局）特种设备突发事件应对能力，规范特种设备突发事件应急处置和响应程序，确保应急工作科学、高效、有序，最大限度减少特种设备突发事件造成的人员伤亡、财产损失和环境破坏，保障公众生命财产安全，维护社会稳定，特制定本预案。

1.2 编制依据

《中华人民共和国突发事件应对法》
《中华人民共和国安全生产法》
《中华人民共和国特种设备安全法》
《特种设备安全监察条例》（国务院令第549号）
《生产安全事故应急条例》（国务院令第708号）
《国家突发事件总体应急预案》
《国家安全生产事故灾难应急预案》
《突发事件应急预案管理办法》（国办发〔2024〕5号）
《生产安全事故应急预案管理办法》（应急管理部令第2号）
《特种设备事故报告和调查处理规定》（总局令第50号）
《市场监管突发事件应急管理办法》（国市监办函〔2019〕31号）
《特种设备事故报告和调查处理导则》（TSG 03）

1.3 适用范围

本预案适用于发生在市场监管部门监管职责范围内特种设备突发事件的应急处置工作。

1.4 事件分级

市场监管总局对特种设备突发事件采用分级响应机制。按照《特种设备安全监察条例》《生产安全事故报告和调查处理条例》等有关规定，根据特种设备突发事件危害程度和涉及范围等因素，将特种设备突发事件分为特别重大（Ⅰ级）、重大（Ⅱ级）、较大（Ⅲ级）和一般（Ⅳ级）突发事件四级。

Ⅰ级突发事件：特种设备特别重大事故或者涉及特种设备的特别重大安全生产事故。

Ⅱ级突发事件：特种设备重大事故或者涉及特种设备的重大安全生产事故。

Ⅲ级突发事件：特种设备较大事故或者涉及特种设备的较大安全生产事故。

Ⅳ级突发事件：除上述Ⅰ、Ⅱ、Ⅲ级以外的其他特种设备事故或者突发事件。

1.5 工作原则

（1）人民至上，生命至上。坚持以人民为中心的发展思想，坚持底线思维，把保障公众健康和生命财产安全、最大限度减少特种设备突发事件造成的人员伤亡、财产损失和环境破坏作为首要任务。充分发挥专业救援力量骨干作用和人民群众基础作用，切实加强应急救援人员的安全防护。

（2）统一领导，分级负责。在市场监管总局党组统一领导和指挥下，按照本预案有关要求，总局有关司局、单位积极开展特种设备突发事件应急响应工作。地方各级市场监管部门按照职责分工，具体负责辖区内特种设备突发事件应急响应工作。

（3）条块结合，属地为主。特种设备突发事件应急处置以各级地方党委、政府为主，统筹协调、提供应急资源保障；特种设备企业和基层组织完善特种设备突发事件应急处置机制，做好先期处置工作；充分发挥市场监管部门和相关行业主管部门指导协调作用，发挥人民团体和社会组织积极作用，形成党委政府领导下，各相关部门、企事业单位和社会力量积极参与的综合性特种设备突发事件应急处置机制。

（4）科学处置，依法规范。充分发挥专家队伍和专业技术人员作用，增强应对水平和指挥能力。依靠科技进步，不断改进和完善应急处置装备、设施和手段。规范和完善应急处置工作，严格按照相关法律法规要求，确保应急处置工作的科学性、有效性。

（5）快速反应，高效应对。坚持常态减灾与非常态救灾有机相结合的原则，强化特种设备风险评估、应急物资储备、专家队伍建设等基础工作，提高防范意识，加强监测预警，开展应急演练，不断提高应对特种设备突发事件能力。

2 组织体系及职责

2.1 领导小组及职责

市场监管总局依托总局安全生产委员会设立特种设备突发事件应急工作领导小组（以下简称领导小组），负责本预案适用范围内特种设备突发事件应急处置工作，执行国务院相关专项应急指挥部决策部署。组长为总局主要负责同志，副组长为分管总局特种设备安全监管工作负责同志，成员包括办公厅、特种设备局、新闻宣传司、科技财务司、中国特检院、网数中心等各相关司局、单位主要负责同志，也可根据实际情况进行调整。领导小组实行工作会议制度，领导小组会议一般由组长或者受组长委托的副组长召集，全体成员或部分成员参加。

领导小组办公室设在特种设备局，负责领导小组的日常工作，办公室主任由特种设备局主要负责同志担任。

2.2 成员单位及职责

领导小组根据特种设备突发事件应对实际情况，组织成员单位开展应急处置工作。

（1）办公厅：负责综合协调、值班值守，组织协调应急处置中的重大问题。

（2）特种设备局：负责组织协调各相关单位开展特种设备突发事件应急处置工作和技术支持。负责领导小组办公室日常工作。

（3）新闻宣传司：负责组织开展事件进展、应急工作情况等权威信息发布，加强新闻宣传报道；跟进做好舆情监测，及时澄清不实信息，回应社会关切。

（4）科技财务司：负责组织做好特种设备突发事件应急处置的经费支持、物资调配等保障工作。

（5）中国特检院：按照工作职责，开展特种设备突发事件信息收集、监测和研判。协助特种设备局组织事故调查处理工作，指导并督办各地对事故的调查处理工作。

（6）网数中心：负责组织做好特种设备突发事件应急处置的网络运行、视频会议等各项保障工作。

2.3 现场工作组及职责

发生特种设备突发事件后，市场监管总局视情况组建现场工作组，特种设备局根据特种设备突发事件情况，提出现场工作组组长和成员人选。现场工作组成员一般由特种设备局相关业务处负责同志以及专家等组成。现场工作组会同事发地市场监管部门主要进行以下工作：

（1）核实突发事件发生时间、地点、单位情况，涉及的特种设备种类、类别和品种；

（2）核实突发事件人员伤亡和现场破坏情况；

（3）对突发事件发生原因和性质进行初步研判；

（4）为现场应急处置方案制订、危害评估、现场应急处置提供指导；

（5）及时向总局特种设备局报告现场情况，撰写现场技术勘察报告。

2.4 事发地市场监管部门职责

按照特种设备突发事件等级和分级响应原则，事发地市场监管部门在本级地方党委、政府的统一领导下，配合相关部门开展应急处置工作，提供专业技术指导，分析事故和灾害情况，为应急处置提出科学的意见和建议，为控制、防止事故扩大提出技术措施。

3 预警和预防

3.1 信息监测与报告

3.1.1 事发地市场监管部门、有关企业对特种设备突发事件信息按照《特种设备事故报告和调查处理规定》要求逐级报送上级市场监管部门等有关部门，必要时可以越级上报相关信息。

3.1.2 报告应包含以下内容：

（1）特种设备突发事件发生的时间、地点、单位概况以及涉及的特种设备种类、类别和品种；

（2）突发事件发生初步情况，包括突发事件简要经过、已经造成或者可能造成的伤亡人数、初步判断的事故原因等；

（3）已经采取的措施；

（4）其他有必要报告的情况。

3.1.3 市场监管总局强化舆情管理，做好日常舆情信息监测，对可能引发特种设备突发事件的风险信息加强分析研判，及时向相关部门和地区通报。

3.1.4 为了提高报告的时限性，在信息要素不全的情况下，可以边报告边核实，并备注正在核实中。特种设备突发事件报告后出现新情况的，以及对突发事件情况尚未报告清楚的，应当及时续报。

3.1.5 突发事件中伤亡、失踪、被困人员有港澳台或外国人员时，市场监管总局及时通知外交部、港澳办或台办。

3.2 预警预防行动

预判可能引发特种设备突发事件时，市场监管总局视情况采取以下措施：

（1）分析研判。特种设备局、中国特检院组织开展跟踪监测，预估突发事件发展趋势、危害程度、影响范围。如突发事件引发舆情，新闻宣传司加强舆情监测，并及时将舆情信息通报特种设备局。特种设备局根据监测结果，组织专家开展风险信息分析研判，提出预防和控制建议，报领导小组批准后，启动预警行动，并根据事态的发展和采取措施效果等情况，适时调整预警级别。

（2）预警措施。特种设备局相关业务处室根据事态情况，必要时通知可能发生同类型突发事件的企业暂停生产、经营和使用相关特种设备，防止风险隐患进一步蔓延扩大。

（3）应急准备。特种设备局、中国特检院组织特种设备应急专家和负有应急相关职责的人员进入待命状态，调集特种设备突发事件应急处置所需装备，做好应急准备工作。

（4）舆论引导。特种设备局会同新闻宣传司等相关单位，加强对预警信息动态管理，根据事态发展变化，适时启动舆情双牵头协调处置机制，组织起草回应口径、引导文章、政策解读、科普知识等，研判舆情回应内容、时机、方式，跟进做好舆情监测与信息反馈。

（5）预警调整与解除。经研判，当可能引发特种设备突发事件的因素继续演变存在更大风险时，应及时调整预警级别。当可能引发特种设备突发事件的因素已经消除或得到有效控制，特种设备局应当及时上报领导小组，宣布解除预警。

4 应 急 响 应

4.1 预案衔接

国务院启动国家应对突发事件应急响应机制，且涉及特种设备或需要总局参与处理的，市场监管总局对应国务院的分级确定应急响应级别并启动相应措施。

突发事件涉及特种设备，但国务院已经启动其他领域应急预案的，市场监管总局按照职责分工，全力配合做好应急处置工作。

国务院未启动国家应对突发事件应急响应机制，但该突发事件涉及特种设备，市场监管总局根据突发事件性质、严重程度、可控性和影响范围等，确定突发事件处置的应急响应级别。

发生特种设备突发事件，需要有关部门配合时，及时报告国务院安委会办公室，按照《国家安全生产事故灾难应急预案》有关规定，协调有关部门配合和提供支持。

应急管理部或地方人民政府已启动其他领域应急预案的，特种设备局向分管负责同志汇报后，配合做好应急处置工作。

4.2 响应程序

4.2.1 Ⅰ级应急响应

接到Ⅰ级特种设备突发事件信息，特种设备局核实后应立即报告总局主要负责同志、分管负责同志，通报相关司局；通过总局办公厅1小时内将情况报中央办公厅、国务院办公厅以及应急管理部。总局启动Ⅰ级应急响应，总局主要负责同志任总指挥，分管负责同志任副总指挥，按照中央要求开展应急响应相关工作。特种设备局负责技术支持与综合协调工作，其他有关司局根据职责，指导、协助做好特种设备突发事件应急响应工作。

4.2.2 Ⅱ级应急响应

接到Ⅱ级特种设备突发事件信息，特种设备局核实后应立即报告总局分管负责同志，通报相关司局。总局启动Ⅱ级应急响应，分管负责同志任总指挥，开展应急响应相关工作。特种设备局负责技术支持与综合协调工作，其他有关司局根据职责，指导、协助做好特种设备突发事件应急响应工作。特种设备局负责同志带领现场工作组立即赶赴现场，主要开展以下工作：

（1）特种设备局会同中国特检院组织技术专家进行会商，研究分析事态，部署应急响应工作，为现场应急处置提供技术支持；

（2）特种设备局会同总局办公厅对跨省级行政区域的突发事件应对工作进行协调；

（3）新闻宣传司会同特种设备局开展舆情监测和分析研判，对重大舆情组织编制《重大舆情专报》呈报总局领导，根据工作需要及时与相关部门沟通协调，加强系统宣传力量统筹，指导局属媒体发挥舆论主阵地作用，指导地方市场监管部门配合相关单位做好信息发布和舆论引导，及时妥善做好舆情应对；

（4）特种设备局及时向总局领导报告相关情况；

（5）其他需要现场处置的事项。

4.2.3 Ⅲ级应急响应

接到Ⅲ级特种设备突发事件信息，特种设备局核实后根据事态发展报总局分管负责同志。特种设备局启动Ⅲ级应急响应，特种设备局主要负责同志任总指挥，开展应急响应相关工作。特种设备局业务处会同中国特检院组织现场工作组赶赴现场，主要开展以下工作：

（1）特种设备局会同中国特检院组织技术专家

进行会商，研究分析事态，必要时为现场应急处置提供技术支持；

（2）特种设备局指导地方开展突发事件原因分析；

（3）特种设备局及时向总局领导报告相关情况；

（4）新闻宣传司会同特种设备局开展舆情监测，指导地方市场监管部门配合相关单位做好信息发布和舆论引导。

4.2.4　Ⅳ级应急响应

接到Ⅳ级特种设备突发事件信息，特种设备局根据地方应对突发事件情况，及时了解和关注事态进展，特种设备局业务处会同中国特检院视情况组织现场工作组赶赴现场，中国特检院将相关信息纳入风险分析监测，加强预警预防。

4.2.5　应急协调处置

现场应急处置工作中，特种设备局应保持与总局现场工作人员和突发事件发生地省（自治区、直辖市）市场监管部门的联系，掌握突发事件相关情况和现场处置情况，及时向领导小组报告特种设备突发事件事态发展及现场应急处置情况，执行领导小组下达的指令。对应急处置中的重大问题，由特种设备局根据领导小组指示协调解决，相关司局予以配合。参与突发事件应急处置的所有人员，应当严格遵守有关保密制度规定，不得擅自对外发布应急处置工作相关信息。

4.3　响应级别调整及终止

4.3.1　响应级别提升

当特种设备突发事件进一步加重，影响或危害扩大并有蔓延趋势，经特种设备局组织专家分析评估，认为事件情况复杂、危害难以控制时，应相应提升响应级别。Ⅱ级应急响应和Ⅲ级应急响应级别提升，需经领导小组批准。

当全国性或区域性重要活动期间发生特种设备突发事件时，领导小组可相应提高一级响应级别，加大应急处置力度，确保迅速、有效应对特种设备突发事件，维护社会稳定。

4.3.2　响应级别降低

特种设备突发事件危害或不良影响得到有效控制，无进一步蔓延趋势的，可降低应急响应级别。

4.3.3　响应终止

当特种设备突发事件得到控制，造成的危害或不良影响已消除或得到了有效控制，响应终止。

5　后　期　工　作

5.1　善后措施

市场监管总局积极指导、协助省（自治区、直辖市）人民政府和市场监管部门做好特种设备突发事件善后工作，对涉事特种设备检验检测、安全评估工作提供技术指导。

5.2　事故调查处理

对属于特种设备事故范畴的突发事件，依照《中华人民共和国特种设备安全法》《特种设备安全监察条例》《特种设备事故报告和调查处理规定》《特种设备事故报告和调查处理导则》等有关规定组织开展事故调查工作。

6　保　障　措　施

6.1　制度和资金保障

6.1.1　总局及地方市场监管部门加强应急值班值守，确保应急状态下的通信畅通。

6.1.2　各级市场监管部门应把特种设备突发事件应对工作所必需的资金等列入预算，保障应急工作需要。

6.1.3　地方各级市场监管部门、有关企业应当在同级人民政府的领导下，针对可能发生的特种设备突发事件类型，配备相应的防护装备、检测仪器、应急车辆、通讯装备等。

6.2　技术储备

6.2.1　特种设备局加强全国应急指挥调度，并动态更新特种设备突发事件应急处置和事故调查专家库，指导开展特种设备应急处置和事故调查工作。中国特检院协助开展特种设备应急处置和事故调查工作。

6.2.2　特种设备局组织建立特种设备突发事件应急预案库，根据特种设备类型和特点，制定特种设备应急处置方案编写指南，为提升企业应急处置能力提供指导。

6.2.3　特种设备局组织建立应急处置案例库，定期组织对近期发生的特种设备突发事件案例进行分析，组织开展与特种设备应急处置有关的科学技术研究。

6.2.4　特种设备局组织建设国家级特种设备应急演练实训基地，各级市场监管部门应结合本地工作实际，根据需要建立应急专家库，制定应急预案，做好日常管理和维护，并定期组织开展应急演练。

6.2.5　各级市场监管部门要督促引导有关企业充分利用自身现有技术人才资源和技术设备设施资源，提供在应急状态下的技术支持。

6.3　新闻宣传

6.3.1　特种设备局联合新闻宣传司，会同相关单位依职责加强同新闻宣传、应急管理、文化旅游、广播电视等部门联系，广泛宣传特种设备突发事件应急法律法规等知识，增强公众风险防范意识，提高全社会的避险能力和自救互救能力。

6.3.2 各级市场监管部门要加大宣传力度，会同相关单位积极向公众和员工宣传特种设备危险性及发生事故可能造成的危害，广泛宣传应急救援有关法律法规和事故预防、避险、避灾、自救、互救的常识。

6.4 培训

各级市场监管部门要定期组织开展特种设备突发事件培训教育，提高应急处置人员信息报送及时性、准确性，提升应对特种设备突发事件能力。有关企业按照规定对员工进行特种设备突发事件应急知识培训，增强员工安全意识，提高现场应急处置和自救能力。

6.5 演练

市场监管总局会同国务院有关部门、地方人民政府、地方各级市场监管部门，每3年至少组织1次应急预案演练，可以采取桌面推演或现场演练方式。

6.6 总结

应急工作结束后，市场监管总局和突发事件发生地市场监管部门应当认真进行总结，并按照有关规定对有关单位和人员进行奖惩。

7 附　则

7.1 预案管理与更新

7.1.1 本预案由特种设备局负责起草及动态更新；地方市场监管部门可以参照本预案内容，制定地方特种设备突发事件应急预案，并做好与本预案和同级人民政府生产安全突发事件应急预案的衔接。

7.1.2 本预案所依据的法律法规、所涉及的机构和人员发生重大变化，或在执行中发现存在重大缺陷时，由市场监管总局及时组织修订。

7.2 制定与解释部门

本预案由市场监管总局负责解释。

7.3 预案实施

本预案自发布之日起施行，《特种设备特大事故应急预案》（国质检特〔2005〕206号）同时废止。

九、工贸企业安全

规章及部门规范性文件

工贸企业粉尘防爆安全规定

（2021年7月25日应急管理部令第6号公布 自2021年9月1日起施行）

第一章 总 则

第一条 为了加强工贸企业粉尘防爆安全工作，预防和减少粉尘爆炸事故，保障从业人员生命安全，根据《中华人民共和国安全生产法》等法律法规，制定本规定。

第二条 存在可燃性粉尘爆炸危险的冶金、有色、建材、机械、轻工、纺织、烟草、商贸等工贸企业（以下简称粉尘涉爆企业）的粉尘防爆安全工作及其监督管理，适用本规定。

第三条 本规定所称可燃性粉尘，是指在大气条件下，能与气态氧化剂（主要是空气）发生剧烈氧化反应的粉尘、纤维或者飞絮。

本规定所称粉尘爆炸危险场所，是指存在可燃性粉尘和气态氧化剂（主要是空气）的场所，根据爆炸性环境出现的频率或者持续的时间，可划分为不同危险区域。

第四条 粉尘涉爆企业对粉尘防爆安全工作负主体责任，应当具备有关法律法规、规章、国家标准或者行业标准规定的粉尘防爆安全生产条件，建立健全全员安全生产责任制和相关规章制度，加强安全生产标准化、信息化建设，构建安全风险分级管控和隐患排查治理双重预防机制，健全风险防范化解机制，确保安全生产。

第五条 县级以上地方人民政府负责粉尘涉爆企业安全生产监督管理的部门（以下统称负责粉尘涉爆企业安全监管的部门），根据本级人民政府规定的职责，按照分级属地的原则，对本行政区域内粉尘涉爆企业的粉尘防爆安全工作实施监督管理。

国务院应急管理部门应当加强指导监督。

第二章 安全生产保障

第六条 粉尘涉爆企业主要负责人是粉尘防爆安全工作的第一责任人，其他负责人在各自职责范围内对粉尘防爆安全工作负责。

粉尘涉爆企业应当在本单位安全生产责任制中明确主要负责人、相关部门负责人、生产车间负责人及粉尘作业岗位人员粉尘防爆安全职责。

第七条 粉尘涉爆企业应当结合企业实际情况建立和落实粉尘防爆安全管理制度。粉尘防爆安全管理制度应当包括下列内容：

（一）粉尘爆炸风险辨识评估和管控；
（二）粉尘爆炸事故隐患排查治理；
（三）粉尘作业岗位安全操作规程；
（四）粉尘防爆专项安全生产教育和培训；
（五）粉尘清理和处置；
（六）除尘系统和相关安全设施设备运行、维护及检修、维修管理；
（七）粉尘爆炸事故应急处置和救援。

第八条 粉尘涉爆企业应当组织对涉及粉尘防爆的生产、设备、安全管理等有关负责人和粉尘作业岗位等相关从业人员进行粉尘防爆专项安全生产教育和培训，使其了解作业场所和工作岗位存在的爆炸风险，掌握粉尘爆炸事故防范和应急措施；未经教育培训合格的，不得上岗作业。

粉尘涉爆企业应当如实记录粉尘防爆专项安全生产教育和培训的时间、内容及考核等情况，纳入员工教育和培训档案。

第九条 粉尘涉爆企业应当为粉尘作业岗位从业人员提供符合国家标准或者行业标准的劳动防护用品，并监督、教育从业人员按照使用规则佩戴、使用。

第十条 粉尘涉爆企业应当制定有关粉尘爆炸事故应急救援预案，并依法定期组织演练。发生火灾或者粉尘爆炸事故后，粉尘涉爆企业应当立即启动应急响应并撤离疏散全部作业人员至安全场所，不得采用可能引起扬尘的应急处置措施。

第十一条　粉尘涉爆企业应当定期辨识粉尘云、点燃源等粉尘爆炸危险因素，确定粉尘爆炸危险场所的位置、范围，并根据粉尘爆炸特性和涉粉作业人数等关键要素，评估确定有关危险场所安全风险等级，制定并落实管控措施，明确责任部门和责任人员，建立安全风险清单，及时维护安全风险辨识、评估、管控过程的信息档案。

粉尘涉爆企业应当在粉尘爆炸较大危险因素的工艺、场所、设施设备和岗位，设置安全警示标志。

涉及粉尘爆炸危险的工艺、场所、设施设备等发生变更的，粉尘涉爆企业应当重新进行安全风险辨识评估。

第十二条　粉尘涉爆企业应当根据《粉尘防爆安全规程》等有关国家标准或者行业标准，结合粉尘爆炸风险管控措施，建立事故隐患排查清单，明确和细化排查事项、具体内容、排查周期及责任人员，及时组织开展事故隐患排查治理，如实记录隐患排查治理情况，并向从业人员通报。

构成工贸行业重大事故隐患判定标准规定的重大事故隐患的，应当按照有关规定制定治理方案，落实措施、责任、资金、时限和应急预案，及时消除事故隐患。

第十三条　粉尘涉爆企业新建、改建、扩建涉及粉尘爆炸危险的工程项目安全设施的设计、施工应当按照《粉尘防爆安全规程》等有关国家标准或者行业标准，在安全设施设计文件、施工方案中明确粉尘防爆的相关内容。

设计单位应当对安全设施粉尘防爆相关的设计负责，施工单位应当按照设计进行施工，并对施工质量负责。

第十四条　粉尘涉爆企业存在粉尘爆炸危险场所的建（构）筑物的结构和布局应当符合《粉尘防爆安全规程》等有关国家标准或者行业标准要求，采取防火防爆、防雷等措施，单层厂房屋顶一般应当采用轻型结构，多层厂房应当为框架结构，并设置符合有关标准要求的泄压面积。

粉尘涉爆企业应当严格控制粉尘爆炸危险场所内作业人员数量，在粉尘爆炸危险场所内不得设置员工宿舍、休息室、办公室、会议室等，粉尘爆炸危险场所与其他厂房、仓库、民用建筑的防火间距应当符合《建筑设计防火规范》的规定。

第十五条　粉尘涉爆企业应当按照《粉尘防爆安全规程》等有关国家标准或者行业标准规定，将粉尘爆炸危险场所除尘系统按照不同工艺分区域相对独立设置，可燃性粉尘不得与可燃气体等易加剧爆炸危险的介质共用一套除尘系统，不同防火分区的除尘系统禁止互联互通。存在粉尘爆炸危险的工艺设备应当采用泄爆、隔爆、惰化、抑爆、抗爆等一种或者多种控爆措施，但不得单独采取隔爆措施。禁止采用粉尘沉降室除尘或者采用巷道式构筑物作为除尘风道。铝镁等金属粉尘应当采用负压方式除尘，其他粉尘受工艺条件限制，采用正压方式吹送时，应当采取可靠的防范点燃源的措施。

采用干式除尘系统的粉尘涉爆企业应当按照《粉尘防爆安全规程》等有关国家标准或者行业标准规定，结合工艺实际情况，安装使用锁气卸灰、火花探测熄灭、风压差监测等装置，以及相关安全设备的监测预警信息系统，加强对可能存在点燃源和粉尘云的粉尘爆炸危险场所的实时监控。铝镁等金属粉尘湿式除尘系统应当安装与打磨抛光设备联锁的液位、流速监测报警装置，并保持作业场所和除尘器本体良好通风，防止氢气积聚，及时规范清理沉淀的粉尘泥浆。

第十六条　针对粉碎、研磨、造粒、砂光等易产生机械点燃源的工艺，粉尘涉爆企业应当规范采取杂物去除或者火花探测消除等防范点燃源措施，并定期清理维护，做好相关记录。

第十七条　粉尘防爆相关的泄爆、隔爆、抑爆、惰化、锁气卸灰、除杂、监测、报警、火花探测消除等安全设备的设计、制造、安装、使用、检测、维修、改造和报废，应当符合《粉尘防爆安全规程》等有关国家标准或者行业标准，相关设计、制造、安装单位应当提供相关设备安全性能和使用说明等资料，对安全设备的安全性能负责。

粉尘涉爆企业应当对粉尘防爆安全设备进行经常性维护、保养，并按照《粉尘防爆安全规程》等有关国家标准或者行业标准定期检测或者检查，保证正常运行，做好相关记录，不得关闭、破坏直接关系粉尘防爆安全的监控、报警、防控等设备、设施，或者篡改、隐瞒、销毁其相关数据、信息。粉尘涉爆企业应当规范选用与爆炸危险区域相适应的防爆型电气设备。

第十八条　粉尘涉爆企业应当按照《粉尘防爆安全规程》等有关国家标准或者行业标准，制定并严格落实粉尘爆炸危险场所的粉尘清理制度，明确清理范围、清理周期、清理方式和责任人员，并在相关粉尘爆炸危险场所醒目位置张贴。相关责任人员应当定期清理粉尘并如实记录，确保可能积尘的粉尘作业区域和设备设施全面及时规范清理。粉尘作业区域应当保证每班清理。

铝镁等金属粉尘和镁合金废屑的收集、贮存等处置环节，应当避免粉尘废屑大量堆积或者装袋后多层堆垛码放；需要临时存放的，应当设置相对独立的暂存场所，远离作业现场等人员密集场所，并采取防水防潮、通风、氢气监测等必要的防火防爆措施。含水镁合金废屑应当优先采用机械压块处理方式，镁合金粉尘应当优先采用大量水浸泡方式暂存。

第十九条　粉尘涉爆企业对粉尘爆炸危险场所设备设施或者除尘系统的检修维修作业，应当实行专项作业审批。作业前，应当制定专项方案；对存在粉尘沉积的除尘器、管道等设施设备进行动火作业前，应当清理干净内部积尘和作业区域的可燃性粉尘。作业时，生产设备应当处于停止运行状态，检修维修工具应当采用防止产生火花的防爆工具。作业后，应当妥善清理现场，作业点最高温度恢复到常温后方可重新开始生产。

第二十条　粉尘涉爆企业应当做好粉尘爆炸危险场所设施设备的维护保养，加强对检修承包单位的安全管理，在承包协议中明确规定双方的安全生产权利义务，对检修承包单位的检修方案中涉及粉尘防爆的安全措施和应急处置措施进行审核，并监督承包单位落实。

第二十一条　安全生产技术服务机构为粉尘涉爆企业提供粉尘防爆相关的安全评价、检测、检验、风险评估、隐患排查等安全生产技术服务，应当按照法律、法规、规章和《粉尘防爆安全规程》等有关国家标准或者行业标准开展工作，保证其出具的报告和作出的结果真实、准确、完整，不得弄虚作假。

第三章　监督检查

第二十二条　负责粉尘涉爆企业安全监管的部门应当按照分级属地原则，加强对企业粉尘防爆安全工作的监督检查，制定并落实年度监督检查计划，将粉尘作业人数多、爆炸风险较高的企业作为重点检查对象。

第二十三条　负责粉尘涉爆企业安全监管的部门对企业实施监督检查时，应当重点检查下列内容：

（一）粉尘防爆安全生产责任制和相关安全管理制度的建立、落实情况；

（二）粉尘爆炸风险清单和辨识管控信息档案；

（三）粉尘爆炸事故隐患排查治理台账；

（四）粉尘清理和处置记录；

（五）粉尘防爆专项安全生产教育和培训记录；

（六）粉尘爆炸危险场所检修、维修、动火等作业安全管理情况；

（七）安全设备定期维护保养、检测或者检查等情况；

（八）涉及粉尘爆炸危险的安全设施与主体工程同时设计、同时施工、同时投入生产和使用情况；

（九）应急预案的制定、演练情况。

第二十四条　负责粉尘涉爆企业安全监管的部门应当按照工贸行业重大事故隐患判定标准、执法检查重点事项等有关标准和规定，对企业除尘系统、防火防爆、粉尘清理处置等重点部位和关键环节的粉尘防爆安全措施落实情况进行监督检查，督促企业落实粉尘防爆安全生产主体责任。

第二十五条　负责粉尘涉爆企业安全监管的部门可以根据需要，委托安全生产技术服务机构提供安全评价、检测、检验、隐患排查等技术服务，并承担相关费用。安全生产技术服务机构对其出具的有关报告和作出的结果负责。

安全生产技术服务机构出具的有关报告或者作出的结果可以作为行政执法的依据之一。

粉尘涉爆企业不得拒绝、阻挠负责粉尘涉爆企业安全监管的部门委托的安全生产技术服务机构开展技术服务工作。

第二十六条　负责粉尘涉爆企业安全监管的部门应当加强对监督检查人员的粉尘防爆专业知识培训，使其了解相关法律法规和标准要求，掌握执法检查重点事项和重大事故隐患判定标准，提高其行政执法能力。

第四章　法律责任

第二十七条　粉尘涉爆企业有下列行为之一的，由负责粉尘涉爆企业安全监管的部门依照《中华人民共和国安全生产法》有关规定，责令限期改正，处5万元以下的罚款；逾期未改正的，处5万元以上20万元以下的罚款，对其直接负责的主管人员和其他直接责任人员处1万元以上2万元以下的罚款；情节严重的，责令停产停业整顿；构成犯罪的，依照刑法有关规定追究刑事责任：

（一）未在产生、输送、收集、贮存可燃性粉尘，并且有较大危险因素的场所、设施和设备上设置明显的安全警示标志的；

（二）粉尘防爆安全设备的安装、使用、检测、改造和报废不符合国家标准或者行业标准的；

（三）未对粉尘防爆安全设备进行经常性维护、保养和定期检测或者检查的；

（四）未为粉尘作业岗位相关从业人员提供符合国家标准或者行业标准的劳动防护用品的；

（五）关闭、破坏直接关系粉尘防爆安全的监控、报警、防控等设备、设施，或者篡改、隐瞒、销毁其相关数据、信息的。

第二十八条 粉尘涉爆企业有下列行为之一的，由负责粉尘涉爆企业安全监管的部门依照《中华人民共和国安全生产法》有关规定，责令限期改正，处 10 万元以下的罚款；逾期未改正的，责令停产停业整顿，并处 10 万元以上 20 万元以下的罚款，对其直接负责的主管人员和其他直接责任人员处 2 万元以上 5 万元以下的罚款：

（一）未按照规定对有关负责人和粉尘作业岗位相关从业人员进行粉尘防爆专项安全生产教育和培训，或者未如实记录专项安全生产教育和培训情况的；

（二）未如实记录粉尘防爆隐患排查治理情况或者未向从业人员通报的；

（三）未制定有关粉尘爆炸事故应急救援预案或者未定期组织演练的。

第二十九条 粉尘涉爆企业违反本规定第十四条、第十五条、第十六条、第十八条、第十九条的规定，同时构成事故隐患，未采取措施消除的，依照《中华人民共和国安全生产法》有关规定，由负责粉尘涉爆企业安全监管的部门责令立即消除或者限期消除，处 5 万元以下的罚款；企业拒不执行的，责令停产停业整顿，对其直接负责的主管人员和其他直接责任人员处 5 万元以上 10 万元以下的罚款；构成犯罪的，依照刑法有关规定追究刑事责任。

第三十条 粉尘涉爆企业有下列情形之一的，由负责粉尘涉爆企业安全监管的部门责令限期改正，处 3 万元以下的罚款，对其直接负责的主管人员和其他直接责任人员处 1 万元以下的罚款：

（一）企业新建、改建、扩建工程项目安全设施没有进行粉尘防爆安全设计，或者未按照设计进行施工的；

（二）未按照规定建立粉尘防爆安全管理制度或者内容不符合企业实际的；

（三）未按照规定辨识评估管控粉尘爆炸安全风险，未建立安全风险清单或者未及时维护相关信息档案的；

（四）粉尘防爆安全设备未正常运行的。

第三十一条 安全生产技术服务机构接受委托开展技术服务工作，出具失实报告的，依照《中华人民共和国安全生产法》有关规定，责令停业整顿，并处 3 万元以上 10 万元以下的罚款；给他人造成损害的，依法承担赔偿责任。

安全生产技术服务机构接受委托开展技术服务工作，出具虚假报告的，依照《中华人民共和国安全生产法》有关规定，没收违法所得；违法所得在 10 万元以上的，并处违法所得 2 倍以上 5 倍以下的罚款；没有违法所得或者违法所得不足 10 万元的，单处或者并处 10 万元以上 20 万元以下的罚款；对其直接负责的主管人员和其他直接责任人员处 5 万元以上 10 万元以下的罚款；给他人造成损害的，与粉尘涉爆企业承担连带赔偿责任；构成犯罪的，依照刑法有关规定追究刑事责任。

对有前款违法行为的安全生产技术服务机构及其直接责任人员，吊销其相应资质和资格，5 年内不得从事安全评价、认证、检测、检验等工作，情节严重的，实行终身行业和职业禁入。

第五章 附 则

第三十二条 本规定自 2021 年 9 月 1 日起施行。

工贸企业有限空间作业安全规定

（2023 年 11 月 29 日应急管理部令第 13 号公布 自 2024 年 1 月 1 日起施行）

第一条 为了保障有限空间作业安全，预防和减少生产安全事故，根据《中华人民共和国安全生产法》等法律法规，制定本规定。

第二条 冶金、有色、建材、机械、轻工、纺织、烟草、商贸等行业的生产经营单位（以下统称工贸企业）有限空间作业的安全管理与监督，适用本规定。

第三条 本规定所称有限空间，是指封闭或者部分封闭，未被设计为固定工作场所，人员可以进入作业，易造成有毒有害、易燃易爆物质积聚或者氧含量不足的空间。

本规定所称有限空间作业，是指人员进入有限空间实施的作业。

第四条 工贸企业主要负责人是有限空间作业安全第一责任人，应当组织制定有限空间作业安全管理制度，明确有限空间作业审批人、监护人员、作业人员的职责，以及安全培训、作业审批、防护用品、应急救援装备、操作规程和应急处置等方面的要求。

第五条　工贸企业应当实行有限空间作业监护制，明确专职或者兼职的监护人员，负责监督有限空间作业安全措施的落实。

监护人员应当具备与监督有限空间作业相适应的安全知识和应急处置能力，能够正确使用气体检测、机械通风、呼吸防护、应急救援等用品、装备。

第六条　工贸企业应当对有限空间进行辨识，建立有限空间管理台账，明确有限空间数量、位置以及危险因素等信息，并及时更新。

鼓励工贸企业采用信息化、数字化和智能化技术，提升有限空间作业安全风险管控水平。

第七条　工贸企业应当根据有限空间作业安全风险大小，明确审批要求。

对于存在硫化氢、一氧化碳、二氧化碳等中毒和窒息等风险的有限空间作业，应当由工贸企业主要负责人或者其书面委托的人员进行审批，委托进行审批的，相关责任仍由工贸企业主要负责人承担。

未经工贸企业确定的作业审批人批准，不得实施有限空间作业。

第八条　工贸企业将有限空间作业依法发包给其他单位实施的，应当与承包单位在合同或者协议中约定各自的安全生产管理职责。工贸企业对其发包的有限空间作业统一协调、管理，并对现场作业进行安全检查，督促承包单位有效落实各项安全措施。

第九条　工贸企业应当每年至少组织一次有限空间作业专题安全培训，对作业审批人、监护人员、作业人员和应急救援人员培训有限空间作业安全知识和技能，并如实记录。

未经培训合格不得参与有限空间作业。

第十条　工贸企业应当制定有限空间作业现场处置方案，按规定组织演练，并进行演练效果评估。

第十一条　工贸企业应当在有限空间出入口等醒目位置设置明显的安全警示标志，并在具备条件的场所设置安全风险告知牌。

第十二条　工贸企业应当对可能产生有毒物质的有限空间采取上锁、隔离栏、防护网或者其他物理隔离措施，防止人员未经审批进入。监护人员负责在作业前解除物理隔离措施。

第十三条　工贸企业应当根据有限空间危险因素的特点，配备符合国家标准或者行业标准的气体检测报警仪器、机械通风设备、呼吸防护用品、全身式安全带等防护用品和应急救援装备，并对相关用品、装备进行经常性维护、保养和定期检测，确保能够正常使用。

第十四条　有限空间作业应当严格遵守"先通风、再检测、后作业"要求。存在爆炸风险的，应当采取消除或者控制措施，相关电气设施设备、照明灯具、应急救援装备等应当符合防爆安全要求。

作业前，应当组织对作业人员进行安全交底，监护人员应当对通风、检测和必要的隔断、清除、置换等风险管控措施逐项进行检查，确认防护用品能够正常使用且作业现场配备必要的应急救援装备，确保各项作业条件符合安全要求。有专业救援队伍的工贸企业，应急救援人员应当做好应急救援准备，确保及时有效处置突发情况。

第十五条　监护人员应当全程进行监护，与作业人员保持实时联络，不得离开作业现场或者进入有限空间参与作业。

发现异常情况时，监护人员应当立即组织作业人员撤离现场。发生有限空间作业事故后，应当立即按照现场处置方案进行应急处置，组织科学施救。未做好安全措施盲目施救的，监护人员应当予以制止。

作业过程中，工贸企业应当安排专人对作业区域持续进行通风和气体浓度检测。作业中断的，作业人员再次进入有限空间作业前，应当重新通风、气体检测合格后方可进入。

第十六条　存在硫化氢、一氧化碳、二氧化碳等中毒和窒息风险、需要重点监督管理的有限空间，实行目录管理。

监管目录由应急管理部确定、调整并公布。

第十七条　负责工贸企业安全生产监督管理的部门应当加强对工贸企业有限空间作业的监督检查，将检查纳入年度监督检查计划。对发现的事故隐患和违法行为，依法作出处理。

负责工贸企业安全生产监督管理的部门应当将存在硫化氢、一氧化碳、二氧化碳等中毒和窒息风险的有限空间作业工贸企业纳入重点检查范围，突出对监护人员配备和履职情况、作业审批、防护用品和应急救援装备配备等事项的检查。

第十八条　负责工贸企业安全生产监督管理的部门及其行政执法人员发现有限空间作业存在重大事故隐患的，应当责令立即或者限期整改；重大事故隐患排除前或者排除过程中无法保证安全的，应当责令暂时停止作业，撤出作业人员；重大事故隐患排除后，经审查同意，方可恢复作业。

第十九条　工贸企业有下列行为之一的，责令限期改正，处5万元以下的罚款；逾期未改正的，处5万元以上20万元以下的罚款，对其直接负责的主管人员和其他直接责任人员处 1 万元以上 2 万元以下的罚款；情节严重的，责令停产停业整顿；构成犯罪的，依照刑法有关规定追究刑事责任：

（一）未按照规定设置明显的有限空间安全警示标志的；

（二）未按照规定配备、使用符合国家标准或者行业标准的有限空间作业安全仪器、设备、装备和器材的，或者未对其进行经常性维护、保养和定期检测的。

第二十条 工贸企业有下列行为之一的，责令限期改正，处 10 万元以下的罚款；逾期未改正的，责令停产停业整顿，并处 10 万元以上 20 万元以下的罚款，对其直接负责的主管人员和其他直接责任人员处 2 万元以上 5 万元以下的罚款：

（一）未按照规定开展有限空间作业专题安全培训或者未如实记录安全培训情况的；

（二）未按照规定制定有限空间作业现场处置方案或者未按照规定组织演练的。

第二十一条 违反本规定，有下列情形之一的，责令限期改正，对工贸企业处 5 万元以下的罚款，对其直接负责的主管人员和其他直接责任人员处 1 万元以下的罚款：

（一）未配备监护人员，或者监护人员未按规定履行岗位职责的；

（二）未对有限空间进行辨识，或者未建立有限空间管理台账的；

（三）未落实有限空间作业审批，或者作业未执行"先通风、再检测、后作业"要求的；

（四）未按要求进行通风和气体检测的。

第二十二条 本规定自 2024 年 1 月 1 日起施行。原国家安全生产监督管理总局 2013 年 5 月 20 日公布的《工贸企业有限空间作业安全管理与监督暂行规定》（国家安全生产监督管理总局令第 59 号）同时废止。

工贸企业重大事故隐患判定标准

（2023 年 4 月 14 日应急管理部令第 10 号公布 自 2023 年 5 月 15 日起施行）

第一条 为了准确判定、及时消除工贸企业重大事故隐患（以下简称重大事故隐患），根据《中华人民共和国安全生产法》等法律、行政法规，制定本标准。

第二条 本标准适用于判定冶金、有色、建材、机械、轻工、纺织、烟草、商贸等工贸企业重大事故隐患。工贸企业内涉及危险化学品、消防（火灾）、燃气、特种设备等方面的重大事故隐患判定另有规定的，适用其规定。

第三条 工贸企业有下列情形之一的，应当判定为重大事故隐患：

（一）未对承包单位、承租单位的安全生产工作统一协调、管理，或者未定期进行安全检查的；

（二）特种作业人员未按照规定经专门的安全作业培训并取得相应资格，上岗作业的；

（三）金属冶炼企业主要负责人、安全生产管理人员未按照规定经考核合格的。

第四条 冶金企业有下列情形之一的，应当判定为重大事故隐患：

（一）会议室、活动室、休息室、操作室、交接班室、更衣室（含澡堂）等 6 类人员聚集场所，以及钢铁水罐冷（热）修工位设置在铁水、钢水、液渣吊运跨的地坪区域内的；

（二）生产期间冶炼、精炼和铸造生产区域的事故坑、炉下渣坑，以及熔融金属泄漏和喷溅影响范围内的炉前平台、炉基区域、厂房内吊运和地面运输通道等 6 类区域存在积水的；

（三）炼钢连铸流程未设置事故钢水罐、中间罐漏钢坑（槽）、中间罐溢流坑（槽）、漏钢回转溜槽，或者模铸流程未设置事故钢水罐（坑、槽）的；

（四）转炉、电弧炉、AOD 炉、LF 炉、RH 炉、VOD 炉等炼钢炉的水冷元件未设置出水温度、进出水流量差等监测报警装置，或者监测报警装置未与炉体倾动、氧（副）枪自动提升、电极自动断电和升起装置联锁的；

（五）高炉生产期间炉顶工作压力设定值超过设计文件规定的最高工作压力，或者炉顶工作压力监测装置未与炉顶放散阀联锁，或者炉顶放散阀的联锁放散压力设定值超过设备设计压力值的；

（六）煤气生产、回收净化、加压混合、储存、使用设施附近的会议室、活动室、休息室、操作室、交接班室、更衣室等 6 类人员聚集场所，以及可能发生煤气泄漏、积聚的场所和部位未设置固定式一氧化碳浓度监测报警装置，或者监测数据未接入 24 小时有人值守场所的；

（七）加热炉、煤气柜、除尘器、加压机、烘烤器等设施，以及进入车间前的煤气管道未安装隔断装置的；

（八）正压煤气输配管线水封式排水器的最高封

堵煤气压力小于30kPa，或者同一煤气管道隔断装置的两侧共用一个排水器，或者不同煤气管道排水器上部的排水管连通，或者不同介质的煤气管道共用一个排水器的。

第五条 有色企业有下列情形之一的，应当判定为重大事故隐患：

（一）会议室、活动室、休息室、操作室、交接班室、更衣室（含澡堂）等6类人员聚集场所设置在熔融金属吊运跨的地坪区域内的；

（二）生产期间冶炼、精炼、铸造生产区域的事故坑、炉下渣坑，以及熔融金属泄漏、喷溅影响范围内的炉前平台、炉基区域、厂房内吊运和地面运输通道等6类区域存在非生产性积水的；

（三）熔融金属铸造环节未设置紧急排放和应急储存设施的（倾动式熔炼炉、倾动式保温炉、倾动式熔保一体炉、带保温炉的固定式熔炼炉除外）；

（四）采用水冷冷却的冶炼炉窑、铸造机（铝加工深井铸造工艺的结晶器除外）、加热炉未设置应急水源的；

（五）熔融金属冶炼炉窑的闭路循环水冷元件未设置出水温度、进出水流量差监测报警装置，或者开路水冷元件未设置进水流量、压力监测报警装置，或者未监测开路水冷元件出水温度的；

（六）铝加工深井铸造工艺的结晶器冷却水系统未设置进水压力、进水流量监测报警装置，或者监测报警装置未与快速切断阀、紧急排放阀、流槽断开装置联锁，或者监测报警装置未与倾动式浇铸炉控制系统联锁的；

（七）铝加工深井铸造工艺的浇铸炉铝液出口流槽、流槽与模盘（分配流槽）入口连接处未设置液位监测报警装置，或者固定式浇铸炉的铝液出口未设置机械锁紧装置的；

（八）铝加工深井铸造工艺的固定式浇铸炉的铝液流槽未设置紧急排放阀，或者流槽与模盘（分配流槽）入口连接处未设置快速切断阀（断开装置），或者流槽与模盘（分配流槽）入口连接处的液位监测报警装置未与快速切断阀（断开装置）、紧急排放阀联锁的；

（九）铝加工深井铸造工艺的倾动式浇铸炉流槽与模盘（分配流槽）入口连接处未设置快速切断阀（断开装置），或者流槽与模盘（分配流槽）入口连接处的液位监测报警装置未与浇铸炉倾动控制系统、快速切断阀（断开装置）联锁的；

（十）铝加工深井铸造机钢丝卷扬系统选用非钢芯钢丝绳，或者未落实钢丝绳定期检查、更换制度的；

（十一）可能发生一氧化碳、砷化氢、氯气、硫化氢等4种有毒气体泄漏、积聚的场所和部位未设置固定式气体浓度监测报警装置，或者监测数据未接入24小时有人值守场所，或者未对可能有砷化氢气体的场所和部位采取同等效果的检测措施的；

（十二）使用煤气（天然气）并强制送风的燃烧装置的燃气总管未设置压力监测报警装置，或者监测报警装置未与紧急自动切断装置联锁的；

（十三）正压煤气输配管线水封式排水器的最高封堵煤气压力小于30kPa，或者同一煤气管道隔断装置的两侧共用一个排水器，或者不同煤气管道排水器上部的排水管连通，或者不同介质的煤气管道共用一个排水器的。

第六条 建材企业有下列情形之一的，应当判定为重大事故隐患：

（一）煤磨袋式收尘器、煤粉仓未设置温度和固定式一氧化碳浓度监测报警装置，或者未设置气体灭火装置的；

（二）筒型储库人工清库作业未落实清库方案中防止高处坠落、坍塌等安全措施的；

（三）水泥企业电石渣原料筒型储库未设置固定式可燃气体浓度监测报警装置，或者监测报警装置未与事故通风装置联锁的；

（四）进入筒型储库、焙烧窑、预热器旋风筒、分解炉、竖炉、篦冷机、磨机、破碎机前，未对可能意外启动的设备和涌入的物料、高温气体、有毒有害气体等采取隔离措施，或者未落实防止高处坠落、坍塌等安全措施的；

（五）采用预混燃烧方式的燃气窑炉（热发生炉煤气窑炉除外）的燃气总管未设置管道压力监测报警装置，或者监测报警装置未与紧急自动切断装置联锁的；

（六）制氢站、氮氢保护气体配气间、燃气配气间等3类场所未设置固定式可燃气体浓度监测报警装置的；

（七）电熔制品电炉的水冷设备失效的；

（八）玻璃窑炉、玻璃锡槽等设备未设置水冷和风冷保护系统的监测报警装置的。

第七条 机械企业有下列情形之一的，应当判定为重大事故隐患：

（一）会议室、活动室、休息室、更衣室、交接班室等5类人员聚集场所设置在熔融金属吊运跨或者浇注跨的地坪区域内的；

（二）铸造用熔炼炉、精炼炉、保温炉未设置紧急排放和应急储存设施的；

（三）生产期间铸造用熔炼炉、精炼炉、保温炉的炉底、炉坑和事故坑，以及熔融金属泄漏、喷溅影响范围内的炉前平台、炉基区域、造型地坑、浇注作业坑和熔融金属转运通道等8类区域存在积水的；

（四）铸造用熔炼炉、精炼炉、压铸机、氧枪的冷却水系统未设置出水温度、进出水流量差监测报警装置，或者监测报警装置未与熔融金属加热、输送控制系统联锁的；

（五）使用煤气（天然气）的燃烧装置的燃气总管未设置管道压力监测报警装置，或者监测报警装置未与紧急自动切断装置联锁，或者燃烧装置未设置火焰监测和熄火保护系统的；

（六）使用可燃性有机溶剂清洗设备设施、工装器具、地面时，未采取防止可燃气体在周边密闭或者半密闭空间内积聚措施的；

（七）使用非水性漆的调漆间、喷漆室未设置固定式可燃气体浓度监测报警装置或者通风设施的。

第八条 轻工企业有下列情形之一的，应当判定为重大事故隐患：

（一）食品制造企业烘制、油炸设备未设置防过热自动切断装置的；

（二）白酒勾兑、灌装场所和酒库未设置固定式乙醇蒸气浓度监测报警装置，或者监测报警装置未与通风设施联锁的；

（三）纸浆制造、造纸企业使用蒸气、明火直接加热钢瓶汽化液氯的；

（四）日用玻璃、陶瓷制造企业采用预混燃烧方式的燃气窑炉（热发生炉煤气窑炉除外）的燃气总管未设置管道压力监测报警装置，或者监测报警装置未与紧急自动切断装置联锁的；

（五）日用玻璃制造企业玻璃窑炉的冷却保护系统未设置监测报警装置的；

（六）使用非水性漆的调漆间、喷漆室未设置固定式可燃气体浓度监测报警装置或者通风设施的；

（七）锂离子电池储存仓库未对故障电池采取有效物理隔离措施的。

第九条 纺织企业有下列情形之一的，应当判定为重大事故隐患：

（一）纱、线、织物加工的烧毛、开幅、烘干等热定型工艺的汽化室、燃气贮罐、储油罐、热媒炉，未与生产加工等人员聚集场所隔开或者单独设置的；

（二）保险粉、双氧水、次氯酸钠、亚氯酸钠、雕白粉（吊白块）与禁忌物料混合储存，或者保险粉储存场所未采取防水防潮措施的。

第十条 烟草企业有下列情形之一的，应当判定为重大事故隐患：

（一）熏蒸作业场所未配备磷化氢气体浓度监测报警仪器，或者未配备防毒面具，或者熏蒸杀虫作业前未确认无关人员全部撤离熏蒸作业场所的；

（二）使用液态二氧化碳制造膨胀烟丝的生产线和场所未设置固定式二氧化碳浓度监测报警装置，或者监测报警装置未与事故通风设施联锁的。

第十一条 存在粉尘爆炸危险的工贸企业有下列情形之一的，应当判定为重大事故隐患：

（一）粉尘爆炸危险场所设置在非框架结构的多层建（构）筑物内，或者粉尘爆炸危险场所内设有员工宿舍、会议室、办公室、休息室等人员聚集场所的；

（二）不同类别的可燃性粉尘、可燃性粉尘与可燃气体等易加剧爆炸危险的介质共用一套除尘系统，或者不同建（构）筑物、不同防火分区共用一套除尘系统、除尘系统互联互通的；

（三）干式除尘系统未采取泄爆、惰化、抑爆等任一种爆炸防控措施的；

（四）铝镁等金属粉尘除尘系统采用正压除尘方式，或者其他可燃性粉尘除尘系统采用正压吹送粉尘时，未采取火花探测消除等防范点燃源措施的；

（五）除尘系统采用重力沉降室除尘，或者采用干式巷道式构筑物作为除尘风道的；

（六）铝镁等金属粉尘、木质粉尘的干式除尘系统未设置锁气卸灰装置的；

（七）除尘器、收尘仓等划分为20区的粉尘爆炸危险场所电气设备不符合防爆要求的；

（八）粉碎、研磨、造粒等易产生机械点燃源的工艺设备前，未设置铁、石等杂物去除装置，或者木制品加工企业与砂光机连接的风管未设置火花探测消除装置的；

（九）遇湿自燃金属粉尘收集、堆放、储存场所未采取通风等防止氢气积聚措施，或者干式收集、堆放、储存场所未采取防水、防潮措施的；

（十）未落实粉尘清理制度，造成作业现场积尘严重的。

第十二条 使用液氨制冷的工贸企业有下列情形之一的，应当判定为重大事故隐患：

（一）包装、分割、产品整理场所的空调系统采用氨直接蒸发制冷的；

（二）快速冻结装置未设置在单独的作业间内，或者快速冻结装置作业间内作业人员数量超过9人的；

679

第十三条 存在硫化氢、一氧化碳等中毒风险的有限空间作业的工贸企业有下列情形之一的，应当判定为重大事故隐患：

（一）未对有限空间进行辨识、建立安全管理台账，并且未设置明显的安全警示标志的；

（二）未落实有限空间作业审批，或者未执行"先通风、再检测、后作业"要求，或者作业现场未设置监护人员的。

第十四条 本标准所列情形中直接关系生产安全的监控、报警、防护等设施、设备、装置，应当保证正常运行、使用，失效或者无效均判定为重大事故隐患。

第十五条 本标准自 2023 年 5 月 15 日起施行。《工贸行业重大生产安全事故隐患判定标准（2017版）》（安监总管四〔2017〕129 号）同时废止。

工贸企业有限空间重点监管目录

（2023 年 12 月 15 日　应急厅〔2023〕37 号）

一、冶金行业

1. 工艺炉窑：使用煤气的均热炉、预热炉、热风炉、加热炉、混铁炉、连续退火炉、常化炉、干燥炉、回转窑、竖炉、烟气炉。

2. 煤气相关设备设施：有人孔管道，煤气柜、布袋除尘器、电捕焦油器、电除尘器。

3. 惰性气体相关设备设施：煤粉制备系统布袋收粉器、煤粉仓；使用氮（氩）气底吹的炼钢转炉、VD 炉真空室、VOD 炉真空室；炼钢厂设置有氮（氩）气阀门的地下井（坑）。

4. 公辅设备设施：煤气洗涤（冷凝）水处理池（井）、污水收集处理池（井、罐）。

二、有色行业

1. 工艺炉窑：使用煤气的熔炼炉、精炼炉、保温炉、熔保炉、均热炉、热处理炉、煅烧炉、焙烧炉、干燥炉（窑）、回转窑、竖炉、熔盐炉。

2. 煤气相关设备设施：有人孔管道，煤气柜、布袋除尘器、电气滤清器。

3. 公辅设备设施：煤气洗涤（冷凝）水处理池（井）、污水收集处理池（井、罐）。

三、建材行业

1. 工艺设备：立式炉窑，涉及热风的立式磨、球磨机、选粉机。

2. 槽罐：减水剂储罐。

3. 公辅设备设施：污水收集处理池（井、罐）。

四、机械行业

1. 工艺设备：石灰式干式喷房漆雾收集系统。

2. 槽罐：电镀（氧化）槽、酸碱槽、电泳槽、浸漆槽。

3. 公辅设备设施：污水收集处理池（井、罐）。

五、轻工行业

1. 工艺设备设施：发酵池（发酵物储存、周转池）、腌制池、纸浆池（储浆池、废浆池）、皮浆池、转鼓。

2. 槽罐：发酵罐（槽）、浸出罐、贮糖罐（糖浆箱）、酸碱罐（槽）、电镀（氧化）槽、酸碱槽、电泳槽、浸漆槽，干酪素的溶解罐、点酸罐、缓存罐，超纯水氮封水箱，加入含硫添加剂的物料罐。

3. 公辅设备设施：污水收集处理池（井、罐）。

六、纺织行业

1. 槽罐：酸碱罐。

2. 公辅设备设施：污水收集处理池（井、罐）。

七、烟草行业

公辅设备设施：污水收集处理池（井、罐）。

说明：本目录中列出的有限空间，易发生中毒和窒息事故，作为工贸安全监管部门监督检查和企业日常安全管理的重点。本目录未列出的有限空间，企业也应当按规定落实相应的安全风险管控措施。经辨识分析存在硫化氢、一氧化碳、二氧化碳等中毒和窒息风险的其他有限空间，应当纳入重点范围。

十、农业机械安全

1. 法　规

农业机械安全监督管理条例

（2009年9月17日中华人民共和国国务院令第563号公布　根据2016年2月6日《国务院关于修改部分行政法规的决定》第一次修订　根据2019年3月2日《国务院关于修改部分行政法规的决定》第二次修订）

第一章　总　则

第一条　为了加强农业机械安全监督管理，预防和减少农业机械事故，保障人民生命和财产安全，制定本条例。

第二条　在中华人民共和国境内从事农业机械的生产、销售、维修、使用操作以及安全监督管理等活动，应当遵守本条例。

本条例所称农业机械，是指用于农业生产及其产品初加工等相关农事活动的机械、设备。

第三条　农业机械安全监督管理应当遵循以人为本、预防事故、保障安全、促进发展的原则。

第四条　县级以上人民政府应当加强对农业机械安全监督管理工作的领导，完善农业机械安全监督管理体系，增加对农民购买农业机械的补贴，保障农业机械安全的财政投入，建立健全农业机械安全生产责任制。

第五条　国务院有关部门和地方各级人民政府、有关部门应当加强农业机械安全法律、法规、标准和知识的宣传教育。

农业生产经营组织、农业机械所有人应当对农业机械操作人员及相关人员进行农业机械安全使用教育，提高其安全意识。

第六条　国家鼓励和支持开发、生产、推广、应用先进适用、安全可靠、节能环保的农业机械，建立健全农业机械安全技术标准和安全操作规程。

第七条　国家鼓励农业机械操作人员、维修技术人员参加职业技能培训和依法成立安全互助组织，提高农业机械安全操作水平。

第八条　国家建立落后农业机械淘汰制度和危及人身财产安全的农业机械报废制度，并对淘汰和报废的农业机械依法实行回收。

第九条　国务院农业机械化主管部门、工业主管部门、市场监督管理部门等有关部门依照本条例和国务院规定的职责，负责农业机械安全监督管理工作。

县级以上地方人民政府农业机械化主管部门、工业主管部门和市场监督管理部门等有关部门按照各自职责，负责本行政区域的农业机械安全监督管理工作。

第二章　生产、销售和维修

第十条　国务院工业主管部门负责制定并组织实施农业机械工业产业政策和有关规划。

国务院标准化主管部门负责制定发布农业机械安全技术国家标准，并根据实际情况及时修订。农业机械安全技术标准是强制执行的标准。

第十一条　农业机械生产者应当依据农业机械工业产业政策和有关规划，按照农业机械安全技术标准组织生产，并建立健全质量保障控制体系。

对依法实行工业产品生产许可证管理的农业机械，其生产者应当取得相应资质，并按照许可的范围和条件组织生产。

第十二条　农业机械生产者应当按照农业机械安全技术标准对生产的农业机械进行检验；农业机械经检验合格并附具详尽的安全操作说明书和标注安全警示标志后，方可出厂销售；依法必须进行认证的农业机械，在出厂前应当标注认证标志。

上道路行驶的拖拉机，依法必须经过认证的，在出厂前应当标注认证标志，并符合机动车国家安全技术标准。

农业机械生产者应当建立产品出厂记录制度，如实记录农业机械的名称、规格、数量、生产日期、生产批号、检验合格证号、购货者名称及联系方式、销售日期等内容。出厂记录保存期限不得少于3年。

第十三条　进口的农业机械应当符合我国农业机械安全技术标准，并依法由出入境检验检疫机构检验合格。依法必须进行认证的农业机械，还应当由出入境检验检疫机构进行入境验证。

第十四条　农业机械销售者对购进的农业机械应当查验产品合格证明。对依法实行工业产品生产许可证管理、依法必须进行认证的农业机械，还应当验明相应的证明文件或者标志。

农业机械销售者应当建立销售记录制度，如实记录农业机械的名称、规格、生产批号、供货者名称及联系方式、销售流向等内容。销售记录保存期限不得少于3年。

农业机械销售者应当向购买者说明农业机械操作方法和安全注意事项，并依法开具销售发票。

第十五条　农业机械生产者、销售者应当建立健全农业机械销售服务体系，依法承担产品质量责任。

第十六条　农业机械生产者、销售者发现其生产、销售的农业机械存在设计、制造等缺陷，可能对人身财产安全造成损害的，应当立即停止生产、销售，及时报告当地市场监督管理部门，通知农业机械使用者停止使用。农业机械生产者应当及时召回存在设计、制造等缺陷的农业机械。

农业机械生产者、销售者不履行本条第一款义务的，市场监督管理部门可以责令生产者召回农业机械，责令销售者停止销售农业机械。

第十七条　禁止生产、销售下列农业机械：

（一）不符合农业机械安全技术标准的；

（二）依法实行工业产品生产许可证管理而未取得许可证的；

（三）依法必须进行认证而未经认证的；

（四）利用残次零配件或者报废农业机械的发动机、方向机、变速器、车架等部件拼装的；

（五）国家明令淘汰的。

第十八条　从事农业机械维修经营，应当有必要的维修场地，有必要的维修设施、设备和检测仪器，有相应的维修技术人员，有安全防护和环境保护措施。

第十九条　农业机械维修经营者应当遵守国家有关维修质量安全技术规范和维修质量保证期的规定，确保维修质量。

从事农业机械维修不得有下列行为：

（一）使用不符合农业机械安全技术标准的零配件；

（二）拼装、改装农业机械整机；

（三）承揽维修已经达到报废条件的农业机械；

（四）法律、法规和国务院农业机械化主管部门规定的其他禁止性行为。

第三章　使用操作

第二十条　农业机械操作人员可以参加农业机械操作人员的技能培训，可以向有关农业机械化主管部门、人力资源和社会保障部门申请职业技能鉴定，获取相应等级的国家职业资格证书。

第二十一条　拖拉机、联合收割机投入使用前，其所有人应当按照国务院农业机械化主管部门的规定，持本人身份证明和机具来源证明，向所在地县级人民政府农业机械化主管部门申请登记。拖拉机、联合收割机经安全检验合格的，农业机械化主管部门应当在2个工作日内予以登记并核发相应的证书和牌照。

拖拉机、联合收割机使用期间登记事项发生变更的，其所有人应当按照国务院农业机械化主管部门的规定申请变更登记。

第二十二条　拖拉机、联合收割机操作人员经过培训后，应当按照国务院农业机械化主管部门的规定，参加县级人民政府农业机械化主管部门组织的考试。考试合格的，农业机械化主管部门应当在2个工作日内核发相应的操作证件。

拖拉机、联合收割机操作证件有效期为6年；有效期满，拖拉机、联合收割机操作人员可以向原发证机关申请续展。未满18周岁不得操作拖拉机、联合收割机。操作人员年满70周岁的，县级人民政府农业机械化主管部门应当注销其操作证件。

第二十三条　拖拉机、联合收割机应当悬挂牌照。拖拉机上道路行驶，联合收割机因转场作业、维修、安全检验等需要转移的，其操作人员应当携带操作证件。

拖拉机、联合收割机操作人员不得有下列行为：

（一）操作与本人操作证件规定不相符的拖拉机、联合收割机；

（二）操作未按照规定登记、检验或者检验不合格、安全设施不全、机件失效的拖拉机、联合收割机；

（三）使用国家管制的精神药品、麻醉品后操作拖拉机、联合收割机；

（四）患有妨碍安全操作的疾病操作拖拉机、联合收割机；

（五）国务院农业机械化主管部门规定的其他禁止行为。

禁止使用拖拉机、联合收割机违反规定载人。

第二十四条 农业机械操作人员作业前,应当对农业机械进行安全查验;作业时,应当遵守国务院农业机械化主管部门和省、自治区、直辖市人民政府农业机械化主管部门制定的安全操作规程。

第四章 事故处理

第二十五条 县级以上地方人民政府农业机械化主管部门负责农业机械事故责任的认定和调解处理。

本条例所称农业机械事故,是指农业机械在作业或者转移等过程中造成人身伤亡、财产损失的事件。

农业机械在道路上发生的交通事故,由公安机关交通管理部门依照道路交通安全法律、法规处理;拖拉机在道路以外通行时发生的事故,公安机关交通管理部门接到报案的,参照道路交通安全法律、法规处理。农业机械事故造成公路及其附属设施损坏的,由交通主管部门依照公路法律、法规处理。

第二十六条 在道路以外发生的农业机械事故,操作人员和现场其他人员应当立即停止作业或者停止农业机械的转移,保护现场,造成人员伤害的,应当向事故发生地农业机械化主管部门报告;造成人员死亡的,还应当向事故发生地公安机关报告。造成人身伤害的,应当立即采取措施,抢救受伤人员。因抢救受伤人员变动现场的,应当标明位置。

接到报告的农业机械化主管部门和公安机关应当立即派人赶赴现场进行勘验、检查,收集证据,组织抢救受伤人员,尽快恢复正常的生产秩序。

第二十七条 对经过现场勘验、检查的农业机械事故,农业机械化主管部门应当在10个工作日内制作完成农业机械事故认定书;需要进行农业机械鉴定的,应当自收到农业机械鉴定机构出具的鉴定结论之日起5个工作日内制作农业机械事故认定书。

农业机械事故认定书应当载明农业机械事故的基本事实、成因和当事人的责任,并在制作完成农业机械事故认定书之日起3个工作日内送达当事人。

第二十八条 当事人对农业机械事故损害赔偿有争议,请求调解的,应当自收到事故认定书之日起10个工作日内向农业机械化主管部门书面提出调解申请。

调解达成协议的,农业机械化主管部门应当制作调解书送交各方当事人。调解书经各方当事人共同签字后生效。调解不能达成协议或者当事人向人民法院提起诉讼的,农业机械化主管部门应当终止调解并书面通知当事人。调解达成协议后当事人反悔的,可以向人民法院提起诉讼。

第二十九条 农业机械化主管部门应当为当事人处理农业机械事故损害赔偿等后续事宜提供帮助和便利。因农业机械产品质量原因导致事故的,农业机械化主管部门应当依法出具有关证明材料。

农业机械化主管部门应当定期将农业机械事故统计情况及说明材料报送上级农业机械化主管部门并抄送同级安全生产监督管理部门。

农业机械事故构成生产安全事故的,应当依照相关法律、行政法规的规定调查处理并追究责任。

第五章 服务与监督

第三十条 县级以上地方人民政府农业机械化主管部门应当定期对危及人身财产安全的农业机械进行免费实地安全检验。但是道路交通安全法律对拖拉机的安全检验另有规定的,从其规定。

拖拉机、联合收割机的安全检验为每年1次。

实施安全技术检验的机构应当对检验结果承担法律责任。

第三十一条 农业机械化主管部门在安全检验中发现农业机械存在事故隐患的,应当告知其所有人停止使用并及时排除隐患。

实施安全检验的农业机械化主管部门应当对安全检验情况进行汇总,建立农业机械安全监督管理档案。

第三十二条 联合收割机跨行政区域作业前,当地县级人民政府农业机械化主管部门应当会同有关部门,对跨行政区域作业的联合收割机进行必要的安全检查,并对操作人员进行安全教育。

第三十三条 国务院农业机械化主管部门应当定期对农业机械安全使用状况进行分析评估,发布相关信息。

第三十四条 国务院工业主管部门应当定期对农业机械生产行业运行态势进行监测和分析,并按照先进适用、安全可靠、节能环保的要求,会同国务院农业机械化主管部门、市场监督管理部门等有关部门制定、公布国家明令淘汰的农业机械产品目录。

第三十五条 危及人身财产安全的农业机械达到报废条件的,应当停止使用,予以报废。农业机械的报废条件由国务院农业机械化主管部门会同国务院市场监督管理部门、工业主管部门规定。

县级人民政府农业机械化主管部门对达到报废条件的危及人身财产安全的农业机械,应当书面告知其所有人。

第三十六条 国家对达到报废条件或者正在使用的国家已经明令淘汰的农业机械实行回收。农业机械回收办法由国务院农业机械化主管部门会同国务院财政部门、商务主管部门制定。

第三十七条 回收的农业机械由县级人民政府农业机械化主管部门监督回收单位进行解体或者销毁。

第三十八条 使用操作过程中发现农业机械存在产品质量、维修质量问题的，当事人可以向县级以上地方人民政府农业机械化主管部门或者市场监督管理部门投诉。接到投诉的部门对属于职责范围内的事项，应当依法及时处理；对不属于职责范围内的事项，应当及时移交有权处理的部门，有权处理的部门应当立即处理，不得推诿。

县级以上地方人民政府农业机械化主管部门和市场监督管理部门应当定期汇总农业机械产品质量、维修质量投诉情况并逐级上报。

第三十九条 国务院农业机械化主管部门和省、自治区、直辖市人民政府农业机械化主管部门应当根据投诉情况和农业安全生产需要，组织开展在用的特定种类农业机械的安全鉴定和重点检查，并公布结果。

第四十条 农业机械安全监督管理执法人员在农田、场院等场所进行农业机械安全监督检查时，可以采取下列措施：

（一）向有关单位和个人了解情况，查阅、复制有关资料；

（二）查验拖拉机、联合收割机证书、牌照及有关操作证件；

（三）检查危及人身财产安全的农业机械的安全状况，对存在重大事故隐患的农业机械，责令当事人立即停止作业或者停止农业机械的转移，并进行维修；

（四）责令农业机械操作人员改正违规操作行为。

第四十一条 发生农业机械事故后企图逃逸的、拒不停止存在重大事故隐患农业机械的作业或者转移的，县级以上地方人民政府农业机械化主管部门可以扣押有关农业机械及证书、牌照、操作证件。案件处理完毕或者农业机械事故肇事方提供担保的，县级以上地方人民政府农业机械化主管部门应当及时退还被扣押的农业机械及证书、牌照、操作证件。存在重大事故隐患的农业机械，其所有人或者使用人排除隐患前不得继续使用。

第四十二条 农业机械安全监督管理执法人员进行安全监督检查时，应当佩戴统一标志，出示行政执法证件。农业机械安全监督检查、事故勘察车辆应当在车身喷涂统一标识。

第四十三条 农业机械化主管部门不得为农业机械指定维修经营者。

第四十四条 农业机械化主管部门应当定期向同级公安机关交通管理部门通报拖拉机登记、检验以及有关证书、牌照、操作证件发放情况。公安机关交通管理部门应当定期向同级农业机械化主管部门通报农业机械在道路上发生的交通事故及处理情况。

第六章 法 律 责 任

第四十五条 县级以上地方人民政府农业机械化主管部门、工业主管部门、市场监督管理部门及其工作人员有下列行为之一的，对直接负责的主管人员和其他直接责任人员，依法给予处分，构成犯罪的，依法追究刑事责任：

（一）不依法对拖拉机、联合收割机实施安全检验、登记，或者不依法核发拖拉机、联合收割机证书、牌照的；

（二）对未经考试合格者核发拖拉机、联合收割机操作证件，或者对经考试合格者拒不核发拖拉机、联合收割机操作证件的；

（三）不依法处理农业机械事故，或者不依法出具农业机械事故认定书和其他证明材料的；

（四）在农业机械生产、销售等过程中不依法履行监督管理职责的；

（五）其他未依照本条例的规定履行职责的行为。

第四十六条 生产、销售利用残次零配件或者报废农业机械的发动机、方向机、变速器、车架等部件拼装的农业机械的，由县级以上人民政府市场监督管理部门责令停止生产、销售，没收违法所得和违法生产、销售的农业机械，并处违法产品货值金额1倍以上3倍以下罚款；情节严重的，吊销营业执照。

农业机械生产者、销售者违反工业产品生产许可证管理、认证认可管理、安全技术标准管理以及产品质量管理的，依照有关法律、行政法规处罚。

第四十七条 农业机械销售者未依照本条例的规定建立、保存销售记录的，由县级以上人民政府市场监督管理部门责令改正，给予警告；拒不改正的，处1000元以上1万元以下罚款，并责令停业整顿；情节严重的，吊销营业执照。

第四十八条 从事农业机械维修经营不符合本条例第十八条规定的，由县级以上地方人民政府农业机械化主管部门责令改正；拒不改正的，处5000元以上1万元以下罚款。

第四十九条 农业机械维修经营者使用不符合农业机械安全技术标准的配件维修农业机械，或者拼装、改装农业机械整机，或者承揽维修已经达到报废条件的农业机械的，由县级以上地方人民政府农业机械化主管部门责令改正，没收违法所得，并处违法经营额1倍以上2倍以下罚款；拒不改正的，处违法经营额2倍以上5倍以下罚款。

第五十条 未按照规定办理登记手续并取得相应的证书和牌照，擅自将拖拉机、联合收割机投入使用，或者未按照规定办理变更登记手续的，由县级以上地方人民政府农业机械化主管部门责令限期补办相关手续；逾期不补办的，责令停止使用；拒不停止使用的，扣押拖拉机、联合收割机，并处200元以上2000元以下罚款。

当事人补办相关手续的，应当及时退还扣押的拖拉机、联合收割机。

第五十一条 伪造、变造或者使用伪造、变造的拖拉机、联合收割机证书和牌照的，或者使用其他拖拉机、联合收割机的证书和牌照的，由县级以上地方人民政府农业机械化主管部门收缴伪造、变造或者使用的证书和牌照，对违法行为人予以批评教育，并处200元以上2000元以下罚款。

第五十二条 未取得拖拉机、联合收割机操作证件而操作拖拉机、联合收割机的，由县级以上地方人民政府农业机械化主管部门责令改正，处100元以上500元以下罚款。

第五十三条 拖拉机、联合收割机操作人员操作与本人操作证件规定不相符的拖拉机、联合收割机，或者操作未按照规定登记、检验或者检验不合格、安全设施不全、机件失效的拖拉机、联合收割机，或者使用国家管制的精神药品、麻醉品后操作拖拉机、联合收割机，或者患有妨碍安全操作的疾病操作拖拉机、联合收割机的，由县级以上地方人民政府农业机械化主管部门对违法行为人予以批评教育，责令改正；拒不改正的，处100元以上500元以下罚款；情节严重的，吊销有关人员的操作证件。

第五十四条 使用拖拉机、联合收割机违反规定载人的，由县级以上地方人民政府农业机械化主管部门对违法行为人予以批评教育，责令改正；拒不改正的，扣押拖拉机、联合收割机的证书、牌照；情节严重的，吊销有关人员的操作证件。非法从事经营性道路旅客运输的，由交通主管部门依照道路运输管理法律、行政法规处罚。

当事人改正违法行为的，应当及时退还扣押的拖拉机、联合收割机的证书、牌照。

第五十五条 经检验、检查发现农业机械存在事故隐患，经农业机械化主管部门告知拒不排除并继续使用的，由县级以上地方人民政府农业机械化主管部门对违法行为人予以批评教育，责令改正；拒不改正的，责令停止使用；拒不停止使用的，扣押存在事故隐患的农业机械。

事故隐患排除后，应当及时退还扣押的农业机械。

第五十六条 违反本条例规定，造成他人人身伤亡或者财产损失的，依法承担民事责任；构成违反治安管理行为的，依法给予治安管理处罚；构成犯罪的，依法追究刑事责任。

第七章 附 则

第五十七条 本条例所称危及人身财产安全的农业机械，是指对人身财产安全可能造成损害的农业机械，包括拖拉机、联合收割机、机动植保机械、机动脱粒机、饲料粉碎机、插秧机、铡草机等。

第五十八条 本条例规定的农业机械证书、牌照、操作证件，由国务院农业机械化主管部门会同国务院有关部门统一规定式样，由国务院农业机械化主管部门监制。

第五十九条 拖拉机操作证件考试收费、安全技术检验收费和牌证的工本费，应当严格执行国务院价格主管部门核定的收费标准。

第六十条 本条例自2009年11月1日起施行。

2. 规章及部门规范性文件

农业机械事故处理办法

(2011年1月12日农业部令2011年第2号公布 根据2022年1月7日《农业农村部关于修改和废止部分规章、规范性文件的决定》修正)

第一章 总 则

第一条 为规范农业机械事故处理工作，维护农业机械安全生产秩序，保护农业机械事故当事人的合法权益，根据《农业机械安全监督管理条例》等法律、法规，制定本办法。

第二条 本办法所称农业机械事故（以下简称农机事故），是指农业机械在作业或转移等过程中造成人身伤亡、财产损失的事件。

农机事故分为特别重大农机事故、重大农机事故、较大农机事故和一般农机事故：

（一）特别重大农机事故，是指造成30人以上死亡，或者100人以上重伤的事故，或者1亿元以上直接经济损失的事故；

（二）重大农机事故，是指造成10人以上30人以下死亡，或者50人以上100人以下重伤的事故，或者5000万元以上1亿元以下直接经济损失的事故；

（三）较大农机事故，是指造成3人以上10人以下死亡，或者10人以上50人以下重伤的事故，或者1000万元以上5000万元以下直接经济损失的事故；

（四）一般农机事故，是指造成3人以下死亡，或者10人以下重伤，或者1000万元以下直接经济损失的事故。

第三条 县级以上地方人民政府农业机械化主管部门负责农业机械事故责任的认定和调解处理。

县级以上地方人民政府农业机械化主管部门所属的农业机械安全监督管理机构（以下简称农机安全监理机构）承担本辖区农机事故处理的具体工作。

法律、行政法规对农机事故的处理部门另有规定的，从其规定。

第四条 对特别重大、重大、较大农机事故，农业农村部、省级人民政府农业机械化主管部门和地（市）级人民政府农业机械化主管部门应当分别派员参与调查处理。

第五条 农机事故处理应当遵循公正、公开、便民、效率的原则。

第六条 农机安全监理机构应当按照农机事故处理规范化建设要求，配备必需的人员和事故勘查车辆、现场勘查设备、警示标志、取像设备、现场标划用具等装备。

县级以上地方人民政府农业机械化主管部门应当将农机事故处理装备建设和工作经费纳入本部门财政预算。

第七条 农机安全监理机构应当建立24小时值班制度，向社会公布值班电话，保持通讯畅通。

第八条 农机安全监理机构应当做好本辖区农机事故的报告工作，将农机事故情况及时、准确、完整地报送同级农业机械化主管部门和上级农机安全监理机构。

农业机械化主管部门应当定期将农业机械事故统计情况及说明材料报送上级农业机械化主管部门，并抄送同级安全生产监督管理部门。

任何单位和个人不得迟报、漏报、谎报或者瞒报农机事故。

第九条 农机安全监理机构应当建立健全农机事故档案管理制度，指定专人负责农机事故档案管理。

第二章 报案和受理

第十条 发生农机事故后，农机操作人员和现场其他人员应当立即停止农业机械作业或转移，保护现场，并向事故发生地县级农机安全监理机构报案；造成人身伤害的，还应当立即采取措施，抢救受伤人员；造成人员死亡的，还应当向事故发生地公安机关报案。因抢救受伤人员变动现场的，应当标明事故发生时机具和人员的位置。

发生农机事故，未造成人身伤亡，当事人对事实及成因无争议的，可以在就有关事项达成协议后即行撤离现场。

第十一条 发生农机事故后当事人逃逸的，农机事故现场目击者和其他知情人应当向事故发生地县级农机安全监理机构或公安机关举报。接到举报的农机安全监理机构应当协助公安机关开展追查工作。

第十二条 农机安全监理机构接到事故报案，应当记录下列内容：

（一）报案方式、报案时间、报案人姓名、联系方式，电话报案的还应当记录报案电话；

（二）农机事故发生的时间、地点；

（三）人员伤亡和财产损失情况；

（四）农业机械类型、号牌号码、装载物品等情况；

（五）是否存在肇事嫌疑人逃逸等情况。

第十三条 接到事故现场报案的，县级农机安全监理机构应当立即派人勘查现场，并自勘查现场之时起24小时内决定是否立案。

当事人未在事故现场报案，事故发生后请求农机安全监理机构处理的，农机安全监理机构应当按照本办法第十二条的规定予以记录，并在3日内作出是否立案的决定。

第十四条 经核查农机事故事实存在且在管辖范围内的，农机安全监理机构应当立案，并告知当事人。经核查无法证明农机事故事实存在，或不在管辖范围内的，不予立案，书面告知当事人并说明理由。

第十五条 农机安全监理机构对农机事故管辖权有争议的，应当报请共同的上级农机安全监理机构指定管辖。上级农机安全监理机构应当在24小时内作出决定，并通知争议各方。

第三章 勘查处理

第十六条 农机事故应当由2名以上农机事故处理员共同处理。农机事故处理员处理农机事故，应当佩戴统一标志，出示行政执法证件。

第十七条 农机事故处理员与事故当事人有利害关系、可能影响案件公正处理的，应当回避。

第十八条 农机事故处理员到达现场后，应当立即开展下列工作：

（一）组织抢救受伤人员；

（二）保护、勘查事故现场，拍摄现场照片，绘制现场图，采集、提取痕迹、物证，并制作现场勘查笔录；

（三）对涉及易燃、易爆、剧毒、易腐蚀等危险物品的农机事故，应当立即报告当地人民政府，并协助做好相关工作；

（四）对造成供电、通讯等设施损毁的农机事故，应当立即通知有关部门处理；

（五）确定农机事故当事人、肇事嫌疑人，查找证人，并制作询问笔录；

（六）登记和保护遗留物品。

第十九条 参加勘查的农机事故处理员、当事人或者见证人应当在现场图、勘查笔录和询问笔录上签名或捺印。当事人拒绝或者无法签名、捺印以及无见证人的，应当记录在案。

当事人应当如实陈述事故发生的经过，不得隐瞒。

第二十条 调查事故过程中，农机安全监理机构发现当事人涉嫌犯罪的，应当依法移送公安机关处理；对事故农业机械可以依照《中华人民共和国行政处罚法》的规定，先行登记保存。

发生农机事故后企图逃逸、拒不停止存在重大事故隐患农业机械的作业或者转移的，县级以上地方人民政府农业机械化主管部门可以依法扣押有关农业机械及证书、牌照、操作证件。

第二十一条 农机安全监理机构可以对事故农业机械进行检验，需要对事故当事人的生理、精神状况、人体损伤和事故农业机械行驶速度、痕迹等进行鉴定的，农机安全监理机构应当自现场勘查结束之日起3日内委托具有资质的鉴定机构进行鉴定。

当事人要求自行检验、鉴定的，农机安全监理机构应当向当事人介绍具有资质的检验、鉴定机构，由当事人自行选择。

第二十二条 农机事故处理员在现场勘查过程中，可以使用呼气式酒精测试仪或者唾液试纸，对农业机械操作人员进行酒精含量检测，检测结果应当在现场勘查笔录中载明。

发现当事人有饮酒或者服用国家管制的精神药品、麻醉药品嫌疑的，应当委托有资质的专门机构对当事人提取血样或者尿样，进行相关检测鉴定。检测鉴定结果应当书面告知当事人。

第二十三条 农机安全监理机构应当与检验、鉴定机构约定检验、鉴定的项目和完成的期限，约定的期限不得超过20日。超过20日的，应当报上一级农机安全监理机构批准，但最长不得超过60日。

第二十四条 农机安全监理机构应当自收到书面鉴定报告之日起2日内，将检验、鉴定报告复印件送达当事人。当事人对检验、鉴定报告有异议的，可以在收到检验、鉴定报告之日起3日内申请重新检验、鉴定。县级农机安全监理机构批准重新检验、鉴定的，应当另行委托检验、鉴定机构或者由原检验、鉴定机构另行指派鉴定人。重新检验、鉴定以一次为限。

第二十五条 发生农机事故，需要抢救治疗受伤人员的，抢救治疗费用由肇事嫌疑人和肇事农业机械所有人先行预付。

投保机动车交通事故责任强制保险的拖拉机发生事故，因抢救受伤人员需要保险公司依法支付抢救费用的，事故发生地农业机械化主管部门应当书面通知保险公司。抢救受伤人员需要道路交通事故社会救助基金垫付费用的，事故发生地农业机械化主管部门应当通知道路交通事故社会救助基金管理机构，并协助救助基金管理机构向事故责任人追偿。

第二十六条 农机事故造成人员死亡的，由急救、医疗机构或者法医出具死亡证明。尸体应当存放在殡葬服务单位或者有停尸条件的医疗机构。

对农机事故死者尸体进行检验的，应当通知死者家属或代理人到场。需解剖鉴定的，应当征得死者家属或所在单位的同意。

无法确定死亡人身份的，移交公安机关处理。

第四章 事故认定及复核

第二十七条 农机安全监理机构应当依据以下情况确定当事人的责任：

（一）因一方当事人的过错导致农机事故的，该方当事人承担全部责任；

（二）因两方或者两方以上当事人的过错发生农机事故的，根据其行为对事故发生的作用以及过错的严重程度，分别承担主要责任、同等责任和次要责任；

（三）各方均无导致农机事故的过错，属于意外事故的，各方均无责任；

（四）一方当事人故意造成事故的，他方无责任。

第二十八条 农机安全监理机构在进行事故认定前，应当对证据进行审查：

（一）证据是否为原件、原物，复印件、复制品与原件、原物是否相符；

（二）证据的形式、取证程序是否符合法律规定；

（三）证据的内容是否真实；

（四）证人或者提供证据的人与当事人有无利害关系。

符合规定的证据，可以作为农机事故认定的依据，不符合规定的，不予采信。

第二十九条 农机安全监理机构应当自现场勘查之日起10日内，作出农机事故认定，并制作农机事故认定书。对肇事逃逸案件，应当自查获肇事机械和操作人后10日内制作农机事故认定书。对需要进行鉴定的，应当自收到鉴定结论之日起5日内，制作农机事故认定书。

第三十条 农机事故认定书应当载明以下内容：

（一）事故当事人、农业机械、作业场所的基本情况；

（二）事故发生的基本事实；

（三）事故证据及事故成因分析；

（四）当事人的过错及责任或意外原因；

（五）当事人向农机安全监理机构申请复核、调解和直接向人民法院提起民事诉讼的权利、期限；

（六）作出农机事故认定的农机安全监理机构名称和农机事故认定日期。

农机事故认定书应当由事故处理员签名或盖章，加盖农机事故处理专用章，并在制作完成之日起3日内送达当事人。

第三十一条 逃逸农机事故肇事者未查获，农机事故受害一方当事人要求出具农机事故认定书的，农机安全监理机构应当在接到当事人的书面申请后10日内制作农机事故认定书，并送达当事人。农机事故认定书应当载明农机事故发生的时间、地点、受害人情况及调查得到的事实，有证据证明受害人有过错的，确定受害人的责任；无证据证明受害人有过错的，确定受害人无责任。

第三十二条 农机事故成因无法查清的，农机安全监理机构应当出具农机事故证明，载明农机事故发生的时间、地点、当事人情况及调查得到的事实，分别送达当事人。

第三十三条 当事人对农机事故认定有异议的，可以自农机事故认定书送达之日起3日内，向上一级农机安全监理机构提出书面复核申请。

复核申请应当载明复核请求及其理由和主要证据。

第三十四条 上一级农机安全监理机构应当自收到当事人书面复核申请后5日内，作出是否受理决定。任何一方当事人向人民法院提起诉讼并经法院受理的或案件已进入刑事诉讼程序的，复核申请不予受理，并书面通知当事人。

上一级农机安全监理机构受理复核申请的，应当书面通知各方当事人，并通知原办案单位5日内提交案件材料。

第三十五条 上一级农机安全监理机构自受理复核申请之日起30日内，对下列内容进行审查，并作出复核结论：

（一）农机事故事实是否清楚，证据是否确实充分，适用法律是否正确；

（二）农机事故责任划分是否公正；

（三）农机事故调查及认定程序是否合法。

复核原则上采取书面审查的办法，但是当事人提出要求或者农机安全监理机构认为有必要时，可以召集各方当事人到场听取意见。

复核期间，任何一方当事人就该事故向人民法院提起诉讼并经法院受理或案件已进入刑事诉讼程序的，农机安全监理机构应当终止复核。

第三十六条　上一级农机安全监理机构经复核认为农机事故认定符合规定的，应当作出维持农机事故认定的复核结论；经复核认为不符合规定的，应当作出撤销农机事故认定的复核结论，责令原办案单位重新调查、认定。

复核结论应当自作出之日起3日内送达当事人。

上一级农机安全监理机构复核以1次为限。

第三十七条　上一级农机安全监理机构作出责令重新认定的复核结论后，原办案单位应当在10日内依照本办法重新调查，重新制作编号不同的农机事故认定书，送达各方当事人，并报上一级农机安全监理机构备案。

第五章　赔偿调解

第三十八条　当事人对农机事故损害赔偿有争议的，可以在收到农机事故认定书或者上一级农机安全监理机构维持原农机事故认定的复核结论之日起10日内，共同向农机安全监理机构提出书面调解申请。

第三十九条　农机安全监理机构应当按照合法、公正、自愿、及时的原则，采取公开方式进行农机事故损害赔偿调解，但当事人一方要求不予公开的除外。

农机安全监理机构调解农机事故损害赔偿的期限为10日。对农机事故致死的，调解自办理丧葬事宜结束之日起开始；对农机事故致伤、致残的，调解自治疗终结或者定残之日起开始；对农机事故造成财产损失的，调解从确定损失之日起开始。

调解涉及保险赔偿的，农机安全监理机构应当提前3日将调解的时间、地点通报相关保险机构，保险机构可以派员以第三人的身份参加调解。经农机安全监理机构主持达成的调解协议，可以作为保险理赔的依据，被保险人据此申请赔偿保险金的，保险人应当按照法律规定和合同约定进行赔偿。

第四十条　事故调解参加人员包括：

（一）事故当事人及其代理人或损害赔偿的权利人、义务人；

（二）农业机械所有人或者管理人；

（三）农机安全监理机构认为有必要参加的其他人员。

委托代理人应当出具由委托人签名或者盖章的授权委托书。授权委托书应当载明委托事项和权限。

参加调解的当事人一方不得超过3人。

第四十一条　调解农机事故损害赔偿争议，按下列程序进行：

（一）告知各方当事人的权利、义务；

（二）听取各方当事人的请求；

（三）根据农机事故认定书的事实以及相关法律法规，调解达成损害赔偿协议。

第四十二条　调解达成协议的，农机安全监理机构应当制作农机事故损害赔偿调解书送达各方当事人，农机事故损害赔偿调解书经各方当事人共同签字后生效。调解达成协议后当事人反悔的，可以依法向人民法院提起民事诉讼。

农机事故损害赔偿调解书应当载明以下内容：

（一）调解的依据；

（二）农机事故简况和损失情况；

（三）各方的损害赔偿责任及比例；

（四）损害赔偿的项目和数额；

（五）当事人自愿协商达成一致的意见；

（六）赔偿方式和期限；

（七）调解终结日期。

赔付款由当事人自行交接，当事人要求农机安全监理机构转交的，农机安全监理机构可以转交，并在农机事故损害赔偿调解书上附记。

第四十三条　调解不能达成协议的，农机安全监理机构应当终止调解，并制作农机事故损害赔偿调解终结书送达各方当事人。农机事故损害赔偿调解终结书应当载明未达成协议的原因。

第四十四条　调解期间，当事人向人民法院提起民事诉讼、无正当理由不参加调解或者放弃调解的，农机安全监理机构应当终结调解。

第四十五条　农机事故损害赔偿费原则上应当一次性结算付清。对不明身份死者的人身损害赔偿，农机安全监理机构应当将赔偿费交付有关部门保存，待损害赔偿权利人确认后，通知有关部门交付损害赔偿权利人。

第六章　事故报告

第四十六条　省级农机安全监理机构应当按照

农业机械化管理统计报表制度按月报送农机事故。农机事故月报的内容包括农机事故起数、伤亡情况、直接经济损失和事故发生的原因等情况。

第四十七条　发生较大以上的农机事故，事故发生地农机安全监理机构应当立即向农业机械化主管部门报告，并逐级上报至农业农村部农机监理总站。每级上报时间不得超过2小时。必要时，农机安全监理机构可以越级上报事故情况。

农机事故快报应当包括下列内容：

（一）事故发生的时间、地点、天气以及事故现场情况；

（二）操作人姓名、住址、持证等情况；

（三）事故造成的伤亡人数（包括下落不明的人数）及伤亡人员的基本情况、初步估计的直接经济损失；

（四）发生事故的农业机械机型、牌证号、是否载有危险物品及危险物品的种类等；

（五）事故发生的简要经过；

（六）已经采取的措施；

（七）其他应当报告的情况。

农机事故发生之日起7日内，事故造成的伤亡人数发生变化的，应当及时补报。

第四十八条　农机安全监理机构应当每月对农机事故情况进行分析评估，向农业机械化主管部门提交事故情况和分析评估报告。

农业农村部每半年发布一次相关信息，通报典型的较大以上农机事故。省级农业机械化主管部门每季度发布一次相关信息，通报典型农机事故。

第七章　罚　则

第四十九条　农业机械化主管部门及其农机安全监理机构有下列行为之一的，对直接负责的主管人员和其他直接责任人员依法给予行政处分；涉嫌犯罪的，及时将案件移送司法机关，依法追究刑事责任：

（一）不依法处理农机事故或不依法出具农机事故认定书等有关材料的；

（二）迟报、漏报、谎报或者瞒报事故的；

（三）阻碍、干涉事故调查工作的；

（四）其他依法应当追究责任的行为。

第五十条　农机事故处理员有下列行为之一的，依法给予行政处分；涉嫌犯罪的，及时将案件移送司法机关，依法追究刑事责任：

（一）不立即实施事故抢救的；

（二）在事故调查处理期间擅离职守的；

（三）利用职务之便，非法占有他人财产的；

（四）索取、收受贿赂的；

（五）故意或者过失造成认定事实错误、违反法定程序的；

（六）应当回避而未回避影响事故公正处理的；

（七）其他影响公正处理事故的。

第五十一条　当事人有农机安全违法行为的，农机安全监理机构应当在作出农机事故认定之日起5日内，依照《农业机械安全监督管理条例》作出处罚。

农机事故肇事人构成犯罪的，农机安全监理机构应当在人民法院作出的有罪判决生效后，依法吊销其操作证件；拖拉机驾驶人有逃逸情形的，应当同时依法作出终生不得重新取得拖拉机驾驶证的决定。

第八章　附　则

第五十二条　农机事故处理文书表格格式、农机事故处理专用印章式样由农业农村部统一制定。

第五十三条　涉外农机事故应当按照本办法处理，并通知外事部门派员协助。国家另有规定的，从其规定。

第五十四条　本办法规定的"日"是指工作日，不含法定节假日。

第五十五条　本办法自2011年3月1日起施行。

农业农村部办公厅关于推进常态化农机应急作业服务队建设的指导意见

（2022年8月18日　农办机〔2022〕9号）

农机应急作业服务队是农业生产防灾减灾的重要力量和有力抓手。为着眼长远提升机械化防灾减灾能力，构建农机应急作业服务机制，现就普遍建立常态化农机应急作业服务队工作，提出如下指导意见。

一、总体目标

根据农业生产发展需要，依托农机合作社等各类农机作业服务组织，组建常态化农机应急作业服务队，全面夯实农机应急作业服务基础。按照"建在平时、用在战时""平战结合"的体制机制加快建设，不断提升农机手应急作业技能水平和农机装备水平，争取一年起步、三年成网，力争五年形成覆盖粮食生产乡镇、作业能力强的农机应急作业服务体系。

二、基本原则

——坚持市场运作，政府支持。在坚持市场化建设和运行基础上，充分发挥政府统筹协调和政策引导作用，加强农机应急作业服务队建设和组织调度，确保服务队可持续发展和常态化发挥作用。

——坚持为民服务，高效精干。引导农机应急作业服务队以服务农户、农民群众为导向，统筹兼顾不同生产主体需求，发挥服务队组织优势、装备优势和技术优势，不断提高应急作业服务效率质量。

——坚持因地制宜，合理布局。分区域、分灾种、分作物、分环节补齐应急作业服务能力短板弱项，加强区域协作，推动相关机具和设施在一定范围内共享共用，努力扩大应急服务覆盖面，不断提高使用效率。

三、重点任务

（一）加强应急作业服务组织动员

省级农业农村部门负责指导辖域内各地建立应急作业服务队体系，因地制宜明确应急作业服务队资质条件，备案形成农机应急作业服务队名录并动态调整，加强日常联系指导，及时组织调度开展作业服务。以县（市、区）为单位摸清本地农机应急作业服务能力，根据区域天气气候特点和农业生产需要制订农机应急作业队建设方案，组织做好主体动员、机具保障、培训指导、作业组织、服务评价等具体工作。依托农机专业合作社、农机作业服务公司等农机社会化服务组织建立骨干应急作业服务队，明确牵头负责人，吸收素质好、技能精、讲奉献的机手作为骨干成员，努力实现应急作业能力覆盖到所有粮食生产乡镇。充分发挥农村基层党组织和集体经济组织的组织优势和服务功能，引领党员发挥先锋模范作用，明确专人负责及时对接应急作业需求，组织为农民群众开展志愿服务。统筹协调农机大户、种植大户、家庭农场、粮食烘干收储及加工企业等作为预备力量，发挥骨干应急作业服务队引领带动作用，为应对突发重大灾害做好充足准备。

（二）加强应急作业机具供给保障

县级农业农村部门要分灾种、分作物、分环节明确本地应急机具清单，研判机具种类数量缺口，多措并举增加烘干机、农用水泵、喷灌机、履带式拖拉机和收获机械等应急作业农机装备及零配件有效供给，做到"有机能干、有处能调、新机能买、

有人能改"。建立区域内防灾救灾机具装备调用机制，指导骨干应急作业服务队与保有适用机具的主体加强联系，在必要时统筹调配开展作业服务。按照应急作业服务队伍建设"整县推进""一县一策"的方式，重点支持烘干仓储成套设施装备，提升产地烘干水平。发挥中央财政农机购置与应用补贴引导作用，"缺什么、补什么"，重点支持纳入名录的应急作业服务队购置应急作业所需农机装备，指导地方优先将当地农机应急作业急需机具纳入补贴范围，并按规定提高重点机具补贴额测算比例，积极运用农机新产品购置补贴试点、专项鉴定产品购置补贴等举措支持购置新型应急作业机具。与农机产销、改装、维修等企业主体建立直接联系制度，增强农机装备生产改装、零配件供应和应急抢修等保障能力。加强与应急管理、水利等部门沟通协作，建立水泵等救灾减灾设施装备应急储备共享共用方式，形成防灾减灾合力。加强机库棚、维修、培训等设施及烘干配套设施建设，争取建设用地，配齐必要设备，确保应急作业农机装备和设施设备安全存放，方便平时维护和应急作业期间就近就快维修，满足防灾减灾应急作业技能培训需要，最大限度发挥烘干机组作用，努力提升应急作业服务能力。

（三）加强应急作业服务支持引导

应急作业服务队的成员和机具平时可以自主开展作业服务，鼓励将作业服务收益优先用于应急作业服务队建设，县级农业农村部门要督促指导做好应急机具装备保养和维修，确保机具处于良好状态。各地要建立健全应急作业服务队调用机制，当有紧急情况时，应急作业服务队接受农业农村部门统一指挥调度，牵头开展应急作业服务，可通过政府购买服务等方式进行支持，对在作业中发生的额外损失损耗应给予一定补偿，确保应急作业服务队常态化持续运行。各级农业农村部门要建立区域合作机制，根据需要组织应急作业服务队跨区支援，采取有效措施确保作业费用顺利结算，鼓励有条件的地方对跨区支援的应急作业服务队给予一定补助。要加大力度宣传应急作业服务队建设的好经验好做法以及感人事迹，不断增强农机防灾减灾工作的责任感和使命感，努力营造良好社会氛围。

（四）加强应急作业技能培训指导

各地要制定完善农机防灾减灾应急作业技术体系，组织开展应急作业技能培训和指导，充分发挥农机使用一线"土专家"作用，提升骨干人员防灾减灾作业技能水平。定期组织应急作业服务队成员进行机具参数调整、专用零部件换装、机具应急改

装等实操培训，开展积水抢排、干旱抢浇、倒伏作物和过湿地块抢收等作业演练，促进作业机手熟练掌握技能要点。发生灾情后，及时组织农机技术力量下乡巡回服务，指导机手判断适宜作业条件，科学调整机具状态、排除作业机具故障，强化安全生产意识，确保规范操作，努力提升作业质量和效率。

四、保障措施

（一）加强组织领导。各级农业农村部门要高度重视农机应急作业服务队建设工作，把相关工作作为防灾救灾和应对各种突发情况的基础工作和基础力量来抓。既要考虑当前农业生产面临形势提前做好准备，又要顾及长远满足农业防灾减灾需求，做到未雨绸缪。要明确责任分工，建立长效机制，落实落细具体任务和保障措施，确保应急作业服务队在关键时刻能够拉得出来、冲得上去、管得了用，努力为农业生产防灾减灾提供机械化支撑。

（二）加大政策支持。各地农业农村部门要主动向当地党委、政府汇报农机应急作业服务相关情况，积极与有关部门沟通协调，加大农机应急作业服务队建设支持力度。要用好农机购置与应用补贴政策，支持农机应急作业服务队改善设施装备水平。要统筹防灾减灾、农机作业补助相关项目资金，积极争取地方政策、资金、项目等协同加力，优先支持农机应急作业服务队开展应急作业服务和日常农机社会化服务、购置适用机具装备，优先支持灾害易发地区和粮食主产区健全建强农机应急作业服务体系，确保落地见效。

（三）强化服务支持。各地农业农村部门要密切跟踪调度辖域内农机化生产作业进度和机具动向，结合天气情况积极研判机具供给情况，做好应急作业服务供需对接，高效调配应急作业人员和机具。对开展应急作业的人员和机具要提供道路通行、必需生活保障、机具维修保养、作业用油供给等服务，提高农机应急作业效率，充分发挥应急作业服务队潜力。

十一、电力安全

1. 法　规

电力安全事故应急处置和调查处理条例

（2011年6月15日国务院第159次常务会议通过　2011年7月7日中华人民共和国国务院令第599号公布　自2011年9月1日起施行）

第一章　总　则

第一条　为了加强电力安全事故的应急处置工作，规范电力安全事故的调查处理，控制、减轻和消除电力安全事故损害，制定本条例。

第二条　本条例所称电力安全事故，是指电力生产或者电网运行过程中发生的影响电力系统安全稳定运行或者影响电力正常供应的事故（包括热电厂发生的影响热力正常供应的事故）。

第三条　根据电力安全事故（以下简称事故）影响电力系统安全稳定运行或者影响电力（热力）正常供应的程度，事故分为特别重大事故、重大事故、较大事故和一般事故。事故等级划分标准由本条例附表列示。事故等级划分标准的部分项目需要调整的，由国务院电力监管机构提出方案，报国务院批准。

由独立的或者通过单一输电线路与外省连接的省级电网供电的省级人民政府所在地城市，以及由单一输电线路或者单一变电站供电的其他设区的市、县级市，其电网减供负荷或者造成供电用户停电的事故等级划分标准，由国务院电力监管机构另行制定，报国务院批准。

第四条　国务院电力监管机构应当加强电力安全监督管理，依法建立健全事故应急处置和调查处理的各项制度，组织或者参与事故的调查处理。

国务院电力监管机构、国务院能源主管部门和国务院其他有关部门、地方人民政府及有关部门按照国家规定的权限和程序，组织、协调、参与事故的应急处置工作。

第五条　电力企业、电力用户以及其他有关单位和个人，应当遵守电力安全管理规定，落实事故预防措施，防止和避免事故发生。

县级以上地方人民政府有关部门确定的重要电力用户，应当按照国务院电力监管机构的规定配置自备应急电源，并加强安全使用管理。

第六条　事故发生后，电力企业和其他有关单位应当按照规定及时、准确报告事故情况，开展应急处置工作，防止事故扩大，减轻事故损害。电力企业应当尽快恢复电力生产、电网运行和电力（热力）正常供应。

第七条　任何单位和个人不得阻挠和干涉对事故的报告、应急处置和依法调查处理。

第二章　事故报告

第八条　事故发生后，事故现场有关人员应当立即向发电厂、变电站运行值班人员、电力调度机构值班人员或者本企业现场负责人报告。有关人员接到报告后，应当立即向上一级电力调度机构和本企业负责人报告。本企业负责人接到报告后，应当立即向国务院电力监管机构设在当地的派出机构（以下称事故发生地电力监管机构）、县级以上人民政府安全生产监督管理部门报告；热电厂事故影响热力正常供应的，还应当向供热管理部门报告；事故涉及水电厂（站）大坝安全的，还应当同时向有管辖权的水行政主管部门或者流域管理机构报告。

电力企业及其有关人员不得迟报、漏报或者瞒报、谎报事故情况。

第九条　事故发生地电力监管机构接到事故报告后，应当立即核实有关情况，向国务院电力监管机构报告；事故造成供电用户停电的，应当同时通报事故发生地县级以上地方人民政府。

对特别重大事故、重大事故，国务院电力监管机构接到事故报告后应当立即报告国务院，并通报国务院安全生产监督管理部门、国务院能源主管部门等有关部门。

第十条　事故报告应当包括下列内容：

（一）事故发生的时间、地点（区域）以及事故发生单位；

（二）已知的电力设备、设施损坏情况，停运的发电（供热）机组数量、电网减供负荷或者发电厂减少出力的数值、停电（停热）范围；

（三）事故原因的初步判断；

（四）事故发生后采取的措施、电网运行方式、发电机组运行状况以及事故控制情况；

（五）其他应当报告的情况。

事故报告后出现新情况的，应当及时补报。

第十一条 事故发生后，有关单位和人员应当妥善保护事故现场以及工作日志、工作票、操作票等相关材料，及时保存故障录波图、电力调度数据、发电机组运行数据和输变电设备运行数据等相关资料，并在事故调查组成立后将相关材料、资料移交事故调查组。

因抢救人员或者采取恢复电力生产、电网运行和电力供应等紧急措施，需要改变事故现场、移动电力设备的，应当作出标记、绘制现场简图，妥善保存重要痕迹、物证，并作出书面记录。

任何单位和个人不得故意破坏事故现场，不得伪造、隐匿或者毁灭相关证据。

第三章 事故应急处置

第十二条 国务院电力监管机构依照《中华人民共和国突发事件应对法》和《国家突发公共事件总体应急预案》，组织编制国家处置电网大面积停电事件应急预案，报国务院批准。

有关地方人民政府应当依照法律、行政法规和国家处置电网大面积停电事件应急预案，组织制定本行政区域处置电网大面积停电事件应急预案。

处置电网大面积停电事件应急预案应当对应急组织指挥体系及职责，应急处置的各项措施，以及人员、资金、物资、技术等应急保障作出具体规定。

第十三条 电力企业应当按照国家有关规定，制定本企业事故应急预案。

电力监管机构应当指导电力企业加强电力应急救援队伍建设，完善应急物资储备制度。

第十四条 事故发生后，有关电力企业应当立即采取相应的紧急处置措施，控制事故范围，防止发生电网系统性崩溃和瓦解；事故危及人身和设备安全的，发电厂、变电站运行值班人员可以按照有关规定，立即采取停运发电机组和输变电设备等紧急处置措施。

事故造成电力设备、设施损坏的，有关电力企业应当立即组织抢修。

第十五条 根据事故的具体情况，电力调度机构可以发布开启或者关停发电机组、调整发电机组有功和无功负荷、调整电网运行方式、调整供电调度计划等电力调度命令，发电企业、电力用户应当执行。

事故可能导致破坏电力系统稳定和电网大面积停电的，电力调度机构有权决定采取拉限负荷、解列电网、解列发电机组等必要措施。

第十六条 事故造成电网大面积停电的，国务院电力监管机构和国务院其他有关部门、有关地方人民政府、电力企业应当按照国家有关规定，启动相应的应急预案，成立应急指挥机构，尽快恢复电网运行和电力供应，防止各种次生灾害的发生。

第十七条 事故造成电网大面积停电的，有关地方人民政府及有关部门应当立即组织开展下列应急处置工作：

（一）加强对停电地区关系国计民生、国家安全和公共安全的重点单位的安全保卫，防范破坏社会秩序的行为，维护社会稳定；

（二）及时排除因停电发生的各种险情；

（三）事故造成重大人员伤亡或者需要紧急转移、安置受困人员的，及时组织实施救治、转移、安置工作；

（四）加强停电地区道路交通指挥和疏导，做好铁路、民航运输以及通信保障工作；

（五）组织应急物资的紧急生产和调用，保证电网恢复运行所需物资和居民基本生活资料的供给。

第十八条 事故造成重要电力用户供电中断的，重要电力用户应当按照有关技术要求迅速启动自备应急电源；启动自备应急电源无效的，电网企业应当提供必要的支援。

事故造成地铁、机场、高层建筑、商场、影剧院、体育场馆等人员聚集场所停电的，应当迅速启用应急照明，组织人员有序疏散。

第十九条 恢复电网运行和电力供应，应当优先保证重要电厂厂用电源、重要输变电设备、电力主干网架的恢复，优先恢复重要电力用户、重要城市、重点地区的电力供应。

第二十条 事故应急指挥机构或者电力监管机构应当按照有关规定，统一、准确、及时发布有关事故影响范围、处置工作进度、预计恢复供电时间等信息。

第四章 事故调查处理

第二十一条 特别重大事故由国务院或者国务院授权的部门组织事故调查组进行调查。

重大事故由国务院电力监管机构组织事故调查

组进行调查。

较大事故、一般事故由事故发生地电力监管机构组织事故调查组进行调查。国务院电力监管机构认为必要的，可以组织事故调查组对较大事故进行调查。

未造成供电用户停电的一般事故，事故发生地电力监管机构也可以委托事故发生单位调查处理。

第二十二条 根据事故的具体情况，事故调查组由电力监管机构、有关地方人民政府、安全生产监督管理部门、负有安全生产监督管理职责的有关部门派人组成；有关人员涉嫌失职、渎职或者涉嫌犯罪的，应当邀请监察机关、公安机关、人民检察院派人参加。

根据事故调查工作的需要，事故调查组可以聘请有关专家协助调查。

事故调查组组长由组织事故调查组的机关指定。

第二十三条 事故调查组应当按照国家有关规定开展事故调查，并在下列期限内向组织事故调查组的机关提交事故调查报告：

（一）特别重大事故和重大事故的调查期限为60日；特殊情况下，经组织事故调查组的机关批准，可以适当延长，但延长的期限不得超过60日。

（二）较大事故和一般事故的调查期限为45日；特殊情况下，经组织事故调查组的机关批准，可以适当延长，但延长的期限不得超过45日。

事故调查期限自事故发生之日起计算。

第二十四条 事故调查报告应当包括下列内容：

（一）事故发生单位概况和事故发生经过；

（二）事故造成的直接经济损失和事故对电网运行、电力（热力）正常供应的影响情况；

（三）事故发生的原因和事故性质；

（四）事故应急处置和恢复电力生产、电网运行的情况；

（五）事故责任认定和对事故责任单位、责任人的处理建议；

（六）事故防范和整改措施。

事故调查报告应当附具有关证据材料和技术分析报告。事故调查组成员应当在事故调查报告上签字。

第二十五条 事故调查报告报经组织事故调查组的机关同意，事故调查工作即告结束；委托事故发生单位调查的一般事故，事故调查报告应当报经事故发生地电力监管机构同意。

有关机关应当依法对事故发生单位和有关人员进行处罚，对负有事故责任的国家工作人员给予处分。

事故发生单位应当对本单位负有事故责任的人员进行处理。

第二十六条 事故发生单位和有关人员应当认真吸取事故教训，落实事故防范和整改措施，防止事故再次发生。

电力监管机构、安全生产监督管理部门和负有安全生产监督管理职责的有关部门应当对事故发生单位和有关人员落实事故防范和整改措施的情况进行监督检查。

第五章 法 律 责 任

第二十七条 发生事故的电力企业主要负责人有下列行为之一的，由电力监管机构处其上一年年收入40%至80%的罚款；属于国家工作人员的，并依法给予处分；构成犯罪的，依法追究刑事责任：

（一）不立即组织事故抢救的；

（二）迟报或者漏报事故的；

（三）在事故调查处理期间擅离职守的。

第二十八条 发生事故的电力企业及其有关人员有下列行为之一的，由电力监管机构对电力企业处100万元以上500万元以下的罚款；对主要负责人、直接负责的主管人员和其他直接责任人员处其上一年年收入60%至100%的罚款，属于国家工作人员的，并依法给予处分；构成违反治安管理行为的，由公安机关依法给予治安管理处罚；构成犯罪的，依法追究刑事责任：

（一）谎报或者瞒报事故的；

（二）伪造或者故意破坏事故现场的；

（三）转移、隐匿资金、财产，或者销毁有关证据、资料的；

（四）拒绝接受调查或者拒绝提供有关情况和资料的；

（五）在事故调查中作伪证或者指使他人作伪证的；

（六）事故发生后逃匿的。

第二十九条 电力企业对事故发生负有责任的，由电力监管机构依照下列规定处以罚款：

（一）发生一般事故的，处10万元以上20万元以下的罚款；

（二）发生较大事故的，处20万元以上50万元以下的罚款；

（三）发生重大事故的，处50万元以上200万元以下的罚款；

（四）发生特别重大事故的，处200万元以上500万元以下的罚款。

第三十条 电力企业主要负责人未依法履行安全生产管理职责，导致事故发生的，由电力监管机构依照下列规定处以罚款；属于国家工作人员的，并依法给予处分；构成犯罪的，依法追究刑事责任：

（一）发生一般事故的，处其上一年年收入30%的罚款；

（二）发生较大事故的，处其上一年年收入40%的罚款；

（三）发生重大事故的，处其上一年年收入60%的罚款；

（四）发生特别重大事故的，处其上一年年收入80%的罚款。

第三十一条 电力企业主要负责人依照本条例第二十七条、第二十八条、第三十条规定受到撤职处分或者刑事处罚的，自受处分之日或者刑罚执行完毕之日起5年内，不得担任任何生产经营单位主要负责人。

第三十二条 电力监管机构、有关地方人民政府以及其他负有安全生产监督管理职责的有关部门有下列行为之一的，对直接负责的主管人员和其他直接责任人员依法给予处分；直接负责的主管人员和其他直接责任人员构成犯罪的，依法追究刑事责任：

（一）不立即组织事故抢救的；

（二）迟报、漏报或者瞒报、谎报事故的；

（三）阻碍、干涉事故调查工作的；

（四）在事故调查中作伪证或者指使他人作伪证的。

第三十三条 参与事故调查的人员在事故调查中有下列行为之一的，依法给予处分；构成犯罪的，依法追究刑事责任：

（一）对事故调查工作不负责任，致使事故调查工作有重大疏漏的；

（二）包庇、袒护负有事故责任的人员或者借机打击报复的。

第六章 附 则

第三十四条 发生本条例规定的事故，同时造成人员伤亡或者直接经济损失，依照本条例确定的事故等级与依照《生产安全事故报告和调查处理条例》确定的事故等级不相同的，按事故等级较高者确定事故等级，依照本条例的规定调查处理；事故造成人员伤亡，构成《生产安全事故报告和调查处理条例》规定的重大事故或者特别重大事故的，依照《生产安全事故报告和调查处理条例》的规定调查处理。

电力生产或者电网运行过程中发生发电设备或者输变电设备损坏，造成直接经济损失的事故，未影响电力系统安全稳定运行以及电力正常供应的，由电力监管机构依照《生产安全事故报告和调查处理条例》的规定组成事故调查组对重大事故、较大事故、一般事故进行调查处理。

第三十五条 本条例对事故报告和调查处理未作规定的，适用《生产安全事故报告和调查处理条例》的规定。

第三十六条 核电厂核事故的应急处置和调查处理，依照《核电厂核事故应急管理条例》的规定执行。

第三十七条 本条例自2011年9月1日起施行。

附：

电力安全事故等级划分标准

事故等级＼判定项	造成电网减供负荷的比例	造成城市供电用户停电的比例	发电厂或者变电站因安全故障造成全厂（站）对外停电的影响和持续时间	发电机组因安全故障停运的时间和后果	供热机组对外停止供热的时间
特别重大事故	区域性电网减供负荷30%以上 电网负荷20000兆瓦以上的省、自治区电网，减供负荷30%以上 电网负荷5000兆瓦以上20000兆瓦以下的省、自治区电网，减供负荷40%以上 直辖市电网减供负荷50%以上 电网负荷2000兆瓦以上的省、自治区人民政府所在地城市电网减供负荷60%以上	直辖市60%以上供电用户停电 电网负荷2000兆瓦以上的省、自治区人民政府所在地城市70%以上供电用户停电			

续表

事故等级	造成电网减供负荷的比例	造成城市供电用户停电的比例	发电厂或者变电站因安全故障造成全厂（站）对外停电的影响和持续时间	发电机组因安全故障停运的时间和后果	供热机组对外停止供热的时间
重大事故	区域性电网减供负荷10%以上30%以下 电网负荷20000兆瓦以上的省、自治区电网，减供负荷13%以上30%以下 电网负荷5000兆瓦以上20000兆瓦以下的省、自治区电网，减供负荷16%以上40%以下 电网负荷1000兆瓦以上5000兆瓦以下的省、自治区电网，减供负荷50%以上 直辖市电网减供负荷20%以上50%以下 省、自治区人民政府所在地城市电网减供负荷40%以上（电网负荷2000兆瓦以上的，减供负荷40%以上60%以下） 电网负荷600兆瓦以上的其他设区的市电网减供负荷60%以上	直辖市30%以上60%以下供电用户停电 省、自治区人民政府所在地城市50%以上供电用户停电（电网负荷2000兆瓦以上的，50%以上70%以下） 电网负荷600兆瓦以上的其他设区的市70%以上供电用户停电			
较大事故	区域性电网减供负荷7%以上10%以下 电网负荷20000兆瓦以上的省、自治区电网，减供负荷10%以上13%以下 电网负荷5000兆瓦以上20000兆瓦以下的省、自治区电网，减供负荷12%以上16%以下 电网负荷1000兆瓦以上5000兆瓦以下的省、自治区电网，减供负荷20%以上50%以下 电网负荷1000兆瓦以下的省、自治区电网，减供负荷40%以上 直辖市电网减供负荷10%以上20%以下 省、自治区人民政府所在地城市电网减供负荷20%以上40%以下 其他设区的市电网减供负荷40%以上（电网负荷600兆瓦以上的，减供负荷40%以上60%以下） 电网负荷150兆瓦以上的县级市电网减供负荷60%以上	直辖市15%以上30%以下供电用户停电 省、自治区人民政府所在地城市30%以上50%以下供电用户停电 其他设区的市50%以上供电用户停电（电网负荷600兆瓦以上的，50%以上70%以下） 电网负荷150兆瓦以上的县级市70%以上供电用户停电	发电厂或者220千伏以上变电站因安全故障造成全厂（站）对外停电，导致周边电压监视控制点电压低于调度机构规定的电压曲线值20%并且持续时间30分钟以上，或者导致周边电压监视控制点电压低于调度机构规定的电压曲线值10%并且持续时间1小时以上	发电机组因安全故障停止运行超过行业标准规定的大修时间两周，并导致电网减供负荷	供热机组装机容量200兆瓦以上的热电厂，在当地人民政府规定的采暖期内同时发生2台以上供热机组因安全故障停止运行，造成全厂对外停止供热并且持续时间48小时以上

续表

事故等级 \ 判定项	造成电网减供负荷的比例	造成城市供电用户停电的比例	发电厂或者变电站因安全故障造成全厂（站）对外停电的影响和持续时间	发电机组因安全故障停运的时间和后果	供热机组对外停止供热的时间
一般事故	区域性电网减供负荷4%以上7%以下 电网负荷20000兆瓦以上的省、自治区电网，减供负荷5%以上10%以下 电网负荷5000兆瓦以上20000兆瓦以下的省、自治区电网，减供负荷6%以上12%以下 电网负荷1000兆瓦以上5000兆瓦以下的省、自治区电网，减供负荷10%以上20%以下 电网负荷1000兆瓦以下的省、自治区电网，减供负荷25%以上40%以下 直辖市电网减供负荷5%以上10%以下 省、自治区人民政府所在地城市电网减供负荷10%以上20%以下 其他设区的市电网减供负荷20%以上40%以下 县级市减供负荷40%以上（电网负荷150兆瓦以上的，减供负荷40%以上60%以下）	直辖市10%以上15%以下供电用户停电 省、自治区人民政府所在地城市15%以上30%以下供电用户停电 其他设区的市30%以上50%以下供电用户停电 县级市50%以上供电用户停电（电网负荷150兆瓦以上的，50%以上70%以下）	发电厂或者220千伏以上变电站因安全故障造成全厂（站）对外停电，导致周边电压监视控制点电压低于调度机构规定的电压曲线值5%以上10%以下并且持续时间2小时以上	发电机组因安全故障停止运行超过行业标准规定的小修时间两周，并导致电网减供负荷	供热机组装机容量200兆瓦以上的热电厂，在当地人民政府规定的采暖期内同时发生2台以上供热机组因安全故障停止运行，造成全厂对外停止供热并且持续时间24小时以上

注：1. 符合本表所列情形之一的，即构成相应等级的电力安全事故。
2. 本表中所称的"以上"包括本数，"以下"不包括本数。
3. 本表下列用语的含义：
   (1) 电网负荷，是指电力调度机构统一调度的电网在事故发生起始时刻的实际负荷；
   (2) 电网减供负荷，是指电力调度机构统一调度的电网在事故发生期间的实际负荷最大减少量；
   (3) 全厂对外停电，是指发电厂对外有功负荷降到零（虽电网经发电厂母线传送的负荷没有停止，仍视为全厂对外停电）；
   (4) 发电机组因安全故障停止运行，是指并网运行的发电机组（包括各种类型的电站锅炉、汽轮机、燃气轮机、水轮机、发电机和主变压器等主要发电设备），在未经电力调度机构允许的情况下，因安全故障需要停止运行的状态。

2. 部门规范性文件

水电站大坝运行安全应急管理办法

（2022 年 11 月 23 日 国能发安全规〔2022〕102 号）

第一章 总 则

第一条 为了规范水电站大坝（以下简称大坝）运行安全应急管理工作，提高电力企业防范、应对大坝运行安全突发事件（以下简称突发事件）能力，保障大坝运行安全和社会公共安全，根据《中华人民共和国突发事件应对法》、《水库大坝安全管理条例》、《生产安全事故应急条例》、《电力安全事故应急处置和调查处理条例》和《水电站大坝运行安全监督管理规定》等法律、法规和规章，制定本办法。

第二条 本办法适用于按照《水电站大坝运行安全监督管理规定》有关要求纳入国家能源局监督管理范围的大坝运行安全应急管理工作（以下简称大坝应急管理）。

大坝发生突发事件，地方政府及其相关部门启动预案、开展应急响应的，电力企业应当遵从其指令和规定。

第三条 电力企业是大坝应急管理的责任主体，其主要负责人对本企业的大坝应急管理全面负责。电力企业应当按照法律法规的规定以及与地方政府有关部门划定的管理界面，加强大坝应急管理。

第四条 国家能源局负责大坝应急管理的综合监督管理。国家能源局派出机构（以下简称派出机构）负责本辖区大坝应急管理的行业监督管理。地方政府电力管理等有关部门（以下简称地方电力管理部门）根据法律法规以及有关规定，负责本行政区域内大坝应急管理的地方管理。国家能源局大坝安全监察中心（以下简称大坝中心）对电力企业的大坝应急管理实施技术监督和指导。

第二章 突发事件预防

第五条 电力企业应当建立健全大坝安全风险分级管控机制，定期辨识评估可能影响大坝运行安全的自然灾害、事故灾难和社会安全事件等突发事件风险，落实防范管控措施。

第六条 电力企业应当按照规定，加强运行管理，做好日常监测、巡视检查和维护检修，排查治理大坝存在的工程缺陷和隐患，提升大坝本质安全水平。

第七条 电力企业应当加强大坝安全在线监控系统建设，已在国家能源局安全注册登记或者登记备案的大坝应当在本办法实施后的二年内具备安全在线监控功能。新建大坝在办理安全注册登记或者登记备案时，应当具备安全在线监控功能。

第八条 电力企业应当在大坝遭遇超标准洪水或者可能影响大坝运行安全的地震、滑坡、泥石流等自然灾害和其他突发事件后，对大坝进行专项检查。

第九条 电力企业应当及时开展病坝治理和险坝除险加固。大坝病险情形消除前，电力企业应当开展大坝运行方式安全评估论证，并根据评估论证结果修订运行规程、汛期调度运用计划和相关应急预案，采取有效措施确保病坝、险坝治理期间运行安全。

第十条 电力企业应当加强大坝防洪管理，确保大坝度汛安全。主要包括以下内容。

（一）电力企业应当建立健全防汛抗旱管理制度，设立以主要负责人为第一责任人的防汛抗旱组织机构。

（二）电力企业应当按照规定编制、报批水库汛期调度运用计划，计划批准后应当严格执行，严禁擅自超汛限水位运行。

（三）电力企业应当按照规定开展汛前、汛中、汛后大坝安全检查，对发现的隐患及时整改。较大及以上隐患和相应的整改措施应当报送地方政府防汛抗旱指挥机构、派出机构、地方电力管理部门和大坝中心，涉及环保、航运等事项的，还应当同时告知地方政府相关主管部门。

（四）电力企业应当于汛前对大坝上游库区和下游泄洪影响区的生产生活设施、建筑物和地质灾害点进行排查，对排查出的较大及以上隐患及时报告地方政府防汛抗旱指挥机构、派出机构、地方电力管理部门和大坝中心，涉及环保、航运等事项的，还应当同时告知地方政府相关主管部门。

（五）电力企业应当于汛前对泄洪建筑物闸门进行启闭试验，确保闸门及其启闭设施正常运行；应当配置独立可靠的大坝泄洪闸门启闭应急电源或者应急启闭装置，定期检查、试验和维护，确保应急电源以及启闭装置可靠。

（六）电力企业应当根据工程运行特性和大坝泄洪消能方式，辨识评估泄洪消能设施结构破坏、工程边坡垮塌、库岸边坡失稳等风险，采取工程或者非工程措施管控风险。

（七）电力企业应当严格执行汛期24小时值班和领导带班制度。

第十一条 电力企业应当建立水情测报系统，建立与政府相关部门、上下游水库和水电站的信息共享机制，及时获取水情信息以及气象、洪水、地震、地质灾害等预警信息。

第三章 应急准备

第十二条 电力企业应当根据现行有效的大坝应急管理有关法律法规和技术标准，建立并及时完善大坝应急管理规章制度和组织体系，健全大坝应急管理工作机制，设立以主要负责人为第一责任人的大坝应急管理机构。

第十三条 电力企业应当根据国家和行业有关技术标准，结合本企业实际，组织编制大坝运行安全应急预案（以下简称大坝专项预案）。大坝专项预案应当涵盖大坝运行全生命周期可能遭遇的各类突发事件，并与本企业的综合预案、其他专项预案，以及地方政府的相关预案衔接。大坝专项预案重点明确以下事项。

（一）根据法律法规的规定和突发事件可能造成的危害程度、影响范围等，对突发事件进行分类分级。

（二）根据突发事件的紧急程度、发展势态、可能造成的危害程度等，明确预警级别。

（三）明确预警发布、调整、解除的责任部门、权限和程序。

（四）根据突发事件可能造成的危害程度、影响范围和本企业应急资源状况、控制事态能力、应急处置权限，对应急响应进行分级。

（五）明确应急响应组织机构及其职责，应急响应程序和处置措施。

（六）明确紧急情况下的应急调度方案。

（七）确定可能的溃坝洪水淹没范围，绘制溃坝洪水淹没图。

（八）制定紧急情况下的人员撤离方案和逃生路线图，针对不同情况规划建立应急避难场所。

（九）信息报送的部门、渠道和联系方式。

第十四条 电力企业应当按照《电力企业应急预案管理办法》（国能安全〔2014〕508号）对大坝专项预案组织评审、发布实施、办理备案和修订。大坝专项预案的评审应当邀请地方政府相关部门人员参加，审核与地方政府相关预案的衔接情况。电力企业应当按照地方政府有关规定要求，将大坝专项预案向地方政府相关部门报告或备案。

电力企业应当按照规定开展大坝专项预案的宣贯培训，每年应当至少组织一次演练，并根据演练情况及时修订预案。

第十五条 电力企业应当加强应急资源保障，储备必要的应急物资和装备并妥善保管，定期开展检查，确保应急物资和装备完好。为应对突发事件可能导致的常规通信手段中断，电力企业应当于本办法实施之日起的一年内，在水电站现场配备卫星电话、北斗短报文终端等可靠的卫星通信设备。

电力企业需要外部应急支援的，应当与有关单位签订应急支援协议。

第十六条 电力企业应当组建常备专（兼）职应急抢险和专家队伍。专（兼）职应急抢险人员应当具备必要的专业知识、技能和素质，并定期组织训练。

第十七条 电力企业应当与地方政府有关部门和相关单位建立应急协调联动机制，积极参加地方政府及其相关部门、大坝所在流域管理机构组织开展的应急演练，或者与上述单位开展联合应急演练，检验评估大坝专项预案的实用性、衔接性和可操作性。

第十八条 电力企业应当加强大坝应急管理信息化建设，强化与地方政府防汛抗旱指挥机构、派出机构、地方电力管理部门和大坝中心的互联互通，及时获取、报送和共享突发事件信息。

第四章 监测预警与应急响应

第十九条 电力企业应当建立健全突发事件监测预警制度和工作机制。发生或者可能发生突发事件时，电力企业应当按照规定权限和程序及时发布预警信息，采取相应的预警行动。涉及上下游社会生产生活安全的突发事件监测预警信息，应当立即向地方政府防汛抗旱指挥机构、派出机构、地方电力管理部门和大坝中心报告。

第二十条 发生突发事件后，电力企业应当立即按照大坝专项预案启动应急响应，采取先期处置措施，控制事态发展，防止发生次生、衍生事件。

第二十一条 发生突发事件后，电力企业应当按照防汛抗旱指挥机构的指令采取调度措施。紧急情况下，电力企业按照大坝专项预案确定的应急调度方案进行应急调度的，应当及时向防汛抗旱指挥机构补报调度措施。

第二十二条 发生突发事件后，电力企业应当加强对事件要素及其发展情况、水文气象、大坝运行性态等的监测，预判事件发展趋势以及对大坝运行安全的影响。

第二十三条 电力企业应当根据监测和预判结果，及时调整响应级别和处置措施。突发事件持续发展，可能超出大坝设防标准，或者事件危害程度超出本企业自身处置能力时，电力企业应当在开展先期处置的同时，立即报告地方政府，提请地方政府及其有关部门提供应急支援，并通报上下游相关单位。

第二十四条 在突发事件应急处置过程中，电力企业应当密切关注周边环境和事件态势变化，落实安全防护措施，必要时立即撤离人员，确保人员安全。

第五章 总结评估

第二十五条 电力企业应当在突发事件应急响应结束后，总结事件发展演变过程，分析事件发生的原因和后果，评估大坝安全状态以及后续风险。

第二十六条 电力企业应当开展突发事件应急处置评估，详细回溯事件处置全过程，分析各个响应环节和各项处置措施的效果，评估应急制度、工作体系和应急处置措施的有效性。

第二十七条 电力企业应当根据事件总结和处置评估结果制定整改措施，必要时修订大坝应急管理制度和大坝专项预案，完善大坝应急管理工作机制。

第六章 信息报送

第二十八条 电力企业应当按照有关规定建立大坝应急管理信息报送工作制度，明确信息报送的责任部门、责任人员和报送方式。

第二十九条 发生较大及以上突发事件，电力企业应当按照有关规定，在1小时内向地方政府防汛抗旱指挥机构、派出机构、地方电力管理部门和大坝中心报告。报告内容主要包括企业信息、事件概况、初判原因、损失及处置情况等。突发事件的后续发展、演变情况应当及时报告。

第三十条 较大及以上突发事件应急处置评估结束后，电力企业应当在30个工作日内将事件总结、处置评估报告报送地方政府防汛抗旱指挥机构、派出机构、地方电力管理部门和大坝中心。

第七章 监督管理

第三十一条 派出机构和地方电力管理部门应当加强对电力企业大坝应急管理工作的监督检查，对未按照法律法规和本办法规定开展工作的电力企业，依法依规采取相应的监管、行政处罚等措施。大坝中心应当加强对电力企业大坝应急管理的技术监督和指导。

第八章 附 则

第三十二条 本办法下列用语的含义。

（一）大坝运行安全突发事件，是指突然发生，造成或者可能造成大坝破坏、上下游人民群众生命财产损失和严重环境危害，需要采取应急处置措施予以应对的紧急事件，主要包括以下几类：

1. 自然灾害类

（1）暴雨、洪水、台风、凌汛、地震、地质灾害、泥石流、冰川活动等。

2. 事故灾难类

（2）漫坝、溃坝。

（3）上游水库（水电站）大坝溃坝或者非正常泄水。

（4）水库大体积漂浮物、失控船舶等撞击大坝或者堵塞泄洪设施。

（5）大坝结构破坏或者坝体、坝基、坝肩的缺陷隐患突然恶化。

（6）泄洪设施和相关设备不能正常运用。

（7）工程边坡或者库岸失稳。

（8）因水库调度不当或者水电站运行、维护不当导致的安全事故。

3. 社会安全类

（9）战争、恐怖袭击、人为破坏等。

4. 其他类

（10）其他突发事件。

（二）较大及以上突发事件，是指电力企业启动Ⅰ、Ⅱ、Ⅲ级应急响应的突发事件。

第三十三条 本办法自发布之日起施行，有效期五年。

3. 应急预案

国家大面积停电事件应急预案

(2015年11月13日 国办函〔2015〕134号)

1 总 则

1.1 编制目的

建立健全大面积停电事件应对工作机制，提高应对效率，最大程度减少人员伤亡和财产损失，维护国家安全和社会稳定。

1.2 编制依据

依据《中华人民共和国突发事件应对法》、《中华人民共和国安全生产法》、《中华人民共和国电力法》、《生产安全事故报告和调查处理条例》、《电力安全事故应急处置和调查处理条例》、《电网调度管理条例》、《国家突发公共事件总体应急预案》及相关法律法规等，制定本预案。

1.3 适用范围

本预案适用于我国境内发生的大面积停电事件应对工作。

大面积停电事件是指由于自然灾害、电力安全事故和外力破坏等原因造成区域性电网、省级电网或城市电网大量减供负荷，对国家安全、社会稳定以及人民群众生产生活造成影响和威胁的停电事件。

1.4 工作原则

大面积停电事件应对工作坚持统一领导、综合协调，属地为主、分工负责，保障民生、维护安全，全社会共同参与的原则。大面积停电事件发生后，地方人民政府及其有关部门、能源局相关派出机构、电力企业、重要电力用户应立即按照职责分工和相关预案开展处置工作。

1.5 事件分级

按照事件严重性和受影响程度，大面积停电事件分为特别重大、重大、较大和一般四级。分级标准见附件1。

2 组织体系

2.1 国家层面组织指挥机构

能源局负责大面积停电事件应对的指导协调和组织管理工作。当发生重大、特别重大大面积停电事件时，能源局或事发地省级人民政府按程序报请国务院批准，或根据国务院领导同志指示，成立国务院工作组，负责指导、协调、支持有关地方人民政府开展大面积停电事件应对工作。必要时，由国务院或国务院授权发展改革委成立国家大面积停电事件应急指挥部，统一领导、组织和指挥大面积停电事件应对工作。应急指挥部组成及工作组职责见附件2。

2.2 地方层面组织指挥机构

县级以上地方人民政府负责指挥、协调本行政区域内大面积停电事件应对工作，要结合本地实际，明确相应组织指挥机构，建立健全应急联动机制。

发生跨行政区域的大面积停电事件时，有关地方人民政府应根据需要建立跨区域大面积停电事件应急合作机制。

2.3 现场指挥机构

负责大面积停电事件应对的人民政府根据需要成立现场指挥部，负责现场组织指挥工作。参与现场处置的有关单位和人员应服从现场指挥部的统一指挥。

2.4 电力企业

电力企业（包括电网企业、发电企业等，下同）建立健全应急指挥机构，在政府组织指挥机构领导下开展大面积停电事件应对工作。电网调度工作按照《电网调度管理条例》及相关规程执行。

2.5 专家组

各级组织指挥机构根据需要成立大面积停电事件应急专家组，成员由电力、气象、地质、水文等领域相关专家组成，对大面积停电事件应对工作提供技术咨询和建议。

3 监测预警和信息报告

3.1 监测和风险分析

电力企业要结合实际加强对重要电力设施设备运行、发电燃料供应等情况的监测，建立与气象、水利、林业、地震、公安、交通运输、国土资源、工业和信息化等部门的信息共享机制，及时分析各类情况对电力运行可能造成的影响，预估可能影响的范围和程度。

3.2 预警
3.2.1 预警信息发布
电力企业研判可能造成大面积停电事件时，要及时将有关情况报告受影响区域地方人民政府电力运行主管部门和能源局相关派出机构，提出预警信息发布建议，并视情通知重要电力用户。地方人民政府电力运行主管部门应及时组织研判，必要时报请当地人民政府批准后向社会公众发布预警，并通报同级其他相关部门和单位。当可能发生重大以上大面积停电事件时，中央电力企业同时报告能源局。

3.2.2 预警行动
预警信息发布后，电力企业要加强设备巡查检修和运行监测，采取有效措施控制事态发展；组织相关应急救援队伍和人员进入待命状态，动员后备人员做好参加应急救援和处置工作准备，并做好大面积停电事件应急所需物资、装备和设备等应急保障准备工作。重要电力用户做好自备应急电源启用准备。受影响区域地方人民政府启动应急联动机制，组织有关部门和单位做好维持公共秩序、供水供气供热、商品供应、交通物流等方面的应急准备；加强相关舆情监测，主动回应社会公众关注的热点问题，及时澄清谣言传言，做好舆论引导工作。

3.2.3 预警解除
根据事态发展，经研判不会发生大面积停电事件时，按照"谁发布、谁解除"的原则，由发布单位宣布解除预警，适时终止相关措施。

3.3 信息报告
大面积停电事件发生后，相关电力企业应立即向受影响区域地方人民政府电力运行主管部门和能源局相关派出机构报告，中央电力企业同时报告能源局。

事发地人民政府电力运行主管部门接到大面积停电事件信息报告或者监测到相关信息后，应当立即进行核实，对大面积停电事件的性质和类别作出初步认定，按照国家规定的时限、程序和要求向上级电力运行主管部门和同级人民政府报告，并通报同级其他相关部门和单位。地方各级人民政府及其电力运行主管部门应当按照有关规定逐级上报，必要时可越级上报。能源局相关派出机构接到大面积停电事件报告后，应当立即核实有关情况并向能源局报告，同时通报事发地县级以上地方人民政府。

对初判为重大以上的大面积停电事件，省级人民政府和能源局要立即按程序向国务院报告。

4 应急响应

4.1 响应分级
根据大面积停电事件的严重程度和发展态势，将应急响应设定为Ⅰ级、Ⅱ级、Ⅲ级和Ⅳ级四个等级。初判发生特别重大大面积停电事件，启动Ⅰ级应急响应，由事发地省级人民政府负责指挥应对工作。必要时，由国务院或国务院授权发展改革委成立国家大面积停电事件应急指挥部，统一领导、组织和指挥大面积停电事件应对工作。初判发生重大大面积停电事件，启动Ⅱ级应急响应，由事发地省级人民政府负责指挥应对工作。初判发生较大、一般大面积停电事件，分别启动Ⅲ级、Ⅳ级应急响应，根据事件影响范围，由事发地县级或市级人民政府负责指挥应对工作。

对于尚未达到一般大面积停电事件标准，但对社会产生较大影响的其他停电事件，地方人民政府可结合实际情况启动应急响应。

应急响应启动后，可视事件造成损失情况及其发展趋势调整响应级别，避免响应不足或响应过度。

4.2 响应措施
大面积停电事件发生后，相关电力企业和重要电力用户要立即实施先期处置，全力控制事件发展态势，减少损失。各有关地方、部门和单位根据工作需要，组织采取以下措施。

4.2.1 抢修电网并恢复运行
电力调度机构合理安排运行方式，控制停电范围；尽快恢复重要输变电设备、电力主干网架运行；在条件具备时，优先恢复重要电力用户、重要城市和重点地区的电力供应。

电网企业迅速组织力量抢修受损电网设备设施，根据应急指挥机构要求，向重要电力用户及重要设施提供必要的电力支援。

发电企业保证设备安全，抢修受损设备，做好发电机组并网运行准备，按照电力调度指令恢复运行。

4.2.2 防范次生衍生事故
重要电力用户按照有关技术要求迅速启动自备应急电源，加强重大危险源、重要目标、重大关键基础设施隐患排查与监测预警，及时采取防范措施，防止发生次生衍生事故。

4.2.3 保障居民基本生活
启用应急供水措施，保障居民用水需求；采用多种方式，保障燃气供应和采暖期内居民生活热力供应；组织生活必需品的应急生产、调配和运输，保障停电期间居民基本生活。

4.2.4 维护社会稳定

加强涉及国家安全和公共安全的重点单位安全保卫工作，严密防范和严厉打击违法犯罪活动。加强对停电区域内繁华街区、大型居民区、大型商场、学校、医院、金融机构、机场、城市轨道交通设施、车站、码头及其他重要生产经营场所等重点地区、重点部位、人员密集场所的治安巡逻，及时疏散人员，解救被困人员，防范治安事件。加强交通疏导，维护道路交通秩序。尽快恢复企业生产经营活动。严厉打击造谣惑众、囤积居奇、哄抬物价等各种违法行为。

4.2.5 加强信息发布

按照及时准确、公开透明、客观统一的原则，加强信息发布和舆论引导，主动向社会发布停电相关信息和应对工作情况，提示相关注意事项和安保措施。加强舆情收集分析，及时回应社会关切，澄清不实信息，正确引导社会舆论，稳定公众情绪。

4.2.6 组织事态评估

及时组织对大面积停电事件影响范围、影响程度、发展趋势及恢复进度进行评估，为进一步做好应对工作提供依据。

4.3 国家层面应对

4.3.1 部门应对

初判发生一般或较大大面积停电事件时，能源局开展以下工作：

（1）密切跟踪事态发展，督促相关电力企业迅速开展电力抢修恢复等工作，指导督促地方有关部门做好应对工作；

（2）视情派出部门工作组赴现场指导协调事件应对等工作；

（3）根据中央电力企业和地方请求，协调有关方面为应对工作提供支援和技术支持；

（4）指导做好舆情信息收集、分析和应对工作。

4.3.2 国务院工作组应对

初判发生重大或特别重大大面积停电事件时，国务院工作组主要开展以下工作：

（1）传达国务院领导同志指示批示精神，督促地方人民政府、有关部门和中央电力企业贯彻落实；

（2）了解事件基本情况、造成的损失和影响、应对进展及当地需求等，根据地方和中央电力企业请求，协调有关方面派出应急队伍、调运应急物资和装备，安排专家和技术人员等，为应对工作提供支援和技术支持；

（3）对跨省级行政区域大面积停电事件应对工作进行协调；

（4）赶赴现场指导地方开展事件应对工作；

（5）指导开展事件处置评估；

（6）协调指导大面积停电事件宣传报道工作；

（7）及时向国务院报告相关情况。

4.3.3 国家大面积停电事件应急指挥部应对

根据事件应对工作需要和国务院决策部署，成立国家大面积停电事件应急指挥部。主要开展以下工作：

（1）组织有关部门和单位、专家组进行会商，研究分析事态，部署应对工作；

（2）根据需要赴事发现场，或派出前方工作组赴事发现场，协调开展应对工作；

（3）研究决定地方人民政府、有关部门和中央电力企业提出的请求事项，重要事项报国务院决策；

（4）统一组织信息发布和舆论引导工作；

（5）组织开展事件处置评估；

（6）对事件处置工作进行总结并报告国务院。

4.4 响应终止

同时满足以下条件时，由启动响应的人民政府终止应急响应：

（1）电网主干网架基本恢复正常，电网运行参数保持在稳定限额之内，主要发电厂机组运行稳定；

（2）减供负荷恢复80%以上，受停电影响的重点地区、重要城市负荷恢复90%以上；

（3）造成大面积停电事件的隐患基本消除；

（4）大面积停电事件造成的重特大次生衍生事故基本处置完成。

5 后期处置

5.1 处置评估

大面积停电事件应急响应终止后，履行统一领导职责的人民政府要及时组织对事件处置工作进行评估，总结经验教训，分析查找问题，提出改进措施，形成处置评估报告。鼓励开展第三方评估。

5.2 事件调查

大面积停电事件发生后，根据有关规定成立调查组，查明事件原因、性质、影响范围、经济损失等情况，提出防范、整改措施和处理处置建议。

5.3 善后处置

事发地人民政府要及时组织制订善后工作方案并组织实施。保险机构要及时开展相关理赔工作，尽快消除大面积停电事件的影响。

5.4 恢复重建

大面积停电事件应急响应终止后，需对电网网架结构和设备设施进行修复或重建的，由能源局或事发地省级人民政府根据实际工作需要组织编制恢复重建规划。相关电力企业和受影响区域地方各级人民政府应当根据规划做好受损电力系统恢复重建工作。

6 保障措施

6.1 队伍保障

电力企业应建立健全电力抢修应急专业队伍，加强设备维护和应急抢修技能方面的人员培训，定期开展应急演练，提高应急救援能力。地方各级人民政府根据需要组织动员其他专业应急队伍和志愿者等参与大面积停电事件及其次生衍生灾害处置工作。军队、武警部队、公安消防等要做好应急力量支援保障。

6.2 装备物资保障

电力企业应储备必要的专业应急装备及物资，建立和完善相应保障体系。国家有关部门和地方各级人民政府要加强应急救援装备物资及生产生活物资的紧急生产、储备调拨和紧急配送工作，保障支援大面积停电事件应对工作需要。鼓励支持社会化储备。

6.3 通信、交通与运输保障

地方各级人民政府及通信主管部门要建立健全大面积停电事件应急通信保障体系，形成可靠的通信保障能力，确保应急期间通信联络和信息传递需要。交通运输部门要健全紧急运输保障体系，保障应急响应所需人员、物资、装备、器材等的运输；公安部门要加强交通应急管理，保障应急救援车辆优先通行；根据全面推进公务用车制度改革有关规定，有关单位应配备必要的应急车辆，保障应急救援需要。

6.4 技术保障

电力行业要加强大面积停电事件应对和监测先进技术、装备的研发，制定电力应急技术标准，加强电网、电厂安全应急信息化平台建设。有关部门要为电力日常监测预警及电力应急抢险提供必要的气象、地质、水文等服务。

6.5 应急电源保障

提高电力系统快速恢复能力，加强电网"黑启动"能力建设。国家有关部门和电力企业应充分考虑电源规划布局，保障各地区"黑启动"电源。电力企业应配备适量的应急发电装备，必要时提供应急电源支援。重要电力用户应按照国家有关技术要求配置应急电源，并加强维护和管理，确保应急状态下能够投入运行。

6.6 资金保障

发展改革委、财政部、民政部、国资委、能源局等有关部门和地方各级人民政府以及各相关电力企业应按照有关规定，对大面积停电事件处置工作提供必要的资金保障。

7 附 则

7.1 预案管理

本预案实施后，能源局要会同有关部门组织预案宣传、培训和演练，并根据实际情况，适时组织评估和修订。地方各级人民政府要结合当地实际制定或修订本级大面积停电事件应急预案。

7.2 预案解释

本预案由能源局负责解释。

7.3 预案实施时间

本预案自印发之日起实施。

附件：1. 大面积停电事件分级标准
2. 国家大面积停电事件应急指挥部组成及工作组职责

附件1

大面积停电事件分级标准

一、特别重大大面积停电事件

1. 区域性电网：减供负荷30%以上。

2. 省、自治区电网：负荷20000兆瓦以上的减供负荷30%以上，负荷5000兆瓦以上20000兆瓦以下的减供负荷40%以上。

3. 直辖市电网：减供负荷50%以上，或60%以上供电用户停电。

4. 省、自治区人民政府所在地城市电网：负荷2000兆瓦以上的减供负荷60%以上，或70%以上供电用户停电。

二、重大大面积停电事件

1. 区域性电网：减供负荷10%以上30%以下。

2. 省、自治区电网：负荷20000兆瓦以上的减供负荷13%以上30%以下，负荷5000兆瓦以上20000兆瓦以下的减供负荷16%以上40%以下，负荷1000兆瓦以上5000兆瓦以下的减供负荷50%以上。

3. 直辖市电网：减供负荷20%以上50%以下，或30%以上60%以下供电用户停电。

4. 省、自治区人民政府所在地城市电网：负荷 2000 兆瓦以上的减供负荷 40% 以上 60% 以下，或 50% 以上 70% 以下供电用户停电；负荷 2000 兆瓦以下的减供负荷 40% 以上，或 50% 以上供电用户停电。

5. 其他设区的市电网：负荷 600 兆瓦以上的减供负荷 60% 以上，或 70% 以上供电用户停电。

三、较大大面积停电事件

1. 区域性电网：减供负荷 7% 以上 10% 以下。

2. 省、自治区电网：负荷 20000 兆瓦以上的减供负荷 10% 以上 13% 以下，负荷 5000 兆瓦以上 20000 兆瓦以下的减供负荷 12% 以上 16% 以下，负荷 1000 兆瓦以上 5000 兆瓦以下的减供负荷 20% 以上 50% 以下，负荷 1000 兆瓦以下的减供负荷 40% 以上。

3. 直辖市电网：减供负荷 10% 以上 20% 以下，或 15% 以上 30% 以下供电用户停电。

4. 省、自治区人民政府所在地城市电网：减供负荷 20% 以上 40% 以下，或 30% 以上 50% 以下供电用户停电。

5. 其他设区的市电网：负荷 600 兆瓦以上的减供负荷 40% 以上 60% 以下，或 50% 以上 70% 以下供电用户停电；负荷 600 兆瓦以下的减供负荷 40% 以上，或 50% 以上供电用户停电。

6. 县级市电网：负荷 150 兆瓦以上的减供负荷 60% 以上，或 70% 以上供电用户停电。

四、一般大面积停电事件

1. 区域性电网：减供负荷 4% 以上 7% 以下。

2. 省、自治区电网：负荷 20000 兆瓦以上的减供负荷 5% 以上 10% 以下，负荷 5000 兆瓦以上 20000 兆瓦以下的减供负荷 6% 以上 12% 以下，负荷 1000 兆瓦以上 5000 兆瓦以下的减供负荷 10% 以上 20% 以下，负荷 1000 兆瓦以下的减供负荷 25% 以上 40% 以下。

3. 直辖市电网：减供负荷 5% 以上 10% 以下，或 10% 以上 15% 以下供电用户停电。

4. 省、自治区人民政府所在地城市电网：减供负荷 10% 以上 20% 以下，或 15% 以上 30% 以下供电用户停电。

5. 其他设区的市电网：减供负荷 20% 以上 40% 以下，或 30% 以上 50% 以下供电用户停电。

6. 县级市电网：负荷 150 兆瓦以上的减供负荷 40% 以上 60% 以下，或 50% 以上 70% 以下供电用户停电；负荷 150 兆瓦以下的减供负荷 40% 以上，或 50% 以上供电用户停电。

上述分级标准有关数量的表述中，"以上"含本数，"以下"不含本数。

附件 2

国家大面积停电事件应急指挥部组成及工作组职责

国家大面积停电事件应急指挥部主要由发展改革委、中央宣传部（新闻办）、中央网信办、工业和信息化部、公安部、民政部、财政部、国土资源部、住房城乡建设部、交通运输部、水利部、商务部、国资委、新闻出版广电总局、安全监管总局、林业局、地震局、气象局、能源局、测绘地信局、铁路局、民航局、总参作战部、武警总部、中国铁路总公司、国家电网公司、中国南方电网有限责任公司等部门和单位组成，并可根据应对工作需要，增加有关地方人民政府、其他有关部门和相关电力企业。

国家大面积停电事件应急指挥部设立相应工作组，各工作组组成及职责分工如下：

一、电力恢复组：由发展改革委牵头，工业和信息化部、公安部、水利部、安全监管总局、林业局、地震局、气象局、能源局、测绘地信局、总参作战部、武警总部、国家电网公司、中国南方电网有限责任公司等参加，视情增加其他电力企业。

主要职责：组织进行技术研判，开展事态分析；组织电力抢修恢复工作，尽快恢复受影响区域供电工作；负责重要电力用户、重点区域的临时供电保障；负责组织跨区域的电力应急抢修恢复协调工作；协调军队、武警有关力量参与应对。

二、新闻宣传组：由中央宣传部（新闻办）牵头，中央网信办、发展改革委、工业和信息化部、公安部、新闻出版广电总局、安全监管总局、能源局等参加。

主要职责：组织开展事件进展、应急工作情况等权威信息发布，加强新闻宣传报道；收集分析国内外舆情和社会公众动态，加强媒体、电信和互联网管理，正确引导舆论；及时澄清不实信息，回应社会关切。

三、综合保障组：由发展改革委牵头，工业和信息化部、公安部、民政部、财政部、国土资源部、住房城乡建设部、交通运输部、水利部、商务部、国资委、新闻出版广电总局、能源局、铁路局、民航局、中国铁路总公司、国家电网公司、中国南方电网有限责任公司等参加，视情增加其他电力企业。

主要职责：对大面积停电事件受灾情况进行核

实,指导恢复电力抢修方案,落实人员、资金和物资;组织做好应急救援装备物资及生产生活物资的紧急生产、储备调拨和紧急配送工作;及时组织调运重要生活必需品,保障群众基本生活和市场供应;维护供水、供气、供热、通信、广播电视等设施正常运行;维护铁路、道路、水路、民航等基本交通运行;组织开展事件处置评估。

四、社会稳定组:由公安部牵头,中央网信办、发展改革委、工业和信息化部、民政部、交通运输部、商务部、能源局、总参作战部、武警总部等参加。

主要职责:加强受影响地区社会治安管理,严厉打击借机传播谣言制造社会恐慌,以及趁机盗窃、抢劫、哄抢等违法犯罪行为;加强转移人员安置点、救灾物资存放点等重点地区治安管控;加强对重要生活必需品等商品的市场监管和调控,打击囤积居奇行为;加强对重点区域、重点单位的警戒;做好受影响人员与涉事单位、地方人民政府及有关部门矛盾纠纷化解等工作,切实维护社会稳定。

十二、文化旅游安全

规章及部门规范性文件

旅游安全管理办法

（2016年9月27日国家旅游局令第41号公布 自2016年12月1日起施行）

第一章 总 则

第一条 为了加强旅游安全管理，提高应对旅游突发事件的能力，保障旅游者的人身、财产安全，促进旅游业持续健康发展，根据《中华人民共和国旅游法》、《中华人民共和国安全生产法》、《中华人民共和国突发事件应对法》、《旅行社条例》和《安全生产事故报告和调查处理条例》等法律、行政法规，制定本办法。

第二条 旅游经营者的安全生产、旅游主管部门的安全监督管理，以及旅游突发事件的应对，应当遵守有关法律、法规和本办法的规定。

本办法所称旅游经营者，是指旅行社及地方性法规规定旅游主管部门负有行业监管职责的景区和饭店等单位。

第三条 各级旅游主管部门应当在同级人民政府的领导和上级旅游主管部门及有关部门的指导下，在职责范围内，依法对旅游安全工作进行指导、防范、监管、培训、统计分析和应急处理。

第四条 旅游经营者应当承担旅游安全的主体责任，加强安全管理，建立、健全安全管理制度，关注安全风险预警和提示，妥善应对旅游突发事件。

旅游从业人员应当严格遵守本单位的安全管理制度，接受安全生产教育和培训，增强旅游突发事件防范和应急处理能力。

第五条 旅游主管部门、旅游经营者及其从业人员应当依法履行旅游突发事件报告义务。

第二章 经营安全

第六条 旅游经营者应当遵守下列要求：

（一）服务场所、服务项目和设施设备符合有关安全法律、法规和强制性标准的要求；

（二）配备必要的安全和救援人员、设施设备；

（三）建立安全管理制度和责任体系；

（四）保证安全工作的资金投入。

第七条 旅游经营者应当定期检查本单位安全措施的落实情况，及时排除安全隐患；对可能发生的旅游突发事件及采取安全防范措施的情况，应当按照规定及时向所在地人民政府或者人民政府有关部门报告。

第八条 旅游经营者应当对其提供的产品和服务进行风险监测和安全评估，依法履行安全风险提示义务，必要时应当采取暂停服务、调整活动内容等措施。

经营高风险旅游项目或者向老年人、未成年人、残疾人提供旅游服务的，应当根据需要采取相应的安全保护措施。

第九条 旅游经营者应当对从业人员进行安全生产教育和培训，保证从业人员掌握必要的安全生产知识、规章制度、操作规程、岗位技能和应急处理措施，知悉自身在安全生产方面的权利和义务。

旅游经营者建立安全生产教育和培训档案，如实记录安全生产教育和培训的时间、内容、参加人员以及考核结果等情况。

未经安全生产教育和培训合格的旅游从业人员，不得上岗作业；特种作业人员必须按照国家有关规定经专门的安全作业培训，取得相应资格。

第十条 旅游经营者应当主动询问与旅游活动相关的个人健康信息，要求旅游者按照明示的安全规程，使用旅游设施和接受服务，并要求旅游者对旅游经营者采取的安全防范措施予以配合。

第十一条 旅行社组织和接待旅游者，应当合理安排旅游行程，向合格的供应商订购产品和服务。

旅行社及其从业人员发现履行辅助人提供的服务不符合法律、法规规定或者存在安全隐患的，应当予以制止或者更换。

第十二条 旅行社组织出境旅游，应当制作安全信息卡。

安全信息卡应当包括旅游者姓名、出境证件号码和国籍，以及紧急情况下的联系人、联系方式等信息，使用中文和目的地官方语言（或者英文）填写。

旅行社应当将安全信息卡交由旅游者随身携带，并告知其自行填写血型、过敏药物和重大疾病等信息。

第十三条 旅游经营者应当依法制定旅游突发事件应急预案，与所在地县级以上地方人民政府及其相关部门的应急预案相衔接，并定期组织演练。

第十四条 旅游突发事件发生后，旅游经营者及其现场人员应当采取合理、必要的措施救助受害旅游者，控制事态发展，防止损害扩大。

旅游经营者应当按照履行统一领导职责或者组织处置突发事件的人民政府的要求，配合其采取的应急处置措施，并参加所在地人民政府组织的应急救援和善后处置工作。

旅游突发事件发生在境外的，旅行社及其领队应当在中国驻当地使领馆或者政府派出机构的指导下，全力做好突发事件应对处置工作。

第十五条 旅游突发事件发生后，旅游经营者的现场人员应当立即向本单位负责人报告，单位负责人接到报告后，应当于1小时内向发生地县级旅游主管部门、安全生产监督管理部门和负有安全生产监督管理职责的其他相关部门报告；旅行社负责人应当同时向单位所在地县级以上地方旅游主管部门报告。

情况紧急或者发生重大、特别重大旅游突发事件时，现场有关人员可直接向发生地、旅行社所在地县级以上旅游主管部门、安全生产监督管理部门和负有安全生产监督管理职责的其他相关部门报告。

旅游突发事件发生在境外的，旅游团队的领队应当立即向当地警方、中国驻当地使领馆或者政府派出机构，以及旅行社负责人报告。旅行社负责人应当在接到领队报告后1小时内，向单位所在地县级以上地方旅游主管部门报告。

第三章 风险提示

第十六条 国家建立旅游目的地安全风险（以下简称风险）提示制度。

根据可能对旅游者造成的危害程度、紧急程度和发展态势，风险提示级别分为一级（特别严重）、二级（严重）、三级（较重）和四级（一般），分别用红色、橙色、黄色和蓝色标示。

风险提示级别的划分标准，由国家旅游局会同外交、卫生、公安、国土、交通、气象、地震和海洋等有关部门制定或者确定。

第十七条 风险提示信息，应当包括风险类别、提示级别、可能影响的区域、起始时间、注意事项、应采取的措施和发布机关等内容。

一级、二级风险的结束时间能够与风险提示信息内容同时发布的，应当同时发布；无法同时发布的，待风险消失后通过原渠道补充发布。

三级、四级风险提示可以不发布风险结束时间，待风险消失后自然结束。

第十八条 风险提示发布后，旅行社应当根据风险级别采取下列措施：

（一）四级风险的，加强对旅游者的提示；

（二）三级风险的，采取必要的安全防范措施；

（三）二级风险的，停止组团或者带团前往风险区域；已在风险区域的，调整或者中止行程；

（四）一级风险的，停止组团或者带团前往风险区域，组织已在风险区域的旅游者撤离。

其他旅游经营者应当根据风险提示的级别，加强对旅游者的风险提示，采取相应的安全防范措施，妥善安置旅游者，并根据政府或者有关部门的要求，暂停或者关闭易受风险危害的旅游项目或者场所。

第十九条 风险提示发布后，旅游者应当关注相关风险，加强个人安全防范，并配合国家应对风险暂时限制旅游活动的措施，以及有关部门、机构或者旅游经营者采取的安全防范和应急处置措施。

第二十条 国家旅游局负责发布境外旅游目的地国家（地区），以及风险区域范围覆盖全国或者跨省级行政区域的风险提示。发布一级风险提示的，需经国务院批准；发布境外旅游目的地国家（地区）风险提示的，需经外交部门同意。

地方各级旅游主管部门应当及时转发上级旅游主管部门发布的风险提示，并负责发布前款规定之外涉及本辖区的风险提示。

第二十一条 风险提示信息应当通过官方网站、手机短信及公众易查阅的媒体渠道对外发布。一级、二级风险提示应同时通报有关媒体。

第四章 安全管理

第二十二条 旅游主管部门应当加强下列旅游安全日常管理工作：

（一）督促旅游经营者贯彻执行安全和应急管理的有关法律、法规，并引导其实施相关国家标准、行业标准或者地方标准，提高其安全经营和突发事件应对能力；

（二）指导旅游经营者组织开展从业人员的安全

及应急管理培训，并通过新闻媒体等多种渠道，组织开展旅游安全及应急知识的宣传普及活动；

（三）统计分析本行政区域内发生旅游安全事故的情况；

（四）法律、法规规定的其他旅游安全管理工作。

旅游主管部门应当加强对星级饭店和 A 级景区旅游安全和应急管理工作的指导。

第二十三条 地方各级旅游主管部门应当根据有关法律、法规的规定，制定、修订本地区或者本部门旅游突发事件应急预案，并报上一级旅游主管部门备案，必要时组织应急演练。

第二十四条 地方各级旅游主管部门应当在当地人民政府的领导下，依法对景区符合安全开放条件进行指导，核定或者配合相关景区主管部门核定景区最大承载量，引导景区采取门票预约等方式控制景区流量；在旅游者数量可能达到最大承载量时，配合当地人民政府采取疏导、分流等措施。

第二十五条 旅游突发事件发生后，发生地县级以上旅游主管部门应当根据同级人民政府的要求和有关规定，启动旅游突发事件应急预案，并采取下列一项或者多项措施：

（一）组织或者协同、配合相关部门开展对旅游者的救助及善后处置，防止次生、衍生事件；

（二）协调医疗、救援和保险等机构对旅游者进行救助及善后处置；

（三）按照同级人民政府的要求，统一、准确、及时发布有关事态发展和应急处置工作的信息，并公布咨询电话。

第二十六条 旅游突发事件发生后，发生地县级以上旅游主管部门应当根据同级人民政府的要求和有关规定，参与旅游突发事件的调查，配合相关部门依法对应当承担事件责任的旅游经营者及其责任人进行处理。

第二十七条 各级旅游主管部门应当建立旅游突发事件报告制度。

第二十八条 旅游主管部门在接到旅游经营者依据本办法第十五条规定的报告后，应当向同级人民政府和上级旅游主管部门报告。一般旅游突发事件上报至设区的市级旅游主管部门；较大旅游突发事件逐级上报至省级旅游主管部门；重大和特别重大旅游突发事件逐级上报至国家旅游局。向上级旅游主管部门报告旅游突发事件，应当包括下列内容：

（一）事件发生的时间、地点、信息来源；

（二）简要经过、伤亡人数、影响范围；

（三）事件涉及的旅游经营者、其他有关单位的名称；

（四）事件发生原因及发展趋势的初步判断；

（五）采取的应急措施及处置情况；

（六）需要支持协助的事项；

（七）报告人姓名、单位及联系电话。

前款所列内容暂时无法确定的，应当先报告已知情况；报告后出现新情况的，应当及时补报、续报。

第二十九条 各级旅游主管部门应当建立旅游突发事件信息通报制度。旅游突发事件发生后，旅游主管部门应当及时将有关信息通报相关行业主管部门。

第三十条 旅游突发事件处置结束后，发生地旅游主管部门应当及时查明突发事件的发生经过和原因，总结突发事件应急处置工作的经验教训，制定改进措施，并在 30 日内按照下列程序提交总结报告：

（一）一般旅游突发事件向设区的市级旅游主管部门提交；

（二）较大旅游突发事件逐级向省级旅游主管部门提交；

（三）重大和特别重大旅游突发事件逐级向国家旅游局提交。

旅游团队在境外遇到突发事件的，由组团社所在地旅游主管部门提交总结报告。

第三十一条 省级旅游主管部门应当于每月 5 日前，将本地区上月发生的较大旅游突发事件报国家旅游局备案，内容应当包括突发事件发生的时间、地点、原因及事件类型和伤亡人数等。

第三十二条 县级以上地方各级旅游主管部门应当定期统计分析本行政区域内发生旅游突发事件的情况，并于每年 1 月底前将上一年度相关情况逐级报国家旅游局。

第五章 罚　则

第三十三条 旅游经营者及其主要负责人、旅游从业人员违反法律、法规有关安全生产和突发事件应对规定的，依照相关法律、法规处理。

第三十四条 旅行社违反本办法第十一条第二款的规定，未制止履行辅助人的非法、不安全服务行为，或者未更换履行辅助人的，由旅游主管部门给予警告，可并处 2000 元以下罚款；情节严重的，处 2000 元以上 10000 元以下罚款。

第三十五条 旅行社违反本办法第十二条的规

定，不按要求制作安全信息卡，未将安全信息卡交由旅游者，或者未告知旅游者相关信息的，由旅游主管部门给予警告，可并处2000元以下罚款；情节严重的，处2000元以上10000元以下罚款。

第三十六条 旅行社违反本办法第十八条规定，不采取相应措施的，由旅游主管部门处2000元以下罚款；情节严重的，处2000元以上10000元以下罚款。

第三十七条 按照旅游业国家标准、行业标准评定的旅游经营者违反本办法规定的，由旅游主管部门建议评定组织依据相关标准作出处理。

第三十八条 旅游主管部门及其工作人员违反相关法律、法规及本办法规定，玩忽职守，未履行安全管理职责的，由有关部门责令改正，对直接负责的主管人员和其他直接责任人员依法给予处分。

第六章 附　则

第三十九条 本办法所称旅游突发事件，是指突然发生，造成或者可能造成旅游者人身伤亡、财产损失，需要采取应急处置措施予以应对的自然灾害、事故灾难、公共卫生事件和社会安全事件。

根据旅游突发事件的性质、危害程度、可控性以及造成或者可能造成的影响，旅游突发事件一般分为特别重大、重大、较大和一般四级。

第四十条 本办法所称特别重大旅游突发事件，是指下列情形：

（一）造成或者可能造成人员死亡（含失踪）30人以上或者重伤100人以上；

（二）旅游者500人以上滞留超过24小时，并对当地生产生活秩序造成严重影响；

（三）其他在境内外产生特别重大影响，并对旅游者人身、财产安全造成特别重大威胁的事件。

第四十一条 本办法所称重大旅游突发事件，是指下列情形：

（一）造成或者可能造成人员死亡（含失踪）10人以上、30人以下或者重伤50人以上、100人以下；

（二）旅游者200人以上滞留超过24小时，对当地生产生活秩序造成较严重影响；

（三）其他在境内外产生重大影响，并对旅游者人身、财产安全造成重大威胁的事件。

第四十二条 本办法所称较大旅游突发事件，是指下列情形：

（一）造成或者可能造成人员死亡（含失踪）3人以上10人以下或者重伤10人以上、50人以下；

（二）旅游者50人以上、200人以下滞留超过24小时，并对当地生产生活秩序造成较大影响；

（三）其他在境内外产生较大影响，并对旅游者人身、财产安全造成较大威胁的事件。

第四十三条 本办法所称一般旅游突发事件，是指下列情形：

（一）造成或者可能造成人员死亡（含失踪）3人以下或者重伤10人以下；

（二）旅游者50人以下滞留超过24小时，并对当地生产生活秩序造成一定影响；

（三）其他在境内外产生一定影响，并对旅游者人身、财产安全造成一定威胁的事件。

第四十四条 本办法所称的"以上"包括本数；除第三十四条、第三十五条、第三十六条的规定外，所称的"以下"不包括本数。

第四十五条 本办法自2016年12月1日起施行。国家旅游局1990年2月20日发布的《旅游安全管理暂行办法》同时废止。

文化和旅游部办公厅关于进一步加强旅游景区暑期安全管理工作的通知

（2022年8月2日　办资源发〔2022〕131号）

各省、自治区、直辖市文化和旅游厅（局），新疆生产建设兵团文化体育广电和旅游局：

近期，陕西省宝鸡市太白山景区发生舆情事件，天津市蓟州区九山顶自然风景区、山西省吕梁市上林舍生态旅游景区、湖北省恩施州地心谷景区等多家旅游景区出现游乐设施设备安全事故，反映出个别景区安全防范有漏洞、管理服务不到位。全国旅游景区要引以为戒，高度重视安全生产工作，不断提升管理和服务水平。为切实做好旅游景区暑期安全管理工作，现将有关要求通知如下：

一、加强组织领导，狠抓责任落实。当前，暑期、汛期、旅游高峰期"三期叠加"，旅游景区安全有序开放面临较大压力。各地要切实提高政治站位，充分认识做好暑期旅游景区安全管理的重要性，进一步强化责任担当。要加强组织领导，充分调动各方资源，全面开展督查检查，压紧压实旅游景区主体责任。要指导旅游景区提高安全生产的主动性、科学性与针对性，有效做好安全防范，切实提升安全管理实效。

二、开展流量监测，强化工作预案。要积极运用大数据检索和网络预订平台数据，对旅游景区热点进行分析，及时对流量较大、安全风险较高的旅游景区加强提醒。指导旅游景区认真落实"限量、预约、错峰"要求，合理设定接待上限，落实门票预约制度，健全风险防控机制，完善常态化疫情防控机制，制定精准防控配套保障预案，全面做好客流高峰应对。

三、加强隐患排查，保障设施安全。要积极会同应急、市场监管等部门加大对旅游景区特种设备、消防设施等安全隐患的排查力度。指导督促旅游景区对洪灾风险区、地质灾害易发区等关键部位开展摸排巡查，消除风险隐患。推动旅游景区按照主管部门要求，加强设施设备检查维护，特别要做好玻璃栈道、室内冰雪冰雕等项目的安全管理。警惕旅游景区因设施设备闲置和员工流失带来的运营风险，对重新开放的旅游景区，务必严格检查设施设备运行状况。

四、加强安全提示，做好应急管理。加强安全提示，提醒游客谨慎参与高风险项目，不擅自进入未开发、未对社会公众开放区域开展旅游活动，遵守相关安全管理规定。要广泛开展汛期及暑期旅游安全知识宣传，普及涉旅安全应急知识，提高旅游景区、从业人员和游客的安全意识。要指导旅游景区完善应急工作机制，细化应急预案，加强应急演练，确保突发事件发生后能够迅速反应和妥善处置。

五、推进复核任务，加强动态管理。2022年4月，文化和旅游部办公厅印发《关于做好全国A级旅游景区2022年度复核工作的通知》。各级文化和旅游行政部门要尽快完成年度复核工作，结合复核工作任务督促A级旅游景区落实安全管理，强化高峰期应对。要更好发挥动态管理的警示作用，对问题整改不力、安全管理不到位的A级旅游景区，要按照相关规定予以处理并向社会发布。

特此通知。

关于推动露营旅游休闲健康有序发展的指导意见

（2022年11月13日 文旅资源发〔2022〕111号）

露营旅游休闲是指在户外使用自备或租赁设备以休闲游憩、运动娱乐、自然教育等为主要目的，在有明确范围和相应设施的营地场所驻留的活动。近年来，我国露营旅游休闲快速增长，在促进旅游休闲消费、培养绿色健康生活方式、便利人民群众就近出游等方面发挥了积极作用，为贯彻落实《"十四五"旅游业发展规划》《国民旅游休闲发展纲要（2022—2030年）》，促进露营旅游休闲健康有序发展，提出如下意见。

一、指导思想

以习近平新时代中国特色社会主义思想为指导，认真贯彻落实党的二十大精神，立足新发展阶段，贯彻新发展理念，构建新发展格局，推动旅游业高质量发展、创造高品质生活，以深化供给侧结构性改革为主线，顺应人民群众旅游休闲消费体验新需求，扩大优质供给，保障露营旅游休闲安全，推动露营旅游休闲健康有序发展，不断满足人民群众日益增长的美好生活需要。

二、基本原则

（一）旅游为民、需求导向。坚持以人民为中心，把握人民群众日益增长的个性化、差异化、多层次旅游休闲需求，扩大优质服务供给。

（二）分类指导、规范发展。推动公共营地建设，扩大公共营地规模，提升服务质量。鼓励支持经营性营地规范建设，提高露营产品品质。鼓励利用各类现有空间和场所，依法依规发展露营旅游休闲功能区。

（三）合理引导、可持续发展。合理规划空间布局，充分利用存量空间和现有资源，节约建设成本，共享管理资源。避免盲目上马项目、恶性竞争。

（四）文明旅游、绿色发展。增强人民群众文明露营意识，推广"无痕露营"。坚持绿色发展理念，倡导低碳环保、生态自然等绿色旅游发展模式。引导人民群众亲近自然，保护生态环境。

（五）产业协同、融合发展。发挥旅游带动作用，推动露营旅游休闲上下游产业链各环节协同发展，延伸露营旅游休闲产业链。加强业态融合创新，推动露营与文化、体育等业态融合。

三、重点任务

（一）优化规划布局。各地在编制城市休闲和乡村旅游规划时，应当符合国土空间总体规划及相关专项规划的有关要求，科学布局营地建设，保障各类营地供给，合理安排营地空间和配套设施，涉及空间的主要内容统筹纳入详细规划。需要独立占地的公共和经营性营地建设项目应当纳入国土空间规划"一张图"衔接协调一致。结合国家旅游风景道、国家步道体系、体育公园等建设，构建全国营地服务网络体系，形成露营旅游休闲精品线路，满足露营旅游休闲需求，同时，发挥好其中公共营地在应急服务、青少年教育、户外运动等方面的功能。营地选址应当科学合理、注意安全，避让生态区位重要或脆弱区域，远离洪涝、山洪、地质灾害等自然灾害多发地和危险野生动植物活动区域。

（二）扩大服务供给。鼓励各地根据需求，因地制宜建设一批公共营地。在符合管理要求的前提下利用各类空间建设公共营地，提升公共营地建设水平和服务品质。鼓励各地用好相关政策，支持经营性营地项目建设。支持市场主体做大做强。在符合相关规定和规划的前提下，探索支持在转型退出的高尔夫球场、乡村民宿等项目基础上发展露营旅游休闲服务。鼓励有条件的旅游景区、旅游度假区、乡村旅游点、环城游憩带、郊野公园、体育公园等，在符合相关规定的前提下，划出露营休闲功能区，提供露营服务。鼓励城市公园利用空闲地、草坪区或林下空间划定非住宿帐篷区域，供群众休闲活动使用。同时，完善相关配套设施，根据植物生长周期和特性，制定切实可行的开放时间，建立地块轮换制度，避免植被被过度踩踏，加强植物养护和设施环境维护管理。

依据自然保护地相关法律法规及管控要求，进一步完善露营地建设标准，审慎探索在各类自然保护地开展露营地建设和露营旅游。

（三）提升产品服务品质。大力发展自驾车旅居车露营地、帐篷露营地、青少年营地等多种营地形态，满足多样化露营需求。推进文化和旅游深度融合发展，充分挖掘文化资源，丰富露营旅游休闲体验。鼓励和引导营地与文博、演艺、美术等相关机构合作，结合音乐节、艺术节、体育比赛等群众性节事赛事活动，充实服务内容。与户外运动、自然教育、休闲康养等融合，打造优质产品。鼓励提升营地配套餐饮、活动组织等服务，提高露营旅游休闲品质。

（四）加强标准引领。加大对《休闲露营地建设与服务规范》国家标准、《自驾车旅居车营地质量等级划分》旅游行业标准等的宣传贯彻力度，不断强化标准研制，完善标准体系，引领产品服务提质升级。鼓励地方和社会团体结合国家和行业标准出台地方标准、团体标准和配套措施，并组织实施。各地可根据实际情况依标准组织开展C级自驾车旅居车营地认定，打造优秀营地品牌。

（五）推动全产业链发展。做大做强露营旅游休闲上下游产业链，提升全产业链整体效益。引导露营营地规模化、连锁化经营，孵化优质营地品牌，培育龙头企业。鼓励支持旅居车、帐篷、服装、户外运动、生活装备器材等国内露营行业相关装备生产企业丰富产品体系，优化产品结构。创新研发个性化、高品质露营装备，打造国际一流装备品牌。培育露营产业咨询培训、规划设计等专业机构。鼓励露营餐饮、活动组织等配套服务企业创新产品服务。支持旅行社开发露营旅游休闲产品，开展露营俱乐部业务，强化互联网平台等渠道分销和服务能力建设。

（六）规范管理经营。露营旅游休闲经营主体要严格遵守有关法律和生产经营相关各项规定，依法依规取得开展露营旅游休闲服务所需营业执照及卫生、食品、消防等相关证照或许可，加强治安、消防、森林草原防灭火等管理。营地要有明码标价的收费标准、游客须知，提供真实准确的宣传营销信息。严格遵守各项疫情防控要求，切实落实防疫举措。

（七）落实安全防范措施。露营旅游休闲经营主体要严格落实安全防范措施，严格遵守消防、食品、卫生、生态环境保护、防灾、燃气等方面安全管理要求，建立相关应急预案，配备必要的监测预警、消防设施设备。强化汛期旅游安全管理，落实灾害预警发布主体责任，细化转移避险措施，开展安全宣传，设置警示标识，一旦预报有强降雨过程，开展巡查管控，必要时果断采取关闭营地、劝离转移游客等措施。强化防火宣传教育，严格落实森林草原火灾防控要求和野外用火管理规定，森林草原高火险期禁止一切野外用火。提前研判节庆、假期出游情况，在旅游高峰期加强安全提示和信息服务，做好安全信息发布。设置野外安全导览标识和安全提示，做好应急物资储备，避免在没有正式开发开放接待旅游者、缺乏安全保障的"野景点"和违规经营的私设"景点"开展露营活动。推动营地上线平台导航，安装摄像头等安全管理设备。鼓励保险机构创新推出露营旅游休闲保险服务，围绕场地责任、设施财产、人身意外等开发保险产品。

（八）加强宣传推广。鼓励各类媒体加强对露营旅游休闲的宣传引导，坚持正确导向，树立健康文明的露营旅游休闲消费观念，推广大众露营文化，培育大众露营市场。推出一批在增进精神文明、传播优秀文化、倡导绿色旅游和促进青少年教育等方面有积极意义的露营旅游休闲典型案例。鼓励各地因地制宜、突出特色，组织开展露营展览、节庆等地方性节事活动，在相关活动和展会中增加露营展示推介内容。

（九）引导文明露营。把绿色旅游、文明露营作为文明旅游的重要任务，纳入文明城市、文明村镇等创建内容，进一步提升公民旅游文明素质，树立文明新风尚。大力宣传、广泛普及文明露营和绿色旅游知识，让游客厚植文明健康理念、践行绿色环保生活。积极倡导"无痕露营"出游方式，引导游客培养文明、绿色、安全露营习惯，自觉做好公共环境卫生维持、公共秩序维护、公共设施规范使用等。

四、组织保障

（一）明确职责分工。有关部门应该根据职责履行好对相关主体的监督管理责任。各地要在地方党委政府的统筹领导下，制定推动露营旅游休闲发展和规范管理的政策措施，充分落实属地管理责任，加强部门间协调联动，在规划建设、规范管理、公共服务、环境营造、安全保障等方面同向发力，推动形成部门联动、行业自律、企业履责、社会监督的综合治理格局。鼓励有条件的地方先行先试，形成露营旅游休闲发展新模式和新经验。

（二）加强用地保障。经营性营地项目建设应该符合国土空间规划，依法依规使用土地，不得占用永久基本农田、严格遵守生态保护红线。选址在国土空间规划确定的城镇开发边界外的经营性营地项目，其公共停车场、各功能区之间的连接道路、商业服务区、车辆设备维修及医疗服务保障区、废弃物收纳与处理区、营区、商务俱乐部、木屋住宿区等功能区可与农村公益事业合并实施，依法使用集体建设用地，其营区、商务俱乐部、木屋住宿区等功能区应优先安排使用存量建设用地，不得变相用于房地产开发。营地在不改变土地用途、不影响林木生长、不采伐林木、不固化地面、不建设固定设施的前提下，可依法依规利用土地资源，推动建立露营地与土地资源的复合利用机制，超出复合利用范围的，依法依规办理相关用地手续。利用国有建设用地上老旧厂房（包含旧工业厂房、仓储用房及相关工业设施）等，在不改变老旧厂房主体结构的前提下，经依法依规办理相关行政审批许可后，用于发展露营旅游休闲营地项目建设的，可享受在一定年期内不改变用地主体和规划条件的过渡期支持政策。选址在国土空间规划确定的城镇开发边界内的经营性营地项目，全部用地均应依法办理转用、征收、供应手续。支持依法依规以划拨使用等方式保障非经营性公共营地用地。

（三）提供资金支持。完善对纳入国家和地方相关规划和年度建设计划的营地项目的支持机制。综合运用现有资金渠道支持公共营地、与干线公路连接道路、停车场、厕所、电信、环卫、消防等基础设施建设和水、电、气、排污、垃圾处理等配套设施建设以及基本管理维护投入。鼓励各地采取政府和社会资本合作等多种方式支持营地建设和运营。

（四）促进品牌协同。对有条件或者适合发展露营旅游休闲产品的品牌，如国家级和省级旅游度假区、国家级和省级旅游休闲城市、乡村旅游重点村镇、体育旅游示范基地等，以适当方式将相关指标纳入其质量认定或创建内容。

（五）搭建行业平台。发挥各类相关行业协会平台作用，制定行业规范，发布行业倡议，推动行业自律，维护行业合法权益，建立行业沟通协调机制，对接市场主体，促进行业交流。指导市场主体做好产品建设，引导游客文明安全规范露营。

（六）加强理论和人才支撑。加强对露营旅游休闲发展的现实问题、热点问题和难点问题研究。健全露营专业人才教育培训体系，加大领军人才、急需紧缺人才培养力度，打造与行业发展相适应的高素质人才队伍。整合政府部门、科研院所、企业、行业组织等资源，完善露营人才培养、引进、使用体系。

文化和旅游部 公安部 住房和城乡建设部 应急管理部 市场监管总局关于加强剧本娱乐经营场所管理的通知

（2022年6月25日　文旅市场发〔2022〕70号）

各省、自治区、直辖市文化和旅游厅（局）、公安厅（局）、住房和城乡建设厅（委、局）、应急管理厅（局）、市场监管局（厅、委）、消防救援总队，新疆生产建设兵团文体广电和旅游局、公安局、住房和城乡建设局、应急管理局、市场监管局，北京市规划和自然资源委：

近年来，以"剧本杀""密室逃脱"为代表的现场组织消费者扮演角色完成任务的剧本娱乐经营场所快速发展，在丰富文化供给、满足人民群众文化娱乐消费需求的同时，也出现了一些不良内容及安全隐患。为加强剧本娱乐经营场所管理，促进行业健康有序发展，现就有关事项通知如下：

一、依法办理登记，履行备案手续

（一）明确经营范围。剧本娱乐经营场所应当依法向所在地县级以上市场监管部门办理登记并领取营业执照，经营范围登记为"剧本娱乐活动"。

（二）实行告知性备案。剧本娱乐经营场所应当自经营之日起30个自然日内将经营场所地址以及场所使用的剧本脚本名称、作者、简介、适龄范围等信息，通过全国文化市场技术监管与服务平台，报经营场所所在地县级文化和旅游行政部门备案。新增剧本脚本，或者剧本脚本的故事背景、剧情等主要内容发生实质性变化的，应当自使用之日起30个自然日内将剧本脚本的上述信息报原备案部门备案。文化和旅游部负责制定剧本娱乐活动备案指南。

二、坚守底线，规范经营

（三）严格内容管理。剧本娱乐经营场所应当坚持正确导向，使用内容健康、积极向上的剧本脚本，鼓励使用弘扬主旋律、传播正能量的剧本脚本；应当建立内容自审制度，对剧本脚本以及表演、场景、道具、服饰等进行内容自审，确保内容合法。剧本娱乐经营场所内的剧本娱乐活动不得含有《中华人民共和国未成年人保护法》《娱乐场所管理条例》《营业性演出管理条例》等法律法规禁止的内容。

（四）加强未成年人保护。剧本娱乐经营场所使用的剧本脚本应当设置适龄提示，标明适龄范围；设置的场景不适宜未成年人的，应当在显著位置予以提示，并不得允许未成年人进入。剧本娱乐经营场所应当采取措施防止未成年人沉迷。除国家法定节假日、休息日及寒暑假期外，剧本娱乐经营场所不得向未成年人提供剧本娱乐活动。

（五）强化安全生产主体责任。剧本娱乐经营场所应当履行安全生产主体责任，严格落实《中华人民共和国安全生产法》《中华人民共和国消防法》等法律法规和有关消防安全要求；应当常态化开展火灾风险自知、自查、自改，提高紧急情况下的组织疏散逃生和初起火灾扑救能力，切实履行安全提示和告知义务，引导消费者增强安全防范意识，保障安全运营。剧本娱乐经营场所不得设在居民楼内、建筑物地下一层以下（不含地下一层）等地。

（六）强化诚信守法经营。剧本娱乐经营场所应当明码标价、诚实经营，不得存在虚假宣传、价格欺诈、利用不公平格式条款侵害消费者合法权益等违法违规行为。

（七）加强行业自律。行业协会应当制定行业规范，指导会员单位加强内容自审和从业人员培训，维护行业合法权益。

三、建立协同机制，形成监管合力

（八）明确职责分工。文化和旅游行政部门负责剧本娱乐经营场所内的剧本娱乐活动内容管理和有关未成年人保护工作，指导督促剧本娱乐经营场所履行安全生产和消防安全责任；公安机关负责剧本娱乐经营场所治安管理工作，依法查处相关违法犯罪行为；住房和城乡建设部门依法负责剧本娱乐经营场所消防设计审查验收备案工作；消防救援机构和相关部门依法依规负责开展剧本娱乐经营场所消防监督检查工作；市场监管部门负责剧本娱乐行业市场主体的登记注册工作。

（九）加强协同监管。各地文化和旅游行政部门应当会同公安机关、住房和城乡建设部门、市场监管部门、消防救援机构等建立协同监管机制，建立信息通报、线索移送和联合执法等工作机制，形成齐抓共管的工作格局。

四、设置政策过渡期，引导场所合规经营

（十）开展自查自纠。本通知印发之日起至2023年6月30日为政策过渡期。过渡期内，剧本娱乐经营场所应当根据本通知有关要求开展自查自纠，依法变更经营范围，完善经营资质，向文化和旅游行政部门履行备案手续，建立内容自审制度，积极整改并消除消防等安全隐患。各部门应当利用政策过渡期加强政策宣传，用好各级门户网站、政务信息平台，发挥新闻媒体、行业组织等作用，扩大政策宣传覆盖面和知晓度。

（十一）开展排查摸底。文化和旅游行政部门应当会同相关部门开展摸底排查工作，在摸底排查中发现含有法律法规禁止内容或者未履行适龄提示等有关未成年人保护责任的，应当责令经营单位改正并停止使用有关剧本脚本。各省级文化和旅游行政部门应当于2022年8月31日前，将摸底排查情况上报文化和旅游部。

（十二）开展专项检查。过渡期后，各地应当组织开展专项检查，加强日常巡查，对在检查中发现问题的，应当依照有关法律法规、标准规范和本通知要求及时处置。

各地文化和旅游行政部门、公安机关、住房和城乡建设部门、市场监管部门、消防救援机构应当根据本通知精神，结合各部门职责，切实加强对剧本娱乐经营场所的监督指导。工作中遇到的重要情况和问题，及时向上级部门请示报告。

特此通知。

交通运输部办公厅 公安部办公厅 商务部办公厅 文化和旅游部办公厅 应急管理部办公厅 市场监管总局办公厅关于进一步加强和改进旅游客运安全管理工作的指导意见

(2021年1月13日 交办运〔2021〕6号)

各省、自治区、直辖市、新疆生产建设兵团交通运输厅（局、委）、公安厅（局）、商务厅、文化和旅游厅（局）、应急管理厅（局）、市场监管局（厅、委）：

为深入贯彻落实党中央、国务院关于安全生产工作的决策部署和国务院安委会印发的《道路运输安全专项整治三年行动实施方案》，深刻汲取近年来发生的重特大事故教训，有力防范化解旅游客运安全风险，坚决遏制重特大事故发生，保障人民群众生命财产安全，现就进一步加强和改进旅游客运安全管理工作提出如下指导意见。

一、总体要求

以习近平新时代中国特色社会主义思想为指导，深入贯彻党的十九大和十九届二中、三中、四中、五中全会精神，从源头准入、事中事后监管、基层基础等环节补齐短板，严格落实旅游客运相关企业安全生产主体责任和相关管理部门监管责任，加强源头治理、综合治理、精准治理，着力解决基础性、源头性、瓶颈性问题，在做好旅游客运常态化疫情防控的基础上，全面提升旅游客运安全发展水平，推动旅游客运安全生产形势持续向好，有效推动旅游客运高质量发展，不断增强人民群众旅游出行获得感、幸福感、安全感。

二、规范开展市场准入

（一）规范道路客运市场主体登记管理。各地交通运输、市场监管部门要认真落实国务院关于"证照分离"改革要求，做好企业注册登记和经营许可的衔接。各地市场监管部门要推进营业执照经营范围登记规范化，使用市场监管总局《经营范围登记规范表述目录（试行）》办理经营范围登记，对登记从事班车客运、包车客运、旅游客运、汽车客运、通勤客运、长途客运、公路客运、城乡客运等道路客运活动的，登记为"道路旅客运输经营"，并根据目录的更新情况进行相应调整。要切实履行"双告知"职责，对登记为"道路旅客运输经营"的，明确告知申请人应到交通运输主管部门依法办理道路客运经营许可，由申请人书面承诺在取得许可前不擅自从事相关经营活动，并将市场主体信息通过信息化手段推送或共享至同级交通运输主管部门。对于存量从事道路客运活动的市场主体，各地交通运输主管部门要明确信息查询口径，由市场监管部门按照查询口径提供相关市场主体信息。交通运输主管部门排查相关市场主体是否具备道路客运经营许可资质，对不具备许可资质的，要及时会同市场监管等部门通过政府网站等渠道向社会公开信息，提示相关市场主体依法办理道路客运经营许可后，方可开展相关经营活动。

（二）规范旅游客运许可管理。各地交通运输主管部门要会同文化和旅游、公安、市场监管部门根据本地区旅游业发展水平，加强对旅游客运市场供求状况及发展趋势的分析研判，认真执行《中华人民共和国道路运输条例》《道路旅客运输及客运站管理规定》关于在审查客运申请时应当考虑客运市场的供求状况、普遍服务和方便群众等因素的要求，完善包车客运运力投放规则，规范旅游客运企业、包车客运企业（以下统称旅游包车企业）及旅游客运、包车客运车辆（以下统称旅游包车）市场准入，确保准入管理公平、公正、公开，维护公平竞争、优胜劣汰的良好市场秩序。对依法取得道路客运经营许可资质的市场主体，交通运输主管部门要及时将相关许可信息交换至市场监管部门，由市场监管部门通过国家企业信用信息公示系统归集于市场主体名下，并向社会公示。对未取得相应经营许可、擅自从事客运经营（以下统称非法营运）的市场主体，交通运输主管部门要依法查处并责令停止经营，情节严重的，提请市场监管部门依法吊销其营业执照。

（三）规范客车使用性质登记管理。各地交通运输、公安部门要建立客运企业和车辆信息比对核查机制，共享道路客运经营资质、车辆使用性质信息。部级层面要加快推动相关管理系统对接，实现信息共享，为协同监管提供支撑。已实现信息联网等核查机制的，机动车所有人在申请机动车使用性质登记为公路客运、旅游客运时，公安机关要核对交通运输主管部门提供的道路客运经营资质信息和车辆使用性质信息。各地公安机关要梳理登记为公路客运、旅游客运的存量机动车信息，通报同级交通运输主管部门，交通运输主管部门排查是否办理道路运输证，对未办理道路运输证且不符合办理条件的，告知机动车所有人办理车辆使用性质变更。公安机关根据机动车所有人申请，按规定将行驶证使用性质变更为"非营运"。

三、强化事中事后监管

（四）严格旅游包车和团组监管。各地文化和旅游、交通运输部门要分别督促旅行社、旅游包车企业在包租车辆环节，通过查阅有关证照材料、登录互联网道路运输便民政务服务系统和旅游监管服务平台校验等方式，查验旅游包车企业、车辆、驾驶员和旅行社、导游资质资格。各地文化和旅游部门要全面推行旅行社用车"五不租"制度，即不租用未取得相应客运经营许可的经营者车辆、未持有效道路运输证的车辆、未安装卫星定位装置的车辆、未投保承运人责任险的车辆、未签订包车合同的车辆，要推进跨省旅游团组电子行程单制度。交通运输、文化和旅游部门要建立健全衔接机制，推动实现旅游包车客运标志牌（以下简称包车牌）和旅游团组行程单信息共享比对，运用"电子围栏"等技术强化旅游包车和旅游团组精准监管。鼓励具备条件的地区通过设立集中办公场所、打通相关信息化系统等方式，为旅行社和旅游包车企业建立合作平台，促进双方高效对接、良性互动、合法经营、规范服务，加快形成"正规社""正规导""正规车"市场格局。

（五）强化旅游客运监管执法。各地交通运输、公安、文化和旅游部门要强化节假日、旅游旺季等重点时段，旅游集散中心、旅游景区（点）等重点区域的旅游客运监督管理，加强执法协作和违法行为移送，从严查处各类违法行为。交通运输主管部门要从严查处破坏卫星定位装置以及恶意人为干扰、屏蔽卫星定位装置信号、旅游包车线路两端均不在车籍所在地、未持有效包车牌运行、招揽包车合同外的旅客乘车等违法行为。公安机关要从严查处驾驶员疲劳驾驶、超速、超员、行车中使用手机、不按规定使用安全带等道路交通违法行为，积极探索利用旅游包车动态监控平台记录信息查处疲劳驾驶等违法行为，并加强旅游集散中心巡逻防控，严厉打击涉旅犯罪行为，维护旅游治安秩序。文化和旅游部门要依法查处未经许可经营旅行社业务、出租或者出借旅行社业务经营许可证、未取得导游证从事导游活动、向无相应许可资质的客运企业等不合格供应商订购产品和服务等违法行为。

（六）打击旅游客运非法营运。各地交通运输主管部门要结合日常监督检查和社会举报，对本地无道路运输证的大中型客车、频繁出入本地的外地大中型客车实施重点监管，依法从严查处非法营运。要加强有关客运服务网络平台的监督管理，对接入无合法资质资格的企业、车辆和驾驶员非法经营的，依法严肃查处。对查处的存在非法营运等违法行为外地客运车辆，查处地交通运输主管部门要及时通报车籍地同级管理部门，车籍地有关管理部门要及时依法严肃处理。各省级交通运输主管部门要按照交通运输部相关部署，及时向全国道路运政管理系统上传省际包车客运业务备案信息，交通运输部依托互联网道路运输便民政务服务系统开放省际包车牌信息核验功能，为地方相关部门联合打击旅游客运非法经营提供技术支持。公安机关在执勤执法中发现旅游包车涉嫌非法营运或者破坏卫星定位装置以及恶意人为干扰、屏蔽卫星定位装置信号的，要及时移送交通运输主管部门依法处理。

（七）严格旅游客运车辆全周期管理。各地市场监管、公安、交通运输部门要联合加强对相关检验检测机构的监督指导，督促严格按照国家有关技术标准开展旅游包车检验检测工作。各地交通运输、公安等部门要督促旅游包车企业严格执行客车强制报废标准规定，对达到报废标准的客车，交通运输主管部门要收回道路运输证，公安机关要依法办理注销登记手续，对距报废年限1年以内的大客车，按规定不得改变使用性质、转移所有权或者转出登记地所属地市级行政区域。各地商务部门要加强报废机动车回收拆解企业管理，会同公安、市场监管等部门依法查处非法拆解活动。各地市场监管部门要加强市场流通环节的关键零部件质量抽查，对发现的质量问题依法严肃查处。鼓励各地有关部门在当地人民政府统筹领导下，出台老旧客车淘汰更新政策，引导使用年限较长的旅游包车加快淘汰。

（八）严肃安全生产事故调查和隐患治理。各地应急管理、公安、交通运输、文化和旅游等部门要依法严格开展旅游客运有关事故调查，加强旅游客运安全生产事故原因全链条分析，督促旅行社、旅游包车企业等相关市场主体整改隐患、堵塞漏洞，依法严肃查处事故责任企业及其主要负责人、相关责任人，追究相关责任。要深化安全生产事故约谈工作，推动地方政府、相关部门和行业、企业落实各项整改措施。对发生安全生产责任事故或者存在重大安全隐患的旅行社、旅游包车企业，依法实施挂牌督办，督促及时消除安全隐患。依法将不具备安全条件的市场主体清退出旅行社和旅游包车市场。要加强信用监管，依法依规记录市场主体安全生产相关违法失信行为,通过国家企业信用信息公示系统、"信用交通"网站等渠道向社会公开相关行政处罚等信用信息,通过信用分级分类加强重点监管、精准监管,推动失信联合惩戒。

四、强化企业主体责任落实

(九)规范旅行社安全管理。各地文化和旅游部门要督促旅行社建立健全安全管理制度和应急预案,完善岗位安全生产责任、安全事故报告和处理等制度;选择具有合法运营资质、安全记录良好的地接社承接当地旅游服务,要求地接社使用具备相应资质的旅游包车企业和车辆;提前对旅游线路进行安全评估,合理安排时间和行驶路线,遇极端天气或者安全隐患路段,要及时与地接社、旅游包车企业沟通,合理变更旅游行程或者与游客商议解除合同;严格落实《旅行社行前说明服务规范》,把好旅游团队"组团关、行程关、落地关",在旅游合同、宣传材料、行前说明会、行程途中对游客开展经常性的安全提醒。

(十)规范旅游包车企业安全管理。各地有关部门要依法依职督促旅游包车企业严格落实安全生产主体责任,对照《道路旅客运输企业安全管理规范》《道路运输车辆动态监督管理办法》,健全安全生产责任制,统一车辆技术管理、人员聘用管理、车辆调度、动态监控,规范签订包车合同,严禁旅游包车挂靠经营,坚决防止"以包代管""挂而不管";在制定运输计划时严格遵守驾驶员配备、驾驶时间和休息时间等规定,保障驾驶员充足休息;建立健全旅游包车技术状况检查、维护制度,确保车辆关键部件及应急装置、安全设施等技术状况良好,确保安全带配备齐全有效,并落实驾驶员出车前、行车中、收车后车辆技术状况检查要求;加强动态监控人员管理,严格监控车辆行驶状况,及时发现、纠正和处理旅游包车违规行为和不安全驾驶行为;加强旅游包车非运营时段的管理,掌握车辆停放情况,严防从业人员在车辆报停期间私自招揽客运业务违法经营。

(十一)强化游客出行安全告知。各地交通运输主管部门要督促旅游包车企业严格执行客运安全告知制度,在行车前通过驾驶员口头告知或者播放安全告知音像资料等方式,提醒旅客禁止携带违禁物品乘车、行车中按规定使用安全带,以及安全锤、安全出口、灭火器等应急安全设施的安装位置、使用方法等。各地文化和旅游部门要督促旅行社落实安全事项告知责任,在与游客订立旅游合同时,告知旅游活动中的安全注意事项,明确提示并约定严禁携带危害公共安全的违禁物品乘车等内容,并在行前说明会、行程中重申严禁携带违禁物品乘车、按规定使用安全带等注意事项。

(十二)加强从业人员队伍建设。各地交通运输、文化和旅游部门要督促旅游包车企业、客运站经营者、旅行社等加强旅游包车驾驶员、安检人员、导游等关键岗位从业人员聘用管理和教育培训,对违法违规从业、安全隐患突出的从业人员,依法依规开展脱岗培训或者调离关键岗位。要督促相关经营者聚焦典型事故案例、安全生产相关法律法规和操作规程、应急处置、违禁物品识别处置等方面,开展常态化、针对性培训;针对非定线旅游客运特点,强化行驶路线规划、不良天气和复杂路况条件下安全驾驶技能培训,持续提升从业人员安全素质;关注旅游包车驾驶员身心健康状况,发现不适应驾驶工作的,应及时调整工作安排。

五、强化政府和社会共治

(十三)深化部门协同。各地有关部门要提高思想认识,树立"一盘棋"思想,加强部门协同,形成工作合力,建立健全联合会商、联合约谈、执法协作、信息共享、线索移送、行刑衔接等工作机制,加快形成"权责一致、分工负责、同频共振、综合治理"的旅游客运安全管理格局。

(十四)完善保障措施。各地有关部门要结合落实全国安全生产专项整治三年行动,积极推动旅游客运安全管理工作纳入地方政府年度工作重点,强化人力、物力和财力保障,强化督促指导和责任考核,确保各项工作任务完成到位。

(十五)加强宣传引导。各地有关部门要在客运场站、旅游场所、旅行社办公场所,利用广播、电视、新媒体等渠道,加强社会宣传,引导游客提升安全文明出行、防范应对公共安全事件的意识和技能,自觉选择合法旅行社和旅游包车、规范使用安全带、禁止携带违禁物品乘车。充分发挥政务服务热线作用,强化社会监督。要指导道路运输、旅游等相关行业协会加强行业自律,引导市场主体守法诚信经营,坚决抵制侵害旅客、游客合法权益的各类行为。

各地要对照本指导意见要求,结合本地实际,细化实化旅游客运安全管理的任务措施,配套完善政策制度,确保各项工作部署落地见效。要及时总结推广好的经验做法,重要情况及时向交通运输部、公安部、商务部、文化和旅游部、应急管理部、市场监管总局报送。道路客运、旅游等领域新冠肺炎疫情常态化防控工作,按照国家和地方有关部署执行。

图书在版编目（CIP）数据

中华人民共和国应急救援法规文件手册 / 应急管理部国家自然灾害防治研究院编. -- 北京 : 中国法治出版社, 2024. 11. -- ISBN 978-7-5216-4820-1
Ⅰ. D922.1
中国国家版本馆CIP数据核字第2024UY6988号

责任编辑：朱丹颖　　　　　　　　　　　　　　　　　　　封面设计：蒋　怡

中华人民共和国应急救援法规文件手册
ZHONGHUA RENMIN GONGHEGUO YINGJI JIUYUAN FAGUI WENJIAN SHOUCE

编者/应急管理部国家自然灾害防治研究院
经销/新华书店
印刷/三河市紫恒印装有限公司
开本/787毫米×1092毫米　16开　　　　　　　　　　印张/ 45.75　字数/ 1230千
版次/2024年11月第1版　　　　　　　　　　　　　　2024年11月第1次印刷

中国法治出版社出版
书号 ISBN 978-7-5216-4820-1　　　　　　　　　　　　　　　定价：188.00元

北京市西城区西便门西里甲16号西便门办公区
邮政编码：100053　　　　　　　　　　　　　　　　　传真：010-63141600
网址：http：//www.zgfzs.com　　　　　　　　　　　编辑部电话：010-63141667
市场营销部电话：010-63141612　　　　　　　　　　印务部电话：010-63141606

（如有印装质量问题，请与本社印务部联系。）